U0404126

KEY POINTS AND EXAMPLES OF
PREPARATION OF SPECIAL CONSTRUCTION SCHEME
FOR TRAFFIC CIVIL ENGINEERING

交通土建工程
专项施工方案编制
要点与范例

（上册）

赵红鹰　汪新立　主　编
董启军　邓启华　黄明琦　副主编

人民交通出版社股份有限公司
北　京

内 容 提 要

依据住房和城乡建设部《危险性较大的分部分项工程专项施工方案编制指南》、现行法律法规及标准规范，基于作者单位在市政、轨道交通及房建工程领域的实践经验与工程技术研究成果，为了强化当前危险性较大的分部分项工程（简称“危大工程”）专项施工方案编制的规范性、针对性、可操作性，进而推动一线施工技术人员的专项施工方案编制能力和技术管理水平的提高，本书系统梳理和总结了深基坑工程、模板支撑体系、脚手架等10个常用的分项工程专项施工方案，内容涵盖专项施工方案编制要点、方案范例、相关法律法规等。书中的专项施工方案极具典型性，详细介绍了危大工程技术、安全、风险管理的各项要点及具体做法，内容翔实，图文并茂，具有较强的实用性。

本书可供从事交通土建工程施工与技术管理等工作的技术人员参考，也可供高等院校相关专业师生学习使用。

图书在版编目（CIP）数据

交通土建工程专项施工方案编制要点与范例/赵红鹰，汪新立主编. — 北京：人民交通出版社股份有限公司，2023.7

ISBN 978-7-114-18735-3

Ⅰ.①交… Ⅱ.①赵…②汪… Ⅲ.①道路工程—土木工程—工程施工 Ⅳ.①U41

中国国家版本馆 CIP 数据核字（2023）第 065270 号

Jiaotong Tujian Gongcheng Zhuanxiang Shigong Fang'an Bianzhi Yaodian yu Fanli

书 名：交通土建工程专项施工方案编制要点与范例（上册）
著 作 者：赵红鹰 汪新立
责任编辑：李学会 李 梦
责任校对：赵媛媛 刘 璇
责任印制：张 凯
出版发行：人民交通出版社股份有限公司
地 址：（100011）北京市朝阳区安定门外外馆斜街 3 号
网 址：http://www.ccpcl.com.cn
销售电话：（010）59757973
总 经 销：人民交通出版社股份有限公司发行部
经 销：各地新华书店
印 刷：北京印匠彩色印刷有限公司
开 本：880 × 1230 1/16
印 张：54.25
字 数：1425 千
版 次：2023 年 7 月 第 1 版
印 次：2023 年 7 月 第 1 次印刷
书 号：ISBN 978-7-114-18735-3
定 价：268.00 元（含上、下册）

编 委 会

PREFACE 序

习近平总书记强调，要健全风险防范化解机制，坚持从源头上防范化解重大安全风险，真正把问题解决在萌芽之时，成灾之前。中国铁建股份有限公司（以下简称"中国铁建"）作为践行国有企业"六种力量"的排头兵，近年来，在党中央、国务院及国资委等上级单位的高度重视和正确领导下，完整、准确、全面贯彻新发展理念，坚持"人民至上、生命至上"，落实"安全第一、预防为主、综合治理"的工作方针，把安全生产作为高质量安全发展义不容辞的责任和义务。

中国铁建骨干企业——中铁二十二局集团有限公司牢固树立"安全无小事，防患于未然"的理念，将安全管理工作前置，高度重视安全关口前移，突出施工方案保障和安全风险管理，全面提升施工现场安全管理水平，保证技术规范、标准的正确执行，规避施工重大安全事故的发生，在充分总结以往施工经验和方案编制的基础上，针对危大工程，依据住房和城乡建设部《危险性较大的分部分项工程安全管理规定》（住房和城乡建设部令第 37 号）、《住房和城乡建设部办公厅关于实施〈危险性较大的分部分项工程安全管理规定〉有关问题的通知》（建办质〔2018〕31 号）等法律法规和规范要求，对《危险性较大的分部分项工程安全专项施工方案编制指南》文件内容进行了细化和完善，共编制完成了包含基坑工程、模板支撑体系工程等 10 个专项施工方案范本，方案涵盖了编制依据、工程概况、施工计划、施工工艺技术、施工保证措施、施工管理及作业人员配备和分工、验收要求、应急处置措施、计算书与相关图纸等详细内容，是一部对现场施工具有很强指导性和针对性的专用书籍，可为建筑企业工程技术人员编制危大工程安全专项施工方案提供参考。

中国铁建股份有限公司总工程师 雷升祥

2023 年 6 月

FOREWORD 前　言

2018年，住房和城乡建设部相继印发了《危险性较大的分部分项工程安全管理规定》（住房和城乡建设部令第37号）、《住房和城乡建设部办公厅关于实施〈危险性较大的分部分项工程安全管理规定〉有关问题的通知》（建办质〔2018〕31号）等文件，对危大工程和超过一定规模的危大工程作出了明确界定，要求危大工程施工前必须编制专项施工方案，超过一定规模的危大工程专项施工方案还须组织专家论证。为加强工程安全管理，有效防范和遏制建筑施工生产安全事故的发生，中铁二十二局集团有限公司组织技术人员编写了《交通土建工程专项施工方案编制要点与范例》一书，以便为一线施工技术人员提供参考。

本书由赵红鹰、汪新立任主编，董启军、邓启华、黄明琦任副主编，组织30余位技术人员参与编写和校核。针对《住房和城乡建设部办公厅关于印发危险性较大的分部分项工程专项施工方案编制指南的通知》（建办质〔2021〕48号）关于专项施工方案的要求，结合中铁二十二局集团有限公司工程实际，汇编了土建工程施工常见的基坑工程、模板支撑体系工程、起重吊装及安装拆卸工程、脚手架工程、拆除工程、暗挖工程、人工挖孔桩工程及钢结构安装工程等10个典型专项施工方案范例。本书分上、下两册，在整体结构上分为专项施工方案编制要点、专项施工方案范例、相关法律法规及文件指南三部分，第一部分专项施工方案编制要点，参照了住房和城乡建设部编制指南要求，对专项施工方案从编制内容、文本格式、图表样式、计算书内容等几个方面作了详细说明与要求，可作为编制专项施工方案的提纲性材料；第二部分专项施工方案范例，含地铁车站深基坑施工、现浇梁施工、高墩爬模施工、悬挑式脚手架施工、桥梁工程拆除施工、盾构法施工、PBA法施工、钻爆法施工、矩形抗滑桩施工、站房屋面网架整体提升施工10个范例，均为典型工程案例；第三部分相关法律法规及文件指南，共收录了8份国务院、建设主管部门及行业主管部门发布的与专项施工方案编制有关的法律法规及规范文件。

本书在编写过程中得到了中国铁建股份有限公司雷升祥总工程师

的悉心指导，及中国铁建股份有限公司相关部门的大力支持，在此深表感谢。

由于编者水平有限，书中难免存在不妥之处，欢迎读者批评指正。

编　者

2023 年 6 月

CONTENTS 总目录

上册

下册

基坑工程范例
——地铁车站深基坑施工

扫码下载编制要点

目　录

CONTENTS

1 工 程 概 况

1.1 工程简介及特点

1.1.1 工程简介

北京地铁 17 号线望京西站为地下四层岛式车站，车站总长 228m（由于北侧交通导改，车站基坑内部设置临时止水帷幕，南段可施工长度为 182.26m），站台宽度为 18m，标准段宽度 27.7m，车站有效站台中心里程处顶板覆土厚度 3.0m，底板埋深 28.8m。车站主体结构为地下四层三跨框架结构，主体北段上方与公交枢纽同期进行建设。采用明挖顺作法施工，基坑开挖深度为 29.00m，基坑安全等级为一级，设计使用年限为 2 年。车站北端接曲线线路，缓和曲线进入车站，车站内纵向坡度沿线路方向由小里程端向大里程端为 2‰的升坡。车站两端均与矿山法施工区间相接。

1.1.2 工程地质条件

本次勘察揭露地层最大深度为 60.0m，根据钻探资料及室内土工试验结果，按地层沉积年代、成因类型将本工点勘探范围内的土层划分为人工堆积层（Q_4^{ml}）、第四系全新世冲洪积层（Q_4^{al+pl}）和第四系晚更新世冲洪积层（Q_4^{al+pl}）共 3 大层。本场区按地层岩性及其物理力学性质进一步分为 11 个亚层，各地层的结构特征自上而下如下所述。

（1）人工堆积层（Q_4^{ml}）

粉质黏土填土①层：黄褐色，松散～中密，稍湿，含白灰、草根、砖渣，局部分布。

杂填土$①_1$层：杂色，松散～中密，稍湿，含混凝土块、砖块、灰渣、碎石，连续分布。

该地层厚度为 0.90～5.50m，该层层底高程为 35.21～37.92m。

（2）第四系全新统冲洪积层（Q_4^{al+pl}）

砂质粉土、黏质粉土③层：黄褐色～灰色，密实，含水率 17.4%～26.9%，稍湿～湿，压缩模量$E_{p0+100}=8.6$～14.2MPa，中低～低压缩性，含云母、氧化铁、有机质等，局部夹粉细砂、粉质黏土薄层，连续分布。

粉质黏土$③_1$层：黄褐色～褐黄色，液性指数$I_L=0.32$～0.74，可塑，$E_{p0+100}=3.2$～7.4MPa，高～中高压缩性，含云母、氧化铁、有机质等，局部夹黏质粉土薄层，连续分布。

粉细砂$③_3$层：灰褐色～灰色，$N=22$～37，中密～密实，饱和，$E_{p0+100}=20$MPa，低压缩性，含云母、氧化铁、有机质等，局部夹砂纸粉土薄层，局部分布。

该地层厚度为5.10～8.70m，该层层底高程为28.47～32.82m。

粉质黏土④层：褐黄色～灰褐色，$I_L = 0.26 \sim 0.55$，可塑，$E_{p0+100} = 6.9 \sim 10.9$MPa，中高～中压缩性，含云母、氧化铁、有机质等，局部夹粉砂、砂质粉土薄层，连续分布。

砂质粉土、黏质粉土④$_2$层：黄褐色～灰褐色，密实，含水率14.6%～24.6%，稍湿～湿，$E_{p0+100} = 11.4 \sim 17.3$MPa，低压缩性，含云母、氧化铁等，局部夹细砂薄层、少量圆砾，局部分布。

粉细砂④$_3$层：黄灰色～灰色，$N = 21 \sim 46$，中密～密实，饱和，$E_{p0+100} = 25$MPa，低压缩性，含云母、氧化铁、有机质等，局部夹砂质粉土薄层，连续分布。

中粗砂④$_4$层：灰褐色～灰黑色，$N = 36 \sim 48$，密实，饱和，$E_{p0+100} = 30$MPa，低压缩性，含云母、氧化铁、有机质等，局部夹砂质粉土薄层，连续分布。

该地层厚度为7.00～12.00m，该层层底高程为20.21～22.52m。

（3）第四系晚更新统冲洪积层（Q_4^{al+pl}）

粉质黏土⑥层：黄褐色～褐黄色，$I_L = 0.01 \sim 0.58$，可塑～局部硬塑，$E_{p0+100} = 8.9 \sim 17.2$MPa，中～中低压缩性，局部低压缩性，含云母、氧化铁、有机质等，局部夹砂质粉土薄层，连续分布。

砂质粉土黏质粉土⑥$_2$层：黄褐色～褐黄色，密实，含水率17.8%～33.8%，稍湿～湿，局部很湿，$E_{p0+100} = 16.4 \sim 23.3$MPa，低压缩性，含云母、氧化铁、有机质等，局部粉砂薄层，局部分布。

细中砂⑥$_3$层：黄褐色，密实，饱和，$E_{p0+100} = 35$MPa，低压缩性，含云母、氧化铁，局部分布。

该地层厚度为4.50～8.70m，该层层底高程为12.32～16.32m。

圆砾卵石⑦：杂色，$N_{63.5} = 32 \sim 83$，密实，饱和，$E_{p0+100} = 60$MPa，低压缩性，大粒径不小于170mm，一般粒径为5～50mm，粒径大于2mm的颗粒占总质量的30%～60%，亚圆形，中粗砂填充。

中粗砂⑦$_1$层：黄褐色～灰褐色，$N = 43 \sim 64$，密实，饱和，$E_{p0+100} = 40$MPa，低压缩性，含云母、氧化铁，局部夹圆砾卵石薄层，连续分布。

粉细砂⑦$_2$层：黄褐色～褐黄色，$N = 31 \sim 54$，密实，饱和，$E_{p0+100} = 35$MPa，低压缩性，含云母、氧化铁，局部分布；该地层厚度为5.20～9.20m，该层层底高程为5.05～8.21m。

粉质黏土⑧层：黄褐色～灰黄色，$I_L = 0.11 \sim 0.70$，可塑，局部硬塑，$E_{p0+100} = 11.2 \sim 17.8$MPa，中低～低压缩性，含云母、氧化铁、有机质等，局部夹砂质粉土薄层，连续分布；该大层厚度为4.10～1.37m，该层层底高程为7.50～12.00m。

土层物理力学性质指标及设计参数见表1-1。

土层物理力学性质指标及设计参数　　表 1-1

土层编号	土层名称	天然重度（kN/m³）	黏聚力c（kPa）	内摩擦角ϕ（°）	渗透系数（m/d）	桩的极限侧阻力标准值（kPa）	桩的极限端阻力标准值（kPa）	地基土水平抗力系数（MN/m⁴）	地基土承载力标准值（kPa）
①	粉质黏土、填土	16.5	8	10	—	—	—	—	—
$①_1$	杂填土	16.0	0	8	—	—	—	—	—
③	砂质粉土	20.1	15	30	0.15	60	—	35	180
$③_1$	粉质黏土	19.0	30	17	0.10	50	—	25	130
$③_3$	粉细砂	20.2	0	25	5	55	—	40	210
④	粉质黏土	19.8	30	19	0.05	53	—	30	180
$④_2$	砂质粉土	20.7	12	32	0.5	65	—	36	200
$④_3$	粉细砂	20.5	0	26	4.8	70	—	42	220
$④_4$	中粗砂	21.0	0	28	20	75	—	45	250
⑥	粉质黏土	20.0	29	15	0.05	65	—	32	200
$⑥_2$	砂质粉土	20.5	18	25	0.5	70	—	42	220
$⑥_3$	细中砂	20.8	0	28	15	75	—	45	250
⑦	圆砾卵石	21.5	0	40	68.4	135	2200	120	400
$⑦_1$	中粗砂	20.8	0	30	20	85	1500	50	320
$⑦_2$	粉细砂	20.5	0	28	5.6	80	1200	48	300
⑧	粉质黏土	19.5	28	15	0.05	70	—	35	220
$⑧_2$	砂质粉土	20.0	13	28	0.5	75	1100	48	250

北京地铁 17 号线望京西站主要地质剖面如图 1-1 所示。

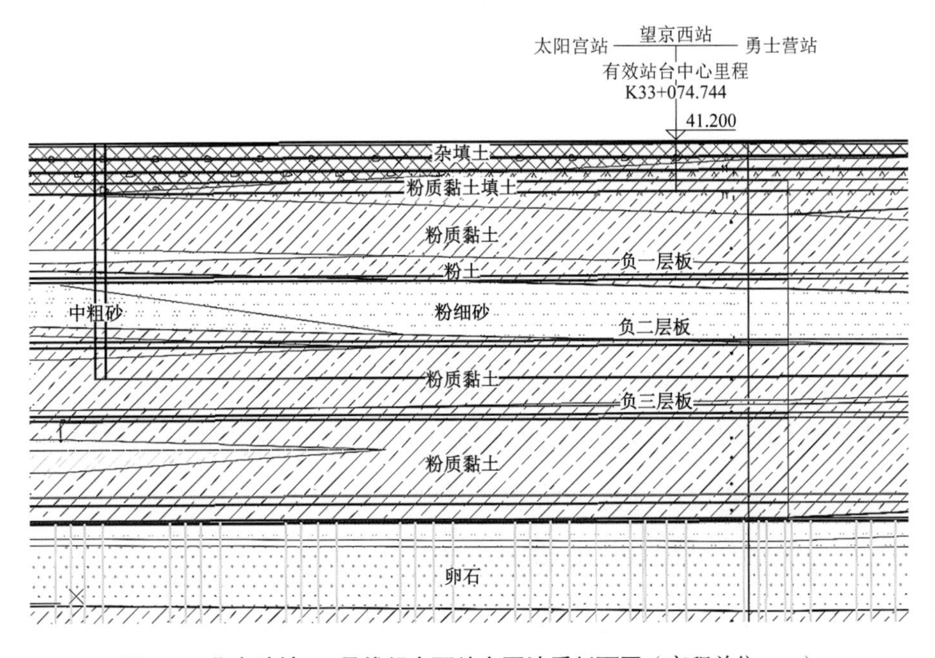

图 1-1　北京地铁 17 号线望京西站主要地质剖面图（高程单位：m）

1.1.3　水文地质条件

本次勘察钻孔最大深度为 60m。根据本次勘察成果，在勘察深度范围内，共观测到两层地下水，地下水类型分别为潜水（二）和承压水（四）。地下水特征见表 1-2。

地下水特征一览　　表 1-2

地下水性质	水位/水头埋深（m）	水位/水头高程（m）	水头（m）	观测时间	主要含水层	补、径、排条件
潜水（二）	8.00～8.91	31.77～32.97	—	2015 年 1 月 31 日—2016 年 1 月 8 日	砂质粉土黏质粉土③层、粉细砂$③_3$层、粉细砂$④_3$层、中粗砂$④_4$层	主要接受大气降水入渗、地下水侧向径流及管道渗漏补给，以蒸发及地下水侧向径流为主要排泄方式，平均年变幅为 2～3m
承压水（四）	18.00～18.50	20.42～22.47	1.3		砂质粉土黏质粉土$⑥_2$层、细中砂$⑥_3$层	主要接受地下水侧向径流及越流方式补给，平均年变幅为 2～3m

根据《岩土工程勘察规范》（GB 50021—2001）（2009 年版）相关条款，对地下水腐蚀性进行判定：潜水（二）和承压水（四）对混凝土结构具弱腐蚀性；对钢筋混凝土结构中的钢筋在长期浸水条件下具有微腐蚀性，在干湿交替条件下具有弱腐蚀性。

1.1.4　气候特征和季节性天气

北京市气候为暖温带半湿润半干旱季风气候，夏季高温多雨，冬季寒冷干燥，春、秋短促。全年无霜期 180～200d，西部山区较短。2007 年平均降雨量 483.9mm，为华北地区降雨最多的地区之一。降水季节分配很不均匀，全年降水的 80%集中在夏季 6、7、8 三个月，7、8 月有大雨。

1.1.5　不良地质作用及特殊性岩土

1）不良地质作用

根据北京市平原区地面沉降等值线图，可知本车站处于市东北郊的朝阳区来广营地面沉降中心的影响范围内，且地铁沿线地面累计沉降量变化较大。因此地铁设计、施工时应采取必要的建筑及结构等措施以减少地面沉降对本工程的不利影响，具体评价详见《北京地铁 17 号线（R2）工程建设用地地质灾害危险性评估报告》（2013 灾 017）。

2）特殊性岩土及对工程有不利影响的土层

本线路沿线第四系冲洪积覆盖层厚度为 200～400m，本次勘察在场地范围内除有填土层分布外未发现湿陷性黄土、膨胀土、风化岩及残积土等特殊性岩土分布。根据本次勘察成果，本车站场地特殊性岩土主要为填土：沿线普遍分布有填土层，主要为粉质黏土填土①层和杂填土$①_1$层，填土厚度一般为0.90～5.50m，填土为松散土层，力学性质差异较大，均匀性、稳定性差，对基坑支护会产生不利影响，未经处理不宜作为地基持力土层。

3）沿线危险地段预测

（1）拟建场地周边已有既有13号线望京西站、15号线望京西站及关庄—望京西站区间，特别是拟建车站距离既有15号线望京西站及关望区间最小距离仅约3.0m。施工过程中如支护施工极易造成既有车站及区间结构损坏，建议施工前采取加固措施或其他合理的保护措施。

（2）拟建车站邻近既有13号线进站天桥、既有地铁13号线与15号线换乘天桥、既有湖光桥，在施工过程中易引起土体变形，造成既有桥桩沉降变形，故施工前应提前采取加固措施。

（3）拟建场地邻近京承高速主路及京承高速辅道、公交场站，基坑开挖过程中，如支护措施不当或支护不及时，将引起地面塌陷，施工过程中应引起注意。

（4）拟建场地上方及周边分布多条供水、雨水和污水管线，此类管线可能存在渗漏现象，在局部可能存在上层滞水；同时市政管线的埋设多采用明挖法施工，若回填土体不密实，在该部位可能会有空洞存在；若施工中地面发生不均匀沉降导致管体破裂，水体大量涌入基坑，将会对基坑开挖构成较大威胁，甚至会酿成事故，施工中应引起高度重视。

1.1.6 主要工程量清单

本工程主要工程量清单见表1-3。

主要工程量清单 表1-3

序号	材料名称	型号规格	计量单位	工程数量
混凝土支撑				
1	HPB300级钢筋	ϕ1020mm	t	38.29
2	HRB400级钢筋	ϕ1240mm	t	108.18
3	混凝土	C30	m^3	622.10
钢支撑				
1	钢支撑1	ϕ609mm×16mm	t	686.336
2	钢支撑2	ϕ800mm×16mm	t	2500.889
挡墙				
1	砖砌挡墙	240mm厚	m	784
2	混凝土圈梁及构造柱	C25	m^3	48.84
3	HPB300级钢筋	ϕ10～20mm	t	6.18
4	HRB400级钢筋	ϕ12～40mm	t	3.3

续上表

序号	材料名称	型号规格	计量单位	工程数量
土方开挖				
1	一般土方开挖	—	m^3	17730.10
2	围护基坑土方开挖	—	m^3	184098.17
降水工程				
1	疏干井	—	口	24
2	观测孔	—	眼	4

1.2 周边环境条件

望京西站位于京承高速公路与湖光中街交口处东南象限、京承高速公路东侧的地块内，南北向布置。车站主体占用现状绿地、公交场站、拟建公交枢纽等场地。车站北侧为既有 15 号线望京西站及关庄—望京西站盾构区间，车站西侧（由近至远）为既有 13 号线望京西站东天桥、京承高速公路辅道、京承高速公路、既有 13 号线望京西站，车站主体西北侧为 13、15 号线望京西站换乘天桥，车站东南方向为北京燃气集团南湖渠输配厂，车站东侧为拟建公交枢纽。车站为三线换乘车站，与既有 15 号线通过公交枢纽负二层换乘厅换乘，与既有 13 号线通过地下通道换乘，车站主体北段与公交枢纽一体化建设。

京承高速公路现状为双向六车道 + 2 条应急车道 + 2 条辅道，湖光中街为双向 2 条机非混行车道 + 2 条人行道。主体基坑施工需占用湖光中街路面，施工期间需对其进行交通导行。在车站中部上方为规划南湖北二街，道路红线宽 25m。站位附近管线较多，车站主体基坑范围内管线主要有ϕ500mm 高压 B 燃气管（钢管，埋深 4.9m）、1 条电力线、1 条 10kV 的架空线，ϕ500mm 中压 A 燃气管（钢管，埋深 2.12～4.25m）在车站大里程端西侧侵入车站范围。ϕ500mm 中压 A 燃气管和ϕ500mm 高压 B 燃气管利用南湖渠输配厂场地、规划南湖北二街和南湖西园南路进行临时迁改，车站施工完成后南湖渠输配厂场地内的临时迁改路由永久迁改至车站上方。周边环境如图 1-2 所示。

图 1-2 周边环境条件

1.2.1 周边建筑物

基坑与周边主要建筑物调查情况见表 1-4。

基坑与周边主要建筑物关系 表 1-4

编号	建筑物名称	对应里程	水平净距	基坑深度	围护形式	备注
×××	×××	×××	×××	×××	×××	×××

1.2.2 周边地下管线

施工前期组织专门的管线调查小组，收集施工影响范围内的所有管线图纸和管线竣工资料。根据设计图纸，确定施工用地范围内影响施工的地下管线主要为供水和电力管线，地下管线调查见表 1-5。

地下管线调查 表 1-5

序号	管线名称	规格	埋深（m）	材质	接口形式	走向
1	燃气管线	DN500	4.9	钢管	焊接	湖光街处南北走向

1.2.3 既有过街天桥结构

3 号桥墩基础形式为桩基础，桩径为 1.0m，桩长 15.0m。4～11 号桥墩基础形式为扩大基础，基础底埋深约 5.0m。上部结构总体情况如图 1-3 所示。

图 1-3 上部结构总体情况

1.2.4 与既有过街天桥的相对位置关系

（1）3 号桥墩距离车站地下连续墙 $4.91m<0.4H=11.42m$（H为基坑深度），关系为接近，风险等级为一级。

（2）4～11 号桥墩距离车站地下连续墙 $3.87m<0.4H=11.42m$，关系为接近，风险等级为

一级。

与既有过街天桥的相对位置关系如图 1-4 所示。

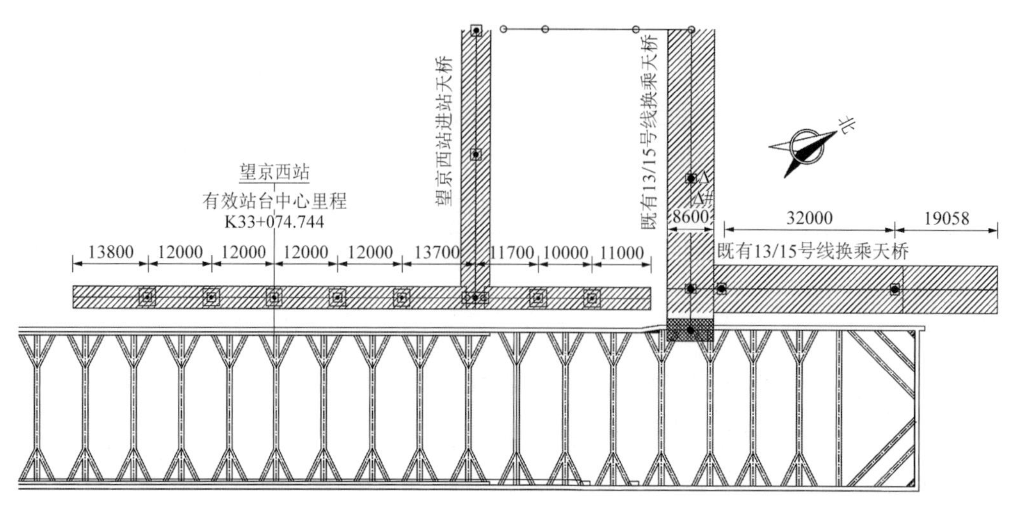

图 1-4 与既有过街天桥的相对位置关系平面示意图（尺寸单位：mm）

1.2.5 过街天桥风险源保护措施

本工程采用“复合锚杆桩”对 13 号线进站天桥和车站基坑围护结构之间的土体进行加固处理，打设两排隔离桩，纵向间距 800mm，横向间距 800mm，呈梅花形布置，目前已施作完成。

1.2.6 新建换乘天桥桩基托换工程概况

望京西站东换乘天桥位于城铁 13 号线望京西站东入口处。桥梁共 7 跨，全长 122m，主桥全宽 6.2～8.5m。主桥上部结构为 2 跨简支钢箱梁，跨径为2×27.5m。南侧梯道 3 跨，跨径为（$7.7 + 16.9 + 10.3$）m。北侧梯道 2 跨，跨径为2×16m。

地铁 13 号线望京西站与 15 号线望京西站通过 13/15 号线换乘天桥进行换乘，换乘天桥 A 桥、B 桥上部结构均为双跨两箱室钢箱梁，下部结构为钢制桥墩，桥墩基础均采用单桩基础。

新建换乘天桥桩基托换基于原 13、15 号线望京西站换乘天桥，拆除原 A3 桥桩，而新建 A3 桥桩将偏移 7.5m。换乘天桥平面及剖面如图 1-5 所示。

1.2.7 既有地铁 15 号线望京西站及区间工程概况

地铁 15 号线望京西车站一期一段于 2010 年 12 月 30 日开通启用。该车站为地下两层双柱三跨箱形框架结构，岛式站台设计，车站全长 311.6m，标准段宽度 22.7m，车站高度 13.6m，底埋深约 17.00m，覆土深度约 3.40m。车站侧墙厚度标准段为 700mm（盾构下沉段为 800mm）。采用明挖法施工，围护桩结构采用ϕ800mm@1200mm 灌注桩。

15 号线关庄—望京西站区间采用盾构法施工，区间结构外径为 6m，管片厚度 0.3m，埋深约为 12.1m。

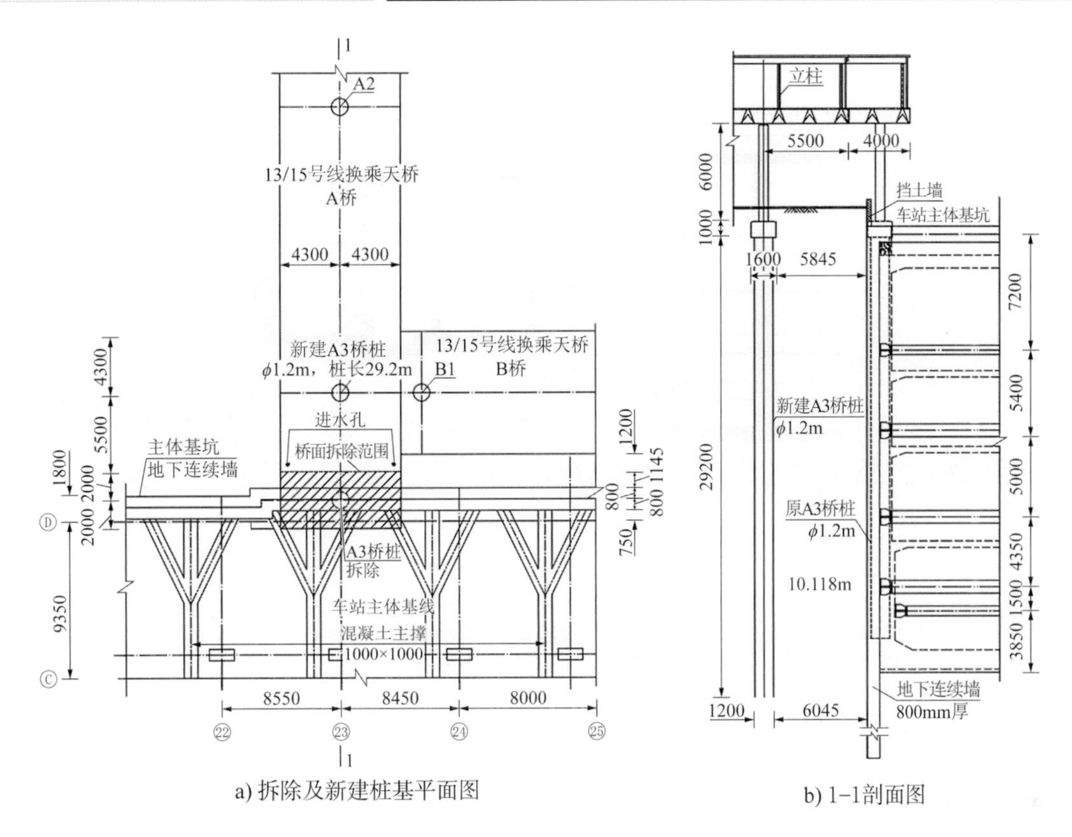

a) 拆除及新建桩基平面图　　b) 1−1剖面图

图 1-5　换乘天桥平面及剖面示意图（尺寸单位：mm）

1.2.8　与既有 15 号线望京西站相对关系

新建地铁 17 号线望京西站主体与既有地铁 15 号线望京西站、关庄—望京西站区间平面位置关系如图 1-6 所示，剖面位置关系如图 1-7、图 1-8 所示。新建地铁 17 号线车站与既有车站主体结构水平净间距最小为 13m，与车站主体结构水平净间距最小为 6.9m，工程风险等级为一级。

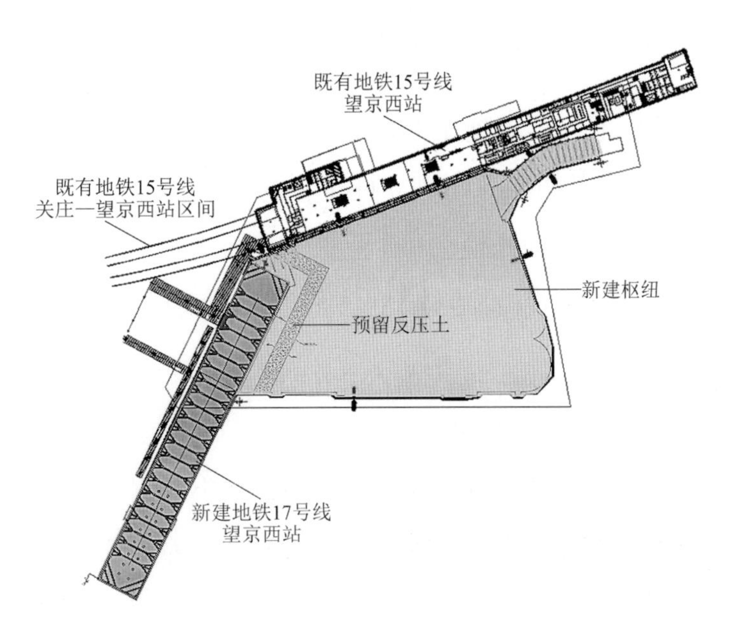

图 1-6　新建 17 号线望京西站与既有车站主体、区间平面位置关系示意图

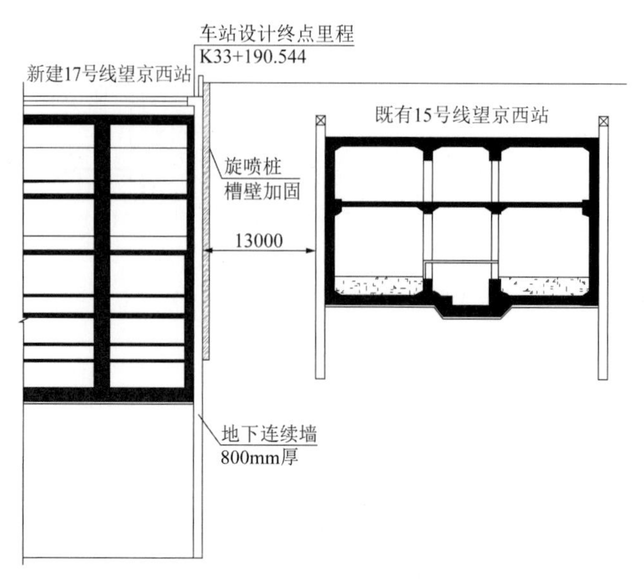

图 1-7 新建 17 号线望京西站与既有地铁 15 号线望京西站剖面位置关系示意图（尺寸单位：mm）

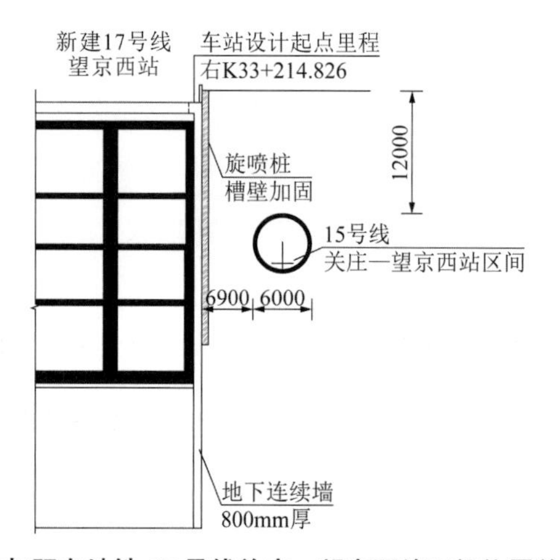

图 1-8 新建 17 号线望京西站与既有地铁 15 号线关庄—望京西站区间位置关系示意图（尺寸单位：mm）

1.2.9 与既有 13/15 号线换乘天桥关系

受 17 号线车站主体地下连续墙施工的影响，需要在 13/15 号线换乘天桥 A3 桥桩东侧 7.5m 处进行托换处理，并考虑切除原雨棚立柱位置的 A 桥 4m 钢箱梁桥面。车站主体明挖段邻近 13/15 换乘天桥 B1、B2 和托换后 A3 桥桩，其结构水平净间距为 6.85m，工程风险等级为一级。新建地铁 17 号线望京西站与 13/15 号线换乘天桥平面位置关系如图 1-9 所示。

1.2.10 邻近既有车站与既有线路风险源保护措施

本工程对邻近 13/15 号线换乘通道桥墩 16m 范围内地下连续墙施工前施作 ϕ800mm@500mm 旋喷桩加固，桩长 32.882m，对邻近 15 号线望京西站及关庄—望京西站区间在地下连续墙施工前施作ϕ800mm@500mm 旋喷桩加固，桩长 25m。13/15 号线换乘通道桥墩托换工程目前已施作完成。

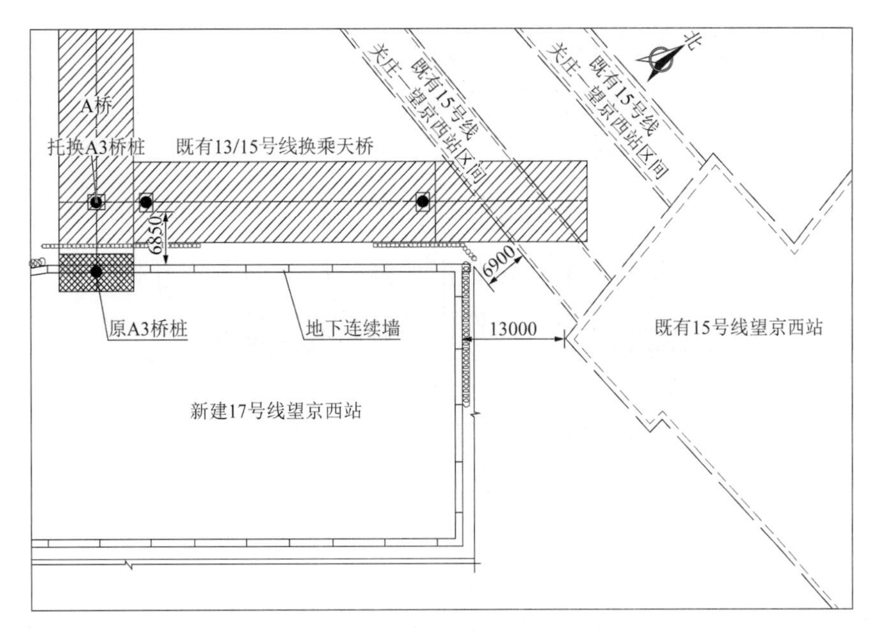

图 1-9 新建 17 号线望京西站与既有换乘天桥桥墩平面位置关系示意图（尺寸单位：mm）

1.3 基坑支护、地下水控制及土方开挖设计

1.3.1 围护结构形式

基坑开挖深度约为 29.00m，基坑宽度为 27.7～28.25m。标准段围护结构采用 800mm 厚的地下连续墙，嵌固深度 14m，墙顶设冠梁，非结建段冠梁兼作压顶梁，结建段冠梁不兼做压顶梁。

1.3.2 地下水控制

采用基坑内疏干降水方案，本工程基坑涌水量的计算范围为车站主体及附属结构。按“封闭式疏干降水”模型考虑，坑内疏干井以“均匀布置”为原则，井间距控制在 15～20m 范围内，共设置 24 眼管井。

1.3.3 土方开挖设计

总体施工顺序：由于湖光中街断路时间不能明确，导致车站北端土方开挖不能连续施工。为保证通车节点，在车站北侧 180m 处增加临时止水帷幕（采用 800mm 厚素混凝土地下连续墙，临时止水帷幕嵌入隔水层 2m）。第一期施工明挖基坑部分，第二期在湖光中街断路交通导改完成后再连续施工剩余明挖基坑部分，两期明挖基坑施工方法相同。

南段（180m）明挖基坑施工顺序：受北侧冠梁及第一道混凝土支撑流水作业影响，第一道混凝土支撑与第二道钢支撑范围内土方由两端向中间开挖，在车站南端、北端设置出土口。在两端填土施作运输车行走马道，填土采取放坡形式，坡度不宜超过 60°。首层开挖高度宜大于机械作业高度；南段 180m 冠梁施工完成后，第二道钢支撑以下基坑的土方由南向北依次开挖，在临时止水帷幕处进行放坡设置出土通道，整体放坡开挖至临时止水帷幕。

北段明挖基坑施工顺序：湖光中街断路后，施作北段围护结构地下连续墙及冠梁、打设疏干井，逐步破除护坡喷射混凝土，临时止水帷幕自上而下随开挖逐步破除，两侧预留反压土台（宽 2m）、中间进行拉槽放坡开挖，最后由北端收土。

1.4 施工平面布置

车站西侧为施工区域，在施工阶段，地面按照临建方案实施硬化，以满足履带式起重机行走需求。南段主体结构施工完成、土方回填后局部地面进行硬化，供材料存放区和通道使用。

车站东侧为生活区，设置 2 栋 3 层集装箱房，1 排砖砌房屋。

1.5 施工目标

1）工期目标

望京西站计划开竣工日期为 2018 年 4 月 15 日—2022 年 5 月 30 日，南段计划开工日期为 2018 年 4 月 15 日，完工日期为 2020 年 12 月 21 日，北段计划开工日期为 2021 年 9 月 10 日，完工日期为 2022 年 5 月 30 日，其中基坑土方开挖时间为 2019 年 8 月 1 日—2020 年 8 月 10 日（南段）、2021 年 10 月 1 日—2021 年 12 月 30 日（北段）。

2）质量目标

（1）杜绝二级及以上质量事故和舆情事件的发生，减少一级质量事故；克服质量通病，遏制工程质量缺陷；确保结构安全和使用寿命。

（2）工程建设符合国家规划、环保及水土保持、节能和新技术应用等要求；内审、外审均不可出现严重不合格项。

（3）检验批、分项、分部工程施工质量检验合格率 100%，单位工程一次验收合格率 100%。

3）安全目标

（1）杜绝伤亡事故。

（2）遏制较大危险性事件。不发生较大及以上生产安全事件。

（3）及时消除重大事故隐患。建立和落实风险分级管控和隐患排查治理双重预防工作机制，确保风险管控和隐患排查整治到位。

（4）严防安全生产失信惩戒。杜绝发生因项目部安全生产违法行为导致集团公司被国家有关部委实施联合惩戒或纳入“黑名单”。

1.6 风险辨识与分级

本基坑为一级风险工程，施工过程中应加强对基坑变形及围护结构受力的监测，确保工程安全。

基坑附近存在较多风险源，施工单位进场后应进一步核实天桥及管线，避免遗漏，并对天桥的既有情况、管线的渗漏水情况进行详查，同时对渗漏水严重的管线进行防渗处理。此外，基坑施工期间应对基坑附近风险源加强监测。

对于场地内的人工填土，由于其结构松散，性质不均，处于欠固结状态，因此在进行基坑开挖及支护时，应引起足够重视，谨慎操作，以防基坑坍塌。

施工中对于管线改移后的风险工程变化情况应及时与设计沟通，做好防护措施。

本站明挖基坑工程相关风险源评估见表 1-6。

风险源评估　　表 1-6

序号	作业活动单元	活动内容	可能存在的隐患	潜在事故类型	危险、有害因素评价				危害级别
					事故发生可能性L	人员暴露频率E	后果严重程度C	风险大小D	
1	施工准备	技术交底	安全技术交底未覆盖全部参建人员	其他	3	2	7	42	2
……	……	……	……	……	……	……	……	……	……

1.7 参建各方责任主体单位

（1）建设单位：×××。

（2）监理单位：×××。

（3）勘察单位：×××。

（4）设计单位：×××。

（5）施工单位：×××。

2 编 制 依 据

2.1 编制说明

本项目地铁明挖车站深基坑施工，最大开挖深度 31.6m，依据《危险性较大的分部分项工程安全管理规定》(中华人民共和国住房和城乡建设部令第 37 号）和《住房城乡建设部办公厅关于实施〈危险性较大的分部分项工程安全管理规定〉有关问题的通知》(建办质〔2018〕31 号）的相关规定，其属于“超过一定规模的危险性较大的分部分项工程”，因此需编制专项方案，并经专家论证。

2.2 法律依据

(1)《中华人民共和国安全生产法》(中华人民共和国主席令〔2014〕第 13 号令)。

(2)《建设工程安全生产管理条例》(中华人民共和国国务院令第 393 号)。

(3)《地下铁道工程施工质量验收标准》(GB/T 50299—2018)。

(4)《地下铁道工程施工标准》(GB/T 51310—2018)。

(5)《混凝土结构工程施工规范》(GB 50666—2011)。

(6)《混凝土质量控制标准》(GB 50164—2011)。

(7)《混凝土强度检验评定标准》(GB/T 50107—2010)。

(8)《混凝土结构工程施工质量验收规范》(GB 50204—2015)。

(9)《建筑地基基础工程施工质量验收标准》(GB 50202—2018)。

(10)《建筑边坡工程技术规范》(GB 50330—2013)。

(11)《建筑工程抗震设防分类标准》(GB 50223—2008)。

(12)《建筑基坑工程监测技术标准》(GB 50497—2019)。

(13)《城市轨道交通工程监测技术规范》(GB 50911—2013)。

(14)《工程测量标准》(GB 50026—2020)。

(15)《城市轨道交通地下工程建设风险管理规范》(GB 50652—2011)。

(16)《混凝土外加剂应用技术规范》(GB 50119—2013)。

(17)《施工现场临时用电安全技术规范》(JGJ 46—2005)。

(18)《建筑机械使用安全技术规程》(JGJ 33—2012)。

(19)《建筑地基处理技术规范》(JGJ 79—2012)。

(20)《建筑基坑支护技术规程》(JGJ 120—2012)。

（21）《建筑变形测量规范》（JGJ 8—2016）。

（22）《建筑桩基技术规范》（JGJ 94—2008）。

（23）《钢筋机械连接技术规程》（JGJ 107—2016）。

（24）《钢筋焊接及验收规程》（JGJ 18—2012）。

（25）《建筑与市政工程地下水控制技术规范》（JGJ 111—2016）。

（26）《城市轨道交通工程资料管理规程》（DB11/T 1448—2017）。

（27）《地下连续墙施工技术规程》（DB11/T 1526—2018）。

（28）《建筑基坑支护技术规程》（DB11/489—2016）。

（29）《地铁工程监控量测技术规程》（DB11/490—2007）。

（30）《基坑工程内支撑技术规程》（DB11/940—2012）。

（31）《建设工程施工现场安全防护、场容卫生及消防保卫标准》（DB11/945—2012）。

（32）《北京市建设工程施工现场管理办法》（根据北京市人民政府 277 号令修改）。

（33）《住房城乡建设部办公厅关于实施〈危险性较大的分部分项工程安全管理规定〉有关问题的通知》（建办质〔2018〕31 号）。

（34）《危险性较大的分部分项工程安全管理规定》（中华人民共和国住房和城乡建设部令第 37 号）。

（35）关于印发《北京市房屋建筑和市政基础设施工程危险性较大的分部分项工程安全管理实施细则》的通知（京建法〔2019〕11 号）。

（36）《关于印发起重机械、基坑工程等五项危险性较大的分部分项工程施工安全要点的通知》（建安办函〔2017〕12 号）。

2.3 项目文件

（1）施工合同。

（2）北京地铁 17 号线望京西站主体围护结构施工图。

（3）北京地铁 17 号线望京西站主体围护结构施工图变更。

（4）北京地铁 17 号线望京西站主体围护结构施工图设计交底。

（5）北京地铁 17 号线望京西站主体围护结构施工图图纸会审记录。

（6）《北京地铁 17 号线工程勘察 02 合同段望京西站岩土工程勘察报告》。

（7）《北京地铁 17 号线工程勘察 02 合同段管线初步调查技术报告（2014 测量 067号）》。

（8）北京地铁 17 号线工程设计技术工作联系单《关于回复“北京地铁望京西站北端冠梁、混凝土支撑设计方案优化”的函》（JL-BJM17-03-JG-2021-010）。

（9）施工现场调查资料。

（10）政府及建设单位相关文件。

3 施 工 计 划

3.1 施工进度计划

望京西站围护及主体结构总体分南北两段施工。主体结构以15/16轴变形缝为界，南段分为5仓、北段分为4仓，共9仓。围护结构于23轴处设置临时止水帷幕，16～22轴土方分级放坡开挖、挂网喷锚临时支护。先施工南段68幅地下连续墙、5幅止水帷幕及5仓主体结构，使用单台成槽机施工，计划2020年12月完成，车站北端湖光中街断路后，再施工北段剩余20幅地下连续墙及4仓主体结构，同时使用单台成槽机施工，计划2022年5月完成。主要工序施工进度计划见表3-1。

主要工序施工进度计划 表3-1

序号	部位	计划开始时间	计划完成时间	天数（d）
1	南段围护结构	2018年4月15日	2019年7月30日	471
2	南段土方开挖	2019年8月1日	2020年8月10日	375
3	南段主体结构	2019年12月20日	2020年12月21日	367
4	北段围护结构	2021年9月10日	2021年9月30日	20
5	北段土方开挖	2021年10月1日	2021年12月30日	90
6	北段主体结构	2021年10月30日	2022年5月30日	212
总施工天数				1535

3.2 材料计划

主要材料及周转材料使用计划见表3-2、表3-3。

主要材料使用计划 表3-2

序号	材料名称	材质或等级	规格	单位	总数量	需求计划				
						2018年	2019年	2020年	2021年	2022年
1	钢筋	HPB300	ϕ10～20mm	t	680	210	120	150	110	90
2	钢筋	HRB400	ϕ12～32mm	t	1165	325	280	220	230	110
3	地下连续墙混凝土	混凝土	C30	m^3	3005	1010	820	610	360	205
4	结构混凝土	混凝土	C40	m^3	1236	25	360	376	310	165

周转材料使用计划 表 3-3

序号	名称	材质或等级	规格	单位	总数量	需求计划		
						2019 年	2020 年	2021 年
1	钢支撑	Q235B	ϕ609mm×16mm	t	686.3	384.3	82.3	219.6
2	钢支撑	Q235B	ϕ800mm×16mm	t	2500.8	1400.4	300.0	800.2
3	角钢	Q235B	∟140×16mm	t	288.0	161.3	34.5	92.1
4	工字钢	Q235B	I56b	t	310.3	173.8	37.2	99.3

3.3 设备计划

主要机械、设备计划见表 3-4。

主要机械、设备计划 表 3-4

序号	机械名称	规格或型号	生产能力	单位	数量	进场时间	退场时间	来源
1	履带式起重机	SCC3000	300t	台	1	2018 年 4 月 1 日	2019 年 8 月 15 日	租赁
2	履带式起重机	SCC1500	150t	台	1	2018 年 4 月 1 日	2019 年 8 月 15 日	租赁
3	成槽机	GB60	80m	台	1	2018 年 4 月 1 日	2019 年 8 月 15 日	租赁
4	挖掘机	DX225LC-9C	1.0m^3	台	2	2019 年 7 月 28 日	2021 年 12 月 30 日	租赁
5	挖掘机	DH225LC-9	1.0m^3	台	2	2019 年 8 月 21 日	2021 年 12 月 1 日	租赁
6	长臂挖掘机	ZL323	0.6m^3	台	1	2019 年 9 月 15 日	2021 年 12 月 30 日	租赁
7	挖掘机	SY60C	0.2m^3	台	2	2019 年 8 月 21 日	2021 年 12 月 1 日	租赁
8	渣土运输车	Y21	—	辆	12	2019 年 7 月 28 日	2021 年 12 月 30 日	租赁
9	门式起重机	—	10t + 10t	台	2	2019 年 7 月 28 日	2022 年 5 月 30 日	新购
10	装载机	L933	50 马力	台	1	2019 年 7 月 28 日	2021 年 12 月 30 日	自有
11	钢筋箍筋弯曲机	GF-25	—	台	1	2019 年 7 月 28 日	2021 年 12 月 30 日	自有
12	钢筋切断机	GQ40	—	台	1	2019 年 7 月 28 日	2021 年 12 月 30 日	自有
13	除尘风送式喷雾机	40	—	台	2	2019 年 7 月 28 日	2022 年 5 月 30 日	自有

3.4 劳动力计划

按照工序作业需要配置劳动力，见表 3-5。

劳动力计划 表 3-5

序号	工种	总人数	需求计划				
			2018 年	2019 年	2020 年	2021 年	2022 年
1	焊工	6	4	6	5	5	4
2	起重工	2	2	2	2	2	—

续上表

序号	工种	总人数	需求计划				
			2018 年	2019 年	2020 年	2021 年	2022 年
3	信号工	2	2	2	2	2	2
4	模板工	8	4	8	8	6	6
5	钢筋工	12	8	12	12	8	8
6	混凝土工	6	4	6	6	6	6
7	普工	8	6	8	8	8	6

4 施工工艺技术

4.1 技术参数

4.1.1 地下连续墙技术参数

（1）地下连续墙 88 幅 + 5 幅临时止水帷幕。

（2）地下连续墙混凝土强度等级为 C35。

（3）地下连续墙厚度 800mm、深 40.8m（成槽深度 43m），标准槽段设计幅宽 6m。

（4）主要钢筋规格：ϕ32mm、ϕ28mm、ϕ25mm、ϕ22mm、ϕ20mm、ϕ18mm。

（5）主筋保护层厚度为 70mm。

（6）槽段接头 H 型钢尺寸：720mm × 400mm。

（7）临时止水帷幕为素混凝土地下连续墙，宽度 800mm，幅宽 5.9m、5.6m。

4.1.2 坑内疏干井技术参数

（1）管井 24 眼，井深 37m，间距 24～26m。

（2）管井井径 600mm，管径（外径/壁厚）为 219mm/4mm。

（3）井管类型：桥式滤水管。

（4）滤料粒径：2～7mm。

（5）纱网：100 目。

（6）聚氯乙烯（PVC）排水管直径：50mm。

4.1.3 主要机械设备技术参数

（1）SCC3000 型履带式起重机主臂额定荷载见表 4-1。

SCC3000 型履带式起重机主臂额定荷载（单位：t）　　表 4-1

工作幅度（m）	主臂长度（m）					
	44	47	50	53	56	59
6	190	180	—	—	—	—
7	178.2	169.2	160.2	151.2	142.2	133
8	167.2	162.2	156.2	148.2	139.2	132.3

续上表

工作幅度（m）	主臂长度（m）					
	44	47	50	53	56	59
9	154.3	151.8	148.3	142.7	134.2	128.3
10	139.1	137.2	135	132.3	127.7	123.1
12	116.9	114.2	112.5	109.8	107.1	105.3
14	99.9	98.1	95.4	93.6	91.8	90

（2）SCC1500 型履带式起重机主臂额定荷载见表 4-2～表 4-4。

SCC1500 型履带式起重机主臂额定荷载表（一）（单位：t）　　表 4-2

工作幅度（m）	主臂长度（m）						
	18	21	24	27	30	33	36
5	155.0	135.3	—	—	—	—	—
6	137.0	129.8	120.3	106.1	—	—	—
7	118.5	118.2	107.8	101.8	95.7	85.8	—
8	98.9	98.8	98.7	98.5	90.1	83.9	77.9
9	82.5	82.2	82.1	82.0	81.9	81.7	74.7
10	70.6	70.5	70.2	70.1	70.0	69.9	69.7
12	54.6	54.4	54.2	54.1	54.0	53.9	53.7
14	44.3	44.2	44.0	43.8	43.7	43.6	43.4
16	37.3	37.0	36.8	36.5	36.3	36.2	36.1

SCC1500 型履带式起重机主臂额定荷载表（二）（单位：t）　　表 4-3

工作幅度（m）	主臂长度（m）						
	39	42	45	48	51	54	57
8	70.8	—	—	—	—	—	—
9	68.7	64.5	58.7	—	—	—	—
10	64.8	62.2	57.9	54	49.3	45.5	41.8
12	53.6	53.4	53.2	50.9	47.2	44.2	41.4
14	43.2	42.9	42.9	42.8	42.7	42.5	38.7
16	36.0	35.8	35.7	35.6	35.5	35.3	35.2

SCC1500 型履带式起重机主臂额定荷载表（三）（单位：t） 表 4-4

工作幅度（m）	主臂长度（m）					
	60	63	66	69	75	81
12	39.2	35	31.5	—	—	—
14	36.7	33.6	30.9	28.3	122.7	—
16	33.3	30.8	28.6	26.5	22.1	20.6

（3）宝峨 GB60 型地下连续墙液压抓斗。

①成槽宽度：0.3～1.5m。

②成槽深度 80m。

③卷扬机拉力：2 × 300kN。

④最大提升力：600kN。

（4）河南矿山 MDE（10-10）t 单梁双小车吊钩门式起重机。

①起重量：15（10 + 10）t。

②跨度：30.2m。

③主起升速度：1～10m/min。

④主起升高度：轨上 9m、轨下 30m。

⑤大车运行速度：3～30m/min。

⑥小车运行速度：3～30m/min。

（5）河南矿山 MHE（10-10）t 双电动葫芦门式起重机。

①起重量：（10 + 10）t。

②跨度：30.2m。

③主起升速度：7m/min。

④主起升高度：轨上 9m、轨下 30m。

⑤大车运行速度：22.5m/min。

⑥小车运行速度：20m/min。

4.2 总体施工方案

望京西站深基坑土方开挖分 2 个阶段施工，第一阶段进行车站 180m（从南往北计算）的土方开挖，确保能施工车站主体结构 100m；第二阶段进行车站剩余基坑土方的开挖。

地下连续墙施工完成以后，先对现有场地路面进行破除，进行地下连续墙检测，之后施作冠梁及第一道混凝土支撑（望京西站第 20～28 轴支撑待北段交通导改完成后实施）、并进行挡土墙施工，待冠梁及混凝土撑达到设计强度、挡土墙施工满足开挖要求，降水井启动 14d 后且水位在开挖面以下 1m 时再进行土方开挖、钢支撑架设。土方开挖采用台阶法开挖，竖向每层开挖高度以上下钢支撑安装高度为准，作业平台为 12m（4 道钢支撑）左右，开挖至钢支撑下方 0.5m 后，及时架设钢支撑，钢支撑通过预埋钢板固定在地下连续墙上。土方开挖至基底设计高程并清理后，及时会同勘察单位、设计单位、建设单位、监理单位共同验槽，合格后方能进行主体结构施工。

4.3 工艺流程

总体施工工艺流程如图 4-1 所示。

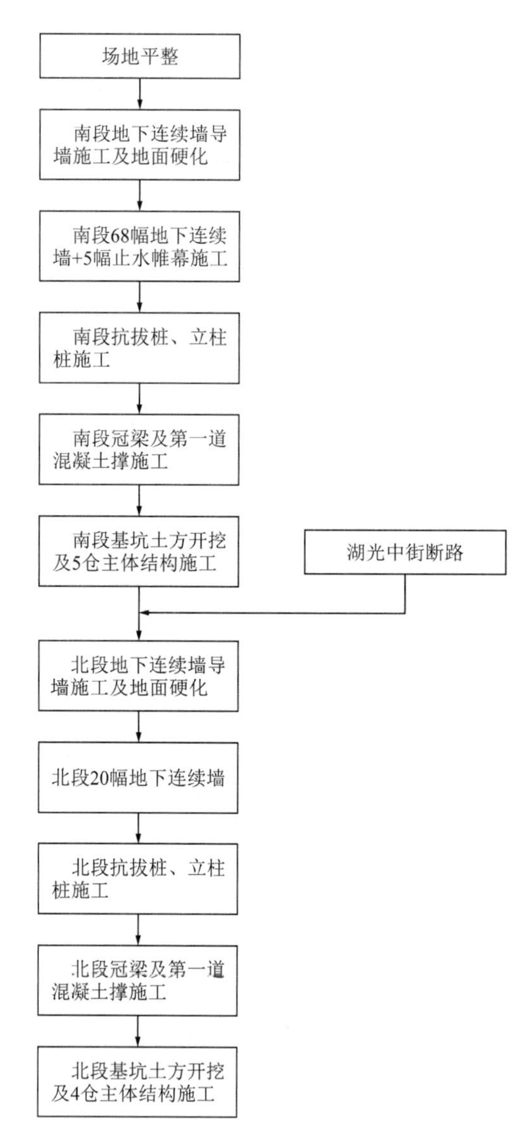

图 4-1 总体施工工艺流程图

4.4 地下连续墙施工

因场地限制，先施工一端的地下连续墙，再施工另一端的地下连续墙。采用首开和连接的施工方式，共有 4～6 个首开，其余采用跳槽连接方式施工。

4.4.1 地下连续墙施工流程

地下连续墙施工流程如图 4-2 所示。

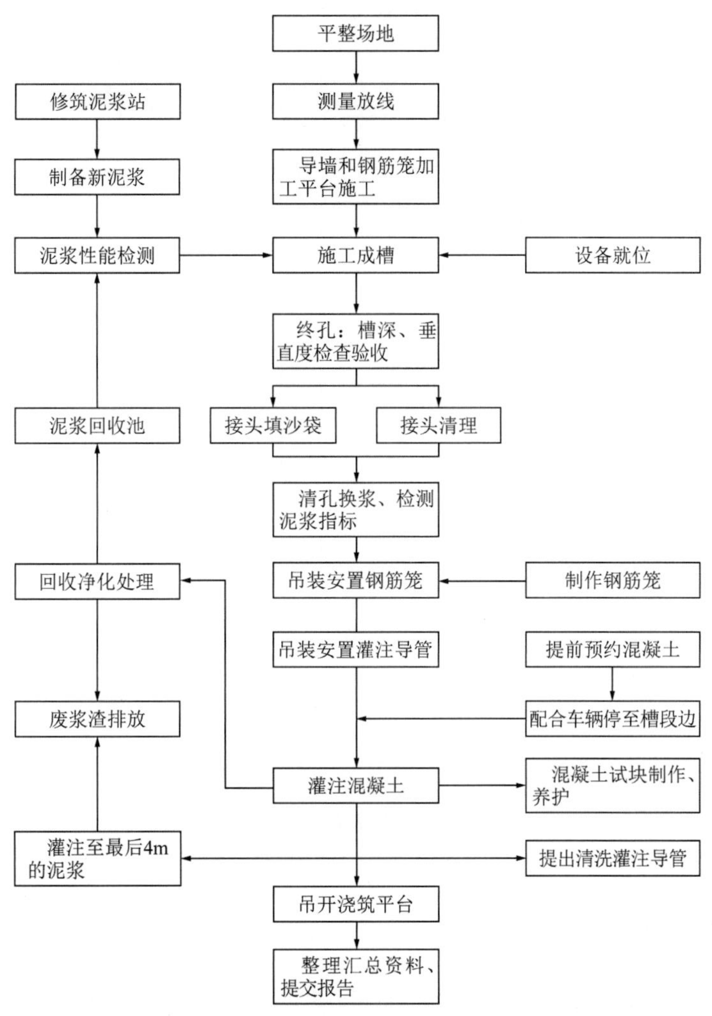

图 4-2 地下连续墙施工流程图

4.4.2 地下连续墙槽段分幅

本工程地下墙总体按原设计分幅，局部困难槽段按现场实际情况进行调整。用油漆在导墙两侧顶部标记出槽段号和每个槽段施工的小槽孔号。按照孔号顺序施作地下连续墙。本车站设计地下连续墙采用 C35 混凝土，地下连续墙主筋保护层厚度为 70mm。地下连续墙标准槽段设计幅宽为 6m，车站主体地下连续墙共 88 幅，其中一字形 84 幅，L 形 3 幅，T 形 1 幅。

4.4.3 地下连续墙质量控制要点

地下连续墙质量控制要点体系如图 4-3 所示。

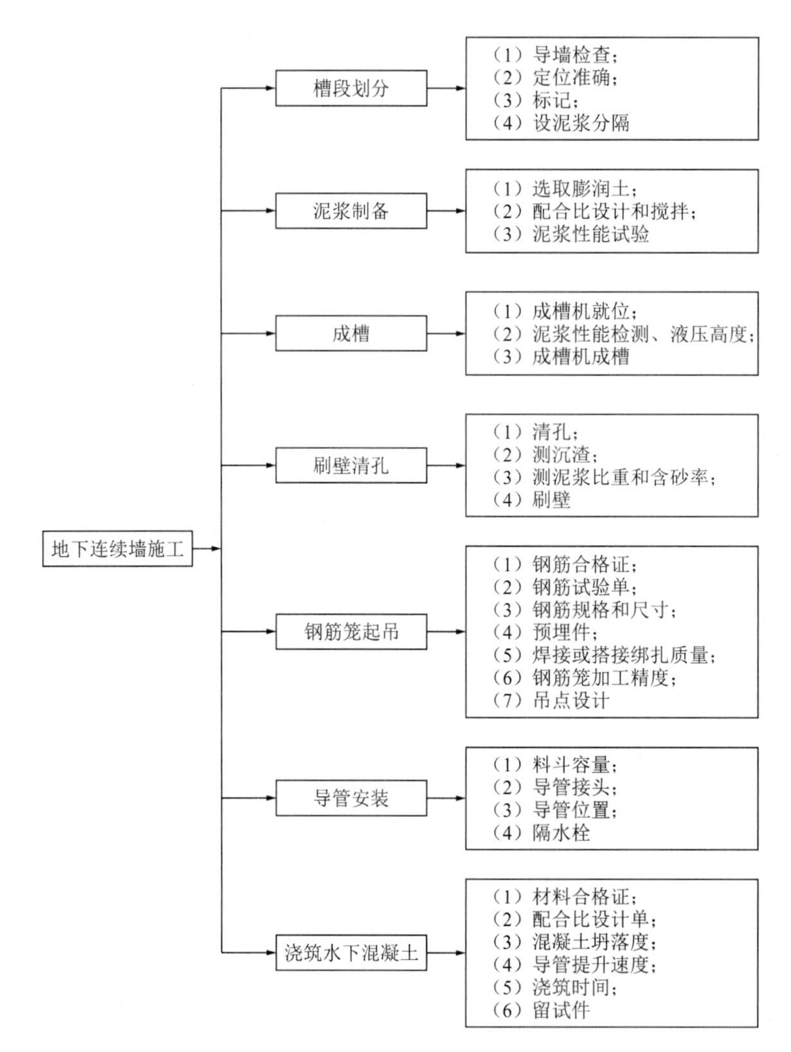

图 4-3　地下连续墙控制要点体系图

4.4.4　地下连续墙工艺原理

该工法的基本原理是在拟建地下连续墙的地面上，先行构筑导墙，使用液压抓斗沿导墙壁挖土，并用倾斜仪测定抓斗的垂直度，再通过操作纠偏液压推板、调整液压抓斗的垂直状况来控制成槽精度。在挖槽的同时采用泥浆护壁，防止壁面土体坍落。在成槽结束后，通过扫孔清孔工序，清除槽底浮土，提高墙体承载力，之后用超声波检测仪检测槽壁垂直度，最后放入钢筋笼，从而进行水下混凝土浇筑。

4.4.5　泥浆系统

泥浆主要在地下连续墙挖槽过程中起护壁作用。泥浆护壁技术是地下连续墙工程基础技术之一，其质量的好坏将直接关系到地下连续墙的质量与安全。

设计要求泥浆制作所用原料应符合技术性能要求，制备时应符合制备的配合比。制浆材料：护壁泥浆由膨润土掺加适量羧甲基纤维素（CMC）外加剂、纯碱和水拌制而成。配制过程：先配制 CMC 溶液静置 5h，按配合比在搅拌筒内加水，加膨润土，搅拌 5min 后，再加入 CMC 溶液，搅拌 5min，再加入纯碱，搅拌均匀后放入储浆池内，待 24h 后，膨润土颗粒充分水化膨胀，即可泵入循环池，以备使用。

1）泥浆系统工艺流程

泥浆系统工艺流程如图 4-4 所示。

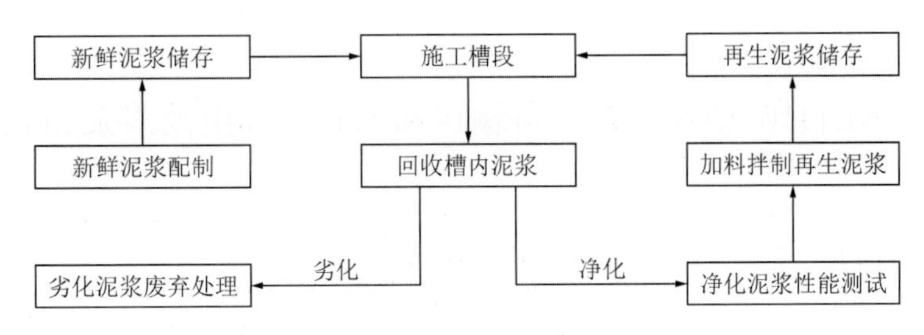

图 4-4 泥浆系统工艺流程图

2）泥浆配制

（1）采用的材料

①膨润土：商品膨润土。

②水：自来水。

③分散剂：纯碱（Na_2CO_3）。

④增稠剂：CMC（羧甲基纤维素钠，高黏度，呈粉末状）。

（2）泥浆配合比设计

新鲜泥浆基本配合比见表 4-5。

新鲜泥浆基本配合比　　表 4-5

土层类型	膨润土（%）	纯碱 Na_2CO_3（%）	增稠剂 CMC（%）
黏性土	8～10	0～0.5	0～0.02
砂性土	8～10	0～0.5	0～0.05

（3）泥浆配制

泥浆配制工艺流程如图 4-5 所示。

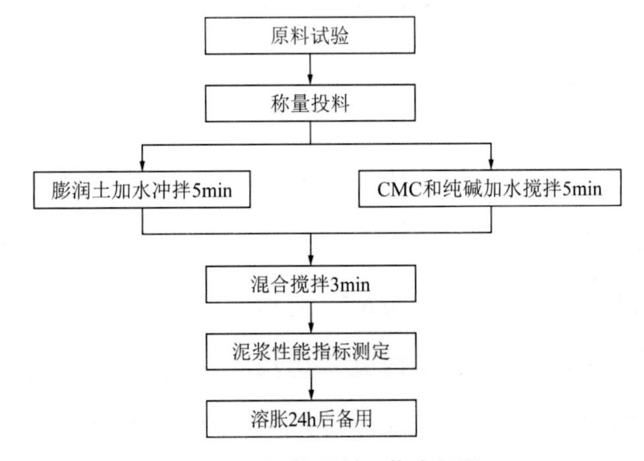

图 4-5 泥浆配制工艺流程图

（4）泥浆储存

根据现场施工环境的情况，在现场设置一个 35m × 6m × 3m（地下部分深 1.8m，地上部分深 1.2m）的泥浆池，将其分为新浆池、循环浆池、废浆池，以储存成槽所需泥浆及废浆。

在施工管理上应将废浆及时外运，并经常进行清箱，以便提高泥浆利用率和泥浆质量。

（5）泥浆循环

泥浆循环采用 NL1110 型泥浆泵进行输送和回收，其由泥浆泵和软管组成泥浆循环管路。

（6）泥浆再生处理

循环泥浆经过分离净化之后，虽清除了混入其间的土渣，但并未恢复其原有的护壁性能，由于泥浆在使用过程中，要与地基土、地下水接触，并在槽壁表面形成泥皮，此举将消耗泥浆中的膨润土、纯碱和 CMC 等成分，且受混凝土中水泥成分和有害离子的污染从而削弱了护壁性能。因此，循环泥浆经过分离净化之后，还需调整其性能指标，恢复其原有的护壁性能，此为泥浆的再生处理。泥浆调整、再生及废弃标准见表 4-6。

泥浆调整、再生及废弃标准 表 4-6

泥浆的试验项目	调整标准	再生标准	废弃标准
相对密度	>1.15	<1.1	>1.20
含砂率（%）	>8%	<6%	>10%
黏度（pa · s）	35	24～35	40
失水量（ml/30min）	>25	<25	>35
泥皮厚度（mm/30min）	>3.5	<3.0	>4.0
pH 值	>10.75	8～10.5	<7.0 或>12.0

①净化泥浆性能指标测试

通过对净化泥浆的相对密度、pH 值和黏度等性能指标的测试，了解净化泥浆中主要成分膨润土、纯碱与 CMC 等成分的消耗程度。

②补充泥浆成分

补充泥浆成分的方法是向净化泥浆中补充膨润土、纯碱和 CMC 等成分，使净化泥浆基本上恢复其原有的护壁性能。

向净化泥浆中补充膨润土、纯碱和 CMC 等成分，可采用重新投料搅拌的方法，如大量的净化泥浆均要做再生处理，为了保持施工进度，可采用先配制浓缩新鲜泥浆，再把浓缩新鲜泥浆掺加到净化泥浆中，用泥浆泵冲拌的做法来调整净化泥浆的性能指标，使其基本恢复原有的护壁性能。

③再生泥浆使用

尽管再生泥浆基本恢复了原有的护壁性能，但其性能仍不如新鲜泥浆优越。因此，再生泥浆不宜单独使用，应同新鲜泥浆掺和在一起使用。

（7）劣化泥浆处理

劣化泥浆是指浇筑墙体混凝土时，同混凝土接触从而受水泥污染而变质劣化的泥浆经过多次重复使用，其黏度和相对密度已经超标却又难以分离净化，促使其黏度降低且相对密度超标的泥浆。

劣化泥浆先用泥浆池暂时收存，再用罐车装运外弃。在不能用罐车装运外弃的特殊情况下，则采用泥浆脱水或泥浆固化的方法处理劣化泥浆。

（8）泥浆质量控制

规定泥浆质量控制指标，为的是使泥浆具有必要的性能。适用于本工程的泥浆质量控制指标见表 4-7。

泥浆质量控制指标 表 4-7

泥浆性能	新配制		循环泥浆		废弃泥浆		检验方法
	黏性土	砂性土	黏性土	砂性土	黏性土	砂性土	
相对密度	1.0～1.05	1.06～1.08	<1.10	<1.15	>1.25	>1.35	密度计
黏度（pa · s）	20～24	25～30	<25	<35	>50	>60	漏斗计
含砂率（%）	<3	<4	<4	<7	>8	>11	洗砂瓶
pH 值	8～9	8～9	>8	>8	>14	>14	试纸

（9）泥浆施工管理

①各类泥浆性能指标均应符合国家规范、地方规范和施工组的规定，并需经采样试验，达到合格标准的方可投入使用。

②成槽作业过程中，槽内泥浆液面应保持在不致外溢的最高液位，暂停施工时，浆面不应低于导墙顶面 30cm。

4.4.6 成槽施工

1）挖槽设备

本车站采用液压成槽抓斗施工。开槽前要注意按槽段编号测量好轴线，并做好记录。根据该工程的地质结构情况，单元槽段成槽采用抓冲结合的方法，利用液压抓斗完成土层中的成槽任务。

2）直线槽段成槽施工

用抓斗挖槽时，要使槽孔垂直，最关键的是要使抓斗在吃土阻力均衡的状态下挖槽，一种情况是抓斗两边的斗齿都吃在实土中；另一种情况是抓斗两边的斗齿都落在空洞中，切忌抓斗斗齿一边吃在实土中，一边落在空洞中。因此，单元槽段的挖掘顺序应为：

（1）先挖槽段的两端，或者采用挖好第一抓后，跳开一段距离再挖第二抓，使两抓之间留下未被挖掘过的隔墙，因此可使抓斗在挖剩下的隔墙时吃力均衡，可进行有效地纠偏，保证成槽垂直度。

（2）沿槽长方向套挖。待挖到设计深度后，再沿槽长方向套挖几斗，把成槽时因抓斗成槽的垂直度各不相同而形成的凹凸面修理平整，保证槽段横向呈现出良好的直线。

（3）挖除槽底沉渣。在抓斗沿槽长方向套挖的同时，把抓斗下放到槽段设计深度上以挖除槽底沉渣。

3）特殊槽段成槽施工

本工程地下连续墙有两种特殊形状槽段，分别为L形和T形。与一字形槽段相比，特殊形状槽段在施工中需采取相应措施以保证其施工质量要求。

（1）根据以往施工经验，特殊形状槽段比一字形槽段在成槽过程中更易发生槽壁塌方，故在该型槽段长度划分上尺寸不宜过大，满足抓斗取土尺寸即可。此外，施工中要加快成槽进度，尽可能缩短成槽时间并减少重型机械在该处来回移动，以保证槽壁稳定，防止出现塌方。

（2）对于三序成槽的折线槽段，采用先两边后中间的施工顺序，而转角及折线幅槽段采用先短边后长边抓法。

（3）地质勘察报告显示本工程地下有粉细砂层、中粗砂层、卵石层，故成槽补浆时应注意及时检测泥浆的黏度，必须保证泥浆的护壁性能，以防发生塌孔。

4）成槽机操作要领

（1）抓斗出入导墙口时要轻放慢提，防止泥浆掀起波浪，从而影响导墙下面及后面的土层稳定。

（2）无论使用何种机具成槽，在成槽机具挖土时，悬吊机具的钢索均不能发生松弛，一定要使钢索呈垂直张紧状态，其为确保成槽垂直精度的关键动作。

（3）成槽作业中，要时刻关注侧斜仪器的动向，及时纠正垂直偏差。

（4）单元槽段成槽完毕或暂停作业时，立即命令成槽机离开作业槽段。

5）成槽施工技术措施

（1）成槽前检查泥浆储备是否满足施工要求，施工机械是否完好，场内道路是否通畅，供浆管道和返浆沟及返浆池是否满足要求。

（2）成槽过程中，应根据地层变化及时调整泥浆指标，随时注意成槽速度、排土量、泥浆补充量之间的对比，以此判断槽内有无坍塌、漏浆现象，以便发现问题及时处理。

（3）成槽时，成槽机应垂直于导墙并在距导墙至少3m以外处进行停放。与此同时，为避免成槽机自重产生过大的应力集中，成槽机下应铺 20mm 厚的减压钢板。此外，成槽机起重臂倾斜度控制在 65°～75°之间，成槽过程中起重臂只做回转动作不做俯仰动作。

（4）由于混凝土绕流会给后开槽段施工带来较大的困难，因此在连续墙施工中，必须时刻注意接头处的偏差、扩孔情况。

地下连续墙成槽允许偏差见表 4-8。

地下连续墙成槽允许偏差 表 4-8

项目	允许偏差	检查频率		检查方法
		范围	点数	
成槽垂直度	3‰	每幅 3 线	每线每米一点	测斜仪
接头相邻两槽段的中心线	0～+50mm，并不能影响内部限界	—	—	—
挖槽深度	扫孔后不小于设计深度	—	—	测探吊线
槽底沉渣厚度	10cm	—	—	—

6）成槽施工注意事项

（1）挖槽时，抓斗中心平面应与导墙中心平面相吻合。

（2）为保证成槽质量，液压抓斗在开孔入槽前必须检查仪表是否正常，纠偏推板是否能工作，液压系统是否出现渗漏等。

（3）开始成槽时 6～7m 范围内的偏斜情况，对整孔的总精度影响很大，此时推板还未能工作，因此很可能遇到地下障碍，故挖掘速度不宜太快，应拎直抓斗，进行半悬空开挖，并使仪表显示精度保持在 1/500 左右。

（4）整个成槽过程中，纠偏工作应随时进行，使显示精度始终保持在良好范围内。

（5）发生较大偏斜后的纠偏要矫枉过正。在显示精度恢复到零位后，反向还要再纠挖一定深度（具体范围根据经验确定），之后再恢复到±1/500 的正常工艺继续开挖。若遇到纠不回来的特殊情况，需采用大吊车配合进行强行纠偏。

（6）整幅槽段挖到底后，必须进行扫孔。扫孔的目的是铲平抓接部位的壁面并挖除槽底沉渣。施工方法是有次序地从一端向另一端铲挖，每移动 50cm 左右，抓深控制在同一设计高程。此外，槽底的沉渣量对将来墙体的沉降影响很大，故必须认真扫孔，以保证清底后的槽底 50cm 内泥浆相对密度不大于 1.15，沉淀物淤积厚度不大于 100mm。

（7）在成槽过程中，应保证槽内泥浆液面高度保持在导墙脚趾面以上 500mm 且高于地下水 500mm 以上，特别是在成槽机提升过程中，随时注意注入新鲜泥浆。

（8）成槽过程中排出的泥浆应注意分类处理，挖出泥浆和土方应有固定场地堆放；可再次使用的泥浆应回收再利用；不可用的泥浆不得随意排入下水管道，应做沉淀处理后排出。沉淀后的泥渣可就地消化，也可和泥浆及土方晾晒至无泌水后运出施工现场。

7）挖槽土方外运

为保证工期，在白天和雨天成槽土方难以外运时也可进行挖槽作业，因此在工地上设置一个能容积为450m^3（30m × 10m × 1.5m，长 × 宽 × 高）的集土坑用于白天和雨天临时堆放挖槽湿土。

4.4.7 槽段检验

1）槽段检验内容

（1）槽段平面位置。

（2）槽段深度。

（3）槽段壁面垂直度。

2）槽段检验工具及方法

（1）槽段平面位置偏差检测

用测锤实测槽段两端的位置，两端实测位置线与该槽段分幅线之间的偏差即为槽段平面位置偏差。

（2）槽段深度检测

用测锤实测槽段左、中、右三个位置的槽底深度，三个位置的平均深度即为该槽段的深度。

（3）槽段壁面垂直度检测

用超声波测壁仪器在槽段内左、中、右三个位置上分别扫描槽壁面。扫描记录中壁面最大凸出量或凹进量（以导墙面为扫描基准面）与槽段深度之比即为壁面垂直度，三个位置的平均值即为槽段壁面平均垂直度。

（4）成槽质量评定

地下连续墙孔壁平整垂直，孔位中心允许偏差不大于±3%，孔斜率不大于 0.4%。遇特殊地层情况时，其孔斜率控制在0.6%以内。以实测槽段的各项数据，评定该槽段的成槽质量等级。

4.4.8 清底换浆刷壁

1）清底方法

清除槽底沉渣有沉淀法和置换法两种。

（1）沉淀法：由于泥浆有一定的相对密度和黏度，土渣在泥浆中沉降会受阻滞，沉到槽底需要一段时间，因而采用沉淀法清底需要在成槽结束一定时间之后才开始。故可使用挖槽作业的液压抓斗直接挖除槽底沉渣。

（2）置换法：此法在抓斗直接挖除槽底沉渣之后进行，可进一步清除抓斗未能挖除的细小土渣。用换浆泵槽底沉渣泵到泥浆池进行分离处理，再由泥浆池泵送新制泥浆至槽内，利用泥浆循环法吸除沉积在槽底部的土渣淤泥。清底时，吸泥管均要由浅入深，换浆一段时间后要上下左右移动，以便能全面地吸除槽底部土渣淤泥。

2）换浆方法

换浆是置换法清底作业的延续，当空气升液器在槽底部往复移动不再吸出土渣，实测槽底沉渣厚度小于 10cm 时，即可停止移动空气升液器，此时开始置换槽底部不符合质量要求的泥浆。

（1）清底换浆是否合格，以取样试验为准，当槽内每递增 5m 深度及槽底处各取样点的泥浆采样试验数据均符合规定指标后，清底换浆才算合格。

（2）在清底换浆全过程中，须控制好吸浆量和补浆量的平衡，不可让泥浆溢出槽外或让浆面降低到导墙顶面以下 30cm。

3）刷壁

（1）在进行槽壁施工时，老接头上经常附有一层泥皮，若不加以清除，会影响槽壁接头质量，发生接头部分渗漏水。

（2）刷壁方法主要采用自制刷壁机，利用刷壁机内部的斜肋板，在下放过程中，使泥浆对刷壁机的竖向力转换成一个水平分力，使刷壁机贴紧接头，在槽内混凝土端头上下来回清刷，刷壁次数不应少于 20 次，直到刷壁机钢丝上没有附着物，接头面必须严格清刷，不得存在加泥或沉渣。将刷锤提出泥浆面观察刷子带泥情况，从而使接头处干净不夹泥。

（3）因本工程为永久性结构，为防止沉渣过多，造成施工后连续墙沉降过大，故在钢筋笼沉放后沉渣厚度不符合要求（>100mm）时，应做二次清孔。清孔换浆的时间以出口浆指标符合要求为准。清孔换浆全过程中，应控制好吸浆量和补浆量的平衡，不可让泥浆溢出槽外或让浆面落低到导墙顶面以下 30cm。

4.4.9 下锁口管

（1）槽段清基合格后，立刻吊放接头管，吊装锁口管采用 150t 履带式起重机分节吊放安装到垂直插入槽内，接头管的中心应与设计中心线相吻合。

（2）分段起吊接头管入槽，在槽口逐段拼接成设计长度后，下放到槽底。

（3）为了保证锁口管的稳定，应使管底入槽底土体 0.3～0.5m，以保证密贴，防止混凝土倒灌。

（4）锁口管吊装完毕后，上端口与导墙连接处用木榫楔实，防止浇筑混凝土时移动，在锁口管背后回填素混凝土，防止倾斜（倾斜度不大于 0.4%）并避免混凝土浇筑过程中发生绕流，造成锁口管起拔困难。

4.4.10 钢筋笼制作和吊放

1）钢筋笼加工平台

根据成槽设备的数量及施工现场的实际情况，本工程拟搭设1个钢筋笼制作平台现场制作钢筋笼。钢筋笼加工平台采用工字钢搭设，搭设的平台尺寸为6m × 43m、钢筋接丝区尺寸为5m × 43m。

根据设计的钢筋间距，插筋、预埋件及钢筋连接器的设计位置画出控制标记，以保证钢筋笼和预埋件的布设精度，钢筋笼平台定位用全站仪控制，高程用水准仪校正。

2）钢筋笼制作

钢筋笼采用整体起吊，钢筋笼在平台上整体制作，制作完成后，整体吊装入槽。钢筋笼加工时纵向钢筋及横向钢筋采用机械连接；桁架筋和主筋采用电弧焊焊接方式连接，接头位置要相互错开，同一连接区段内焊接接头百分率不得大于50%；纵横向桁架筋相交处需点焊，钢筋笼四周 0.5m 范围内交点需全部点焊，搭接错位及接头检验应满足钢筋混凝土规范要求。钢筋应保证平直，表面洁净无油污，内部交点50%点焊，钢筋笼桁架及钢筋笼吊点上下 1m 处需 100%点焊。吊装钢筋笼主筋连接在加强筋以下，采用帮条焊方式焊接，钢筋笼加工完成后，其基本偏差值见表4-9。

钢筋笼制作允许偏差、检验数量和方法　　表4-9

序号	项目	允许偏差（mm）	检验单元和数量
1	钢筋笼长度	±50	钢尺量，每片钢筋网检查上、中、下三处
2	钢筋笼宽度	±20	
3	钢筋笼厚度	0，−10	
4	主筋间距	±10	任取一断面，连续量取间距，取平均值作为一点，每片钢筋网上测四点
5	分布筋间距	±20	
6	预埋件中心位置	±10	抽查

3）钢筋笼吊点材料选择、导管仓设置及钢筋笼加固

（1）吊点材料选择：根据本工程钢筋笼重量，一般钢筋笼起吊吊点选用ϕ32mm圆钢。L形钢筋笼增加双钢筋支撑，在吊点处设置，且每 5m 设置一档。钢筋笼最上部第一根水平筋用上下两根二级钢ϕ32mm 进行加固。为防止钢筋笼在吊装过程中产生不可复原的变形，各类钢筋笼均设置纵向抗弯桁架，转角形钢筋笼还需增设定位斜拉杆等，如图4-6所示。

（2）导管仓设置：根据槽段宽度来设置导管仓，参照规范，每根导管的影响范围为2m，设置两根导管，两根导管间距不得大于3m，距槽端间距不得大于1.5m。分幅大于6m时，宜采用3根导管同时浇筑。

图 4-6 转角形钢筋笼定位斜拉杆示意图

（3）钢筋笼加固：钢筋笼在吊点处采用桁架进行加固，如图 4-7 所示。

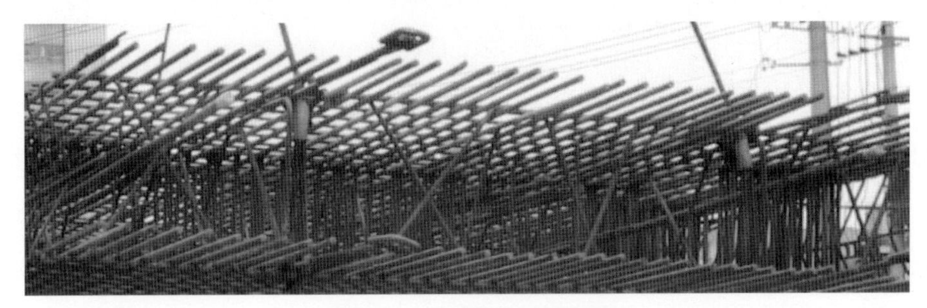

图 4-7 钢筋笼加固示意图

4）钢筋笼保护层设置

为保证保护层的厚度，在钢筋笼宽度上水平方向设两列定位垫块，每列垫块竖向间距按 2m 设置，纵向间距按 5m 设置，如图 4-8 所示。

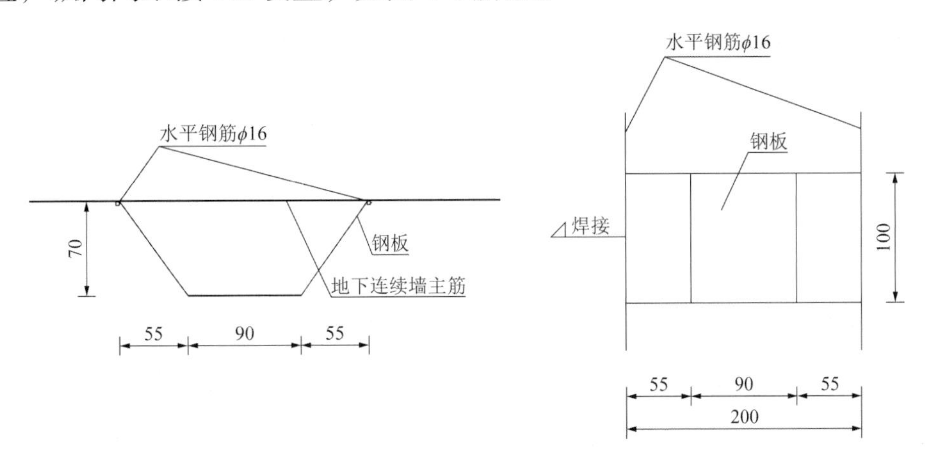

图 4-8 钢筋笼保护层垫块示意图（尺寸单位：mm）

5）声测管埋设

混凝土地下连续墙应采用声波透射法检测墙身结构完整性，检测槽段数不宜少于总槽数的 20%，且不得少于 3 个槽段。每个槽段预埋不少于 4 根ϕ50mm 钢管，且宜布置在墙身截面的四边中点处；当根据声波透射法判定的墙身不合格时，应采用钻芯法进行验证。

测斜管布设如图 4-9 所示。

图 4-9　测斜管布设示意图

6）钢筋笼吊放

（1）吊装设备

本工程地下连续墙钢筋笼长度大，质量大。根据设计情况采用 1 台 280t 履带式起重机及 1 台 100t 的履带式起重机起吊。主吊配长度为 59m 的把杆，副吊配长度为 36m 的把杆。

钢筋笼上设置纵、横向起点桁架和吊点，使得钢筋笼起吊时有足够的刚度来防止钢筋笼产生不可复原的变形。各吊点采用圆钢与纵向桁架满焊加固吊点。

（2）吊装程序

①钢筋笼采用整幅起吊。

②主吊先行就位，就位点工作半径为 10～12m，副吊配合起吊钢筋笼。

③主吊、副吊双机同时抬吊钢筋笼，主吊机上悬挂一个吊梁，吊梁上设置 2 个滑轮，滑轮上穿过两根钢丝绳，钢丝绳一端与第一吊点两块钢板上的卸扣相连，另一端上再设置 2 个滑轮，且与主吊吊点处的卸扣相连。

④副吊机上也悬挂一个吊梁，并设置 2 个滑轮，滑轮上的钢丝绳分别与副吊吊点的卸扣相连。此外，各吊点的卸扣与纵向桁架和水平筋相扣。

⑤将钢筋笼水平吊起待钢筋笼离开台架 20～50cm 后，再升主吊，放副吊。主吊在工作半径范围内缓慢起钩变幅，同时，副吊跟着同步向前缓慢移动，直至钢筋笼起吊直立后，副吊自动松开，此时摘除副吊吊钩，使主吊悬吊垂直钢筋笼在工作半径内转动至准确位置，之后缓慢下放，将钢筋笼入槽就位。

⑥校核钢筋笼入槽定位的平面位置与高程偏差，并通过调整位置与高程，使钢筋笼吊装位置符合设计要求。

⑦钢筋笼起吊。钢筋笼由主吊和副吊两台履带式起重机进行起吊，如图 4-10 所示（L 为地下连续墙钢筋笼长度）。

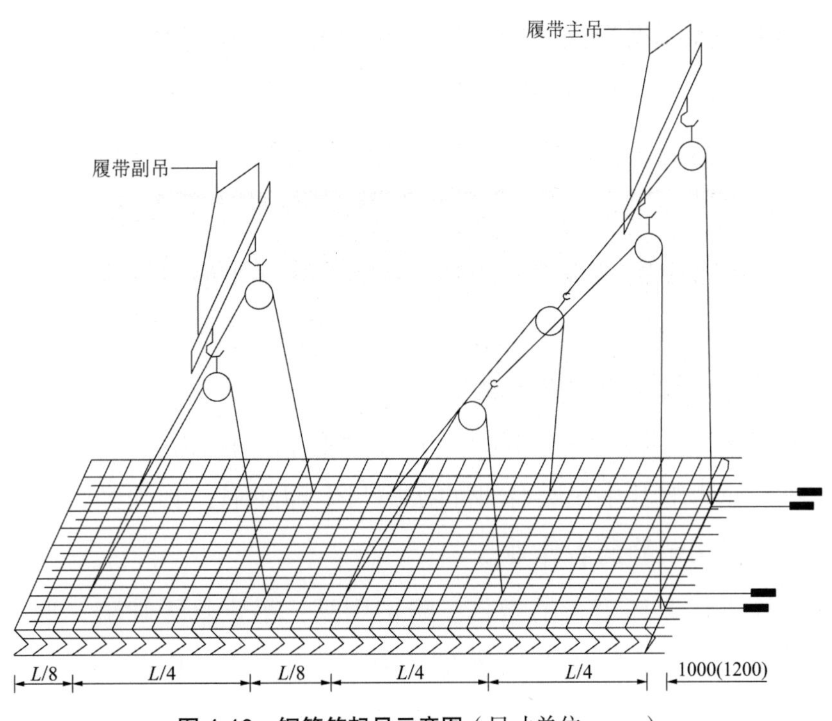

图 4-10 钢筋笼起吊示意图（尺寸单位：mm）

吊点位置采用ϕ40mm（32mm）撑筋进行加固，撑筋位置在笼口吊点处。

在向槽段下放钢筋笼过程倒换钢丝绳时，需要在搁置位置设置两对吊耳。吊耳采用ϕ40mm（32mm）I级钢筋，吊耳的安放位置如图 4-11 所示，双面共 12 处。为在吊放过程中保证钢筋笼稳定，将钢筋笼顶部及吊耳处 3 根水平钢筋换成ϕ28mm 钢筋进行加强，两层设 6 根钢筋。

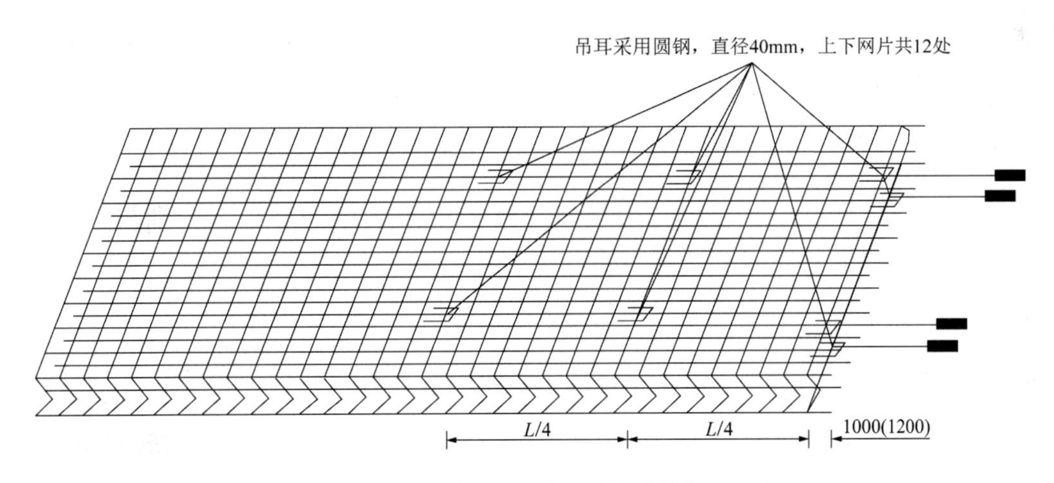

图 4-11 吊耳安放位置示意图（尺寸单位：mm）

（3）吊装安全措施

①吊装钢筋笼除控制吊点外还应注意以下情况：

a. 作业前做好施工准备工作，包括场地平通，人员组织，吊车及其他相应运输工具的检查，钢丝绳、吊具均按本工程钢筋笼最大重量设置。

b. 吊装作业现场施工负责人必须到位，起重指挥人员，监护人员，均要做好安全和吊装参数的交底，现场划分设置警戒区域，夜间吊装须有足够灯光照明。

c. 严格执行“十不吊”作业规程。

d. 由于地下连续墙钢筋笼体积庞大，为确保钢筋笼吊放过程中不变形，钢筋笼起吊桁架，槽幅宽5～6m时设置4榀，吊点设置应尽可能使钢筋笼受力合理。

e. 起吊时应先将吊物吊离地面50～100cm，经确认安全后方可再行提升。对可能晃动的吊物必须拴控制绳。

f. 起重工（挂钩工、信号工）施工安全要求为：

a) 起重工身体健康，两眼视力不得低于1.0，无色盲、视力障碍、高血压、心脏病、眩晕、突发性昏厥及其他影响其中吊装作业的疾病与生理缺陷；必须经过安全技术培训，持证上岗；严禁酒后和服用镇静药者作业。

b) 作业前必须检查作业环境、吊索具、防护用品；吊索具无缺陷，捆绑正确牢固，被吊物与其他物件无连接，吊装区域无闲散人，确认安全后方可作业。

g. 大雨、风力五级（含）以上等恶劣天气，必须停止露天载重吊装作业。

②在下列情况下严禁进行吊装作业：

a. 信号不明，光线黯淡。

b. 吊装物上站人，吊装物下方有人。

c. 吊装物捆扎不牢，吊装物重量不明或重量超过机械性能允许范围。

d. 吊索具不符合以下规定：

a) 穿绳：确定吊物重心，选好挂绳位置。不得将手伸到吊物下面。

b) 挂绳：应按顺序挂绳，吊绳不得相互挤压、交叉、扭压、绞拧。

c) 试吊：吊绳套挂牢固，起重机缓慢起升，将吊绳绷紧稍停，起升不得过高（10～30cm）。试吊中信号工、挂钩工、司机必须协调配合。发现吊物重心偏移或与其他物件粘连等情况时，必须立即停止起吊，调整后重新试吊。

d) 摘绳：落绳、停稳、支稳后方可放松吊绳。

e) 抽绳：吊钩应与吊物重心保持垂直，缓慢起绳，不得斜拉、强拉。

③起升和降落时的速度要均匀，严禁忽快忽慢或突然制动。回转动作要平稳，回转未停稳前，不得做反向操作。

④使用新购置的吊索具前应检查其合格证，并试吊，确认安全。

⑤定期检修机械设备，防止带病运转，禁止超性能使用，保护装置必须灵敏有效。

⑥机械操作人员应轮流操作，避免长时间疲劳操作。

⑦在施工过程中，作业和停放位置必须由专业工长指定。

4.4.11 浇筑墙体混凝土

（1）墙体混凝土采用水下商品混凝土。水下混凝土应具有良好的和易性，初凝时间应满足浇筑要求，现场坍落度宜为200mm±20mm。

（2）浇筑混凝土在钢筋笼入槽后的4h之内开始。

（3）混凝土下料采用ϕ250mm（300mm）导管，管节连接应密封、牢固，施工前应进行水密性试验。导管水平布置距离不应大于3m，距两侧端部距离不大于1.5m。

（4）使用提升架拎拔拆卸导管。

（5）浇筑混凝土过程中，埋管深度保持在1.5～3.0m，最大埋深不得超过6m；相邻两导管混凝土面高差控制在0.5m以内，墙顶面混凝土面高于设计高程0.3～0.5m。

（6）各导管储料斗内混凝土储量应保证开始浇筑混凝土时埋管深度不小于1.5m。

（7）导管插入到离槽底高程300～500mm，各导管剪断隔水栓吊挂线后应同时均匀连续浇筑混凝土，做好混凝土浇筑深度的测量和记录，混凝土浇筑中途停顿时间不得大于30min。

地下连续墙质量控制标准见表4-10。

地下连续墙质量控制标准　　表4-10

序号	项目	质量要求	检验方法
1	成槽垂直度	1/300	超声波测壁仪
2	槽底沉渣厚	≤100mm	沉渣测量仪或探锤检查
3	钢筋笼和预埋件的安装	安装后无变形，预埋件牢固，高程、位置及保护层厚度正确	观察、尺量、水准仪、探锤检查和检查施工记录
4	裸露墙面	表面密实无渗漏，孔洞、露筋、蜂窝面积不超过单元槽段裸露面积的2%	观察和尺量检查
5	连接墙的接头	接缝处无明显夹泥和渗水现象	观察检查

4.4.12 起拔锁口管

（1）锁口管安装完毕后吊装280t液压顶管机。

（2）在混凝土浇筑4h后，即可松动锁口管，提升100mm，之后每隔30min提升一次，每次100～200mm，不可使管脚脱离插入的槽底土体。正式开始顶拔锁口管的时间以混凝土终凝为依据，若混凝土掺有缓凝型减水剂，则需延迟锁口管顶拔的时间。

（3）锁口管拔出前，先计算锁口管底部位置，并结合混凝土浇筑记录，最后确定底部混凝土达到终凝即可拔出。

4.5 冠梁施工方案

望京西站地下连续墙顶部设 C35 钢筋混凝土冠梁兼压顶梁，第一道混凝土支撑（20～23 轴处混凝土支撑调整为 7 根ϕ609mm × 16mm 钢支撑，间距为 3m）与冠梁连接成整体。冠梁截面尺寸为 1400mm × 1000mm（宽 × 高）。

4.5.1 施工工艺流程

冠梁施工工艺流程如图 4-12 所示。

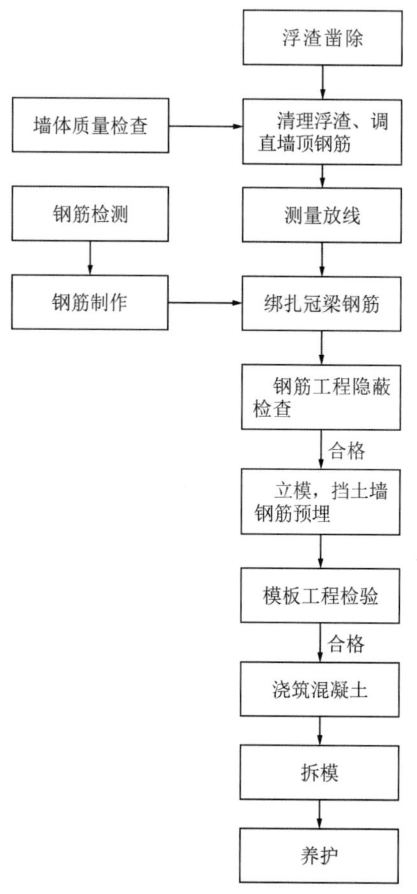

图 4-12 冠梁施工工艺流程图

4.5.2 桩顶凿除

土方开挖至冠梁底高程后，人工用风镐将地下连续墙顶部浮浆凿除，并清除表面浮浆、松动的混凝土块等。凿除过程中应注意保护声测管和测斜管。

4.5.3 钢筋加工和安装

（1）钢筋须严格按照设计图纸进行加工，主筋采用直螺纹接头，箍筋弯曲成型，弯钩角度 135°，弯曲后平直段长 10d（d为钢筋直径，下同），钢筋运至施工现场进行绑扎。

（2）钢筋绑扎前应清理干净地下连续墙顶部的杂物，接头可用焊接或机械连接方式，单面焊接接头长度不少于 10d；双面焊接接头长度不少于 5d；焊接接头搭接面积百分率不得超过 50%。

（3）箍筋应与受力钢筋垂直设置，箍筋弯钩叠合处，应沿受力钢筋方向设置。钢筋的交叉点必须绑扎牢固，不得出现变形和松脱现象。

（4）冠梁钢筋绑扎完毕，绑扎混凝土支撑钢筋，钢筋锚入冠梁内的长度必须符合设计及规范要求。

（5）冠梁钢筋绑扎之前安装底模，底模安装完成后根据测量放线结果安装 860mm × 860mm × 30mm 的格构柱顶封板，并焊接预埋锚筋。

（6）钢筋绑安装允许偏差见表 4-11。

钢筋安装允许偏差　　表 4-11

<table>
<tr><th colspan="3">项目</th><th>参数</th></tr>
<tr><td rowspan="2">绑扎钢筋网</td><td colspan="2">长、宽（mm）</td><td>±10</td></tr>
<tr><td colspan="2">网眼尺寸（mm）</td><td>±20</td></tr>
<tr><td rowspan="2">绑扎钢筋骨架</td><td colspan="2">长（mm）</td><td>±10</td></tr>
<tr><td colspan="2">宽、高（mm）</td><td>±5</td></tr>
<tr><td rowspan="5">受力钢筋</td><td colspan="2">间距（mm）</td><td>±10</td></tr>
<tr><td colspan="2">排距（mm）</td><td>±5</td></tr>
<tr><td rowspan="3">保护层厚度（mm）</td><td>基础</td><td>±10</td></tr>
<tr><td>柱、梁</td><td>±5</td></tr>
<tr><td>板、墙、壳</td><td>±3</td></tr>
<tr><td colspan="3">绑扎钢筋、横向钢筋间距（mm）</td><td>±20</td></tr>
<tr><td colspan="3">钢筋弯起点位置（mm）</td><td>20</td></tr>
<tr><td rowspan="2">预埋件</td><td colspan="2">中心线位置（mm）</td><td>5</td></tr>
<tr><td colspan="2">水平高差（mm）</td><td>+3，0</td></tr>
</table>

4.5.4 模板制作及安装

（1）土方开挖至冠梁底后，利用压路机对混凝土支撑的位置进行平整，并使用水准仪检测平整度，之后在平整的基坑面上安装混凝土支撑底模。冠梁及混凝土支撑模板采用 15mm 厚竹胶板；纵向背楞采用 100mm × 50mm 方木，间距 250mm；竖向背楞采用双拼 ϕ48mm × 3.5mm 钢管，用ϕ14mm 对拉螺栓固定，间距 600mm。

（2）冠梁钢筋绑扎前，在冠梁底部采用竹胶板安装底模，模板应拼缝严密，防止漏浆。混凝土支撑钢筋绑扎前安装竹胶板底模，并按照要求进行起拱，起拱高度应为跨度的

1/1000～3/1000。

（3）模板在安装前需清理干净，并涂抹脱模剂，在涂抹时不得沾污钢筋。模板的接缝处粘贴双面胶，在浇筑混凝土前，需再次检查密封情况，以免在混凝土浇筑过程中发生漏浆。

4.5.5 混凝土浇筑

钢筋混凝土支撑采用C30混凝土，冠梁采用C35混凝土，在交叉部位浇筑时，应先浇筑冠梁混凝土，再浇筑支撑混凝土。混凝土浇筑采用泵送入模和自卸入模两种方式。

混凝土浇筑分层厚度不大于50cm，在混凝土浇筑前清理干净模板内杂物，混凝土振捣采用插入式振捣器，振捣间距约为50cm，直至混凝土表面泛浆，无大量气泡产生为止，防止漏振或者过振。

混凝土浇筑结束，在终凝前，对混凝土表面压光，防止发生收缩裂缝。并采取保温保湿养护，养护时间不少于7d。

4.6 降水疏干措施

4.6.1 施放井位

（1）人员及设备安排

为确保井位施放工作完成，土建单位安排1名测量工程师及2名测量工与布井专业技术人员开展此项工作，采用满足本工程需要的设备进行施放井位。

（2）井位布置的一般形式

风井采用基坑内疏干降水的形式进行降水，井位和井间距按18m/个控制。根据业主提供的资料及对周边环境建筑物调查、询问，需避开基坑内格构柱及其他建（构）筑物。如遇地下障碍物时需根据现场实际情况做适当调整，疏干井中心线距结构外皮一般按照大于或等于2.0m控制。

（3）结构线施放及确认

根据降水设计方案以及城市平面控制网，利用现有电子地图采集井位的平面坐标，从业主处收集线路附近原导线点的资料以及线路中线桩的数据，并放出结构中线或边线，待复测无误后，可开始人工布放初步井位。

（4）井位布放及确认

井位初步布放后，还需对井位进行物探，若发现有地下管线异常，则必须错开地下障碍物，立即对井位做出相应调整，但不得侵犯主体结构。要求对改移的井位再经地面物探核查，确认无地下管线后，用油漆做出显著标志，必要时采用钢钎打入地面下300mm，并灌入石灰粉。开钻前须再由人工挖探坑确认，由布井技术人员量测井位并加以确认。

4.6.2 疏干井施工

因本工点疏干井在土建围挡范围内，地层条件较好，疏干井施工选用反循环钻机成井施工工艺。因观测井与疏干井为相同结构，故观测井的施工方法与疏干井相同。

1）施工准备

（1）根据甲方所给现场管线图，调查场地周围雨污水管线及雨污水井分布状况，布置排水管线和供电线路。

（2）组织施工人员进行安全、技术交底。

（3）制定详细施工中各种材料计划和供应计划。

2）降水施工工艺

疏干井施工采用泵吸反循环钻机钻进施工工艺，施工工艺流程如图 4-13 所示。

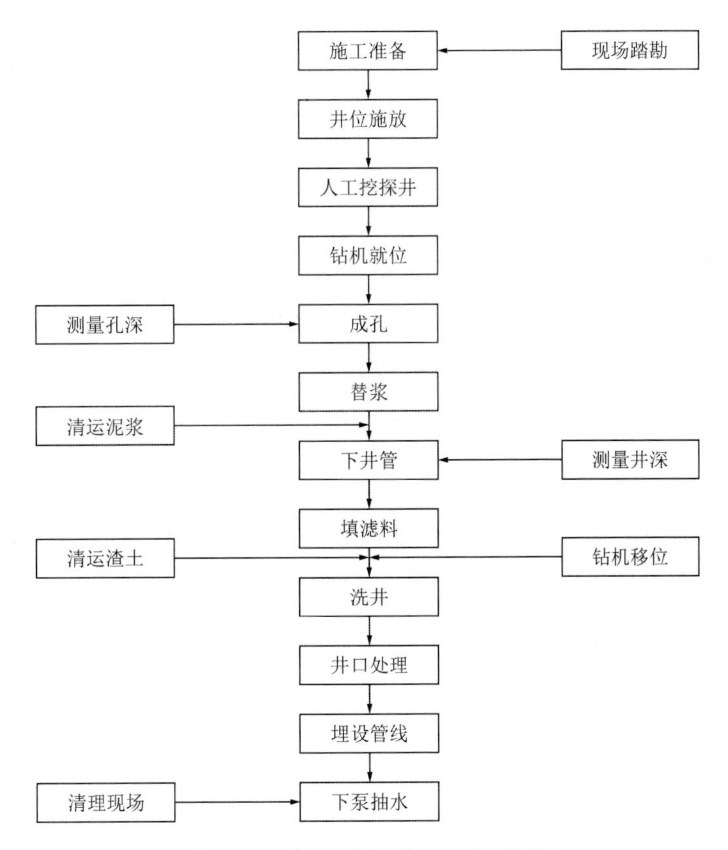

图 4-13 疏干井降水施工工艺流程图

3）施工方法

（1）挖探孔

在施放好的井位上人工挖探孔 3～5m 见原状土，确认无地下构筑物后，施作护壁，以防钻井施工用水大量漏失或发生塌孔；每挖 1m，施作一次混凝土护壁，直至进入原状土 1m。若遇地下管线，需适当调整井位，重挖探坑。

（2）修砌泥浆池

根据场地条件在距疏干井 3m 左右处利用水泥井管修砌渣土池，采用塑料布作为隔水层，围成合适大小形状，一般情况渣土池尺寸为 6.0m（长）×3.0m（宽）×0.9m（高），根据现场场地条件可调整尺寸，但渣土池存储量不能小于单井出渣量（$12m^3$）。

（3）钻机就位

钻机就位时做到稳固、周正、水平，以保证钻进过程中钻机稳定。起落钻塔必须平稳、准确。钻机对位偏差应小于 20mm，钻塔垂直度偏差小于 1%。

（4）凿井

根据地质条件及场地条件，管井采用泵吸反循环钻机成孔。

泵吸反循环钻机钻进过程中，岩屑经钻头→钻杆→主动钻杆→水龙头→砂石泵吸口排入泥浆池中。钻进过程中要随时观察冲洗液的流损变化，水的补充应随冲洗液的流损情况及时进行调整，一般应保持冲洗液面不低于井口下 1m，当钻机遇到卵石层，冲洗液大量漏失时，应加大补水量，必要时应投入适量黏土，从而形成一定黏度的泥浆以控制冲洗液漏失，防止发生塌孔事故。在以黏性土为主的地层中进行钻进时，由于钻井自造浆较稠，钻进效率会降低，此时可排走一部分泥浆，之后可补充清水，调整泥浆密度到适宜状态。

每次下入钻具前，应检查钻具，如发现脱焊、裂口、严重磨损等情况时，应及时焊补或更换。钻机转速以不憋车、岩屑正常排除为宜，一般应保持在 10～15r/min，钻井每进尺 1m 均应在排水管口捞砂样鉴别地层岩性。

钻进过程中如遇到个别较大粒径卵石，可提出钻具，更换上筒状钻头，捞出卵石。如在普通地层中钻进，出现钻具回转阻力增加、负荷增大等反常现象时，应立即停止钻进，并查明原因。

钻进过程中要经常观察排渣口的排渣状况及返水量大小。若发现钻渣突然减少或水量减少时，应及时串动钻具，减小钻压，控制进尺或暂停钻进，待排渣正常后再钻进。

泵吸系统的连接要做到严密、牢固、通顺。每次加接钻杆前，应使反循环延续 1～2min。待吸到钻杆内的钻渣全部排出地表后再停止砂石泵，以防因停泵过早，钻杆内钻渣回落到钻头吸口处造成堵塞。

（5）替浆

钻孔至设计深度后（一般应大于设计深度 0.5～1.0m），用抽筒将孔底稠泥浆掏出并测定孔深，同时加清水稀释，现场观察一般以换浆后泥浆不染手为准。替浆过程中，应安排好泥浆的清运或排放工作。

（6）下管

疏干井下为滤水钢管。下滤水钢管时，需用将管吊至井位上方，同时作业人员在安全距离包缠 1 层 80 目尼龙网，之后缓缓下放。当管口与井口相差 200mm 时，接上节井管，接头处用尼龙网裹严，以免挤入泥砂淤塞井管。此外，为防止上下节错位，在下管前将井管依井方向立直。吊放井管要垂直，并保持在井孔中心。用夹板法下入时，注意做到夹板上紧，接头焊牢或以其他方式连接，最下部一根滤水管底部则用钢板密封。为防止雨污水、泥砂或异物落入井中，井管要高出地面不少于 200mm，砌人井之前需加盖或捆绑防水雨布进行临时保护。

（7）填滤料

井管下入后立即填入滤料，下部采用 2～7mm 滤料（滤料含泥量≤3%）回填，上部采用黏土回填。滤料沿井管外四周均匀填入，宜保持连续。填滤料时，应随填随测滤料填入高度，当填入量与理论计算量不一致时，及时查找原因。此外，不得用装载机或手推车直接填料，应用铁锹填料，以防填料不均匀或冲击井壁，如遇淤塞可用水冲。

（8）洗井

洗井应在下管填砾后进行，洗井后若发现滤料（黏土面）下沉应及时补填滤料至设计高度，且要求实际填料量不得小于 95%理论计算值。洗井施工采用空气压缩机洗井或水泵抽水，由地下潜水位开始分段洗，直至水清砂净，当达到上下含水层水串通时，再接管继续洗。洗井过程中应注意观测水位及出水量变化情况。

（9）水泵安装

潜水泵及泵管安装吊放，应置于距井底以上 1.0～1.5m 处。首先安装并接通电源，做到单井单控电路，之后检查漏电保护系统，安装完后，进行试抽水，报监理检验合格后再进行抽水。

（10）降水、维护

降水采用动态信息化抽水原则，按需抽水。在联网统一抽降后应连续抽水，不应中途间断，需要维修更换水泵时，应逐一进行。开始抽水时，因出水量大，为防止排水管网排水能力不足，可间隔逐一启动水泵。抽水开始后，应逐一检查单井出水量、出水含砂量。当含砂量过大时，可将水泵上提，如含砂量仍然较大，应重新洗井。

基坑开挖时，在井管露出开挖面 1.2m 时，应提出水泵，割除 1.0m 后（井口应高出地面 0.2m）重新下泵抽水。

基坑开挖完成后，在底板施作前，应疏干井回填黏土并充填密实，进行封井。

4.6.3 降水排水

（1）排水方案

采用直径 50mm 的聚氯乙烯（PVC）管作为排水管路，以单井单排的方式传递到地面排水沟或者排水主管。集水支管管径应与潜水泵出水口口径相匹配，避免进行变径连接。排水管网向水流方向的倾斜度以 1‰为宜。排水管线布置在疏干井一侧，采用暗排的形式，埋置地表以下800mm，并做防锈处理和冬季保温措施。基坑内井口如图4-14所示。

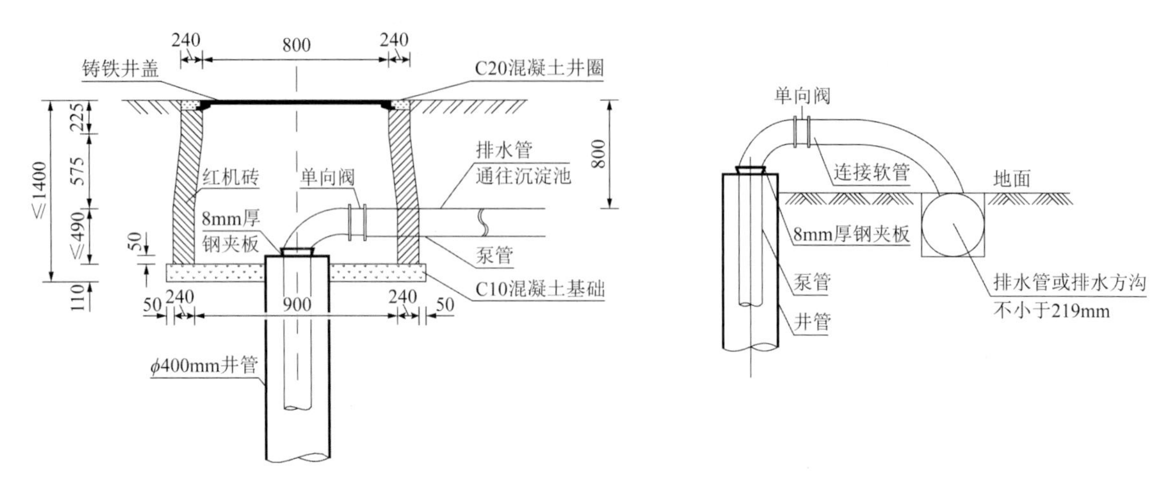

图4-14 基坑内井口示意图（尺寸单位：mm）

（2）沉淀池

在排水出口处设置沉淀池，本工点排水口处沉淀池则利用场地内既有沉淀池。

（3）排水计量方法

本工程按照潜水泵的额定流量计算排水量。

（4）排水计量的检查和维护

现场负责降水人员应每天不少于1次检查计量排水系统，并做好记录，发现异常时，应及时查明原因，排除故障，保证排水计量系统正常工作。如不能排除故障，应及时向有关单位报告。

（5）排水管线布设

排水管尺寸和类型应满足顺畅排水和抗压要求，排水管线铺设的纵向坡度应不小于5‰。

（6）排水口保证

大量地下水最终都要进入市政管道入口，排水口采用暗埋形式。一般市政管道越低，对排水越有利，对于重要的降水工程，要求市政管道断面不小于总排水系统的断面。为防止雨季排水不畅，建议留有充足排水口，以备急用，此举可减轻排水系统的压力。

（7）排水系统的保护

排水系统是降水的生命线，确保排水系统正常运行是每个参建单位的义务，施工过程中必须注意保护排水系统。在施工过程中，排水系统容易被破坏，尤其在挖土时，排水管线强度一般比较小，经不起重型设备和车辆的碾压，故设备和车辆要远离排水管线或采用暗埋的形式加以保护。同时排水管线要进行防锈处理，并在冬季采取保温措施；一般开挖过程中基坑有一定的变形，可能造成排水系统一定的破坏，故要及时对排水系统进行检查修复。

4.7 土方开挖施工工艺及方法

4.7.1 施工前的准备工作

（1）现场条件需满足施工要求，冠梁及混凝土支撑强度需达到设计要求。

（2）办理各种施工手续，缴纳有关费用，并主动与执法部门取得联系，得到理解和支持。

（3）开工测量：踏勘、熟悉现场，对施工队伍进行现场地下管线、控制点、水准点的技术交底。

（4）准备 6m × 1.5m × 0.02m 钢板若干块用于铺垫车辆进出基坑马道，并在钢板上焊接ϕ32mm 螺纹钢，每根间距为 0.5m，以保证车辆可以正常进出。

（5）为避免运土车辆外运时污染市区道路，在施工现场出口处应建立冲洗槽、沉淀池，并将沉淀后的污水排入就近的污水管道。

（6）根据现场实际情况，布置现场照明，确保夜间施工顺利进行。

（7）按设计规定的技术标准、地质资料以及周围建筑物和地下管线等的翔实资料，严格细致地做好深基坑施工组织设计（包括周围环境的监控措施）和施工操作规程，对开挖中可能遇到的渗水、边坡稳定、涌泥流砂等现象进行技术讨论，提出应急措施并提前进行相关的物资储备。现场准备好水泵，以保证地面排水及基坑内抽排水系统畅通。

（8）按设计要求备足钢支撑，备好出土、运输和弃土条件，确保连续开挖。对基坑周边 30m 范围内的建筑物进行调查，并对基坑、周围建筑物、地面及地下管线等编制详细的监控和保护方案，且预先做好监测点的布设、初始数据的测试和监测仪器的调试工作、检测工作。

（9）为防止基坑开挖后因地下连续墙接缝处渗漏水，应提前配备注浆的设备和材料，以便及时注浆止水，确保工程质量。

（10）施工前人员和设备准备到位，并勘察好机械设备行走路线。

（11）按设计图纸编制降排水方案，并完成降水井施工。基坑开挖前，持续抽水 14d，且水位低于开挖面 1m，以降低地下水位，使土体固结。

（12）基坑开挖前需要利用米字撑对撑（自南向北第五根米字撑）作为人员通行马道，并施作临边防护、安装楼梯踏步。此外需在冠梁及混凝土撑上安装护栏，保证轴力监测人员通行安全。

4.7.2 土方开挖施工流程

（1）总体施工顺序：因湖光中街断路时间不明确，导致车站北端土方开挖不能连续施工。为保证通车节点，在车站北侧180m处增加临时止水帷幕（采用800mm厚素混凝土地下连续墙，临时止水帷幕嵌入隔水层2m）。第一期为明挖基坑部分施工；第二期在湖光中街断路交通导改完成后，再连续施工剩余明挖基坑部分，两期明挖基坑施工方法相同。

（2）南段（180m）明挖基坑施工顺序：受北侧冠梁及第一道混凝土撑流水作业影响，第一道混凝土撑与第二道钢支撑之间的土方由两端向中间开挖，在车站南端、北端设置出土口。在两端填土施作运输车行走马道，填土采取放坡形式。首层开挖高度宜大于机械作业高度；南段180m冠梁施工完成后，第二道钢支撑以下基坑土方由南向北开挖，在临时止水帷幕处放坡设置出土通道，故整体放坡开挖至临时止水帷幕。

（3）北段（48m）明挖基坑施工顺序：在北段交通导改（湖光中街断路）完成后，分层、分段破除临时止水帷幕及护坡混凝土，采用机械进行破除，每次破除高度应与分层土方开挖高度相同，放坡开挖北段明挖基坑。

（4）土方开挖步序：基坑开挖采用后退式台阶法开挖，每层土方采用2台挖机开挖，横向先开挖中间，后均衡开挖两侧，确保两侧预留土体护壁，减少围护结构的悬臂时间和悬臂长度。土方开挖的顺序、方法必须与设计工况相一致，并遵循“纵向拉坡、横向开槽、分段开挖、随挖随撑、量测反馈”的原则。土方开挖分段分台阶进行，每段长度与结构分段基本一致但必须满足主体结构施工的操作空间。具体如下：

①自车站原地面开挖至第一层混凝土支撑底，施作第一道混凝土支撑。

②开挖至第二道钢支撑下50cm，架设第二道钢支撑，并施加预应力。

③开挖至第三道层钢支撑下50cm，架设第三道钢支撑，并施加预应力。

④开挖至第四道钢支撑下50cm，架设第四道钢支撑，并施加预应力。

⑤开挖至第五道钢支撑下50cm，架设第五道钢支撑，并施加预应力。

⑥开挖至车站基坑底板高程以上30cm处停止机械开挖，采用人工配合小型机械清理至基底，进行基底验槽。

（5）土方开挖至底部以后按照以上顺序放坡出土，土方开挖至第五阶段以后，由于坡度影响，土方车不能下到坑底直接拉土。交通导改原因施作临时止水帷幕，为保证围护结构安全预留反压土，并对反压土进行锚喷。反压土与放坡开挖第五阶段之间的土方使用挖掘机进行接力开挖出土，土量约15500m^3。

（6）北侧交通导改完成以后，待围护结构（地下连续墙、冠梁及混凝土支撑）施工完成，继续进行土方开挖。首先开挖止水帷幕南侧反压土，临时止水帷幕施工随破随挖，开挖步序与南端土方开挖一致。

（7）马道在土方收尾阶段挖出。

4.7.3 基坑开挖施工方法

1）基坑开挖施工方法

（1）了解基坑周边情况及容易发生险情位置、地下管线的分布。

（2）基坑土方采用分段、分层、对称的开挖方法。在确保基坑安全的情况下，调集足够的机械设备，完成土方开挖。

（3）本工程具有土质差（垃圾土深度达到3.5-4.6m），开挖深度深，施工难度大，风险高等特点，土方开挖与支撑施工同时交叉进行。为确保基坑安全，严格执行“纵向拉坡、横向开槽、分段开挖、随挖随撑、量测反馈”原则，做到边撑边挖，同步进行，协调施工。

（4）深基坑开挖充分应用“时空效应”，以提高工程施工质量。

（5）基坑开挖必须在围护结构、冠梁及混凝土支撑达到设计强度，降水深度和降水质量达到设计要求后，方可进行土方开挖，墙后超载≤20kPa。

（6）土方开挖的顺序、方法必须与设计工况相一致，并遵循“纵向拉坡、横向开槽、分段开挖、随挖随撑、量测反馈”的原则。

（7）基坑开挖时，纵向分段按照结构分段长度划分，每段土方纵向拉槽长度根据上下两道钢支撑间距和放坡长度计算，平台长度不超过12m（或者4道钢支撑长度）。其横向边坡放坡要根据地质、环境条件取开挖时的安全坡度（不小于1∶1）。

（8）必须分段、分区、分层、对称进行，不得超挖，每层开挖至支撑下50cm即进行支撑，之后再进行土方开挖。开挖工程中所有支撑位置必须严格按照设计图纸进行施工，不允许先挖后撑。每层开挖深度约为6m，此外严禁在一个工况条件下一次开挖到底。

（9）本车站采用中拉槽方式进行土方开挖，在正式土方开挖前应进行试验性施工，并按测试结果制定安全的施工方案后，方可进行土方开挖。

（10）每段基坑开挖结束后，及时设置坑内排水沟和集水井，防止坑底积水，安排抽水设备24h不停进行抽水，确保坑内干燥。

（11）基坑必须先撑后挖，并按照规范要求经常监测支撑的紧固度及基坑变形情况，及时进行处理。每一工况挖土及钢支撑的安装时间宜在24h内，不超过48h。

（12）基坑开挖采用两台普通挖土机进行，挖土机械和车辆不得直接在支撑上行走操作，严禁挖土机械碰撞支撑、井点管、围护结构。钢支撑顶面严禁堆放杂物，以减少支撑的变形。

（13）开挖至基底上30cm时，采取人工清底，防止坑底土发生扰动。

（14）土方必须随挖随运，坑边严禁堆土和堆载。

（15）开挖过程中，对地下连续墙接缝或墙体上的渗漏点，特别是支护墙体出现的水土流失现象，必须及时进行封堵，确保基坑整体稳定。

（16）每段基坑开挖至设计高程后，应尽快组织验槽，验槽结束后马上安排施工垫层和主体结构。

2）基坑内排水

开挖基坑时，在坡顶和坡脚设 0.3m × 0.3m 排水沟及 2m × 2m 集水井，将开挖面的积水排入集水井，用水泵及时将基坑内汇集的地下水抽排至市政雨水管道，防止基坑内雨水流入开挖面，造成边坡失稳。集水井低于排水沟底 0.8m，且集水井内的水应随集随排。

遇下雨或洪涝灾害时，要停止挖土和整修边坡，之后根据土质情况采取喷射混凝土或覆盖帆布的方法，以防雨水冲刷边坡。

3）外运弃土

（1）土方开挖前按照要求办理《建筑垃圾渣土消纳证》和渣土运输车辆《准运证》，渣土运输车辆满足“六统一”（统一颜色、统一全密闭运输、统一安装标明单位名称的顶灯标识、统一在车厢两侧栏板喷印车辆核定载重量、统一在车厢尾部栏板喷印专用标识牌、统一安装 GPS 卫星定位系统），并按照规定在进出大门处进行悬挂，严禁使用《禁止在京从事渣土运输车辆名单的函》中的车辆。

（2）由于车站每天开挖土方量在 800m^3 左右，且本车站受到所处地理环境、运距、施工时间影响，因此要合理组织土方外运是土方开挖的关键工序，避免因组织不当，耽误工期。

（3）弃土外运专人负责组织安排，场地内、外统一调度，协调内外关系，组织安排出土车辆运输。场地外的运输路线与业主及有关部门协调安排，确保外运弃土按计划进行。

（4）考虑下雨、特殊情况造成的工期滞后等因素及外部环境的影响，每个工作面最大弃土量按最大开挖土量的 150%计，弃土量近 1200m^3/d。此外，弃土须在夜间北京市规定的时间段内进行，本工程需配备 30 辆渣土运输车运输，2 台挖掘机挖装土方。

（5）根据合同要求，外运弃土在夜间规定的时间内进行，以保证施工计划的正常进行。

（6）制定弃土、弃渣、弃泥浆的排放施工方案并征得监理工程师的批准后，遵守北京市政府的有关规定进行弃土外运。

（7）施工现场出入口设置洗车槽，并配备手持喷枪安排专人进行车辆清洗工作，每辆运土车均须打扫车轮、车厢后方可放行。

4.7.4 中拉槽开挖试验施工

1）试验部位

车站南端第一层斜向支撑施工完成后，进入标准车站部位即第 3～5 轴。

2）中拉槽开挖要求

（1）中拉槽在满足机械开挖的情况下，中拉槽规模越小越好。

（2）中拉槽试挖开挖前应编制中拉槽试挖监测方案，其应以基坑工程监测方案为基础并适当加强。中拉槽试挖影响范围内的监测项目包括围护结构墙顶（身）位移、钢筋应力、内支撑轴力、地表沉降等，测点布置应能反映中拉槽状态下支护及内支撑结构的最不利情况，监测数据应真实可靠。监测值超出设计允许值时应停止试挖并及时进行回填。

3）中拉槽试验施工

（1）施工准备

①采集完成基坑试验段周边监测数据初始值，完成中拉槽试验方案及监测方案。

②基坑土方开挖至第一层钢支撑顶部。

③现场照明、机械及抢险物资就位。

（2）施工

①先将中间土方开挖至第二层钢支撑顶部，在预留坡脚土足够的情况下以坡脚土为边线，进行放坡开挖。

②第二层土方开挖前在进行数据监测情况下开挖，在开挖同时可进行钢支撑托板焊接。

③安装钢支撑后，开挖坡脚土。

（3）总结

通过试验数据进行总结，确保实施有效的开挖方法。

4.8 基坑支撑体系施工

4.8.1 支撑体系

本站共设 5 道支撑 + 1 道换撑，其中第一道支撑采用 1000 × 1000mm 的混凝土支撑（20～23 轴处混凝土支撑调整为 7 根ϕ609mm × 16mm 钢支撑，间距为 3m），斜撑采用 800mm × 1000mm 的混凝土支撑，肋撑采用 800mm × 800mm 的混凝土支撑。第二道支撑及换撑采用ϕ609mm × 16mm 钢支撑，第三、四、五道支撑采用ϕ800mm × 16mm 钢支撑，换撑采用ϕ609mm × 16mm 钢支撑。于枢纽结建段负一层增设一道ϕ609mm × 16mm 钢换撑（5 道支撑 + 2 道换撑），钢支撑通过预埋钢板支撑在地下连续墙及主体侧墙上。由活络端、固定端、中间节组成，采用高强螺栓连接。钢支撑端头与地下连续墙内预埋钢板连接，并用 2 根ϕ16mm 钢丝绳及 YG2-M20 膨胀螺栓加固，确保其安全。钢支撑采用租赁形式，分节运至现场拼装，经监理检验验收合格后，采用门式起重机配合拼装。

钢支撑由固定端、中间节段、活络端三部分构成，钢支撑由统一生产厂家生产。中间节段由各长度支撑钢管通过法兰盘螺栓连接。固定端、活络端与中间节段通过螺栓连接。中间节段为标准节段，标准节段长度为 6m，除加工标准长度外，配备部分长度不同的短节节段，以适应基坑因施工偏差引起的断面宽度变化及斜撑长度要求。

基坑土方开挖至支撑轴线下 0.5m 时，及时架设支撑，使围护结构提前接受支撑反力作用，减少围护结构的变形。钢支撑的架设采用双钩 10t + 10t 门式起重机安装，保证钢支撑与墙面垂直。钢支撑架设前在地面进行试拼装，验证拼接及支撑顺直情况。钢支撑分两节在基坑内拼装，并将钢支撑安装在连系梁上。

支撑体系由预埋钢板和钢支撑防脱落支座组成。第二道钢支撑对撑预埋钢板尺寸为 800mm × 800mm，厚度为 20mm；斜撑预埋钢板尺寸为 1000mm × 1600mm，厚度为 20mm。第三、四、五道钢支撑预埋钢板尺寸为 800mm × 800mm，厚度为 20mm；斜撑预埋钢板尺寸为 1800mm × 1000mm，厚度为 20mm。钢支撑构造如图 4-15 所示。

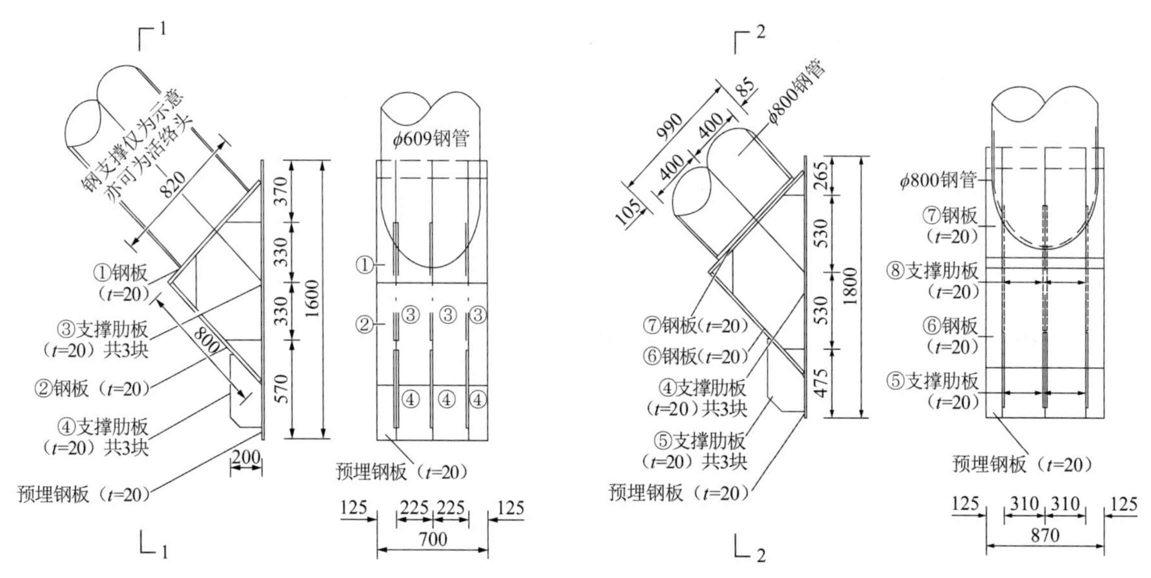

图 4-15 钢支撑构造示意图（尺寸单位：mm）

4.8.2 钢支撑安拆涉及的吊装设备

车站钢支撑单根最重为ϕ800mm × 16mm 钢支撑，L = 28m（含活络头），达 10.482t，采用两点起吊，单点起吊重量 5.25t，考虑安全系数 1.1，两点起吊负载率 80%，则需能够满足单点 5.25 × 1.1/0.8 = 7.22t 额定起重量的起重设备。现场配置两台 10t + 10t 门式起重机，可满足现场施工需求。

4.8.3 钢支撑进场验收

（1）钢支撑根据基坑开挖进度提前组织进场，且分类堆码存放于现场空旷场地，应距离基坑边缘 5m 以上。

（2）钢管支撑进场时组织质检员及监理进行验收，验收内容如下：

①钢支撑进场前提供厂家资质及产品合格证。

②型钢钢材原材进场质量证明和试验报告。

③高强螺栓、钢楔等重要配件产品合格证及检测试验报告。

4.8.4 钢支撑安装要求

内支撑体系必须严格遵守先撑后挖的原则，基坑分层开挖至支撑以下 0.5m 暂停开挖，严禁超挖。围护结构施工应根据工艺水平进行适当外放，以确保车站建筑界限和结构设计厚度。冠梁施工时采用放坡开挖，若现场无法放坡时，需采取可靠措施，确保冠梁施工安全。施工时先安装支撑，并采用可靠措施，确保支撑轴心受压，偏心距控制在 30mm 以内，支撑安装完毕后应及时检查各节点连接状况，经确认后方可施加预加力，预加力应分级施加，重复进行，加至设计值时应再检查各节点连接状况，必要时对节点进行加固。待预加力稳定后锁定。此外，施工中应注意保护临时支撑系统。

4.8.5 钢支撑安装工艺及方法

1）钢支撑安装施工工艺

钢支撑安装施工工艺流程如图 4-16 所示。

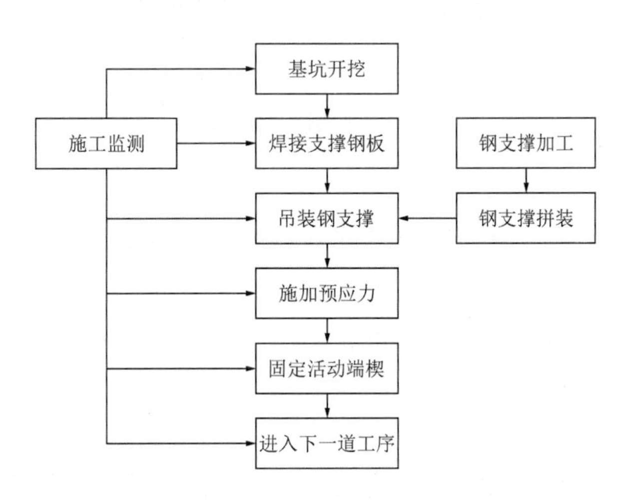

图 4-16 钢支撑安装施工工艺流程图

2）钢支撑安装方法

（1）每层土方先开挖至钢支撑下 50cm 左右时，立即安排钢支撑架设工作，并施加预应力。在施工中必须保证钢支撑位置、尺寸、预应力、刚度及稳定性等满足设计和规范要求。

（2）土层开挖至支撑架设设计位置后，在地下连续墙预埋钢板上焊接支座钢板。活络头采用 Q235B 钢，采用 E43 型系列焊条，所有焊缝满焊，未注明焊缝厚度均为 12mm，焊缝质量等级均为三级。钢支撑焊接前要复核预埋板的位置，预埋板位置偏差不超过 1cm 时正常安装，若偏差过大，根据偏差尺寸需要在地下连续墙墙体锚入钢筋并焊接与预埋板同样强度、厚度的钢板。

（3）图中活络头由两部分构件组成，且两部分之间可相互移动，图中尺寸未包含两部分构件接触面间的间隙，活络头制作时可根据制作工艺和使用情况适当调整尺寸，但制作完成后所有接触面的间隙应控制在±2mm内。

（4）活络头需根据具体承载力情况进行核实计算，必要时另行设计。

（5）用门式起重机将钢支撑固定于支座钢板上，进行端部固定，再利用两台液压千斤顶在活动端支撑两侧按设计要求对称逐级施加预加力，且采用钢楔锁定支撑。

（6）斜支撑的架设安装方法与标准段相同，但必须在围护结构内预埋的钢板上焊接端面与斜支撑轴线垂直的三角钢板撑座，并保证其强度可靠。

①施工中对支撑轴力加强监测，如发现轴力损失，及时补充预加力，防止支撑脱落。施工时应密切注意，防止施工机械碰撞钢支撑，避免钢支撑因受横向荷载而发生失稳。

②支撑就位精度应满足相关规范要求，支撑两端中心高程偏差不大于 20mm，同层支撑中心高程偏差不大于 30mm，支撑挠度不大于支撑长度的 1/1000。

③当主体底板混凝土强度达到设计强度的 80%后架设换撑，拆除第五道撑。

④钢支撑安装采用分段吊装，基坑内在连系梁上整体拼装的工艺施工。先在地面使用汽车起重机将 2 节钢支撑拼接成一段，整根钢支撑分成 2 段。使用门式起重机分段吊装至基坑内。第一段坐落于连系梁及活络头端坐落于钢支撑托板上，第二段固定端坐落于钢支撑托板上，门式起重机全过程进行吊装，与第一段钢支撑完成整体拼接。钢支撑拼接时，采用法兰盘连接，法兰螺栓应正反相互错开且对角、分顺序拧紧，接长至设计长度。相邻钢支撑在吊装时，活络头也应相互错开，不应在同一方向。

⑤有安装轴力计的钢支撑，应先加装轴力计，并且在计算钢支撑长度时，考虑轴力计的长度。钢支撑安装过程中，重点是控制其与斜支座的密贴性。如有缝隙，且凭借自身无法消除的，可在适当位置加垫或焊接钢板，钢板应在轴力中线位置进行加强，可选择加入肋板，以保证施加轴力时，钢板不变形。钢支撑架设完成后及时架设钢丝绳防坠索。

3）施加轴力

在基坑开挖过程中将充分利用“时空效应”，钢支撑架设宜在 24h 内，或不超过 48h 完成并施加轴力完成。施加轴力是采用液压油顶顶进、钢楔子楔紧的方式来施加的。在施加轴力时应注意液压表读数，压力不应过大，达到设计值稍高位置时即停，防止轴力施加过大，导致斜支座钢板顶弯等现象。轴力施加时，应分阶段加压，不得一次加到预加值，首次加压应达到预加值的 50%～60%。在敲击钢楔子时，钢楔子上下错开，使受力均衡且在千斤顶泄力后回弹量少。

现场轴力施加不上主要有以下两种情况：

（1）轴力始终达不到预加值。分析其原因主要为钢支撑与支座之间存有缝隙、不密贴。措施为首先确定每次分阶段加压，无松动；其次，观察钢支撑与预埋钢板间是否存有缝隙，如有缝隙，可添加钢板进行封堵。

（2）轴力达到预加值，但千斤顶卸力后，轴力很快变小。分析其原因主要为钢楔子存在松动，轴力回弹量较大，或钢支撑与预埋钢板间已存在钢板，但钢板刚度较小，变形量大。解决措施为观察钢楔子是否存在同一方向楔打的情况，钢楔子应上下相错，楔紧后成矩形，保证受力平衡且回弹量较小。

支撑轴力及预加力见表 4-12。

支撑轴力及预加力 表 4-12

支撑	轴力标准值（kN/m）	轴力设计值（kN/m）	预加轴力标准值（kN/m）
第一道钢支撑	148	185	—
第二道钢支撑	525	656	200
第三道钢支撑	965	1206	200
第四道钢支撑	1410	1762	300
第五道钢支撑	1397	1747	300
钢换撑	960	1200	—

注：1. 对撑轴力设计值及预加力为表中数值乘以支撑间距。

2. 斜撑轴力设计值及预加力为表中数值乘以支撑间距，并除以$\sin\alpha$，α为支撑与基坑边的夹角。

4.8.6 格构柱连系梁施工

土方开挖至冠梁底，并将混凝土撑的位置使用压路机压实，其高程低于冠梁底高程3cm，之后将格构柱顶封板锚筋焊接完成并将锚筋焊接于冠梁，再边开挖边焊接预埋板牛腿。利用格构柱与顶封板的高差，对格构柱进行切割或者焊接增高。

土方开挖至冠梁底时，焊接格构柱顶封板。土方开挖为中间拉槽、两侧放坡，因此连系梁满足连接要求的条件为土方开挖至钢支撑底 50cm 后，且相邻两根格构柱裸露位置低于钢支撑底 50cm，此时搭设临时脚手架操作平台焊接连系梁。连系梁焊接采用分段焊接，根据土方开挖进度及时焊接连系梁，连系梁焊接完成后及时架设钢支撑，同时对裸露格构柱及时清理。连系梁采用双拼 56a 工字钢，工字钢上焊接 400mm × 500mm × 16mm 钢板，钢板间距为 1500mm，连系梁的顶端与钢支撑顶管在同一高程上。钢支撑焊接完成后，在连系梁上焊接安装钢构件，将钢支撑与连系梁固定在一起，其构造如图 4-17 所示。

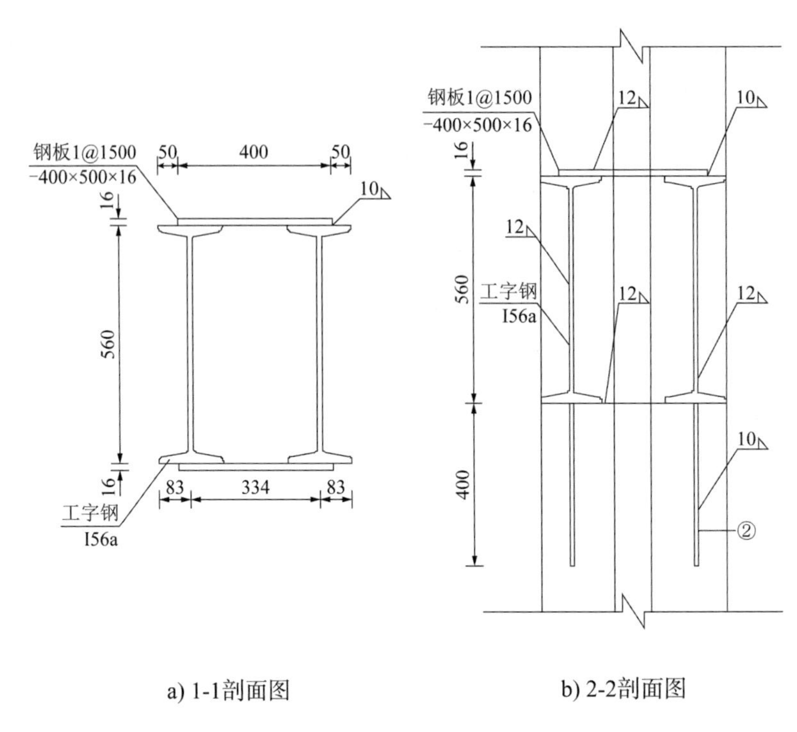

图 4-17 钢支撑与连系梁连接构造示意图（尺寸单位：mm）

4.8.7 钢支撑拆除

各层结构板混凝土达到设计强度的 80%后，方能撤除板上方的支撑。标准段由下至上依次撤除支撑，此外换撑处需待换撑上方板混凝土强度达到设计强度的 80%后方能拆除。

1）钢支撑拆除顺序

（1）底板混凝土强度达到设计强度 80%时，并安装换撑后，拆除第五道钢支撑。

（2）地下三层中板及纵梁、中柱、墙体混凝土强度达到设计强度的 80%，拆除第四道钢支撑。

（3）地下二层中板及纵梁、中柱、墙体混凝土强度达到设计强度的 80%，拆除第三道钢支撑。

（4）地下一层中板及纵梁、中柱、墙体混凝土强度达到设计强度的 80%，拆除第二道钢支撑。

（5）地下一层顶板及墙体混凝土强度达到设计强度的 80%，拆除第一道混凝土支撑。

（6）最终拆除换撑。本工程换撑拆除难度极大，车站主体结构全部施工完成后方可拆除换撑，换撑拆除无法使用大型机械设备，只能人工用倒链拆除，拆除完毕后将支撑拆解成短节，再吊运出车站。

（7）拆除钢支撑后，再拆除相应部位的连系梁、剪刀撑。待主体结构封顶、第一道钢支撑拆除后分段切割格构柱，从预留洞口运出。

2）钢支撑拆除要求

（1）钢支撑拆除时，用门式起重机将钢支撑吊紧，在活动端用千斤顶施加轴力至钢楔块松动，取出钢楔块，逐级卸载，卸载完毕后，切割端头焊接部位，再吊起钢支撑。

（2）两台千斤顶加压应同步，从而使钢支撑对称均匀受力。

（3）端头先拆除角撑，再拆除直撑。

（4）钢支撑拆除后转运至指定位置集中进行存放。

（5）拆除连系梁、剪刀撑前，用钢丝绳将连系梁、剪刀撑吊紧，分段切割、吊运。严禁在没有防护措施的前提下切割钢构件。

（6）拆除过程中严格注意基坑变形监测情况。

5 施工保证措施

5.1 组织保障措施

5.1.1 安全组织机构

项目经理部成立安全生产领导小组，负责安全施工的制度、条例、奖罚办法的审查和安全生产的监督检查，以及安全生产责任事故的调查处理。由项目经理任组长，总工程师、项目副经理、安全副经理任副组长，各业务职能部门的负责人任组员，此外，各施工队也成立相应的安全生产领导小组。安全生产领导小组组织机构如图 5-1 所示。

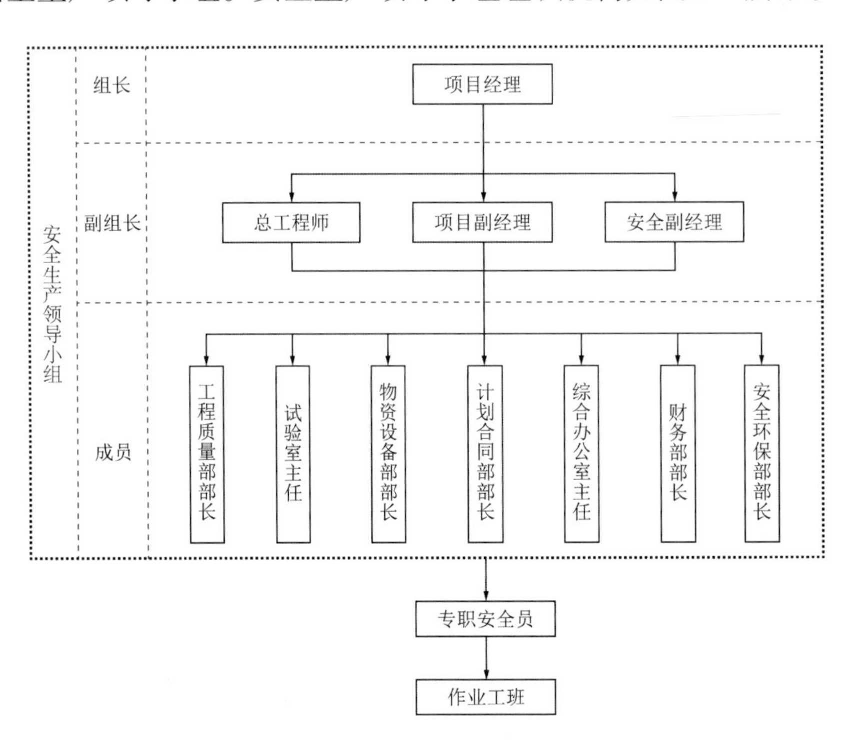

图 5-1 安全生产领导小组组织机构图

5.1.2 安全保证体系

安全施工事关人命，是施工企业的根本，安全施工必须始终遵循“安全第一、预防为主、综合治理”的原则，从安全风险源头进行把控。安全管理体系及措施严格执行《建设工程安全生产管理条例》(中华人民共和国国务院令第 393 号)，安全生产保证体系如图 5-2 所示。

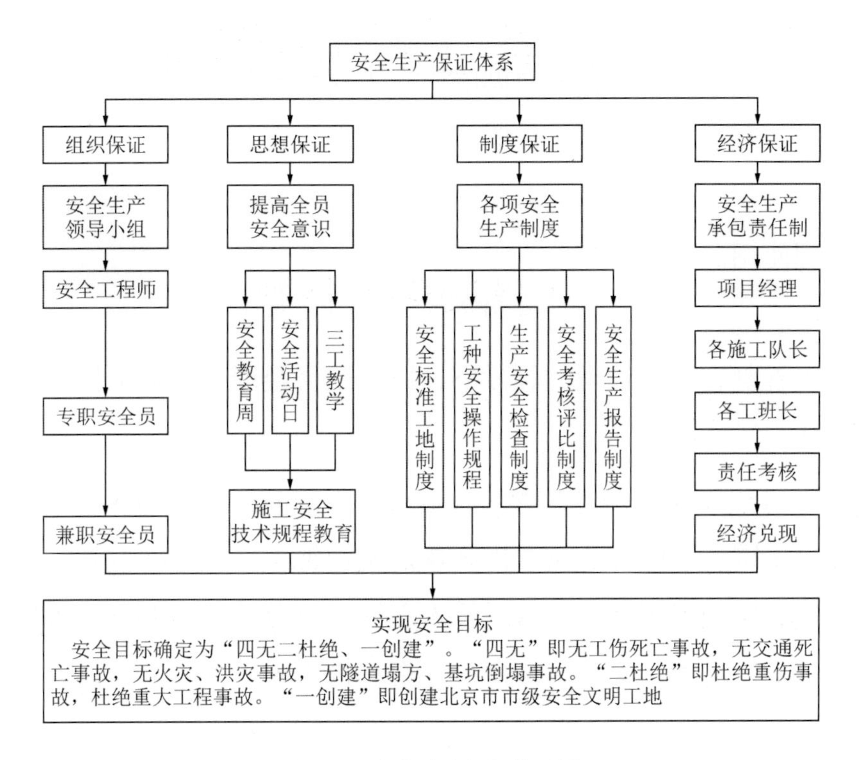

图 5-2 安全生产保证体系图

5.1.3 项目部相关人员岗位职责

1）项目经理

（1）项目经理是本项目的安全生产第一责任者，对所辖项目工程的安全生产负总的责任。

（2）负责公司质量、环境与职业健康安全管理体系的有效运行。

（3）组织安全专业会议，研究本项目的安全生产形势，解决安全生产中存在的问题，对检查出的问题，根据“三定”原则积极组织整改。

（4）负责组织每周计划、布置、检查、总结、评比安全生产。

（5）发生工伤事故和未遂事故应及时上报，组织保护好事故现场，并认真分析事故原因，按照“四不放过”的原则提出和实施改进措施，对事故责任者，提出处理意见。

（6）组织项目部及时解决安全生产方面存在的问题，支持项目安全员工作。

2）安全总监

（1）认真贯彻执行安全相关法律、法规，严格遵守公司安全规章制度，在项目经理和安全生产委员会的领导下负责企业的安全监督管理工作。

（2）组织开展各种安全活动，对领导参加基层安全活动情况进行检查考核。

（3）制定、修订公司安全生产监督管理制度和安全技术规程，编制安全技术措施计划，并监督检查执行情况。

（4）进行现场监督检查，督促并协助解决有关安全问题，纠正违章作业。遇有危及安全生产的紧急情况，有权责令其停止作业，并立即报告有关领导。

（5）按国家有关规定，负责制定劳动防护用品的发放标准，并督促检查有关部门按规定及时发放和合理使用。

3）总工程师

（1）项目总工程师在项目经理的领导下，协助项目经理负责安全技术工作，对安全生产负全面技术责任。

（2）认真贯彻执行法律法规和上级机关制定的规章制度、项目部安全生产制度。组织、编制、审定本项目关键环节的安全技术措施及预防措施。

（3）组织编制、审定施工技术方案、技术文件、应急救援预案。处理技术问题时，必须贯彻安全技术标准，向施工人员逐级进行安全技术交底。

（4）推行新工艺、新技术、新设备、新材料及施工新结构时，必须事先制定安全措施。

（5）负责本项目大型临时设施报验审批。指导安全技术教育，组织专业安全技术培训。

（6）参加安全事故的调查处理。

4）生产副经理

（1）对施工现场范围内的安全生产负直接主要管理责任。

（2）按照安全技术交底组织施工。

（3）对分管现场安全生产进行检查，及时解决存在的问题。

（4）对执行安全操作规程、措施和安全交底的情况进行检查，随时纠正违章作业。

（5）组织班组开展安全教育活动，接受项目部安全监督检查，及时处置安全隐患。

（6）发生安全事故后，要及时抢救伤者，保护现场，并立即上报。

5）专职安全员

（1）认真执行法律法规和上级机关制定的规章制度、项目部安全生产制度。

（2）对施工全过程的安全生产进行检查、监督，纠正违章作业，配合有关部门排除施工中的安全隐患。负责职工、民工的安全教育工作。监督安全备品和劳动保护用品的质量，确保按时发放和正确使用。

（3）检查特种作业人员持证上岗及特种设备检验工作。

（4）参加定期召开的安全生产例会，及时通报施工中存在的安全隐患，并建议应采取的处理措施。参与检查安全隐患，编制安全方案并同时上报安全预案。

（5）指导工区（队）、班组兼职安全员的工作。

5.2 技术措施

5.2.1 安全保证措施

5.2.1.1 组织保证

项目安全生产监督检查机构为三级管理体系，项目经理部设安全质量环保部，是安全监督检查管理的职能部门，其需配备安全工程师，各施工队配备专职安全员，各作业工班配备兼职安全员，负责安检工作。项目经理部的安全工程师在上岗前应参加并通过北京市规定的相关培训，并获得相应证书。

5.2.1.2 施工现场安全措施

（1）施工现场的布置符合各项安全规定的要求，设立足够的标志，宣传画，标语指示牌，警告牌，火警、匪警和急救电话提示牌等，根据监理工程师批准的总平面布置图进行统一部署。安全防范重点见表 5-1。

安全防范重点　　表 5-1

序号	事故类型
1	防触电伤亡事故
2	防塌方伤害事故
3	防基坑开挖土方吊装施工伤害事故
4	防基坑开挖施工伤害事故
5	防钢支撑施工伤害
6	防施工机械伤害事故和运输交通事故，特别是盾构机的拆卸及安装
7	防影响区域环境安全事故

（2）现场设立“四口五临边”的安全防护设施，包括护身栏杆、脚手架、洞口盖板和加筋基坑边防护栏杆、防护棚、防护网、坡道等。准备好足够的安全带、安全绳、安全帽、安全网、绝缘鞋、绝缘手套、防护口罩和防护衣等安全防护用品。

（3）在施工主要作业场所和临时安全疏散通道 24h 有 36V 安全照明并设置必要的警示牌等以防发生各种可能的事故。

（4）每周组织召开一次安全生产例会，每天对现场安全生产状况进行全面检查并做好记录，查看安全规章与制度实施情况，负责监督安全技术交底和技术方案落实情况，负责制定或审核安全隐患的整改措施并监督落实，负责安全资料的整理和管理，确保所有的安全设施都处于良好的运转状态。

（5）所有特殊工种必须是经过专业培训并取得相关证书，技术熟练，持有北京市特殊工种操作证件或临时操作证的人员，所有工人在近场作业前必须严格进行“三级教育”，考核合格后颁发安全上岗证。

5.2.1.3 施工现场用电安全措施

（1）现场临时用电线路的安装、维修、拆除必须由取得特殊工种上岗证的专职电工进行操作。

（2）所有电线路采用“三相五线制”，机电设备必须按“一机一箱一闸一漏”设保护装置。场内禁止使用裸体导线，架设的电力线路必须符合有关规定要求。

（3）变压器设置围栏，设门加锁，专人进行管理，并悬挂“高压电危险、切勿靠近”的警示牌。变压器必须设接地保护装置，其接地电阻不得大于4Ω。

（4）室内配电柜、配电箱前设绝缘垫，并安装漏电保护装置。各类电器开关箱和电气设备，按规定设接地或接零保护装置，禁止电源开关箱内存放工具、杂物、并加锁。

（5）检修电气设备时必须停电作业，电源箱或开关握柄上应挂有“有人操作、严禁合闸”的警示牌或派人看管，严禁带电作业。

（6）生活区采用36V低压照明用电，宿舍严禁私拉乱接违规使用小太阳或电热毯等大功率电器。

5.2.1.4 施工机械安全控制措施

（1）车辆驾驶员和各类机械操作员，必须持证上岗，严禁无证操作，对驾驶员、机械操作员定期进行安全管理规定教育。

（2）严禁酒后驾驶车辆和操作机械，车辆严禁超载、超高、超速驾驶，禁止使用带病的车辆、机械或使其超负荷运转。

（3）机械设备在施工现场要集中停放，严禁对运转中的机械设备进行检修、保养。

（4）对现场所有提升架等垂直和水平运输机械进行安全围护，包括卸料平台门的安全开关、警示铃和警示灯、卸料平台的护身栏杆、脚手架和安全网等，所有的机械设备应有安全操作防护罩和详细的安全操作要点等。

（5）指挥机械作业的指挥人员，指挥信号必须准确，操作人员必须听从指挥，严禁蛮干作业。

5.2.1.5 高处作业安全措施

（1）高处作业人员须戴好安全帽、系好安全带、穿防滑鞋，并且定期更换不合格安全防护用品。

（2）高处作业人员不得穿拖鞋、硬底鞋、易滑鞋上班。禁止其他无关人员进入施工现场。

（3）从事架子、起重作业的人员，应定期检查身体，且必须持证上岗。

（4）作业平台上的脚手板必须满铺，且平顺、牢固、无探头板。施工搭设的梯道、脚手架、防护栏、安全网等防护设施应符合安全要求，经安全员检查并报现场监理验收合格后方可投入使用，架子工程施工应严格执行《建筑施工高处作业安全技术规范》（JGJ 80—2016）中的有关规定。

（5）高处作业面上用的料具必须放置稳妥，小型工具、材料要随时放入工具袋内，传递料具应安全可靠，严禁抛掷，禁止无安全防护措施进行垂直交叉作业。

5.2.1.6 钢支撑施工安全措施

（1）在钢支撑施工前，认真地考虑施工方案，并将钢支撑组装方案，施工方案于施工前报监理工程师批准，无批准情况下不得施工。

（2）在施工时要有专人指挥和监护，随时注意作业现场人员的安全情况并观察钢支撑的稳固情况。

（3）钢支撑安装前技术部门要进行详细检算，满足支撑围护结构强度及刚度要求。对钢支撑安装的操作人员进行培训和技术交底。

（4）边挖边焊接支撑钢板，及时架设钢支撑并施加一定预应力，钢支撑直接与地下连续墙密贴以防墙体移位。

（5）在钢支撑的端头采取固定支托措施，防止钢支撑滑落。

（6）在挖土、起吊或吊装下一道钢支撑时，严禁撞击已安装完毕的钢支撑，禁止吊壁下站人或其他人员从事其他工作。

（7）对围护结构和钢支撑的变形、位移，要随时进行观测、监控，以便采取措施，确保结构和人身安全。

（8）在钢支撑作业时，不得上下垂直交叉作业。施工人员操作中要精力集中，系好安全带。钢支撑拆除时，应经总工程师同意，由专人指挥拆除工作。

（9）钢管支撑拆除原则及条件：钢管支撑拆除遵循先撑后拆的原则，即待混凝土强度达到设计要求指标，在征得监理工程师同意情况下，由技术负责人下达支撑拆除命令后拆除。

5.2.1.7 车站深基坑开挖安全措施

（1）首先对开挖的基坑进行施工围挡，围挡完成后，进行下道工序施工时不得利用围挡靠立施工机械机具，或堆放材料，以免发生意外。

（2）在基坑开挖前，要在基坑顶面边坡以外的四周开挖排水沟，并保持畅通，防止积水灌入基坑，引起坍塌。

（3）车站基坑采取分段、分层的方法开挖，边开挖边及时安装钢支撑等临时支撑系统，确保基坑围护结构的稳定。

（4）在坡顶面距离坡肩线 2m 范围内，严禁堆放弃土及建筑材料等，在 2m 范围以外堆载时，不应超过设计荷载值。

（5）在使用挖掘及开挖基坑时，要按照有关机械操作规程和规定的信号，专人指挥操作，监督开挖的全过程。土斗下面严禁站人。

（6）采取降排水措施，使开挖好的基坑底部保持不被水浸泡。在基坑四周做防水时，基坑上口边沿要停止其他作业，不得进行立体垂直同时施工。

5.2.1.8 格构柱防撞措施

车站基坑宽度约为 28m，其跨度较大，因此应在车站的中间设置格构柱，格构柱上焊接连系梁用以支撑钢支撑，以保证钢支撑的稳定性。在土方开挖过程中，中间拉槽两侧放坡，且坡度不小于 1∶1，钢支撑纵向间距为 5.0～7.2m，平台宽度为 2m，因此中间拉槽位置剩余间距为 10～14m，满足格构柱周边 1m 范围内严禁机械直接开挖要求，以保证格构柱土方开挖过程中不被损坏碰撞，此外机械开挖过程中应配合人工及时清理格构柱周边土体。

5.2.1.9 周边环境安全保证措施

1）周边管线安全保证措施

车站范围内分布较多的地下管线，基坑开挖施工对地层变形及管线影响较大，必须采取有效措施进行保护和监测。

对处于影响施工区域内的管线，施工前，调查所有与施工有关及基坑开挖影响范围内的各种管线，查明管线的类型、规格、材质、位置及走向等基础资料。根据查明的管线资料，积极配合管线迁改单位和产权单位进行处理。调查清楚管线情况后，根据不同管线的功能和类型采取不同的保护和处理方式。坚持先保护后施工的原则。对所有影响施工的管线，在施工前根据确定的处理方案，需进行改移处理的管线先改移，再开挖车站基坑；需进行悬吊处理的管线，按悬吊方案完成悬吊施工，并经检查合格后再开挖下部土方；在施工过程中，必须对悬吊的刚性管线进行监测。管线泄漏时，必须先修理后支吊。对跨越基坑较长或接口有断裂危险的管线，先采取加固措施，再进行悬吊或直接支撑在钢桁架（梁）上。

2）道路交通安全保证措施

施工期间与交管部门加强联系，按照交通导改方案增加必要的交通疏散和安全标志，加强非机动车和行人的交通管理，高峰期派专人协助交警疏解交通。在需要对道路交通进行围挡的区域，及时通知交管局，做好交通维持和疏解。施工车辆尽可能安排在社会车辆和行人比较少的夜晚进出施工场地，并安排专人指挥施工车辆。施工人员在运送材料穿越道路时，须严格遵守道路交通规则。

3）地面及地下建（构）筑物安全施工保证措施

（1）采用监测手段对地面及地下建（构）筑物进行布点监测，成立保护小组、建立建（构）筑物保护信息库，施工期间进行全天候监控，并安排有经验的测量工程师进行数据分析，以保证监测信息及时、有效地指导现场施工。同时，建立与相关专家的联系，遇情况随时可进行通信咨询或亲临现场参与分析并解决问题。

（2）安排有经验的工程师对现场进行巡视，发现异常及时汇报，组织专家进行分析、处理，在问题未分析清楚或未解决前，有权停止相关部位的一切施工。

5.2.2 质量技术保证措施

5.2.2.1 质量方针、目标措施

（1）项目部建立健全的质量保证体系，严格按照质量体系文件进行质量管理，做到横向到边、纵向到底，对施工过程实行全面质量管理，贯彻执行ISO9001质量保证体系，建立完善的质量管理机构，健全质量管理制度和质量控制程序。

（2）项目经理部成立质量管理组织机构，严格在质量保证体系下进行管理，作业队成立全面质量管理小组，对主要工序的施工质量进行有组织的控制。配备质检工程师和质检员，推行全面质量管理和目标责任管理，从组织措施上保证工程质量落到实处。

（3）组建具有丰富施工经验和管理、技术过硬的队伍。设置现场质量控制机构，配备有经验的技术人员、质检人员和操作人员。设置现场质量控制机构，配备有经验的技术人员、质检人员和操作人员，并由经过培训的质量保证人员向上级管理部门及业主提交质量管理工作报告，提交与质量活动相关的各类管理人员资历清单。

5.2.2.2 质量保证体系

根据本工程特点，项目部形成了完整的质量保证体系，包括组织保证、制度保证、程序保证等内容，详见本项目实施性施工组织设计文件。

5.2.2.3 施工准备阶段质量保证

（1）坚持图纸学习与会审工作，领会设计意图，避免产生技术事故或发生工程质量问题。

（2）不断完善和优化施工组织计划，使施工方案更科学合理，措施更翔实、可行、可靠。

（3）严格组织技术交底。

（4）控制物资采购。做好供应方的评价和材料的进货检验，确保用于工程的所有材料均符合质量要求。

5.2.2.4 施工阶段质量保证

（1）严格进行材料、构配件检验、试验和工程试验。

（2）实行工序质量监控。一是监控工序活动的条件，即“人、机、料、法、环”必须符合质量要求；二是监控工序活动效果的质量。工序质量控制程序如图 5-3 所示。

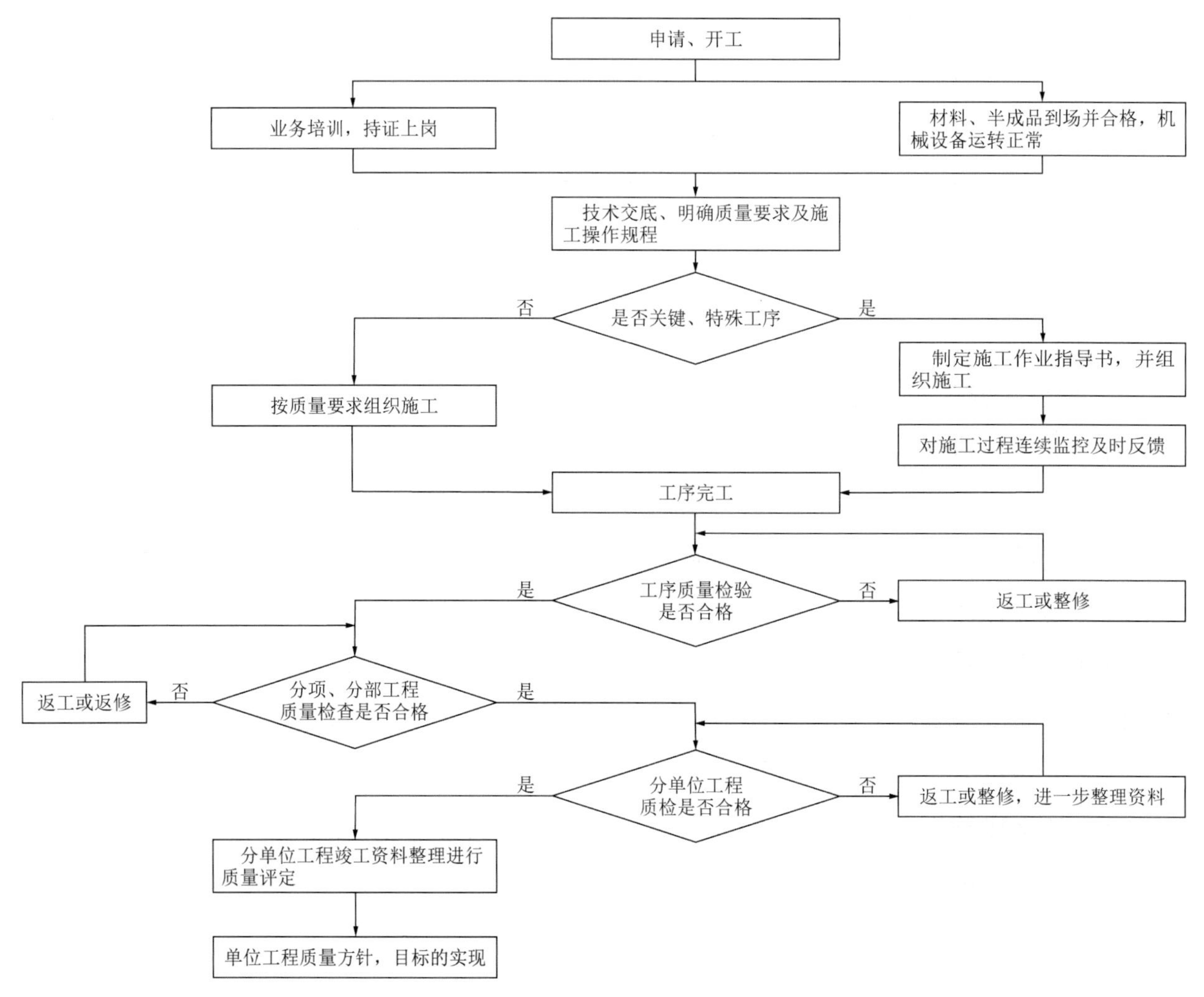

图 5-3 工序质量控制程序流程图

（3）加强质量检查，包括质量自检、互检、专业检查、工序交接检查、隐蔽工程验收检查、工程预检、基础和主体工程检查验收等，对关键工序实行旁站监察。

（4）严格设计变更管理。

（5）加强对成品保护，施工过程中对已完分项、分部工程制定防护措施加以保护；对产品的保护，着重抓住施工顺序和防护措施，按规定的施工流程组织施工，以防前道工序损坏或污染后道工序。

5.2.2.5 质量技术保证措施

1）钢筋工程质量保证措施

钢筋进场按规定要求有出厂质量证明书或试验报告单，每批钢筋均要求有标牌；钢筋的各种规格、型号、机械性能、化学成分、可焊性和其他专项指标必须符合标准规范的要求。钢材进场后，应进行复试，并将复试报告报送监理工程师审查，经审查合格后再使用。不合格产品决不用于工程，并将其及时清理出场，记录存档。

钢筋加工制作质量均需按相关规范及标准控制。

2）隐蔽工程质量保证措施

凡分项工程的施工结果被后道施工所覆盖，均应进行隐蔽工程验收。项目经理部应设质量管理工程师和专职质检人员，跟班检查验收。每一道需隐蔽的工序未经监理工程师的检查合格签证，不得进入下一道工序的施工。此外，要确保监理工程师有充分的机会对即将覆盖的或掩盖的任何一部分工程进行检查、检验以及对任何部分工程施工前对其基础进行检查。

隐蔽工程验收程序如图 5-4 所示。

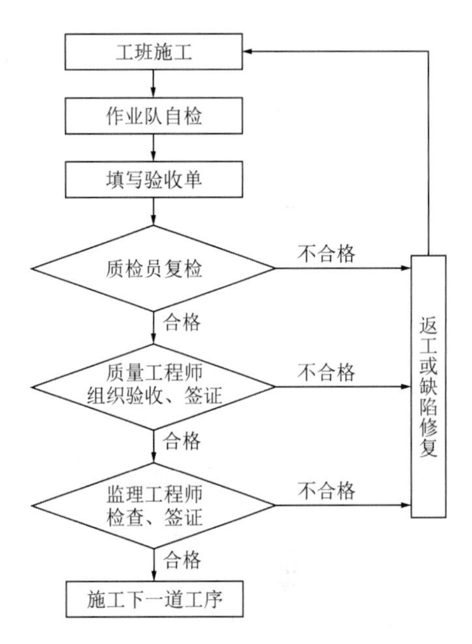

图 5-4　隐蔽工程验收程序流程图

3）钢支撑施工技术措施

（1）支撑不得作为施工作业平台，其上不得搁置或悬挂重物。

（2）支撑结构的安装与拆除、换撑顺序应与基坑支护结构的设计计算工况一致，必须遵循先支撑后开挖的原则，基坑开挖至支撑底面以下 0.5m 处，需及时架设支撑，严禁超挖。沿基坑边对称的斜撑应对称架设。

（3）从支撑的架设到拆除的整个施工过程中，对支撑的监测应严格要求，以确保支撑的稳定。

（4）施工过程中应按要求定期对已完成的支撑进行检查，如发现松弛，必须立即顶紧并增加预应力。

5.2.3　文明施工保证措施

5.2.3.1　文明施工原则

文明施工是进行“两个文明”建设的重要内容，是提高工程经济效益和社会效益的重要保证。在施工中必须坚持社会效益第一，经济效益和社会效益相一致，以“方便人民生活，有利于发展生产、保护生态环境”为原则，坚持便民、利民、为民服务的宗旨，做好工程建设中的文明施工。

5.2.3.2　文明施工目标

符合北京市现行的文明施工和环境保护有关规定和业主管理办法的有关要求，施工现场文明施工评分达到优秀分数以上。

5.2.3.3 文明施工管理体系

项目文明施工管理体系如图5-5所示。

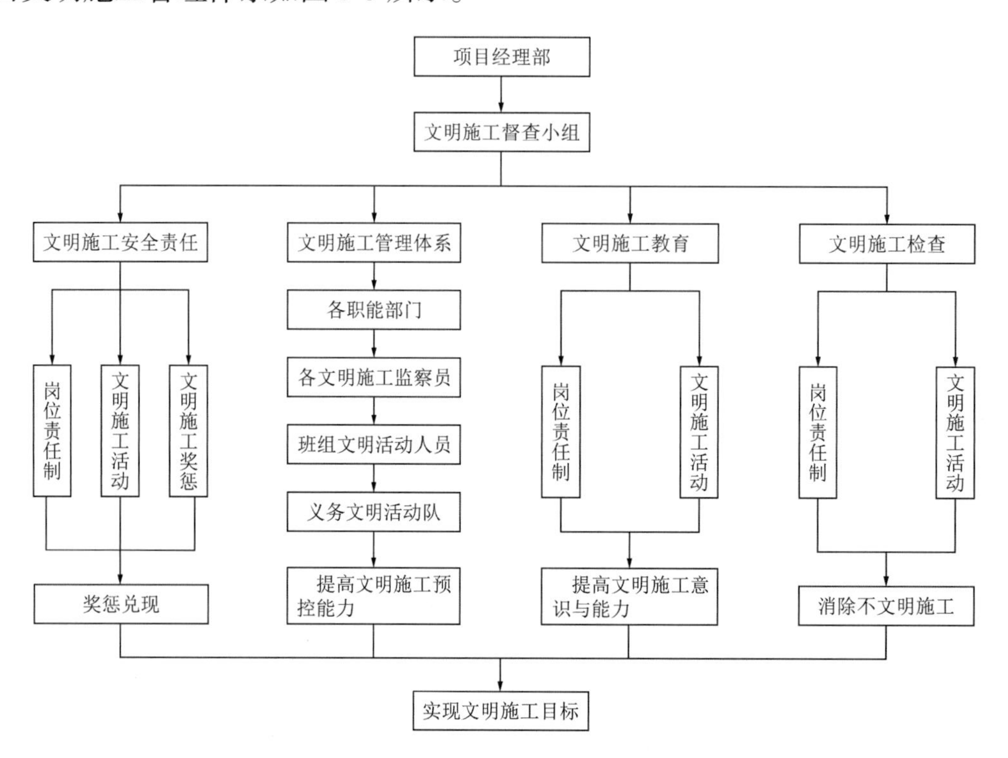

图5-5 文明施工管理体系示意图

5.2.3.4 文明施工措施

（1）组织措施

认真贯彻“建设单位负责，施工单位实施，地方政府监督”的文明施工原则。积极主动配合由甲方项目管理组牵头建立的三方共同参与的文明施工管理小组组织文明施工创建活动，并大力搞好日常文明施工管理。

（2）技术措施

在编制施工组织设计时，把文明施工列为主要内容之一，坚持便民、利民、为民服务的宗旨。在工程开工前，指派专职人员负责文明施工的日常管理工作。

（3）现场管理

实行施工现场平面管理制度，各类临时施工设施、施工便道、加工场、堆物场和生活设施均按经审定的施工组织设计和总平面布置图实施；若因现场情况变化，则必须调整平面布置，并画出总平面布置调整图报上级部门审批，未经上级部门批准，不得擅自改变总平面布置或搭建其他设施。

（4）工地卫生

生活区应设置醒目的环境卫生宣传标牌及责任区包干图。现场“五小”应设施齐全、设置合理，以防蚊蝇孳生，同时要落实各项除四害措施，避免四害孳生。生活区内做到排水畅通，无污水外流或堵塞排水沟现象。有条件的施工现场进行绿化布置。现场要设医务室，若确无条件，至少要设巡回医疗点。

5.2.4 环境保护措施

5.2.4.1 组织与职责

（1）建立环境保护领导小组，层层落实责任，以项目经理为组长，项目书记、安全总监为副组长，分管领导及各部长为组员。下属各施工班组也要成立相应组织，班组长指定为班组的环境保护负责人。

（2）环境管理领导小组职责：负责环境管理目标、标准、制度及管理办法的制定，并监督执行，确保目标的实现。协助和指导有关部门和施工班组进行环境管理。有权对所属施工班组进行检查和依照标准实行奖罚。环境保护体系如图 5-6 所示。

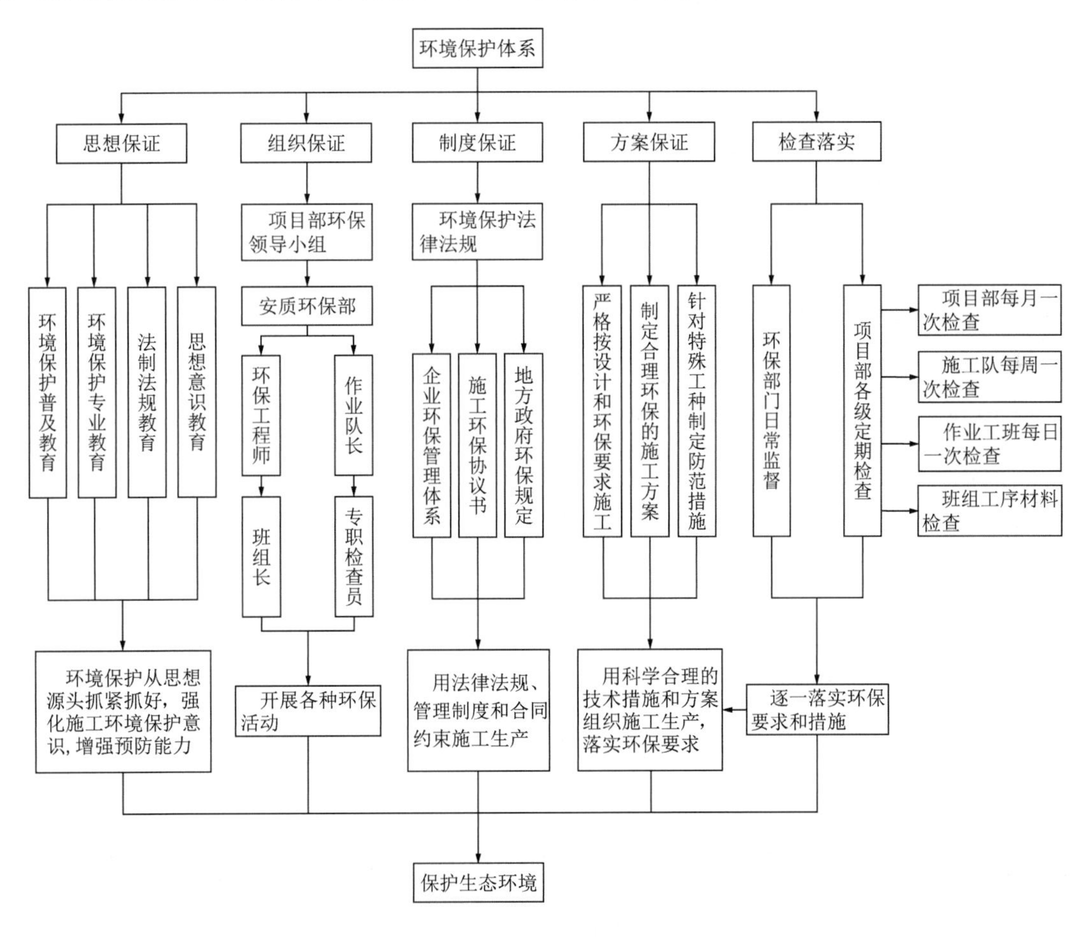

图 5-6 环境保护体系

5.2.4.2 管线及周边建筑物保护

施工期间对所有施工范围内不搬迁和在开挖深度影响范围内的建（构）筑物加以保护，以及盾构穿越的建构筑物及影响范围内的建构筑予以保护。

5.2.4.3 土方运输环境管理规定

（1）车次车貌整洁，制动系统完好。

（2）车辆后栏板的保修装置完好，再增设一副保险装置，做到双保险，预防后栏板崩板。

（3）车辆应配置灭火器，以防发生火灾。

（4）对运输车辆进行定期检修，土方运输承包方自行负责车辆的定期检修，以保持良好的车况。

（5）土方装卸时，场地必须保持清洁，预防车轮黏带。

（6）车辆出门时，必须对车辆进行冲洗。

（7）车辆装卸土方不应超高超载，并应有覆盖物以防止土方在运输中沿途发生扬撒。

（8）现场用钢板焊接专用泥浆池。

5.2.4.4 施工现场废水控制管理规定

1）施工废水控制措施

（1）施工排水系统

对于市区中心重点工程工地及各单位的基地，根据施工现场排放废水的水质情况，采用以明沟、集水池为主的临时三级排放系统。

①一级排放系统：生活用水（食堂、浴室、洗手池等）较干净、可直接排入市政污水管，主要布置在生活、办公区。

②二级排放系统：以排放雨水为主，水中含泥量较少，可直接排入市政污水管，但必须在出口端设置集水井，拦截水中垃圾。

③排放含泥量较多的水应流入布置在基坑、施工便道旁的沉淀池内，必须经过二次沉淀处理后排入市政污水管，严禁直接排入市政污水管。

（2）生活污水

①各施工项目在现场均应建立厕所收集粪便污水，固定式厕所应设立化粪池，移动式厕所也应设置收集装置，同时派专人维护厕所的清洁，并定期消毒。

②厕所定期由当地环卫部门上门抽清。

（3）运输车辆清洗废水

各类土方、建筑材料运输车辆在离开施工现场时，为保持车容应清洗车辆轮胎及车厢，清洗废水应接入施工现场的临时排水系统。

（4）其他施工废水

①散料堆场四周应设置防冲墙，防止散料被雨水冲刷流失而堵塞下水道或污染附近水体及土壤。

②施工活动中开挖所产生的泥浆水及泥浆，必须用密封的槽车外运，送到指定地点

处置。

③现场混凝土搅拌时，应采取适当的措施，避免搅拌活动中产生的污水未经处理，直接流入附近水体及土壤，形成污染。

2）排水设施维护

（1）定期对临时排水设置进行疏通工作。

（2）每逢汛期、梅雨期来临之前都要对下水道及场内各排水系统进行畅通。

3）施工现场禁止行为

（1）施工废水不允许未经任何处理，而直接排入城市雨水管道或附近的水体。

（2）任何堵塞排水管道的行为。

（3）擅自占压、拆卸、移动排水设施。

（4）向排水管道倾倒垃圾、粪便。

（5）向排水管道倾倒渣土、施工泥浆、污水处理后的污泥等废物。

（6）向排水管道排放有毒有害、易燃易爆等物质。

5.2.5 季节性施工保证措施

北京市气候属暖温带半湿润大陆性季风气候，四季分明，夏季炎热多雨。年降雨量的三分之二集中在 6～8 月份且时有暴雨出现。施工中若出现暴雨拟采取以下措施减小暴雨影响。

5.2.5.1 雨季施工保证措施

（1）成立以项目经理为组长的防洪领导小组和防洪抢险队伍，抢险队由身体健壮、反应敏捷的青年组成。定期检查排水管网及抽水设备的可靠性，从而提高快速反应能力。

（2）工地预备足够防洪物资及设备，如草袋、雨布、大功率抽水机等，并严禁挪用。配备发电机，以满足汛期突然停电情况下的排水需要。

（3）关注气象部门的天气预报，暴雨来临之前做好以下工作：

①停止受暴雨影响较大的土方开挖、防水层施作、混凝土浇筑等作业，做好善后安排，以保安全。

②采用可靠的手段围蔽水泥库、变配电设备等。

③施工机械设备撤出基坑或停放在地形较高、排水顺畅的地方。

④疏通排水沟，增加排、泄水通道。根据预报雨量大小，必要时增设临时排水沟。

⑤检查基坑坡面，特别是受水流冲刷较强的坡面采取临时支护等措施。

5.2.5.2 防台风措施

（1）建立防台风施工组织小组，由项目经理担任防台施工及应急组长，副经理担任副组长，项目部各部门及施工队伍为组员，并制定应急预案。

(2)全面学习台风相关知识，掌握防御措施。

(3)加强台风的监测和预报，在台风多发季节及时紧密地跟踪气象台发布的气象信息、台风预报，台风警报或紧急警报，以便在第一时间采取有效的措施，减轻或避免台风带来的损失。

(4)制定施工现场防风措施和应对策略。

5.3 监测监控措施

5.3.1 监测组织机构

针对本工程监测项目的特点建立专业组织机构，选派经验丰富的技术人员、驻现场人员组成监控测量及信息反馈小组，由项目负责人、项目技术负责人、监测技术人员及测量人员组成，组织机构如图 5-7 所示。

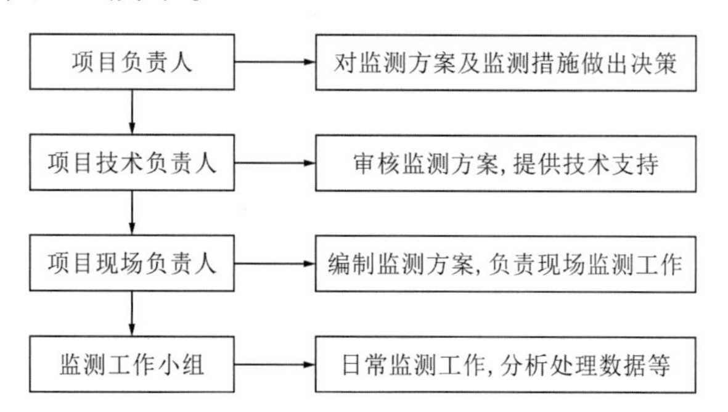

图 5-7 监控组织机构及职责分工图

本项目主要人员见表 5-2。

本项目主要人员表　　表 5-2

序号	姓名	职务	职称	联系方式
1	×××	项目经理	高级工程师	
2	×××	项目副经理	工程师	
3	×××	技术负责人	工程师	
4	×××	技术员	助理工程师	
5	×××	技术员	助理工程师	
6	×××	技术员	助理工程师	
7	×××	司机	—	

5.3.2 望京西站监测方案

5.3.2.1 监测目的

通过对围护结构和周边环境的监测工作，达到以下目的：

（1）将监测数据与预测值相比较，判断前一步施工工艺和施工参数是否符合预期要求，以确定和调整下一步施工，确保施工安全。

（2）保证施工安全。对于不同的施工方法而言，均不同程度地对周边环境产生一定的影响，因此通过及时、准确的现场监测结果来判断结构的安全及周边环境的安全，并及时将现场测量的数据、信息反馈到设计，以修改和完善设计，调整施工参数，使设计达到优质安全、经济合理，减小结构及周边环境的变形，保证施工安全。

（3）预测施工引起的地表变形。根据地表变形的发展趋势，决定是否采取保护措施，并为确定经济、合理的保护措施提供依据。

（4）控制各项监测指标。根据已有的经验及规范要求，检查施工中的各项环境控制指标是否超过允许范围，及时有效地采取防范措施。

5.3.2.2　监测项目及内容

综合监控量测设计图纸及现场踏勘情况，根据《北京市轨道交通工程建设安全风险技术管理体系》文件及有关规范、规程，主要对围护结构以及周边环境、建构筑物进行监测和巡视，现场巡视作业内容见表 5-3。

望京西站巡视作业内容　　表 5-3

序号	类别	巡视对象	巡视内容	巡视周期	巡视频率
1	周边环境	道路及地表	（1）地面开裂。 （2）地面沉陷、隆起。 （3）地面冒浆/泡沫	周边环境巡视在施工开挖前进行首次巡视，车站施工完成，变形稳定后停止	巡视频率为施工期间 1 次/d，其余时间根据管线、地表变形及巡视情况而定
2		周边管线	（1）管线沿线地面开裂、渗水及塌陷等情况。 （2）检查井等附属设施的开裂及积水变化情况。 （3）井盖附近有无明显沉陷等		
3		车站主体及支护结构	（1）围护结构体系有无裂缝、倾斜、渗水、坍塌。 （2）支护体系施作的及时性。 （3）基坑周边堆载情况。 （4）地层情况。 （5）地下水控制情况。 （6）地表积水情况等		

注：1. 巡视目标达到警戒标准或场地条件变化较大时，应加密巡视。
2. 当有危险事故征兆时，则需进行加密巡视，特别是雨季汛期须加强巡视力度。

5.3.2.3　监测方法

1）监测点布设

本方案测点布置以满足安全管理和监控为前提，在保证施工监测与第三方监测同点、同时段监测的基本要求下，综合施工图监测设计、现场情况优化而成。总体测点布置原则如下：

（1）监测布点范围：道路及地表沉降监测点、地下管线沉降监测点取基坑10m以内范围设两排沉降观测点，排距3～8m，点距20m，10m以内有重要管线将道路和地表测点布设在控制标准更为严格的管线或其对应的地表，排距3～8m，点距10m。建筑物倾斜、沉降监测点布设建筑物结构四角，拐角及沿外墙每15m或每隔2根承重柱基上；高低悬殊或建筑物连接处，变形缝和不同埋深基础的两侧；烟囱、水塔、高压塔等高等建筑物，沿基础轴线对称布设。重要高耸建筑物，每栋建筑物测点不少于2组，每组两个，布设在基坑和隧道侧。桥梁墩台沉降监测点应布设在墩柱或承台上，每个墩柱1个沉降测点和1组倾斜测点；沉降监测点设在挡土墙转角位置和每段挡土墙变形缝两侧，每段挡土墙设1组倾斜监测点。

（2）施工监测点布置以设计图纸为准。

（3）以控制风险工程为目的，在风险范围内，适当增加监测点数量和监测频率。

（4）当工程位置或施工工法发生变化时，监测对象及项目也随之进行相应调整。

2）建（构）筑物变形监测

（1）监测控制网布设原则

望京西站主体及周围建筑物沉降监测控制网，以业主提供的水准点为依据，按照施工监测范围，采用环路形式独立成网。沉降监测控制网主要技术要求：等级选取II级，按国家一等水准测量作业；沉降监测点等级选取III级，按国家二等水准测量技术要求作业。

（2）水准点和工作基点布设

用地铁17号线高程控制系统中的BM[17]13和BM[17]15（BM-水准点，[17]-地铁17号线统一编号，13、15-水准点具体编号）为水准基点，根据监测建筑物的位置情况，计划在车站范围内布设3个工作基点。工作基点设在远离地铁基坑和通道施工影响区的稳固位置。为确保监测网的可靠性和稳定性，监测过程中，需按照国家一等水准测量的标准及技术要求对基准点每三个月进行常规的稳定性检查，其精度严格要求每公里全中误差不得大于1.0mm，每次对观测点的高程测量均采用环路方式进行，各类观测将严格按照两个固定和一个一致原则进行，即观测人员固定、观测仪器固定和观测路线与前一次基本一致，并在基本相同的环境和条件下工作，以确保结果的可靠性。

（3）建（构）筑物沉降监测点布设

对望京西站主体施工影响范围内的建筑物，联通信号塔按照量测设计图和相关要求布置观测点，共计设置监测点2个。对不能在建筑物上布设观测点的建筑物，采用在就近地面布设地表沉降观测点。

（4）观测技术方法

水准网观测采用几何水准测量方法，使用电子水准仪进行观测，采用电子水准仪自带程序记录，记录外业观测数据文件，主要技术要求如下：

①基准网观测按《城市轨道交通工程测量规范》(GB 50308—2017)二等垂直位移监测网技术要求观测，主要技术指标及要求见表5-4。

二等垂直位移监测网主要技术指标及要求　　表5-4

序号	项目	限差
1	相邻基准点高差中误差	0.5mm
2	每站高差中误差	0.15mm
3	往返较差及环线闭合差	$\pm 0.3\sqrt{n}$mm（n为测站数）
4	检测已测高差较差	$\pm 0.4\sqrt{n}$mm（n为测站数）
5	视线长度	30m
6	前后视的距离较差	0.5m
7	任一测站前后视距差累计	1.5m
8	视线离地面最低高度	0.5m

②监测点按《城市轨道交通工程测量规范》(GB 50308—2017)三等垂直位移监测网技术要求观测，主要技术指标及要求见表5-5。

三等垂直位移检测网主要技术指标及要求　　表5-5

序号	项目	限差
1	监测点与相邻基准点高差中误差	1.0mm
2	每站高差中误差	0.30mm
3	往返较差及环线闭合差	$\pm 0.6\sqrt{n}$mm（n为测站数）
4	检测已测高差较差	$\pm 0.8\sqrt{n}$mm（n为测站数）
5	视线长度	50m
6	前后视的距离较差	2.0m
7	任一测站前后视距差累计	3m
8	视线离地面最低高度	0.3m

观测采用闭合水准路线时可以只观测单程，采用附合水准路线形式必须进行往返观测，取两次观测高差中数进行平差。观测顺序为往测：后、前、前、后；返测：前、后、后、前。

(5)观测数据分析及成果表述

①数据传输及平差计算

a.观测完成后形成原始电子观测文件，通过数据传输处理软件传输至计算机，检查合格后使用专用水准网平差软件进行严密平差，得出各点高程值。

b.平差计算要求如下：应使用稳定的基准点为起算，并检验核实独立闭合差及与2个以上的基准点相互附合差；使用专业平差软件按严密平差的方法进行计算；平差后数据取位应精确到0.1mm。

c.通过变形监测点各期高程值，计算各期阶段沉降量、阶段变形速率、累计沉降量、差异沉降量、倾斜度等数据。

②变形数据分析

监测点稳定性分析原则如下：监测点的稳定性分析基于稳定的基准点进行；相邻两期监测点的变动通过比较相邻两期的最大变形量与最大测量误差（取两倍中误差）进行，当变形量小于最大误差时，可认为该监测点在该周期内没有变动或变动不显著；对多期变形观测成果，当相邻周期变形量小，但多期呈现出明显的变化趋势时，应视为有变动。

3）地下管线沉降及差异沉降监测

（1）监测点布置

望京西站主体及附属的地下管线沉降及差异沉降监测与建筑物沉降变形监测控制网（点）共用，将地下管线沉降及差异沉降监测点纳入其中构成闭合环网、附合网或附合线路等形式。

（2）监测点埋设

管线监测点根据现场实际情况，选择以下相应的埋设方式：

①有检查井的管线应打开井盖直接将监测点布设到管线上或管线承载体上。

②无检查井但有开挖条件的管线应开挖暴露管线，将观测点直接布到管线上。

③无检查井也无开挖条件的管线可在对应的地表埋设间接观测点。

④对于风险等级较高的管线布设一定数量测深层土体的沉降测点。

（3）观测技术方法及精度控制

地下管线的沉降监测观测方法与建（构）筑物沉降观测相同。

（4）观测数据分析及成果表述

①数据传输及平差计算。观测完成后形成原始电子观测文件，通过数据传输处理软件传输至计算机，检查合格后使用专用水准网平差软件进行严密平差，得出各点高程值。

②通过变形监测点各期高程值，绘制图表分析观测点稳定性。首先分析变形量，将本次变形量与上次和历次变形量进行对比，根据变形量的变化、累计值大小，与允许变形量进行对比，分析主要管线上各测点的差异沉降值；再分析变化速率，看变化速率是否平稳、是否达到或超过控制值，是否发生突变，最后根据累计变形量、差异沉降和变化速率判断地下管线的安全稳定性。必要时根据时态曲线图选择合适的函数建立回归方程，预测变化趋势。

4）道路及地表沉降监测

道路及地表沉降监测控制网（点）与地下管线沉降监测共用，观测时将道路及地表监测点纳入控制网中构成闭合环或形成由附合路线构成的结点网。

（1）监测点布置

车站主体基坑周边地表和管线沉降监测点，根据场地和机械设备布置情况，按监控量测设计图布置，主体共计埋设 193 个监测点。

（2）测点埋设技术要求

道路及地表沉降监测点采用《城市轨道交通工程监测技术规范》（GB 50911—2013）标准埋设，监测点为带钢质保护筒的钢筋标志点，具体埋设要求为：所埋设地表测点应该穿透道路表面结构层，埋设在较坚实的原状地层中，深度通常不小于1.2m，并确保在原状土层中的深度不小于0.2m。

（3）观测技术方法

道路、地表沉降观测采用几何水准测量方法，使用电子水准仪进行观测。监测点观测按三等垂直位移监测网技术要求观测，其技术要求及观测注意事项与建（构）筑物变形监测要求一致。

（4）观测数据分析及成果表述

①数据传输及平差计算：观测完成后形成原始电子观测文件，通过数据传输处理软件传输至计算机，检查合格后使用专用水准网平差软件进行严密平差，得出各点高程值。

②变形数据分析：监测点的稳定性分析基于稳定的基准点进行；相邻两期监测点的变动通过比较相邻两期的最大变形量与最大测量误差（取两倍中误差）进行，当变形量小于最大误差时，可认为该监测点在该周期内没有变动或变动不显著；对多期变形观测成果，当相邻周期变形量小，但多期呈现出明显的变化趋势时，应视为有变动。

5）围护结构地下连续墙顶水平和垂直位移监测

（1）控制网建立

围护结构地下连续墙顶水平位移监测基准网，以望京西站两端的精密导线点为依据按附合路线测设，控制点主体基坑每边设3个，按二等导线和精度测设。水准基点和工作基点与道路及地表沉降监测控制网（点）共用。

（2）基准点和监测点埋设

现场监测基准点采用强制归心的水泥观测墩，顶面长宽各 0.4m，地下部分埋深大于1.2m，地面部分高1.0m；水平位移监测点和垂直位移监测点按监控量测设计图布置，在基坑周边的同一里程断面冠梁上预埋监测点（10mm厚钢板），使其外露至混凝土表面20cm。望京西站水平和垂直位移，购置小棱镜，拧进预置钢板的圆孔中，可做到一点兼用。

监测点各布置44个，其中主体水平和垂直位移各44个。

（3）观测技术方法

围护结构地下连续墙顶水平位移控制点观测采用导线测量方法，监测点采用极坐标法观测，使用1s级全站仪进行观测。控制网及监测点观测均按《工程测量规范》（GB 50026—2007）二等水平位移监测网技术要求观测，其主要技术要求见表5-6。

观测主要技术指标及要求 表5-6

序号	项目	指标或限差
1	水平角观测测回数	6
2	测角中误差	1.0s

续上表

序号	项目	指标或限差
3	测边相对中误差	≤1/100000
4	每边测回数	往返各4测回
5	距离一测回读数较差	1mm
6	距离单程各测回较差	1.5mm
7	气象数据测定的最小读数	温度0.2℃，气压50Pa

监测点水平位移观测根据现场条件，一般采用极坐标法。在选定的水平位移监测控制点上设置全站仪，精确整平对中，后视其他水平位移监测控制点，测定监测点与监测基准点之间的角度、距离，计算各监测点坐标，将位移矢量投影至垂直于基坑的方向，根据各期与初始值比较，计算出监测点向基坑内侧的变形量。

围护结构地下连续墙顶垂直位移观测采用几何水准测量方法，使用电子水准仪进行观测。

监测点观测按三等垂直位移监测网技术要求观测，其技术要求及观测注意事项与建（构）筑物变形监测要求一致。

（4）观测数据分析及成果表述

将围护结构地下连续墙顶沉降外业观测数据输入计算机，用软件计算观测成果、评定观测精度，运用满足精度的要求的本次测点观测高程，与前次观测高程和初次观测高程对比，计算本次沉降量和累计沉降量，采用观测时间间隔与变形量计算沉降速率，选择有代表性的观测点，绘制变形与时间曲线图，并根据图形情况选择适当的函数建立回归方程预测变化趋势，根据变形量、变化速率和预测结果，按监测控制标准和分级预警标准判断围护结构地下连续墙的安全稳定状态，并据此提出预警建议。

观测点的坐标值取得后，将本次观测点坐标与前次及初次值进行对比，计算本次及累计变形量，用变形量与产生变形量所用时间计算变化速率。围护结构地下连续墙顶水平位移观测成果的分析、安全稳定性判断与围护结构地下连续墙沉降相同。

6）围护结构墙体变形监测

（1）监测点布置

围护结构地下连续墙墙体变形监测点按测点布置图布设，车站主体监测点26个。

（2）监测点埋设

一般围护结构的测斜管埋设方法可分为绑扎式埋设和钻孔式埋设，本车站的测斜管主要采用绑扎式埋设在围护结构地下连续墙中。支护结构测斜管埋设与安装应遵守以下原则：

①管底宜与钢筋笼底部持平或略低于钢筋笼底部，顶部达到地面（或导墙顶）。

②测斜管与支护结构的钢筋笼采用绑扎式埋设，宜1m绑扎一次。

③测斜管的上下管间应对接良好，无缝隙，接头处牢固固定、密封。

④测斜管绑扎时应调正方向，使管内的一对测槽垂直于测量面（即平行于位移方向）。

⑤封好底部和顶部，保持测斜管的干净、通畅和平直。

⑥做好清晰的标示和可靠的保护措施。

（3）监测方法

监测仪器可采用 CX-3E 型测斜仪或其他监测精度能够达到 0.02mm/0.5m 仪器。观测方法如下：

①用模拟测头检查测斜管导槽。

②使测斜仪测读器处于工作状态，将测头导轮插入测斜管导槽内，缓慢地下放至管底，之后由管底自下而上沿导槽全长每隔 0.5m 读一次数据，记录测点深度和读数。测读完毕后，将测头旋转 180°插入同一对导槽内，以上述方法再测一次，测点深度与第一次相同。

③每一深度的正反两读数的绝对值宜相同，当读数有异常时应及时补测。

（4）观测数据分析及成果表述

本工程在现场数据采集后，通过计算机分析软件，及时对测斜数据进行分析处理，绘出围护结构位移变形随深度的变化曲线，并对各测点每次的曲线进行统一对比分析，计算出围护结构位移变形速率。

7）支撑轴力监测

（1）监测点布置

支撑轴力监测点，按设计的监测范围和测点布置图布设，本站共计布置 14 个观测点，其中车站主体 42 个。

（2）轴力监测点埋设

①将配套的轴力计安装架圆形钢筒上未开槽的一端面与支撑的牛腿（活络头）上的钢板用电焊焊接牢固，电焊时必须将钢支撑中心轴线与安装中心点对齐。

②等待冷却后，把反力计推入焊好的安装架圆形钢筒内并用圆形钢筒上的 4 个 M10 螺丝把反力计固定在安装架内，确保在进行支撑吊装时，反力计不会滑落下来。

③把反力计电缆妥善地绑在安装架的两翅膀内侧，使钢支撑在吊装过程中不会损伤电缆。把反力计的电缆引至方便正常测量时为止。

④钢支撑吊装到位后，即安装架的另一端（空缺的那一端）与围护墙体上的钢板对上，反力计与墙体钢板间最好再增加一块 250mm × 250mm × 25mm 的钢板，防止钢支撑受力后反力计陷入墙体内，造成测值不准等情况。

⑤安设后的数据传输线根据现场情况汇集到不受施工影响的安全区域，并存于固定箱体中，做明显标志，并提示严禁挪动破坏。在安装结束后绘制电缆埋设走线图，进行备案，以免在施工过程中对电缆造成破坏，导致数据缺失。

（3）观测方法

监测用轴力计，可采用符合要求的各种规格的轴力计（或其他同类不低于 0.15%F·S 仪器），观测时采用振弦式频率读数仪进行读数，具体观测方法及数据采集技术要求如下：

①轴力计安装后，在施加钢支撑预应力前进行轴力计初始频率的测量，在施加钢支撑预应力时，应测量其频率，计算出其受力，同时要根据千斤顶的读数对轴力计的结果进行校核，进一步修正计算公式。

②基坑开挖前应测试 2～3 次稳定值，取平均值作为计算应力变化的初始值。

③支撑轴力量测时，同一批支撑尽可能在相同的时间或温度下量测，每次读数均应记录温度测量结果。

5.3.2.4 现场安全巡视方法

1）基坑开挖面地质状况巡视

土层性质及稳定性包括土质性质及其变化情况、开挖面土体渗透水情况及土体塌落情况；地下水控制效果包括抽降水控制效果、降水井抽水出砂量、变化情形及持续时间、附近地面深陷情况等。

2）基坑支护结构巡视

渗漏水情况包括渗漏水量、是否伴有砂土颗粒、发生位置、发展趋势等；支护体系开裂、变形情况，包括地下连续墙顶与冠梁脱开现象，冠梁开裂范围、宽度与深度情形等；支撑扭曲及偏斜程度、发生位置、发展趋势等；锚头脱落、松动或变形情形、混凝土腰梁开裂、腰梁与土体脱开情况及发生位置；土钉墙面层开裂情况、发生位置、发展趋势等。

3）周边环境巡视

（1）建（构）筑物巡视

建（构）筑物开裂、剥落包括裂缝宽度、深度、数量、走向、剥落体大小、发生位置、发展趋势等。

（2）周边道路（地表）巡视

①地面开裂包括裂缝宽度、深度、数量、走向、发生位置、发展趋势等。

②地表沉陷、隆起包括沉陷深度、隆起高度、面积、位置、与竖井和横通道的距离、发展趋势等。

③地面冒浆/泡沫包括冒浆/泡沫量、种类、发生位置、发展趋势等。

4）地下管线巡视

管体或接口破损、渗漏包括位置、管线材料、尺寸、类型、破损程度、渗漏情况、发展趋势等。检查井等附属设施的开裂及进水包括裂缝宽度、深度、数量、走向、位置、发展趋势、井内水量等。

5）施工组织管理及作业状况巡视

（1）人员、设备、应急物资等资源到位情况是否按照施工要求确保组织人员、设备、应急物资等资源到位。

（2）安全保护措施落实情况

作业人员安全防护用品、设施、文明施工等情况。

（3）施工组织设计及施工专项方案落实情况

土方开挖、出渣、支护结构施作、降水等是否满足施工组织设计及施工专项方案要求。

（4）违章作业情况

土方开挖、支护结构施作、钢支撑安装及拆卸、降水等工序、工艺、工种是否遵守操作规程。

（5）安全风险管理体系运行情况

项目部执行安全风险管理体系的情况及效果等。

按要求对基坑开展巡视，巡视预警参考标准见表 5-7。

明挖法基坑施工巡视预警参考标准 表 5-7

施工工法及周边环境类型	巡视内容或对象	巡视预警参考标准（满足以下条件之一）		
		黄色	橙色	红色
明（盖）挖法	围护结构	（1）墙体出现断墙、夹泥。 （2）同一流水段内有两幅墙体侵入主体结构并须切断主筋进行处置的	（1）同一流水段内有两幅（含）以上墙体出现断墙、夹泥。 （2）同一流水段内有三幅（含）以上或连续两幅墙体侵入主体结构并须切断主筋进行处置的	（1）同一流水段内有 50% 以上墙体出现断墙、夹泥。 （2）同一流水段内有 50% 以上墙体侵入主体结构并须切断主筋进行处置的。 （3）基坑阳角、明暗挖结合段等部位出现下列情况： ①两幅（含）以上墙体出现断墙、夹泥。 ②三幅（含）以上或连续两幅墙体侵入主体结构并须切断主筋进行处置的
	土方开挖	（1）未采取分层分段方式开挖。 （2）边坡坡度超过设计值，或一次性开挖超过一个流水段长度。 （3）侧壁喷护不及时	侧壁喷护不及时或边坡坡度超过设计值，且局部出现明显变形、开裂或存在滑塌趋势	基坑阳角、明暗挖结合段等部位出现侧壁喷护不及时或边坡坡度超过设计值，且局部出现明显变形、开裂或存在滑塌趋势
	支护体系	（1）同一道（水平方向）支撑连续三根架设滞后。 （2）基坑阳角、明暗挖结合等部位的支撑有一根架设滞后。 （3）围檩与围护结构间未密贴。 （4）支撑未按设计要求安装防坠落装置。 （5）钢围檩设置不连续或连接不牢固。 （6）一次支撑拆除数量超过一个流水段长度	（1）同一道（水平方向）支撑连续超过三根架设滞后。 （2）基坑阳角、明暗挖结合等部位的支撑有两根架设滞后。 （3）同一开挖区段同一横剖面（竖向）内存在两道支撑架设滞后。 （4）阳角部位钢围檩设置不连续或连接不牢固。 （5）锚索未按设计要求拉拔锁定即进行下层土方开挖。 （6）抗剪蹬设置数量不符合要求。 （7）结构混凝土强度未达到设计要求即拆除支撑	（1）基坑阳角、明暗挖结合段等部位出现下列情况。 ①同一道（水平方向）支撑连续三根（含）架设滞后。 ②同一开挖区段同一横剖面（竖向）内存在两道支撑架设滞后。 ③锚索未按设计要求拉拔锁定即进行下层土开挖。 ④结构混凝土强度未达到设计要求即拆除支撑。 （2）未设置抗剪蹬

续上表

施工工法及周边环境类型	巡视内容或对象	巡视预警参考标准（满足以下条件之一）		
		黄色	橙色	红色
明（盖）挖法	侧壁稳定与基坑渗漏水	（1）侧壁土体塌落形成空洞。 （2）基坑渗水	（1）侧壁土体塌落形成空洞且有发展。 （2）基坑流水、流砂（土）	基坑涌水、涌砂（土）
	坑边堆载	（1）基坑边长期有重型设备作业，且未采取加固措施。 （2）基坑强烈影响区单位荷载超出设计值	基坑阳角、明暗挖结合等部位的坑边荷载超过设计值	因坑边荷载引起基坑或地面产生可见过大变形或开裂，且有发展
周边环境	建（构）筑物及地下室	（1）建（构）筑物墙体出现开裂、剥落或可见变形，但不影响正常使用。 （2）地下室墙面或顶板局部渗水、滴水	（1）建（构）筑物墙体出现开裂、剥落或可见变形。 （2）地下室墙面或顶板较大面积渗水、滴水	（1）建构筑物墙体、柱或梁出现开裂、剥落或可见显著变形，影响正常使用。 （2）地下室墙面或顶板涌水
	桥梁	墩台、梁板或桥面、锥体、引道挡墙出现新增裂缝或可见变形	墩台、梁板或桥面裂缝或可见变形有发展	墩台、梁板或桥面混凝土剥落、露筋或可见显著变形
	既有运营线和铁路	道床结构出现新增裂缝或可见变形	道床结构裂缝或可见变形有发展	变形缝混凝土剥落、主筋外露或可见显著变形
	地面、道路及临时设施	施工影响区内地面出现新增裂缝或可见明显变形	施工影响区内地面裂缝或可见变形有发展	可见显著地面沉陷或隆起
	河湖	施工影响范围内堤坡出现新增裂缝	施工影响范围内堤坡裂缝有发展	隧道上方河流湖泊水面出现水泡或漩涡
	悬吊管线	未按方案采取保护措施	可见变形、渗漏	可见明显变形、渗漏且有发展
	架空高压线	基础与周边地面出现新增裂缝	基础与周边地面裂缝有发展	基础及周边地面沉陷
其他	汛期施工	挡水墙未闭合或高度不足，且无补充措施	挡水墙未施作	挡水墙未施作，且影响工程安全

注：1. 当同时满足两个以上预警参考条件时，可将预警等级提高一级。
2. 对矿山法工程的斜坡段、变断面、平顶直墙段、转弯处，明暗挖结合段，紧邻重要环境设施段，以及处于特级、一级环境风险处等部位发生预警时，可将预警等级提高一级。
3. 当预警数量增加、预警时间延长或预警未及时处置或处置不当使可能导致的风险程度有增大趋势时，可将预警等级提高一级。
4. 表中未有列入，但发生对影响工程自身和环境设施安全的其他情形时，可根据安全风险发生的大小、部位、范围等综合判定预警等级。

5.3.2.5 监测频率

明（盖）挖法基坑工程施工中支护结构、周围岩土体和周边环境应同时段监测，监测频率应符合下表规定。监测过程中巡视人员注意掌握施工进度情况，并反馈给监测人员，保证按照施工进度情况进行监测，监测频率见表 5-8。

明挖法基坑工程周边环境及自身工程监测频率　　表 5-8

施工工况		基坑设计深度（m）
		>20
基坑开挖深度（m）	≤5	1 次/3d
	5～10	1 次/2d
	10～15	1 次/2d
	15～20	1 次/1d
	>20	2 次/1d
基坑施工完成后		1～7d，1 次/1d；7～15d，1 次/2d；15～30d，1 次/3d；30d 以后，1 次/周；经数据分析确认达到基本稳定后，1 次/月

注：1. 基坑工程开挖前的监测频率应根据工程实际需要确定。
2. 底板浇筑后可根据监测数据变化情况调整监测频率。
3. 支撑结构拆除过程中及拆除完成后 3d 内监测频率应适当增加。
4. 出现异常情况时，增大监测频率。

5.3.2.6 监测仪器配置

本项目在监测过程中监测仪器配置见表 5-9。

监测仪器配置　　表 5-9

序号	仪器名称	规格型号	单位	数量	精度
1	徕卡全站仪	TCRP1201	台	1	1″
2	天宝 DINI03 水准仪	DINI03	台	1	±0.3mm/km
3	条码尺	LD12（2m）	套	1	±0.3mm
4	测斜仪	TRC-CX-01F	台	1	±0.02mm/0.5m
5	频率读数仪	TCR09	台	1	0.1Hz
6	钢尺水位仪	50m	个	1	5.00mm

5.3.2.7 监测控制标准

监测控制标准以施工图设计文件确定的控制标准为准，自身结构、周边、竖井周边，区间正线结构周边监测项目控制值见表 5-10。

监测项目控制标准表　　表 5-10

序号	量测项目	允许控制值	变形速率控制指标
1	地表沉降	≤30mm	≤2mm/d
2	管线沉降（污水管、雨水管）	≤20mm	≤2mm/d
3	管线沉降（上水管、燃气管）	≤10mm	≤2mm/d
4	墙顶水平位移	≤30mm	≤2mm/d
5	墙顶垂直位移	≤10mm	≤2mm/d

续上表

序号	量测项目	允许控制值	变形速率控制指标
6	墙体变形	≤30mm	≤2mm/d
7	立柱桩竖向位移	≤10mm	≤2mm/d
8	立柱桩水平位移	≤10mm	≤2mm/d
9	桥桩倾斜	0.2%	按照规范执行
10	建（构）筑物沉降（桥梁墩台）	≤10mm	≤2mm/d
11	支撑轴力	设计轴力	

5.3.2.8 监测预警

（1）监测项目应按黄色、橙色和红色三级预警进行反馈和控制，预警分级标准见表5-11。

三级预警分级标准　　表5-11

预警级别	预警分级标准描述
黄色监测预警	“双控”指标均超过监控量测控制值的70%，或双控指标之一超过监控量测控制值的85%
橙色监测预警	“双控”指标均超过监控量测控制值的85%，或双控指标之一超过监控量测控制值
红色监测预警	“双控”指标均超过监控量测控制值或实测变化速率出现急剧增长

①发出黄色预警时，应加密监测频率，加强对地面和建筑物沉降动态的观察，尤其应加强对预警点附近的雨污水管和有压管线的检查和处理。

②发出橙色预警时，除应继续加强上述监测、观察、检查和处理外，应根据预警状态的特点进一步完善针对该状态的预警方案，同时应对施工方案、开挖进度、支护参数、工艺方法等进行检查和完善，在获得设计单位和建设单位同意后执行。

③发出红色预警时，除应立即向上述单位报警外还应立即采取补强措施，并经设计、施工、监理和建设单位分析和认定后，改变施工程序或设计参数，必要时应立即停止开挖，进行施工处理。

④当实测数据出现任何一种预警状态时，监测组应立即向施工主管、监理和建设单位报告，获得确认后立即提交预警报告。

（2）根据建设单位要求，针对施工过程中的风险监控，须进行信息上报。

①监控信息包括一般监控信息、预警信息及预警信息。其中，一般监控信息包括测信息、巡视信息及监控成果报告；预警信息包括监测预警、巡视预警和综合预警信息；监控成果报告包括监控日报、预警快报、周报、月报、年报等。

②监控信息报送形式主要通过“北京轨道交通工程施工安全风险监控管理系统”（简称“安全风险监控系统”）报送、电话通知和书面报送。

③除向上级监控或管理主体上报监控信息外，还应对信息进行分析，并及时反馈下级

监控或管理主体，以有效指导施工。

④其他单位发布巡视预警后，施工单位不再发布同一类别、同一等级的巡视预警。

⑤当预判风险工程可能达到红色综合预警状态或发生重大突发风险事件时，首先先行组织处置，并以电话等快捷且可追溯的形式及时向相关单位进行快报。

⑥对预警状态的风险事务处理结束后及时进行预警处理。

5.3.3 监测成果分析方法

1）数据传输及平差计算

观测完成后形成原始电子观测文件，通过数据传输处理软件传输至计算机，检查合格后使用专用水准网平差软件进行严密平差，得出各点高程值。通过变形监测点各期高程值计算各期阶段变形量、阶段变形速率、累计变形量等数据。平差计算要求如下：

（1）应使用稳定的基准点为起算，并检验校核独立闭合差及与2个以上的基准点相互附合差。

（2）使用专业平差软件按严密平差的方法进行计算。

（3）平差后数据取位应精确到0.1mm。

2）变形数据分析

根据变形数据进行监测点稳定性分析，其原则如下：

（1）监测点的稳定性分析应基于稳定的基准点进行。

（2）相邻两期监测点的变动通过比较相邻两期的最大变形量与最大测量误差（取两倍中误差）进行，当变形量小于最大误差时，可认为该监测点在该周期内没有变动或变动不显著。

（3）对多期变形观测成果，当相邻周期变形量小，但多期呈现出明显的变化趋势时，应视为有变动。

5.3.4 监测信息反馈

5.3.4.1 监测信息反馈流程

（1）监测报告分为中间报表（按周或月汇总）及最终总结报告，各项成果报告均以书面形式（日报以电子邮件形式）分别报送给建设单位、运营公司、监理单位、设计单位及施工单位。

（2）中间报表内容应体现施工的关键步序，如施工注浆加固、施工开挖穿越、拆除临时仰拱等过程，并将监测数据及时反馈参建各方，做到信息化施工。

（3）实测值超过警戒值应立即电话报相关单位，并加强监测频率，启动对应预案。

反馈流程如图5-8所示。

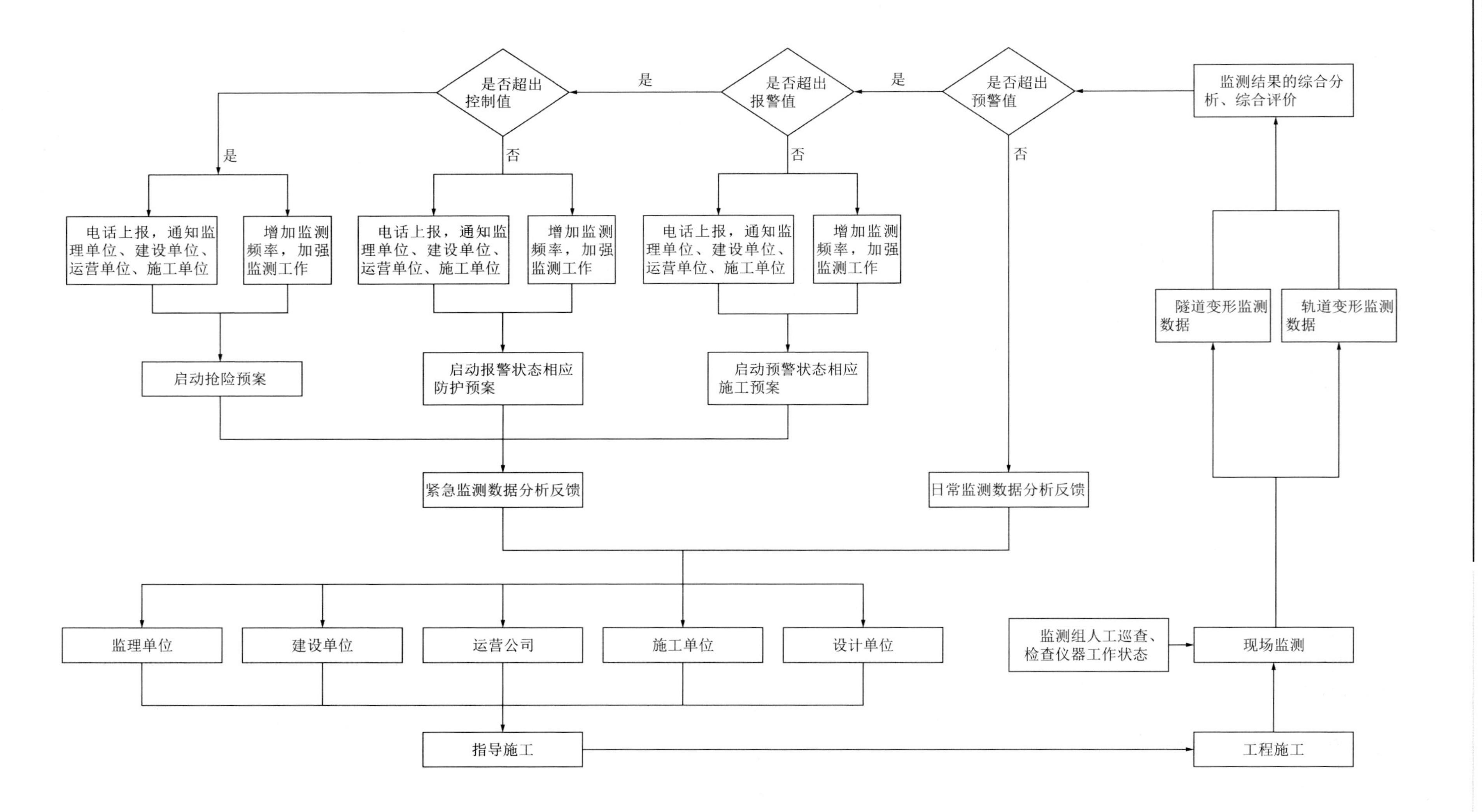

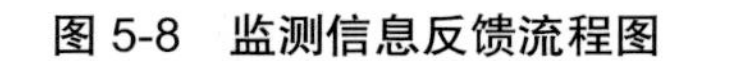
图 5-8 监测信息反馈流程图

5.3.4.2 监测信息反馈要求

监测报告分为日报、周报、月报及最终总结报告，各项成果报告均以书面形式（日报以电子邮件形式）分别报送给建设单位、运营公司、监理单位、设计单位及施工单位。

5.3.4.3 监测成果报告格式

（1）预警快报

报送内容主要包括风险时间、地点、风险概况、原因初步分析、变化趋势、风险处理建议等。

（2）日报

日报需通过电子邮件形式报送产权单位、设计单位，主要内容包括工程概况及施工进度、监测工作简述、监测成果统计及分析、监测结论与建议、现场巡查表、监测数据分析与安全状态评定、监测测点布置图。

（3）总结报告

总结报告内容包括工程概况；监测目的、监测项目和技术标准；采用的仪器型号、规格和标定资料；测点布置；监测数据采集和观测方法；现场巡查方法；监测资料、巡查信息的分析处理；风险预警情况、监控跟踪情况及其处理；监测结果评述；现场巡查效果评述；超前预报效果评述；安全风险咨询管理服务效果评述；并提供以下图表：①各项监测成果汇总表；②各项安全巡查信息成果表；③典型测点的时程曲线图；④变形断面图；⑤结合工程实际情况提供其他分析图表，如等变形值线图、测点的变化值随施工进展（或受力变化）变化曲线等；⑥监测测点布置图。

6 施工管理及作业人员配备和分工

6.1 施工管理人员

根据工程体量及进展，按需求配备满足现场正常施工进度的管理人员及劳务人员。施工管理人员见表 6-1。

施工管理人员一览　　表 6-1

序号	岗位	姓名	职责	备注
1	生产副经理	×××	负责现场施工总体策划、管理、协调	
2	技术负责人	×××	对现场施工技术把关、负责现场技术管理	
3	质量员	×××	负责现场施工质量控制	
4	安全员	×××	负责现场施工安全管理、保障工作	
5	试验	×××	负责现场具体试验工作	
6	技术人员	×××	负责现场具体技术工作	
7	测量人员	×××	负责施工测量放样	
8	材料员	×××	材料申领、发放及机具管理	

6.2 专职安全人员

项目专职安全人员见表 6-2。

专职安全生产人员　　表 6-2

序号	岗位	姓名	职责	备注
1	安全总监	×××	负责安全管理、保障工作	
2	安全部长	×××	负责现场施工安全管理工作	
3	安全员	×××	负责现场施工工点的旁站监督工作	

6.3 特种作业人员

特种作业工种人员必须持证上岗，上岗前安全部应对上岗证书进行核实，若发现不合格，应禁止参与特种作业。特种作业人员计划见表 6-3。

特种作业人员计划 表 6-3

序号	岗位	姓名	职责
1	电工	×××	负责现场施工电力配置与维护
2	焊工	×××	负责现场施工电焊作业
3	塔式起重机司机	×××	负责现场施工吊装作业
4	运输司机	×××	负责现场施工运输作业
5	起重工	×××	负责指挥现场吊装作业
6	信号工	×××	负责指挥塔式起重机司机作业
7	司索工	×××	负责吊车或塔式起重机吊装的捆绑和挂钩

6.4 其他作业人员

设三个专业配合班组（钢筋加工安装组、模板施工组、混凝土浇筑组），施工作业人员计划见表 6-4。

施工作业人员计划 表 6-4

序号	岗位	人数	职责
1	钢筋工	12	负责钢筋下料、运输至现场、安装绑扎等
2	模板工	8	负责模板安装、拆卸等
3	混凝土工	6	负责浇筑混凝土、养护等
4	普工	8	负责现场施工、环境卫生、指挥等

7 验 收 要 求

7.1 验收标准

本工程深基坑开挖施工验收标准主要有：

（1）《轨道交通车站工程施工质量验收标准》（QGD-006—2018）。

（2）《建筑地基基础工程施工质量验收标准》（GB 50202—2018）。

7.2 验收程序及验收人员

7.2.1 验收程序

（1）望京西站深基坑开挖完成后，施工单位应当在施工现场显著位置公告危大工程名称，施工时间和具体责任人员，并在危险区域设置安全警示标志。

（2）由项目负责人组织验收，验收人员应包括施工单位和项目两级技术人员，项目安全、质量、施工人员，监理单位的总监理工程师和专业监理工程师。验收合格，经施工单位项目技术负责人及项目总监理工程师签字后，方可进入后续工序的施工。

（3）验收合格后，施工单位在施工现场明显位置设置验收标识牌，公示验收时间及责任人。

7.2.2 验收人员

验收人员包括建设、设计、监理、监测、施工等单位相关人员，由监理单位组织，并由项目总监主持验收工作，验收人员见表 7-1。

基坑工程验收人员 表 7-1

序号	姓名	单位	职务	备注
1	×××	建设单位	项目负责人	
2	×××	监理单位	总监	
3	×××	监理单位	总监代表	
4	×××	监理单位	专业监理工程师	
5	×××	设计单位	设计代表	
6	×××	勘察单位	勘察单位代表	

续上表

序号	姓名	单位	职务	备注
7	×××	监控单位	负责人	
8	×××	×××项目部	项目经理	
9	×××	×××项目部	项目总工	
10	×××	×××项目部	安全总监	
11	×××	×××项目部	副经理	
12	×××	×××项目部	工程部部长	
13	×××	×××项目部	安全环保部部长	
14	×××	×××项目部	专业工程师	
15	×××	×××项目部	专职安全员	
16	×××	×××项目部	专职质量员	

7.3 验收内容

（1）土方开挖前应检查定位放线、排水并降低地下水位系数，且合理安排土方运输车的行走路线及弃土场。

（2）施工过程中应检查平面位置、水平高程、边坡坡度、压实度、排水、降低地下水位系统，并随时观测周围的环境变化。

（3）土方开挖工程的质量检验标准应符合表7-2的规定。

基坑开挖质量检验标准 表7-2

序号	项目	允许偏差	检验频率		检验方法
			范围	点数	
1	轴线位置	±5mm	纵横轴线	4	经纬仪测量
2	长、宽	以轴线考虑，不小于设计值，且应考虑围护结构的施工误差、找平层、防水层等厚度适当外放	整个基坑	8	经纬仪，钢尺测量
3	基底高程	+10mm，−20mm	每一基底分段	5	水准仪测量，每5m长为一分段
4	边坡坡率	不小于设计值	每一边坡断面	1	用2m靠尺和楔形塞尺检查

（4）基坑土方开挖完成后，应及时通知监理、设计、第三方勘察、业主单位进行基坑验槽，验槽依据该工程详细勘察要求进行。

（5）钢支撑系统质量检验标准见表7-3。

钢支撑系统质量检验标准 表 7-3

序号	检查项目		允许偏差或允许值		检查方法
			单位	数值	
1	支撑位置	高程	mm	30	水准仪
		平面		100	用钢尺量
2	预加顶力		kN	±50	油泵读数或传感器
3	围囹高程		mm	±30	水准仪
4	立柱位置	高程	mm	±30	30
		平面		±50	50
5	开挖超深（开槽放支撑不在此范围）		mm	<200	水准仪、用钢尺量
6	支撑安装时间		设计要求		用钟表估测

8 应急处置措施

8.1 应急处置领导小组

8.1.1 应急处置领导小组组成

项目经理部成立生产安全事故应急处置领导小组，组长由项目经理担任，是领导小组第一责任人，负责紧急情况处理的指挥工作；副组长由项目书记、生产副经理、安全总监、项目总工程师担任，负责紧急情况处理的具体实施和组织工作，组长不在或未授权时，副组长按序行使组长的权力。成员由项目部以上成员、现场专职安全员及施工队负责人组成。

8.1.2 应急处置领导小组职责

1）组长职责

（1）执行国家、地方、行业、上级有关安全应急管理的法律法规、标准和应急预案。

（2）审定并签发本项目应急预案，下达本项目应急启动和终止指令。

（3）负责检查监督应急准备工作情况，组织开展应急培训教育及应急预案的演练、操练和讲解活动。审批并落实项目应急准备及救援资金。

（4）及时向总监办、指挥部应急领导小组、上一级单位以及当地政府主管部门等报告事故及处理情况，必要时请求援助，并接受其领导，落实指令。

（5）负责生产安全事故的应急救援指挥工作，统一协调应急资源，确保应急资源配备投入到位，根据事故现场的情况，启动并组织实施项目现场处置方案。

（6）检查督促各应急救援工作小组做好抢险救援、信息上报、善后处理以及恢复生活、生产秩序的工作。

（7）负责对外联络，向新闻媒体发布相关信息。

2）副组长职责

（1）协助组长开展应急指挥工作，组长不在位时，代行其职责。

（2）组织编制现场处置方案，落实项目应急行动，组织好培训和演练。

（3）负责现场应急处置，根据险情发展，提出改进措施。

（4）组织落实现场善后恢复。

3）组员职责

（1）实施现场处置，将人员和设备迅速撤离危险地点，根据现场情况，适时调整并调集人员、设备和物资搜救被困人员。

（2）负责现场伤员的医疗抢救工作，根据伤员受伤程度做好转运工作。

（3）维护现场，将获救人员转至安全地带；对危险区域进行有效的隔离。

（4）提供技术保障，并保证应急处置的通信畅通，物资、设备和资金及时到位及后勤供给。

（5）若出现伤亡情况，须妥善安置伤亡人员和安抚伤亡人员的家属，配合公司做好理赔工作。

（6）按要求提供事故情况和相关资料，参与评估事故影响程度和损失，提出防止事故再次发生的意见和建议。

8.2 应急救援小组及职责

8.2.1 应急救援小组组成

项目经理部成立生产安全事故应急救援小组，组长由项目经理担任，是领导小组第一责任人，负责紧急情况处理的指挥工作；副组长由项目书记、生产副经理、安全总监、项目总工担任，负责紧急情况处理的具体实施和组织工作，组长不在或未授权时，副组长按序行使组长的权力。成员由项目部以上成员、现场专职安全员及施工队负责人组成。

8.2.2 应急救援小组职责

1）组长职责

（1）正确组织指挥责任人员分工，有效展开工作和组织人员、物资调配。

（2）紧急制定事故处理方案，根据情况变化，果断采取有效措施，控制事态发展。

（3）组织好现场有关行动人员协同配合。

（4）组织相关部门调查事故原因。

2）副组长职责

（1）协助组长开展应急指挥工作，组长不在位时，代行其职责。

（2）协助组长制定事故处理方案，落实行动。

3）组员职责

协助组长、副组长的工作，执行组长的命令，在发现问题后迅速向组长报告，具体分工为：

（1）警戒保卫人员职责

负责事故现场人员疏散，危险区域封锁。引导人员从事发地点疏散到安全区，禁止无关人员、车辆进入，指引疏散人员到达指定位置，协助医疗救护组进行人员救护及现场物品抢救。

（2）物资保障人员职责

负责应急抢险救援物资设备的配备、租赁、购置和维护保养，在发生事故和紧急情况时，及时提供相应物资设备。

（3）抢险救援人员职责

负责施工现场事故的应急救援工作，根据既定救援方案，明确成员分工，迅速开展救援活动，尽可能抢救受伤人员和财产，防止事故扩大，减少伤亡和财产损失。

（4）医疗救护人员职责

携带自救医疗器械赶赴现场，负责现场轻伤人员的现场救护，如人员受伤过重，及时联系项目部应急车辆或120急救车将伤者第一时间送往医院救治，并积极与项目部财务沟通做好资金保障。

（5）善后处理人员职责

负责受害人及家属的接待及事故后的善后处理。

8.3 应急工作流程

事故发生后，按应急预案启动应急程序，工作流程如图8-1所示。

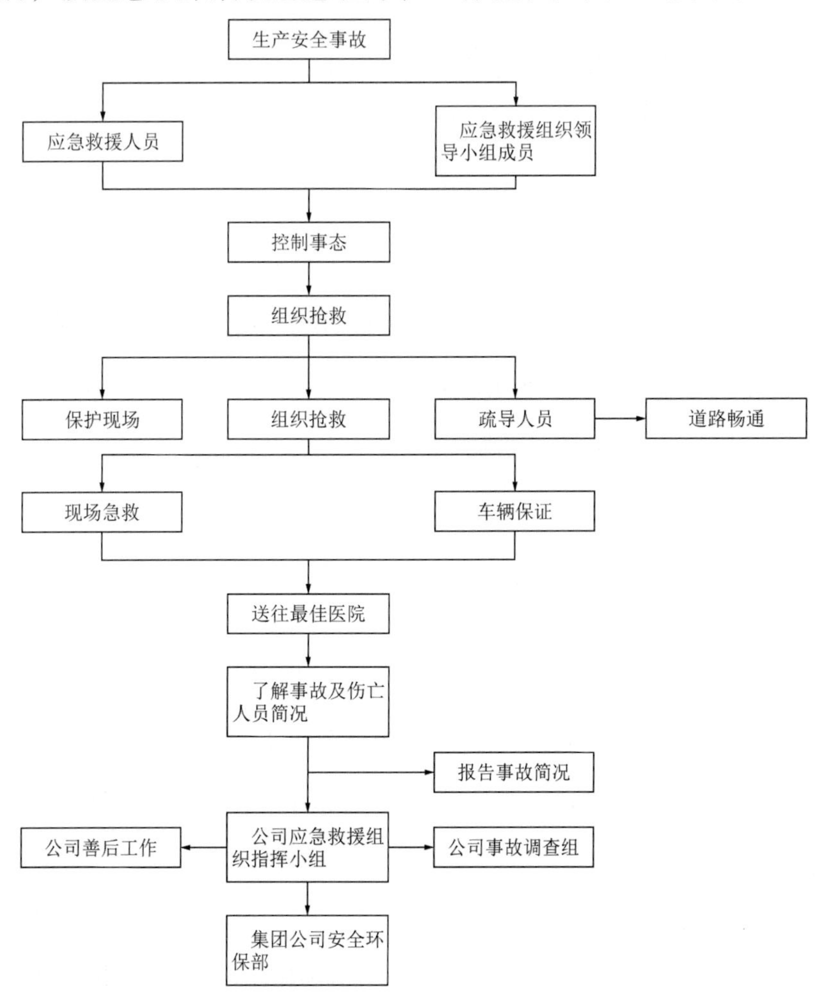

图8-1 应急处置工作流程图

8.4 应急处置程序

8.4.1 信息报告程序和内容、报告方式和责任人

（1）当发生事故时，现场值班人员应立即断电，组织危险区域施工人员撤离，并迅速报告应急领导小组，启动现场处置方案，同时上报应急领导小组组长。

（2）采用喊话或其他方式疏散人员。

（3）现场应急指挥中心负责人应及时与医院、电力部门取得联系，确保24h联络畅通，采用电话、传真等方式进行联络。

（4）相关部门报警，报警的内容主要是事故发生的时间、地点，造成的损失（包括人员伤亡数量、事故情况及造成的直接经济损失），已采取的处置措施和需要救助的内容。

8.4.2 应急响应

8.4.2.1 响应分级

响应分级事故响应按照分级负责的原则，根据事故危害、影响范围和控制事态的能力，本预案应急响应分为三级响应，即一级（社会级）响应、二级（公司级）响应、三级（项目现场级）响应。

8.4.2.2 报告和启动

应急领导小组获取险情报告后，迅速启动现场处置方案，同时报告公司应急指挥中心，公司应急指挥中心接到信息后上报公司应急指挥中心领导，立即对事故进行评估，根据评估结果确定应急响应等级，并决定是否启动预案，确定后现场指挥人员。

8.4.3 应急指挥

应急响应后，现场人员中最高职务者承担应急的临时指挥，组织在场人员开展初期的应急处置工作。当总指挥到达后，临时指挥人员应汇报现场的应急处置情况，并将应急指挥权转交给总指挥，由总指挥全面负责应急救援工作。应急响应后，应急救援指挥中心应指导抢险救援组，开展人员疏散、人员营救、事态控制、现场警戒和物资保护等工作。

8.4.4 资源调配

应急响应后，应急救援指挥中心应指导后勤保障组，根据突发事件性质，启用应急物资，为抢险救援组提供应急装备，应急物资及设备清单见表8-1。

（2）相关单位联系电话见表8-3。

相关单位联系电话　表8-3

序号	名称	责任人	联系电话
1	气象查询	官方机构	121
2	查号台	官方机构	114
3	急救中心	官方机构	120
4	供电局报修	官方机构	95598
5	北京市安全生产监督管理局	官方机构	
6	北京市住房和城乡建设委员会	官方机构	
7	北京市重大项目建设指挥办公室	值班电话	
8	北京市建设工程安全质量监督总站	官方机构	
9	朝阳区住房和城乡建设委员会	官方机构	
10	朝阳区安监局	官方机构	
11	北京市市政公用设施工程应急抢险大队	官方机构	
12	北京市热力集团抢险救援队	官方机构	
13	北京自来水集团管网抢修队	官方机构	
14	北京市燃气集团天然气抢修	官方机构	96777
15	北京电力公司应急救援抢修队	官方机构	95598
16	北京市排水集团	官方机构	
17	煤气抢修	官方机构	
18	北京市城市公共设施应急抢修	官方机构	
19	北京网通应急抢修	官方机构	10060
20	北京电信应急	官方机构	10000
21	交警部门	官方机构	122
22	火警	官方机构	119
23	医疗救援	官方机构	911
24	中国中医科学院××医院	官方机构	
25	分管民警		
26	轨道消防支队		
27	第一项目管理中心		
28	甲方代表		
29	总监办		
30	项目部	值班电话	

8.4.5.2 应急抢险队伍

项目部成立一支30人的应急抢险队，车站工区劳务队20人，队员之间分工明确，人员固定，便于协调统一管理。应急抢险队工作职责为在项目部抢险指挥组的领导下，参与处置项目发生的各类应急事故。

8.4.5.3 应急医院线路

沿京承高速公路辅路行驶至望京西站，右拐至湖光中街，之后右拐至南湖南路，再沿花家地街行驶即到，全程3.8km。

8.4.6 扩大应急

应急响应后，应急救援指挥中心应随时掌握事态发展，当依靠自身力量无法控制和消除其严重危害时，应及时向上级部门、当地政府及其相关部门请求支援。

8.5 应急处置措施

在基坑施工中，一旦发生事故，应立即启动紧急预案：现场施工人员应立即通知项目负责人，并及时采取措施；情况严重的应暂停施工，项目负责人于1h内将事故信息报告事故发生地所在地的区（县）安全生产监督管理部门和负有安全生产监督管理职责的有关部门，同时向项目管理中心报告，若事故危及或可能危及其他相关产权部门、单位还应同时通知相关部门，并立即启动施工现场应急预案；抢救伤员，保护现场，设置警戒标志，维护现场秩序，防止发生次生、衍生事故，实施先期抢险救援工作，组建第二抢险救援力量。

8.6 应急事件及应急措施

深基坑施工是本工程现场施工中重大危险源之一，一旦施工方案失误、不当施工或疏于安全防护，则极易造成施工险情或发生质量安全事故。为保证施工质量和安全，在发生事故时及时采取应对措施，防止事态发展，减少损失，特制定本应急预案。

8.6.1 基底出现管涌

一旦出现管涌，在该区域立即安装井点降水设备，在最短的时间内降低水头高程，以阻止管涌区域的继续增加；为防止土体反拱、涌砂，第一层用碎石反压，及时配合抽水，第二层用草袋装黏土，紧压事故区域，堵住涌水；此外迅速增加管井抽水能力，降低动水位。

8.6.2 开挖阶段渗涌水、喷砂

若开挖过程中发现围护结构接缝夹泥宽度超过2cm（砂土、砂质黏土）、5cm（黏土、

黏质粉土），应随开挖面的暴露及时用钢板封堵接缝，并用水泥浆灌满间隙。若开挖过程中发生渗漏，应视渗漏部位、流量、渗漏点的大小采用不同方法进行封堵。

8.6.3　围护结构位移过大，周围建筑物管线沉降超标

发生围护结构位移过大，应立即暂停开挖，并紧贴土面设置临时支撑，之后对已经设置的支撑逐根复加预应力；若周围建筑物管线沉降超标应对周围建（构）筑物设置跟踪注浆孔，采用跟踪注浆的方法减少其沉降。

8.6.4　汛期基坑积水

（1）根据北京地区每年降水规律，6～8 月为雨季，雨量比较集中，排水不畅易导致结构基坑内积水严重。如汛期突遇暴雨，很可能造成雨水回灌到基坑内，发生灾害事故。

（2）在基坑四周设置截水沟，少量雨水和基坑内排水由截水沟排入市政管线内。

（3）项目部首先应准备足够的防汛沙袋，在基坑四周低凹处和进水口处围筑拦水坝，其次在基坑四周设排水沟，排水沟及时清理，保证排水畅通，最后在基坑开挖前备足抽水泵，利用大功率抽水泵将水抽离基坑，以减少基坑内施工面被雨水浸泡。如遇特大险情及时与有关政府部门联系，请求援助。

9 计算书及相关图纸

9.1 计算书（见二维码）

9.2 相关图纸（见二维码）

模板支撑体系工程范例
——现浇梁施工

扫码下载编制要点

目 录

CONTENTS

1 工 程 概 况

1.1 总体工程概况

×××高速公路 S4 标段起于佛山市三水区西乐公路西侧洞溪附近，起点桩号 K35 + 112.5，向西北偏离西乐公路后，在西乐公路与安泰路中间布设三水服务区，在鸡笼岗村北侧进入利宏管桩厂与云东海饮水泵站间空地，跨越北江，终点桩号 K42 + 436.896，路线全长 7.324km。主线桥梁全长 7324.396m，4 座均为特大桥，其中×××特大桥全长 2930.7m，上部结构为 32～40m 预制 T 梁（预制安装）+ 1-40m 现浇箱梁 + 40-40mT 梁（预制安装）。

1.2 桥梁结构构造概述

本工程为×××特大桥第 33 孔简支箱梁，跨度为 40.7m，梁长 40.6m，计算跨度 39.3m，采用单箱双室等高度直腹板箱形截面，C50 混凝土。箱梁梁高 3.235m，顶宽 16.25m，箱梁底宽 8.15m，单侧悬臂长 4.05m，悬臂端厚 20cm，悬臂根部厚 75cm。箱梁腹板厚度从箱梁梁端至距梁端 1.5m 处由 160cm 变至 50cm，梁中间腹板厚度为 50cm；底板厚度从箱梁梁端至距梁端 1.5m 处由 70cm 变至 30cm，梁中间底板厚度为 30cm；顶板厚度从箱梁梁端至距梁端 1.5m 处由 70cm 变至 30cm，梁中间顶板厚度为 30cm。

桥梁结构及构造如图 1-1～图 1-6 所示。

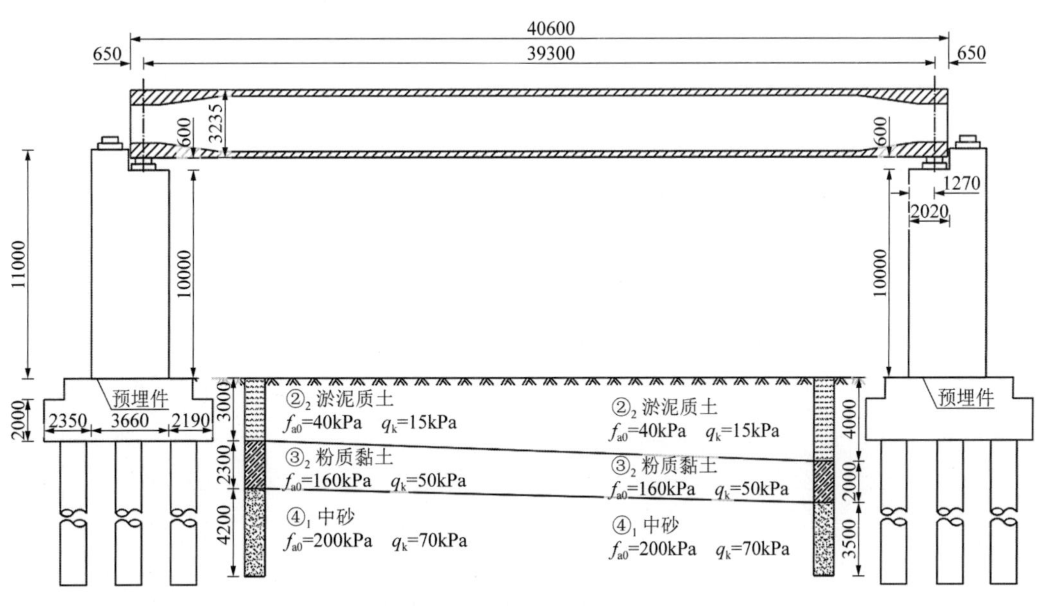

图 1-1 桥梁结构侧面图（尺寸单位：mm）

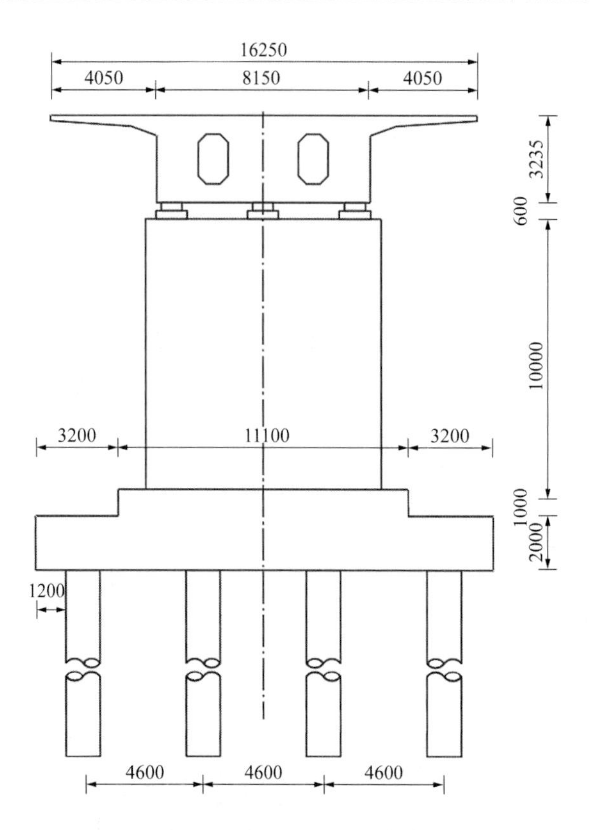

图 1-2　桥梁结构正面图（尺寸单位：mm）

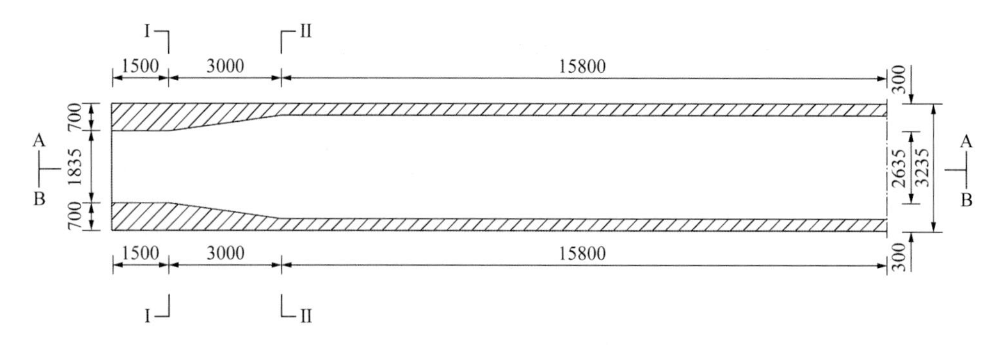

图 1-3　箱梁 1/2 侧面图（尺寸单位：mm）

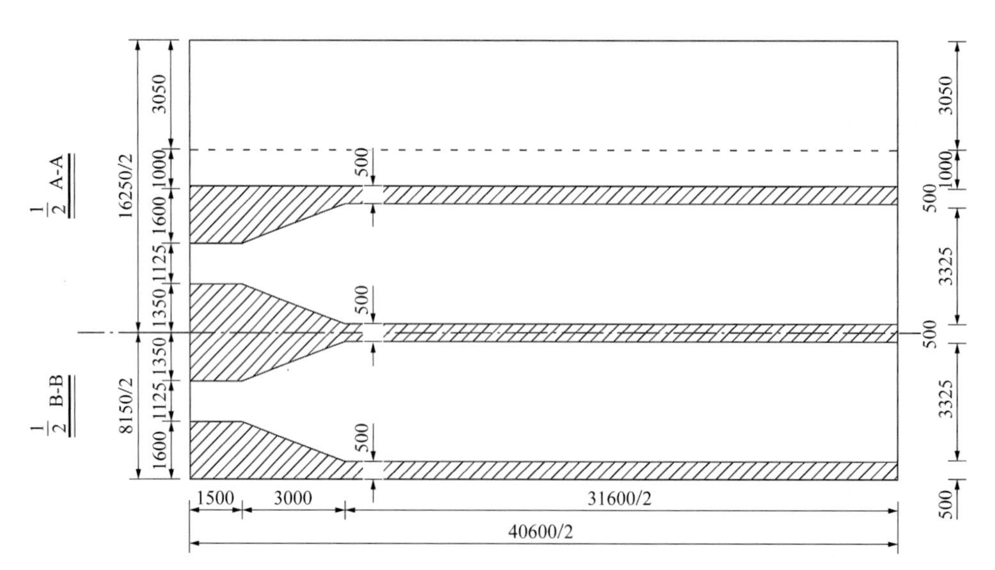

图 1-4　箱梁 1/2 平面图（尺寸单位：mm）

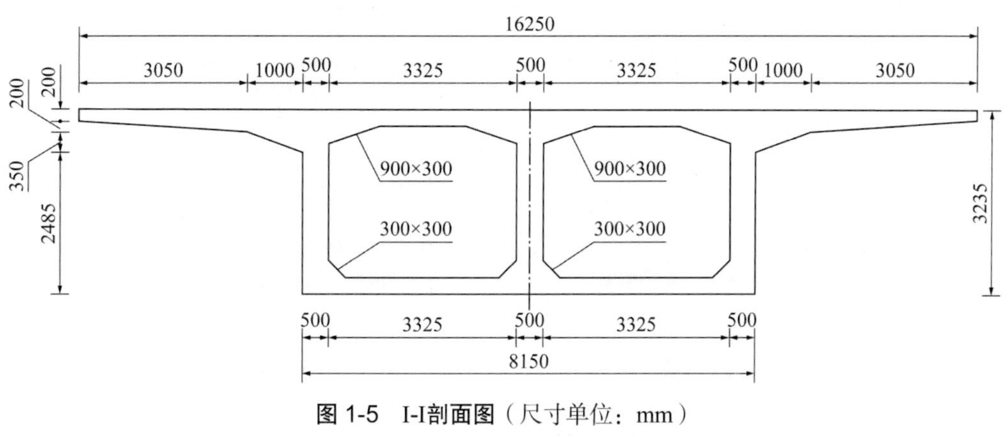

图 1-5 I-I剖面图（尺寸单位：mm）

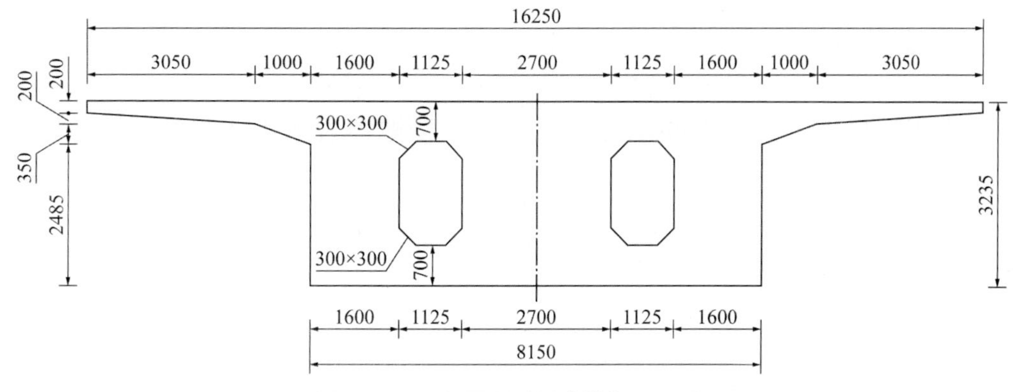

图 1-6 II-II剖面图（尺寸单位：mm）

1.3 桥址处地质水文条件

1.3.1 地质条件

32 号、33 号墩位为既有工厂及民房区，地势较高，地表条件较好。从工点图及桥位现场钻孔桩施工记录可得桥址处地层情况，详细参数见表 1-1，地质柱状图如图 1-7 所示。

桩端土承载力标准值及桩侧土摩阻力标准值　　表 1-1

墩位	地层成因	分层序号	岩（土）层名称	桩端土承载力标准值（kPa）	桩周摩阻力标准值（kPa）	桩侧地基土水平抗力比例系数值（MN/m^4）	各土层厚度l_i（m）	层顶高程（m）
32	Q_4^{al+pl}	②$_2$	淤泥质土		15	2	3	11.5
	Q_3^{el+dl}	③$_2$	粉质黏土		50	8	2.3	8.5
	Q_4^{al}	⑤$_2$	中砂	4500	70	15	14.7	6.2
33	Q_4^{al+pl}	②$_2$	淤泥质土		15	2	4	11.5
	Q_3^{el+dl}	③$_2$	粉质黏土		50	8	2	7.5
	Q_4^{al}	⑤$_2$	中砂	4500	70	15	14	5.5

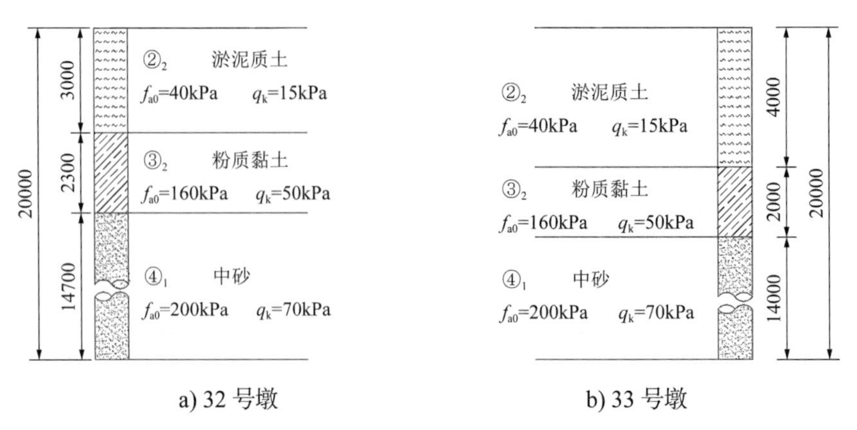

图 1-7　地质柱状图（尺寸单位：mm）

1.3.2　水文条件

（1）地表水：场地内勘察期间未见地表积水。场地地表水排泄条件稍好，地表水系不发育，主要接受大气降水的补给。

（2）地下水：场区地下水由上部土层孔隙潜水和深部基岩裂隙水组成。上部土层中的残坡积粉质黏土的含水性及透水性均较差，不具赋水条件，含水量小，本次勘察期间测得钻孔内的混合地下水位埋深为 7.60～10.00m。

1.3.3　气候条件

（1）气温：本地年平均气温 21.9℃，年内以 7 月份的平均气温最高，为 28.4℃，1 月份虽然气温较低，但平均气温在 13℃以上。极端最高气温为 39.1℃（出现于 2004 年 7 月 1 日）。日最高气温 30℃或以上的暑热期，自 7 月 11 日起至 8 月 20 日止，平均为期 41d。多年来，极端最低气温为 0℃（出现于 1957 年 2 月 11 日），80%以上年份的最低气温在 1℃以上。

（2）降水：本地年平均降水量 1696.5mm，年内 4 至 9 月份雨季各月的平均降水量都在 150mm 以上，5 至 8 月份则超过 220mm；在 10 月至次年 3 月份的干季内，各月的平均降水量在 40～60mm。年平均暴雨日数 63d，主要集中出现在 5 至 9 月份内。

（3）风速：本地年平均风速 1.9m/s，10 月至次年 3 月份平均风速稍大，各月的平均风速在 1.9～2.1m/s 之间，4 至 9 月份的平均风速稍小，为 1.6 ~ 1.9m/s。

（4）基本风压：重现期$R = 10$时，距地面 10m 位置基本风压为$\omega_0 = 0.3\text{kN/m}^2$。

1.4　施工平面布置图

根据现浇梁施工需要，并结合场地条件，对原 9 号临时场地进行功能改造，改造后场地布置如图 1-8 所示。

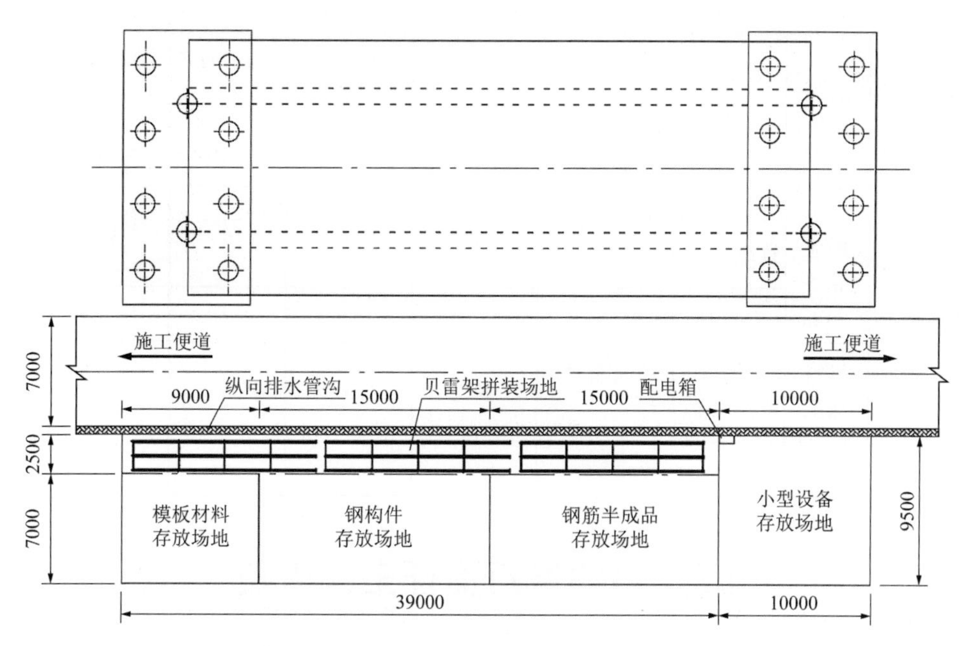

图 1-8 施工场地平面布置图（尺寸单位：mm）

1.5 施工要求

（1）质量目标要求：确保全部工程达到国家、交通运输部现行工程质量验收标准，工程一次验收合格率 100%，优良率 90%以上，满足全线创优规划的要求。做到开工必优，一次成优。

（2）安全目标要求：杜绝一般及以上安全责任事故，杜绝责任亡人事故；遏制较大险性事件，消除重大事故隐患。

（3）总体工期安排：2020 年 3 月 15 日—2023 年 9 月 15 日。

（4）现浇梁工期安排：2022 年 10 月 15 日—2022 年 12 月 8 日。

1.6 风险辨识与分级

本工程风险辨识及分级清单见表 1-2。

风险辨识与分级清单 表 1-2

序号	作业活动单元	活动内容	可能存在的隐患	潜在事故类型	危险、有害因素评价				危害级别
					事故发生可能性L	人员暴露频率E	后果严重程度C	风险大小D	
1	施工准备	技术交底	安全技术交底是否覆盖全部参建人员以及是否规范	其他	3	2	7	42	2
2		……	……	……	……	……	……	……	……

续上表

序号	作业活动单元	活动内容	可能存在的隐患	潜在事故类型	危险、有害因素评价				危害级别
					事故发生可能性L	人员暴露频率E	后果严重程度C	风险大小D	
3	现浇梁施工	场地准备	场地地面未处理，导致地面潮湿后打滑	车辆伤害	3	6	3	54	2
4			……	……	……	……	……	……	……
5		材料加工	材料加工场地临时用电不规范	触电	3	6	7	126	3
6		……	……	……	……	……	……	……	……

1.7 参建各方责任主体单位

建设单位：×××。

监理单位：×××。

施工单位：×××。

监控单位：×××。

2 编 制 依 据

2.1　编制说明

本项目 40m 现浇箱梁工程，支架高度 12.3m，跨度 40.0m，施工总荷载（设计）36kN/m^2，根据《危险性较大的分部分项工程安全管理规定》（2018 年 3 月 8 日中华人民共和国住房和城乡建设部令第 37 号公布）、《住房城乡建设部办公厅关于实施〈危险性较大的分部分项工程安全管理规定〉有关问题的通知》（建办质〔2018〕31 号）及《公路工程施工安全技术规范》（JTG F90—2015），属于超过一定规模的危险性较大的工程，并需专家论证、审查，所以编制本安全专项施工方案，以指导该工程的安全施工。

2.2　编制依据

2.2.1　法律依据

（1）《中华人民共和国安全生产法（2021 年新修订）》（978-7-5216-1908-9）。

（2）《建设工程安全生产管理条例》（1511211635）。

（3）《危险性较大的分部分项工程安全管理规定》（2018 年 3 月 8 日中华人民共和国住房和城乡建设部令第 37 号公布）。

（4）《住房城乡建设部办公厅关于实施〈危险性较大的分部分项工程安全管理规定〉有关问题的通知》（建办质〔2018〕31 号）。

（5）《钢结构通用规范》（GB 55006—2021）。

（6）《木结构通用规范》（GB 55005—2021）。

（7）《施工脚手架通用规范》（GB 55023—2022）。

（8）《公路桥涵地基与基础设计规范》（JTG 3363—2019）。

（9）《建筑与市政地基基础通用规范》（GB 55003—2021）。

（10）《建筑施工模板安全技术规范》（JGJ 162—2008）。

（11）《钢结构设计标准》（GB 50017—2017）。

（12）《木结构设计标准》（GB 50005—2017）。

（13）《混凝土结构设计规范》（GB 50010—2010）（2015 年版）。

（14）《建筑结构荷载规范》（GB 50009—2012）。

（15）《起重机设计规范》（GB/T 3811—2008）。

（16）《合金结构钢》（GB/T 3077—2015）。

（17）《建筑施工临时支撑结构技术规范》（JGJ 300—2013）。

（18）《建筑施工承插型盘扣式钢管脚手架安全技术标准》（JGJ/T 231—2021）。

（19）《承插型盘扣式钢管支架构件》（JG/T 503—2016）。

（20）《建筑地基基础设计规范》（GB 50007—2011）。

（21）《建筑桩基技术规范》（JGJ 94—2008）。

（22）《竹胶合板模板》（JG/T 156—2004）。

（23）《公路桥涵施工技术规范》（JTG/T 3650—2020）。

（24）《建筑与桥梁结构监测技术规范》（GB 50982—2014）。

（25）《钢结构焊接规范》（GB 50661—2011）。

（26）《钢筋焊接及验收规程》（JGJ 18—2012）。

（27）《钢筋机械连接技术规程》（JGJ 107—2016）。

（28）《建筑施工高处作业安全技术规范》（JGJ 80—2016）。

（29）《建筑施工起重吊装工程安全技术规范》（JGJ 276—2012）。

（30）《公路工程质量检验评定标准 第一册 土建工程》（JTG F80/1—2017）。

（31）《钢结构工程施工质量验收标准》（GB 50205—2020）。

（32）《公路工程施工安全技术规范》（JTG F90—2015）。

（33）《建设工程施工现场供用电安全规范》（GB 50194—2014）。

2.2.2 项目文件

（1）《×××施工合同》（施工总承包）。

（2）《×××勘察文件》（×××地勘院 2020 年 9 月）。

（3）《×××施工图设计》（第三册 第一分册）。

（4）《×××施工组织设计》。

2.3 参考资料

（1）黄绍金，刘陌生. 装配式公路钢桥多用途使用手册[M]. 北京：人民交通出版社，2002.

（2）江正荣. 建筑施工计算手册[M]. 4 版. 北京：中国建筑工业出版社，2018.

（3）周水兴，何兆益，邹毅松，等. 路桥施工计算手册[M]. 北京：人民交通出版社股份有限公司，2020.

（4）李星荣，秦斌. 钢结构连接节点设计手册[M]. 北京：中国建筑工业出版社，2019.

3 施 工 计 划

3.1 施工进度计划

按项目整体施工计划安排，预计在 2023 年 2 月 15 日架桥机通过本现浇梁。现浇梁下部结构计划在 2022 年 10 月 13 日完成施工，在 10 月 15 日开始施工场地处理，11 月 16 日完成现浇梁混凝土浇筑，12 月 8 日完成支架拆除，可满足架桥机通过条件。详细施工安排见表 3-1。

40m 现浇梁施工计划安排　　表 3-1

序号	任务名称	施工时间（d）	开始时间	完成时间
1	施工场地处理及布置	5	2022 年 10 月 15 日	2022 年 10 月 19 日
2	支架体系施工	10	2022 年 10 月 20 日	2022 年 10 月 29 日
3	预压	5	2022 年 10 月 30 日	2022 年 11 月 3 日
4	钢筋安装（含内模安装）	10	2022 年 11 月 4 日	2022 年 11 月 13 日
5	验收与整改	2	2022 年 11 月 14 日	2022 年 11 月 15 日
6	混凝土浇筑	1	2022 年 11 月 16 日	2022 年 11 月 16 日
7	混凝土养护	10	2022 年 11 月 17 日	2022 年 11 月 26 日
8	张拉与压浆及养护	7	2022 年 11 月 27 日	2022 年 12 月 3 日
9	支架拆除	5	2022 年 12 月 4 日	2022 年 12 月 8 日
总工期		55	2022 年 10 月 15 日	2022 年 12 月 8 日

3.2 材料计划

钢筋需在 2022 年 9 月 15 日前开始按需求进入 1 号钢筋加工场，在钢筋加工场加工为半成品后运至桥址处半成品钢筋存放场地，钢绞线及钢板在 10 月份进入桥址处材料存放场地，主要材料需求计划见表 3-2，周转材料需求计划见表 3-3。

主要材料总体需求计划表　　表 3-2

序号	材料名称	材质或等级	规格	单位	总数量	需求计划		
						9 月	10 月	11 月
1	主梁混凝土	混凝土	C50	m^3	587.2			587.2
2	主梁钢筋	HPB300	ϕ10mm	t	25.1	15.1	10.0	
3	主梁钢筋	HRB400	⌀12～⌀28	t	50.2	30.2	20.0	

续上表

序号	材料名称	材质或等级	规格	单位	总数量	需求计划		
						9月	10月	11月
4	主梁钢绞线	1860	$1\times7\phi^{s}15.2$	t	45.3		45.3	
5	钢板	Q235B	16～24mm	t	10.5		10.5	
6	支座			个	6	6		

周转材料总体需求计划表 表3-3

序号	材料名称	材质或等级	规格或型号	单位	总数量	需求计划	
						9月	10月
1	螺旋钢管	Q235B	ϕ630mm × 10mm	t	59.8	59.8	
2	支架横梁	Q235B	I40b	t	17.2	17.2	
3	贝雷架桁架	Q345B	3m × 1.5m	个	296	100	196
4	支撑架	Q345B	900mm	个	216	60	156
5	型钢	Q235B	I10	t	24.0		24.0
6	钢管	Q235B	ϕ180mm × 5mm	t	6.4	6.4	
7	钢管	Q235B	ϕ102mm × 4mm	t	5.8	5.8	
8	盘扣支架立杆	Q345B	ϕ48mm × 3.2mm	m	2116		2116
9	盘扣支架斜杆、水平杆	Q235B	ϕ48mm × 2.5mm	m	15174		15174
10	可调托撑	Q235B	KTC-600	个	920		920
11	可调底座	Q235B	KDC-600	个	920		920
12	方木	TC11-B	100mm × 100mm	m	5450	1000	4450
13	竹胶板	五层覆膜	15mm	m^2	1497	300	1197
14	系梁混凝土		C30	m^3	43.2		43.2

3.3 设备计划

根据施工工艺需要，拟定设备表，并按施工计划安排设备的进退场，进退场计划见表3-4。

主要机械、设备进场计划表 表3-4

序号	设备名称	规格或型号	生产能力	单位	数量	进场时间	退场时间	来源	用途
1	汽车起重机	STC250T5-6	25t	台	1	2022年10月	2022年12月	租赁	构件吊装
2	汽车起重机	STC550T5-1	55t	台	1	2022年10月	2022年12月	租赁	贝雷架安装
3	振动锤	DZ90	90kW	台	1	2022年10月	2022年12月	租赁	钢管桩打入
4	混凝土输送泵	HBT6013C-5S	$70m^3/h$	台	2	2022年10月	2022年12月	租赁	混凝土浇筑

续上表

序号	设备名称	规格或型号	生产能力	单位	数量	进场时间	退场时间	来源	用途
5	电焊机	BX300	22kW	台	6	2022年10月	2022年12月	自有	钢筋及构件焊接
6	发电机	DX75WC-2	120kW	台	1	2022年11月	2022年11月	新购	备用电源
7	千斤顶	YCW-400	400t	台	4	2022年10月	2022年12月	自有	纵向预应力张拉
8	千斤顶	TDC-650	65t	台	4	2022年10月	2022年12月	自有	横向预应力张拉
9	压浆设备	YCJ-700	$0.7m^3$	台	1	2022年10月	2022年12月	自有	预应力孔道压浆

3.4 劳动力计划

按计划安排及现场实际需要，9月份开始安排工人进场，加工部分钢构件及模板，详细劳动力需求计划见表3-5，劳动力动态分布见图3-1。

劳动力需求计划表 表3-5

序号	工种	总人数	2021年			
			9月	10月	11月	12月
1	焊工	6	4	6	5	5
2	起重工	2	2	2	2	2
3	信号工	2	2	2	2	2
4	模板工	8	4	10	10	6
5	钢筋工	12	4	12	12	2
6	混凝土工	6		6	6	2
7	张拉工	4			4	4
8	普工	8	6	8	8	8

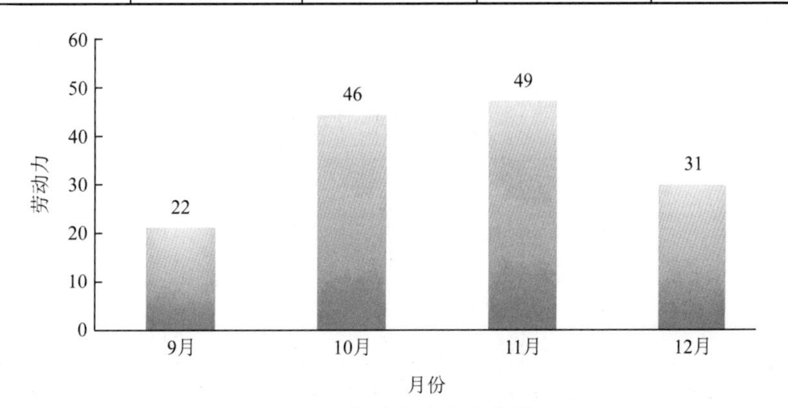

图3-1 劳动力动态分布图

4 施工工艺技术

4.1 技术参数

支撑体系采用梁柱式结构设计，采用ϕ630mm × 10mm螺旋钢管作为基础及立柱，3 根I40b 工字钢为横向分配梁，横向布置 23 榀贝雷架作为纵向梁式支撑结构，跨度为8.91m + 2 × 9.00m + 8.91m，模板采用 15mm 竹胶板及100mm × 100mm方木组成竹木组合模板体系。支撑结构形式详见图 4-1、图 4-2。

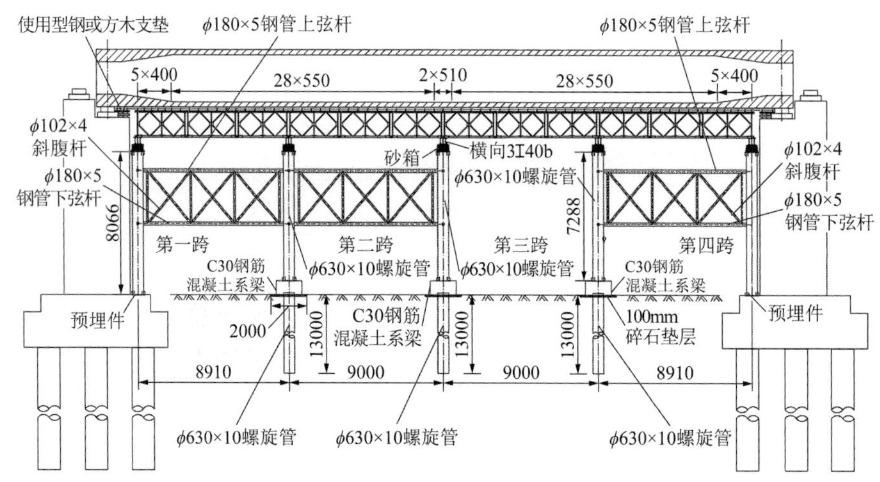

图 4-1　支架侧面图（尺寸单位：mm）

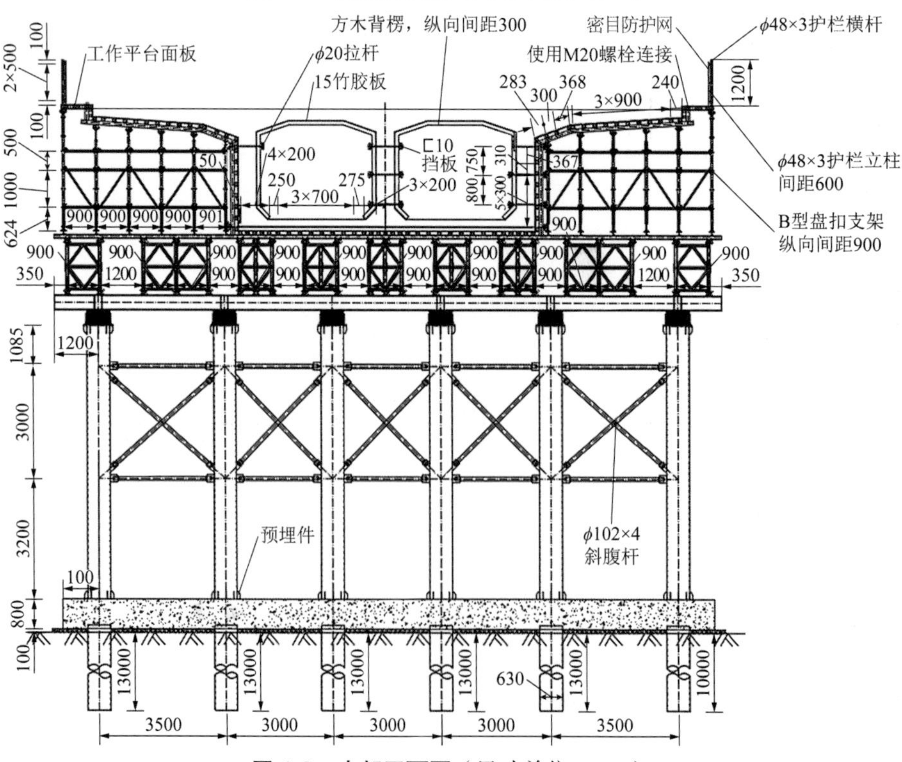

图 4-2　支架正面图（尺寸单位：mm）

4.2　施工准备情况

4.2.1　场地准备情况

本项目施工道路利用基础及下部结构施工修建的纵向贯穿便道。施工用水就地打井取用地下水，经水质分析，能够满足施工要求。施工用电利用距离32号墩50m处的500kVA变压器，采用埋设电缆的方式接入至施工场地二级变电箱，在混凝土浇筑及养护期间，配置1台120kW发电机作为备用电源。施工场地利用基础与下部结构施工时建设的9号临时场地，该场地占地面积600m^2，将其按现浇梁功能需求改造（详细布置见本范例第1章图1-8），能够满足现场施工需要。场地排水采用横向排水坡，将地面积水散排至便道纵向排水沟排放。

4.2.2　安全、技术交底

现浇梁作业前对直接生产作业人员进行该作业安全操作规程和注意事项的培训，并通过书面文件方式予以确认。施工前，项目部应按批准的专项施工方案，向有关人员进行安全技术交底。安全技术交底主要包括两个方面的内容：一是在施工方案的基础上按照施工的要求，对施工方案进行细化和补充；二是将操作者的安全注意事项交代清楚，保证作业人员的人身安全。安全技术交底工作完毕后，所有参加交底的人员必须履行签字手续并记录存档。

4.2.3　材料试验检测

对临时结构材料、主体结构材料按规范要求进行验收及试验，合格后方可使用，水泥、砂、碎石、减水剂还需经监理试验室验证审批之后才能使用。

4.2.4　混凝土配合比设计

现浇梁设计混凝土强度等级为C50，施工前，标段试验室进行了配合比试验，并通过认证，设计配合比见表4-1。

混凝土设计配合比　　表4-1

原材料名称	水泥	粉煤灰	矿粉	砂	石	外加剂	水
原材料用量（kg/m^3）	373	47	47	680	1109	7	148.7

4.2.5　安全爬梯的布置

安全爬梯设置在32号墩，采用专业厂家生产的定型产品，分节运输至现场，在现场分节进行拼装。

4.3 总体施工方法

现浇梁采用梁柱式支架作为支撑体系，ϕ630×10mm钢管桩作为基础及支撑立柱，321型贝雷梁作为跨越结构，使用 15mm 竹胶板及尺寸为100mm×100mm的方木作为底模、侧模、内模。混凝土浇筑使用 2 台地泵从跨中向两端浇筑，按底板、腹板、顶板的顺序浇筑。纵向预应力体系采用 400t 千斤顶两端对称、左右侧对称张拉，真空注浆。

4.4 施工工艺框图

按总体施工方法，制定现浇梁施工工艺顺序，如图 4-3 所示。

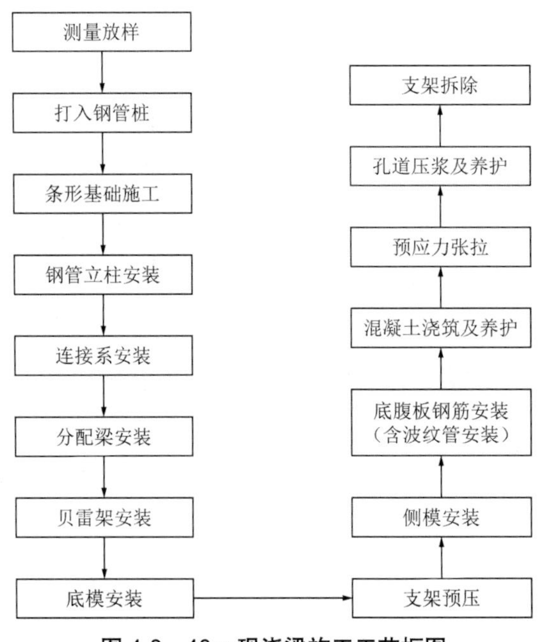

图 4-3 40m 现浇梁施工工艺框图

4.5 支撑体系施工

4.5.1 基础施工

（1）场地平整及桩位放样

支架施工前将支架影响范围内的地面平整并压实。在搭设支架前，采用全站仪放出各钢管桩桩位，并用木桩等明显标注。

（2）钢管桩打入施工

中间 3 排支撑为ϕ630mm×10mm钢管桩基础，采用 DZ90 型振动锤沉桩，55t 汽车起重机配合施工。单根钢管桩长度 13.2m，质量 2.018t，制作成 1 节整体吊装下沉。

吊起钢管桩后，测量钢管桩中心偏差及倾斜度，并进行调整，符合要求后钢管桩整体下插，迅速着床。

钢管桩各项偏差满足要求后，利用振动锤振动沉桩。因此时钢管桩入土深度较浅，任何偏载或水平力极易造成钢管桩倾斜，故应采取措施使打桩锤尽量无偏心力。振动锤开始插打钢管桩时应先轻打 1～2min，然后检查并调整钢管桩的平面位置偏差及倾斜度，再逐步增加打桩次数及频率。当钢管桩入土深度达到 3m 左右后，方可连续沉桩。钢管桩插打按设计长度与贯入度指标进行双控，当钢管桩插打至设计高程且贯入度满足要求后即插打到位。根据过往类似工程经验，针对本工程钢管桩承载力和地质情况，液压振动锤最终贯入度指标值约为 5mm/min，现场贯入度控制根据试桩资料进行修正，钢管桩倾斜度小于 1%，轴线偏位小于 5cm。

（3）条形基础施工

钢管桩基础顶部使用钢筋混凝土条形基础连接，既起到系梁的作用，也作为上部钢管立柱的支撑面，将立柱荷载传递给钢管桩基础。条形基础断面尺寸为1.5m × 0.8m，上、下双层配筋。在一个墩位的钢管桩打设完成后，清理并整平原地面，将钢管桩露出至少 200mm，施作 100mm 碎石垫层，然后按设计图纸安装钢筋，安装竹木模板，安装顶面预埋件，最后浇筑条形基础混凝土。

每个条形基础上有 6 个预埋件，钢板为 Q235B，尺寸为800mm × 800mm × 20mm，锚筋为ⳤ25mm，长度 620mm，锚筋与预埋钢板采用塞焊方式。为保证施工质量，预埋件在钢筋加工厂制作。安装时，为保证板面水平，使用钢筋焊接到钢管桩上定位，使用水平仪抄平，使对角线偏差不大于 2mm。条形基础及预埋件构造如图 4-4 所示。

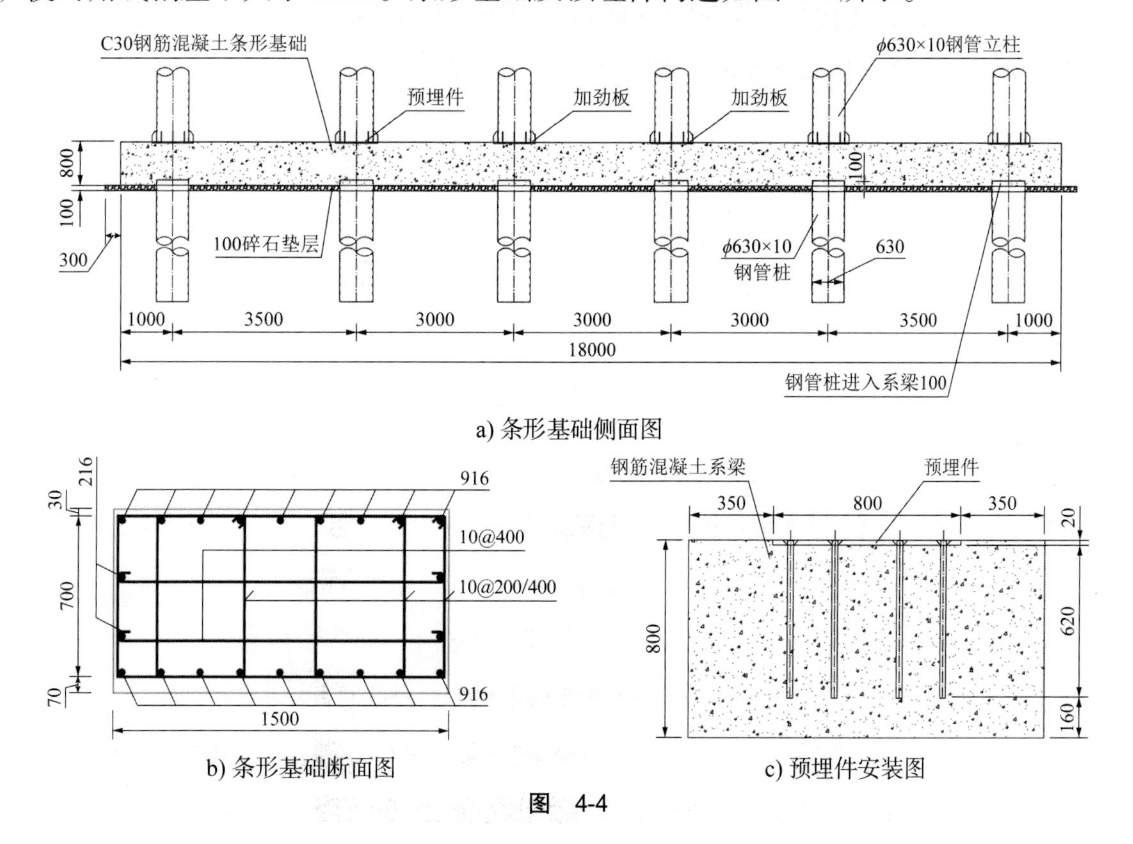

a) 条形基础侧面图

b) 条形基础断面图

c) 预埋件安装图

图 4-4

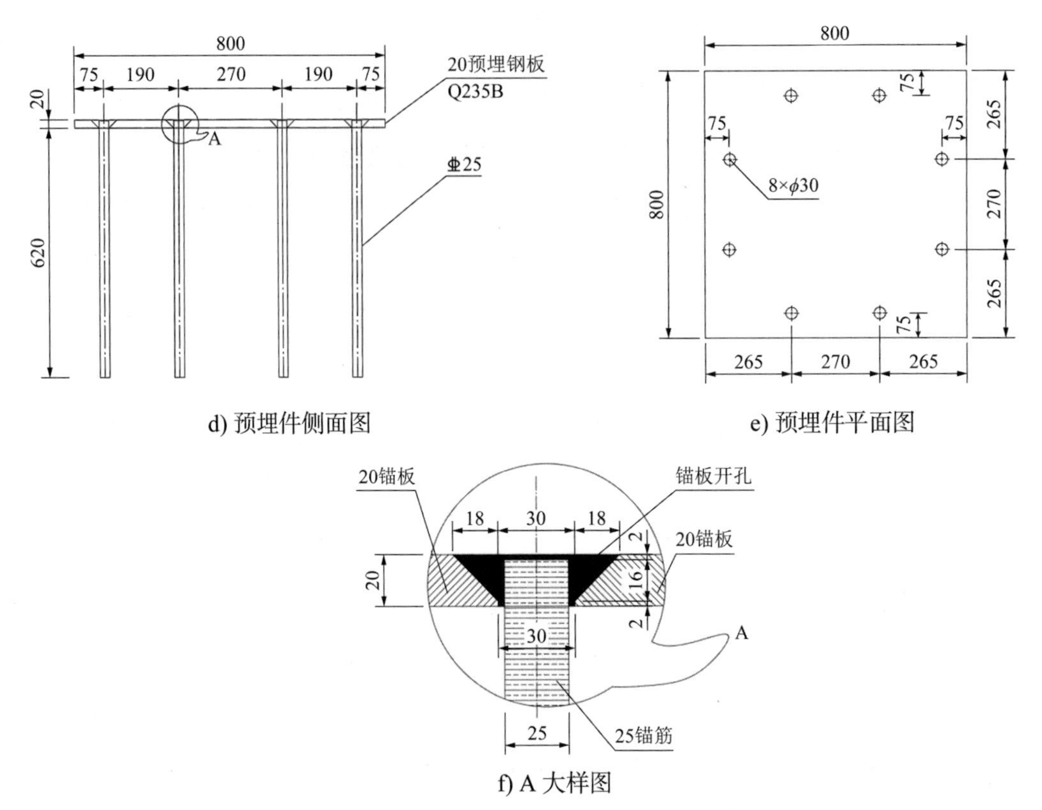

图 4-4　条形基础及预埋件构造示意图（尺寸单位：mm）

4.5.2　钢管立柱安装

钢管立柱安装包括承台上的立柱与条形基础上的立柱安装，采用 10mm 环形角焊缝与 16mm 加劲板连接，其连接形式如图 4-5 所示。钢管立柱为ϕ630mm × 10mm螺旋钢管，最长一节为 8.077m，单根质量 1.235t，使用 55t 汽车起重机可以直接安装到位。

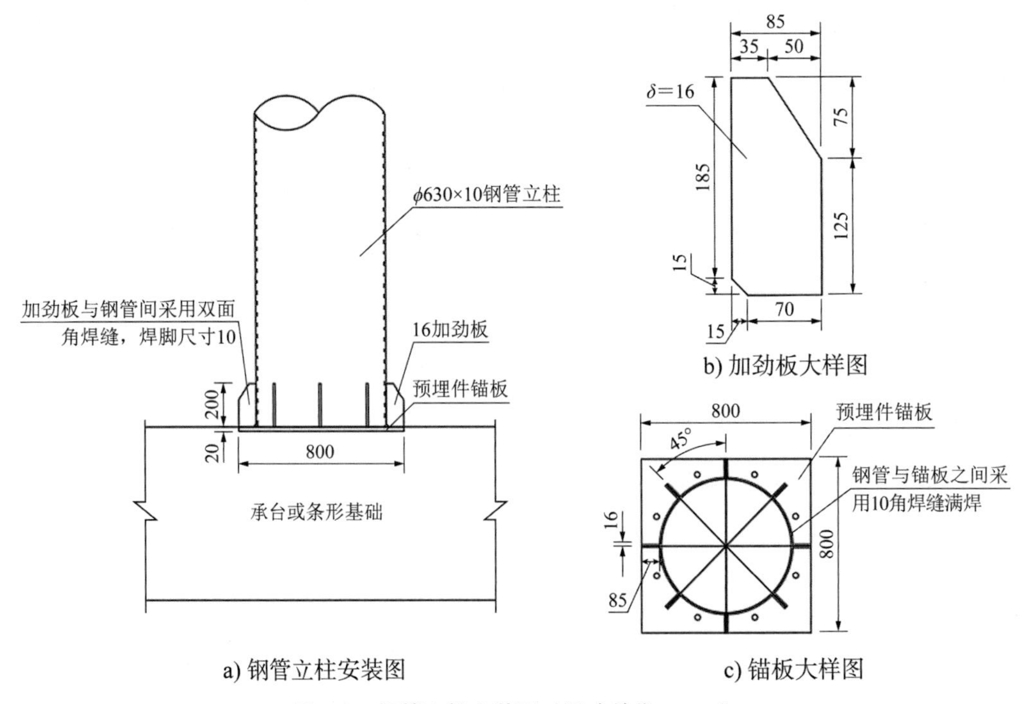

图 4-5　钢管立柱安装图（尺寸单位：mm）

承台与条形基础预先埋置预埋件，安装前，先在预埋件相应位置焊接4块临时定位码板，安装钢管立柱时，先将钢管立柱通过定位码板支立到预定位置，使用仪器从2个垂直方向调整中线位置，使2个方向的轴线偏差分别控制在16mm以内（$H/500$以内，H为钢管柱高度），将钢管桩与临时定位码板固定，然后按《×××40m现浇梁支架施工图设计》要求，将钢管与锚板采用10mm焊缝焊接，并焊接8块16mm厚加劲板，焊接采用人工电弧焊，设计要求为三级角焊缝。

1）焊接要求

（1）母材上待焊接的表面和两侧应均匀、光洁，且应无毛刺、裂纹和其他对焊缝质量有不利影响的缺陷。待焊接的表面及距焊缝坡口边缘位置30mm范围内不得有影响正常焊接和焊缝质量的氧化皮、锈蚀、油脂、水等杂质。

（2）钢材为Q235B材质，电弧焊焊材应选用E43××系列焊材，焊材储存场所应干燥、通风良好，应由专人保管烘干、发放和回收，并应有详细记录。

（3）接头部位两部件应密贴，根部间隙不应超过5mm；当间隙超过5mm时，应在待焊板端表面堆焊并修磨平整使其间隙符合要求；间隙大于1.5mm且小于5mm时，角焊缝的焊脚尺寸应按根部间隙值予以增加。

（4）焊条电弧焊作业区最大风速不宜超过8m/s，如果超出上述风速，应采取局部围护措施以保障焊接电弧区域不受影响。

（5）钢管与预埋板之间的长焊缝，宜采用跳焊法，避免工件局部热量集中。

（6）焊接结束后，必须清除毛刺、焊瘤、飞溅和熔渣。对焊接完毕或终止焊接时间较长的焊件，应及时清除焊件上的焊渣、残余焊剂和金属飞溅物，以便于对焊缝的目视检查和无损探伤，防止焊渣和残留焊剂腐蚀焊件，避免焊件在使用中焊渣和金属飞溅物脱落而造成不良后果。

2）焊缝外观质量要求

（1）焊缝表面为均匀的鳞状，无裂纹、未熔合及熔穿缺陷。

（2）未焊满深度不超过0.6mm（$\leqslant 0.2+0.04t$，且$\leqslant$2mm，t为钢板厚度），每100mm长度焊缝内未焊满累积长度$\leqslant$25mm。

（3）根部收缩不超过0.6mm（$\leqslant 0.2+0.04t$，且$\leqslant$2mm），长度不限。

（4）咬边深度不超过1mm（$\leqslant 0.1t$且$\leqslant$1mm），长度不限。

（5）允许存在个别电弧擦伤，每条焊缝电弧擦伤的缺陷不得超过2处。

（6）接头缺口深度不超过1mm（$\leqslant 0.1t$且$\leqslant$1mm），每1000mm长度焊缝内不得超过1处。

（7）每50mm长度焊缝内允许存在直径$\leqslant 0.4t$且$\leqslant$3mm的气孔2个，孔距应$\geqslant$6倍孔径。

（8）表面夹渣，深度小于2mm、长度小于5mm（深度$\leqslant 0.2t$、长度$\leqslant 0.5t$且$\leqslant$20mm）。

4.5.3 横联体系安装

（1）横联体系构造

立柱横联体系分为横向横联与纵向横联，横向横联采用桁架体系，在5排钢管立柱上全部设置，上、下弦杆及腹杆均为ϕ102mm × 4mm钢管；纵向连接体系也采用桁架体系，上、下弦杆为ϕ180mm × 5mm钢管，腹杆为ϕ102mm × 4mm。详细构造如图 4-6、图 4-7 所示。

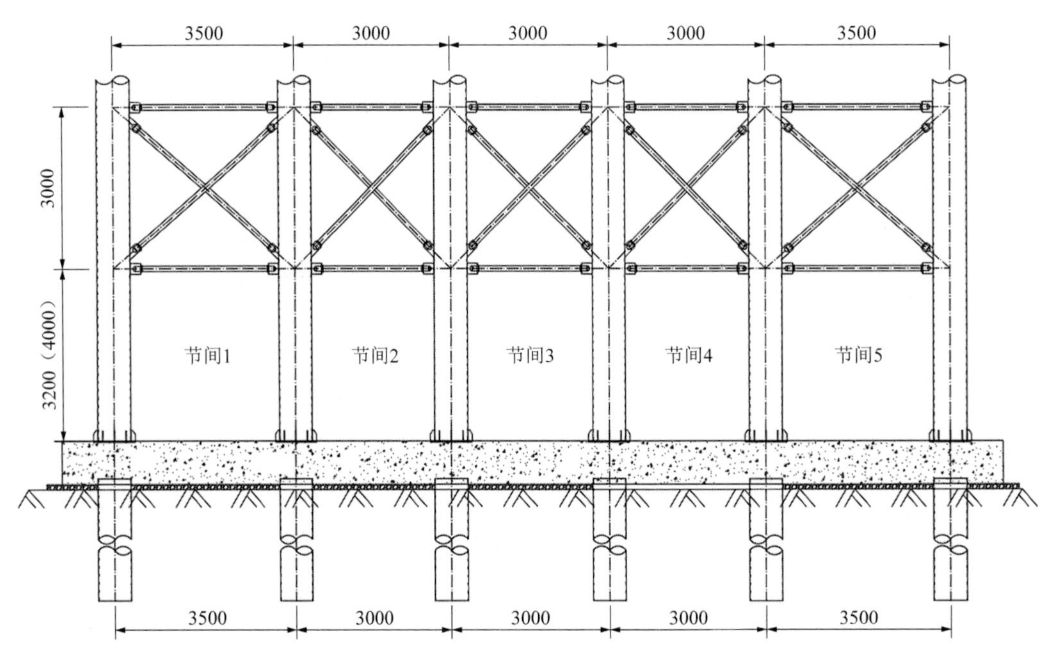

图 4-6　横向连接系布置图（尺寸单位：mm）

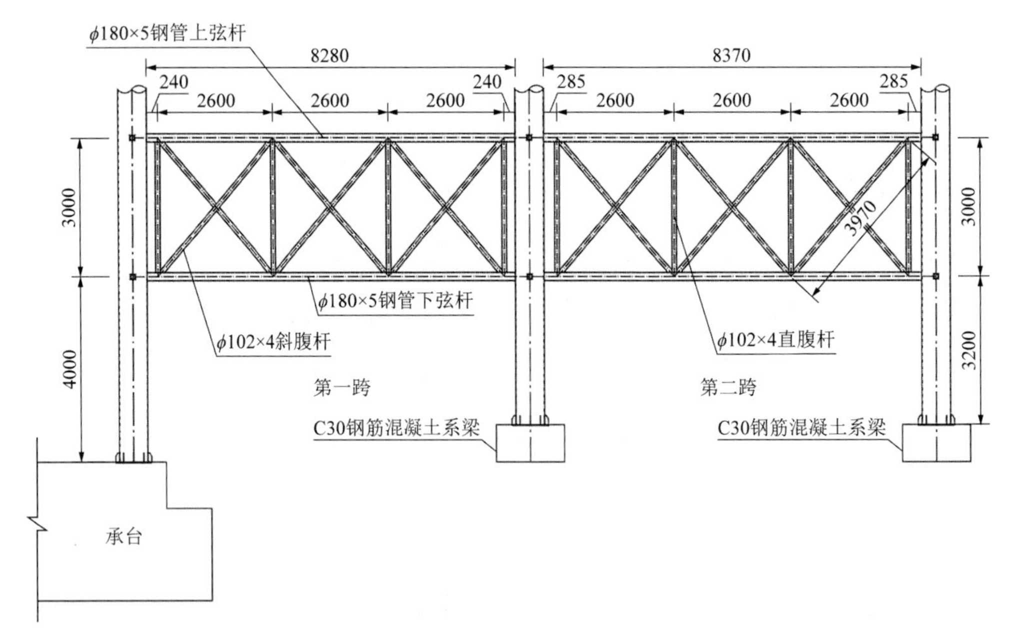

图 4-7　纵向连接系布置图（尺寸单位：mm）

（2）横联体系安装

横向立柱安装完2根后，为使结构尽快形成整体，需立即跟随安装横联体系，上、下弦杆在加工厂加工，吊车调至预定位置后，使用 M24 螺栓安装。安装完上、下弦杆后，现场焊接斜杆。纵向钢管安装 2 排后，立即焊接纵向横联结构。

4.5.4 横梁安装

横梁采用 3 根 I40b 工字钢并排放置，其构造如图 4-8 所示，总长 18.4m，在施工场地内加工成整体，使用 55t 汽车起重机整体吊装。

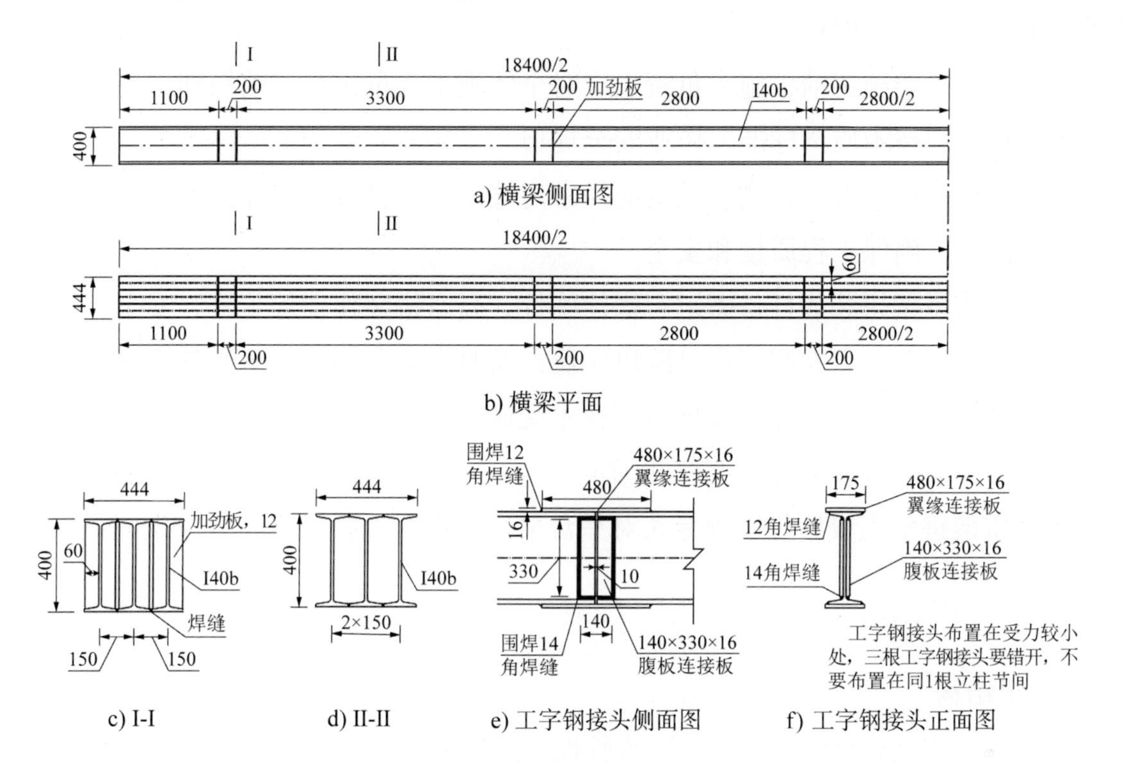

图 4-8 3 根 I40b 工字钢横梁构造图（尺寸单位：mm）

1）横梁安装流程

（1）横梁、砂箱制作。

（2）砂箱安装并灌砂，砂箱灌砂时宜偏多，便于横梁高程调整。

（3）砂箱顶高程测量，根据测量数据调整砂箱顶高程至设计高程。

（4）使用 55t 起重机吊装工字钢横梁，工字钢横梁安装应居中。

（5）再次复核柱顶横梁顶面高程，将柱顶横梁各支点处高程调为一致，采用法兰螺栓将横梁与立柱临时固定。

2）横梁安装注意事项

（1）横梁工字钢接头应布置在受力较小处，3 根工字钢接头应错开，不要布置在同一个立柱节间。

（2）安装横梁前应用水准仪测量砂箱顶部高程，确保各砂箱顶部高程一致。

（3）横梁安装前应将砂箱上、下部分固定。

4.5.5 贝雷架安装

本方案共设置23榀贝雷梁作为主受力纵梁，贝雷梁之间每3m设置一道横向支撑架，在靠近立柱的贝雷架底部设置1道水平支撑架，支撑架规格为900mm。

考虑起吊能力和安装高度，贝雷梁安装时应“逐跨、逐排”安装。每相邻两榀或三榀贝雷梁用支撑架连接在一起，最重段为4.2t，用55t履带式起重机从中间往两侧吊装。

贝雷梁安装注意事项：

（1）贝雷架拼架施工前，施工负责人应对全体施工人员进行岗前培训，使全体作业人员了解作业程序、技术质量标准、作业安全规程。

（2）贝雷架吊装过程中，测量人员应经常对梁位、梁高程、螺栓扭力进行检查，及时发现和解决问题，确保工程质量和安全。

（3）由于贝雷架拼装如杆件搬运、螺栓施拧、高空拼装作业等工序，安全风险大，安全隐患多，现场应有一名专职安全员跟班作业，及时提醒和纠正施工中的不安全因素。

（4）现场施工人员必须严格按项目部技术交底和作业安全操作规程施工。

（5）贝雷梁安装过程应及时调整并固定。

（6）贝雷架拼架完成后应安排专人对平台架定期进行养护维修，且应设明显标识。

4.5.6 模板安装

1）模板结构

模板采用全木模，面板为15mm厚竹胶板，背楞为100mm×100mm方木，侧模与内模支撑采用B型盘扣支架，底模板背楞放置在I10分配梁上，模板详细结构如图4-9所示。

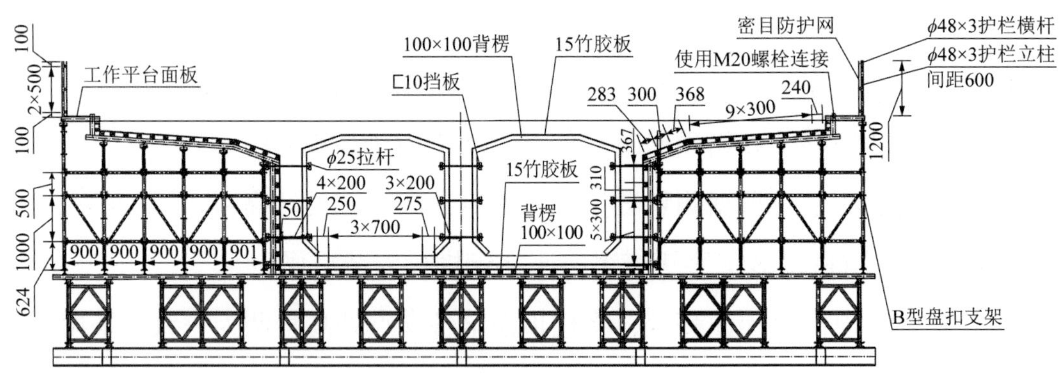

图4-9 外模板支撑结构图（尺寸单位：mm）

2）底模安装

底模采用15mm厚竹胶板作为面板，100mm×100mm方木作为背肋，方木背楞纵向布置，在腹板下间距200mm，在底板下间距300mm，背楞放置在I10分配梁上。

底模安装前，测量员进行箱梁结构中轴线及边线放样，并做出标记，对每根方木进行严格检验，严禁使用存在裂纹或有其他缺陷的方木，合格的方木根据需要提前下料、切边，同时宜将与面板接触的一面在刨床上刨平。

3）侧模安装

在预压完成后安装侧模，外侧模采用盘扣支架作为支撑，采用100mm × 100mm方木作为背肋，15mm 厚竹胶板作为面板，盘扣支架布置为在沿桥纵向方向上间距为 900mm、横向方向间距5 × 900mm；内模采用盘扣支架作为内支撑，扣件支架为在沿桥纵向方向上间距为 900mm。模板安装应注意以下事项：

（1）木模拼缝不易严密，拼装时应在拼缝中采用密封胶密封。

（2）为了预防混凝土黏结作用对面板边角的损坏，木模拼缝处宜采用宽面封口胶将拼缝遮盖。

（3）尽量减少在木模附近进行电弧焊和气割等明火作业，如有必要采用铁皮将木模隔离。

4.5.7 支架验收

1）一般规定

（1）支架原材料及构配件进场后，应进行检查验收，合格后方可使用。

（2）应对支架地基、基础、立杆（支墩）、纵横梁、模板等结构的施工质量进行全面检验。

（3）支架的各类质量检测报告、检查验收记录和其他工程技术管理资料，应按相关规定及时填写，并且严格履行责任人签字确认手续。

2）支架原材料及构配件检查验收

（1）支架原材料及构配件进场后应检查验收其材质、规格尺寸、焊缝质量、外观质量等。

（2）进入现场的新购支架原材料及构配件应具备下列证明资料：

①产品标识及产品质量合格证。

②供应商配套提供的管材、铸件、冲压件等材料的材质、产品性能检验报告。

③重复使用的支架材料及构配件，应经检查合格后方可使用，必要时应通过荷载试验确定其实际承载能力。

4.6 支架预压

支架安装完毕，并经检查验收合格后，开始预压，预压采用分级加载形式。

4.6.1 预压目的

（1）验证支架体系的安全性，确保箱梁现浇施工安全。

（2）通过模拟支架在箱梁施工时的加载过程来分析、验证支架的弹性变形，消除其非弹性变形。通过其规律来指导支架施工中模板的预拱度值及其混凝土分层浇筑的顺序。

4.6.2 预压荷载

根据设计要求，预压质量不少于支架上混凝土荷载的 1.1 倍，本项目 40m 箱梁混凝土总数量为 587.2m^3，其中两端各 1.92m 支撑在墩身上，在计算支架预压荷载时，将该部分去除，支架上混凝土数量为 494.7m^3，箱梁总预压荷载为$1.1\times494.7\times2.6=11414.8$t。

（1）翼缘板区混凝土 109.5m^3，预压荷载为$1.1\times109.5\times2.6=313.17$t，分布长度$d=40.6-2\times1.92=36.76$m，单侧分布宽度 4.05m，荷载分布区域如图 4-10 所示，该部分使用砂袋预压，计算预压分布荷载为：

$$q=\frac{1.1\times109.5\times2.6}{2\times36.76\times4.05}=1.052\text{t/m}^2$$

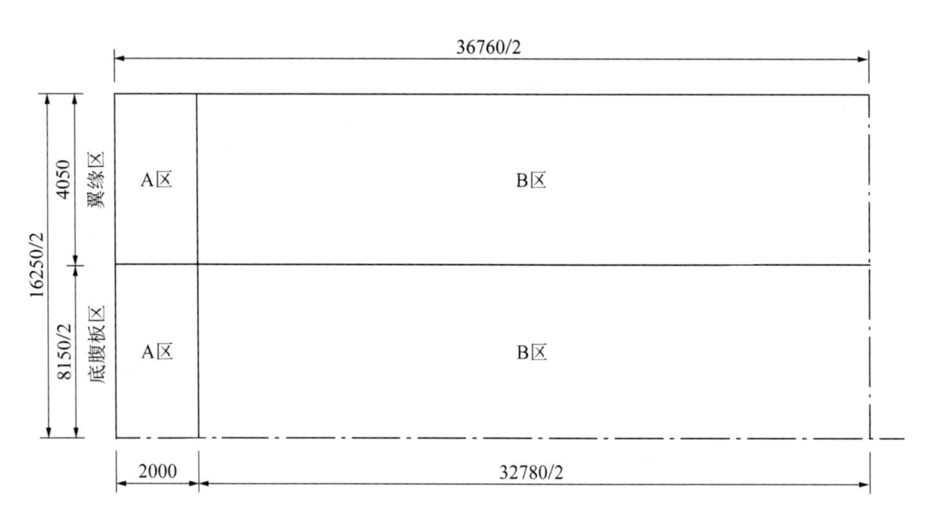

图 4-10 预压平面布置图（尺寸单位：mm）

（2）梁端 2m 区域（A 区）为腹板、顶板及底板加厚区域，使用 44 个$1.0\text{m}\times1.0\text{m}\times1.0\text{m}$的混凝土块，其重度经试验测试为 2.5t/m^3，共计$44\times2.5=110$t，其中单个边腹板位置 12 块，中腹板位置 12 块，单个顶、底板位置 4 块，混凝土分布形式如图 4-11 所示，计算预压分布荷载为：

边腹板区域：$q_1=\frac{12\times2.5}{2\times2.02}=7.426\text{t/m}^2$

中腹板区域：$q_2=\frac{12\times2.5}{2\times2.03}=7.389\text{t/m}^2$

顶、底板区域：$q_3=\frac{4\times2.5}{2\times1.04}=4.808\text{t/m}^2$

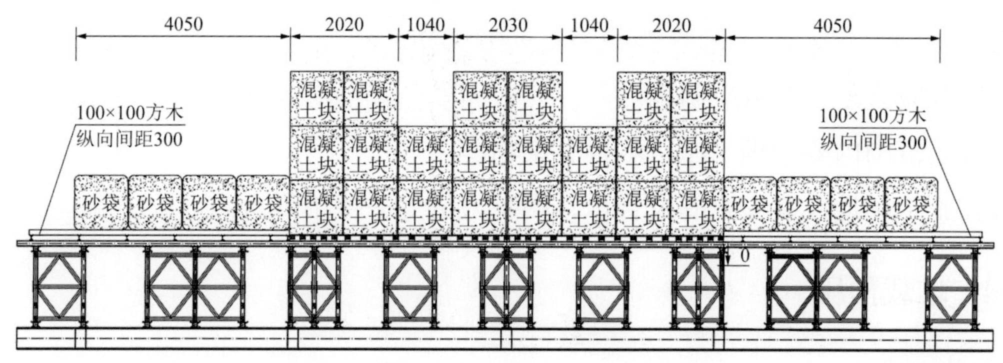

图 4-11 预压 A 区布置图（尺寸单位：mm）

（3）中部 32.78m（B 区）为标准段区域，使用 352 个预制块及砂袋预压，其中砂袋预压部分按 0.3t/m² 考虑，实际加载前需对砂袋称重，根据实际质量确定堆载高度，混凝土分布形式如图 4-12 所示，计算预压分布荷载为：

边腹板区域：$q_1 = \frac{64\times2.5}{1.0\times32.76} + 0.3 = 5.184\mathrm{t/m^2}$

中腹板区域：$q_2 = \frac{64\times2.5}{1.0\times32.76} + 0.3 = 5.184\mathrm{t/m^2}$

顶、底板区域：$q_3 = \frac{80\times2.5}{2.575\times32.76} = 2.371\mathrm{t/m^2}$

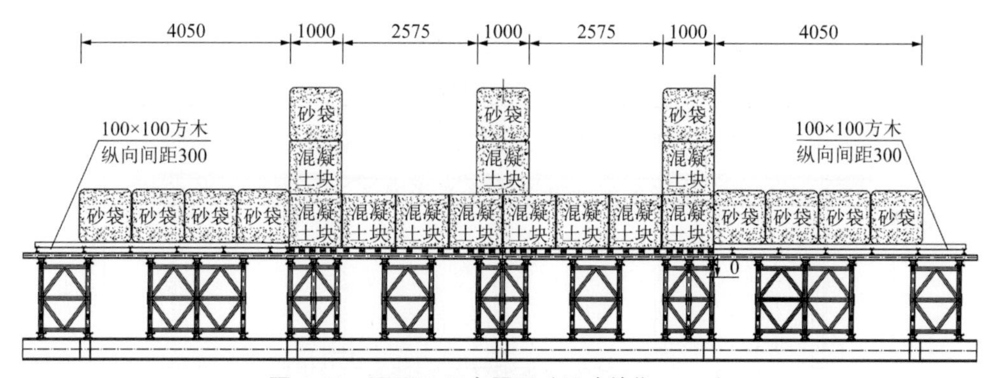

图 4-12 预压 B 区布置图（尺寸单位：mm）

（4）预压荷载校核。

应加载预压荷载G_1为：

$G_1 = 1.1 \times 494.7 \times 2.6 = 1414.8\mathrm{t}$

实际加载荷载为：

$$G_2 = 1.052 \times 36.76 \times 4.05 \times 2 + 44 \times 2 \times 2.5 + 352 \times 2.5 + 0.3 \times 1.0 \times 3 \times 32.76 = 1442.7\mathrm{t}$$

$G_2 > G_1$，预压荷载满足要求。

4.6.3 预压前准备

（1）检查支架各构件连接是否紧固，金属结构有无变形，检查支架的立柱、横杆连接是否牢固。

（2）照明应充足，警示应明确。

（3）预压范围内要清理干净，不得有杂物。

（4）在施工场地设置安全圈及告示，闲杂人员等一律不得入内。

4.6.4 堆载预压

1）加载方式

加载分60%、80%、100%、110%四级预压荷载进行。每次加载完毕后，对托架进行沉降观测，当24h的沉降量平均值小于2mm时，进行下一次加载。若监测点24h的沉降量平均值大于2mm时，应继续观测；若持续处于沉降，则在查明原因、处理后再重新进行预压。

2）加载顺序

为保证混凝土预制块的稳定性，在上、下层加载时，混凝土预制块应交错布置，翼缘板砂袋堆放需稳固，以防滑动。加载时按照跨中向两侧、梁中向梁端加载。

3）监测点布设

预压过程中合理设置观测点，并做好观测记录，以利于计算支架的变形量。观测点设置在外模系统上，纵向设置9个断面（如图4-13所示①～⑨轴），每个断面设置5个观测点（如图4-14所示A～E轴），共计45个观测点。

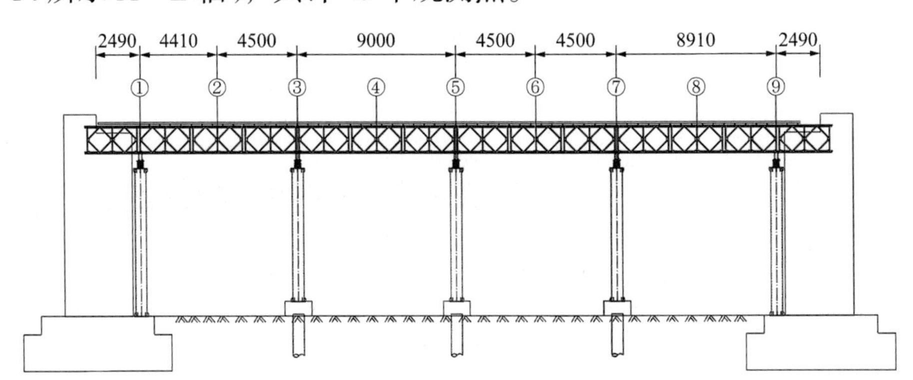

图4-13 监测点布设侧面图（尺寸单位：mm）

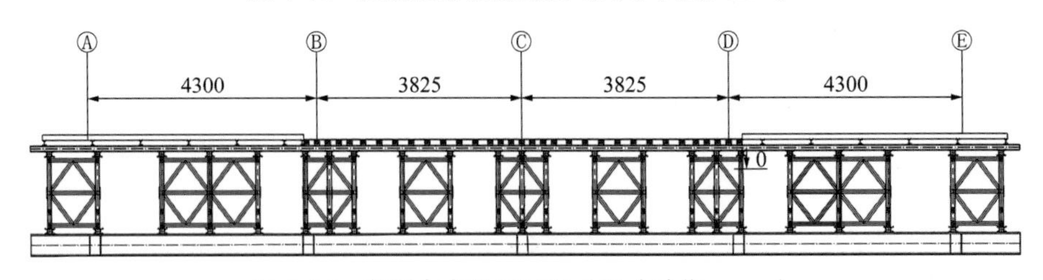

图4-14 监测点布设正面图（尺寸单位：mm）

4）观测方法

在加载前先观测一次并作为起始观测值，以后每加载完毕一次观测一次，全部加载完成后每2h观测一次，一直观察到两次沉降观测误差不大于1mm为止。根据观察值绘制出托架预压变化（时间—下沉量）关系曲线。按精密水准测量作业要求，加载前观测一次，加载完成后每天观测四次，直至托架稳定 24h 后即可卸载，卸载完成后观察一次。根据所得数据计算出托架的弹性及非弹性变形值。

非弹性变形值 = 加载前高程 − 卸载后高程

弹性变形值 = 卸载后高程 − 卸载前高程

预压过程中进行精确水准测量，可测出梁段荷载作用下托架产生的弹性变形值，将此值与施工控制中提出的其他因数需要设置的预拱度叠加，算出施工时采用的预拱度。按计算值设置底面模板高程。

5）加载过程中应注意的问题

（1）对各个压重载荷必须认真称量、计算和记录，由专人负责。

（2）所有压重载荷应提前准备至方便起吊运输的地方。

（3）在加载过程中，要求详细记录加载时间、吨位及位置，要及时通知测量组进行现场跟踪观测。未经观测不能进行下一级加载。每完成一级加载应暂停一段时间，进行观测，并对支架进行检查，发现异常情况应及时停止加载，及时分析，并采取相应措施。如果实测值与理论值相差太大应分析原因后再确定下一步方案。

（4）加载过程要求左右对称加载，吊装时左右对称吊装，砂袋、钢筋的堆载从一端向另外一端分层堆载，模拟浇筑顺序。

（5）加载全过程中，要统一组织，统一指挥，要有专业技术人员及负责人在现场协调。

（6）砂袋预压时需要注意防雨措施，防止砂袋因吸水变重，堆放时采用油布覆盖。

4.6.5 预拱度设置

箱梁施工高程与线形控制的关键是预拱度的设置。支架安装完成后，先预调模板的高度，在箱梁的纵向设置 5 个断面，每个断面上设 5 个观测点，模板底板的两侧边各设两个观测点。初始高程为H_0，采用混凝土预压块或砂袋进行预压，压载时采用分级加载方式对支架进行预压，达到梁体自重及人员机具质量和时，对观测点高程进行测量，当沉降稳定后，记录观测点的高位H_1，卸载完成后观测点的高程为H_2。计算反拱值为：

弹性变形值：

$$\delta_1 = H_2 - H_1 \tag{4-1}$$

预压消除非弹性变形后预留拱度值：

$$f = \delta_0 + \delta_1 \tag{4-2}$$

预拱度曲线方程为：

$$g(x) = \frac{4fx(L-x)}{L^2} \tag{4-3}$$

立模高程为：

$$H(x) = h(x) + g(x) \tag{4-4}$$

式中：x——计算点与梁端的距离（mm）；

H_1——当沉降稳定后，记录观测点的高位（mm）；

H_2——卸载完成后观测点的高程（mm）；

δ_0——设计反拱值（mm）；

f——预留拱度值（mm），f按式(4-1)、式(4-2)计算得到；

L——本跨支座中心间距（mm）；

$h(x)$——在x点的设计高程函数值（mm）；

$g(x)$——在x点的预拱度计算值（mm）；

$H(x)$——在x点的立模高程（mm）。

4.7 箱梁施工

4.7.1 支座安装

底模铺设前应先安装支座，本桥采用QZ型球形钢支座，支座型号及数量见表4-2，布置位置如图4-15所示。支座自重较大，支座就位后采用千斤顶（或钢楔）进行调整。支座安装时应注意支座的方向、固定支座设置位置、同一梁端支座配置情况等。

现浇梁支座统计表　　表4-2

序号	支座型号	数量（套）	设计竖向承载力（kN）
1	CGQZ-B-9000HX	2	9000
2	CGQZ-B-9000GD	1	9000
3	CGQZ-B-9000ZX	1	9000
4	CGQZ-B-9000DX	2	9000

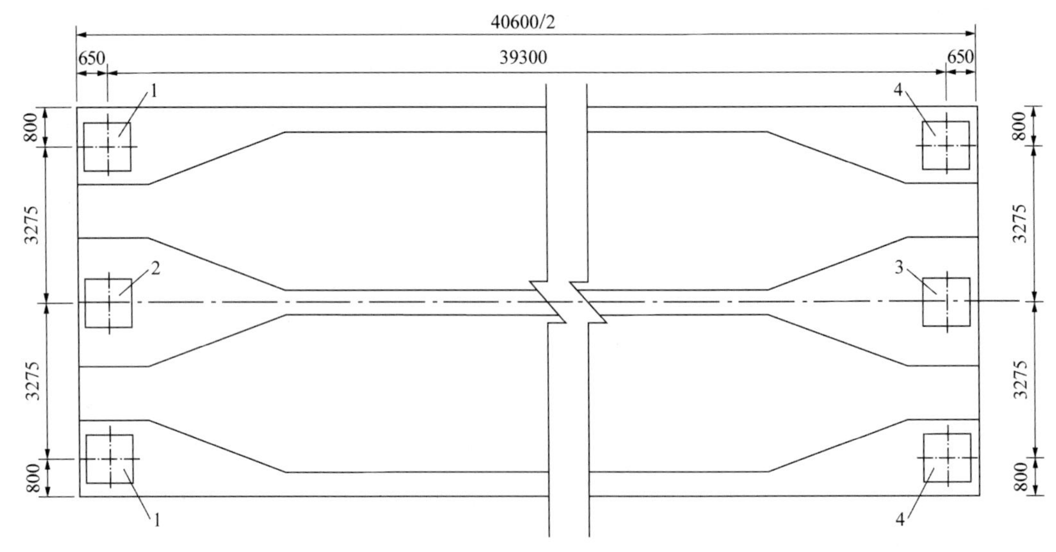

图4-15　支座布置图（尺寸单位：mm）

注：1～4为支座类型序号。

支座安装前，测量员复核支承垫石位置、支承垫石顶面高程和支座螺栓预留孔位置，对于不合格的实体提前处理。

支座安装方法为：

（1）测量员测量支承垫石顶高程和预留孔位置，并对支座垫石顶面支座范围及锚栓孔孔壁进行凿毛处理。

（2）清除支座锚栓孔内和垫石顶部杂物，测量员在支承垫石上将支座纵横两向的中心轴线放样至支承垫石上面。

（3）用吊车将支座吊装至其设计位置，调整其位置至规范允许范围，并将锚栓与支座连接。

（4）采用钢锲支垫支座，使支座顶面高程和顶面四角高差满足规范要求。

（5）安装灌浆模板，灌注支座砂浆。

（6）待砂浆达到强度后敲出钢锲，并用砂浆将钢锲留下的空洞补平。

4.7.2 钢筋安装

钢筋在1号钢筋加工厂加工，加工成半成品后，运输至现场临时存放场地储存，待安装时，由人工配合吊车吊至安装位置。

1）钢筋加工及安装原则

（1）将箱梁横断面上顶板架立钢筋在非管道区域沿纵向每隔2排与箱梁顶板上下横向钢筋焊接，腹板箍筋横肢与顶板上缘横向钢筋焊接，顶、底板或腹板其余架立筋与箱梁横向筋及腹板箍筋用铁丝绑扎牢固。

（2）钢筋应定位准确、绑扎牢靠。

（3）顶板底层横向钢筋、底板横向钢筋采用无接头钢筋。

（4）各梁段之间相连的钢筋应牢固可靠。

（5）普通钢筋与预应力管道有冲突时，可以将普通钢筋适当挪动或弯折，但应满足混凝土浇筑质量要求，钢筋弯折时应尽可能采用较小的弯折角并应避免采用使混凝土向外崩裂的凹向弯折。

2）原材料进场验收、检验

钢筋及其连接材料进场时必须进行进场验收和原材料的检验，其质量应符合设计要求和国家现行标准的规定，连接材料包括套筒、焊条、扎丝等。

（1）检验证明：轧制钢筋的轧制和处理方法、规格、牌号；每批钢筋中的炉罐号、化学成分和力学性能的证明。由材料供应商提供相关证明，物资部负责收集、验收。

（2）识别标志：在检验以前，每批钢筋应具有易识别的标签。标签上标明制造商试验号及批号，或者其他识别该批钢筋的证明。

（3）外观检查：无有害的表面缺陷，例如裂纹、机械损伤及剥离层等；只要用钢丝刷刷过的截面最小尺寸符合规定允许偏差，即可判为合格。由物资部负责检验。

（4）力学性能检验：钢筋使用前必须按照相关规范规定对钢筋原材料进行检验，不合格的原材严禁入库，并建立不合格产品台账。进场后的钢筋每批（同品种、同等级、同一截面尺寸、同炉号、同厂家生产的每 60t 为一批）按规定截取试样，进行拉力试验（屈服强度、抗拉强度及延伸率）、冷弯试验、可焊性试验。由物资部填写相关试验委托单，试验中心负责检验、并提供相关报告。

3）钢筋下料

钢筋接长采用焊接接长，为保证焊接质量，焊接采用二氧化碳保护焊（电弧焊的一种、简称“二保焊”)。采用二保焊正式焊接前，需根据焊机性能、焊接接头形状、焊接位置等不同条件选用不同焊接工艺参数，包括焊接电流、极性、弧长、焊接速度、焊丝伸出长度、焊枪角度、焊接位置、焊丝直径等，每焊接完一批接头，试验室对接头做接头拉伸试验，通过试验参数确定焊接工艺。

焊接前，对钢筋 1 和钢筋 2 端头进行预弯，使钢筋 1 和 2 单面焊接完成后，确保两条钢筋轴线在同一直线上，不出现错台。

正式焊接前，采用两点固定钢筋 1 和钢筋 2，定位焊缝与搭接端部的距离应大于或等于 20mm。焊接时，应在搭接焊形成焊缝中引弧，在端头收弧前应填满弧坑，并使主焊缝与定位焊缝的始端和终端融合。

4）钢筋焊接时应遵循的规定

（1）每批钢筋焊接前，应先选定焊接工艺和焊接参数，按实际条件试焊，并检验焊接接头外观质量及规定的力学性能，试焊质量经检验合格后方可正式施焊。

（2）每片钢筋骨架应在钢筋加工车间焊接完并经监理工程师检验合格后运至现场绑扎。

（3）焊接时，引弧应设置在形成焊缝部位，防止烧伤主筋。

（4）焊接过程中应及时清理焊渣，焊缝表面应光滑，焊缝余高应平缓过渡，弧坑应填满。

（5）双面搭接焊接头的焊缝有效厚度S不应小于主筋直径的 30%，焊缝宽度b不应小于主筋直径的 80%，双面焊接搭接长度不得小于 $5d$（d为钢筋直径)。

（6）拉钩筋应整根弯制，除与钢筋骨架搭接处有焊接外，其余处不得存在接头。拉钩筋弯曲角度均为 90°，故钢筋弯起半径等应满足表 4-3 中的要求。

弯起钢筋要求 表 4-3

<table>
<tr><th>弯曲部位</th><th>弯曲角度</th><th>形状图</th><th>钢筋牌号</th><th>弯曲直径 D</th><th>平直部分长度</th><th>备注</th></tr>
<tr><td rowspan="5">末端弯钩</td><td>180°</td><td></td><td>HPB300</td><td>≥ 2.5d</td><td>≥ 3d</td><td rowspan="5">d为钢筋直径</td></tr>
<tr><td rowspan="2">135°</td><td rowspan="2"></td><td>HRB335</td><td>≥ 4d</td><td rowspan="2">按设计要求（一般≥ 5d）</td></tr>
<tr><td>HRB400</td><td>≥ 5d</td></tr>
<tr><td rowspan="2">90°</td><td rowspan="2"></td><td>HRB335</td><td>≥ 4d</td><td rowspan="2">按设计要求（一般≥ 10d）</td></tr>
<tr><td>HRB400</td><td>≥ 5d</td></tr>
</table>

箍筋弯曲半径、末端弯钩长度及形状按设计要求加工。

5）钢筋安装

因墩顶有横隔板、人洞等结构，钢筋密集，因此先绑扎墩顶处钢筋，其余按照底板、腹板、顶板依次绑扎。

（1）主要钢筋及骨架

①底板上、下层钢筋。

②腹板钢筋骨架（含隔板钢筋骨架）。

③顶板上、下层钢筋。

④翼板上、下层钢筋。

⑤锚头垫板（喇叭管）及螺旋钢筋。

（2）梁段底模板安装好后，钢筋安装顺序

①安装底板下层钢筋网片、底板管道定位网片、底板上层钢筋网片、底板上下层钢筋之间的拉筋；根据梁底板厚度设置支撑筋或马凳筋，在底板下层钢筋网片和底板管道定位网片安装完成后安装支撑筋或马凳筋，保证底板钢筋刚度，最后安装底板上、下层钢筋之间的拉筋。

②腹板钢筋骨架插入底板上、下层钢筋网中，然后绑扎腹板下倒角的斜筋和腹板最底层纵向钢筋。

③腹板钢筋骨架内安装曲线（直线）预应力筋成孔管道，并固定。

④安装顶板和翼板下层钢筋网片。

⑤安装顶板管道定位网片、螺旋筋及锚头垫板，穿设顶板波纹管并固定。

⑥安装顶板和翼板上层钢筋网片。

钢筋保护层的设置按要求采用高强混凝土垫块，垫块应错开、分散设置在钢筋与模板之间，但不应横贯混凝土保护层的全部截面进行设置。垫块在模板的侧面所布设的数量应不少于 4 个/m^2，重要部位宜适当加密，保证钢筋保护层在合格范围内。

4.7.3 预应力管道安装

纵向预应力、横向预应力均采用塑料波纹管成孔，以减少管道摩擦系数，塑料波纹管采用高密度聚乙烯（HDPE）制成，材料应满足《聚乙烯（PE）树脂》（GB/T 11115—2009）的要求。波纹管外观应光滑，色泽均匀，内外壁不允许有隔体破裂、气泡、裂口、硬块及影响使用的划伤。波纹管环刚度应不小于 6kN/m^2，波纹管壁厚不小于 2.5mm。

纵向预应力管道均采用 SBG-120 波纹管，桥面板横向预应力管道采用 SBG-60 波纹管。顶板、腹板内有大量的预应力管道，为了不使预应力管道损坏，一切焊接应放在预应力管道埋置前进行，管道安置后尽量不焊接，若需要焊接则对预应力管道采取严格的保护措施，确保预应力管道不被损伤。同时为保证预应力管道连接的正确性，纵向预应力管道采用彩色波纹管并编号，防止后续施工中误接等。当普通钢筋与预应力管道位置有冲突时，应移动普通钢筋位置，确保预应力管道位置正确，但禁止将钢筋截断。

波纹管安装质量是确保预应力体系质量的重要基础，施工中应注意。如果发生堵塞使预应力筋不能顺利通过而进行处理，将直接影响施工进度及工程质量，影响桥梁使用寿命，因此必须严格施工过程控制，保证灌注混凝土后波纹管不漏、不堵、不偏、不变形。在施工中采取如下措施予以保证：

（1）所有的预应力管道必须设置橡胶内衬管后才能进行混凝土浇筑，橡胶内衬管的直径比波纹管内径小 3～5mm，放入波纹管后应长出 50cm 左右，在混凝土初凝时将橡胶内衬管拔出 20cm 左右，在终凝后及时将橡胶内衬管拔出、洗净。

（2）所有的预应力管均应在工地根据实际长度截取。减少施工工序和损伤的机会，把好材料第一关。

（3）波纹管使用前应进行严格的检查，检查是否存在破损及咬口的紧密性，发现损伤无法修复的坚决废弃不用。

（4）安装波纹管前要去掉端头的毛刺、卷边、折角，并认真检查，确保平顺。

（5）施工中注意避免铁件等尖锐物与波纹管的接触，保护好管道。混凝土施工前仔细检查管道，在施工时尽量避免振捣棒触及波纹管，对混凝土深处的波纹管如腹板波纹管、锯齿板处波纹管要精心施工，仔细保护，确保这些部位的波纹管不出现问题。

（6）为了防止张拉预应力造成齿板混凝土开裂，在预应力弯曲部分设置间距 10cm 的

ϕ20mm 防崩钢筋。在腹板束曲线部分设置防崩钢筋，抵抗腹板束弯曲产生的径向力，防止腹板混凝土开裂。在中跨、边跨底板束曲线部分设置防崩钢筋，抵抗抛物线底板束产生的径向力，预防底板混凝土开裂。

4.7.4 预埋件安装

箱梁需支座上锚垫板 6 套，由厂制然后运送到施工地点，材料入库或进施工现场前要确定好其尺寸和类型，同时须经过多元合金共渗处理，满足相关技术规范要求方可投入使用。支座上锚垫板的预埋在支座安装完后、底腹板钢筋绑扎前进行，安装时要注意与支座的类型相对应。

防落梁及其上锚垫板，每孔箱梁需用预埋钢板 6 套，经过多元合金共渗处理，其安装与支座上锚垫板同步进行，安装时要注意防落梁的位置。

4.7.5 混凝土浇筑

1）混凝土原材料要求

（1）水泥：选用低水化热水泥。

（2）粗骨料：含泥量、粉屑、有机物质和其他有害物质不得超过设计规定的数值，具有良好的级配，以达到水泥用量低、混凝土强度高、和易性好的效果。

（3）细骨料：选用细度模数为 2.3～3.0 的细骨料。

（4）外加剂：箱梁混凝土具有高强、泵送、早强、缓凝等特性，不仅对砂、石、混合料有要求，还必须掺加复合外加剂，以降低单位水泥用量，改善混凝土的和易性、可泵性以及早强性能。

2）混凝土拌和

（1）混凝土在 × × × 拌和站集中拌和，12m^3 混凝土罐车运输，利用安装在墩旁的泵管泵送入模。

（2）夏季施工时，混凝土的入模温度应控制在 28℃，并应在傍晚或夜间施工；冬季施工时，混凝土入模温度不得低于 5℃。混凝土中心温度与表面温度的差值不应大于 25℃，混凝土表面温度与大气温度的差值不应大于 20℃。可采用冰水拌制混凝土，或提前在粗骨料、细骨料上洒水降温处理。当不采用洒水降温时，应先投入骨料和冰水进行搅拌，然后再投入胶凝材料等共同搅拌。

（3）混凝土拌制时应严格控制其计量，确保混凝土的匀质性；根据相关规范，每盘混凝土的原材料计量误差如下：胶凝材料（±1%）、粗细骨料（±2%）、拌和用水（±1%）、外加剂（±1%）。同一盘混凝土的匀质性应满足以下要求：①混凝土中砂浆密度两次测值的相对误差不应大于 0.8%；②混凝土坍落度两次测定值的相对误差应不大于 5%。混凝土初凝时间 14h±0.5h。

（4）搅拌站与工地应加强协调，确保混凝土在运抵工地后能及时入模浇筑；同时严格执行混凝土进场交货验收制度，试验员对每车混凝土的坍落度进行取样试验，如遇坍落度超出允许范围的混凝土，严禁使用。

3）混凝土浇筑

（1）混凝土浇筑顺序

箱梁混凝土一次浇筑成型，由跨中向两端浇筑。混凝土采用纵向分段、水平分层小循环浇筑，纵向分段 6～10m，水平分层的厚度宜控制在 20～30cm，先跨中后墩顶对称浇筑。同断面浇筑顺序为底板、腹板、顶板，分段分层循环推进，在前一段混凝土初凝前浇筑下一段混凝土，段与段、层与层之间不产生冷缝。

①两台汽车泵交替从中间向两端通过腹板按纵向分段、水平分层的方式对称浇筑底板和腹板交接处混凝土，采用插入式振动棒捣固密实，保证混凝土从底板翻出。

②按照第一步顺序从内模顶板预设浇筑孔处浇筑底板剩余混凝土。及时对底板进行压实抹光和收面，直至底板混凝土灌注结束。

③底板混凝土浇筑完成后，腹板混凝土浇筑采用纵向分段、水平分层的方式，每层混凝土厚度不超 30cm，2 台拖泵分别从中间向两端浇筑，在跨中部位交错搭接，搭接长度不小于 1m，以防跨中部位形成水泥浆集中等不良现象。两侧腹板浇筑速度保持同步，以防两侧混凝土面高差产生的不均衡压力造成内模向一侧偏移。

④当腹板槽混凝土灌平后，开始浇筑顶板混凝土，顶板混凝土宜从一端往另一端整体浇筑，同一截面浇筑时注意从翼缘板向梁体中部浇筑，浇筑顶板混凝土时应注意控制好顶板厚度和坡度，桥面设置高程控制线，用刮尺进行刮平收面，待混凝土初凝再收第二次面并压光。

⑤混凝土采用插入式振捣棒振捣，每浇筑梁段同时准备 6 根振捣棒对混凝土进行振捣，振捣时应随浇筑及时振捣，同时不宜利用振捣棒对混凝土拖拉布料，对于钢筋密集处、阴角处加强振捣。

（2）混凝土浇筑注意方式

①采用搅拌罐车运送混凝土拌合物时，卸料前应采用快挡旋转搅拌罐不少于 20s。因现场等问题造成坍落度损失较大而卸料困难时，可采用在混凝土拌合物中掺入适量减水剂并快挡旋转搅拌罐的措施，减水剂掺量应有经试验确定的预案。

②采用泵送混凝土时，混凝土运输应保证混凝土连续泵送，并应符合《混凝土泵送施工技术规程》（JGJ/T 10—2011）的有关规定。混凝土拌合物从搅拌机卸出至施工现场接收的时间间隔不宜大于 90min。

③振捣采用插入式振捣器振捣，振捣器移动距离不超过振捣器作用半径的 1.5 倍，并

与模板保持10cm距离，且严禁振捣器碰触钢筋或模板拉杆；振捣时插入下层混凝土10cm，保证结合面的密实度，采取"快插慢拔"的振捣方法进行振捣。振捣密实的标志是混凝土停止下沉，不再冒出气泡，表面呈平坦泛浆。振捣要充分，防止过振、欠振和漏振现象的发生。振捣过程中，防止振捣棒冲击模板、预埋件，造成模板损坏和预埋件移位。

④混凝土下料时避免混凝土冲击钢筋、模板和预应力管道，以免造成钢筋移位、模板松动、混凝土离析、预应力管道破损等质量问题。

⑤浇筑混凝土要连续进行，混凝土入仓后立即振捣，不允许出现堆积现象，严格控制混凝土的浇筑时间。因选用较低坍落度的混凝土，其流动性损失较快，如浇筑时间过长会影响混凝土的分散能力，容易形成蜂窝等缺陷。

⑥浇筑过程中设专人随时检查钢筋、模板、支架和预埋件的稳固性及垂直度，发现问题及时处理。混凝土浇筑应一次完成，不得中途停断。

⑦骨料最大粒径为25mm时，泵送混凝土输送管道的最小内径为125～150mm。混凝土输送泵的泵压应与混凝土拌合物特性和泵送高度相匹配；泵送混凝土的输送管道应支撑稳定，不漏浆。

⑧在浇筑过程中或浇筑完成时，如混凝土表面泌水较多，须在不扰动已浇筑混凝土的条件下，采取措施将水排除。应查明原因，并采取措施减少泌水后，才能继续浇筑混凝土。

⑨在混凝土浇筑及静置过程中，应在混凝土终凝前对浇筑面进行抹面处理。混凝土成型后，在强度达到1.2MPa以前，不得在混凝土表面踩踏行走。

⑩为保证箱梁顶面混凝土的平整度，以及保证顶板厚度和横坡满足设计、技术规范要求，采取与底板施工平整度控制相同的方法，即预埋高程定位控制钢筋并加焊定位水平控制角钢，然后利用水平直尺进行找平处理的施工方法。

⑪混凝土振捣时，加强对倒角处、锚下混凝土的振捣，防止因振捣不密实造成混凝土强度不足，在后期预应力张拉时，锚下混凝土出现开裂等。

⑫浇筑前及浇筑过程中需对钢筋、预应力管道等再次检查，检查内容有：

a. 钢筋、预应力管道、预埋件位置。

b. 随时检查锚垫板的固定情况。

c. 压浆管是否畅通牢固。

d. 监视模板与支架变形情况，发现问题及时处理。

e. 混凝土浇筑对称进行，确保支架两边对称浇筑。

4.7.6 混凝土养护

在完成混凝土浇筑以后，及时安排人员检查纵向预应力管道是否畅通（必须确保其畅通），并及时安排人员进行养护，养护时间不得少于7d。箱梁顶板可采用土工布＋洒水养护；对于经常受到日照作用的箱梁外侧，一方面根据实际情况适当缩短洒水养护的间隔时间，确保混凝土表面的湿润度，另一方面在箱梁翼缘两侧翼板下0.5m左右设置喷水管；箱梁混凝土内部混凝土养护采用喷雾器洒水养护。

4.7.7 预应力筋张拉

现浇梁采用纵向、横向双向预应力体系。纵、横向预应力体系采用公称直径为15.2mm的高强度低松弛钢绞线。纵向预应力钢束分顶板束、底板束和腹板束三种，均采用22-ϕ^s15.2钢绞线，预应力锚具采用M15-22系列，张拉控制应力$\sigma_{con}=0.75f_{pk}=1395$MPa。横向预应力体系采用3-$\phi^s$15.2钢绞线，预应力锚具采用BM15-3系列，张拉控制应力$\sigma_{con}=0.75f_{pk}=1395$MPa。预应力束孔道用波纹管制孔。纵向预应力束为两端张拉，横向预应力采用单端张拉。

1）穿束施工

（1）横向束在波纹管安装、定位好后即穿钢绞线，锚下设置钢筋网或加强钢筋；严格检查波纹管是否有小孔洞等，严防漏浆。

（2）箱梁顶板、腹板、底板纵向束严禁浇筑前穿束，在混凝土浇完并达到一定强度后进行穿束工作，穿插束应根据孔道长度加两端工作长度（张拉需要）进行下料，短束（一般在80m以内）可单股穿，直至穿完一孔，穿的一端钢绞线应稍做处理；长束可在前端焊设预先在工厂车间制好的“子弹头帽”，并设置牵引索用5t以上卷扬机牵引。横向束采用单端张拉，因此浇筑前即已穿索完毕。

（3）所有预应力钢材进场时应按规范要求分批抽样进行物理力学性能试验及外观检查，合格后才能下料切割，投入使用。钢绞线、钢筋等必须使用机械切割，不得使用电弧切割。下料长度应为每束钢束计算长度加上两端张拉用的工作长度。

2）锚具及夹片

锚具为成套锚具（含螺旋筋），且均采用I类优质锚具，其技术性能符合《公路桥梁预应力钢绞线用锚具、夹具和连接器》（JT/T 329—2010）规定的I类锚具要求，锚固效率系数大于95%。竖向预应力锚具采用可进行二次张拉的低回缩量锚具，具体张拉要求需满足专业生产厂家规定的技术要求。

锚具（注：所有锚具均包含锚下螺旋筋）进场后，需经试验室的锚头裂缝检测、夹片硬度检测试验，经检测合格后，方可用于现场施工。

纵向预应力钢束张拉端锚具为YM15-22，纵向预应力钢束均采用两端张拉。

横向预应力钢束采用单端交错张拉，张拉端采用BM15-3扁形锚具，锚固端采用BM15-3P形锚具。

3）预应力张拉施工

箱梁混凝土强度及弹性模量达设计值的90%且混凝土龄期大于7d时进行预应力张拉。预应力采用双控措施，张拉时采用应力控制、伸长量校核的方法。

纵向预应力采用单端张拉，预应力张拉前需进行孔道、锚口及喇叭口摩阻试验，以确定管道摩阻系数、管道偏差系数以及锚口预应力损失系数。同时对进场的钢绞线进行直径、强度、弹模试验。

张拉顺序为先腹板后顶板，由外至内对称张拉施工。

纵向预应力采用液压穿心千斤顶张拉，锚具采用夹片锚。钢绞线束张拉完毕24h后复查，确认无滑丝、断丝后采用砂轮锯切除多余钢绞线。切割预留长度从锚环算起30～50mm。

钢绞线理论伸长量计算公式见式(4-5)、式(4-6)。

$$\Delta L=\frac{P_{\mathrm{p}}L}{A_{\mathrm{p}}E_{\mathrm{p}}} \tag{4-5}$$

$$P_{\mathrm{p}}=\frac{P\left[1-\mathrm{e}^{-(kx+\mu\theta)}\right]}{kx+\mu\theta} \tag{4-6}$$

式中：P_{p}——预应力筋的平均张拉力（N），直线筋取张拉端的拉力；

L——预应力筋的长度（mm）；

A_{p}——预应力筋的截面面积（mm^2）；

E_{p}——预应力筋的弹性模量（$\mathrm{N/mm}^2$）；

P——预应力筋张拉端的张拉力（N）；

x——从张拉端至计算截面的孔道长度（m）；

θ——从张拉端至计算截面的孔道部分切线的夹角之和（rad）；

k——孔道每米局部偏差对摩擦的影响系数；

μ——预应力筋与孔道壁的摩擦系数。

4.7.8 孔道压浆

管道压浆在预应力张拉后进行。当预应力锚具采用夹片锚时，管道压浆在预应力张拉后24～48h之间进行。

管道压浆作业流程为：浆体搅拌→抽真空→灌浆→保压。

压浆前确保每根（束）预应力钢筋张拉到位后，采用空气压缩机吹气清洗预应力管道内部杂物及积水，同时检查管道的贯通情况。

（1）浆体搅拌：开始压浆前，试验室对压浆料进行试配，试配浆体要求既能满足质量要求又能满足施工要求。浆体试配过程同时确定其各类材料的称量计量器。浆体采用快速螺旋搅拌机搅拌，搅拌机的转速不低于1000r/min，桨叶的最高线速度限制在15m/s以内。搅拌后的浆体质量需满足技术条件要求。

（2）启动真空泵抽真空，使真空度达到−0.06～−0.08MPa并保持稳定。

（3）启动灌浆泵，当灌浆泵输出浆体达要求稠度时，将泵上的输送管阀门打开，开始灌浆。压浆泵采用连续式泵，同一管道压浆应连续进行，一次完成。灌注过程中，真空泵保持连续工作。

（4）待真空泵端的空气滤清器中有浆体经过时，关闭空气滤清器前端阀门，稍后打开排气阀，当水泥浆体从排气阀中顺畅流出，且稠度与灌入的浆体稠度一致时，关闭抽真空端的所有阀门。

（5）灌浆泵继续工作，在0.50～0.60MPa下持压3min。

（6）关闭灌浆泵及灌浆端所有阀门，完成压浆作业。

（7）拆除所有管路，及时清洗设备。

4.7.9 封端

浆体达到初凝后，对预应力锚具进行封端处理，具体作业流程如下：

（1）拆除锚具封端及进出浆接管，将锚具和垫板清洗干净后涂刷防水涂料。

（2）凿毛锚穴，安装封锚钢筋网，钢筋网利用带弯勾锚栓固定于锚垫板上。

（3）安装封端模板，模板上口预留2～3cm高缺口，便于灌注封端混凝土。

（4）灌注封端混凝土，并捣固密实。封端混凝土一般使用无收缩细石混凝土。

（5）待混凝土强度达到初凝后，拆除封端模板，用砂浆将封端混凝土表面抹平。

（6）抹面砂浆凝固并处于干燥状态后，用防水涂料对封端混凝土进行防水处理。

4.8 支撑体系拆除

4.8.1 模板拆除

混凝土条件养护试块强度达到设计强度75%才可拆除箱梁顶板底模，底模达到设计强度的100%以上，张拉压浆完成后才可拆除。

（1）模板拆卸流程：松内模排架支撑→拆内模顶板模板→拆除内模侧模板→松箱梁翼缘板碗扣支架顶托→拆箱梁翼缘板外模→拆箱梁外模背肋→拆除箱梁外侧模板→松拆底支架及底部模板→拆支架→清理现场。

（2）非承重侧模板（横梁外模、箱室内腹板侧模、齿块等）拆模时应保证混凝土表面及棱角不致因拆模而受损，一般在混凝土抗压强度达到2.5MPa时方可拆除。

（3）内模拆除时，先旋松可调顶托，使模板脱落，拆除钢管支撑架，卸下连接卡，然后将模板逐块取出。及时进行清理拆出的模板，并按要求组装，以备下次使用。

（4）箱梁外模先拆外部支撑，再拆翼缘板底部模板和腹板背带槽钢，最后拆外腹板外模，底模拆除时也是将支架顶托下调 50～100mm，然后将竹胶板逐块撬开，逐段拆除。

（5）模板拆下后，应及时清除模板表面和接缝处的残余灰浆并均应涂刷隔离剂，整修后备用。

4.8.2 支架拆除

支架拆除按以下顺序进行：

（1）混凝土强度达到拆模要求，拆除碗扣支架、外侧模和内模。模板与碗扣支架应同步拆除，严禁将碗扣支架全部拆完后再拆除模板。

（2）预应力施工结束后利用砂箱落架拆除底模，底模落架宜从挠度最大点开始。

（3）拆除贝雷梁纵梁。贝雷梁拆除从一侧开始至另一侧结束。

（4）拆除横梁和横向连接。

（5）拆除立柱。立柱采用吊车配合拆除，拆除前先用吊车将立柱挂起后方可进行切割作业，吊点应设置在立柱上端；立柱切割应切割原连接处，切割过程注意立柱突然摆动伤人。

（6）拔桩。拔桩采用振动沉、拔桩机进行，由于受箱梁限制，拔桩只能分段进行，分段长度根据箱梁净空及桩身焊接接头综合考虑。

5 施工保证措施

5.1 组织保障措施

5.1.1 安全组织机构

项目部成立以项目经理为组长，项目副经理、总工程师、安全总监为副组长的项目部安全管理领导小组，项目经理部各相关部门参加，执行层为施工队及工班，组织机构如图5-1所示。

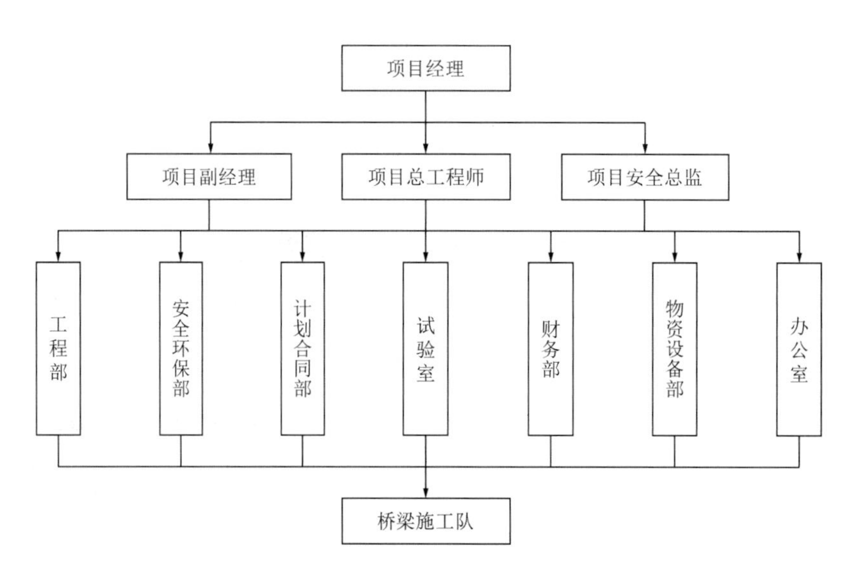

图 5-1 安全管理组织机构图

5.1.2 安全保证体系

为了保证项目安全生产，项目经理部在生产过程中建立安全保证体系，包括组织保证、思想保证、制度保证和经济保证。安全生产保证体系如图 5-2 所示。

5.1.3 安全管理人员职责

1）安全生产领导小组

（1）对工程项目实施全面安全管理，贯彻国家和上级有关安全生产、劳动保护的方针、政策、法规和规定，执行企业规章制度和有关要求，实施安全操作规程，制定工程项目安全目标及措施。

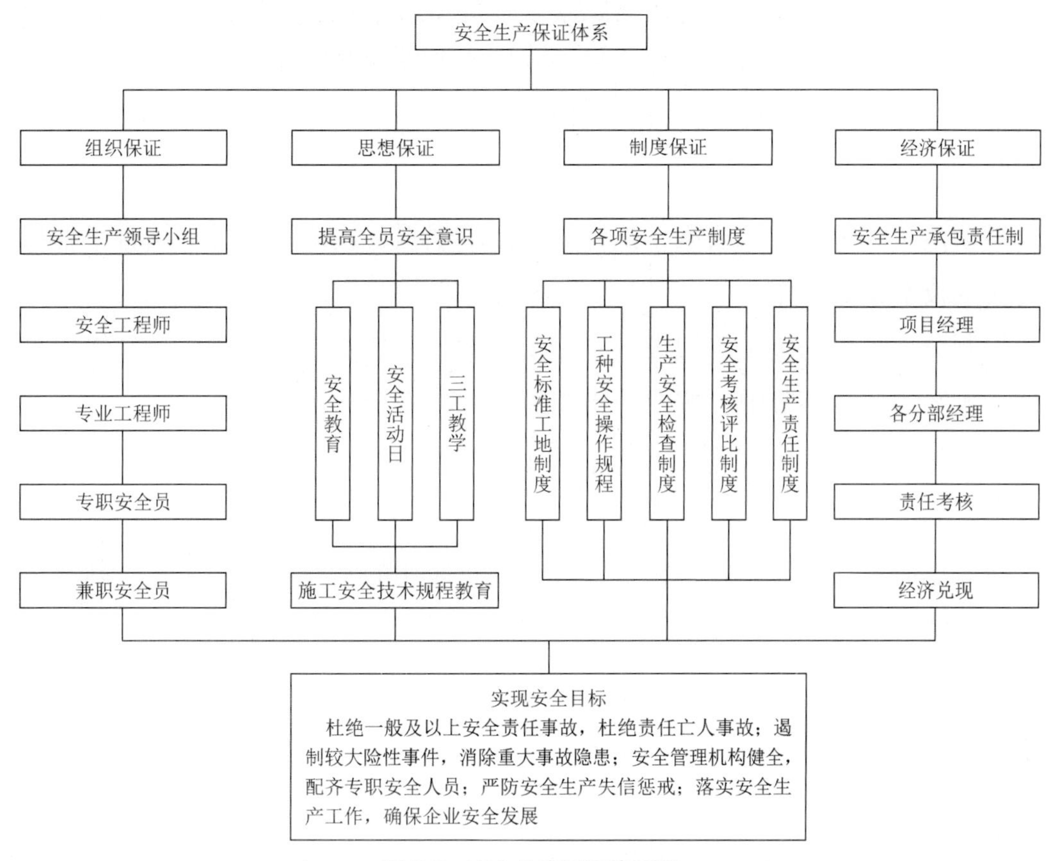

图 5-2 安全生产保证体系图

（2）组织开工前全员安全教育和考核，针对工程项目实际情况，制定实施性安全技术措施并严格落实。

（3）负责制定和签订安全协议，并报主管部门审批备案，施工过程中严格履行协议。

（4）每月召开安全例会，研究月份安全工作重点内容，分析安全生产中存在的问题和隐患，制定控制措施，并抓好落实。

2）项目经理

（1）认真贯彻安全生产方针，坚决执行国家、地方政府以及上级部门颁发的安全生产法律、法令、规定、制度、标准、规范，把安全工作与施工生产同时计划、同时布置、同时检查、同时总结、同时评比。

（2）履行安全包保责任书，组织制定安全目标、规划和施工现场各项安全管理制度、操作规程，明确项目安全生产责任制度，并监督实施。

（3）工程开工前，针对施工生产的具体情况，负责组织编制施工组织设计或施工方案，制定相应的实施性安全组织和安全技术措施方案，正确处理安全与进度、效益的关系。

（4）建立健全项目安全管理机构，明确安全责任和考核指标。保证本单位安全生产投入的有效实施；提供现场施工防护和安全设施所应用的机械、设备、材料、资金和劳力，保证职工的作业条件和安全设施符合国家、行业和地方政府标准的要求。

（5）创建安全的施工作业环境，组织安全技术措施的实施，做到安全、文明施工；合理安排施工程序和施工技术保障，杜绝由于安排不善导致工序颠倒或造成疲劳作业。

（6）组织危险源辨识与风险评价，制定重大危险源的监控方案。

3）项目总工程师

（1）贯彻落实安全方针、政策，执行安全技术规程、规范和标准。结合工程特点，主持项目的安全技术交底工作。

（2）编制分项工程的施工组织设计、施工方案，要把安全技术措施及环境保护措施贯穿到设计、方案的各个环节中；按要求组织编制专项安全技术方案。

（3）检查施工组织设计和施工方案中的安全技术措施方案的执行情况，组织并开展项目安全技术交底工作。

（4）指导编制本项目安全技术操作规程，项目应用的新技术、新工艺、新材料、新设备、新检测方法要及时上报，经批准后方可实施，组织相关人员培训。

4）项目安全总监

（1）对项目施工全过程行使“一票否决权”，发现重大安全隐患有权停工整改，并向项目经理、公司安全总监报告。

（2）督促编制安全专项方案，并监督落实。

（3）组织对起重设备、临时用电、安全防护设施、机具设备等进行检查验收，并做好记录。

（4）监督安全生产措施费的投入和使用。

（5）负责组织从业人员（包括农民工，新入场、转场、变换工种）安全教育，抓好特种作业人员岗前培训。开展安全生产竞赛活动，总结推广安全生产工作经验，落实安全奖惩兑现。

（6）组织对本项目生产过程中的危险源进行识别，查找重大危险源，针对重大危险源制定有效的预防措施。

（7）发生事故或未遂事故，组织事故调查工作，认真分析、弄清事故原因，找出事故规律，采取防范措施。发生伤亡事故，做好现场保护工作，及时上报。

（8）指导安全监督部门工作，认真听取和采纳关于安全生产的合理化建议，保证安全管理人员行使监督检查、合理处置的权利，组织落实安全生产责任制。

5）项目副经理

（1）贯彻执行国家和上级安全生产法律法规、政策。

（2）对分管范围内的安全生产工作负直接领导责任。

（3）督促所管辖的部门负责人落实本部门的安全生产职责。

（4）组织所分管的部门研究、解决分管工作中存在的安全生产问题。

6）专职安全员

（1）贯彻执行国家安全生产法律、法规、方针、政策，认真落实集团公司各级安全管理制度；对现场违规行为有停工和经济处罚的权利。

（2）参与编制本项目安全生产制度、操作规程等文件；收集本项目的适用性安全管理制度、规范和其他要求清单；适时提出安全管理制度改进的意见和建议。

（3）参与安全教育培训的策划，负责对作业人员进场和经常性安全教育，创新培训方式方法，提高培训质量；负责督促落实班前教育制度，监督班组开展班前讲话活动。

（4）加强自身业务知识的学习，取得相应的安全生产考核合格证书。

（5）参与安全技术交底，并提出实施性要求。

5.2 技术措施

5.2.1 安全保证措施

5.2.1.1 制定安全生产规章制度

制定安全生产管理制度、现场安全操作规程。对所有的施工人员进行安全生产技术的交底，进行安全教育，使其充分认识到施工安全的重要性；定期对安全生产执行情况进行检查和不定期的抽查，对发现存在的安全隐患及时进行处理，消除安全隐患；对存在严重安全隐患的施工人员立即限令停工整改，达到规定后方准重新开工；造成安全事故者，根据情节轻重，进行处罚，直至追究刑事责任。

5.2.1.2 安全保证措施

1）模板安装及拆除安全规定

（1）人工搬运支立较大模板时，应设专人指挥，使用的绳索要有足够强度，绑扎牢固。支立模板时，应先固定底部再进行支立，防止滑动或倾覆。

（2）用机械吊运模板时，吊点下方不得站人或通行。模板下方距地面 1m 时，作业人员方可靠近操作。

（3）支立模板要按工序操作，当一块或几块模板需单独竖立时，应设临时支撑，上下必须顶牢。整体模板合拢后，应及时用拉杆斜撑固定牢靠，模板支撑不得接触脚手架。

（4）高空作业时应将工具装在工具袋内，传递工具不得抛掷，不得将工具放在平台和木料上，更不得插在腰带上。

（5）使用斧锤时须顾及四周上下安全，防止伤及他人。

（6）拆除模板时应制定安全措施，按顺序分段拆除，不得留有松动或悬挂的模板，严禁硬砸或用机械大面积拉倒。

（7）拆除模板禁止双层作业。3m 以上模板在拆除时，应用绳索拉住或用起吊设备缓慢送下。

2）起重机施工安全防范技术

（1）作业地面应坚实平整，支脚必须支垫牢靠，回转半径内不得有障碍物。两台或多台起重机吊运同一重物时，钢丝绳应保持垂直，各台起重机升降应同步，各台起重机不得超过额定的起重能力。

（2）吊起重物时，应将重物吊离地面 10cm 左右，停机检查制动器灵敏性和可靠性以及重物绑扎的牢固程度，确认情况正常后，方可继续工作。

（3）起升或降下重物时，速度要均匀、平稳，保持机动的稳定，防止重心倾斜。

（4）配备灭火器，驾驶室内不得存入易燃品。

3）高空作业安全技术措施

（1）2m 以上高度作业时，应安装防护设施，尽可能采用护栏形式，如果条件不允许，可使用安全带、安全绳，或者安全网防护网。

（2）用于施工现场的安全帽必须符合质量标准，进入现场的每一个人都应佩戴安全帽，并严格按照规定佩戴。

（3）高空工作平台应在平台四周设置护栏，保证连接牢固可靠，移动平面平坦，并有制动设备。防护网应有挡住人员坠落的强度。

（4）在高风速和恶劣天气的情况下，应尽可能避免高空作业。

（5）高空作业的下方要有明显的警告标志，避免在其下有低空作业。如果工作不得不在此危险区域内进行，只允许重要工作人员及主要工作人员进入。

（6）在操作平台上严禁堆叠重物，并经常检查滑升架的挂点位置、起吊钢丝绳、手拉葫芦的安全性；检查承重圆钢是否稳固，受力是否均衡，确保万无一失。

（7）上下层设爬梯，便于施工人员上下作业。派专人定期和不定期进行检查，人行道板上采取防滑措施。跳板压上钢筋并用铁线捆绑成为一体。

5.2.2 质量保证措施

5.2.2.1 质量保证体系

成立以项目经理为组长，项目副经理、项目总工程师为副组长，由项目部工程部、安全环保部、物资设备部、测量组负责人以及现场技术负责人、质检工程师、技术人员、现浇梁施工班组参加的现浇梁施工全面质量管理领导小组，积极组织开展全面质量管理活动，优化施工工艺，提高工程质量，实现创优目标，建立健全的质量保证体系，如图 5-3 所示。

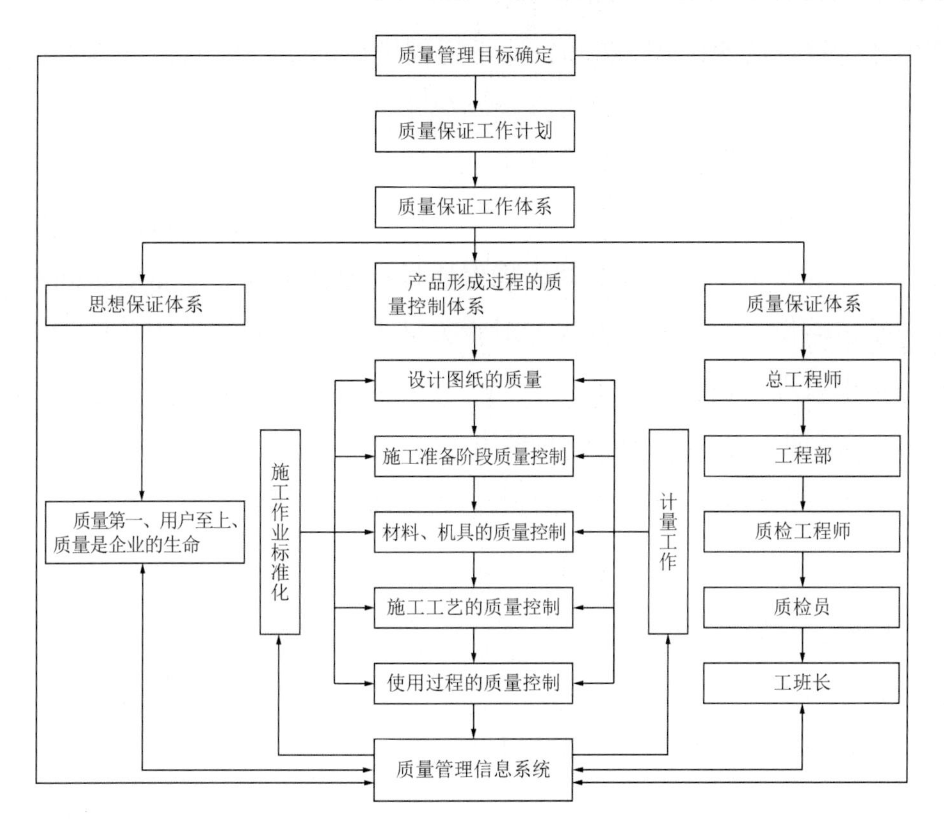

图 5-3 质量保证体系框图

5.2.2.2 质量检查程序

各分项工程施工队（班组）在每一道工序施工及完成后，由质检员按设计图和技术规范要求严格进行自检，对自检合格工程填写质检申请表，经质检组核实后报质检部质检工程师审查，质检工程师复检自检组的检查，合格后签字报送现场（驻地）监理工程师申请检查、验收，监理工程师检验合格后，方可进行下一工序的施工。

5.2.2.3 质量管理措施

1）建立健全质量管理领导小组

本工程设立全面质量领导小组，下设专门质检机构——质检部，质检部内设各专职工程质检工程师，专司质量检查之职。

2）建立各级质量责任制

实施项目工程质量终身责任制。单位与项目经理，项目经理与项目总工程师、各施工队行政、技术主管分别签订质量终身责任书，以质量责任的可追溯性明确质量责任和工作分工，确保全体质量相关人员以高度负责的态度对待质量工作，实现以人员素质保证工作质量、以工作质量保证各项制度和现场操作到位的良性工作循环。

3）制定奖罚办法，将质量情况与工资、奖金相结合

（1）将质量管理目标分解细化，按项目和工序落实到人，实行各级各类人员质量奖罚责任制，同每人的工资奖金挂钩。奖（罚）金额按月考核，当月兑现。

（2）实行全员质量风险抵押金制度。所施工项目达到创优目标的，除全额返还抵押金

外，将按该项目投资额的5‰予以奖励；达不到创优目标的，将全额扣除抵押金。

（3）出现质量事故时，除对责任人及所在施工队实行经济处罚外，还将对责任人进行相应的行政处罚，并在三年内不得晋升职务。

4）实行质量一票否决制

当质量与进度等发生矛盾时，必须先确保质量再确保进度。发生质量问题，扣发当事人当月奖金并酌情赔偿一定比例的损失。对于关键工程质量必须采用双控措施，经项目总工程师同意后再报监理工程师批准。

5）加强职工培训，提高施工人员的素质

代表讲授技术规范和施工操作方法，组织技术比赛，并适当派员外出学习，及时掌握高等级公路建设中新的施工工艺和技术。

5.2.2.4　质量控制实施细则

（1）严格做好技术交底。包括图纸交底、施工组织设计交底、设计变更交底、分项工程技术交底，没有技术交底的项目不得开工。

（2）坚持旁站制度。质检员、试验人员必须跟班作业，工程关键部位应经监理工程师批准，实行“三班制”施工的项目必须有质检工程师守候现场，工程技术人员跟班作业，随时解决施工中的技术难题。

（3）对于连续施工工序，交班质检人员就本班施工质量情况以及需要注意事项向接班人员作详细说明，并认真填写交接班记录。

（4）采用先进的检测设备，选派责任心强的检测人员，加强对整个工程的施工控制，并确保各工序的施工质量。

（5）严格执行测量管理制度，坚持测量换手复测制度和测量资料复核制度。

（6）严把材料质量关。对原材料必须严格按质量标准进行订货、采购、运输、保管和供应。经检查不合格的材料必须清出工地。

（7）严格按规定做好各项检验工作，建立健全自检体系。要保证检验方法的正确和检验工具、检验仪器设备的准确性。上道工序不合格，下道工序不能施工。

（8）每一工序完工后，应对施工场地进行清理，以免残留物质对下道工序产生质量影响。

（9）如出现质量事故，由总工程师或质检部长组织有关人员对事故原因进行分析，提出缺陷修复方案和质量整改措施，报监理工程师批准后实施。对事故责任者将予以经济处罚，通报批评，直至限令其离开工地，以杜绝类似事故的再次发生。

（10）广泛开展群众性的QC（质量控制）小组活动，选准课题，攻克难关，克服质量通病。

（11）每一批施工设备进场，先向监理工程师报送型号及性能，征得监理工程师同意后方可进场，以避免由于使用施工设备不当而影响工程质量。

5.2.2.5 施工质量控制措施

1）混凝土施工质量控制措施

（1）混凝土所用的水泥，采用符合规范规定的水泥品种和强度等级，并必须得到监理工程师的认可。对水泥质量有怀疑或生产时间超过 3 个月时，应重新取样检验。

（2）严格控制配合比，经常检验混凝土拌和站的配料计量系统，确保拌制的混凝土满足混凝土配合比的要求。

（3）现浇梁混凝土浇筑必须连续作业，雨天应遮盖后方可浇筑混凝土或不进行混凝土浇筑。

（4）浇筑过程中振捣充分，分层进行振捣，浇筑完毕后进行有效的养护。

（5）采取有效的温控措施防止混凝土产生裂缝。

2）钢筋工程质量控制措施

钢筋进场前，要向监理报告钢筋的产地和生产厂家，监理审批同意后才能进场，钢筋进场按规定对钢筋出厂质量证明书、试验报告单、每捆的标牌进行分批验收。钢筋进场后要及时复检，并将结果报给监理。钢筋严格按照施工图尺寸进行加工，加工前编制材料加工表，并经主管工程师认可后执行。钢筋加工时要在常温下进行，钢筋焊接时，焊工必须持证上岗，所使用的焊机、焊条必须符合质量要求。

（1）钢筋表面应洁净，使用前必须将表面油污、泥土、漆皮、浮锈等清理干净。

（2）钢筋调直使用机械调直机。钢筋不得有局部弯折，成盘的钢筋和弯曲的钢筋必须调直。

（3）钢筋的规格、形状、尺寸、数量、锚固长度、接头位置必须符合设计要求。

（4）钢筋的垫块间距在纵横向均不得大于 1m，且每平方米不少于 3 个。

（5）钢筋在安装过程中必须焊接绑扎牢固，钢筋间的相对位置尺寸必须准确。

（6）当浇筑混凝土时，用支撑筋将钢筋牢固的固定，钢筋应可靠地连接在一起，不允许在浇筑混凝土时安设钢筋。

（7）钢筋绑扎接头应间隔错开，两接头间距不小于 1.3 倍的搭接长度，受拉区主筋绑扎接头不大于总数。

（8）焊缝表面平整饱满，不得有凹陷、焊瘤，气泡接头处不得有裂纹、缺焊。

（9）咬边深度、气孔、夹渣等数量与大小，以及接头尺寸偏差、焊缝尺寸偏差，不得超过规定，严禁烧伤钢筋。

3）模板施工质量控制措施

（1）采取有效措施使模板拼接缝严密不漏浆。

（2）采取有效的措施使分节施工缝平顺，确保外观质量。

（3）质量必须符合设计要求和规范规定，且无损坏和变形。

（4）保证模板具有足够的强度和稳定性。

（5）严格控制平面偏位。

4）预应力施工质量控制措施

（1）在预应力材料的保管和使用过程中应注意保护，避免出现机械损伤、沾污、锈蚀等情况。

（2）钢绞线在穿束前应在两端编号，逐根理顺防止缠绕，用细铁丝每隔一定间距（一般 2～3m）编扎牢固。在钢绞线穿束前，钢绞线端部应用铁丝缠紧，用塑料袋包裹并用胶带缠牢，防止端头粗糙冲击波纹管。推进过程中要控制推进速度，并派专人检查波纹管有无破损及移动情况。

（3）钢绞线穿束后用泡沫板封闭波纹管端部，对外露钢绞线可用塑料布包裹以防锈蚀。在混凝土浇筑前，严防钢筋焊接加工等因素对波纹管或钢绞线造成灼伤及任何形式的机械损伤。

（4）混凝土浇筑前仍需对预应力管道彻底检查一遍，尤其是模板侧和管道下侧的隐蔽处，确认管道和钢绞线无破损后方可进行混凝土浇筑。预应力连续箱梁混凝土浇筑顺序是先浇筑底板和腹板混凝土，最后再浇筑顶板混凝土。

（5）浇筑顶板时，对腹板顶面混凝土凿毛并清理干净。当波纹管伸出第一次浇筑的混凝土面时，凿毛应注意不损坏波纹管，混凝土浇筑后做好养护工作。

（6）张拉前应将限制梁体位移的侧模、翼缘模板和内模拆除。

（7）当混凝土强度值达到规定设计强度时可进行张拉作业（强度≥设计强度的 100%、龄期≥7d）。张拉方法采用张力和伸长量双控方法进行，张拉力以应力进行控制，以伸长量进行校核。张拉过程要控制好张拉操作、伸长量量测、锚固三个环节，在张拉过程中注意保持孔道、锚具、千斤顶对中。

（8）为了防止张拉中滑丝、断丝的情况发生，预应力钢绞线在张拉与锚固时必须做到锚圈锥孔与夹片之间要干净；千斤顶与卡盘内不能有油污；锚垫板喇叭口内不能有混凝土或其他杂质；钢绞线张拉段无锈蚀及沾污；钢绞线束穿顶时没有交叉打架；给油前千斤顶与锚垫板应完全吻合无缝隙，防止加载后下部钢绞线先受力，造成同束钢绞线上下受力不均；安装夹片时保证外露顶面平齐，开缝均匀，防止各个夹片受力不均；加载张力平稳上升不能忽高忽低等。

（9）张拉过程中检测到的实测伸长值与理论伸长值控制在±6%范围内，超出该范围要停止张拉，查明原因进行调整后方可继续张拉，必要时进行孔道摩阻力测定，重新计算理论伸长值。张拉完成后每束钢绞线断丝或滑丝不得超过 1 丝，每个断面断丝之和不超过该断面钢丝总数的 1%。张拉全部完成经检查合格后，在距锚具 3～5cm 处用砂轮机割断钢绞线。

（10）预应力张拉工作完成后宜尽快进行压浆操作，以防钢筋锈蚀和钢绞线应力松弛。压浆所用水泥浆的泌水率、膨胀率及稠度符合有关标准的要求。外加剂应采用具有低含水量、流动性好、膨胀性好等性能的外加剂，外加剂和拌和水中不应含有对钢绞线腐蚀作用的化学物质。

5）测量质量控制措施

配备齐全先进的测量设备，对每个工程结构进行测量控制。所有测量仪器在使用前到政府设立的计量部门标定合格后方准使用，并定期按规定重新标定。为了保证施工的精度，在原有三角网的基础上进行加密，建立核查全合同段及桥址的平面导线控制网与水准控制网。具体操作方法为：

（1）平面控制测量：根据设计部门提供的平面控制网布设本合同施工测量平面控制网，并根据施工需要加密布置控制点，施工放样时应相互复核，确保准确无误。

（2）高程测量：除使用设计部门提供的水准点外，设置工地临时水准点（将高程测量误差控制在部颁标准规定的误差范围内），采用三等水准规范进行施工测量放样。

（3）垂直度测量：在钢模板上口处将桥墩十字中线明显标志出来，用全站仪采用坐标法对模板进行监控测量。方法：采用全站仪自由设站法，即在距桥墩任意位置（以仪器观测到桥墩表面仰角不小于 30°为宜）架立仪器，后视导线控制网点，观测到的控制网点应不少于 2 个，3 个最好，始终要保持有一个检测方向。后视完成后，即可对模板上口十字轴线标点进行坐标测量。然后将坐标输入计算器进行计算，通过计算确认模板的偏离值，以调整模板垂直度。由于钢模板是定型件，一般检测模板两个方向即可确定模板是否正确。

（4）各控制点的检查：在施工中定期对各控制点进行检查以保证各点的稳定。首先布设稳定点，对各三角网的控制检查点定期进行复测，以防止由于基准点位置变化影响控制网精度，复测时，观测精度与原三角网精度相同，并再次丈量基线线段。同时加强与相邻标段的联测，复核检查平面和高程控制点，确保测量施工控制。

（5）建立测量控制体系：现场操作人员应熟悉施工图纸、相关文件、规范，采用最优的测量方法进行施工放样，关键部位的放样要采取一种方法放样，多种方法复核。严格按照设计图纸、相关文件、规范进行计算、精确放样，确保测量结果满足设计要求。对测试成果、精度进行正确分析，采取相应措施，确保测量精度。

6）试验质量控制措施

试验室做到严把施工材料进场关，所有结构用材料，进场前必须携带厂家出具的产品质量合格证及其主要技术指标文件，经试验室在现场按有关试验规程规定抽检合格，并取得监理工程师签证批准后，方可准进场备用；同时严格执行试验规程，确保工程开工前有标准试验，施工中有试验检查，完工后有真实、准确、完整的试验数据，以充分反映结构物内部质量状况。

（1）原材料检验

①粗骨料：每月测试碎石的压碎值、杂质含量和其他有机物含量以及磨耗系数，不符合要求的不得进场。

②细骨料：检验砂中杂质的含量，不合格的砂子不得进场。

③水泥：每批进场水泥都必须具有质保单和厂家的试验报告等合格证明书，对水泥质量怀疑时按照有关规定重新取样试验，经监理工程师认可后方可使用。

④混凝土拌和用水需经过水质化验，符合要求后方可使用。

⑤钢筋种类、型号和直径均要满足设计图纸要求，并有厂家的产品合格证书。运到施工现场的每批钢材严格按照技术规范的规定进行抽样检验，确保钢筋的化学成分、物理指标和力学性能符合规范和设计要求。

⑥钢筋接头按《钢筋焊接及验收规程》（JGJ 18—2012）规定进行验收。

⑦所有半成品材料严格按照相关技术规范和有关规定进行验收。

（2）混凝土配合比

混凝土的配合比设计、试验由试验室完成，并进行工艺试验，满足技术规范要求后报监理工程师审批，施工中按照审批的配合比使用，按照监理工程师规定的混凝土数量取样制作混凝土抗压强度试验的试件，试件的制作、浇筑、振捣、养护及试验均在监理工程师的监督下按照技术规范要求进行。

5.2.3 文明施工保证措施

5.2.3.1 文明施工组织机构

文明施工组织机构如图5-4所示。

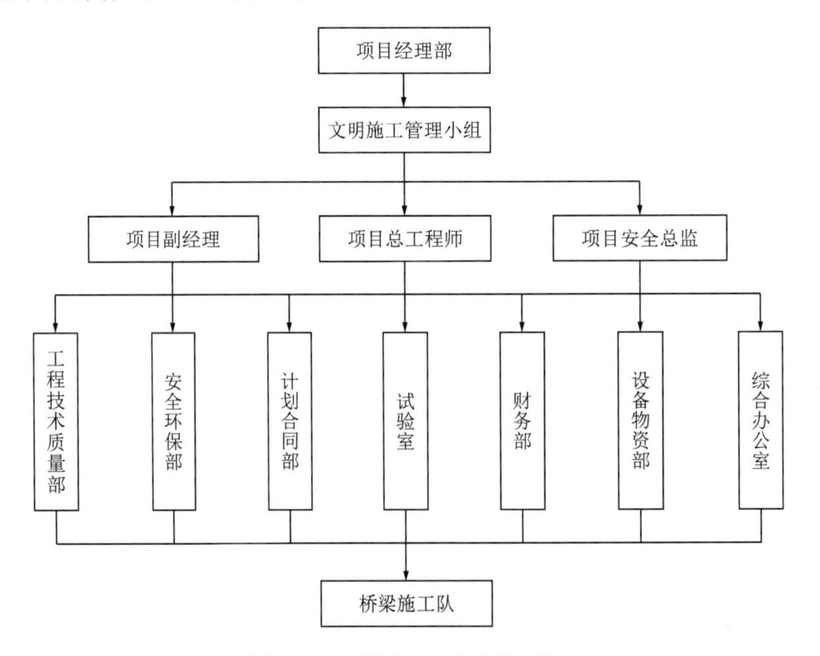

图5-4 文明施工组织机构框图

在工程现场成立以项目经理为组长，总工程师、项目副经理为副组长的文明施工管理小组，由下属的各工区、工程技术部、安全环保部、设备物资部、综合办公室及作业队参加，全面开展创建文明工地活动。并设置专职卫生监督员，负责文明施工管理制度，对文明施工进行突击检查。

5.2.3.2 文明施工保证措施

（1）严格遵守现行的有关文明施工的规章制度。

（2）施工现场进行统一规划、统筹部署，做到既便于施工又不破坏或尽量少破坏原来协调的环境，减少对当地居民的干扰。

（3）施工、生活区设围墙、护栏，在施工场地出入口处，设置醒目的工程标志牌、警告标志。

（4）竭力营造“规范、文明、高效、优质、安全”的施工氛围。加强施工现场的封闭管理，严禁周围居民或闲杂人员进入施工区域内，未经建设单位同意，外部任何单位和个人不得进入工地，确保工程不受外界干扰。

（5）制定生活环境卫生制度，搞好职工宿舍卫生和食堂卫生，确保居住环境干净整洁。

（6）积极办理临时设施搭建的相关合法手续，及时清除施工现场废料、垃圾及不再需要的临时工程。

（7）施工人员着统一定制的工作服，戴统一的安全帽（蓝色）。工作人员还须佩戴统一制作的胸牌，各工种人员上岗均需带好上岗证。

（8）施工围蔽，指施工范围的围蔽设施的设置以及所采取的相应安全措施。

（9）在施工过程中，始终保持现场场地整齐干净，清理掉所有多余的材料、设备和垃圾，拆除不再需要的临时设施，做好文明施工。

（10）所有运输散体物料的运输车辆均符合当地政府对散体运输车的规定，不污染城市及乡村运输道路。

5.2.4 环境保护措施

5.2.4.1 环境保护组织机构

施工环境保护组织机构如图 5-5 所示。

安全环保部是项目经理部负责生态环保工作的职能部门，在项目经理部生态环保领导小组的领导下，对所辖单位和施工区域的生态环保工作进行检查指导，执行处罚，并配有一定的设备，设举报电话，对举报有功人员给予一定奖励。

5.2.4.2 环境保护保证措施

1）防止水资源污染措施

（1）施工废水、生活污水按有关要求进行处理，不得直接排放。

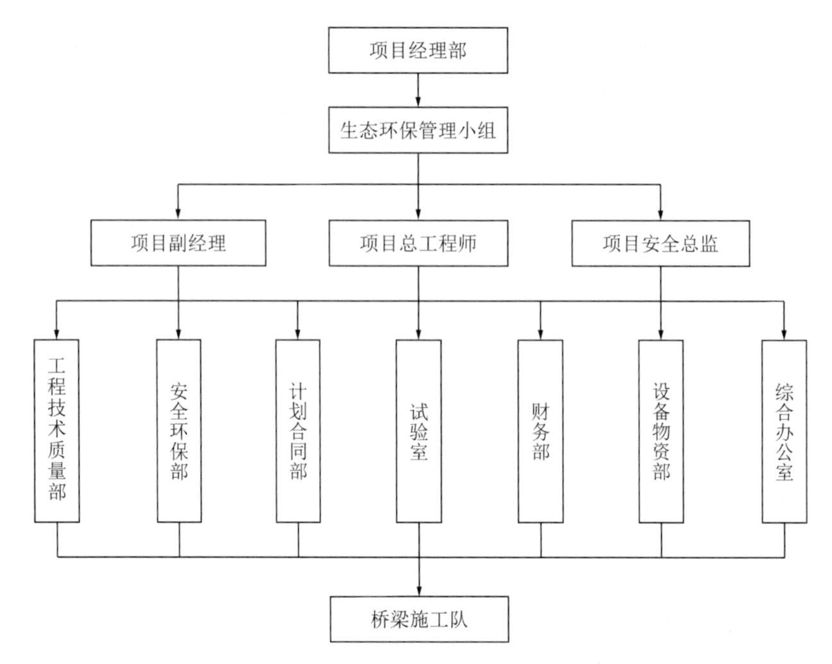

图 5-5　环境保护组织机构框图

（2）清洗集料的水和其他施工废水，采取过滤、沉淀或其他方法处理后方可排放，以避免污染河道和周围环境。

（3）施工机械的废油废水，采用隔油池等有效措施加以处理，不得超标排放。

（4）生活污水采取二级化粪池等措施进行净化处理，经检查符合标准后方准排放。

2）防止噪声污染措施

（1）对使用的工程机械和运输车辆安装消声器并加强维修保养，降低噪声。

（2）机械车辆途经居住场所时应减速慢行，不鸣喇叭。

（3）在比较固定的机械设备附近，修建临时隔音屏障，减少噪声传播。

（4）合理安排施工作业时间，尽量降低夜间车辆出入频率，夜间施工不得安排噪声很大的机械。

（5）适当控制机械布置密度，条件允许时拉开一定距离，避免机械过于集中形成噪声叠加。

3）防止大气环境污染措施

（1）在设备选型时选择低污染设备，并安装空气污染控制系统。

（2）在运输水泥等易飞扬物料时用篷布覆盖严密，并装量适中，不得超限运输。

（3）配备专用洒水车，对施工现场和运输道路经常洒水湿润，减少扬尘。

（4）对汽油等易挥发品的存放要密闭，并尽量缩短开启时间。

（5）对于拖运土料的运输车辆，根据双标管理要求，在车厢加设防漏洒装置。

4）固体废弃物处理

（1）对施工人员加强管理和环保意识教育，对生活垃圾不准随意抛弃，施工营地和施工现场的生活垃圾和建筑垃圾，应集中收集并外运处置至指定地点。

（2）施工和生活中的废弃物也可经当地环保部门同意后，运至指定地点，此外，工地设置能冲洗的厕所，派专门的人员清理打扫，并定期对周围喷药消毒，以防蚊蝇滋生，病毒传播。

（3）报废材料或施工中返工的挖除材料立即运出现场并进行掩埋等处理。对于施工中废弃的零碎配件边角料、水泥袋、包装箱等可回收的及时收集，清理并搞好现场卫生以保护自然环境不受破坏。

（4）尽量不使用难于降解的材料作为包装物品，施工中用于养护的塑料薄膜在用完后不得随意弃掉，应及时回收，统一处理。

5.2.4.3 节能减排

1）节电措施

（1）分路用电：施工现场根据有关要求采用三级配电、二级漏电保护系统分路供电，加强现场用电管控，禁止私接乱拉。

（2）大型设备用电控制：根据现场实际情况选用合适型号的大型设备，提高设备利用率，做到既能满足施工需求，又不浪费电能。

2）节水措施

（1）分路用水：施工现场根据现场实际情况，采取分路取水，并安装计量水表进行用水监管和控制。

（2）雨水、废水循环再利用：雨水、生活废水通过现场明沟排水流经设置的三级沉淀池，经沉淀、处理后进入循环水池，集中回收利用，可用于洗车、场地洒水、养护、降温、冲洗厕所等。

3）材料节约

（1）钢材节约措施：本工程钢材用量大，主要采用直螺纹套筒连接和焊接连接，同类型结构物同一直径的钢筋根据长短不同统一安排，整体调控，提高钢筋利用率，减少损耗。

（2）旧模板及旧材料使用：在临时结构设计时，及时与公司沟通，掌握其他项目旧料闲置情况，尽量利用旧料进行设计，尽量使用周转材料。项目开工后向公司申报模板使用计划，由公司统一调度模板使用，通过对旧模板的有效保养和再利用，减少模板的投入。

（3）废料的处理：施工过程中所产生的废料不得随意丢弃，后续施工尽量能利用这些废料，后续无法使用的应合理回收处理。

4）设备低耗少排

现场施工机具应采用先进的设备，原则上不使用高能耗、高排放的机械设备。合理的使用和调度设备，减少由于安排规划不科学、不合理带来的不必要损耗。

5）优化施工方案

在编制施工方案时，采用先进的施工工艺，充分考虑方案实施所造成的各方面的浪费，如设备能耗、资源分配等。

5.2.5 季节性施工保证措施

5.2.5.1 雨季施工措施

1）管理措施

（1）成立抗洪防汛领导小组，建立雨季值班制度。在雨季来临之前，建立雨季施工领导小组，责任到人，分片包保。在雨季施工期间定期检查，严格雨季施工“雨前、雨中、雨后”三检制，对发现的问题及时整改。

（2）架子队成立防洪抢险突击队，平时施工作业，雨时组织防汛抢险。每个施工现场均备足防汛器材、物资，包括雨衣、雨鞋、铁锹、草袋、水泵等，做到人员设备齐整、措施有力、落实到位，任何人不得随意调用防洪抢险专用物资。

（3）雨季及洪水期间，与当地气象水文部门取得联系，及时获得气象预报，掌握汛情，合理安排和指导施工，做好施工期间的防洪排涝工作。制定雨季值班制度，专人负责协调与周边部门、企事业单位的防汛事宜。

（4）编制雨季施工作业指导书，制定防洪抗汛预案，作为雨季施工中的强制性执行文件，严格执行。

（5）在雨季施工期间，加强对桥梁支架、施工脚手架的检查，防止倾倒和坍塌。对处于洪水可能淹没地带的机械设备、材料等做好防范措施，保证施工人员安全撤离。长时间在雨季中作业的工程，应根据条件搭设防雨棚。施工中遇有暴风雨时暂停施工。

（6）雨季时派专人在危险地段值班，加强对跨河道、航道、邻近公路施工段等施工的安全巡视，并派专人对施工区排水系统进行检查和清理，确保排水系统排水通畅。

（7）现场中、小型设备必须按规定加防雨罩或搭防雨棚，机电设备要安装好接地安全装置，机动电闸箱的漏电保护装置安全可靠；施工电缆、电线尽量埋入地下，外露的电杆、电线采取可靠的固定措施；雨季前对现场设备做绝缘检测。

（8）对停用的机械设备以及钢材、水泥等材料采取遮雨、防潮措施，现场物资的存放台等均应垫高，防止雨水浸泡。

（9）加强对临时施工便道的维护与整修，确保其路面平整、无坑洼、无积水。

2）雨季现场施工措施

（1）各种永久和临时排水设施要统筹规划，优先安排。场内及场外施工道路要统筹规划、保证质量，确保雨季畅通无阻。

（2）雨季进行混凝土施工时，要及时量测砂、石、含水量，调整配合比，并对刚施工的圬工用塑料布覆盖。

（3）雨季要坚持“雨中、雨后”两检制，巡查拌和站、料场、桩基施工地段的排水设施等情况，发现问题及时处理。

（4）各施工队有计划地维护、保养机械设备车辆，确保设备车辆处于良好的技术状态，随时准备抗洪抢险工作。

（5）雨季时内部各单位间及外部联络工具要保持畅通，同时配置必要的抢险物资和人员，做好事故预案工作。

5.2.5.2　冬季施工措施

本项目施工期在 2022 年 10 月至 2022 年 12 月期间，查询当地 10～12 月份近二十年气温，最低气温为 8℃，90%以上年份的最低气温在 10℃以上。依据《公路桥涵施工技术规范》（JTG/T 3650—2020）第 25.2.1 条“根据当地多年气温资料，室外昼夜日平均气温连续 5d 稳定低于 5℃时，钢筋、预应力、混凝土及砌体等工程应采取冬期施工的措施”，本项目不属于冬季施工范畴。但为防止极端低温出现，需注意以下事项，必要时，采取相应措施。

（1）关注当地天气预报，混凝土浇筑、压浆时不选择在气温低于 5℃的天气进行。

（2）同期同条件试块强度达到 40%前不得受冻，需提前预备防寒被，天气预报出现低温预报时，要采取保温覆盖。

（3）负温条件下严禁洒水，外露表面应采用塑料薄膜及保温材料双层覆盖养护。

（4）拆模后混凝土的表面温度与环境温度差大于 15℃时，仍应对混凝土表面采取覆盖保温措施。

5.3　施工监测

5.3.1　箱梁施工监测的目的

由于高支模工程具有复杂性、多样性、高危性、事故突发性的特点，为确保高支模系统在混凝土浇捣过程中不发生变形或沉降过大以及高支模系统失稳等危险情况，必须在施工期间对高支模支架进行沉降和水平位移实时监测，实时提供监测数据，指挥工作人员施工和危险撤离，保障施工人员的安全。监测结果在现场及时提交监理工程师，以指导安全施工。

5.3.2　箱梁施工监测内容

监测混凝土浇筑过程中支架水平位移与沉降。

1）观测点布设

为掌握箱梁施工过程中沉降的情况，共布设12个点位，如图5-6所示。采用反射片粘贴着挂钩，点位上用全站仪免棱镜观测或者采用挂钢卷尺用水准仪观测的方法（张拉时挠度观测点设置箱梁顶板）；为了确保施工的顺利实施，施工过程中不断完善、反馈和修正。

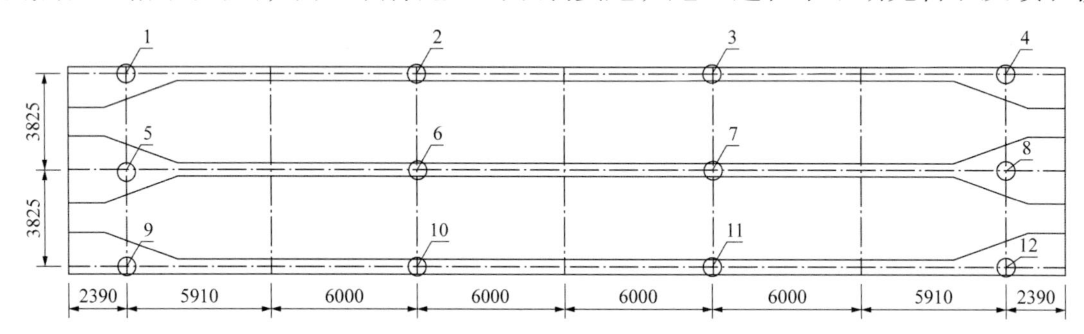

图5-6 监测点布置图（尺寸单位：mm）

2）沉降值观测

同时测量监测分3个阶段进行，分别为混凝土浇筑、张拉前、张拉后。这样不仅可以测量箱梁在混凝土施工过程中的沉降量，同时可以观察箱梁在张拉后是否发生扭转变形。以便观察各点的挠度和箱梁曲线的变化历程，保证箱梁桥面线形。为了尽量减少温度的影响，挠度的观测安排在早晨太阳出来之前进行。以这些观测数据为依据，进行有效的施工控制。

3）平面位移监测

平面位移监测是控制成桥线形参数的参考依据，每跨选用的监测点宜靠近箱梁中间部位。挠度监测点所用的水准基点必须按测量规范进行检核，平面位移监测控制网宜使用同一对点，挠度监测数据保留小数点后三位，平面位移监测数据保留小数点后四位。

4）预警值与允许值

混凝土浇筑过程主要监测的沉降及水平位移，其预警值及允许值见表5-1。

监测预警值与允许值 表5-1

序号	监测项目	预警值（mm）	允许值（mm）	监测频率
1	支架水平位移	10	15	浇筑混凝土时每30min观测一次，张拉前及张拉后
2	支架沉降	8	10	浇筑混凝土时每30min观测一次，张拉前及张拉后

5）注意事项

（1）在预应力箱梁施工过程中，必须对高程进行施工精密测量。

（2）施工按照对称平衡的原则进行，施工过程中应随时注意出现不平衡荷载。

（3）在进行测量时尽量避开高温和低温时段，监测阶段温差不宜太大。

6 施工管理及作业人员配备和分工

6.1 组织机构

40m 现浇梁施工由 1 个专业队伍负责全部施工工序，由项目部直接管理，组织机构图如图 6-1 所示。

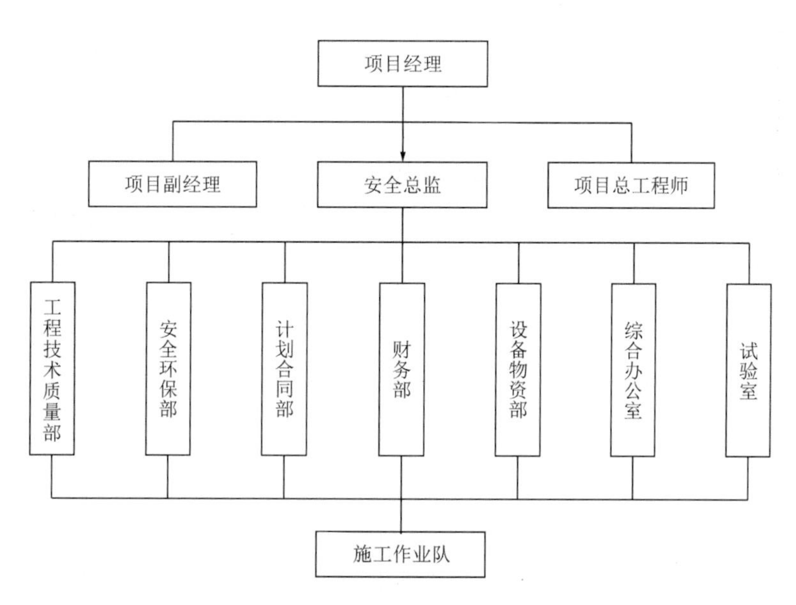

图 6-1　施工组织机构图

6.2 施工管理人员

现浇梁施工投入管理人员见表 6-1。

拟投入管理人员一览表　　表 6-1

序号	岗位	姓名	职责	备注
1	生产副经理	×××	负责现场施工总体策划、管理、协调	
2	技术负责人	×××	对现场施工技术把关，负责现场技术管理	
3	质量员	×××	负责现场施工质量控制	
4	质量员	×××	负责现场施工质量控制	
5	安全员	×××	负责现场施工安全管理、保障工作	
6	安全员	×××	负责现场施工安全管理、保障工作	
7	试验员	×××	负责现场具体试验工作	
8	试验员	×××	负责现场具体试验工作	

续上表

序号	岗位	姓名	职责	备注
9	技术人员	×××	负责现场具体技术工作	
10	技术人员	×××	负责现场具体技术工作	
11	测量人员	×××	负责施工测量放样	
12	测量人员	×××	负责施工测量放样	
13	材料员	×××	材料申领、发放及机具管理	

6.3 专职安全人员

专职安全管理人员见表 6-2。

专职安全生产管理人员表 表 6-2

序号	岗位	姓名	职责
1	项目安全总监	×××	负责安全管理、保障工作
2	项目安全环保部部长	×××	负责现场施工安全管理工作
3	工区安全总监	×××	负责现场施工工点的旁站监督工作
4	工区安全部长	×××	负责现场施工工点的旁站监督工作
5	专职安全员	×××	由现场施工队带班人员兼职
6	专职安全员	×××	由现场施工队带班人员兼职

6.4 特种作业人员

施工特种作业工种人员必须持证上岗，上岗前安全部应对上岗证书进行核实，若发现不合格，应禁止参与特种作业。现浇梁施工计划特种作业用工见表 6-3。

特种作业人员计划表 表 6-3

序号	岗位	姓名	职责
1	电工	×××	负责现场施工电力配置与维护
2	焊工	×××	负责现场施工电焊作业
3	汽车起重机司机	×××	负责现场施工吊装作业
4	运输司机	×××	负责现场施工运输作业
5	起重工	×××	负责指挥现场吊装作业
6	信号工	×××	负责指挥吊车司机作业
7	司索工	×××	负责吊车吊装的捆绑和挂钩

6.5 其他作业人员

下设一个施工作业队，开展现浇梁施工，设三个专业配合班组（钢筋加工安装组、模板施工组、混凝土浇筑组），其他作业人员配置见表6-4。

施工队伍作业人员计划表 表6-4

序号	岗位	数量（人）	职责
1	钢筋工	20	负责钢筋下料、运输至现场、安装绑扎等
2	模板工	15	负责模板安装、拆卸等
3	混凝土工	15	负责浇筑混凝土、养护等
4	其他	10	负责现场施工、环境卫生、指挥等

7 验 收 要 求

7.1 验收标准及验收条件

7.1.1 验收标准

本工程为 40m 现浇梁施工，采用梁柱法支架整体现浇施工分项工程，根据施工工艺及工程内容，验收标准及验收条件见表 7-1。

分项工程验收标准　　表 7-1

序号	施工内容	验收标准	备注
1	打入钢管桩基础	《建筑桩基技术规范》（JGJ 94—2008）、《公路工程质量检验评定标准 第一册 土建工程》（JTG F80/1—2017）	
2	条形钢筋混凝土基础	《公路工程质量检验评定标准 第一册 土建工程》（JTG F80/1—2017）	
3	支架体系安装	《钢结构工程施工质量验收标准》（GB 50205—2020）、《建筑施工承插型盘扣式钢管脚手架安全技术标准》（JGJ/T 231—2021）	
4	盘扣支架	《承插型盘扣式钢管支架构件》（JG/T 503—2016）	
5	竹胶板	《竹胶合板模板》（JG/T 156—2004）、《混凝土模板用胶合板》（GB/T 17656—2018）	
6	模板体系安装	《建筑施工模板安全技术规范》（JGJ 162—2008）	
7	钢筋及预应力筋安装	《公路工程质量检验评定标准 第一册 土建工程》（JTG F80/1—2017）	
8	混凝土施工	《公路工程质量检验评定标准 第一册 土建工程》（JTG F80/1—2017）	
9	预应力筋张拉	《公路工程质量检验评定标准 第一册 土建工程》（JTG F80/1—2017）	
10	孔道压浆	《公路工程质量检验评定标准 第一册 土建工程》（JTG F80/1—2017）	

7.1.2 验收条件

1）检验批的合格质量要求

（1）主控项目和一般项目的质量经抽样检查合格。

（2）具有完整的施工操作依据、质量检查记录。

2）分项工程的合格质量要求

（1）分项工程所含的检验批均应符合合格质量的规定。

（2）分项工程所含的检验批的质量验收记录应完整。

（3）实测项目应合格。

（4）外观质量应满足要求。

3）分部工程的合格质量要求

（1）分部工程（子分部）所含的分项工程均应符合合格质量的规定。

（2）质量控制资料应完整，地基与基础、主体结构和设备安装等分部工程有关工程安全和功能的检验和抽样检测结果应符合有关规定。

（3）观感质量验收应符合要求。

7.2 验收程序及人员

7.2.1 验收程序

（1）重大风险点位施工前，施工单位技术负责人应根据《专项工程施工方案》确定的施工条件验收标准进行自检。自检合格的，向监理单位提出复检申请。

（2）监理单位收到施工单位复检申请后，项目总监理工程师应当及时组织对施工条件进行复检，复检合格后由总承包单位、监理单位组织验收。

（3）重大风险点位需要验收合格后方可进行混凝土浇筑，施工单位、监理单位组织有关专家对施工条件进行验收。未经验收合格，不得施工。

（4）施工单位介绍根据专家评审意见对专项方案的修改情况及现场安全措施的落实准备情况。

7.2.2 验收人员

验收人员包括建设、设计、监理、监测、施工等单位相关人员，由监理单位组织，并由项目总监理工程师主持验收工作，验收人员见表 7-2。

现浇梁工程验收人员 表 7-2

序号	姓名	单位	职务	备注
1	×××	建设单位	项目负责人	
2	×××	监理单位	总监理工程师	
3	×××	监理单位	总监理工程师代表	
4	×××	监理单位	专业监理工程师	
5	×××	设计单位	设计代表	
6	×××	勘察单位	勘察单位代表	
7	×××	监控单位	负责人	
8	×××	×××项目部	项目经理	
9	×××	×××项目部	项目总工程师	
10	×××	×××项目部	安全总监理工程师	

续上表

序号	姓名	单位	职务	备注
11	×××	×××项目部	副经理	
12	×××	×××项目部	工程部部长	
13	×××	×××项目部	安全环保部部长	
14	×××	×××项目部	专业工程师	
15	×××	×××项目部	专职安全员	
16	×××	×××项目部	专职质量员	

7.3 验收内容

按施工内容，验收主要分为支架体系验收与现浇梁验收两个阶段。

7.3.1 支架材料验收

1）竹胶板验收

对竹胶板外观验收参照表 7-3，力学性能验收参照表 7-4。

模板外观质量要求 表 7-3

<table>
<tr><th>缺陷种类</th><th>项目</th><th>单位</th><th>一等品</th><th>二等品</th></tr>
<tr><td>浸渍胶膜纸重叠</td><td>占板面积的百分比，不超过</td><td></td><td>不允许</td><td>2%</td></tr>
<tr><td>缺纸</td><td>—</td><td>—</td><td colspan="2">不允许</td></tr>
<tr><td rowspan="2">浸渍胶膜纸炭化</td><td>单个最大面积</td><td>mm^2</td><td>100</td><td>400</td></tr>
<tr><td>每平方米板面上总个数，不超过</td><td>—</td><td>2</td><td>4</td></tr>
<tr><td rowspan="3">凹陷、压痕、鼓包</td><td>单个最大面积</td><td>mm^2</td><td rowspan="3">不允许</td><td>1000</td></tr>
<tr><td>每平方米板面上总个数，不超过</td><td>—</td><td>1</td></tr>
<tr><td>凹凸高度，不超过</td><td>mm</td><td>0.5</td></tr>
<tr><td>鼓泡、分层</td><td>—</td><td>—</td><td colspan="2">不允许</td></tr>
<tr><td rowspan="2">刮痕</td><td>单个最大长度</td><td>mm</td><td rowspan="2">不允许</td><td>200</td></tr>
<tr><td>每米板宽内条数，不超过</td><td>—</td><td>2</td></tr>
<tr><td>其他缺陷</td><td></td><td>—</td><td>不允许</td><td>按最类似缺陷考虑</td></tr>
</table>

模板物理力学性能要求 表 7-4

<table>
<tr><th colspan="2">项目</th><th>单位</th><th>标准</th></tr>
<tr><td colspan="2">含水率</td><td></td><td>≤12%</td></tr>
<tr><td rowspan="2">静曲弹性模量</td><td>板长向</td><td>N/mm^2</td><td>≥7500</td></tr>
<tr><td>板宽向</td><td>N/mm^2</td><td>≥5500</td></tr>
</table>

续上表

项目		单位	标准
静曲强度	板长向	N/mm^2	≥90
	板宽向	N/mm^2	≥60
冲击强度		kJ/m^2	≥60
胶合性能		mm/层	≤25
水煮、冰冻、干燥的保存强度	板长向	N/mm^2	≥60
	板宽向	N/mm^2	≥40
折减系数			0.85

2）方木验收

（1）应确认木材的树种及等级，并不得低于支架设计要求的强度等级。

（2）4m 方木弯曲度在 3cm，超出则不合格，不得使用。

（3）方木不得带表皮，断面尺寸不得小于设计尺寸。

3）盘扣架管验收

（1）应有脚手架产品标识及产品质量合格证、型式检验报告。

（2）应有脚手架产品主要技术参数及产品使用说明书。

（3）当对脚手架及构件质量有疑问时，应进行质量抽检和整架试验。

（4）管径及管壁验收应符合表 7-5 的要求，构件强度指标见表 7-6。

（5）检验报告强度指标不得低于《建筑施工承插型盘扣式钢管脚手架安全技术标准》（JGJ/T 231—2021）与《承插型盘扣式钢管支架构件》（JG/T 503—2016）的要求。

盘扣支架杆件外径和壁厚允许偏差 表 7-5

序号	名称	型号	外径 D（mm）	壁厚 t（mm）	外径允许偏差（mm）	壁厚允许偏差（mm）
1	立杆	Z	60.3	3.2	±0.3	±0.15
		B	48.3	3.2	±0.3	±0.15
2	水平杆、水平斜杆	Z 或 B	48.3	2.5	±0.5	±0.20
3	竖向斜杆	Z 或 B	48.3	2.5	±0.5	±0.20
			42.4	2.5	±0.3	±0.15
			38.0	2.5	±0.3	±0.15
			33.7	2.3	±0.3	±0.15

盘扣支架构件强度指标 表 7-6

序号	项目	型号	要求
1	连接盘单侧抗剪强度	Z	当 $P = 30kN$ 时，各部位不应破坏
		B	当 $P = 20kN$ 时，各部位不应破坏

续上表

序号	项目	型号	要求
2	连接盘双侧抗剪强度	Z	当$P = 21$kN时，各部位不应破坏
		B	当$P = 14$kN时，各部位不应破坏
3	连接盘抗弯强度试验	Z或B	当弯矩值$M = 0.80$kN·m时，各部位不应破坏
4	连接盘抗拉强度试验	Z或B	当$P = 25$kN时，各部位不应破坏
5	连接盘内侧环焊缝抗剪强度	Z	当$P = 120$kN时，各部位不应破坏
		B	当$P = 80$kN时，各部位不应破坏
6	可调托撑和可调底座抗压强度	Z	当$P = 140$kN时，各部位不应破坏
		B	当$P = 100$kN时，各部位不应破坏

4）管材及型钢验收

（1）当钢板的表面有锈蚀、麻点或划痕等缺陷时，其深度不得大于该钢材厚度允许负偏差值的1/2，且不应大于0.5mm。

（2）型材和管材的品种、规格、性能应符合国家现行标准的规定并满足设计要求。型材和管材进场时，应按国家现行标准的规定抽取试件且应进行屈服强度、抗拉强度、伸长率和厚度偏差检验，检验结果应符合国家现行标准的规定。质量证明文件全数检查；抽样数量按进场批次和产品的抽样检验方案确定。检验方法为检查质量证明文件和抽样检验报告。

（3）型材和管材截面尺寸、厚度及允许偏差应满足其产品标准的要求。每批同一品种、规格的型材或管材抽检10%，且不应少于3根，每根检测3处。检验方法为用钢尺、游标卡尺及超声波测厚仪量测。

（4）型材、管材外形尺寸允许偏差应满足其产品标准的要求。每批同一品种、规格的型材或管材抽检10%，且不应少于3根。检验方法为用拉线和钢尺量测。

7.3.2 支架基础验收

支架基础验收项目及要求见表7-7。

支架基础质量检验表 表7-7

序号	检查项目	质量要求	检验方法	检验数量
1	钢管桩打入深度	符合设计要求	查施工记录	全部
2	钢管桩中心位置	±50mm	查施工记录	全部
3	条形基础平面位置	±50mm	全站仪实测	全部
4	条形基础结构尺寸	不小于设计	尺量	全部
5	基础顶面高程	±10mm	测量	每个基础不少于3个点

续上表

序号	检查项目	质量要求	检验方法	检验数量
6	预埋件位置、数量	符合设计要求	测量、查看	全部
7	混凝土强度	符合设计要求	取样试验	每个基础3组试件
8	施工记录、试验资料	完整	查看资料	全部

7.3.3 支架钢管立柱验收

支架钢管立柱质量验收项目及要求见表7-8。

支架钢管立柱质量检查验收表 表7-8

序号	检查项目		质量要求	检验方法	检验数量
1	与基础接触面		密贴、平整	查看、尺量	全部
2	平面位置		30mm	测量	
3	垂直度		≤H/500（H为钢管立柱高度）且≤30mm	测量	
4	连接系		位置准确、连接牢固	查看、尺量	
5	预埋件位置和结构尺寸		符合设计要求	查看、尺量	
6	规格		符合设计	尺量、查看	
7	外观质量		纵轴线弯曲矢高≤H/1000且$<$10mm，不得有严重锈蚀，脱皮	尺量、查看	
8	焊缝	外观质量	符合设计	尺量、查看	
		内部质量	符合设计	探伤检查	20%

7.3.4 贝雷架安装验收

贝雷架质量验收项目及要求见表7-9。

贝雷架安装质量检查验收表 表7-9

序号	检查项目	质量要求	检验方法
1	型号、数量、位置	符合设计	查看
2	连接系或支撑架安装	符合设计	查看
3	桁架连接销	齐全	查看
4	支撑架位置与数量	不得漏设	查看
5	支座处增设竖杆、斜杆	符合设计且应磨光顶紧	查看
6	构件检查和整修情况	记录	查看记录
7	侧向弯曲矢高	≤H/1000且≤20mm	尺量

7.3.5 模板加工验收

模板加工及安装质量验收项目及要求见表 7-10。

模板加工及安装检验表 表 7-10

工序	名称	允许偏差（mm）
木模板制作	模板的长度和宽度	±5.0
	不刨光模板相邻两板表面高低差	3
	刨光模板相邻两板表面高低差	1
	刨光模板表面最大的局部不平	3
	不刨光模板表面最大的局部不平	5
	拼合板中木板间的缝隙宽度	2
	支架尺寸	±5.0
	榫槽嵌接紧密度	2
模板安装	顶面高程	±10.0
	模板内部尺寸	+5.0，−0
	轴线偏位	10.0
	相邻模板表面高低差	2.0
	表面平整度	5.0
	预埋件中心线位置	3
	预留孔洞中心线位置	10
	预留孔洞截面内部尺寸	+10，−0

7.3.6 支座安装验收

支座安装验收项目及要求见表 7-11。

支座安装检验表 表 7-11

项次	检查项目		规定值或允许偏差	检查方法和频率
1	支座中心横桥向偏位（mm）		⩽2	尺量：测每支座
2	支座中心顺桥向偏位（mm）		⩽5	尺量：测每支座
3	支座高程（mm）		满足设计要求；设计未要求时±5	水准仪：测每支座中心线
4	支座四角高差（mm）	承压力⩽5000kN	⩽1	水准仪：测每支座
		承压力>5000kN	⩽2	

7.3.7 钢筋安装验收

钢筋安装质量验收项目及要求见表 7-12。

钢筋安装检验表 表 7-12

<table>
<tr><th>项次</th><th colspan="3">检查项目</th><th colspan="2">规定值或允许偏差</th><th>检查方法和频率</th></tr>
<tr><td rowspan="3">1</td><td rowspan="3">受力钢筋间距（mm）</td><td colspan="2">两排以上排距</td><td colspan="2">±5</td><td rowspan="3">尺量：长度≤20m 时，每构件检查 2 个断面；长度>20m 时，每构件检查 3 个断面</td></tr>
<tr><td rowspan="2">同排</td><td>梁</td><td colspan="2">±10</td></tr>
<tr><td>基础</td><td colspan="2">±20</td></tr>
<tr><td>2</td><td colspan="3">箍筋、构造钢筋、螺旋筋间距（mm）</td><td colspan="2">±10</td><td>尺量：每构件测 10 个间距</td></tr>
<tr><td rowspan="2">3</td><td colspan="3" rowspan="2">钢筋骨架尺寸（mm）</td><td>长</td><td>±10</td><td rowspan="2">尺量：按骨架总数 30%抽测</td></tr>
<tr><td>宽、高或直径</td><td>±5</td></tr>
<tr><td>4</td><td colspan="4">弯起钢筋位置（mm）</td><td>±20</td><td>尺量：每骨架抽查 30%</td></tr>
<tr><td rowspan="2">5</td><td colspan="3" rowspan="2">保护层厚度（mm）</td><td>梁</td><td>±5</td><td rowspan="2">尺量：每构件各立模板面每 $3m^2$ 检查 1 处，且每侧面不少于 5 处</td></tr>
<tr><td>基础</td><td>±10</td></tr>
</table>

7.3.8 预应力筋安装及张拉验收

预应力筋安装及张拉质量验收项目及要求见表 7-13。

预应力筋安装及张拉检验表 表 7-13

<table>
<tr><th>项次</th><th colspan="2">检查项目</th><th>规定值或允许偏差</th><th>检查方法和频率</th></tr>
<tr><td rowspan="3">1</td><td rowspan="3">管道坐标（mm）</td><td>梁长方向</td><td>±30</td><td rowspan="3">尺量：每构件抽查 30%的管道。每个曲线段测 3 个点，直线段每 10m 测 1 点，锚固点及连接点全部检测</td></tr>
<tr><td>梁宽方向</td><td>±10</td></tr>
<tr><td>梁高方向</td><td>±10</td></tr>
<tr><td rowspan="2">2</td><td rowspan="2">管道间距（mm）</td><td>同排</td><td>±10</td><td rowspan="2">尺量：每构件抽查 30%的管道，测 2 个断面</td></tr>
<tr><td>上下层</td><td>±10</td></tr>
<tr><td>3</td><td colspan="2">张拉应力值（MPa）</td><td>满足设计要求</td><td>查油压表读数：每根（束）都应检查</td></tr>
<tr><td>4</td><td colspan="2">张拉伸长率</td><td>满足设计要求，设计未要求时±6%</td><td>尺量：每根（束）都应检查</td></tr>
<tr><td>5</td><td colspan="2">断丝滑丝数</td><td>每束 1 根，且每断面总数不超过钢丝总数的 1%；钢筋：不允许</td><td>目测：每根（束）都应检查</td></tr>
</table>

7.3.9 混凝土验收

现浇梁施工验收项目及要求见表 7-14。

现浇梁检验表　　表 7-14

<table>
<tr><th>项次</th><th colspan="2">检查项目</th><th>规定值或允许偏差</th><th>检查方法和频率</th></tr>
<tr><td>1</td><td colspan="2">混凝土强度（MPa）</td><td>在合格标准内</td><td>按《公路工程质量检验评定标准 第一册 土建工程》（JTG F80/1—2017）附录 D 检查</td></tr>
<tr><td>2</td><td colspan="2">轴线偏位（mm）</td><td>≤10</td><td>全站仪：跨测 5 处</td></tr>
<tr><td>3</td><td colspan="2">梁、板顶面高程（mm）</td><td>±10</td><td>水准仪：每跨测 5 处，跨中、桥墩（台）处应布置测点</td></tr>
<tr><td rowspan="4">4</td><td rowspan="4">断面尺寸（mm）</td><td>高度</td><td>+5，−10</td><td rowspan="4">尺量：每跨测 3 个断面</td></tr>
<tr><td>顶宽</td><td>±30</td></tr>
<tr><td>箱梁底宽</td><td>±20</td></tr>
<tr><td>顶、底、腹板或梁肋厚</td><td>+10，0</td></tr>
<tr><td>5</td><td colspan="2">长度（mm）</td><td>+5，−10</td><td>尺量：每梁测顶面中线处</td></tr>
<tr><td>6</td><td colspan="2">与相邻梁段间错台（mm）</td><td>≤5</td><td>尺量：测底面、侧面</td></tr>
<tr><td>7</td><td colspan="2">横坡</td><td>±0.15%</td><td>水准仪：每跨测 3 处</td></tr>
<tr><td>8</td><td colspan="2">平整度（mm）</td><td>≤8</td><td>2m 直尺：沿梁长方向每侧面每 10m 梁长测 1 处 × 2 尺</td></tr>
</table>

7.3.10　孔道压浆验收

预应力孔道压浆验收项目及要求见表 7-15。

预应力孔道压浆实测项目表　　表 7-15

项次	检查项目	规定值或允许偏差	检查方法和频率
1	浆体强度（MPa）	在合格标准内	按《公路工程质量检验评定标准 第一册 土建工程》（JTG F80/1—2017）附录 M 检查
2	压浆压力值（MPa）	满足设计要求	查油压表读数：每根管道都应检查
3	稳压时间（s）	满足设计要求	计时器：每根管道都应检查

8 应急处置措施

8.1 应急处置领导小组

8.1.1 应急处置领导小组组成

项目经理部成立生产安全事故应急处置领导小组，组长由项目经理担任，是领导小组第一责任人，负责紧急情况处理的指挥工作；副组长由项目书记、生产副经理、安全总监、项目总工程师担任，负责紧急情况处理的具体实施和组织工作，组长不在或授权时，副组长按序行使组长的权利。成员由项目部部室以上成员、现场专职安全员及施工队负责人组成。

8.1.2 应急处置领导小组职责

1）组长的职责

（1）执行国家、地方、行业、上级有关安全应急管理的法律法规、标准和应急预案。

（2）审定并签发本项目应急预案，下达本项目应急启动和终止指令。

（3）负责检查监督应急准备工作情况，组织开展应急培训教育及应急预案的演练、操练和讲解活动。审批并落实项目应急准备及救援资金。

（4）及时向总监办、指挥部应急领导小组、上一级单位以及当地政府主管部门等报告事故及处理情况，必要时请求援助，并接受其领导，落实指令。

（5）负责生产安全事故的应急救援指挥工作，统一协调应急资源，确保应急资源配备投入到位，根据事故现场情况，启动并组织实施项目现场处置方案。

（6）检查督促各应急救援工作小组做好抢险救援、信息上报、善后处理以及恢复生活、生产秩序的工作。

（7）负责对外联络，向新闻媒体发布相关信息。

2）副组长的职责

（1）协助组长开展应急指挥工作，组长不在位时，代行其职责。

（2）组织编制现场处置方案，落实项目应急行动，组织好培训和演练。

（3）负责现场应急处置，根据险情发展，提出改进措施。

（4）组织落实现场善后恢复工作。

3）组员的职责

（1）实施现场处置，将人员和设备迅速撤离危险地点，根据现场情况，适时调整并调集人员、设备和物资，搜救被困人员。

（2）负责现场伤员的医疗抢救工作，根据伤员受伤程度做好转运工作。

（3）维护现场，将获救人员转至安全地带；对危险区域进行有效的隔离。

（4）提供技术保障，保证应急处置通信畅通，物资、设备和资金和后勤供给及时到位。

（5）妥善安置伤亡人员并安抚伤亡人员的家属，配合公司做好理赔工作。

（6）按要求提供事故情况和相关资料，参与评估事故影响程度和损失，提出防止事故重复发生的意见和建议。

8.2 应急救援小组及职责

8.2.1 应急救援小组组成

项目经理部成立生产安全事故应急救援小组，组长由项目经理担任，是领导小组第一责任人，负责紧急情况处理的指挥工作；副组长由项目书记、生产副经理、安全总监、项目总工程师担任，负责紧急情况处理的具体实施和组织工作，组长不在或授权时，副组长按序行使组长的权利。成员由项目部部室以上成员、现场专职安全员及施工队负责人组成。

8.2.2 应急救援小组岗位职责

1）组长的职责

（1）正确组织指挥责任人员分工，有效展开工作和组织人员、物资调配。

（2）紧急制定事故处理方案，根据情况变化，果断采取有效措施，控制事态发展。

（3）组织好现场有关行动人员协同配合。

（4）组织相关部门调查事故原因。

2）副组长的职责

（1）协助组长开展应急指挥工作，组长不在位时，代行其职责。

（2）协助组长制定事故处理方案，落实行动。

3）组员的职责

协助组长、副组长的工作，执行组长的命令，在发现问题后迅速向组长报告。

8.3 应急工作流程

事故发生后，按应急预案启动应急程序，工作流程如图 8-1 所示。

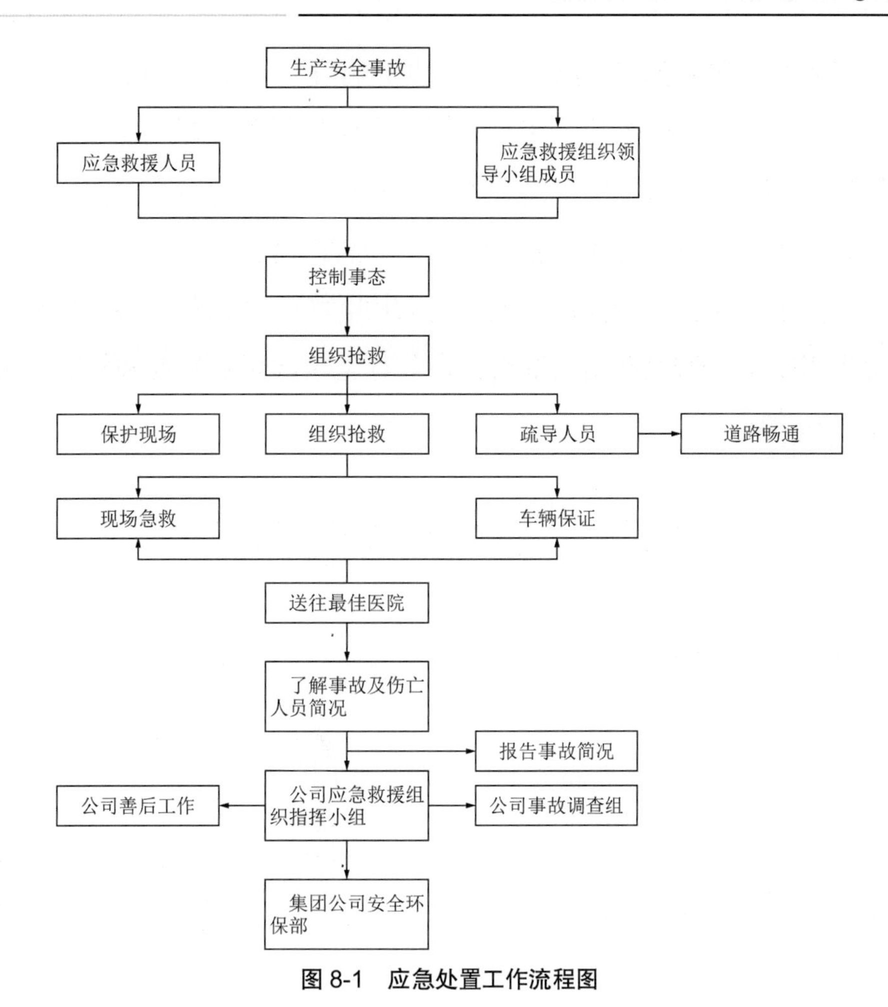

图 8-1 应急处置工作流程图

8.4 应急处置程序

8.4.1 信息报告程序和内容、报告方式和责任人

（1）当发生事故时，现场值班人员应立即断电，组织危险区域施工人员撤离，并迅速报告应急领导小组，启动现场处置方案，同时上报应急领导小组组长。

（2）采用喊话或其他方式疏散人员。

（3）现场应急指挥中心负责人应及时与医院、电力部门取得联系，确保 24h 联络畅通，联络方式采用电话、传真等。

（4）现场应急指挥中心负责人通过上述联络方式向有关部门报警，报警的内容主要是事故发生的时间、地点、造成的损失（包括人员伤亡数量、事故情况及造成的直接经济损失）、已采取的处置措施和需要救助的内容。

8.4.2 应急响应

8.4.2.1 响应分级

响应分级事故响应按照分级负责的原则，根据事故危害、影响范围和控制事态的能力，本预案应急响应分为三级响应，即一级（社会级）响应、二级（公司级）响应、三级（项目现场级）响应。

8.4.2.2 报告和启动

应急领导小组获取险情报告后，迅速启动现场处置方案，同时报告公司应急指挥中心，公司应急指挥中心接到信息后上报公司应急指挥中心领导，立即对事故进行评估，根据评估结果确定应急响应等级，应急指挥中心启动预案、确定现场指挥人员。

8.4.3 接警报警

任何人员发现事故后应立即启动现场处置方案，同时迅速向应急救援指挥中心报告，应急指挥中心根据实际情况立即对事故进行评估，根据评估结果确定响应级别并决定是否启动预案。

8.4.4 应急指挥

应急响应后，现场人员中最高职务者担任应急临时指挥，组织在场人员开展初期的应急处置工作。当总指挥到达后，临时指挥人员应汇报现场的应急处置情况，并将应急指挥权转交给总指挥，由总指挥全面负责应急救援工作。应急响应后，应急救援指挥中心应指导抢险救援组，开展人员疏散、人员营救、事态控制、现场警戒和物资保护等工作。

8.4.5 资源调配

（1）按照平战结合的原则，确定应急物资、设备机具、防护用品的品种、规格和标准，报送需求计划，由相关专业主管部门审核汇总后，根据物资、装备类别报送应急自救小组的保障组，保障组对需求计划再进行审核并组织实施，确保应急所需物资、装备及时供应、补充和更新。

（2）应急响应后，应急救援指挥中心应指导后勤保障组，根据突发事件性质，启用应急物资，为抢险救援组提供应急装备，应急物资设备清单见表8-1。

主要应急物资设备清单　　表8-1

序号	名称	数量	性能	单位	存放位置	维护周期	责任人	联系电话	备注
1	应急指挥车	3	良好	辆	项目部驻地	次/周			
2	应急运输车	2	良好	辆	施工现场	次/周			
3	装载机	1	良好	台	施工现场	次/周			
4	挖掘机	1	良好	台	施工现场	次/周			
5	千斤顶	2	良好	台	路桥工区库房	次/月			10t
6	铁撬	40	良好	把	路桥工区库房	次/月			
7	方木	20	良好	块	路桥工区库房	次/月			
8	编织袋	2000	良好	个	路桥工区库房	次/月			

续上表

序号	名称	数量	性能	单位	存放位置	维护周期	责任人	联系电话	备注
9	灭火器	150	良好	个	路桥工区库房	次/月			
10	安全绳	100	良好	m	路桥工区库房	次/月			
11	安全带	60	良好	个	路桥工区库房	次/月			
12	应急照明灯	20	良好	个	路桥工区库房	次/月			
13	急救医药箱	2	良好	个	路桥工区库房	次/月			
14	雨衣	50	良好	件	路桥工区库房	次/月			
15	雨靴	50	良好	双	路桥工区库房	次/月			
16	安全警戒带	100	良好	m	路桥工区库房	次/月			
17	手持式扩音器	3	良好	个	路桥工区库房	次/月			
18	潜水泵	2	良好	台	路桥工区库房	次/月			
19	潜水泵水带	200	良好	m	路桥工区库房	次/月			
20	绝缘手套	3	良好	双	路桥工区库房	次/月			
21	绝缘鞋	3	良好	双	路桥工区库房	次/月			
22	折叠式担架	4	良好	副	路桥工区库房	次/月			
23	呼吸器	20	良好	个	路桥工区库房	次/月			
24	发电机	3	良好	台	施工现场	次/月			
25	电焊机	2	良好	台	施工现场	次/月			
26	金属切割机	2	良好	台	施工现场	次/月			
27	气体检测仪	1	良好	台	施工现场	次/月			

8.4.6 应急救援

应急响应后，应急救援指挥中心应分析判断突发事件的严重程度、波及范围、存在的危险，制定合理的救灾路线和施救方案，确保救援人员的人身安全和救援工作的顺利开展。

8.4.6.1 通信与信息保障

为确保在发生重大生产安全事故时能保持联络畅通，保证应急救援工作及时进行，应急抢险联系方式见表 8-2。

项目应急抢险联系表 表 8-2

单位名称	联系电话	地址
消防部门	119	
公安部门	110	
急救部门	120	
供水管理所	×××	
×××卫生局	×××	

续上表

单位名称	联系电话	地址
×××供电局	×××	
×××水务局	×××	
×××高速公路前线指挥部	×××	
×××卫生院 ×××医院	××××××	
×××消防队 ×××区消防队	××××××	
×××供电局 ×××供电管理所	××××××	
×××派出所 ×××派出所	××××××	

8.4.6.2 应急保证队伍

项目部成立一支30人的应急抢险队，车站工区劳务队20人，队员之间分工明确，人员固定，便于协调统一管理。应急抢险队工作职责为：在项目部抢险指挥组的领导下，参与处置项目发生的各类应急事故。

8.4.6.3 救援医院信息及路线

（1）轻伤路线：×××中心卫生院，路线全长约5.8km，驾车约用时11min。电话：×××。

（2）重伤路线：×××人民医院，路线全长约10km，驾车约用时23min。电话：×××。

8.4.7 扩大应急

应急响应后，应急救援指挥中心应随时掌握事态发展，当依靠自身力量无法控制和消除其严重危害时，应及时向上级部门、当地政府及其相关部门请求支援。

8.5 应急处置措施

（1）发生倾覆事故时，第一发现者应当立即在现场高呼，提醒现场其他有关人员迅速离开，防止多米诺骨牌连环事故发生，并立即通知现场负责人，现场负责人在了解事故现场基本情况后，立即向指挥中心报告。

（2）如果有施工人员在倾覆当中伤亡，立即拨打医院急救电话，到现场救护。

（3）现场总指挥应立即赶到事故现场全面组织协调抢救工作，抢险救援组带领有关人员分别对事故现场进行抢救，门卫值勤人员在大门口迎接救护车辆及人员。

（4）对现场进行清理，抬运物品，及时抢救被砸人员或被压人员，最大限度地减少重伤程度，如有轻伤人员可采取简易现场救护工作，如包扎、止血等措施，以免造成重大伤亡事故。

（5）保证现场道路畅通，方便抢险队员和救护车辆出入，以最快的速度抢救伤员，将伤亡事故降到最低。

（6）若设备倒塌至围挡以外，必须立即采取交通管制，疏导交通，与交警部门联系，并安排人员将该部位使用临时围挡进行隔离。

8.6 应急事件及应急措施

8.6.1 雨季施工应急预案

8.6.1.1 雨季防汛措施

（1）加强与当地气象部门、水文部门联系，掌握雨情水情，按当地政府和建设方的防汛要求，组织好防汛队伍，备足防汛物资和器材，安排专人 24h 防汛值班，确保通信联络畅通。

（2）施工中注意保护好防汛设施，不损坏沿线排水系统，不因施工而削弱河流、堰塘、堤坝的抗汛能力，注意疏通河道，确保水流畅通。

（3）汛期到来前将施工机械设备、材料物资转移到高处，并昼夜巡查，发现险情迅速排除。

（4）顾全大局，服从当地防汛部门和建设方的统一调配，不论何地发生险情，按照命令全力投入抢险。

8.6.1.2 雨季施工组织措施

（1）对职工进行雨季施工和抗洪抢险教育。

（2）每天安排专人收听天气预报，掌握气象信息，合理安排施工。

（3）施工工序安排上，受雨季影响较小的项目尽量安排在雨季，并在雨季到来前，做好充分的备料工作，确保工作持续进行。

（4）对影响施工的运输道路，雨季前进行必要的改善、整修和加固。对于料场应设在地势较高处，周围设截排水沟。

（5）给施工人员配备必要的雨具用品，增建必要的避雨棚。

（6）混凝土灌注尽量避开雨天施工，若灌注混凝土时突然下雨，要在已灌注的混凝土表面覆盖塑料布、篷布等遮雨物，或者搭建混凝土施工工作雨棚，防止雨水对混凝土施工质量的影响。

8.6.2 高空坠落应急预案

8.6.2.1 防止高处坠落事故的基本安全要求

（1）凡身体不适合从事高处作业的人员不得从事高处作业。从事高处作业的人员要按规定进行体检和定期体检。

（2）严禁穿硬塑料底等易滑鞋、拖鞋、高跟鞋登高作业。

（3）作业人员严禁互相打闹，以免失足发生坠落危险。

（4）不得攀爬脚手架，严禁酒后从事高处作业。

（5）进行悬空作业时，应有牢靠的立足点并正确系好安全带。

（6）上部周边必须设置 1.2m 高且能承受任何方向的 1000N 外力的临时护栏，护栏为密目式（2000 目），安全网应封闭严密。

（7）1.5m × 1.5m以下的孔洞应设盖板；1.5m × 1.5m以上的孔洞，四周必须设两道护身栏杆，中间支挂水平安全网。

（8）各种架子搭好后，项目部必须组织架子工和使用的班组共同检查验收，验收合格后，方准上架操作。使用时，特别是台风暴雨后，要检查架子是否稳固，发现问题及时加固，确保使用安全。

（9）施工使用的临时梯子要牢固，踏步 300～400mm，与地面角度不得大于 70°，梯脚要有防滑措施，顶端捆扎牢固或设专人扶梯。

8.6.2.2 预防高处坠落和物体打击措施

（1）领导和管理层要始终把安全生产放在首位，重视安全，对存在的各种隐患，一经发现，应认真按“三定一落实”要求，组织整改。同时，要选派工作责任心强的人负责项目安全管理工作。

（2）除正常“三级安全教育”以外，同时抓好职工的法制教育，一是使每个职工能认识到安全生产法规是施工客观规律的科学总结，是用鲜血换来的宝贵经验，是人人必须遵循的行为准则。二是对工人进行遵章守纪教育，施工中服从指挥，按规范要求和操作规程作业。三是认真进行安全技术交底，使工人在施工中增强安全意识，做到不伤害自己、不伤害别人、也不被他人伤害。

（3）搭设支架前，必须向参加作业人员进行详细的安全技术交底。架子搭设完成以后必须有工区安质部参加验收或分段验收合格后方准使用，架子工必须持证上岗。

8.6.3 起重吊装作业应急预案

（1）检查试吊、统一信号

各种起重机械在使用前，应经检验试吊。起重指挥人员和司机必须熟悉机械性能、构件的尺寸、质量、安装高度、吊装前加固形式等。在一般情况下，构件在调离地面 30cm 左右时，进行全面检查，确认无误后，方可正式吊装，并应统一指挥信号。参加吊装的人员必须持证上岗。

（2）工作禁区

起重机工作时，吊臂下严禁人员停留、行走或进行其他作业。并应划出吊装作业警戒区，设置专人进行警戒和监护。

（3）负荷行走限制

履带式起重机在满负荷或接近满负荷时，应避免行走或变幅。此时操作必须平稳且不得两个动作同时进行。履带式起重机不得将重物吊到高处行走或吊起重物长距离行走。

（4）动臂仰角限制

动臂式起重机工作时，其吊臂仰角不得超过该机技术性能规定。若无规定时，履带式起重机一般不得超过 78°。若作业中确需超过此限，应采取相应安全保护措施。

（5）松钩操作

动臂式起重机松钩前宜先微微降臂，以免松钩后臂杆后仰，造成拉动构件或发生安全事故。

（6）超载作业

起重机不得超载作业。若确超载时，必须事先制定出安全可靠的技术措施，在技术负责人临场监督下进行试吊。经试吊作出结论并报上级主管部门批准后，方准实施。

（7）禁止斜吊或拔吊

起重机严禁侧向斜吊，不得吊拔埋在地下或连在结构上、设备上且情况不明的重物。

（8）特长起重臂作业

当动臂式起重机在特长起重臂情况下作业时，应按该机的使用要求安设臂杆支撑架或加起重臂腰带等措施。操作时动作应平缓，不得两动作同时进行，后一动作应在前一动作稳定后再开始。

（9）停机要求

汽车起重机作业前，应将地面碾实整平，调平车架，并应在支腿完全伸出和安稳后，才能作业。

（10）对司机要求

起重机械应实行机长负责制，司机应经培训、考核合格并取得操作证后方准独立操作。对满载或接近满载作业、双机抬吊、上下拖车以及其他技术难度较大的操作，应由机长或机组内技术熟练的人员担任。

严禁酒后操作。

9 计算书及相关图纸

9.1 40m 现浇箱梁支架施工图设计（见二维码）

9.2 40m 现浇箱梁支架计算书（见二维码）

9.3 施工计划安排（见二维码）

交通土建工程专项施工方案
编 制 要 点 与 范 例

KEY POINTS AND EXAMPLES OF
PREPARATION OF SPECIAL CONSTRUCTION SCHEME
FOR TRAFFIC CIVIL ENGINEERING

模板支撑体系工程范例

——高墩爬模施工

扫码下载编制要点

目 录

CONTENTS

1 工 程 概 况

1.1 工程概况和特点

前所村特大桥位于昆明市宜良县汤池镇大龙潭村西北侧，跨越山间沟谷。桥梁左幅起止里程为 Z4K105 + 755.2～Z4K107 + 808.3，全长 2053.1m，最大桥高 61.293m（15 号墩），桥梁右幅起止里程为 K105 + 751.5～K107 + 832.8，全长 2081.3m，最大桥高 56.093m（15 号墩）。左、右线上部结构采用预应力混凝土（后张）T 梁，先简支后结构连续；下部结构桥台采用柱式台，左线 15 号、22 号、47 号、48 号及右线 15 号、16 号桥墩采用空心墩，共计 6 个空心墩，空心墩统计见表 1-1。

前所村特大桥空心墩统计表 表 1-1

桥梁名称	墩台号	墩高（m）	空心墩墩柱尺寸（等截面）		C40 混凝土墩柱总方量（m^3）
			长（m）	宽（m）	
前所村特大桥	左 15	61.293	9.0	3.2	1005.1
	右 15	56.093	9.0	3.2	924.9
	右 16	46.911	9.0	3.2	783.5
	左 22	55.483	9.0	3.2	915.5
	左 47	46.425	9.0	3.2	776.0
	左 48	46.033	9.0	3.2	770.0
总计	6 个	312.238			5175

空心墩墩身等截面尺寸为9m × 3.2m，横桥向长度为 9m，顺桥向宽度为 3.2m，下实体段高度为 2m，上实体段高度为 1.5m，墩内设单室空心节，墩身设置两道横隔板，沿墩身高度均匀布置，墩身壁厚 70cm，横隔板壁厚 50cm，上下实体段处倒角为150cm × 50cm，其余为30cm × 50cm，墩身高度 46～61.293m。墩身顺桥向侧壁设置ϕ10mm 排水孔，沿墩高每隔 2.5～3m 设置一道，在墩身底部设排水孔。墩身受力主筋均采用直径 32mm 的II级钢筋，采用滚扎直螺纹连接，墩内设 4 根竖向∟100mm × L100mm × 10mm 的劲性骨架，混凝土强度等级为 C40，前所村特大桥地形崎岖陡峭，施工难度大，施工场地局限，液压爬模在施工过程中除内模外其余不用落地可以连续施工，大量节省施工场地，同时可以增强施工现场安全文明建设。

1.2 施工平面及立面布置

根据现场实际情况，对各临时设施布置进行详细规划。左右幅 15 号墩、右幅 16 号墩、左 22 号墩与 3 号拌和站、3 号钢筋加工厂通过隧道主便道及前所特大桥 1 号便道相接，左幅 47 号墩、48 号墩与 3 号拌和站、3 号钢筋加工厂通过隧道主便道及前所特大桥 3 号便道相接。

1.3 施工要求

（1）质量目标：符合设计要求，满足国家、行业及公路工程技术标准、规范要求，且一次性验收合格率 100%。

（2）安全目标：建立健全科学、完善、有效的安全生产监督管理体系；落实上级单位各项安全生产管理工作要求，配齐专职安全人员，规范安全投入管理；杜绝各类伤亡事故，遏制较大险性事件，消除重大事故隐患，力争“零死亡”。

（3）工期目标：

本工程计划开工日期：××××年××月××日。

本工程计划竣工日期：××××年××月××日。

空心墩施工开工日期：××××年××月××日。

空心墩施工完工日期：××××年××月××日。

1.4 风险辨识及分级

风险源辨识及分级见表 1-2。

风险源评估表 表 1-2

序号	作业活动单元	活动内容	可能存在的隐患	潜在事故类型	危险、有害因素评价				危害级别
					事故发生可能性L	人员暴露频率E	后果严重程度C	风险大小D	
1	施工准备	技术交底	安全技术交底是否覆盖全部参建人员以及是否规范	其他	3	2	7	42	2
……	……	……	……	……	……	……	……	……	……

1.5 施工地的气候特征

本项目地处云贵高原西南缘，受印度洋季风影响，属低纬度高海拔亚热带高原季风型气候。气候温暖，雨量适中，干湿分明，冬无严寒，夏无酷暑，日照充足。年平均气温 15℃，年平均最高气温 20℃，历史最高气温 32℃出现在 1958 年；年平均最低气温 10℃，历史最低气温−8℃出现在 1983 年。项目所在地具有夏秋多雨、冬春干旱的气候特点。据统计，其年均降水量约 1035mm，年最大降水量约 1814.5mm，最大时降雨量为 14.5mm。其中 5～10 月为雨季，降水量占全年的 85%左右；11 月至次年 4 月为旱季，降水量仅占全年的 15%左右。4 月、5 月、10 月与 11 月降水量变化很大，5 月份的降水量要比 4 月份多 2～3 倍，10 月份的降水量要比 11 月份多 1 倍以上。

1.6 参建各方责任主体单位

建设单位：×××。

监理单位：×××。

设计单位：×××。

施工单位：×××。

监控单位：×××。

2 编制依据

2.1 编制说明

本项目空心墩采用液压爬模施工，爬模属于工具类模板，依据《危险性较大的分部分项工程安全管理规定》(2018 年 3 月 8 日中华人民共和国住房和城乡建设部令第 37 号公布) 和《住房城乡建设部办公厅关于实施〈危险性较大的分部分项工程安全管理规定〉有关问题的通知》(建办质〔2018〕31 号)，爬模施工属于“超过一定规模的危险性较大的分部分项工程”，需编制专项方案，并经专家论证。

2.2 编制依据

2.2.1 法律依据

(1)《中华人民共和国安全生产法（2021 年新修订）》(978-7-5216-1908-9)。

(2)《建设工程安全生产管理条例》(1511211635)。

(3)《云南省交通运输厅关于印发〈高速公路建设工程安全生产强制性控制要点〉的通知》(云交基建〔2017〕80 号)。

(4)《关于印发〈云南省高速公路建设工程质量管理强制性控制要点〉的通知》(云交基建〔2017〕81 号)。

(5)《交通运输部关于印发〈公路水运工程平安工地建设管理办法〉的通知》(交安监发〔2018〕43 号)。

(6)《公路水运工程安全生产监督管理办法》(中华人民共和国交通运输部令 2017 年第 25 号)。

(7)《公路桥涵施工技术规范》(JTG/T 3650—2020)。

(8)《公路工程施工安全技术规范》(JTG F90—2015)。

(9)《公路工程质量检验评定标准 第一册 土建工程》(JTG F80/1—2017)。

(10)《公路工程施工监理规范》(JTG G10—2016)。

(11)《建筑施工模板安全技术规范》(JGJ 162—2008)。

(12)《公路工程技术标准》(JTG B01—2014)。

(13)《建筑施工塔式起重机安装、使用、拆卸安全技术规程》(JGJ 196—2010)。

（14）《建筑施工高处作业安全技术规范》（JGJ 80—2016）。

（15）《塔式起重机安全规程》（GB 5144—2006）。

（16）《建筑施工模板安全技术规范》（JGJ 162—2008）。

（17）《建筑机械使用安全技术规程》（JGJ 33—2012）。

（18）《施工现场临时用电安全技术规范》（JGJ 46—2005）。

（19）《钢筋机械连接用套筒》（JG/T 163—2013）。

（20）《组合钢模板技术规范》（GB/T 50214—2013）。

（21）《建筑施工模板安全技术规范》（JGJ 162—2008）。

（22）《钢结构设计标准》（GB 50017—2017）。

（23）《交通运输部 应急管理部关于发布〈公路水运工程淘汰危及生产安全施工工艺、设备和材料目录〉的公告》（2020 年第 89 号）。

（24）《混凝土结构工程施工质量验收规范》（GB 50204—2015）。

2.2.2 项目文件

（1）勘察文件：×××设计院提供的《××高速公路××至××段工程勘察设计》。

（2）图纸：×××设计院设计的《两阶段施工图设计》。

2.2.3 施工组织设计

《×××高速公路 TJ4 标实施性施工组织设计》。

3 施工计划

3.1 施工总体安排

根据建设单位下达的施工生产任务，前所村特大桥6个空心墩为整座桥的控制性工程，项目部针对空心墩施工进行总体安排。

空心墩共4套模板，同时施工4个墩，每套模板平均每天施工0.9m，首先施工左幅15号墩、左幅22号墩、左幅47号墩、左幅48号墩，施工完成后模板周转至右幅15号墩、右幅16号墩。

3.2 材料与设备计划

3.2.1 材料计划

根据施工进度安排制定材料及周转料需求量计划，具体见表3-1、表3-2。

主要材料总体需求计划表 表3-1

序号	材料名称	规格	单位	总数量	2021年计划数量			2022年计划数量	
					二季度	三季度	四季度	一季度	二季度
1	混凝土	C40	m^3	5175	400	1425	1550	1200	600
2	钢筋	Φ32	t	1079.65	208	251	288	255	77.65
3		Φ28	t	490.17	95	116	150	120	9.17
4		Φ16	t	73.45	15	16	22.5	18	1.95
5		Φ12	t	838.04	161	195	240	195	47.04
6	角钢	∟100×10	t	43.23	8.5	14	7	13.73	0

周转材料总体需求计划表 表3-2

序号	材料名称	规格或型号	材质或等级	单位	数量	进场时间	退场时间
1	墩柱模板	9m×3.2m	Q235B	套	4	2021年7月15日	2022年3月20日
2	安全爬梯	2.0m×3.0m	Q235B	套	4	2021年7月15日	2022年3月20日
3	液压爬模系统	SBS-QPM80型	Q235B	套	4	2021年7月15日	2022年3月20日
4	平台及防护	2.5m×1.2m	Q235B	套	4	2021年7月15日	2022年3月20日

3.2.2 设备计划

主要机械、设备进退场计划见表3-3。

主要机械、设备进退场计划表　　表3-3

序号	机械名称	规格或型号	能力	单位	数量	进场时间	退场时间
1	混凝土运输车	SY410C	$10m^3$	辆	8	2020年7月3日	2022年3月28日
2	水泥混凝土拌和站	HZS180	$180m^3$	座	2	2020年6月15日	2022年4月20日
3	吊车	QY25A	25t	辆	3	2021年7月10日	2022年3月20日
4	塔式起重机	QTZ63（5513）		台	4	2021年7月30日	2022年3月20日
5	混凝土输送泵	HB60	$60m^3$	台	2	2021年7月15日	2022年3月20日
6	电焊机	BX-300	20kW	台	8	2021年7月15日	2022年3月20日
7	钢筋切断机	GQ42		台	1	2021年7月1日	2022年3月1日
8	钢筋弯曲机	GW40		台	1	2021年7月1日	2022年3月1日
9	钢筋调直机	GT4/8		台	1	2021年7月1日	2022年3月1日
10	钢筋自动数控加工设备	TG5-12型		台	1	2021年7月1日	2022年3月1日
11	现场照明设备	1kW		台	15	2021年7月15日	2022年3月15日
12	发电机组	XM-Z280	280kW	台	1	2021年7月10日	2022年3月20日
13	安全梯笼	2.5m × 3m		套	4	2021年7月15日	2022年3月20日

3.3 劳动力计划

劳动力需求计划见表3-4。

劳动力需求计划表　　表3-4

序号	工种	总人数	2021年			2022年	
			二季度	三季度	四季度	一季度	二季度
1	模板工	12	3	9	12	12	9
2	钢筋工	12	3	9	12	12	9
3	混凝土工	12	3	9	12	12	9
4	普工	8	2	4	8	8	4

4 施工工艺技术

4.1 技术参数

4.1.1 液压爬模体系技术参数

（1）爬升装置单元设计额定垂直爬升能力 100kN。
（2）最大垂直爬升能力 130kN。
（3）爬升装置单步步长 140mm。
（4）最大爬升倾斜角±17.5°。
（5）最大施工节段高度 4.5m。
（6）系统最大抗风能力：最大风压 1.68kN/m^2，对应风速 49.4m/s。
（7）模板、浇筑、钢筋绑扎工作平台单层最大承载能力 3kN/m^2。
（8）总体额定承载能力 3kN/m^2。
（9）爬升装置工作平台最大承载能力 1.5kN/m^2。
（10）修饰平台单层最大承载能力 1.0kN/m^2。
（11）液压系统额定工作压力 20MPa。
（12）最高工作压力 25MPa。
（13）供电制式三相交流 380V/220V。
（14）单边平台外形尺寸垂直状态最大高度 17.85m。
（15）垂直状态最大宽度 2.96m。
（16）作用于模板的总荷载设计值为 47.6kN/m^2。
（17）竖楞承受面板传递荷载为 16.66kN/m。
（18）横向背楞支撑在架体上的荷载为 64.26kN/m。

4.1.2 塔式起重机参数

QTZ100（TC6013）塔式起重机主要性能见表 4-1。

塔式起重机参数表 表 4-1

名称	单位	参数
额定起重力矩	kN · m	1000
最大起重量	t	8
工作幅度	m	2.5～50/55/60

续上表

<table>
<tr><th colspan="2">名称</th><th>单位</th><th colspan="12">参数</th></tr>
<tr><td colspan="2">最大工作幅度处起重量</td><td>t</td><td colspan="12">1.3</td></tr>
<tr><td colspan="2" rowspan="3">起升高度</td><td rowspan="3">m</td><td colspan="4">倍率</td><td colspan="4">独立式</td><td colspan="4">附着式</td></tr>
<tr><td colspan="4">2</td><td colspan="4">45</td><td colspan="4">150</td></tr>
<tr><td colspan="4">4</td><td colspan="4">45</td><td colspan="4">75</td></tr>
<tr><td rowspan="3">起升性能</td><td>倍率</td><td></td><td colspan="6">2</td><td colspan="6">4</td></tr>
<tr><td>起升速度</td><td>m/min</td><td colspan="3">80</td><td colspan="3">40</td><td colspan="3">40</td><td colspan="3">20</td></tr>
<tr><td>起重量</td><td>t</td><td colspan="3">2</td><td colspan="3">4</td><td colspan="3">4</td><td colspan="3">8</td></tr>
<tr><td colspan="2">回转速度</td><td>r/min</td><td colspan="12">0.62</td></tr>
<tr><td colspan="2">变幅速度</td><td>m/min</td><td colspan="12">45.4/22</td></tr>
<tr><td colspan="2">顶升速度</td><td>m/min</td><td colspan="12">0.33</td></tr>
<tr><td colspan="2">塔身截面尺寸</td><td></td><td colspan="12">1.8m × 1.8m</td></tr>
<tr><td colspan="2">平衡重</td><td>t</td><td colspan="12">16.8</td></tr>
<tr><td colspan="2">工作温度</td><td>℃</td><td colspan="12">−20～+40</td></tr>
<tr><td colspan="2">整机功率</td><td>kW</td><td colspan="12">40.7（不包括顶升电机）</td></tr>
</table>

4.2 工艺流程

承台施工完毕后，浇筑塔式起重机基础，安装塔式起重机，接长钢筋，立模进行墩身首节段 4.5m（倒角位置）施工，保证模板支立要求。在首节段混凝土强度达到 15MPa 后，安装爬模系统，并绑扎钢筋进行墩身第二节段混凝土灌注。在混凝土达到 15MPa 后，安装爬轨及液压系统并爬升至第二节段，进行第三节段施工，安装支撑架下方的下爬架。完成后进入正常爬架爬升、钢筋接长、支模、混凝土灌注、脱模、爬架爬升等工序，直至完成整个墩身施工，墩顶盖梁采用在墩身埋设钢棒，铺设拖架、底模进行施工。

4.3 施工准备

4.3.1 安全爬梯布置

根据墩高及左右线布置情况，前所特大桥 6 个空心墩配备 4 套液压爬模，人员上下设置安全爬梯，塔式起重机和安全爬梯随液压爬模同步周转。

安全爬梯采用装配式一体化梯笼，该梯笼适用于公路桥梁墩柱施工。作为上下安全通道，该梯笼具有结构简单、安装方便、外观大方、安全防护设施可靠等特点。

梯笼主要构件有连接横梁、底座横梁、架体侧框、系梁侧框、脚踏板、镀锌踏板、楼梯、楼梯扶手、底座连接横梁、护网立柱、安全防护网等。梯笼每节长 4.8m，宽 4m，高 2.0m。

梯笼安装步骤：

（1）将底座横梁插入底座的垂直导向管内，并摆放好。

（2）将底座连接横梁与底座横梁用配套的 M16 × 100 高强螺栓进行连接并固定。

（3）将架体侧框与横梁连接起来，用配套的 M16 × 100 高强螺栓将两个构件固定。

（4）将安装好的侧框架体放在两个底座横梁上，用配套的 M16 × 100 高强螺栓将四边进行连接并固定。

（5）将楼梯的挂钩分别安装在框架内长度为 4.3m 或 4.8m 的上下横梁上，靠边摆放。如有系梁侧框，楼梯应安装在架体侧框一侧。

（6）将扶手安装在楼梯预留的安装孔内，并用配套的 M12 × 50 螺栓连接固定。

（7）将两块宽度为 320mm 的踏板两端分别安装在长度为 4.3m 或 4.8m 的底座横梁上，左右各一块，靠边摆放。

（8）将最短的两块踏板安装在前后的带钩踏板上，左右各一块，靠边摆放。

（9）将护网立柱安装在上、下横梁的连接板上，并用配套的 M12 × 85 高强螺栓进行连接固定。

（10）将安全护网连接在侧框与护网立柱中间，并用配套的 M12 × 30 螺栓连接固定。

（11）将系梁安全护网安装到系梁侧框上并用配套的 M12 × 30 螺栓连接固定。

4.3.2 塔式起重机布置

前所特大桥 0～28 号墩左右线间距较小，塔式起重机布置在左右线两墩任意一个墩的中间位置，每个塔式起重机覆盖左右幅 2 个桥墩，左右幅单侧有空心墩的，塔式起重机设置在空心墩横桥向的中间位置，配置 4 台塔式起重机，周转 3 次。

塔式起重机基础基底承载力大于 200kPa，基础尺寸为 5m × 5m × 1.4m，采用 C35 混凝土浇筑，按厂家提供配筋图配筋，按图纸要求接地，基础做好排水。

塔式起重机附墙设置为独立高度 40m，附墙以上自由端为 10 个标准节（28m），每两模设置一道附墙，定期对塔式起重机竖直度及塔式起重机基础进行监控量测，主塔距离墩柱 3～5m 最为理想，具体距离可视现场实际情况调节，塔式起重机及爬梯布置如图 4-1 所示。

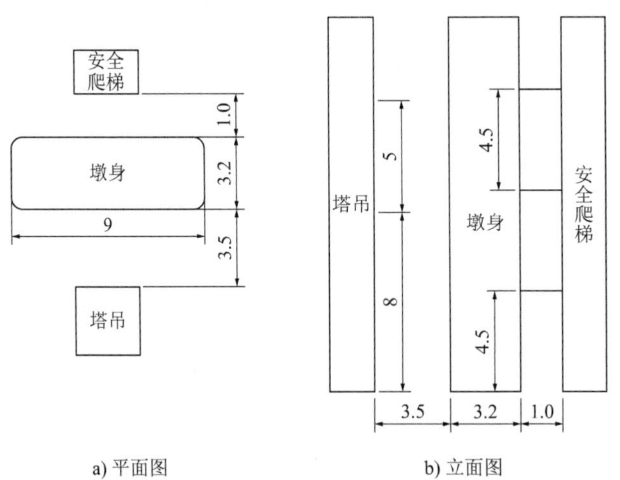

图 4-1 塔式起重机及爬梯布置示意图（尺寸单位：m）

4.3.3 混凝土运输

混凝土在拌和站集中拌制，采用罐车运输，空心墩 40m 以下的部位采用混凝土泵车浇筑，40m 以上部位采用塔式起重机配合料斗浇筑作业。配置 1 台 52m^3 混凝土泵车及一个 2m^3 的料斗。

4.3.4 液压爬模工艺原理及构造

（1）工艺原理

液压爬模的动力来源于本身自带的液压顶升系统，液压顶升系统包括液压缸和上下换向盒，换向盒可控制提升导轨或提升架体，通过液压系统可使模板架体与导轨间形成互爬，从而使液压爬模稳步向上爬升，液压爬模在施工过程中无需其他起重设备，操作方便，爬升速度快，安全系数高。液压爬模适用于本桥空心墩施工，液压爬模主要分为模板系统、架体系统、液压系统、埋件系统四部分。

（2）液压爬模构成

液压爬模构成如图 4-2 所示。

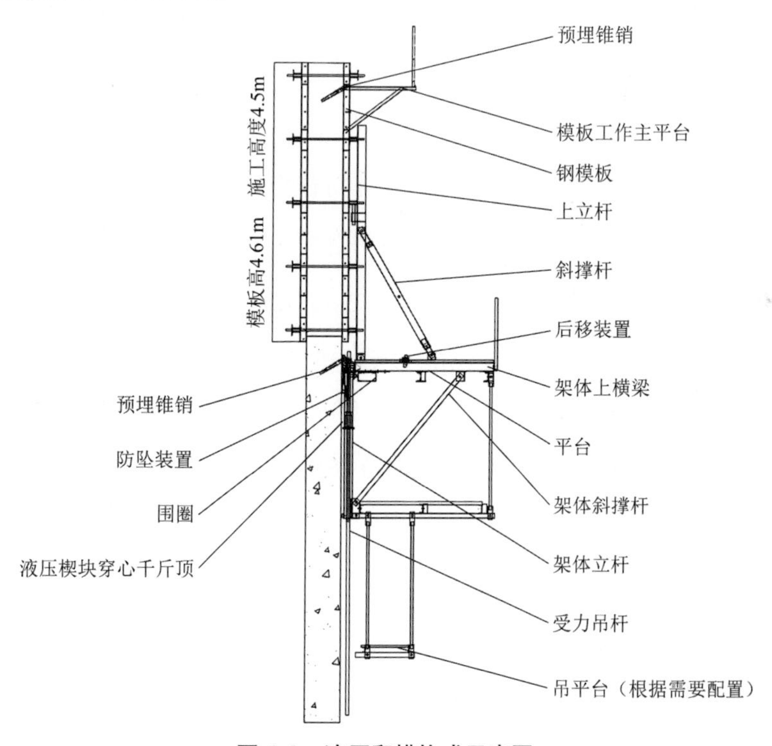

图 4-2 液压爬模构成示意图

4.4 施工方法及操作要求

4.4.1 测量放样

在承台上放出墩柱平面位置，以保证墩身平面位置的准确，在每节墩身模板爬升安装完成后，要对模板上口平面位置进行复测、检查，保证模板上口平面位置、高程准确，从而保证墩身垂直度。

4.4.2 钢筋加工

1）钢筋加工

钢筋在钢筋加工厂内集中加工，分批运送至施工现场，各种钢筋严格按照设计尺寸进行下料，制作胎膜进行加工，每种钢筋加工前先进行预加工，加工质量符合要求后方可大批量生产，所有钢筋必须保持干净、无锈蚀，存放做到上盖下垫。

主筋下料要求：使用砂轮切割机切断钢筋，切面须与钢筋轴线垂直，不允许有马蹄形或翘曲，严禁用切断机冲切或气割下料。

2）钢筋安装

（1）首节墩柱钢筋在承台顶部进行预埋，钢筋预埋前，先在承台上对墩柱的平面位置按设计尺寸进行准确放样后，在承台上按照设计位置埋设劲性骨架，然后在劲性骨架上用红油漆标出预埋钢筋的具体位置，在劲性骨架上绑扎承台预埋钢筋进行定位，并绑扎形成骨架，预埋钢筋符合设计及《公路工程质量检验评定标准 第一册 土建工程》(JTG F80/1—2017）的要求，钢筋预埋经技术人员和监理工程师检查合格后方可浇筑承台混凝土。在承台混凝土浇筑期间，注意对预埋筋的保护，以利后续墩身的施工。

（2）承台混凝土达到设计要求强度后，对承台顶部墩身范围内的混凝土凿毛处理，用清水冲洗干净后进行首节墩柱钢筋接长工作，钢筋在后场钢筋加工车间加工后，运输到现场绑扎成型。墩柱竖向主筋采用滚轧直螺纹接头进行连接，接头位置错开，在同一连接区段的接头数量必须小于该断面内主筋总数量的 50%。且在墩身底部向上 4m 的范围内不得进行纵向钢筋的连接，其余直径≥12mm 的钢筋采用焊接，搭接长度应满足《公路桥涵施工技术规范》(JTG/T 3650—2020）及设计要求。

（3）主墩钢筋采用定位框辅助安装。定位框是固定于劲性骨架上的主筋限、定位构造，是控制主筋平面位置、保证模板安装和钢筋保护层的具体措施，同时它与劲性骨架互为帮衬，在每个施工周期中至少安装一层定位框，定位框在工厂放样加工，材料选用型钢等普通钢材。

定位框尺寸的确定：1/2 定位框外缘长（宽）度 = 1/2 断面尺寸长（宽）−（保护层厚 + 安装误差经验值），安装误差是指钢筋加工、安装等工序引起的误差。

定位框安装方法：以墩身纵横轴为基准，对应定位框几何中心铅垂安装，四条边基本保持水平，安装高度尽可能在施工周期中等分分布，使主筋顺直，避免主筋成排凹凸现象。

（4）主筋是从基础至盖梁通长的钢筋，用长度为 4.5m 的钢筋接长，在施工中利用液压爬架顶层施工平台进行钢筋绑扎。接长主筋时，两人一组，一人在模板支撑台上将主筋连接好套筒的一端固定，另外一人在辅助架平台将接长钢筋插入套筒内，两筋对位后利用专用力矩扳手拧紧套筒，接头处丝扣外露少于 2 丝；控制主筋下料长度，最后一节墩身主筋应能够保证钢筋伸入盖梁的长度。

4.4.3 模板工程

1）模板的设计及加工制作

模板设计时，充分考虑模板的重复使用次数，适当增大模板的刚度，确保模板在使用期间的变形符合规范要求。模板的加工制作严格按照设计图进行，加工的模板板面平整，板间接缝严密、不漏浆，保证结构物外露面美观，线条流畅。模板拉杆必须具有足够的安全系数。

（1）本爬架配备的外模板为钢模板，模板高度 4.65m，施工高度 4.5m；以 1m × 4.65m 和 1.5m × 4.65m 模板为标准板，圆倒角处采用 0.885m × 4.65m 模板，模板面板厚 6mm，背肋采用双[14mm 槽钢，通长主背肋根据需要配置；模板间与主背肋连接处采用 U 形连接件配合插销连接，以保证模板拼缝的平整。

（2）空心段部分内模采用大块钢模拼装成型，以1m × 4.65m和 1.5m × 4.65m 模板为标准板，内模50cm × 50cm 倒角处采用 1.457m × 4.65m 模板，用双[14mm 槽钢作背带；内模 150cm × 50cm 与 30cm × 50cm 倒角处采用木模，现场制作拼装，空心段模板采用ϕ20mm 对拉螺杆，实心段采用ϕ28mm 螺纹钢筋作为对拉螺杆。内模板安装及拆除需要通过塔式起重机将内模板吊出来，放到地面上，所以空心墩下部要设置存放内模的平台，方便存放模板及模板打磨等。

（3）内模施工操作平台采用角钢及钢板制作，分节拼装，挂在内模模板上，用螺栓连接，拆卸方便。

2）模板安装与拆除

（1）模板安装

模板安装前，仔细检查其表面是否干净，涂抹的脱模剂是否均匀。模板的安装严格按设计要求的顺序进行，对安装到位的模板固定牢靠，避免混凝土浇筑过程中模板移位；由于无接口模，模板与已浇混凝土面之间的接缝处理难度较大，为防止混凝土浇筑过程中漏浆，在施工缝处的混凝土外表面上先粘贴一圈双面胶密封，模板与模板之间的接缝也贴双面胶进行密封。尽可能不在模板附近进行焊接作业，若必须焊接时，在模板方向用薄铁皮作保护，确保焊渣不溅落到模板上。模板安装完成后，对其平面位置、顶部高程、节点连接及纵横向稳定性进行检查验收。

（2）模板拆除及保养

模板在混凝土强度达到 15MPa 时进行拆除（拆除前先对试件作抗压试验），及时检查拆下的模板，清理模板表面，并涂刷脱模剂，以备下一次使用。模板表面应避免重物碰撞和敲击，严禁用尖利的硬物刮刻模板表面。

（3）脱模剂的选用

使用优质的水性脱模剂，保证混凝土脱模顺利且不影响混凝土外观质量。

4.4.4 埋件安装

由于施工措施的需要，混凝土表面要埋设临时使用的铁件，这些预埋件埋设的好坏，将影响混凝土的整体外观效果。预埋件主要包括固定模板用的对拉螺杆和固定爬架的预埋螺栓、爬锥、安全爬梯及塔式起重机附墙支撑埋件等。固定模板用的对拉螺杆和固定爬架的预埋螺栓为特殊专用件，其预埋连接螺母和爬锥能取出；其他施工用的埋件采用铁板埋件，尽可能地减小其平面尺寸，并确保埋设整齐。铁板埋件埋设时，将其表面嵌入混凝土内，深度约 3cm，在使用完成后进行修补。施工用预埋件埋设的方法为：对拉螺杆根据模板的孔位穿设，在拉杆与模板表面接触处套一个橡胶头，避免拉杆孔漏浆；其他预埋件埋设的方法基本与工程用预埋件埋设的方法相同，只是预先在嵌入式铁板上贴一块与铁板平面尺寸一致、厚约 3cm 的塑料泡沫板（塑料泡沫板顶紧模板），塑料泡沫板在预埋件使用前取出。

预埋铁板固定时，直接或通过架立材料将其锚固部分与劲性骨架或主筋骨架焊接；预埋螺栓固定时，加设定位架，并将定位架与劲性骨架或主筋骨架焊接；对于预埋的 PVC 管，在管的两端加设钢筋限位框进行固定，限位框与劲性骨架或主筋骨架焊接（PVC 管用棉纱、胶带封堵封口）。

4.4.5 液压自爬模的安装过程

（1）准备两片尺寸为 300mm × 2440mm 的木板，按照爬锥中到中间距摆放在水平地面上。保证两条轴线绝对平行，轴线与木板连线夹角 90°，两对角线误差不超过 2mm。将三脚架扣放在木板轴线上，安装后移横梁及后移装置，保证三脚架中到中间距等于第一次浇筑时爬锥的中到中间距，两三脚架对角线误差不超过 2mm。安装平台立杆和护栏钢管，采用钢管扣件进行连接，注意加斜拉钢管。

（2）安装平台板：平台要求平整牢固，在与部件冲突位置开孔，以保证架体使用，并再次校正两三脚架中到中间距与第一次浇筑时爬锥中到中间距吻合。

（3）安装平台板吊装三脚架：将拼好的架体整体吊起，平稳地挂于第一次浇筑时预埋好的受力螺栓（挂座体）上，并插入安全销。

（4）拼模板、安装操作平台：先在模板下垫四根木梁，然后将钢模板组装好，在模板上安装主背楞、斜撑、挑架，注意背楞调节器与模板背楞的支撑情况，安装背楞扣件，用钢管扣件将挑架连接牢固，注意加斜拉钢管。斜撑用铁丝和模板背楞绑在一起，防止在吊起过程中晃动。平台要求平整牢固，与部件冲突位置开孔，以保证架体使用。

（5）将拼装好的模板和架体整体吊起，平稳挂于第一次浇筑时埋好的受力螺栓（挂座体）上，插入安全插销。利用斜撑调节角度，校正模板。合模进行混凝土浇筑。混凝土强度达到要求后，退模，安装导轨、液压系统，提升模板和架体、安装吊平台，合模进行混凝土浇筑。爬模进入标准爬升状态。

4.4.6 爬升前的准备工作

（1）检查电机是否正转、油箱内的油是否足够、油质是否正常、油管和各接头是否正常、各管线长度是否足够。油站处安放灭火器材并悬挂操作手册安全标示牌。

（2）爬升时，模板后移到位（模板可移 600～700mm），插上后移插销固定。

（3）每次爬升时先将爬模体系提升 2cm 后停止，检查各受力点是否正常。

（4）压力表由安装技术员调试，禁止工人私自操作。压力禁止超过 7MPa，单个千斤顶负荷不得超过 10t。

（5）吊杆双螺母，涂抹黄油，预埋件位置准确。

（6）检查吊杆使用情况，吊杆一般使用高度为 90m 后进行更换。

（7）液压压力一般不超 7MPa，满足爬升要求。

4.4.7 爬升过程

（1）混凝土浇筑完成后，拆除安装螺栓，调整斜撑使模板后仰，通过后移装置带动模板后移，在浇筑好的墩身上安装埋件挂座。

（2）爬升导轨，在液压系统作用下，导轨开始爬升，导轨尾撑松开，导轨继续一步一步向上爬升，单次爬升一个梯档间距，当导轨爬升到位后，挂在上部埋件挂座上，固定导轨尾撑，导轨爬升完成。

（3）拆除下部的埋件挂座（爬锥），作周转使用。

（4）爬升架体，松开附墙撑，爬升前先拆除安全销，待架体开始爬升后，拆除承重销，在液压系统的动力作用下，架体沿导轨一步一步开始向上爬升，爬升到位后插入承重销，把架体挂在承重销上，插入安全销，固定附墙撑，架体爬升过程完成，爬升步骤如图 4-3 所示。

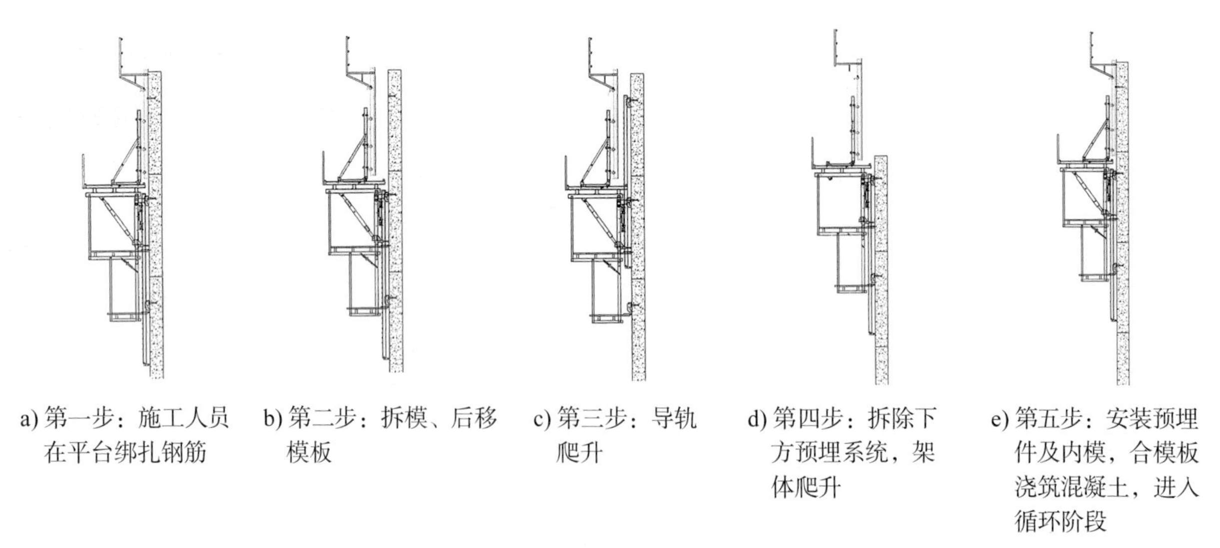

a) 第一步：施工人员在平台绑扎钢筋　b) 第二步：拆模、后移模板　c) 第三步：导轨爬升　d) 第四步：拆除下方预埋系统，架体爬升　e) 第五步：安装预埋件及内模，合模板浇筑混凝土，进入循环阶段

图 4-3　爬升步骤图

4.4.8　爬升施工流程

混凝土浇筑完成后→拆模后移→安装附墙装置→提升导轨→架体爬升→模板清理刷脱模剂→埋件固定在模板上→合模→浇筑混凝土→绑扎钢筋→循环作业。

4.4.9　空心墩隔板及墩顶实心段施工

（1）空心墩墩身与横隔板采用同步施工方法，施工至横隔板下面倒角时，在倒角最下层位置纵横向设置预埋 I20 工字钢，在横隔板底部顺桥向预埋 I20 工字钢，内模拆除后，采用焊接的方式将工字钢延长，作为实心墩混凝土浇筑的混凝土托架。

（2）墩顶实体段现浇施工平台采用工字钢支撑的 10cm × 10cm 方木支架搭建，纵桥向短边为 I20 工字钢，间距 30cm；横桥向长边为 I20 工字钢，间距 53.3cm，方木支架顶端横梁上铺设内模竹胶模板，支撑体系如图 4-4、图 4-5 所示。

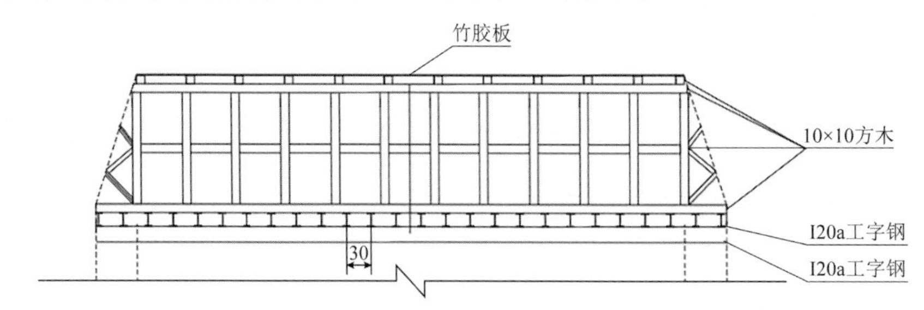

图 4-4　墩顶实心段支架侧面图（尺寸单位：cm）

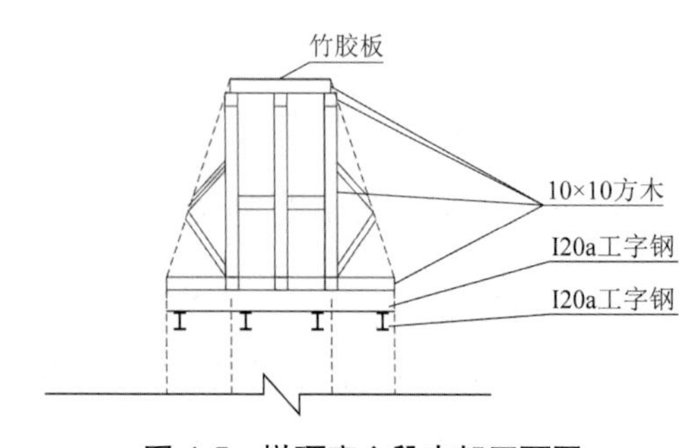

图 4-5　墩顶实心段支架正面图

（3）传力途径为：实体段底模（内模顶部模板）→纵向分布梁（10cm × 10cm 方木）→横向主梁（10cm × 10cm 方木）→竖向支架（10cm × 10cm 方木）→纵向主梁（10cm × 10cm 方木）→横向分布梁（I20 工字钢）→纵向主梁（I20 工字钢）。

（4）浇筑完混凝土后，支撑用的材料及底模竹胶板不予拆除。

4.4.10 混凝土工程

1）墩身混凝土配合比

本项目墩身混凝土全部采用 C40 高性能混凝土，为保证混凝土有良好的工作性，对混凝土原材料、配合比等都有严格的规定，对骨料的最大粒径、级配、砂率、最低水泥用量都做了一定的限制，为保证混凝土和易性掺加混凝土外加剂，并掺加高效缓凝减水剂改善混凝土的初凝、终凝时间，以满足墩身混凝土施工以及适合混凝土的泵送要求。

2）混凝土拌制、运输

混凝土集中厂拌，罐车运输至浇筑地点，用混凝土输送泵送入模，混凝土拌制严格按照设计配合比进行，严格控制水灰比、拌制时间和坍落度，保证混凝土的拌制质量满足要求。

3）混凝土浇筑

（1）混凝土浇筑尽量降低混凝土的入模温度，选择在气温较低的时段进行，浇筑前对模板表面洒水润湿，入模前对坍落度进行检测，不符合要求的混凝土作废弃处理，保证入模混凝土的质量。

（2）尽量加快施工进度，缩短节段间混凝土的龄期差，特别是承台和第一次浇筑节段之间的龄期差应控制在 10d 内，并加强养护。

（3）混凝土上下节接缝处要进行凿毛处理，凿毛质量满足规范要求，混凝土浇筑前要对接缝混凝土进行湿润，不能有积水；自高处向模板内浇筑混凝土时，为防止混凝土离析，采用串筒，串筒底部离浇筑面高度不得大于 2m，在浇筑混凝土时，串筒口下面混凝土堆积高度不得超过 1m。

（4）混凝土浇筑时应按照一定厚度、顺序和方向分层浇筑，分层厚度控制在 30cm 以内；应在下层混凝土初凝或能重塑前浇筑完上层混凝土。

（5）浇筑横隔板部位混凝土时，为了防止上部墙体混凝土从隔板处溢出，采用分次浇筑，即先浇筑隔板及隔板以下混凝土，待此部位混凝土初凝后再浇筑上部墙体混凝土。

4）振捣

（1）墩身混凝土采用插入式振捣器振捣，混凝土浇筑时分层厚度不大于 30cm，水平移动间距不得超过 50cm，与侧模保持 50～100mm 的距离；插入式振动棒的振动深度，一般不应超过振动棒长的 2/3～3/4，分层浇筑时，应插入下层混凝土 50～100mm，使上下层混凝土结合牢固。

（2）混凝土振捣时遵循快插慢拔的原则，以混凝土表面不再有沉落且无气泡上冒为准，严防出现蜂窝麻面现象。插入时宜稍快，提出时略慢，并边提边振，以免在混凝土中留有空洞。

（3）混凝土振捣时采用平行式或梅花式，但是不得漏振、欠振、过振；混凝土浇筑后，应立即进行振捣，振捣时间要合适，一般控制在 25～40s 为宜；振动器不能直接触到布置在模板内的钢筋上；现场要有备用振动器，万一出现故障，可以迅速更换。满足以下情况时，表明混凝土已振捣完成：

①混凝土表面停止沉落，或沉落不显著。

②振捣不再出现显著气泡，或振动器周围无气泡冒出。

③混凝土表面呈现平坦、浮浆。

④混凝土已将模板边角部位填满充实。

5）混凝土的养护

（1）混凝土浇筑完成后，及时进行养护，并根据不同的施工时期选用相适应的养护方法，保证混凝土的质量，避免混凝土表面的开裂。

（2）一般气候条件情况下，混凝土采用洒水养护。为防止污染混凝土面，养护用水采用生活用水，通过专人及时、不间断洒水，保持混凝土表面经常处于湿润状态。

（3）养护方式：在空心墩下部设置储水桶，设置扬程 20m、50m 或者 100m 的水泵（根据墩身高度调整水泵功率），水管固定在液压爬架主平台的下部，水管绑扎固定，靠近墩身的部位设置细小的孔洞，水管随着墩身施工高度而加长，墩身养护时，启动水泵，开始喷淋养护，根据现场的具体天气及温度情况确定养护时间、养护次数等。

6）施工接缝处理

（1）为使拆模后混凝土表面接缝美观，两节段混凝土间的外露接缝线一定要平整顺直，施工中拟采取以下措施进行控制：

（2）每次混凝土浇筑前，在墩柱主筋上放出待浇节段混凝土的顶口分缝线，以方便控制混凝土浇筑高程。当混凝土浇筑完成后进行施工缝凿毛时，认真保护好接缝线，使得上下节段混凝土的接缝顺直。

（3）为防止混凝土浇筑时模板底口漏浆以及上下两节段混凝土结合部出现过大的错台，待浇节段的模板底部通过拉杆压紧已浇节段的混凝土顶部外表面（顶部外表面先清理平整），不留空隙。混凝土浇筑前，对接缝表面进行检查清理。混凝土浇筑时，充分振捣接缝两侧的混凝土，使得缝线饱满密实。

7）预埋件、螺栓孔的修补处理

（1）修补修饰材料选用

为了保证修补的部位与周围混凝土表面颜色一致，所有使用的修补修饰材料统一经试验室严格试配。试配结合实际施工条件展开，并根据同龄期混凝土试块色泽的具体情况进行。

（2）修补处理

预埋件的处理：模板拆除后，及时检查工程用预埋件的外露表面与周围混凝土面的平顺情况，遇到错台，用角磨机仔细打磨混凝土毛边，使埋件表面与周围混凝土面衔接顺畅。对于即将投入使用的外露预埋铁件，先清理其表面，当在其面上焊接构件完成后，与构件一起进行防锈处理。对于以后使用的外露预埋铁件，在清除其表面的浮渣后，立即对预埋前未进行防锈处理的铁件进行防锈处理。

（3）预埋件的处理及螺栓孔的修补

当模板向上爬升一节段后，及时取出预埋螺母和锥形套头，修补留下的螺栓孔。修补分三次进行，即先用高强水泥砂浆填充，待凝固干缩后视情况再用水泥砂浆或水泥浆补填，最后用调好色泽的白水泥浆抹面（必要时，可用角磨机打磨），水泥砂浆和水泥浆里掺一定量粘胶。施工用的铁板埋件在使用完成后，先对其表面清污除锈，然后按照修补螺栓孔的方法处理预留槽口；若埋件铁板外露表面大，则先在埋件表面焊接一层细钢网（ϕ5mm 钢筋焊网），然后用水泥砂浆修补处理。每一个螺栓孔和外露铁件在修补完成后，及时养护，并加强保护。

4.4.11 模板及液压爬模拆除

（1）爬模拆除条件：结构施工完毕，即可对爬模进行拆除，拆除前要控制吊重，每吊控制在塔式起重机允许范围内。

（2）用塔式起重机先将模板拆除并吊下。

（3）租赁公司提供专人负责爬模拆除过程中的技术指导和安全培训工作，施工队负责爬模拆除工作，应配专业架子工，爬模拆除前，技术员应向施工人员进行书面安全交底。交底接受人应签字。

（4）爬模拆除时应先清理架上杂物，如脚手板上的混凝土、砂浆块、扣件、活动杆件及材料。

（5）爬模拆除前，先将进入塔式起重机施工范围内的道路封闭，并做醒目标识，画出拆除警戒线，严禁人员进入警戒线内。

（6）拆除主平台以上的模板桁架系统，用塔式起重机吊下。

（7）用塔式起重机抽出导轨。

（8）拆除液压装置及配电装置。

（9）将液压控制台的主平台桥板拆除，吊出液压控制泵站和一些液压装置。

（10）操作人员位于吊平台上将下层附墙装置及爬锥拆除并吊下。

（11）用塔式起重机吊起主梁三脚架和吊平台，至适当高度，卸下最高一层附墙装置及爬锥，并修补好爬锥洞。

（12）拆除与安全爬梯相连的架体。操作人员卸好吊钩、拆除附墙装置及爬锥，操作人员从安全爬梯下来后，再吊下最后一榀架子。

液压爬模拆除工艺流程如图 4-6 所示。

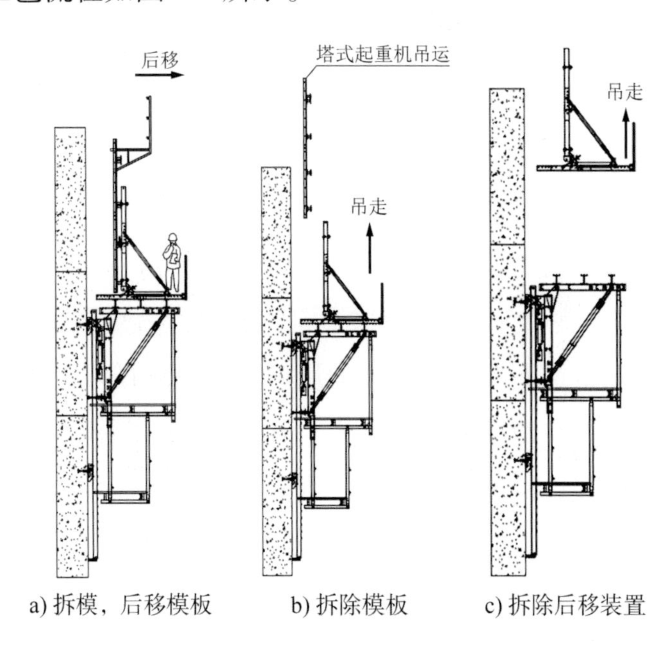

a) 拆模，后移模板　　b) 拆除模板　　c) 拆除后移装置

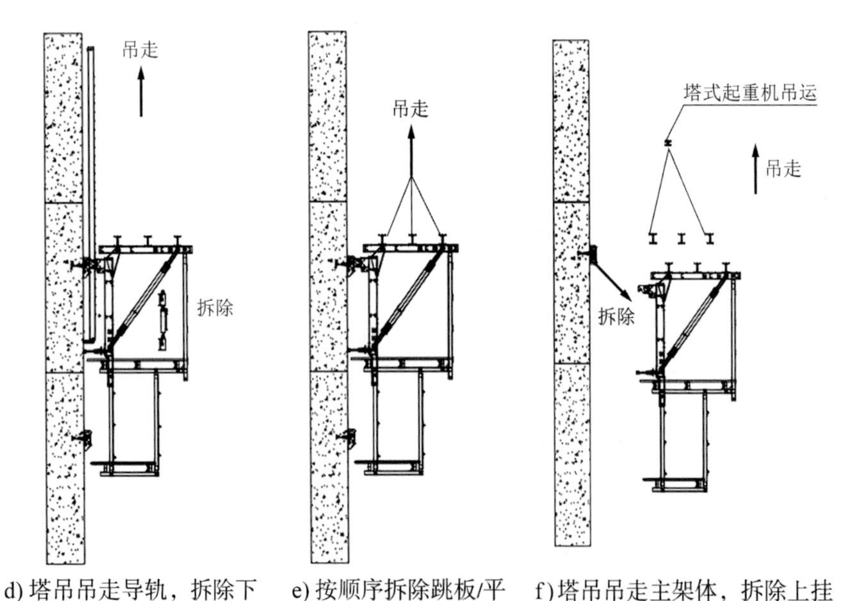

d) 塔吊吊走导轨，拆除下挂座、爬锥及液压系统　　e) 按顺序拆除跳板/平衡梁/维护钢管等　　f) 塔吊吊走主架体，拆除上挂座及爬锥。塔吊调运至地面，分组落地。拆除完毕

图 4-6　液压爬模拆除工艺流程图

4.5 液压爬模使用的要求

4.5.1 混凝土浇筑

由于施工时点多面广，项目部配备 1 台 52m 混凝土泵车进行空心墩混凝土浇筑施工，当 52m 混凝土泵车浇筑高度超过 40m 时，高度不满足施工需求，剩余部分采用塔式起重机吊混凝土料斗进行混凝土浇筑。混凝土浇筑顺序如图 4-7 所示。

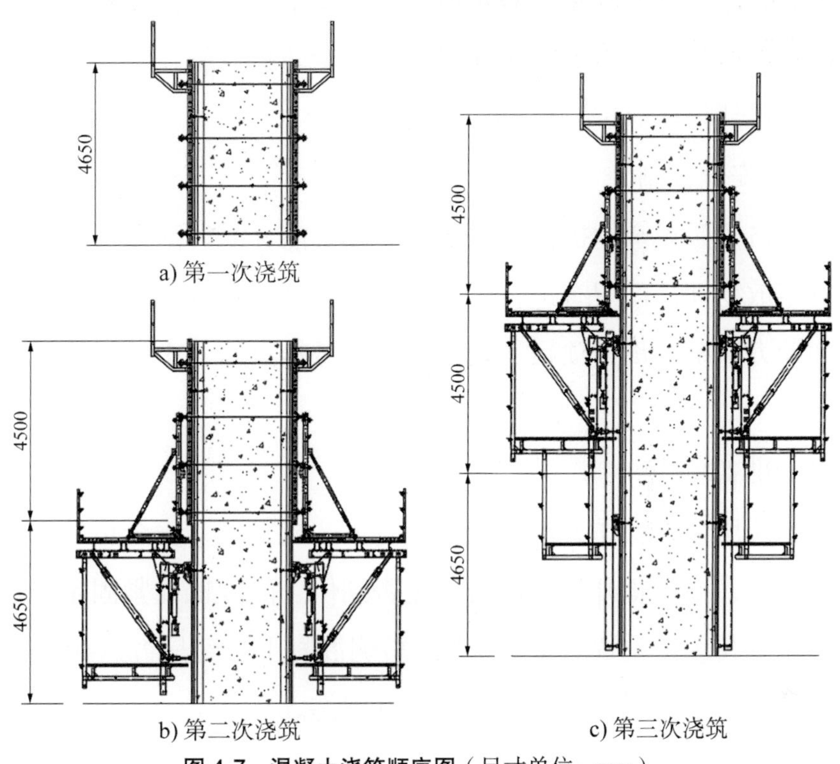

图 4-7 混凝土浇筑顺序图（尺寸单位：mm）

第一次浇筑高度 4.65m，第二次浇筑 4.5m，模板在已浇混凝土上搭接 0.15m。第三次与第二次浇筑高度一致，依次循环直至墩顶。

4.5.2 液压爬模使用安全要求

1）准备过程的安全控制

液压爬模的施工准备阶段重点做好以下几个方面的工作：

（1）安全专项方案的编制和交底

施工前组织有关管理人员和施工人员进行教育培训，提高其安全意识和技能，并组织安全专项方案的技术交底，使作业人员熟知爬模施工中的危险因素及应急处置措施。

（2）吊装与安装

本项目爬模吊装空间狭小，精度要求高。吊装前需进行吊装方案的交底，熟悉作业步骤，不得碰撞现有的架体和塔柱混凝土。架体安装到位后，要及时拧紧螺栓、插销以及防风拉杆。爬模架体分为东南西北四个独立体，每个独立架体又分为三次安装，每个独立架体需在地面上预先拼装好各种构配件，并连接牢固。在安装架体前，需检查塔柱混凝土中预埋的爬锥，不要粘上油类东西，锚固件必须埋设正确。

（3）使用前的验收

液压爬模设备至今还未列入特种设备名录，特种设备检测检验单位未对其进行强制安全检验。因此，爬模使用前的验收工作显得尤为重要，需组织设备生产厂家、监理工程师及业主代表，必要时邀请有关专家，对爬模系统的安全性进行验收和论证，验收时，需参照原设计文件进行检查，重点检查构件连接点、安全防护设施、液压爬升装置等部位，对主要受力杆件的焊接部位还应进行焊缝探伤检测。

2）爬升过程的安全控制

爬升过程要严格按照规定的操作步骤进行。爬升前，需拆除四面架体间的连接件，清除平台上的所有零散物件，仅留有进行爬升作业的人员；爬升时，要特别注意监测爬升导轨、爬升速度和动力系统等重点项目；爬升到新的悬挂点后，必须组织验收合格后方可投入使用。

（1）导轨爬升准备

导轨爬升前，液压装置操作人员、施工负责人、机管员、安全员等有关人员需到场，并协调通信设备到位，检查爬升悬挂件安装是否到位、高强螺栓紧固是否到位、上部爬升锚板和爬靴实际位置与理论位置一致。此外，检测混凝土强度是否达到 15MPa 以上，并确保液压系统各部件和控制系统技术状态处于良好状态。

（2）爬架爬升准备

爬架爬升前，首先需清除爬架上不必要的荷载，如钢筋头、氧气乙炔空瓶等。然后，抬起爬升导轨底部支撑脚，并旋转伸长使其垂直顶紧墩身混凝土面，完全松开支架下方的支撑脚，改变液压缸上下顶升弹簧装置状态，使其一致向下。爬升时需重点检查：

①爬架长边与短边的连接（如电线）等是否已解除。

②塔式起重机至爬架主电缆的悬挂长度是否足够。

③液压系统各部件和控制系统是否处于良好状态。

（3）爬升结束验收

爬升结束后，需组织验收，验收重点包括：

①承重销及安全插销是否插到位。

②所有平台滚轮和撑脚是否顶紧混凝土面。

③爬架固定后，安装锚固螺栓是否拧紧，以及转角部位连接是否牢靠。

④爬架各层操作平台的安全防护设施是否到位。

3）使用过程的安全控制

控制要点主要包括作业平台防护、操作荷载控制、高空作业管理等三个方面，分别阐述如下：

（1）作业平台防护

作业平台要保证通道畅通，防护栏杆和安全网等防护措施到位。作业平台防护栏杆需严格按规范设置，由两道横杆和竖杆组成，下横杆高 0.5～0.6m，上横杆高 1.0～1.2m，竖杆之间距离不超过 2m。

（2）操作荷载控制

本工程爬模的所有荷载全部依靠 4 个方向共 10 个锚固点承受。模板、浇筑、钢筋绑扎工作平台单层最大承载能力为 31.5kN/m^2，爬升装置工作平台最大承载能力为 1.5kN/m^2。

因此，除了保证锚固点处混凝土强度满足要求外，严禁在爬架上堆放除钢筋及施工所需物品以外的重物，还应尽量减少爬模上的附加荷载，所有堆放物应尽量由多根梁均匀承载，不允许堆置在跨中。

（3）高空作业管理

高空作业是爬模施工中面临的重要安全风险，尤其是本工程墩高 61.293m，作业人员一旦坠落后果不堪设想，必须严格按照《建筑施工高处作业安全技术规范》（JGJ 80—2016）进行管理。高处作业人员除正确佩戴劳动防护用品外，必须经安全管理人员同意后方可作业，并严格控制同时上塔作业的人数，兄弟俩同时参与施工的尽量分两班作业。特种作业人员还需遵守特种作业操作规程，如起重工要严格执行起吊“十不吊”的规则，焊工需遵守电气焊操作规程。

5 施工保证措施

5.1 组织保障措施

5.1.1 安全组织机构

项目部成立以项目经理为组长，项目副经理、总工程师、安全总监为副组长的项目部安全管理领导小组，项目经理部各相关部门参加，执行层为各工区及工班，管理组织如图 5-1 所示。

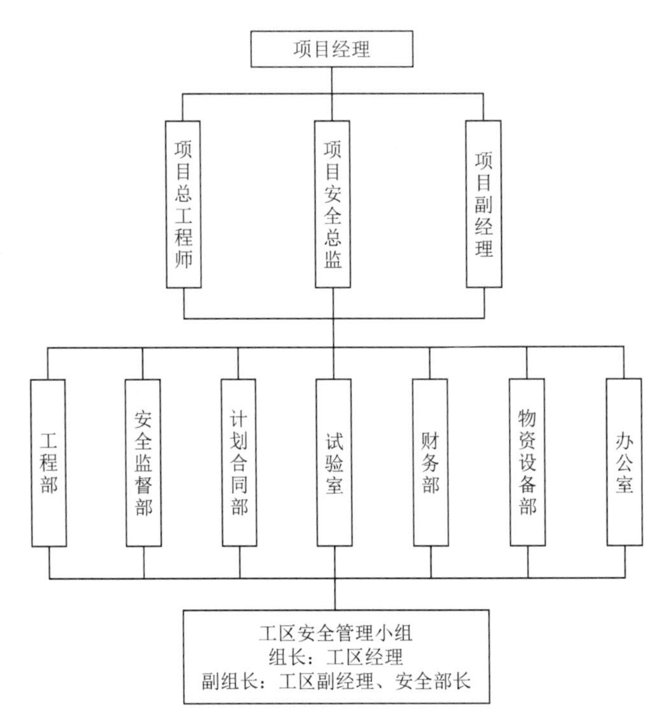

图 5-1 安全管理组织机构图

5.1.2 安全保证体系

为了贯彻落实“安全第一、预防为主、综合治理”的安全生产方针，杜绝一般及以上安全责任事故，杜绝责任亡人事故；遏制较大险性事件，消除重大事故隐患；安全管理机构健全，配齐专职安全人员；严防安全生产失信惩戒；落实安全生产工作，确保企业安全发展的安全生产目标。严格遵守国家法律、法规和标准规范，实行安全生产责任制，健全工程安全责任追究制，加强作业层的过程安全。按照“横向到边，纵向到底，控制有效”的原则，对施工安全进行全员参与、全过程控制、全方位监控。

5.1.3　安全管理人员职责

1）安全生产领导小组

（1）每月向上级主管部门汇报安全工作重点内容，包括主要控制措施、各级责任人。

（2）建立每天安全生产交班制度，向工班长及单独作业人员交清当天安全生产工作重点内容、注意事项、控制措施，落实安全检查人员的工作内容。

（3）认真落实和整改有关部门检查发现的问题和临时安排的安全生产工作事项。

（4）总结工程项目的安全生产工作，推荐先进班组和个人；按规定汇报事故（件）发生的真实情况，并积极配合事故调查工作。

2）项目经理

（1）组织员工安全教育培训和考核，合格后方可上岗。保证特种作业人员持证上岗。

（2）发生事故，做好现场保护与应急救援工作，按规定上报。协助事故调查处理，对因违章指挥、违反劳动纪律、违反操作规程和决策失误而造成的事故承担领导责任。

（3）严格用工管理，拒绝安排不合格的施工队和人员上岗作业，拒绝安排无证的人员从事特种作业；满足资质等要求的协作队伍、劳务分包队伍、设备租赁进场前，必须按要求组织签订安全协议书，明确双方安全责任；在生产过程中统一协调、管理。

（4）督促、检查本单位安全生产工作，领导组织安全检查，定期研究分析施工中存在的安全生产问题，并加以解决；对违章行为要及时纠正并严肃处理，支持安全管理人员的工作，安全生产要与分配挂钩，实施考核与奖罚。

（5）组织安全生产竞赛，总结推广安全工作的先进经验，在评功评奖时应将安全生产情况作为考核内容之一。

（6）组织制定应急救援预案，对应急响应的人力、物力、财力进行调配协作和统一指挥调度，并进行演练。

（7）发生事故，按要求及时、如实上报并保护好现场，本着“四不放过”的原则，认真处理工伤事故，对重伤以上事故及重大未遂事故要亲临现场组织调查、实事求是地提出调查分析报告和处理意见，并认真吸取教训。

3）项目总工程师

（1）组织安全防护设施和设备验收。严格控制不符合标准要求的防护设备、设施投入使用。

（2）参加安全检查，对存在的不安全因素，从技术上提出整改意见。

（3）组织参与本项目应急救援预案的编制工作，从技术角度提出预防、预警、救援的相关措施。

（4）参加事故调查，分析事故原因，提出防范措施。

4）项目安全总监

（1）根据国家安全生产的有关法律法规和上级单位的有关要求，对本工程的安全生产监督工作负综合监管责任。

（2）负责项目安全保证体系的建立、运行，负责项目安全生产监督管理的总体策划并组织实施，监督项目安全生产费用的使用；监督分包单位的安全生产工作。

（3）根据公司安全生产规章制度，负责组织本项目日常的安全生产督查工作，对督查中发现的重大问题，有权下令停工、整改。

（4）组织审核施工组织设计和施工方案及施工生产安全技术、安全管理措施方案和安全措施经费使用计划，确定生产任务中的安全生产考核指标。

（5）领导组织项目定期和不定期的安全生产检查，及时解决发现的事故隐患和安全工作中的薄弱环节，并推广安全生产先进经验。

（6）定期召开项目部安全例会，分析安全生产动态，解决存在的问题。参加事故调查处理，落实整改措施。

（7）组织制定生产安全事故应急救援预案，并组织演练，在应急救援过程中负责现场指挥和调度工作。

5）项目副经理

（1）项目分管生产的副经理负责统筹管辖区域内组织生产过程中各项安全生产制度和措施的落实，完善安全生产条件，落实辖区内安全整改要求，依照“谁主管，谁负责”和“管业务必须管安全”的原则，对管辖区域内安全生产工作负主要领导责任。

（2）支持安全管理人员工作，主动听取他们的汇报，积极发挥他们的作用，认真总结和推广安全生产先进经验和好人好事。

（3）及时纠正违章、冒险作业，经常进行安全教育，对特种作业人员加强管理，坚持定期培训，对新工人、调换工种人员、伤愈复工人员进行岗位安全教育，督促、检查作业队（作业班组等）定期开展安全活动，活动时间、内容有安排、有保证。

（4）保证施工生产现场的各种安全防护设施齐全、有效，认真参加安全生产检查，并负责对检查中存在的问题及时进行纠正，落实改正办法及措施。

（5）发生事故或未遂事故，要认真分析、弄清事故原因，找出事故规律，采取防范措施。发生伤亡事故，做好现场保护工作，及时上报。

6）专职安全员

（1）负责重大危险源的公示，督促落实各项管控措施，做到动态管理。

（2）负责施工现场安全生产日常检查，对发现的问题、隐患如实做好记录，下发《安全隐患通知书》监督隐患整改，并进行复查，期满未整改到位的及时向上级汇报。

（3）检查现场作业人员的“三违”等不安全行为，及时制止，并责令改正。

（4）负责对现场安全防护设施、安全标识检查验收，确保正常使用。

（5）负责施工机具设备、电力设施的日常检查，防止其处于不安全状态带病作业。

5.2 技术保证措施

5.2.1 安全保证措施

1）液压爬模施工装置系统安全技术措施

（1）爬模支架的材料必须采用国标材料，承载力满足要求并经过验算。

（2）液压提升系统通过安全验算，焊工持证且经过考核培训，以保证焊接质量。

（3）钢筋绑扎工作平台考虑堆放钢筋，施工荷载标准值 4.0kN/m^2；后移及模板操作主平台施工荷载标准值 1.0kN/m^2；液压操作工作平台施工荷载标准值 1.0kN/m^2，拆卸爬锥工作平台施工荷载标准值 1.0kN/m^2，1kN/m^2 相当于 102kg/m^2，施工中严格控制各平台的荷载，严禁因荷载过大导致平台变形及倾覆。

（4）液压千斤顶严格控制提升高度，尽量保持步调一致，液压爬模采用集中泵站操控，确保架体同步爬升，保持操作平台水平，千斤顶配有限位调整卡，每 20cm 强制调平一次，行程差不超过 10mm；千斤顶需严格校核才能使用，并使用同一批次较高精度的千斤顶；选用高精度压力控制阀，进行油压限制，控制千斤顶行程；爬升过程中配备发电机，防止临时停电，导致爬模停在半空中。

（5）钢筋、混凝土施工操作平台，内、外模安拆操作平台，外观缺陷修复操作平台设置防护栏杆，平台满铺脚手板，防护栏杆涂刷红白漆和贴反光膜。

（6）内外模板采用定型钢模板，模板待混凝土初凝后方可脱模，进行模板后移。

2）液压爬模施工模板及施工平台安全技术措施

（1）在施工前，组织参与空心墩施工的施工作业人员进行安全技术交底。使每个人都能详尽地了解液压爬模的工艺原理和流程，清楚自己的工作内容和安全控制要点，做到脑中有数、心里不慌、遇事不乱、处理得当。在没有特殊原因的前提下，尽量保证参与空心墩施工的人员稳定，使施工更加的熟练、安全、高效。

（2）本项目空心墩施工主平台梁采用单[20mm 槽钢，其余平台梁采用单[16mm 槽钢，围护安全网采用高度为 1.5m 的铁网，平台跳板采用花纹钢板，平台与平台采用人梯上下，在平台四周设置高度为 20cm 的挡脚板，防止坠物伤人，液压爬架的所有防护材料均与液压爬架配套进场、配套使用。

（3）在各层操作平台四周挂设安全网，使整个空心墩施工体系在空间上形成一个绕墩身封闭的高空作业区域。

（4）高处作业所用小型设备材料平台堆放应平稳，工具应随手放入工具袋（套）内，上下传递物件禁止抛掷，严禁大量囤放钢筋或模板等重型材料，防止作业平台倾覆或坍塌。

（5）液压爬模爬升前，对墩身混凝土进行强度测定，混凝土浇筑过程中，多预留3组同条件试块，以同条件养护试块强度为主，以回弹仪测定强度为辅，强度达到15MPa后，方可进行模板爬升作业；对高处作业的安全设施，发现有缺陷和隐患时，必须及时解决；危及人身安全时，必须停止作业。

（6）雨天高处行走时，必须采用可靠的防滑措施。施工人员必须穿防滑鞋。空心墩施工应事先设置避雷设施，设在塔式起重机最高处并进行可靠接地连接。遇有六级以上强风、浓雾等恶劣气候，不得进行露天攀登与悬空高处作业。暴雨后，应对高处作业安全设施逐一加以检查，发现有松动、变形、有损或脱落等现象应立即修理完善。

（7）模板及操作平台拆除时严禁上下同时拆除。

（8）高处作业前，项目部有关部门及监理工程师对安全防护设施进行验收，经验收合格签字后方可作业，需要临时拆除或变动安全设施的，应经项目技术负责人审批签字，并组织有关部门验收，经验收合格签字后方可实施。

（9）高空作业必须设有可靠的安全防护措施，作业人员必须携带安全防护用品。

（10）从事高处作业人员要定期或随时体检，发现有不宜登高的病症，不得从事高处作业，严禁酒后登高作业。

（11）高处作业人员不得穿拖鞋或硬底鞋。

（12）现场必须设配专职安全员，工人进场必须由专职安全员进行本工地的安全交底。

（13）操作台和辅助台要设护栏，台面经常保持清洁，以防滑倒摔伤或坠物伤人。

（14）各种悬吊装置要牢固可靠，必须进行日常检查工作，确保安全无事故。

（15）施工过程中加强工人安全强化教育，加强日常工作检查。对相关机械设备加强日常检查及维修。

（16）在桁架上进行焊接、切割作业时，根据作业位置和环境定出危险范围，禁止在作业下方及危险区域内堆放可燃、易爆物品和停留人员。严禁把电钯线、电线电缆或钢丝绳混在一起。焊接、切割工作完毕及时清理现场，彻底消灭火种后，方可离开施工现场。

（17）在每次下班前派专职安全员检查操作平台上是否存在火险或其他安全隐患。

3）混凝土作业安全操作技术措施

（1）混凝土输送泵的管道应连接和支撑牢固，试送合格后才能正式输送，检修时必须卸压。

（2）浇筑混凝土时要设置操作台，不得站在模板或支撑上操作。

（3）有倾倒掉落危险的浇筑要有相应的防护措施。

（4）使用振动器时要穿胶鞋，湿手不得接触开关，电源线不得有破皮露电。

4）塔式起重机安全使用技术措施

（1）塔式起重机各项安全装置必须灵敏可靠。

（2）操作各控制器时依次逐级操作，严禁越挡操作。变换运行方向先切换零位，待电机停止转动后再转向另一方向，严禁急开急停。

（3）当吊钩提升接近臂杆顶部小车行至端点或塔机接近轨端时，减速缓行。吊钩至臂杆不得小于1m，塔机距轨端端部不得小于2m。

（4）提升重物后，严禁自由下降，平移时高出障碍物0.5m。

（5）塔机按照产品规定及时设置附着锚栓，风力在4级以上时不得进行安装、顶生和拆卸作业。

（6）拆装塔式起重机的整个过程，必须严格按操作规程和施工方案进行，严禁违规。

（7）塔式起重机供电电源为三相四线制，采用接地保护，零线不接塔身，接地电阻不得大于4Ω；安装前应测量各部分对地绝缘电阻，电动机的绝缘电阻值不低于0.5MΩ，导线对地绝缘电阻不低于1MΩ。

（8）塔机安装完毕后，必须进行空载、静载试验、动载试验。静载试验吊重为额定荷载的125%，动载试验吊重为额定载荷的110%。

（9）塔式起重机操作人员必须持证上岗，熟悉机械的保养和安全操作规程，严禁酒后操作，严禁超载起吊；无关人员未经许可不得攀登塔机。

（10）设备的操作实行定机、定人、定岗，任何人不得擅自动用。

（11）操作人员应加强业务学习，对所操作的设备，应懂得基本的结构及性能，熟练地掌握操作技能，严格遵照厂家规定的操作程序。

（12）作业前应检查结构和传动部分的完好情况，特别注意结构的焊接、塔身及其相关连接和螺栓的紧固情况；检查电压是否正常；各制动轮表面必须保持清洁，不得粘有油污，确认各方面良好后，方可作业。

（13）操作人员必须听从作业指挥人员的指挥，操作前必须鸣号示意，作业现场只允许一人指挥。

（14）雨雪天气工作时应先试吊，证明制动可靠后，方可进行作业，严禁关掉重量限制器、起重力矩限制器和行走限位器等安全保护装置。

（15）运行出现故障时，应立即停机处理。

（16）操作完毕，须做好塔式起重机的清洁工作，消除安全隐患，做好例行保养，切断总电源，认真做好交接班工作，做好运行记录。

（17）当塔机在独立高度以内时应半月观测一次塔机垂直度；安装附墙时应观测垂直度状况，以便于附墙的调节；当安装附墙后，对垂直度状况应每月观测一次。

5）模板拆除安全技术措施

（1）拆除作业时，要按设计所确定的顺序进行，作业面及操作平台下方不得有人员走动、逗留。严禁立体交叉或多层上下进行拆除，在拆除时，应确保未拆除部分的稳定。

（2）在高处拆除时要有专人指挥和切实的安全措施，并在下面标出工作区，严禁非操作人员进入工作区。

（3）工作前要事先检查所使用的工具是否牢固，扳手等工具必须用绳链系挂在身上，工作时思想要集中，防止钉子扎脚和从高空滑落。

（4）严禁操作人员站在要拆除的模板上。

（5）液压爬模装置拆除前应检查各支撑点牢固情况，以及作业人员上下走道是否安全可靠，做好安全防护措施。

（6）拆除时可视吊装设备能力，分组拆除或吊至地面上解体，以减少高处作业量和杆件变形，拆除现场应划定警戒区，警戒线到建筑物边缘的安全距离不得小于 10m。

（7）已拆除的模板、拉杆、支撑等要及时运走或妥善堆放，严防操作人员因扶空、踏空而坠落。

（8）拆模间隙时，要将已活动的模板、拉杆、支撑等固定牢固，严防突然掉落，倒塌伤人。

5.2.2　质量技术保证措施

1）施工准备阶段质量技术控制措施

（1）施工前认真计算材料用量计划，并联系相关单位做好材料供应准备，保证月进度计划钢筋及混凝土用量的供应。

（2）定时检查拌和站工作性能及混凝土运输车的车况，保证施工进度的有序进行。

（3）明确施工人员到位情况，确保人员数量满足生产需求。

（4）施工便道定时维护，保证施工过程的材料运输。

（5）对承台与空心墩连接面用风镐进行凿毛处理。

（6）对塔式起重机、模板、施工安全爬梯等设备进行专业验收，确保设备符合施工要求。

（7）模板、丝杠、托架、平台由模板厂家定型制作，围栏等根据设计尺寸现场加工制作，操作系统从厂家直接购置。

2）墩身钢筋骨架连接及钢筋绑扎质量技术控制措施

（1）墩身钢筋骨架连接前，安装好劲性骨架，采用∟100mm × 100mm × 10mm 角钢，在顶层模板操作平台上对劲性骨架进行焊接，接长钢筋为 4.5m，两端滚丝，丝头长度偏差不超过±1mm，牙形饱满，不得有虚牙和断牙。丝头应圆滑，丝头扣间无杂质。在墩身预埋钢筋顶端安装直螺纹连接套，在同一截面内接头面积不超过 50%。用扳手拧紧钢筋接头，拧紧力控制在不加长力臂的情况下拧不动为止，外露不超过一丝长度。接头拧紧后做好标记。在顶层操作平台上，通过定位器钢管卡扣对钢筋骨架进行定位，保证钢筋骨架与墩身彼此一致。钢筋骨架连接完成后绑扎、焊接水平钢筋。钢筋检验合格后进行下道工序模板安装。

（2）在钢筋笼上绑扎梅花形垫块，保证墩身外侧净距保护层厚度为 6.5cm，墩身内侧保护层厚度为 8cm。

（3）墩身钢筋与劲性骨架∟100mm × 100mm × 10mm 角钢连接，并且每节段高度 4.5m，防止墩身钢筋倾斜失稳。

3）模板安装质量技术控制措施

（1）合模前将模板清理干净，刷好脱模剂，装好预埋件。

（2）收坡面每层采用外包形式。

（3）对拉杆间距不大于 1.5m，对拉杆采用直径为 25mm 的精轧螺纹钢筋。

（4）将模板移位，贴近混凝土的表面，用线坠配合全站仪器校正模板的垂直度。

（5）插好齿轮销，穿好套管、拉杆，拧紧每根对拉螺杆。

（6）复查模板垂直度，紧固每根斜支撑。

4）浇筑混凝土质量技术控制措施

本项目空心墩模板高度为 4.65m，考虑与下一层墩身重合 15cm，单次浇筑高度为 4.5m。

混凝土由拌和站集中搅拌，混凝土混合料应拌和均匀，颜色一致，不得有离析现象。罐车水平运输至施工现场，通过 52m 泵车或者塔式起重机配合料斗进行混凝土浇筑，混凝土的供应必须保证浇筑作业能连续工作，浇筑间歇时间不宜超过 15min。严格分层浇筑，分层厚度 30cm，采用振捣棒在距钢模 10cm 处进行先周边后内心的振捣，并定人定部位进行振密操作。为了保证混凝土的表面不产生温度收缩裂缝，尽可能在低温时浇筑，入模温度最低不超过 5℃，最高不超过 28℃。同时减缓浇筑速度，加强温度观测和混凝土的保温措施。混凝土浇筑时，随时检查模板拉杆，如有松动，及时紧固，防止跑模、漏浆。

5）拆模及养护

（1）拆模时应保证拆模时的气温和混凝土内部的温度差不超过 25℃。混凝土浇筑完成后及时养护。空心墩采用水管连接地面水泵至浇筑段，沿围栏四周用水管喷淋洒水，在养护过程中，保持混凝土表面湿润。

（2）混凝土凝固后，人工用扳手拧松对拉丝杠的螺母，模板丝杠水平抽出。

5.2.3 文明施工保证措施

1）推行施工现场标准化管理

（1）严格根据技术规范施工，按操作规程作业；随时保持现场干净，机械停放井然有序，原材料堆码整齐，各标志、标牌齐全规范；施工便道经常洒水，防止尘土飞扬；各工点严格执行工完场清制度，废料与垃圾及不再需要的临时设施应及时从现场清除、拆除并运走，保持施工现场干净。

（2）实行持证上岗制度，通过教育培训，作业人员能娴熟把握相关的操作规程、技术标准和工作标准，经考试合格方可上岗。对于考试不合格者，坚决不予上岗。

（3）施工现场设立工程简介、施工总平面布置图、安全质量宣传板，标明工程项目名称、范围、开竣工期限、工地负责人，设立监督电话，接受社会监督。

2）改善作业条件，保障职工健康

采取有效的卫生防护措施，经常保持现场及驻地的干净与卫生，为职工供应清洁的饮用水和合格的施工用水，以保护职工和工人的健康。做好施工人员的医疗保障工作，配备医务人员，建立工地卫生所，并与当地卫生部门合作，防止传染病并预备常用急救药物。高温酷热季节施工时，采取一定的防暑降温措施。

3）不扰民及妥当处理地方关系

合同段起讫点和固定工点设工程公告：施工便道干线和引入线设置明显规范的交通引导标志；施工期间，经常对施工机械车辆通行的道路进行修理，确保道路晴雨畅通；加大工程建设意义的宣传力度，争取地方百姓对施工生产的支持。

5.2.4 环境保护措施

1）水环保措施

（1）施工现场的临时食堂，污水排放设置有效的隔油池，定期清理，防止污染。

（2）工地临时厕所的化粪池采取防渗措施，并尽可能利用既有建筑物内的水冲式厕所，同时做好防蝇、灭蛆工作。

（3）混凝土生产、运输、浇筑产生的污染，施工机械设备产生的污染，劳动力高度集中产生的污染以及其他相关配套设施产生的污染将对水源产生较大影响，在施工中要采取有效措施，保护水源不受污染。

2）大气、扬尘环保措施

（1）加强机械设备的维修保养，减少机械废气、排烟对空气环境的污染。

（2）配备专用洒水车，对施工现场和运输道路经常进行清扫和洒水，减少扬尘。

（3）严禁在现场焚烧任何废弃物及有毒废料（废机油、废塑料等）。

3）对沿线河流的施工环保措施

（1）施工前，与当地环境保护部门充分沟通并制定相应保护措施后方可施工。

（2）施工中，要争取水域管理部门的配合并严格按照制定的环境保护措施实施，确实保证不污染周围环境。

（3）完工后，成立专门的清理队伍，清理施工中留下的泥浆、余土、废渣等污染物，拆除临时设施，尽量恢复原有的状况。

5.2.5 季节性施工保证措施

1）雨季施工

（1）现场排水系统应贯穿，并派专人进行疏通。保证排水沟畅通，施工道路不积水，潮汛季节随时收听气象预报，配备足够的抽水设备及防台防汛的应急材料。

（2）钢筋应上盖下垫，做好防雨措施。

（3）在混凝土拌和前，对原材料（砂、碎石）进行含水量测定，及时调整混凝土配合比，控制混凝土的坍落度。

（4）混凝土浇筑时，必须事先注意天气情况，尽量避开雨天，不得已情况，必须做好防雨措施，预备好足够的活动防雨棚，准备好塑料薄膜、油布等。

（5）对于已浇筑好的混凝土，用隔雨棚布或油布进行覆盖保护，以保证浇筑混凝土的质量。

（6）雨季前应组织有关人员对现场临时设施、脚手架、机电设备、临时线路等进行检查，针对检查出的具体问题，采取相应措施，及时整改。

2）夏季施工

夏季施工时既要保证项目质量和进度，也要做好施工人员的防暑降温工作。混凝土内应合理掺用缓凝剂以延长混凝土的凝结时间，泵送混凝土的输送泵管应覆盖草包并浇水。混凝土浇好后应及时派专人进行浇水养护，防止出现收缩裂缝。混凝土浇捣时，应派足收抹人员，防止收抹不及时而出现收缩裂缝及外表不平整等质量通病。

5.3 监测监控措施

5.3.1 监测点的设置

（1）在承台顶面设置4个固定观测点，利用高精密度水准仪进行观测。

（2）在空心墩的根部、中部和墩身截面变化处布置5个观测截面，在每个观测截面的顺桥向外侧测点位置设置反光片，配合全站仪进行桥墩的变位观测。

（3）在塔式起重机、安全爬梯基础上设置4个高程监测点，每日上班前及下班后对监测点高程进行测量，并做好记录，若发现沉降量过大，应立即采取相关措施。

5.3.2 监测仪器设备和人员配备

（1）监测仪器设备

监测仪器配备见表5-1。

设备配备表 表 5-1

序号	仪器名称	型号	单位	数量
1	水准仪	DSZ1	台	2
2	全站仪	莱卡 TS11	台	2
3	激光垂直仪	DZJ2OO	台	2

（2）监测人员配备及分工

监测人员配备及分工见表 5-2。

监测人员配备及分工表 表 5-2

序号	姓名	职务	职责	备注
1	×××	工区总工	全面负责监测工作	组长
2	×××	测量队长	测量、偏移监控	组员
3	×××	测量副队长	测量、偏移监控	组员
4	×××	测量员	测量、偏移监控	组员
5	×××	测量员	测量、偏移监控	组员

5.3.3 监测方式方法

（1）承台沉降观测

空心墩施工过程中，在其自重及施工临时荷载作用下，承台及基础逐渐下沉，预制 T 梁架设后，承台及基础将继续下沉。为了使成桥后桥面高程与设计高程一致，在桥墩和 T 梁架设施工过程中必须对承台沉降进行观测，以合理确定桥墩墩顶高程。

观测方法：承台顶面设置 4 个固定观测点，利用高精密度水准仪进行观测。

（2）空心墩高程、位移和倾斜度监测

空心墩高程、位移和倾斜度监测可根据施工控制网利用棱镜配合全站仪进行精密测量。同时在空心墩的根部、中部和墩身截面变化处布置 5 个观测截面，在每个观测截面的顺桥向外侧测点位置设置反光片，配合全站仪进行桥墩的变位观测。

同时将承台顶中心点坐标和高程作为平面和高程基准（扣除相应阶段承台沉降），采用检定合格的钢尺以钢尺导入法将高程向上传递，以确定各个施工阶段的高程，采用垂准仪提供向上和向下的铅垂线，精确测量空心墩施工过程中各截面控制位置处的倾斜度。

（3）爬升过程中、浇筑混凝土、绑扎钢筋、支模过程中的变形监测

在爬升过程中、浇筑混凝土、绑扎钢筋、支模过程中应保持操作平台水平，随时观测和掌握操作平台各点的高程，根据施工控制网利用棱镜配合全站仪进行精密测量，做好偏移预防及纠偏措施。

（4）塔式起重机基础、安全爬梯基础监测

搭设塔式起重机、安全爬梯后，在塔式起重机、安全爬梯基础上设置 4 个高程监测点，

每日上班前及下班后对监测点高程进行测量，并做好记录，若发现沉降量过大，应立即采取相关措施。

5.3.4 偏移控制

1）偏移预防措施

最好的纠偏措施即预防，对于高桥墩施工较高的垂直度要求，首先应该针对偏移产生的原因，制定相应的预防措施，严格控制操作平台的倾斜度。爬升过程中，操作平台应保持水平。每一千斤顶行程后都要随时观测和掌握操作平台各点的高程，控制操作平台的水平应做好以下几点：

（1）严格控制各千斤顶的升差。各千斤顶的相对高差宜控制在 2cm 内，相邻两千斤顶的升差宜控制在 1cm 内，升差可采用限位调平器进行控制。

（2）操作平台上的荷载，应尽量分布均匀。每次滑升前，应检查平台上物品（主要是钢筋）、人员等，布置均匀后方可滑升。

（3）严格控制支撑系统的垂直度。对于支撑杆和千斤顶垂直度的检查，应采用吊垂球的方法，做到勤观测、勤检查。对于倾斜的支撑杆，应立即调正或更换。

2）纠偏措施

纠偏宜早不宜迟。一旦出现偏差应及时纠正。一般来说，小偏差的纠正，并不困难，桥墩垂直度要求相对严格，所以应尽量避免大的偏差出现。

（1）千斤顶每一行程，都应对垂直度进行观测，依据观测数据，制定纠偏措施。

（2）对于 5mm 以下的偏移或扭转，可采用变换混凝土浇筑方向的方法进行逐步纠正，即先浇筑偏移反向一边的混凝土，后浇筑偏移方向一边的混凝土；对于爬模的扭转，应采取反方向浇筑混凝土的方法予以纠正。

（3）对于 5～10mm 的偏差，可采用偏载法进行纠正，即重新调整操作平台上荷载分布的方法。最简单的方法是在滑升时让操作平台上的人员偏于一边，但应注意偏载不宜过大。对于 10 mm 以下的偏差，采用变换混凝土浇筑方向和偏载法即能纠正过来。

5.3.5 信息反馈

每月定期或在恶劣天气后对模板平整度、模板支撑体系的主要受力构件进行监控监测，并形成书面材料整理后报监理工程师和业主。

5.3.6 预警值计算

模板安装预警值见表 5-3。

模板安装预警值表

表 5-3

序号	项目		预警值（mm）	报警值（mm）	检验方法
1	轴线位置	基础	11.25	15	尺量每边不少于 2 处
2		梁、柱、板、墙、拱	3.75	5	
3	表面平整度		3.75	5	2m 靠尺和塞尺不少于 3 处
4	高程	基础	±15	±20	测量
		梁、柱、板、墙、拱	±3.75	±5	
		梁、板、墙	l/2000	l/1500	
5	对应模板内侧宽度		+7.5，−3.75	+10，−5	尺量不少于 3 处
6	相邻两板表面高低差		1.5	2	尺量

6 施工管理及作业人员配备和分工

6.1 施工管理人员

投入的管理人员见表6-1。

空心墩施工拟投入管理人员一览表　　表6-1

序号	岗位	姓名	职责	备注
1	生产副经理	×××	负责现场施工总体策划、管理、协调	
2	技术负责人	×××	对现场施工技术把关、负责现场技术管理	
3	质量员	×××	负责现场施工质量控制	
4	安全员	×××	负责现场施工安全管理、保障工作	
5	安全员	×××	负责现场施工安全管理、保障工作	
6	试验	×××	负责现场具体试验工作	
7	技术人员	×××	负责现场具体技术工作	
8	技术人员	×××	负责现场具体技术工作	
9	测量人员	×××	负责施工测量放样	
10	测量人员	×××	负责施工测量放样	
11	材料员	×××	材料申领、发放及机具管理	

6.2 专职安全人员

专职安全管理人员见表6-2。

专职安全生产管理人员表　　表6-2

序号	岗位	姓名	职责
1	安全总监	×××	负责安全管理、保障工作
2	安全环保部部长	×××	负责现场施工安全管理工作
3	工区安全总监	×××	负责工区安全管理、保障工作
4	工区安全部长	×××	负责工区现场施工安全管理工作
5	安全员	×××	负责现场施工工点的旁站监督工作
6	安全员	×××	负责现场施工工点的旁站监督工作

6.3 特种作业人员

空心墩施工特种作业工种人员必须持证上岗，上岗前安全部应对上岗证书进行核实，若发现不合格，应禁止参与特种作业。特种作业人员配置见表 6-3。

特种作业人员计划表　　表 6-3

序号	岗位	姓名	职责
1	电工	×××	负责现场施工电力配置与维护
2	电工	×××	负责现场施工电力配置与维护
3	焊工	×××	负责现场施工电焊作业
4	焊工	×××	负责现场施工电焊作业
5	焊工	×××	负责现场施工电焊作业
6	焊工	×××	负责现场施工电焊作业
7	塔式起重机司机	×××	负责现场施工吊装作业
8	塔式起重机司机	×××	负责现场施工吊装作业
9	塔式起重机司机	×××	负责现场施工吊装作业
10	塔式起重机司机	×××	负责现场施工吊装作业
11	运输司机	×××	负责现场施工运输作业
12	运输司机	×××	负责现场施工运输作业
13	运输司机	×××	负责现场施工运输作业
14	起重工	×××	负责指挥现场吊装作业
15	起重工	×××	负责指挥现场吊装作业
16	信号工	×××	负责指挥塔式起重机司机作业
17	信号工	×××	负责指挥塔式起重机司机作业
18	司索工	×××	负责吊车或塔式起重机吊装的捆绑和挂钩
19	司索工	×××	负责吊车或塔式起重机吊装的捆绑和挂钩

6.4 其他作业人员

下设 1 个施工作业队，开展空心墩施工，设三个专业配合班组（钢筋加工安装组、模板施工组、混凝土浇筑组），施工作业人员配置见表 6-4。

施工队伍作业人员计划表　　表 6-4

序号	岗位	数量	职责
1	钢筋工	20	负责钢筋下料、运输至现场、安装绑扎等
2	模板工	16	负责模板安装、拆卸等
3	混凝土工	12	负责浇筑混凝土、养护等
4	其他	15	负责现场施工、环境卫生、指挥等

7 验 收 要 求

7.1 验收标准

7.1.1 分项工程的范围

钢筋工程、模板工程、混凝土工程等。

7.1.2 分项验收的条件

1）钢筋工程验收条件

（1）按施工图核查纵向受力钢筋，检查钢筋品种、直径、数量、位置、间距。

（2）检查混凝土保护层厚度、构造钢筋是否符合要求。

（3）检查钢筋接头，如绑扎搭接，要检查搭接长度、接头位置和数量（错开搭接，接头百分比）；如焊接接头或机械连接，要检查外观质量，取样试件力学性能试验是否达到要求，接头位置（相互错开）、数量（接头百分比）。

2）模板工程验收条件

（1）每层都要复查，关键轴线及轴线高程复查一次。

（2）检查预留孔、洞及预埋构件的尺寸是否符合要求。

（3）检查模板是否具有足够的强度、刚度和稳定性。

（4）检查模板尺寸偏差是否在规定允许的范围内。

3）混凝土工程验收的条件

（1）混凝土浇筑前应检查水泥出厂合格证、技术说明、按规定送检的试验报告。

（2）检查砂石质量。

（3）钢筋隐蔽验收是否合格。

（4）检查水、电、材料、机械设备、作业人员及施工技术员是否已全部到位。

7.2 验收程序及人员

由总监理工程师组织施工单位项目负责人、技术负责人及勘察单位项目负责人、设计单位项目负责人进行工程验收。建设单位项目负责人对总监理工程师及工程项目各参与方项目负责人的质量行为给予监督、检查、管理。

7.3 验收内容

7.3.1 钢筋加工安装质量验收

钢筋加工安装检查项目及要求见表 7-1。

钢筋加工安装实测项目 表 7-1

项次	检查项目			规定值或允许偏差（mm）	检查方法和频率
1	受力钢筋间距	两排以上排距		±5	尺量：长度小于等于 20m 时，每构件检查 2 个断面；长度大于 20m 时，每构件检查 3 个断面
		同排	梁、板、拱肋	±10	
			基础、锚碇、墩台、柱	±20	
2	箍筋、横向水平筋、螺旋筋间距			±10	尺量：每构件检查 10 个间距
3	钢筋骨架尺寸	长		±10	尺量：按骨架总数 30% 抽查
		宽、高或直径		±5	
4	弯起钢筋位置			±20	尺量：每骨架抽查 30%
5	保护层厚度	梁、板、拱肋及拱上建筑		±5	尺量：每构件沿模板周边检查 8 处
		基础、锚碇、墩台身、墩柱		±10	

7.3.2 模板质量验收

模板安装检查项目及要求见表 7-2。

模板安装质量控制标准表 表 7-2

序号	项目		允许偏差（mm）	检验方法
1	轴线位置	基础	15	尺量：每边不少于 2 处
2		梁、柱、板、墙、拱	5	
3	表面平整度		5	2m 靠尺和塞尺：不少于 3 处
4	高程	基础	±20	测量
		梁、柱、板、墙、拱	±5	
		梁、板、墙	l/1500	
5	对应模板内侧宽度		+10，−5	尺量：不少于 3 处
6	相邻两板表面高低差		2	尺量

7.3.3 墩身质量验收

墩身检查项目及要求见表 7-3。

现浇墩身实测项目 表 7-3

项次	检查项目		允许偏差	检查方法和频率
1	混凝土强度（MPa）		在合格的范围内	按《公路工程质量检验评定标准 第一册 土建工程》(JTG F80/1—2017)附录 D 检查
2	断面尺寸（mm）		±20	尺量：每施工节段测 1 个断面，不分节段施工的测 2 个断面
3	竖直度或斜度（mm）	H≤5m	≤5	全站仪或垂线法：纵横向各测两处
		5m＜H≤60m	≤H/1000，且≤20	全站仪：纵横向各测两处
		H＞60m	≤H/3000，且≤31	
4	顶面高程（mm）		±10	水准仪：测量 3 处
5	轴线偏位（mm）	H≤60m	10，且相对于前一段≤8	全站仪：每施工节段顶面边线与两轴线交点
		H＞60m	≤15，且相对于前一段≤8	
6	节段间错台（mm）		≤5	尺量：每节每侧面
7	平整度（mm）		≤5	2m 直尺：每侧面每 20m^2 测 1 处，每处测竖直、水平两个方向
8	预埋件位置（mm）		满足设计要求，设计未要求时≤5	尺量：每件均测

注：H为墩身高度。

7.3.4 钢筋机械连接质量验收

（1）钢筋机械连接接头的性能应符合《公路桥涵施工技术规范》(JTG/T 3650—2020)附录 A2 的规定。

（2）钢筋机械连接接头的材料制作、安装、施工及质量检验和验收，应符合滚轧直螺纹连接接头或《钢筋机械连接技术规程》(JGJ 107—2016)的规定。直螺纹连接检查见表 7-4。

钢筋直螺纹连接检查记录表 表 7-4

项目		指标			
检查部位		前所村特大桥左幅 15 号墩			
检查依据		《钢筋机械连接技术规程》(JGJ 107—2016)			
检查标准		直径≤16mm，扭矩 100N · m；直径 18～20mm，扭矩 200N · m；直径 22～25mm，扭矩 260N · m；直径 28～32mm，扭矩 320N · m			
接头外观标准		切口平整，丝扣无锈蚀，无裂纹。 丝扣外露 2～3 丝			
外观简要描述抽检数量		外观丝扣清晰无损坏、裂纹；设计 100 个，实测数量 1 个			
测点编号	钢筋直径（mm）	扭矩实测值（N · m）	测点编号	钢筋直径（mm）	扭矩实测值（N · m）
N1	28				
检测仪器		型号：LT-TWD			
		量程：0～340N · m			
班组自检人		现场技术		日期	

7.3.5 液压爬模安装检查验收

（1）液压自爬模系统及塔式起重机、施工安全爬梯等设备的日常检查，由项目部安质部部长负责，专职安全员、特种设备技术人员、特种设备操作人员及施工队负责人每日上下班前均需检查一次，安全爬梯、塔式起重机等特种设备转场安装拆除均需向报特种设备管理单位报备，并经验收许可后方可进行使用，使用期间的日常检查按照相应检查表进行，并在检查完成后签字确认。

（2）检查过程中要尤其加强对承重的销、轴、杆的检查，发现表面有损伤的要坚决更换或进行探伤检查，确保承重构件质量满足要求。

（3）液压爬模在施工过程中、安装完成后，每月、每次模板爬升前都要进行检查验收并形成书面材料，安全完成后检查验收表详见表7-5、表7-6。

液压自爬模架体月检记录表 表7-5

工程名称： 检查日期：

序号	检验内容	检验要求	检验结果	检查人
1	架体系统	架体各部位连接正常、牢靠；架体是否有变形现象		
2	模板后移装置	后移可调齿条装置与筒体之间连接是否牢固；后移装置是否进退自如		
3	受力螺栓及爬锥	受力螺栓及爬锥有无裂纹及螺纹破坏		
4	附墙挂座	附墙装置与导轨和主三脚架的位置有无偏差		
5	导轨	导轨承重舌及梯档是否可靠		
6	换向盒	换向盒内的棘爪有无裂纹；换向盒组装件是否转动灵活、定位是否正确可靠		
7	电气控制和液压控制系统	电控系统是否工作正常、灵敏可靠；接线、电缆接头是否绝缘可靠；液压系统是否工作正常可靠、升降平稳、二缸同步误差不超过12mm；超载时溢流阀保护，液压缸油管是否有漏油现象，系统压力是否正常；液压油是否需要更换		
检验结论				

液压自爬模爬升安全检查记录表 表7-6

工程名称： 施工节段：

阶段	检查项目	检查结果
爬升前	1. 爬模操作人员及通信设备是否已到位	
	2. 爬架爬升前混凝土强度是否大于15MPa	
	3. 埋件位置与设计位置是否一致，爬锥孔内是否有杂物	
	4. 爬锥受力螺栓及挂座是否安装牢固（挂座紧贴混凝土螺帽紧贴挂座）	
	5. 架体爬升过程中是否清除所有障碍物	
	6. 清除爬模上不必要的荷载及非操作人员撤离（6人）	

续上表

阶段	检查项目		检查结果
爬升前	7. 齿轮插销是否固定牢固（后移装置无法移动）		
	8. 爬升导轨前上下换向盒是否调整到爬升导轨位置		
	9. 爬架爬升前导轨尾撑撑到混凝土面，缩回承重三脚架附墙撑（大于 10cm）		
	10. 挂座上的安全销是否拔掉		
	11. 爬升架体前上下换向盒是否调整到爬升架体位置		
	12. 电控系统及液压系统是否工作正常		
	爬模组： 日　期：	工区： 日期：	
爬升过程	1. 导轨提升后埋件周转系统是否拆除		
	2. 导轨提升到位后承重舌是否与附墙挂座连接牢固		
	3. 架体爬升一个行程后是否拔掉承重销		
	4. 液压缸是否同步（行程相差 10cm 以上）、架体是否遇到障碍		
	5. 爬升到位后钥匙是否插入挂座承重插销、挂座安全销		
	爬模组： 日　期：	工区： 日期：	
爬升后	1. 爬升完毕上下换向盒是否调到爬升导轨位置		
	2. 是否关闭所有爬升系统的阀门及电气设备		
	3. 承重三脚架附墙撑是否紧贴混凝土面		
	4. 爬模架体各构件连接是否牢固		
	5. 爬模架体各个平台及护栏是否连接成整体		
	6. 各个平台的防护网及防坠网是否调整到位		
	爬模组： 日　期：	工区： 日期：	

7.3.6　其他质量检测

（1）施工前应对原材料进行检查，并有合格签证记录。对施工程序、工艺流程、检测手段进行检查。

（2）施工过程中应对基础处理、支架搭设、模板安装、混凝土浇筑等进行全过程检查。

（3）混凝土表面平整，施工缝平顺、棱角线平直，外露面色泽一致。

（4）蜂窝麻面面积不得超过该面面积的 0.5%，深度超过 1cm 的必须处理。

（5）混凝土表面不出现非受力裂缝，裂缝宽度超过设计规定或设计未规定时超过 0.15mm 须处理。

（6）施工临时预埋件或其他临时设施要清除。

（7）塔式起重机及安全爬梯的附墙措施严格按照设备厂家的安装书名进行预埋、安装，所有的预埋件均由专业人员安装，不得由墩身施工人员安装，安装完成后，要严格检查预埋件的位置和牢固程度等。

8 应急处置措施

8.1 应急处置领导小组组成与职责

8.1.1 应急处置领导小组组成

项目经理部成立生产安全事故应急处置措施领导小组，成员由项目部部室以上成员、现场专职安全员及施工队负责人组成。

8.1.2 应急处置领导小组成员职责

1）领导小组组长职责

（1）认真贯彻国家、地方和行业等上级有关安全应急管理的法律、标准、规程。

（2）建立健全项目安全应急管理组织机构，组织制定或修改单位应急预案并发布实施。

（3）保证应急救援资源的有效投入。

（4）掌握项目安全事故信息，及时向×××高速公路公司、当地政府及安全生产监督管理部门和集团公司报告事故情况。

（5）组织、指挥本项目安全事故应急救援预案的实施，组织或协助对事故进行调查、分析、处理和灾后恢复。

2）领导小组副组长职责

（1）协助组长进行安全应急管理，在组长未在位的情况下代行组长职责。

（2）指导、协调和参与所属项目部安全事故应急处置。

（3）组织开展对应急处置相关知识的宣传、培训和演练等工作。

（4）及时掌握项目安全事故信息，并向组长汇报。

（5）组织实施本项目应急救援，防止事故扩大，减少事故伤亡和经济损失，协助进行事故调查处置。

8.2 应急救援小组组成及职责

8.2.1 应急救援小组组成

项目经理部成立生产安全事故应急救援小组，组长由项目经理担任，是领导小组第一责任人，负责紧急情况处理的指挥工作；副组长由项目书记、生产副经理、安全总监、项目总工程师担任，负责紧急情况处理的具体实施和组织工作，组长不在或授权时，副组长按序行使组长的权力。成员由项目部部室以上成员、现场专职安全员及施工队负责人组成。

8.2.2 应急救援小组职责

1）组长的职责

（1）正确组织指挥责任人员分工，有效展开工作和组织人员、物资调配。

（2）紧急制定事故处理方案，根据情况变化，采取有效措施，控制事态发展。

（3）组织好现场有关行动人员协同配合。

（4）组织相关部门调查事故原因。

2）副组长的职责

（1）协助组长开展应急指挥工作，组长不在位时，代行其职责。

（2）协助组长制定事故处理方案，落实行动。

3）组员的职责

协助组长、副组长的工作，执行组长的命令，在发现问题后迅速向组长报告。

8.3 应急救援工作流程

事故发生后，按应急预案启动应急程序，工作流程见图 8-1。

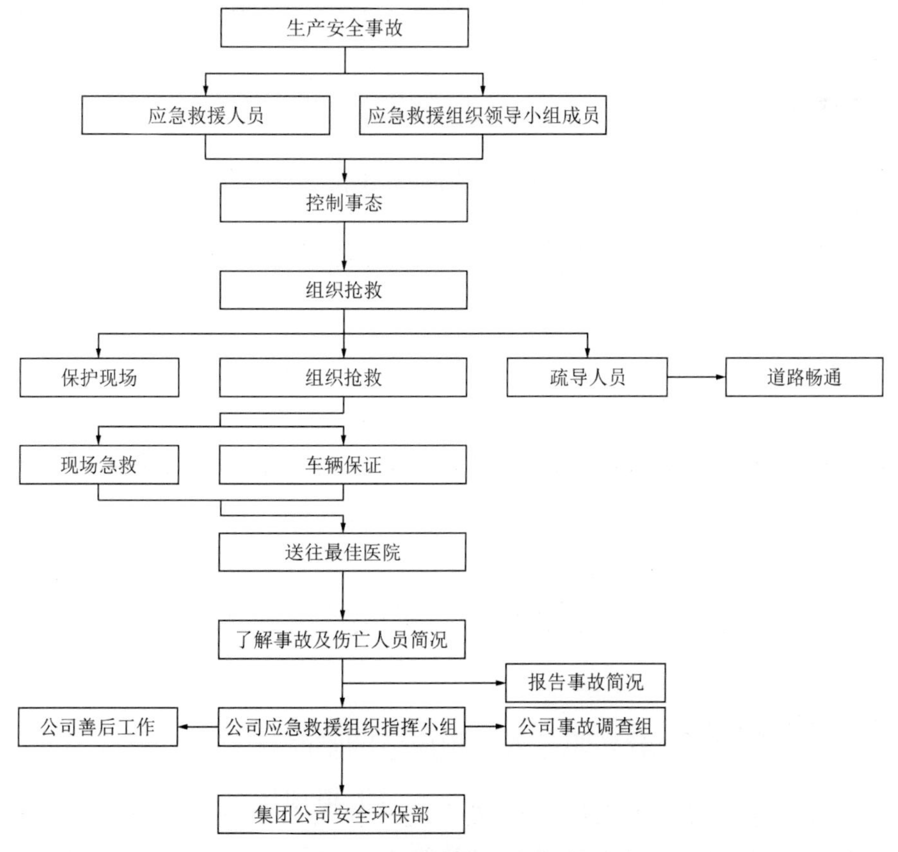

图 8-1 应急处置工作流程图

8.4 应急处置程序

8.4.1 信息报告程序和内容、报告方式和责任人

（1）当发生事故时，现场值班人员应立即断电，组织危险区域施工人员撤离，并迅速报告应急领导小组，启动现场处置方案，同时上报应急领导小组组长。

（2）采用喊话或其他方式疏散人员。

（3）现场应急指挥中心负责人应及时与医院、电力部门取得联系，确保24h联络畅通，联络方式采用电话、传真等。

现场应急指挥中心负责人通过上述联络方式向有关部门报警，报警的内容主要是：事故发生的时间、地点，造成的损失（包括人员伤亡数量、事故情况及造成的直接经济损失），已采取的处置措施和需要救助的内容。

8.4.2 应急响应

8.4.2.1 响应分级

响应分级事故响应按照分级负责的原则，根据事故危害、影响范围和控制事态的能力，本预案应急响应分为三级响应，即一级（社会级）响应、二级（公司级）响应、三级（项目现场级）响应。

8.4.2.2 报告和启动

应急领导小组获取险情报告后，迅速启动现场处置方案，同时报告公司应急指挥中心，公司应急指挥中心接到信息后上报公司应急指挥中心领导，立即对事故进行评估，根据评估结果确定应急响应等级，应急指挥中心启动预案、确定现场指挥人员。

8.4.3 接警报警

任何人员发现事故后应立即启动现场处置方案，同时迅速向应急救援指挥中心报告，应急指挥中心根据实际情况立即对事故进行评估，根据评估结果确定响应级别并决定是否启动预案。

8.4.4 应急指挥

应急响应后，现场人员中最高职务者承担应急的临时指挥，组织在场人员开展初期的应急处置工作。当总指挥到达后，临时指挥人员应汇报现场的应急处置情况，并将应急指挥权转交给总指挥，由总指挥全面负责应急救援工作。应急响应后，应急救援指挥中心应

指导抢险救援组，开展人员疏散、人员营救、事态控制、现场警戒和物资保护等工作。

8.4.5 资源调配

（1）按照平战结合的原则，确定应急物资、设备机具、防护用品的品种、规格和标准，报送需求计划，由相关专业主管部门审核汇总后，根据物资、装备类别报送应急自救小组的保障组，保障组对需求计划再进行审核并组织实施，确保应急所需物资、装备及时供应、补充和更新。

（2）应急响应后，应急救援指挥中心应指导后勤保障组，根据突发事件性质，启用应急物资，为抢险救援组提供应急装备，应急物资设备清单见表 8-1。

主要应急救援物资、设备清单 表 8-1

序号	名称	数量	性能	单位	存放位置	维护周期	责任人	联系电话	备注
1	应急指挥车	3	良好	辆	项目部驻地	次/周			
2	应急运输车	2	良好	辆	施工现场	次/周			
3	装载机	1	良好	台	施工现场	次/周			
4	挖掘机	1	良好	台	施工现场	次/周			
5	千斤顶	2	良好	台	路桥工区库房	次/月			10t
6	铁撬	40	良好	把	路桥工区库房	次/月			
7	方木	20	良好	块	路桥工区库房	次/月			
8	编织袋	2000	良好	个	路桥工区库房	次/月			
9	灭火器	150	良好	个	路桥工区库房	次/月			
10	安全绳	100	良好	m	路桥工区库房	次/月			
11	安全带	60	良好	个	路桥工区库房	次/月			
12	应急照明灯	20	良好	个	路桥工区库房	次/月			
13	急救医药箱	2	良好	个	路桥工区库房	次/月			
14	雨衣	50	良好	件	路桥工区库房	次/月			
15	雨靴	50	良好	双	路桥工区库房	次/月			
16	安全警戒带	100	良好	m	路桥工区库房	次/月			
17	手持式扩音器	3	良好	个	路桥工区库房	次/月			
18	潜水泵	2	良好	台	路桥工区库房	次/月			
19	潜水泵水带	200	良好	m	路桥工区库房	次/月			
20	绝缘手套	3	良好	双	路桥工区库房	次/月			
21	绝缘鞋	3	良好	双	路桥工区库房	次/月			
22	折叠式担架	4	良好	付	路桥工区库房	次/月			
23	呼吸器	20	良好	个	路桥工区库房	次/月			

续上表

序号	名称	数量	性能	单位	存放位置	维护周期	责任人	联系电话	备注
24	发电机	3	良好	台	施工现场	次/月			
25	电焊机	2	良好	台	施工现场	次/月			
26	金属切割机	2	良好	台	施工现场	次/月			
27	气体检测仪	1	良好	台	施工现场	次/月			

8.4.6 应急救援

应急响应后，应急救援指挥中心应分析判断突发事件的严重程度、波及范围、存在的危险，制定合理的救灾路线和施救方案，确保救援人员的人身安全和救援工作的顺利开展。

8.4.6.1 应急联系单

在发生重大生产安全事故时应保持联络畅通，保证应急救援工作及时。应急抢险联系方式见表8-2。

应急救援单位联系电话　表8-2

序号	单位名称	联系方式	与项目部距离（km）	备注
1	×××应急管理局		37	
2	×××应急管理局		14.3	
3	×××第一人民医院		8.6	
4	×××第二人民医院		15	
5	×××公安局		25	
6	×××派出所		9.4	
7	×××公安消防大队		26	
8	×××交通局		25	

8.4.6.2 救援医院信息及路线

（1）轻伤路线：×××第一人民医院，路线全长约8.6km，驾车用时约15min。电话：×××。

（2）重伤路线：×××人民医院，路线全长约15km，驾车约用时23min。电话：×××。

8.4.7 扩大应急

应急响应后，应急救援指挥中心应随时掌握事态发展，当依靠自身力量无法控制和消除其严重危害时，应及时向上级部门、当地政府及其相关部门请求支援。

8.5 应急处置措施

（1）倾覆事故发生，第一发现者应当立即在现场高呼，提醒现场其他有关人员迅速离开，防止多米诺骨牌连环事故发生，并立即通知现场负责人，现场负责人在了解事故现场基本情况后，立即向指挥中心报告。

（2）如果有施工人员在倾覆当中伤亡，立即拨打医院急救电话，到现场救护。

（3）现场总指挥应立即赶到事故现场全面组织协调抢救工作，抢险救援组带领有关人员分别对事故现场进行抢救，门卫值勤人员在大门口迎接救护车辆及人员。

（4）对现场进行清理，抬运物品，及时抢救被砸人员或被压人员，最大限度地减少重伤程度，如有轻伤人员可采取简易现场救护工作，如包扎、止血等措施，以免造成重大伤亡事故。

（5）保证现场道路畅通，方便抢险队员和救护车辆出入，以最快的速度抢救伤员，将伤亡事故降到最低。

（6）若设备倒塌至围挡以外，必须立即采取交通管制，疏导交通，与交警部门联系，并安排人员将该部位使用临时围挡进行隔离。

8.6 应急事件及应急措施

8.6.1 险情报告制度及应急预案启动程序

由工程管理部针对不同的施工安全风险，制定详细的施工方案和防范措施，以书面的形式上报监理、业主、设计等有关单位。

（1）险情报告制度

在施工过程中一旦遇到险情由应急领导小组成员及时准确地向监理单位、建设单位、上级相关部门汇报。汇报程序如下：责任区负责人→项目部调度→项目经理→建设单位、监理单位、地方相关部门。使相关部门能随时掌握险情的动态变化，以给予帮助指导。在特殊情况下联系不上时方可越级汇报。如发生安全事故，应按照《国务院关于特大安全事故行政责任追究的规定》(2001 年 4 月 21 日中华人民共和国国务院令第 302 号公布）以及其他有关规定，及时上报有关部门，并坚持“四不放过”的原则，严肃处理相关责任人。

（2）应急预案启动程序

根据事故应急救援系统的应急响应程序要求，按过程分为接事故报告、响应级别确定、应急启动、救援行动、应急恢复和应急结束等六个过程。

（3）事故情况与响应级别确定

接到事故报告后，按程序对施工情况做出分析判断，初步确定相应的响应级别。如果事故不足以启动应急救援体系的最低响应级别，响应关闭。

8.6.2 重点危险源预防及响应程序

1）高空坠落应急救援方法

（1）现场只有1人时应大声呼救；2人以上时，应有1人或多人去打“120”急救电话并立刻报告应急救援领导小组抢救。仔细观察伤员的神志是否清醒，是否出现昏迷、休克等现象，并尽可能了解伤员落地的身体着地部位和着地部位的具体情况。

（2）如果是头部着地，同时伴有呕吐、昏迷等症状，很可能是颅脑损伤，应迅速送医院抢救。如发现伤者耳朵、鼻子有血液流出，千万不能用手帕棉花或纱布去堵塞，以免造成颅内压增高或诱发细菌感染，会危及伤员的生命安全。

（3）如果伤员腰、背、肩部先着地，有可能造成脊柱骨折，下肢瘫痪，这时不能随意翻动，搬动时要三个人同时同一方向将伤员平直抬于木板上，不能扭转脊柱，运送时要平稳，否则会加重伤情。

2）物体打击应急救援方法

（1）当物体打击伤害发生时，应尽快将伤员转移到安全地点进行包扎、止血、固定伤肢，应急以后及时送医院治疗。

（2）止血：根据出血种类，采用加压包止血法、指压止血法、堵塞止血法和止血带止血法等。

（3）对伤口包扎，以保护伤口、减少感染，压迫止血、固定骨折、扶托伤肢，减少伤痛。

（4）对于头部受伤的伤员，首先应仔细观察伤员的神志是否清醒，是否昏迷、休克等，如果有呕吐、昏迷等症状，应迅速送医院抢救，如果发现伤员耳朵、鼻子有血液流出，千万不能用手巾棉花或纱布堵塞，因为这样可能造成颅内压增高或诱发细菌感染，会危及伤员的生命安全。

（5）如果是轻伤，在工地简单处理后，再到医院检查；如果是重伤，应迅速送医院抢救。

3）触电事故应急救援

（1）如果发生触电事故时首先断开电源。项目部应立即组织人员进行抢救，并电话通知公司应急反应组织机构，同时迅速呼叫医务人员前来现场进行抢救。如果电源开关在较远处，则可用绝缘材料把触电者与电源分离。

（2）高压线路触电：立刻通知供电部门停电，如一时无法通知供电部门则可抛掷导电体（如裸导线），让线路短路跳闸，再把触电者拖离电源。触电者脱离电源后马上进行抢救，同时拨打120，送往最近的医院。

（3）由事故调查组进行事故调查，责任分析并形成调查报告上报上级主管部门。吸取事故教训，提高施工人员的安全意识。

（4）对施工现场供电线路及电器全面检查，彻底整改。

4）机械伤害事故应急救援

（1）一旦发生机械伤害事故，项目部应立即切断电源并组织人员进行抢救，并电话通知公司应急反应组织机构，同时迅速呼叫医务人员前来现场进行抢救。

（2）对伤员进行必要的处理，如止血，有创伤出血者，应迅速包扎止血，材料就地取材，可用加压包扎、上止血带或指压止血等。尽快调动车辆送往医院。

9 计算书及相关图纸

9.1 液压爬模模板计算书（见二维码）

9.2 液压爬模支架计算书（见二维码）

9.3 空心墩墩顶实体段施工支架计算（见二维码）

9.4 附图及附表（见二维码）

脚手架工程范例
——悬挑式脚手架施工

扫码下载编制要点

目 录

CONTENTS

1 工程概况

1.1 脚手架工程概况和特点

1.1.1 本工程概况

本工程位于×××市××镇，为×××站配套建筑，拟建13高层建筑，设1层地下室，总用地面积58345.85m^2，总建筑面积为190067.82m^2，地上建筑面积147725.45m^2，地下建筑面积42342.37m^2。其中，1～6号楼为一类高层住宅，7号、11号楼为一类高层住宅，8～10号、12号、13号楼为二类高层住宅。拟建场地为空地，现已整平。场地地势平坦开阔、空旷，基坑开挖范围内无电缆、管线等地下设施，有利于基坑开挖。场地南侧为路边村，其他三侧均为规划的市政道路场地，现均为空地。

1.1.2 脚手架工程概况

本工程上部主体结构外脚手架主要采用落地式钢管外脚手架＋悬挑式钢管外脚手架结合。搭设形式、坐落楼层及搭设高度见表1-1。

脚手架搭设概况统计表　　表1-1

序号	楼号	起挑层数	起挑高程（相对高程）	悬挑分段	悬挑高度	梁板混凝土等级	板厚	结构
1	1～6号	4F	12.3m	4段	17.4m	C30	120mm	双层钢筋
		10F	29.7m		17.4m			
		16F	47.1m		14.5m			
		21F	61.6m		6.5m			
2	7号	4F	13.1m	4段	17.4m	C30	120mm	双层钢筋
		10F	30.5m		17.4m			
		16F	47.9m		11.6m			
		20F	59.5m		6.5m			
3	8号、9号	6F	18.9m	3段	17.4m	C30	120mm	双层钢筋
		12F	36.3m		14.5m			
		17F	50.8m		6.5m			
4	10号、12号、13号	6F	18.1m	3段	17.4m	C30	120mm	双层钢筋

续上表

序号	楼号	起挑层数	起挑高程（相对高程）	悬挑分段	悬挑高度	梁板混凝土等级	板厚	结构
4	10号、12号、13号	12F	35.5m	3段	14.5m	C30	120mm	双层钢筋
		17F	50m		6.5m			
5	11号	6F	17.8m	3段	17.4m	C30	120mm	双层钢筋
		12F	35.2m		14.9m			
		17F	50.1m		6.5m			

（1）验算时，落地架取最高搭设高度20m（地下室顶板至8号楼6层）、悬挑架取最高搭设高度17.4m进行计算。

（2）从地下室顶板上开始搭设钢管落地脚手架，在地下室顶板上脚手架的立杆底部铺设木垫板，立杆底部设置扫地杆，从木垫板往上距离不大于200mm。

（3）本工程脚手架作为结构施工及外墙装修之用，脚手架横向水平杆的靠墙一端至墙装饰面的距离不应大于100mm。

1.2 施工要求

1.2.1 质量管理目标

全部工程质量必须符合国家有关标准、规范及设计文件要求，检验批、分项、分部工程施工质量检验合格率达到100%，工程一次验收合格率100%；按照验收标准要求各检验批、分项、分部工程施工质量合格率达到100%。

1.2.2 安全管理目标

（1）不发生责任安全亡人事故。

（2）不发生较大及以上生产责任安全险性事件。

（3）项目安全生产达标率100%，完成公司下达各类安全生产创优指标。

1.2.3 工期要求

根据住宅楼施工顺序，外架按照楼号施工顺序依次进行施工，计划2019年5月25日开始施工，2019年11月15日完工。

1.3 施工地的气候特征及季节性天气

漳州龙海市地处欧亚大陆的东南缘，是典型的海洋性气候，受季风的影响非常明显。

冬季漳州龙海市受欧亚极地下来的干、冷气团控制，多吹东北到偏东风，气温较低，湿度较小，雨量稀少。夏季主要受热带和副热带暖气团的控制，多吹西南到偏南风，气温较高，雨量较多，降水强度也较大。一些主要的灾害性天气多发生在夏季，如冰雹、强暴雨、龙卷风、大暴雨、浓雾、台风等。特别是历年三月到六月份灾害性天气特别频繁。

（1）气温：漳州龙海市属南亚热带海洋性季风气候。夏无酷暑，冬无严寒。多年平均气温 21.6℃左右。最热月出现在 7 月，月平均气温 28.2℃，累年极端最高气温为 38.5℃（1979 年 8 月 15 日）；最冷月出现在 2 月，月平均气温 12.5℃，累年极端最低气温为 2℃（1957 年 2 月 12 日）。

（2）降雨：漳州龙海市地区主要降雨季节为 4～9 月份，集中了 76%的降雨，全年降雨日数 122.7d（≥0.1mm），其中日降雨量≥50mm 暴雨日数年平均 3.6d，年平均降雨量为 1188.4mm。年最多降雨量 1771.8mm（1973 年），月平均最多降雨量 207.1mm（6 月），月平均最小降雨量 26.1mm（12 月），月极端最多降雨量 702.8mm（1958 年 7 月），日最大降雨量 239.7mm（1973 年 4 月 23 日），最大降雨强度达 88mm/h。

（3）灾害性气候：漳州龙海市地区灾害性天气主要有台风、暴雨、寒潮、大风等，其中对边坡工程影响最大的是暴雨。漳州龙海市日降雨量≥50mm 的暴雨日数年平均 36d，主要集中在 4～9 月，以 7～8 月最多，最大日降雨量 239.7mm（1973 年 4 月 23 日）。

1.4 风险辨识与分级

根据此分项工程的特点，现场可能发生的安全事故有坍塌、物体打击、高处坠落、机械伤害、触电、火灾等，详细内容见表 1-2。

安全事故统计表 表 1-2

危险源情况	可能发生的事故
（1）脚手架系统搭设不符合规范、相关要求； （2）局部位置堆料太高、太重	坍塌
（1）高处作业人员未系安全带； （2）作业面等临边无防护	高处坠落
（1）作业人员未佩戴安全帽； （2）随意抛、扔工具或材料； （3）垂直运输材料的吊具材质和安全设施不符合要求	物体打击
（1）架子工机械设备动机部位无防护罩或机械零部件破损； （2）架子工操作人员不按操作规程作业	机械伤害
（1）现场的电缆、电线破损或老化； （2）架子工机械无保护接零、漏电保护器不起作用； （3）施工用电拉设随意、混乱	触电
（1）电焊等作业无防火措施； （2）材料存放区域未按规定配备消防器材或设施	火灾

为提高施工安全性，本工程风险评价采用作业条件危险性评价法进行分析评价。作业条

件危险性评价法认为对于一个具有潜在危险性的作业条件，影响危险性的主要因素有 3 个：

（1）发生事故或危险事件的可能性（L）。

（2）暴露于这种危险环境的情况（频率）（E）。

（3）事故一旦发生可能产生的后果（C）。

危险性$D = L \times E \times C$，危险源辨识评价见表 1-3。

危险辨识评价表 表 1-3

序号	施工阶段	作业活动	潜在的危险因素	可能导致的事故	作业条件危险性评价				危害等级
					L	E	C	D	
1	主体施工	脚手架搭设	无外架施工方案或未经审批	外架坍塌坠落	3	2	7	42	2
2			施工方案不能指导施工	外架坍塌坠落	3	2	7	42	2
3			不按照方案施工	外架坍塌坠落	3	2	15	90	3
4			外架上施工荷载超过规定	外架坍塌坠落	3	2	40	240	4
5			外架构件间距不符合要求	外架坍塌坠落	3	2	40	240	4
6			施工人员未正确使用个人防护用品，未穿绝缘鞋，未戴绝缘手套	触电	1	2	15	30	2
7		混凝土拌和	粉尘	影响人体健康	3	2	1	6	1
8		构件存放	构件存放无防倾倒措施	倾倒	3	1	15	45	2
9		构件吊运	未按照塔式起重机指挥程序吊装	物体打击伤害	3	2	15	90	3
10		支架拆除	2m 以上高处作业无可靠立足点	坠落	3	2	15	90	3
11			拆除区域未设置警戒线且无监护人	物体打击	3	2	7	42	2
12			无操作平台探头板	坠落	3	2	3	18	1
13			无临时支撑或支撑不当	坍塌	3	2	3	18	1
14			拆除工人未戴安全帽	物体打击	3	3	7	63	2
15			留有未拆除的悬空构件	物体打击	1	2	7	14	1
16			未做到工完场清	钉子扎伤人等	1	3	3	9	1
17			噪声	影响人体健康	3	6	1	18	1

1.5 参建各方责任主体单位

（1）建设单位：×××。

（2）施工单位：×××。

（3）监理单位：×××。

（4）设计单位：×××。

（5）地勘单位：×××。

2 编制依据

2.1 编制说明

本项目使用落地式脚手架与悬挑式脚手架，根据《住房城乡建设部办公厅关于实施〈危险性较大的分部分项工程安全管理规定〉有关问题的通知》（建办质〔2018〕31号）附件1相关规定，本项目脚手架工程属于危险性较大的工程，需编制安专项施工方案，以指导该工程的安全施工。

2.2 法律依据

（1）《中华人民共和国安全生产法（2021年修订）》（978-7-5216-1908-9）。

（2）《建设工程安全生产管理条例》（1511211635）。

（3）《住房城乡建设部办公厅关于实施〈危险性较大的分部分项工程安全管理规定〉有关问题的通知》（建办质〔2018〕31号）。

（4）《危险性较大的分部分项工程安全管理规定》（2018年3月8日中华人民共和国住房和城乡建设部令第37号公布）。

（5）《建筑结构荷载规范》（GB 50009—2012）。

（6）《建筑施工组织设计规范》（GB/T 50502—2009）。

（7）《混凝土结构工程施工质量验收规范》（GB 50204—2015）。

（8）《建筑施工安全技术统一规范》（GB 50870—2013）。

（9）《安全网》（GB 5725—2009）。

（10）《低压流体输送用焊接钢管》（GB/T 3091—2015）。

（11）《直缝电焊钢管》（GB/T 13793—2016）。

（12）《施工现场临时用电安全技术规范》（JGJ 46—2005）。

（13）《建筑施工安全检查标准》（JGJ 59—2011）。

（14）《建筑施工高处作业安全技术规范》（JGJ 80—2016）。

（15）《碳素结构钢》（GB/T 700—2006）。

（16）《建筑施工扣件式钢管脚手架安全技术规范》（JGJ 130—2011）。

2.3 项目文件

（1）施工合同。

（2）厦门上城建筑设计有限公司提供的设计图纸。

2.4 施工组织设计

漳州高新区圆山新城中部组团（路边安置房）棚户区改造项目（一期）《施工组织设计》。

3 施工计划

3.1 施工进度计划

每栋每层的落地脚手架搭架时间为该层楼板浇筑完成后开始施工。每一悬挑架层在该层楼板板筋绑扎时，同步预埋和固定工字钢横梁的前后支点锚筋，用时半天。外架的预埋或搭设工作均不占用结构施工的工序时间，仅在悬挑架层的工字钢安装时，安排一天半的时间专门吊装和安装悬挑架横梁，并在第二天下午模板支架开始搭设时，外脚手架应安装好悬挑架的 2 步架体，架体高度不足的与模板安装工序同步配合做好防护。架体的安装与拆除不占用工期，与主体同步进行。各栋楼的外架搭设计划见附件 9.2-2。

3.2 材料与设备计划

本工程脚手架需用的物资随脚手架的施工进度分批陆续进场。主体结构施工期间，外脚手架搭设工作主要采用塔式起重机运输和切割机切断钢管。机械设备进场前必须实行试运转制，性能良好方可投入使用。现场配备若干名机械修理工，对机具设备定期检修和日常维护保养，保证机具处于正常运转。工程需用材料见表 3-1，设备及计划安排见表 3-2。

材料计划表 表 3-1

序号	材料名称	规格与材质	单位	数量	进场时间	退场时间
1	钢管	ϕ48.3mm × 3.6mm	t	80	2019 年 4 月 20 日	2019 年 12 月 20 日
2	扣件	厚度 3.6mm	个	10800	2019 年 4 月 20 日	2019 年 12 月 20 日
3	工字钢	I16	m	3500	2019 年 4 月 20 日	2019 年 12 月 20 日
4	脚手板	钢笆片	m^2	6080	2019 年 4 月 20 日	2019 年 12 月 20 日
5	安全网、平网	1.8m × 6m密目式	m^2	13700	2019 年 4 月 20 日	2019 年 12 月 20 日
6	黄、白、红油漆		kg	270	2019 年 4 月 20 日	2019 年 12 月 20 日
7	槽钢、垫板	⊏12、200mm × 50mm	m	980	2019 年 4 月 20 日	2019 年 12 月 20 日
8	U 形钢筋	ϕ16mm锚固螺栓	个	1300	2019 年 4 月 20 日	2019 年 12 月 20 日
9	U 形钢筋	ϕ20mm	个	500	2019 年 4 月 20 日	2019 年 12 月 20 日
10	钢丝绳	6 × 19-14mm	根	600	2019 年 4 月 20 日	2019 年 12 月 20 日
11	绳卡	20mm	个	1200	2019 年 4 月 20 日	2019 年 12 月 20 日
12	角钢	63mm × 63mm × 6mm	个	1200	2019 年 4 月 20 日	2019 年 12 月 20 日

设备计划表　　表 3-2

序号	材料名称	型号	单位	数量	进场时间	退场时间
1	塔式起重机	JT125H6	台	9	2018 年 10 月 20日	2020 年 3 月 10 日
2	切割机	GQ42	台	6	2019 年 4 月 20 日	2019 年 12 月 20 日
3	现场照明设备	1kW	台	15	2019 年 4 月 20 日	2019 年 12 月 20 日
4	电焊机	ARC250	台	8	2019 年 4 月 20 日	2019 年 12 月 20 日
5	施工升降机	SC200/200	台	13	2019 年 7 月 1 日	2020 年 9 月 1 日
6	经纬仪	JDJ2	台	6	2018 年 9 月 1 日	2020 年 10 月 1 日
7	电子水准仪	LS15	台	3	2018 年 9 月 1 日	2020 年 10 月 1 日

3.3 劳动力计划

本工程配备相应的技术、质量、安全管理人员。操作人员必须按照国家有关规定经专门的安全技术培训，取得架子工操作资格证书，持证上岗。该分项工程施工需用配置的劳动力计划见表 3-3。

劳动力需求计划表　　表 3-3

序号	工种	总人数	2019 年						
			5 月	6 月	7 月	8 月	9 月	10 月	11 月
1	架子工	40	15	20	35	40	40	20	20
2	起重工	18	4	9	12	15	15	10	6
3	杂工	15	9	12	16	18	18	14	9

4 施工工艺技术

4.1 技术参数

架体采用型钢悬挑脚手架搭设，I16 工字钢作为底座，预埋悬挑系统。架体立杆纵距 $l_a = 1.5\text{m}$，横距$l_b = 0.8\text{m}$，架体步距$h = 1.8\text{m}$。板厚 120mm 处悬挑工字钢长度 3.0m，悬挑段 1.25m，固定段 1.75m。构架层悬挑工字钢挑角处工字钢长度 4m，悬挑段 1.3m，固定段 2.7m。悬挑阳台处悬挑工字钢挑角处工字钢长度 6m，悬挑段 2.65m，固定段 3.35m。阳角处悬挑工字钢采用焊接与建筑物预埋件连接或平铺在楼板上两种方式，长度 3.0～4.0m，悬挑段 1.25～1.75m，固定段 1.75～2.25m。

板厚不足 120mm 等位置，采用钢管在工字钢固定段进行加固；在阳台、空调板等悬挑板部位，采用钢管进行回顶。在施工升降机位置外架与升降机平台断开。

脚手架技术参数见表 4-1。

脚手架技术参数表 表 4-1

脚手架搭设类型	钢管落地式脚手架	普通型钢悬挑脚手架
搭设高度（m）	20	17.4
步距（m）	1.8	1.8
立杆横距（m）	0.80	0.80
立杆纵距（m）	1.5	1.5
首步架步距（m）	1.8	1.8
连墙件设置	两步三跨	两步三跨
剪刀撑设置	沿全高设置连续剪刀撑	沿全高设置连续剪刀撑

4.2 工艺流程

预埋 U 形钢筋拉环→预埋钢丝绳吊环→安装悬梁与吊绳→摆放成品立杆底座→摆放扫地杆→逐根树立立杆并随即与扫地杆扣紧→装扫地小横杆并与立杆或扫地杆扣紧→安装第一步大横杆与各立杆扣紧→安装第一步小横杆→安装第二步大横杆→安装第二步小横杆→安装第三、四步大横杆和小横杆→连墙杆→接立杆→加设剪刀撑→铺脚手板（绑扎护身栏杆和挡脚板→挂安全网→检查验收→使用、维护→拆除。

4.3 施工方法

4.3.1 脚手架安装

1）悬挑工字钢

（1）锚固楼层：本工程型钢悬挑梁布置在120mm厚的楼板上时，板厚小于120mm时应对结构楼板采取加固措施，在该处楼板表面处增加一层ϕ6mm、长度1000mm×1000mm的加强钢筋网片，间距150mm。对于部分型钢悬挑平台U形钢筋锚固圈预埋处楼板上部无配筋，采取锚筋预埋加固筋通长设置的方式进行加固。

（2）工字钢：悬挑梁采用I16工字钢制作，工字钢底部，脚手架外立杆根部焊接ϕ18mm钢筋头，长度150mm，用于防止斜拉钢丝绳移位。

①工字钢长度3.0m，悬挑段长度1.25m，锚固段长度1.75m。工字钢端部往内0.1m处设置1道钢丝绳作为保险钢丝绳，不参与计算。

②伸入楼层段采用ϕ16mm U形钢筋拉环，第一道在离墙0.1m，第二、第三道在工字钢端部向里0.2m处锁紧。

③当工字钢穿过剪力墙及柱时应在安装模板时预埋200mm×150mm的木盒，穿入工字钢后用木楔塞紧。

④在I16工字钢上距离墙面250mm处先立里排立杆，后距离里排立杆800mm处再立外排立杆，立杆套在I16工字钢上焊接的长150mm ϕ18mm钢筋上，防止钢管滑动。对于每排立杆先立两端头的立杆，再立中间的一根立杆，当互相看齐后，立中间部分的各立杆。立杆要求垂直，立杆垂直度允许偏差应小于高度的1/200，并不大于100mm，横向偏差应小于高度的1/400，并不大于50mm。里、外两立杆连线应与墙面垂直。

（3）锚筋：U形锚固螺栓采用ϕ16mm圆钢。U形锚固螺栓预埋至混凝土梁板底层钢筋位置，附加两根长1500mm、ϕ18mm构造加强筋。型钢悬挑梁固定端采用2个钢筋拉环与建筑结构梁板固定，其锚固长度应符合现行国家标准的要求。最外侧一道锚固螺栓设置在离外墙面0.1m处，最内侧一道设置在靠近内侧悬挑梁端200mm处。

（4）钢丝绳：每个型钢悬挑梁外端设置钢丝绳与上一层建筑结构斜拉结。钢丝绳选用6×19钢丝绳，钢丝绳公称抗拉强度1400MPa，直径15.5mm。

（5）吊环：在每悬挑工字钢梁的上一层结构框架边梁上部预埋ϕ20mm钢筋吊环，作为钢丝绳与建筑结构的拉结点。吊环预埋锚固长度应符合《混凝土结构设计规范（2015年版）》（GB 50010—2010）中钢筋锚固的规定。

（6）悬挑梁间距应按悬挑架架体立杆纵距设置，每一纵距设置一根。

（7）悬挑钢梁固定段长度不小于悬挑段长度的1.25倍。

（8）对于部分悬挑工字钢锚筋较集中的梁板部位，采取锚筋预埋加固筋通长设置、增加用活动顶托补顶上层楼板的方式进行加固的措施。

（9）型钢悬挑外架在立面转角处的处理方法采用辐射式布置型钢梁。转角处对角线位置的悬挑工字钢伸进框架柱，其他相邻两根短工字钢与伸进框柱的工字钢焊接连接。结构边柱转角处的工字钢要伸进框架柱内部，预埋锚筋布置在框柱内部，框柱浇筑混凝土时连同工字钢一起浇筑，悬挑工字钢拆除后再割除。悬挑梁工字钢在转角处直接埋入剪力墙和结构柱的做法，应征得设计单位确认。

（10）外挑露台不得作为悬挑式外脚手架的支点。

（11）当结构楼板面高程不一致时，造成前支点悬空，在工字钢的支点处加钢板将其垫平，同时支点的预埋锚筋应加长；当后支点悬空时，除在悬空位加垫块外还应在横梁的后固端再增加一个锚固点，使横梁的后锚固端共同受力。

2）立杆

（1）立杆接头除顶层顶步外，其余各层各步接头必须采用对接扣件连接，立杆与纵向杆采用直角扣件连接。接头交错布置，两个相邻立柱接头避免出现在同步同跨内，并且在高度方向至少错开 500mm；各接头中心距主节点的距离不大于步距的 1/3。

（2）立杆在顶步搭接时，搭接长度不小于 1m，将 3 个旋转扣件等间距固定，端部扣件盖板边缘至搭接纵向水平杆杆端的距离不小于 100mm。

3）纵向水平杆

纵向水平杆置于立柱的内侧，用直角扣件与立杆扣紧，纵向水平杆采用对接扣件连接，其接头交错布置，不在同步同跨内；相邻接头水平距离不小于 500mm，各接头距立柱距离不大于纵距的 1/3，纵向杆在同一步架内纵向水平高差不超过全长的 1/300，局部高差不超过 50mm。悬挑外架的首步架步距不应大于 1500mm。

4）横向水平杆

主节点处必须设置横向水平杆，用直角扣件扣接且严禁拆除。横向水平杆伸出外排纵向杆边缘的距离不小于 100mm，伸出内排纵向杆距离结构外边缘 100mm。上下层横向杆在立杆处错开布置，同层的相邻横向杆在立杆处相向布置。

5）纵、横向扫地杆

纵向扫地杆采用直角扣件固定在距离底座上皮 200mm 的立杆上，横向扫地杆则用直角扣件固定在紧靠纵向扫地杆下方的立杆上。对于立杆存在较大高低差时，扫地杆错开，高处的纵向扫地杆向低处延长两跨与立柱固定。

6）剪刀撑

（1）全部采用单杆通长剪刀撑，随立杆、纵横向水平杆同步搭设剪刀撑，沿架高连续布置，剪刀撑斜杆的接长采用搭接，搭接长度不应小于 1m。

（2）剪刀撑每6步4跨设置一道，斜杆与地面的夹角在45°～60°之间。斜杆相交点处于同一条直线上，并沿架高连续布置，剪刀撑的斜杆应用旋转扣件固定在与之相交的横向水平的伸出端或立杆上，旋转扣件中心线距主节点的距离不宜大于150mm。

（3）外侧立面整个长度和高度上连续设置剪刀撑。

（4）施工电梯卸料平台侧边外架开口处加设横向斜撑。

7）脚手板的铺设要求

（1）作业层需满铺脚手板，同时作业层不超过2层。

（2）脚手板应满铺、铺稳，离开墙面120～150mm，脚手板不得有探头板。

（3）拐角处两个方向的脚手板重叠放置，避免出现探头及空挡现象。

（4）脚手板须用18号铅丝双股并联绑扎，不少于4点，要求绑扎牢固，交接处平整，铺设时要选用完好无损的脚手板，发现有破损的要及时更换。

8）防护栏杆

（1）脚手架外侧使用建设主管部门认证的合格、绿色密目式安全网封闭，且将安全网固定在脚手架外立杆或纵向杆内侧，选用18号铅丝张挂安全网，要求严密、平整。

（2）作业层脚手架立杆于0.6m和1.2m处设两道防护栏杆，底部侧面设180mm高的挡脚板。

（3）脚手架内侧形成临边的（如遇大开间门窗洞等），在脚手架内侧设1.2m的防护栏杆和180mm高踢脚板。

（4）上下脚手架的斜道等均应设置防护栏杆或其他安全防（围）护措施并清除通道中的障碍，确保人员上下的安全。

9）连墙件

（1）连墙件采用刚性扣件连接，连墙件的布置宜优先采用梅花形布置，连墙件尽量靠近主节点，偏离主节点不大于300mm。

（2）连墙件应设置在与悬挑梁相对应的建筑物结构上。脚手架每层三跨或脚手架架体立面投影面积每 $27m^2$ 以内同时不应大于二步三跨需设置一道刚性连墙件。严禁采用钢筋铁丝等柔性连墙件。

（3）连墙件中的连墙杆尽量呈水平设置，当不能水平设置时，与脚手架连接的一端应下斜连接，不得采用上斜连接；当脚手架暂时不能设置连墙件时可搭设抛撑，抛撑采用通长杆与脚手架可靠连接，与地面成45°～60°夹角。

10）架体内封闭

（1）垂直封闭：在脚手架的外排立杆的内侧设置密目网作为垂直全封闭防护。绑扎方法：用14号铅丝将密目网绑扎至立杆或大横杆上，每一环扣必须绑扎，不得出现漏绑，使网与架体牢固的连接在一起。

（2）平面封闭：作业层脚手架满铺脚手板。脚手架水平防护采用兜网封闭，作业层以下每隔 10m 铺设兜网，兜网内、外两侧均固定在立杆及水平杆上。

11）钢丝绳卸荷

（1）结构施工时，在每层梁板钢筋绑扎时，预埋钢筋吊环，钢筋吊环采用ϕ20mm 圆钢制作而成。每根工字钢上的外排立杆下设置一根规格为6×19-15.5mm 的斜拉钢丝绳。钢丝绳不作为主要受力构件。

（2）安装时要将夹座扣在钢丝绳的工作段上，U 形螺栓扣在钢丝绳的尾段上，钢丝绳夹不得在钢丝绳上交错布置。每一连接处钢丝绳夹的最少连接数量不得少于 3 个，钢丝绳夹间距为 6～7 倍的钢丝绳直径。绳夹在实际使用中受荷 1 或 2 次后螺母要进一步拧紧。离锚筋最近的钢丝绳夹要尽可能地靠近锚筋，紧固钢丝绳时要考虑每个绳卡的合理受力，离锚筋最远处的绳卡不得首先单独紧固。

4.3.2 脚手架的拆除

1）拆除顺序

安全网→挡脚板→脚手板→扶手（栏杆）→剪刀撑（随每步拆除）→大横杆→小横杆→立柱。

2）拆除脚手架前的准备工作

（1）完成外墙装饰面（墙面饰面、门窗及墙面其他装饰）的最后整修和清洁工作，其质量已符合规定要求，并经验收。

（2）对脚手架进行安全检查，确认脚手架不存在严重隐患。如存在影响拆除脚手架安全的隐患，应先对脚手架进行整修和加固，以保证脚手架在拆除过程中不发生危险。

（3）对参与脚手架拆除的操作人员、管理人员和检查、监护人员进行施工方案、安全、质量和外装饰保护等措施的交底。交底的内容应包括拆除范围、数量、时间和拆除顺序、方法、物件垂直运输设备的数量，脚手架上的水平运输、人员组织，指挥联络的方法和用语，拆除的安全措施和警戒区域。如果在夜间施工还要有照明和安全用电等内容。交底要有记录，双方均应在交底书上签字。

（4）外脚手架的拆除严禁在垂直方向上同时作业，因此要事先做好其他垂直方向工作的安排，故第（1）条规定的工作必须在全部完成后，方可开始拆除外脚手架，决不允许下部在脚手架上做外墙面的整修清洁工作，上面进行脚手架拆除，更不允许下部做外饰面和上部拆除脚手架同时进行。

（5）拆除脚手架时要特别加强出入口处的管理。拆除脚手架时，下部的出入口必须停止使用。除监护人员特别要注意外，还应在出入口处设置明显的停用标志和围栏，此装置必须内外双面都加设置。

（6）在拆除的脚手架周围，于坠落范围四周设置明显“禁止入内”的标志，并有专人监护，以保证在拆脚手架时无其他人员入内。

（7）对于拆除脚手架用的垂直运输设备要事先检查和试车，使之符合安全使用的要求，并对操作人员和使用人员交底，规定联络用语和方法，明确职责，以保证脚手架拆除时其垂直运输设备能安全运转。

（8）建筑物的外墙门窗都要关紧，并对可能遭到碰撞处给予必要的保护。建筑物如设有临时外挑物，必须在拆除脚手架前拆除。根据检查结果补充施工方案中的拆除规定和措施，经批准后方可实施。

（9）扣件式钢管脚手架安装与拆除人员必须是经考核合格的专业架子工，架子工应持证上岗。

3）拆除脚手架时应遵守的规定

（1）拆除作业必须由上而下逐层进行，严禁上下同时作业。

（2）连墙杆必须随脚手架逐层拆除，严禁先将连墙杆整层或数层拆除后再拆脚手架。

（3）分段拆除高差不应大于2步。当高差大于2步时，应增设连墙杆加固。

（4）当脚手架拆至下部最后一根长立杆的高度（约6.5m）时，应先在适当位置搭设临时抛撑加固后，再拆除连墙杆。

（5）当脚手架采取分立面拆除时，对不拆除的脚手架两端，应按规定设置连墙杆和横向斜撑加固。

（6）卸料时，各构配件严禁抛掷至地面。

4）拆除脚手架的施工方法

（1）拆除安全网时，应依次从一端解开绑扎绳并将安全网折好放置在楼层，用施工电梯运至地面。

（2）挡脚板拆除后必须放至楼层并归堆整齐，用施工电梯运至地面堆放整齐。

（3）翻掀钢脚手板时应注意站立位置，解开绑扎铁丝并应自外向里翻起竖立，防止外翻将竹笆内未清除的残留物从高处坠落伤人，清理好的钢脚手板放置在楼层内，用施工电梯运至地面堆放整齐。

（4）防护栏杆扣件放置在楼层内，钢管放置在外架上，堆放整齐，严禁超堆，用塔式起重机运至地面堆放整齐。

（5）剪刀撑拆除必须两人配合，一人在上抓住钢管，一人在下松解扣件，拆除后放置在架体上，用塔式起重机运至地面堆放整齐。

（6）大、小横杆拆除人应站在下层架体上，扣件放置在楼层内，钢管放置在架体上，严禁超载，用塔式起重机运至地面堆放整齐。

（7）立杆拆除人应站好，由两人配合（一人抓住钢管，一人松解扣件），扣件应放置在楼层内，钢管放置在架体上，用塔式起重机运至地面堆放整齐。

5）拆除安全要求

（1）划出工作区域，禁止行人进入。

（2）严格遵守拆除顺序，由上而下，后绑者先拆除，先绑者后拆除，一般先拆栏杆、脚手板、剪刀撑，而后拆小横杆、大横杆、立杆等。

（3）统一指挥，上下呼应，动作协调，当解开与另一个人有关的结扣时，应先告知对方以防坠落。

（4）材料工具要用滑轮和绳索运送，不得乱扔。

（5）根据以往工程经验，拆除外架时，操作人员不戴或不按要求挂设安全带，造成了极大的安全隐患，因此本工程强制要求采用直径17mm的钢丝绳做拆除脚手架的安全保险绳。安全保险钢丝绳的具体技术要求如下：

①此安全保险钢丝绳采用直径17mm及以上的钢丝绳，钢丝绳不得有弯曲及明显破损等缺陷。

②保险钢丝绳挂设在脚手架的内排架的立杆上，并确保在内排架靠近外排架一侧。

③保险绳沿结构外侧设置一周，并在每个直线转角处断开设置，每个直线面的两端头钢丝绳均绕钢管一周，待直线内钢丝绳基本紧固后，两端采用绳卡固定。

④在直线范围内，每6个钢管钢丝绳绕相应立杆一周，形成一个固定点，减少钢丝绳的活动范围。

⑤待保险钢丝绳安装完成后，拆除外架操作人员直接将安全带悬挂在保险钢丝绳上即可，根据拆除外架的进度，钢丝绳相应下调即可。

⑥每拆除脚手架一定高度应检查钢丝绳是否紧固，如松动应及时紧固。

6）工字钢及连墙件预留洞口的处理

（1）先凿出预留洞内侧的木盒，将洞侧壁凿毛，用水冲洗干净。

（2）将洞内侧刷混凝土界面剂一道。

（3）剪力墙外侧洞用模板全部封堵，内侧封堵高度为16cm，上部设置喇叭口，方便浇筑混凝土。

（4）浇筑混凝土前用水将洞浇湿，用比洞相邻部位剪力墙高一等级的膨胀混凝土浇筑，振捣密实，待混凝土终凝后拆除模板。

（5）拆模后将突出墙面的混凝土凿平，用水泥浆抹平，定期浇水养护。

4.4 检查要求

4.4.1 脚手架主要材料进场质量检查

确保材料质量合格，材料进场按规定地点存放，做好遮盖保护。同时对各种进场材料进行抽检试验并附有新钢管产品质量合格证；质量要符合《碳素结构钢》(GB/T 700—2006)中Q235-A级钢的规定。

(1)钢管：选用ϕ48.3mm×3.6mm钢管及其配件，管体外径允许偏差±0.5mm；壁厚允许偏差±10%（壁厚），即±3.6×10% = ±0.36mm。所以，外径允许范围为47.8～48.8mm，壁厚允许范围为3.24～3.96mm。计算时采用保守值ϕ48mm×3.0mm进行验算；每根钢管的最大质量不大于25.8kg。钢管表面平直光滑，无裂缝、结疤、分层、错位、硬弯、毛刺、压痕和深的划痕，不得使用锈蚀严重（斑点、剥皮）、弯曲、开裂的钢管。搭设架子前应进行保养，钢管上严禁打孔，钢管在使用前先涂刷防锈漆，力求环保美观。

(2)扣件：采用可锻铸铁制造的标准机件，扣件不能有裂纹、气孔、疏松、砂眼、夹灰等铸造缺陷，钢管和扣件均必须有出厂合格证及检验单，扣件与钢管的吻合面要接触良好，螺栓不得滑丝，夹紧钢管时，开口处最大距离小于4.5mm，必要时进行抗滑扭试验。新扣件具有生产许可证、法定检测单位的测试报告和产品质量合格证。旧扣件使用前，先进行质量检查，有裂缝、变形的严禁使用，出现滑丝的螺栓进行更换处理，新旧扣件均进行防锈处理。

(3)脚手板：为了减轻脚手架的自重，同时考虑防火要求，脚手板选用钢筋网片脚手板，单片钢筋网片尺寸为700mm×1000mm。不得使用锈蚀、变形、破损的钢筋网片脚手板。

(4)安全网：栏杆围网选用合格的聚氯乙烯编织的尺寸为1.8m×6m的密目式安全立网。要符合《安全网》(GB 5725—2009)的规定，要求阻燃，密目式安全网必须满足2000目/（10cm×10cm），做耐贯穿透，6m×1.8m的单张网质量应在3.0kg以上，并应尽量满足环境效果要求，选用绿色。

(5)工字钢：型钢采用I16工字钢，工字钢规格为高度160mm、腿宽88mm、腰厚6mm，其质量要符合《碳素结构钢》(GB/T 700—2006)中Q235-A级钢的规定。

(6)连墙件：采用钢管，其材质应符合《碳素结构钢》(GB/T 700—2006)中Q235-A级钢的要求。

(7)钢丝绳：采用6×19钢丝绳，钢丝绳公称抗拉强度1400MPa，悬挑架采用ϕ15.5mm钢丝绳。选用合格产品，提供材质单，进场设专人验收。

(8)预埋钢筋：采用不小于ϕ16mm的HPB300级钢筋作为悬挑工字钢锚筋；钢丝绳与建筑结构拉结的吊环使用ϕ20mm的HPB300级钢筋。

4.4.2 阶段检查项目及内容

1)脚手架及其地基基础的阶段检查与验收

(1)基础完工后及脚手架搭设前。

(2)作业层上施加荷载前。

（3）每搭设完 6～8m 高度后。

（4）达到设计高度后。

（5）遇有六级强风及以上风或大雨后，冻结地区解冻后。

（6）停用超过一个月。

2）脚手架使用中应定期检查的内容

（1）杆件的设置和连接，连墙件、支撑、门洞桁架等的构造应符合相关规范和专项施工方案的要求。

（2）地基应无积水，底座应无松动，立杆应无悬空。

（3）扣件螺栓应无松动。

（4）安全防护措施应符合相关规范要求。

（5）应无超载使用。

5 施工保证措施

5.1 组织保障措施

5.1.1 安全生产组织机构

成立以项目经理为安全生产第一责任人的安全生产组织机构，明确安全责任，制定具体安全保证措施，确保安全。组织机构图如图 5-1 所示。

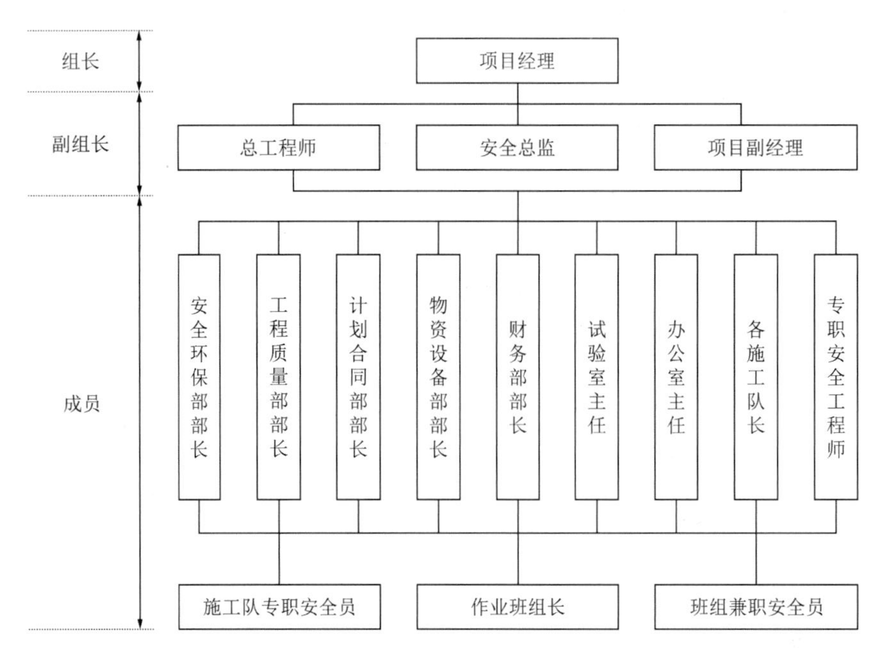

图 5-1 安全生产组织机构图

5.1.2 安全保证体系

为了贯彻落实“安全第一、预防为主、综合治理”的安全生产方针，杜绝一般及以上安全责任事故，杜绝责任亡人事故；遏制较大险性事件，消除重大事故隐患；安全管理机构健全，配齐专职安全人员；严防安全生产失信惩戒；落实安全生产工作，确保企业安全发展的安全生产目标。严格遵守国家法律、法规和标准规范，实行安全生产责任制，健全工程安全责任追究制，加强作业层的过程安全。按照“横向到边，纵向到底，控制有效”的原则，对施工安全进行全员参与、全过程控制、全方位监控。安全生产保证体系如图 5-2 所示。

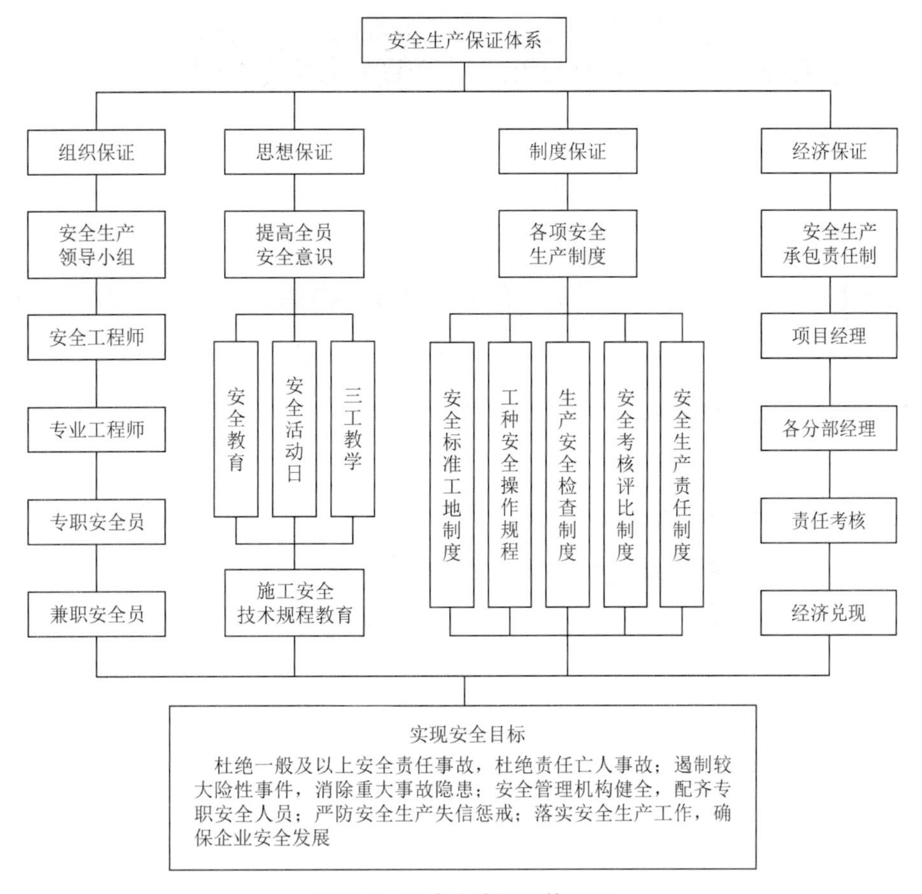

图 5-2　安全生产保证体系图

5.1.3　安全生产责任

1）项目经理安全生产岗位职责

（1）认真贯彻执行国家有关安全生产、劳动保护的方针、政策法令和本公司的各项安全生产规章制度。

（2）认真贯彻“安全第一，预防为主，综合治理”的方针，按规定搞好安全防范措施，把安全生产落到讲效益必须讲安全、抓生产必须抓安全。

（3）认真开展每月一次的安全大检查活动，经常检查施工现场的安全情况，认真查处事故隐患，制定相应的安全措施，确保施工全过程的安全生产。

（4）定期召开工程项目安全生产与文明施工领导小组会议，认真研究与分析当前工程项目安全生产动态、特点，并对存在隐患采取有效措施进行整改，以确保安全生产。

（5）组织编制施工安全生产措施计划，将安全防护设备、设施，安全技术措施费用等纳入计划。

（6）确保工程项目为安全生产所需经费的合理投入。

2）项目副经理安全生产岗位职责

（1）参与安保体系和评审，协调安全保证体系运行中的重大问题，组织召开安全生产工作会议。

（2）实施现场管理标准化，协助上级部门对工程项目的安全检查和督促，并督促项目各管理人员及时进行安全资料填写。

（3）协调安全保证体系运行中的重大问题，组织召开安全生产工作会议，建立会议纪要，并发放给有关人员。

（4）坚决贯彻“五同时”，在计划、布置、检查、总结、表彰生产及行政工作的同时，做好安全生产的计划、布置、检查、总结、表彰工作。要把安全生产列入主要议事日程，在安全与生产进度发生矛盾时，首先要服从安全，以计划安排消除一切不安全因素，并要付诸实施。

3）总工程师安全生产岗位职责

（1）协助项目经理搞好本项目安全技术工作。

（2）对施工生产中的有关安全技术问题负全面责任。

（3）在安全生产方针下编制及审定施工技术组织方案、技术文件和处理技术问题，使安全措施渗透到施工组织设计、施工方案中去。负责解决施工中的疑难问题，从技术措施上保证安全生产。

（4）对新工艺、新技术、新设备、新加工方法，要制定相应的安全措施和安全操作规程。

（5）参加或组织项目部安全会议，并做好安全会议记录存档。

4）项目安全总监

（1）根据国家安全生产的有关法律法规和上级单位的有关要求，对本工程的安全生产监督工作负综合监管责任。

（2）负责项目安全保证体系的建立、运行，负责项目安全生产监督管理的总体策划并组织实施，监督项目安全生产费用的使用；监督分包单位的安全生产工作。

（3）组织审核施工组织设计和施工方案及施工生产安全技术、安全管理措施方案和安全措施经费使用计划，确定生产任务中的安全生产考核指标。

（4）领导组织项目定期和不定期的安全生产检查，及时解决发现的事故隐患和安全工作中的薄弱环节，并推广安全生产先进经验。

（5）定期召开项目部安全例会，分析安全生产动态，解决存在的问题。参加事故调查处理，落实整改措施。

（6）组织制定生产安全事故应急救援预案，并组织演练，在应急救援过程中负责现场指挥和调度工作。

5）工程质量部部长安全生产岗位职责

（1）负责本项目的安全技术和环境保护技术工作。

（2）负责编制专业施工组织设计中安全文明施工措施和环境保护措施。负责编制重要工程项目的安全施工措施，并亲自进行交底。

（3）负责布置、检查与指导班组（施工队）技术员编制分项工程的安全施工措施和交底工作。

（4）组织编制技术革新和施工新技术、新工艺中的安全施工措施。

（5）负责组织施工安全设施的研制和安全设施标准化的推行工作。

6）专职安全员

（1）贯彻执行国家安全生产法律、法规、方针、政策，认真落实集团公司各级安全管理制度；对现场违规行为有停工和经济处罚的权利。

（2）参与编制本项目安全生产制度、操作规程等文件；收集本项目的适用性安全管理制度、规范和其他要求清单；适时提出安全管理制度改进的意见和建议。

（3）参与安全教育培训的策划，负责对作业人员进场和经常性安全教育，创新培训方式方法，提高培训质量；负责督促落实班前教育制度，监督班组开展班前讲话活动。

（4）参与安全技术交底，并提出实施性要求。

（5）负责重大危险源的公示，督促落实各项管控措施，做到动态管理。

5.1.4 安全保证措施

1）架体内封闭防护措施

（1）脚手架的架体里立杆距墙体净距最多为 250mm，如因结构设计的限制，大于200mm 的必须铺设站人板，站人板设置平整牢固。

（2）脚手架施工层满铺钢脚手板。

（3）悬挑层底部用模板或钢板进行密封。

2）防雷避电措施

（1）采用避雷针与大横杆连通、接地线与整幢建筑物楼层内避雷系统连成一体的措施。

（2）避雷针共设置 4 根避雷针，避雷针采用ϕ12mm镀锌钢筋制作，高度不小于 1m，设置在脚手架四角立杆上，并将所有最上层的大横杆全部连通，形成避雷网络。

（3）接地线采用40mm × 4mm的镀锌扁钢，将立杆与整幢建筑物楼层内避雷系统连成一体。接地线的连接应保证接触牢靠，与立杆连接时应用两道螺栓卡箍连接，螺丝加弹簧垫圈以防松动并保证接触面不小于 10mm^2，并将表面油漆及氧化层清除，露出金属光泽并涂以中性凡士林。

（4）接地线与建筑物楼层避雷系统的设置按脚手架的长度不超地 50m 设置 1 个，位置不得选在人们经常走的地方以避免跨步电压的危害，防止接地线遭机械伤害。两者的连接采用焊接，焊接长度应大于 2 倍的扁钢宽度。焊完后再接地电阻测试仪测定电阻，要求冲击电阻不大于 10Ω。同时应注意检查与其他金属物或埋地电缆之间的安全距离（一般不小于 3m）以免发生击穿事故。

3）脚手架拆除技术措施

（1）应由单位工程负责人进行拆除安全技术交底。

（2）应清除脚手架上杂物及地面障碍物。

（3）拆架的高处作业人员应戴安全帽、系安全带、扎裹腿、穿软底防滑鞋。

（4）拆架程序应遵守“由上而下，先搭后拆”的原则，即先拆拉杆、脚手板、剪刀撑、斜撑，而后拆小横杆、大横杆、立杆等，并按“一步一清”原则依次进行。严禁上下同时进行拆架作业。

（5）拆立杆时，要先抱住立杆再拆开最后两个扣件。拆除大横杆、斜撑、剪刀撑时，应先拆除中间扣件，然后托住中间，再解端头扣件。

（6）连墙件必须随脚手架逐层拆除，严禁先将连墙件整层或数层拆除后再拆脚手架；分段拆除高差不应大于 2 步，如高差大于 2 步，应增设连墙件加固；当脚手架拆至下部最后一根长立杆的高度（约 6.5m）时，应先在适当位置搭设临时抛撑加固后，再拆除连墙件。

（7）拆除时要统一指挥，上下呼应，动作协调，当解开与另一人有关的结扣时，应先通知对方，以防坠落。

（8）在拆架时，不得中途换人，如必须换人时，应将拆除情况交代清楚后方可离开。

（9）高层建筑脚手架拆除，应配备良好的通讯装置。

（10）输送至地面的杆件，应及时按类堆放，整理保养。

（11）当天离岗时，应及时加固尚未拆除部分，防止存留隐患造成复岗后的人为事故。

（12）如遇强风、大雨、雪等特殊气候，不应进行脚手架的拆除，严禁夜间拆除。

4）临时用电安全技术措施

（1）现场施工临时用电须严格按照接零保护（TN-S）系统、三相五线制设置，机电设备配备单独开关箱，实行“一机一箱一闸一漏”制，配电箱设在干燥通风的场所，周围不得堆放任何妨碍操作、维修的物品，并与被控制的固定设备距离不得超过 3m，现场用电操作、管理由专职电工负责。

（2）安装作业前，必须按规范、标准、规定对安装作业人员进行安全技术及操作规程的交底工作。

（3）施工现场专用的中性点直接接地的供电线路必须实行 TN-S 接零保护系统，同时必须做到三级控制、两级保护，电箱为标准电闸箱，并采取防雨、防潮措施。

（4）对新调入工地的电气设备，在安装使用前，必须进行检验测试，经检测合格方能投入使用。

（5）专职电工对现场电气设备每月进行巡查，项目部每周、公司每月对施工用电系统、漏电保护器进行一次全面系统的检查。

5）施工机械的安全防护措施

（1）垂直运输机械使用由专门人员持证上岗，避免吊运过程出现安全问题。

（2）使用前要对设备使用人员进行必要的安全技术交底和教育工作，使用人员必须严格执行交底内容并按照操作规程操作。

（3）使用中要经常对该设备进行保养检查，使用后电工切断电源并锁好电闸箱。

（4）钻穿墙螺杆孔时，必须确定对面无人时方可施工。

5.1.5 质量保证措施

5.1.5.1 质量保证体系

成立以项目经理为组长，项目副经理、项目总工程师为副组长，由项目相关部室参加的施工全面质量管理领导小组，积极组织开展全面质量管理活动，优化施工工艺，提高工程质量，实现创优目标。

5.1.5.2 质量管理措施

（1）建立、健全质量管理领导小组。

（2）建立各级质量责任制。

（3）制定奖罚办法，将质量情况与工资、奖金相结合。

（4）实行质量一票否决制。

（5）加强职工培训，提高施工人员的素质。

5.1.6 文明施工保证措施

5.1.6.1 文明施工组织机构

文明施工组织机构见图 5-3。

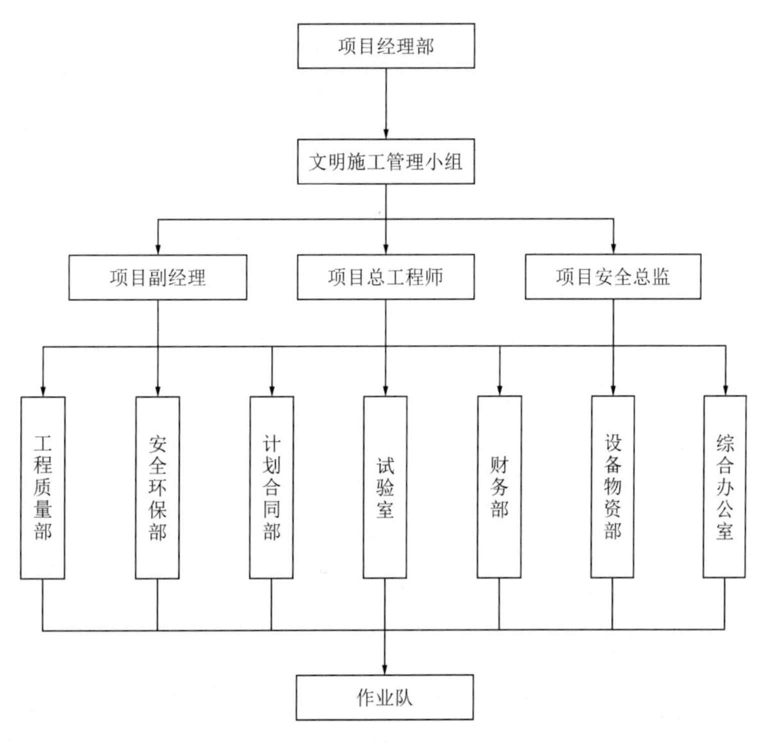

图 5-3 文明施工组织机构框图

5.1.6.2 文明施工保证措施

（1）严格遵守现行的有关文明施工的规章制度。

（2）施工现场进行统一规划、统筹部署，做到既便于施工又不破坏或尽量少破坏原来协调的环境，减少对当地居民的干扰。

（3）施工、生活区设围墙、护栏，在施工场地出入口处，设置醒目的工程标志牌、警告标志。

（4）竭力营造一种“规范、文明、高效、优质、安全”的施工氛围。加强施工现场的封闭管理，严禁周围居民或闲杂人员进入施工区域内，未经业主同意，外部任何单位和个人也不得进入工地，确保工程不受外界干扰。

（5）制定生活环境卫生制度，搞好职工宿舍卫生和食堂卫生，确保居住环境干净整洁。

5.1.7 环境保护措施

5.1.7.1 环境保护组织机构

施工环境保护组织机构见图 5-4。

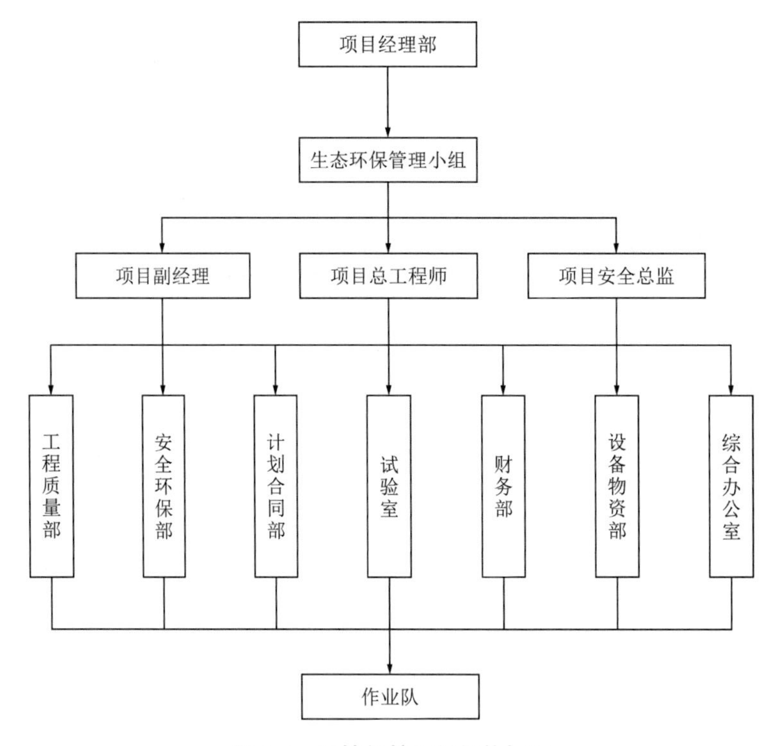

图 5-4 环境保护组织机构框图

5.1.7.2 环境保护保证措施

1）防止水资源污染措施

（1）施工废水、生活污水按有关的要求进行处理，不得直接排放。

（2）清洗骨料的水和其他施工废水，采取过滤、沉淀或其他方法处理后方可排放，以避免污染河道和周围环境。

（3）施工机械的废油废水，采用隔油池等有效措施加以处理，不得超标排放。

（4）生活污水采取二级化粪池等措施进行净化处理，经检查符合标准后方准排放。

2）防止噪声污染措施

（1）对使用的工程机械和运输车辆安装消声器并加强维修保养，降低噪声。

（2）机械车辆途经居住场所时应减速慢行，不鸣喇叭。

（3）在比较固定的机械设备附近，修建临时隔音屏障，减少噪声传播。

（4）合理安排施工作业时间，尽量降低夜间车辆出入频率，夜间施工不得安排噪声很大的机械。

（5）适当控制机械布置密度，条件允许时拉开一定距离，避免机械过于集中形成噪声叠加。

5.1.8 季节性施工保证措施

5.1.8.1 雨季施工措施

1）管理措施

（1）成立抗洪防汛领导小组，建立雨季值班制度。在雨季来临之前，建立雨季施工领导小组，责任到人，分片包保。在雨季施工期间定期检查，严格雨季施工“雨前、雨中、雨后”三检制，对发现的问题及时整改。

（2）架子队成立防洪抢险突击队，平时施工作业，雨时组织防汛抢险。每个施工现场均备足防汛器材、物资，包括雨衣，雨鞋，铁锹，草袋，水泵等，做到人员设备齐整、措施有力、落实到位，防洪抢险专用物资任何人不得随意调用。

（3）雨季及洪水期间，与当地气象水文部门取得联系，及时获得气象预报，掌握汛情，合理安排和指导施工，做好施工期间的防洪排涝工作。制定雨季值班制度，专人负责协调与周边部门、企事业单位的防汛事宜。

（4）编制雨季施工作业指导书，制定防洪抗汛预案，作为雨季施工中的强制性执行文件，严格执行。

（5）在雨季施工期间，加强对施工脚手架的检查，防止倾倒和坍塌。对处于洪水可能淹没地带的机械设备、材料等做好防范措施，保证施工人员安全撤离。长时间在雨季中作业的工程，应根据条件搭设防雨棚。施工中遇有暴风雨时暂停施工。

（6）雨季时派专人在危险地段值班，加强对邻近公路施工段等施工的安全巡视，并派专人对施工区排水系统进行检查和清理，确保排水系统排水通畅。

（7）现场中、小型设备必须按规定加防雨罩或搭防雨棚，机电设备要安装好接地安全装置，机动电闸箱的漏电保护装置安全可靠；施工电缆、电线尽量埋入地下，外露的电杆、电线采取可靠的固定措施；雨季前对现场设备作绝缘检测。

（8）加强对临时施工便道维护与整修，确保其路面平整、无坑洼、无积水。

2）雨季现场施工措施

（1）各种永久和临时排水设施要统筹规划，优先安排。场内及场外施工道路要统筹规划、保证质量，确保雨季畅通无阻。

（2）雨季进行混凝土施工时，要及时量测砂、石含水量并加以调整配合比并对刚施工的圬工用塑料布覆盖。

（3）雨季要坚持“雨中、雨后”两检制，巡查拌和站、料场、桩基施工地段的排水设施等情况，发现问题及时处理。

（4）各施工队有计划的维护、保养机械设备车辆，设备车辆处于良好的技术状态，随时准备抗洪抢险工作。

（5）雨季时内部各单位间及外部联络工具要保持畅通，同时配置必要的抢险物资和人员，做好事故预案工作。

（6）将脚手架连墙点预埋件与结构主筋焊接，通过连墙件与结构避雷网连接。

5.1.8.2 防台风管理措施

在接获台风预报，应对脚手架进行全面检查，特别是连墙件拉结是否牢固或有无破坏，脚手板绑扎是否牢固。除必要的连墙件外，根据脚手架情况，在相对薄弱位置在与结构进行拉结，加固脚手架与结构的连接。

随时监控台风情况，根据台风大小和正面袭击情况，分情况将安全网进行临时拆除，减小脚手架挡风系数，在台风过后再行恢复。安排专人在台风期间时 24 小时不间断值班，确保台风期间外架安全。

5.2 监测监控措施

外脚手架在搭设施工过程中，必须随时监测，并指定专人进行日常巡查，项目部成立监测监控领导小组，由项目经理人任组长，项目总工程师、安全总监及副经理任副组长，各部室负责人为组员。

5.2.1 日常检查、巡查重点

（1）杆件的设置和连接、连墙杆、卸荷体系、剪力撑等构造是否符合要求。

（2）底座是否松动，卡环是否脱落，立杆是否符合要求。

（3）连接扣件是否松动。

（4）架体是否不均匀的沉降、垂直度。

（5）施工过程中是否有超载的现象。

（6）安全防护措施是否符合规范要求。

（7）脚手架体和脚手架杆件是否有变形的现象。

（8）地基是否有积水，底座是否松动，立杆是否符合要求。

（9）脚手架卸荷钢丝绳受力状态，有无松动现象。

5.2.2 重要过程监控

（1）班组日常进行安全检查，项目每周进行安全检查，公司每月进行安全检查，所有安全检查记录必须形成书面材料。

（2）脚手架在承受六级及以上大风或大暴雨后必须进行全面检查，包括节假日前后和停工复工前后检查。

（3）在外架搭设完成投入使用前，由项目部对脚手架全面检查，合格后才可正式使用，并在搭设和使用的过程中，由质安员、施工员对架体检查，随时观测架体变形。发现隐患，及时停止施工，采取措施保证安全后再施工。

（4）脚手架工程施工过程中，应按规定进行监测，每次监测结果必须由监测人、项目经理、项目总工签字，提供给监理、业主等相关单位。

（5）监测结果报告必须包括监测项目及允许值、报警值、监测数据处理分析、监测结果评述。

（6）监测数据接近或达到报警值时，应组织有关各方采取应急或抢险措施，同时须向工程所在地建设工程安全监督站报告。

（7）本分项工程监测项目包括：立杆的沉降、垂直度、位移和变形。

5.2.3 重要部位观测

1）观测点的布设

根据图纸情况，观测点需尽量选择在受力最大位置，即建筑物周边转角处，每个监测坡面布设不少于3个支架沉降观测点。监测仪器精度应满足现场监测要求，并按上述构件允许偏差表来设置变形监测报警值（搭设过程中）。

2）预警与报警

（1）立杆沉降预警值为10mm，立杆垂直度预警值为80mm，变形预警值为10mm。

（2）立杆沉降报警值为12mm，立杆垂直度报警值为100mm，变形报警值为15mm。

3）水平位移观测

水平观测点设于沉降观测点边，在脚手架架体上吊线建立一条基准线，在建筑物上埋设一些观测标志，定期测量观测标志偏离基准线的距离，就可了解外架随时间位移的情况。

4）监测频率

（1）第一步架体安装好后进行第一次观测，记录原始数据。

（2）在搭设过程中应执行实时观测，一般每月不少于 3 次。

（3）脚手架按要求需进行检查与验收的时候，同时也需要进行相应的监测。

6 施工管理及作业人员配备和分工

6.1 施工管理人员

脚手架施工统一由项目部负责组织施工，坚持以专业化为方向，构建专项施工能力的作业队。作业现场的施工管理人员配置见表 6-1。

管理人员配置表　　表 6-1

序号	部门	岗位名称	人员数量	主要职责
1	项目班子	项目经理	1	负责项目全部工作
2		总工程师	1	技术、测量、试验、质量及变更工作
3		安全总监	1	安全生产、环保工作
4		副经理	1	配合经理分管生产，负责工程施工组织及控制、物资设备及现场劳务管理等工作
5	工程质量部	部长	1	负责工程部全面工作
6		副部长	1	负责技术方案、施工组织设计、质量交底、质量检查、质量验收
7		主管工程师	1	负责施工方案、技术交底工作
8		资料员	1	资料的收集、整理、归档、负责调度工作
9	测量队	队长	1	负责测量全面工作
10		测量工程师	2	负责施工测量及监控量测
11	试验室	主任	1	负责试验全面工作
12		试验工程师	1	负责现场取样、试验及资料整理
13	安质部	部长	1	全面负责安全环保部工作
14		安全工程师	4	负责安全教育培训、整改回复工作
15	物资部	部长	1	全面负责物资设备部工作
16		材料主管	1	负责项目材料采购、租赁及成本核算等
17		电气工程师	1	负责项目机械、电气管理工作
18	计划合同部	部长	1	全面负责计划合同部工作
19		劳务合同主管	1	负责合同、劳务管理
20		工程师	1	负责项目成本、计量、变更索赔、竣工结算管理
21	财务部	部长	1	全面负责财务部工作
22		出纳	1	出纳工作
23	综合办公室	主任	1	全面负责综合办公室工作
24		部员	1	党纪工团、信息管理、公共关系及其他有关事项

6.2 专职安全生产管理人员

项目配备 4 名专职安全生产管理人员按规进场履职，见表 6-2。

专职安全生产管理人员表 表 6-2

序号	岗位	姓名	职责
1	项目安全总监	×××	负责安全管理、保障工作
2	项目部安全环保部部长	×××	负责现场施工安全管理工作
3	专职安全员	×××	由现场施工队带班人员兼职
4	专职安全员	×××	由现场施工队带班人员兼职

6.3 特种作业人员

特种作业人员配置见表 6-3。

特种作业人员计划表 表 6-3

序号	岗位	姓名	职责
1	电工	×××	负责现场施工电力配置与维护
2	焊工	×××	（1）对每日安排的产品进行焊接作业； （2）每日班前班后对机台进行维护及保养，现场整理； （3）遵循工艺标准进行操作；对构件进行质量检验，确保焊接质量
3	塔式起重机司机	×××	负责现场施工吊装作业
4	塔式起重机司机	×××	负责现场施工吊装作业
5	起重工	×××	（1）严格遵守企业各项规章制度、履行岗位责任，遵守操作规程； （2）树立良好的职业道德，服从管理，团结协作，确保当班安全生产任务的完成； （3）严守工作岗位，遵守劳动纪律，不得无故擅离岗位； （4）班前应做好各项准备，做好班前检查，及时清除影响起重作业的各种危险因素和障碍，保证安全作业
6	架子工	×××	负责现场脚手架搭设与拆除
7	信号工	×××	负责指挥塔式起重机司机作业
8	司索工	×××	负责吊车或塔式起重机吊装的捆绑和挂钩

6.4 其他作业人员

本工程拟安排 1 个杂工班，配置人员为 20 人，负责现场的垃圾清理及零星材料的整理、搬运等工作。

7 验 收 要 求

7.1 验收标准

本工程外架验收标准按照《建筑施工扣件式钢管脚手架安全技术规范》（JGJ 130—2011）执行。

7.2 验收程序

搭设过程中的架子，每搭设一个施工层高度必须由项目技术负责人组织技术、安全与搭设班组、工长进行检查。在项目验收合格的基础上，向监理工程师、业主工程师提出验收申请，验收合格后形成书面验收记录，符合要求后方可上人使用。架子未经检查、验收，除架子工外，严禁其他人员攀登。验收合格的架子任何人不得擅自拆改，需局部拆改时，要经技术负责人同意，由架子工操作。班组必须严格按操作要求和安全技术交底施工。

7.3 验收内容

7.3.1 构配件检查与验收

（1）钢管要刷防锈漆，质量要符合要求，其壁厚、弯曲、锈蚀等外观缺陷要符合允许偏差的要求，不合格的不得使用。

（2）扣件要安排专人分类、修整，进行质量检查，有裂缝、变形的严禁使用，出现滑丝的螺栓必须更换，并要做防锈处理。

（3）锚筋、钢丝绳、工字钢等配件的质量是否符合方案及规范要求。

（4）安全网的检查与验收：采用阻燃式密目安全立网，网眼满足 2000 目/（10cm × 10cm）。安全网必须有产品质量检验合格证，旧网必须有允许使用的证明或合格的检验记录。安装时，在每个系结点上，边绳应与支撑物靠紧，并用一根独立的系绳连接，系结点沿网边均匀分布，其距离不大于 75cm。扣件拧紧抽样检查数目及质量判定标准见表 7-1。

扣件检查表　　表 7-1

项次	检查项目	安装扣件数量（个）	抽检数量（个）	允许的不合格数（个）
1	（1）连接立杆与纵（横）向水平杆或剪刀撑的扣件； （2）接长立杆、纵向水平杆或剪刀撑的扣件	600～1500	10%	5
2	连接横向水平杆与纵向水平杆的扣件（非主节点处）	600～1500	10%	10

7.3.2 脚手架的检查与验收

（1）悬挑工字钢的间距、悬挑及锚固长度、与锚筋的固定及锚筋的预埋等平面布置是否符合方案要求。悬挑工字钢的稳定性、脚手架杆件的连接是否牢固、可靠。

（2）钢丝绳的选用是否符合方案要求，连接固定是否牢固，连接形式是否符合方案和规范要求。

（3）脚手架搭设的技术要求、允许偏差是否符合方案及规范要求。

（4）使用是否超载，安全防护措施是否符合要求。

（5）所有的节点必须都有扣件连接，不得遗漏。扣件不得出现松动、爆裂、滑脱；扣件的拧紧扭力矩要控制在 40～65N · m之间，主节点扣件扭紧力矩逐一检查验收，并形成抽查书面记录。

（6）杆件的设置和连接，连墙件、支撑的构造是否符合要求；底座是否松动，立杆是否悬空；扣件螺栓是否有松动。

（7）脚手架搭设后，在使用前必须经验收合格后方可投入使用。

7.3.3 脚手架搭设的允许偏差和检验方法

脚手架搭设检查项目、技术要求见表 7-2。

脚手架搭设检查表 表 7-2

<table>
<tr><th>序号</th><th colspan="2">项目</th><th>技术要求</th><th>允许偏差Δ（mm）</th><th colspan="2">示意图</th><th>检查方法与工具</th></tr>
<tr><td>1</td><td>立杆垂直度</td><td>最后验收垂直度 20～50m</td><td>—</td><td>±100</td><td colspan="2"></td><td rowspan="9">用经纬仪或吊线和卷尺</td></tr>
<tr><td rowspan="8">2</td><td rowspan="8">脚手架允许水平偏差（mm）</td><td colspan="2" rowspan="2">搭设中检查偏差的高度H（m）</td><td colspan="3">脚手架总高度</td></tr>
<tr><td>50m</td><td>40m</td><td>20m</td></tr>
<tr><td colspan="2">2</td><td>±7</td><td>±7</td><td>±7</td></tr>
<tr><td colspan="2">10</td><td>±20</td><td>±25</td><td>±50</td></tr>
<tr><td colspan="2">20</td><td>±40</td><td>±50</td><td>±100</td></tr>
<tr><td colspan="2">30</td><td>±60</td><td>±75</td><td></td></tr>
<tr><td colspan="2">40</td><td>±80</td><td>±100</td><td></td></tr>
<tr><td colspan="2">50</td><td>±100</td><td></td><td></td></tr>
<tr><td rowspan="3">3</td><td rowspan="3">间距</td><td>步距</td><td rowspan="3">—</td><td>±20</td><td colspan="2" rowspan="3">—</td><td rowspan="3">钢板尺</td></tr>
<tr><td>纵距</td><td>±50</td></tr>
<tr><td>横距</td><td>±20</td></tr>
</table>

续上表

序号	项目		技术要求	允许偏差Δ（mm）	示意图	检查方法与工具
4	纵向水平杆高差	一根杆的两端	—	±20	—	水平仪或水平尺
		同一跨内两根纵向水平杆高差	—	±10	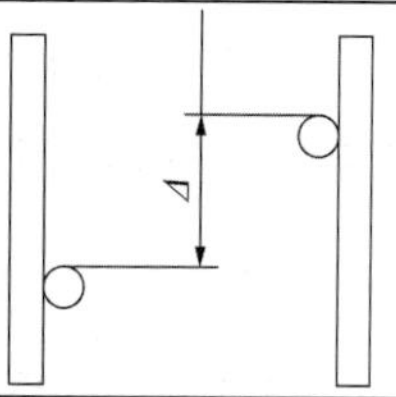	
5	双排脚手架横向水平杆外伸长度偏差		外伸 500mm	−50	—	钢板尺
6	扣件安装	主节点处各扣件中心点相互距离	$a \leqslant$ 150mm	—	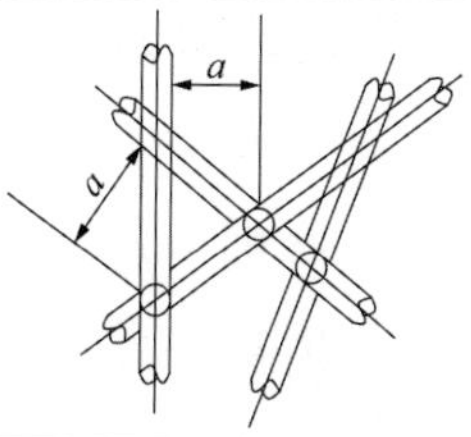	钢板尺
		同步立杆上两个相隔对接扣件的高差	$a \geqslant$500mm	—	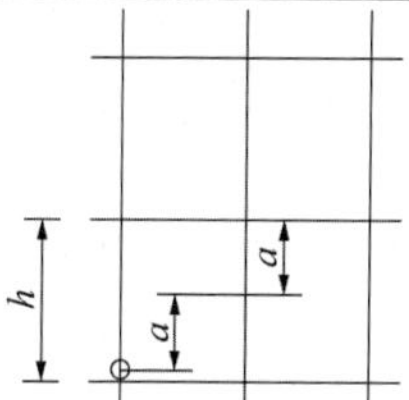	钢卷尺
		立杆上的对接扣件至主节点的距离	$a \leqslant h/3$			
		纵向水平杆上的对接扣件至主节点的距离	$a \leqslant l/3$	—	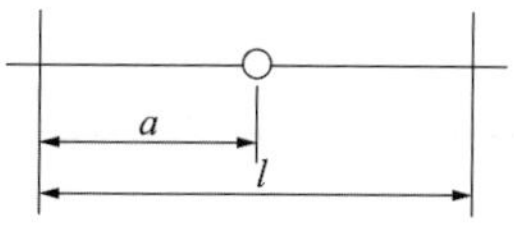	钢卷尺
		扣件螺栓拧紧扭力矩	40～65N·m	—	—	扭力扳手
7	剪刀撑斜杆与地面的仰角		45°～60°	—	—	角尺
8	脚手板外伸长度	对接	a = 130～150mm $l \leqslant$ 300mm	—	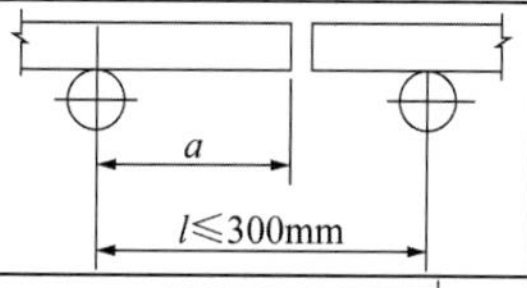	卷尺
		搭接	$a \geqslant$ 100mm $l \geqslant$ 200mm	—	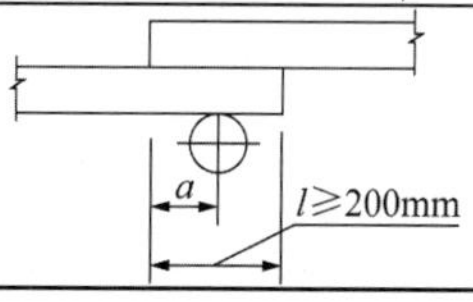	卷尺

7.4 验收人员

根据建办质〔2018〕31 号文的规定，参加验收的人员包括如下：

（1）总承包单位和分包单位技术负责人或受权委派的专业技术人员、项目负责人、项目技术负责人、专项施工方案编制人员、项目专职安全生产管理人员及相关人员。

（2）监理单位项目总监理工程师及专业监理工程师。

8 应急处置措施

8.1 应急处置领导小组

8.1.1 应急处置领导小组组成

为保证工程施工安全，确保一旦出现险情，能够做到及时、迅速、有效救援，将险情控制在最小范围，将损失减小到最低限度，项目经理部成立工程救援应急领导小组，组长由项目经理担任，组员由项目的相关管理人员担任。

8.1.2 应急处置领导小组职责

1）组长的职责

（1）负责对事故应急处理的统一领导、统一指挥。组织指挥各方面力量处理事故，防止事故蔓延和扩大。

（2）负责对重大事故应急处理工作进行督察和指导。根据事故应急处理的需要，紧急调集人员、储备的物资、交通工具以及相关设施、设备，采取紧急措施控制事故蔓延和扩大。

（3）及时、准确、全面地上报信息。

2）副组长职责

协助组长工作，在组长不在场的情况下行使组长权利、协调处理相关工作，具体负责各分工区生产安全的现场管理，恢复和保证生产正常进行。

3）成员职责

保持与上级领导机关的通讯联系，及时发布现场信息；负责监控现场。

8.2 应急救援小组及职责

8.2.1 应急救援小组组成

项目经理部成立生产安全事故应急救援小组，组长由项目经路担任，是领导小组第一责任人，负责紧急情况处理的指挥工作；副组长由生产副经理、安全总监、项目总工担任，负责紧急情况处理的具体实施和组织工作，组长不在或授权时，副组长按序行使组长的权力。成员由项目部部室以上成员、现场专职安全员及施工队负责人组成。

8.2.2 应急救援小组岗位职责

1）组长的职责

（1）正确组织指挥责任人员分工，有效展开工作和组织人员、物资调配。

（2）紧急制定事故处理方案，根据情况变化，果断采取有效措施，控制事态发展。

（3）组织好现场有关行动人员协同配合。

（4）组织相关部门调查事故原因。

2）副组长的职责

（1）协助组长开展应急指挥工作，组长不在位时，代行其职责。

（2）协助组长制定事故处理方案，落实行动。

3）组员的职责

协助组长、副组长的工作，执行组长的命令，在发现问题后迅速向组长报告。

8.3 应急工作流程

事故发生后，按应急预案启动应急程序。

8.4 应急处置程序

8.4.1 应急响应

8.4.1.1 响应分级

响应分级事故响应按照分级负责的原则，根据事故危害、影响范围和控制事态的能力，本预案应急响应分为三级响应，即：一级（社会级）响应、二级（司公司级）响应、三级（项目现场级）响应。

8.4.1.2 报告和启动

应急领导小组获取险情报告后，迅速启动现场处置方案，同时报告公司应急指挥中心，公司应急指挥中心接到信息后上报公司应急指挥中心领导，立即对事故进行评估，根据评估结果确定应急响应等级，应急指挥中心启动预案、确定现场指挥人员。

8.4.2 接警报警

任何人员发现事故后应立即启动现场处置方案，同时迅速向应急救援指挥中心报告，应急指挥中心根据实际情况立即对事故进行评估，根据评估结果确定响应级别并决定是否启动预案。

8.4.3 应急指挥

应急响应后，现场人员中最高职务者承担应急的临时指挥，组织在场人员开展初期的应急处置工作。当总指挥到达后，临时指挥人员应汇报现场的应急处置情况，并将应急指挥权转交给总指挥，由总指挥全面负责应急救援工作。应急响应后，应急救援指挥中心应指导抢险救援组，开展人员疏散、人员营救、事态控制、现场警戒和物资保护等工作。

8.4.4 资源调配

应急事故的救援物资提前足量储备，单独储存保管，不能移作他用。应急救援物资在进场前必须有出厂合格证或材料品质证明，其性能与材质须经试验室检验合格，满足工程需要。材料不合格、不能满足工程需要或不能满足设计要求时，不能进场。

应急救援的设备和机械提前落实，实行“定人、定岗、定设备”责任制度，经常对机械设备进行维护与保养，始终处于完好无故障状态。救援指挥车辆、救援工程车辆、医疗卫生车与司机保持良好状态，确保应急救援工作需要。应急救援物资清单见表 8-1。

主要应急物资设备清单 表 8-1

序号	名称	数量	性能	单位	存放位置	维护周期	责任人	联系电话	备注
1	应急指挥车	3	良好	辆	项目部驻地	次/周			
2	应急运输车	2	良好	辆	施工现场	次/周			
3	装载机	1	良好	台	施工现场	次/周			
4	千斤顶	2	良好	台	现场库房	次/月			10t
5	铁撬	40	良好	把	现场库房	次/月			
6	方木	20	良好	块	现场库房	次/月			
7	编织袋	2000	良好	个	现场库房	次/月			
8	应急照明灯	20	良好	个	现场库房	次/月			
9	急救医药箱	2	良好	个	现场库房	次/月			
10	雨衣	50	良好	件	现场库房	次/月			
11	雨靴	50	良好	双	现场库房	次/月			
12	安全警戒带	100	良好	m	现场库房	次/月			
13	手持式扩音器	3	良好	个	现场库房	次/月			
14	折叠式担架	4	良好	付	现场库房	次/月			
15	呼吸器	20	良好	个	现场库房	次/月			

续上表

序号	名称	数量	性能	单位	存放位置	维护周期	责任人	联系电话	备注
16	发电机	3	良好	台	施工现场	次/月			
17	电焊机	2	良好	台	施工现场	次/月			
18	金属切割机	2	良好	台	施工现场	次/月			
19	气体检测仪	1	良好	台	施工现场	次/月			

8.4.5 应急救援

应急响应后，应急救援指挥中心应分析判断突发事件的严重程度、波及范围、存在的威胁，制定合理的救灾路线和施救方案，确保救援人员的人身安全和救援工作的顺利开展。

8.4.5.1 通信与信息保障

为确保在发生重大生产安全事故时能保持联络畅通，保证应急救援工作及时，应制定项目应急抢险联系表，见表 8-2。

项目应急抢险联系表 表 8-2

单位名称	联系电话	地址
消防部门	119	
报警	110	
急救部门	120	
供水管理所		
×××卫生局		
×××供电局		
×××指挥部		
×××卫生院或×××医院		
×××消防队		
×××供电管理所		
×××派出所		

8.4.5.2 应急保证队伍

项目部成立一支 20 人的应急抢险队，工作职责为：在项目部抢险指挥组的领导下，参与处置项目发生的各类应急事故。

8.4.5.3 救援医院信息及路线

发生危险事故后，伤员就近送到漳州惠民医院。并结合当地交通情况，拟定三条路线送往医院。

8.5　应急事件及其应急措施

8.5.1　物体打击应急措施

当发生物体打击事故后，抢救的重点放在对颅脑损伤、胸部骨折和出血上进行处理。

（1）发生物体打击事故，应马上组织抢救伤者脱离危险现场，以免再发生损伤。

（2）在移动昏迷的颅脑损伤伤员时，应保持头、颈、胸在一直线上，不能任意旋曲。若伴颈椎骨折，更应避免头颈的摆动，以防引起颈部血管神经及脊髓的附加损伤。

（3）观察伤者的受伤情况、受伤部位、伤害性质，如伤员发生休克，应先处理休克。遇呼吸、心跳停止者，应立即进行人工呼吸，胸外心脏按压。处于休克状态的伤员要让其安静、保暖、平卧、少动，并将下肢抬高约 20°，尽快送医院进行抢救治疗。

（4）出现颅脑损伤，必须维持呼吸道通畅。昏迷者应平卧，面部转向一侧，以防舌根下坠或分泌物、呕吐物吸入，发生喉阻塞。有骨折者，应初步固定后再搬运。遇有凹陷骨折、严重的颅底骨折及严重的脑损伤症状出现，创伤处用消毒的纱布或清洁布等覆盖伤口，用绷带或布条包扎后，及时送往有条件的就近医院治疗。

（5）防止伤口污染。在现场，相对清洁的伤口，可用浸有过氧化氢的敷料包扎；污染较重的伤口，可简单清除伤口表面异物，剪除伤口周围的毛发，但切勿拔出创口内的毛发及异物、凝血块或碎骨片等，再用浸有过氧化氢或抗生素的敷料覆盖包扎创口。

（6）在运送伤员到医院就医时，昏迷伤员应侧卧位或仰卧偏头，以防止呕吐后误吸。对烦躁不安者可因地置宜地予以手足约束，以防伤及开放伤口。脊柱有骨折者应用硬板担架运送，勿使脊柱扭曲，以防途中颠簸使脊柱骨折或脱位加重，造成或加重脊髓损伤。

8.5.2　机械伤害急救措施

1）轻伤事故

（1）立即关闭运转机械，保护现场，向应急值班人员汇报。

（2）值班人员、伤员营救组赶到现场对伤者进行消毒、止血、包扎、止痛等临时措施。

（3）伤员营救组、技术处理组尽快将伤者送医院进行防感染和防破伤风处理，或根据医嘱做进一步检查。

2）发生重伤及以上事故

（1）立即关闭运转机械，保护现场，及时向现场值班人员汇报，值班人员向应急总指挥、现场副总指挥汇报，并迅速赶赴事故现场，开始组织事故抢救。

（2）伤员营救组、技术处理组立即对伤者进行包扎、止血、止痛、消毒、固定等临时措施，防止伤情恶化。如有断肢等情况，及时用干净手巾、手绢、布片包好，放在无裂缝合的塑料袋或胶皮袋内，袋口扎紧，在口袋周围放置冰块、雪糕等降温物品，不得在断肢处涂酒精、碘酒及其他消毒液。

8.5.3 高处坠落急救措施

当发生高处坠落事故后，抢救的重点放在休克、骨折和出血上。

（1）发生高处坠落事故，应马上组织抢救伤者，首先观察伤者的受伤情况、部位、伤害性质，如伤员发生休克，应先处理休克，去除伤员身上的用具和口袋中的硬物。

（2）出现颅脑损伤，必须维持呼吸道通畅。昏迷者应平卧，面部转向一侧，以防舌根下坠或分泌物、呕吐物吸入，发生喉阻塞。有骨折者，应初步固定后再搬运。

（3）颌面部伤员首先应保持呼吸道畅通，摘除义齿，清除移位的组织碎片、血凝块、口腔分泌物等，同时松解伤员的颈、胸部纽扣。若舌已后坠或口腔内异物无法清除时，可用 12 号粗针穿刺环甲膜，维持呼吸，尽可能早作气管切开。

（4）发现脊椎受伤者，创伤处用消毒的纱布或清洁布等覆盖伤口，用绷带或布条包扎。搬运时，将伤者平卧放在帆布担架或硬板上，以免受伤的脊椎移位、断裂造成截瘫，导致死亡。抢救脊椎受伤者，搬运过程严禁只抬伤者的两肩与两腿或单肩背运。

（5）发现伤者手足骨折，不要盲目搬动伤者。应在骨折部位用夹板把受伤位置临时固定，使断端不再移位或刺伤肌肉、神经或血管。固定方法：以固定骨折处上下关节为原则，可就地取材，用木板、竹片等。

（6）复合伤要求平仰卧位，保持呼吸道畅通，解开衣领扣。

8.5.4 坍塌事故急救措施

（1）事故发生后，立即在事故发生地周围设置警戒线，并配置保安人员进行严格把守，不许任何无关人员进入事发现场，避免二次伤害。

（2）如是部分架体倒塌，在对现场伤员进行抢救的同时，还必须检查未倒塌的架体有无问题，如有问题，应立即进行加固处理，并对已倒塌架体与未倒塌架体间的部分连接，采用割断、拆除等方式使二者分离，避免在已倒塌架体的拉动下发生继续倒塌。

（3）对承重架体的倒塌，在实施救援时，要检查被支撑体系是否发生变化，根据架体倒塌的时间及原因，可能对被支撑体系并无影响、有一定影响或毁灭性影响，对可能通过抢救方式恢复其所受的影响时，在进行人员抢救的同时，还必须立即采取补救措施消除影响，以最大限度减少经济损失。

（4）支撑架倒塌对周围的用电线路造成影响时，如是施工用电线路，在事发后应立即关闭电源，不得用人工切断线路或拉、拖电线，避免触电事故发生；如因线路受影响发生火灾时，应采取正确方式如灭火器、消防砂等进行灭火，不能在电源未关时用水灭火，在不能自救的情况下还必须请求消防部门帮助解决。

8.5.5 触电事故急救措施

1）隔离电源方法

（1）断开电源开头。

（2）使用绝缘物（如干燥的竹枝、木枝）隔离或挑开电源或带电体。

（3）用导电体使电源接地或短路，迫使漏电保护器和短路保护器跳闸而断开电路。

2）抢救方法

（1）口对口、口对鼻人工呼吸法（停止呼吸者）。

（2）胸外心脏挤压法（心脏跳动停止者）。

（3）如果触电者心脏停止跳动和呼吸停止了，人工呼吸法和胸外心挤压法要同时交替进行。

（4）人工呼吸和胸外心脏挤压法要坚持不断，切不可轻率中止。如果触电者身上出现身体僵冷或尸斑，经医生作出无法救治的诊断后方可停止抢救。

8.5.6 火灾事故急救措施

（1）事故发生后，最早发现者应迅速向事故现场负责人报告，并迅速切断事故现场的电源。

（2）事故现场负责人接到报告后，一边组织现场人员扑救，尽力控制火势蔓延，疏散人员，爆炸事故应迅速朝压力容器喷水，并转移临近的易燃易爆物品到安全地方；一边向当地公安、消防部门报警，同时向公司应急救援指挥部报告。

（3）发生火灾时，如有人员被火围困，要立即组织力量抢救，应坚持救人第一，救人重于救火的原则，救人是火场上的首要任务。

8.5.7 防台、防汛应急急救措施

（1）接到预报时，各单位立即组织人员对重要部位进行防护。办公室门窗要关好，施工现场工程脚手架、临时悬挂的设备、堆放的材料要采取加固措施，大型施工机具、井架等要用钢丝绳封牢或采取其他加固措施。

（2）台风出现时，一切生产工作立即停止。

（3）领导小组及时到位，指挥抢险工作，并向上级主管部门和地方主管部门及时汇报。

（4）抢险突击队立即集合到位，在领导小组指挥下实施抢险工作。

（5）台风发生时，由领导小组通知变电所停止供电，避免刮断线路发生事故。电工负责工地施工现场内施工用电的安全。

（6）洪水发生时，电气抢险队要保证电力正常，不能影响水泵及时排水。

（7）救护组做好准备，随时实施抢救伤员工作。

8.6 事故的上报程序与时限

事故单位要逐级报告，事故发生 30min 内报至公司，40min 内报至集团公司，1h 内电话或书面报告至股份公司；1h 内向事故发生地县级以上人民政府安全生产监督管理部门和负有安全生产监督管理职责的有关部门报告。

9 计算书及相关图纸

9.1 悬挑式脚手架计算书（见二维码）

9.2 附图及附表（见二维码）

拆除工程范例

——桥梁工程拆除

扫码下载编制要点

目　录

CONTENTS

1 工 程 概 况

1.1 拆除工程概况和特点

1.1.1 概述

既有鉴湖大桥位于浙江省绍兴市 S308 绍兴市二环西路，中心桩号K2＋708，全长304.86m，跨径布置为（20＋40＋60＋40＋20）m，主桥上部结构采用五跨连续预应力混凝土三室箱梁，箱梁全宽 27m，底宽 17m，梁高 2.05m，旧桥横、纵断面图如图 1-1、图 1-2 所示。

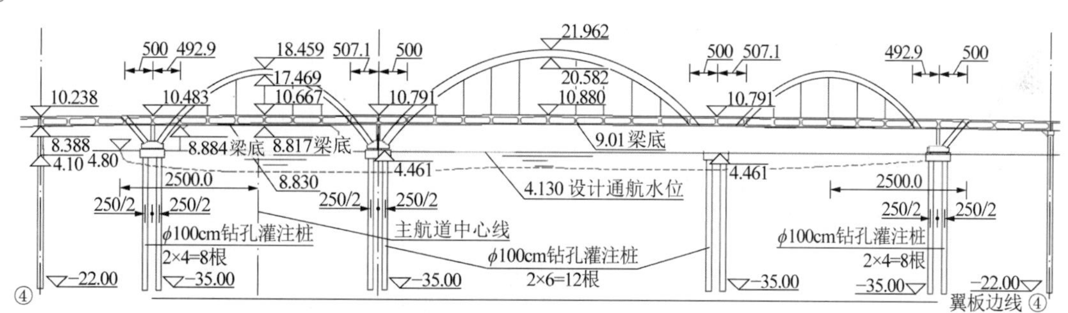

图 1-1 既有鉴湖大桥纵断面图（高程单位：m；尺寸单位：cm）

1.1.2 水文地质情况

境内河道密布，湖泊众多，以“水乡泽国”享誉海内外。现场调查湖面常水位 4.13m（黄海高程），高水位 4.43m；桥址 100 年一遇水位为 5.17m，50 年一遇水位为 5.14m，20 年一遇水位为 4.99m，10 年一遇水位为 4.89m；河水与地下潜水存在互补关系。水深4.5m，河床面高程−0.27m，查阅鉴湖大桥地勘资料，施工区地层自上往下土质、厚度分布如下：

（1）$①_1$ 杂填土

杂色，湿～饱和，松散～稍密。该层上部以碎石土、砂土以主，下部以黏性土为主，局部混块石，块径 25～45cm，顶部一般为沥青路面，厚度一般为 20～30cm。该层在沿线现状道路上均有分布，层厚一般为 1.5～3.5m，局部桥坡处厚度较大，可达 4.0～7.0m。

（2）$①_3$ 淤泥

灰色，局部略带灰黑色，饱和，流塑。主要分布在河底表部，为新近淤积而成，工程地质性质差，表部含少量生活垃圾。该层仅在河道中勘探孔揭露，层厚 0.5～3.0m。

（3）$②_1$ 粉质黏土

黄灰～褐黄色，可塑偏软～可塑，局部近流塑状，上部切面较光滑，略带油脂光泽，含氧化晕斑迹；下部切面较粗糙，粉粒含量较高，近粉质黏土夹粉土。该层局部分布，层顶高程一般为−0.3～5.0m，一般层厚 1.0～2.4m。

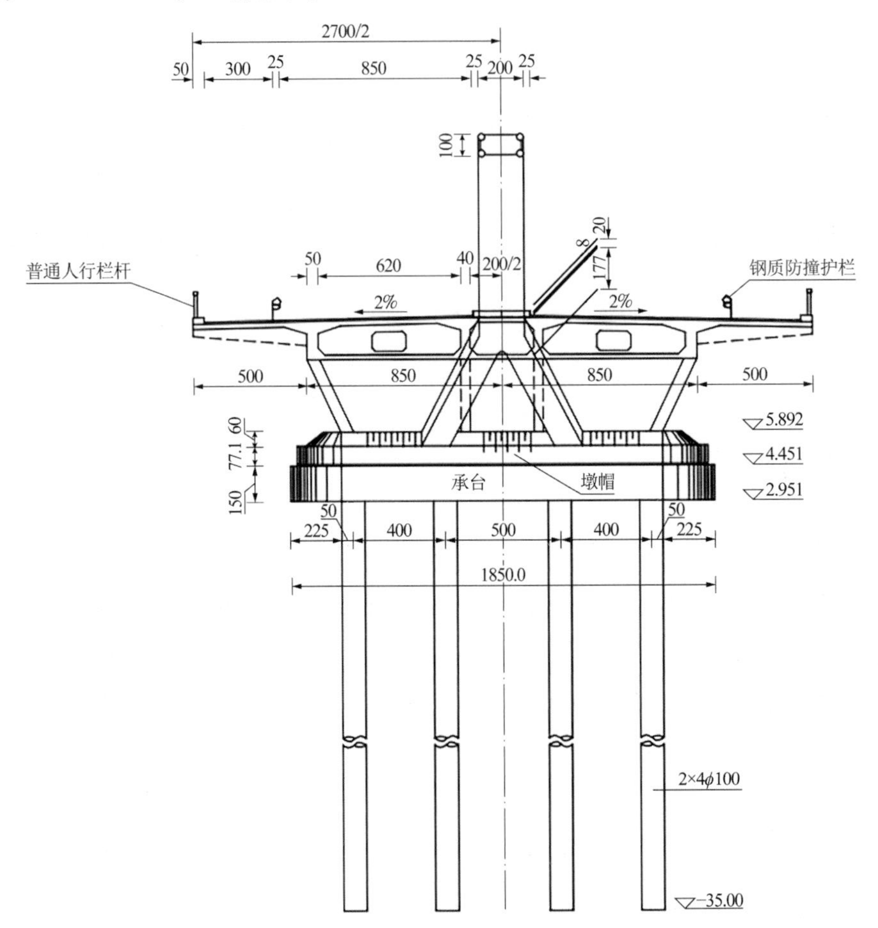

图 1-2　既有鉴湖大桥横断面图（高程单位：m；尺寸单位：cm）

（4）$④_2$ 粉质黏土

黄灰～褐黄色（局部为灰绿色），饱和，可塑～硬塑，具油脂光泽，含少量的铁锰质结核，局部切面较光滑，为黏土。该层分布广泛，零星缺失，层顶高程一般为−0.6～−0.4m，层厚一般为 3.0～10.0m。

（5）$⑥_2$ 粉质黏土

灰黄～褐黄色（局部为灰绿色），饱和，可塑偏硬～硬塑。土质较均匀，切面较粗糙，含氧化晕斑迹；局部粉土含量较高，近黏质粉土；局部切面较光滑，近黏土，具油脂光泽。该层分布广泛，零星缺失，层顶高程一般为−17.0～−12.0m，层厚一般为 8.0～20.0m，该层在 SXZK13～SXZK92 段，SXZK107～SXZK148 段，SZXK345～SXZK349 段较发育，局部厚度较大可达 20.0～30.4m。

（6）$⑧_{3\text{-}2}$ 含黏性土砂砾石

灰色～灰黄色，稍密～中密，饱和。成分主要由砾石和中粗砂组成，由砂质黏性土胶结而成，砾石粒径一般为 5～30mm，呈次圆形，母岩成分主要为凝灰岩，岩质较坚硬，土层级配较良好。该层主要在SXZK40～SXZK79、SXZK283～SXZK453分布，较发育，其余区段零星分布，层顶高程一般为-36.0～-28.0m，层厚一般为2.0～7.0m。

（7）⑩$_{2-1}$全风化凝灰岩

紫红～土褐色，（局部灰白色～灰褐色），硬。原岩结构尚可辨，已风化成砂土状，混黏性土，偶含少量未完全风化岩石碎屑。该层分布广泛，零星缺失，层顶高程-54.3～-32.8m，层厚一般为1.4～18.0m，该层在SXZK18～SXZK175段较发育，局部厚度可达18.0～25.4m，整体呈北部较厚、南部较薄的分布规律。

（8）⑩$_{2-2}$强风化凝灰岩

灰～浅灰白色（局部紫红色～灰褐色），硬～坚硬。部分已风化成砂土状或碎块状，块石粒径为2.0～5.0cm。局部风化程度较弱，以碎块状为主，少量为砂土状。该层分布较广泛，局部缺失，层顶高程-55.0～-37.0m，揭示厚度范围一般为1.0～10.0m，局部该层层底起伏较大，厚度可达10.0～18.0m，SXZK283处揭露厚度达32.5m。

1.1.3 鉴湖调查情况

经建设单位协调，从交通局档案室调取鉴湖大桥资料（1999年9月鉴湖大桥竣工图及2013年10月鉴湖大桥维修加固图纸），并邀请原施工项目负责人介绍既有鉴湖大桥建设施工方案。原鉴湖大桥采用膺架支架现浇法施工，支架基础为钻孔灌注桩（从跨中向两侧均分，跨中纵向间距为12m满足通航，其余间距均为9m；横桥向布置6根，间距4m），钻孔灌注桩高出河床面0.5m，桩顶采用贝雷梁做双拼45cm横梁，纵梁采用90cm贝雷梁，间距1.2m，贝雷梁上铺方木模板，绑扎钢筋，采用地泵分三次浇筑梁体混凝土，先浇筑边跨，后浇筑中跨。灌注桩拆除采用纵桥向拉倒（施工灌注桩时，钢筋笼在河床面以上断开，采用竹片简易绑扎连接），河床面以上钻孔灌注桩拆除丢弃河床（丢弃的柱高度约3.5m，桩径为0.6m，共78根，主通航孔处两排立柱桩径为0.8m，共12根）。

桥梁桩基承台墩柱施工，采用双排木桩（间距1.5～2.0m，）加竹片支护，宕渣垫底，填黏性土围堰施工，如图1-3所示。

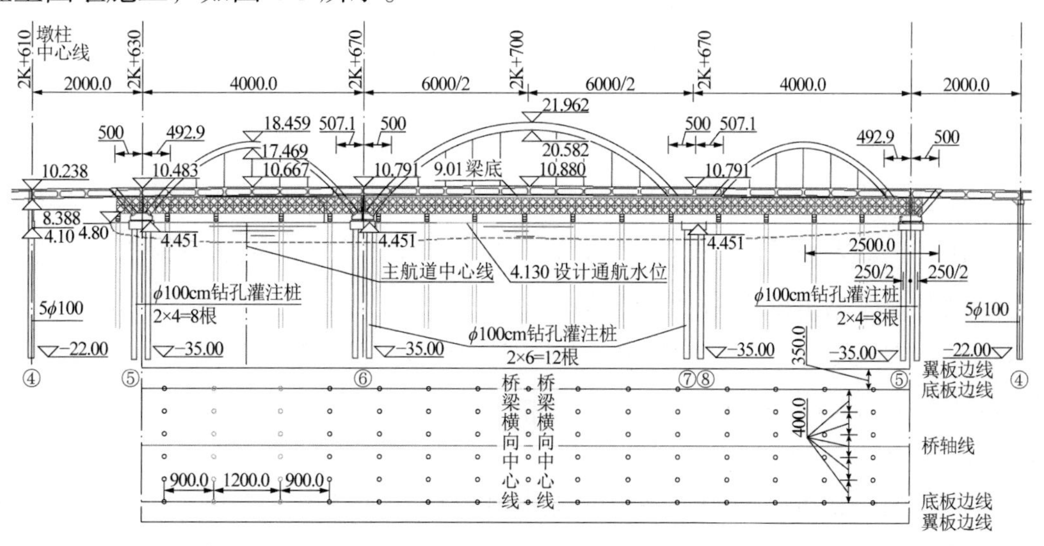

图1-3 既有鉴湖大桥支架设计图（尺寸单位：cm；高程单位：m）

1.1.4 既有鉴湖桥构造特点

鉴湖大桥采用拱梁结构，桥墩通过八根混凝土柱支撑。主桥结构形式为预应力混凝土连续梁拱组合式桥梁，主梁采用单箱三室箱梁结构，纵横向布置预应力束。拱肋形式在桥面上为单根钢管混凝土拱（单肋），在桥面以下为双肋分叉的钢筋混凝土，用以增强横向稳定性，并再加强箱梁边肋下拱腿支承构造，如图 1-4、图 1-5 所示。

图 1-4 既有鉴湖大桥全桥实景照片

图 1-5 既有鉴湖大桥下部结构实景照片

1.1.5 既有鉴湖大桥吊杆应力调查情况

根据既有鉴湖大桥图纸中吊杆张拉力的说明，吊杆中每根钢绞线的张拉力为 195.5kN，单根吊杆中有 9 根钢绞线，即每根吊杆的张拉力为$F = 195.5 \times 9 = 1759.5$kN。

2013 年 10 月既有鉴湖大桥检测后进行维修加固，根据维修加固图纸更换吊杆后应力监测显示，每排吊杆（两根吊杆）的索力约为 2400kN，单根吊杆的索力为 1200kN。

1.2 施工平面布置

根据拆除施工特点，结合拆除施工工艺和现场环境、场地条件，以及施工人员、机械设备安排科学合理开展施工总平面布置。

1.3 周边环境条件

本工程拆除桥梁为绍兴二环西路上的主要桥梁，周边道路车流量较大，南北向均为拥堵路段，且周边车站、医院、学校、居民区密集，工程实施需全封闭施工，对道路的影响比较大。

主桥范围内管线已拆除完毕。

1.4 施工要求

既有鉴湖大桥拆除进度应满足整体施工进度要求，合理组织人员、机械、设备配置及物资材料进场计划，确保 2021 年 12 月底线路拉通的节点目标。计划于 2021 年 4 月 30 日拆除完成，开始新建鉴湖大桥主桥下部结构施工。

1.5 风险辨别与分级

本工程风险辨识与分级见表 1-1。

风险源评估表 表 1-1

序号	作业活动单元	活动内容	可能存在的隐患	潜在事故类型	危险、有害因素评价				危害级别
					事故发生可能性L	人员暴露频率E	后果严重程度C	风险大小D	
1	施工准备	技术交底	安全技术交底是否覆盖全部参建人员以及是否规范	其他	3	2	7	42	2
……	……	……	……	……	……	……	……	……	……

1.6 参建各方责任主体单位

（1）建设单位：×××。

（2）施工单位：×××。

（3）监理单位：×××。

（4）勘察设计单位：×××。

2 编 制 依 据

2.1 法律和标准规范

（1）中华人民共和国、行业和绍兴市政府颁发的现行有效的建筑结构和建筑施工的各类规范、规程及验评标准。

（2）中华人民共和国、行业和绍兴市政府颁发的法律、法规及规定。

（3）《建筑施工安全检查标准》（JGJ 59—2011）。

（4）《建筑拆除工程安全技术规范》（JGJ 147—2016）。

（5）《建筑施工高处作业安全技术规范》（JGJ 80—2016）。

（6）《建筑施工起重吊装工程安全技术规范》（JGJ 276—2012）。

（7）《建筑机械使用安全技术规程》（JGJ 33—2012）。

（8）《建筑结构荷载规范》（GB 50009—2012）。

（9）《住房城乡建设部办公厅关于实施〈危险性较大的分部分项工程安全管理规定〉有关问题的通知》（建质办〔2018〕31 号）。

（10）《危险性较大的分部分项工程安全管理规定》（2018 年 3 月 8 日中华人民共和国住房和城乡建设部令第 37 号公布）。

（11）《起重机械安全规程 第 1 部分：总则》（GB/T 6067.1—2010）。

（12）《建设工程施工重大危险源辨别与监控技术规程》（DBJ 13-91—2007）。

（13）《工程结构可靠性设计统一标准》（GB 50153—2008）。

（14）《公路钢混组合桥梁设计与施工规范》（JTG/T D64-01—2015）。

（15）《工程测量标准》（GB 50026—2020）。

（16）《施工现场临时用电安全技术规范》（JGJ 46—2005）。

（17）《城市梁桥拆除工程安全技术规范》（CJJ 248—2016）。

（18）《建设工程安全生产管理条例》（1511211635）。

（19）《内河通航标准》（GB 50139—2014）。

（20）《运河通航标准》（JTS 180-2—2011）。

（21）《内河助航标志》（GB 5863—1993）。

（22）《内河交通安全标志》（GB 13851—2019）。

（23）《内河助航标志的主要外形尺寸》（GB 5864—1993）。

（24）《水运工程施工安全防护技术规范》（JTS 205-1—2008）。

（25）《焊接与切割安全》（GB 9448—1999）。

（26）《交通运输部 应急管理部关于发布〈公路水运工程淘汰危及生产安全施工工艺、设备和材料目录〉的公告》（2020 年第 89 号）。

2.2 项目文件

（1）绍兴 308 省道智慧快速路改造工程总承包合同。

（2）绍兴既有鉴湖大桥三跨连续中承式单肋钢管混凝土拱设计图纸。

（3）绍兴 308 省道智慧快速路改造工程总承包项目 K12 + 559.045～K13 + 779（主线及辅线）钢结构工程图纸、详图。

（4）绍兴 308 省道智慧快速路改造工程总承包项目施工组织设计。

（5）施工现场调查资料及建设单位、监理单位等上级单位有关要求。

3 施 工 计 划

3.1 施工进度计划

3.1.1 总体施工方案

1）门式起重机安装

辅桥支架管桩施工期间，同步打设不影响通航区域的门式起重机管桩第一节，辅桥通车后，在既有老桥上逐个翼板切割拆除后，按钓鱼法接长钢管、打设到位后，安装贝雷梁，完成轨道基础施工，在北岸完成门式起重机拼装、调试工作。

2）老桥拆除

既有鉴湖大桥按自上而下逆向工序法进行拆除，根据原桥主跨、边跨各部位及预应力施工程序，逐步拆除系杆拱桥吊杆、钢管拱、梁体、下部结构。利用门式起重机或汽车起重机作为起重设备拆除各分块混凝土构件，以拱肋拆除时稳定性最大、系杆拱桥支座位移最小、钢管支架作为承力架承担梁体及钢管拱全部重量、混凝土最大块重不超过 600kN 为原则。既有桥结构如图 3-1、图 3-2 所示。

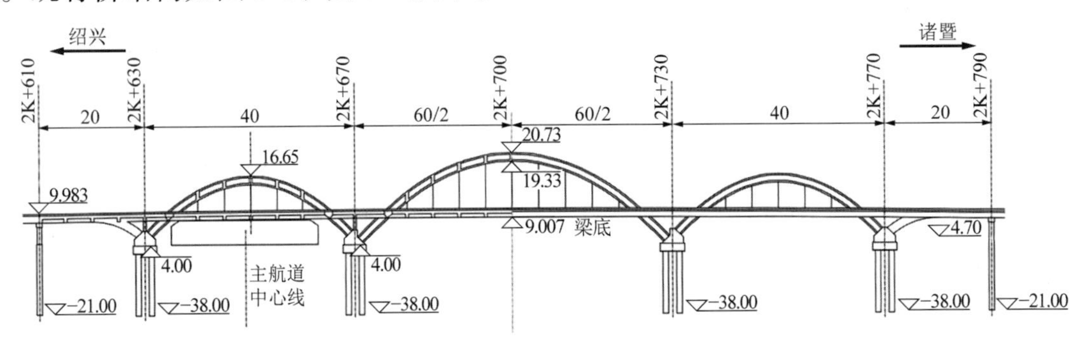

图 3-1 既有鉴湖大桥立面图（尺寸单位：m；高程单位：m）

首先从跨中向两侧、左右对称拆除既有鉴湖大桥翼板，采用绳锯切割分解，吊车吊离、平板车运输至桥头进行破碎。具体步骤为：

（1）在既有鉴湖大桥桥面按照拆除支架设计平面图所示进行精确放样，采用水磨钻对既有桥梁进行取孔。

（2）先采用履带式插板机完成第一节钢管桩插打和后续钢管桩接高，然后采用 75t 履带式起重机配合 DZ-120 振动锤进行钢管桩加压插打到位，插打完成后切割多余钢管（钢管桩顶高程以既有鉴湖大桥梁底向下减 50cm 控制），完成纵、横向连接系焊接，钢管桩顶部焊接 2cm 厚顶部钢板。

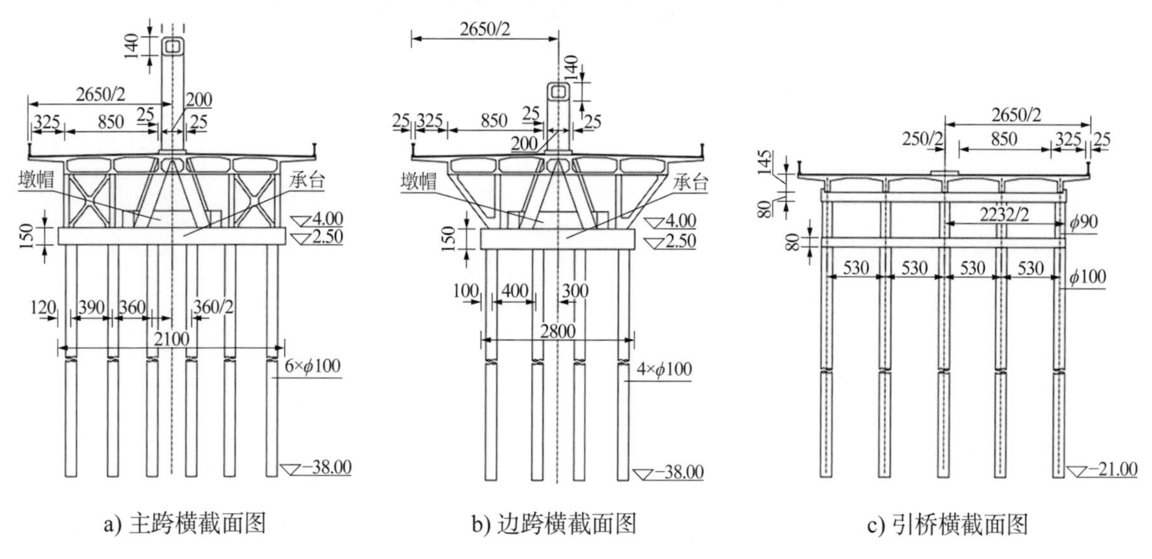

图 3-2 既有鉴湖大桥横截面图（尺寸单位：cm；高程单位：m）

（3）安装钢管桩顶部 I40b 工字钢横梁（由 4 根 I40b 工字钢整体焊接而成）。

（4）搭设钢管拱肋支架。

（5）吊杆拆除、运输出施工场地。

（6）钢管拱切割、吊装、运输出施工场地。

（7）既有鉴湖大桥箱体采用绳锯切割分解。

（8）既有鉴湖大桥下部结构采用绳锯配合破碎锤进行分解（承台桩基分解前插打拉森钢板桩围堰）。

3）新建主桥

老桥拆除完成后，进行主桥下部结构施工，同步进行主桥钢管桩支架搭设，最后完成主桥钢箱梁拼装。钢箱梁安装先吊装 43、44 号边跨，再吊装 45、46 号边跨，最后合龙 44、45 号中跨（上跨鉴湖）。

4）支架拆除

主桥合龙完成后，先拆除门式起重机及门式起重机贝雷支架基础，然后拆除主桥钢箱梁支架。支架拆除自上而下、从跨中向两侧对称同步进行。

3.1.2 进度计划

一期工程必须在 2022 年 1 月底前通车（工期 27 个月），鉴湖大桥计划开工日期 2019 年 10 月 1 日，计划竣工日期 2021 年 12 月 30 日。既有鉴湖大桥拆除，计划开工日期为 2021 年 1 月 1 日，计划竣工日期为 2021 年 4 月 30 日。新建主桥计划开工日期为 2021 年 5 月 1 日，计划竣工日期为 2021 年 11 月 30 日，施工计划见表 3-1。

鉴湖大桥施工计划表 表 3-1

序号	施工内容	单位	工程数量	施工开始时间	施工结束时间
1	内侧钢质防撞波形护栏拆除	m	610	2021 年 1 月 1 日	2021 年 1 月 3 日
2	铺装层刨铣	m^2	8132.4	2021 年 1 月 3 日	2021 年 1 月 5 日
3	既有鉴湖大桥翼板切割	块	60	2021 年 1 月 5 日	2021 年 1 月 25 日
4	既有鉴湖大桥翼板悬挑梁切割	个	62	2021 年 1 月 20 日	2021 年 1 月 31 日
5	门式起重机管桩打设	根	66	2021 年 1 月 10 日	2021 年 1 月 31 日
6	门式起重机基础安装	m	480	2021 年 1 月 15 日	2021 年 2 月 5 日
7	既有鉴湖大桥水磨钻取孔	个	96	2021 年 1 月 10 日	2021 年 2 月 3 日
8	钢管插打、接长	根	96	2021 年 1 月 20 日	2021 年 2 月 28 日
9	安装钢管桩剪刀撑及工字钢横梁，操作平台	联	12	2021 年 1 月 21 日	2021 年 3 月 3 日
10	搭设钢管拱肋支架	t	81	2021 年 2 月 21 日	2021 年 3 月 1 日
11	吊杆及拱肋拆除运输出施工场地	段	12	2021 年 3 月 2 日	2021 年 3 月 16 日
12	既有鉴湖大桥箱体采用绳锯切割分解	块	121	2021 年 3 月 16 日	2021 年 4 月 30 日
13	既有水中墩承台钢板桩围堰施工	个	4	2021 年 4 月 5 日	2021 年 5 月 5 日
14	既有鉴湖大桥下部结构分解	个	14	2021 年 4 月 17 日	2021 年 5 月 21 日
15	门式起重机及门式起重机基础拆除	m	462	2021 年 11 月 13日	2021 年 11 月 23 日

3.2 材料与设备计划

（1）主要施工机具

本工程拆除施工机具见表 3-2。

鉴湖大桥主要施工机具表 表 3-2

序号	机械或设备名称	规格型号	单位	数量	备注
1	汽车起重机	QY25t	台	2	
2	平板车	东风	台	2	
3	叉车	CPD-15	台	1	
4	铣刨机	DYL-50	台	1	沥青路面清除
5	山猫扫地机	S550	台	2	沥青路面清除
6	装载机	ZL50	台	1	沥青路面清除
7	渣土车	东风	辆	10	
8	挖掘机	PC-200	台	1	
9	液压水磨钻机	立式 50 型	台	8	老桥拆除钻孔
10	水泵	0.5kW	台	8	降尘浇水

续上表

序号	机械或设备名称	规格型号	单位	数量	备注
11	履带式起重机	QY75t	台	1	支架材料吊装
12	液压振动锤	DZJ-120/150/180 各一台	台	3	钢管桩打拔、钢板桩打设
13	柴油发电机	350kW	台	1	钢管桩打拔
14	JJMW-3	30t	台	4	拔桩
15	浮箱	9.5m × 2.7m × 1.6m	个	4	材料运输及拔桩设备
16	浮吊	排水量 200t，吊臂 25t	艘	1	打桩船
17	运输船	排水量 200t	艘	1	水上材料转运
18	小船		艘	2	水上人员作业
19	提升机	2t	台	4	材料转运
20	门式起重机	MG85	台	1	起重吊装
21	金刚石绳据	DSM-10A	套	8	老桥拆除切割
22	氧气乙炔气割设备		套	8	
23	炮头机	JGC350	台	2	地面引桥破除
24	挖掘机	CAT320	台	2	
25	插板机	BZ-VH350	台	1	钢板桩打设
26	直流电焊机	ZXE1-500	台	8	焊接
27	倒链	1t、2t、5t	个	8	
28	对讲机		只	10	信号 3km
29	扳手	32mm	把	10	护栏安装及拆除
30	撬棍		根	6	
31	风镐	G10	把	4	
32	空气压缩机	7.5kW	台	4	
33	路面切割机	ATS-G500/9.6kW	台	2	
34	水泵	30kW	台	4	围堰抽水
35	履带式起重机	SC3200C	台	2	钢箱梁吊装、卸货
36	卷扬机	5t	台	2	钢箱梁施工
37	千斤顶	200t	只	24	钢箱梁施工
38	千斤顶	5t、10t、50t	只	各 10 只	钢箱梁施工
39	倒链	1t、2t、5t	只	各 10 只	钢箱梁施工
40	直流电焊机	ZXE1-630	台	2	钢箱梁施工
41	直流电焊机	ZXE1-500	台	3	钢箱梁施工
42	CO_2焊机	NB-500	台	30	钢箱梁施工

续上表

序号	机械或设备名称	规格型号	单位	数量	备注
43	CO_2自动焊接小车		台	8	钢箱梁施工
44	电焊条烘箱	YGCH-X-400	台	1	钢箱梁施工
45	空气压缩机	XF200	台	2	钢箱梁施工
46	轴流通风机		台	15	钢箱梁施工
47	砂轮磨光机	D150	台	6	钢箱梁施工
48	氧乙炔气割设备		套	20	钢箱梁施工
49	碳弧气刨	TH-10	套	6	钢箱梁施工

（2）主要测量、检测设备

本工程拆除施工主要测量、检测设备见表3-3。

鉴湖大桥拆除主要测量、检测设备表 表3-3

序号	设备名称	规格型号	单位	数量
1	全站仪	TC2000	台	2
2	水准仪	N3	台	2
3	卷尺	5m	把	10
4	液压万能试验机	WE-100	台	1
5	摆锤式冲击试验机	JB300B	台	1
6	高频红外碳硫分析仪	CS-902G	台	1
7	直读光谱仪	ARLMA3460	台	1
8	低温槽	CDC	台	1
9	冲击试样缺口投影仪	CTS-C	台	1
10	布氏硬度计	HB3000	台	1
11	多功能里氏硬度计	HLN-11D	台	1
12	电光分析天平	TG328A	台	1
13	可见分光光度计	722N	台	1
14	维氏硬度计	EV-3000A	台	1
15	金相显微镜	4XC	台	1
16	金相试样抛光机	PG-1	台	1
17	超声波探伤仪	EPOCH-III2300	台	6
18	超声波探伤仪	CTS-2000	台	4
19	磁粉探伤仪	B301S	台	2
20	超声波测厚仪	LA-10	台	4
21	数字式测温仪	HY-302	台	12
22	漆膜测厚仪	9C	台	6

（3）主要措施材料

本工程拆除施工主要措施材料见表 3-4。

鉴湖大桥拆除主要措施材料表　　表 3-4

序号	材料型号	单位	数量	单位	总数量
1	50kg/m 钢轨	m	480.00	t	24.00
2	I22a 工字钢（单根 2m）	m	2568.00	t	84.74
3	I22a 工字钢加劲板，1cm 厚钢板	m^2	65.48	t	5.14
4	防脱轨装置 [14 槽钢	m	962.00	t	13.95
5	分配梁限位角钢∟75mm×75mm×10mm	m	2913.00	t	32.33
6	U 形卡	个	2560.00	t	15.49
7	321 贝雷梁（含插销、花架螺栓，其中 24 片为加强竖杆特制贝雷梁）	片	960.00	t	271.72
8	贝雷梁花架1125mm×1180mm	个	320.00	t	13.71
9	2cm 厚限位钢板	m^2	31.68	t	4.97
10	2cm 厚钢管桩顶部封板，单个尺寸100cm×100cm	m^2	66.00	t	10.36
11	2cm 厚加劲钢板	m^2	5.28	t	0.83
12	2cm 厚牛腿钢板	m^2	21.78	t	3.42
13	限位角钢∟75mm×75mm×10mm	m	264.00	t	2.93
14	I40b 工字钢	m	198.00	t	14.61
15	ϕ800mm×12mm钢管（入土深度 24m）	m	2706.00	t	631.04
16	ϕ800mm×12mm钢管连接用 2cm 厚加劲钢板（单根 41m 对接点 3 个）	m^2	53.46	t	8.39
17	剪刀撑ϕ280mm 圆管、壁厚 10mm	m	1490.20	t	99.23
18	ϕ630mm×10mm钢管（防撞墩）	m	888.00	t	135.78
19	ϕ630mm×10mm钢管连接用 2cm 厚加劲钢板（单根 37m 对接点 3 个）	m^2	8.64	t	1.36
20	ϕ20mm精轧螺纹钢拉杆（单根拉杆含螺母 2 个）	m	140.30	t	0.35
21	100mm×20mm 扁钢钢带	m	182.82	t	2.87
22	2cm 厚连接钢板	m^2	1.62	t	0.25
23	[14a 槽钢连接系	m	80.72	t	1.17
24	水中辅桥钢管与门式起重机基础钢管斜撑 [20a 槽钢	m	1378.20	t	31.15
25	水中辅桥钢管与门式起重机基础钢管斜撑连接板0.2m×0.5m 厚度 2cm 钢板	m^2	24.80	t	3.89
26	水中连接段ϕ219mm×10mm钢管	m	1091.2	t	56.24
27	陆地段横向限位支撑ϕ630mm×10mm钢管	m	132.72	t	20.29
28	陆地段横向限位支撑钢管顶部封板，2cm 厚度钢板	m^2	7.88	t	1.24
29	陆地段横向限位支撑ϕ377mm×10mm钢管	m	168	t	15.21

续上表

序号	材料型号	单位	数量	单位	总数量
30	陆地段横向限位支撑ϕ273mm × 10mm钢管	m	197.4	t	12.01
31	陆地段横向限位支撑ϕ150mm × 10mm钢管	m	210	t	7.25
32	ϕ630mm × 10mm钢管	m	2870.40	t	438.89
33	I40b 工字钢	m	1920.00	t	141.70
34	顺桥向钢管剪刀撑钢板、厚 20mm	m^2	13.44	t	2.11
35	顺桥向钢管剪刀撑 ⊏20a 槽钢	m	211.6	t	4.78
36	横桥向剪刀撑ϕ219mm × 10mm钢管	m	1450.4	t	74.76
37	钢管顶面封板钢板、厚 20mm	m^2	54.00	t	8.48
38	封板加劲钢板、厚 20mm	m^2	1.73	t	0.27
39	钢管对接加劲钢板、厚 20mm	m^2	11.52	t	1.81
40	横梁与梁底垫钢板、厚 20mm，塞垫 3 层	m^2	705.60	t	110.78
41	横梁加劲板、厚 20mm	m^2	90.81	t	14.26
42	横向双拼 ⊏20 槽钢限位	m	28.80	t	0.65
43	拆桥支架与门式起重机钢管连接 ϕ219mm × 10mm钢管	m	2226.86	t	114.78
44	门式起重机基础管桩与拆桥支架横向限位支撑ϕ150mm × 10mm钢管	m	877.12	t	30.28
45	拱肋拆除ϕ377mm × 10mm钢管	m	231.80	t	20.98
46	拱肋拆除剪刀撑连接板钢板、厚 20mm	m^2	12.60	t	1.98
47	拱肋拆除钢管顶、底口封板钢板、厚 20mm	m^2	11.52	t	1.81
48	拱肋拆除牛腿及加劲钢板、厚 20mm	m^2	8.50	t	1.33
49	拱肋拆除 ⊏12.6 槽钢剪刀撑	m	830.65	t	10.30
50	拱肋拆除 I20a 工字钢 横梁	m	161.29	t	4.50
51	拱肋拆除ϕ12mm钢丝绳	m	364.00	t	0.25
52	拱肋拆除ϕ219mm × 10mm钢管水平连接	m	173.60	t	8.95
53	拱肋拆除ϕ219mm × 10mm钢管调节	m	10.80	t	0.56
54	拱肋拆除ϕ219mm × 10mm钢管斜撑	m	61.20	t	3.15
55	拱肋拆除尺寸为0.4m × 0.5m、厚 2cm 的钢板水平连接	m^2	2.40	t	0.38
56	拱肋拆除操作平台 ⊏14 槽钢	m	342.00	t	4.96
57	拱肋拆除操作平台ϕ48mm × 3.5mm钢管	m	337.20	t	1.30
58	拱肋拆除操作平台十字扣件	个	312.00	t	0.31
59	拱肋拆除$M^2$0 × 250mm螺栓（含垫片）	个	192.00	t	0.12
60	拆桥操作平台支架∟75mm × 75mm × 10mm角钢	m	2198.40	t	24.40
61	拆桥操作平台支架 I12.6 工字钢	m	1920.00	t	27.26

续上表

序号	材料型号	单位	数量	单位	总数量
62	拆桥操作平台支架 5mm 钢板	m^2	360.00	t	14.13
63	拆桥竖向临时支撑 ϕ219mm × 10mm 钢管	m	440.16	t	22.69
64	拆桥竖向临时支撑 □12.6 槽钢	m	436.80	t	5.42
65	拆桥竖向临时支撑 20mm 厚钢板	m^2	80.64	t	12.66
66	ϕ20mm 精轧螺纹钢拉杆 （单根拉杆长 2.3m、含螺母 1 个）	m	386.40	t	0.95
67	精轧螺纹钢垫板 20mm 厚钢板	m^2	3.42	t	0.54
68	精轧螺纹钢对拉 I20a 工字钢双拼横杆	m	571.20	t	15.94
69	H400 型钢、400mm × 400mm × 13mm × 20mm	m	310.20	t	50.35
70	IV拉森钢板桩、单根长 9m	根	510.00	t	349.30
71	I20a 工字钢	m	31.60	t	0.88
72	20mm 厚度钢板	m^2	14.71	t	2.31
73	ϕ48mm、壁厚 3.2mm 钢管	m	685.20	t	2.42
74	十字扣件	个	288.00	t	0.43
75	H400 型钢	m	258.00	t	41.88
76	IV拉森钢板桩、单根长 15m	根	268.00	t	305.92
77	I20a 工字钢	m	48.00	t	1.34
78	20mm 厚度钢板	m^2	16.95	t	2.66
79	钢平台 I40b 工字钢横梁	m	320.00	t	23.62
80	钢平台 H400 型钢主梁、400mm × 400mm × 13mm × 20mm	m	319.20	t	51.82
81	钢平台 I20a 工字钢分配梁	m	1080.00	t	30.13
82	10mm 钢板	m^2	480.00	t	37.68
83	ϕ48mm、壁厚 3.2mm 钢管	m	477.60	t	1.69
84	十字扣件	个	204.00	t	0.30
85	ϕ630mm × 10mm 钢管（水上）	m	2158.24	t	330.00
86	ϕ630mm × 10mm 钢管（水下）	m	2632.00	t	402.44
87	钢管对接加劲钢板、厚 20mm	m^2	19.20	t	3.01
88	I40b 工字钢横梁	m	1512.00	t	111.59
89	横梁加劲板、厚 20mm	m^2	110.38	t	17.33
90	顺桥向钢管剪刀撑 □20a 槽钢	m	728.40	t	16.46
91	顺桥向剪刀撑连接钢板、厚 20mm	m^2	47.04	t	7.39
92	0.7m × 0.7m 钢板、厚 20mm	m^2	54.88	t	8.62

续上表

序号	材料型号	单位	数量	单位	总数量
93	操作平台支架∟75mm×75mm×10mm角钢	m	2564.80	t	28.47
94	操作平台支架 I12.6 工字钢	m	2240.00	t	31.81
95	操作平台支架 5mm 钢板	m^2	420.00	t	16.49
96	新建主桥接高支架与门式起重机钢管连接 ϕ219mm×10mm钢管	m	2625.6	t	135.33
97	拆除旧桥拆除支架上部剪刀撑连接 ϕ219mm×10mm钢管	m	1153.64	t	59.46
98	新建主桥支架横向连接钢管（接高段） ϕ219mm×10mm钢管	m	1632.4	t	84.14
99	新建主桥支架悬挑段斜撑 ϕ219mm×10mm钢管	m	313.6	t	16.16
100	2cm 钢板（支架拆除）	m^2	361.78	t	56.80
101	HM588×300型钢（支架拆除）	m	159.87	t	24.00
102	贝雷梁（支架拆除）	片	24.00	t	7.20
103	630 钢管、壁厚 10mm（支架拆除）	m	7.98	t	1.22

4 施工工艺技术

4.1 技术参数

4.1.1 起重机性能参数

（1）80t 汽车起重机起重参数表

80t 汽车起重机起重参数见表 4-1。

80t 汽车起重机起重参数表　　表 4-1

工作半径（m）	吊臂长度（支腿全伸）							吊臂长度（不伸支腿）
	12.0m	18.0m	24.0m	30.0m	36.0m	40.0m	44.0m	12.0m
2.5	80.0	45.0						15.0
3.0	80.0	45.0	35.0					15.0
3.5	80.0	45.0	35.0					15.0
4.0	70.0	45.0	35.0					11.7
4.5	62.0	40.0	35.0	27.0				9.5
5.0	56.0	40.0	32.0	27.0				8.0
5.5	50.0	37.0	29.2	27.0	22.0			6.8
6.0	45.0	34.3	27.2	25.0	22.0			5.8
6.5	39.4	31.5	25.3	23.2	22.0	18.0		5.0
7.0	35.6	29.1	23.7	21.5	20.3	18.0		4.3
8.0	27.8	25.4	21.0	18.8	17.7	15.7	12.0	3.2
9.5	20.8	20.8	17.8	15.7	14.6	13.2	12.0	2.0
10.0	19.2	19.2	17.0	15.0	13.8	12.6	11.4	1.7
11.0		16.5	15.6	13.5	12.4	11.4	10.4	
11.8		14.7	14.7	12.6	11.4	10.6	9.7	
12.0		14.2	14.2	12.4	11.2	10.4	9.5	
13.0		12.5	12.5	11.3	10.2	9.3	8.8	

（2）50t 汽车起重机起重参数表

50t 汽车起重机起重参数见表 4-2。

50t 汽车起重机起重参数表　　表 4-2

工作半径（m）	主臂长度（m）				
	10.70	18.00	25.40	32.75	40.10
3.0	50.00				
3.5	43.00				
4.0	38.00				
4.5	34.00				
5.0	30.00	24.70			
5.5	28.00	23.50			
6.0	24.00	22.20	16.30		
6.5	21.00	20.00	15.00		
7.0	18.50	18.00	14.10	10.20	
8.0	14.50	14.00	12.40	9.20	7.50
9.0	11.50	11.20	11.10	8.30	6.50
10.0		9.20	10.00	7.50	6.00
12.0		6.40	7.50	6.80	5.20
14.0			5.10	5.70	4.60

4.1.2　翼板吊点设置

翼板的吊装采用四点吊装，通过两根钢丝绳穿过翼板四个角绳据切割前取孔孔位中心，将翼板捆绑固定后，使吊点中心位于翼板质心轴线，如图 4-1 所示。

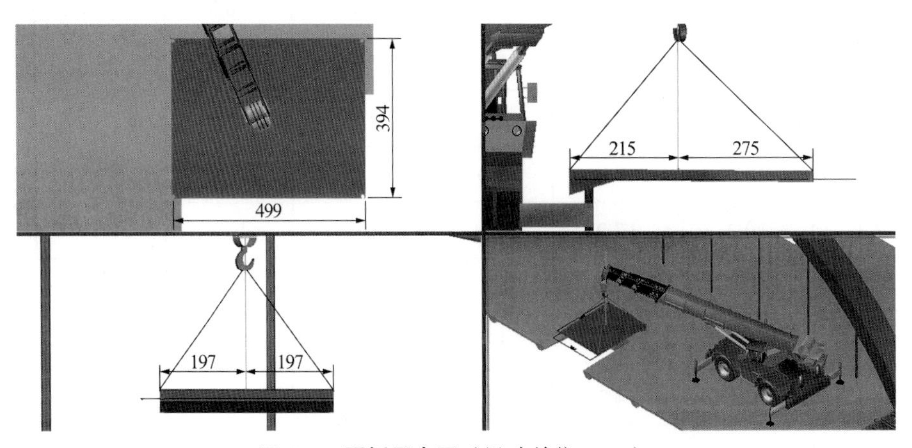

图 4-1　翼板吊点图（尺寸单位：cm）

横梁的吊装采用四点吊装，通过两根钢丝绳在距离梁端约 0.5m 的位置进行捆绑固定，使吊点中心位于横梁质心轴线，如图 4-2 所示。

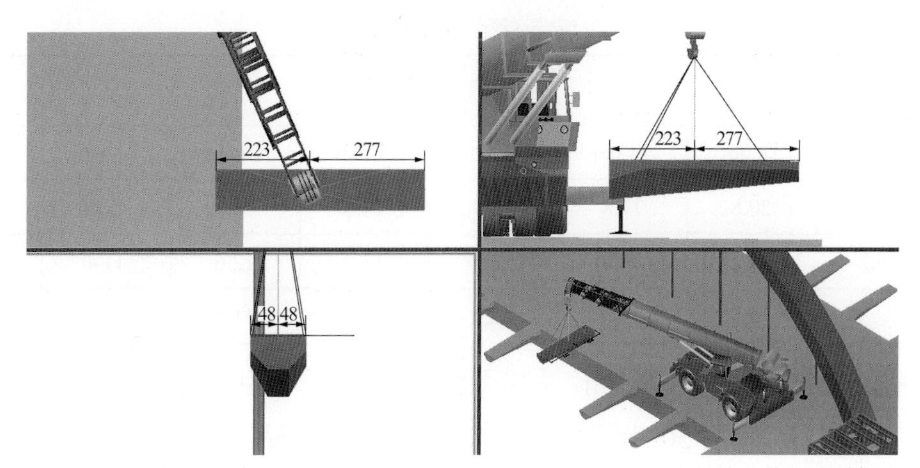

图 4-2　横梁吊点图（尺寸单位：cm）

4.1.3　翼板起吊钢丝绳计算

单块翼板（含 10cm 铺装层混凝土）质量为 17.14t，单根横梁（含 10cm 铺装层混凝土）质量为 8.6t。门式起重机启用前，翼板先采用一台 80t 汽车起重机、横梁先采用一台 50t 汽车起重机进行拆除吊离。按单机吊装额定荷载的 80% 取值，翼板要求吊机作业工况下的额定吊装重量不小于 $17.14/0.8 = 21.43$t，横梁要求吊机作业工况下的额定吊装重量不小于 $8.6/0.8 = 10.75$t。

80t 吊车支腿横向跨距 7.6m，吊点距离支腿边最小距离 2.15m，作业半径最小为 $7.6/2 + 2.15 = 5.95$m。根据 80t 吊车性能参数，结合现场吊装情况，80t 汽车起重机的作业半径取 8m、吊臂长度 18m（表 4-3），可满足要求。

80t 汽车起重机作业取值表　　表 4-3

工作半径（m）	吊臂长度（支腿全伸）							吊臂长度（不伸支腿）
	12.0m	18.0m	24.0m	30.0m	36.0m	40.0m	44.0m	12.0m
2.5	80.0	45.0						15.0
3.0	80.0	45.0	35.0					15.0
3.5	80.0	45.0	35.0					15.0
4.0	70.0	45.0	35.0					11.7
4.5	62.0	40.0	35.0	27.0				9.5
5.0	56.0	40.0	32.0	27.0				8.0
5.5	50.0	37.0	29.2	27.0	22.0			6.8
6.0	45.0	34.3	27.2	25.0	22.0			5.8
6.5	39.4	31.5	25.3	23.2	22.0	18.0		5.0
7.0	35.6	29.1	23.7	21.5	20.3	18.0		4.3
8.0	27.8	25.4	21.0	18.8	17.7	15.7	12.0	3.2

续上表

工作半径（m）	吊臂长度（支腿全伸）							吊臂长度（不伸支腿）
	12.0m	18.0m	24.0m	30.0m	36.0m	40.0m	44.0m	12.0m
9.5	20.8	20.8	17.8	15.7	14.6	13.2	12.0	2.0
10.0	19.2	19.2	17.0	15.0	13.8	12.6	11.4	1.7
11.0		16.5	15.6	13.5	12.4	11.4	10.4	

50t 起重机支腿横向跨距 6.9m，吊点距离支腿边最小距离 2.23m，作业半径最小为 $6.9/2+2.23=5.68$m。根据 50t 起重机性能参数，结合现场吊装情况，50t 汽车起重机的作业半径取 8m、吊臂长度 18m（表 4-4），可满足要求。

50t 汽车起重机作业取值表 表 4-4

工作半径（m）	主臂长度（m）				
	10.70	18.00	25.40	32.75	40.10
3.0	50.00				
3.5	43.00				
4.0	38.00				
4.5	34.00				
5.0	30.00	24.70			
5.5	28.00	23.50			
6.0	24.00	22.20	16.30		
6.5	21.00	20.00	15.00		
7.0	18.50	18.00	14.10	10.20	
8.0	14.50	14.00	12.40	9.20	7.50
9.0	11.50	11.20	11.10	8.30	6.50
10.0		9.20	10.00	7.50	6.00
12.0		6.40	7.50	6.80	5.20
14.0			5.10	5.70	4.60

翼板及横梁吊装钢丝绳与水平面的夹角取 60°，查《路桥施工计算手册》（人民交通出版社股份有限公司，2019 版）附表 3-34，选用公称直径为 39mm、规格6×37结构、公称抗拉强度为 1400MPa 的钢丝绳，钢丝绳破断力$P=1400\times564.63/1000=790.5$kN，考虑钢丝绳之间荷载不均匀系数$\alpha$按$6\times37$钢丝绳取 0.82，钢丝绳的安全系数$K$按机动起重设备一般为 8～10，此处取$K=8$，则：

$$S_{\mathrm{b}}=\frac{\alpha\times P}{K}=\frac{0.82\times790.5}{8}=81\mathrm{kN}$$

单个翼板最大重 Q 取 19t（取钢丝绳、吊钩总重为 1.86t），按 3 个吊点平均承受构件荷载，每个吊点按 1 根钢丝绳计算（钢丝绳采用单根绕环），钢丝绳与水平面的夹角θ按不小于 60°考虑，则钢丝绳内力：

$$S=\frac{Q}{n}\times\frac{1}{\sin\theta}=\frac{190}{1\times3}\times\frac{1}{\sin 60^\circ}=73\text{kN}\leqslant S_\text{b}=81\text{kN}$$，满足要求。

4.1.4　门式起重机基础设计

本工程门式起重机选用 MG85/28 型，吊重 75t，自重 85t。门式起重机走行轨基础采用钢管贝雷组合式支架；标准跨径为 9m，通航孔处跨径为 15m，靠近通航孔处钢管加密至 1.5m 间距一根；选用ϕ800mm、壁厚 12mm 钢管，采用 75t 履带式起重机，位于既有鉴湖大桥上通过 DZJ-150 型振动锤配备柴油发电机打设至设计深度(75t 履带式起重机自重 65t，振动锤、吊钩及钢丝绳总重 10t，履带接触面$2\times5.14\times0.76=7.8\text{m}^2$，单位面积压强 9.6t/m^2。既有鉴湖大桥设计荷载为汽-20、挂-100，即计算荷载为 200kN，验算荷载为 1000kN，可满足履带式起重机作业荷载要求），并通过单桩设计承载力值校验最终的入土深度。相邻钢管之间通过ϕ280mm 钢管剪刀撑连成整体，门式起重机管桩与辅桥钢管支架及鉴湖大桥拆除新建支架设置钢管连接，并与辅桥水中墩柱之间设置抱箍。

4.1.5　临边防护设施

临边防护围栏拆除后，采用钢管搭设临边防护栏杆，立杆高度不小于 1.2m、间距 2m，设置上、中、下三道横杆（下横杆高度 20cm，中横杆高度 70cm，上横杆高度 120cm），如图 4-3 所示，并设置安全警示标识标牌。

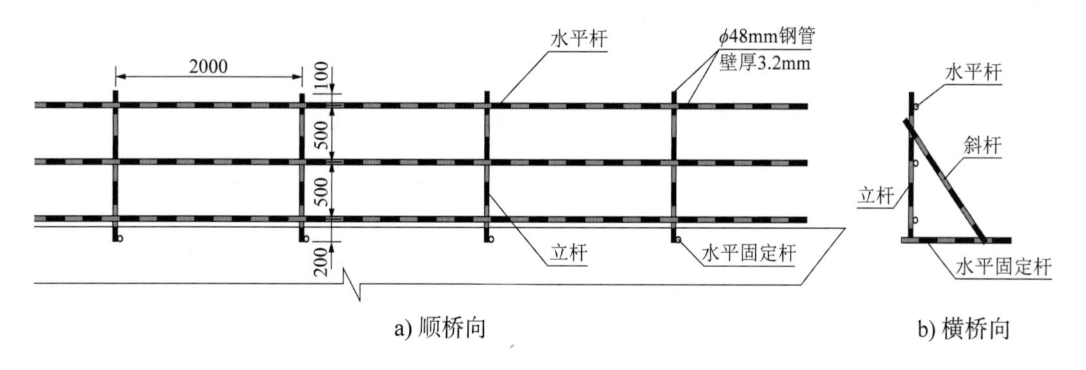

图 4-3　临边临时防护围栏（尺寸单位：mm）

4.1.6　拆桥支架设计

拆桥钢管支架分为既有鉴湖大桥梁体拆除水中支架及拱肋拆除支架，计划先完成水中支架搭设后再搭设拱肋拆除支架。根据门式起重机的起吊能力、通航要求和既有鉴湖大桥的结构特点确定支架的跨径及布置形式，如图 4-4～图 4-6 所示。支架施工前，需采集分节拆除的拱肋、主梁及墩台的实际高程、坐标初始值，在桥梁拆除过程中需对拱肋、主梁挠度及墩台位移等进行监测。

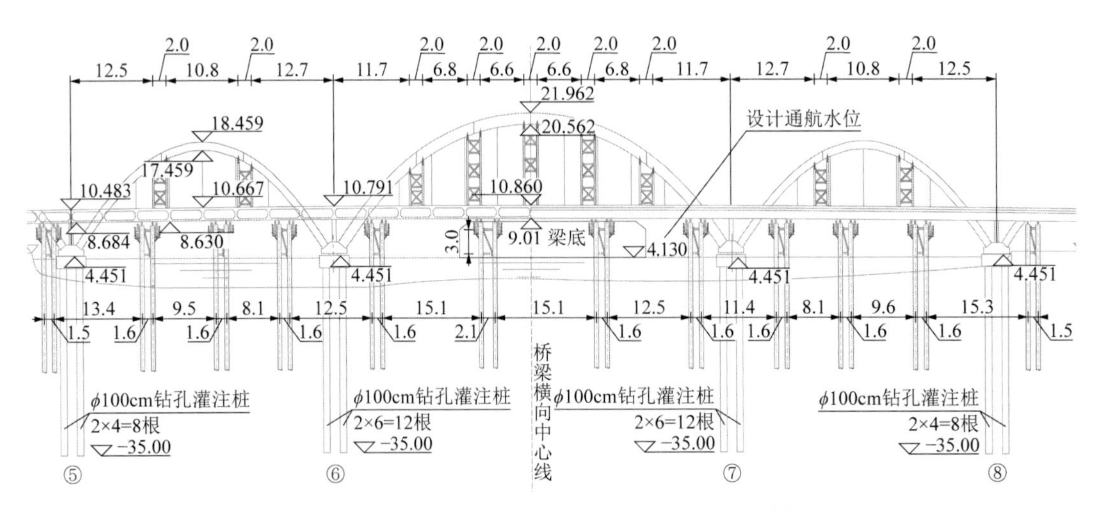

图 4-4　拆桥支架立面布置图（尺寸单位：m；高程单位：m）

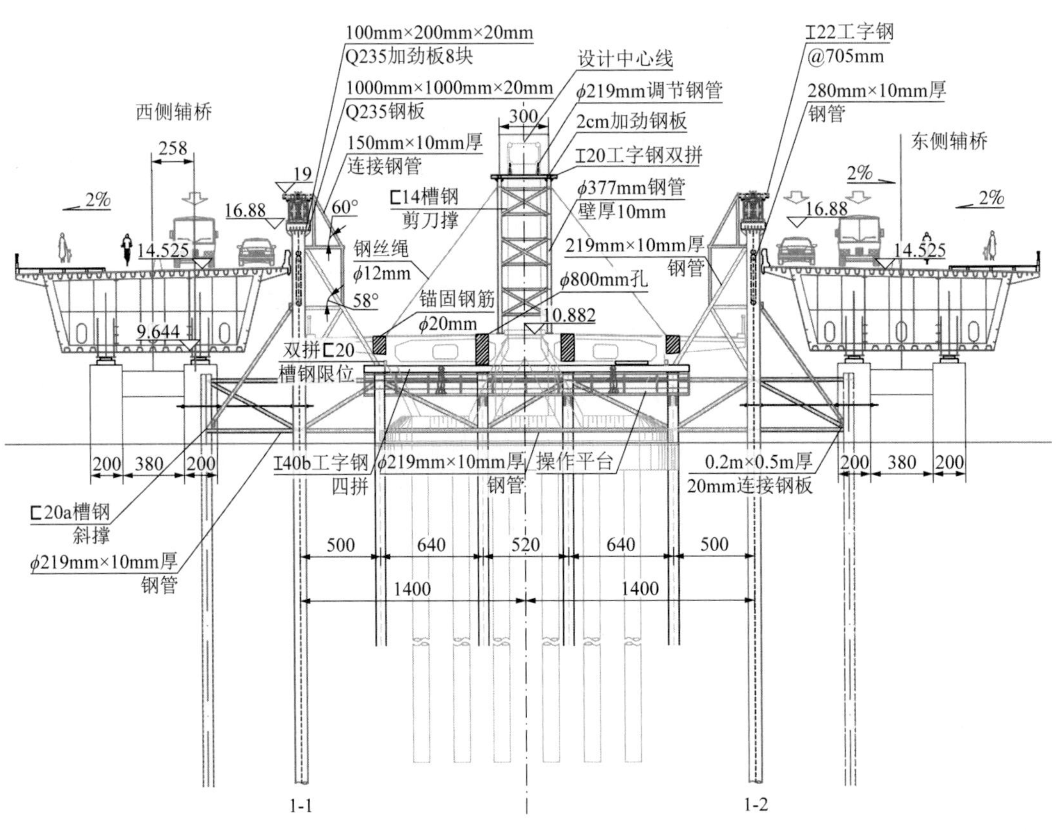

图 4-5　拆桥支架横截面布置图（尺寸单位：cm；高程单位：m）

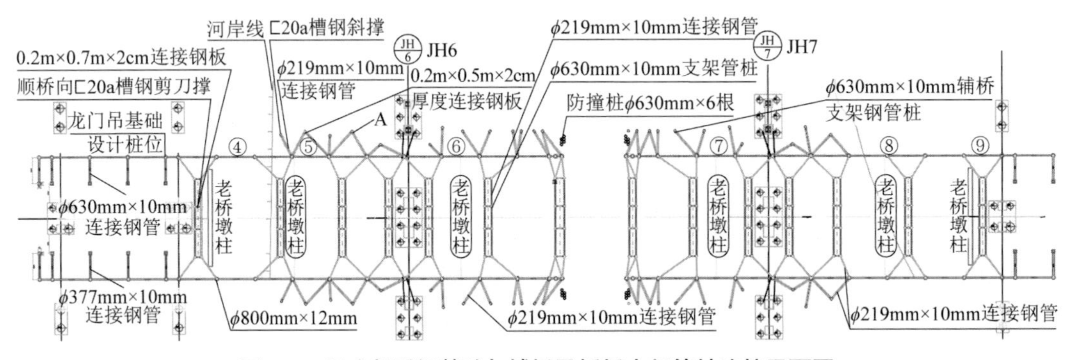

图 4-6　门式起重机基础与辅桥及拆桥支架管桩连接平面图

4.1.7 梁体分块

（1）梁体拆除施工前，需对墩梁进行临时固结，采用水泥砂浆将支座四周的间隙灌满，防止拆除过程中梁体移位。

（2）主梁分块见表4-5。

既有鉴湖大桥水中梁体分块后的质量表 表4-5

序号	位置	编号	标准断面面积（m^2）	横梁位置断面面积（m^2）	分块质量（t）	块数（块）	总质量（t）
1	翼板标准断面		1.65		17.14	60	1028.4
2	翼板横梁		4.25		8.6	62	533.2
3	箱室外侧第2跨、第12跨	1	1.26	1.72	52.20	2	104.4
4		2	1.26	1.72	39.12	2	78.2
5		3	1.26	1.72	34.27	2	68.5
6		4	1.26	1.72	49.91	2	99.8
7		5	1.26	1.72	58.76	2	117.5
8		6	1.26	1.72	60.97	2	121.9
9		7	1.26	1.72	48.26	2	96.5
10		8	1.26	1.72	46.63	2	93.3
11		9	1.26	1.72	34.27	2	68.5
12		10	1.26	1.72	39.28	2	78.6
13		11	1.26	1.72	53.94	2	107.9
14	箱室外侧第3跨、第11跨	12	1.04	3.39	58.46	2	116.9
15		13	1.04	3.39	42.53	2	85.1
16		14	1.04	3.39	38.53	2	77.1
17		15	1.04	3.39	56.56	2	113.1
18		16	1.04	3.39	63.87	2	127.7
19		17	1.04	3.39	70.81	2	141.6
20		18	1.04	3.39	50.08	2	100.2
21		19	1.04	3.39	53.86	2	107.7
22		20	1.04	3.39	38.53	2	77.1
23		21	1.04	3.39	42.67	2	85.3
24		22	1.04	3.39	59.89	2	119.8
25	箱室外侧第4跨、第10跨	23	1	2.47	50.05	2	100.1
26		24	1	2.47	36.79	2	73.6

续上表

序号	位置	编号	标准断面面积（m^2）	横梁位置断面面积（m^2）	分块质量（t）	块数（块）	总质量（t）
27	箱室外侧第4跨、第10跨	25	1	2.47	32.94	2	65.9
28		26	1	2.47	48.23	2	96.5
29		27	1	2.47	55.25	2	110.5
30		28	1	2.47	59.88	2	119.8
31		29	1	2.47	44.04	2	88.1
32		30	1	2.47	45.63	2	91.3
33		31	1	2.47	32.94	2	65.9
34		32	1	2.47	36.92	2	73.8
35		33	1	2.47	51.43	2	102.9
36	箱室外侧第5跨、第9跨	34	0.94	2.92	51.71	2	103.4
37		35	0.94	2.92	37.69	2	75.4
38		36	0.94	2.92	34.08	2	68.2
39		37	0.94	2.92	50.00	2	100.0
40		38	0.94	2.92	56.60	2	113.2
41		39	0.94	2.92	62.51	2	125.0
42		40	0.94	2.92	44.51	2	89.0
43		41	0.94	2.92	47.56	2	95.1
44		42	0.94	2.92	34.08	2	68.2
45		43	0.94	2.92	37.82	2	75.6
46		44	0.94	2.92	53.01	2	106.0
47	箱室外侧第6跨、第8跨	45	1.18	1.72	49.74	2	99.5
48		46	1.18	1.72	37.20	2	74.4
49		47	1.18	1.72	32.66	2	65.3
50		48	1.18	1.72	47.59	2	95.2
51		49	1.18	1.72	55.88	2	111.8
52		50	1.18	1.72	58.23	2	116.5
53		51	1.18	1.72	45.76	2	91.5
54		52	1.18	1.72	44.53	2	89.1
55		53	1.18	1.72	32.66	2	65.3
56		54	1.18	1.72	37.35	2	74.7
57		55	1.18	1.72	51.37	2	102.7

续上表

序号	位置	编号	标准断面面积（m^2）	横梁位置断面面积（m^2）	分块质量（t）	块数（块）	总质量（t）
58	箱室外侧第7跨	56	1.37	1.18	51.38	1	51.4
59		57	1.37	1.18	38.94	1	38.9
60		58	1.37	1.18	33.67	1	33.7
61		59	1.37	1.18	48.88	1	48.9
62		60	1.37	1.18	58.50	1	58.5
63		61	1.37	1.18	59.11	1	59.1
64		62	1.37	1.18	48.88	1	48.9
65		63	1.37	1.18	45.32	1	45.3
66		64	1.37	1.18	33.67	1	33.7
67		65	1.37	1.18	39.12	1	39.1
68		66	1.37	1.18	53.27	1	53.3
汇总							7405.5

（3）拱肋分块见表4-6。

既有鉴湖大桥拱肋分块后的质量表 表4-6

序号	位置	编号	标准断面面积（m^2）	长度（m）	分块质量（t）	块数（块）	总质量（t）
1	40m跨拱肋	1	2	12.68	52.717	1	52.717
2		2	2	10.76	44.735	1	44.735
3		3	2	10.46	43.488	1	43.488
4	60m跨拱肋	1	2.8	8.66	50.466	1	50.466
5		2	2.8	8.66	50.466	1	50.466
6		3	2.8	9.58	55.827	1	55.827
7		4	2.8	9.58	55.827	1	55.827
8		5	2.8	9.28	54.079	1	54.079
9		6	2.8	9.28	54.079	1	54.079
10	40m跨拱肋	1	2	12.68	52.717	1	52.717
11		2	2	10.46	43.488	1	43.488
12		3	2	10.76	44.735	1	44.735
汇总							602.4

（4）下部结构分块。

根据85t门式起重机的起重能力，墩承台（图4-7）分解后的每块混凝土质量控制在68t以内。首先在拆除的结构物上画线，标记切割块，在切割物的上部采用液压水磨钻机钻2

个直径 108mm 的吊装孔，最后用绳据切割机分块切割墩承台柱。

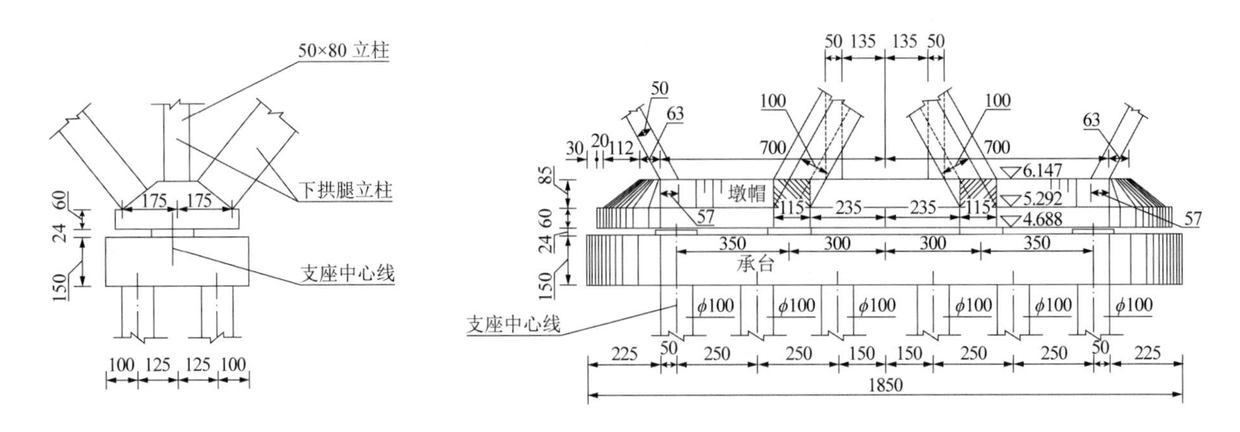

图 4-7　既有鉴湖大桥水中墩承台结构尺寸图（尺寸单位：cm）

既有鉴湖大桥水中墩承台分块后的质量见表 4-7。

既有鉴湖大桥水中墩承台分块后的质量表　　表 4-7

序号	位置	名称	标准断面面积（m^2）	单个或分块质量（t）	块数（块）	总质量（t）
1	5 号墩	20m 跨下拱腿	1	16.5	2	33
2	5 号墩	40m 跨下拱腿	1	18.07	2	36.14
3	5 号墩	立柱	0.4	6.1	2	12.2
4	5 号墩	墩帽	4.386	48.65	4	194.6
5	5 号墩	承台	6.75	51.29	6	307.74
6	5 号墩	桩基	0.785	3.06	8	24.48
7	8 号墩	20m 跨下拱腿	1	16.5	2	33
8	8 号墩	40m 跨下拱腿	1	18.07	2	36.14
9	8 号墩	立柱	0.4	6.1	2	12.2
10	8 号墩	墩帽	4.386	48.65	4	194.6
11	8 号墩	承台	6.75	51.29	6	307.74
12	8 号墩	桩基	0.785	3.06	8	24.48
13	6 号墩	40m 跨下拱腿	1	19.11	2	38.22
14	6 号墩	60m 跨下拱腿	1.4	26.65	2	53.3
15	6 号墩	立柱	0.4	6.2	2	12.4
16	6 号墩	墩帽	4.386	47.625	4	190.5
17	6 号墩	承台	6.75	51.92	6	311.56
18	6 号墩	桩基	0.785	5.1	12	61.2
19	7 号墩	40m 跨下拱腿	1	19.11	2	38.22
20	7 号墩	60m 跨下拱腿	1.4	26.65	2	53.3

续上表

序号	位置	名称	标准断面面积（m^2）	单个或分块质量（t）	块数（块）	总质量（t）
21	7号墩	立柱	0.4	6.2	2	12.4
22	7号墩	墩帽	4.386	47.625	4	190.5
23	7号墩	承台	6.75	51.92	6	311.56
24	7号墩	桩基	0.785	5.1	12	61.2

4.2 工艺流程

鉴湖大桥门式起重机施工工艺流程如图4-8所示，拆除支架施工工艺流程如图4-9所示。

图4-8 鉴湖大桥门式起重机施工工艺流程图

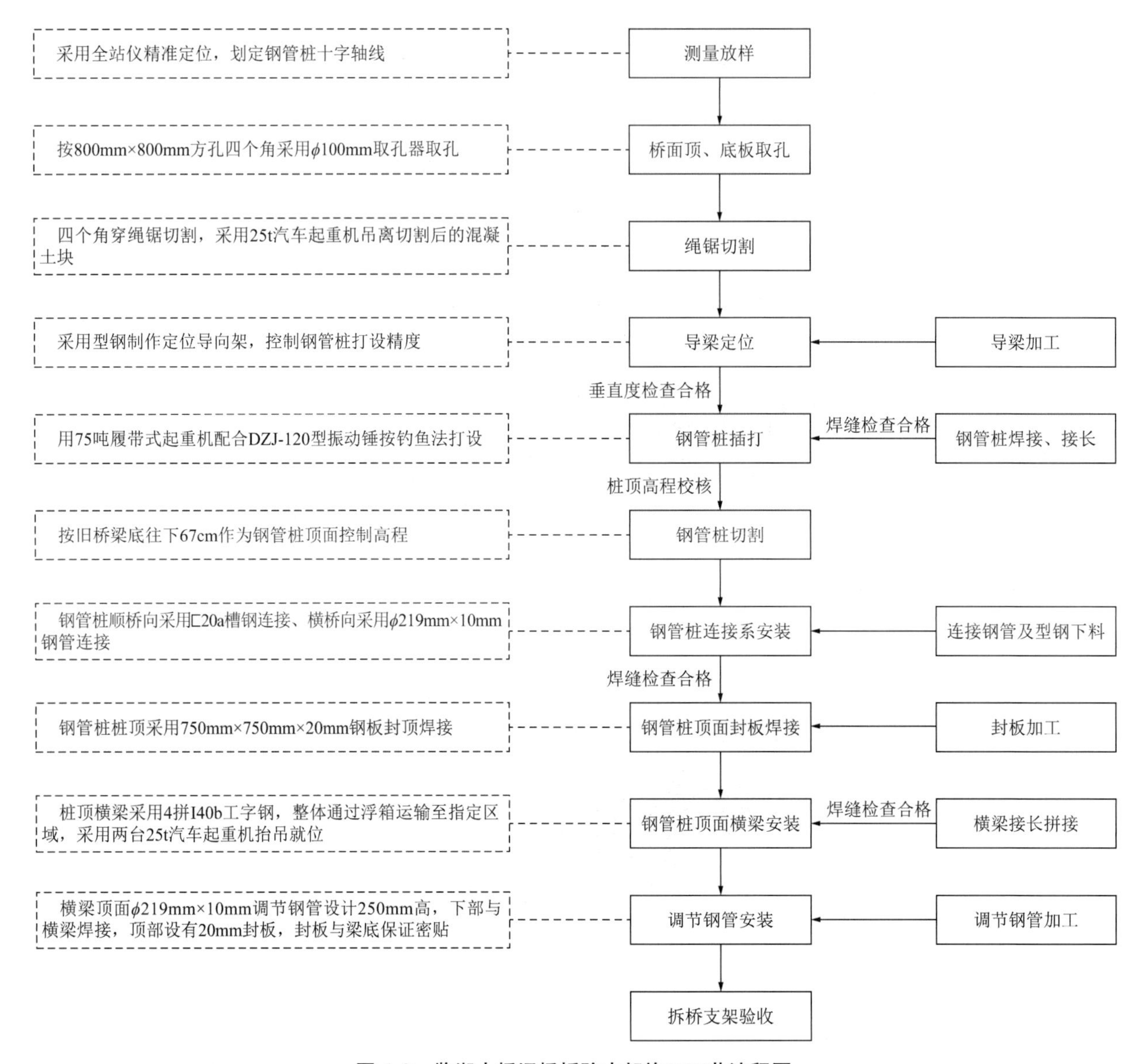

图 4-9 鉴湖大桥旧桥拆除支架施工工艺流程图

4.3 施工方法及操作要点

4.3.1 拆除既有鉴湖大桥翼板

考虑到既有鉴湖大桥翼板无纵向预应力筋，且纵向支架间距较大（约 17m），翼板切割后落于支架上无法保证自身稳定性（有折断可能），同时为减少既有鉴湖大桥拆除支架的载重，配合支架搭设进度，在已完成支架部分开始翼板切割拆除，拆除原则为利用既有横梁作为悬挑梁，搭设 I20 工字钢横梁悬挂需要切除的翼板，切割两横梁之间的翼板（图 4-10），切割后采用钢丝绳捆绑通过 80t 汽车起重机或 85t 门式起重机吊装至平板车运输至场地外进行再次分解。剩余横梁切割（图 4-11）采用 50t 汽车起重机或 85t 门式起重机捆绑吊装，绳锯切割后吊装至平板车运输至场地外进行再次分解。

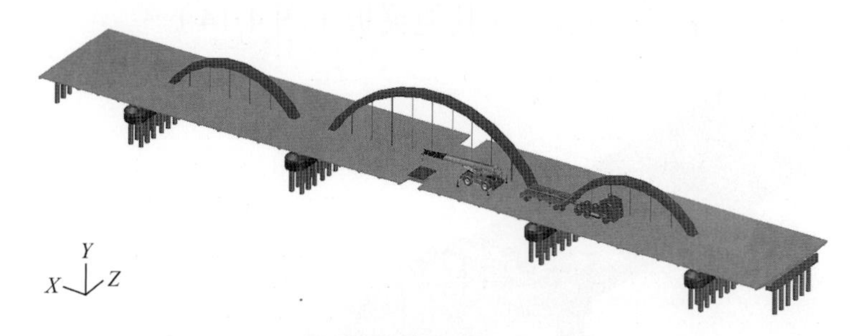

图 4-10　翼板拆除示意图（一次运输 1 块）

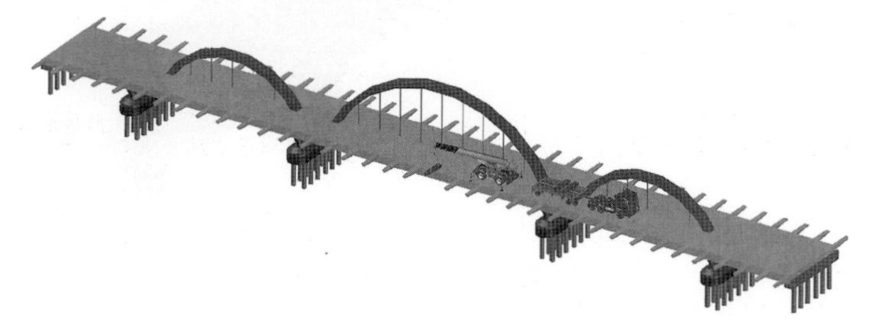

图 4-11　横梁拆除示意图（一次运输 3 块）

第一步：切割拆除跨中第一块翼板（图 4-12）。

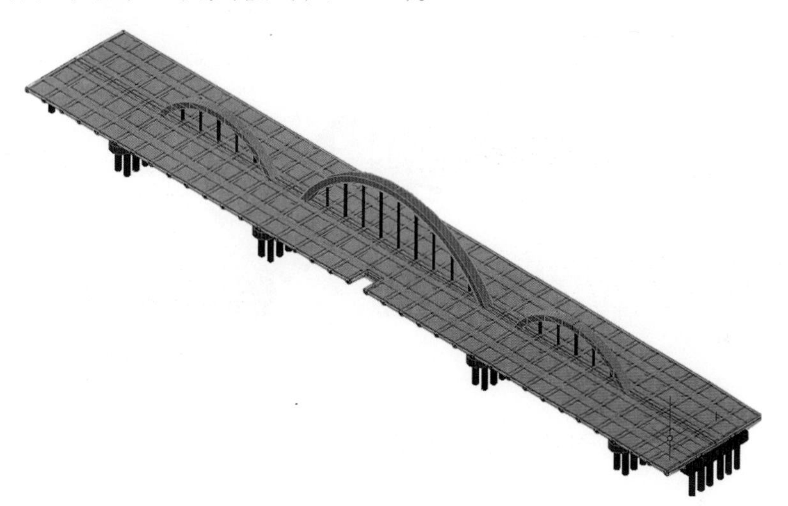

图 4-12　跨中翼板拆除示意图

第二步：对称切割拆除跨中另一侧第一块翼板（图 4-13）。

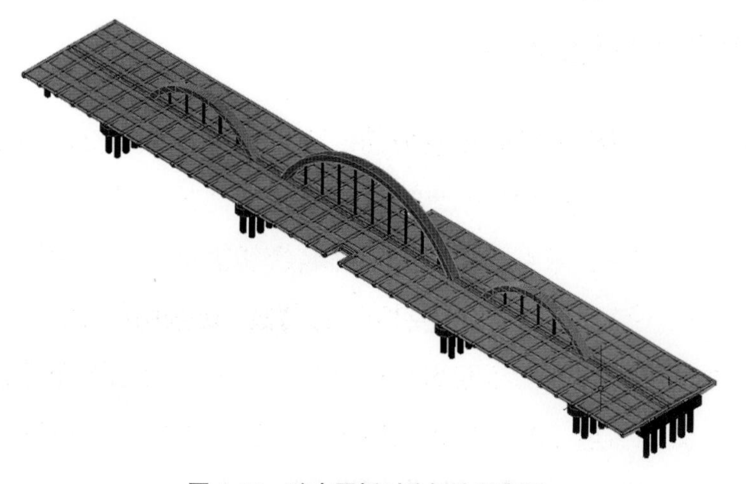

图 4-13　跨中翼板对称拆除示意图

第三步：从跨中向两端对称切割拆除其他翼板（图 4-14）。

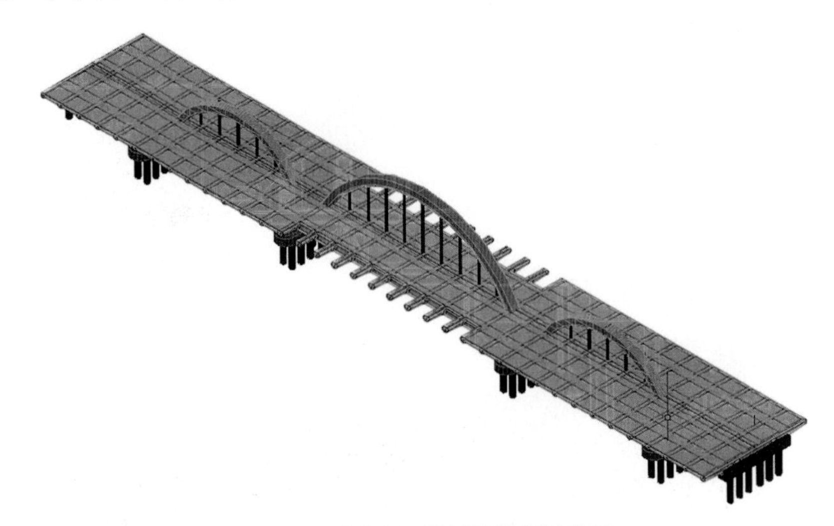

图 4-14　跨中向两端拆除翼板示意图

第四步：对称切割拆除边跨翼板（图 4-15）。

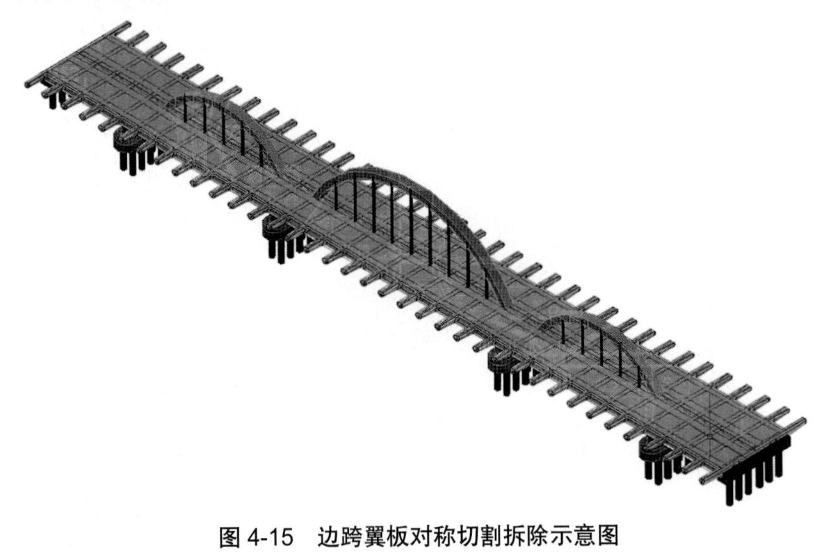

图 4-15　边跨翼板对称切割拆除示意图

第五步：从跨中向两端对称切割拆除横梁（图 4-16）。

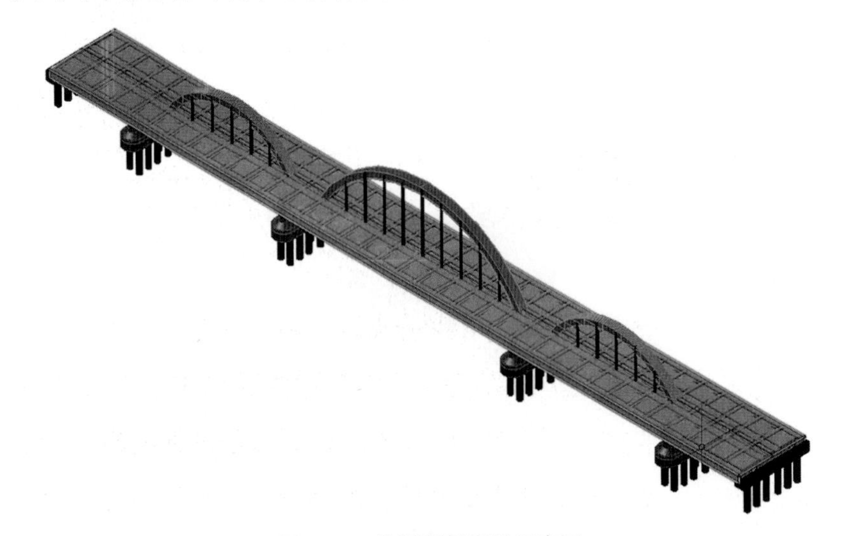

图 4-16　横梁翼板拆除示意图

4.3.2 门式起重机基础施工

具体施工步骤如下：

1）桩位放样

根据钢管桩的设计轴线放样，定出两端及通航孔位置钢管桩中心，轴线内采用内插法放出几个定位桩后，拉线尺量放出每根桩的中心线，然后在桩位中心位置插入一根ϕ20mm短钢筋作为定位桩。

2）钢管接长

（1）材料进场堆放要求

①钢管的材质、外径、壁厚应满足设计要求，外形尺寸的允许偏差：钢管直径±1mm；壁厚：⩾ 12mm，±0.2mm；

②钢管在堆放时，堆放形式和层数应安全可靠，避免产生纵向变形和局部弯曲变形。在吊起、运输过程中尽量避免碰撞引起管身变形或损伤，并应设防滚落措施。

（2）接长施工

①钢管桩接长前，应将焊缝上下 30mm 范围内的铁锈、油污、水汽和杂物清除干净。对接环缝焊完后沿桩周均布加焊六块尺寸为300mm × 150mm 的加劲钢板，以增强钢管桩整体刚度，连接形式如图 4-17 所示。

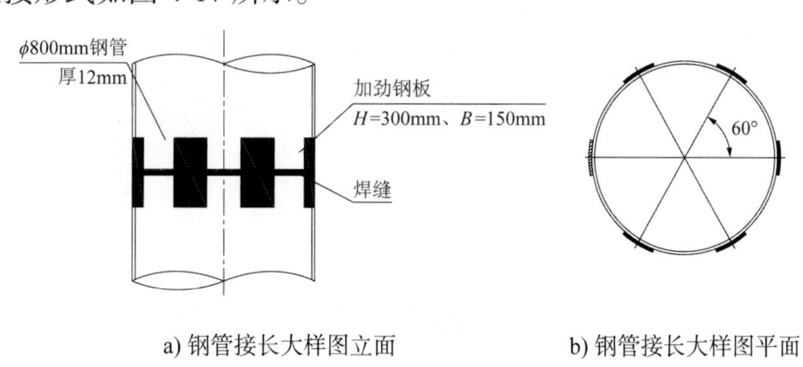

a) 钢管接长大样图立面　　b) 钢管接长大样图平面

图 4-17　钢管连接图

②钢管接长时，两管接头对口应保持在同一轴线上，多节拼接时应减少累计误差。相邻钢管的接头必须错开，错开上下距离不得小于 1m。

③钢管接长时，如管端椭圆度较大时，可利用辅助工具加以校正，相邻钢管对口板边高差不大于 1mm。

④钢管接长成型后的纵横弯曲矢高允许偏差不应大于管长h的 1/1200，且⩽12mm。

⑤钢管的接头采用对口钢板焊接连接，焊缝等级应达到二级焊缝要求。

⑥钢管接头手工电弧焊的焊缝质量，必须满足《钢结构焊接规范》（GB 50661—2011）的规定和正常施工时的受力要求。当壁厚$t \geqslant$ 12mm 时，应采取 L 形坡口焊，坡口角度$a \geqslant$ 45°，对缝间隙$b = 0$，坡口深度$H \geqslant 2\sqrt{t} = 7$mm。

3）钢管桩打设

首节钢管接长在既有鉴湖大桥上完成，后续钢管接长通过既有鉴湖大桥与已打设钢管桩间设置的型钢操作平台完成。钢管桩打设选用 DZJ-150 型振动锤，配备一台 200kW 柴油发电机。钢管基础应根据单根桩的承载力确定打入土中的长度。钢管桩插打采用桩端承载力和入土深度双控。施工中应确保钢管桩的入土深度，并可视设计桩尖处的贯入度适当调整钢管桩桩底高程。

钢管打设过程中，通过设置在既有鉴湖大桥翼板边缘的定位型钢和辅桥防撞护栏外侧的线锤对钢管的中心位置及垂直度进行控制，发现管桩偏位时及时纠正，确保管桩垂直度偏差< 1%。

4）连接系施工

钢管桩纵向连接系采用外径 280mm、壁厚 10mm 的 Q235 无缝钢管按 Z 字形设置与钢管桩焊接形成整体，如图 4-18 所示，焊缝表面应均匀饱满。与鉴湖大桥辅桥水中墩相邻的钢管采用 □14 槽钢通过ϕ20mm 精轧螺纹钢对拉进行抱箍连接。

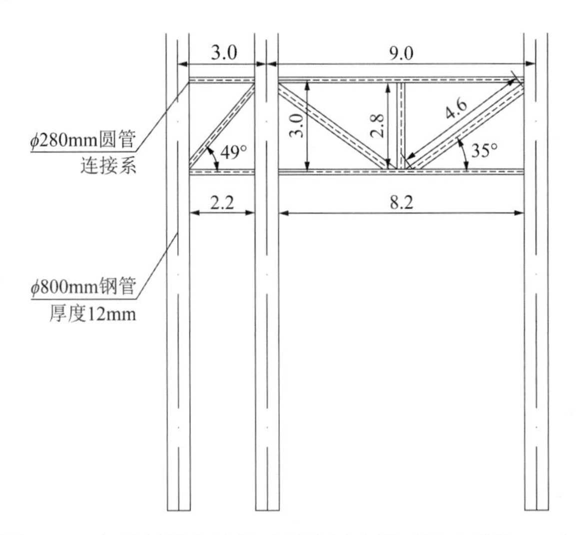

图 4-18　钢管桩纵向连接系结构示意图（尺寸单位：m）

水上重型门式起重机基础为单柱结构，为保证横向稳定，管桩基础除位于辅桥墩柱处设置抱箍连接外，辅桥滑移管桩支架拆除时，靠主桥侧预留一排钢管桩，采用ϕ219mm × 10mm 钢管与门式起重机管桩基础进行横向连接，另外，在辅桥预留支架钢管桩与门式起重机基础管桩设置 □20a 槽钢斜撑。陆地段为保证门式起重机基础单柱结构横向稳定，在老桥侧距离门式起重机基础管桩 6m 位置打设 1 根 9m 长ϕ630mm × 10mm 管桩，管桩露出地面 50cm，顶部焊接一块0.75m × 0.75m、厚度 2cm 的钢板，通过一根ϕ377mm × 10mm 钢管斜撑及ϕ277mm × 10mm 按 Z 字形水平连接系将门式起重机基础与管桩连成整体。

5）安装横梁

钢管顶高程为 16.86m，上部设置一块1000mm × 1000mm、厚度 20mm 的钢板

（钢板顶高程 +16.88m）。横梁采用双拼 I40b 工字钢组成，单根长度 1.5m，工字钢横梁翼缘边与钢板均进行满焊，单侧设置 6 块限位钢板。钢管横桥向单侧前后设 2 块 300mm × 400mm牛腿钢板，厚度 20mm；钢管桩封板下等分设置 8 块100mm × 200mm厚度 20mm 的加劲钢板，钢板与钢管之间双面焊接牢固。

6）安装纵梁

纵梁采用贝雷梁，6 片一组，贝雷梁两端采用1125mm × 1180mm特制花架连接成整体，组与组之间通过贝雷销连成。标准跨径 9m，通航孔处 15m 跨径；两端设置制动墩、跨径 3m；通航孔处钢管桩加密，贝雷梁纵向间距 1.5m。贝雷梁与横梁之间通过∟73mm × 10mm 角钢进行限位。

7）安装分配梁及轨道

分配梁采用双拼 I22a 工字钢，顺桥向间距 75cm。轨道采用 43kg/m 标准钢轨，钢轨与分配梁工字钢之间通过 2cm 厚的轨道压板进行固定。

4.3.3 桥面系及附属结构物拆除

（1）附属拆除

桥面附属结构物主要有防撞护栏、照明灯杆、管线、铭牌等。由于附属设施重量较轻，且拆除附属设施时，桥梁整体刚度未减小，此时桥梁结构是安全的。为加快施工进度，仅考虑全桥范围对称拆除。每侧栏杆拆除由一端向另一端进行，逐片拆除。拆除时，利用汽车起重机或叉车固定住被拆除物，再由施工人员使用气割在桥面进行拆除。拆除后的构件使用平板车运输出场，统一规整存放，待全部拆除完成后，及时移交给原管养单位。

（2）桥面系拆除

开始前，先用切割机在桥面每隔 10～15m 切除两个口，用风镐凿除后探查原桥面系沥青混凝土层及铺装层深度，确定刨铣厚度，避免炮头机破除桥面时损伤箱梁顶板。

桥面系沥青混凝土面层采用刨铣机清除，从桥梁一端向另一端按 S 形依次对称刨铣沥青面层。

钢筋混凝土铺装层采用小型挖掘机安装破碎锤凿除，凿除从两侧向中间对称进行。破碎后采用挖机清理，土方车转运至指定弃置点。

4.3.4 拆桥钢管支架施工

1）水中拆桥支架

（1）控制网布设

为保障鉴湖大桥整个施工过程精确测量，对该桥专门布设控制网，既有鉴湖大桥拆除前应仔细核对桥梁平面尺寸。检核无误后方可进行下一步准备工作。

①检核办法

a. 利用既有鉴湖大桥图纸提供的数据，将桥梁各个结构的平面图以实际坐标画入 CAD 中，进行复核。

b. 利用坐标正反算原理，通过图纸提供桥梁墩台桩号，进行桥梁各个结构尺寸的复核。

②孔位放样

准备好钢钉、记号笔、细线，当用全站仪将桩位中心定好后扎入钢钉，并且在钢钉上用记号笔做出中心记号，此时在距离钢筋约 2m 的位置（坚实牢固不被破坏的地方）扎入护桩（钢钉）用细线两两交叉绑扎，并且细线交叉点正好落在钢钉标记处也就是桩位中心，一切工作精准无误后，方可进行水磨钻取孔施工。

③水磨钻取孔施工

取孔直径 0.8m，施工期间如遇到因取孔破坏到既有鉴湖大桥预应力钢绞线，现场技术人员应对比图纸，详细记录破坏钢绞线的根数及对应图纸的位置，及时通知测量队进行桥梁变形监测并于当日上报工程部做好相关技术指导。

（2）钢管桩插打

根据既有鉴湖大桥拆除支架计算书，钢管桩材料选用ϕ630mm、壁厚 10mm 的无损伤螺旋管，吊装设备选用 75t 履带式起重机配合 DZJ-120 振动锤，站位于既有鉴湖大桥桥面上，采用钓鱼法纵向从桥梁两侧向跨中进行钢管桩插打，为保障既有鉴湖大桥拆除安全，水磨钻取孔应配合钢管桩插打进度，即水磨钻应横向成排钻孔完成，立即插打钢管桩并完成钢管桩支架支撑与梁底，再进行往跨中方向下排钢管桩支架施工。

打桩时，利用既有鉴湖大桥取孔作为矫正桩导向架控制桩的垂直度，来保持垂直。若发现开始阶段桩位不正或倾斜，调正或将钢管桩拔出重新插打。当锤击至桩顶高出桥面 60～80cm 时，停止锤击，进行接桩，再用同样步骤直至达到设计深度（见计算书）为止，并以最终的贯入度为准，控制钢管桩最终入土深度。由于钢箱梁拼装支架利用老桥拆除支架接高使用，因此，钢管桩的实际打入深度及承载力值应取钢箱梁支架与拆桥支架单根钢管桩承载力最大值进行控制。

（3）连接系施工

单排钢管桩打设完成后，进行管桩横向连接，横向连接采用ϕ219mm × 10mm钢管按 Z 字形将拆桥管桩连成整体。

相邻最近的两排管桩施工完成后，采用 [20a 槽钢按 Z 字形交错进行顺桥向连接。槽钢与管桩之间通过0.2m × 0.5m厚度 2cm 钢板连成整体。上横杆距离拆桥梁底 1.5m，上、下横杆竖向间距 2m。

（4）工字钢横梁安装

钢管桩插打至设计深度后，采用小型浮船从桥底通过焊接于钢管上的爬梯，搭设操作平台。操作平台从梁底往下返约 1.7m（一人高度，可适当调整），平台单侧宽度 60cm。平台搭设完成后，沿既有鉴湖大桥梁底往下 52cm 位置作为高程割除多余钢管桩（保证金刚绳锯能穿过），钢管桩顶焊接封顶钢板（采用75cm × 75cm，厚度 2cm 的钢板），架设 I40b 四拼工字钢横梁（位于钢管桩正上方工字钢翼板每侧增加 3 道 2cm 厚度加劲钢板），工字钢采用小型浮船运输至桥底安装部位，采用小型吊机通过打桩孔吊装工字钢进行安装。工字钢底部至梁底预留约 5cm，采用宽度不小于 60cm 的钢板塞紧，并根据切割分块的位置留有间隙，方便绳据切割穿绳。

2）拱肋拆除支架

（1）钢管拱安装支架设计

钢管拱拆除支架采用四根直径为 377mm 的螺旋焊管组焊成200cm × 300cm 的钢管支墩（横桥向 3m、顺桥向 2m，钢管间采用 14 号槽钢设置剪刀撑，剪刀撑高度 1.5m（剪刀撑最顶部水平槽钢距离拱肋底部约 1m，最底部水平槽钢距离旧桥面约 0.5m）；横桥向单排钢管桩上放置 I20 双拼工字钢横梁，并在钢管对应位置对横梁采用 2cm 厚度钢板进行加劲处理；横梁与拱肋间设置ϕ219mm × 10mm的调节钢管，调节钢管与横梁及拱肋满焊连接。根据拱肋自重及门式起重机吊重，拟定将主跨 60m 拱分为 6 段，辅跨 40m 分为 3 段，主跨设置支架 5 处，辅跨支架设置 2 处。支架底部与梁体通过 M^{2}0 螺栓连接，锚固深度 20cm，支架底部与既有鉴湖大桥梁底间隙采用高强砂浆满灌。单个独立支架四根立柱采用 4 根钢丝绳拉结固定（平面呈 90°）。同一个拱肋拆除支架之间用 2 根ϕ219mm × 10mm钢管进行横向连接，顺桥向单个拱肋外侧按 45°用ϕ219mm × 10mm钢管支撑于地面锚固钢板上。

拱肋拆除支架除了底部采用ϕ219mm × 10mm钢管与拱肋满焊外，在单个I20 横梁的横向增设两根ϕ219mm × 10mm钢管斜撑。同时采用 ⊏14 槽钢铺底，用ϕ48mm × 3.5mm钢管搭设作业防护围栏。

具体支架设计形式如图 4-19、图 4-20 所示。

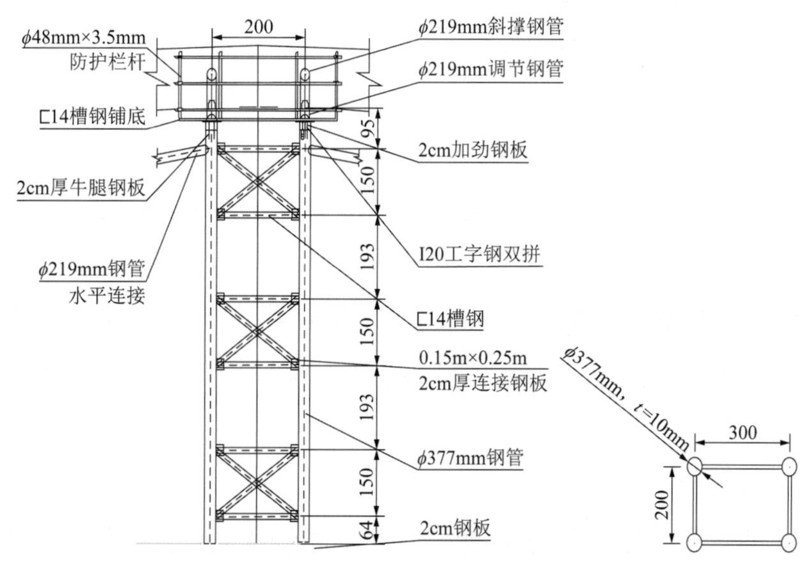

图 4-19 支架设计形式顺桥向示意图（尺寸单位：cm）

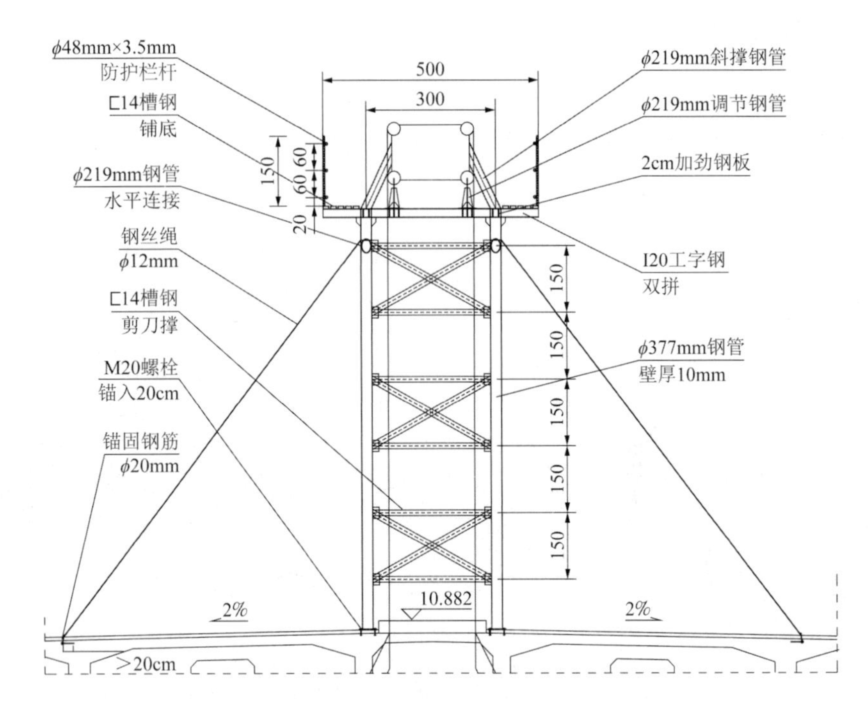

图 4-20 支架设计形式横桥向示意图（尺寸单位：cm；高程单位：m）

（2）支架安装

用全站仪放出全桥的设计中心线，并定出支架各立杆的中心点。钢管底部采用0.5m × 0.5m、2cm 厚的钢板法兰盘及膨胀螺栓与既有桥面固定，法兰钢板底部保持水平，钢板与桥面间的间隙采用水泥浆灌满。为保证支架的稳定，单个独立支架四根立柱采用 4 根直径不小于 12mm 的钢丝绳拉结固定（平面呈 90°）。同一个拱肋拆除支架之间用 2 根 ϕ219mm × 10mm钢管进行横向连接，顺桥向单个拱肋外侧按 45°用ϕ219mm × 10mm钢管支撑于地面0.4m × 0.5m、厚 2cm 的锚固钢板上，如图 4-21 所示。

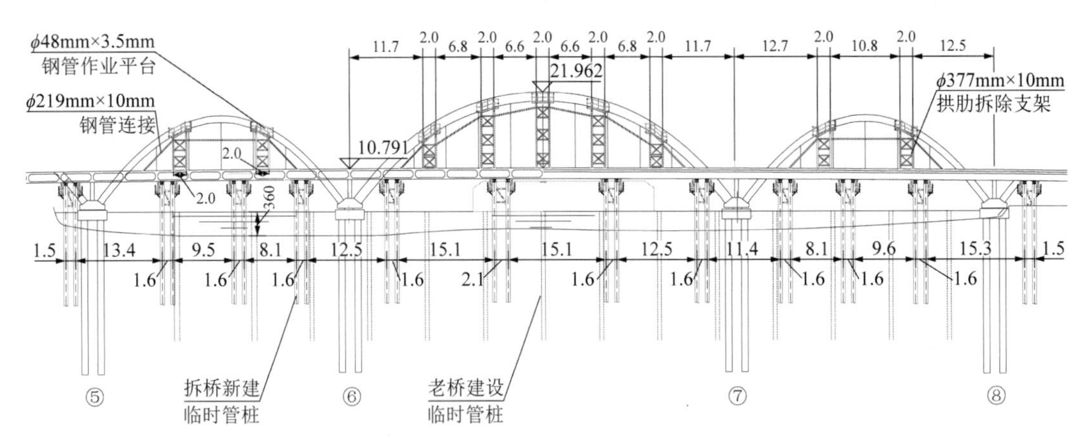

图 4-21 支架布置纵断面图（尺寸单位：m；高程单位：m）

4.3.5 拱肋拆除

拱肋拆除从中跨向边跨进行，单拱从跨中向两侧对称进行。在拟拆除单节拱肋上焊接钢丝绳吊装限位钢板或吊耳，先切除吊杆，然后热融切除拱肋钢管，最后采用绳据切割混凝土后，用门式起重机吊离。

（1）吊杆拆除

吊杆（图 4-22）切割采用氧焊将桥面以上 1.5m 部位锚头熔断，使吊杆自然下落，再对梁面位置进行切割。吊杆的拆除顺序为由跨中向两侧对称拆除。

a) 全桥吊杆布置图

b) 单根吊杆大样图

图 4-22　既有鉴湖大桥拱肋及吊杆图

为防止吊杆熔断过程发生崩断及吊杆甩动，在单根吊杆拆除前，采用钢筋笼保护法或利用两侧吊杆捆绑保护法进行切割，吊杆切割过程通过试验确认最优方法后再进行剩余吊杆切割。钢筋笼保护切割法如下：采用两个直径为 700mm 的半圆形钢筋笼（钢筋笼主筋 ϕ20mm、间距 20cm，箍筋 ϕ8mm、间距 30cm）将吊杆包裹住。钢筋笼下部 2.5m 范围设置 ϕ8mm 箍筋、间距 30cm，两个半圆形钢筋笼通过箍筋端头设置的弯钩扣紧。单个半圆钢筋笼主筋 5 根，其中 2 根主筋需通长设置，与拱肋及吊杆基础焊接固定，其余 3 根主筋长均为 2.5m，如图 4-23 所示。

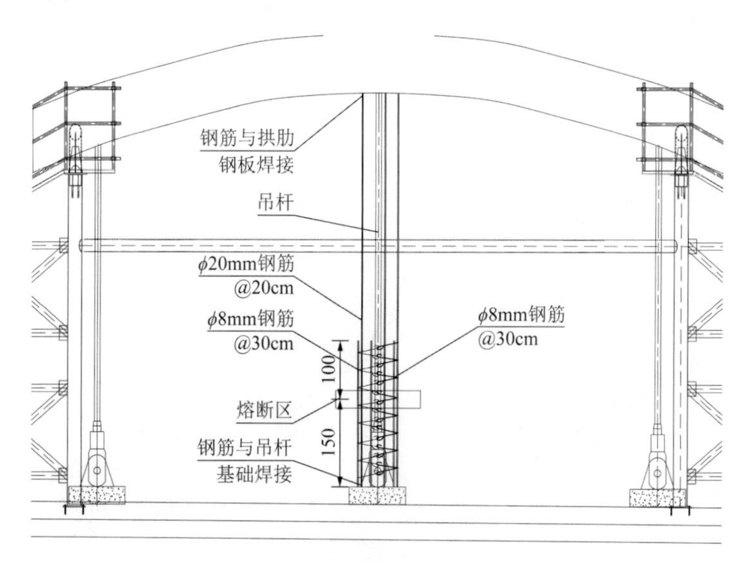

图 4-23　单个吊杆熔断钢筋笼防护罩示意图（尺寸单位：cm）

利用两侧吊杆捆绑保护如下：采用自制铁箍型扣件将三个相邻吊杆包裹住，利用未拆除吊杆保护正在拆除吊杆（防止拆除吊杆熔断后弹动），扣件之间用 16mm 钢丝绳进行连接收紧，如图 4-24 所示。

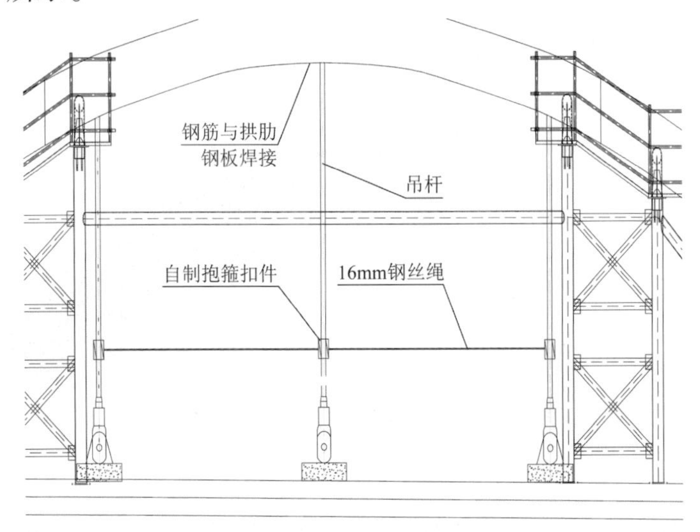

图 4-24　单个吊杆熔断捆绑保护示意图

第一步：拆除中跨最中间一根吊杆（图 4-25）。

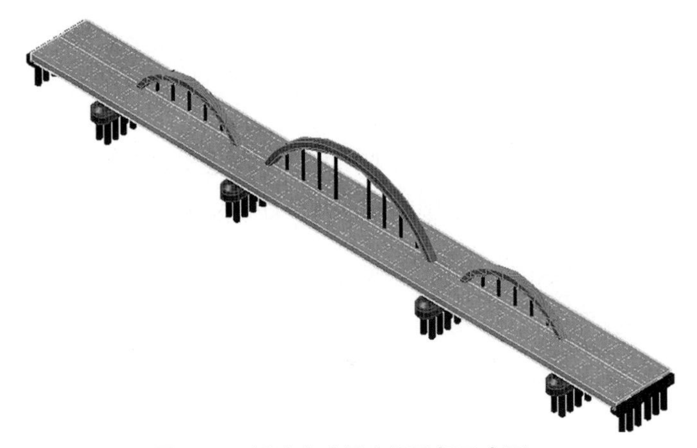

图 4-25　拆除中跨最中间吊杆示意图

第二步：对称拆除中跨剩余吊杆（图 4-26）。

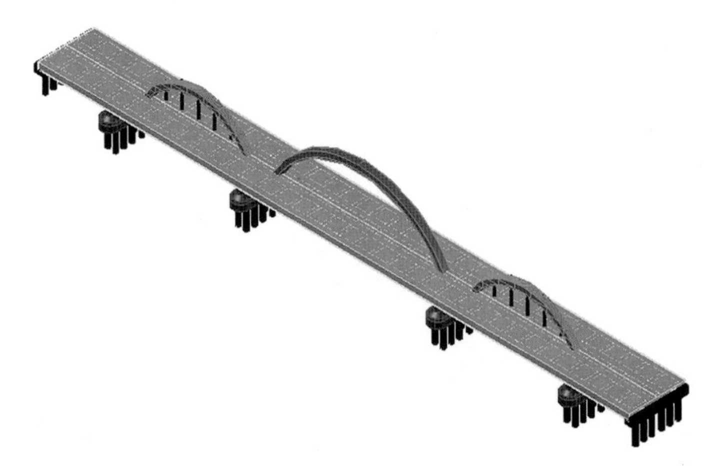

图 4-26　拆除中跨全部吊杆示意图

第三步：两端对称从中间依次拆除边跨吊杆（图 4-27）。

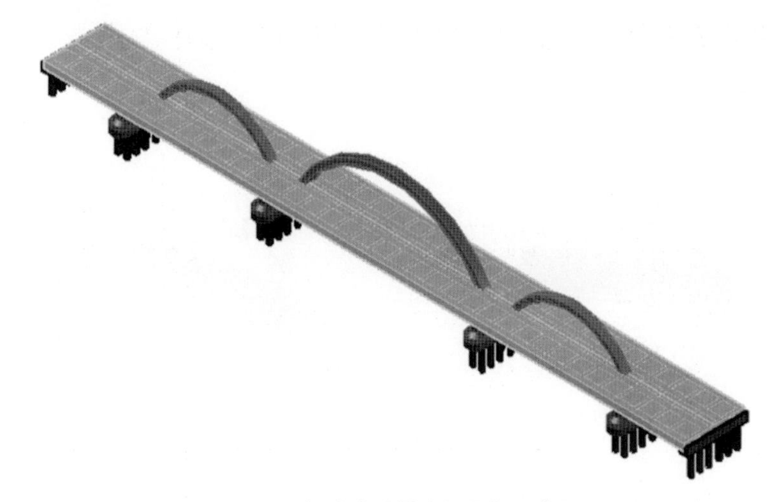

图 4-27 拆除中跨最中间吊杆示意图

(2)钢管拱拆除

钢管拱采用绳锯由跨中向两侧按照下图的分段形式进行切割，每个分段切割后立即采用门式起重机吊运至运输车，转运出现场，如图 4-28 所示。

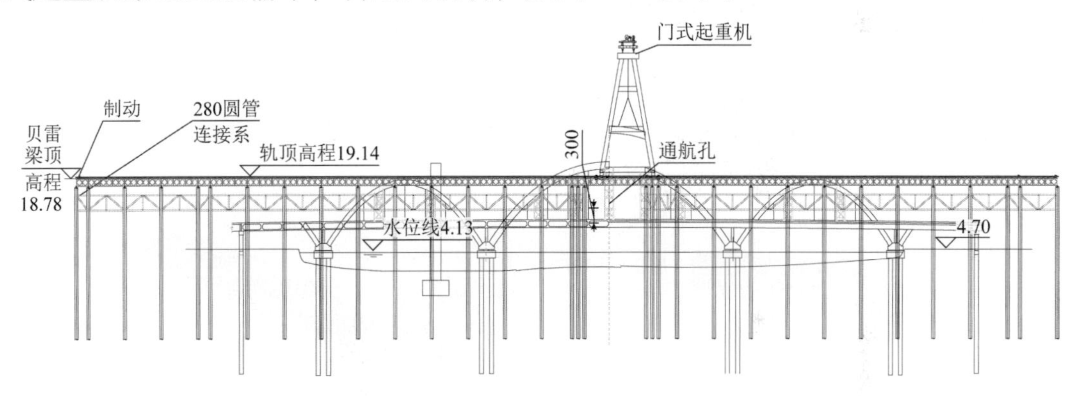

图 4-28 既有鉴湖大桥拱肋拆除示意图（高程单位：m）

(3)拱肋分段

全桥拱肋重量：钢管总重 28.14t，钢板总重 24.38t，钢筋总重 6.3t，C40 混凝土 226.5m³。60m 跨拱肋长度 55m，钢材总重 28t，混凝土 121.88m³；40m 跨拱肋长度 33.9m，钢材总重 15.4t，混凝土 52.31m³，如图 4-29 所示。

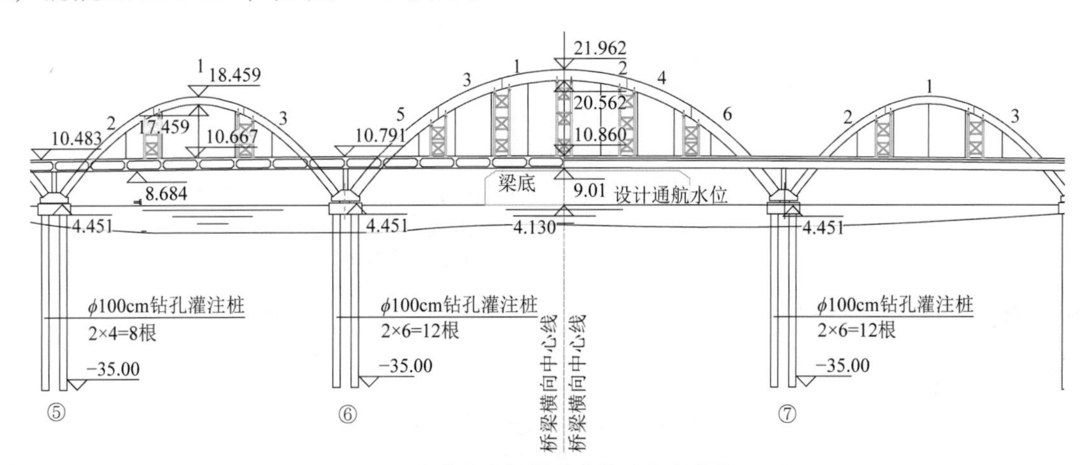

图 4-29 既有鉴湖大桥拱肋分块（高程单位：m）

（4）吊点设置（图 4-30）

①捆绑吊装

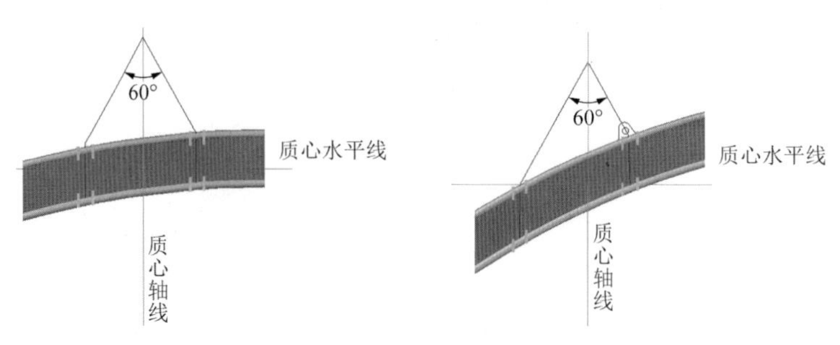

图 4-30　拱肋拆除吊点示意图

②吊耳吊装

拱肋分段吊装采用四点吊装，在切割拱肋顶部焊接四个吊耳，吊耳的水平位置高度应在单段拱肋质心水平线以上，防止拱肋倾覆，同时，吊钩钢丝绳保持与拱肋质心同轴线。吊耳采用全熔透 T 形焊缝或吊耳两侧角焊缝的有效焊缝之和不小于吊耳板厚，材质为 Q235。吊索夹角宜为 45°左右，以下计算按 60°校核，如图 4-31～图 4-33 所示。

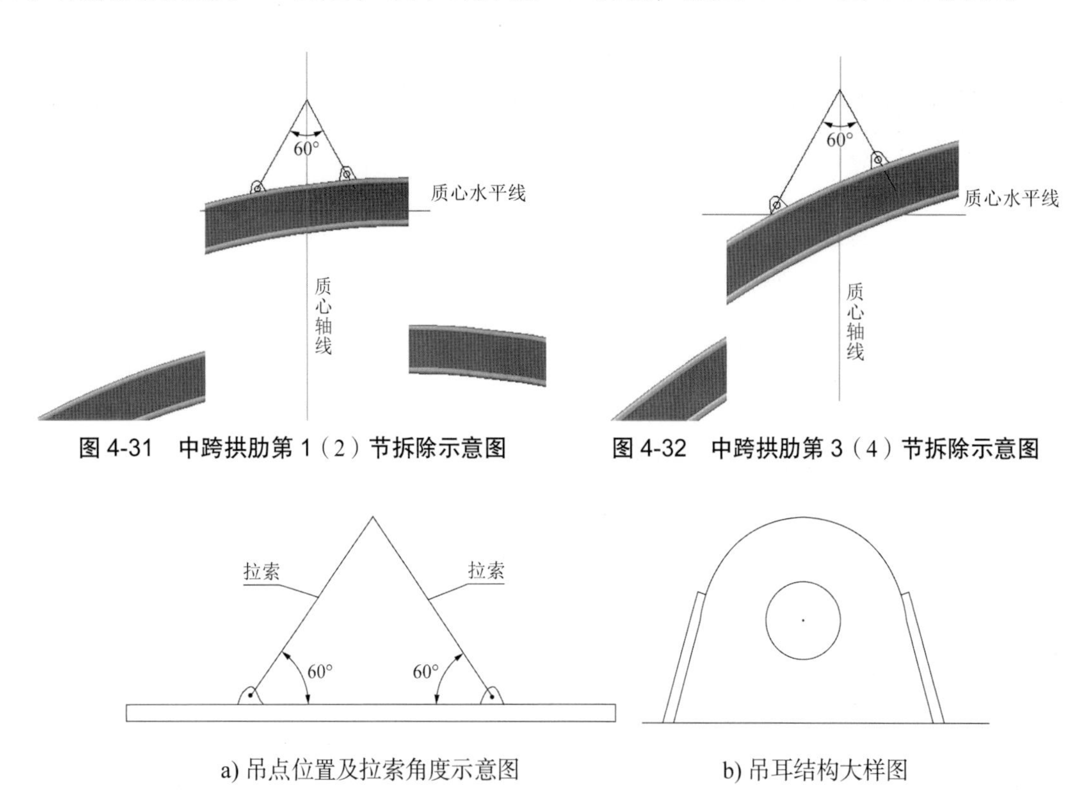

图 4-31　中跨拱肋第 1（2）节拆除示意图

图 4-32　中跨拱肋第 3（4）节拆除示意图

a) 吊点位置及拉索角度示意图

b) 吊耳结构大样图

图 4-33　吊耳结构示意图

吊耳的强度按下列公式计算：

a. 吊耳截面拉应力：

$$\sigma = \frac{F}{A} = \frac{F}{2tb} \leqslant f \tag{4-1}$$

b. 吊耳截面剪切应力：

$$\tau = \frac{F}{2t\sqrt{(a+r)^2 - r^2}} \leqslant f_v \tag{4-2}$$

c. 吊耳抗劈开强度：

$$\sigma = \frac{F}{2t\left(a - \frac{4r}{3}\right)} \leqslant f \tag{4-3}$$

式中：F——拉索受力（N）；

t——吊耳板厚度（mm）；

a——吊耳孔边距离边缘最小距离（mm）；

b——吊耳板两侧边缘距离耳孔的距离（mm）；

r——吊耳孔半径（mm）；

f——钢材抗拉强度（N/mm^2）；

f_v——钢材抗剪强度（N/mm^2）。

根据《钢结构设计标准》（GB 50017—2017），自重考虑动力系数 1.3。

d. 吊耳计算：

单个最大吊重 55.827t，$F_G = 1.3 \times 55.827 \times 10 = 726\text{kN}$。

单个吊耳最大受力$F = (726/\cos 30°)/4 = 210\text{kN}$。

图 4-34 是吊耳结构图。

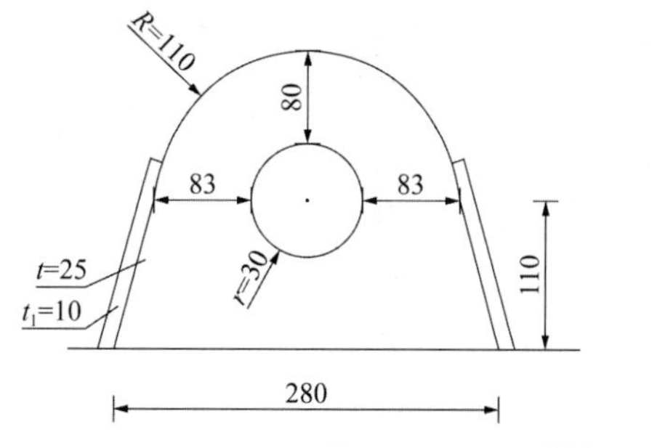

图 4-34 吊耳结构图

a) 吊耳截面拉应力按式(4-1)计算：

$$\sigma = \frac{F}{A} = \frac{F}{2tb} = \frac{210 \times 1000}{2 \times 25 \times 83} = 50.6\text{MPa} \leqslant 205\text{MPa}$$

b) 吊耳截面剪切应力按式(4-2)计算：

$$\tau = \frac{F}{2t\sqrt{(a+r)^2 - r^2}} = \frac{210 \times 1000}{2 \times 25 \times \sqrt{(80+30)^2 - 30^2}} = 39.7\text{MPa} \leqslant 120\text{MPa}$$

c) 吊耳抗劈开强度按式(4-3)计算：

$$\sigma = \frac{F}{2t\left(a - \frac{4r}{3}\right)} = \frac{210 \times 1000}{2 \times 25 \times \left(80 - \frac{4 \times 30}{3}\right)} = 105.0\text{MPa} \leqslant 205\text{MPa}$$

（5）吊耳焊接计算

根据《钢结构设计标准》（GB 50017—2017），钢丝绳与拱肋的夹角取 60°，则此时焊缝所受的力$F_x = 210 \times \sin 60° = 182\text{kN}$。附加弯矩为水平力乘以吊孔中心到焊缝垂直距离：$M = 182 \times 0.11 = 20\text{kN} \cdot \text{m}$。查《钢结构设计标准》（GB 50017—2017）表 4.4.3 及表 4.4.5 可得：

$$\tau = \frac{F_x}{A} = \frac{105000}{280 \times 25} = 15\text{N/mm}^2 < [f_v^w] = 120\text{N/mm}^2$$

$$\sigma = \frac{F_y}{A} + \frac{M}{W_\text{f}} = \frac{F_y}{L \times t} + \frac{M}{W_\text{f}} = \frac{105000}{280 \times 25} + 20 \times \frac{10^6}{326667} = 76.2\text{N/mm}^2 < [f_t^w] = 205\text{N/mm}^2$$

$$\sqrt{\sigma^2 + 3\tau^2} = \sqrt{76.2^2 + 3 \times 15^2} = 80.5\text{N/mm}^2 < 1.1[f_t^\text{w}] = 225.5\text{N/mm}^2$$

（6）钢丝绳计算

单块拱肋最大质量为 55.827t，拱肋分段吊装钢丝绳与水平面的夹角取 60°。查《路桥施工计算手册》（人民交通出版社 2019 版）附表 3-34，钢丝绳选用公称直径为 60.5mm、规格6×37结构、公称抗拉强度为 1850MPa 的钢丝绳，钢丝绳破断力$P = 1850 \times 1366.28/1000 = 2527.6\text{kN}$，考虑钢丝绳之间荷载不均匀系数$\alpha$按$6 \times 37$钢丝绳取 0.82，钢丝绳的安全系数$K$按机动起重设备一般为 8～10，此处取$K = 8$，则：

$$S_\text{b} = \frac{\alpha \times P}{K} = \frac{0.82 \times 2527.6}{8} = 259.1\text{kN}$$

单个最大质量Q取 60t（含钢丝绳、吊钩总质量），按 3 个吊点平均承受构件荷载，每个吊点按 1 根钢丝绳计算，钢丝绳与水平面的夹角θ按不小于 60°考虑，则钢丝绳内力：

$$S = \frac{Q}{n} \times \frac{1}{\sin\theta} = \frac{600}{1 \times 3} \times \frac{1}{\sin 60°} = 231\text{kN} \leqslant S_\text{b} = 259.1\text{kN}，满足要求。$$

第一步：拆除跨中第一段拱肋（图 4-35）。

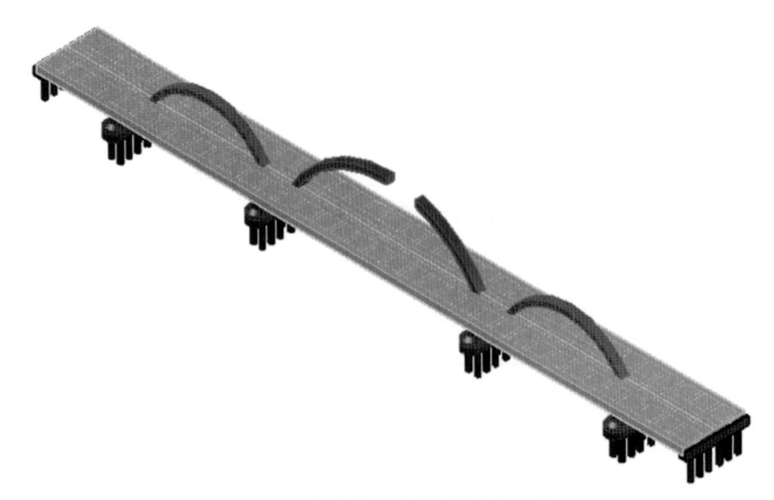

图 4-35　跨中第一段拱肋拆除示意图

第二步：对称拆除跨中第二段拱肋（图 4-36）。

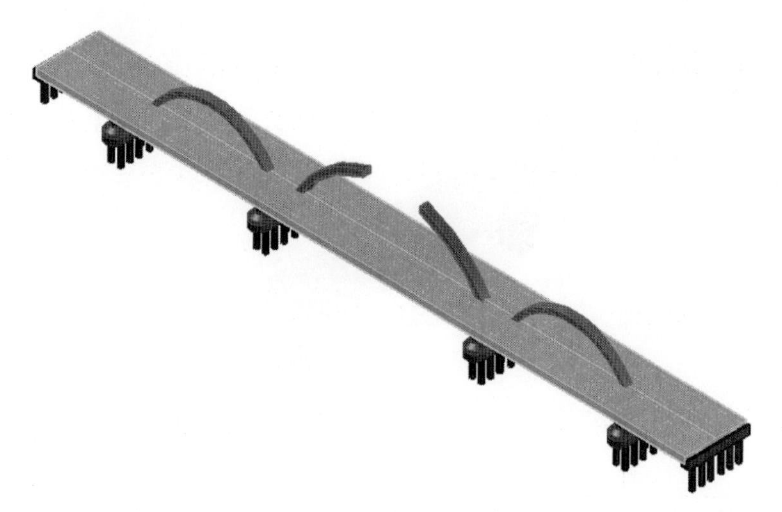

图 4-36 跨中第二段拱肋拆除示意图

第三步：对称拆除跨中剩余四段拱肋（图 4-37）。

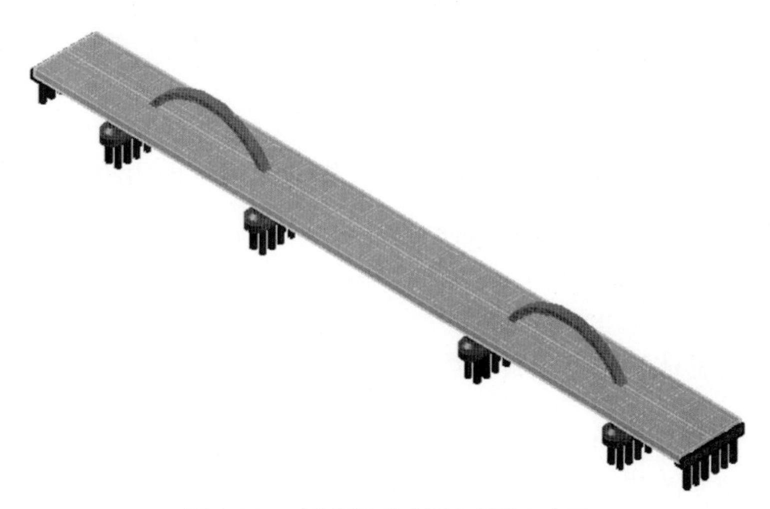

图 4-37 对称拆除跨中剩余拱肋示意图

第四步：对称拆除边跨跨中第一段拱肋（图 4-38）。

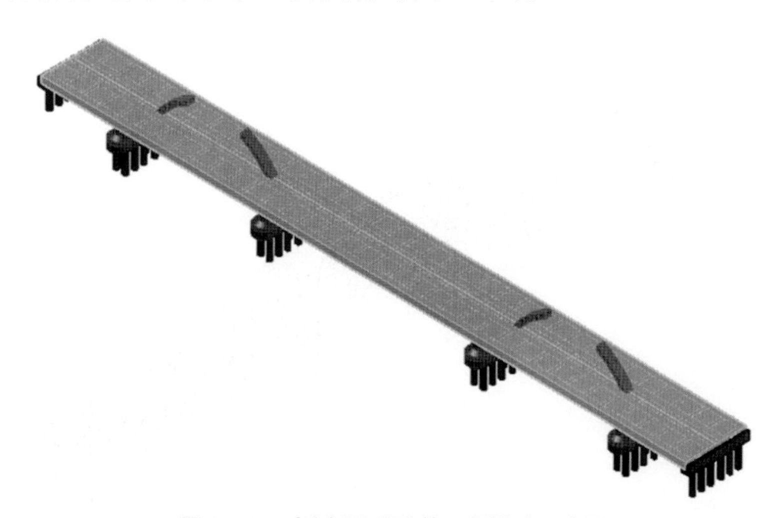

图 4-38 对称拆除边跨第一段拱肋示意图

第五步：对称拆除边跨剩余四段拱肋（图 4-39）。

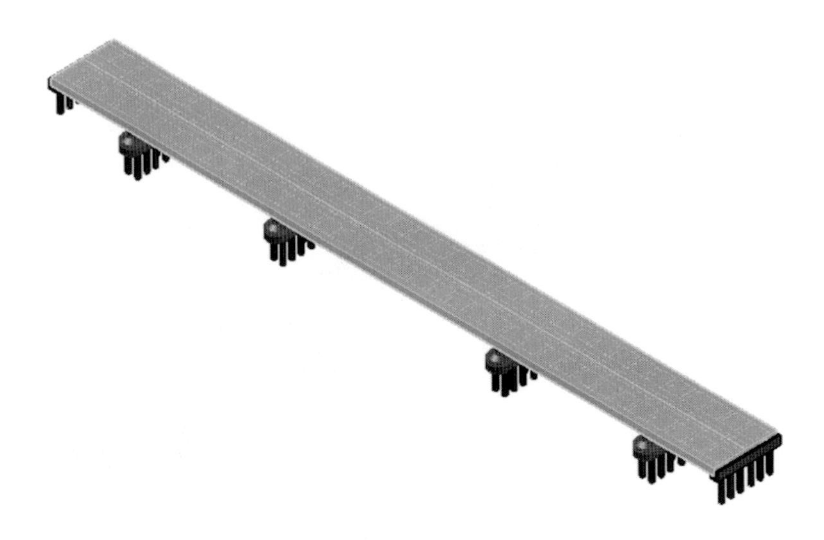

图 4-39　对称拆除边跨剩余拱肋示意图

4.3.6　既有鉴湖大桥梁体拆除

1）主桥拆除

主桥梁体的拆除原则为横向由两边向中间、纵向由跨中向边跨方向逐跨拆除，切割线应与竖直线有 2°～3°向外的斜角，方便切割后调运，防止切割后与相邻梁体卡住。

（1）中跨梁体拆除

第 5 跨～第 9 跨梁体按先拆顶板、后拆底板、然后拆横梁、最后拆纵腹板的原则。具体步骤如下。

第一步：拆除第 7 跨跨中箱室外侧顶板：边块顶板单块尺寸5.6m × 4.12m，质量 20t；中块顶板单块尺寸2.23m × 4.12m，质量 7.6t，如图 4-40 所示。

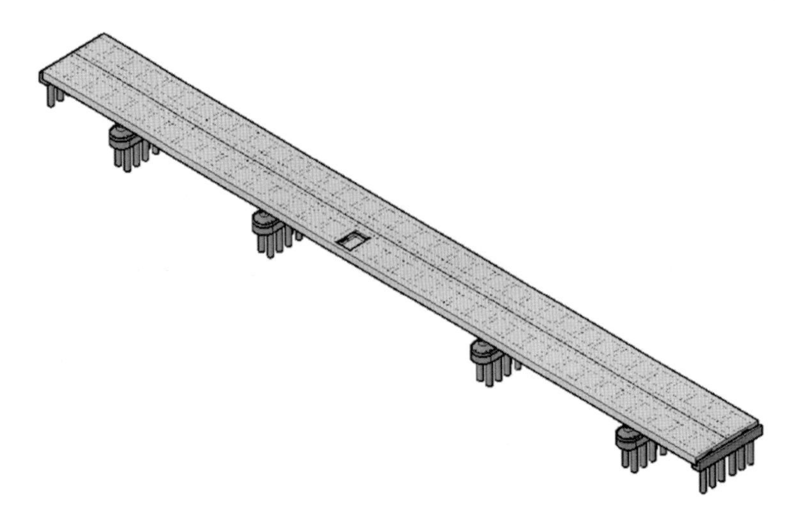

图 4-40　拆除跨中箱室第一块顶板示意图

第二步：依次拆除第 7 跨跨中箱室剩余 2 块顶板（图 4-41）。

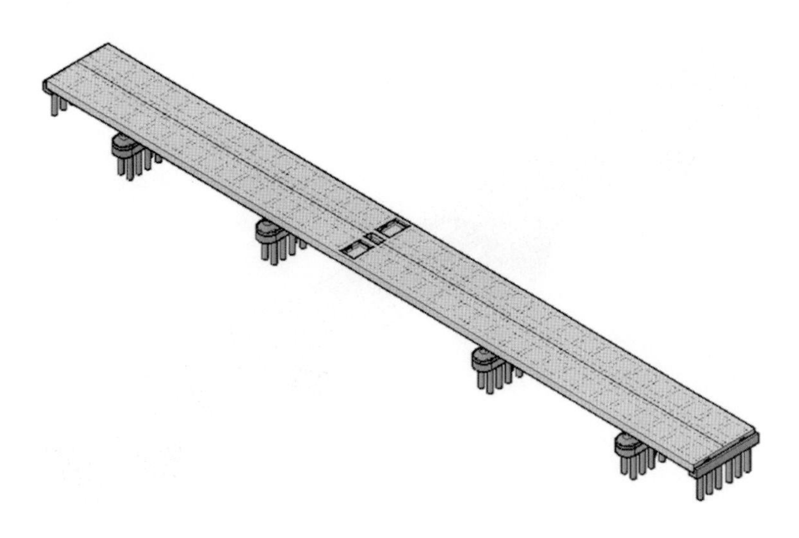

图 4-41　拆除跨中箱室剩余顶板示意图

第三步：依次拆除第 7 跨跨中箱室 3 块底板：边块底板单块尺寸5.6m × 4.12m，质量 12t；中块顶板单块尺寸2.23m × 4.12m，质量 4.9t，如图 4-42 所示。

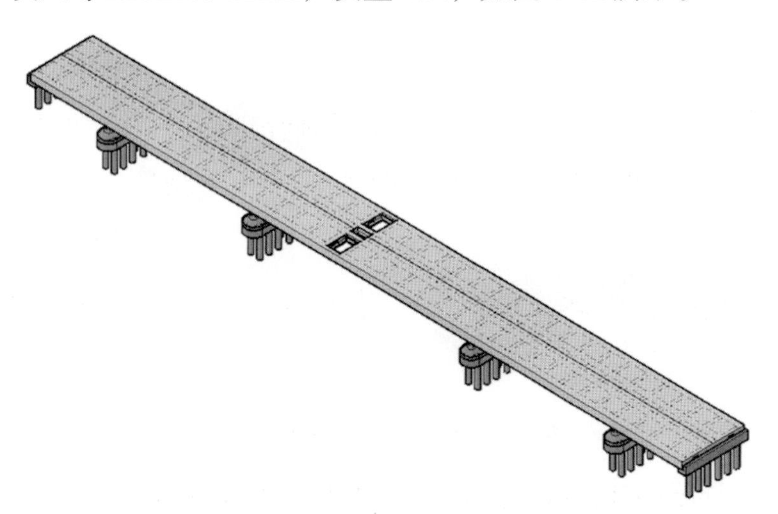

图 4-42　拆除跨中箱室底板示意图

第四步：依次对称拆除第 7 跨其余箱室顶、底板（图 4-43）。

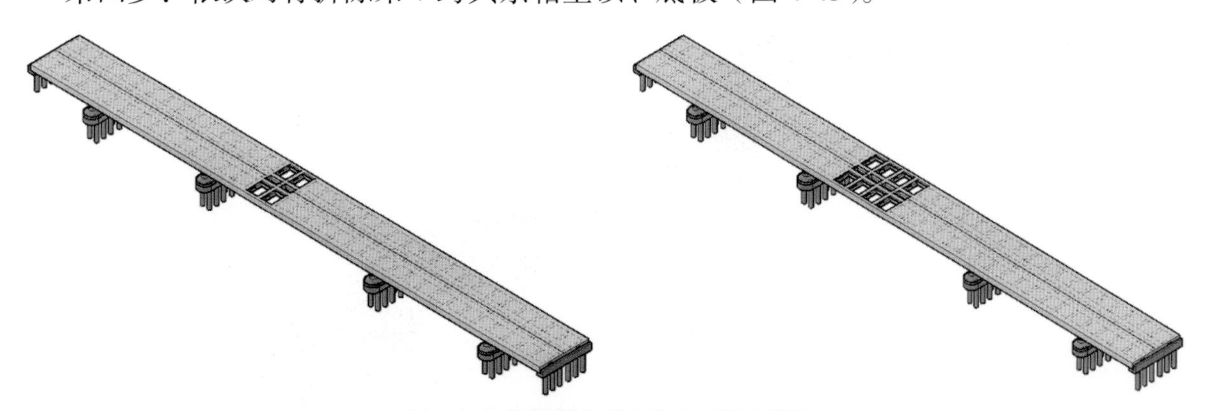

图 4-43　拆除跨中剩余箱室底板示意图

第五步：依次对称拆除第 7 跨箱体横梁，外侧横梁单个尺寸5.6m × 0.95m，质量 15.5t；中间横梁单个尺寸2.23m × 0.95m，质量 6.7t，如图 4-44 所示。

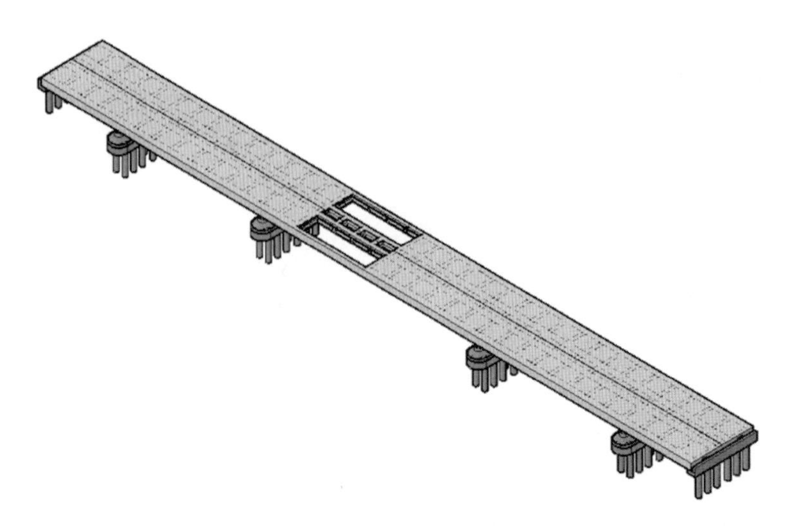

图 4-44　拆除跨中箱体横梁示意图

第六步：依次对称拆除第 7 跨箱体腹板，中腹板单个尺寸19.12m × 1m，质量 65t；边腹板单个尺寸19.12m × 0.8m，质量 59.3t，如图 4-45 所示。

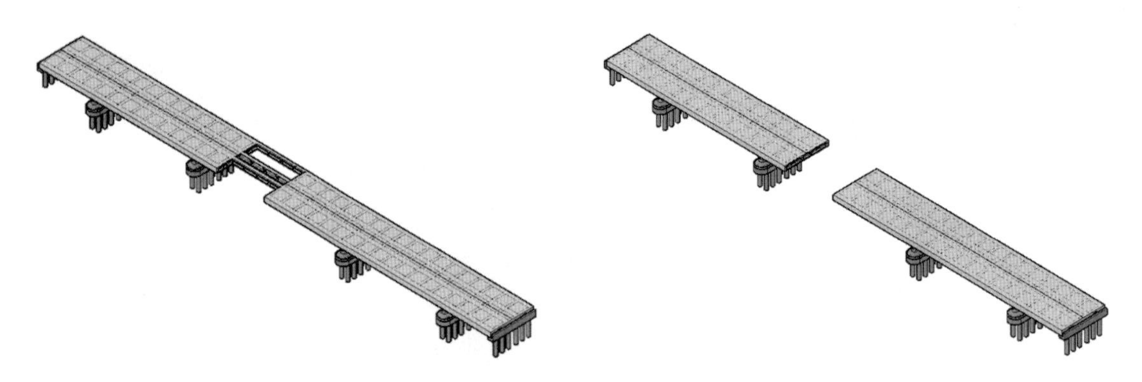

图 4-45　拆除跨中箱体腹板示意图

第七步：依次对称拆除第 6（8）跨和第 5（9）跨箱体，如图 4-46 所示。

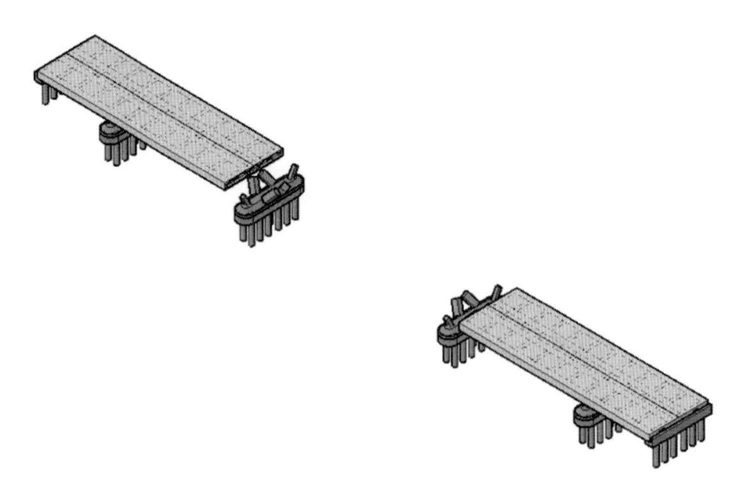

图 4-46　拆除跨中剩余箱体示意图

（2）边跨梁体拆除

首先在拆除的结构物上画线，标记切割块，然后在切割线的交点位置钻一个 100mm 直径的作业孔，先顺桥向切割，然后在横桥向切割，每切割一块、吊离一块，严禁整跨切割后再分块吊离，如图 4-47 所示。横桥向切割分离块体前，先用钢丝绳捆绑需吊离梁体（对个别吊块端部无横隔板，切割前应增加竖向型钢支撑，防止切割及吊装时梁板开裂，捆绑吊点应位于横隔板根部或竖向型钢支撑处），待整体切断后，按两点吊由门式起重机提升约 20cm 高，停留 5～10min，检查梁体四周及钢丝绳状况，确认无误后调运至运输车上运出现场。按照支架的搭设情况，每次仅允许上一辆运输车，运输车不得上到正在拆除的桥跨，运出现场后再次分解破碎。

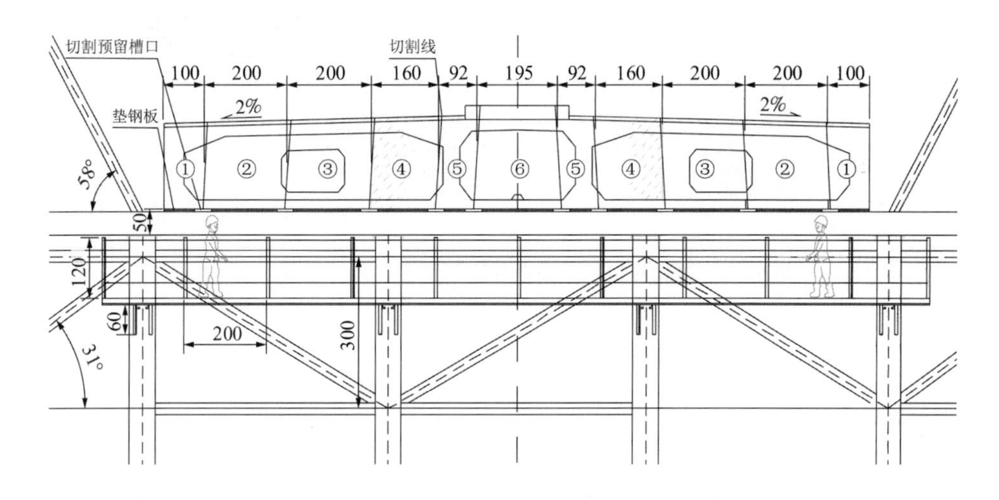

图 4-47　水中边跨梁体横桥向切割分段拆除顺序图（尺寸单位：cm）

①钢丝绳吊索受力分析计算

切割后的梁体采用两点起吊法，两头共设 2 个吊点，吊索与水平面的夹角取 60°。查《路桥施工计算手册》（人民交通出版社股份有限公司，2019 版）附表 3-34，钢丝绳选用公称直径为 65mm、规格6×37结构、公称抗拉强度为 1850MPa 的钢丝绳，钢丝绳破断力$P = 1850 \times 1568.43/1000 = 2901.6\text{kN}$，考虑钢丝绳之间荷载不均匀系数$\alpha$按$6 \times 37$钢丝绳取 0.82，钢丝绳的安全系数$K$按机动起重设备取 8，则：

$$S_{\text{b}} = \frac{\alpha \times P}{K} = \frac{0.82 \times 2901.6}{8} = 297.4\text{kN}$$

单个吊块的最大吊重Q取 70.81t（钢丝绳 1t、吊钩 3.5t），按 2 个吊点平均承受构件荷载，每个吊点按 2 根钢丝绳计算（钢丝绳采用单根绕环），钢丝绳与水平面的夹角θ按不小于 60°考虑，则钢丝绳内力：

$$S = \frac{Q}{n} \times \frac{1}{\sin\theta} = \frac{753.1}{2 \times 2} \times \frac{1}{\sin 60°} = 217\text{kN} \leqslant S_{\text{b}} = 297.4\text{kN}\text{，满足要求。}$$

②吊点设置

吊点位于横隔板内侧，距离切割后的梁边 1～1.5m，均采用捆绑吊装方法。对于切割

梁端无横隔板处，采用ϕ219mm × 10mm 钢管做竖向临时支撑，临时支撑位于拆桥管桩正上方，单块切割体单侧设置 2 根临时支撑管。临时支撑钢管与梁体接触部位采用300mm × 300mm × 20mm 钢板楔紧后焊接牢固，并通过锚栓与梁体锚固成整体，横向两根支撑钢管通过 ⊏12.6 槽钢连成整体，如图 4-48、图 4-49 所示。

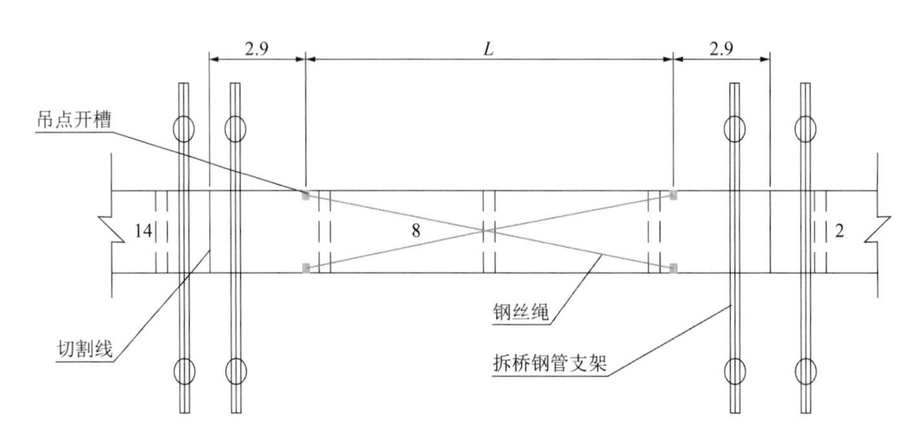

图 4-48　梁体分块拆除吊点平面示意图（尺寸单位：m）

L-吊点间距

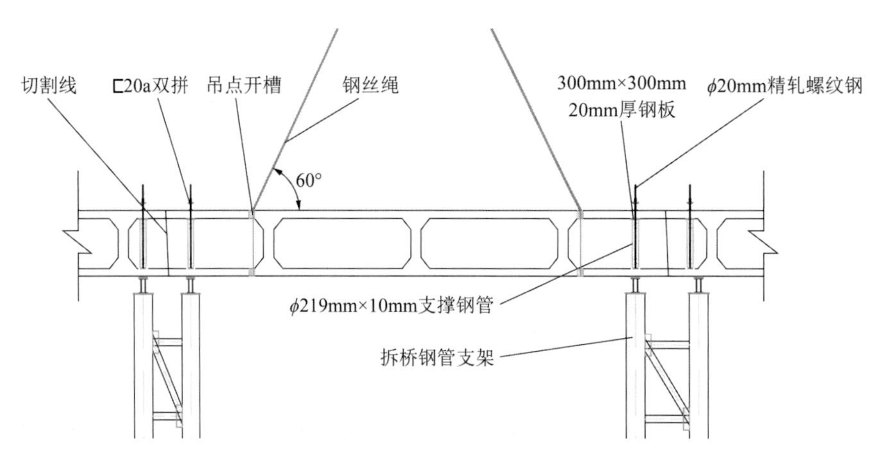

图 4-49　梁体切割箱室支点无横梁时吊装加固立面图

2）地面引桥部分拆除

地面引桥部分梁体从中跨向边跨依次拆除梁板和墩台柱。单跨梁体采用绳据横向对称切割后，用破碎机原位破除，每切割一块，拆除一块。凿除的混凝土块用挖掘机清理、土方车运输出场至指定弃置点。

单跨引桥拆除，先横向对称切割 1 部，挖掘机带破碎锤上桥原位破除；然后继续切割 2 部，破除 2 部；最后切割 3 部，破除 3 部，如图 4-50 所示。

两侧 1～3 部切割破除完毕后，破碎机位于两侧地面，依次继续对称切割、破除 4、5、6 部，完成整跨引桥拆除，如图 4-51 所示。

破除后的混凝土块采用挖掘机清理，土方车运输出场。拆除施工过程，安排雾炮车或人工浇水降尘。

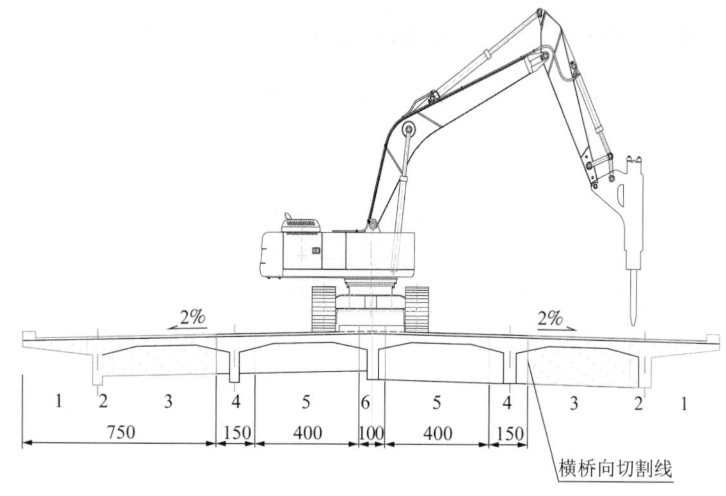

图 4-50 引桥横向切割破除一（尺寸单位：cm）

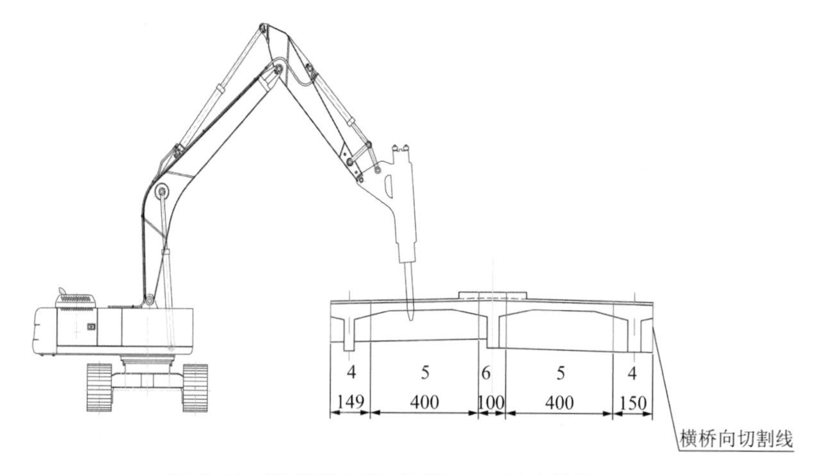

图 4-51 引桥横向切割破除二（尺寸单位：cm）

4.3.7 钢板桩围堰施工

鉴湖大桥施工区域水深 3～4m，老桥水中墩柱需拆除至河床面，为防止拆除施工对水体造成污染，保证拆除过程安全可控，满足设计拆除要求，拟采用 9m 长的钢板桩进行维护拆除施工。在设计 JH6、JH7 内水中梁体拆除后，先打设老桥 6 号、7 号水中墩柱拆除钢板桩围堰；待水中梁体全部拆除完成后，打设老桥 5 号、8 号水中墩柱拆除钢板桩围堰。水中墩柱采用绳据分块切割后，用门式起重机吊运至两岸，然后用破碎机破碎、挖掘机清理、土方车运输出场。

钢板桩采用拉森Ⅳ型钢板桩，长度 9m，围堰范围比承台周边尺寸大 1.4m，钢板桩顶面高出水面 0.5m。钢板桩周围咬合紧密，钢板桩咬合部位桩顶至河床底以下 1m 范围应涂抹黄油做好防水措施。围堰内侧四周圈钢板桩顶往下 1m 采用 H400 型钢以围檩形式支护，中间纵向支撑及四角斜撑均采用 H400 型钢斜撑，为增强围檩强度，在每根斜撑两端与 H400 型钢围檩接触部位于 H400 型钢翼板处用 2cm 厚钢板作为支撑加强。围堰抽水采用 2 台 30kW 大功率抽水机进行。

承台拆除前，在围檩与承台之间设置两道 H400 型钢横撑，H400 型钢横撑两端各焊接

一块500mm × 500mm × 20mm 连接钢板；11、12 节段拆除后，调整横撑布置位置，如图4-52所示；承台全部拆除后，及时施作中间一道横撑，如图 4-52、图 4-53 所示。

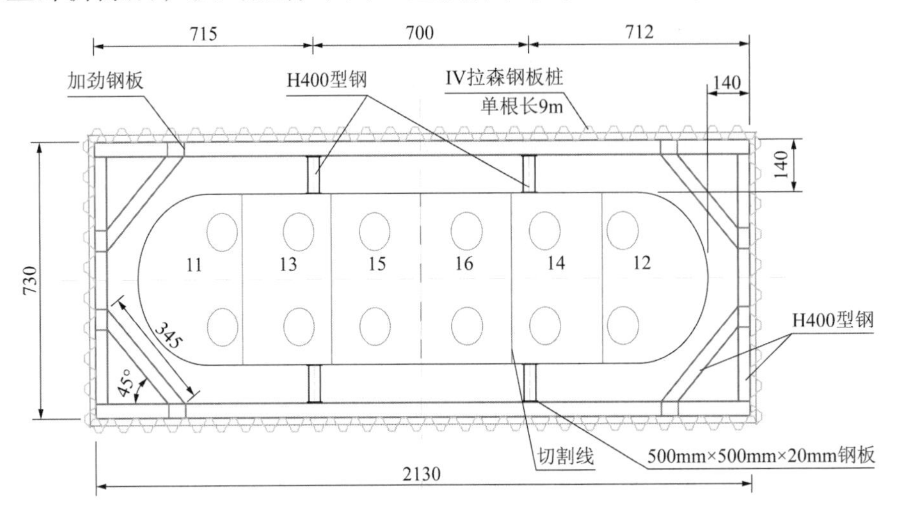

图 4-52　拉森钢板桩平面图（尺寸单位：cm）

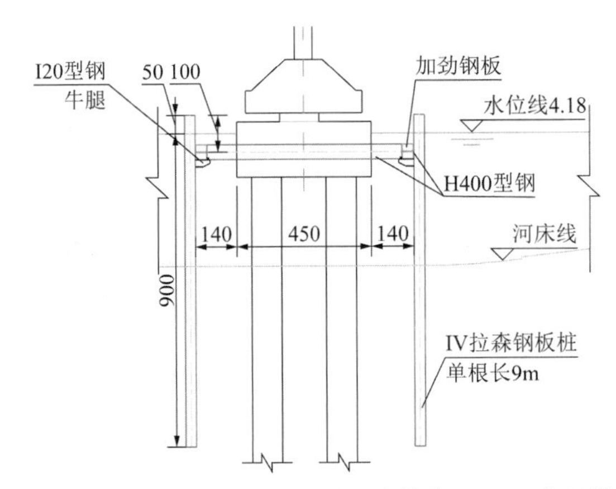

图 4-53　拉森钢板桩平立面图（尺寸单位：cm；高程单位：m）

1）施工工艺流程及方法

（1）测量定位

插打钢板桩前需设置定位桩及定位横梁。定位桩采用钢管桩，定位横梁采用 I40 工字钢沿承台外侧四周安装在钢管桩上，工字钢内边距离承台边 1.4m 位置。定位横梁的位置须严格遵照设定的高程及位置布置。

（2）钢板桩插打

在承台外周 1.4m 打插钢板桩，钢板桩顶面高于常水位线 50cm 左右。

①插打钢板桩前的准备工作

a. 对现有围堰范围内能施工钢板桩场地进行清理，特别注意燃气、信号、电力电缆等管线的架空或者地埋位置，避免在钢板桩插打位置遇到障碍物。

b. 钢板桩变形检查：因钢板桩在装卸、运输过程会出现撞伤、弯扭及锁口变形等现象，因此，钢板桩在插打前有必要对其进行变形检查。对变形严重的钢板桩进行校正并做锁口通过检查。锁口检查方法：用一块长约 2m 的同类型、同规格的钢板桩作标准，采用卷扬机拉动标准钢板桩平车，从桩头至桩尾做锁口通过检查，对于检查通过的投入使用，不合格的再进行校正或淘汰不用。钢板桩的其他检查：剔除钢板桩前期使用后表面因焊接钢板、钢筋留下的残渣瘤。

c. 振动锤检查：振动锤是打拔钢板桩的关键设备，在打拔前一定要进行专门检查，确保线路畅通，功能正常，振动锤的端电压要达到380～420V，而夹板牙齿不能有太多磨损。

d. 涂刷黄油混合物油膏：为了减少插打时锁口间的摩擦和减少钢板桩围堰的渗漏，在钢板桩锁口内涂抹黄油混合物油膏。

e. 桩在打入前应将桩尖处的凹槽口封闭，避免泥土挤入，锁口应涂以黄油或其他油脂。对于年久失修，锁口变形，锈蚀严重的钢板桩，应进行整修矫正，弯曲变形的桩，可用油压千斤顶顶压或火烘等方法进行矫正。

②钢板桩围堰的插打

根据水中承台的地质情况，钢板桩插打利用履带式吊车作为起吊设备，配合DZ90振动锤的施工方法逐片插打。

a. 安装钢板桩插打导向架：钢板桩插打之前，安装第一道支撑圈梁，作为钢板桩插打时的导向架，以控制钢板桩的平面尺寸和垂直度。

b. 为了确保每一片钢板桩插打准确，第一片钢板桩是插打的关键，在插打前先按钢板桩宽度在圈梁上画出每根钢板桩的边线，然后在圈梁上焊接长约4m的导向桁架，在导向架上、下边上设置限位装置，大小比钢板桩每边放大1cm，插打时，钢板桩桩背紧靠导向架，边插边将吊钩缓慢下放，这时在相互垂直的两个方向用锤球进行观测，以确保钢板桩插正、插直。

c. 在打桩过程中。为保证钢板桩的垂直度。用两台全站仪或经纬仪在两个方向加以控制。通过检测，确定第一片钢板桩插打合格后，以第一根钢板桩为基准，再向两边对称插打每一根钢板桩到设计位置。整个施工过程中，要用锤球始终控制每片桩的垂直度，及时调整。

d. 每一片钢板桩先利用自重下插，当自重不能下插时，才进行加压。

e. 钢板桩插打至设计高程后，立即与导向架进行焊接。

f. 插打过程中，须遵守“插桩正直，分散即纠，调整合龙”的施工要点。

③钢板桩合龙

钢板桩打入的顺序由四周边线中点处依次向4个角合龙。合龙前的准备：在即将合龙时，开始测量并计算出钢板桩底部的直线距离，再根据钢板桩的宽度，计算出所需钢板桩的片数，按此确定下一步钢板桩如何插打。合龙时桩的调整处理：为了便于合龙，合龙处的两片桩应一高一低。方形钢围堰有4个面，打完的每一片钢板桩都要沿导向架的法线和切线方向垂直，合龙应选择在角桩附近（一般离角桩4～5片），如果距离有差距，可调整合龙边相邻一边离导向架的距离。为了防止合龙处两片桩不在一个平面内，一定要调整好角桩方向，让其一面锁口与对面的钢板桩锁口尽量保持平行。

④钢板桩施工中遇到的问题及处理

由于基坑底地质结构复杂，钢板桩施工中常遇到一些难题，常采用如下几点办法解决：

a. 打桩过程中有时遇上大的孤石或其他不明障碍物，导致钢板桩打入深度不够，则采用转角桩或弧形桩绕过障碍物。

b. 钢板桩在软泥质地段挤进过程中受到泥中块石或其他不明障碍物等侧向挤压，作用力大小不同容易发生偏斜，采取以下措施进行纠偏：在发生偏斜位置将钢板桩往上拔 1.0～2.0m，再往下锤进，如此上下往复振拔数次，可使大的块石等障碍物被振碎或使其发生位移，让钢板桩的位置得到纠正，减少钢板桩的倾斜度。

c. 钢板桩沿轴线倾斜度较大时，采用异形桩来纠正，异形桩一般为上宽下窄和宽度大于或小于标准宽度的板桩，异形桩可根据实际倾斜度进行焊接加工；倾斜度较小时也可以用卷扬机或葫芦和钢索将桩反向拉住再锤击。

d. 软泥质基础较软，有时施工发生将邻桩带入现象，采用的措施是把相邻的数根桩焊接在一起，并且在当前施工打桩的连接锁口上涂以黄油等润滑剂减少阻力。

（3）围檩及支撑安装

钢板桩插打完成后在钢板桩上口往下 1m 的位置施作第一道围檩，钢板桩围堰抽水与内支撑安装交替进行。围檩采用 H400 型钢放置于牛腿上，每根钢板桩与围檩相接位置都进行焊接，在围檩的四个角处采用 H400 型钢作为水平斜撑，端部与横向围檩焊接，并与焊接横向围檩的外周施加 20mm 厚腹板加劲肋进行加强。支撑型钢两端各焊接一块 600cm × 600cm、厚度不小于 20cm 的钢板与围檩 H400 型钢密贴接触。为方便连接，斜撑钢管也可在与围檩连接部位先做一个型钢楔形块，然后再安装斜撑钢管，如图 4-54 所示。

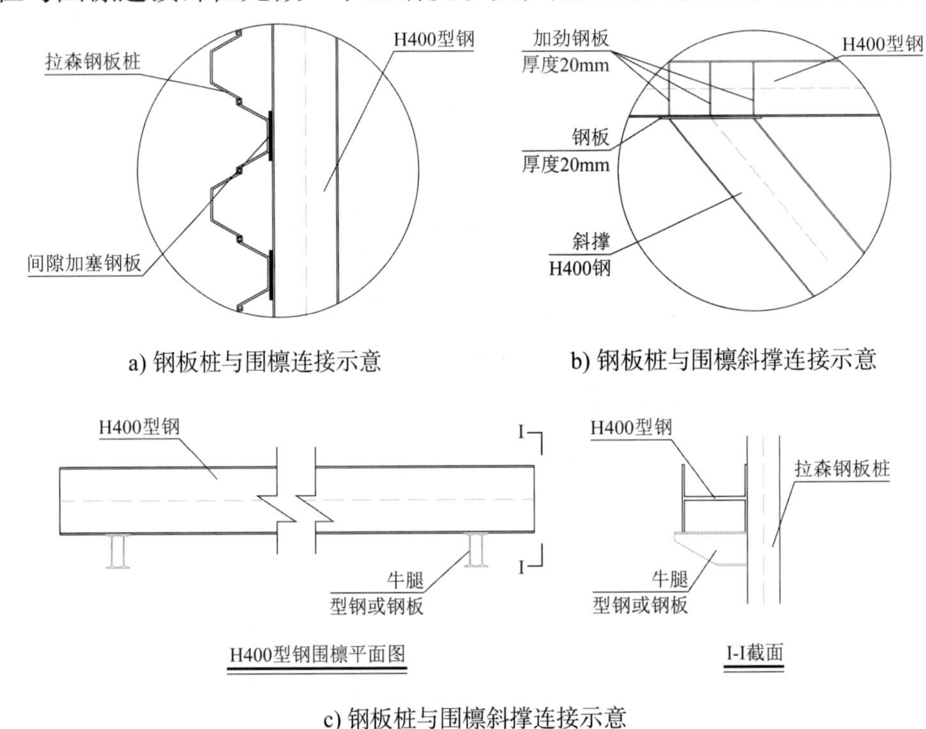

图 4-54 连接细部构造图

（4）抽水清底

内支撑完成后，进行第二次抽水清底工作。水位降至河床底后，清理坑内杂物，做到基坑底面平整。围堰周圈 50cm 内设置汇水沟，集水坑采用 2 台大功率抽水机时时注意排水；待基坑内清除干净，无明显积水时进行下一道工序施工。

2）临边围护

基坑周边的临边围护防护栏杆形式应严格按照相关要求进行设置，如图 4-55 所示。

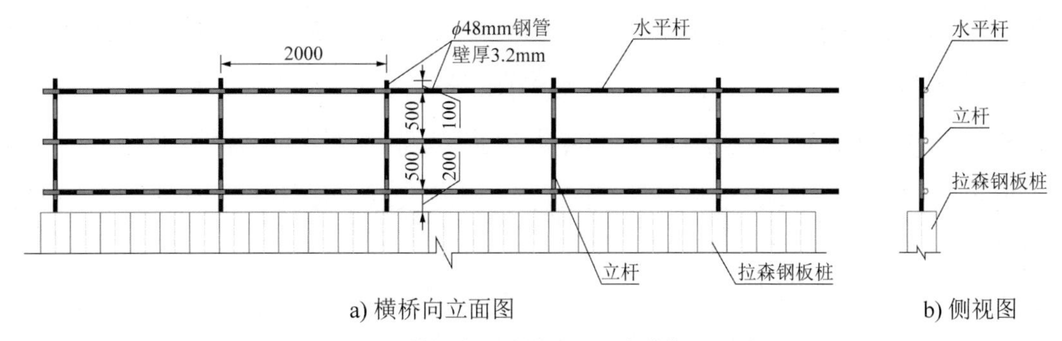

图 4-55　基坑临边防护图（尺寸单位：mm）

（1）立杆件采用ϕ48mm、厚度 3.2mm 钢管，焊接在拉森钢板桩顶面，间距 2m。

（2）防护栏横杆采用ϕ48mm、厚度 3.2mm 钢管，设置上、中、下三道，最底层横杆高度 20cm，中间一道高度 70cm，最顶层一道横杆高度 1.2m。横杆与立杆通过十字扣件连接。

（3）立杆和横杆表面刷红白相间油漆警示，并张挂“当心坠落”安全警示标牌。

3）安全通道

基坑上下通道采用定型化钢斜梯，如图 4-56 所示。

图 4-56　安全通道图

4.3.8　水中墩承台拆除

切割吊装顺序依次为 1、2、3…28（或 24），按照序号切割吊装。在切割和吊装墩台柱混凝土块时，需要预先用门式起重机将混凝土块起吊稳后才能切割至吊落，防止混凝土块失稳侧翻，如图 4-57 所示。

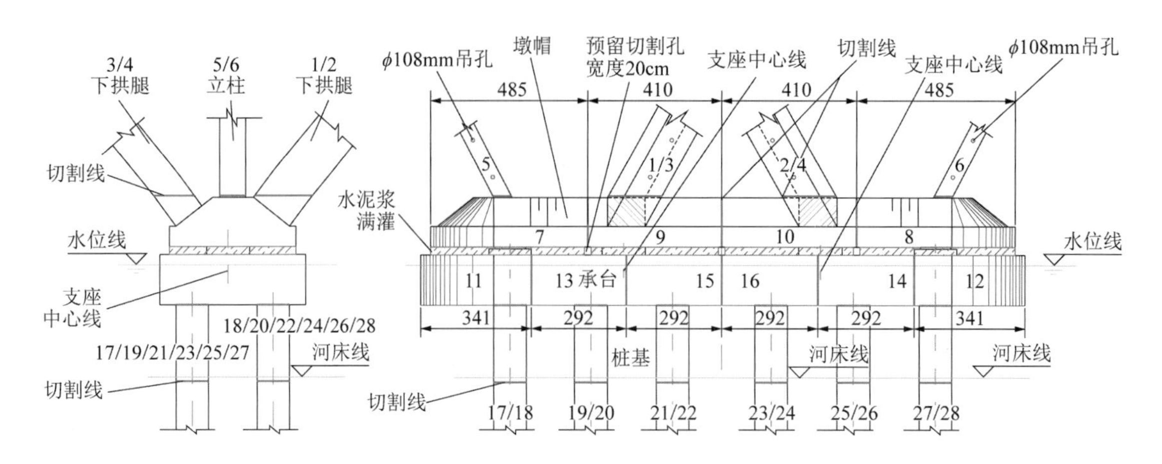

图 4-57　既有鉴湖大桥水中墩承台切割分段图（尺寸单位：cm）

承台及桩基切割施工前，需要先清理围堰内部淤泥至拆除切割要求的河床底高程，采用高压射水清淤，泥浆水抽至清淤船上。然后根据吊装顺序切除承台及桩基。承台切割时，先切割横刀，将承台与桩基分离，然后纵向垂直切割将混凝土块从承台分离。每块混凝土的吊装点布置（图 4-58）在上部由液压水磨钻机钻 2 个 108mm 直径的吊装孔，也可在墩承台横桥向于切割块外侧打 2 处 10cm 深凹槽，用钢丝绳捆绑吊离。

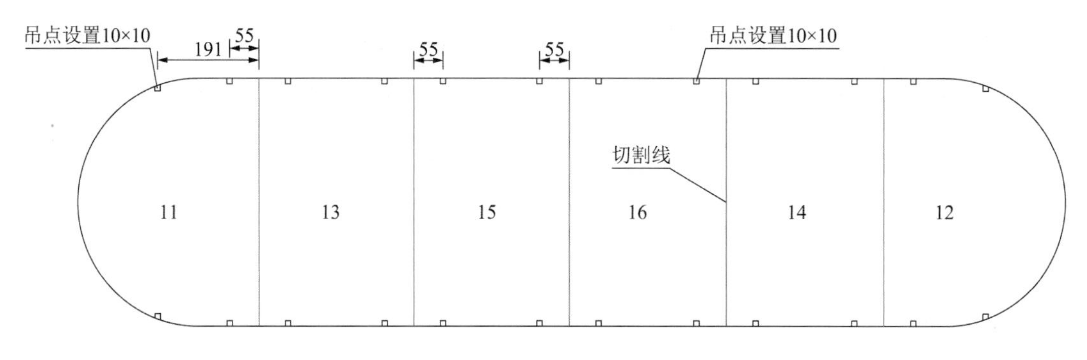

图 4-58　吊点设置示意图（尺寸单位：cm）

4.3.9　支架拆除

1）支架拆除顺序

支架拆除原则按照“纵桥向对称均衡、横桥向基本同步”分阶段循环进行。

2）主桥支架拆除

逐个支架采用气割解除支架横梁与钢管立柱之间的限位焊缝，用钢丝绳捆绑吊离横梁至运输船上；逐根切割吊离钢管连接系；在钢管上部焊接吊耳，采用钢丝绳及卡环固定拆除钢管后逐根切割吊离，如图 4-59 所示。

3）门式起重机基础拆除

门式起重机在陆地拼装区拆除以后，从跨中向两侧分段解除钢轨限位装置，于主桥上采用汽车起重机吊离切割后的钢轨、分配梁、贝雷梁、主横梁、水面以上钢管桩。

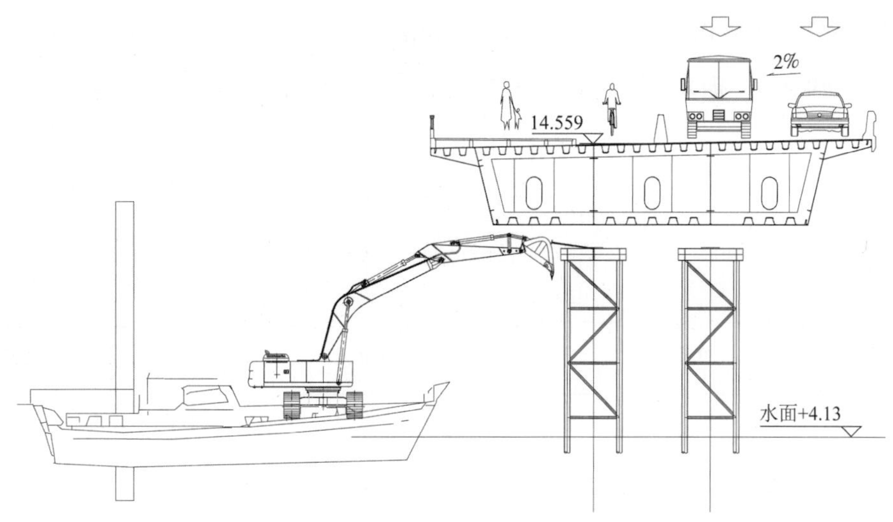

图 4-59 拆除水位以上支架示意图（高程单位：m）

4）主桥支架拆除

采用浮船配合履带式起重机进入钢箱梁下部，从中跨向边跨自上而下依次拆除调节钢管→主横梁→操作平台→剪刀撑连接系→水面以上钢管。

5）调节钢管及横梁拆除

横梁拆除在整体钢箱梁拼装焊接完成，涂装前进行。首先准备好气割工具将调节钢管采用人工切割移除后，在箱梁侧面设置转角滑轮组，通过设置在梁顶板两侧的两台 5t 移动式卷扬机（双拼 I 45a 横梁长度 27m，质量 4.34t，两台 5t 提升机可满足施工要求），将支架顶横梁绑扎牢固，解除横梁限位装置，整体提升横梁，移动至钢管桩一侧，同步下放钢丝绳，将横梁下放至水面运输船只上，完成水中支架顶横梁拆除。

6）水中钢管拆除

施工工艺流程如图 4-60 所示。

（1）浮箱拼接

浮箱在本工程施工中作为重要的受力构件，所以浮箱的拼接非常重要，浮箱材质为钢结构，利用工字钢来稳定本工程中的四个大型浮箱，使之成为一个整体，并在浮箱上安装动力装置，使得在作业过程中能够行驶并能够适用于不同位置处的钢管桩的拔除。拼接好的浮箱如图 4-61 所示。其中两浮箱之间的距离为 4.5m，两两紧密相连，待拔桩之间的距离为 3m，浮船设置距离可以同时拔除两排的钢管桩。

单个浮箱尺寸为 9.5m（长）× 2.7m（宽）× 1.6m（高），采用 2cm 钢板焊接而成，单个浮箱质量 $= (2.7 \times 9.5 \times 2 + 2.7 \times 1.6 \times 2 + 9.5 \times 1.6 \times 2) \times 7.85 \times 20/1000 = 14.2$t，浮船总共采用 8 个浮箱，浮船单侧采用 4 个浮箱拼装而成。HM588 × 300(588mm × 300mm × 13mm × 20mm)型钢材料需用量 160m，贝雷梁 24 片，直径 630 钢管 4 根，单根长度 2m，180 振动锤自重（11t，长 × 宽 × 高：2m × 1.55m × 3.3m）及其他构件重约 10t。整体拔桩浮箱结构总重 $= 14.2 \times 8 + 160 \times 0.15 + 24 \times 0.3 + 11 + 10 + 0.153 \times 4 \times 2 = 167$t，

吃水深度167/9.5/2.7/8 = 0.81m，主、辅桥钢管最大拔桩 1260kN（承载力两倍、180 型振动锤激振力 0～1390kN），振动拔桩过程最大吃水深度1260/9.8/9.5/2.7/8 + 0.83 = 1.46m。

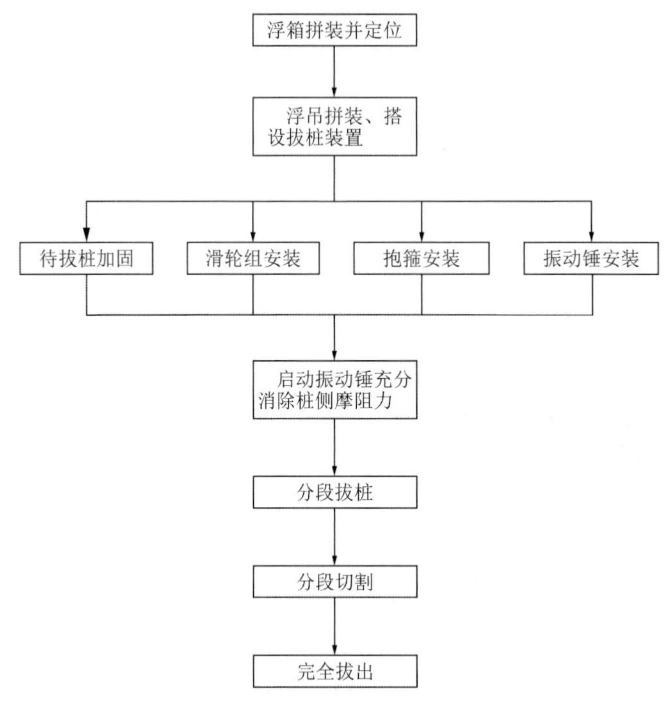

图 4-60　施工工艺流程图

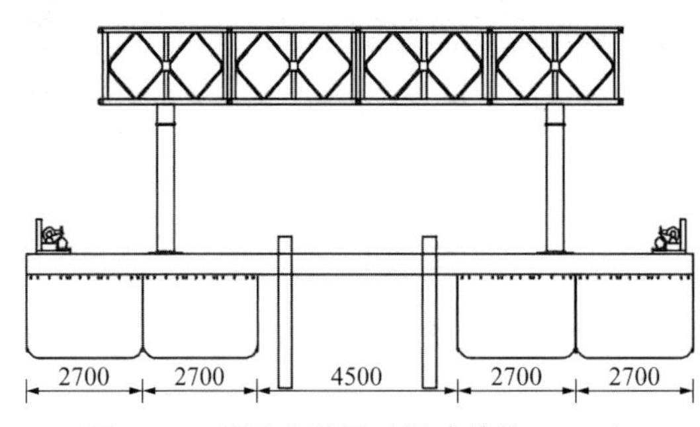

图 4-61　浮吊安装图（尺寸单位：mm）

浮箱移动过程总高度为(0.81～1.6) + 0.3 + 2 + 0.3 + 1.5 + 0.3 = 5.21～6m，鉴湖大桥辅桥水中梁底为二次抛物线形，高程最低处为 +9.604m，水面高程为 +4.13m，高差 5.474m，可满足浮箱移动施工要求。

（2）浮吊拼接

浮吊安装在浮箱上可以保证整个拔桩的施工高度，按照 HM588 × 300分配梁→ [14b 槽钢连接系→ϕ630mm × 10mm 立柱→HM588 × 300垫梁→可升降贝雷梁→HM588 × 300 垫梁进行组装，如图 4-61 所示。组装完成后按照《钢结构设计标准》（GB 50017—2017），对浮吊构件进行结构验算，保证在施加拔桩荷载的作用下结构体系的各构件稳定性和承载力性能满足结构设计规范要求。

（3）滑轮组安装

本工程中采用动静结合的施工方法拔桩，需要安装滑轮组和振动锤，拔桩过程中先采用振动锤对桩体施加激振力，充分消除桩身摩阻力以后移开振动锤再采用卷扬机配合滑轮组进行拔桩。因为本工程中选择180型的拔桩设备进行拔桩，在安装振动锤和滑轮组时考虑实际的拔桩力，对部分钢结构构件进行了结构安全性验算，在保证结构安全的前提下进行设备的安装。设备安装示意图如图4-62所示。

（4）抱箍安装

抱箍的主要作用是连接待拔桩和滑轮组，抱箍是否紧密安装决定了待拔桩能否完全拔出，在安装中最关键的操作就是抱箍之间螺栓的安装。因为待拔桩所需拔桩力较大，本工程中选用抱箍尺寸截面比较大，所以在安装中要求比较高，抱箍中开孔较多，在安装时不易对准，需要吊机撬杠等辅助安装，如图4-63所示。

图4-62 滑轮组安装示意图

图4-63 抱箍安装完成后示意图

（5）振动锤工作原理和选取

振动锤是利用共振理论设计的。当桩的强迫振动频率与土壤颗粒的振动频率一致时，土壤颗粒产生共振，土壤颗粒有最大的振幅，足够的振动速度和加速度能迅速破坏桩和土壤间的黏合力，使桩身与土壤从压紧状态过渡到瞬间分离状态，在振动激励的作用下可以最大限度地减小桩侧阻力。由于振动锤靠减小桩与土壤间的摩擦力达到沉桩的目的，所以在桩和土壤间的摩擦力减小的情况下，可以用稍大于桩和桩身的力即可将桩拔起。

主要参数包括：振幅A、激振频率ω、偏心力矩M、激震力F、参振重量Q、功率N。

①振动功率N的确定

振动功率N的计算公式为：$N = K \times M \times n/9550$（kW）。式中，$n$为转速，$K = 1.25$。

②偏心力矩M的确定

振动锤偏心力矩越大，克服硬质土层的能力越强，当已知振幅和参振总重量Q（桩体重量和振动锤重量）时，可以算出偏心力矩：$M = Q \times A(\mathrm{N \cdot m})$。

③激振频率ω的确定

振动锤的激振频率与振动系统的固有频率密切相关，当激振频率接近振动系统的固有频率时，振动拔桩达到最大效果。而振动系统的固有频率不仅和振动锤参数有关，还与土壤的参数有关，不同地层土壤的自振频率有着很大的差别。

综上所述，本工程实施中选择DZJ180振动锤，如图4-64所示。

（6）拔桩准备工作

在振动锤充分消除桩侧摩阻力后，移开振动锤，并通过浮船调整滑轮组使之在待拔桩的正上方。安装吊绳等装置，通过吊环连接钢抱箍，同时启动卷扬机对吊绳和滑轮组进行调整，待完成后启用卷扬机带动滑轮组进行拔桩，如图4-65所示。

图4-64　振动锤示意图

图4-65　拔桩示意图

（7）拔桩加载

拔桩过程中按照不同桩长和计算的数值对桩体进行加载。待桩体拔到最高高度后进行桩体切割，逐次把待拔桩拔出。

（8）分段拔桩和分段切割

因为本项目受空间环境的制约，本施工方法中的设备也是适应于这一限制要求，在拔桩过程中由于有效净空受限，必须实施分段拔桩。在利用振动设备充分消除桩侧摩阻力之后，调整浮船，利用滑轮组进行拔桩，拔除到贝雷架位置进行钢管桩切除再继续拔，直至完全拔出为止。

4.4　检查要求

4.4.1　进场材料设备检查

本工程支架及加固连接件采用钢材和常备式定型钢构件等材料制作，钢材的性能和质量应符合《碳素结构钢》（GB/T 700—2016）的规定，常备式定型钢构件（贝雷桁片、万能杆件等）应符合该产品相应的技术规定。进场的材料由供方技术监督部门检查和验收。

机械设备进场必须认真检查机械设备的性能是否完好，有检查记录、产品合格证或法定检验检测合格证，不准将带病残缺的机械投放到施工现场。进场机械设备委托具有相应资质的检验、检测施工单位和监理单位共同验收，合格后方可使用。验收过程中需做好验收记录，验收人员履行签字手续，完成机械设备备案手续。

4.4.2 焊缝质量检查

所有焊缝必须在全长范围内进行外观检查，不得有裂纹、未熔合、焊瘤、夹渣、未填满及漏焊等缺陷，并应符合表 4-8 规定。

焊缝外观质量标准　　表 4-8

<table>
<tr><th>编号</th><th>项目</th><th>简图</th><th colspan="3">质量要求</th></tr>
<tr><td rowspan="5">1</td><td rowspan="5">咬边</td><td rowspan="5"></td><td colspan="2">受拉部件纵向及横向对接焊缝</td><td rowspan="2">不允许</td></tr>
<tr><td colspan="2">U 形容加劲肋角焊缝翼板侧受拉区</td></tr>
<tr><td colspan="3">受压部件横向对接焊缝$\Delta \leqslant 0.3$mm</td></tr>
<tr><td colspan="3">主要角焊缝$\Delta \leqslant 0.5$mm</td></tr>
<tr><td colspan="3">其他焊缝$\Delta \leqslant 1$mm</td></tr>
<tr><td rowspan="3">2</td><td rowspan="3">气孔</td><td rowspan="3"></td><td>横向及纵向对接焊缝</td><td colspan="2">不允许</td></tr>
<tr><td>主要角焊缝</td><td>直径小于 1mm</td><td rowspan="2">每米不多于 3 个，间距不小于 20mm</td></tr>
<tr><td>其他焊缝</td><td>直径小于 1.5mm</td></tr>
<tr><td>3</td><td>焊脚
尺寸</td><td></td><td colspan="3">埋弧焊k的误差范围为 0～2mm，手弧焊k的误差范围为−1～2mm，手弧焊全长 10%范围内k的允许误差为−1～3mm</td></tr>
<tr><td>4</td><td>焊波</td><td></td><td colspan="3">$h < 2$mm
（任意 25mm 范围内）</td></tr>
<tr><td>5</td><td>余高
（对接）</td><td></td><td colspan="3">$b < 15$mm时，$h \leqslant 3$mm；
15mm $< b \leqslant 25$mm时，$h \leqslant 4$mm；
$b > 25$mm时，$h \leqslant 4b/25$</td></tr>
<tr><td>6</td><td>余高
铲磨
（对接）</td><td></td><td colspan="3">$\Delta_1 \leqslant +0.5$mm
$\Delta_2 \leqslant |-0.3|$</td></tr>
</table>

5 施工保证措施

5.1 组织保证措施

5.1.1 质量保证体系

建立以项目经理为组长，项目技术负责人为副组长的质量保证体系，做到责任明确，目标清楚，任务到人，并通过专职质量检查员加强施工过程中的检验工作，如图 5-1 所示。

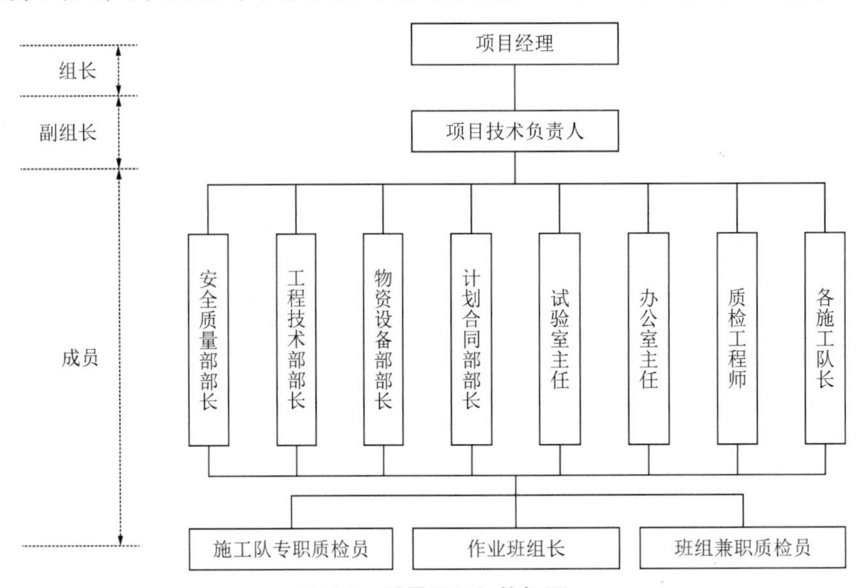

图 5-1 质量组织机构框图

5.1.2 质量保证措施

（1）建立健全岗位责任制，每项工作都要由专人负责。

（2）按工程编制物资与设备需求量计划表，力求准确、可靠；机械管理部门要定期维修、保养现场的施工机电设备，保证其满足施工需要。

（3）详细审核施工图纸，发现问题，及时与监理工程师、设计人员联系，尽快处理解决。

5.2 安全保障体系

5.2.1 安全管理体系

建立现场安全管理体系，成立安全生产领导小组，由安全生产的第一责任人项目经理担任组长，安全总监担任副组长，组员由安全监督部部长及现场生产副经理、技术负责人组成。

安全生产领导小组的主要工作是监督本工程的安全生产管理工作，组织安全生产检查，协调相关事故处理，负责劳动防护用品的管理。

5.2.2 安全生产制度保障

项目部根据本工程的实际施工情况，制定安全生产保障制度。

（1）安全生产教育培训

为了进一步提高员工及作业人员的安全防范意识和安全防护技能，进场员工及作业人员必须经公司级教育、项目级教育和作业队（班组）级教育。教育培训主要包括入场教育，转岗教育，特殊工种、特殊岗位教育，日常教育，开工前安全教育，“四新”技术培训制度教育。使员工及作业人员掌握安全操作规程，增强员工及作业人员的自我保护意识，杜绝违章指挥和违章操作，杜绝野蛮施工行为，增强预防各类事故和职业病的实际能力，确保项目施工安全目标实现。

（2）安全技术交底制度

项目技术负责人根据施工组织设计的安全技术措施，结合具体施工方案及施工现场作业环境，制定出全面有针对性的安全技术交底内容。工程项目开工前，向参加施工的施工管理人员、班组长进行安全技术措施交底；将安全技术措施、施工方法、施工工艺、施工中可能出现的危险因素、安全施工注意事项等向参加施工的全体管理人员、作业人员进行交底。

（3）安全检查制度

项目部每周组织一次综合性安全生产检查或专业性检查，每月 25 日进行一次综合性安全生产大检查。检查组成员由安全监督部、工程技术部、物资设备部、计划合同部、试验室、综合办公室等各部室负责人组成，由安全总监组织编制安全质量检查表，检察组根据安全质量检查表逐条进行排查，检查完成后根据检查情况下发《安全质量隐患整改通知单》，安全监督部根据检查情况进行综合评比，并进行奖罚通报。

（4）高风险工点领导带班管理制度

对桥涵施工、地质灾害及其他高风险工点等落实领导带班包保责任，遵循“全面兼顾，重点防范，带班在工点，解决在现场”的原则，确保每个班次至少有一名领导在风险工点带班作业，并与工人同时上下班，保证三班倒，班班有领导，落实逐级管理，责任到人。将危险源始终处于可控状态，确保工程建设安全、有序、可控。

（5）重大危险源管理制度

结合本工程实际情况，对工程施工期间存在的如高空作业、深基坑、起重吊装、桥梁拆除等重大危险源。项目总工程师及项目部安全监督部负责排查、识别施工范围内的危险源并实施和管理。项目部安全监督部负责组织危险源的识别、汇总、分析、评价和确定，各相关部门协助实施。安全管理遵循“摸清底数，强化管理，过程监控，结束销号”的原则，同时，通过危险源识别、危险评价、危险源控制等，减少高度风险工程、降低和减少风险灾害的发生。

5.2.3 安全生产保证措施

（1）严格执行有关部门下发的关于文明安全施工及环境保护中规定，坚决杜绝“三违”现象。

（2）加强安全生产教育，提高职工安全意识，牢固树立“安全第一”的思想，建立健全安全保证体系和安全生产责任制，制定行之有效的安全技术措施。

（3）工地内设明显的安全标语牌。重点工序、重点部位等危险性较大的地方设置安全警示牌，设专人负责安全检查，消除事故隐患。

（4）现场的材料保管，依据材料的性能采取必要的防雨、防潮、防晒、防火、防尘、防破坏等措施，易燃、易爆、易碎的及时入库，专库专管，并设明显标志。

（5）进入有限空间危险作业场所作业，作业人员与监护人员应事先规定明确的联络信号。

（6）作业人员进入有限空间危险作业场所作业前和离开时应准确清点人数。

（7）进行切割时必须通知安全员，并有专业监护人员在场进行安全监护。

（8）绳锯施工人员必须距离机械3m以外，现场人员不得在绳锯锯条转动方向正面10m内行走，且不能在绳锯施工范围 5m 内逗留，现场作业区周围使用警示带进行警戒，防止无关人员进入作业区域。

（9）切除工程施工过程中，当发生重大险情或生产安全事故时，应及时排除险情、组织抢救、保护事故现场，并向有关部门报告。

（10）拆桥人员应戴好所需的安全保护用品。

（11）施工前对作业周围区域成品进行隔离保护。

5.3 技术措施

5.3.1 支架搭设、拆除作业技术保障措施

（1）根据批准的施工方案进一步细化制定支架搭设的作业指导书，严格交底制度。项目总工对支架搭设的技术方案负责，现场工地负责人对执行搭设方案负责，确保支架搭设质量。

（2）支架搭设前，项目总工要组织对支架施工人员进行详细的书面技术交底，工地负责人及技术人员应对交底的落实情况进行检查，由安全员监督操作，工人严格按交底要求施工。

（3）支架搭设严禁随意更改搭设方式、间距、数量和结构件型号等；支架材料进场前应经检验，符合专项方案要求方可使用，不得采用锈蚀严重、出现裂缝、弯曲变形、规格尺寸不足、搭接不规范的材料。

（4）支架搭设人员必须戴安全帽、系安全带、穿防滑鞋，脚手材料应堆放平稳，工具应放入工具袋内，上下传递物件时不得抛掷。

（5）作业层上的施工荷载应符合设计要求，不得偏载、超载，严禁悬挂起重设备。

（6）在搭设支架期间必须派专人时刻盯控，发现变形不稳定时（如出现纵向或横向位移超标、弯曲变形、连接脱落等现象）立即将人撤离到安全地段，并采取处理措施后再进行施工。

（7）支架使用的材料，如型钢、钢管、扣件等材质及各项尺寸应符合标准，严禁不合格的材料进入施工现场。

（8）当有六级及六级以上大风和雾、雨天气时应停止支架的搭设作业，雨后上架作业应有防滑措施。

（9）操作平台、上下爬梯应经常检查确保安全牢固，支架操作平台四周应设有防护栏杆和安全网，平台板铺不得留空隙。

（10）支架拆除现场必须设警戒区域，张挂醒目警戒标志。警戒区域内严禁非操作人员通行或在排架下方继续组织施工。地面监护人员必须履行职责。

（11）支架拆除必须由上而下逐层进行，后搭先拆、先搭后拆，严禁上下同时作业；严禁先拆除支架剪刀撑、横向连接等。

5.3.2　起重吊装作业技术保障措施

（1）禁止在有雾、雨天视线不清和风力达6级以上情况下进行吊装作业。

（2）吊物应按规定的方法和吊点进行绑扎起吊，起吊前应将吊物上的工具和杂物清除，以免掉落伤人。起吊前，应将吊绳拉紧，复查绳扣是否绑牢，位置是否正确。

（3）起吊时如发现吊物不够平衡，应放下重绑，不准在空中纠正。起吊时应徐徐起落，避免过急、过猛或突然急刹，回转时不能过速。

（4）起吊时，吊物附近的操作人员要站在能避让的位置，起吊后如需移动吊物，宜用绳拉。拉绳者与吊物中心距离不能小于吊物旋转半径，并注意吊车是否稳定，降落时必须等到吊物落到人头以下，方能靠近扶持吊物，吊物上面严禁站人。

5.3.3 高空作业技术保障措施

（1）从事高空作业的人员应定期进行体检，凡是患有高血压、心脏病、贫血、癫痫、弱视、恐高症以及其他不适合高空作业的疾病人员，不允许进行高空作业，饮酒后不得从事高空作业。

（2）在 2m 以上的独立悬空、陡坡和桥侧以及无法采取可靠防护设施的高空作业人员必须使用合适的安全带或安全绳，安全带和安全绳必须系挂在牢固的物体上，有专人看管。

（3）进入施工区域的所有工作人员、施工人员必须按照规定正确戴好安全帽。

（4）高空作业人员衣服着装要灵便、禁止赤脚、穿硬底鞋、拖鞋、高跟鞋以及带钉易滑的鞋从事高空作业。

（5）在恶劣天气（大雨、大风、大雾、六级以上的强风、台风）应及时停止高空作业。

（6）高空作业人员所使用的工具应随手装入工具袋，上下传递料具时，禁止抛掷，大型的工具要放在稳妥的地方，所用的材料要堆放平整、稳固、防止掉落伤人。

（7）作业人员上下通行必须由人行斜道或安全爬梯进行上下，禁止从脚手架、绳、模板上下。

5.3.4 现场防火技术保障措施

（1）施工材料的存放、保管，应符合防火安全要求，库房应用非燃材料支搭。易燃易爆物品（如油漆等），应专库储存，分类单独存放，保持通风，用电符合防火规定，不准在库房内调配油漆、稀料。

（2）在施工程要坚持防火安全交底制度，特别是在进行电气焊、油漆粉刷或从事防水等危险作业时，要有具体防火要求。

（3）氧气瓶、乙炔瓶（罐）工作间距不小于 5m，两瓶同时明火作业距离不小于 10m。禁止在工程内使用液化石油气“钢瓶”、乙炔发生器作业。

（4）各类电气设备、线路不准超负荷使用，接头须接实、接牢，以免线路过热或打火短路。发现问题立即修理。

（5）存放易燃液体、可燃气瓶和电石的库房，照明线路穿管保护，采用防爆灯具，开关设在库外。

（6）及时清理施工现场，做到工完场清；油漆施工要注意通风，严禁烟火，防止静电起火和工具碰撞打火。

5.3.5 溺水安全技术保障措施

（1）项目部施工前对施工人员进行安全教育，让水上作业人员掌握一些有关防溺水、自救等知识，在紧急情况下，会进行简单的处理，强调“关注生命，安全第一”。

（2）通过办防溺水专栏，出防溺水板报，张贴防溺水图片等形式，宣传防溺水知识，提高施工作业人员的自我保护能力。

（3）要求施工作业人员不到河边、塘边逗留休息，不得私自下河游泳，杜绝施工作业人员游泳“溺水”事故的发生。

（4）施工队负责人应在班前班后负责清点施工作业人员，发现人数不对立即调查并向项目部反馈，查其施工作业人员缺席的原因，采取各项措施防溺水事故的发生。

（5）对于擅自外出游泳的施工作业人员，项目部将按有关规定予以处罚，屡教不改者清退出场。

（6）项目部积极联系周边水域管理部门，在具有安全隐患的施工部位或周边水域设立警示牌，增强施工作业人员的防溺水安全意识。

（7）施工作业时，安排专人不定期地进行巡查。发现存在安全隐患的水域，及时汇报项目部，协调有关部门处理。

（8）如发现有人在存在隐患或危险的水域或其周边戏水，应上前进行劝阻和制止。在施工作业人员当中形成互相提醒、互相监督、及时反馈的信息通道。

5.3.6 绳据切割技术保障措施

（1）梁体切除要求每切除一节吊装一节，不得全部梁片切开后再吊装。

（2）根据设计图纸板与板的相邻位置划定切割线，并采用墨线弹出切割线，保证顺直。中跨拆除时，横梁部位竖向切割线应向外适当倾斜不小于2%，方便梁片吊离，防止卡位。

（3）绞缝采用绳锯切割，先沿顺桥向切除湿接缝，再沿横桥向切除横梁。切割前，先采用风镐在纵横向切割线相交位置凿孔，顺桥向切线较长可根据绳锯机的大小多设置几个穿绳孔，方便安装绳锯链条。

（4）绳锯链条沿定位线缠绕需切割梁截面一周，固定好切割机与导轮，将金刚石绳锯按一定的顺序缠绕在主动轮和辅助轮上，注意绳子的方向应和主动的驱动方向一致。启动电动马达，通过主动轮控制盘调整主动轮的提升张力，保证金刚石绳锯适当绷紧，启动循环冷却水，再启动另一个电动马达，驱动主动轮带动金刚石绳索回旋切割。切割过程中必须密切观察机座的稳定性，随时调整导向轮的偏差，以确保切割绳在同一工作面内。切割施工中时刻注意切面是否在定位线上，发现问题马上纠正。如此反复施工直至全部切割任务完成。

（5）进行切割时必须通知安全员，并有专业监护人员在场进行安全监护。

（6）绳据施工人员必须距离机械 3m 以外，现场人员不得在绳据条转动方向正面 10m 内行走，且不能在绳据施工范围 5m 内逗留，现场作业区周围使用警示带进行警戒，防止无关人员进入作业区域。

5.3.7 既有桥梁的变形监测

本工程既有桥梁拆除的施工监测主要包含拱肋、梁板拆除期间的结构线形监控（主要监测拱肋、主梁、轴线偏位、桥墩、支架高程），应力监测，吊杆力监测，支架钢管桩基础沉降及拱脚位移监测和裂缝监测。邀请第三方检测机构根据施工现场实测的结果进行分析，评估既有桥梁的状态，当结构变位超限时，应立即停止拆除施工作业，查找原因，并采取相应应对措施。

1）拱肋线形测点

拱轴线形控制包括高程和横向偏位。在拆除过程中，拱肋高程的变化引起拱肋内力的增大，拱肋横向偏位对拆除过程的拱肋稳定性影响大，关乎结构安全。因此在施工过程中必须严格控制拱轴向的水平和横向位置。

（1）测点布置：在接近拱肋拱段分界线处、拱段长度中心处置线型监测点。拱肋监测断面如图 5-2 所示。

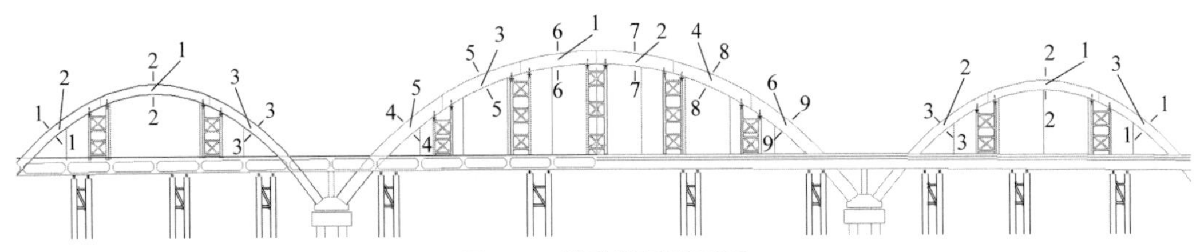

图 5-2　拱肋监测断面图

（2）测试仪器：拱肋在拱轴线位置布置变形测点。变形测量用全站仪，设置 2 个棱镜测点，其余位置粘贴反光片。

2）主梁线形测点

对主梁高程进行监测，确保待拆梁体变形可控状态，主梁监测断面如图 5-3 所示，主梁高程测点布置如图 5-4 所示。

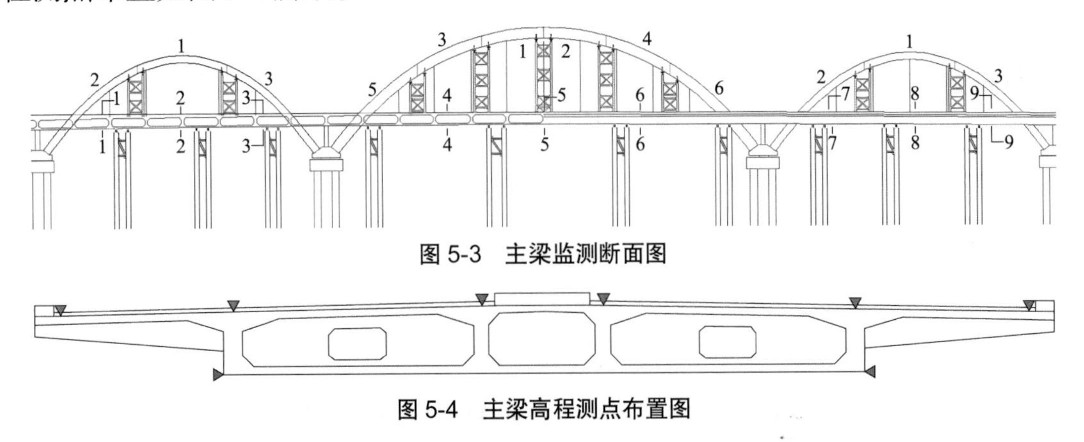

图 5-3　主梁监测断面图

图 5-4　主梁高程测点布置图

高程监测在桥梁平面控制网和高程控制网的基础上进行。在控制网中按规范要求测设主桥高程控制基准点，其为理论不动点，由水准基点引测其高程。为防止测点位置移动或破坏，高程测试前需对高程控制基准点进行复核，要求每两个月复测一次。测量采用水准仪进行。

3）桥墩变形测点

距离梁底 50cm 布置桥墩变形测点，桥墩测点断面如图 5-5 所示。测点布置如图 5-6 所示。

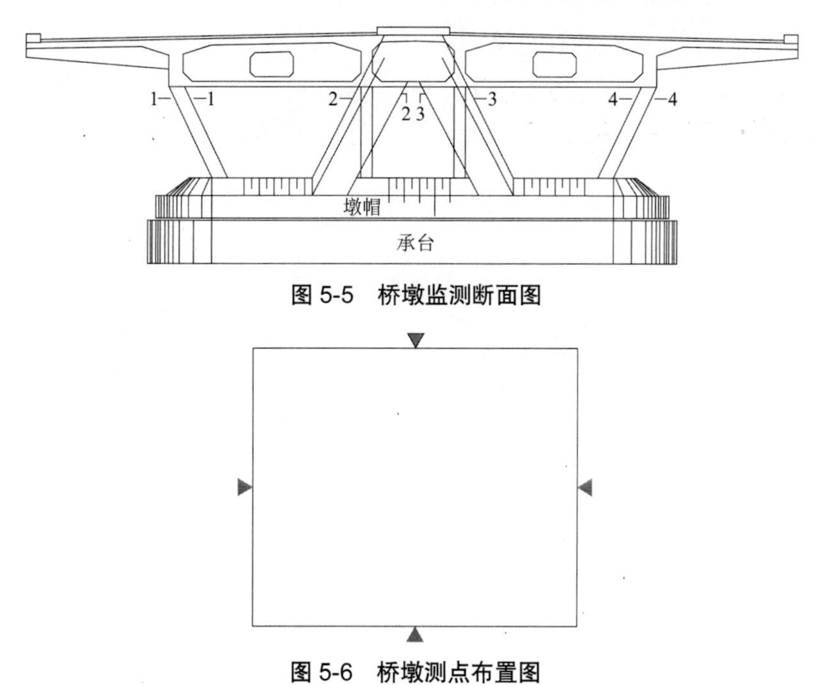

图 5-5 桥墩监测断面图

图 5-6 桥墩测点布置图

4）支架变形测点

在支架顶距离下缘 50cm 处布置测点，每根钢管立柱贴反光片，测点布置如图 5-7 所示。

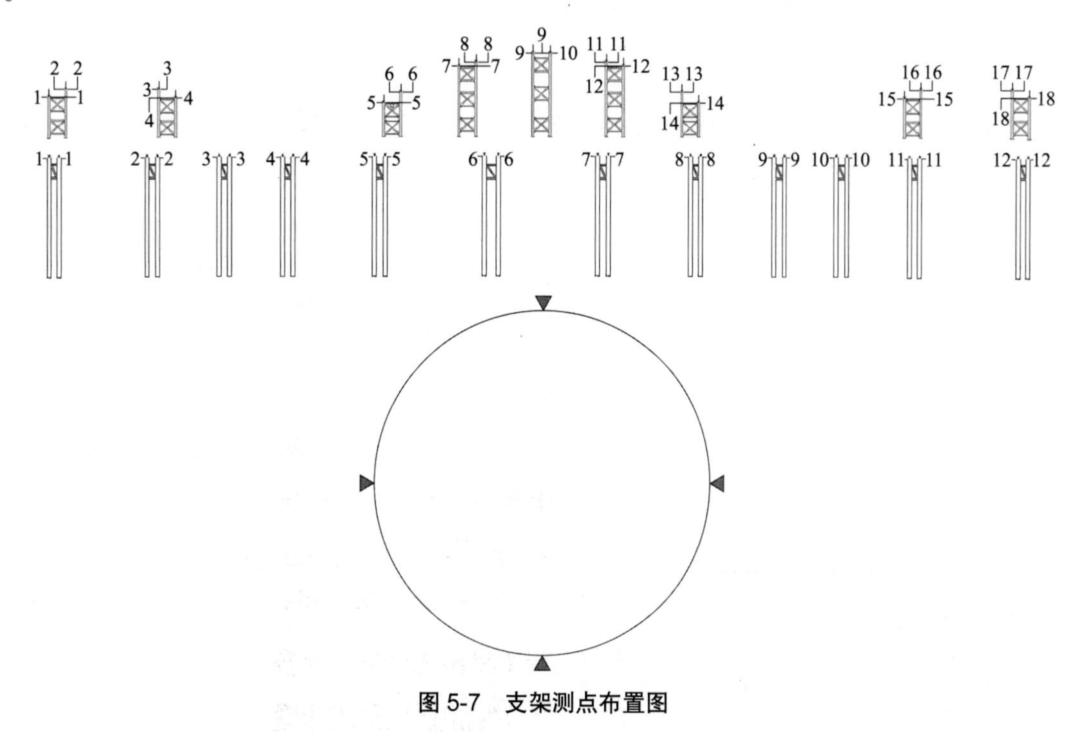

图 5-7 支架测点布置图

5）应力监测

通过桥梁主要控制截面的应力监测，可以掌握桥梁在拆除工程中的应力变化情况，可以帮助分析判定桥梁拆除过程受力有无异常，是施工安全预警的重要依据。

在拱肋、主梁上布置应力监测点。测试仪器用应变片，拱肋布置 5 个应力测试断面，测试断面如图 5-8 所示。测点布置图如图 5-9 所示。

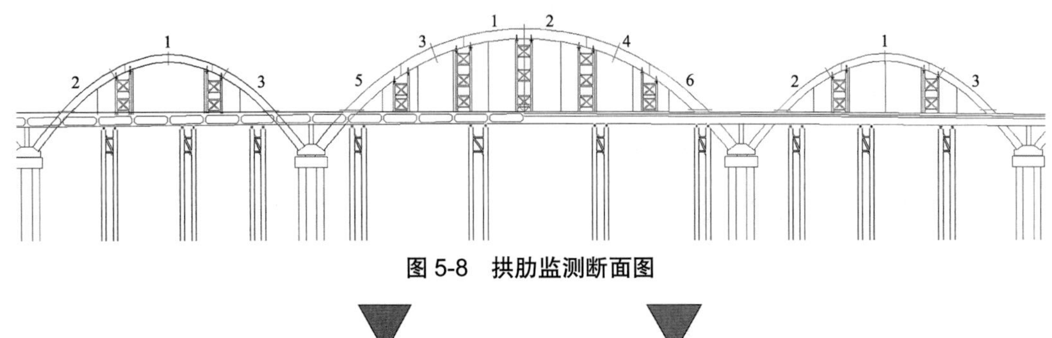

图 5-8　拱肋监测断面图

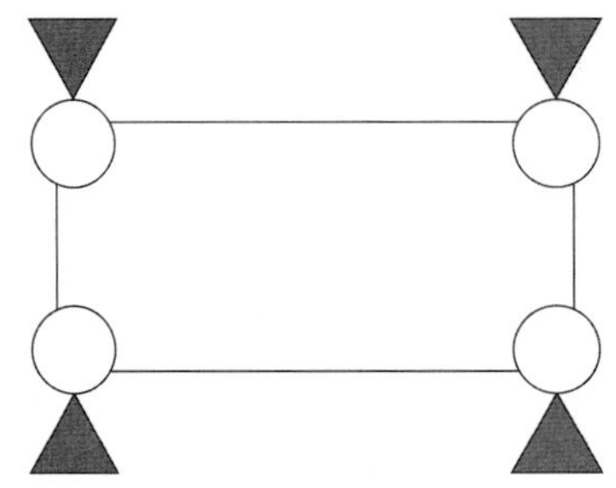

图 5-9　拱肋测点布置图

拱肋测点共计$15 \times 4 = 60$个。

主梁应力测试断面如图 5-10、图 5-11 所示。测试截面主跨布置在 1/4 跨及中跨处，全桥共布置 9 个测试截面，见表 5-1。各主梁测试截面贴 5 个应变片，箱梁顶板贴 4 个，底板贴 4 个。现场埋设根据实际情况进行相应的调整。

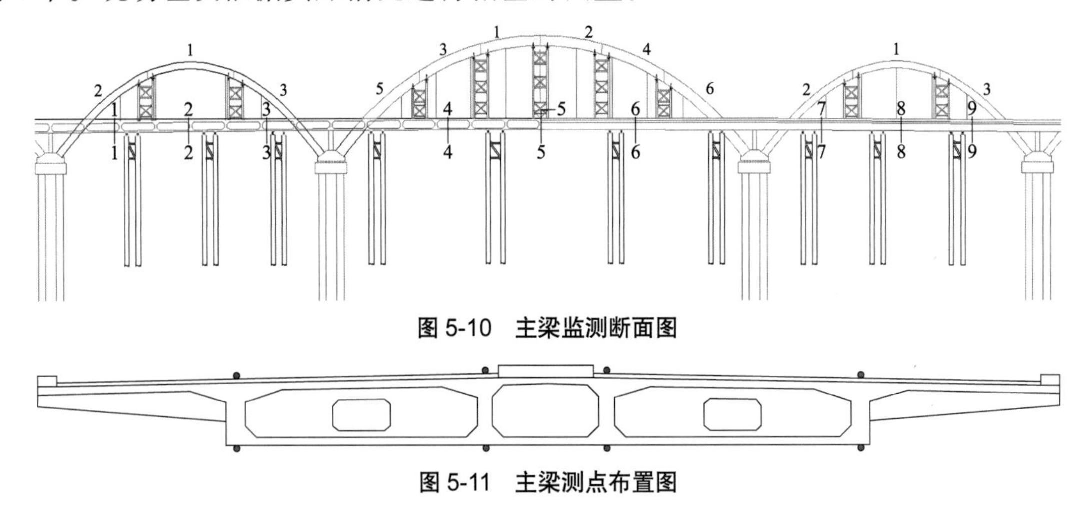

图 5-10　主梁监测断面图

图 5-11　主梁测点布置图

主梁应变片布置　　表 5-1

截面编号	测试内容	应变片数量（个）
1-1	顶板、底板应力	8
2-2	顶板、底板应力	8

续上表

截面编号	测试内容	应变片数量（个）
3-3	顶板、底板应力	8
4-4	顶板、底板应力	8
5-5	顶板、底板应力	8
6-6	顶板、底板应力	8
7-7	顶板、底板应力	8
8-8	顶板、底板应力	8
9-9	顶板、底板应力	8
应变片数量总计（估计）		72

桥墩应力测试断面布置在距离墩顶、墩底 50cm 处，如图 5-12、图 5-13 所示。

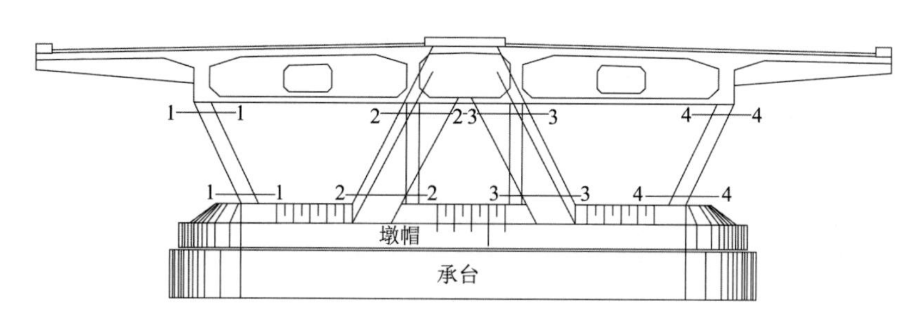

图 5-12　桥墩监测断面图

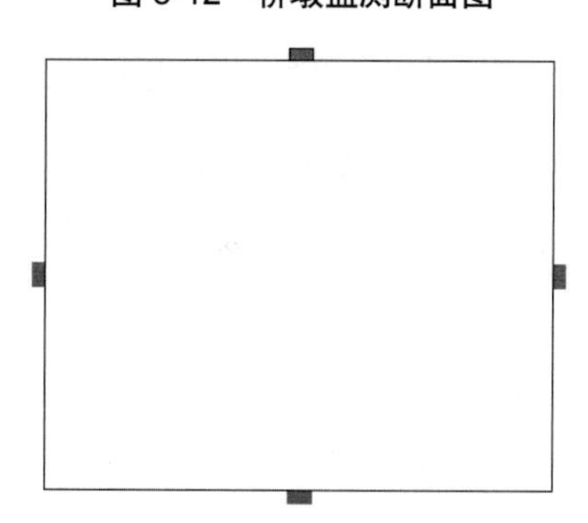

图 5-13　桥墩测点布置图

桥墩测点共计$8 \times 4 \times 4 = 128$个。

拱肋支架应力测试断面布置在距离支架底 50cm 处，如图 5-14 所示。主梁支架应力测试断面布置在水面上 50cm 处，如图 5-15、图 5-16 所示。

支架测点共计$21 \times 2 \times 4 = 168$个。

6）吊杆力监测

一种较准确的方法是安装锚索测力计，缺点是锚索测力计成本较高且永久安装在桥上。最为方便的办法是用频率动测法推断索力，缺点是对于短索计算长度难以合理确定。

在拆除过程中，对吊杆索力的监测，确保吊杆索力在可控范围内。具体方案如下：在每根吊杆拆除过程中，用动测仪测试未拆除吊杆振动频率。在后续拆除过程中，用动测仪测试吊杆力。

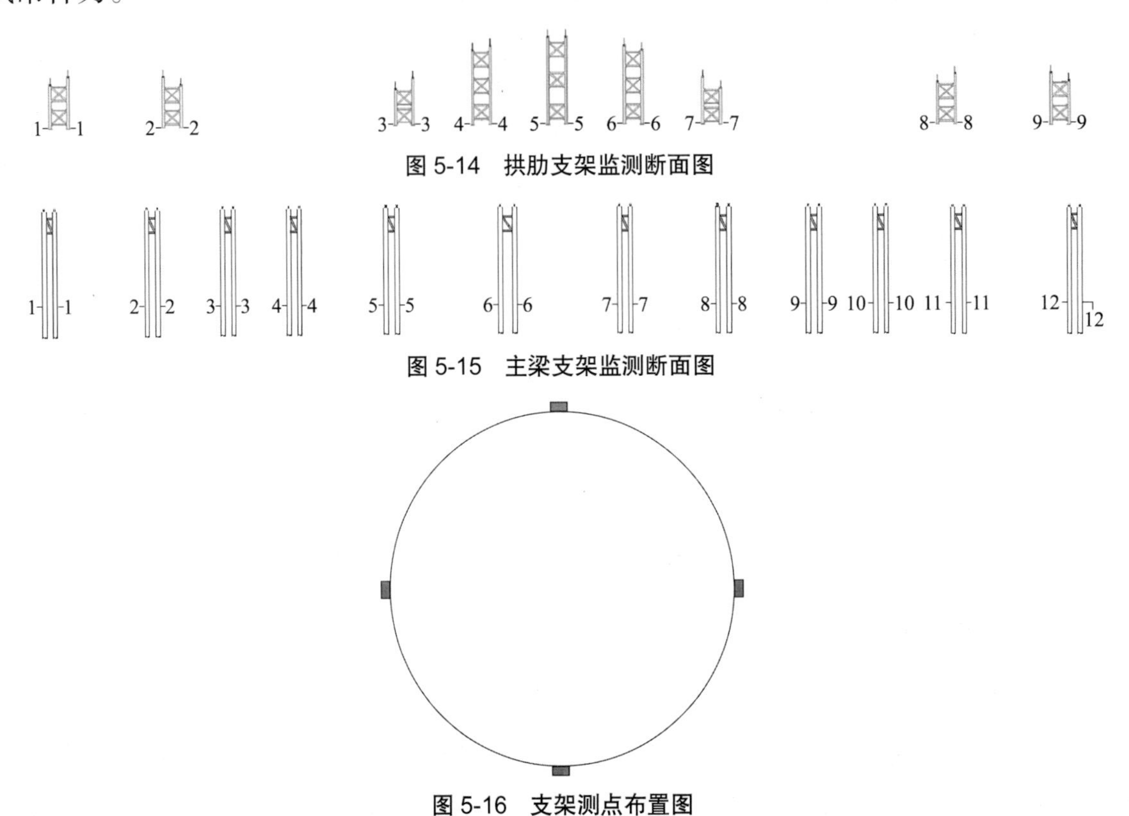

图 5-14　拱肋支架监测断面图

图 5-15　主梁支架监测断面图

图 5-16　支架测点布置图

7）基础沉降及拱脚位移观测

桥梁基础在拆除过程中发生一定量的沉降。因此需加强对基础的沉降观测，基础沉降观测的目的就是测量其均匀沉降和不均匀沉降状态，同时要加强对拱座位移观测，以监测其水平变位情况。拱脚位移反应拱肋变形、是拱肋受力的一个重要指标。拱脚相对位移偏大会使得拱肋正弯矩偏大。因此拱脚变形时拱肋受力和系杆张拉力的综合效应。拆除过程中与拱肋线形一样要对拱脚变形进行监测。

8）裂缝观测

对拆除过程中混凝土产生的裂缝进行观测，分析裂缝产生的原因及对结构安全的影响，并提出有效的措施。

9）既有桥梁拆除期间预警值

（1）钢管桩的沉降速率不得超过 1mm/d，钢管桩的累计沉降不得超过 1cm；梁体竖向变形不得超过计算跨径的 1/600；桥墩水平位移不得超过±2mm，墩身混凝土不得产生裂缝；拱脚混凝土裂缝不得超过 0.2mm。

（2）当观测变形沉降值超过预警值时，应停止施工，采取加强措施，增设管桩。

10）监控、监测主要仪器设备

为准确完备地对结构施工全过程进行监测，同时兼顾造价仪器成本，应选用精度和价格合理、数量合适的传感器，测试仪器及设备配置见表 5-2。

测试仪器、设备 表 5-2

序号	仪器名称或功能	使用位置	单位	数量
1	应变片	拱肋	片	60
2	应变片	主梁	片	72
3	应变片	桥墩	片	128
4	JMM-268 索力测试仪	吊杆力测试	台	1
5	水准仪	测高程	台	1
6	全站仪	线形监测	台	2

5.3.8 通航安全技术保障措施

（1）根据本项目工程特点，制定具有针对性的各项安全管理制度，明确项目部主要管理人员及职能部门的安全职责，落实安全生产责任制。严格遵照安全施工管理制度组织施工，在施工全过程认真贯彻执行，施工中把安全放在首位。

（2）桥梁施工主要位于桥梁投影面范围内，支架拆除需要打桩船进行施工，考虑到打桩船作业特点，参照通航条件及工艺特性，届时拟申请将桥梁上下游 50m 范围内水域设置为施工活动水域。

（3）涉航施工活动全过程安全保障措施如下：

①施工前，向辖区海事管理机构申请发布航行通告。

②实行临时封航管制前，提前向辖区海事管理机构申请，并通知利益相关码头。

③按规定做好施工水域导助航标志和安全警示标志。

④加强对所有施工作业人员的防污染宣传教育，禁止将生活垃圾、建筑废弃物等向航道排放。

⑤做好水上、临岸作业人员安全教育，施工期间严格按规定佩戴救生衣，并在现场配备救生圈。

⑥每天施工完成后，对水域进行清理，防止遗留水下碍航设施，影响船舶通行。

⑦落实应急预案相关内容。

（4）防止船舶碰撞施工措施如下：

①设置导助航标志和安全警示标志，引导船舶按照指定临时通航孔通行。

②做好桥区照明设施，严禁灯光直射航道，影响船员的瞭望和驾驶。

③按照水上交通维护方案做好通航孔船舶通行维护和管理。

④支架投入使用前，进行预压载试验。

⑤支架通航孔设置防撞墩、防护桩。

（5）记录每一根管桩的设计长度和拔桩长度，如发生断桩，采用打设钢护筒后开挖拔除等方式，确保每一根桩均完整拔除。施工结束后需要对施工水域进行清理和扫测，清除水中残留杂物。

（6）梁板拆除、安装吊装作业期间，申请实行临时封航管制，严格遵守起重作业相关管理规定和安全操作规程，加强起重作业安全技术交底，吊装施工安排专业人员统一指挥，协调作业；发生吊装事故影响航道船舶通行的，及时和辖区海事管理机构汇报，申请延长封航时间，安排进行航道内构筑物的打捞和清理。

5.3.9　拱肋及梁体拆除技术保障措施

1）不平衡应力的控制

拱肋拆除应力释放过程，存在较大的不平衡水平推力，不平衡水平推力超限，将造成桥墩、拱肋的结构破坏，形成“骨牌”效应坍塌，或桥墩产生超限裂缝，施工过程中应采取措施以减小产生的水平推力。控制措施有：

（1）根据拆除工况条件，选择产生不平衡水平推力最小的拆除顺序。连续梁从跨中向两侧、横向从两侧向中间对称切割拆除；拱肋拆除采取先拱顶后拱脚，分段、对称、平衡的拆除。

（2）拱下设置刚性支撑，必要时安装千斤顶增加预顶力抬高拱肋。

2）横向失稳的控制

拆除拱肋及分段拆除梁体时的横向失稳是控制重点。横桥向失稳后，拱顶会产生较大的横向变形；梁体横向失稳会产生裂纹后破坏，波及桥墩继而造成整体破坏。主要控制措施有：

（1）拱下支撑应与拱肋进行刚性连接，焊接成整体；为防止横向失稳，每个刚性支撑架设置四根缆风钢丝绳，与梁体锚固，连成整体，同时，支撑架之间通过钢管水平连接。

（2）拱肋拆除时，每切割一段拆除一段，支撑架与拱肋之间采用钢管进行斜撑固定，保证未拆段按既有状况连接。

（3）对边跨箱室顺桥向分段无横梁支撑时，在梁体下部设置四根ϕ630mm、$\delta=10$mm的螺旋钢管，顶部设置型钢横梁，横梁与梁底间隙采用钢板垫紧并通过精轧螺纹钢对拉拧紧，在梁体的外侧采用型钢进行限位，防止梁体及拱肋拆除过程中失稳。

3）裂缝的控制措施

在拆除过程中，结构受到超限或不利冲击荷载影响会产生裂缝，产生裂缝的位置位于拱脚、桥墩、梁体侧面等，为防止裂缝产生导致应力集中造成结构破坏，采取以下控制措施：

（1）对产生裂缝的位置、裂缝长度、宽度等进行检查、评价，做好相关记录。

（2）严格按拆桥方案要求进行拱肋、梁体等拆除，防止混凝土结构应力超过容许值。

（3）对产生的裂缝，根据评价结果，必要时采用钢板粘贴加固或注浆修补等措施进行结构加固，以确保拆除工作顺利进行。

5.3.10　环境保护措施

1）环境保护目标

做好工程周围公益、环保事业，给周围居民一个好的生活环境。做到“四无”（无大气污染、无粉尘污染、无噪声污染、无污水污染），“五化”（即亮化、硬化、绿化、美化、净化）。指标如下：

（1）噪声排放达标：结构施工，昼间<70dB，夜间<55dB。

（2）防大气污染达标：施工现场扬尘、生活用锅炉烟尘的排放符合要求（扬尘达到国家二级排放规定，烟尘排放浓度<400mg/mm^3）。

（3）生活及生产污水达标：污水排放符合省市相关排放标准。

（4）防止光污染：夜间照明不影响周围社区。

（5）施工垃圾分类处理，尽量回收利用，每天必须清运。

（6）节约水、电、纸张等资源消耗，节约资源，保护环境。

2）环境管理因素分析

（1）环境管理因素分析

根据本工程的实施情况，在施工过程中出现的环境管理因素主要有：噪声排放、粉尘排放、烟尘排放、施工垃圾排放、夜间照明污染。

（2）环境管理的法律依据

①《中华人民共和国环境保护法》。

②《环境空气质量标准》（GB 3095—2012）。

3）环境保护保证及管理体系

（1）环境保护组织机构

建立专职的环境保护组织机构。项目部、施工队成立环境保护领导小组，分工负责环境保护工作，项目经理、队长是环保工作的第一负责人，工班设环保员。项目部安全环保部为日常的管理机构，建立“三级”检查落实制度，即领导层抓全面，管理层抓重点，实施层抓具体落实。

环境保护组织机构如图 5-17 所示。

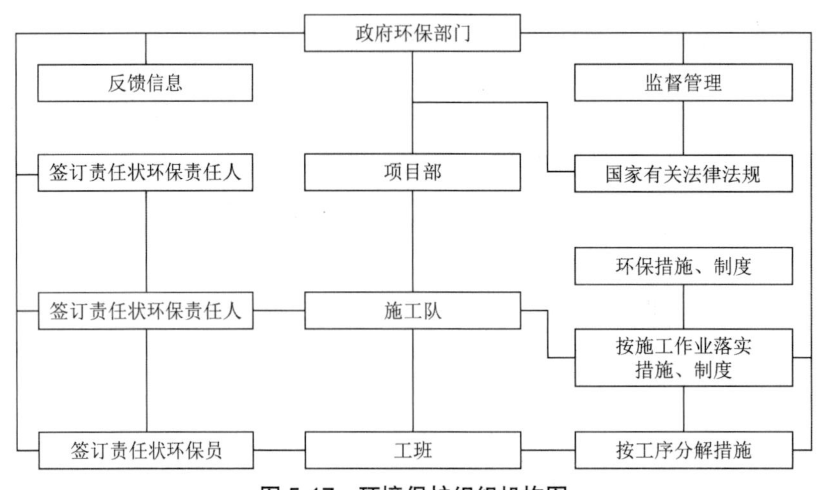

图 5-17　环境保护组织机构图

（2）环境保护保证体系

建立、健全环境保护保证体系，制定全面而系统的环境与生态保护的管理办法和措施，符合国家、住建部、建设单位及地方政府有关环境保护、水土保持的标准，坚持施工过程中对环保工作的持续监督检查。

环境保护保证体系如图 5-17 所示。

（3）环境保护管理体系

依据《环境管理体系 要求及使用指南》（GB/T 24001—2016）《环境管理-术语》（GB/T 24050—2004）《管理体系审核指南》（GB/T 19011—2021），结合本工程实际特点，建立本项目的环境保护管理体系，并保证在工程施工中持续有效运行。

环境保护管理体系如图 5-18 所示。

（4）施工现场防止大气污染措施

①施工地段设围栏进行完全封闭。落实环境保洁责任制，所有施工现场以外的公用场地禁止堆放材料、工具、垃圾等杂物；施工区内除按计划搭设临时设施和堆放施工材料外，对生活管理区和人员活动区进行必要的场地绿化，美化环境，保持现场周围清洁卫生。

②对施工场地及道路进行硬化，并定期适时对施工场地的道路进行清洁和洒水降尘，减轻扬尘污染。

③场地出口设洗车槽，并设专人对所有出场地的车辆进行全面清洗；运输车辆采用封闭型，运渣车辆的渣土低于槽帮 10cm 并用苫布等覆盖，严防落土掉渣污染道路，影响环境。

④在工程车出场前，由专人对车辆进行清洗，以防止车轮带泥出现场上路行驶。

⑤对土、石、砂等材料运输和堆放进行遮盖，减少尘埃污染。

⑥优先选用电动机械，尽量减少内燃机械对空气的污染。运输、施工作业所使用的车辆均应通过当年机动车尾气检测，并获得合格证。

⑦施工作业面做到活完脚下清，及时将建筑垃圾装入容器，吊运至垃圾站处理。清理施工垃圾时，采用容器吊运，严禁随意空中抛撒。垃圾站采用全封闭存放垃圾，并将垃圾

分类存放，及时清运。外运时覆盖严密，不沿途撒落。

⑧施工现场不得焚烧化学、塑料、橡胶、油料等物品，以防止有害、有毒的烟尘污染大气，造成毒害。

⑨现场混凝土块破碎需设置喷淋装置方可进行施工。

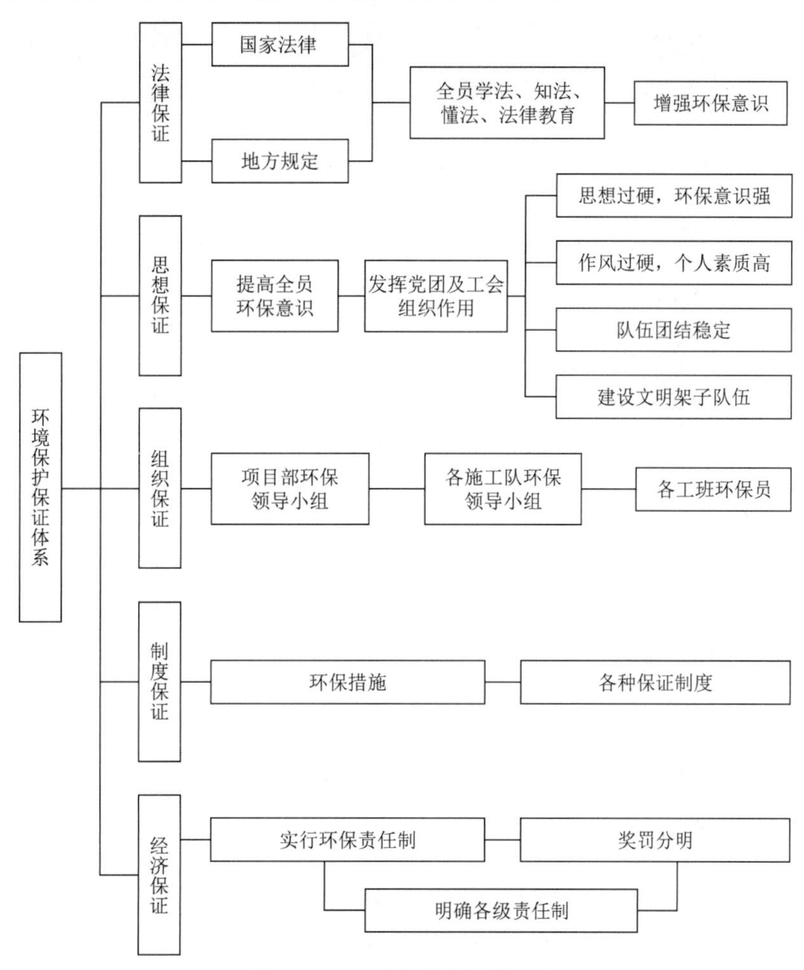

图 5-18　环境保护管理体系图

（5）施工现场防尘措施

①市政道路施工时配备洒水车辆，合理分步实施，控制旧桥拆除作业区域及陆地基坑土方开挖和存留时间，确保不扬尘。每千米施工段至少配备一台移动式喷雾机，并适时喷雾降尘。

②土方开挖后将开挖出的土方及时进行覆盖，破碎后的混凝土块及时清运出场。

③暂时不能清运的土方和建筑垃圾，必须按规定要求有序堆放，并采取固化、覆盖等扬尘防治措施。

④清扫路面作业时，优先采用洒水、吸尘措施，当采用空气压缩机、鼓风机吹扫时，应采取有效的降尘措施。

⑤进出施工现场的车辆轮胎采用高压水枪清理干净，轮胎不得带泥土上路。施工现场门口应定时洒水降尘。

（6）施工现场防水污染措施

①施工现场设明沟、沉淀池为主的排水系统，并在工程开工前完成工地排水和废水处理设施的建设，由专人负责维护，保证其在整个施工过程中的有效性，做到现场无积水、排水不堵塞，以减少施工期间的生活污水及施工废水对环境的污染。

②水上拆桥期间产生的废水统一收集至陆地集水井，经三级沉淀抽排到城市污水管网。

③生活污水、废水、泥浆水须经三级沉淀后抽排到城市市政污水管网，悬浮物执行三级标准 400mg/L。

④乙炔发生罐污水排放控制。施工现场由于气焊使用乙炔发生罐产生的污水严禁随地倾倒，要求专用容器集中存放，倒入沉淀池处理，以免污染环境。

⑤禁止将有毒有害废弃物用作土方回填，以免污染地下水和环境。

（7）施工现场防噪声污染措施

①人为噪声控制

a. 提倡文明施工，建立、健全控制人为噪声污染的管理制度，增强全体施工人员的环保意识，提高防止噪声扰民的自觉性，减少人为噪声。

b. 作业中搬运物件，必须轻拿轻放，严禁抛投物件而造成噪声。

c. 信号工用对讲机代替哨子指挥吊运作业。

②严格控制作业时间

a. 固定振动机械应远离敏感建筑，强振动的作业应避开居民休息时间段，白天 12:00～14:00、夜间 22:00～6:00 禁止施工。

b. 特殊情况需连续作业（或晚间作业）的，要采取有效的降噪措施，并事先做好周围群众的工作，同时报工地所在地环保局备案后再施工。

（8）节能减排措施

①项目部对全体职工进行教育，加强学习，在施工生产现场及办公区域的用电、用水部位设立醒目的标志，提醒大家节约每一滴水、节约每一度电，使每位职工养成节约用水、节约用电、珍惜能源的良好习惯。

②建立监督巡查机制，由环保专职人员定期在施工区域内巡查，发现的浪费或不合理使用情况要及时地通报给环境保护领导小组，对违规责任人及时通报批评，杜绝浪费现象。

③对施工现场的机械设备做到随用随开，人离机停，防止空载运转；施工现场要合理设置照明灯数量与功率，操作场所做到人走灯熄，杜绝昼夜长明灯；施工现场及其办公区域现有使用的照明灯具如损坏更换，宜选用节能灯具，开关优先选用节能型开关；工作人员休息或下班后及时关闭照明灯、计算机、空调等用电设备；应经常检查现场用电设备、线路并维护保养，优选节能型产品。

④在施工过程中对原材料的消耗都使用了施工定额控制，在施工过程中加强成本控制，

严格控制资源浪费，通过各项控制措施的实施对余料进行重复利用，使得各项环境因素基本符合要求。

（9）其他污染的控制措施

①木模通过电锯加工的木屑、锯末必须当天进行清理，以免锯末刮入空气中。

②及时清理钢筋加工产生的钢筋皮、钢筋屑。

③项目管理部要制定水、电、办公用品（纸张）的节约措施，通过减少浪费、节约能源达到保护环境的目的。

④弃渣和生活建筑垃圾处理措施。

a. 在工程开工前五日按规定向区环境卫生管理部门申报建筑垃圾、工程渣土的种类、数量、运输路线及处置场地等事项，并与渣土管理部门签订环境卫生责任书。

b. 剩余料具、包装及时回收、清退，对可再利用的废弃物尽量回收利用。

c. 施工现场内无废弃混凝土和砂浆，运输道路和操作面落地料及时清理。混凝土、砂浆倒运时采取防撒落措施。

d. 教育施工人员养成良好的卫生习惯，不随地乱丢垃圾、杂物，保持工作和生活环境的整洁。

e. 严禁垃圾乱倒、乱卸，施工现场设垃圾站，生活垃圾和建筑垃圾按规定分开集中收集，生活垃圾每班清扫、每日清运，交环卫部门统一处理。

f. 施工的泥浆，通过泥浆处理池处理后的废渣，在场区晾晒后，运至指定弃土场填埋。

g. 禁止有害材料。

a) 项目部领导小组与物资保障部门采购大宗材料前组织招投标工作，一定选择具有国家正规资质的厂家进行供货，确保材料质量符合国家的规范和标准，从源头上堵住有毒有害建筑材料进入施工场地。

b) 材料进场前由试验室按照国家建设工程规范、规程和强制性标准进行严格检验，并在监理单位的监督下送有资质的单位进行见证试验，确保不合格材料不得进场。

c) 所有进场材料合格证和检验证明、进场检验试验资料、施工技术资料和施工日志保存齐全，并具有可追溯性。一旦出现对人体有不适感觉或味觉的情况出现，立即组织有关单位和人员进行追查，以防止出现有毒有害材料误用情况。

（10）水土保持措施

①开工前，组织全体职工认真学习《中华人民共和国水土保持法》（2010 年 12 月 25 日中华人民共和国主席令第三十九号公布）和《关于制定〈水资源保护法〉的提案》（全国政协十一届四次会议提案第 0833 号）等相关的法规、政策，增强法制观念，树立水土保持意识。

②临时工程设施选址在地表植被稀少、易于恢复的地方；确有困难时，需经有关部门

批准后修建。临时用地使用完后必须恢复至原有的地形地貌或比原有更改善的状况。

③合理布置施工便道，尽量减少施工便道数量，并不得在便道两侧就近取土，施工营地合理选择在一定的距离范围内。

④修建的临时工程设施不切割、阻挡地表径流排泄，不允许在临时工程附近形成新的积水洼地。

⑤合理使用土地，临时工程用地尽量少用或不占用耕地，用完之后按规定要求进行复耕或绿化处理，永久用地范围内的裸露地表用植被进行覆盖，并保证其成活率。

⑥土石方工程尽量安排在非雨季施工，路基土质边坡应及时采取圬工或植物防护措施，防止雨水冲刷造成水土流失。

⑦路基土方施工时，结合雨季施工措施，把临时防排水系统与永久排水设施相结合，减少路基边坡冲刷。

⑧不得随意破坏、占压、干扰河道、水道及既有灌溉、排水系统。必须占压的，应首先征求主管部门同意，并且在工程完工后，要进行彻底清理，恢复原貌，防止侵占河道、压缩过水断面或淤积河道。

⑨弃土（渣）按设计指定的地点弃置，并做好坡脚和坡面防护，做到排水畅通，顶面整平并还以 0.5m 厚原土，进行绿化或复垦，减少水土流失。

⑩在农田区施工时，对既有的排灌系统加以保护，必要时新修水渠、水管等，保证排灌系统的完整性。施工前应采取可靠措施保护好当地人畜饮用水资源，加强污水处理，避免污染水源，影响周围人畜饮水。

（11）文明施工、环境保护资料

针对施工现场文明施工、环境保护工作的技术资料的收集、整理、归档，我们承诺本工程的施工过程及资料管理严格执行相关规范、标准的规定。

6 施工管理及作业人员配备和分工

6.1 组织机构

施工管理组织机构如图 6-1 所示。

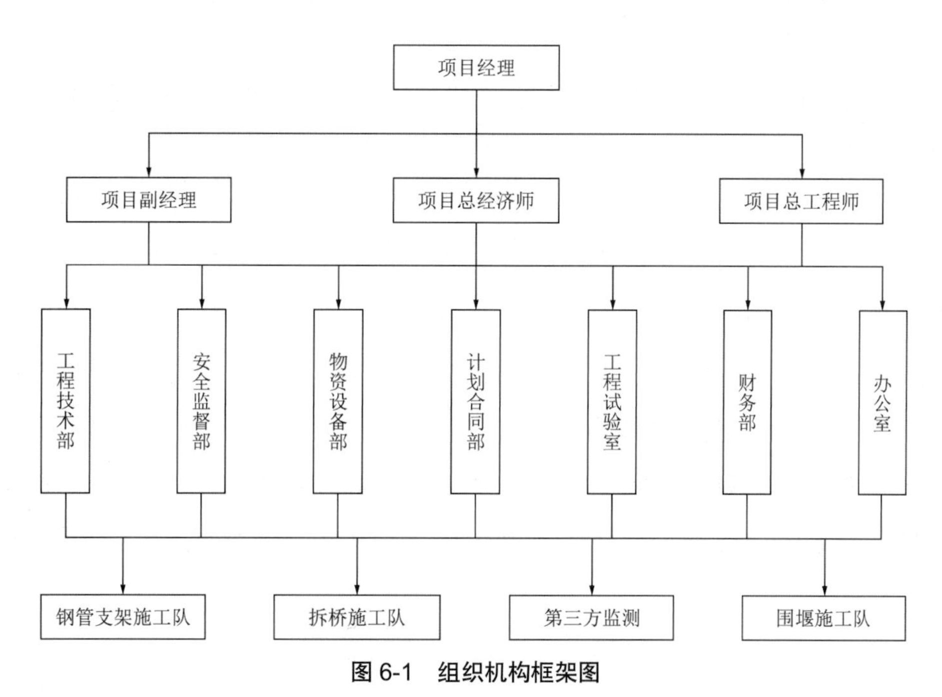

图 6-1　组织机构框架图

6.2 各岗位主要管理职责

（1）项目经理：协调本项目人力、物力、财力资源，保障工程的正常进行。对工程直接负责，根据公司的有关管理规定，建立、健全工程保证体系，保证其有效运行，确保工程目标的实现。

（2）项目副经理：组织各相关人员在施工全过程中定期自检，检查、评定实施结果，确保工程按国家、行业和企业的有关标准、方案组织施工（生产）。

（3）技术负责人：负责本工程项目的技术标准及明细表目录的汇编、审批工作的组织领导，及明细表目录的动态管理，负责工程技术资料的审批，监督技术、质量工作的运行和实施。检查各工程队自检活动情况，定期分析产品质量动态，并采取对策以促进产品质量不断提高，及时组织技术人员解决工程施工中出现的技术问题。

（4）施工员：严格按施工图和经审批的施工组织设计进行施工，认真执行项目经理及项目技术负责人下达的指令，未经批准严禁自行修改、变更施工图或施工方案。

严格按照现行规范和操作规程组织施工。

负责进场原材料、构件、半成品的质量把关，并收集出厂合格证等保证资料，主持验证取样工作；主持对班组进行技术交底；主持隐蔽工程验收，参与技术复核工作，并办理隐蔽工程验收记录；负责成品与半成品的保护措施和落实；负责组织自检、交接检和专职检，并负责分项工程质量评定；准确如实填写《施工日记》。

（5）技术员：负责对业主、监理单位和设计单位的联络，图纸审核，参加图纸会审和设计交底，编制工艺方案，进行技术交底。

（6）质量员：根据项目部所承担的任务，积极参加项目的质量检查活动，对工程队的质量状况进行控制，做好质量检查日记，对工程中发生的质量事故及时向有关部门报告，并检查处理结果。负责质量检验工作，工程竣工资料的整理和交接及质量考核工作。

（7）材料员：负责各类材料的预算审核，材料质量保证资料的接收和审核，材料的入库验收，材料发放等材料综合管理。负责构件进场验收、负责构件进场的调度。

（8）安全员：负责施工生产安全管理工作；负责施工中的安全教育、检查及管理工作；负责特殊岗位操作人员的安全管理工作，特种作业人员的培训需求和相关证书收集汇总。

（9）资料员：负责文件和资料管理、质量记录的控制、登记；负责工程的技术质量文件资料的管理工作。

6.3 作业人员配备

水中支架施工作业人员、旧桥拆除施工作业人员配备见表 6-1、表 6-2。

水中支架施工作业人员配备计划表 表 6-1

序号	职位或工种	数量（人）	备注
1	工班长	1	
2	技术员	2	
3	专职安全员	2	
4	专职质检员	1	
5	测量工	3	
6	特种作业工	6	船舶、吊车、夹板机、履带式起重机
7	运输车司机	2	材料、设备进出场运输
8	电焊工	12	
9	杂工	4	
10	电工	1	

旧桥拆除施工作业人员配备计划表 表 6-2

序号	职位或工种	数量（人）	备注
1	工班长	2	
2	技术员	2	
3	专职安全员	3	
4	专职质检员	1	
5	测量工	3	
6	特种作业工	12	门式起重机、挖掘机、炮头机、铣刨机、扫地机、装载机
7	机械操作工	12	绳据切割
8	运输车司机	10	渣土车、平板车、泥浆运输车
9	电工	1	
10	杂工	10	附属拆除
11	电焊工	2	

7 验 收 要 求

7.1 验收标准

本工程主要涉及水上重型门架式起重机作业、旧桥拆除支架、门架式起重机基础支架、水中钢围堰施工，对围护结构及支架基础施工质量应进行严格控制。控制重点有钢管桩的承载力、钢支架连接件、限位装置、支架顶高程、横向净距等。

（1）严格遵守和执行有关的施工质量规范。本工程严格按照《钢结构工程施工质量验收标准》（GB 50205—2020）、《公路桥涵施工技术规范》（JTG/T 3650—2020）、《城市桥梁工程施工与质量验收规范》（CJJ 2—2008）进行验收。

（2）根据 ISO9001 标准要求，推行全面质量管理，建立质量保证体系，提高全员质量意识，确保质量管理贯彻整个施工过程。坚持质量自检、互检、交接检“三检”制。

（3）实行质量管理项目部负责制，配置专职质检员，具体负责质量管理工作。严格按项目部管理体系进行施工管理。

7.2 验收程序和人员

工序施工完毕，施工单位实行各道工序的操作人员“自检”“互检”和专职质量管理人员“专检”相结合的三检程序，并签署完整的查验记录，对不合格的自行返工。

在“自检”“互检”“专检”合格的基础上，按《建筑施工安全技术统一规范》（GB 50870—2013）第 8.3.1 条要求，应由施工单位技术负责人、工程项目总监理工程师及专业监理工程师、建设单位项目负责人和现场技术负责人、设计单位工程项目技术负责人参加验收。

7.3 验收内容

7.3.1 钢管立柱支架搭设检查验收

钢管立柱支架搭设施工和钢管桩施工检查记录见表 7-1、表 7-2。

钢管立柱支架搭设检查验收表　　表 7-1

序号	验收项目	验收内容	验收结果	备注
1	施工准备	施工方案是否完成审批		
		材料、人员分工是否准备充分		

续上表

序号	验收项目	验收内容	验收结果	备注
2	材料	钢管、型钢等材料是否有合格的质量证明		
		钢管、型钢等材料是否采用方案指定的规格型号		
		材料使用前是否有伤损		
3	人员	作业人员有无施工技术交底及安全交底		
		特种作业人员是否持证上岗作业		
4	地基处理	是否按专项方案进行地基处理		
		钢管桩插打深度是否有记录、深度是否满足方案承载力要求		
5	钢管柱、剪刀撑、连接系	钢管柱底部钢板是否加缀板焊接		
		钢管柱的连接方式及焊接质量是否符合要求		
		钢管柱安装位置及垂直度是否满足要求		
		管柱间纵、横连接是否按照施工方案安装		
		钢管柱竖向及水平桁连接、焊接是否满足要求		
6	主横梁	主横梁是否按方案要求选用		
		主横梁与钢管柱是否连接牢固或有限位连接、与管桩贴紧		
		顶高程控制是否符合方案及现场施工要求		
7	安全通道	上下人员通道是否安装牢固，是否设置安全抱箍，抱箍间距是否合理，是否满足安全要求		
8	安全防护	施工临时用电、临边安全防护等是否到位符合安全要求		
		交通指示标志、标牌、夜间照明、防撞设施及其他警示标语设置是否符合方案及现场要求		
		施工作用平台是否满铺脚手板并有防护栏杆		
验收意见				
参加检查单位			参加检查人员签名	日期
施工单位				
监理单位				

钢管桩施工记录表 表 7-2

<table>
<tr><td>工程名称</td><td colspan="6"></td><td>工程部位</td><td colspan="3"></td></tr>
<tr><td>设备型号</td><td colspan="2">××振动锤</td><td colspan="3">单桩设计承载力（kN）</td><td></td><td colspan="2">作业人员</td><td></td></tr>
<tr><td>地层分层厚度（m）</td><td>极限侧阻力标准值（kPa）</td><td>钢管桩编号</td><td>计算入土深度（m）</td><td>实际入土深度（m）</td><td>钢管总长（入土深度及河床或地面以上）</td><td>电流I（A）</td><td>电压U（V）</td><td>设备功率（P = UI）</td><td>施工日期</td></tr>
<tr><td></td><td></td><td></td><td></td><td></td><td></td><td></td><td></td><td></td><td></td></tr>
<tr><td>记录人</td><td colspan="2"></td><td>技术负责人</td><td colspan="2"></td><td>监理工程师</td><td colspan="3"></td></tr>
</table>

7.3.2 材料验收

（1）钢板

钢板的品种、规格、性能应符合国家现行标准的规定并满足设计要求。钢板进场时，全数检查质量证明文件，并抽样检验进场批次产品的屈服强度、抗拉强度、伸长率和厚度偏差检验，检验结果应符合国家现行标准的规定。表面外观质量应符合国家现行标准的规定，当钢板的表面有锈蚀、麻点或划痕等缺陷时，其深度不得大于该钢材厚度允许负偏差值的 1/2，且不应大于 0.5mm。

（2）型材及管材

型材和管材的品种、规格、性能应符合国家现行标准的规定并满足设计要求。型材和管材进场时，应全数检查质量证明文件并按国家现行标准的规定抽取试件且应进行屈服强度、抗拉强度、伸长率和厚度偏差检验，检验结果应符合国家现行标准的规定。型材、管材截面尺寸、厚度及允许偏差，外形尺寸允许偏差及表面外观质量应符合规定。

（3）连接件

支架连接用花架、螺栓、地脚锚栓等紧固标准件、螺母及垫圈等的品种、规格、性能应符合国家现行标准的规定并满足设计要求。应全数检查质量证明文件并按国家现行标准的规定抽样检验。

7.3.3 起重吊装验收

（1）吊装设备进场前检查内容见表 7-3。

吊装设备进场前检查内容 表 7-3

<table>
<tr><td rowspan="2">序号</td><td rowspan="2">检查内容</td><td colspan="2">是否已检查</td></tr>
<tr><td>是</td><td>否</td></tr>
<tr><td>1</td><td>起重机所属单位资质文件</td><td></td><td></td></tr>
<tr><td>2</td><td>起重机检验报告</td><td></td><td></td></tr>
<tr><td>3</td><td>起重机安全检验合格标志</td><td></td><td></td></tr>
<tr><td>4</td><td>司索工、信号工，特种作业操作证原件查验</td><td></td><td></td></tr>
<tr><td>5</td><td>吊钩固定螺栓的伸出长度是否正常</td><td></td><td></td></tr>
<tr><td>6</td><td>检查钢丝绳有无明显断股现象</td><td></td><td></td></tr>
<tr><td>7</td><td>吊钩滑轮的防跳槽装置是否正常</td><td></td><td></td></tr>
</table>

（2）起重吊装机械安全检查验收内容见表 7-4。

起重吊装机械安全技术综合验收表 表 7-4

工程名称：________________ 起重机型号：________________

序号	验收项目	技 术 要 求	验收结果
1	施工方案	起重吊装作业专项施工方案的编制、审核、审批手续齐全。超规模的起重吊装作业，应组织专家对专项施工方案进行论证。方案实施前必须进行安全技术交底	
2	起重机械	起重机械应按规定安装荷载限制器及行程限位装置。荷载限制器、行程限位装置应灵敏可靠。起重拔杆组装应符合设计要求。起重拔杆组装后应进行验收，并应由责任人签字确认	
3	钢丝绳与地锚	钢丝绳磨损、断丝、变形、锈蚀应在规范允许范围内。钢丝绳规格应符合起重机产品说明书要求。吊钩、卷筒、滑轮磨损应在规范允许范围内。吊钩、卷筒、滑轮应安装钢丝绳防脱装置。起重拔杆的缆风绳、地锚设置应符合设计要求	
4	索具	当采用编结连接时，编结长度不应小于 15 倍的绳径，且不应小于 300mm。当采用绳夹连接时，绳夹规格应与钢丝绳相匹配，绳夹数量、间距应符合规范要求。索具安全系数应符合规范要求。吊索规格应互相匹配，机械性能应符合设计要求	
5	作业环境	起重机行走、作业处地面承载能力应符合产品说明书要求。起重机与架空线路安全距离应符合规范要求	
6	作业人员	起重机司机应持证上岗，操作证应与操作机型相符。起重机作业应设专职信号指挥和司索人员，一人不得同时兼顾信号指挥和司索作业。作业前应按规定进行安全技术交底	
7	起重吊装	当多台起重机同时起吊一个构件时，单台起重机所承受的荷载应符合专项施工方案要求吊索系挂点应符合专项施工方案要求。起重机作业时，任何人不应停留在起重臂下方，被吊物不应从人的正上方通过。起重机不应采用吊具载运人员	
8	高处作业	应按规定设置高处作业平台。平台强度、护栏高度应符合规范要求。爬梯的强度、构造应符合规范要求。应设置可靠的安全带悬挂点，并应高挂低用	
9	构件码放	构件码放荷载应在作业面承载能力允许范围内。构件码放高度应在规定范围内。大型构件码放应有保证稳定的措施	
10	警戒监护	应按规定设置作业警戒区。警戒区应设专人监护	

施工单位验收意见		监理单位验收意见		验收人员	总承包单位项目经理： 使用单位项目负责人： 吊装单位负责人： 租赁单位负责人： 验收日期：

8 应急处置措施

8.1　应急救援小组成员职责分工

（1）组长职责：工地发生安全事故时，负责指挥工地抢救工作，向各组员下达抢救指令任务，协调各组员之间的抢救工作，随时掌握最新动态并做出最新决策，第一时间向110、119、120、公司、当地政府主管部门、公安部门求援或报告灾情。

（2）副组长职责：协助组长指挥工地抢救工作，落实抢救指令任务实施情况，平时由副组长值班，手机24h开通，发生紧急事故时，在项目部应急救援小组组长抵达工地前，副组长即为临时救援组长。

（3）施工员、质量员职责：尽一切可能抢救伤员及被困人员，防止事故进一步扩大。

（4）安全员职责：对抢救出的伤员，视情况采取急救外置措施，尽快送医院抢救。

（5）试验员、材料员职责：负责交通车辆的调配，紧急救援物资的征集及人员的餐饮供应。

8.2　应急救援小组主要任务

（1）当事故发生时小组成员立即向组长汇报，由组长立即上报公司，必要时，汇报当地有关部门，以取得政府部门的帮助。

（2）由安全领导小组组织项目部全体员工投入事故应急救援抢险工作中，尽快控制险情蔓延，并配合、协助事故的处理调查工作。

（3）事故发生时，组长不在现场时，由在现场的其他组员作为临时负责人指挥安排。

（4）事故发生时，安全领导小组立即组织营救受害人员，组织撤离或者采取其他措施保护危害区域内的其他人员。抢救受害人是应急救援的首要任务，在应急救援行动中，快速、有序、有效地实施现场急救与安全转送伤员，降低伤亡率，减少事故的损失。

（5）事故发生后迅速控制危险源，对事故造成的危害进行监测，测定事故危害区域、危害性质及危害程度。做好现场清洁，消除危害后果。查清事故原因，查明人员伤亡情况，协助上级部门对事故调查。

（6）项目部指定专人负责事故的收集、统计、审核和上报工作，并严格遵守事故报告的真实性和时效性。

8.3 应急抢险以及应急措施

（1）事故发生后，项目经理部启动指挥救援小组，由项目经理担任组长，主要负责紧急事故发生时有条不紊地进行抢救或处理，并向上级部门上报。管理人员及后勤人员，协助组长做好相关辅助工作。

（2）事故发生后，由项目经理负责现场总指挥，发现事故发生，现场人员首先通知现场安全员，由安全员打事故抢救电话“120”，并向上级有关部门或医院打电话抢救，同时通知生产负责人组织紧急应变小组进行可行的应急抢救，如现场包扎、止血等措施。防止受伤人员流血过多造成死亡事故发生。预先成立的应急小组人员分工，各负其责，重伤人员由办公室及后勤人员协助送外抢救工作，班组安全员在道口迎接来救护的车辆，有程序的处理事故、事件，最大限度地减少人员和财产损失。

（3）按相关程序向上级部门进行报告。

8.4 水上作业应急措施

8.4.1 事故类型和危害程度分析

（1）水中承台施工在鉴湖大桥两侧河岸 15～20m 范围，施工过程中不封航，过往船只从原有旧桥主通航孔通航，需按海事管理部门要求，设置夜间照明及警示装置，未对正常通航安全造成较大影响。

（2）鉴湖大桥，船流量较小，但仍有发生碰撞、搁浅、触礁等事件发生的可能。

（3）突发的恶劣气候（除不可抗力因素外）如雷暴雨、台风等。

（4）施工过程中，物料极易发生坠落现象，极易造成人员溺水、设备落水、船只遭到物体打击等事故发生。

8.4.2 应急机构与职责

1）应急体系

项目部安全生产事故应急领导小组由办公室、现场指挥组织、各职能部门和支持保障部门、兼职应急救援队伍和社会支持保障力量、相关单位应急机构及救援队伍等组成。

2）应急机构及职责

（1）项目应急领导小组办公室设在安全质量部，指挥机构如图 8-1 所示。

应急救援人员职责分工及联系方式见表 8-1。

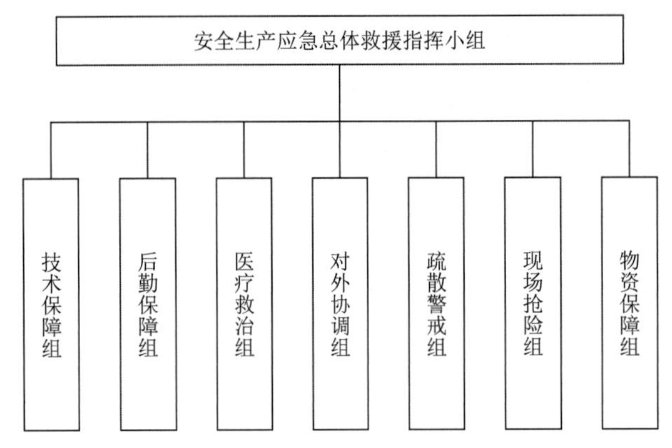

图 8-1 安全生产应急总体救援指挥小组图

应急救援人员通讯录 表 8-1

姓名	电话	备注
×××		组长
×××		后勤保障组
×××		技术保障组
×××		医疗救治组
×××		对外协调组
×××		疏散警戒组
×××		现场抢险组
×××		物资保障组
×××人民医院		专科医院
×××第二人民医院		

（2）项目部应急救援小组具体职责

项目部应急救援小组在上级指挥机构启动预案之前，组织力量，全力做好现场预防、救援、抢险和善后工作。

①迅速到达现场，了解和掌握事故情况，设法控制局面，阻止事态发展，并研究事故处理的具体策略。

②全程指挥其他各职能小组投入工作。

③密切配合医疗、公安等机构对事故的处理工作，认真执行指挥部的有关批示。

④协助有关部门做好事故的调查、分析和处理，查找原因和责任。

（3）组长职责

①决定是否存在或可能存在重大紧急事故，要求应急服务机构提供帮助并实施场外应急计划，在不受事故影响的地方进行直接控制。

②复查和评估事故（事件）可能发展的方向，确定其可能的发展过程。

③指导设施的部分停工，并与领导小组成员的关键人员配合指挥现场人员撤离，并确

保任何伤害者都能得到足够的重视。

④与场外应急机构取得联系及对紧急情况的记录作出安排。

⑤在场（设施）内实行交通管制，协助场外应急机构开展服务工作。

（4）副组长（即现场管理者）职责

①评估事故的规模和发展态势，建立应急步骤，确保员工的安全和减少设施和财产损失。

②如有必要，在救援服务机构来之前直接参与救护活动。

③安排寻找受伤者及安排非重要人员撤离到集中地带。

④设立与应急中心的通讯联络，为应急服务机构提供建议和信息。

8.4.3 预防与预警

1）危险源监控

任何人收到可能发生的水上作业安全事故的信息后，应立即报告本单位应急指挥中心办公室，并按照应急预案及时研究确定应对方案，同时通知有关单位（部门）采取相应行动预防和控制事故的发生、扩大。可能造成一级或二级水上作业安全事故时，应急指挥中心办公室通知各职能部门进入预警状态，可能造成三级水上作业事故时，应急指挥中心办公室下达防范措施指令，并连续跟踪事态发展，一旦发生事故，根据安全事故的等级，立即启动相应等级的应急预案，实施救援。当汛期来临时项目部要每日观测水位，根据水位来推测施工是否安全。项目部积极与地方的气象、水务、海事、船闸、医院、防洪抗汛等部门保持联系，将应急预案抄报有关部门，以便遇有险情时能及时取得支援。

2）预警行动

根据预测分析结果，对可能发生和可以预警的安全事故进行预警。预警级别根据可能造成的危害程度、紧急程度和发展势态，一般划分为四级：

（1）I级（特别严重）：发生一般以上事故或百人以上的公共安全事件。

（2）II级（严重）：发生亡人事故或百人以下五十人以上的公共安全事件。

（3）III级（较重）：发生重伤事故或五十人以下十人以上的公共安全事件。

（4）IV级（一般）：发生伤人事故或十人以下的公共安全事件。

四级分别用红色、橙色、黄色和蓝色表示。预警信息可通过电话、广播、对讲机等发布。

预警信息内容包括：事故的类别、预警级别、起始时间、可能影响范围、警示事项、应采取的措施和发布机关等。

3）信息报告程序

（1）信息上报

特别重大（I级）和重大（II级）突发事件发生后，各单位及部门要在第一时间及时向项目部应急领导小组或其办公室报告，项目部在接到报告后应立即启动应急预案，并组织人员赶赴现场抢险救灾，同时在 1h 内向地方政府部门、上级主管理部门报告。对后续处置情况也要及时报告。

当发生I级应急响应时，接收人员除向项目经理汇报外，应立即向当地安监局汇报。

当发生II级应急响应时，接收人员除向项目经理汇报外，应立即向集团公司安质部汇报。

发生较大（III级）突发事件后，要在第一时间及时向项目部应急领导小组或其办公室报告。项目部在接到报告后按规定 1h 内向地方政府部门、上级主管部门报告。

发生一般（IV级）突发事件后，要在第一时间及时向项目部应急领导小组或其办公室报告，项目部应急领导小组或其办公室按规定要求 1h 内逐级上报。

（2）信息传递

事故发生后，除了用通信工具简单汇报外，还应当用传真及书面资料向有关部门汇报。

8.4.4 应急响应

1）响应分级

（1）发生 3 人以上亡人事故或百人以上的公共安全事件的事故，为I级应急响应。

（2）发生亡人事故或百人以下五十人以上的公共安全事件的事故，为II级应急响应。

（3）发生重伤事故或五十人以下十人以上的公共安全事件的事故，为III级应急响应。

（4）发生伤人事故或十人以下的公共安全事件的事故，为IV级应急响应。

2）响应程序

（1）当启动I级和II级应急响应时，作业工班在第一时间及时向项目部应急领导小组或其办公室报告，同时在 1h 内向地方政府部门、上级主管理部门报告。对后续处置情况也要及时报告。等汇报的同时要启动相应的应急预案，进行先期处置，控制事态发展，应急预案实施后，项目部应急领导小组根据“统一指挥、属地为主、专业处置”的原则配合地方和上级部门进行救援。

（2）当启动III级应急响应时，要在第一时间及时向项目部应急领导小组或其办公室报告。项目部在接到报告后按规定 1h 内向地方政府部门、上级主管部门报告。同时向公司、监理等有关部门汇报。

（3）当启动IV级应急响应时，事发地的施工工班迅速做出应急响应，救护伤员、控制事态发展，并立即向项目部应急领导小组汇报指挥部应急领导小组或其办公室按规定要求 1h 内逐级上报，应急行动流程如图 8-2 所示。

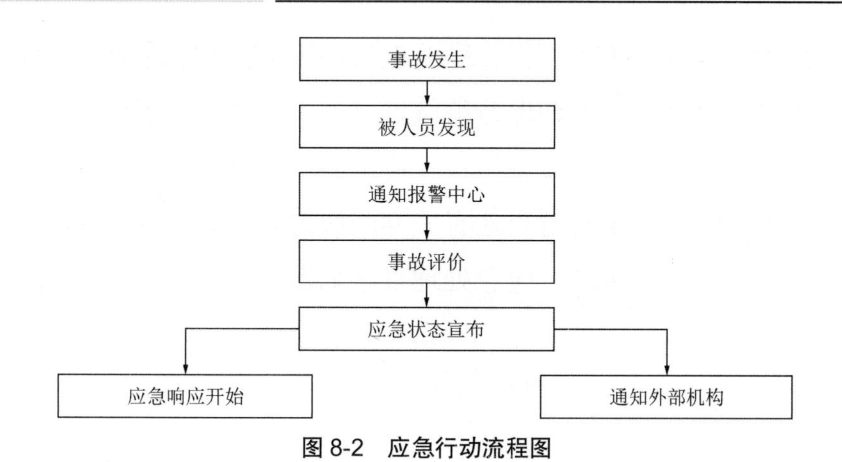

图 8-2 应急行动流程图

3）救援展开

当事故发生时项目部立即调动所有物资及人员对事故进行先期处置，防止事故的进一步扩大，把事故的危害尽可能地降低到最低危害程度，按照事先安排的分工各应急小组立即展开救援或配合救援，当向驻地安监部门发出请求。应急响应时，各应急小组应分工负责对口配合实施救援工作。

8.4.5 应急终止

（1）当人员、财产被救出；导致次生、衍生事故隐患被基本消除；现场得到控制；环境符合有关标准后报经现场应急指挥机构批准后，各应急小组撤出抢救现场，现场应急终止。

（2）应急结束后，项目部要把事故发生的详细经过等有关资料逐级上报。

（3）上级单位来调查事故原因时，项目部及时地抽出人力、物力、财力等积极配合上级单位的调查，无条件地提供一切所需的资料。

（4）项目部协助或编制事故救援工作总结报告。

8.4.6 信息发布

由上级组织实施的应急预案的事故信息，由上级归口业务部门及时准确地向新闻媒体通报；由本级组织实施的应急预案的事故信息，由本级主管部门及时准确地向新闻媒体通报。

8.4.7 处置措施

遇有紧急事故时，各应急小组按照各自的分工与职责，迅速展开营救。技术支持组首先根据现场情况，制定防护措施；抢险抢救组首要任务是进行人员抢救、人员撤离和财产转移，马上组织人力、设备进行抢救，清理现场；医疗救护组在 120 到来之前，对受伤人员进行包扎、止血等现场抢救处理，为进一步接收治疗做好准备，尽可能将伤害程度降到最低；现场保卫组做好现场的警戒工作，同时保持进入现场的施工便道的畅通，派专人到便道口处接救援车辆进入现场；后勤保障组做好一切应急物资的供应工作，同时要求其余施工班组做好供应准备，随时调到应急物资；通讯组保持好内外联系，及时传达项目部的各项指令和申请救援工作，并及时与当地有关部门取得联系，以便发生事故时及时地派水上工具进行抢救，得到及时的援助。应急处理程序如图 8-3 所示。

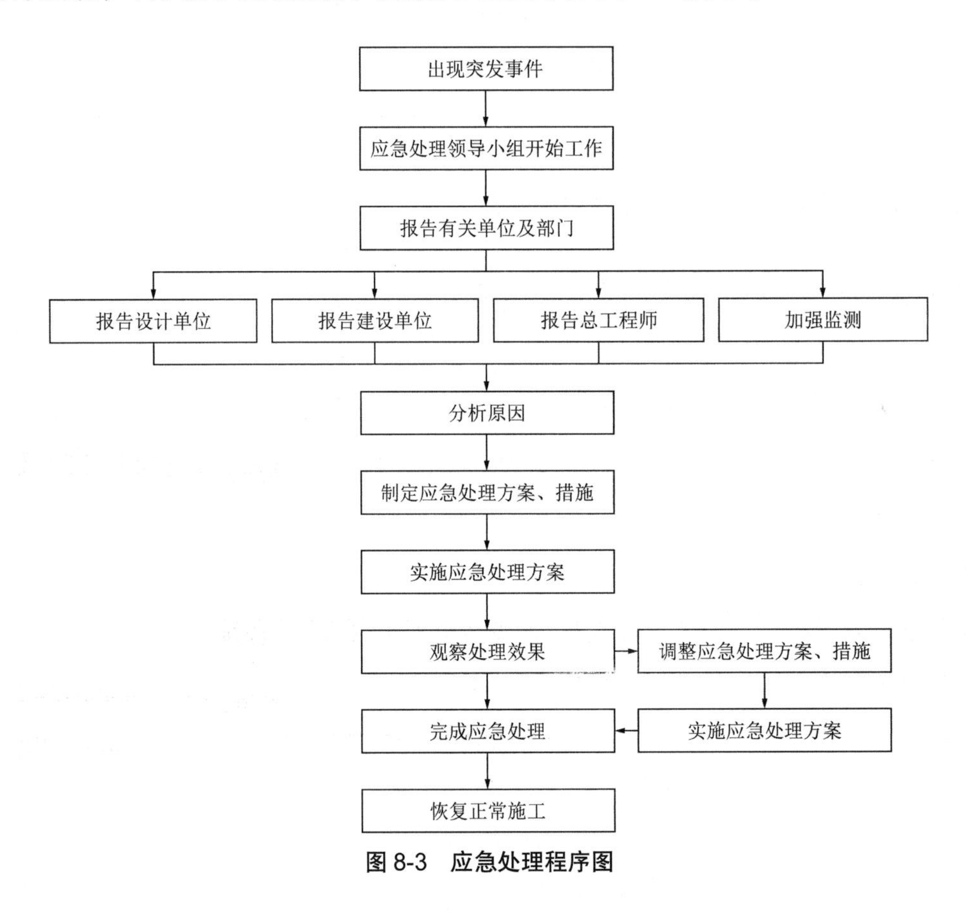

图 8-3　应急处理程序图

8.5　起重吊装应急措施

8.5.1　事故初期的应急处置

根据现场出现的实际情况，参照该起重机械设备维修使用说明书中的故障排除和紧急情况处置条款执行，以切断事故发展的链条，使突发危险从事故的临界状态恢复到正常状态。

8.5.2　起重机械倾翻、折断、倒塌事故应急处置

（1）现场救援排险组和秩序维护组对现场进行警戒和隔离，并保证救援通道畅通，避免坠落物伤害导致事故扩大，避免无关人员影响现场救援工作。

（2）应急救援指挥部用有效的通信手段（对讲机、手机等）立即通知现场危险区域以

内的人员，及时组织疏散和撤离危险区域以内的人员。

（3）由救援排险工作组利用必要的设备设施（汽车起重机、叉车、气割机、千斤顶等）移开倒塌物体，紧急抢险救出伤员。

（4）抢险救人时，现场应有专业人员进行指导，先切断危险电源、水源、气源，撤离易燃易爆危险品，在抢救的同时由专人对现场的危险状况（空中电缆、电线、锐器、火源等）进行监控，确保施救人员的安全。

（5）抢救伤员时，如使用大型机械设备，应尽量避免对伤员造成二次伤害。

8.5.3 起重机碰撞挤压事故应急处置

起重机在维修、吊装及运行过程中碰撞挤压作业人员时，应立即停机或实施反向运行操作，应急救援现场安排专人监护空中物品或吊具，医疗救护组积极组织救援。医疗救护组应穿戴必需防护用品（安全帽、防滑鞋等），进入危险区域救出伤员，若伤员挤压在物件中无法脱身，应采取其他必要的手段（叉车、气割机、千斤顶等）实施救援。伤者救援措施如下。

1）流血、划伤

当出现伤口渗血或伤口出血呈喷射状和液涌等情况时，必须先止血。立即用清洁手指压迫出血点上方（近心端）使血流中断，并将出血肢体抬高或举高，以减少出血量。有条件用止血带止血，用消毒纱布盖住伤口，然后进行包扎，若包扎后扔有较多渗血，可再加绷带，适当加压止血或用布带等止血。

2）骨折急救

（1）肢体骨折可用夹板或木棍、竹杆等将断骨上、下方关节固定，也可利用伤员身体进行固定，避免骨折部位移动，以减少疼痛，防止伤势恶化。

（2）开放性骨折，伴有大出血者应先止血，固守，并用干净布片覆盖伤口，然后速送医院救治，切勿将外露的断骨推回伤口内。

（3）疑有颈椎损伤，在使伤员平卧后，用沙土袋（或其他替代物）旋转状况两侧至颈部固定不动，以免引起截瘫。

（4）腰椎骨折应将伤员平卧在平硬木板上，并将椎躯干及二侧下肢一同进行固定预防瘫痪。搬动时应数人合作，保持平稳，不能扭曲。

3）颅脑外伤

应使伤员采取平卧位，保持气管通畅，若有呕吐，扶好头部，和身体同时侧转防窒息。耳鼻有液体流出时，不要用棉花堵塞，只可轻轻拭去，以利降低颅内压力。

颅脑外伤，病情复杂多变，禁止给予饮食，应立送医院诊治。

8.5.4 起重机漏电、触电事故应急处置

（1）切断电源，救援排险组迅速将起重机的总电源断开。

（2）救援排险组用绝缘物（棒）或木制杆件分开导电体与伤员的接触。

（3）总电源切断前禁止盲目施救。

（4）被困司机在起重机漏电的情况下，如未断开总电源，禁止自行移动，以避免跨步电压对人身的伤害。

（5）应急救援人员必须穿戴绝缘鞋、绝缘手套等防护用品。

8.6 绳锯切割作业应急措施

8.6.1 意外坍塌事故应急处置

（1）应急救援领导小组接险情报告后，在第一时间赶赴事故现场，组织抢险救援工作。

（2）若有人员伤亡，报请就近医护人员进行现场急救，拨打120急救电话向急救中心求救。求救电话一定要讲清楚事故发生地点、受伤人数和人员受伤情况，并派人到主要路口引导急救车尽快赶到事故现场。同时，现场急救人员在急救车到来之前，应对受伤人员进行急救。

（3）认真保护事故现场，凡与事故有关的物件、痕迹、状态，不得破坏。加强现场警戒，防止无关人员进入事故现场。

（4）应根据实际情况研究补救措施，在确保人员安全的前提下，组织恢复正常施工秩序。

8.6.2 物体打击事故应急处置

（1）调查了解事故现场，及时消除不安全状态，迅速转运伤员和组织撤离其他人员脱离危险场所。

（2）现场急救：请就近医疗单位急救。专职医护人员赶到现场后，初步检查受伤人员，判断其神志、气管、呼吸循环是否有问题，进行现场急救和监护，保持其呼吸道畅通，视情况采取有效的止血、防止休克、包扎伤口、固定、保存好断离的器官或组织、预防感染、止痛等措施。

（3）拨打120急救电话，请医疗单位急救。向医生说明伤情和已经采取的措施，如受伤时间、地点、坠落高度、伤员最先着落地部位或间接击伤的部位、坠落过程中是否有其他阻挡或转折和已经采取了什么措施，以便让救护人员事先做好急救的准备。讲清楚事故发生地点或伤者目前地点。说明报救者单位、姓名和联系电话，以便救护车找不到地方时

好随时联系。搬运伤员时，若疑有脊椎受伤可能的，一定要使伤员平卧在硬板上搬运，切忌只抬伤员的两肩与两腿或单肩背运伤员。做好现场照相、取证和保护事故现场等工作。

（4）认真保护事故现场，凡与事故有关的物件、痕迹、状态，不得破坏。

8.6.3 大型设备倾覆事故应急处置

（1）对事故危害情况的初始评估：处置队伍赶到事故现场后，应当尽快对事故发生的基本情况做出初始评估，包括事故范围及事故危害扩展的趋势以及人员伤亡和财产损失情况等。

（2）封锁事故现场：严禁一切无关的人员、车辆和物品进入事故危险区域，开辟应急救援人员、车辆及物资进出的安全通道，维持事故现场的社会治安和交通秩序。

（3）控制危险源：根据发生事故的大型设备的结构特点以及所发生事故的类别，迅速展开必要的技术检验，制定抢险救援的技术方案，并采取有针对性的安全技术措施，及时有效地控制事故的扩大，消除事故危害和影响，并防止可能发生的次生灾害。

（4）建立现场工作区域：应当根据事故的危害、天气条件（特别是风向）等因素，设立现场抢险救援的安全工作区域。对事故引发的危险应当设立三类工作区域，即危险区域、缓冲区域和安全区域。

（5）抢救受害人员：及时、科学、有序地开展受害人员的现场抢救或者安全转移，尽最大的可能降低人员的伤亡、减少事故所造成的财产损失。

（6）设立人员疏散区：根据事故的类别、规模和危害程度，在必要时，应当果断迅速地划定危险波及范围和区域，组织相关人员和物资安全撤离该范围和区域。

（7）清理事故现场：针对事故对人已经造成和可能造成的危害，迅速采取隔离等技术措施进行事故处理，防止危害继续扩大。

8.7 应急物资及设备准备

应急物资及设备清单见表8-2。

应急物资及设备清单 表8-2

序号	名称	规格	数量	备注
1	发电机	30kW	1台	根据施工进度可增加配备
2	抽水机	$30m^3/h$	6台	根据施工进度可增加配备
3	抽水管	ϕ50mm	300m	自备
4	警示带		10条	自备
5	三级配电箱		18个	自备

续上表

序号	名称	规格	数量	备注
6	木　楔		50个	自备
7	编织袋		300只	自备
8	铁　锹		20把	自备
9	棉　絮		20床	自备
10	海绵条		100m	自备
11	钢　管		20根	自备
12	注浆设备		1台	自备
13	吊车	50t	4台	基坑开挖支护、结构施工用，出现险情专用
14	抢险车辆	面包车	2辆	人员接送车辆，出现险情时专用
15	指挥车辆	5	1辆	平时领导用车，出现险情时专用
16	灭火器	干粉	若干	按防火规定配备，出现险情投入
17	对讲机		4个	用于工程测量，应急时优先投入
18	担　架		3个	1套
19	急救药箱		2个	1箱
20	救生衣		60件	
21	救生圈		20个	
22	人员运输车辆	10/5座	1/2辆	人员撤离时运输用车
23	雨　衣		18个	自备

8.8　应急联络方式

1）应急救援小组成员联络

应急救援小组成员联络方式见表8-3。

应急救援小组成员联络方式汇总表　　表8-3

序号	姓名	职务	联系电话	备注
1	×××	项目经理		总指挥
2	×××	项目副书记		副指挥
3	×××	项目总工		组员
4	×××	项目总监		组员
5	×××	项目副总工程师		组员
6	×××	生产副经理		组员
7	×××	工程部副部长		组员

续上表

序号	姓名	职务	联系电话	备注
8	×××	安质部长		组员
9	×××	专职安全员		组员
10	×××	施工员		组员
11	×××	办公室副主任		组员
12	×××	物资部部员		组员
13	×××	小车司机		组员
14	×××	小车班司机		组员
15	×××	技术员		组员
16	×××	技术员		组员
17	×××	测量队长		组员

2）应急电话

（1）火警电话：119。

（2）医疗急救电话：120。

（3）报警电话：110。

（4）×××人民医院电话：×××。

（5）×××第二人民医院电话：×××。

3）救援路线

（1）×××人民医院，位于×××号，平均距离约8km。

（2）×××第二人民医院，位于×××号，平均距离约5km。

9 计算书及相关图纸

鉴湖大桥拆除支架计算书可扫描下方二维码下载。

KEY POINTS AND EXAMPLES OF
PREPARATION OF SPECIAL CONSTRUCTION SCHEME
FOR TRAFFIC CIVIL ENGINEERING

交通土建工程
专项施工方案编制
要点与范例

（下册）

赵红鹰　汪新立　**主　编**
董启军　邓启华　黄明琦　**副主编**

人民交通出版社股份有限公司
北　京

内 容 提 要

依据住房和城乡建设部《危险性较大的分部分项工程专项施工方案编制指南》、现行法律法规及标准规范，基于作者单位在市政、轨道交通及房建工程领域的实践经验与工程技术研究成果，为了强化当前危险性较大的分部分项工程（简称“危大工程”）专项施工方案编制的规范性、针对性、可操作性，进而推动一线施工技术人员的专项施工方案编制能力和技术管理水平的提高，本书系统梳理和总结了深基坑工程、模板支撑体系、脚手架等10个常用的分项工程专项施工方案，内容涵盖专项施工方案编制要点、方案范例、相关法律法规等。书中的专项施工方案极具典型性，详细介绍了危大工程技术、安全、风险管理的各项要点及具体做法，内容翔实，图文并茂，具有较强的实用性。

本书可供从事交通土建工程施工与技术管理等工作的技术人员参考，也可供高等院校相关专业师生学习使用。

图书在版编目（CIP）数据

交通土建工程专项施工方案编制要点与范例/赵红鹰，汪新立主编. — 北京：人民交通出版社股份有限公司，2023.7

ISBN 978-7-114-18735-3

Ⅰ.①交… Ⅱ.①赵…②汪… Ⅲ.①道路工程—土木工程—工程施工 Ⅳ.①U41

中国国家版本馆CIP数据核字（2023）第065270号

Jiaotong Tujian Gongcheng Zhuanxiang Shigong Fang’an Bianzhi Yaodian yu Fanli

书　　名：交通土建工程专项施工方案编制要点与范例（下册）
著 作 者：赵红鹰　汪新立
责任编辑：李学会　李　梦
责任校对：赵媛媛　刘　璇
责任印制：张　凯
出版发行：人民交通出版社股份有限公司
地　　址：（100011）北京市朝阳区安定门外外馆斜街3号
网　　址：http://www.ccpcl.com.cn
销售电话：（010）59757973
总 经 销：人民交通出版社股份有限公司发行部
经　　销：各地新华书店
印　　刷：北京印匠彩色印刷有限公司
开　　本：880×1230　1/16
印　　张：54.25
字　　数：1425千
版　　次：2023年7月　第1版
印　　次：2023年7月　第1次印刷
书　　号：ISBN 978-7-114-18735-3
定　　价：268.00元（含上、下册）

编 委 会

PREFACE 序

习近平总书记强调，要健全风险防范化解机制，坚持从源头上防范化解重大安全风险，真正把问题解决在萌芽之时，成灾之前。中国铁建股份有限公司（以下简称“中国铁建”）作为践行国有企业“六种力量”的排头兵，近年来，在党中央、国务院及国资委等上级单位的高度重视和正确领导下，完整、准确、全面贯彻新发展理念，坚持“人民至上、生命至上”，落实“安全第一、预防为主、综合治理”的工作方针，把安全生产作为高质量安全发展义不容辞的责任和义务。

中国铁建骨干企业——中铁二十二局集团有限公司牢固树立“安全无小事，防患于未然”的理念，将安全管理工作前置，高度重视安全关口前移，突出施工方案保障和安全风险管理，全面提升施工现场安全管理水平，保证技术规范、标准的正确执行，规避施工重大安全事故的发生，在充分总结以往施工经验和方案编制的基础上，针对危大工程，依据住房和城乡建设部《危险性较大的分部分项工程安全管理规定》（住房和城乡建设部令第 37 号）、《住房和城乡建设部办公厅关于实施〈危险性较大的分部分项工程安全管理规定〉有关问题的通知》（建办质〔2018〕31 号）等法律法规和规范要求，对《危险性较大的分部分项工程安全专项施工方案编制指南》文件内容进行了细化和完善，共编制完成了包含基坑工程、模板支撑体系工程等 10 个专项施工方案范本，方案涵盖了编制依据、工程概况、施工计划、施工工艺技术、施工保证措施、施工管理及作业人员配备和分工、验收要求、应急处置措施、计算书与相关图纸等详细内容，是一部对现场施工具有很强指导性和针对性的专用书籍，可为建筑企业工程技术人员编制危大工程安全专项施工方案提供参考。

中国铁建股份有限公司总工程师 雷升祥

2023 年 6 月

FOREWORD 前　言

2018年，住房和城乡建设部相继印发了《危险性较大的分部分项工程安全管理规定》（住房和城乡建设部令第37号）、《住房和城乡建设部办公厅关于实施〈危险性较大的分部分项工程安全管理规定〉有关问题的通知》（建办质〔2018〕31号）等文件，对危大工程和超过一定规模的危大工程作出了明确界定，要求危大工程施工前必须编制专项施工方案，超过一定规模的危大工程专项施工方案还须组织专家论证。为加强工程安全管理，有效防范和遏制建筑施工生产安全事故的发生，中铁二十二局集团有限公司组织技术人员编写了《交通土建工程专项施工方案编制要点与范例》一书，以便为一线施工技术人员提供参考。

本书由赵红鹰、汪新立任主编，董启军、邓启华、黄明琦任副主编，组织30余位技术人员参与编写和校核。针对《住房和城乡建设部办公厅关于印发危险性较大的分部分项工程专项施工方案编制指南的通知》（建办质〔2021〕48号）关于专项施工方案的要求，结合中铁二十二局集团有限公司工程实际，汇编了土建工程施工常见的基坑工程、模板支撑体系工程、起重吊装及安装拆卸工程、脚手架工程、拆除工程、暗挖工程、人工挖孔桩工程及钢结构安装工程等10个典型专项施工方案范例。本书分上、下两册，在整体结构上分为专项施工方案编制要点、专项施工方案范例、相关法律法规及文件指南三部分，第一部分专项施工方案编制要点，参照了住房和城乡建设部编制指南要求，对专项施工方案从编制内容、文本格式、图表样式、计算书内容等几个方面作了详细说明与要求，可作为编制专项施工方案的提纲性材料；第二部分专项施工方案范例，含地铁车站深基坑施工、现浇梁施工、高墩爬模施工、悬挑式脚手架施工、桥梁工程拆除施工、盾构法施工、PBA法施工、钻爆法施工、矩形抗滑桩施工、站房屋面网架整体提升施工10个范例，均为典型工程案例；第三部分相关法律法规及文件指南，共收录了8份国务院、建设主管部门及行业主管部门发布的与专项施工方案编制有关的法律法规及规范文件。

本书在编写过程中得到了中国铁建股份有限公司雷升祥总工程师

的悉心指导，及中国铁建股份有限公司相关部门的大力支持，在此深表感谢。

由于编者水平有限，书中难免存在不妥之处，欢迎读者批评指正。

编　者

2023 年 6 月

CONTENTS 总目录

上册

下册

交通土建工程专项施工方案
编制要点与范例

KEY POINTS AND EXAMPLES OF
PREPARATION OF SPECIAL CONSTRUCTION SCHEME
FOR TRAFFIC CIVIL ENGINEERING

暗挖工程范例
——盾构法施工

扫码下载编制要点

目　录

CONTENTS

1 工程概况

1.1 项目概述

成都地铁18号线为南北向，其贯穿老城中心和天府新区，是连接天府国际机场的城轨快线，具有机场快线和市域快线的复合功能。该线路起于火车北站，途经老城中心、中央活力区、天府新区和空港新城，止于简阳南站。其中，18号线3期分北延段和临江段两部分。

（1）北延段：火车北站（不含）—火车南站（不含），线路长10.985km，采用全地下敷设，共设置3座车站（含在建10号线3期骡马市站），均为地下换乘站。设区间风井1处和火车北站—升仙湖主所35kV电缆通道。

（2）临江段：机场北站（不含）—临江站（含）—临江停车场（含），线路长4.373km，采用全地下敷设方式，共设置1座车站、1座临江停车场、2处区间风井。

全线6段区间（盾构、明挖），主要为盾构法隧道，采用DN8600大盾构施工。本工程为施工总承包项目土建三工区项目，线路总长3.5km，包括一站二区间，分别为临江站（含站后区间）、机临区间风井（含前明挖区间）、机场北站—临江站盾构区间、临江站—停车场盾构区间。贯通时间为2023年4月底，2024年12月31日开通运营。

①机场北站—临江站盾构区间。机场北站—临江站盾构区间自临江站始发，盾构区间情况一览见表1-1，出井后以1500m的曲线下穿机场高速后到达机临风井。本区间左线起讫里程为左ZDK89＋400.860～ZDK91＋348.5，长链18.105m，右线起讫里程为右YDK89＋399.100～YDK91＋348.5，左、右线盾构长度分别1965.745m、1949.400m，管片环宽1.5m，内径7.5m、外径8.3m。区间从西向东走向，主要侧穿天府机场高速主路路基及匝道路基和下穿低洼地2个风险源。区间在里程YDK89＋980.00（ZDK89＋993.31）处设置1号联络通道，在里程YDK90＋563.390（ZDK90＋552.431）处设置2号联络通道，在里程YDK90＋900.00（ZDK90＋897.35）处设置3号联络通道。区间最小曲线半径为1000m，最大曲线半径为1500m。纵断面采用“人”字坡，最小纵坡2‰，最大纵坡26‰，隧道顶覆土8.04～41.57m。

机场北站—临江站盾构区间情况一览　　表1-1

工点名称	里程号	长度（m）	开挖方式	埋深（m）	附属结构
机场北站—临江站区间	左线ZDK89＋400.860～ZDK91＋348.5，长链18.105m	1965.745	盾构	8.04～41.57	3座联络通道，其中一座兼泵站
	右线YDK89＋399.100～YDK91＋348.5	1949.400			

②临江站—停车场盾构区间。临江站—停车场段明挖区间自出入段线盾构井始发，盾构区间情况一览见表1-2，至出入段线明挖区间接收。本区间左线起讫里程为左 CDK0 + 302.006～CDK1 + 117.109，右线起讫里程为右 RDK0 + 302.475～RDK1 + 097.381，左、右线盾构长度分别918.409m、899.166m，管片环宽1.5m，内径7.5m、外径8.3m。区间从西向东主要侧穿220kV高压铁塔风险源。区间在里程RDK0 + 602.5（CDK0 + 609.975）处设置1号联络通道兼泵站。区间曲线半径为500m。纵断面采用“人”字坡，最大纵坡33‰，隧道顶覆土8.00～41.57m。

临江站—临江停车场盾构区间情况一览表

表1-2

工点名称	里程号	长度（m）	开挖方式	埋深（m）	附属结构
临江站—停车场盾构区间	左线 CDK0 + 302.006～CDK1 + 117.109 无断链	918.409	盾构	8.00～41.57	无
	右线 RDK0 + 302.475～RDK1 + 097.381 无断链	899.166			

1.2 工程地质水文条件

1.2.1 地质条件

（1）地形地貌

段内为低山丘陵地貌，地表丘陵与宽缓沟槽相间，丘包多呈浑圆状，海拔为425～470m，相对高差45m。宽缓沟槽中多为种植果园，缓坡及丘包多覆盖灌木杂草。

（2）地层岩性

段内范围上覆第四系全新统素填土、人工填土（Q_4^{ml}）；其下为第四系全新统坡洪积层（Q_4^{d+pl}）软土、粉质黏土，坡残积（Q_4^{d+el}）粉质黏土；下伏基岩为侏罗系上统蓬莱镇组（J_3^p）泥岩、砂岩。

按分层依据，根据钻探报告，拟建场地岩土层层序，从上至下描述如下：

<1-1>素填土（Q_4^{ml}）：棕红色，松散，稍湿，主要是粉质黏土和植物根系组成。该层均一性差，多为欠压密土，结构疏松，具有强度较低、压缩性高、荷重易变形等特点，厚0.5～2.0m。

<2-1>软土（Q_4^{dl+pl}）：灰褐色、灰黑色，软塑，局部为流塑状，质较纯，黏性较好。分布于沟槽及水田中，多呈透镜状，局部呈层状，表层多辟为旱地（种植地），表层多分布1.0～5.2m黏土“硬壳”，厚3.5～11.2m；侧壁摩阻比32.19～42.599，压缩模量1.84～2.80MPa。

<2-3A-2>粉质黏土（Q_4^{dl+pl}）：灰黄色，可塑，局部为可塑状，土质不均，局部夹少量角砾，分布于场地内宽缓地带，层厚1.5～7.6m，局部可达10.0m。

<2-3B-2>粉质黏土（Q_4^{dl+pl}）：灰黄色，硬塑状，土质不均，局部夹少量角砾，分布于斜坡地表，层厚0～4m。

<7-1-1>全风化泥岩（J_3^p）：紫红、褐红、肉红等色，呈土状，原岩结构已破坏，偶夹少量角砾。该层厚度0～2.7m，呈带状分布，局部尖灭。

<7-1-2>强风化泥岩（J_3^p）：紫红、肉红色，泥质结构，泥质胶结，岩质软，节理发育。岩芯多呈碎块状及饼状，少量短柱状。属软岩。层厚一般0.5～11.5m。

<7-1-3>中等风化泥岩（J_3^p）：红褐、紫红色，泥质结构，钙、泥质胶结，中厚层状构造，局部2～3mm厚石膏条脉，个别有溶蚀现象，岩质较软，锤击声哑。岩芯多呈短柱状，少量长柱状。节理裂隙发育，个别钻孔间有近似垂直节理发育。岩芯钻孔揭示岩层产状近于水平，节理产状发育。室内试验岩石天然抗压强度 5.56MPa，单轴饱和抗压强度3.8MPa。

<7-2-1>全风化砂岩（J_3^p）：褐黄色，全风化，岩芯多呈砂土状，原岩结构基本破坏、尚可辨认，层厚0.6～3.1m。

<7-2-2>强风化砂岩（J_3^p）：紫褐色，细粒结构，薄-中厚层状，节理发育，岩体破碎，质较软，层厚0～6.1m。

<7-2-3>中等风化砂岩（J_3^p）：紫褐色，细粒结构，薄-中厚层状，中风化，岩芯多呈柱状，节长10～60cm，少量短柱状、块状，岩质较硬，敲击声稍脆。岩芯钻孔揭示岩层产状近于水平，节理产状一般发育。室内试验岩石天然抗压强度19.89MPa，单轴饱和抗压强度12.28MPa。

根据区域地质资料及钻孔报告，该段地层含有石膏脉，岩芯可见溶蚀小孔。

（3）不良地质作用

根据本次钻孔天然气检测结果，钻孔浅层天然气测试表明瓦斯浓度较低，最大浓度8120‰。该段地下工程属于微瓦斯工区。在设计中可不作单独设防，在施工中应加强监测及通风。

（4）特殊性岩土

场地范围内特殊岩土为软土、人工填土、膨胀土、膨胀岩、风化岩及石膏。

①软土

灰褐色、灰黑色，软塑，局部为流塑状，质较纯，黏性较好。分布于沟槽及水田中，多呈透镜状，局部呈层状，表层多辟为旱地（种植地），表层多分布1.0～5.2m黏土“硬壳”，厚0.7～8.1m；侧壁摩阻比32.19～42.599，压缩模量1.84～2.8MPa。对风井明挖及回填影响较大，建议采用强夯置换或其他综合措施予以处理。

②人工填土

场地范围内人工填土主要为素填土，棕红色，松散，稍湿，主要由粉质黏土和植物根系组成。该层均一性差，多为欠压密土，结构疏松，具有强度较低、压缩性高、荷重易变形等特点，厚0～3m，其不宜直接作为持力层，对区间基坑开挖及浅基础工程基底稳定性影响较大。

1.2.2 水文条件

（1）地表水

段内地表水主要为沟渠水、鱼塘水，水量较小，随季节而改变。

（2）地下水的赋存及类型

根据成都区域水文地质资料及本次勘察成果，拟建区间范围内地下水主要有三种类型：一是赋存于填土层的上层滞水；二是赋存于黏土中的裂隙水；三是基岩裂隙水。

①上层滞水

上层滞水呈透镜体状分布于地表，赋存于地表填土层，大气降水和附近居民的生活用水为主要补给源。水量变化大，且不稳定。由于其水量相对较小，对地下工程基本无影响。

②黏土裂隙水

山前台地区分布的黏土层中赋存有少量裂隙水，黏土中裂隙水主要是上层滞水或黏土本身的毛细水补给。其水量随季节性变化明显，雨季获得补充，积存一定水量，旱季水量逐渐耗失。黏土裂隙水动态变化显著，无稳定水位，难以形成贯通的自由水面。由于该层地下水水量较小，对地铁工程影响较小。

③基岩裂隙水

拟建场地下伏基岩为紫红色泥岩，基岩裂隙较发育。地下水的流动，将所含石膏溶蚀，并顺着溶蚀孔或裂隙形成网络状的风化带溶蚀孔和溶隙，为地下水的补给、储集、径流创造了良好的通道和空间，形成风化带含水层。但由于泥岩质软，裂隙多为微张或闭合状，且溶孔、溶隙的发育深度受地下水动力条件的限制，当深度较大时，溶蚀孔洞减少，溶隙也减少，含水量下降。由于该含水层地下水富集规律性较差，故在一定条件下，某些地方可形成富水段。

1.2.3 气候条件

工程（临江段）位于简阳市范围内，属亚热带潮湿气候，其具有夏热且长、冬无严寒、少霜雪、雨量充沛、多云多雾、日照短等特征。多年平均气温16.3～17.4℃，7月份平均气温25.4℃，且蒸发量较大。1月份平均气温5.6～6.5℃。多年平均降水量976～1001.1mm，旱年仅700mm，年分配不均匀，多年变化差较大，7～9月份雨量集中，可达509～609mm，占全年的50%～60%，而简阳多年平均降水量为889.3～914.7mm，全区相对湿度为77%～82%。

1.3 施工要求

1）质量目标要求

（1）杜绝二级及以上质量事故和舆情事件的发生，减少一级质量事故；克服质量通病，遏制工程质量缺陷；确保结构安全和使用寿命。

（2）工程建设符合国家规划、环保及水土保持、节能和新技术应用等要求；内审、外审不得出现严重不合格项。

（3）检验批、分项、分部工程施工质量检验合格率 100%，单位工程一次验收合格率 100%。

（4）竣工文件（质保资料）做到真实可靠，规范齐全，一次交接合格。

（5）工程质量符合国家、行业及地方有关标准、规范和设计文件要求，实现向建设单位的质量承诺，整体工程质量达到行业先进水平，并经得起运营的检验。

2）安全目标要求

（1）杜绝人亡事故。

（2）遏制较大险性事件。不发生较大及较大以上生产安全险性事件。

（3）及时消除重大事故隐患。建立和落实风险分级管控和隐患排查治理双重预防工作机制，确保风险管控和隐患排查整治到位。

（4）严防安全生产失信惩戒。杜绝因项目部安全生产违法行为导致集团公司、公司被国家有关部委实施联合惩戒并纳入“黑名单”。

（5）配齐专职安全人员。按照国家、股份公司、集团公司、公司及建设单位有关规定，设立安全管理机构，配备专职安全人员。

（6）落实安全生产工作评价制度。贯彻实施安全生产工作评价相关办法，工作要有力度、有创新，做到全覆盖、真落实、见实效。

3）总体工期安排

根据项目招标文件，18 号线三期工程施工总工期拟定为 60 个月，计划于 2019 年 10 月开工，2024 年 12 月 31 日运营。

（1）根据建设单位工期要求，结合项目实际情况，制定盾构施工工期目标，机临区间左线始发计划日期 2021 年 7 月 10 日，洞通计划日期 2022 年 6 月 30 日。

（2）机临区间右线始发计划日期 2021 年 8 月 10 日，洞通计划日期 2022 年 7 月 30日。

（3）临临区间左线始发计划日期 2022 年 10 月 1 日，洞通计划日期 2023 年 1 月 20日。

（4）临临区间右线始发计划日期 2022 年 12 月 1 日，洞通计划日期 2023 年 3 月 20日。

1.4 风险辨识与分级

1.4.1 工期风险

（1）下穿既有机场高速路基段手续办理风险

盾构区间下穿机场高速路基段，需提前与高速公路管理局签订下穿安全协议、专项方案评审及下穿前现状调查等，此手续办理时间长，存在影响工期的风险。

（2）防汛风险

经现场踏勘，临江站、机临区间风井均位于低洼地段，地势相对较低，存在洪涝等风险。因此，雨季汛期基坑抽排水应及时有效，以确保基坑及周边安全。

1.4.2 环境风险

1）侧穿及下穿重要既有建（构）筑物为一级风险

（1）机临区间下穿低洼地，地质条件较差，其为软土和素填土。下穿隧道顶埋深3.3m，线间距15.6m。

（2）机临区间下穿天府国际机场北线主路路基段及匝道路基段。天府国际机场北线主路路基段及匝道路基段（与高速路基中心线夹角 46°），下穿隧道顶埋深 24.87m，线间距15.2m。

（3）出入场线区间侧穿220kV高压线铁塔。高压线铁塔与隧道垂直净距37.4m，与隧道水平净距13.14m。

2）下穿及侧穿建（构）筑物应对措施

（1）做好同设计单位的对接工作，进场后及时进行风险源地质补勘，及时掌握准确的地勘资料，参与设计方案设计过程，分析、规避施工隐患。

（2）针对不同程度的侧穿、下穿工程，编制应急预案、施工监测方案、专项施工方案，严格按照批准方案开展施工。

（3）在盾构始发前，对盾构机进行全面的维修、保养，确保盾构机在通过期间尽可能不停机、不更换刀具，确保盾构机穿越建筑物时匀速推进。控制好盾构机的推进速度，建立土压平衡，控制好出土量，将地层损失降至最低。施工中应注意对盾构机姿态进行控制，确保盾构按照设计线路推进，减少盾构超挖，以改善盾构前方土体的坍落和挤密现象。确保盾尾同步注浆质量，根据推进速度的快慢调整注浆量，做到注浆量与推进速度相适应。

（4）加强对建（构）筑物的监测，根据监测反馈的信息及时优化调整掘进参数，做到信息化动态施工管理。

1.4.3 施工自身风险

1）起重吊装风险

门式起重机、塔式起重机等移动式起重机械的吊装风险为一级。盾构机重达数百吨，部件为圆形结构，吊装过程结构受力不均匀，一般需要重吨位起重机吊装，起吊设备自重较大，起重吊装过程对地面承载力、指挥组织能力、吊点焊接质量等有极高的要求，极易发生吊机倾覆、高处坠落、物体打击等安全事故风险，故风险等级一级。因此，采取下列措施来保障起重吊装安全。

（1）选用资质齐全、业绩良好的吊装单位，并在进场前对单位资质和人员资质进行核查。

（2）排查盾构吊装场地周边的环境，不得有障碍物；对吊机站立区域地层进行整平，必要时进行加固，必须保证地基承载力。

（3）加强作业人员安全教育及管理，吊装作业人员必须持证上岗，按照操作规程作业。

（4）由专业持证上岗人士焊接吊耳，并对焊接质量进行专项检测。

（5）双吊机作业时，必须设置一名专业指挥人员，统一指挥地面及井下的信息。

（6）吊装过程中，吊装区域进行隔离警戒，专职安全人员、技术人员旁站监督，并严格执行项目领导带班制度。

（7）遵守吊装作业“十不吊”“十不准”原则。

2）盾构机带压换刀风险

盾构进仓作业处于密闭的狭小空间，且地层组成、掌子面稳定性和地下水影响等不确定因素多，对作业环境、人员身体素质、工作能力水平等有较高的要求，较易发生掌子面失稳、窒息、淹溺等风险或事故。

（1）提高盾构设备气压作业安全的可靠性，加强盾构设备气压作业的安全配置，加强对盾构气压作业设备运转状态的检查。

（2）加强气压作业人员管理，严把气压作业队伍进场关；加强现场安全培训教育与安全技术交底；合理配置气压开仓作业人员数量。

（3）严格执行气压开仓作业专项技术措施，加强气压开仓作业专项方案的管理；对开仓作业位置进行专项安全技术评估；加强开仓作业期间的监测与地面巡视工作；落实仓内通风、防有害气体、防火、防爆的措施。

（4）加强气压开仓作业管理，把气压开仓作业列为公司安全管控重点；梳理盾构气压开仓作业风险；建立现场专项工作管理机制；加强进仓前人员检查和班前讲话；建立进出仓物品登记制度。

（5）加强应急预案的编制与培训；严格落实应急资源；加强气压开仓作业应急处置能

力建设。

1.5 危险源辨识及应对措施

结合本工程的地理位置、工程地质及水文等特点，根据本工程施工特点及地质情况，充分考虑施工技术难度和困难、不利条件等，经多方分析，确定盾构机吊装、拆卸为重难点。

1.6 参建各方责任主体单位

建设单位：×××。

设计单位：×××。

勘察单位：×××。

监理单位：×××。

施工单位：×××。

监测单位：×××。

2 编制依据

2.1 编制说明

本项目区间隧道采取盾构法施工，区间总长度3915.1m，隧道内径7.5m，外径8.3m，采用铁建重工直径 8.6m 土压平衡式盾构机掘进，根据《住房城乡建设部办公厅关于实施〈危险性较大的分部分项工程安全管理规定〉有关问题的通知》（建办质〔2018〕31 号），该项目属于超过一定规模的危险性较大的工程，故编制本安全专项施工方案，以指导该工程安全施工。

2.2 编制依据

2.2.1 法律依据

（1）《建设工程安全生产管理条例》（2003 年中华人民共和国国务院令第 393 号）（1511211635）。

（2）《危险性较大的分部分项工程安全管理规定》（2018年中华人民共和国住房和城乡建设部令第37号）。

（3）《住房城乡建设部办公厅关于实施〈危险性较大的分部分项工程安全管理规定〉有关问题的通知》（建办质〔2018〕31号）。

（4）《地铁设计规范》（GB 50157—2013）。

（5）《混凝土结构设计规范》（GB 50010—2010）（2015年版）。

（6）《建筑结构荷载规范》（GB 50009—2012）。

（7）《成都地区建筑地基基础设计规范》（DB51/T 5026—2001）。

（8）《建筑地基处理技术规范》（JGJ 79—2012）。

（9）《既有建筑地基基础加固技术规范》（JGJ 123—2012）。

（10）《混凝土结构加固设计规范》（GB 50367—2013）。

（11）《建筑抗震设计规范》（GB 50011—2010）。

（12）《建筑施工高处作业安全技术规范》（JGJ 80—2016）。

（13）《城市轨道交通工程监测技术规范》（GB 50911—2013）。

（14）《城市轨道交通工程测量规范》（GB/T 50308—2017）。

（15）《地下铁道工程施工质量验收标准》（GB/T 50299—2018）。

（16）《城市轨道交通工程项目建设标准》（建标 104—2008）。

（17）《盾构隧道管片质量检测技术标准》（CJJ/T 164—2011）。

2.2.2 项目文件

（1）《工程土建三工区招标文件》。

（2）《工程施工总承包项目合同》（183D0032-2019-019-SG003）。

（3）《工程详细勘察阶段岩土工程勘察报告》。

（4）《工程盾构区间平纵断面设计图纸、管片结构及配筋设计图》。

（5）《工程盾构区间相关施工图纸》。

（6）建设单位、总体总包单位提供的地形、地下管线、沿线建（构）筑物资料与电子文件。

（7）《实施性施工组织设计》。

2.3 参考资料

（1）《关于印发〈成都地铁建设工程重大危险源安全管理办法〉的通知》（成地铁制〔2016〕100 号）。

（2）《工程危险性较大的分部分项工程安全管理办法》（成轨建管制发〔2018〕92 号）。

（3）《工程关键节点开工前安全条件验收实施细则》（成轨建管制发〔2020〕9 号）。

（4）《成都轨道建设管理有限公司关于印发〈工程盾构施工管理规定〉的通知》（成轨建管制发〔2020〕21 号）。

（5）《工程施工测量管理规定》（成轨建管〔2020〕22 号）。

3 施工总体安排与施工计划

3.1 施工总体安排

3.1.1 施工组织管理

本工程由 1 个专业队伍负责全部施工工序，队伍由项目部直接管理，采用劳务分包模式，合同约定项目部提供盾构机、后配套、门式起重机、砂浆站、电瓶车等主要机械设备，作业队伍提供除管片，管片防水、注浆材料以外的全部施工材料。合同约定盾构机掘进操作手由项目部提供，截至目前，项目部共配置盾构管理人员 18 名，其中操作手 5 名，作业人员 104 名。盾构法施工组织机构图，如图 3-1 所示。

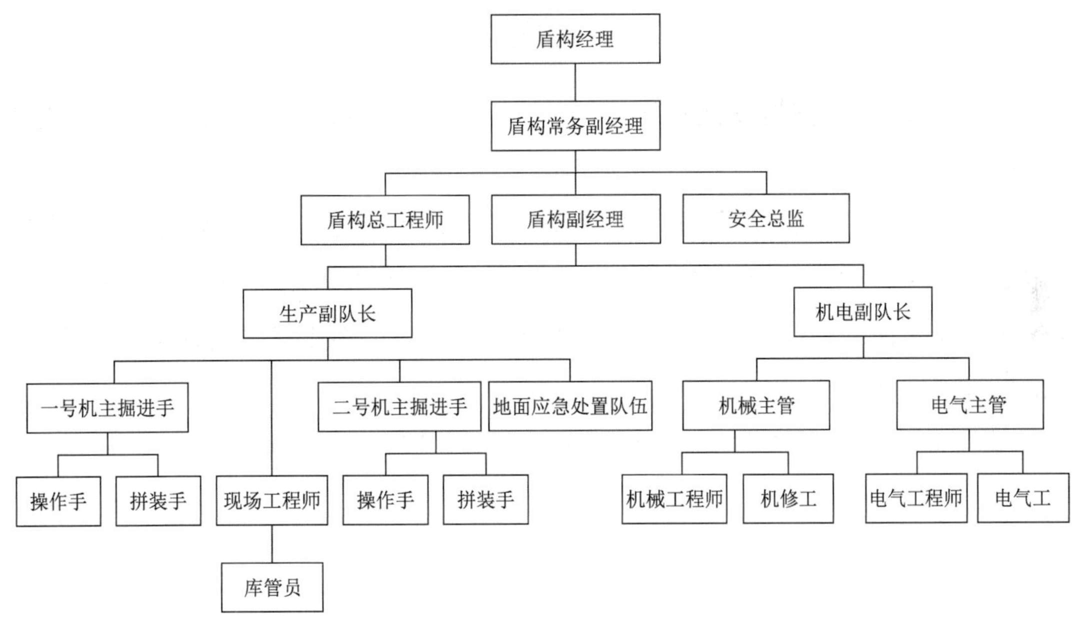

图 3-1　盾构法施工组织机构图

3.1.2 施工顺序

（1）机临区间风井—临江站区间计划投入 2 台（9 号、10 号）土压平衡盾构机，9 号、10 号盾构机分别从临江站小里程端始发掘进，均于机临风井大里程端接收。

（2）9 号盾构机、10 号盾构机从区间风井吊出转场至临江站大里程端盾构井二次始发，掘进至临江站—临江车辆段出入场线区间，在临江停车场明挖区间接收井吊出，其中右线需平移至左线后吊出。盾构法施工顺序如图 3-2 所示。

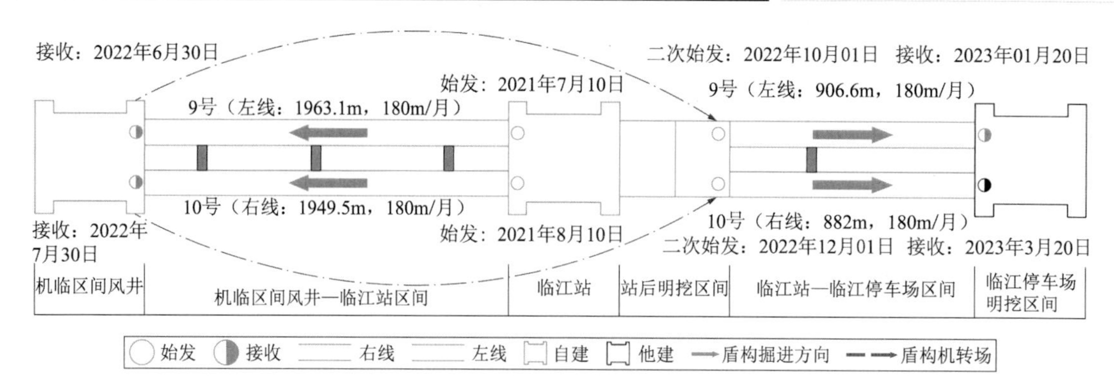

图 3-2 盾构法施工顺序示意图

3.2 材料计划

盾构主要掘进材料供应计划，见表 3-1。

主要掘进材料供应计划表 表 3-1

类别	材料名称	单位	数量
管片拼装	管片	环	3796
	管片（包括止水条）	环	3796
	管片螺栓（含垫片）	套	125268
轨道系统	钢轨（电瓶车）	m	7814
	钢轨连接夹板	根	2500
	钢轨压板	件	15000
	轨枕	根	3900
走道板	走道板	套	1300
盾尾注浆材料	膨润土	t	3100
	水泥	t	7000
	砂	t	22500
	粉煤灰	t	13000

3.3 设备计划

盾构主要施工机械设备，见表 3-2。

盾构主要施工机械设备表 表 3-2

序号	名称	规格型号	数量	生产能力	用于施工部位
1	盾构机	ZTE8600	2 台	—	盾构掘进
2	电瓶机车	XDC65	4 台	65t	浆液、管片运输

续上表

序号	名称	规格型号	数量	生产能力	用于施工部位
3	硅整流充电机	200-250kW/750V	4套	100A	电瓶车
4	渣土车	KCZ50	24节	25m^3	电瓶车
5	管片运输车	KCG20	16节	25t	管片运输
6	浆液运输车	KCJ7	4节	13m^3	浆液运输
7	注浆料储备罐	—	4台	13m^3	浆液存储
8	循环水冷却系统	SDF2×110kW	4套	100m^3/h	循环水
9	通风机	SDF2×110kW	4台	2×110kW	通风
10	浆液搅拌站	1500	1套	30m^3/h	浆液制备
11	双液注浆机	KBY-50/70	4套	50L/min	二次注浆
12	挖掘机	EX300-5N	2台	1.5m^3	出渣
13	门式起重机	70t	2台	70t	垂直运输
14	门式起重机	35t	1台	35t	垂直运输
15	履带式起重机	QY-350	2台	400t	盾构吊装
16	潜水泵	WQ12-40-4	20台	扬程40m	抽水
17	卷扬机	JJK5	2台	5t	始发、接收
18	千斤顶	YC200	2台	200t	始发、接收
19	千斤顶	YC20	4台	20t	始发、接收
20	发电机	300kW	1台	300kW	应急

3.4 劳动力计划

项目部盾构管理人员见表3-3。作业队盾构施工人员见表3-4。

项目部盾构管理人员一览表 表3-3

序号	管理岗位	人数（人）	备注
1	盾构经理	1	
2	盾构常务副经理	1	
3	盾构总工程师	1	
4	盾构副经理	1	
5	安全总监	1	
6	生产副队长	1	
7	机电副队长	1	

续上表

序号	管理岗位	人数（人）	备注
8	现场工程师	2	
9	机械主管	1	
10	电气主管	1	
11	机械工程师	1	
12	电气工程师	1	
13	机修工	3	
14	电气工	2	
15	主掘进手	4	
16	操作手	5	
17	拼装手	4	
18	库管员	1	
合计		32	

作业队盾构施工人员一览表

表 3-4

序号	管理岗位	人数（人）	备注
1	项目负责人	1	
2	技术负责人	1	
3	经营负责人	1	
4	机电负责人	1	
5	安全负责人	1	
6	测量主管	1	
7	测量员	4	
8	安全员	1	
9	设备员	1	
10	施工主管	4	
11	材料员	1	
12	资料员	1	
13	技术员	5	
14	工人	81	
合计		104	

4 施工工艺技术

4.1 施工准备

4.1.1 施工场地平面布置

1）临江站场地布置

依据现场实际情况，结合本工程周围环境，本着合理组织交通运输原则，满足盾构及其后配套设备进场、组装、吊运下井、施工材料供应、始发掘进、渣土存放、渣土运输的要求，并与竖井、施工现场布置结合起来，对施工总平面统一规划、综合考虑、合理布置。设门式起重机、搅拌站、变压器、循环水池及冷却塔、管片存放区、渣土坑、洗车槽、沉淀池、加工区、库房、盾构及其后配套设备存放组装区及办公区等。

2）机临区间风井临时设施

机临区间风井位于阳泉村5组，位于规划道路东南侧绿地内，大致呈东北—西南向布置，占地面积9500m^2，应充分考虑材料堆放、机械设备停放等辅助施工生产区域的布置。现场平面布置主要内容包括围挡及大门、冲洗设施及给排水设施、钢筋堆放及加工棚、办公区、其他配套设施布置。其中，围挡及大门布置包括工地大门、门卫、门禁系统、施工场地围挡等；冲洗设施及给排水设施包括五级沉淀池、洗车槽、自动冲洗平台；钢筋堆放及加工棚布置包括钢筋加工堆放场地、钢筋加工棚等；办公区包括办公室、应急物资库房、卫生间等；其他配套设施主要有移动式照明灯塔、班前宣讲平台和茶水亭、厕所、临时供电布置、“八牌二图”、宣传栏及绿化等。为保证施工现场排水畅通不积水，施工场地设置合理的纵横坡度，并沿基坑砌筑排水沟。

3）场地布置设施

施工场地布置主要包括围挡、大门、洗车槽、生产房、生活房及场内道路等。各场地均进行地面硬化，并配备消防设施。根据建设单位要求，施工围挡分为0.4mm厚围挡及0.8mm厚围挡两种，0.4mm厚围挡适用于轨道交通工程涉及的管线及绿化迁改等临时工程，0.8mm厚围挡适用于轨道交通主体及附属工程施工。

（1）0.4mm厚围挡主要设置标准和方法。

①围挡结构为方钢骨架（100mm×100mm×1.2mm）+喷绘亚光板（1980mm×275mm×0.4mm）。围挡地面至顶部高度2.5m，每幅围挡长9.9m，采用硬质一次成型板材印花喷涂绿草图案（油墨绿色小草，哑光型），现场模块化整体式拼装成型。

②每幅围挡由3档组成，每档由12张彩钢扣板组成，每张彩钢扣板尺寸为

1980mm × 275mm。每档围挡设 2 根横梁（40mm × 40mm × 1.2mm镀锌方管或∟40mm × 3mm角钢），用连接螺栓固定。围挡上部和下部各设置一道 U 形卡槽（53mm × 26mm × 1mm），固定围挡上下两端。

③在每档中部设置加固支撑（40mm × 40mm × 1.5mm镀锌方管三角斜撑），上部采用螺栓与围挡横梁连接固定，下部直接锚固于地面上，每幅围挡共增加 3 个加固支撑。

（2）0.8mm 厚施工围挡主要设置标准和方法。

①围挡结构为方钢骨架（100mm × 100mm × 1.5mm）+ 喷绘亚光板（1980mm × 275mm × 0.8mm）。围挡地面至顶部高度 2.5m，每幅围挡长 9.9m，采用硬质一次成型板材印花喷涂绿草图案（油墨绿色小草，哑光型），现场模块化整体式拼装成型。

②每幅围挡由 3 档组成，每档由 12 张彩钢扣板组成，每张彩钢扣板尺寸为 1980mm × 275mm。每档围挡设 2 根横梁（40mm × 40mm × 1.2mm镀锌方管），用连接螺栓固定。围挡上部和下部各设置一道 U 形卡槽（53mm × 26mm × 1.5mm），固定围挡上下两端。

③在每档中部设置加固支撑（40mm × 40mm × 1.5mm镀锌方管桁架斜撑），上部采用螺栓与围挡横梁连接固定，下部直接锚固于地面上，每幅围挡共增加 3 个加固支撑。

（3）围挡顶部每隔 9900mm 设置一个方形灯箱，规格尺寸为（1200mm × 600mm × 120mm），内设 4 根 LED（发光二极管）灯管，灯箱上喷涂。围挡正视图如图 4-1 所示；围挡后视图如图 4-2 所示；围挡侧视图如图 4-3 所示。

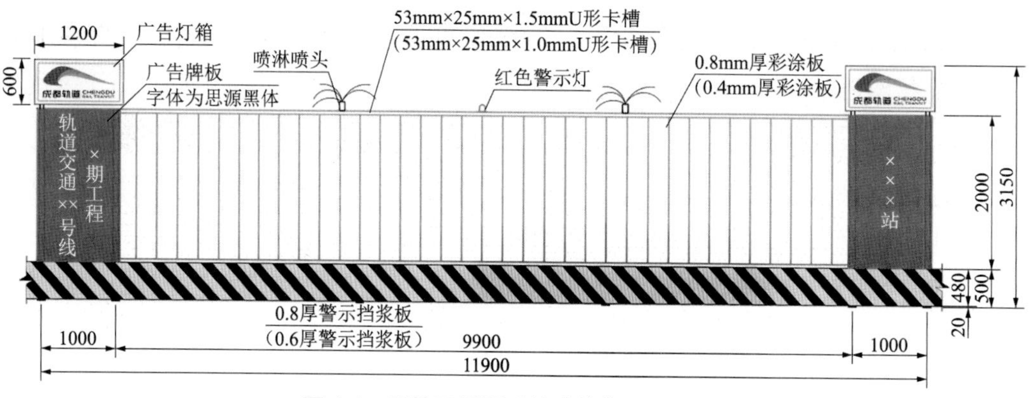

图 4-1 围挡正视图（尺寸单位：mm）

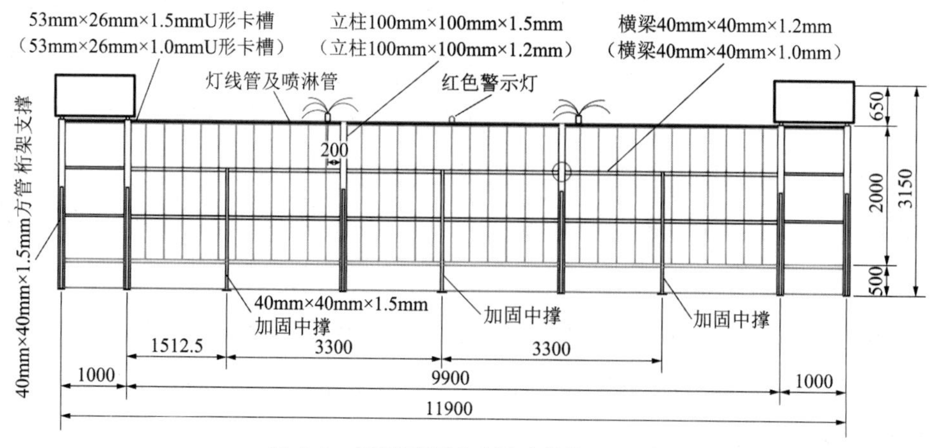

图 4-2 围挡后视图（尺寸单位：mm）

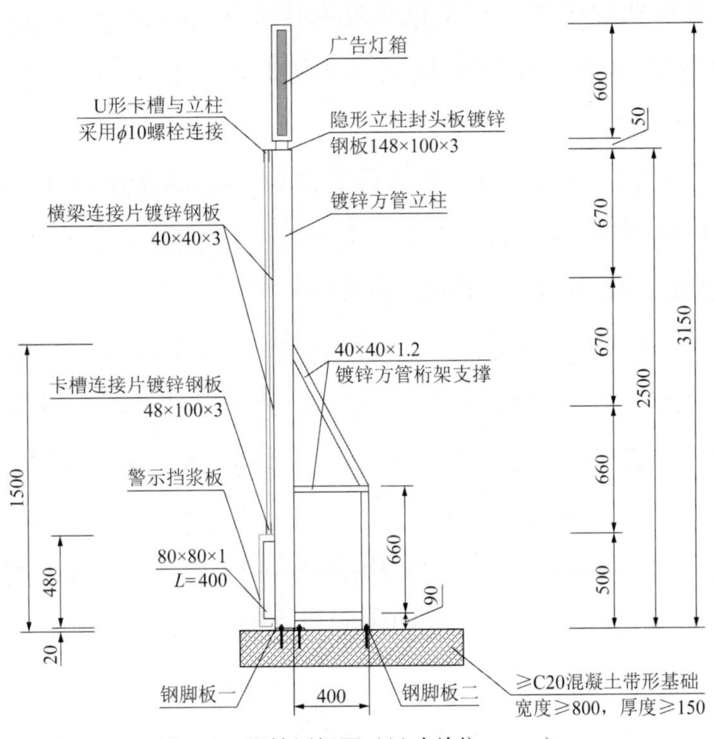

图 4-3　围挡侧视图（尺寸单位：mm）

（4）围挡灯箱下方设置公示牌（1200mm × 2000mm），间距为 10900mm，用螺栓固定在围挡上，喷字内容为“轨道交通 18 线三期工程”，字体格式及大小为思源黑体（250mm × 250mm），“临江站（机临区间风井、临江站出入线明挖区间）”，字体格式为思源黑体（600mm × 600mm），交替设置。围挡顶部两个灯箱中间设置一个红色太阳能警示灯。在围挡顶部边框设置 LED 强光白色灯带。

（5）围挡下部设置黄黑相间图案警示挡浆板，高度为 500mm，宽度为 60mm，采用锚固螺栓与地面及围挡面板固定。挡浆板采用铁皮加工制作，单条黑黄图案宽 100mm，与地面夹角为 45°。

（6）围挡大门区域设置人员进出门禁设备、视频监控设备和人员上下班打卡设备等智慧工地管理系统组件。

（7）施工现场设置全封闭对开式大门，宽 6.2m，高度 2.4m，大门上设置企业标识。大门内侧设置门卫室，建立门卫制度。大门内侧布置“八牌三图”，即廉洁从业举报公示牌、党务纪检公开栏、施工公告、工程概况、管理人员名单及监督电话、安全生产、消防保卫、文明施工、现场总平面图、防汛平面图、管线平面布置图。每块标牌规格为900mm × 1400mm，白底蓝字，高度 1.9m。按照要求，每个工地大门口还须设置“成都轨道交通施工现场工人维权告知牌”。

（8）洗车槽长 8m，宽 4m，四周设置40cm × 40cm的截水沟，配备高压冲洗设备，污水排入沉淀池。沉淀池分五级沉淀，长宽深为7.2m × 3.2m × 0.8m，沉淀池中拦水埂高度 0.7m，池四周设置防护围栏。

（9）重大危险源作业公示牌，深基坑等危险作业场所处设置“每日重大危险源作业公示牌”，高宽尺寸为1.2m × 1.5m，内容包括危险源名称、涉及危险源及不利因素、风险度、控制措施、作业人数、安全员、监护人及联系电话、举报电话等。

（10）进入施工现场入道口醒目位置设置安全镜，采用不锈钢管焊制，高1.6m、宽1.0m，设置防护用品佩戴示范图像。

（11）工地主要施工道路、消防通道、办公室、宿舍、厕所、材料堆放场、加工场、仓库等必须进行地面硬化处理。施工便道、场内道路设置黄色油漆条限界，材料堆放区、加工区、半成品区及成品区采用黄色油漆条进行区域划分，黄色油漆条涂刷宽度为20cm。

（12）基坑四周设置排水沟，采用C20混凝土浇筑，排水沟内积水经过沉淀池沉淀排入市政雨水管。

（13）施工现场入口处设置消防架，采用角钢焊制，高2m，宽1.5m，焊接遮雨棚。配备斧头、铁锹、铁钩、铁桶、灭火器。现场按照每50m^2至少配备一具灭火器即4kg干粉灭火器2支。

（14）设置全封闭办公区，场地硬化。设置伸缩式大门，门垛上设置项目名称及标识。修建2层板房3栋、1层板房2栋，作为建设单位、监理及施工单位办公室。办公房上粘贴宣传标语。前方设置升旗台，旗台上粘贴鎏金字体的企业名称。设置3根9m高不锈钢旗杆。施工现场住宿区必须与施工区完全隔离，设置大门，住宿区与临时便道采用1.2m高防护围栏隔开，底部设置盆栽绿化，围栏采用ϕ15mm钢管焊接，涂刷红白相间油漆以警示。

（15）在施工现场设置临时生产房屋，包括配电房、备用发电机房、小型机具材料库、水泥库等，均采用砖砌结构或防护栏结构。

（16）配电房为整个工地供电系统的核心，场区内供电采用三相五线制，在变压器输出端设总动力箱，在分施工点设分动力箱，场区内供电线路尽量靠近围墙布置，避免相互干扰。同时考虑配备发电机，以备供电前和突然停电时使用。

4.1.2 施工场地便道

1）施工便道

场地外道路，进入施工现场主要是利用既有简三路，需从简三路新修便道至现场。目前，我部已开始进行周边环境调查，并积极与地方政府协调，初步确定线路。标准施工便道采用双向两车道混凝土路面设计，路面厚度为30cm，底部填50cm砾石料，车道净宽10m，两侧设置排水沟。场外便道工程量统计见表4-1。

场外便道工程量统计　　表4-1

便道名称	长度（m）	路面宽度（m）	混凝土厚度（m）	钢筋（t）	混凝土方量（m^3）	建渣回填（m^3）	土方回填（m^3）
机临风井	683.66	10	0.3	98.27	2050.99	3418.31	22237

续上表

便道名称	长度（m）	路面宽度（m）	混凝土厚度（m）	钢筋（t）	混凝土方量（m^3）	建渣回填（m^3）	土方回填（m^3）
临江车站	94.23	10	0.3	13.55	282.70	471.17	654
出入场线暗挖＋明挖区间	556.49	10	0.3	79.99	1669.46	2782.43	5274

场地内道路，场地内设环形车行通道，标准施工便道采用双向两车道混凝土路面设计，路面厚度为30cm，底部填50cm砾石料，车道净宽7m，便道长度2km，宽度主要考虑施工过程钢支撑吊装、混凝土泵车支立等因素，同时满足施工期间大型车辆通行要求，在外侧设置宽0.3m、深0.5m排水沟。施工便道布置如图4-4所示。

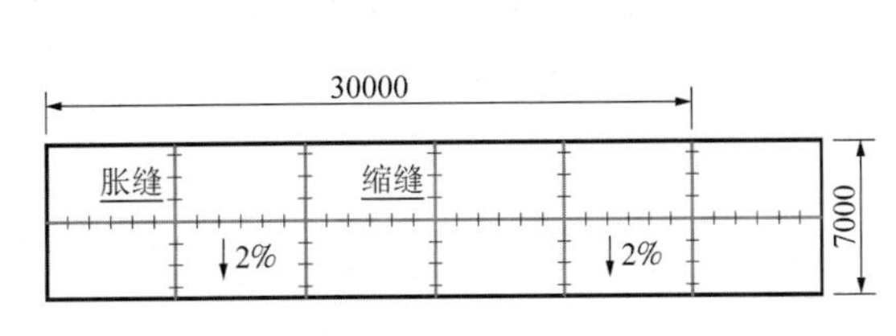

a) 混凝土路面平面布置图（尺寸单位：mm）

b) 混凝土路面示意图

图4-4 施工便道布置图

2）施工便道设置要求

便道需满足施工车辆的行车速度、密度、载重量等要求，便道排水畅通，路面无淤泥、无积水，满足车辆正常通行要求。

3）施工便道设置标准

（1）场地内施工便道为单侧双向两车道设计，道路尽量考虑永临结合。根据调查情况，施工场地表层均为杂填土、粉质黏土等地质，基础较软，地势起伏较大，需进行整平、碾压处理，经项目部研究决定场地内施工便道采用30cm厚度C30钢筋混凝土路面方式进行施工，钢筋网片采用ϕ16mm@200mm×200mm布置。

（2）路面设置2%的单向排水横坡，并在外侧设置宽0.3m、深0.5m排水沟。

（3）根据各自工点进出场最大设备的转弯条件设置，一般转弯半径不小于20m。

（4）根据场地内施工机械情况设置，纵向坡度应不大于8%，路面设2%横坡方便排水。

（5）便道应设置必要的标识标志，进入施工现场的路边，设置“进入施工现场，请减速慢行”警示牌，并安装减速带；在道路施工段设置“前方施工，减速慢行”警示标志，并安装减速带；在施工现场（生产区、办公区、生活区等）拐弯处，设置拐弯指向标志，安装凸面镜、减速带，并设置防撞墩、防撞柱等防护措施；与简三路等主路的交叉口设置进入工点指示标志。

4.1.3 临电、临水及其他

1）临水

根据调查，施工场地周边村民生活用水均为水井引入，无市政自来水管网接入，且周边沟渠、河道水质较差，不能满足盾构机施工需要，考虑到该工区用水量较大，故先在简仁路的ϕ160mm 的 PE（聚乙烯）管开口，新建管径ϕ110mm 的 PE 管，后期迁移至新建的ϕ315mm 的 PE 管上，同时在项目部门口加装水表组，表后管道由建设单位自行接入红线。管道沿现有施工区域红线敷设，途中需横穿工区内部一次，前期通过掩埋对新建供水管进行隐蔽保护，待该部分区域基础成形后，利用道路涵洞将管道迁改至另一侧路边，保障停车场工区的生产生活用水。现场施工时可根据实际情况进行优化调整，此外，需ϕ110mm 的 PE 管全长 2500m。

2）临电

经与当地供电局共同现场勘查，施工区附近高压电源接入点已经确认，临江站小里程端盾构用电专线和箱式变压器均由附近的石板凳镇变电站“T”接引出，侧穿既有村道埋管敷设至施工现场，车站大里程端利用就近 10kV/35kV 高压电源接入点埋地敷设置暗挖、明挖区间施工现场。根据分析，最早送电时间在 2020 年 2 月，因此前期临建施工的工程须采用发电机过渡。此外，左、右线区间隧道电缆敷设长度分别为 2700.15m、2664.57m，引入箱式变压器具体情况如下。项目临电设施数量统计见表 4-2。

项目临电设施数量统计表 表 4-2

序号	规格	单位	工点名称			合计
			临江站	区间风井	出入场线明挖段	
1	VLV-3 × 300 + 2 × 150	m	1170	—	—	1170
2	VLV-3 × 240 + 2 × 120	m	—	130	390	520
3	VLV-3 × 150 + 2 × 90	m	260	195	195	650
4	VLV-3 × 120 + 2 × 70	m	650	—	—	650
5	VLV-3 × 95 + 2 × 50	m	1300	260	260	1820
6	VLV-3 × 50 + 2 × 25	m	650	—	—	650
7	VV-3 × 4 + 2	m	2600	650	650	3900
8	VV-3 × 2.5 + 1	m	650	390	390	1430
9	VV-3 × 1.5	m	2600	—	650	3250

续上表

序号	规格	单位	工点名称			合计
			临江站	区间风井	出入场线明挖段	
10	一级箱	个	5	3	1	9
11	二级箱	个	19	8	4	31

（1）机临区间风井及明挖区间配置 500kVA 箱变 1 台，满足盾构吊出施工需求，出入场线明挖区间配置 630kVA、500kVA 箱变各 1 台满足盾构风机、循环水泵、搅拌站、膨润土池施工用电、生活区用电；出入场线盾构区间配置 4800kVA 环网柜 2 台盾构专用大电。

（2）临江站小里程端配置 630kVA 箱变 2 台先结构再盾构然后附属施工用电，配置 4800kVA 环网柜 2 台盾构区间专用大电；中间配置 1 台 500kVA 箱变满足门式起重机、塔式起重机及盾构区间与车站主体结构同步施工时用电需求，大里程端配置 630kVA 箱变 1 台满足出入场线明挖区间施工用电。

4.2 盾构始发方案

4.2.1 盾构施工准备

1）地面准备工作

在盾构推进施工前，首先进行施工用电、用水、通风、排水、照明、大小行车等设施的安装工作。备齐施工必需材料、设备、机具，管片、连接件的储量须满足 3d 推进用量。井上、井下建立测量控制网并经监理复核、认可。车架安置到位，电缆、管路等接至井下。对隧道沿线的建筑物，以及盾构将要穿越的需要保护的管线进行调查、取证，布置沉降监测点。对某些困难地层的隧道线段或工程现场上可能发生的复杂工程问题，有针对性地进行补充钻探。

2）技术准备

尽快办理测量桩点的交接，对所交桩点进行复测，测量成果上报建设单位和施工监理审定。

在施工前熟悉并复核设计图纸、资料，熟悉项目合同有关技术标准、规范的要求，在此基础上编制实施性施工组织设计，并对施工方案进行充分论证和优化。对区间危险源要制订专项安全施工方案，对下（侧）穿的建（构）筑物制订专项施工保护方案。

制订现场施工的技术管理办法以及有关质量、安全、进度、文明施工管理办法，编制关键工序的作业指导书。施工前对所有人员进行技术培训、操作规程培训，以提高作业人员技术和操作水平。制订季节性施工措施，做好技术交底，安排好检验和试验工作。

3）施工物资及设备准备

（1）施工物资准备

施工物资准备工作要做到充分、及时、充足，符合施工进度的要求，中央生态环境保护督查、省生态环境保护督查以及扬尘治理等环保、消防物资要提前储备，其主要包括管片、螺栓、止水带、防尘口罩、灭火器等，并做好材料的检验工作。此外，将根据工程进展，事先编制施工需用量计划，报建设单位及监理工程师审核批准，并派专人负责安排有关事宜。

施工用常规物资，如各类施工工具、测量定位仪器、消防器材、临时办公桌椅等，合理分类堆放，派专人看护。

（2）施工设备准备

铁建重工 ZTE8600 盾构机将用于工程施工总承包项目土建三工区机临风井—临江站盾构区间、临江站—临江车辆段出入场线盾构区间，该型号盾构机采用复合式刀盘，针对砂岩/泥岩地质相应配备 46 把滚刀、6 把中心刀和 24 把刮刀，该配置刀盘在成都砂岩/泥岩地区已经过实践验证，满足施工需求。整机采用 EP1 润滑脂对关键部位集中润滑，主驱动 3 道聚氨酯 + 2 道唇形橡胶密封、盾尾 4 道密封刷 + 1 道止浆板和螺旋机双闸门控制，整机密封能力优良，适应性、安全系数高。配备的 $15m^3$ 容量注浆罐、$3 \times 10m^3/h$ 注浆能力的同步注浆系统，满足整环掘进注浆需求。$15m^3$ 容量注浆罐、$3 \times 15m^3/h$ 注入能力的膨润系统和膨润土保压系统各一套、$9 \times 2.4m^3/h$ 注入能力的泡沫系统，能够很好地与掘进施工相匹配，满足砂岩/泥岩地层渣土改良以及掘进换刀保压需求。拥有 $550m^3/h$ 出渣能力的螺旋机和 $800m^3/h$ 输送能力的皮带输送系统，足够完成整环的掘进出渣要求。整台设备配备 81895kN 的标称推力、28740kN · m的最大扭矩，满足砂岩/泥岩地层的掘进施工任务。

根据本工程特点，公司设备部门应提前对盾构机的个别辅助设备进行设计和制造，从而满足盾构施工工艺要求。盾构掘进开始之前，应对行车等辅助设备进行调试、验收，并备齐验收资料。

4）人员准备及培训

按施工阶段不同投入相应的盾构施工的劳动力，根据工程作业量进行计划安排。其中，地下工班 52 人、地上工班 24 人、测量班 8 人、维修工班 12 人、零工班 10 人，共 106 人。参加施工的有关技术人员、管理人员、操作人员、民技工必须接受入场前安全教育，经考试合格后方可上岗。由项目总工程师组织进行技术交底，以使参与施工的相关技术人员、管理人员、操作人员了解施工设备的特点、结构、施工质量、施工安全和工期进度计划要求，并对施工手段、施工方法、施工程序和措施等做到心中有数，防止因施工人员不熟悉施工工艺而出现各类伤害。

5）沿线建筑物调查核实

对盾构掘进影响范围内的建（构）筑物进行详细的调查并与已有资料进行核对，并保存录像和照片资料，包括建（构）筑物的名称、位置、建造时间、所属建设单位，建筑物的用途、层数（高度）、结构类型、内外构件（包括建筑物的表面情况和维修情况）有无损伤、有无地下室，建（构）筑物的基础类型、基础深度、尺寸及其与建设项目的相对位置关系，四层及更高层建筑物的垂直度等，其中构筑物的基础是调查重点。清楚地列出房屋当前状况，包括建筑材料、建筑物的结构形式、基础状态、垂直度及损坏情况等。本标段盾构区间房屋全部拆迁，盾构下穿天府机场高速路基和侧穿220kV高压铁塔已与相关产权单位进行了对接。

6）沿线管线调查核实

查明核实盾构施工影响范围内各类地下管线的种类、平面位置、埋深、管径或根数、材质等要素，并与已有资料核对。

在盾构正式施工前，成立专门的管线调查小组，配备工程师、土地测量员和建筑工程师、结构工程师等，配备全站仪、水准仪、探测仪、测缝针、摄影机等仪器。在调查前制订详细的调查计划和调查图表，通过走访管线建设单位等有关单位，收集调查管线的有关设计和竣工资料，在管线建设单位在场的情况下，用实地观测、测绘等方法来完成在工程影响范围内所有管线的调查工作。最后进行资料整理分析，列出图表，明确各类保护项目的允许变形量，同时妥善保存，以指导盾构掘进，在需要时可随时查找。施工期间加强与产权单位的联系及协商。

7）始发（接收）洞门土体加固

根据设计图纸，临江站（含站后区间）始发端头、机临区间风井及临江停车场明挖区间接收端头采取大管棚注浆＋袖阀管加固方式。机场北站—临江站盾构区间、临江站—临江停车场盾构区间盾构始发端头分别位于临江站小里程端头和临江站站后明挖区间大里程端头，接收端头分别位于机临区间风井大里程端头和临江停车场出入场线明挖区间盾构井，其中临江站小里程隧道洞身上半部位于软土地层中，下半部位于全风化泥岩、强风化砂岩层中；临江站大里程端头洞身除洞顶少部分位于中风化泥岩层外，其余全部位于中等风化砂岩层内；机临区间风井大里程隧道洞身位于中等风化砂岩层中；临江停车场出入场线明挖区间隧道洞身位于中等风化砂岩层内。临江站小里程端地质纵剖面如图4-5所示，临江站大里程端地质纵剖面如图4-6所示，机临区间风井大里程端地质纵剖面如图4-7所示，临江停车场明挖区间盾构井地质纵剖面如图 4-8 所示。

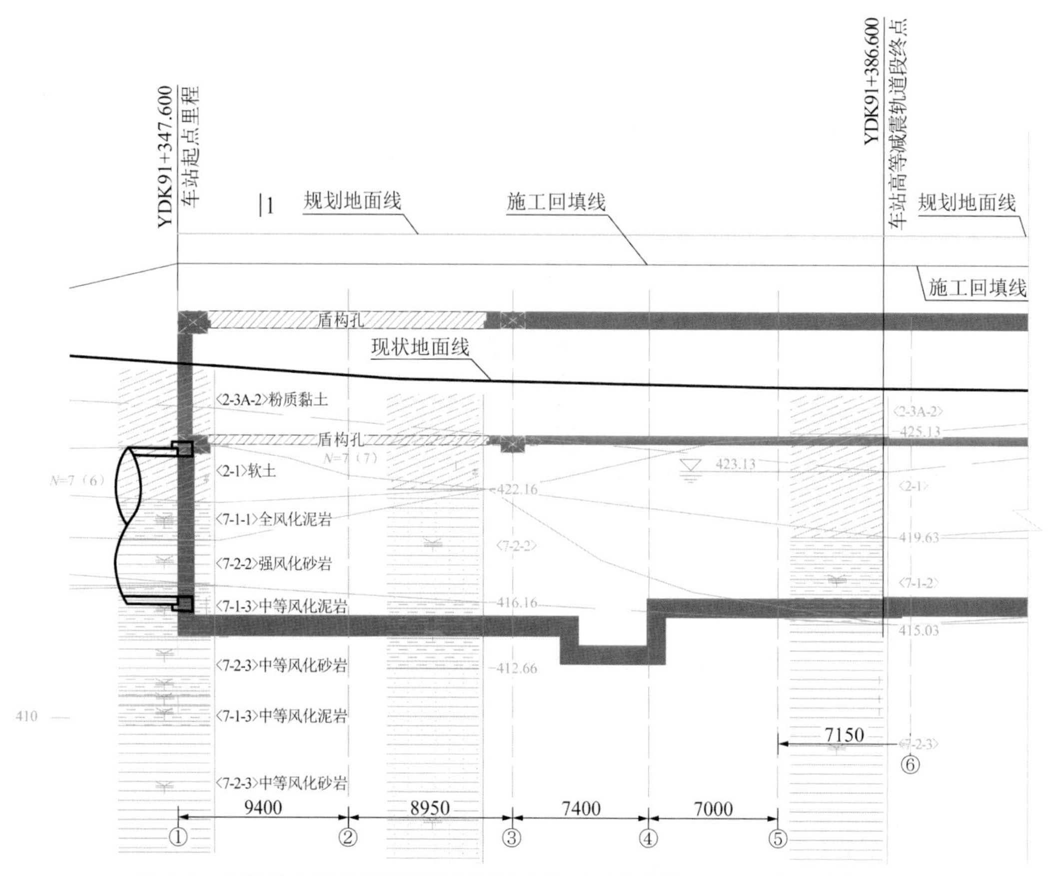

图 4-5　临江站小里程端地质纵剖面示意图（尺寸单位：mm；高程单位：m）

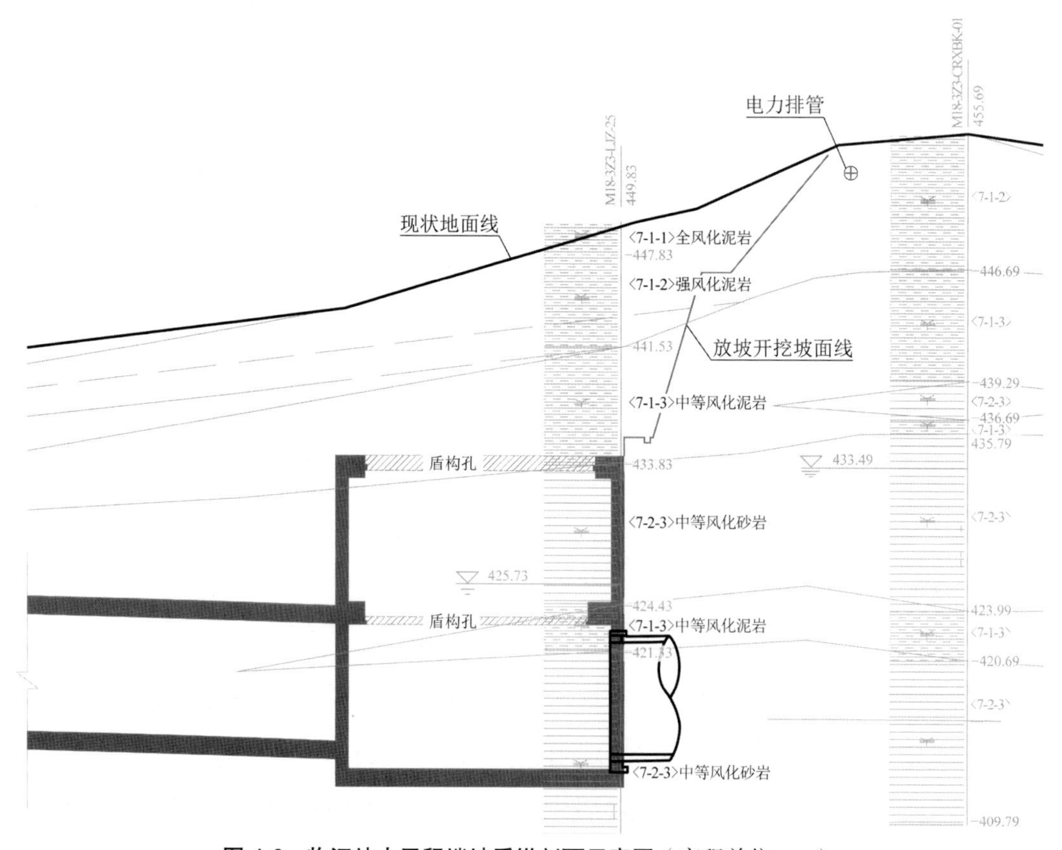

图 4-6　临江站大里程端地质纵剖面示意图（高程单位：m）

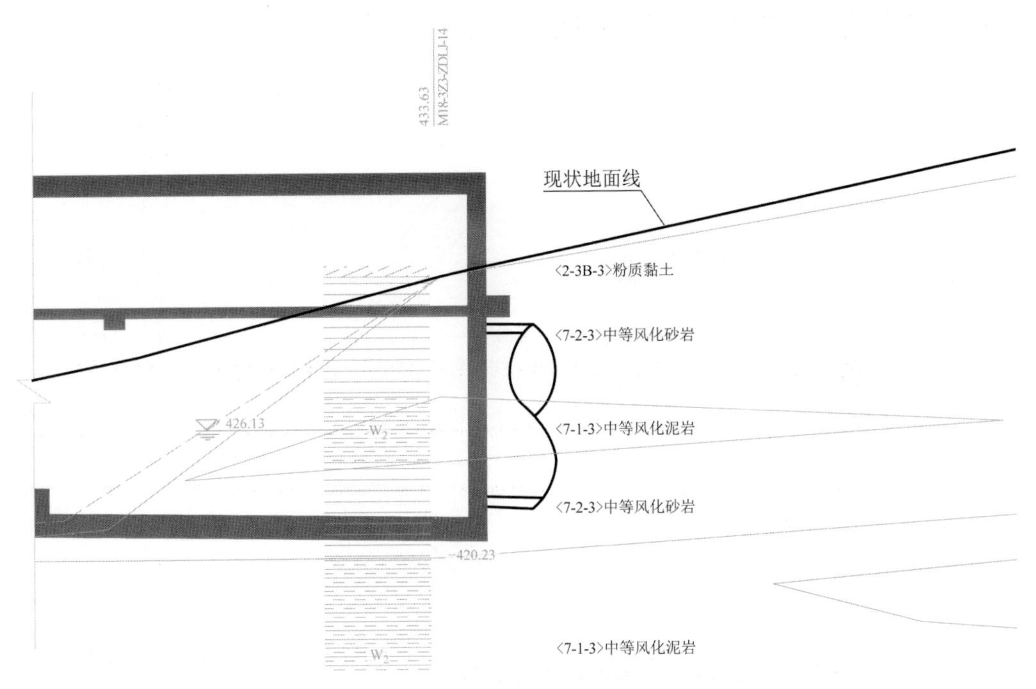

图 4-7 机临区间风井大里程端地质纵剖面示意图（高程单位：m）

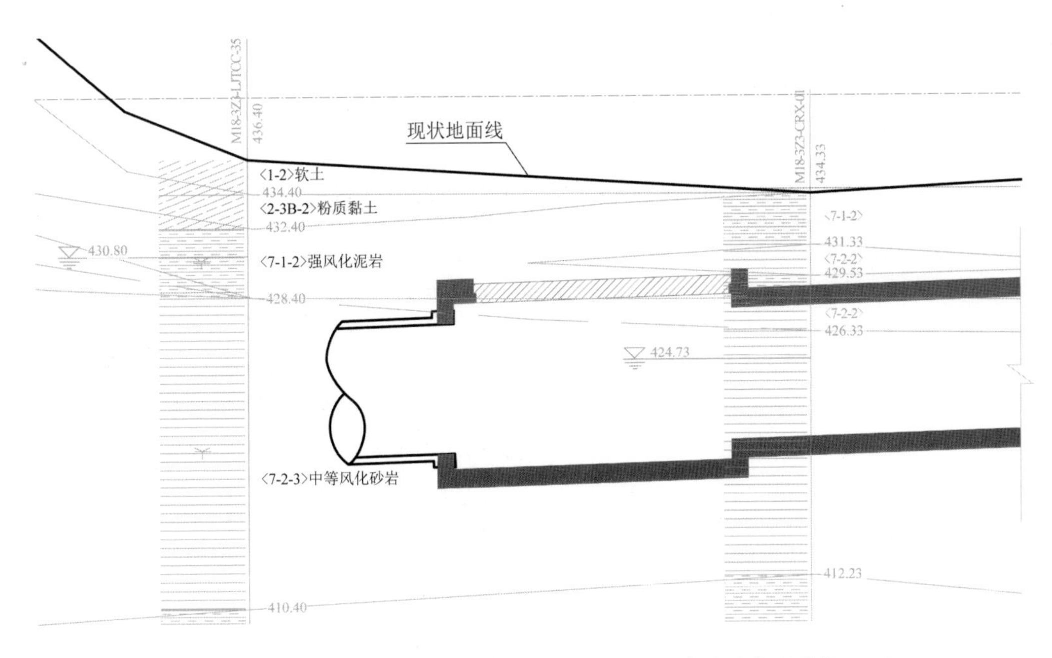

图 4-8 临江停车场明挖区间盾构井地质纵剖面示意图（高程单位：m）

洞门采用直径 108mm 大管棚 + 管棚内注浆方式进行加固，同时辅以邻近洞门的 10 环管片上半部分袖阀管注浆。管棚布置，左、右线洞门各 31 根，长 15m，均布于隧道上部 120°的范围内。大管棚利用车站盾构井搭设施工平台施工，施工平台可根据施工机具设备及施工工艺要求调整设计。始发、接收端头袖阀管加固范围，纵向加固长度为 15m，盾构轮廓线外 4.15m，拱顶 4.15m，有效长度 8.3m，注浆孔2m × 2m梅花形布置。大管棚加固范围分布如图 4-9 所示；袖阀管加固平面如图 4-10 所示；袖阀管加固纵剖面如图 4-11 所示；袖阀管加固横剖面如图 4-12 所示；盾构施工端头加固方法适用性见表 4-3。

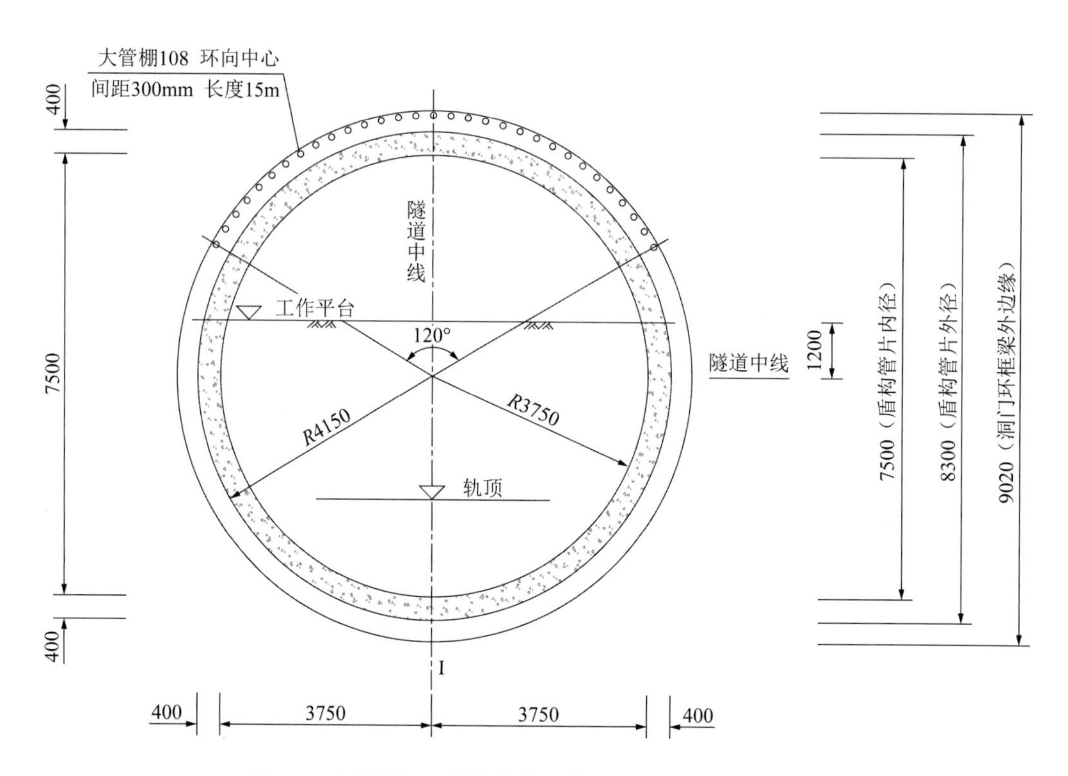

图 4-9 大管棚加固范围分布示意图（尺寸单位：mm）

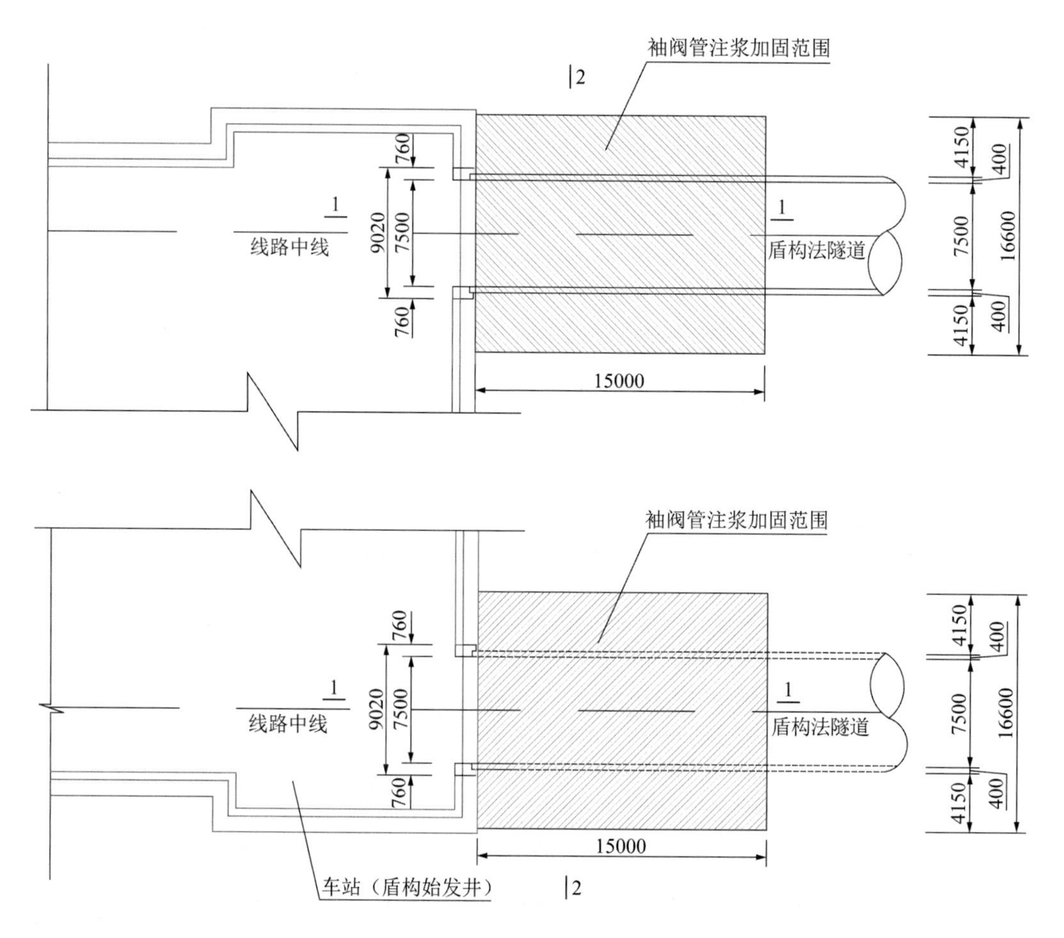

图 4-10 袖阀管加固平面示意图（尺寸单位：mm）

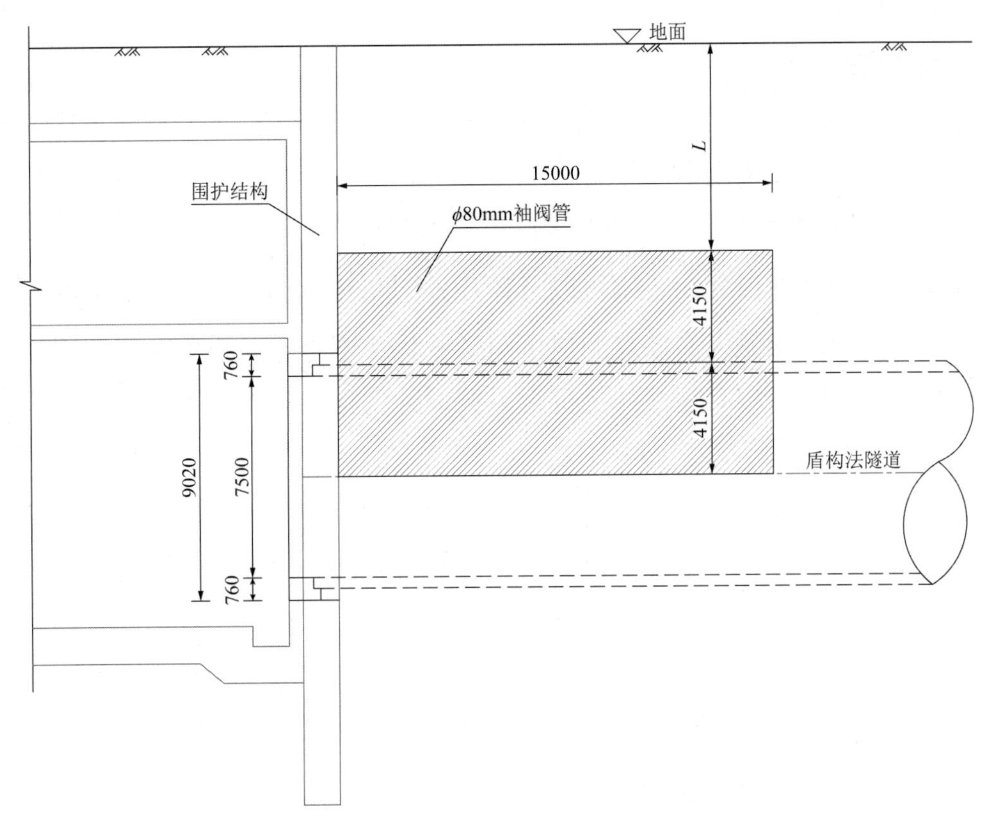

图 4-11 袖阀管加固纵剖面示意图（尺寸单位：mm）

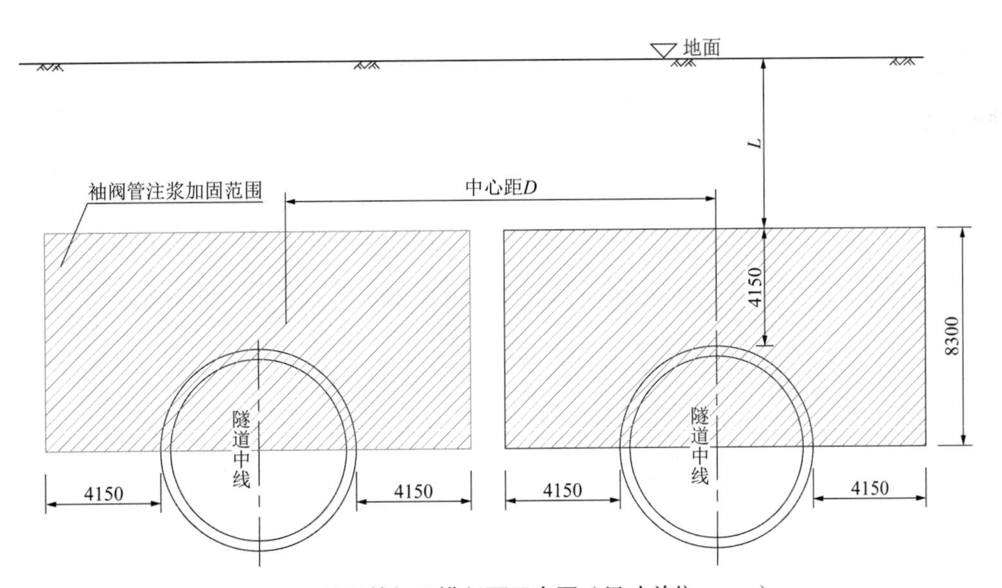

图 4-12 袖阀管加固横剖面示意图（尺寸单位：mm）

盾构施工端头加固方法适用性 表 4-3

序号	加固方法	适应地层地质	备注
1	袖阀管	粉质黏土、粉砂质泥岩、粉砂岩、砾砂和回填土体	可竖向可横向，对改善地层条件和提高摩擦桩的承载力是一种较有效的方法
2	大管棚	软弱围岩	起临时超前支护作用，防止土层坍塌和地表下沉

8）始发前准备

（1）一般事项

需要在掘进前准备的项目，包括洞口防水环圈、始发托架、将盾构机吊至井内并进行组装、反力架、洞口地基加固等。

（2）洞口防水环圈

在出洞前的端头井开口处，盾构机以及环片外围与开口部之间会产生环状空隙。为避免因空隙产生涌水或砂土流失而设置洞口帘布橡胶板。帘布橡胶板用活橡胶材质制作，应对地下水压及同步注浆压力有很好的抵抗力，按设计位置正确安装，并牢靠固定，使之在注浆时不晃动。

当准备出洞时先检查其精密度并向监理工程师报告，接受审查。为防止焊接时发生破损，橡胶防水圈本体的安装在盾构机拼装之后进行，并由专门人员进行现场检查、确认。

（3）始发托架

设置盾构始发托架的目的是让盾构机在设计位置上进行安装。盾构始发托架是以 H 型钢构成的，以保证有足够的强度抵抗盾构机的重量和出洞的推力以及抵消刀盘旋转所产生的扭力。

始发托架在确认位置、方向、高度后，牢固地固定在底板上。

（4）反力架

反力架以 H 型钢构成，并结合端头井结构固定牢固，以保证有足够的强度抵抗盾构机出洞推力的反力。

（5）门式起重机安装与检验

场内盾构井端安装两台 70t 和一台 35t 门式起重机负责出土和装卸管片。门式起重机安装前要向主管部门报装，并对安装调试过程进行监督，以利于及时通过检验，尽快投入使用。

（6）存渣场

存渣场根据场地布置图布置在轨排井边缘，方便门式起重机在最短时间内倒土，要根据场地环境具有尽可能较大的容量，以满足日出土量的需要。此外，采用钢筋混凝土基础，型钢与预制混凝土板作为围挡。

4.2.2 盾构始发

1）始发作业工序

本工区盾构井空间满足盾构整机下井条件，采用满列始发方式。盾构始发主要内容，包括安装盾构机始发托架及制作始发导台，盾构机及后配套台车就位、组装、调试，安装洞门密封圈、安装反力架、安装洞门延伸钢环及密封帘布橡胶板、拼装负环管片，盾构机加压贯入作业面和试掘进等。盾构始发作业流程如图 4-13 所示。

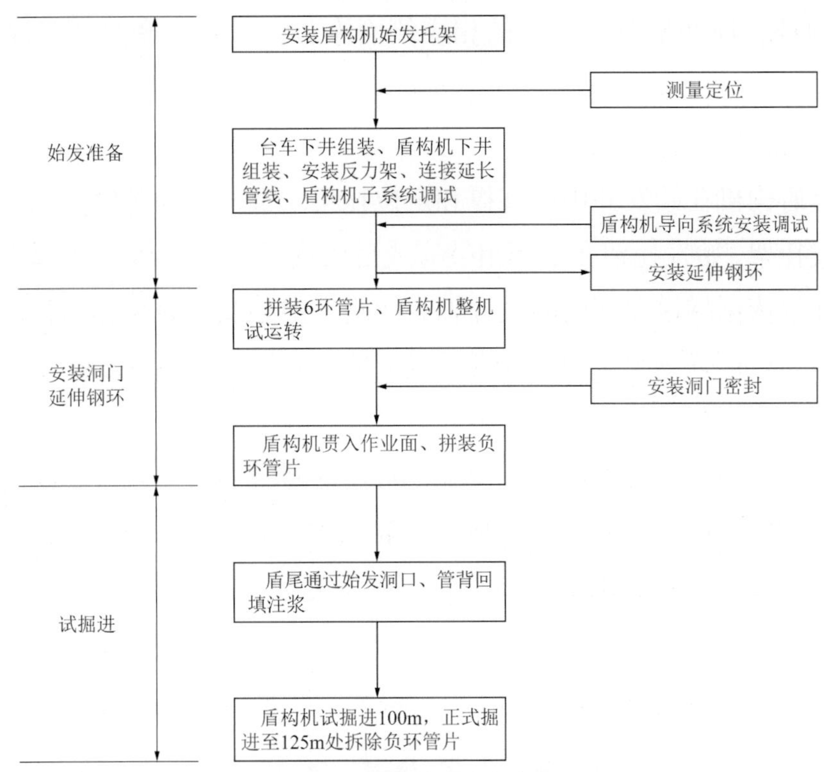

图 4-13　盾构始发作业流程图

2）洞门延伸钢环安装

（1）盾构始发采用延伸洞门延伸钢环装置，洞门延伸钢环总长度 60cm，采用 16mm 厚钢板，内径 8.9m；由于钢环直径较大，加工时将环体分割为 12 等分块，分割面两侧焊接法兰钢板，法兰钢板采用螺栓连接，方便连接成环。延伸钢环安装如图 4-14 所示。

（2）钢环两端各焊接一个 16mm 厚法兰盘，法兰盘内径 ϕ8.9m，外径 ϕ9.2m，法兰盘上设置 ϕ24mm 螺栓孔，共计 120 个。

图 4-14　延伸钢环安装参考图

3）洞门密封装置安装

为了防止盾构始发、到达掘进时泥土、地下水从盾壳和洞门的间隙处流失，以及盾尾通过洞门后背衬注浆浆液的流失，在盾构始发、到达时需安装洞门临时密封装置，临时密封装置由帘布橡胶、扇形压板、垫片和螺栓等组成。

洞口密封采用帘布橡胶和折叶式压板密封。其施工分两步进行，第一步在始发端墙施工过程中，做好始发洞门预埋件的埋设工作，在埋设过程中预埋件必须与端墙结构钢筋连接在一起；第二步在盾构正式始发或盾构到达之前，清理完洞口的渣土后及时安装洞口密封压板及橡胶帘布板。

安装密封装置的注意事项，安装前应先测量预埋钢环的偏心量及圆度，其复合偏差不得超过 30mm；盾构机外壳须保持光滑，以利于保证密封效果；为了避免刀盘在推进过程中割伤橡胶密封环，应在橡胶密封环的相应侧面涂黄油；安装密封环时注意其上凸缘的朝向。

4）始发托架安装

始发托架是盾构机在始发井中的支撑和定位托架。根据现场条件及工期安排，始发井口采用钢制始发托架，始发托架在地面组装完成后由现场一台 200t 汽车起重机整体吊装下井固定。始发托架依据隧道在此处的设计轴心线确定中心线，通过测量放线，将托架中心线和托架支撑轨切点位置刻画于始发井底板或端墙及侧墙上，以指示托架的安装位置；另外根据盾构机的主体结构尺寸和始发位置处的隧道设计中心线的高程，来确定始发托架的确定高程。为防止盾构始发时出现低头现象，将靠近洞门端的托架安装高度比设计高程调高约 30mm。安装位置精度由测量队控制，托架安装就位后，对托架进行固定，之后在托架上组装盾体。始发托架俯视如图 4-15 所示；始发托架侧视如图 4-16 所示。

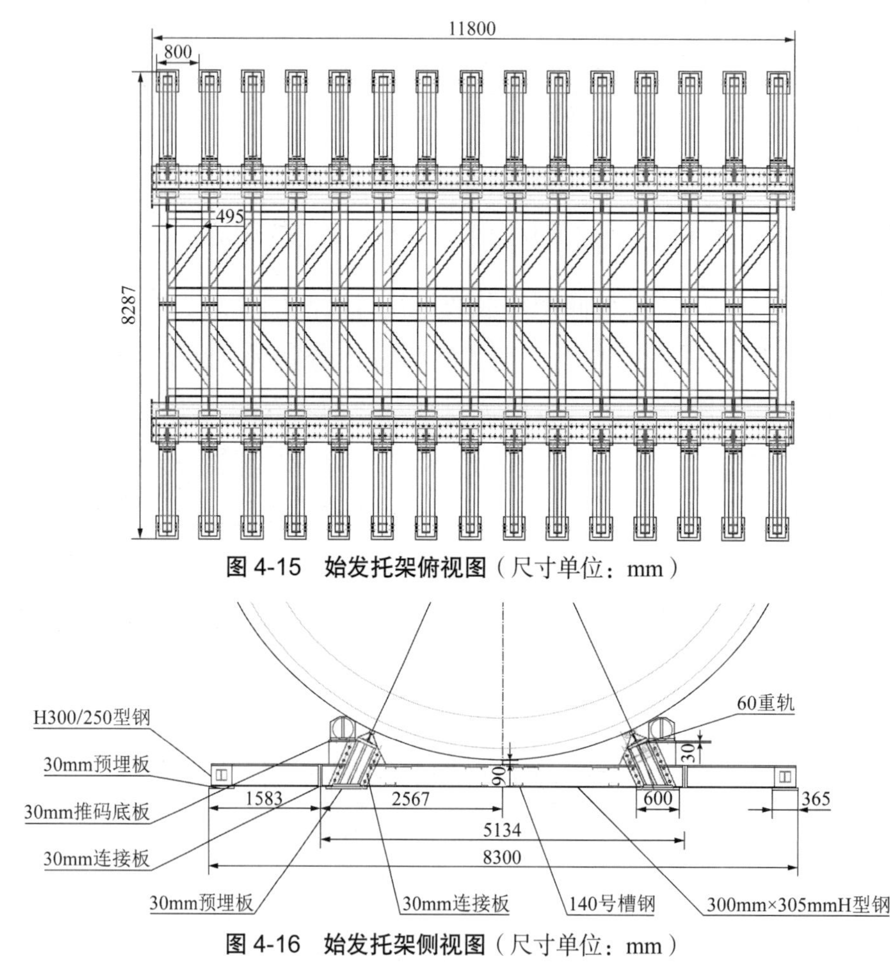

图 4-15　始发托架俯视图（尺寸单位：mm）

图 4-16　始发托架侧视图（尺寸单位：mm）

安装步骤如下：

（1）为了防止盾构进入土体栽头，托架抬高 20mm 安装。

（2）先由测量人员放出隧道中心点，再结合托架的设计图纸对托架安装位置中心线标出，定位托架前后端头。

（3）托架运至施工现场后吊到井下，并将两部分组装起来。

（4）通过吊车来初步调节托架位置，使托架中线与隧道线路中心线重合。存在的高差用钢板垫起来。

（5）粗调完成后，由测量人员进行复核。根据测量结果使用千斤顶进行细调，直至结果达到安装要求后，再由测量人员进行最后的校核。

（6）安装完成后及时报监理和第三方监测核查。

（7）测量结果符合安装要求后，将预埋件与垫的钢板和托架底板焊牢，防止托架移动。

（8）安装结束后，测量人员对安装位置进行最后检查，质量人员对各螺栓连接和焊缝进行强度、连接质量、托架高程复核等检查，经检查合格后才能投入盾构始发的使用，保证始发的顺利进行。

5）安装反力架

（1）反力架、负环管片位置确定

反力架为钢结构，根据要求 0 环位置深入洞门 700mm，反力架宽度 1000mm，管片幅宽为 1500m，经计算，负环管片为 9 环（包含 0 环）。

（2）反力架固定

反力架安装时，首先测量在反力架位置起始里程断面的中心线，并刻画在始发井侧墙上，同时要保证反力环的中心和盾构机主体结构中心必须在同一直线上，反力环中心高程由反力架尺寸高度和风井底板的高程来控制。在安装反力架时，反力架左右偏差控制在±10mm 之内，高程偏差控制在±5mm 之内，上下偏差控制在±10mm 之内。

反力架提供盾构机推进时所需的反作用力，因此反力架须具有足够的刚度和强度。将反力架放在始发竖井内，调整好位置，反力架后背加固采用钢管支撑作用在车站结构墙处，两侧竖直方向各 5 根；下横梁共 4 根，反力架上横梁 4 根 400mm 型钢水平作用于车站顶板，反力架底座直接与底板预埋件进行焊接。反力架正视如图 4-17 所示，反力架支撑侧面如图 4-18 所示。

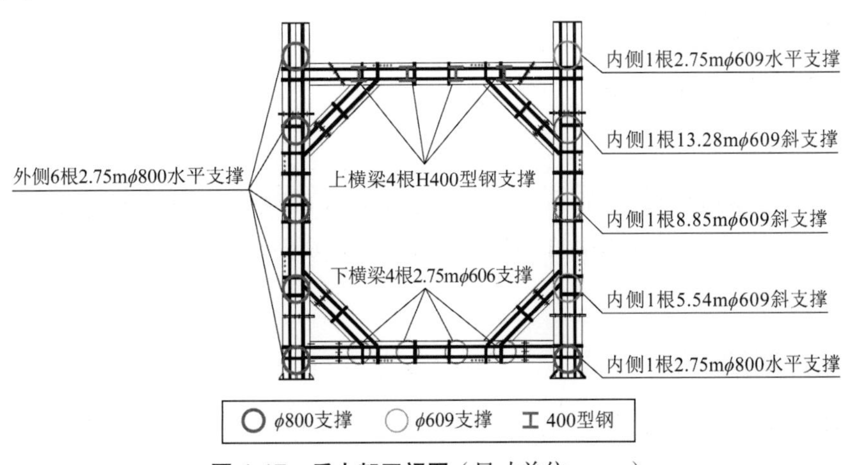

图 4-17 反力架正视图（尺寸单位：mm）

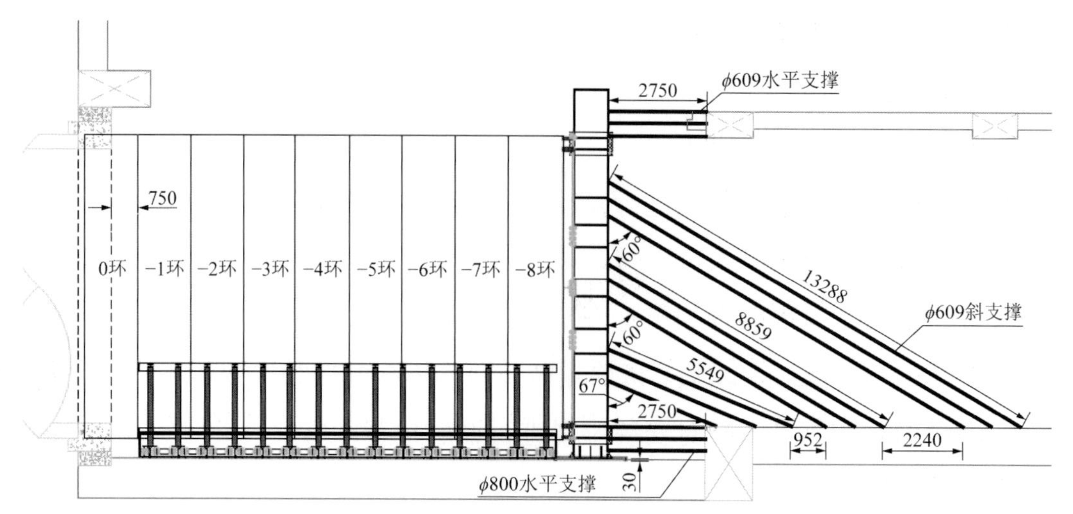

图 4-18　反力架支撑侧面图（尺寸单位：mm）

（3）反力架结构

①盾构推力

根据以往施工经验及反力架计算校核书，设计盾构机总推力为 3000t 可满足施工的要求。

②反力架布置形式

由两根立柱和两根横梁以及水平支撑组成。立柱与横梁采用高强螺栓连接，为加强整体性，一般按照以往其他单位的施工经验另需在连接处焊接，所有焊缝均采用连续焊接的方式，不得有断缝，所有节点均为固定连接。所有连接在设计时必须要求连接处强度不得低于母材强度。

③反力架计算

盾构始发时需要反力架提供后坐力约 3000t，负环把荷载传递到反力架上的受力区域。反力架受力计算详见附件 9.1-1。

④反力架焊接检测要求

反力架焊接完成后，委托具有资质的检测机构现场进行焊缝检测，并出具相应检测报告。检测焊缝内部质量应符合《焊缝无损检测　超声检测　技术、检测等级和评定》（GB/T 11345—2013）相关要求。

6）盾构机调试

盾构机从厂家运抵施工现场后经过组装并对所有管线连接检查完毕后，即可进行调试工作。盾构机调试完毕后，应达到盾构机生产厂家规定的性能要求，调试工作包括以下内容。

（1）供电系统调试

①高压系统测试

盾构机高压供电系统是保证设备正常工作的首要条件。测试的内容包括高压电缆、接头、电缆盘、高压开关柜及变压器的绝缘及功能调试。在高压部分工作确认正常以后即可进行下一步的调试工作。

②低压供电系统调试

包括照明系统（含紧急照明）、动力系统、弱电供电系统。

（2）盾构本体部分检测

包括前盾、中盾、盾尾的外形检查、土仓及刀盘开口、人闸仪表及管路的检查、盾尾油脂控制检测、盾尾设施及其控制的检查、螺旋输送机闸门控制的检测、供气系统的检查、土压传感器的检测、推进千斤顶及铰接千斤顶性能的检测、各种管路的检查（弯曲度、可伸展性、表面磨损情况）。

（3）刀盘检测

包括刀盘刀具（齿刀、周边刀、滚刀、中心刀）数量及外观检查。

（4）盾构机电气系统测试

PLC（可编程逻辑控制器）控制软件、人机界面和导向系统软件的调试；各类传感器的测试和校准；各类电磁阀、流量计的检测、校准；盾构机控制系统内部电气联锁关系的测试；盾构数据采集系统的连接和测试。

（5）刀盘驱动部分调试

包括刀盘驱动的功能调试、齿轮油系统的检查、刀盘密封油脂输送泵的检测、刀盘密封油脂泵性能的测试、刀盘驱动液压马达及行星减速齿轮的检查。

（6）推进系统调试

包括各个动力系统泵阀组的调试、液压油冷却及过滤系统的测试、推进调速系统的调试、推进千斤顶功能的调试。

（7）管片拼装机功能调试及管片存放机调试

包括管片拼装机各种功能和伸缩、回转和前后移动等各种动作测试和调试。

（8）螺旋输送机功能测试

包括螺旋输送机转速、油压、伸缩动作、正反转和出土闸门启闭等的测试。

（9）膨润土注入系统调试

包括膨润土注入系统注入压力、流量、膨润土泵电机转向、调速功能和各个阀门的启闭等调试和测试。

（10）盾构机铰接功能测试

包括盾构机各铰接油缸动作和铰接功能的测试。

（11）泡沫系统测试

包括泡沫系统水泵、气路、泡沫发生器的功能，泡沫压力、流量以及各泡沫注入点阀门启闭，泡沫发生剂发泡性能和注入管路工作情况等测试。

（12）浆液注入系统测试

包括浆液罐电机、控制面板、浆液压力传感器和注浆泵压力、流量等测试。

（13）辅助配套设施测试

包括砂浆搅拌罐的检查、后配套通风系统的检查。

（14）盾构机导向系统测试

盾构机的导向系统是盾构掘进时轴线控制的依据，在盾构始发前应结合盾构机组装调试测试导向体统与盾构机控制室之间的数据传递情况，测试导向系统各组成部分的工作状态，并进行导向系统的初始化工作，即利用竖井内的导线点和盾构机中体上预设的测量点精确测量导向系统后视棱镜和光靶坐标、盾构机俯仰角、转动角和偏转角等初始姿态参数并输入导向系统，以指导今后盾构掘进。

（15）整机试运行及负载运行

在各系统分别调试完毕后，进行整机试运行，按正常掘进状态依次启动各系统，测试各系统的配合、连锁等情况，最后结合盾构始发进行负载运行。

7）负环管片拼装

（1）拼装 −8 环负环管片

盾构机刀盘至洞门前预留沟槽，管片拼装机到反力架基准环环面距离为 4.5m，每环管片 1.5m，可安装 −8、−7、−6 环管片。

①安装管片定位圆钢

因盾尾内径与管片外径之间有 30mm 间隙，在拼装负环管片时，需要在盾尾下部盾壳内避开千斤顶撑靴位置焊接长 1.6m 的ϕ30mm 圆钢 4 根，沿盾构纵向放置，尾部靠在盾尾刷台阶处。圆钢靠近撑靴处与盾壳点焊 2 个点，以方便负环管片安装完成后将其移除。

②拼装落底块 B2、B3

−8 环管片封顶块 F 块在 12 点钟方向，落底块 B2、B3 交接面与隧道铅锤中线重合。−8 环负环混凝土管片定位时，管片的后端面应与线路中线垂直，在管片拼装机位置定出隧道中线，落底块 B2、B3 块交接面与之对应，确保后期管片安装角度符合设计要求。管片拼装 12 点位环面如图 4-19 所示。

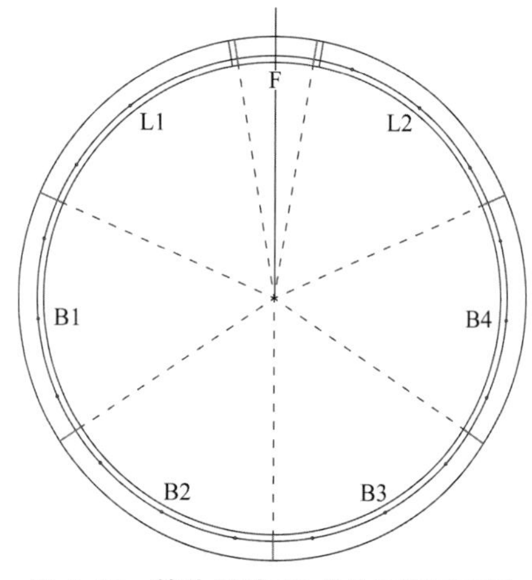

图 4-19　管片拼装 12 点位环面示意图

③拼装标准块 B1、B4

B1 在盾尾左侧，B4 在盾尾右侧。每安装一块管片，立即将管片环向连接螺栓插入连接孔，并戴上螺帽用气动扳手紧固。管片安装到位后，应及时伸出相应位置的推进油缸撑靴固定管片，防止管片倾覆，之后方可移开拼装机。

④拼装邻接块 L1、L2 及封顶块 F

安装 –8 环管片上部 2 块邻接块及 1 块封顶块时，因 –8 环管片为第一环，没有纵向螺栓固定管片，故在拼装邻接块时，先将其与标准块的环向螺栓连接。因为盾壳内径与管片外径间距为 30mm，管片厚 400mm，抬升 10mm 便于封顶块的插入，故邻接块上部用单边长为 370mm 两块 20mm 厚钢板加工的“7”字块勾住，钢板焊接在盾壳上。封顶块就位后，割除“7”字块，两块邻接块落下与封顶块搭接密实，用螺栓连接。管片拼装“7”字块定位如图 4-20 所示。

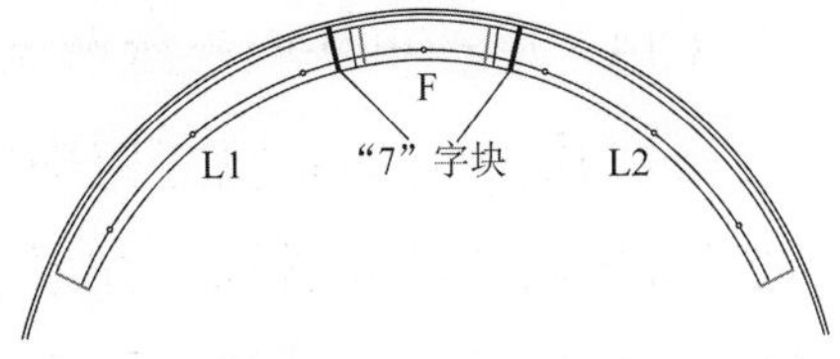

图 4-20 管片拼装“7”字块定位示意图

⑤ –8 环管片后移

–8 环管片拼装完成后，盾构机用拼装模式将 –8 环管片后推，顶靠在反力架基准环面上，上好与反力架连接的连接螺栓，为下一环拼装做准备。

（2）拼装 –7、–6 环管片

–8 环管片封顶块 F 块位于 12 点钟方向，拼装顺序为先落底块 B2、B3，再拼装 B1、B4、L1、L2，最后插入 F 块，每块拼装完成后及时将纵、环向连接螺栓插入拧紧。–8 环拼装完成后，进行 –7 环拼装，该封顶块 F 位于 11 点钟方向，安装顺序同 –8 环。

（3）洞门破除完成，盾构始发，拼装 –6 环至零环管片

洞门破除及防水装置安装完成后，盾构始发，将 –6 环管片放置在拼装位置，盾构前移达到拼装长度后迅速拼装 –6 环管片，盾构顶推进洞，正式掘进，拼装剩余负环管片。

（4）钢丝绳固定负环管片

对于已脱出盾尾的负环管片，采用ϕ15mm 钢丝绳从管片外侧每隔 1.5m 间距环箍一道将管片固定，并用手拉葫芦将钢丝绳拉紧。管片外周钢丝绳环箍加固，如图 4-21 所示。

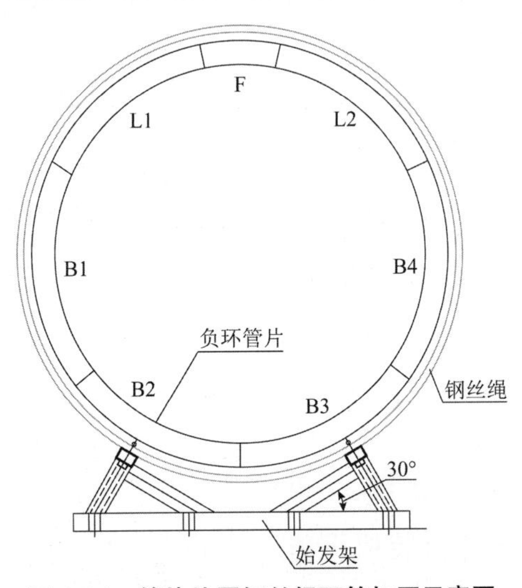

图 4-21 管片外周钢丝绳环箍加固示意图

（5）设置三角支撑

负环管片安装到位后，应及时伸出相应位置的推进油缸顶紧管片，其顶推力应大于稳

定所需力，之后方可移开管片拼装机。为减小负环管片的失圆影响，管片外部增设三角支撑沿掘进方向敷设，管片与支撑之间用木楔楔紧。三角支撑、木楔加固示意如图4-22所示。

图4-22 三角支撑、木楔加固示意图

（6）拼装控制要点

①负环管片为8环（−8～0环），拼装点位11点到1点错缝拼装。其中0环管片安装止水带和软木衬垫，其他8环不安装。

②在安装负环管片之前，为保证负环管片不破坏盾尾尾刷、保证负环管片在拼装好以后能顺利向后推进，在盾壳内安设厚度不小于盾尾间隙的方木（或型钢），以使管片在盾壳内的位置得到保证。

③由于负环管片的拼装精度将直接影响到正式管片的拼装精度，因此，尽可能地将负环管片拼装成真圆形。

④第一环负环（−8环）管片拼装成圆后，用6组油缸完成管片的位移，管片在后移过程中，要严格控制每组推进油缸的行程，使每组推进油缸的行程差小于10mm，保证管片的断面与设计线路垂直。在管片的后移过程中，要注意不要使管片从盾壳内的方木（或型钢）上滑落。

⑤每拼一环管片由千斤顶推出盾尾，在管片脱了盾尾时及时用木楔垫实管片与导轨之间的间隙，并用钢丝绳把负环管片与始发基座捆绑牢固，直至盾构处于出洞前位置。

⑥盾构进入洞门前在刀盘和帘布橡胶板外侧涂润滑油以减少摩擦力，防止破坏帘布橡胶板。

8）盾构始发流程

（1）始发步骤一

开始拼装−8环管片，管片用门式起重机从小里程端预留的吊装井吊入，并用管片车通过内部预设的滑轨滑动到管片拼装机下方，由拼装机进行拼装。

①拼装前检查盾尾油脂，保证油脂涂抹饱满，钢丝绳及各种应急物资到位，盾尾内拼装−8环，需在盾尾上部和下部焊接固定块，保证拼装过程中安全。拼装完成后将整环管片螺栓进行复紧。

②刀盘到达帘布前禁止转动刀盘，到达帘布时，注意保护帘布，检查折页压板是否到位，盾构机进钢环前在橡胶帘布上涂满黄油，防止刀具刮破橡胶帘布。

③ –8 环拼装完成后，利用千斤顶将 –8 环管片整体向后推，在负环管片被顶出盾尾时要在始发基座和脱出管片之间用钢楔及方木楔子楔紧以将管片固定牢固使 –8 环管片与反力架基准环紧密连接。–8 环拼装如图 4-23 所示。

④在 –8 环顶出盾尾后及时用钢丝绳、2t 手拉葫芦配合进行单环加固，以防止管片向外侧张开，拉紧时须控制好管环的直径，避免过紧或者过松。

⑤检查 –8 环与基准环的连接是否平整，必要时通过钢板进行调整。

⑥在盾构机上做好标记，主要标记刀盘转动位置与刀盘抵达掌子面的位置。

拼装好后，将 –8 环推出，之后拼装 –7 环管片。

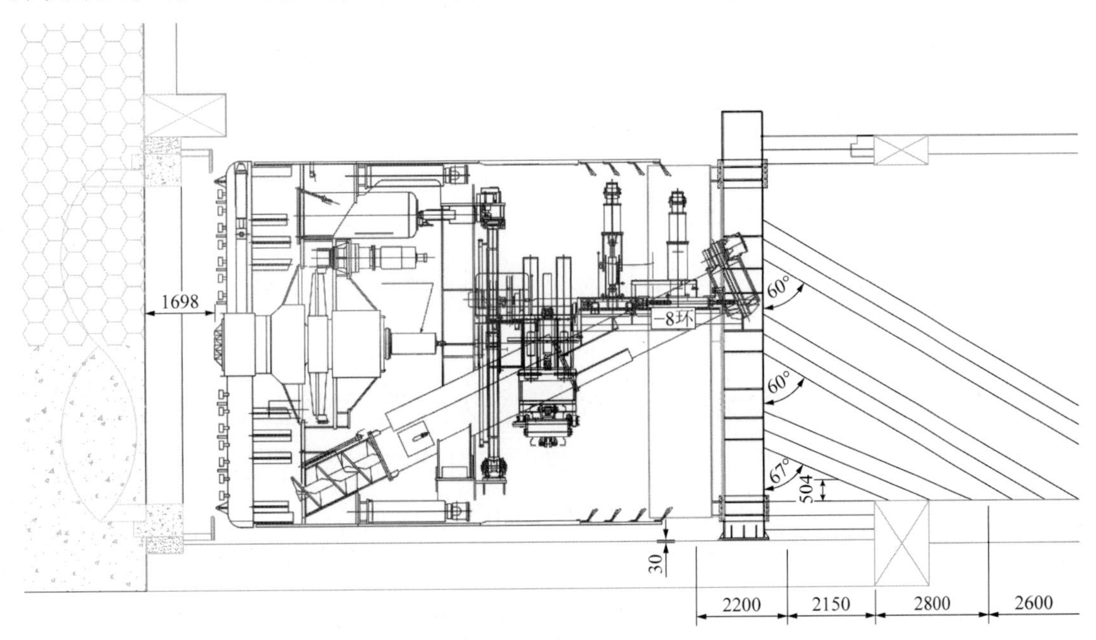

图 4-23 –8 环拼装示意图（尺寸单位：mm）

（2）始发步骤二

①当切口里程为 YDK91 + 348.200（ZDK91 + 348.200）（临江站小里程）、RDK0 + 301.793（CDK0 + 302.002）（临江站大里程）时，此时 –4 环千斤顶行程 1500mm，刀盘切口与维护结构预留约 100mm 距离，刀盘开始转动，掘进速度控制在 10mm/min 内，推力小于 1200t，及时注入盾尾油脂，刀盘转速控制在 0.5～0.8r/min，注意扭矩变化，逐步开始建立土压，土压控制在 0.3～0.4bar（1bar = 0.1MPa）。对已经拼装完成的负环管片采用钢丝绳进行固定，并检查钢丝绳是否紧固，下部木楔子是否松动。

②在刀盘扭矩较大的情况下，需注入泡沫剂改良土体，减小刀盘磨损。

③推进行程约 2000mm 时开始拼装，–4 环拼装完成后，刀盘切入土体约 424mm，安排专人观察周围洞门两侧，并对折页压板进行处理。若发现洞门有较大漏水、应对洞门密封进行加固处理。

④在 −4 环脱出盾尾后及时用钢丝绳、2t 手拉葫芦配合进行单环加固，以防止管片向外侧张开，拉紧时须控制好管环的直径，避免过紧或者过松。−4 环拼装如图 4-24 所示。

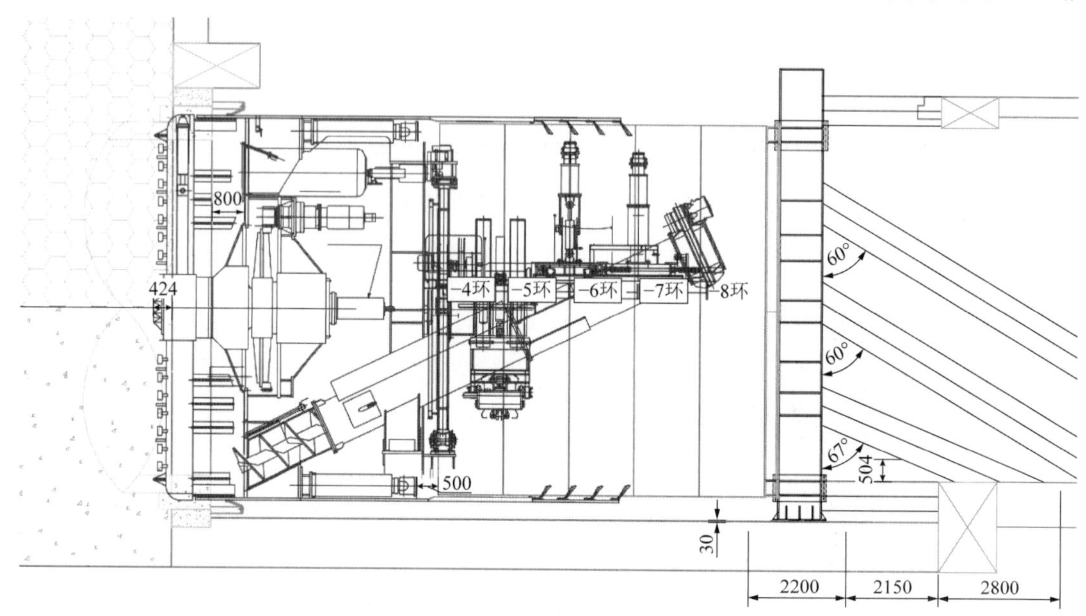

图 4-24　−4 环拼装示意图（尺寸单位：mm）

（3）始发步骤三

盾构推进至 +4 环拼装完成后，盾尾完全进入土体，应及时停机进行洞门封堵。在封堵洞门时，需检查地下水情况，若地下水压力较大，应从隧道内及时开孔排水，降低水压，同时管片壁后空隙采用双液浆进行回填，以上部注入为主，下部注入为辅，保证注浆质量，防止管片上浮，洞门完成封堵后方可继续掘进。洞门填充注浆应注意压力控制，以免击穿止水帘布，造成洞门止水装置失效。+4 环拼装如图 4-25 所示。

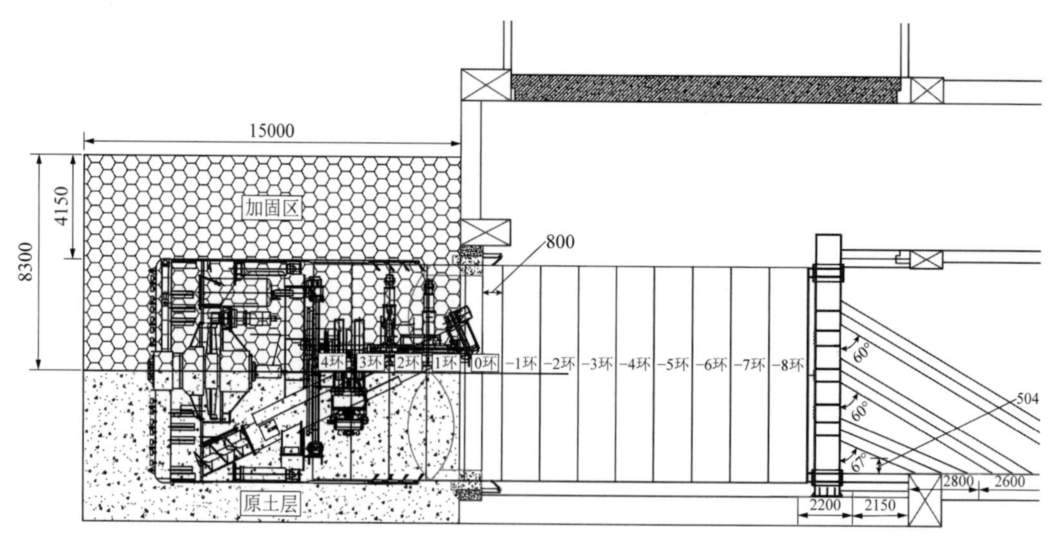

图 4-25　+4 环拼装示意图（尺寸单位：mm）

9）导轨安装

在盾构机进洞的过程中，为防止盾构机刀盘下沉，在洞门密封圈内侧铺设两根导轨，导轨高度略低于始发支座导轨，长度不得损坏洞门密封，并要焊接牢固，防止盾构机掘进时将其破坏，而影响盾构正常掘进。导轨位置以始发台导轨延伸对应位置为准，导轨采用43kg/m 钢轨。

10）盾构机防扭装置

盾构机刀盘进洞切削端头加固体时会产生扭矩，为防止盾构机盾体在始发导轨上发生偏转，在始发导轨与盾构机盾体接触面外侧焊接防扭装置（采用 3cm 钢板加工而成），防扭装置间隔 3m。随着盾构机的前行，当防扭装置距离洞门密封 0.5m 时停止推进，将之割除，防止其破坏洞门密封钢丝刷。盾构机防扭转钢板焊接如图 4-26 所示。

图 4-26　盾构机防扭转钢板焊接图

11）盾构机始发试掘进

本标段选用的盾构机为复合式盾构机，土压平衡模式掘进时，是将刀具切削下来的土体充满土仓，由盾构机的推进、挤压而产生压力，利用这种泥土压与作业面地层的土压与水压平衡。同时利用螺旋输送机进行与盾构推进量相应的排土作业，始终维持开挖土量与排土量的平衡，以保持开挖面土体的稳定。始发试掘进阶段掘进 4 环/d，正常阶段掘进 6 环/d。掘进操作控制流程如图 4-27 所示。

盾构机在完成前 100m 的试掘进后，将对掘进参数进行必要的调整，为后续的正常掘进提供条件。

（1）根据地质条件和试掘进过程中的监测结果进一步优化掘进参数。

（2）正常推进阶段采用 100m 试掘进阶段掌握的最佳施工参数。通过加强施工监测，不断地完善施工工艺，控制地面沉降。因此，施工进度应采用均衡生产法。

（3）推进过程中，严格控制好推进里程，将施工测量结果不断地与计算的三维坐标相校核，及时调整。

（4）盾构应根据当班指令设定的参数推进，推进出土与衬砌背后注浆同步进行。不断完善施工工艺，控制施工后地表最大变形量在−30～+10mm 之内。

（5）盾构掘进过程中，坡度不能突变，隧道轴线和折角变化不能超过 0.4%。

（6）盾构掘进施工全过程须严格受控，工程技术人员根据地质变化、隧道埋深、地面荷载、地表沉降、盾构机姿态、刀盘扭矩、千斤顶推力等各种勘探、测量数据信息，正确下达每班掘进指令，并及时跟踪调整。

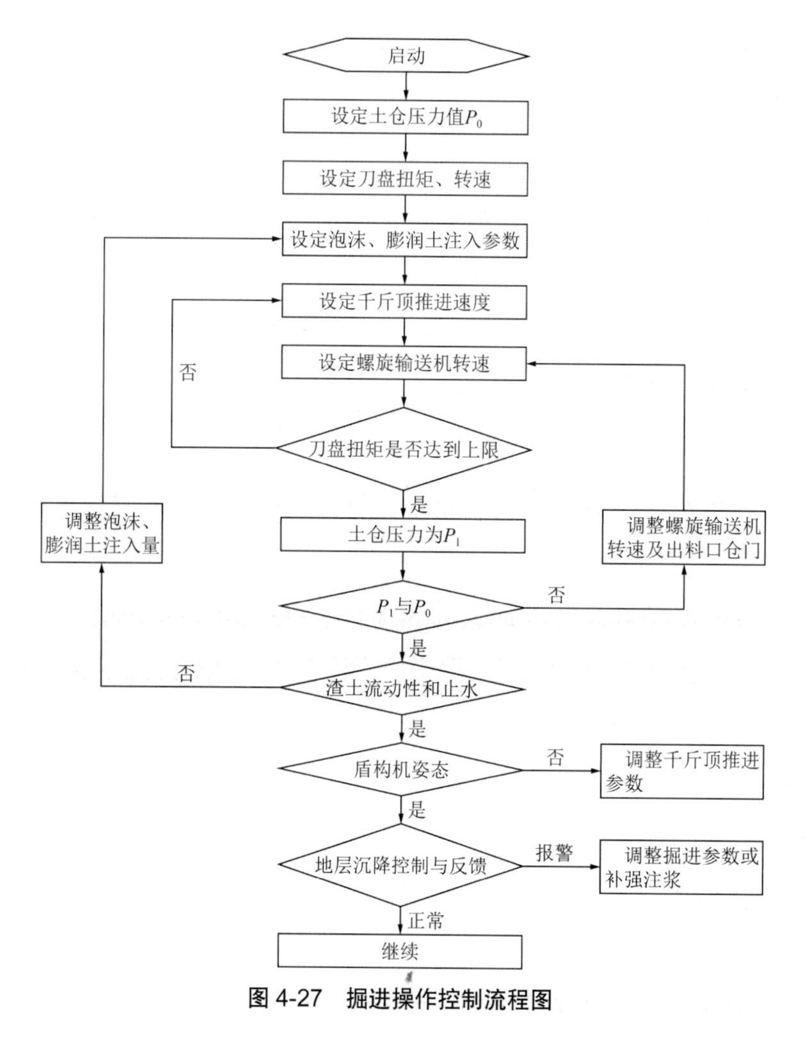

图 4-27 掘进操作控制流程图

（7）盾构机操作人员须严格执行指令，谨慎操作，对初始出现的小偏差应及时纠正，应尽可能避免盾构机走“蛇”形，此外，盾构机一次纠偏量不宜过大，以减少对地层的扰动。

（8）做好施工记录

①隧道掘进的施工进度，包括盾构机姿态、油缸行程、掘进速度、盾构推力、土压力、刀盘转速、扭矩、出渣量、螺旋机转速、盾构内壁与管片外侧环形空隙（上、下、左、右）。

②同步注浆，包括注浆压力、数量、注浆材料配比、注浆试块强度、稠度。

③测量，包括盾构倾斜度、隧道椭圆度、推进总距离、隧道每环衬砌环轴心的确切位置（X、Y、Z）。

12）参数确定

盾构推进过程中，根据不同地质、覆土厚度、地面建筑情况并结合地表隆陷监测结果调整土仓压力，推进速度保持相对平稳，控制好每次纠偏量，减少对土体的扰动，为管片拼装创造良好的条件。同步注浆量要根据推进速度、出渣量和地表监测数据及时调整，将施工轴线与设计轴线的偏差及地层变形控制在允许范围内。

（1）土仓压力P确定

盾构机顶部覆土约 18m，盾体直径 8.6m。查区间地勘资料，区间隧道所处地层为<7-2-3>中等风化砂岩，最大质量密度$\rho = 2.37\text{g/cm}^3$，内摩擦角$\varphi_c = 35°$，黏聚力$c_q = 300\text{kPa}$。根据主动土压力计算公式$P_0 = \rho g h K_a$，则$P = K \times P_0$，土的侧向静止侧压力系数$K = \tan^2(45° - 35°/2) = 0.271$。

具体施工时，根据盾构所在位置的埋深、土层状况及地表监测结果进行调整。

盾构机中部土压力

$$P_{a中} = \rho g h K_a = 2.37 \times 10 \times (18.0 + 8.6/2) \times 0.271 = 143.23\text{kPa}$$

因此盾构机圆形掌子面的主动土压力为

$$F_{土} = 143.23 \times 3.14 \times 4.3 \times 4.3 = 8315.73\text{kN}$$

始发掘进时，根据现场掘进及测量地面监测情况调整土压，设置范围为 0.6～1.2bar。

（2）出渣量控制

1.5m 管片每环理论出渣量（实方）约为 87.6965m³/环，考虑松散系数（1.3～1.5），并结合成都地铁 19 号线类似地质条件下施工经验，每环出土量为 114～131m³，浮动渣量 0.5m³。

（3）推进速度

掘进速度及推力的选定以保持土仓压力为目的，根据施工的实际情况确定并调整掘进速度及推力。始发段速度控制在 20～40mm/min。

（4）盾构总推力

在始发掘进时，盾构机总推力小于 1200t，刀盘扭矩小于4000kN · m。

（5）总结

根据上述计算分析，确定盾构始发试掘进段掘进主要参数如下表所示，在掘进过程中根据实际施工情况可做动态调整。盾构始发试掘进主要参数见表 4-4。

盾构始发试掘进主要参数　　表 4-4

项目	单位	始发端头加固段	出加固段	备注
土仓压力	bar	0.6～1.2	1.2～1.5	根据地面监测适当调整
盾构总推力	t	<1200	1200～2000	
刀盘扭矩	kN · m	<2000	2000～4000	
刀盘转速	r/min	0.8～1.2	1～1.5	
掘进速度	mm/min	<10	20～40	保持土仓压力为目的
出渣量	m³/环	120～130	120～130	松散系数为 1.3～1.5
注浆量	m³/环	9.86～11.84	9.86～11.84	填充系数为 1.5～1.8

13）盾构机姿态控制

（1）始发时姿态

盾构始发过程中易出现盾构机“低头”的情况，盾构机的始发姿态宜适当“抬头”，其坡度应该比隧道设计坡度略大，本区间始发段隧道设计坡度为 2‰，盾构机始发时盾头高于设计值 20mm。

（2）离开始发托架前姿态控制

盾构离开始发托架前基本沿预定始发路径直线前进，必要时可通过对推进千斤顶的选择来对盾构姿态作微量调整，在此期间盾构须切割洞门加固体，以慢速、低压为推进原则，以确保盾构姿态的稳定。

（3）离开始发托架后姿态控制

盾尾离开始发架后盾构已处于相对自由的状态，一般通过盾构推进千斤顶的合理选用来调整盾构姿态，必要时可同时使用铰接功能来调整，以使盾构逐步沿隧道设计轴线推进。在整个盾构始发掘进过程中，盾构轴线偏离设计轴线不应大于±50mm，地面隆陷控制在−30～+10mm。

盾构位于始发托架上时尽可能不做进行姿态调整，盾尾拖出始发托架后每环姿态调整量控制在±6mm 以内，要遵循勤调、量小原则。

在始发掘进时，严格控制盾构机的各组油缸压力不大于 70bar，盾构机总推力小于 1200t，刀盘扭矩小于 4000kN · m。

14）盾构机姿态调整措施

（1）滚动偏差调整

由于盾构机未进入土层时，壳体与始发基座钢轨摩擦力小，考虑到反扭矩的因素，刀盘应缓慢加力，使扭矩、推力缓慢增大，并在盾构机壳体上焊接钢板，以防盾体转动，并随着盾体的前进依次切除。当盾构机滚动偏差超过 0.5°时，盾构机会报警，提示盾构机操作手必须对刀盘进行纠偏，盾构机滚动偏差采用刀盘反转的方法纠正。

（2）方向偏差调整

根据线路条件所做的分段轴线拟合控制计划、导向系统反映的盾构姿态信息，结合隧道地层情况，通过分区操作盾构机的推进油缸来控制掘进方向。控制盾构机方向的主要因素是控制推进千斤顶的推力，通过调整各推进油缸的推力来调整盾构机掘进机的姿态。为此，盾构机的推进油缸已分成 6 组。推进油缸分组如图 4-28 所示。

推进油缸采用一台电液比例调速泵供油，将每个区域的推进油缸编为一组，每组油缸设一个电磁比例减压阀，用来调节各组推进油缸的工作压力，借此控制或纠正掘进机的前进方向。其中 3、6、10、13、16、19 位置的油缸安装有位移传感器，通过油缸的位移传感器可知油缸的伸出长度和盾构的掘进状态。此外，16 只铰接油缸连接中体及盾尾，沿圆周方向均布四只行程传感器监测四个方位油缸的行程，以了解盾构机折弯状况并提供管片选型依据。掘进中适当调节交接油缸行程，达到调节推进方向的目的。

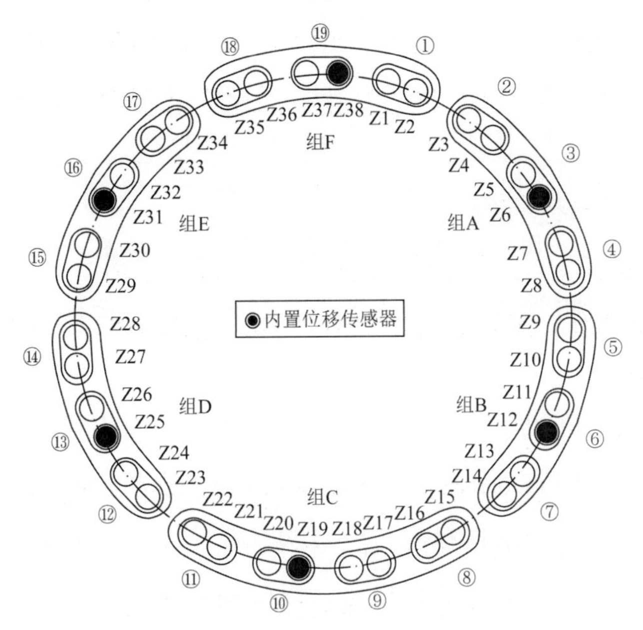

图 4-28 推进油缸分组示意图

原理主要是在上坡段掘进时，适当加大盾构机下部油缸的推力；在下坡段掘进时则适当加大上部油缸的推力；在左转弯曲线段掘进时，则适当加大右侧油缸推力；在右转弯曲线掘进时，则适当加大左侧油缸的推力；在直线平坡段掘进时，则应尽可能使所有油缸的推力和速度保持一致。根据自动导向系统量测的结果和在控制室监视器上显示出来的盾构机当前位置和设计位置以及相关的数据和图表，平缓地调整各分区千斤顶的推度，能够使盾构机尽可能靠近设计线路掘进。

（3）纠偏注意事项

①在转换刀盘转动方向时，应保留适当的时间间隔，切换速度应缓慢均匀。

②根据盾构机前的掌子面地层情况及时调整掘进参数、掘进方向，避免引起更大的偏差。

③对于盾构机蛇形运动的修正，应以长距离慢慢修正为原则，如果修正过急，蛇形反而会更加明显。在直线推进的情况下，应选取盾构机当前所在位点与设计线上远方的一点作一直线，之后再以这条直线为新的基准点进行线形管理。在曲线推进的情况下，应使盾构机当前所在位置点与远方点的连线同设计曲线相切。

15）管片拼装

管片拼装采用错缝拼装形式，由于错缝比通缝拼装最大正、负弯矩增加，对应的轴力则减少，单点变形量错缝比通缝拼装减少。而错缝拼装由于纵向接头引起衬砌圆环的咬合作用，刚度增强而产生的变形被相邻管片约束，内力加大，空间刚度加大，衬砌圆环变形量减小，对隧道防水有利。故管片拼装采用先纵后环法，错缝安装管片，盾构管片错缝安装布置展开如图 4-29 所示。

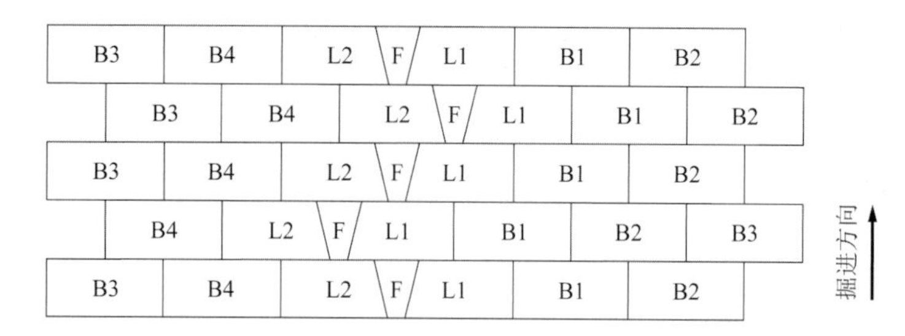

图 4-29　盾构管片错缝安装布置展开示意图

采用 35t 门式起重机将管片放在井下的管片运输车上，运至管片安装机位置，详细方法如下。

（1）管片进场。管片除进行出场质量控制外，还需由专人进行进场管片质量验收。

（2）防水材料粘贴。由管片供应组人员进行衬垫、止水条粘贴。

①粘贴施工工具及管片防水材料等，应选购专业厂商生产的性能优良的防水弹性密封垫、黏结剂，并对进场的材料进行严格检验，以确保其质量合格。

②每环管片止水条的粘贴在安装前 12～24h 内完成。在粘贴止水条的同时进行管片衬垫的粘贴。待粘基面无尘、无油、无污、干燥后粘贴，以保证粘贴质量。

③用刷子在管片环纵接触面、预留粘贴止水条的沟槽及止水条上涂抹粘贴剂，涂抹要均匀，不允许出现漏刷现象。

④涂完粘贴剂后晾置一段时间（一般 10～15min，随气温、湿度而异）。待手指接触不粘时，再将加工好的框形止水条套入密封沟槽内。

⑤将止水条套入管片预留沟槽中时，统一将止水条的外边缘与管片预留沟槽的外弧边靠紧，套入止水条时先将角部固定好，再向角部两边推压，从而保证管片拼装质量，减少错台，保证其密封止水效果。

⑥用木榔头依次敲紧止水条，使止水条在管片上，注意不要敲破止水条，粘贴后的止水条应牢固、平整、严密、位置准确，不得有鼓起、超长与缺口等现象。

⑦以类似的方法粘贴环、纵缝衬垫，环缝的软木衬垫粘贴在管片背对千斤顶侧环面，粘贴衬垫时应注意预留螺栓孔。粘贴好的衬垫不得出现脱胶、翘边、歪斜等现象。

⑧连接螺栓弹性密封垫圈按数量随管片螺栓配套下井，井下进行管片安装时套装在连接螺栓垫圈下。

⑨天气潮湿或雨天要注意对粘贴好的止水条进行保护，表面覆盖防水设施。

（3）运输。以垂直和水平运输系统进行管片运输。

（4）安装区清理。清理管片安装区内的水及渣土等。

（5）收油缸。根据管片安装需要，分区收回油缸，尽可能减少同时收回油缸的数量。

（6）管片安装。安装区域的油缸全部收到位后，管片就位、安装。管片安装顺序为先拼标准块，再装邻接块，最后安装封顶块，管片安装时由下至上、左右对称进行。

（7）顶伸油缸。管片就位后，将油缸以低油压顶推支撑在管片上。

（8）螺栓紧固。每块管片安装就位后，立即进行环、纵向螺栓连接，并进行初紧。所述逐块安装，整环安装完成后，再次进行螺栓紧固。待管片脱出盾尾后进行第三次螺栓紧固。

16）渣土改良与出渣量控制

在掘进时根据地质情况对渣土进行良好的改良和出渣量控制。渣土改良采用泡沫剂；每环泡沫剂用量取约100L，同时根据改良效果加入适当的水，出渣量每环控制在125m^3左右，浮动渣量0.5m^3。

17）同步注浆

（1）注浆目的

同步注浆使管片尽早支承地层，减少地表沉陷量和管片变形，保证环境安全；确保管片衬砌早期稳定性；作为隧道衬砌防水的第一道防线，提供长期、均质、稳定的防水功能；作为隧道衬砌结构加强层，具有耐久性和一定强度。

（2）注浆方式

根据隧道洞身穿越的地层特点。为能尽早充填环形间隙使管片尽早支承地层，防止地层产生过大变形而危及周围环境安全，并作为隧道结构外防水层和结构加强层，推进的同时在盾尾同步注浆。

（3）盾尾注浆压力主要是受地层的水土压力的影响，注浆压力的设定以能填满管片与开挖土层的间隙为原则。注浆压力的计算可参考规范中的公式并在施工过程中通过测试和试验来确定和优化参数，浆液及其注入的效果直接关系到地面沉降，因此对注浆材料及注浆压力均有较高要求。

（4）主要注浆参数

①注浆压力

根据注浆目的的要求，为充分充填盾构施工产生的地层空隙，避免由此引起的地表沉陷，影响地表建筑物与地下管线的安全，同时避免过大的注浆压力引起地表有害隆起或破坏管片衬砌，并防止注浆损坏盾尾密封，同步注浆压力控制需根据实际情况确定，原则将压力控制在对周边土体造成影响最小的程度，一般情况下，压力控制在2～4bar。

②注浆量

盾构机开挖直径$D = 8.63$m；管片外径$d = 8.3$m。

每推进一环的建筑空隙理论注浆量$V = 6.57\text{m}^3$。

在同步注浆的过程中，设定额定的注浆压力，注浆过程中注浆压力达到设定值，注浆量达到理论注浆量的1.5倍左右，即9.86m^3，即可认为同步注浆完成。

③注浆速度

同步注浆速度应与掘进速度相匹配，按盾构完成 1 环 1.5m 的掘进的时间内完成当环注浆量来确定其平均注浆速度。

④设备配置

搅拌站，左、右线共安装一台砂浆搅拌站。

同步注浆系统，配备液压注浆泵，盾尾注入管口及其配套管路。

运输系统采用 $13m^3$ 砂浆运输车 1 辆。

（5）注浆工艺

注浆工艺是实现注浆目的，以保证地面建筑物、地下管线、盾尾密封及衬砌管片安全，因此必须进行严格控制，并依据地层特点、实际情况及监控量测结果及时调整各种参数，确保注浆质量和安全，做到万无一失。

（6）浆液配比

始发前 20 环盾构同步注浆浆液配合比见表 4-5。

始发前 20 环盾构同步注浆浆液配合比　　表 4-5

水泥（kg）	砂（kg）	粉煤灰（kg）	膨润土（kg）	水（kg）
200	650	380	90	480

18）二次注浆

同步注浆系统有一定的合理使用范围，盾构机的推进速度相对较快，注浆孔分布位置会存在盲区，浆液注入后很难形成单独固化体，尤其是在中下部，可能形成局部注入盲点。对于注浆系统另外配置了一套人工管片壁后注浆设备，用人工管片壁后注浆系统来填充同步注浆未填充饱满区域。施工时根据地表沉降监测反馈信息，结合洞内其他手段探测管片衬砌背后有无空洞的方法，综合判断是否需要进行二次注浆。注浆压力控制在 0.2～0.4MPa，考虑到现场实际并根据地表监测情况，每隔 3～5 环进行二次注浆，二次注浆采用水泥单液浆，考虑到特殊情况时采用水泥-水玻璃双液浆。

（1）浆液性能

二次注浆采用双液浆作为注浆材料，能对同步注浆起到进一步补充和加强作用。同时也是对管片周围的地层起到充填和加固作用。

（2）注浆设备

补强注浆采用自备的双液注浆泵。

（3）浆液配比

A 液：水泥：水 = 1000kg：1000kg。

B 液：40°Bé 水玻璃原液。

A 液：B液 = 1：1。

（4）注浆压力

二次注浆压力为 0.2～0.4MPa。

（5）注浆结束标准

二次注浆量根据地质及注浆记录情况，分析注浆效果，结合监测情况，一般由注浆压力控制，达到设计注浆压力则结束注浆，视注浆效果可再次进行注浆。

19）始发阶段隧道内各种管线的布置安装

根据盾构隧道空间，合理布置各种管线，同时保证施工安全。隧道内管线布设如图 4-30 所示。

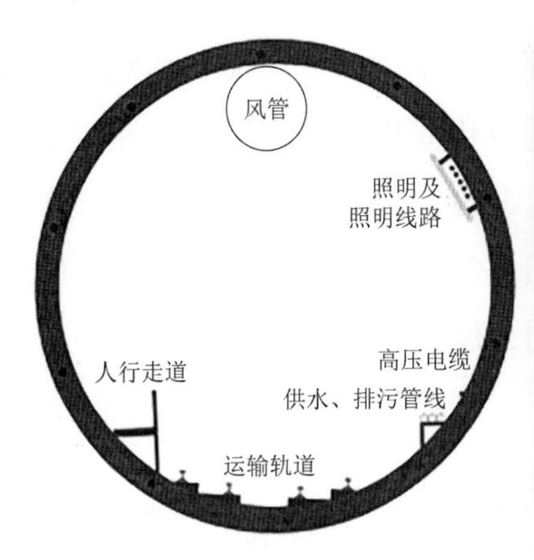

图 4-30 隧道内管线布设示意图

（1）隧道照明、通信线路

在隧道右上方布置一个灯架，照明电缆、电话线路和照明灯具固定在上面，动力电缆布置在灯架下方。

（2）管路

隧道左方布置人行通道，人行踏板采用0.5m × 3m的防滑走道板；在隧道的线路右下侧布置着排污管路（1 根ϕ100mm）、循环水管（2 根ϕ159mm，PE 管），在隧道顶部布置 1200mm 拉链式帆布通风管，每隔 1.5m 用钢丝绳固定在隧道的正上方。

（3）循环水池

循环水池布置在地面始发井口处，采用混凝土砖砌筑，尺寸为4.5m × 64m × 1.3m，蓄水容量 200m^3。

（4）隧道和地面废水处理

隧道内和地面的废水最后在地面汇集，经过五级沉淀达到标准后排放至北侧围挡排水沟渠内。

20）地面监测措施

开始掘进后要加强监测，及时分析、反馈监测数据，以动态地调整盾构掘进参数。

（1）提高监测频率

为确保盾构安全顺利始发掘进，随时掌握其变形情况，需加大监测频率。

①掘进断面前后<20m 时，测 1～2 次/d，提高至 2 次/d。

②掘进断面前后<50m 时，1 次/2d，提高至 1 次/d。

③掘进断面前后>50m 时，测 2 次/周，提高至 4 次/周。

④始发地段，24h 不间断地表巡查。

⑤所有沉降监测均持续至沉降稳定为止，并满足规范要求。

（2）监测信息反馈

监控量测资料均由计算机进行处理和管理，当取得各种监测资料后，及时进行处理分析，绘制相应图表，对监测数据进行回归分析，预测最终位移值，预测结构物的安全性，确定工程技术措施。每一测点的监测结果要根据其位移变化率和管理基准等综合判断结构和大桥的安全状况，及时反馈指导施工，调整施工参数，以达到安全、快速、高效施工的目的。此外，将监测数据及时反馈项目部总工及相关领导，同时上报至现场监理组，发展趋势严重时还需上报地铁公司及地方相关政府部门，做到当天数据当天处理并上报。地铁盾构法施工监控量测值控制标准见表 4-6。

地铁盾构法施工监控量测值控制标准 表 4-6

序号	监测项目及范围		允许位移控制值（mm）	位移平均速率控制值（mm/d）
1	管片衬砌拱顶沉降		20	1
2	管片衬砌净空收敛		20	1
3	地表隆陷		30（沉降）、10（隆起）	1
4	下穿管线	有压管线	10	2
		雨、污水管线	20	3
		其他管线	30	3

将变形允许值的 1/3 作为预警值，允许值的 2/3 作为报警值，当发现实测数据一旦超过警告值，应立即提出警告，及时商讨和采取措施，预防最终变形超限，避免造成既成事实，实测数据在预警值和报警值之间，施工应引起注意，需调整掘进参数避免沉降继续扩大。

21）盾构始发施工的注意事项

（1）对始发托架、反力架进行全面的检查与修理，安装固定必须在定位完成后进行，反力架支柱底部必须以钢板垫实，始发托架必须通过加固挡块固定于始发井结构底板上。

（2）洞门防水装置安装时必须将连接螺栓接牢固，根据实际情况合理对折页压板的位置进行调整，防止帘布橡胶板外翻影响防水效果。

（3）在进行始发托架加固等施工操作时，注意对帘布橡胶板的保护。

（4）负环管片安装必须确保封顶块位置、管片成圆度的精度。

（5）在进行试掘进的过程中，要低转速、低推力、慢推进。

（6）防止盾构机产生旋转，在盾构机上焊接防滑挡块。但必须注意在盾构向前推进至防滑挡块处时及时将其割除，避免损坏帘布橡胶板。

（7）在 +4 环安装完后，紧固好管片连接螺栓，停止掘进对洞门圈进行注浆，注浆时必须密切关注洞门密封装置的变形情况，出现漏浆及时停止注浆，根据具体情况及时采取相应的措施进行处理。

22）反力架、负环管片拆除

（1）始发掘进长度选择

为了能够为后续工作提供空间，因而必须在掘进一定距离后将负环拆除，拆除负环后必须保证正环管片能够提供足够的摩擦力来支持盾构机的正常掘进。一般而言，当盾构始发掘进至台车全部进入隧道后，即可拆除反力架及负环管片。盾构施工中，主要根据土体提供的摩擦力以及盾构机长度来确定负环、反力架拆除。

$$F = \mu \pi DLP \tag{4-1}$$

式中：F——管片提供的摩擦阻力（kN）；

μ——管片与砂岩（泥岩）的摩擦系数，取 0.3；

D——管片外径（m），取 8.3m；

L——已完成管片拼装的隧道长度（m），按 100m 计算；

P——作用于管片的平均土压力（kPa），取 100kPa。

项目铁建重工（DL387）9 号盾构机整机长度 125m，额定最大推力 70614kN；铁建重工（DL523）10 号盾构机整机长度 125m，额定最大推力 81895kN。

经计算，盾构机掘进 100m（67 环）后管片提供的摩阻力$F = 0.3 \times 3.14 \times 8.3 \times 100 \times 100 = 78186\text{kN} > 70614\text{kN}$（9 号盾构机的额定最大推力），但$78186\text{kN} < 81895\text{kN}$（10 号盾构机的额定最大推力）。

故进一步按盾构机 125m 计算。

$F = 0.3 \times 3.14 \times 8.3 \times 125 \times 100 = 97732.5\text{kN} > \max\{70614\text{kN}, 81895\text{kN}\}$，同时满足两台盾构机推力要求。

另外，根据我部施工的类似工程实际情况及经验，掘进时推力<30000kN；故为确保盾构掘进以及拆除负环管片的安全性，需在盾构台车全部进洞（125m）后拆除反力架及负环管片。

（2）拆除顺序

①拆除反力架斜撑或背后直撑，卸掉反力架上的力，使反力架与管片分开。

②拆除反力架上半部分。

③拆除负 8、7、…、2、1 环上部的管片（负 8 环上部拆除 4 块管片，负 7 环到负 1 环上部拆除 3～4 块管片）。

④拆除负 8、7、…、2、1 环下部的管片。

⑤拆除反力架底座。

⑥拆除始发托架。负环管片拆除顺序如图 4-31 所示。

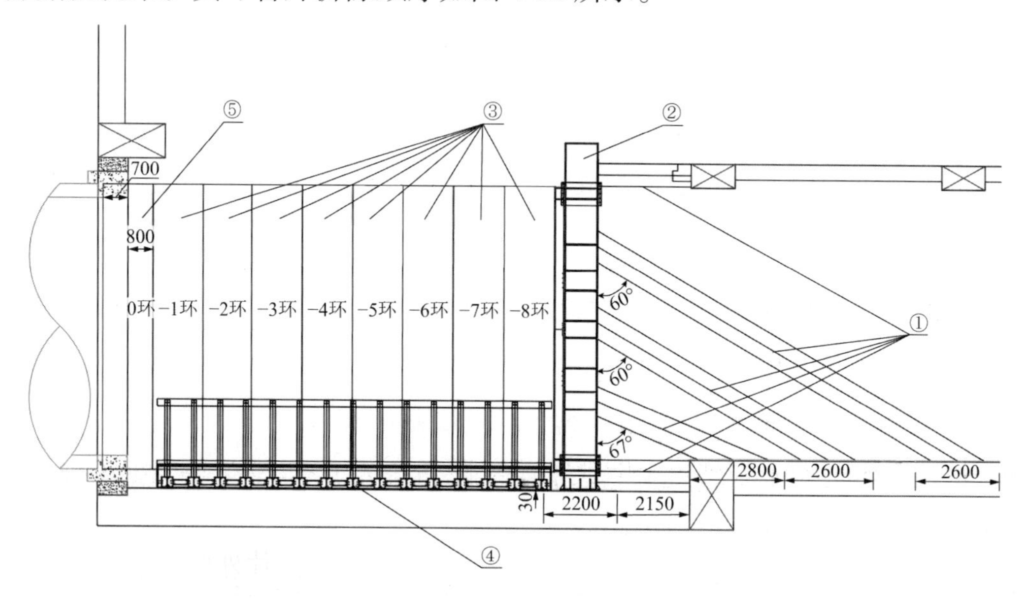

图 4-31　负环管片拆除顺序示意图（尺寸单位：mm）

（3）负环拆除方法

①反力架拆除

反力架主体均为钢结构，反力架总共分为 5 部分，包括反力支撑、上横梁、左边立柱、右边立柱、底梁，其中除反力支撑与反力架为焊接外，反力架其他部分均为螺栓连接。反力架拆除时，先用氧气、乙炔割开支撑与反力架的焊接处，拆除反力支撑。支撑拆除完后，松开反力架连接螺栓，之后采用 35t 门式起重机由上而下依次拆除反力架各部件。

②负环管片拆除步骤

管片由 7 个基本块组成，包括 1 个封顶块、2 个相邻块、4 个标准块。负环管片拆除，按以下步骤操作。

a. 卸掉要拆除的该负环管片上的钢丝绳和木楔子，注意拆一环卸一环。

b. 安装特制吊耳及螺栓。

c. 再将特制吊装螺栓装在门式起重机的钢丝吊绳上，缓慢起吊钢丝绳，使钢丝绳处于拉直使管片处于略微受拉力状态，卸除连接螺栓螺母（先拆除环向螺栓，后拆除纵向螺栓），再垂直提升吊钩将其吊至地面。若管片较紧无法拉出时，可人工用撬杆协助。

d. 第一环上部管片拆除完成后进行下一环管片拆除，至完成负环拆除。封顶块 1 点位拆除顺序如图 4-32 所示；封顶块 11 点位拆除顺序如图 4-33 所示。

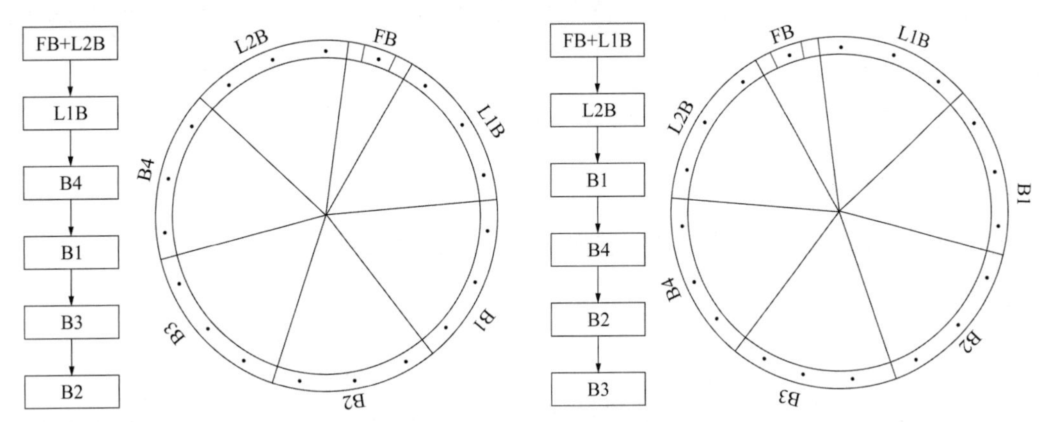

图 4-32 封顶块 1 点位拆除顺序图　　图 4-33 封顶块 11 点位拆除顺序图

③顶部管片拆除

在负环拆除前需在电瓶车渣斗顶部搭设操作平台，便于负环顶部管片吊装拆除。作业平台由 10a 号槽钢或钢管搭设，宽度 2m，横向长 6.5m，高度 5.6m，并焊接于渣斗上，平台两侧搭设斜撑，一边焊接于平台两侧，一边焊接于渣斗两侧。平台上部铺设走道板并将其固定，平台四周采用架管焊接护栏并铺设安全网。平台最远距离隧道顶 1.8m，满足作业人员操作高度，电瓶车支架平台如图 4-34 所示。

首先需将专用吊具安装在管片外侧螺栓孔处，安装吊装螺栓，紧固螺帽，而后通过安装有卸扣的钢丝绳与门式起重机相连，拆除负环顶部管片。顶部管片拆除如图 4-35 所示。

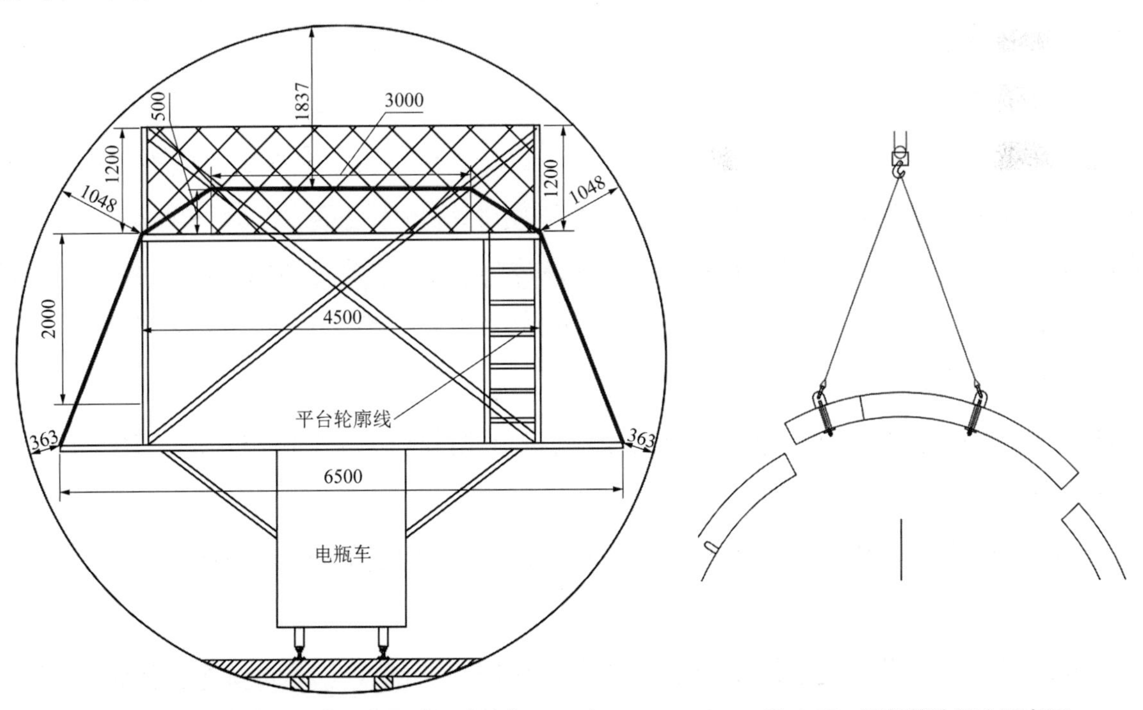

图 4-34 电瓶车支架平台示意图（尺寸单位：mm）　　图 4-35 顶部管片拆除示意图

④侧面及底部管片的拆除

首先需将专用吊具穿过管片的环向螺栓孔，而后通过与门式起重机相连，拆除侧面及底部负环管片。侧面及底部管片拆除如图 4-36 所示；吊具与管片连接如图 4-37 所示。

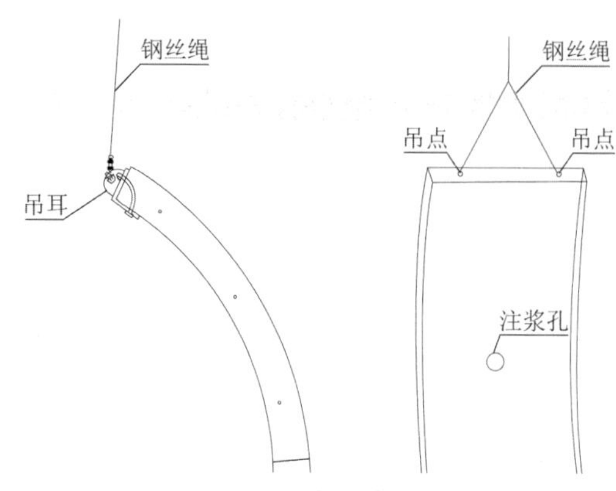

图 4-36　侧面及底部管片拆除示意图

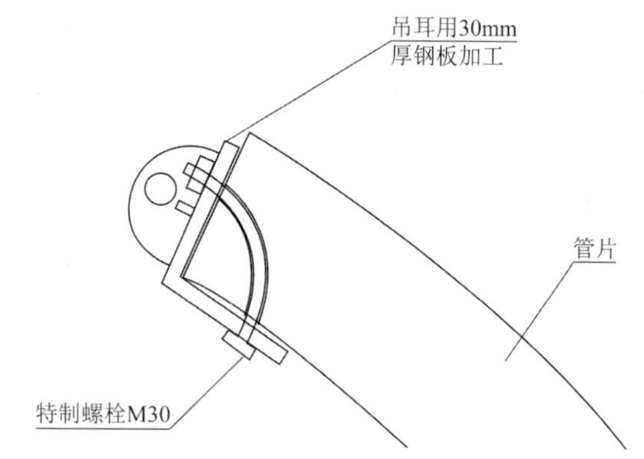

图 4-37　吊具与管片连接示意图

⑤0 环管片拆除

根据设计图纸，0 环管片需要嵌入洞门 700mm，因此 0 环管片拆除时，使用 35t 门式起重机垂直起吊，且不能直接拆除，此外，现场还必须有纵向拉力配合进行拆除。根据现场情况，在洞门上部环框梁设置一台 20t 的手拉葫芦、35t 门式起重机垂直起吊，20t 手动葫芦配合拆除管片。拆除过程中通过安装两个弧形吊具在 F 块已连接块纵向螺孔位置，钢丝绳采用卸扣与弧形吊具连接，0 环拆除手动葫芦作业平台设置在中板，作业平台靠近中板边缘。根据临建方案按要求设置临边护栏，拉葫芦链条时分别站在钢丝绳两侧进行，严禁人员跨站在钢丝绳中间位置进行操作，保证人员作业安全。

⑥始发托架拆除

始发托架由 4 节组装成一整体，先拆除托架两侧横向支撑，再将其每节之间用螺栓连接，负环管片拆除完成后，松开连接螺栓，用 35t 门式起重机分节拆除始发托架。

（4）负环拆除管控措施

①施工前组织负环拆除有关人员熟悉方案，并进行技术交底。

②负环拆除前，检查相关起吊设备是否运行正常，确保符合使用要求，对有损坏的钢丝绳和吊具等进行更换。

③负环拆除施工时，通知现场监理对施工全程进行旁站监控，注意吊装作业安全，必须对零环进行监控。

④负环拆除施工时，现场管理人员必须全程跟踪，并严格按照方案执行。

⑤负环拆除吊装过程中，吊点应按规定设置，不得随意改动，应把构件扶稳后（经现场拆除责任人确认），才能旋转和移动。

⑥使用门式起重机进行管片拆除时，严格控制起吊角度，门式起重机起吊时钢丝绳必须垂直受力，严禁斜拉。

⑦在起吊过程中，严禁碰撞其他构件，以免造成安全隐患。由专门起重指挥员负责指挥，严禁现场出现多人指挥的现象。

⑧选用钢丝绳长度必须一致，严禁长短不一，以免起吊后造成构件扭曲变形，且钢丝

绳与起吊点垂直。

⑨负环拆除起吊后应呈水平状态，小心移动，缓慢提升至指挥地点。

⑩严格执行“十不吊”的原则。

4.3 正常段掘进方案

4.3.1 盾构正常掘进施工流程

盾构正常掘进作业流程如图 4-38 所示。

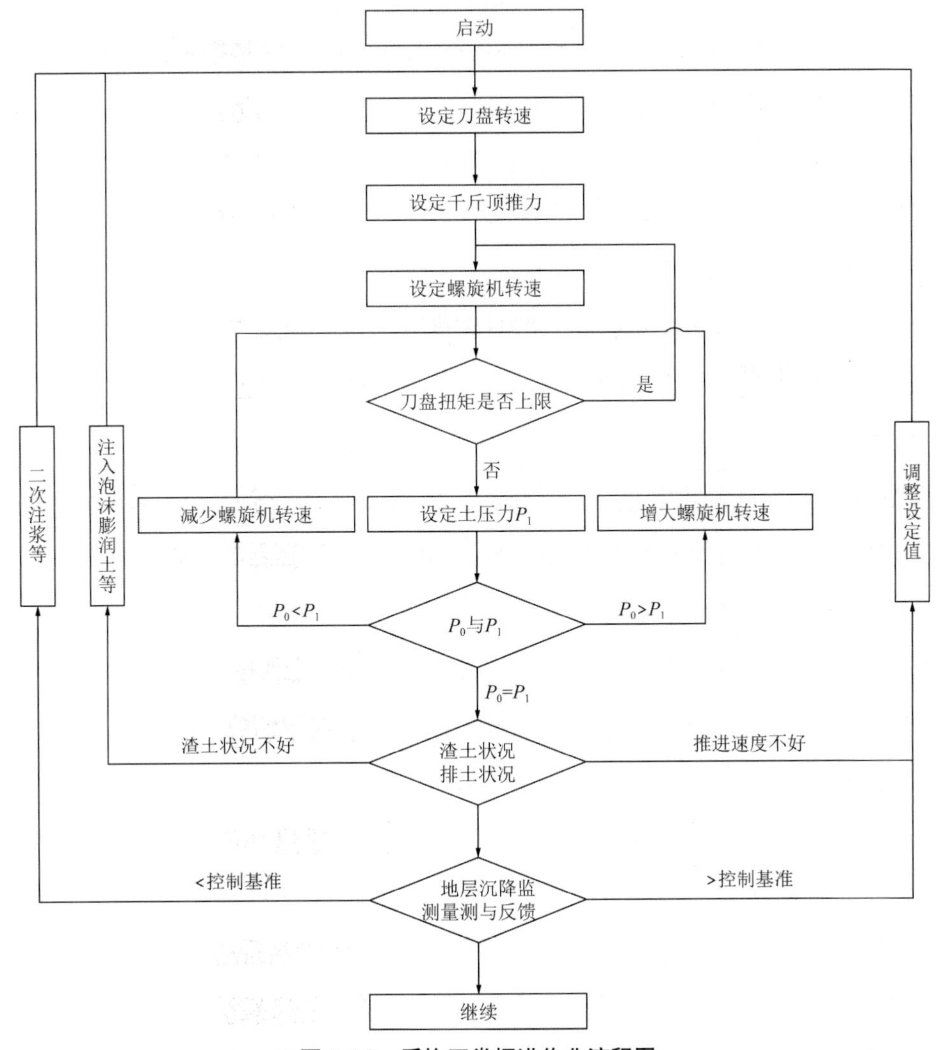

图 4-38 盾构正常掘进作业流程图

4.3.2 盾构掘进参数控制

完成前 100m 试掘进段施工后，盾构掘进施工进入正常施工阶段。该阶段掘进施工时充分借鉴试掘进段的施工经验，合理设置掘进施工参数，使总推力、掘进速度、土仓压力、出渣速度及出渣量、注浆参数、渣土改良效果等充分协调，达到最佳掘进效果，以确保沉降监测、施工进度、隧道轴线偏差、施工质量等可控。

盾构推进过程中，根据不同地质、覆土厚度、地面建筑情况并结合地表隆陷监测结果调整土仓压力，推进速度保持相对平稳，控制好每次的纠偏量，减少对土体的扰动，为管片拼装创造良好的条件。同步注浆量要根据推进速度、出渣量和地表监测数据及时调整，从而将施工轴线与设计轴线的偏差及地层变形控制在允许的范围内。

1）土仓压力P确定

盾构机顶部覆土 8.6～41.57m，盾体直径 8.6m。查区间地勘资料，区间隧道所处地层为<7-2-3>中风化砂岩，最大质量密度$\rho = 2.37\text{g/cm}^3$，内摩擦角$\varphi_c = 35°$，黏聚力$c_q = 300\text{kPa}$。根据主动土压力计算公式$P_0 = \rho \times g \times h \times K_a$，则$P = K \times P_0$，土的侧向静止侧压力系数$K = \tan^2(45° - 35°/2) = 0.271$。具体施工时，根据盾构所在位置的埋深、土层状况及地表监测结果进行调整。

（1）埋深最浅盾构机中部土压力

$P_{a中} = \rho g h K_a = 2.37 \times 10 \times (8.6 + 8.6/2) \times 0.271 = 70.00\text{kPa}$

因此盾构机圆形掌子面的主动土压力为

$F_{土\min} = 70.00 \times 3.14 \times 4.3 \times 4.3 = 4064.10\text{kN}$

（2）埋深最深盾构机中部土压力

$P_{a中} = \rho g h K_a = 2.37 \times 10 \times (41.57 + 8.6/2) \times 0.271 = 294.61\text{kPa}$

因此盾构机圆形掌子面的主动土压力为

$F_{土\max} = 294.61 \times 3.14 \times 4.3 \times 4.3 = 17104.6\text{kN}$

正常掘进时,根据现场掘进及测量地面监测情况调整土压,设置范围为 0.3～2bar 之间。

2）出渣量控制

1.5m 管片每环理论出渣量（实方）为 87.01m^3/环，考虑松散系数（1.3～1.5），并结合成都地铁 19 号线施工经验，每环出土量在 114～131m^3 左右，浮动渣量 0.5m^3。必须严格控制好出渣量，严格进行渣土方量和渣土称重比对。做好每一环出渣量记录，对比前面掘进出土情况了解出渣情况，为避免数量统计误差，施工中尽可能将土箱清洗干净。一旦出现超挖现象，必须如实反馈，查明原因，及时跟进二次注浆，在后续注浆施工中，将针对性地进行超量注浆。

3）推进速度

以保持土仓压力为目的选定掘进速度及推力，根据施工的实际情况确定并调整掘进速度及推力。始发段速度控制在 20～40mm/min 内。

4）总结

根据上述计算分析，结合成都盾构穿越杂填土、粉质黏土、风化泥岩、砂岩等同类地质的经验及地层构造特点配置掘进参数，在掘进过程中根据实际施工情况可做动态调整。

盾构掘进理论设定值见表 4-7。

盾构掘进理论设定值　　表 4-7

项目	单位	正常掘进段	下穿机场高速公路路基段	侧穿 220kV 高压铁塔段	穿越低洼段	备注
埋深	m	4.3～61.2	24.87	37.4	8.3	
土仓压力	bar	0.7～2.9	1.6～2.1	2.4～2.9	0.6～1.2	根据地面监测适当调整
盾构总推力	t	1500～3000	<2300	<3000	<2000	
刀盘扭矩	kN · m	2000～4500	<3000	<3000	<3000	
刀盘转速	r/min	1.2～1.8	1.0～1.5	1.0～1.5	1.0～1.5	
掘进速度	mm/min	30～50	<40	<40	<40	保持土仓压力为目的
出渣量	m^3/环	114～131	114～131	114～131	114～131	松散系数 1.3～1.5
注浆量	m^3/环	9.86～11.84	9.86～11.84	9.86～11.84	9.86～11.84	充填系数 1.5～1.8

4.3.3 渣土改良及防喷涌

在盾构施工中，为了保持开挖面的稳定，根据围岩条件适当注入添加剂，确保渣土的流动性和止水性，同时要慎重进行土仓压力并进行排土量管理。通过盾构机配置的专用装置向刀盘面、土仓内或螺旋输送机内注入泡沫，利用刀盘的旋转搅拌、土仓搅拌装置搅拌或螺旋输送机搅拌使添加剂与渣土混合以防止喷涌。

1）渣土改良措施

（1）泡沫注入过程中必须严密注意压力显示，有堵塞情况时加大气流疏通，严重时可用增压水泵的水压来疏通。推进速度不应过快，过快会造成渣土与添加改良材料混合不及时，改良效果差。

（2）操作司机每个交接班前单独操作每一管路，检查堵塞情况。如有堵塞情况发生，单独用加大流量的方法疏通堵塞部位，严重时可用超挖刀泵的液压油疏通。

（3）膨润土浆严格按试验室下达的配合比拌制，膨化时间要保证在 6h 以上。

2）盾构防喷涌性能控制

（1）采用加气模式掘进，通过气压防止地下水进入土仓和螺旋输送机，有效地降低喷涌的可能性。

（2）提高泡沫注入率，加强渣土改良效果，也能有效地防止喷涌。根据我单位以往在相似地层中的施工经验，结合成都地铁 18 号线地质水文情况，将泡沫浓度设置为 2.5%～5%，发泡率设置为 5%～10%，泡沫注入率 30%～50%。

（3）高分子聚合物掺入改良剂内注入土仓，再启动刀盘，待渣土与高分子聚合物搅拌均匀，再掘进出土。

4.3.4　盾构掘进方向控制与调整

1）盾构掘进方向控制

（1）采用演算工坊隧道自动导向系统和人工测量辅助进行盾构姿态监测

该系统配置了导向、自动定位、掘进程序软件和显示器等，能够全天候在盾构机主控室动态显示盾构机当前位置与隧道设计轴线的偏差及趋势。据此调整控制盾构机掘进方向，使其始终保持在允许的偏差范围内。随着盾构推进导向系统后视基准点前移，则必须通过人工测量来进行精确定位。为了保证推进方向的准确可靠，每周进行两次人工复测，以校核自动导向系统的测量数据并复核盾构机姿态，确保盾构掘进方向正确。

（2）分区调整推进油缸推力，控制盾构掘进方向

根据线路条件所做的分段轴线拟合控制计划、导向系统反映的盾构姿态信息，结合地层情况，通过分区操作盾构机的推进油缸来控制掘进方向。在上坡段掘进时，适当加大盾构机下部油缸的推力；在下坡段掘进时则适当加大上部油缸的推力；在左转弯曲线段掘进时，则适当加大右侧油缸的推力；在右转弯曲线段掘进时，则适当加大左侧油缸的推力；在直线平坡段掘进时，则尽可能使其所有油缸的推力保持一致。

2）盾构掘进姿态调整与纠偏控制

在实际施工中，由于地质突变等原因，盾构机推进方向可能会偏离设计轴线并超过管理警戒值。当发现盾构姿态与设计轴线发生偏离时，开始纠偏，纠偏过程中做到“勤纠偏，小纠偏”；当盾构机姿态超过设计轴线 3cm 时，盾构司机须立马警觉开始逐环纠偏，且每环纠偏量不得超过 5mm；当盾构机姿态超过设计轴线 5cm 时，须立即停机并汇报至盾构技术负责人，经项目部组织专题会总结分析得出意见后方可复推，且每环纠偏量不得超过 5mm。

在稳定地层中掘进，因地层提供的滚动阻力小，可能会产生盾体滚动偏差；在线路变坡段或小半径段掘进，有可能产生较大的偏差。因此当发生类似情况时，应及时调整盾构机姿态、纠正偏差。

（1）参照上述方法分区操作推进油缸来调整盾构机姿态，纠正偏差，将盾构机的方向控制调整到符合设计要求的范围内。

（2）在小半径段和边坡段，必要时可利用盾构机的超挖刀进行局部超挖来纠偏。

（3）当滚动角超限时，盾构机会自动报警，此时采用盾构机刀盘反转的方法纠正滚动偏差。

3）方向控制及纠偏注意事项

（1）在切换刀盘转动方向时，应保留适当的时间间隔，切换速度不宜过快，切换速度过快可能造成管片受力状态突变，而使管片损坏。

（2）根据掌子面地层情况应及时调整掘进参数，调整掘进方向时应设置警戒值与限制

值，达到警戒值时就应该实行纠偏程序。

（3）修正和纠偏时应缓慢进行，控制纠偏速度，纠偏量控制在 5mm/环之内，若修正过程过急，管片蛇形反而会更加明显。因此在直线推进的情况下，应选取盾构机当前所在位置点与设计线上相对较远的一点作一条直线，之后再以这条直线作为新的基准线进行线形管理。在曲线推进的情况下，应使盾构当前所在位置点与远方点的连线通设计曲线相切。

（4）推进油缸油压的调整不宜过大，否则可能造成管片局部破损甚至开裂。

（5）正确进行管片选型，确保拼装质量与精度，使管片端面尽可能与计划的掘进方向垂直。

（6）盾构始发、到达时方向控制极其重要，应按照始发、到达掘进的有关技术要求，做好测量定位工作。

4.3.5 管片拼装

1）管片拼装施工流程

本区间管片基本参数，内径 7500mm，厚度 400mm，宽度 1500mm。每环管片分 7 块，包括 4 块标准块，2 块邻接块，1 块封顶块。盾构隧道采用通用型管片错缝拼装，管片拼装流程如图 4-39 所示。

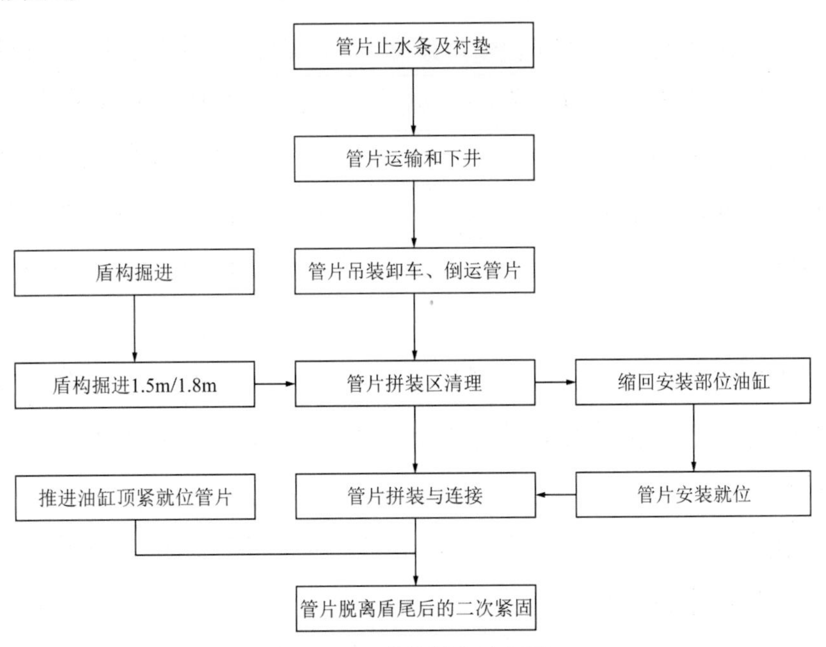

图 4-39 管片拼装流程图

2）管片拼装及螺栓紧固

管片设计要求采用错缝拼装方式，并按照“自下而上、从左向右”的顺序对称、逐块拼装，最后拼装封顶块。

封顶块拼装点位的选择由盾尾间隙、环面超前量、推进油缸行程及设计线路综合决定，并考虑推进完成后盾尾间隙均匀，施工中盾尾间隙最小控制在 35～40mm，环面超前量不超过 25mm，油缸行程差不超过 30mm。拼装封顶块时，先对止水条进行润滑处理，之后以搭接 2/3 的位置径向推上，最后再纵向插入。

管片拼装过程中，每块管片安装到位后，及时伸出相应位置的推进油缸顶紧管片，并采用风动扳手分三次对管片连接螺栓进行紧固。第一次为整环拼装完成后；第二次为下一环管片推进施工过程中当油缸行程大于 800mm 后，借助较大的油缸推力进行复紧；第三次为管片脱出盾尾前再次复紧螺栓，防止因螺栓松动而造成管片错台。

3）允许偏差

根据设计及施工规范要求，盾构管片拼装质量允许偏差见表 4-8；盾构隧道结果尺寸允许偏差见表 4-9。

盾构管片拼装质量允许偏差 表 4-8

序号	项目	允许偏差（mm）
1	螺栓孔孔径、孔位	±1
2	管片成环后内径	⩽2
3	成环后外径	⩽6
4	环缝张开	⩽2
5	纵缝张开	⩽2

盾构隧道结果尺寸允许偏差 表 4-9

序号	项目	允许偏差（mm）	检查方法	检验频率
1	隧道轴线平面位置	±50	全站仪	1 点/环
2	隧道轴线高程	±50	水准仪	1 点/环
3	衬砌环椭圆度	±5‰	全站仪	10 环
4	衬砌环内错台	5	尺量	4 点/逐环
5	衬砌环间错台	6	尺量	4 点/逐环

管片拼装成环后，及时检查其椭圆度，方法是用钢卷尺或插尺量测管片外壁和盾壳内壁之间的间隙，每块管片测一次，并利用拼装机千斤顶对短轴向的管片施加压力，以及时进行管片整圆处理。

4）掘进中管片上浮控制措施

盾构在泥岩地层中掘进管片容易上浮，需采取相关措施。

（1）同步注浆注意注浆的同步性与均匀性，及时封闭管片与地层间的间隙，防止隧道上浮。

（2）在同步注浆的基础上加强二次注浆，二次注浆采用双液浆以使隧道纵向形成间隔的止水隔离带，以减缓、制约隧道上浮。

（3）必要时改装一个三通设备，同步注浆压注双液浆，以防止管片上浮。

（4）加强测量和监测频率，并及时调整盾构姿态，适当将轴线降低掘进。

4.3.6 隧道通风

隧道内送风采用ϕ1200mm 风管，保证工作面湿度控制在 65%～85%的标准范围内，同时采取有效的消音措施，保证风机的噪声不超过 75dB。

（1）参数

管片内径 7500mm，断面积（内径）$A = 44.16\text{m}^2$。

风管采用拉链式聚乙烯通风管ϕ1200mm × 1路。

换气方式为送气式。

（2）通风设备

风机：SFD（B）-4-No.12.5。

口径：1250mm。

动力：110kW × 2。

风量：1550～2912m^3/min。

风压：878～5355Pa。

（3）换气方式

采用压入式送气方式，在隧道口设置风机，用ϕ1200mm 风管送风至开挖面。计算详见附件 9.1-2。

4.3.7 同步注浆及二次注浆

1）同步注浆

同步注浆与盾构掘进同时进行，通过同步注浆系统及盾尾的内置注浆管，在盾构向前推进盾尾空隙形成的同时进行，采用三泵六管路对称注浆。

（1）浆液主要性能指标

胶凝时间一般为 3～10h，根据地层条件和掘进速度，通过现场试验加入促凝剂及变更配比来调整胶凝时间。对于强透水地层和需要注浆提供较高的早期强度的地层，可通过现场试验进一步调整配合比和加入早强剂，进一步缩短胶凝时间，获得早期强度，从而保证良好的注浆效果。

固结体强度 1d 不小于 0.2MPa，28d 不小于 2.5MPa。

浆液结石率>95%，即固结收缩率<5%。

浆液稠度为 8～12cm。

浆液稳定性倾析率（静置沉淀后析出水体积与总体积之比）小于 5%。

（2）浆液参数

正常段盾构同步注浆浆液配合比见表 4-10。

正常段盾构同步注浆浆液配合比　　表 4-10

水泥（kg/m³）	砂（kg/m³）	粉煤灰（kg/m³）	膨润土（kg/m³）	水（kg/m³）
200	650	380	90	480

（3）注浆模式

注浆可根据需要采用自动控制模式或手动控制模式。自动控制方式即预先设定注浆压力，由控制程序自动调整注浆速度，当注浆压力达到设定值时，自动停止注浆。手动控制方式则由人工根据掘进情况随时调整注浆流量，以防止注浆速度过快或过慢，而影响注浆效果。此过程一般从不预留注浆孔注浆，以大大降低从管片渗漏水的可能。

（4）主要参数

①注浆压力。同步注浆时要求在地层中的浆液压力大于该点的静止水压及土压力之和，做到尽可能填补而不劈裂。若注浆压力过大，隧道将会被浆液扰动而造成后期地层沉降及隧道本身的沉降，并易造成跑浆；若注浆压力过小，浆液填充速度过慢，填充不充足，会使地表沉降增大。故同步注浆压力设定为 0.2～0.4MPa，并根据监控量测结果进行适当调整。

②注浆量。同步注浆量为建筑间隙的 130%～180%。在同步注浆的过程中，设定额定的注浆压力，当注浆过程中注浆压力达到设定值，注浆量达到理论注浆量的 1.5 倍左右时，即可认为同步注浆完成。

③注浆时间及速度。盾构机掘进的同时，进行同步注浆，同步注浆的速率与盾构机掘进速度相匹配。

④注浆顺序。采用 4 孔同时注浆，在每个注浆孔出口设置压力检测器，以便对各个注浆孔的注浆压力和注浆量进行检测和控制，从而实现对管片背部间隙的对称均匀注浆。

⑤注浆结束编组进行注浆效果检查。采用双指标标准，即注浆压力到达设计压力或注浆压力未达到设计压力，但注浆量达到设计注浆量，即可停止注浆。

注浆效果检查主要采用分析法，结合掘进速度及衬砌、地表与周围建筑物变形量测结果进行综合分析判断。必要时采用无损探测法进行效果检查。

2）二次补强注浆

同步注浆后使管片背后环形空隙得到填充，多数地段的地层变形沉降得到控制。在局部地段，同步浆液凝固过程中，可能存在局部不均匀、浆液的凝固收缩和浆液的稀释流失，因此为提高背衬注浆层的防水性及密实度，并有效填充管片后的环形间隙，根据检测结果，必要时进行二次补强注浆。二次注浆频率为每 3～5 环一道。

二次补强注浆注浆管路自制，能够实现快速接卸以及密封不漏浆的功能，并配有止浆阀。二次补强注浆的注浆压力选定 0.2～0.4MPa。注浆量根据监测到的空隙和监控量测结果确定。注浆时主要以注浆压力为控制要素。

二次注浆配合比：

A 液为（水泥：水）= 1000kg：1000kg。

B 液为 40°Bé 水玻璃原液。

A 液：B液 = 1：1。

3）注浆质量保证措施

（1）进行详细的浆液配比试验，选定合适的注浆材料，添加剂及浆液配比，以保证所选浆材配比、强度、耐久性等物理力学指标满足设计的工程要求。

（2）制订详细的注浆施工设计和工艺流程及注浆质量控制程序，严格按要求实施注浆、检查、记录，分析注浆效果，再反馈指导下次注浆，并及时报告建设单位和监理工程师。

（3）成立专业注浆作业班组，由富有经验的注浆工程师和技术工人负责注浆技术工作。

（4）根据洞内管片衬砌变形和地面及周围建筑物变形监测结果，及时进行信息反馈，修正注浆参数和施工方法，发现情况及时解决。

（5）做好注浆设备的维修保养、注浆材料供应，以保证注浆作业连续进行。

（6）做好注浆孔的密封，保证不渗漏水。

4.3.8 滞后沉降的控制及应急措施

为了控制地表滞后沉降，根据滞后沉降的成因及发展过程，必须采取以下措施。

1）掘进控制

掘进控制是防止滞后沉降最关键的环节，因此，滞后沉降控制要重点控制盾构掘进过程。结合盾构施工工艺，得出有可能造成地层损失（或地面坍塌）的因素如下。

（1）出土量大，即每阶段螺机出土量大于对应的推进距离。

（2）发生喷涌，即螺机后端土水压力很高，高压水带砂或泥浆涌出。

（3）注浆量不足，即同步注浆量小于推进一定速度所需的理论注浆量，无法有效填充推进后产生的空隙。

（4）土仓内空仓程度较高。

2）防护措施

针对此四方面的情况，总的措施是主动防护，充分注浆（加强同步注浆和填充注浆或地表跟踪注浆），控制欠压，深层量测，应急为辅，积极补救，加强地面监测。

（1）每推进 400mm 复核相应的出土量，确定每环出土总量是否超限，通过出渣体积和出渣重量对出渣进行双控预防措施。特殊情况下应加大检查核对频率。启动应急措施时应立即关闭螺旋，停止出土，分析原因后，采取停止出土或减少出土推进。

（2）对于可能发生涌水地段，先在土仓下部采用气压疏水；加强渣土改良，改善其和易性。应急措施为立即关闭螺旋，停止出土，分析原因后首先采取气压疏水；对于水压大（螺机后端）或气压疏水效果差情况，须在土仓下部进行聚合物有效改良。

（3）同步注浆量保持在 10m^3 以上，并同时保证注浆压力控制在 2～4bar（地面监控量测较稳定的情况下可适量增加注浆压力）。应急措施为立即停止掘进，在保证压力达到规定值的前提下加大同步注浆量；及时对脱出盾尾的管片进行二次注浆填充。

（4）在注重出土量双控管理的同时，结合土压力的升降情况及地下水位，判断土体是否满仓；在停止刀盘旋转时，及时对土仓上部排气，观察排出物体、土压力的升降情况。应急措施为立即停止出土，继续掘进，直到判断出满仓。一旦地面监测或其他有异常，立即启动应急预案，并及时封闭可能影响的地面范围，将影响降到最低。

（5）根据不同地层计算出相对应的单位距离出土量。启动应急措施时应立即关闭螺旋，停止出土，分析原因后，采取停止出土或减少出土推进。

（6）在可疑掘进区域进行二次注浆以及地面跟踪注浆。

3）土仓开仓控制

在盾构换刀过程中，防止土仓空仓过程中刀盘上方地层坍塌的措施如下。

（1）在空仓形成阶段，预先采用气压疏水，过程中逐步采用预设气压代替土压，并最终在土仓内形成稳定气压直到作业结束。

（2）开仓过程中，注意地下水位及掌子面渗水状况；随时备用防护挡板，并根据掌子面的稳定情况而选择是否安装；同时派专人做好地面监控。

（3）恢复掘进阶段，在土仓内回填泥浆或保持气压，保持较高掘进速度，直到土仓满为止。

（4）恢复掘进后对换刀地点进行二次注浆。

4.4　开仓换刀施工方案

4.4.1　施工危险分析及评估

常压开仓检查刀具、刀盘，主要存在以下风险：

（1）地表沉降风险

常压开仓可能造成掌子面土体不稳定性，造成地表过大沉降的风险。

（2）有害气体风险

在地层中以及在推进过程产生的有毒有害气体，可能会对进行换刀的人员造成身体伤害。

（3）掌子面坍塌，造成进仓人员伤亡。

4.4.2 开仓换刀原因及位置现状

（1）盾构机开仓换刀原因

建设单位要根据磨损预测，结合盾构掘进参数、相应施工经验，进行是否换刀的选择。刀具最外圈磨损量为：

$$\delta = K \cdot \pi \cdot D \cdot N \cdot L/V \tag{4-2}$$

式中：δ——刀具最外圈磨损量（mm）；

K——磨损系数（mm/km），取 1.4mm/km；

D——盾构外径（m），取 8.6m；

N——刀盘转速（r/min），取 1.5r/min；

L——推进距离（km）；

V——推进速度（mm/min），取 50mm/min。

由计算可以得出，在中风化砂岩地层中，刀具磨损到达 20mm 时的最大掘进距离为L = 468.95m。根据成都地区的施工经验，目前普遍换刀距离为 400～500m。在施工过程中，是否进行开仓检查还应该结合掘进参数确定。当发生渣温明显过高、速度明显降低、推力和扭矩偏差较大等参数异常现象时，应考虑开仓检查刀具。

（2）盾构机开仓换刀位置情况

综合以上因素，提前筹划区间开仓检查点。在参数异常情况下，临时开仓位置应满足降水深度达到隧道底以下 1m；地层环境较好（中风化砂岩）；地面环境较好（地处空旷、无建构筑物和管线）。机场北站—临江站区间拟定开仓点地质情况分析见表 4-11；临江站—临江车辆段区间拟定开仓点地质情况分析见表 4-12。

机场北站—临江站区间拟定开仓点地质情况分析 表 4-11

序号	开仓位置	拱顶埋深（m）	洞身地层
1 号开仓点	3 号联络通道	20.6	7-2-3 中风化砂岩（掌子面） 1-1 素填土，2-1 软土
2 号开仓点	2 号联络通道兼泵房	43.7	7-2-3 中风化砂岩（掌子面） 7-1-3 中风化泥岩
3 号开仓点	1 号联络通道	12.9	7-2-3 中风化砂岩（掌子面） 7-1-1 强风化泥岩 1-1 素填土，2-1 软土

临江站—临江车辆段区间拟定开仓点地质情况分析 表 4-12

序号	开仓位置	拱顶埋深（m）	洞身地层
1 号开仓点	1 号泵房联络通道	30.8	7-2-3 中风化砂岩（掌子面）

①机场北站—临江站区间 3 个联络通道处，进行开仓检查、更换刀具位置。机场北站—临江站区间换刀位置地质如图 4-40 所示。

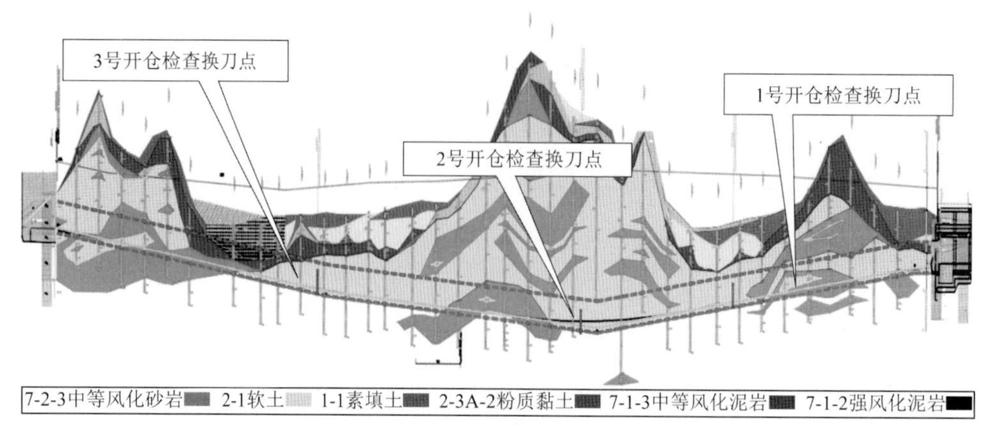

图 4-40　机场北站—临江站区间换刀位置地质图

②临江站—临江车辆段区间 1 个联络通道处，进行开仓检查、更换刀具。临江站—临江车辆段区间换刀位置地质如图 4-41 所示。

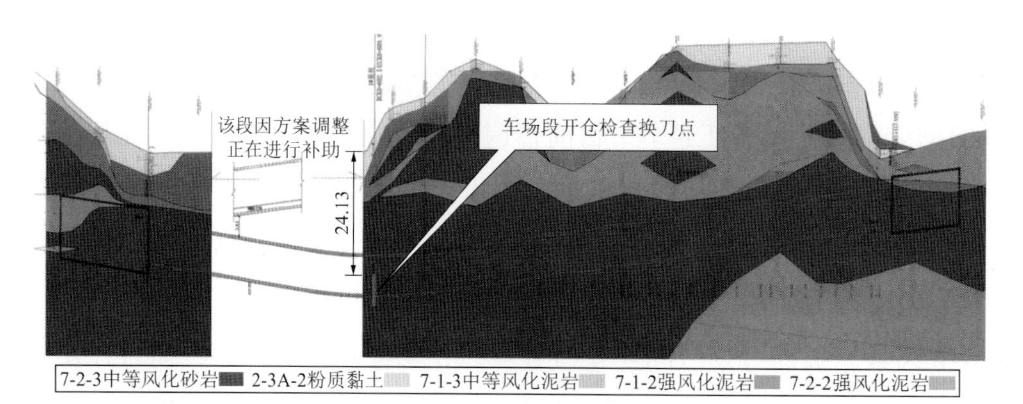

图 4-41　临江站—临江车辆段区间换刀位置地质图（尺寸单位：m）

根据地勘资料和建设单位相关要求，在降水井的降水达到规定的范围内、洞身所处中风化砂岩、地层自稳性较好时，满足盾构常压开仓换刀的条件。

4.4.3　开仓前施工降水

1）降水原因和目的

根据地质详勘资料以及实际掘进情况判断是否需要降水，在计划换刀点提前分析地层含水情况，考虑是否需要打降水井，若通过实际掘进情况结合地质分析在计划换刀点掌子面不会有渗透或渗透水很小，则在开仓换刀过程中不考虑降水施工。由于本区间段地层都在中风化岩层中，掌子面稳定性较强，可在计划换刀点前 100m 开仓检查掌子面渗透水情况，提前预判刀具更换是否需要降水，若掌子面渗透水量很小则不考虑打孔降水，则换刀过程中土仓部分积水可通过土仓壁后底部球阀排出。若实际掘进过程中含水量较大，甚至渗透水大到不具备在计划换刀点前 100m 开仓检查掌子面情况，则提前在计划换刀点打降水井为刀具更换做准备，若地势条件不够好，则提前铺设便道运输机械设备。

根据成都区域水文地质资料及本次勘察成果，拟建场地范围内地下水主要有三种类型，一是赋存于填土层的上层滞水，二是赋存于黏土中的裂隙水，三是基岩裂隙水。本场地的地下水主要为基岩裂隙水，渗透系数在0.470m/d。根据盾构换刀施工的特殊要求，降水目的是通过降水及时疏干开仓范围内土层的地下水，使其得以压缩固结，以提高土层的水平抗力，防止掌子面垮塌，故在进行开仓检修刀具和联络通道开挖过程中须保证无水条件下的施工作业。

2）降水管井设计

根据联络通道及泵房处拟定开仓区域的地质地层情况，从上往下地层（以机场北站—临江站区间3号开仓点为例）分别为1-1素填土、2-1软土素填土、7-1-1强风化泥岩、7-2-3中风化砂岩。

根据降水布置，考虑本标段的降水范围，通过对水文地质条件的分析，联络通道四周设降水井，管井采用ϕ300mm钢筋混凝土管，管井伸入“等效”基坑底板10m，滤水管每根长度2.5m，滤水管总长为7.5m，其中联络通道滤水管长度为10m。

3）降水管井结构设计

（1）管井结构设计

采用降水管井，主要目的为降低潜水，防止地下水危害开挖面的稳定和施工的管井。

（2）井身结构设计

①井口高于周边地面以上0.50m，以防止周围污、雨水渗入井内。

②成孔直径为600mm。

③井壁管选用混凝土管材，井管的直径为300mm，壁厚为30mm。

④填滤料为直径3～7mm无棱角的卵（砾）石。

⑤沉砂段应至少预留0.5m的沉砂段。

（3）过滤器设计

过滤器的直径应根据管井设计出水量、过滤器长度、选用管材料的规格、过滤器的有效孔隙率和允许过滤器进水流速确定。滤水段由ϕ300mm满布滤水孔的钢筋混凝土管，以及其外包的铁丝网、10目密网及50目疏网滤砂透水层组成。

（4）井管配置

井管长度应和井深结构设计相匹配。降水管井构造如图4-42所示。当井底为松散层时，井管可短于井深长度1～2m。井管底部应封底，管井的材质应根据井水的用途、地下水水质、井深、管材强度和经济性等因素综合确定。

①管井应具备抗压、抗拉、抗弯强度。

②应无缺损、裂缝、弯曲等缺陷，管端口面与管轴线应垂直且无毛刺。

③内壁应光滑、圆直，并应满足洗井及抽水设备要求。

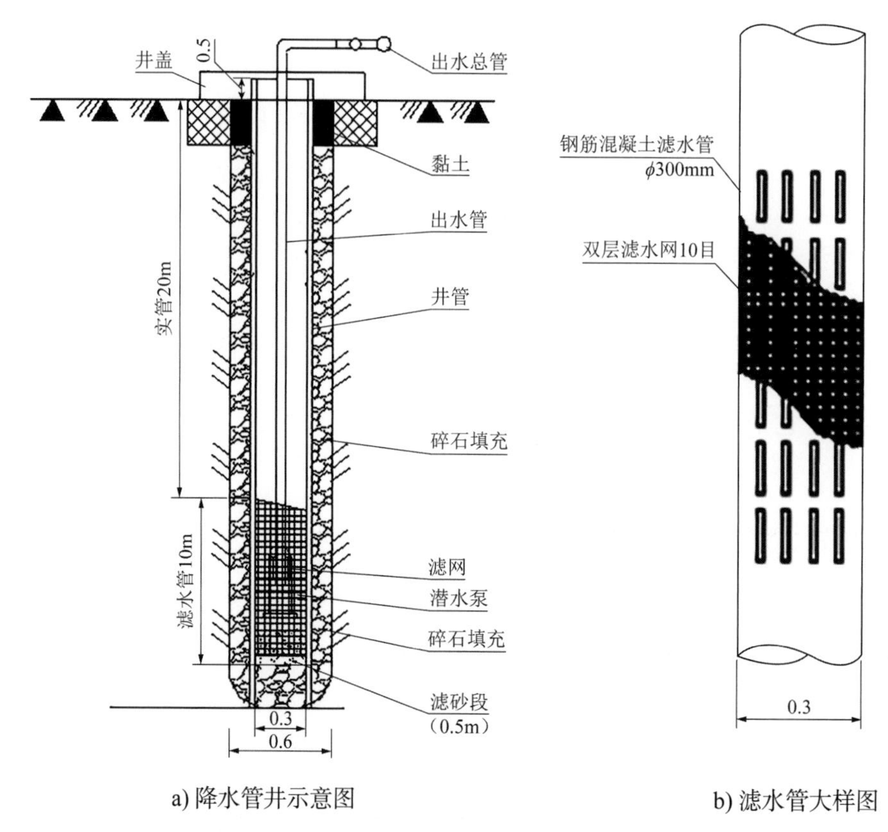

a) 降水管井示意图　　b) 滤水管大样图

图 4-42　降水管井构造图（尺寸单位：m）

4）模型建立及降水管井设计出水量确定

（1）模型建立假定。为节约社会资本和减少环境污染，本工程中将换刀点的降水井设计及后期联络通道开挖过程中的降水井合二为一，故在本降水井设计过程中考虑的均为两者的最不利情况，联络通道兼废水泵房。原本换刀点需降水深度仅需要满足降水水位低于刀盘最低点 1m，但是考虑到后期区间开仓检查点有四处地点作为联络通道开挖，则需满足降水水位低于联络通道泵房最低点 1m，无论是管井深度还是降水面积均需要考虑最不利因素。宽度方面联络通道开挖宽度为 3.5m，但换刀点降水范围按照宽度 7.5m 进行计算；长度方面联络通道开挖长度为平面中净尺寸外加 2 侧隧道洞身再加外侧 2m 的富余量进行考虑，换刀点长度仅需要考虑刀盘直径再外加两侧各 2m。此外，综合长度、宽度、深度均按最不利情况考虑。

（2）降水范围内的涌水量假定均是此范围内的土体作为基坑开挖的涌水量，而实际过程中此土体大部分都存在，故在设计过程中无论是渗透压力还是涌水量的计算结果都是较实际来讲被放大的理论量，故计算模型参考基坑开挖的涌水量计算公式。

（3）降水管井设计出水量确定

根据现场调查结果显示，该场地所揭露的地下水为基岩裂隙水。联络通道（兼换刀点）考虑到滤水管无法达到含水层底部，故模型采用潜水（无压）非完整井。换刀（联络通道）位置降水如图 4-43 所示；均质含水层潜水非完整井的基坑涌水量计算见表 4-13。

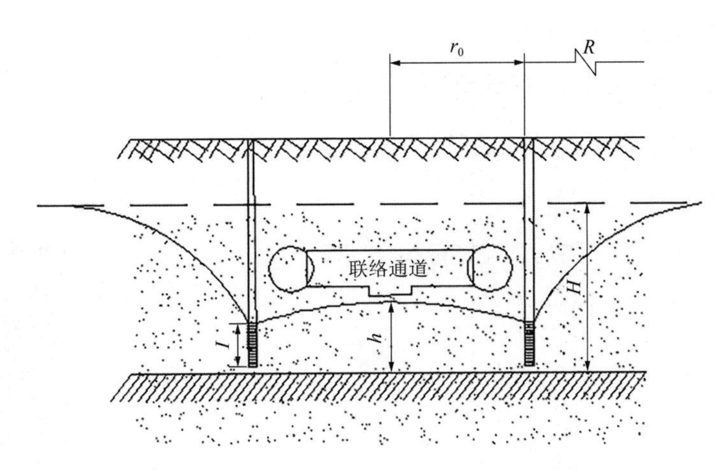

图 4-43 换刀（联络通道）位置降水示意图

均质含水层潜水非完整井的基坑涌水量计算表 表 4-13

序号	参数	单位	机场北站—临江站区间 3 号联络通道	机场北站—临江站区间 2 号联络通道	机场北站—临江站区间 1 号联络通道	临江站—临江车辆段区间 1 号联络通道
1	渗透系数	m/d	0.470	0.470	0.470	0.470
2	计算面积A	m^2	7.5 × 27.2	7.5 × 26.6	7.5 × 26.6	7.5 × 31.2
3	基坑等效半径r_0	m	8.06	7.97	7.97	8.63
4	基坑埋深H_1	m	29.2	52.3	21.5	39.4
5	基坑底面与降水曲线最高点安全距离h	m	1	1	1	1
6	降水曲线坡度i	—	0.1	0.1	0.1	0.1
7	降水井计算深度H_2	m	41.55	64.65	33.85	51.75
8	降水井实际深度H_3	m	42.0	65.0	34.5	52.0
9	含水层厚度H_4	m	31.01	54.1	23.3	41.26
10	降水深度S_d	m	42.0	55.0	34.5	52.0
11	影响半径R	m	317.2	652.0	224.0	455.8
12	涌水量Q	m^3/d	104.8	226.9	118.9	135.8
13	降水井数量n	口	2	2	2	2

注：每个开仓检查（换刀）点设 2 口降水井，其中 1 口为水位监测井兼备用降水井。

根据《建筑基坑支护技术规程》（JGJ 120—2012），公式采用基坑涌水量计算公式，群井按大井简化时，均质含水层潜水非完整井的基坑降水总涌水量可按下式计算：

$$Q = \pi k \frac{H^2 - h^2}{\ln\left(1 + \frac{R}{r_0}\right) + \frac{h_m - 1}{1}\ln\left(1 + 0.2\frac{h_m}{r_0}\right)} \tag{4-3}$$

$$h_m = \frac{H + h}{2} \tag{4-4}$$

式中：Q——基坑涌水量（m^3/d）；

r_0——基坑等效半径（m），按$r_0 = \sqrt{A/\pi}$计算；

k——含水层的渗透系数（m/d），取 0.470m/d；

H——含水层厚度（m）；

R——影响半径（m），$R = 2S\sqrt{HK}$；

h——降水后的水位高度（m）；

h_m——降水后平均水深（m）。

5）降水井深度计算

降水井深度按照各降水井部位具体情况进行布置，其各降水井深度计算见表 4-14。管井深度为：

$$L_{井} = H_{坑} + \Delta h + id + L \quad (4\text{-}5)$$

式中：$L_{井}$——管井深度（m）；

$H_{坑}$——基坑开挖深度（m）；

Δh——降水后地下水位至基坑底面的安全距离（m），一般取 0.5～1.0m，$\Delta h = 1.0$m；

i——降水漏斗曲线水力坡度，环状布置取 1/10，单排线状布置取 1/5，$i = 1/5$；

d——各管井中心至基坑中心距离的算术平均值（$d = r_0$）；

L——滤水管长度（m）。

降水井深度计算表 表 4-14

序号	计算参数	部位（降水井深度计算公式$L_{井} = H_{坑} + \Delta h + i \times d + L$）			
		机场北站—临江站区间 3 号联络通道	机场北站—临江站区间 2 号联络通道	机场北站—临江站区间 1 号联络通道	临江站—临江车辆段区间 1 号联络通道
1	通道开挖深度或基坑底H	29.2	52.3	21.5	39.4
2	降水后地下水位至基坑底面的安全距离Δh	1	1	1	1
3	降水漏斗曲线水力坡度i	0.1	0.1	0.1	0.1
4	各管井中心至基坑中心距离的算术平均值D	13.5	13.5	13.5	13.5
5	滤水管长度	10	10	10	10
6	降水井计算深度	41.55	64.65	33.85	51.75
7	降水井实际深度	42.0	65.0	34.5	52.0

6）单井理论出水量计算

$$q = 120\pi r l k^{\frac{1}{3}} \quad (4\text{-}6)$$

式中：q——单井的出水量（m^3/d）；

r——管井半径（m），取 0.15m；

l——过滤器进水部分长度（m），取 10m；

k——含水层的渗透系数（m/d），取 0.470m/d。

$$q = 120\pi rlk^{1/3} = 120 \times 3.14 \times 0.15 \times 10 \times 0.47^{1/3} = 439.44\text{m}^3/\text{d}$$

$$q_0 = 1.1Q/n \tag{4-7}$$

式中：Q——基坑总涌水量（m^3）；

q_0——单井总涌水量（m^3/口）；

n——降水井数量（口）。

$q_0 < q$则满足规范要求。

7）水泵选择及降水井平面布置

根据基坑涌水量、确定的井数、单井出水量的计算结果、下井深度等各方面综合因素，进行水泵参数的选择。结合成都轨道交通降水施工经验，需用深井潜水泵，之后根据扬程、抽水能力、功率合理选用相适应的深井泵，降水井水泵选型计算见表 4-15。

降水井水泵选型计算 表 4-15

序号	参数	单位	机场北站—临江站区间3 号联络通道	机场北站—临江站区间2 号联络通道	机场北站—临江站区间1 号联络通道	临江站—临江车辆段区间1 号联络通道
1	降水井计算深度H_2	m	41.55	64.65	33.85	51.75
2	降水井实际深度H_3	m	42.0	65.0	34.5	52.0
3	涌水量Q	m^3/d	104.8	226.9	118.9	135.8
4	降水井数量n	口	2	2	2	2
5	单口井最少出水量 $q_0 = 1.1Q/n$	m^3/d	115.28	249.59	130.79	149.38
6	深井潜水泵选型	型号	QS65-25 型	QS65-25 型	QS65-25 型	QS65-25 型
		kW	7.5	7.5	7.5	7.5
		m^3/d	1560	1560	1560	1560
		台	2	2	2	2

注：在进行某分部分项工程施工过程中，现场预留 1 台相应的备用水泵，以防止施工过程中出现的意外情况。

8）降水井施工工艺

（1）降水井施工流程

降水井施工流程如图 4-44 所示。

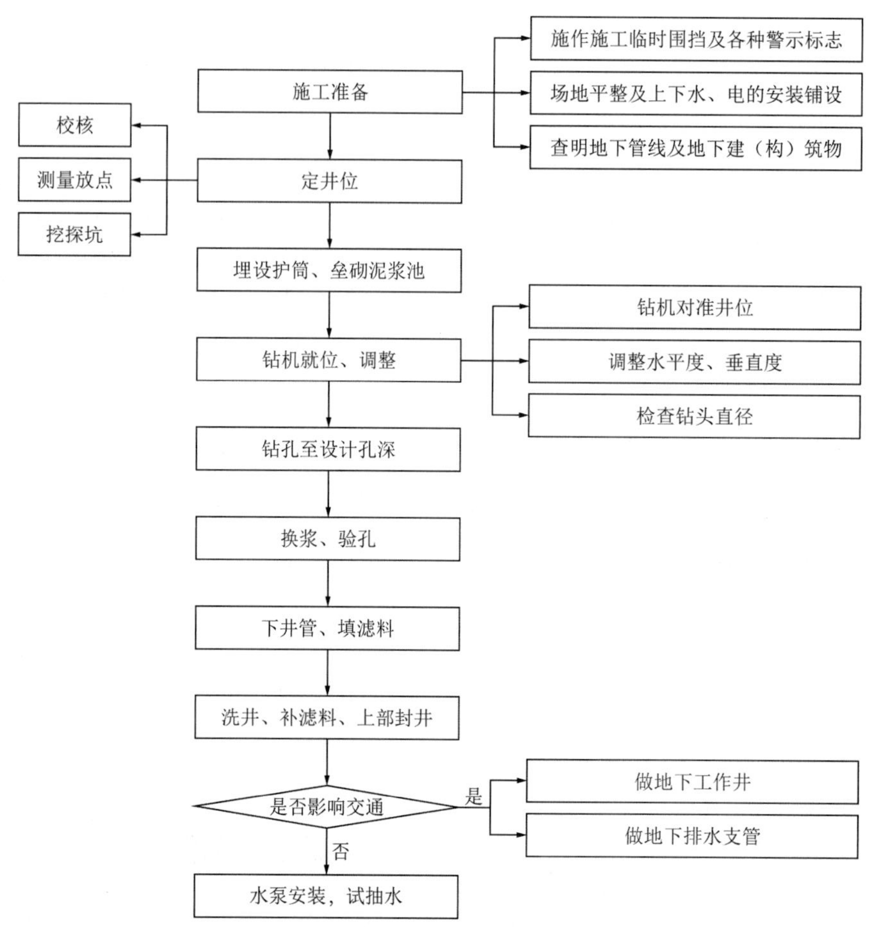

图 4-44　降水井施工流程图

（2）管井施工方法

①定井位

降水井中心距隧道轮廓的距离为 4.0m（开仓检查点 3m）。若遇特殊情况（如地下障碍、地面或空中障碍）需调整井位时，及时通知技术人员在现场调整。正常情况下井位施放偏差≤20mm。

为保证管线安全，施工前依据设计院提供的管线综合图开挖探坑，探坑深度不小于 3m，平面尺寸应大于钻孔钢护筒截面尺寸，如遇地下管线，需适当调整井位，重挖探井。

②埋设护筒

为避免钻进过程中循环水流将孔口回填土冲塌，钻孔前根据现场实际情况埋设钢护筒。护筒外径 0.65m，深度视地层情况而定。在护筒上口设进水口，并用黏土将护筒外侧填实。护筒必须安放平整到位，护筒中心即为降水井中心点。

③设置泥浆池

为保证钻进过程中水流循环及保存钻孔出渣土，根据场地条件在距降水井 3m 左右处设置泥浆池箱（钢板焊接），泥浆池大小为孔体积的 1.5 倍。

④钻机就位、调整

降水井施工采用正循环钻机成孔工艺，钻机就位时调整钻机的底座水平和钻塔垂直，并用机台木垫实，钻机对准孔位后钻机安放要平稳、钻杆垂直，对位偏差不大于50mm。

⑤钻孔

在钻孔过程中保证孔内泥浆保持一定水头高度，防止孔壁坍塌。在地层条件允许的情况下，尽可能使用地层自造泥浆成孔，若钻孔通过易塌孔的流砂层或泥浆漏失严重的地层时，用人工拌制泥浆护壁钻进，泥浆密度控制范围1.10～1.15。

⑥井管安装

井管下入前注入清泥浆置换全井孔内泥浆，抽出沉渣并测定孔深，并将泥浆运至场外。

井管采用钢筋混凝土管，下井管时检查井管有无缺损裂纹，严禁“带伤”井管下入井内。吊放井管要垂直轻放，并保持井管处在井孔中心，当管口与井口相差200mm时，接上节井管，接头处连接牢固，为防止雨污水、泥砂或异物落入井中，井管要高出地面200～300mm，四周砌井并加盖临时保护。

⑦填滤料

井管下入后立即填滤料。滤料沿井管外四周均匀填入。填滤料时，应随填随测滤料填入高度，当填入量与理论计算量不一致时，及时查找原因。不得用装载机或手推车直接填料，应用铁锹填料，以防不均匀或冲击井壁，如遇蓬堵可用水冲。滤料填完后在洗井过程中，如滤料下沉量过大，应补填至井口下1m处，其上用黏土回填封井。

⑧洗井及试抽水

洗井采用40m^3/h泥浆泵，当水清砂净后，方可下潜水泵进行试抽水运转，泵体安装要稳，下泵深度在滤管底1m左右，连接好排水管及电源线路进行试抽水，测定井内水位及观测孔水位变化及流量，如发现井内不出水或水量不达标的死井应及时进行补井。管井施工完成后应填写管井施工记录。

⑨安泵

水泵采用潜水泵，泵上接与泵管口直径相同的钢管，钢管之间采用法兰连接，泵管逐节吊放安装，根据井深计算管长，将泵置于距井底以上1m处，防止泥沙埋设水泵。安装并接通电源，做到单井单控电路，并检查水位继电制动抽水装置和漏电保护系统，支管在接出地面后统一接入主管，并排进入市政管网。

⑩抽降水

在连网统一抽降后应连续抽水，不应中途间断，需要维修更换水泵时，应逐一进行定期观测水位，降水前期一个月内一天一测，之后三天一测，雨天过后需加强观测，及时了解水位变化情况，并根据水位变化情况调整开泵地段和数量。定时巡视降水系统的运行情况，及时发现和处理系统运行的故障和隐患，如水泵抽水情况、供电线路情况、排放水的含砂情况等。

⑪降水井的降水检测与监测

降水井抽水时，在降水抽水过程中定期进行水位观测，降水井运行抽水时，定期对抽水含砂率进行检测，控制单井含砂率指标。

⑫降水过程中对周边环境的监测

为了观察降水对周围邻近建（构）筑物、地下管线的影响，在预测受影响的建筑物、构筑物、地下管线部位设置变形监测点，监测点不少于4个，在降水井影响范围以外设置固定基准点，在降水未达到设计深度前，对观测点每天观测1次，达到设计深度后每2～5d观测一次，直到变形影响稳定和降水结束以后。对重要的建筑物和构筑物，降水结束以后15d之内，连续观测3次。

在监测过程中形成记录并及时整理，监测降水对周围建（构）筑物、地下管线变形影响的发展趋势和变形量，分析变形影响的危害程度。降水过程中，特别是联络通道开挖过程，随时监测地面的稳定性，防止地面产生沉降。

降水井在施工过程中，洗井排放的水净化后排入市政雨水管道，降水过程产生的土和泥浆，不得随意排放，防止污染城市环境和影响土地功能，降水施工排出的土和泥浆在现场设置渣坑，临时排入渣坑，之后统一由运输车运至指定的弃渣场。

（3）施工注意事项

①冲击速均匀，掌握好井内泥浆浓度，保持井孔中浆液水位高度，防止井壁垮塌。特别注意砂层等软弱地层段的施工安全。

②洗井彻底，直至满足规范要求，即含砂率不大于0.1‰为止。

③管井降水常见的问题、产生原因及处理方法见表4-16。

9）降水井施工技术要求

（1）井位要求

①钻孔前详细调查核实场区地下管线分布情况，当确认地下无各种管线后方可施工，当无法确定时可采用人工开孔的方法。

②为避开各种障碍物，降水井间距可作局部调整，但间距最大不应超过130%～150%设计井间距。

（2）井身结构误差要求

①井径误差±20mm。

②垂直度误差≤1%。

（3）成井方法要求

根据成都地区降水井施工经验，施工方法采用正循环钻机成井。

管井降水常见问题预防措施及处理方法 表4-16

常见问题	产生原因	预防措施及处理方法
地下水位降不下去（井泵的排水能力有余，但井的实际出水量很少）	（1）洗井质量不良，砂滤层含泥量过高。孔壁泥皮在洗井过程尚未破坏掉，孔壁附近土层在钻孔时遗留下来泥浆没有除净，导致地下水向井内渗透的通道不畅，严重影响单井集水能力。 （2）滤网和砂料规格未按照土层实际情况选用。 （3）水文地质资料与实际情况不符，井点滤管实际埋设位置不在透水性较好的含水层中。 （4）井深、井径和垂直度不符合要求，井内沉淀物过多，井孔淤塞	（1）在沉设井点管四周灌砂滤料后应立即洗井。一般在抽筒清理孔内泥浆后，用活塞洗井，或用泥浆泵冲清水与拉活塞相结合洗井，借以破坏深井孔壁泥皮，并把附近土层内遗留下来的泥浆吸出。之后立即单井试抽使附近土层内未吸净的泥浆依靠地下水不断向井内流动而清洗出来。 （2）需要疏干的含水层均应设置滤管；滤网和砂滤料规格应根据含水层土质颗粒分析选定。 （3）在土层复杂或缺乏确切水文地质资料时，应按照降水要求进行专门钻探，对重大降水工程应做现场降水试验。在钻孔过程中，应对每一个井孔取样，核对原有地质资料。在下井点管前，应复测井孔实际深度，结合设计要求和实际水文地质情况配置井管和滤管。 （4）在井孔内安装或调换水泵前，应测量井孔的实际深度和井底沉淀物的厚度。若井深不足或沉淀物过厚，需对井孔进行冲洗，排除沉淀
地下水位降深不足（观测孔水位未降低到设计要求）	（1）联络通道、换刀点局部地段的井点根数不足。 （2）井泵型号选用不当，井点排水能力太低。 （3）单井排水能力未能充分发挥。 （4）水文地质资料不确切，基坑实际涌水量超过计算涌水量	（1）按照实际水文地质资料计算降水范围总涌水量、管井单位降水能力、抽水时所需过滤部分总长度、井点进出水量及特定点降深要求。 （2）选择水泵时应考虑满足不同降水阶段的涌水量和降深要求。 （3）改善和提高单井排水能力，根据含水层条件设置必要长度的滤水管，增大滤层厚度。 （4）在降水深度不够的部位增设井点根数。 （5）在单井最大集水能力的许可范围内，更换排水能力较大的井泵。 （6）洗井不合格时应重新洗井，以提高单井滤管的集水能力
地下水位降深过快、过大（地表沉降、建筑物沉降、开裂）	地下水流失过快、过大造成孔隙水压力下降，有效应力增加，产生压缩变形、土体固结，引起的沉降量过大、地层失稳	（1）降水时注意控制降水速度和抽水量，避免降水过快对基坑及周围环境产生不良影响。 （2）一旦发现水位观测孔中的水位、水量变化异常或局部区域出现超降现象，则应马上分析情况查明原因，停止降水，并采取相应解决措施。 （3）对影响范围内建筑进行必要的预加固。 （4）超前开挖，减少风险的产生。 （5）分层开挖，及时支撑，快速封闭。 （6）加强对周边建（构）筑及管线的监测，密切关注围护变形情况。 （7）支撑与围护体系可靠连接，减少失稳风险

（4）填料要求

①含水层段砾料应具有一定的磨圆度，砾料含泥量（含石粉）≤3%，粒径3～7mm；对含水层以上部分的砾料，在磨圆度和粒径方面可适当降低要求，但严禁使用片状、针状的石屑。

②要避免填料速度过快或不均出现滤管偏移及滤料在孔内架桥现象，洗井后滤料下沉应及时补充滤料，要求实际填料量不小于95%理论计算量。

（5）洗井要求

①洗井要求达到“水清砂净”。

②下管、填充填料完成后应立即进行洗井，成井和洗井间隔时间不能超过 8h。

③当常规洗井效果不好时，可加洗井剂浸泡后再洗井。

（6）抽水要求

①开仓换刀前抽水时间不少于 5d。

②抽水含砂量控制，在降水过程中，应定期取样测试含砂量，抽出的水含砂量必须保证含砂率不小于十万分之一，施工时对每口井单独进行出水含砂量监控。在降水过程中，前 3d 单口井 2 次/d，后期视情况可适当减少频次。

4.4.4　盾构机开仓换刀施工

1）开仓准备工作

（1）总体规划

在盾构机刀盘位置根据实际的水文、地质情况，以及盾构机现状，制订开仓施工方案。

（2）成立开仓工作领导小组

根据总体规划的情况，成立盾构机开仓领导小组，负责进行部署开仓的总体工作；领导小组由项目经理任组长，盾构副经理任副组长，机长、机电领班、班长等为组员。

（3）设备物资的准备

设备与材料的准备，是实现快速开仓检查的基本保证，从而减少土体开挖面在外暴露的时间。在确保常用设备（机具）、材料到位的情况下，优先使用更为先进的工具，同时对可能在使用过程中损坏的设备、工具要确保损坏后有备用的。

（4）保证盾构机各项性能完好

在做好盾构机日常维修保养的情况下，加强对开仓检查刀盘、刀具过程中需要用到的系统进行维护保养，如刀盘旋转液压系统、电气系统、通风系统、循环水系统、污水排出系统、压气系统、管片拼装机、后配套系统，从而保证开仓工作的顺利进行。开仓作业前应对盾尾后管片进行整环注入快凝双液浆封堵，减少管环后方来水。

（5）开仓审批

开仓检查前，必须上报开仓申请表，经项目经理、总工及监理工程师确认。常压开仓流程如图 4-45 所示。

2）出渣降压

开仓前不加泡沫推进 300mm 左右，切削开仓前已经被水和泡沫渗透的土体，并将土仓内的土尽可能出空。中部土仓降到 0，同时在出土过程中注意观察土仓的压力变化，以判断土体的自稳性；在保证土体自稳性良好时，由盾构机司机通过螺旋输送器，将土仓内的渣土输出，等土仓内渣土降至土仓 2/3 以下之后（土体处于土仓中下部），停止出渣。

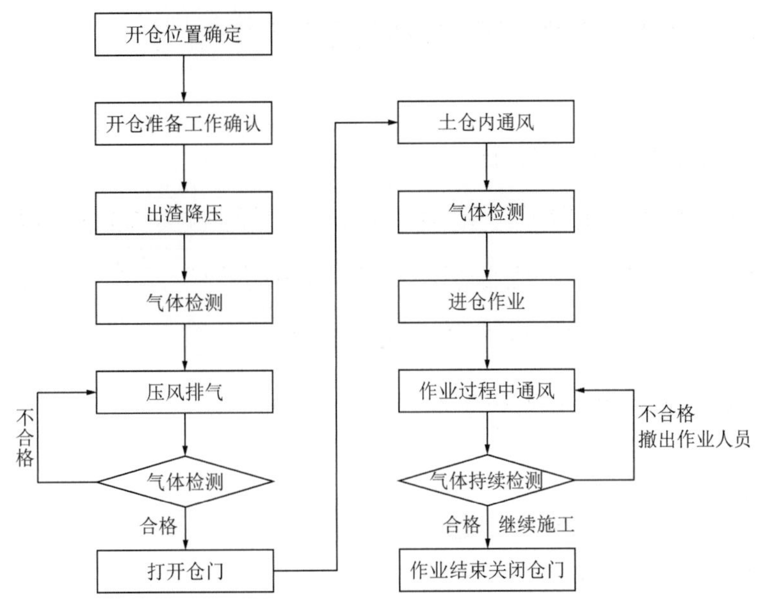

图 4-45 常压开仓流程图

3）气体检测管理

（1）气体检测

通过螺旋机出闸口和人舱板上的球阀对土仓内气体进行检测，并经气体检测仪进行气体检测，合格后方可进行开仓施工，并按照要求做好记录。气体检测标准见表 4-17。

气体检测标准 表 4-17

气体种类	容许最高浓度	标准限量
氧气（O_2）	19.5%～23%	≥20
甲烷（CH_4）	不超过 1%	<0.75
二氧化碳（CO_2）	9000mg/m^3	≤0.5
一氧化碳（CO）	不超过 0.0024%	≤30
氮氧化物	5mg/m^3	≤5
二氧化硫（SO_2）	5mg/m^3	≤0.0005
硫化氢（H_2S）	10mg/m^3	≤0.00066
氨气（NH_3）	30mg/m^3	≤0.064

（2）气体检测频率

人工检测采用便携式四合一气体检测仪、便携式瓦斯检测仪、光干式瓦斯检测仪对土仓内气体及瓦斯易聚集处进行检测，确保施工安全。每工作班安排瓦检员以 1 次/2h 连续平行检测，及时上报并做好存档记录。

4）开仓前压风排气

利用盾构机原有人仓保压系统为排气管路，盾构机主机内和后续台车全部使用原有的管路，远离灯具和高压电缆接头。利用土仓壁上的管路，通过刀盘上的泡沫孔，向土仓内送风，同时打开原保压系统管路阀门，将压出气体排至预定区域，气体通过洞内压入新鲜空气的稀释，随洞内空气排出洞外，开仓前通风如图 4-46 所示。

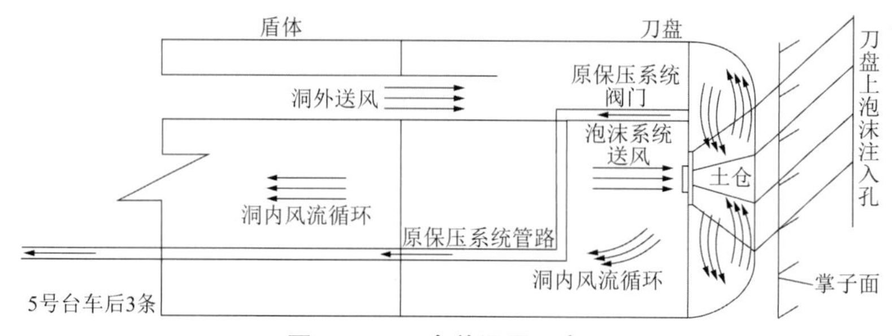

图 4-46 开仓前通风示意图

5）开仓门

气体检测合格后，首先检查土仓压力在通风过程中是否发生变化，土仓内水位情况是否异常，清查人仓内非防爆设备，在开仓前对人仓空气质量再次进行检测，合格后方可打开仓门。

6）仓内通风降温

（1）土仓内通风和气体检测

仓门打开后，先进行活物试验，等活物实验完成合格后，气体检测人员携带气体检测仪器和防爆手电，首先对土仓顶部以及人仓附近左下和右下方空气进行检测，同时现场值班工程师判断地层情况，确认安全后，方可进入土仓进行下一步检测，全面检测完毕且判断地层稳定，空气质量合格，经现场负责人复核确认判断安全后，维保人员进仓，安设安全灯具并打开通风口处仓内盖板，引入风管进行通风，开始空气循环，开仓后通风如图 4-47 所示。

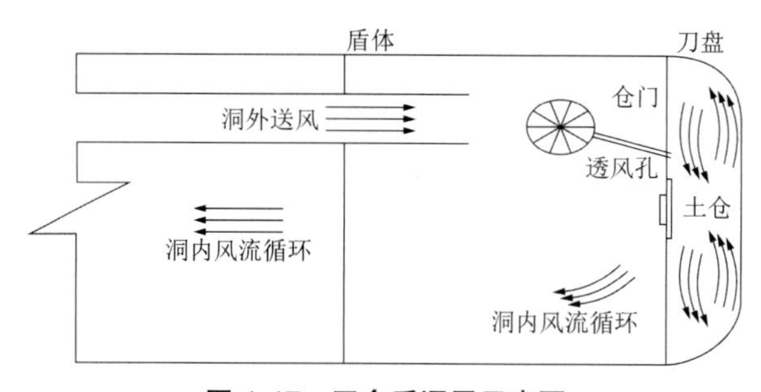

图 4-47 开仓后通风示意图

（2）作业过程中的通风和气体检测

①在开仓检查刀盘、刀具过程中，必须保证通风的连续性，并由气体检测人员对土仓内气体进行不间断检测，如有异常，应及时撤出土仓内人员，加强通风力度，待土仓内气体浓度合格后，方可继续进行进仓作业。

②土仓门的开启确认。在进行刀盘检查前，盾构机司机应先进行出土、排水、放气操作，在确认以上工作完成后，由盾构机司机通知仓门开启人员开仓。

（3）开仓门注意事项

①开仓门前应先打开人舱和土仓之间的减压球阀，若阀芯堵塞时用铁丝疏通，待土仓内外气压平衡后，0.5h 内土仓压力无变化，再拆下螺栓，最后打开压板，在松开压板螺栓的过程中，要严格注意土仓内压力的变化，发现异常时，马上拧紧螺栓，以防异常情况发生。

②在进行刀盘检查前应准备好联络、通信工具，并安排专人值班，以确保刀盘检查过程中，人舱、操作室和地面监控室之间的信息畅通。

③仓门打开后，应先由现场值班工程师对刀盘前方土体的稳定性及地下水情况进行确认，并得出是否具备进行开仓检查的条件，当符合条件后，方可进行进仓检查；当条件不符合时，应先采取应急措施，如用大锤将木板（长 1m，厚 30mm，头部带尖）向前上方打入刀盘和土仓的缝隙，以及给刀盘进土口每隔 10cm 打入木支撑等，严防土体塌方造成对检查人员的伤害。

7）开仓后刀盘、刀具检查

（1）刀具、刀盘检查内容

①滚刀检查内容包括滚刀的磨损量和偏磨量，滚刀刀圈的脱落、裂纹、松动、移位，刀具螺栓的松动和螺栓保护帽的缺损情况。

②刮刀的合金齿和耐磨层的缺损和磨损以及刀座的变形情况。

③刀盘牛腿磨损及焊缝开裂情况。

④主轴承土仓内密封处检查有无润滑脂和齿轮油外泄情况。

⑤土仓内糊仓及刀盘结泥饼的情况。

（2）检查工作实施

①检查指令由盾构副经理下达给盾构组，盾构组在接到检查命令后执行。

②检查工作由盾构组组长总负责，机电工程师对检查结果进行复核和确认。

③检查准备工作。检查工具主要为滚刀检查量具、检查用手电、对讲机等由盾构组负责落实。检查时确保洞内通风正常，确保有通向土仓的风管和水管。检查前，应确保人仓内通往土仓的低压安全照明正常，并有足够的备用灯泡（灯管）。

④检查实施。检查工作由专业盾构组主司机、机械技师负责，同时将检查结果填写在刀具、刀盘检查记录表上，检查完毕后将表格上交设备主管。

⑤检查中注意事项。检查时每次进入土仓 2 人，人仓 1 人（换刀时每 2 人一组）；检查人员应系上安全带，以防跌落。

8）换刀作业

（1）刀具修复前准备

首先根据刀具、刀盘检查结果和刀具更换依据，确定刀具更换的具体数量和位置，以及更换的方案和工艺，之后报主管领导审批后，安排时间由专业盾构组组织人员具体实施，同时准备缺损零部件，准备刀具、辅助材料和换刀工具。

（2）刀具更换依据

①刀圈产生偏磨、刀圈脱落、裂纹、松动、移位情况下必须进行更换，边缘滚刀磨损量在 10～20mm，正面区滚刀磨损量在 20～30mm，中心区滚刀磨损量在 20～30mm 进行更换（以上数据为参考值，可按实际情况进行修正）。

②刮刀和撕裂刀更换标准，合金齿缺损达到一半以上和耐磨层磨损量达 2/3 以上进行更换。

（3）刀具更换工作实施

首先由设备主管对刀盘检查结果进行核实，在换刀过程中，盾构组应派专人到现场指挥换刀，待换刀完毕后，交回机电部进行统计和备案，并将废旧刀具运至地面。

9）关于开仓换刀过程的有关规定和注意事项

（1）建立、健全安全质量责任制，进仓、检查刀盘及换刀、减压作业、运输严格按规程操作。

（2）进行必要的岗前培训，对作业人员上岗前针对进仓、检查刀盘及换刀、减压作业的特点进行安全教育，树立安全作业意识。

（3）项目部领导实行 24h 现场值班制度，并在值班过程中做好带压进仓更换刀具作业的各种记录并收集、整理，次日及时上报。

（4）进仓检查人员必须由身体健康，反应灵活，具有一定的机械常识的人员来担任。

（5）换刀作业时，电工应加强用电管理，确保作业安全，照明设备用电电压为 12V，且遵循拆一把换一把原则。

（6）保证现场材料供应，确保作业过程的有效运转。

（7）在进入土仓作业时应注意土仓内的通风和排水，确保开仓检查作业人员的安全。进入土仓人员必须佩戴安全带，应时刻注意抓踩牢靠，严防打滑和跌倒；在进行开仓检查作业时，严禁猛敲狠打，野蛮作业，造成设备和工具的损坏。

10）关于土仓门关闭的有关规定

（1）在开仓换刀完毕后，按照刀盘、刀具表的要求栏对落实情况进行检查，确认无误。

（2）由盾构组开仓检查负责人对领取的开仓检查工具进行清点，确保无工具和其他杂物（尤其是金属物件）遗留在土仓内。

（3）在以上内容检查完成后，方可关闭仓门。

11）盾构恢复掘进

开仓检查土仓刀盘、刀具完成，盾构通过后立即进行洞内二次补充注浆，补充停机过程中的地层损失，并在土仓内注入膨润土或其他细颗粒浆液后再掘进。

4.4.5 开仓换刀作业组织机构

为确保开仓换刀作业安全顺利地进行，项目部成立专门的领导小组，开仓换刀作业组织架构如图 4-48 所示。

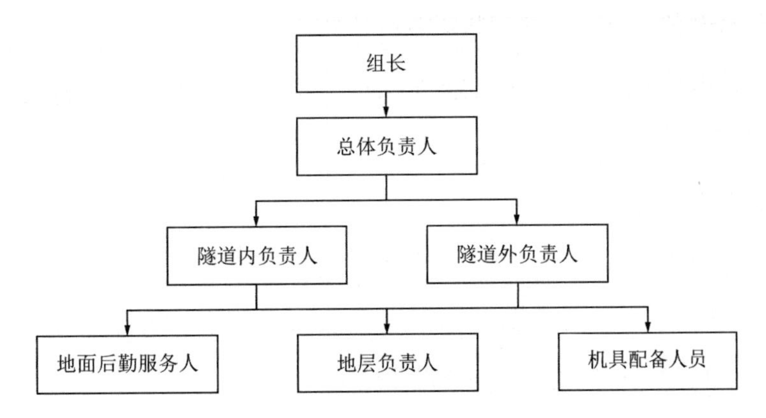

图 4-48 开仓换刀作业组织架构图

（1）开仓换刀人员及主要工具

常压开仓换刀作业人员主要由专业人员组成，根据工作量的大小可考虑白夜班轮流作业，每班两组，每组 3 人，均为熟练工。常压开仓检查人员配置见表 4-18。

常压开仓检查人员配置表 表 4-18

班组	一班（人）	二班（人）	备注
值班经理	1	1	现场管理
隧道值班工程师	1	1	工作联系与协调
班长	1	1	熟悉开舱施工流程
作业人员	6	6	熟练工
机电工程师	1	1	设备故障排除
工程师	1	1	地质评估、安全监督
运输人员	3	3	材料、机具运输
电工	1	1	提供照明
机修工	2	2	风、水接入和设备保障
地面值班工程师	1	1	地面材料、机具配合
协助人员	3	3	材料供应、工具准备等
专职安全员	1	1	施工过程安全监督

注：进仓人员选择具有开仓经验的健康、年轻人员。

（2）开仓主要设备及工具

常压开仓换刀洞内机械设备见表 4-19；常压开仓换刀地面机械设备见表 4-20。

常压开仓换刀洞内机械设备表 表 4-19

序号	名称	规格	数量	备注
1	手持式四合一气体检测仪		2套	一备一用
2	榔头	0.5kg	1把	
3	手拉葫芦	1.5t	4个	刀具拆卸
4	刀具吊环		5个	刀具拆卸
5	土仓内脚踏板		1套	临时作业平台
6	风动扳手		1个	紧固螺栓
7	水管	20～50mm	1根	接入刀盘内
8	电焊机		1台	
9	扭矩扳手	1000nm	2把	紧固螺栓
10	敲击扳手	30、46	2把	
11	活动扳手	250、400	2把	
12	卡规		2把	刀具磨损检查
13	强光手电		5把	照明
14	钢丝刷		5把	清理
15	工具箱		1个	
16	三防日光灯	40W，36V	8只	照明
17	对讲机		4台	联络
18	安全带		5个	
19	记号笔		2只	
20	小型水泵	2kW	1台	土仓排水
21	洋镐		2把	
22	风镐		1把	
23	铁锹		5把	
24	撬棍		2把	

常压开仓换刀地面机械设备表 表 4-20

序号	名称	规格	数量	备注
1	发电机	5.5kW	1台	平时用于测量组埋设监测点，应急时可随时投入使用
2		100kW	1台	现场常备，紧急情况下启用
3	抽水泵	5.5kW	8台	4台正常使用，4台料库备用，应急时可随时投入
4	防汛车辆	7座	1辆	经理部人员接送车辆，出现险情时专用

续上表

序号	名称	规格	数量	备注
5	指挥车辆	5座	1辆	平时领导用车，出现险情时专用
6	灭火器	干粉	若干	按工地防火规定配备，出现险情全部投入
7	对讲机		5对	用于平时的工程测量和盾构施工，应急时优先投入
8	担架		1副	应急救援专用
9	急救药箱		1个	急救药品，紧急救治专用
10	气割、电焊机		1套	平时用于工程，应急时可随时投入
11	注浆机		2台	防止地面沉降

4.4.6 开仓换刀安全保障及技术措施

1）开仓技术措施

（1）开仓操作，必须经项目经理与技术、机电总工程师许可后进行。

（2）开仓作业的一切准备工作必须提前做好，一旦开仓必须保证作业立即开始。

（3）开仓后先观察掌子面的稳定情况，经判断稳定后，再进入土仓作业。

（4）作业人员进入土仓前必须做好措施防止渣土的坠落和突然涌水。进仓前要尽心仔细地观察，无异常情况后方可进仓。

（5）开仓作业前应对盾尾后管片进行整环注快凝双液浆封堵，减少管片后方来水。

（6）在作业过程中必须由专人负责掌子面稳定情况观察，一旦发现异常及时撤出施工人员，并关闭仓门，经观察，有坍塌发生时，在可能的情况下必须立即进行处理，若坍塌现象严重必须立即关闭仓门。

（7）做好开仓作业组织，确保施工的有序、连续，尽快完成施工。

（8）制订专门开仓和进仓作业的安全技术措施交底书，对所有参与开仓过程的人员进行全面的技术交底，达到所有人员熟悉进仓作业程序和相关要求。

（9）在人员进入工作仓作业期间，尽可能减少电瓶车在隧道内运行次数，确保紧急情况时，隧道不会因为电瓶车脱轨或抛锚造成隧道堵塞。

（10）在开仓期间，尽可能减少盾构机维修工作，确保地质条件恶化和放弃开仓时，能够尽快开始推进。

（11）在开仓期间，盾构机操作手必须待在操作室里，不进行盾构机任何操作，防止外来人员对盾构机进行不当操作，保证进仓人员安全。

（12）保持地面和隧道内的通信畅通，隧道内同监控室保持联络通畅，地面发生状况及时通知监控室、应急抢险救援人员，并及时完成信息上报。

2）安全保障措施

（1）建立、健全安全质量责任制，进仓、检查刀具、刀盘作业严格按规程操作。

（2）进行必要的岗前培训，对作业人员上岗前针对进仓、检查刀盘作业的特点进行安全教育，树立起安全作业意识。

（3）项目部领导实行 24h 现场值班制度。

（4）保证现场材料供应，确保作业过程的有效运转。

（5）人仓、自动保压系统由专人负责操作，同时做好各项记录。值班工程师现场 24h 值班，并在值班过程中做好进仓作业的各种记录并收集、整理，及时上报项目部。

（6）每班作业时，电工应加强用电管理，确保工地施工安全。

（7）作业人员作业时应佩戴好个人防护用品，防止意外伤亡事件的发生。

（8）开辟紧急安全通道，确保发生紧急情况时，可将人员通过电瓶车运送至井口，便于抢救。

（9）在人员进入工作仓作业期间，尽可能减少电瓶车在隧道内运行次数，确保发生紧急情况时，隧道不会因为电瓶车脱轨或抛锚造成隧道堵塞。

（10）在开仓期间，尽可能减少盾构机维修工作，确保地质条件恶化和放弃开仓时，能够尽快开始推进。

（11）防火和安全

①控制火源，打火机、火柴、香烟等不允许带入仓内。

②灯设法安装在外面，仓内最好不要有电气部件。

③最好采用水暖系统，其可准确地控制温度，且也不会因为电气短路造成火花。

④锤击、压力冲击等现象也应避免。

⑤要控制易燃物，最好穿纯棉工作服，仓内的各种设备、油漆等均应是阻燃的。

⑥建立急救和火警系统，且应定期对现场人员进行防火和灭火培训。

4.4.7 开仓换刀施工监测

施工监测对城市地铁安全施工极为重要，监测的目的在于掌握隧道施工过程中地表隆陷情况及其规律性，了解隧道在掘进中引起建筑物或管线下沉、倾斜及开裂等情况，及时分析、处理监测所反馈的信息，并根据监测信息指导施工，调整施工工艺和施工参数，确保地面建筑物和地下管线的安全，保证整个工程安全顺利地进行。

按照合同要求，将组建具有丰富监测经验的专业监控量测小组进行全过程监测，作为盾构推进的技术安全保障。

1）监测项目内容

针对开仓换刀位置的特殊地段，进行必要的监测是保证施工顺利开展，避免重大工程事故的关键。主要监控量测项目见表 4-21。

主要监控量测项目表 表 4-21

<table>
<tr><th>监测项目</th><th>方法及工具</th><th>测点布置</th><th>监测频率</th></tr>
<tr><td>洞内及洞外观察</td><td>人工目测并辅以量尺、锤、放大镜、照相机等</td><td>—</td><td rowspan="3">（1）掘进面前后<20m时，测 1～2 次/d。
（2）掘进面前后<50m时，测 1 次/2d。
（3）掘进面前后>50m时，测 1 次/周</td></tr>
<tr><td>地表沉降</td><td>水准仪</td><td>每 30m 设一断面，过既有建（构）构筑物时加密，每 10m 一断面</td></tr>
<tr><td>建（构）筑物沉降及倾斜</td><td>水准仪、全站仪</td><td>沉降监测点沿建（构）筑物外墙布设，四角及拐角处应有监测点控制，沿外墙按 10m 间距布设；倾斜测点宜布设在建筑物角点</td></tr>
<tr><td>建（构）筑物裂缝</td><td>游标卡尺</td><td>变形缝两侧的外墙上</td><td rowspan="4">—</td></tr>
<tr><td>地下管线沉降、差异沉降</td><td>水准仪</td><td>管线接头处、位移变化敏感部位</td></tr>
<tr><td>地下水位</td><td>钢尺水位</td><td>联络通道处</td></tr>
<tr><td>土体分层竖向位移</td><td>分层沉降仪等</td><td>在盾构始发、达到段及穿越房屋前后有埋设条件的位置埋设土体分层竖向位移监测点</td></tr>
</table>

注：建（构）筑物的相关监测需同时满足产权单位的要求。

2）监测管理等级及对策

根据现场量测的分析成果，按照监控控制标准和预警值指标制定对应的监测管理等级和对策，监测管理等级及对策见表 4-22。

3）测点布置

监测测点布置沿用原有监测点，根据实际情况适当增加监测点。监测点具体布设见《施工总承包项目土建三工区机场北站—临江站—临江站停车场盾构区间施工监测方案》。

4）监测方法及监测频率

（1）地表沉降监测

监测仪器：DNA03 全自动电子水准仪、铟钢尺等。

监测实施方法，地表沉降测点采用人工开挖或钻具成孔的方式进行埋设，具体埋设步骤如下：

①土质地表使用洛阳铲，硬质地表使用工程钻具，开挖直径 130mm，深度 1m 孔洞，夯实孔洞底部。

②清除渣土，向孔洞内部注入适量清水养护。

③在孔中心置入长度不小于 100cm 的钢筋标志，露出填充物面 1～2cm，测点高度要低于路面高度，以避免行车对其影响，并用粗砂回填夯实。

监测管理等级及对策　　表 4-22

警情等级	状态描述	报送范围	报送时限	报送方式	处置	备注
黄色预警	实测累计值达到控制指标的 2/3 且变化速率达到控制值；监测工程师判断伴有“危险情况”出现，将进行黄色预警	公司工程管理部、盾构技术部、安全环保部；各管段负责人及相关领导；施工单位	2h 内	短信	工程管理部管段负责人组织各方分析、处置	险情情况：①监测数据达到预警值的累计值。②基坑支护结构支护或锚杆体系出现较大的变形、压曲、断裂、松弛或拔出迹象。③盾构区间上方地表为交通干道，出现下沉或地表拉裂趋势，或可能造成不良社会影响。④建筑物出现新裂缝或者所监测的裂缝有发展趋势或者建筑物不均匀沉降达到规范或图纸要求的数值。⑤监测单位应根据实际情况及时对监测数据和巡视结果进行综合分析，当发现有其他危险情况时，也应及时预警。 突发安全隐患：①监测数据突然达到红色预警值，并有继续发展下去的趋势。②基坑支护结构或者周边土体的位移值突然明显增大或基坑出现流砂、管涌、隆起、陷落或者较严重的渗漏等现象。③周边建筑的结构部分或者周边出现较严重的突发裂缝或危害结构的变形裂缝。④周边管线监测数据突然明显增长或者出现裂缝、泄漏等。⑤盾构区间上方地表出现局部坍塌，或造成不良社会影响。⑥建筑物监测数据突然明显增长或者出现裂缝。⑦根据当地工程师经验判断，出现其他必须进行突发安全隐患预警的情况
橙色预警	变化速率连续二次达到控制值，第二次进行橙色预警；实测累计值达到控制值且变化速率达到控制值 2/3 进行橙色预警；监测工程师判断伴有“危险情况”出现，将进行橙色预警	公司工程管理部、盾构技术部、安全环保部；各管段负责人及相关领导；施工单位	1h 内	电话 + 短信	公司管段负责人组织现场分析、处置	
红色预警	实测累计值和变化速率均达到控制值，并监测工程师判断伴有“危险情况”出现	公司工程管理部、盾构技术部、安全环保部；各管段负责人及相关领导；施工单位	即刻	电话 + 短信	公司工程部总工组织现场分析、处置	
紧急预警	指未经过前三个预警中任意一次预警而伴有“危险情况”或“突发安全隐患”或者在没有监控点的部位出现“突发安全隐患”	公司工程管理部、盾构技术部、安全环保部；各管段负责人及相关领导；施工单位	即刻	电话 + 短信	公司总经理组织现场分析、处置	

④上部加装钢制保护盖（直径不小于 110mm）。

⑤养护 15d 以上（此方法使测点以端承的方式直接反映土层变化）。

观测、计算方法及要求，水准监测网观测采用几何水准测量方法，使用精密水准仪进行观测；计算方式，A、B 两点的高差$h_{ab}=a-b$（高差 = 后视读数 − 前视读数）得出待定点 B 的高程$H_b=H_a-h_{ab}$。

a. 基准点、工作基点观测，按《城市轨道交通工程测量规范》（GB/T 50308—2017）执行。二等垂直位移监测网技术按要求观测，垂直位移监测网主要技术指标及要求见表 4-23。

垂直位移监测网主要技术指标及要求　　表 4-23

序号	项目	限差
1	相邻基准点高差中误差	0.5mm

续上表

序号	项目	限差
2	每站高差中误差	0.15mm
3	往返较差及环线闭合差	±0.3$\sqrt{n}$mm（n为测站数）
4	检测已测高差较差	±0.3$\sqrt{n}$mm（n为测站数）
5	视线长度	30m
6	前后视的距离较差	0.5m
7	任一测站前后视距差累计	1.5m
8	视线距离地面最低高度	0.5m

沉降监测点二等垂直位移监测网技术按要求观测，沉降监测点观测主要技术指标及要求见表 4-24。

沉降监测点观测主要技术指标及要求 表 4-24

序号	项目	限差
1	沉降观测点与相邻基准点高差中误差	1.0mm
2	每站高差中误差	0.30mm
3	往返较差及环线闭合差	±0.6$\sqrt{n}$mm（n为测站数）
4	检测已测高差较差	±0.8$\sqrt{n}$mm（n为测站数）
5	视线长度	50m
6	前后视的距离较差	2.0m
7	任一测站前后视距差累计	3.0m
8	视线距离地面最低高度	0.3m

b. 观测采用闭合水准路线时可仅观测单程，采用附合水准路线形式必须进行往返观测，取两次观测高差中数进行平差。观测顺序，往测为后、前、前、后；返测为前、后、后、前。

c. 数据分析与处理。地表沉降量测随施工进度进行，根据开挖部位、步骤及时监测，并根据各沉降测点沉降值绘制出沉降变化曲线图、沉降变化速度、加速度曲线图。

（2）地表裂缝观测

地表裂缝开展状况的监测通常作为地铁施工影响程度的重要依据之一。采用直接观测的方法，将裂缝进行编号并划出测读位置，必要时可用钢尺测读。监测数量和位置根据现场情况确定。

5）地下水位观测

（1）监测仪器

电测水位计、聚氯乙烯管（PVC 管）、电缆线。

（2）监测实施方法

①测点埋设。测点用地质钻钻孔，孔深应根据要求而定（以保证可测出施工期产生的水位降低）。测管用ϕ100mm 的 PVC 管，水位线以下至隔水层间安装相同直径的滤管，滤管外裹上滤布，用胶带纸固定在滤管上，孔底布设 0.5～1.0m 深的沉淀管，测管的连接用锚枪施作锚钉固定。测孔的安装应确保测出施工期间水位的降低。

②量测及计算。通过水准测量测出孔口高程H，将探头沿孔套管缓慢放下，当测头接触水面时，蜂鸣器响，读取测尺读数a_i，则地下水位高程$H_{\mathrm{Wi}} = H - a_i$。两次观测地下水位高程之差$\Delta H_{\mathrm{W}} = H_{\mathrm{W}i} - H_{\mathrm{W}i-1}$，即水位的升降数值。

③测试频率。从降水开始，观测时间分别采用 30min、1h、4h、8h、12h 以后 24h 观测 1～2 次，直到降水工程结束。开始施工后，正常监测地下水位变化情况，暗挖隧道在掌子面到达前 1 次/2d，掌子面到达时 1～2 次/d；掌子面通过后 1 次/2d；基坑施工段在施工初期为 1～2 次/d，后期 1～2 次/3d。

（3）数据分析与处理

根据水位变化值绘制水位随时间的变化曲线，以及水位随施工的变化曲线图。

隧道拱顶沉降、水平收敛及管片结构裂缝监测。

6）监测控制标准

监控量测值控制标准见表 4-25。

监控量测值控制标准 表 4-25

<table>
<tr><th rowspan="2">监测项目</th><th colspan="3">监测限值</th></tr>
<tr><th colspan="2">累计值</th><th>变化速率</th></tr>
<tr><td>现场巡视</td><td colspan="2">—</td><td>—</td></tr>
<tr><td>地面沉降</td><td colspan="2">隆起 10mm、下沉 25mm</td><td>3mm/d</td></tr>
<tr><td>地下水位</td><td colspan="3">地下水位保持在盾构机底以下 1000mm</td></tr>
<tr><td rowspan="3">管线沉降</td><td>刚性压力</td><td>10mm</td><td rowspan="3">2mm/d</td></tr>
<tr><td>刚性非压力</td><td rowspan="2">20mm</td></tr>
<tr><td>柔性管线</td></tr>
<tr><td>土体分层竖向位移</td><td colspan="2">25mm</td><td>3mm/d</td></tr>
<tr><td>建筑物沉降</td><td colspan="2">15mm</td><td>2mm/d</td></tr>
<tr><td>建筑物倾斜</td><td colspan="2">2/1000</td><td>3d 大于 0.001H/d，H-建筑物高度</td></tr>
<tr><td>建筑物裂缝</td><td colspan="2">3mm</td><td>持续发展</td></tr>
</table>

7）监测频率

监控量测根据检测的内容不同，其量测的频率的也不尽相同。当监测项目为地表沉降时，监测量测频率加密，开仓检查刀具、刀盘期间，每 4h 监测一次。

8）数据处理及信息反馈

（1）数据处理

各项监测数据收集后及时整理、绘制位移-时间曲线、应变-应力等随施工作业面的推进时间变化规律曲线。

（2）信息反馈

监测负责人对每次监测数据及时进行整理分析，并将分析结果以书面形式向工程部汇报，工程部对监测资料及时评判，并将评判结果向项目总工程师汇报，同时向驻地工程师通报。若遇监测值达到预警值或危险值时，项目总工程师要立即会同监测人员、项目经理、驻地工程师等有关人员分析原因，制订对策措施，以保证施工安全。监测工作提交的成果，一般包括日常监测报告、阶段监测报告和最终监测报告三个部分。监测资料反馈管理程序如图 4-49 所示。

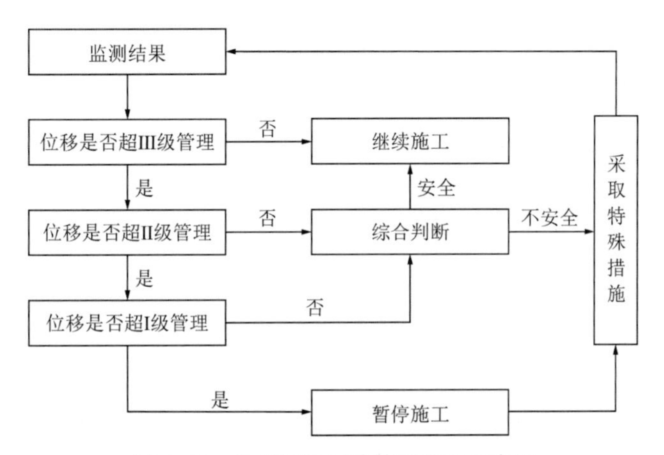

图 4-49　监测资料反馈管理程序示意图

工程部对监测的解析结果进行理论分析，根据监测数据分析结果，确认、评价施工方法对构造物的影响，确保安全；根据监测数据分析结果，确认、评价地下水位变化对结构的影响；根据监测数据分析结果，确认、评价施工方法的合理性，指导下一步施工。监测信息管理流程如图 4-50 所示。

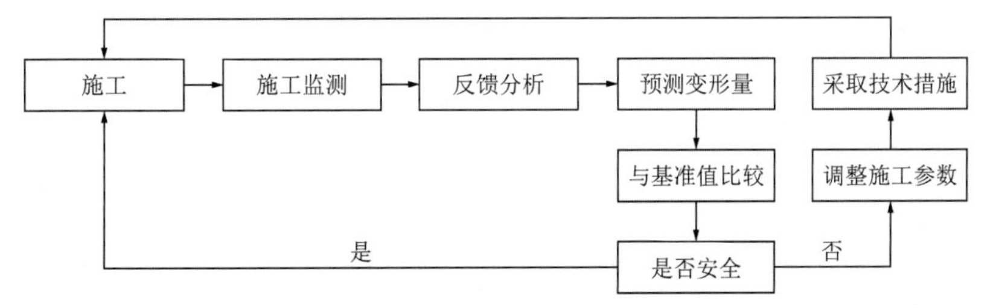

图 4-50　监测信息管理流程图

（3）成果提交

监测工作提交的成果，包括日常监测报告、阶段监测报告和最终监测报告三部分。日常监测报告，对当次外业记录进行检查与检验合格后进行内业计算，沉降观测内业计算使用计算机按间接观测平差法或近似平差法等相应软件处理后，于当天提交测量数据、时间变形曲线、地表建筑物状况、各沉降点高程、本次沉降量、累计沉降量、沉降断面图、沉降速率图、沉降等值曲线图，而对于地下水位、房屋倾斜、深部水平位移等当天提交其各测点的实测值，本次变化量、累计变化量及相关图表数据格式。特殊复杂地段每日呈报测量结果。

4.5 盾构到达接收施工方案

4.5.1 盾构到达施工流程

盾构机到达施工是指从盾构机到达下一站接收井之前 50m 到盾构机贯通区间隧道进入接收井被推上盾构接收基座的整个施工过程。其工作内容包括盾构机定位及接收洞门位置复核测量、洞门处理、安装洞门圈密封设备、安装接收基座等，盾构到达施工流程如图 4-51 所示。

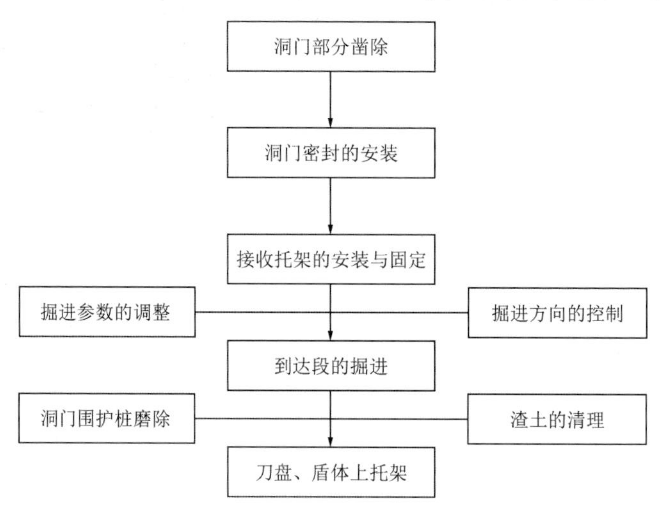

图 4-51 盾构到达施工流程图

4.5.2 盾构到达准备工作

（1）盾构机定位及接收洞门位置复核测量

在盾构推进至盾构到达范围时，对盾构机的位置进行准确的测量，明确成洞隧道中心轴线与隧道设计中心轴线的关系，同时对接收洞门位置进行复核测量，确定盾构机的贯通姿态及掘进纠偏计划。在考虑盾构机的贯通姿态时注意两点，一是盾构机贯通时的中心轴线与隧道设计轴线的偏差，二是接收洞门位置的偏差。综合这些因素在隧道设计中心轴线的基础上进行适当调整。纠偏要逐步完成，每一环纠偏量不能过大。

（2）洞门密封装置安装

为防止盾构接收过程中土体从盾构壳体与洞门圈间隙流失，在洞门圈安装洞门密封装置以达到防止水土流失的目的。当盾构前体盾壳被推出洞门时通过压板卡环上的钢丝绳调整折叶压板使其尽可能压紧帘布橡胶板，以防止洞门泥土及浆液漏出。在管片拖出盾尾时再次拉紧钢丝绳，使压板能压紧橡胶帘布，让帘布一直发挥密封作用。盾构机到站如图 4-52

所示；密封橡胶帘布如图 4-53 所示。

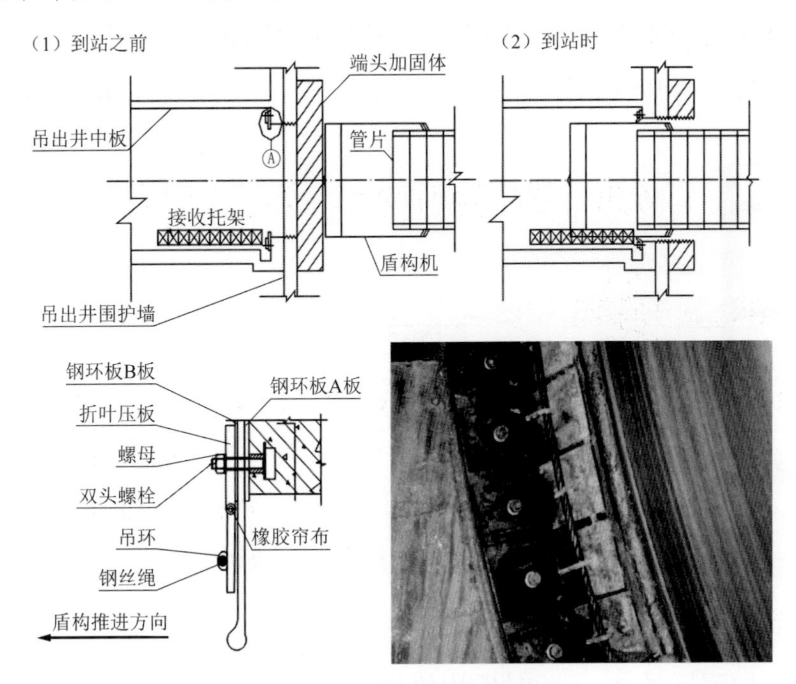

图 4-52 盾构机到站示意图

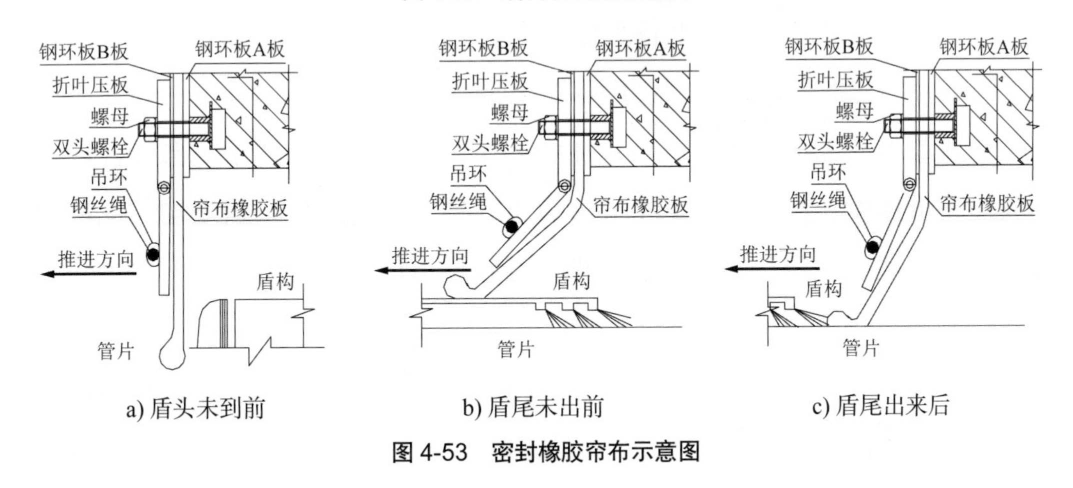

图 4-53 密封橡胶帘布示意图

（3）接收基座的安装

接收基座的中心轴线应与隧道设计轴线一致，同时还需要兼顾盾构机出洞姿态。接收基座的轨面高程除适应于线路情况外，应适当降低 20mm，以便盾构机顺利上托架。为保证盾构刀盘贯通后拼装管片有足够的反力，将接收基座以盾构进洞方向 +5‰的坡度进行安装。要特别注意对接收基座的加固，尤其是纵向的加固，保证盾构机能顺利到达接收基座上。

4.5.3 盾构到达施工

（1）盾构进入接收施工影响区段推进

当盾构机切口底部与车站结构顶成 45°时，盾构机开始进入施工影响区，根据盾构机的贯通姿态及掘进纠偏计划进行推进，纠偏要逐步完成，每一环纠偏量不能过大。盾构接收施工影响区段推进如图 4-54 所示。此时结合出土量及地面监测数据，开始下调土压力值，同步注浆量等其他施工参数，保持与正常掘进相同。盾构进入到达段后，加强地表沉降监测，及时反馈信息以指导盾构机掘进。

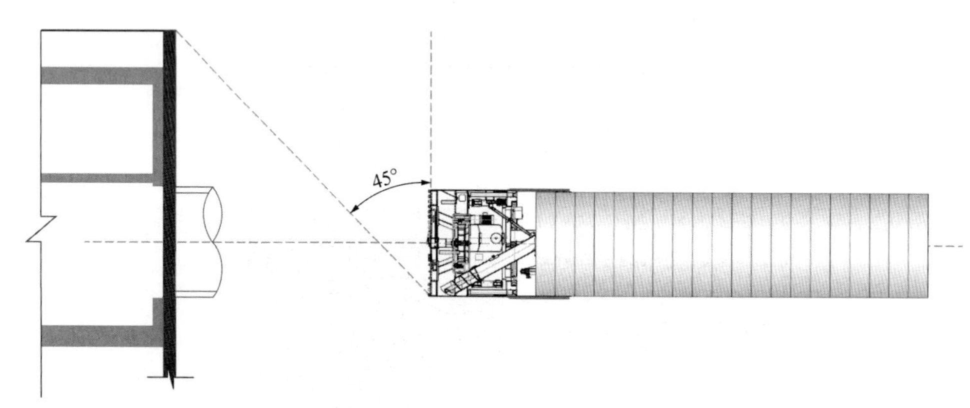

图 4-54　盾构接收施工影响区段推进示意图

（2）盾构机到达加固区外

当盾构机到达加固区外 2m，此时盾构机进入接收施工状态，接收井接收基座安装、洞门密封装置、应急抢险物资等接收准备工作应当全部就绪，隧道内最后 20 环管片纵向螺栓采用 10 号槽钢进行拉紧装置施工，共分六道，以防盾尾在脱出管片后，管片环与环之间间隙被拉大，造成渗水或漏泥。盾构机到达加固区外 2m 如图 4-55 所示。选择合理的掘进参数，逐渐放慢掘进速度，控制在 30mm/min 以下，推力逐渐降低，缓慢均匀地切削洞口土体，以确保到达端墙的稳定和防止地层坍塌。接收隧道内拉紧装置如图 4-56 所示。

（3）盾构机切口到达加固区

此阶段应加强对刀盘正前方加固土体改良，使加固土体以流塑状排出，避免加固土体改良不足带来螺旋机卡死，影响接收施工。此外，此阶段应控制好刀盘扭矩小于 4000kN · m，并以 1cm/min 的掘进速度低速掘进，出土量控制为理论出土量的 98%，总推力控制不大于 10000kN，根据出土量、总推力及地面监测数据同步下调土压力值。

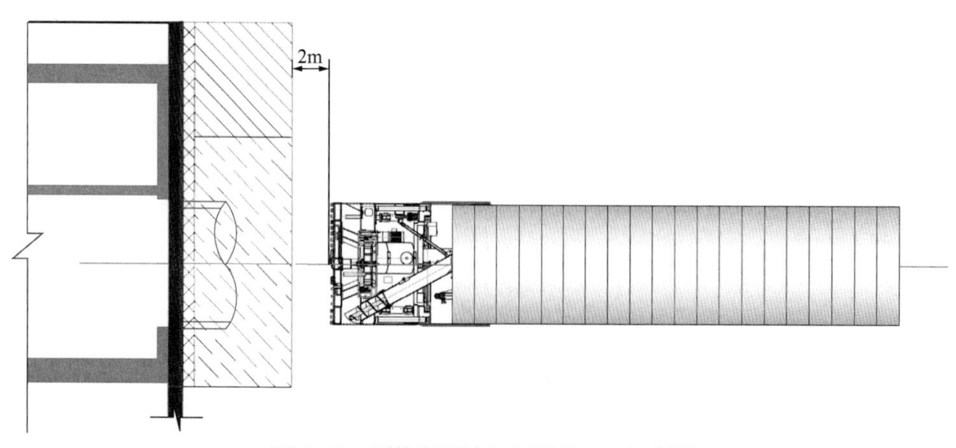

图 4-55　盾构机到达加固区外 2m 示意图

图 4-56　接收隧道内拉紧装置示意图

（4）盾构机刀盘进入加固区

此阶段将上部土压控制调整至中心土压控制，土压随着推进逐步降低，并根据出土量及总推力情况逐步调整。同步浆液从此阶段开始添加水泥，每环注浆量（$9.86m^3$）外送浆液添加 100kg 水泥，同步注浆量与正常掘进段相同。当盾构机刀盘距离贯通里程小于 10m 时，在掘进过程中，专人负责观测出洞洞口的变化情况，且始终保持与盾构机司机联系，以及时调整掘进参数。

（5）盾构机切口到达围护结构

当盾构机切口到达围护结构位置，此时将中心土压控制调整至下部土压控制，在后续盾尾环箍注浆完成初凝后将土压调整为 0，出空土仓。盾构靠上维护结构后，对盾尾后奇数环管片吊装孔进行环箍双液浆压注，偶数环作为应急备用。

同时此阶段盾尾已经进入加固区范围，同步注浆量填充率调整为 100%。盾尾后 10 环通过管片的注浆孔压注环箍，浆液为双液浆。环箍注浆为 6 孔/环（封顶块除外），可根据注浆压力及时调整注浆量。压注顺序为从下到上。为防止浆液在土体中的流动路径过长，浆液的初凝时间不能过长。

（6）盾构接收掘进及洞门注浆

在环箍注浆施工完成后，通过对洞门处管片注浆孔在加装球阀的基础上采用冲击钻进行注浆效果探测，在确认无渗漏情况下方可进行盾构机接收施工。

在盾尾最后一道盾尾刷过洞门止水帘布位置后，立即组织进行洞门注浆，洞门填充注浆应注意压力控制，以免击穿止水帘布，造成洞门止水装置失效。

4.5.4　盾构到达施工注意事项

（1）盾构基座位置按设计轴线准确放样，安装时按照测量放样的基线，吊入井下就位焊接，基座上的两根轨道中心线按隧道设计轴线等距平行放置，并设置支撑加圈。基座前端定位必须以实际洞口中心为准,偏差不大于20mm,基座坡度与设计坡度偏差不大于2‰。

（2）盾构到达前检查端头土体质量，确保土体含水量及稳定性以满足到达要求。

（3）到达前，在洞口内侧准备好砂袋、水泵、水管、方木、风炮等应急物资和工具。

（4）准备洞内、洞外的通信联络工具和洞内的照明设备。

（5）增加地表沉降监测的频次，并及时反馈监测结果以指导施工。

（6）橡胶帘布内侧涂抹油脂，避免刀盘刮破帘布而影响密封效果。

（7）在盾构机刀盘距洞门掌子面 0.5m 时应尽可能出空土仓中的渣土，减小对洞门及端墙的挤压以保证凿除洞门混凝土施工的安全。

（8）在盾构贯通后安装的几环管片，必须要保证注浆饱满密实，并且一定要及时拉紧，以防止引起管片下沉、错台和漏水。

4.5.5 盾构机吊出转场

1）盾构吊出施工注意事项

盾构机上接收托架后，先对盾构机进行清理和检查，清理盾构机土仓内的渣土，检查盾构机各零部件的状态，确保盾构机的完好，之后开始吊出施工。

（1）盾构机吊拆采用 1 台 400t 履带式起重机、2 台 200t 汽车起重机，以及 2 台 200t 液压千斤顶、1 台 150t 液压泵站等。

（2）在吊拆前，应在各部分盾体焊接相应的吊孔。吊孔应均匀合理，能保证吊拆时构件的平衡。

（3）正式吊拆前需对盾构井周围场地进行硬化和清理，以便于盾构机的摆放和倒运。

（4）拆卸之前对整机各部、各系统管路、电路组件进行详细标识。

（5）同盾构机吊装顺序相反，为先装后拆，后装先拆。

①先清除刀盘泥渣。

②断开盾构机风、水、电供应系统。

③管线与小型组件拆除。

④盾构吊出工作井，运往指定地点再组装或拆卸、解体、检修、包装。

⑤后配套系统分节吊出。

⑥零部件清理、喷漆、包装、储存。

（6）在不影响起吊、包装、运输及保证设备不致变形的情况下，尽可能不拆得太零散，拆卸方案与拆卸记录资料妥善保存，作为二次组拼依据。

（7）将吊出的各个部件按照顺序摆放，确保足够空间倒运。

2）拆卸工作注意事项

（1）在隧道贯通前，进行全面仔细复查、补全盾构机、电、液各部件的标识。

（2）拆卸专用拖车、牵引车连接装置准备完好。

（3）检查各种管路接头，堵头短缺数量、规格并补齐加工。

（4）贯通前进行主机、后配套及辅助设备的带负荷性能测试，以全面鉴定各机构、设备的性能状态，为拆卸后及时维护、修理和制订配件计划提供依据。

（5）无论处于何种零部件性能状态，对短缺损坏的零件列出配件清单。

（6）零件入库存放前检查零件性能状态，并对短缺损坏的零件列出配件清单。

5 施工保证措施

5.1 组织保障措施

严格贯彻执行国家安全生产相关法律法规、四川省安监局和地铁公司、指挥部等上级单位相关管理规定，按要求加强内部安全管理，落实各项安全防护措施。

安全生产工作应当以人为本，坚持“安全第一、预防为主、综合治理”的方针和“管生产必须管安全、工点负责制”的原则，全面实行安全生产责任制，大力整治事故隐患，有效地防范各类安全事故的发生，保障员工的安全和健康，保证施工生产顺利进行。建立、健全安全生产管理体制，党政工团齐抓共管，项目相关部门通力协作，形成领导重视、层层负责、人人把关、群防群治的安全生产局面。

1）项目安全生产目标

满足合同要求，创建安全工地，安全生产实现“六无”目标，即无重大安全事故和管线事故；无因工死亡事故；无触电、物体打击、高空坠落等事故；无重大机电设备事故、重大交通事故及火灾事故；无等级社会治安案件；无集体中毒事故。确保施工现场符合成都市安全文明施工的统一标准，创建安全文明施工标准化工地，创集团公司、成都市级标准化工地，争创省级标准化工地。

（1）安全零事故。项目年度因工死亡率、重伤率为零，员工因工负伤率为零。

（2）杜绝安全责任事故（包含施工安全责任事故和交通安全责任事故）发生。

（3）杜绝质量责任事故（包含路面沉陷、管线断裂破坏、建筑物倾斜倒塌、掌子面坍塌等）发生。

（4）杜绝因施工造成的燃气爆炸、大面积停水停电、漏水漏气、交通中断、通信中断等事故发生。

（5）杜绝中毒（包括食物中毒、有毒有害气体中毒）事故发生。

（6）杜绝触电、高处坠落、机械伤害、物体打击、火灾爆炸、洪水灾害等安全事故发生。

2）无等级社会治安案件

3）安全目标管理

把安全生产目标管理同工班责任制结合起来，作为考核责任人每月业绩的一项重要内容。项目部必须与各工班签订安全生产责任状，把安全生产指标实现情况同评选先进工班和先进个人挂钩，对达不到安全生产指标的工班和个人行使先进否决权。

4）建立安全生产岗位责任制

5）安全职责管理

落实各级管理人员和操作人员的安全职责，项目部与各工班组层层签订安全包保责任状，做到纵向到底，横向到边，不留死角。

6）坚持安全教育

（1）职工上岗前必须经过项目部、各部门、各施工班组三级安全教育。教育计划由项目部安全领导小组安全环保部负责制订，各工班组长协助组织实施。项目部及各工班组长的管理人员、专业工程技术人员均要进行安全教育，具体由项目部安全生产领导小组安排学习内容。

（2）项目部主要进行安全基本知识、法规、法制教育；部门级主要进行现场规章制度和遵章守纪教育；工班组主要进行本工种岗位安全操作及班组安全制度、纪律教育。

（3）职工通过三级安全教育后，经考核合格后方可上岗。

（4）未经安全教育的管理人员、施工人员，不准上岗。未进行三级教育的新工人不准上岗。变换工种或采用新工法、新工艺、新设备、新材料及技术难度较大的必须经过技术培训，未经培训合格者不准上岗。

（5）特殊工种的安全教育、考核、复验，经培训考试合格，获取操作证者方能持证上岗。对已取得上岗证者，要进行登记存档，按期复审。

（6）坚持"工前布置、工中检查、工后讲解"的"三工"安全教育制度，坚持开展"我不伤害自己、我不伤害别人、我不被别人伤害"的"三不"活动及"安全月""安全周"活动，增强职工安全意识，树立"安全第一，预防为主"的观念，以推动安全生产经常化、群众化和制度化。

7）强化技术安全管理

（1）分项工程及各施工工序开工前，要进行书面安全技术交底，并讲解安全技术操作方法，预防事故措施和劳动保护要求；安全技术施工组织设计由项目部安全管理人员编制，经监理、建设单位审批同意后实施。

（2）交底内容除包括各项安全技术措施外，还包括施工场所、环境、用电防火和季节性特点的安全生产事项。

（3）多工种交叉作业要分别向各工种进行"安全防护措施"交底。

（4）安全技术交底要有针对性，双方签字确认后，各执一份。

（5）加强施工监控量测，建立由具备丰富施工经验、监测经验、结构受力计算分析能力的工程技术人员组成的专业监测小组。及时收集、整理各项监测资料，对资料进行计算、分析、对比，预测竖井及结构的稳定性和安全性，提出工序施工的调整意见及应采取的安全措施，保证整个工程安全、可靠。

8）日常安全管理常抓不懈

（1）项目经理部要保证检查制度的落实，采取定期检查和不定期检查相结合。定期检查要规定日期和参加检查的人员，一般情况下，经理部每半月、队每周、作业班组每天检查一次；不定期检查视工程情况，在施工准备前、危险性大、采取新工艺、季节变化、节假日前后等情况下随时可以检查。

（2）对检查发现的安全问题、隐患，进行登记，限期整改。在隐患没有消除前，必须采取可靠的防护措施。如有危及人身安全的险情，立即停止施工，处理合格后方可施工。

（3）安全检查要把安全生产责任制与各级管理者的经济利益挂起钩来，奖惩严明，以保证“管理生产必须管安全”制度的真正落实。

（4）严格执行安全管理评价制度。工程开工前及时向安全监督部门申请安全监督手续，以便安全工作得到有效的监督和评价。

9）项目生产安全管理组织机构

成立以项目经理任组长，项目党工委书记、副经理、总工程师、安全总监任副组长，各部室负责人、专职安全管理人员为组员的安全生产领导小组，明确各级人员的工作范围、安全责任和考核标准。项目经理是安全生产管理第一责任人，安全总监是安全生产管理的直接责任人，安全环保部是业务管理部门，对本项目安全生产负有监督、检查及管理责任，具有对违规违章行为经济处罚的权力。项目部设安全总监、安全工程师、专职安全员，班组设安全协管员。

5.2 技术措施

5.2.1 安全保证措施

1）安全用电措施

为贯彻国家安全生产的方针政策和法规，保障施工现场用电安全，防止触电事故发生，根据项目实际情况，制订本制度。

（1）现场临时用电必须按照施工用电组织设计（方案）实施。变压器位置、线路走向、电闸箱位置、用电设备台数种类、设备测绝缘电阻记录、额定电流等用平面图标明。

（2）施工现场临时用电必须建立档案。电工作业必须佩戴必要的个人防护用品，严格执行电气安全操作规程、电气安装规程、运行管理规定和电气维修检查制度，按要求建立电工交接班记录、接地电阻测试记录和漏电开关测试记录等相关记录，并定期检查。

（3）电工必须持证上岗，严禁无证操作。安装、维修或拆除临时用电工程，必须由专业电工完成。作业时要切断电源、悬挂停电标志牌，严禁带电操作。

（4）现场的电器设备、输配电线路的维修、抢修必须至少配有2名电工，做好监护工作，电工必须严格按“装得安全、用得正确、修得及时、拆得彻底”的十六字方针进行日常操作。非专业人员严禁私自接线。

（5）现场用电必须按“三相五线”制架设，使用规定的五芯电缆，实行三级控制、两级保护，工作接地电阻值不得大于4Ω，供电线路两端必须作重复接地，当线路较长时，线路中间进行重复接地，其电阻不得大于10Ω。做到“一机一箱一闸一漏”，严禁一闸多用。

（6）漏电保护器必须与设备相匹配，不得用一个开关控制两台以上用电设备，工作和保护零线分开使用，不得混用。所有线路严禁拖地，必须按规定架空、入地。所用电缆如有接头必须用防水胶布进行绝缘处理，并在外层用橡胶套管进行防护，严禁出现“鸡爪线”。

（7）施工现场所配备的变压器必须加门、配锁，同时配备灭火器。现场不得用花线接灯，严禁使用简易碘钨灯。

（8）配电箱、开关箱安装要端正、牢固，移动式的箱体应装设在坚固的支架上。固定式配电箱、开关箱的底部与地面的垂直距离应大于1.3m，小于1.5m。移动式分配电箱、开关箱的底部与地面的垂直距离为0.6～1.5m。配电箱、开关箱材质必须满足要求，配电箱周边2m范围不得堆放杂物，所有配电箱必须按要求进行接地。

（9）通信线路与低压线路之间的距离不得小于 1.5m，低压线路之间的距离不得小于0.6m，低压线路与10kW以上高压线路之间的距离不得小于1.2m，10kW高压线路相互之间的距离不小于0.8～10m。

（10）为方便管理，所有变压器和配电箱进行统一编号，明确责任人和联系电话，并做好安全警示标志。

（11）项目部要定期进行施工用电专项排查，对存在的问题要及时进行整改。

（12）编制临时用电技术交底和触电事故应急救援预案，必要时需进行实地演练，提高全员的救治能力。

2）交通事故安全措施

（1）加强驾驶员的学习和安全教育工作，遵守交通规则，文明开车。

（2）不超载，不超速，不客货混装。

（3）通过村镇险道时减速行驶，加强疏导和监视。

（4）积雪路面行车，车辆应配备防滑链。

（5）驾驶员每年进行一次体检，发现视力、血压高、冠心病或其他影响安全驾驶的疾病，一律停止其驾驶车辆。

（6）加强机动车辆的维修保养，使机动车辆始终保持良好的技术状况，坚持不派、不开“带病车”，防止因机械原因导致的交通事故。

（7）驾驶员必须坚持对所驾驶车辆的“三检”制度，即“出车前、行驶中、收车后按规定检查车辆”。

（8）车辆进入施工现场应减缓慢行，时速应小于 5km/h，应严格按照施工现场临时道路行驶，不得随意乱开，破坏现场周围环境，影响正常施工。

（9）车辆作业时应佩挂警示标识，以免误伤行人。

（10）员工上下班严格遵守交通规则，禁止横穿马路和闯红灯。驾驶电瓶车或其他机动车辆严禁超速超载。

3）施工现场防坠落及物体打击安全措施

（1）所有进入现场人员，按规定穿着工作服、劳保鞋、佩戴安全帽，特殊工作人员要佩戴专门的防护用品，如电焊工要佩戴面罩和目镜。

（2）施工现场和各种施工设施、管道线路等，符合防洪、防火、防砸、防风以及卫生等安全要求。

（3）进入施工现场的设备、材料，应做到安全可靠，存放整齐，保证通道畅通。

（4）场内道路设计、施工做到符合行车要求，对于交叉路口，派专人指挥，危险地段设置“危险”或“禁行”标志，夜间设红灯警示。

（5）施工现场的洞、坑、沟、井口等危险处，设置安全防护设施和明显警示标志。

（6）全体施工人员严格遵守岗位责任制和交接班制度，并熟知本工种的安全技术操作规程，在生产中坚守工作岗位，严禁酒后上岗。

（7）起重机械在使用前必须经过试车检查，使用时应设专人指挥，禁止斜吊，禁止任何人在吊运物品上或在下方停留和行走。物件悬空时，驾驶员不能离开操作岗位。

（8）挖掘机工作时，任何人不得进入挖掘机的旋转半径内。

（9）搬运材料和使用工具时，时刻注意自己和周围及上下方人员的安全；上下传送器材或工具时，禁止抛掷。

（10）遇有恶劣天气影响施工安全时，禁止进行起重作业。

（11）特种作业人员必须持证上岗。

4）高空作业安全措施

（1）操作人员必须正确佩戴安全帽。

（2）高空作业必须由身体健康、性格谨慎、安全意识强的人员担任。

（3）高处作业人员必须扎好安全带。

（4）所需材料和器具上下传递时，必须用绳索吊送，严禁抛扔。

（5）安全带必须系在牢固的构件上，在转移作业位置时，手扶构件必须牢固，不得失去保护。

（6）高处作业所用工具必须放置在专用安全背包里。

（7）高空作业现场必须设安全监护人，严禁单独作业。

5）起重伤害安全措施

（1）起重作业人员须经有资格的培训单位培训并考试合格，才能持证上岗。

（2）起重机械必须设有安全装置，如起重量限制器、行程限制器、过卷扬限制器、电气防护性接零装置、端部止挡、缓冲器、联锁装置、夹轨钳、信号装置等。

（3）严格检验和修理起重机机件，如钢丝绳、链条、吊钩、吊环和滚筒等，报废的应立即更换。

（4）建立、健全维护保养、定期检验、交接班制度和安全操作规程。

（5）起重机运行时，禁止任何人上下，也不能在运行中检修。上下吊车要走专用梯子。

（6）起重机的悬臂能够伸到的区域不得站人，电磁起重机的工作范围内不得有人。

（7）吊运物品时，不得从有人的区域上空经过；吊物上不准站人；不能对吊挂着的物品进行加工。

（8）起吊的物品不能在空中长时间停留，特殊情况下应采取安全保护措施。

（9）起重机驾驶人员接班时，应对制动器、吊钩、钢丝绳和安全装置进行检查，发现异常时，应在操作前将故障排除。

（10）开车前必须先打铃或报警。操作中接近人时，也应给予持续铃声或报警。

（11）按指挥信号操作。对紧急停车信号，不论任何人发出都应立即执行。

（12）确认起重机上无人时，方能闭合主电源进行操作。

（13）工作中突然断电，应将所有控制器手柄扳回零位；重新工作前，应检查起重机是否工作正常。

（14）严格执行“十不吊”规定。吊物重量不明或超负荷不吊、指挥信号不明不吊、违章指挥不吊、吊物捆绑不牢不吊、吊物上有人不吊、起重机安全装置不灵不吊、吊物被埋在地下不吊、作业场所光线阴暗或视线不清不吊、斜拉吊物不吊、有棱角的吊物没有采取相应的防护措施不吊，并禁止在六级及以上强风的情况下进行吊装作业。

6）机械伤害安全措施

（1）必须认真贯彻有关安全规程，克服麻痹思想，人人有责消除物体打击伤害事故，牢固树立不伤害他人和自我保护的安全意识。

（2）高空作业时，禁止投掷物料。高空作业中，对斜道、过桥、跳板要明确有人负责维修、清理，不得存放杂物。

（3）操作使用的机器设备，必须符合质量要求，带“病”设备未修复达标前严禁使用，使用设备的操作人员，必须熟知设备特性、掌握操作要领，经过培训考试合格，持证上岗。

（4）排除设备故障或清理卡料前，必须停机。做好压力容器安全管理，防止压力容器爆炸事故发生；各类压力容器作业人员，要严格遵守有关压力容器安全操作规程和操作技术要求。

（5）检修机械必须严格执行断电挂禁止合闸警示牌和设专人监护的制度。机械断电后，必须确认其惯性运转已彻底消除后方可进行工作。机械检修完毕，试运转前，必须对现场进行细致检查，确认机械部位人员全部彻底撤离才可取牌合闸。检修试车时，严禁有人留在设备内进行点车。

（6）人手直接频繁接触的机械，必须有完好紧急制动装置，该制动钮位置必须使操作者在机械作业活动范围内随时可触及到；机械设备各传动部位必须有可靠防护装置；各人孔、投料口、螺旋输送机等部位必须有盖板、护栏和警示牌；作业环境保持整洁卫生。

（7）各机械开关布局必须合理，必须符合便于操作者紧急停车，避免误开动其他设备。

（8）对机械进行清理积料、捅卡料等作业，应遵守停机断电挂警示牌制度。

（9）严禁无关人员进入危险因素大的机械作业现场，非本机械作业人员因事必须进入的，要先与当班机械人员取得联系，有安全措施方可同意进入。

（10）操作各种机械人员必须经过专业培训，能掌握该设备性能的基础知识，经考试合格，持证上岗。上网作业中，必须精心操作，严格执行有关规章制度，正确使用劳动防护用品，严禁无证人员开动机械设备。

7）防火安全管理措施

采取针对性的消防措施，坚持“预防为主、防消结合”原则，切不可疏忽和掉以轻心。

（1）施工现场明确划分用火作业区；易燃、可燃材料堆放场、仓库、易燃废品集中点和生活区等区域之间间距要符合防火规定。

（2）工棚和临时宿舍尽可能搭建在距离建筑物20m以外；尤其是在项目部、土料场、弃渣场等周边设置20m宽的隔离带。

（3）一切架空电线均须用固定瓷瓶绝缘，电线穿过临时房屋、墙壁时，在瓷管或硬塑料管内通过。对工地生产用电系统及生活区的照明系统要派人随时检查维修养护，防止漏电失火引起火灾。

（4）施工现场明火作业必须做好预防措施，经有关部门批准后，方可动火。

（5）施工现场、仓库、易燃易爆物堆（存）放处等，张贴（悬挂）醒目的防火标志。

（6）施工现场和生活区根据防火需要，配置足够的相应种类、数量的消防器材、设备和设施。

（7）消除一切可能造成火灾、爆炸事故的根源，严格控制火源、易燃物和助燃物的贮放。

（8）施工临时电源应绝缘良好。线路布置应避开行人并防止车辆碰、挂、压，电源应避开易燃品或采用防爆型电器，用电应使用漏电保护装置熔丝保护。

（9）施工中使用明火，宜保持距其他易燃物大于10m，并应注意用火方向，下方若有可燃物应遮盖保护。气割下的钢结构件不应立即与可燃物混放，作业完毕后应检查有无余火。

（10）对职工进行防火安全教育，杜绝使用电炉等违规行为和野外作业乱扔烟头的不良习惯。

8）防汛安全措施

（1）为规范工程施工的防汛、度汛工作，降低汛期工程风险，预防和减少降水、洪水导致的人员伤亡和财产损失，保证工程的顺利实施，制订本办法。

（2）防汛工作坚持“预防为主，防重于抢”的方针。

（3）防汛工作实行全面规划、统筹兼顾、预防为主、综合治理、局部利益服从全局利益的原则，遵守所在流域防汛统一规划，服从当地人民政府对防汛工作的统一安排和领导。

（4）项目部应建立防汛工作领导机构，明确防汛工作责任部门，组建抢险队伍，层层落实责任制，做到分工明确、责任到人。

（5）项目部应制订防汛岗位责任制、汛前检查制度、汛期值班制度、防汛物资管理制度、防汛应急预案等有关防汛工作制度。

（6）项目部主要负责人为本单位防汛工作第一责任人，生产副经理分管防汛工作。

防汛安全第一责任人应当履行下列职责，组织贯彻执行防汛法律、法规；组织制订防汛安全制度，明确各级防汛安全责任；保证防汛资源配置；组织制订防汛应急预案；及时处理涉及防汛安全的重大问题。分管防汛安全工作副职职责，组织审查重大防汛技术措施，组织防汛检查。

防汛安全管理部门职责，开展防汛安全管理工作，制订防汛工作计划；开展防汛安全检查，监督防汛安全隐患的整改；督促有关单位开展防汛演练。

（7）项目部应做好防汛准备工作，认真开展汛前检查，检查主要包括防汛组织机构（防汛领导组织机构、防汛责任部门、抢险队伍等）是否健全、指挥调度是否顺畅。

防汛措施、防汛应急预案，有关建筑物（施工围堰、泄水建筑物等）是否满足度汛要求，对存在山体滑坡、泥石流等灾害威胁的生活营地、工作面是否制订应急措施，人员是否能及时撤退，抢险物资是否准备到位，对可能受洪水影响的营地和大型设备是否采取措施，可能受洪水危害的施工道路是否有警示标志。

（8）在主汛期间和大暴雨过程中应坚持24h值班制度，加强对生产、生活区的巡视检查，及时处理安全隐患及突发险情。

（9）项目部应加强与所在地水文、气象、国土资源等部门和建设单位的联系，及时、准确了解有关气象、汛情资料。

（10）根据预案启动条件及时启动应急救援预案，并在危险地段设置警戒线和醒目标志。

（11）项目部应在汛前将本单位防汛度汛领导组织成员名单、联系电话报上级主管部门。

（12）发生重大损失和人员伤亡事故，应按规定及时、如实上报。

5.2.2 微瓦斯隧道安全保证措施

1）微瓦斯盾构隧道瓦斯浓度监测要求

（1）瓦斯浓度监测目的

在盾构施工作业期间，应随时对隧道内瓦斯浓度进行监测，尤其是隧道拱顶、盾构机及后配台车的死角等易于形成瓦斯积聚且风流不易到达的地方。

（2）瓦斯浓度限值及超限处理措施

隧道内瓦斯浓度限值及超限处理措施见表5-1。

隧道内瓦斯浓度限值及超限处理措施　　表5-1

序号	地点	限值（%）	超限处理措施
1	局部瓦斯积聚（体积大于0.5m³）	1.5	超限处附近20m停工，切断电源，撤人，进行处理，加强通风
2	盾构出土口周边	1.0	停止盾构工作，加强通风
		1.5	盾构停工，撤人，切断电源，查明原因，加强通风等
3	工作面回风流中	1.0	停工、撤人、处理
4	局扇及电气开关10m范围内	0.5	停机、通风、处理
5	电动机及开关附近20m范围内	1.5	停止运转、撤出人员，切断电源，进行处理
6	竣工后洞内任何处	0.5	查明渗漏点，进行整治

（3）瓦斯监测方案

盾构区间为微瓦斯区间的监测应采用人工监控方案。人工检测采用便携式瓦斯检测仪和光干式瓦斯检测仪对作业区瓦斯易聚集处、隅角、回风流中瓦斯浓度进行检测，确保施工安全。此外，应制订瓦斯监测专项方案，按方案开展检测，及时上报并做好存档记录。检测的位置主要是盾构机主体的人闸、盾尾、桥架、台车顶部和成形隧道顶部。

（4）瓦斯监测制度

①专职瓦斯监测员在每班要做好与环号对应施工时间内的瓦斯浓度监测记录，并与自动监测系统对比，确保数据的准确性，并按时上报安质部归档。

②项目部及监理应每日对瓦斯检测记录进行跟踪检查，并进行统计分析，形成瓦斯监测记录归档。

③工班交接时应对瓦斯检测情况进行交接，并形成交接记录。

④瓦斯浓度达到0.5%警戒值时，通知工班，并立即汇报项目部领导和监理；及时加强

通风，每上升 0.1%向项目部汇报一次，并做好相关记录。

⑤瓦斯浓度达到 1%警戒值时，应立即停止施工，除照明和风机开启外，关闭所有电器设备。启动应急照明，撤离作业人员，同时汇报建设单位，并做好相关记录。

⑥瓦斯浓度达到 1.5%警戒值时，除照明和风机开启外，其他所有设备全部关闭，施工人员（包括瓦斯监测人员）全部撤离隧道。

⑦待通风一段时间后，经监理批准后，监测人员佩戴防毒面具，两名瓦检员先后间距 20m 由隧道外逐步向内监测，若隧道内瓦斯浓度达到或超过 1.5%，监测人员不得继续深入。原地待命 10min 后继续监测。待确定隧道内瓦斯浓度小于 0.25%时，方可允许其他施工人员进入，恢复施工。停工期间加强地面监测，防止由于盾构机停机引起的地面沉降超限。

⑧恢复施工时，经监理批准后，首先恢复盾构机供电，盾构机重新启动后，确认土仓压力是否满足掘进要求，并调节盾构机的相关参数，开始掘进。对于长期停机或土压欠压等掘进异常阶段，应按相关规定进行注浆处理。

⑨瓦斯监测人员必须定期（至少一周一次）使用手持式风速监测仪对所有风机（主风机、二次风机、风扇）及隧道断面回流风速进行监测，确保通风满足设计要求。若无法满足设计要求，应更换风机或进行维修改造。

2）微瓦斯盾构隧道施工管理要求

（1）人工瓦监的巡检部位及每日巡检频次

监测的位置主要是盾构机主体的人闸、盾尾，桥架、台车顶部和成形隧道顶部。正常情况下监测段内瓦斯浓度含量在 0.5%以下时，每隔 2h 检查一次，0.5%以上时，应随时检查，发现异常及时报告，并采取有效措施保证施工过程安全。

（2）人员进出洞管理

①瓦斯隧道应建立门禁，宜建立人员定位管理系统和通信联络系统。洞内作业人员应配备防爆型对讲机，并在洞内作业区、洞外调度室、值班室等地方建立通信联络系统。

②制订洞口管理人员值班制度和人员、设备进出洞管理制度。

③进洞人员应在洞口进行登记、接受检查；进洞机械驾乘人员必须经过安检，车辆驾驶室须经检查同意方能进洞。动火设备进洞时必须携带批复的动火许可证。

④进洞人员经过门禁系统时必须手触静电消除器，消除随身静电。必须配置手持金属探测器，对进洞人员进行扫描检查，违禁物品严禁进洞。

⑤未通风及瓦斯浓度超标时，应禁止任何人员进洞。

（3）洞内消防管理以及电气及机械设备管理

隧道内设置灭火器及消防设施，同时在盾构机前方及关键部位（瓦斯集聚地）配备灭火器，隧道内宜每隔 50m 设四台灭火器，用醒目标示指示灭火器；每辆台车宜各设四台灭火器，在盾构前方出土口附近宜设置四台灭火器，在电瓶车上宜配备四台灭火器，派专人定时检查灭火器的性能，宜每隔三个月对二氧化碳灭火器进行加压，保持二氧化碳灭火器的良好状态；隧道内在盾构机循环水进水管上每隔 100m 设置一个带球阀的三通，接上直径为 20mm 的软管作为消防栓。

瓦斯隧道使用的机电设备，在使用期间，除日常检查外，尚应按规定的周期进行检查，其检查周期见表 5-2。

机电设备检查周期 表 5-2

序号	检查项目	周期	备注
1	使用中的防爆机电设备的防爆	每月一次	专职电工应每日检查外部一次
2	配电系统继电保护装置检查、整定	每半年一次	
3	高压电缆的泄漏和耐压试验	每年一次	
4	主要机电设备绝缘电阻检查	每月一次	
5	固定敷设电缆的绝缘和外部检查	每季一次	外观和悬挂情况由专职电工每周检查一次
6	移动式机电设备的橡胶电缆绝缘检查	每月一次	由当班司机或专职电工每班检查一次外表有无破损
7	接地电阻测定	每季一次	

（4）通风系统管理

以“合理布局，优化匹配，防漏降阻，严格管理、确保效果”的 20 字方针，作为施工通风管理的指导原则，强化通风管理。

①通风管理一般规定

a. 隧道通风系统必须经过验收合格后方可投入正常运行，运行期间加强巡视及维护工作，保证通风系统各项性能、技术指标达到设计要求。

b. 隧道必须从生产管理上采取措施，加强通风安全管理，保证隧道风量、风速、风压及有毒、有害气体浓度满足相关规范和通风设计要求。

②通风系统检查制度

a. 建立测风制度，编制配风计划，并定期对通风系统进行检查，及时、合理地进行风量调配，保证用风地点风量足够，杜绝有毒、有害气体浓度超限。

b. 通风系统运行正常后，每 10d 进行一次全面测风，对掌子面和其他用风地点根据需要随时测风，做好记录。测风在专门的测风站进行，在无测风站的地点测风时，要选择测风断面规整、无片帮、空顶、无障碍物、无淋水和前后 10m 内无拐弯的巷道。

c. 每 5d 在风筒进、出口测量 1 次风量，并计算漏风率，风筒百米漏风率不宜大于 2.0%，风筒破损必须及时修补，并作减阻处理。

d. 建立通风系统运行管理档案，包括各种检查记录、调试记录、测量记录、维护记录、运行记录等。

e. 通风机构对通风系统运行情况进行记录，主管副经理每旬分别对运行记录予以审核、签认，并建档保存。

f. 每10d用风速测定仪对隧道风速进行人工监测，监测结果与自动监控系统相应时间、位置、风速值进行核对，确保测风结果准确性。

g. 必须实行通风班组交接班制度，交接双方签字认可，对上一班存在的问题、隐患、需注意事项、仪器设备状态等必须交接清楚，交接班记录由通风机构负责人每天定时予以审核签字。

③通风系统管理措施

a. 通风机专职管理人员必须严格遵守操作规程，熟悉通风系统性能，严禁其他人员随意操作通风机。

b. 通风机保持连续运转，避免无计划停风，需停机或开启时，根据调度通知进行。为减少通风机启动时的气锤效应对风筒的冲击破坏，采用分级启动，分级间隔时间为3min。

c. 随着隧道施工作业的推进，通风距离将增加，通风阻力随之增大。根据隧道实际情况，及时调整通风机运行速级，保证隧道风量足够。

d. 建立安全监控系统管理办法，安全监控设施的安装必须符合规定，并定期进行调试和校正，保证设备正常运行，充分发挥其效用。

e. 设置专职风筒维修工，每班对全部风筒进行检查，发现破损等情况及时处理。对于轻微破损的管节，将破损部位清洁打毛后，采用快干胶水粘补，破损口小于15cm时，直接粘补；破损口大于15cm时，先将破口缝合后再行粘补；粘补面积大于破损面积30%时，粘补后10min内不能送风。对于严重破损的管节，必须及时更换。

f. 通风机使用前卸去废油，换注新油，以后使用过程中每半个月加注1次。

g. 因洞内温度变化的影响，风筒内可能会积水，须定期排水，以减少风筒承重和阻力。排水方法采用人工相互配合，将积水引导至风筒接头位置排出，排水过程无需停风。

④风机管理

通风机必须由专（兼）职人员负责管理，按通风机操作规程要求操作风机。严禁随意停开，并实行挂牌管理。

a. 专（兼）职人员必须熟悉设备的机械传动、润滑系统及电气系统，了解结构性能，经培训内部考核合格后，持有操作证方可操作。

b. 专（兼）职人员必须严格执行交接班制度和工种岗位责任制，坚持班中巡回检查，如实填写各种记录。发现异常情况时，及时向主管部门和有关领导汇报。

c. 项目部负责人、总工程师必须审阅瓦斯班报，掌握瓦斯变化情况，发现问题，及时处理，并向主管部门汇报。

⑤风机安装应符合下列要求：

a. 通风机支架稳固、结实，避免运行中振动；风机出口处设置加强型柔性管与风筒连接，风机与柔性管结合处多道绑扎，减少漏风。

b. 考虑到隧洞较长时隧道内风速小于通风要求最小风速，或风量不能有效稀释有毒、有害气体时，在盾构机盾体和台车通道内增设辅助局部通风机，以提高风速、增加通风量。

⑥风机供电应符合下列要求：

a. 通风机安设瓦斯电、风电闭锁装置。采用双回路供电，并能自动切换电源，确保正在使用的通风机出现故障后能在15min内启动备用通风机，保证隧道通风和正常作业不受影响。

b. 供电选用专用阻燃电缆，所有电缆接头使用接线盒，不准有明接头。

c. 洞内不得带电检修、搬迁电气设备、电缆和电线。

⑦风机维修及保养应符合下列要求：

a. 加强机器在运转期间的外部检查，注意机体有无漏风和不正常振动。

b. 定期检查轴承内的润滑油量，轴承的磨损情况，叶片有无弯曲和断裂以及叶片弯曲程度。

c. 机壳内部和叶轮上的灰尘每季清扫一次，以防锈蚀。

d. 注意检查联轴器的连接螺丝，必要时进行调整或更换。

e. 按规定时间检查风门及其传动装置是否灵活。

f. 在处理电气设备的故障时，必须首先断开检查地点的电源；清扫时注意电动机绕组。

g. 露在外面的机械部分和电气的裸露部分，要加装保护罩或遮拦。

h. 主风机在维修、保养期间，备用风机须正常运行，保证洞内24h不间断通风。

3）微瓦斯盾构隧道施工通风

通风是瓦斯隧道施工的关键，为确保盾构安全掘进，参考铁路瓦斯隧道经验及瓦斯隧道施工技术规范，盾构隧道工程施工通风方式选用压入式通风，作为预防瓦斯浓度超标的主要措施。在台车上及盾构机内部安装风扇，防止瓦斯在局部积聚。在隧道内安装射流风机引导回风顺利排出洞外。通风机布置如图5-1所示。

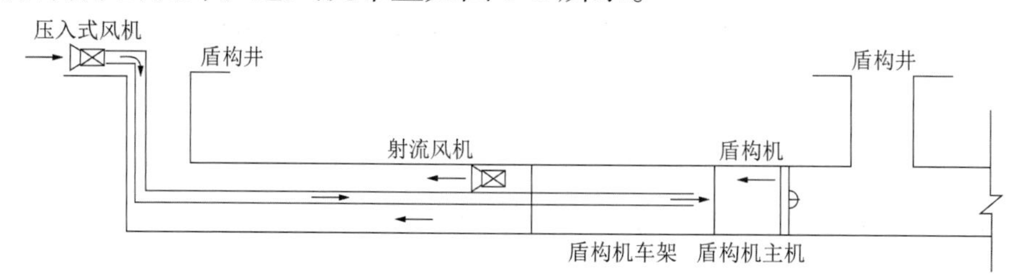

图5-1　通风机布置示意图

注：隧道内自然回风速度不能满足有害气体排风要求时，在隧道上部布置增设风机。

（1）通风计算参数

压入式通风就是在隧道外设置压入式轴流风机，通过通风管路给工作面提供新鲜风流，并排出工作面的污浊空气，采用辅助射流风机及风扇以防止瓦斯在隧道顶部积聚。

①根据规范，瓦斯隧道内回流风速不低于 1m/s。

②在隧道内，考虑到作业人员的呼吸和盾构机产生的热量的扩散，以改善隧道作业环境为目的，设置通风设备，通风参数为隧道回风风流中瓦斯含量低于 0.5%；隧道回风速度不小于 1m/s。

（2）风管选择

机场北站—临江站—临江站停车场盾构区间均采用ϕ1200mm 风管。盾构台车上方自带金属风管直径较小，严重制约系统供风量，但由于顶部空间狭小，改造空间不大，各单位应根据实际情况，尽可能减小风管对系统供风量的影响。隧道应采用抗静电、防阻燃风管。风管口到开挖工作面的距离应小于 5m。

（3）风机选型

主风机选型应充分考虑隧道通风量及风压，风机应布置在地面或通风良好处，确保满足隧道施工要求。

由于盾构机后配套台车上部空间限制，风管在台车上部可安装风管直径较小，不能满足要求，应加设二次风机，确保盾构机及后配套台车内的通风。

（4）局部通风

由于盾构机主体内构造复杂，主风机风流在机身内存在较多盲区，不能使盾构机全部断面处于循环风中，在盾构机及后配套台车上应加设足够数量风扇加强盾构机、台车部分空气流通，防止瓦斯在死角部位聚集。盾构机前盾部分由于受人闸阻挡，内部风流不畅，顶部若积聚瓦斯则难以排出，因此在前盾部位左右应分别设置风扇，出风口朝下，尾部朝上强制抽取顶部气体使其向下运动，汇入主风机供给的循环风中被稀释，最后排出隧道。

盾构机中人闸上方油缸处与出土口距离小于 5m，从出土口溢出的瓦斯气体极易积聚在该区域油缸附近或拼装完成的管片背后。盾尾密封若不够严密，土体内的瓦斯气体也有可能透过盾尾渗入盾构机内，在相同的区域内形成瓦斯“云”，形成安全隐患。因此该位置应设置风扇，出风口朝下，引导顶部气体参与下部气体交换，防止瓦斯在死角积聚。螺旋输送机出土口是瓦斯气体最重要的来源，在螺旋输送机后方桥架上方的两个横梁上交错设置风扇，背朝掘进方向，与后配套台车上的风扇一起引导被风流稀释后的瓦斯气体向隧道洞口移动，与射流风机形成接力，将废气排出隧道。

每节台车均应考虑设置风扇，均为背向掌子面放置，具体根据台车实际情况布置。应加强洞内及盾构机各部位瓦斯浓度监测和通风监测，及早发现隐患并根据监测情况加强局部通风，防止瓦斯聚集，以确保施工安全。

（5）螺旋输送机出土口通风设计

螺旋输送机出土口为瓦斯气体最大溢出源，为保证出土口附近瓦斯浓度满足安全要求，宜进行以下改造：

①改造风机出风口端风管，设置一个分流管对准螺旋输送机出土口处通风，在瓦斯气体涌出的瞬间对其进行稀释，使瓦斯浓度降至0.25%以下。

②螺旋输送机出土口靠近桥架处应至少设置2个局部防暴风扇，风扇背向出土口，引导稀释后的瓦斯气体排出隧道外。

4）微瓦斯隧道盾构掘进措施

在盾构推进时对施工参数做出主动调整，重点控制盾构螺旋出土、盾尾密封、同步注浆及二次注浆质量，防止瓦斯大量泄漏进入隧道。

（1）渣土改良

利用自动泡沫添加剂注入系统，根据出渣情况及时向开挖面注入优质的泡沫和高分子聚合物添加剂，对渣土进行改良，提高渣土的和易性和流塑性，提高泡沫使用量，降低渣土的透气性，从而改善土仓和螺旋输送机出土时的密封性。通过控制螺旋输送机出土速度和开口度，形成土塞，进一步提高螺旋的密封性，减少瓦斯从螺旋输送机泄入隧道。必要时使用高浓度的膨润土和泡沫混合使用技术，同时加注泡沫和高浓度的膨润土，以增加渣土的和易性。

（2）保持盾尾密封可靠

盾构盾尾密封可有效防止瓦斯从盾尾泄入隧道，若盾尾密封失效管片破损或止水条损坏等将会导致瓦斯由盾构尾部泄入，故盾尾密封对施工进度和安全都有重大影响。

①掘进中的姿态控制

严格控制盾构机在掘进过程中的姿态，使盾尾间隙保持均匀，避免出现单侧盾尾间隙过大，从而导致盾尾密封失效，漏水、漏浆、瓦斯气体等进入盾壳内部。掘进中的姿态控制应注意以下问题：

a. 在切换刀盘转动方向时，应保留适当的时间间隔，切换速度不宜过快，切换速度过快可能造成管片受力状态突变，而使管片损坏。

b. 根据掌子面地层情况及时调整掘进参数，调整掘进方向时应设置警戒值与限制值。达到警戒值时及时实行纠偏程序。

c. 蛇行修正及纠偏时应缓慢进行，如修正过程过急，蛇行反而更加明显。在直线推进的情况下，应选取盾构当前所在位置点与设计线上远方的一点做一直线，之后再以这条线为新的基准进行线形管理。在曲线推进的情况下，应使盾构当前所在位置点与远方点的连线同设计曲线相切。

d. 推进油缸油压的调整不宜过快、过大，否则可能造成管片局部破损甚至开裂。

e. 正确进行管片选型，确保拼装质量与精度，以使管片端面尽可能与计划的掘进方向垂直。

②加强盾尾油脂注入

盾构始发前严格控制尾刷内涂抹油脂质量，使用优质油脂，每道尾刷分三层仔细涂抹饱满。拼装负环时要顺着尾刷方向压推，即垂直压下，平行尾刷往后推，以防破坏尾刷的铁板和毛刷。在推负环时，要压注盾尾油脂保持尾刷腔饱满，防止尾刷磨损。管片选型和拼装时，科学控制盾尾间隙，防止盾尾间隙不均匀造成局部盾尾间隙过大，浆液和有害气体从间隙内漏进盾尾。盾构掘进过程中，必须切实保证盾尾内充满优质油脂并保持较高的压力，以防瓦斯通过盾尾进入隧道。在瓦斯隧道盾构掘进时，盾尾油脂压注量可根据现场实际调整为正常隧道掘进使用量的 1 倍。

（3）加强管片拼装质量

管片接缝是瓦斯泄漏的第二大通道，在采取封堵措施的同时，通过提高管片拼装质量也能起到一定的作用。管片从制作、运输和下井全程要抓好质量管理，严格执行三检制，杜绝破损管片用于正式隧道，严格把好质量关。做好管片选型，避免盾尾将管片和止水条损坏，地层中瓦斯从破损处泄漏入隧道。工班要配备熟练的管片拼装手，严格控制管片拼装错缝、错台，避免管片碎裂现象，保证管片拼装质量，有效地防止瓦斯从管片接缝泄漏。

（4）隧道内土方运输

根据正常施工组织每环是一次性出土，但由于渣土中含有瓦斯，为了缩短瓦斯气体在隧道泄漏的时间，同时减少瓦斯在单位时间内泄漏量，减轻通风压力，提高隧道施工安全，在瓦斯浓度高的地段，对渣车及时用塑料布覆盖，减少瓦斯气体从渣土中溢出。

（5）盾构开仓

在盾构开仓时，仓内积聚的高浓度瓦斯会发生突涌，易造成爆炸，在开仓前要按照以下方案准备。

①在开仓换刀前应在地面采取降水等措施，稳定掌子面土体后方可进行开仓作业。

②在开仓作业前及仓内作业过程中加强洞内和土仓通风，同时要加强瓦斯监测。

③开仓前的空气稀释，开仓前土仓内空气循环主要利用旋转接头的泡沫系统通过泡沫管路向刀盘前方吹入风，土仓隔板上的原有保压系统的管路作为排气通道，排风到盾构机后配套尾部，形成循环，稀释土仓内的气体，气体含量检测达到要求后，方可进行开仓作业。

④开仓后仓内环境质量的保证，仓内作业过程中，土仓内空气循环主要利用土仓隔板上的孔口（原有的土仓隔板上预留的水电入口）吹入，土仓出入口为排气口，形成循环，保证土仓内的空气质量。

⑤洞内通风主要利用洞外的压入式通风机供风，形成循环。洞内及仓内通风的同时进行气体检测，保证作业人员和作业环境的安全。开仓时风向流程如图 5-2 所示。开仓流程如图 5-3 所示。

（6）气体检测

人工检测采用便携式瓦斯检测仪和光干式瓦斯检测仪对作业区瓦斯易聚集处进行检

测，以确保施工安全。每工作班安排瓦检员以 1 次/2h 连续平行检测，及时上报并做好存档记录。气体检测记录，见表 5-3。

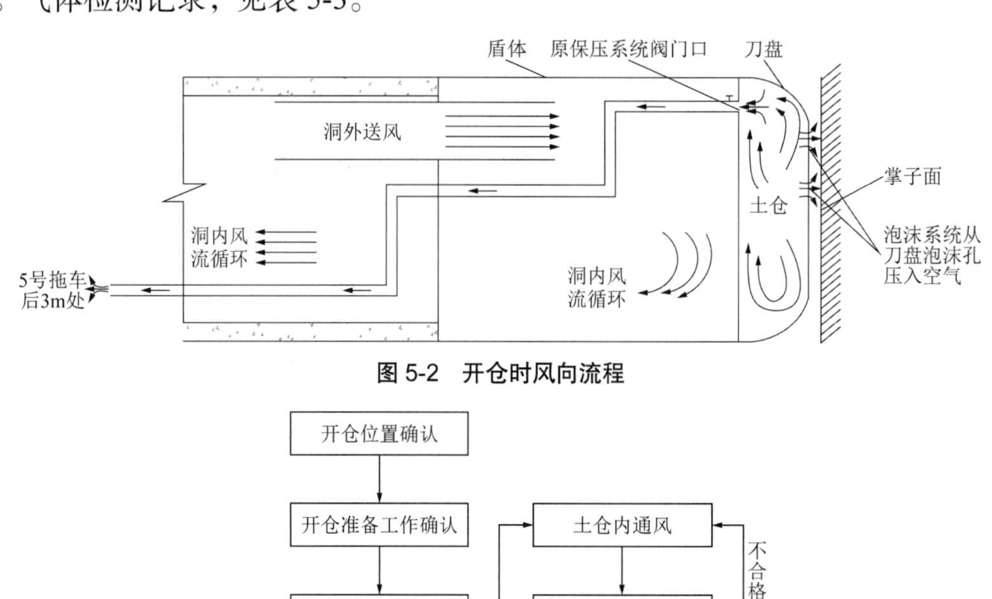

图 5-2　开仓时风向流程

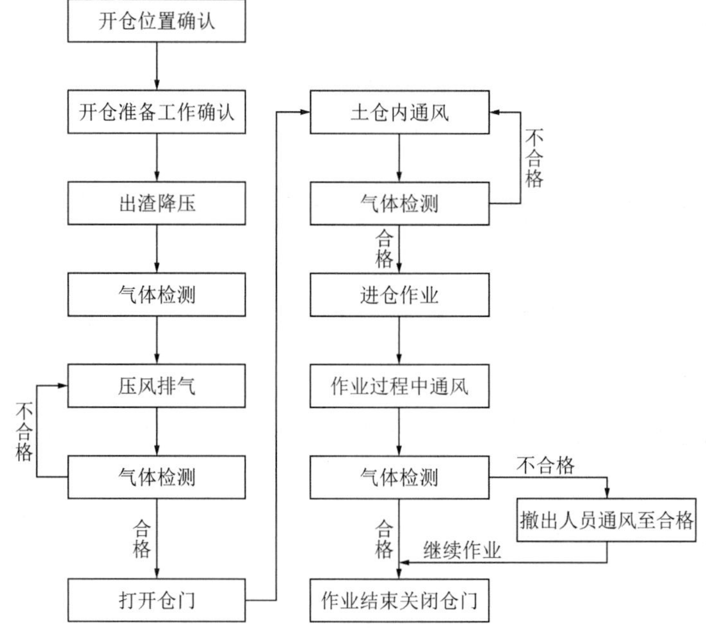

图 5-3　开仓流程图

气体检测记录　　表 5-3

名称	O_2	CH_4	CO	CO_2	H_2S
盾构机中盾顶部油缸					
盾尾内管片顶部					
螺旋机出渣口					
射流风机上部					
每节台车中部					
台车范围内每 20m 检测一个断面（主要断面上半部）					
成形隧道顶部 100m 一次（瓦斯段前后 100m 顶部测量，其余段瓦斯三九点测量）					

注：每次检测结果应及时填写，并做好原始记录。如发现异常情况，应及时向值班负责人报告，并采取措施处理。

（7）盾尾密封失效特殊工况处理

若盾尾出现涌水、涌砂、瓦斯气体大量涌出现象，作业人员立刻撤离到螺旋输送机的出土闸门 20m 范围外。瓦斯检测员对附近瓦斯含量进行检测，如超过 1.5%作业人员撤离隧道，加强通风，待瓦斯浓度在安全范围内恢复施工。

恢复施工首先减少或停止同步注浆，加快盾构机掘进，降低盾尾外部的压力，并及时在泄漏位置加注优质的盾尾油脂。调整盾构机和管片姿态，减小泄漏处的盾尾间隙。在土压值允许的情况下，尽量降低土压。改变同步浆液配合比，加大水泥用量，缩短浆液的凝固时间，尽早降低盾尾处的浆液压力。

（8）施工注意事项

①施工前制定有害气体段施工的规章制度和报警警戒线，监测人员按监测要求进行监测。

②确保所有监测设备处于正常运转监测状态，监测人员必须做好监测工作及相关记录。

③隧道内压入式通风设备应 24h 开启，一旦瓦斯含量达到警戒值时，应增开风机，进一步加强通风。

④一旦隧道内瓦斯含量达到中止施工警戒值时，必须停止施工，待通风稀释安全后再恢复施工。

⑤施工过程中加强对明火使用的管理，进入隧道严禁带明火（包括打火机、香烟、手机等），隧道内禁止吸烟等。

⑥加强过程中的安全管理，特别是工作面的明火使用和监测管理；动用明火必须经监理审批同意，且隧道内瓦斯含量小于 0.25%时方可进行。

⑦隧道内工作面、车架等区域配备灭火器。

⑧加强对隧道施工质量的控制，主要包括隧道轴线控制（严禁强纠和猛纠）、隧道成环质量控制等；加强对成环隧道质量的控制，主要包括螺栓的复拧、二次注浆的加强。

⑨控制螺旋机开口率，并根据需要往螺旋机内进行加泥等措施，形成土塞效应，预防喷涌影响施工。

⑩采用优质盾尾油脂，加强盾尾油脂的压注和管理，明确每环盾尾油脂压注量，过程中予以抽查，以预防并确保盾尾密封。

5.2.3 质量保证措施

1）质量目标

确保本项目质量体系满足 ISO9001 与本合同的实施有关的所有条款，并保证正常运行。本工程全部达到工程质量验收标准，工程一次验收合格率达到 100%，确保工程质量优良。

（1）总目标：合格，创优质工程。

（2）具体目标：交验工程质量达到国家、行业质量验收标准，符合设计文件和有关技术规范要求。各分部、分项工程一次验收合格率 100%。隧道内不渗不漏，工程优良率达95%以上，确保优质工程。杜绝工程质量事故，杜绝发生影响企业声誉的严重不良行为。实现施工合同兑现。

2）贯彻质量方针、目标措施

（1）项目部建立健全的质量保证体系，严格按照质量体系文件进行质量管理，做到横向到边、纵向到底，对施工过程实行全面质量管理，贯彻执行 ISO 9001 质量保证体系，建立完善的质量管理机构，健全质量管理制度和质量控制程序。

（2）项目经理部成立质量管理组织机构，严格在质量保证体系下进行管理，作业队成立全面质量管理小组，对主要工序的施工质量进行有组织的控制。配备质检工程师和质检员，推行全面质量管理和目标责任管理，从组织措施上使工程质量保证落到实处。

（3）调集具有丰富施工经验和管理、技术过硬的队伍。设置现场质量控制机构，配备有经验的技术人员、质检人员和操作人员，并由经过培训的质量保证人员向上级管理部门及建设单位提交质量管理工作报告，提交与质量活动相关的各类管理人员资历清单。

（4）参加施工各类人员均为经过培训的合格人员，对特殊工艺、特殊工种作业人员应有经国家授权的有关机构颁发的特殊工艺、特殊工程作业人员操作证书。

（5）全体施工人员认真学习国家有关产品质量的政策、法规，增强“质量就是企业的生命”的观念。党政工团密切配合，大力宣传优质项目的重要意义，树立起项目建设的荣誉感、责任感和使命感。

（6）加强宣传教育，通过培训、考核方式将质量方针和目标传达到每一个员工，确保每个员工都能理解其中内涵，通过质量体系审核等措施激励员工的积极性。

（7）通过职工业务培训、劳动竞赛、经验交流和观摩等活动提高员工素质。

（8）大力开展群众性的质量活动，成立 QC（质量控制）小组。

（9）加大管理力度，共青团监督岗及党政工团齐抓共管制度，制定相应奖励措施，确保局、处及本项目工程的目标的实现，并针对工作中出现的情况，对其中的滞后环节和问题报总工程师批准，制定特殊措施解决。

3）质量保证体系

根据本工程特点，项目部形成了完整的质量保证体系，包括组织保证、制定保证、程序保证等内容，详见本项目实施性施工组织设计文件。

4）施工准备阶段的质量保证

（1）坚持图纸学习与会审，领会设计意图，避免产生技术事故和工程质量问题。

（2）不断完善和优化施工组织计划，使施工方案科学合理，措施翔实、可行、可靠。

（3）严格组织技术交底。

（4）控制物资采购。做好分供方的评价和材料的进货检验，确保用于工程的所有材料均符合质量要求。

5）施工阶段质量保证

工序质量保证程序如图 5-4 所示；施工过程质量保证程序如图 5-5 所示；隐蔽工程质量保证流程如图 5-6 所示。

（1）盾构穿越施工质量保证

①盾构穿越机场高速公路路基和出入段线高压铁塔施工前，根据地质条件、覆土厚度、地下水位、地表建（构）筑物及前期正常掘进过程中的施工参数进行分析总结，确定盾构侧穿建（构）筑物掘进施工参数。

②盾构侧穿建（构）筑物施工前，对设备进行全方位检查，确保设备各项性能满足施工要求，同时在盾构侧穿建（构）筑物施工期间，加强设备维保和养护，减少设备故障率，保证盾构连续施工。

③盾构侧穿建（构）筑物施工前，对施工用所有材料进行科学规划，确保盾构侧穿建（构）筑物施工期间能连续施工。

④盾构掘进施工全过程须严格受控，工程技术人员和本线机长根据地质变化、隧洞埋深、地面荷载、地表沉降、盾构机姿态、刀盘扭矩、千斤顶推力等各种勘察、测量数据信息，正确下达每班掘进指令，并及时跟踪调整。盾构机操作人员须严格执行指令，谨慎操作，对初始出现的小偏差应及时纠正，应尽可能避免盾构机走蛇形，盾构机一次纠偏量不超过 4mm/环，以减少对地层的扰动。

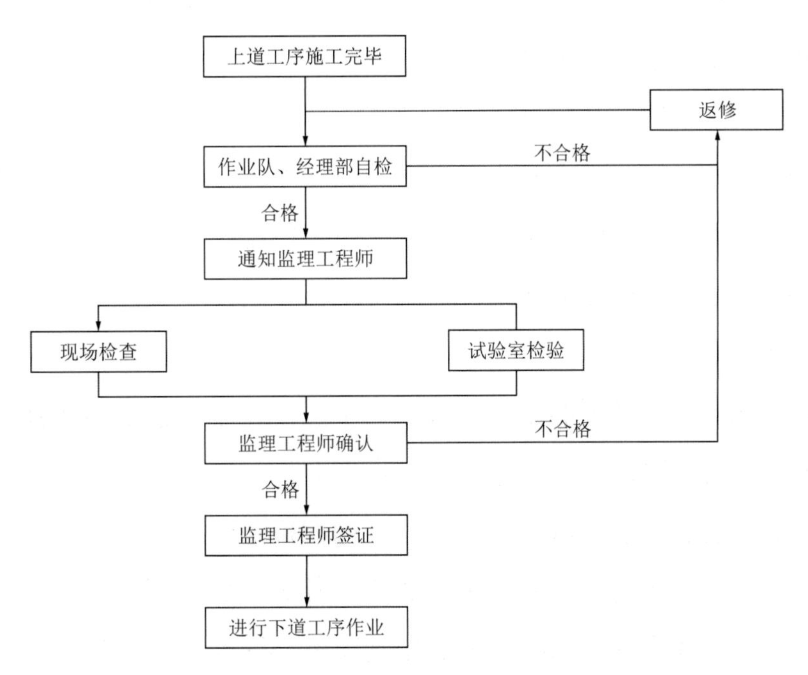

图 5-4　工序质量保证程序流程图

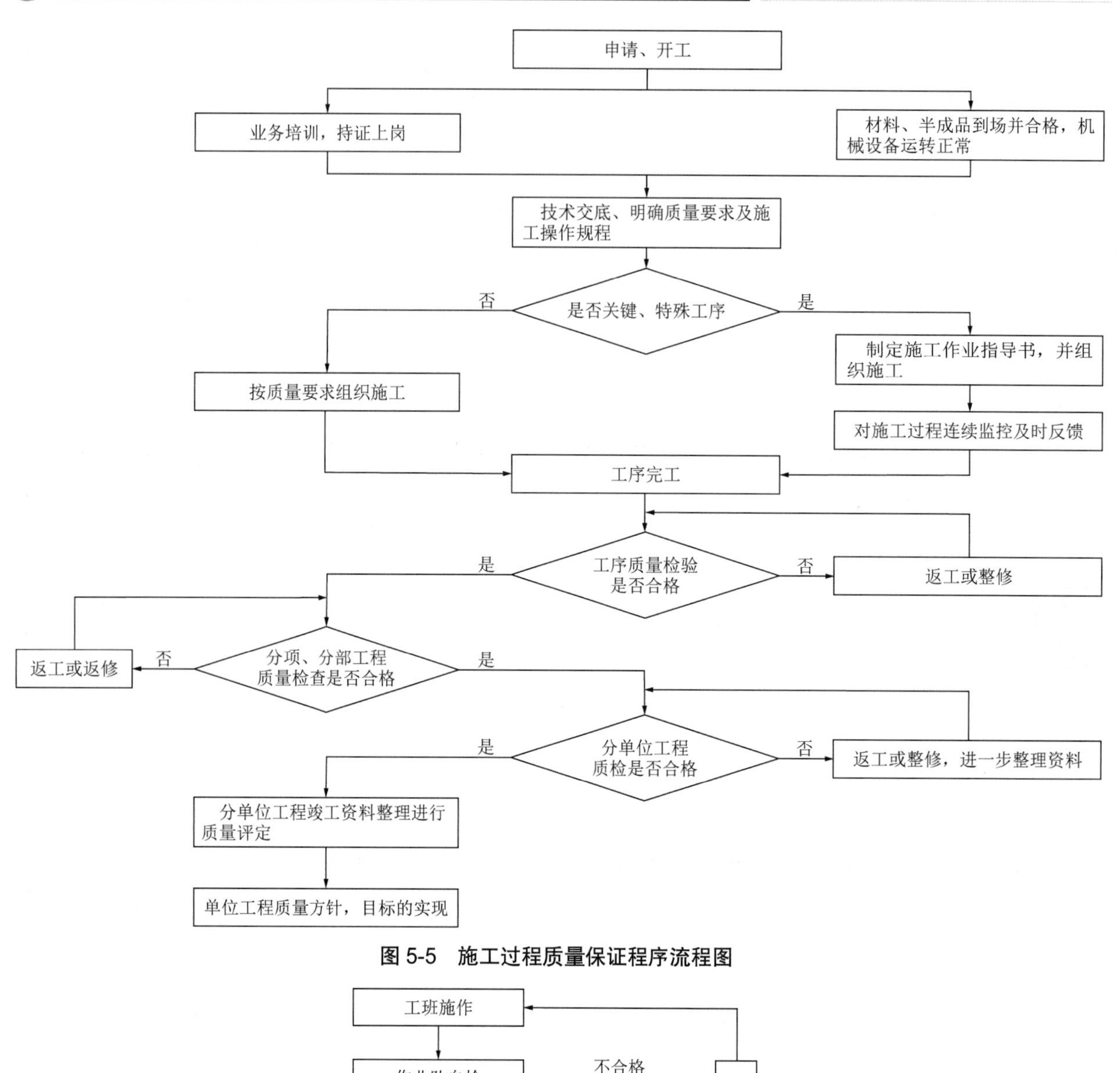

图 5-5　施工过程质量保证程序流程图

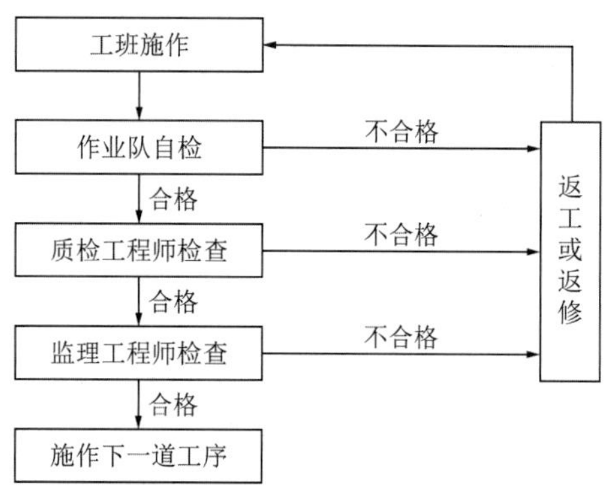

图 5-6　隐蔽工程质量保证流程图

⑤每环正常掘进过程中，掘进速度值应尽量保持恒定，减少波动，以保证切口水压稳定。在调整掘进速度时，应逐步调整，避免速度突变对地层造成冲击扰动或造成切口水压摆动过大。

⑥做好施工记录，包括盾构推进压力、盾构掘进速度、盾构土仓压力、刀盘转速、注浆量、注浆压力、盾构竖直及水平偏差及盾构机各设备运行状态等，本线机长对每班施工记录进行分析，是否存在异常情况。

⑦一旦发现掘进参数或监测数据出现频繁或持续异常情况时，立即观察出渣情况（渣

样、方量等）判断是否为地层出现变化，若为地层变化则根据不同地层的掘进参数设定值进行掘进，若排除地层变化的可能，则立即通知本线机长和值班领导，判断异常的原因，制订合理的措施。

⑧建立完善的监控量测系统，及时定期进行监测；对施工过程中线路中心线两侧20m以内的建（构）筑物及管线进行变形监测，变形允许值按有关规范执行。对于重要建（构）筑物及管线结构，其变形值应按权属部门的要求结合有关规范综合考虑。当监测数据出现预警值时，增加监测次数，根据监测数据结合掘进参数及地质特性进行分析总结，及时调整掘进参数；同时对出现监测预警的部位及时进行洞内二次注浆加固。

⑨对距离隧道轮廓较近、年代久远、盾构侧穿具有一定风险的建筑物进行房屋鉴定，做好证据保全工作。

（2）盾构掘进质量控制

掘进质量是指盾构机能按设计方向掘进，保证隧道线路的准确性，主要的控制措施如下：

①掘进前明确设计线路的各项参数，通过测量，判断出盾构机的当前位置，并根据掘进前的各项监测成果，确定下次掘进的各项参数；在确认各项准备工作完成后，方能根据指令开始掘进。

②盾构操作手严格按照规程进行操作，严禁违规操作；严格按主管工程师的指令进行参数的选择和操作，遇有突发事故，立即停止掘进并迅速向值班工程师报告，没有新指令前，不得擅自开始掘进。

③掘进过程中，值班工程师全过程监视盾构机的掘进，根据实际情况随时发出指令。特殊地层施工必须有主要技术人员现场值班，以保证随时解决问题。掘进速度较快时或对盾构机方向有疑问时，要加密人工测量，对自动测量结果和人工测量结果进行比较，以确认其准确性。

④每环推进过程中，严格控制平衡土压力，使切口正面土体保持稳定状态，以减少对土体的扰动。采取信息反馈的施工方法对盾构推进进行质量控制，在盾构推进过程中进行跟踪沉降观测，并及时反馈沉降数据，为调整下阶段的施工参数提供依据。通过对实测数据与施工参数的收集和整理，以形成一套较为完善的盾构施工智能数据库来指导施工。

⑤必须及时地掌握盾构机的方向和位置，严格控制盾构机姿态，确保到达段施工隧道偏差控制在50mm以内。推进测量管理应在每推进一环后进行，通过对测量数值的分析计算，及时地发布操作指令，通过调整盾构千斤顶的组合适时纠偏。

⑥根据不同的情况，通过优化盾构掘进参数。穿越泥岩砂岩地层，需注意刀盘的磨损报警，及时调整推进参数；加大洞内监测频率，盾构掘进严格控制土仓压力，防止发生土仓积水的情况。

（3）同步注浆质量控制

同步注浆质量是指在盾构机推进时能及时把足够数量符合要求的材料压入管片壁后空隙，保证地表沉降控制在限差之内，主要的控制措施如下：

①注浆前进行详细的浆液配合比试验，选定合适的注浆材料及浆液配比，满足设计施工要求；检查盾尾的密封性，保证浆液不泄漏；保证注浆管路的畅通。此外，所用砂必须是细砂。

②做好注浆设备的维修保养，注浆材料的供应，以保证注浆作业顺利连续不中断的进行。针对不同的地质情况选择不同的注浆压力和注浆量。注浆跟推进同步进行，且注浆速度应与推进速度相适应，四个泵同时注浆；注浆饱满程度由注浆压力和注浆量双重控制。

③停止注浆后，应及时清洗浆液运输车、储浆罐、浆液输送管路，保持管壁润滑良好，防止残留的浆液凝结引起管道堵塞等。每一特殊地段完成施工后，二次注浆必须及时跟进。对于下穿富水层地段，发现有渗水处，立即停机进行二次注浆堵漏，防止透水情况发生。

（4）管片安装质量控制

管片安装质量指满足要求的管片安装到准确位置，主要控制措施如下：

①管片运输中要轻吊轻放，避免碰撞。

②安装前专人检查管片及其防水材料、止水条的位置种类是否正确，止水条与管片是否连接牢固，管片是否有不合要求的裂缝、破损等缺陷，管片的类型（标准环或左、右转弯环）是否正确，管片的标志是否齐全，是否已达龄期。

③根据高程和平面的测量报表和管片间隙，及时调整管片拼装的姿态，并严格控制管片成环后的环、纵向间隙。安装管片时要缓慢、均匀，对好位置后方能上螺栓，若插入螺栓困难时，要分析原因，仔细调整位置，切忌大幅度移动，强行插入；此外应避免损坏止水条，避免管片间有较大错台。

④直线段采用管片环面上粘贴楔形低压棉胶板的方法进行隧道衬砌纠偏，使直线段管片成为微量楔形轴线和设计轴线拟合。

⑤对衬砌连接螺栓采取一次紧固、三次复紧的工艺，分别为管片拼装完成后、盾构推进过程中、管片脱离盾尾。

（5）二次注浆质量控制

二次注浆主要目的是填充同步注浆收缩的建筑空隙和堵漏两个方面，主要控制措施如下：

①所使用注浆材料必须进行复检，合格后，方可使用。

②注浆前进行详细的浆液配合比试验，选定合适的注浆材料及浆液配比，满足设计施工要求。

③注浆前，必须做好设备的检修工作，确保设备可以正常运行，注浆管路通畅。

④注浆过程中，拌好的浆液必须用密目网过滤，防止未搅拌均匀的水泥堵塞管路，造成注浆停止。

⑤每个注浆孔，必须注入足够量的浆液，严禁中途停止注浆。

⑥二次注浆过程中，进行注浆量与注浆压力双重控制。

（6）隧道防水工程质量控制

本盾构隧道工程防水等级为二级，隧道采用高精度钢模制作高精度管片，以管片结构自防水为根本、接缝防水为重点进行质量控制。

①管片在满足龄期、达到设计强度及出厂检验合格后方可运至施工现场，安装前须检查管片的完好性和防水材料的粘贴情况（弹性密封垫是否粘贴牢固，材料的种类和位置是否符合要求），确认完好后按工艺要求进行安装连接。

②管片的防水材料避免受潮。吊装和拼装过程中应防止剥离、脱落或损伤弹性密封垫。封顶块插入时两侧的密封垫表面涂抹水性润滑剂，并及时拧紧和复紧连接螺栓，确认止水垫圈的完好性，保证管片间的连接牢固。嵌缝防水施工须在隧道沉降变形稳定后进行，嵌填时应先涂刷基层处理剂，并保证密实平整。及时对管片背后的空隙进行回填注浆，注浆结束后封固注浆孔。

③根据管片渗漏水的不同部位、不同形式，采取各种具体处理措施。

（7）测量质量保证措施

①精心组织测量技术过硬、工作认真负责、细心的技术人员组成测量队负责本工区的施工测量工作。

②选用高精度的测量仪器，并对使用的测量仪器经权威（法定）计量部门检测合格后进场使用，并按要求在使用过程中进行定期检测。

③对建设单位和监理提供的控制点坐标和高程必须经过认真复核，复核结果报监理审核，根据现场实际情况设置的加密控制点要妥善加以保护。

④各控制点的坐标和高程在施工过程中经常进行复核检查，并及时提交复核资料，若发现破坏或精度变化，应停止使用该点，同时采用两个已知点测边测角交汇增补。

⑤建立测量计算资料换手复核制度，桩位的测量放样必须经过原测和复测，最后交技术负责人审核后报监理工程师审批认可，未经复核及报验（监理复核），不得进行下道工序的施工。

⑥测点选在通视良好、不受施工扰动的地方。导线和水准控制点用不锈钢或铸铁制作，导线点有明显的十字标志，水准点表面为圆球状。在软土中，作为钢钉的测量标志应嵌入大小合适的混凝土块中，并保证永久固定。

⑦临时的测量标志，经监理工程师同意后，用钢管或木桩制作；测量标志旁做出明显持久的标记或说明。埋设在地下的测量标志用混凝土管或框架保护，并加盖防止泥土和雨

水弄脏的装置。

⑧桩位放样合格后，在桩中心四周埋设护桩，并加以保护。测量标志如有损坏，应立即恢复。

（8）监测管理的质量保证措施

①施工前，根据现场的实际情况及施工进度安排，编制详细的建筑物监测实施作业计划及相应的保证措施，报请监理工程师和建设单位批准。

②成立专门的建筑物监测小组，确保监测人员、监测仪器、工具满足监测工作的需要，并相对固定。为监测人员提供良好的实测、办公环境，确保监测成果及时、可靠。

③施工监测要紧密结合施工进展情况，测出每道施工工序对建筑物的影响。当建筑物状态发生显著变化时，应及时调整监测方案，进行不间断监测，并将监测结果及时反馈，调整施工工艺并采取措施。

④监测人员及时整理分析监测数据，预测变形发展趋势，指导现场施工。若发生异常情况，随时与监理工程师、建设单位、设计单位联系，采取有效措施，做好预防，确保施工及监测对象的安全。

（9）防水施工质量保证措施

①结构自防水

a. 管片采用 C50 高强度混凝土制成的高精度管片，抗渗等级采用 P12，设计使用年限 100 年。混凝土透气系数不应大于 10～11cm/s，氯离子扩散系数不宜大于3×10～$3\times12cm^2/s$。

b. 混凝土净保护层最小厚度，密封条外侧 35mm，对应主筋保护层 49mm，密封条内侧 25mm，对应主筋保护层 39mm。

c. 按有关规定严格控制混凝土中Cl^-的含量，最大Cl^-含量≤0.06%。每立方米混凝土中各类材料的总碱含量（Na_2O 当量）不得大于 3kg。

d. 选用低水化热水泥，水胶比不得大于 0.35。

②接缝防水

a. 接缝防水采用在密封垫沟槽内设置密封垫，通过被压缩挤密能实现防水。

b. 弹性密封垫的材料选择首先应能满足防水要求的各项技术指标。从结构和防水材料的耐久性和耐腐蚀性角度出发，推荐选用三元乙丙橡胶弹性密封垫。

c. 管片密封垫应满足在设计水压和接缝最大张开值下不渗漏的要求。

d. 为确保接缝两侧密封垫接触宽度，管片环缝错台量应不大于 10mm。

e. 弹性密封垫的构造形成经试验确定，要求在接缝张量为 6mm、错位 10mm 时能抵抗 0.6MPa 的水压。

f. 毛孔采用遇水膨胀橡胶圈止水，并用微膨胀水泥砂浆封孔。

g. 吊装孔（注浆孔）采用遇水膨胀橡胶圈止水，螺旋塞子封堵。

h. 嵌缝采用聚合物水泥或聚硫密封胶进行封堵。

③管片外防水

a. 管片壁后注浆采用同步注浆技术及时充填管片与围岩之间的空隙，以达到防水及控制地层沉降的效果。

b. 浆液类型、配比应根据现场试验确定。

c. 注浆孔应结合注浆量、注浆压力综合而定。

d. 根据管片裂缝、接缝渗漏水的情况，还应利用管片吊装孔（注浆孔）强化二次注浆。

e. 当隧道处于侵蚀性介质的地层时，应采取相应的耐侵蚀混凝土或外涂耐侵蚀的外防水涂层的措施。当处于严重腐蚀地层时，可同时采取耐侵蚀混凝土和外涂耐侵蚀的外防水涂层措施。

④隧道接口防水

a. 在盾构隧道与竖井接口处模筑后浇洞口环梁，并在后浇环梁与管片、与各结构内衬之间预埋一道注浆管，并设置引水槽引水，管片与现浇洞口处应设置不锈钢接口槽。接口外侧围岩应做注浆处理。

b. 在盾构隧道与联络通道接口初衬中预埋一圈环向小导管注浆，二次衬砌与管片之间设置二道缓膨型遇水膨胀止水条。接口外侧围岩应做注浆处理。

c. 各结构自身的防水材料在接口处应进行自收口处理。

d. 接口处 20 环管片应加大同步注浆压力，并应进行二次注浆。

⑤盾构进出洞防水处理

为防止泥砂及水的涌入，需设置帘布橡胶圈，帘布橡胶由模具分块压制之后连成一整环。

6）成品保护措施

（1）成立以主管生产副经理为组长的成品保护领导小组，负责现场文明施工和成品保护工作，定期对成品保护工作进行检查。

（2）定期对管理人员、操作人员进行文明施工、成品保护教育，提高职工保护成品的意识。

（3）凡在成品或半成品区域施工或装卸运输，均要采取防护措施，防止成品半成品被磕、撞、刮、碰等损坏。

（4）采取护、包、盖、封等成品保护措施，视不同情况，分别对成品进行局部封闭管理的办法。

（5）提倡文明施工，严禁野蛮作业，对野蛮施工行为一经发现，不论是否造成成品损伤，均要按照规定处罚。

（6）合理安排附属工程施工的时间，并加强施工中的管理与协调，采取有效技术措施避免对区间隧道主体结构的损害。

（7）加强施工策划和现场的管理控制，防止施工对接口工程结构的损害，如盾构始发时、到达时等，必须采取有效措施避免对明挖隧道结构、车站结构、暗挖隧道结构等产生破坏。

（8）在隧道施工中，禁止在管片和其他已成结构上进行钻孔和其他非正常作业。

（9）在施工运输、现场堆放盾构机吊装、拆卸等过程中采取有效防护措施避免损害已建结构。

5.2.4 文明施工保证措施

1）文明施工原则

文明施工是进行“两个文明”建设的重要内容，是提高工程经济效益和社会效益的重要保证。在施工中必须坚持社会效益第一，经济效益和社会效益相一致，以“方便人民生活，有利于发展生产，保护生态环境”为原则，坚持便民、利民、为民服务的宗旨，搞好工程建设中的文明施工。

2）文明施工目标

符合成都市现行的文明施工和环境保护有关规定和建设单位管理办法的有关要求，施工现场文明施工评分达到优秀分数以上。

3）文明施工措施

（1）组织措施

①积极参与三方“文明施工管理小组”

认真贯彻“建设单位负责，施工单位实施，地方政府监督”的文明施工原则。积极主动配合由甲方项目管理组牵头建立的三方共同参与的文明施工管理小组组织文明施工创建活动，并大力搞好日常文明施工管理。

②项目部文明施工管理

为全面落实创建文明工地的要求，本工程实行文明施工责任制，项目经理部为本工程的文明施工第一责任人。项目经理部成立以项目经理为组长，各部室相关负责人为主要成员，各工班班长为主要实施人的文明施工小组，来组织领导文明工地的创建活动，积极配合政府部门、建设单位组织的检查、考核和评选活动等。定期对工人进行文明施工教育和文明法规的学习，组织文明工地评比，进行定期的项目自检工作和不定期的抽检。

（2）技术措施

①在编制施工组织设计时，把文明施工列为主要内容之一，坚持便民、利民、为民服务的宗旨。

②在工程开工前，指派专职人员负责文明施工的日常管理工作。

③全面开展创建文明工地活动。

本工程施工全过程中全面开展创建文明工地活动，切实做到“两通三无五必须”，即施工现场人行道畅通；施工工地沿线单位和居民出入口畅通；施工中无管线事故；施工现场排水畅通无积水；施工工地道路平整无坑塘；施工区域与非施工区域必须严格分隔，施工现场必须挂牌施工，管理人员必须佩卡上岗，工地现场施工材料必须堆放整齐，工地生活设施必须文明，工地现场必须开展以创建文明工地为主要内容的思想政治工作。

④工地宣传

在工地四周的围挡建筑物、宿舍外墙以及其他地方，按照建设单位要求进行设置标识，施工人员遵守成都市相关规范。

⑤场容场貌

按照成都市文明施工管理的规定，采取有效措施将施工区域和非施工区域明显地分割开来，并在工地四周设置连续、密闭的围挡。

a. 工地围挡。工地周边设置不低于2.5m的彩钢板围护。围挡所使用的材料应稳固、整洁、美观并得到项目监理的批准。施工单位应负责维修养护临时围挡，以保证设施完好。一旦工程结束，我单位将负责拆除所有临时围挡。

b. 标志牌。施工现场按要求设置工程标牌和相关图纸，包括施工公告牌（标明工程名称、工程范围、建设单位、设计单位）、质量监督举报电话牌、项目负责人牌、安全生产制度牌、消防保卫制度牌、环境保护制度牌、文明施工牌和施工现场平面图等。

（3）现场管理

①实行施工现场平面管理制度，各类临时施工设施、施工便道、加工场、堆物场和生活设施均按经审定的施工组织设计和总平面布置图实施；如因现场情况变化，必须调整平面布置，应画出总平面布置调整图报上级部门审批，未经上级部门批准，不得擅自改变总平面布置或搭建其他设施。

②施工区域或危险区域有醒目的安全警示标志，并定期组织专人检查。

③工地主要出入口设置交通指令标志和示警灯，保证车辆和行人的安全。

④施工现场设置以明沟、集水池为主的临时排水系统，施工污水经明沟引流、集水池沉淀滤清后，间接排入下水道；同时落实“防台”“防汛”和“雨季防涝”措施，配备“三防”器材和值班人员，做好“三防”工作。

⑤工程材料、制品构件分类，有条理地堆放整齐，机具设备定机定人保养，保持设备整洁、运行正常。

⑥加强土方施工管理，挖出的湿土先卸在场内暂堆，沥干后再驳运外弃，如湿土直接外运，则使用专门改装的带密封车斗的自卸卡车装运湿土，防止湿土如泥浆沿途滴漏污染马路。

⑦加强泥浆施工管理，防止泥浆污染场地，废浆采用罐车装运外弃，严禁排入下水道或附近场地。

⑧设立专职的“环境保洁岗”，负责检查、清除出场车辆上的污泥，清扫受污染的马路，做好工地内外的环境保洁工作。

（4）工地卫生

①生活区应设置醒目的环境卫生宣传标牌责任区包干图。现场“五小”设施齐全、设置合理。

②除四害要求。防止蚊蝇孳生，同时要落实各项除四害措施，控制四害孳生。生活区内做到排水畅通，无污水外流或堵塞排水沟现象。有条件的施工现场进行绿化布置。

③宿舍。日常生活用品力求统一并摆放整齐，现场办公室、更衣室、厕所等应经常打扫，保持整齐清洁。

④生活垃圾。生活垃圾要有容器放置，并有规定的地点，有专人管理，定时清除。

⑤食堂卫生。食堂内应整齐清洁，食堂四周应做到场地平整、清洁、没有积水；有条件的食堂要设密封间和配置纱罩。食物盛器要有生熟标记，每年 5 月到 10 月底，中、夜两餐加工的食品都要严格消毒，使用的餐具必须每天消毒，防止交叉感染。现场茶水供应、茶具消毒，要符合卫生要求。炊事员必须每年体检，保证身体健康，炊事人员必须做到“四勤”“三白”，保持良好的个人卫生习惯。达不到“三专一严”及无地区卫生防疫站许可证的食堂，一律不准供应冷面、冷馄饨、冷菜等。

⑥现场要设医务室，如确无条件，至少要设巡回医疗点，每周不少于 2 次到现场巡回医疗，做好对职工卫生防病的宣传教育工作，针对季节性流行病、传染病等，要利用板报等形式向职工介绍防病、治病的知识和方法，医务人员对生活卫生要起到监督作用，定期检查食堂饮食等卫生情况。工地上配齐更衣室、食堂、医务室、浴室、厕所和饮用水供应点等生活设施，并制订卫生制度，定期进行大扫除，保持生活设施和周围环境整洁卫生。

（5）噪声控制

①在选择施工设施、设备及施工方式时，施工单位将考虑由此产生的噪声以及其对施工单位的劳动力和周围地区居民的影响。

②在有关规章规定的地方或项目监理的要求下，施工单位应该向劳动力提供听觉保护装置，并应指导他们正确地使用这些装置。

③施工单位必须确保施工期间，其发生的噪声不超过周围环境噪声的规定值。

（6）治安综合治理

加强工地治安综合治理，做到目标管理，制度落实，责任到人。施工现场治安防范措施有力，重点要害部位防范设施到位。施工现场的外包队伍情况明、点数清，建档立卡，签订治安、防火协议书，加强法制教育。

（7）工地应严格按市政府防台防汛领导小组的要求和有关文件规定，及时做好防台防汛工作。

（8）建立防火安全组织，义务消防和防火档案，明确项目负责人，管理人员及操作岗位的防火安全职责，按规定配置消防器材，有专人管理，落实防火制度和措施，按施工区域、层次划分动火级别，动火必须具有“二证一器一监护”，严格管理易燃、易爆物品，设置专门仓库存放。

（9）项目部、施工队设文明施工负责人，每周召开一次关于文明施工的例会，定期与不定期检查文明施工措施落实情况，组织班组开展“创文明班组竞赛”活动，经常征求建设单位和项目监理对文明施工的批评意见，及时采取整改措施，切实搞好文明施工。

5.2.5 环境保护措施

1）全面运行环境保护体系

成都作为一个旅游业为主的大城市，环境问题日益受到全社会的普遍关注。为了适应当今社会的潮流，实现社会经济的可持续化发展，故在本工程施工的全过程中，将全面运行 ISO 14000 环境保护体系标准，系统地采用和实施一系列环境保护管理手段，以期获得最优的结果。

2）环境管理目标

（1）施工现场扬尘、噪声、污水和废弃物排放满足所在地规定要求。

（2）严格控制化学品和有害气体泄漏。

（3）节约能源资源，降低材料消耗。

（4）创建成都市文明标准工地，争创四川省文明标准工地。

3）组织与职责

（1）建立环保领导小组，层层落实责任。成立以项目经理为组长，项目书记、安全总监为副组长，分管领导及各部长为组员的环境保护领导小组。下属各施工班组也要成立相应组织，班组长指定为班组的环境保护负责人。

（2）环境管理领导小组职责。负责环境管理目标、标准、制度及管理办法的制订，并监督执行，确保目标的实现。协助和指导有关部门和施工班组进行环境管理。有权对所属施工班组进行检查和依照标准奖罚。

4）管线及周边建（构）筑物保护

施工期间对所有施工范围内不搬迁和在开挖深度影响范围内的建（构）筑物加以保护；以及盾构穿越的建（构）筑物及影响范围内的建（构）筑物予以保护。

5）对持续改进和污染预防的承诺

在施工的全过程中，根据客观存在的粉尘、污水、噪声和固体废弃物等环境因素，实施全过程污染预防控制，尽可能地减少或防止不利的环境影响。预防为主，加强宣传，全面规划，合理布局，改进工艺，节约资源，为企业争取最佳经济效益和环境效益。严格遵守国家和地方政府部门颁布的环境管理法律、法规和有关规定。

6）土方运输环境管理规定

（1）车辆情况

①车次车貌整洁，制动系统完好。

②车辆后栏板的保修装置完好,并另再增设一副保险装置,做到双保险,预防后板崩板。

③车辆应配置灭火器，以防发生火灾时应急。

④对运输车辆进行定期检修，土方运输承包方自行负责车辆的定期检修，以保持车况的良好。

（2）土方装卸

①土方装卸时，场地必须保持清洁，预防车轮黏带。

②车辆出门时，必须对车辆进行冲洗。

③车辆装卸土方不应超高超载，并应有覆盖物以防止土方在运输中沿途扬撒。

（3）降水井泥浆处理

现场用钢板焊接专用泥浆池，在钻孔过程中当泥浆密度大于 1.15g/cm^3 时，用小挖机或人工捞出泥浆池内的沉淀泥浆，通过自卸小三轮车拉至临江站渣土池内，当钻孔完成后，剩下的泥浆先沉淀几天，沉淀完成后抽干上面清水，剩下的泥浆通过自卸小三轮车拉至临江站渣土池内。

7）排水设施环境管理规定

（1）因施工区需临时封堵排水管道的，由公司向区排水行政主管部门提出申请，经批准后取得市政局或区排水行政主管部门核发的《临时排水许可证（施工）》后方可实施。

（2）施工期间，应当采取临时排水措施。各类施工作业临时排水中有沉淀物和污泥，足以造成排水设施堵塞或者损坏，必须严格执行二次沉淀后再排放。

（3）在施工期间，有可能影响排水设施安全的作业，加强管理工作。

①在污水输送干线管道、直径 800mm 以上的排水管道以内建造建筑物、构筑物或者堆载物品，使地面荷载过大，有可能影响污水及排水管道的，应事先提供作业方案。

②各基层单位在施工期间若发现排水不畅或污水冒溢时，应及时向施工所在地的排水公司通报，由排水公司及时维修、疏通或者采取有效措施，以确保排水设施的畅通无堵。

（4）施工过程中禁止下列损害排水设施的行为：

①堵塞排水管道。

②擅自占压、拆卸、移动排水设施。

③向排水管道倾倒垃圾、粪便。

④向排水管道倾倒渣土、施工泥浆、污水处理后的污泥等废物。

⑤擅自向排水设施排放污水。

⑥向排水管道排放有毒有害、易燃易爆等物质。

⑦擅自在安全保护区范围内爆破、打桩、修建建筑物、构筑物。

⑧损害排水设施的其他行为。

8）施工现场废水控制管理规定

（1）施工排水系统控制措施

对于市区中心重点工程工地及各单位的基地，根据施工现场排放废水的水质情况，采用以明沟、集水池为主的临时三级排放系统。

①一级排放系统，较清洁的生活用水（食堂、浴室、洗手池等）可直接排入市政污水管，主要布置在生活、办公区。

②二级排放系统，以排放雨水为主，水中含泥量较少，可直接排入市政污水管，但必须在出口端设置集水井，拦截水中垃圾。

③排放含泥量较多的水应流入布置在基坑、施工便道旁的沉淀池内，必须经过二次沉淀处理后排入市政污水管，严禁直接排入市政污水管。

（2）生活污水控制措施

①各施工项目在现场均应建立厕所收集粪便污水，固定式厕所应设立化粪池，移动式厕所也应设置收集装置，同时派专人维护厕所的清洁，并定期消毒。

②厕所定期由当地环卫部门上门抽清。

（3）运输车辆清洗废水控制措施

各类土方、建筑材料运输车辆在离开施工现场时，为保持车容应清洗车辆轮胎及车厢，清洗废水应接入施工现场的临时排水系统。

（4）其他施工废水控制措施

①散料堆场四周应设置防冲墙，防止散料被雨水冲刷流失，而堵塞下水道或污染附近水体及土壤。

②施工活动中开挖所产生的泥浆水及泥浆，必须用密封的槽车外运，送到指定地点处置。

③现场混凝土搅拌时，应采取适当的防止措施，避免搅拌活动中产生的污水未经处理，直接流入附近水体及土壤，造成污染。

（5）排水设施维护

①定期对临时排水设施进行疏通工作。

②汛期、梅雨期来临之前均要对下水道及场内各排水系统进行疏通。

（6）其他禁止行为

①施工废水不允许未经任何处理直接排入城市雨水管道或附近的水体。

②任何堵塞排水管道的行为。

③擅自占压、拆卸、移动排水设施。

④向排水管道倾倒垃圾、粪便。

⑤向排水管道倾倒渣土、施工泥浆、污水处理后的污泥等废物。

⑥向排水管道排放有毒有害、易燃易爆等物质。

9）施工现场废气控制管理规定

（1）水泥扬尘

①根据项目施工特点，尽可能使用散装水泥，减少使用袋装水泥，以减少使用水泥带来的环境污染。

②在散装水泥罐车下部出口处设置防尘袋，以防水泥散逸。

③在水泥搅拌过程中，水泥添加作业应规范，搅拌设施应保持密闭，防止添加、搅拌过程中大量水泥扬尘外逸。

（2）施工扬尘

①在施工作业现场按照文明施工相关要求，对施工现场进行分隔。

②加强建筑材料的存放管理，各类建材及混凝土拌和处应定点定位，禁止水泥露天堆放，并采取防尘措施，如在大风天气对散料堆放采用水喷淋防尘。

③运输车辆进出的主干道应定期洒水清扫，保持车辆出入口路面清洁，以减少由于车辆行驶引起的地面扬尘污染。

④由于施工产生的扬尘可能影响周围正常居民生活、道路交通安全的，应设置防护网，以减少扬尘及施工渣土的影响，如防护网破裂损坏，应及时对其进行修补。

⑤施工现场的建筑垃圾、工程渣土临时储运场地四周设置 1m 以上且不低于堆土高度的遮挡围栏，并有防尘、灭蝇和防污水外流等防污染措施。

⑥禁止在人口集中地区焚烧沥青、油毡、橡胶、塑料、皮革以及其他有毒有害烟尘和恶臭气体的物资，特殊情况下需焚烧的，须报当地环境保护主管部门批准。

⑦坚持文明施工及装卸作业，避免由于野蛮作业而造成的施工扬尘。

（3）车辆废气

①运输、施工作业所使用的车辆均应通过本年机动车尾气检测，并获得合格证。

②运输、施工作业的车辆在离开施工作业场地前，应对车辆的轮胎、车厢、车身进行全面清洗，防止泥浆在车辆行驶过程中对外界道路及空气质量造成影响。

③装有建筑材料、渣土等易扬物资的车辆，车厢应覆盖封闭起来，以避免运输过程中的扬撒、飘逸，污染运输沿线的环境。

④加强对施工机械、运输车辆的维护保养，禁止以柴油为燃料的施工机械超负荷工作，减少烟度和颗粒物排放。

⑤配合公安交通管理部门搞好施工期周围道路的交通组织，避免因施工而形成的交通堵塞，减少因此产生的车辆废气怠速排放。

⑥加强运输管理，散货车不得超高超载，避免有可能引起的货物运输途中的散落、破损现象。

⑦施工、运输机动车辆应尽可能使用无铅汽油作为动力燃料，限制含铅汽油的使用。

（4）其他废气

①食堂饮食活动产生的油烟气应安装抽排风装置，装置的安装位置应不影响周围居民的生活，且油烟气排放应符合当地排放标准。

②空调设备安装位置也尽可能考虑周围环境，以避免空调设备运行产生的热气影响周围居民的生活。

③实施地下结构作业时，如地下设施在施工过程或运行期间有可能产生 H_2S、CH_4 等有害气体，而危害作业环境，损害作业人员安全与健康的，应按要求实施检测，记录检测结果，以便及时发现问题并采取措施，加强地下设施的通风效率，保障作业人员健康。

10）施工现场噪声及振动控制管理规定

（1）施工噪声申报

由于特殊原因须在夜间 23:00 至次日早晨 6:00 内从事超标准的、危害居民健康的建设施工作业活动的，必须事先向作业活动所在地的区环境保护主管部门办理审批手续，并向周围居民进行公告。

（2）施工噪声及振动的控制

①施工噪声控制

a. 根据施工项目现场环境的实际情况，合理布置机械设备及运输车辆进出口，搅拌机等高噪声设备及车辆进出口应安置在离居民区域相对较远的方位。

b. 合理安排施工机械作业，高噪声作业活动尽可能安排在不影响周围居民及社会正常生活的时段下进行。

c. 对于高噪声设备附近加设可移动的简易隔声屏，尽可能减少设备噪声对周围环境的影响。

d. 离高噪声设备近距离操作的施工人员应佩戴耳塞，以降低高噪声机械对人耳造成的影响。

e. 每年高考期间，在城市内的项目施工现场应加强噪声污染控制影响，采取各种措施减少施工对居民、学校附近区域的影响。

②施工振动控制

a. 施工引起的振动可能对周围的房屋造成破坏性影响，应向周围居民分发“米字格贴”，避免因振动而损坏窗户玻璃。

b. 为缓解施工引起的振动导致地面开裂和建筑基础破坏，可采取设置防振沟、放置应力释放孔等措施。

（3）施工运输车辆噪声

①运输车辆驶入城市禁鸣区域，驾驶员应在相应路段内遵守禁鸣规定，在非禁鸣路段，每次按喇叭不得超过 0.5s，连续按鸣不得超过 3 次。

②加强施工区域的交通管理，避免因交通堵塞而增加的车辆鸣号。

（4）其他噪声

①运输车辆进出口应保持平坦，减少由于道路不平引起的车辆颠簸噪声和产生振动。

②城市施工区域不得用高音喇叭及鸣哨进行生产指挥。

③禁止在施工作业过程中从高空抛掷钢材、铁器等施工材料，以免造成人为噪声。

④在居民区域内禁止使用唤人喇叭。

（5）噪声监测

①对承建项目建设期间的建筑施工场界噪声定期监测并记录。

②如发现有超标现象，应采取对应措施，减缓可能对周围环境敏感点造成的环境影响。

11）环境卫生管理规定

（1）生活区

①生活区设围栏，有“五小”设施平面图。

②门口标明企业和工程项目名称。

③场地平整，无坑洼积水，无蚊蝇孳生地。

④保持排水通畅，明沟、暗沟应清洁无杂物和黑臭。

⑤生活区设施符合要求，垃圾分类入箱，保持环境整洁。

⑥生活区周围的过道、马路要落实三包，保洁率做到路面整洁，无废弃物，无垃圾，不影响市容市貌。

⑦禁止在生活区域内乱涂乱画乱写。

（2）厕所

①严禁厕所设置于河道上，不能将粪便直接排入河道。

②应有储粪池或集粪坑，并密封加盖，粪便不得满溢，要及时清运。

③必须有水源供冲洗用，市区内不得设旱厕，且不能直接把粪便排入雨水管道。

④有专人管理，每日清洗，保持整洁。

⑤定期下药，并有记录，厕所内不得有蝇蛆。

（3）食堂

①食堂位置与厕所、污水沟的距离应大于 30m。

②办理《卫生许可证》，内外环境整洁，工作台和地上无油腻。

③有消毒、防尘、灭蝇、除鼠措施。

④设熟食间或设熟食食罩，内不得有蝇和蟑螂，生熟炊具分开，已消毒熟食器皿必须置于规定的每日用消毒液浸洗的无虫害消毒柜中。禁止使用再生塑料盆、桶。

⑤必须备冰箱，有专人管理，生熟分开，定期清洗并有记录，且有进货标志。

⑥有留样菜、进货验收记录，变质食品有处理和记录。

⑦炊事人员必须健康。

⑧砧板、拌面机用后洗净，不得有污垢、霉变物。

5.3 监测监控措施

5.3.1 监测项目与控制标准

各监测项目的控制标准设置相应的预警值，按标准值的 2/3 计。

（1）地面沉降监测

监测范围为盾构隧道各区间段；控制标准为地表允许隆陷值为−30～+10mm；重要建筑物及管线处地面变形与相关单位协商后确定。

（2）地下管线沉降监测

监测范围为线路轴线 15m 范围内的地下管线（煤气、给水、排水、电力电线、通信电缆）。施工过程中，如有关部门对地下管线沉降有特殊要求时，以其要求为准。

（3）沿线建筑物的沉降、裂缝、倾斜监测

监测范围为盾构隧道各区间段，按标准规定及设计要求确定。

（4）进出洞 50m 内的深层土体沉降监测

监测范围为进出洞口 50m 范围内；控制标准为累计最大量为（−30～+10）mm，沉降速率为±3mm/d。

（5）隧道内沉降监测

隧道内沉降监测，在进出洞 50m 范围及联络通道双向延伸各 50m 范围，每 5m 布设一沉降测点，其他部位每 10m 布设，每断面上布置三个观测点。

5.3.2 监测频率

为确保施工安全，监测点的布设立足于随时可获得全面信息，监测频率必须据监控量测项目内容和施工需要进行调整。

（1）正常情况下，盾构推进过程中，每天监测两次。当数据达到和超过报警值时，应适当增加监测频率。

（2）地面沉降资料应自盾构进洞后要求每日早晚各一次提供沉降资料，当盾构穿越重要管线及建筑物时应增加测量频率。

（3）隧道（环片）沉降是伴随着施工过程进行的，沉降监测也应该同步进行。每次监测范围为新施工区段 100 环，前期已完成区段 100 环。测试频率应距推进面 100m 范围内 2 次/周；距推进面 100～200m 范围，1 次/15d；距推进面 200m 以外已完成隧道，连续 2 次沉降<3mm，监测频率降为 1 次/月，否则 1 次/15d；隧道贯通后一个月一次，直至隧道初次结构验收。

若有较大的隧道沉降变形时可根据监理工程师意见增加测点。测量数据须及时提交监理工程师，若变形值接近极限值时，增加监测频率，直至追踪监测。

5.3.3 测点布设及监测方法

1）地表沉降监测

地表沉降监测点要求在轴线上每 5m 布沉降测点，盾构始发、到达 100m 范围每 20m 一个断面，一般地段每 30m 布设一个沉降监测剖面，剖面上由 9 个测点组成，轴线上一点，对称于轴线分别布设测点，对地质条件较差的区域应适当增加沉降测点。当盾构在始发 100m 内时每 20m 布设一个断面，测点采取道钉打入方式埋设，其顶部突出地面小于 5mm。地表沉降测点横断面布置如图 5-7 所示。

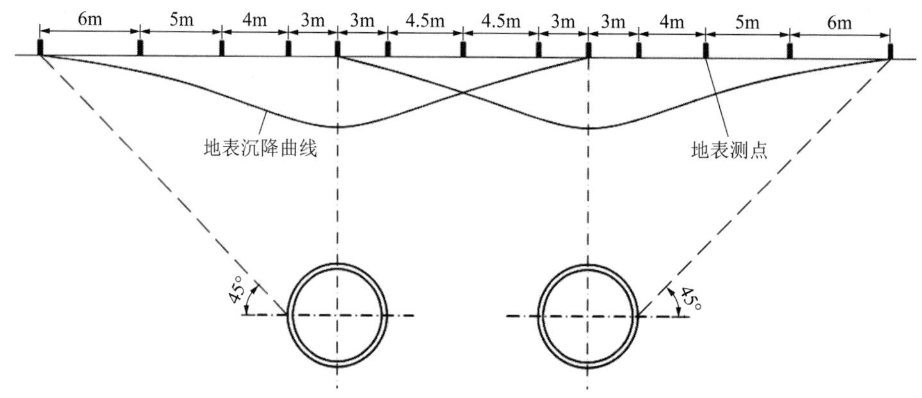

图 5-7 地表沉降测点横断面布置图

地面沉降观测采取水准测量方法。首先在隧道沿途稳定区域埋设 20 个水准控制点，用二等水准测量的方法测量其高程。选择盾构施工影响范围之外的两个水准控制点起算做符合或闭合水准路线，往返测量沿途地表沉降测点，路线闭合差必须满足规范要求，以确保成果数据的准确性。

2）地下管线沉降监测

（1）测点布设。在线路轴线左右各 15m 范围内的地下管线（煤气、上水、排水、电力电缆、通讯电缆等）上每隔 5m 布设一个沉降监测点。沉降点布设范围应沿施工区全长布设，两端各延伸 50m。地下管线沉降点要求尽可能利用管线设施布设直接测点，并优先考虑煤气管、上水管对测点的要求。

（2）监测方法。为防止在基坑开挖施工中管线因地面发生沉降或水平位移而产生管线破损，在布置地表沉降及水平位移观测点的同时，对管线所在覆盖土的正上方挖孔布置观测点。观测点的选择主要对煤气管、上水管、污水管、雨水管、电力管道进行监测，观测点一般布置在2～3节管线上，且应征求管线主管单位的意见。

在观测点上方挖出覆盖土，直至露出管面，在管面标注记号作为观测点。埋设直径为200mm的钢管，钢管长度略小于覆盖土的厚度，并加工盖板将观测孔盖住，以保护观测点。不宜开挖的地方，可用钢筋直接打入地下，其深度与管底平齐，作为观测标志。沉降观测采用精密水准仪配铟钢塔尺，测量精度达0.01mm。位移观测采用全站仪。观测频率为2次/d。布点数量待与管线主管单位了解具体管线情况后再详细明确。

5.3.4 地面建筑物施工监测

1）建筑物沉降观测

（1）测点布设。根据建筑物调查情况，在线路轴线两侧30m范围内的A3及四层以上建筑物上布设沉降监测点，在一侧墙面上的沉降点至少布设2个。监测点布置在房屋承重结构如梁、柱和基础的角点上，长边上适当加密监测点。

（2）监测方法。在隧道掘进过程中，每次沉降监测从水准控制点出发，按二等水准测量的要求，测量各监测点的高程。测量闭合差小于$\pm 0.5\text{mm} \times N^{1/2}$（$N$为测量站数）。前后两次测量值之差为本次沉降变化量；测量值与初值之差为累计沉降变化量。

2）建筑物倾斜监测

（1）测点布设。根据建筑物调查情况，在4层以上的建筑物布设相应的倾斜监测点。

（2）监测方法。倾斜监测方法是用投影方法将墙面选定的点投影到墙面地线，并测量该投影点到墙底角的距离，之后结合墙体高度计算倾斜角。二次测量的稳定值的平均值，作为房屋倾斜的原始值。以后测量计算的数值与原始值比较，即是墙体的倾斜变化值。房屋倾斜观测，如图5-8所示。其中A为房屋底角一点，B为房屋顶角一点，AB为房屋的高度H，B'为房屋发生倾斜后B点位移后的位置。

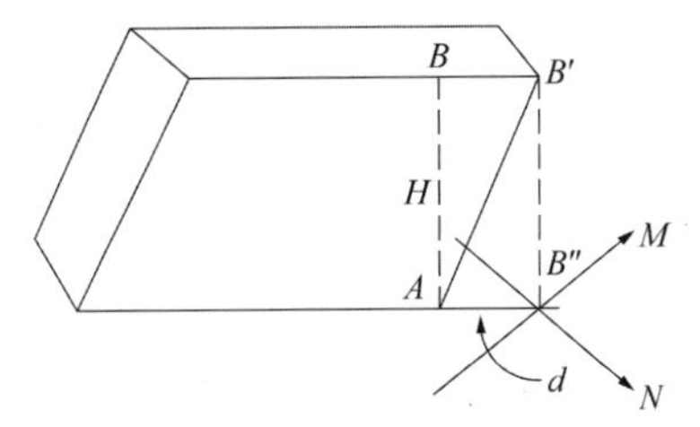

图5-8 房屋倾斜观测示意图

①距A点水平距离$1.5H$～$2.0H$处设M、N任意两点，使MA与NA的交角接近90°。

②分别在M、N点处安置全站仪，照准B'点后，竖向转动观测镜，将MB'和NB'两方向线投影于地面，其交点B''即为B'在地面上的投影点。

③用钢尺丈量AB''的水平距离，设为d。

④房屋的倾斜度$i = \arctan(d/H)$。

3）建筑物裂缝监测

（1）测点布设。根据建筑物调查情况对结构有裂缝的建筑物设置相应的裂缝监测点，对点的布设根据具体情况采用石膏标志法和薄铁皮标志法等两种方法。前者将石膏涂盖在裂缝上，长250mm，宽50～80mm，厚10mm，石膏干后用色漆在其上标明日期和编号。后者采用两片厚0.5mm的铁片，首先将一方形铁片固定在裂缝的一侧，使其边缘与裂缝边缘对齐。

之后将另一矩形铁片的一端固定在裂缝的另一侧，另一端压在方形铁片上75mm，见建筑物裂缝监测标志。将两张铁片全部涂上红漆，再在其上写明设置日期和编号。每一条裂缝需设置两个标志，其中一个设在裂缝最宽处，另一个设在裂缝的末端处，并将其位置标示在建筑物的平面图上，注上相应的编号。

（2）监测方法。裂缝监测采取裂缝仪或卡轨进行测量。施工前进行初测值，以后施工期间的测量值与初值比较即为裂缝变化量。

5.3.5 隧道进出洞口段深层土体沉降监测

测点布置应在进出洞口50m范围内各布设一监测断面，在上述断面上设土体分层沉降孔1个，孔位位于隧道轴线正上方，最深沉降孔磁环位于隧道底部下方1m，往上每隔1m布置一个磁环。

监测方法应用水准路线连测各监测孔口高程，选用精密磁感应分层沉降仪测量各土层磁环相对孔口深度，计算该点本次磁环中心高程，并推算该区域对应深层土层本次沉降、累计沉降。

5.3.6 隧道结构监测

1）隧道纵向变形监测

（1）测点布置应从出洞口开始，每隔50m设立一隧道沉降观测点（横断面）。

（2）监测方法应将仪器和接收终端放在地面监控室，传感器安设在隧道内待测部位的衬砌管片上，通过计算机屏幕随时监测隧道内纵向位移变化。

2）隧道内沉降、位移监测

（1）测点布置应在进出洞50m范围内每5m布置一个监测断面，其他部位每10m布设布置一个监测断面，每断面上布置三个观测测点。

（2）监测方法应采用全站仪进行测点的三维变形监测，测试频率为1次/d。当变化速率突然增加或连续保持高速率时，应及时分析原因，采取相应对策。

5.3.7 常规沉降监测

监测时间根据施工时间决定。初值测定于施工到达前1周内进行，过程监测随施工的进行按规定频率观测。随施工结束延长1～2周观测时间或根据所监测项目在观测值已稳定的情况下可提前结束该项目的监测。在监测过程中根据以上各类监测结果及时反馈到施工方，以确保施工顺利安全进行。

施工前所得初始数据为三次观测平均值，以保证原始数据的准确性。监测频率普通点为 2 次/d，对于盾构施工中即将穿越以及沉降变化量大的点，根据实际情况加密监测频率，必要时进行跟踪监测。监测结果及时反馈给施工人员。

当监测值接近报警值时提请有关方面注意，当监测值达到报警值（单次报警值为隆起 2mm 或沉降 5mm，累计报警值为隆起 7mm 或沉降 20mm）时及时报警。施工监测工作延续到施工结束后，观测值稳定一周后方可停止监测。

5.3.8 下穿机场高速路基及侧穿 220kV 高压铁塔

通过地表及机场高速路基和出入段线高压铁塔结构监测、地层分层监测，可掌握地层动态，优化盾构参数、调整注浆量等措施，以确保机场高速路基和出入段线高压铁塔的安全。

1）地表沉降监测

盾构穿越机场高速路基、低洼段和出入段线高压铁塔范围内每 15～20m 布置一断面，每断面布置 9 个监测点，分别在隧道中心线及左右分别为 3m、6m、9m、12m，沿隧道中线每 5m 布置一个监测点。在盾构施工影响范围之外布设三个高程起算点，且均与已知水准控制点定期联测，对三个起算点定期复核，确保起算点的准确性。

地表观测点采用ϕ15cm 钢管打入地表，埋深 1m，掏出钢管内土渣，浇灌混凝土，埋设螺纹钢钎头。在埋设监测点时注意避免破坏地下管线。监测布点如图 5-9 所示。

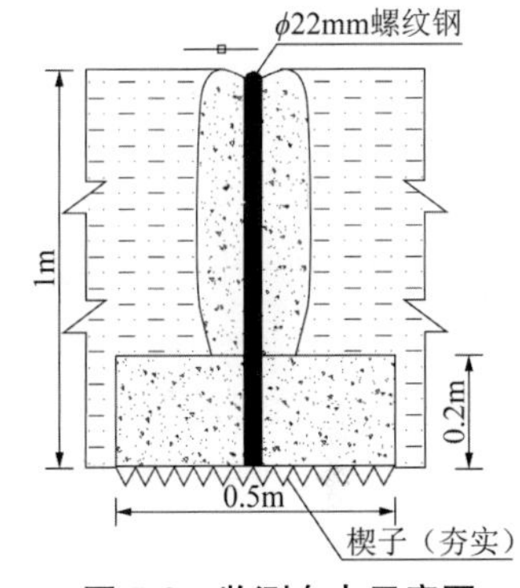

图 5-9　监测布点示意图

2）机场高速路基监测

与机场高速公路管养部门协调好，同意在区间隧道上方的路基上布置监测点后，每 15～20m 布置一断面，每断面布置 9 个监测点，分别在隧道中心线及左右分别为 3m、6m、9m、12m，沿隧道中线每 5m 布置一个监测点；机场路基监测点位平面布置如图 5-10 所示。在盾构施工影响范围之外布设三个高程起算点，且均与已知水准控制点定期联测，对三个起算点定期复核，确保起算点的准确性。

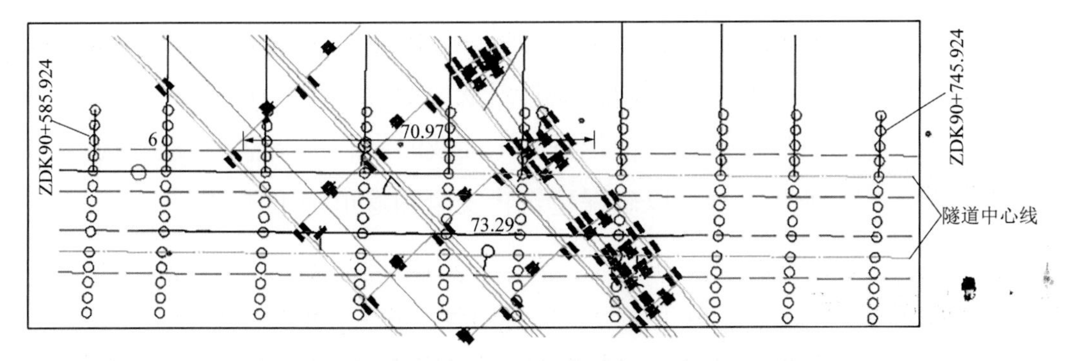

图 5-10　机场路基监测点位平面布置图（尺寸单位：m）

路基观测点采用ϕ15cm 水钻钻出沥青混凝土，埋深 1m，掏出钢管内土渣，浇灌混凝土，埋设螺纹钢钎头。在埋设监测点时注意避免破坏地下管线。路基监测布点如图 5-11 所示。

图 5-11 路基监测布点示意图

3）出入段线高压铁塔监测

（1）沉降监测。在区间隧道上方的高压铁塔基础上布置监测点，每 15～20m 布置一断面，每断面布置 9 个监测点，分别在隧道中心线及左右分别为 3m、6m、9m、12m，沿隧道中线每 5m 布置一个监测点；每个铁塔布置 4 个监测点，测点埋设困难时可选择容易监测的固定基础或结构物作为测点。在埋设监测点时注意避免破坏铁塔或基础的完整性。

（2）倾斜监测。对区间隧道上方的高压铁塔进行倾斜监测，每个铁塔布置 2 个监测面，每个监测面设定固定的测量方位。

5.3.9 特殊部位观测

盾构穿越各类建筑物区域时，推进轴线左右 15m 范围内加密布设沉降监测点。横向布点为推进轴线中心处 1 点，左右各 4 点，点距为 2～3m，纵向间距为 3m。

施工前所得初始数据为三次观测平均值，以保证原始数据的准确性。在盾构穿越期间每隔 4h 进行跟踪测量。待盾构穿越后，沉降趋于稳定时，逐渐减少监测次数，并恢复正常监测，待地面沉降稳定后方可停止监测。

在盾构穿越期间，有专职人员昼夜对需控制的建筑物进行沉降监测，及时观察结构的变形情况。采取先进的通信手段，将每一次测量成果都及时汇报给施工技术部门，以便于施工技术人员及时了解施工现状和相应区域管路变形情况，确定新的施工参数和注浆量等信息和指令，并传递给盾构推进面，使推进施工面及时做相应调整，最后通过监测确定效果，从而反复循环、验证、完善，以确保建筑物安全和隧道施工质量。

5.3.10 监测预警报警程序

监测管理程序见附件 9.2。监测项目按“分区、分级、分阶段”的原则制订监控量测控制标准，分黄色、橙色和红色三级预警进行管理和控制，见附件 9.3。

预警后根据预警等级及现场情况加密预警断面测点布设并加大监测频率，指派专人跟踪实时掌握变形情况，与此同时监理单位组织相关部门人员讨论、分析原因，并根据实时监测成果作出相应处理措施，并全过程跟踪数据的发展变化，全力配合、及时参加各类分析会，为施工及决策单位提供及时有效的监测数据；待监测数据稳定并征得建设管理部及安环保同意后，预警方能解除，消警程序严格按照成都地铁相关程序执行，形成闭合。监测管理等级应对措施见表 5-4。

监测管理等级应对措施 表 5-4

序号	预（报）警等级	应对措施
1	黄色预警	施工单位开展加强预警点附近的工程结构、建（构）筑物及地下管线的检查，有必要时必须采取应急防范、加固措施
2	橙色预警	分指挥部领导立即组织各参建单位召开会议，讨论调整施工工艺或加强工程措施处理
3	红色预警（紧急预警）	暂停施工，指挥部及工程部位立即启动应急管理预案，组织各参加单位召开会议，讨论加强工程措施处理

当各监测项目监测数值出现异常变化或达到设计文件、规范、规程所定的预警值时，通过检查基准点、控制点及测点是否存在松动或破坏后，并检查仪器、监测方法及计算过程，经过复测并与第三方监测校核无误，立即通过口头、电话、短信等快捷方式向建设单位代表、监理、施工单位、第三方监测汇报情况，并由上述单位向建设主管部门逐级汇报；报送内容主要包括风险事件、地点、风险概况、原因初步分析、风险处理建议等；此后正式的文字版发送至项目部、各工区施工单位、监理单位、第三方监测单位。

6 施工管理及作业人员配备和分工

6.1 组织机构

施工由 1 个专业队伍负责全部施工工序，由项目部直接管理，组织机构如图 6-1 所示。

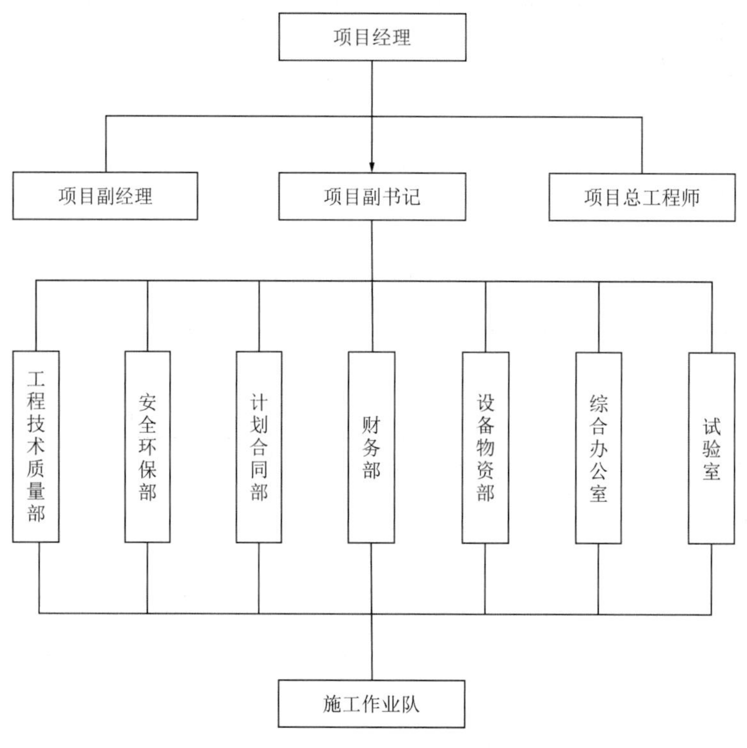

图 6-1 施工组织机构图

6.2 施工管理人员

主要管理人员配置见表 6-1。

主要管理人员配置表　表 6-1

序号	岗位名称	姓名	主要职责
1	项目经理	×××	负责项目全部工作
2	项目副书记	×××	主要负责项目部建家建线、共建联控、党群、法律风险防控等工作
3	总工程师	×××	技术、测量、试验、质量及变更工作
4	安全总监	×××	安全生产、环保工作
5	副经理	×××	配合经理分管生产，负责工程施工组织及控制、物资设备及现场劳务管理等工作

续上表

序号	岗位名称	姓名	主要职责
6	前期经理	×××	负责项目前期拆迁及对外协调工作
7	工程部部长	×××	负责工程部全面工作
8	工程部副部长	×××	负责技术方案、施工组织设计、质量交底、质量检查、质量验收，配合拆迁工作
9	主管工程师	×××	负责施工方案、技术交底工作
10	资料员	×××	资料的收集、整理、归档，负责调度工作
11	测量队队长	×××	负责测量全面工作
12	测量工程师	×××	负责施工测量及监控量测
13	试验室主任	×××	负责试验全面工作
14	试验工程师	×××	负责现场取样、试验及资料整理
15	安全环保部部长	×××	全面负责安全环保部工作
16	安全工程师	×××	负责安全教育培训、整改回复工作
17	安全工程师	×××	负责安全教育培训、整改回复工作
18	设备物资部部长	×××	全面负责物资设备部工作
19	材料主管	×××	负责项目材料采购、租赁及成本核算等
20	电气工程师	×××	负责项目机械、电气管理工作
21	计划合同部部长	×××	全面负责计划合同部工作
22	劳务合同工程师	×××	负责合同、劳务管理
23	计量工程师	×××	负责项目成本、计量、变更索赔、竣工结算管理
24	财务部部长	×××	全面负责财务部工作
25	综合办公室主任	×××	全面负责综合办公室工作
26	盾构经理	×××	全面负责盾构工区工作
27	盾构总工	×××	负责盾构施工方案、交底、掘进质量控制、掘进测量等工作
28	专职安全员	×××	负责民工进场安全教育、现场安全检查、督促问题整改
29	专职安全员	×××	负责安全资料填写、重点施工部位旁站等工作
30	技术员	×××	负责现场施工技术管理，

6.3 专职安全人员

专职安全人员名单见表6-2。

专职安全人员名单 表6-2

序号	姓名	职务	职责
1	×××	安全总监	负责安全管理、保障工作

续上表

序号	姓名	职务	职责
2	×××	安全副总监	负责现场施工安全管理工作
3	×××	安保部部长	负责现场施工安全管理工作
4	×××	安全员	负责现场施工工点的旁站监督工作
5	×××	安全员	负责现场施工工点的旁站监督工作
6	×××	安全员	负责现场施工工点的旁站监督工作
7	×××	安全员	负责现场施工工点的旁站监督工作
8	×××	安全员	负责现场施工工点的旁站监督工作
9	×××	安全员	负责现场施工工点的旁站监督工作
10	×××	安全员	负责现场施工工点的旁站监督工作
11	×××	安全员	负责现场施工工点的旁站监督工作
12	×××	安全员	负责现场施工工点的旁站监督工作

6.4 特种作业人员

根据现场施工需要，配置现场负责人、安全员、技术负责人等指导吊装作业，吊车司机、司索工、电工、信号指挥工、安装工等相关人员具体实施。特种作业人员配置见表6-3。

特种作业人员配置表　　表6-3

序号	姓名	工种	职责
1	×××	瓦检员	负责按规定进行分工区域内瓦斯、二氧化碳及其他有害气体的检查测定与汇报
2	×××	瓦检员	负责发现和汇报分工区域内的通风、瓦斯、煤尘、突出、自然发火等隐患，并采用有效措施进行处理
3	×××	瓦检员	分工区域内一旦发生灾害事故，负责组织遇险人员自救、互救，安全撤离险区和参加抢险救灾工作
4	×××	门式起重机司机	负责生产过程中所需物资材料的吊装、起移任务
5	×××	门式起重机司机	负责生产过程中所需物资材料的吊装、起移任务
6	×××	电瓶车司机	负责电瓶车负载运行，对电瓶车经常出现的简单故障能做到及时处理，对电瓶车进行润滑保养
7	×××	电瓶车司机	负责电瓶车负载运行，对电瓶车经常出现的简单故障能做到及时处理，对电瓶车进行润滑保养
8	×××	电瓶车司机	负责电瓶车负载运行，对电瓶车经常出现的简单故障能做到及时处理，对电瓶车进行润滑保养
9	×××	电工	负责现场施工电力配置与维护
10	×××	电工	负责现场施工电力配置与维护
11	×××	电焊工	负责现场施工电焊作业

续上表

序号	姓名	工种	职责
12	×××	电焊工	负责现场施工电焊作业
13	×××	电焊工	负责现场施工电焊作业
14	×××	电焊工	负责现场施工电焊作业
15	×××	信号工	负责指挥塔式起重机司机作业
16	×××	信号工	负责指挥塔式起重机司机作业
17	×××	井口司索工	对地面下放或洞内需调出的所有物资设备负责选择合理索具、吊具、打结与绑扎，起升前检查，挂钩
18	×××	井口司索工	放在管片车上的物资要牢固、平稳，必要时用铁丝进行绑扎
19	×××	井口司索工	根据操作手要求做到在洞内电瓶车出洞前，做好井口电瓶车的进洞准备
20	×××	履带式起重机操作工	负责构件吊装

施工队伍进场前，必须将安装公司资质和特种设备操作人员、指挥人员等专业人员的相应从业资格证递交项目安质环保部和物资部，检查合格报监理部审批后才能进场从事施工作业。

6.5 其他作业人员

施工其他作业人员配置见表6-4。

施工其他作业人员配置表　　表6-4

序号	岗位	姓名	职责
1	钢筋工	×××	负责钢筋下料、运输至现场、安装绑扎等
2	模板工	×××	负责模板安装、拆卸等
3	混凝土工	×××	负责浇筑混凝土、养护等
4	其他	×××	负责现场施工、环境卫生、指挥等

7 验收要求

7.1 验收标准

按照成都市安监站、地铁公司等相关管理文件办法执行。

7.2 验收程序及人员

7.2.1 验收程序

（1）施工单位介绍按照专家评审意见对专项方案的修改情况及现场安全措施的落实准备情况。

（2）总包单位介绍关键节点开工前安全条件验收情况并提出验收意见。

（3）监理单位介绍关键节点开工前安全条件验收整改完成情况并提出验收意见。

（4）勘察单位（若有）根据勘察情况提出验收意见。

（5）设计单位（若有）检查施工准备情况，并提出验收意见。

（6）第三方监测单位（若有）对施工监测准备情况提出验收意见。

（7）第三方测量单位（若有）介绍测量复核情况并发表验收意见。

（8）既有线运营单位（若有）发表验收意见。

（9）产权单位（若有）发表验收意见。

（10）建设公司与会部门及下属公司发表验收意见，轨道集团相关部门（若有）发表验收意见。

（11）主持人汇总各方验收意见，总结验收结论，与会各方会签开工前安全条件验收记录表格，验收结论通过后方可开工，对验收结论为不予通过的重新组织验收。

7.2.2 验收人员

（1）组织

由监理单位组织。

（2）主持

由项目总监主持。

（3）参加单位

下属公司项目主管部门（建设公司安全质量监督管理部参加特别危大工程以及站后工程各标段首个车站、主所、铺轨基地的验收）、既有线运营单位（若有）、设计单位、勘察单位、监理单位、施工单位、总包单位承办单位（若有）、第三方测量单位、第三方监测单位、产权单位等。一类关键节点开工前安全条件验收需报轨道集团质量安全监督管理部监督。

（4）参加人员要求

勘察、设计、测量和监测单位项目技术负责人；监理单位项目总监理工程师及专业监理工程师；总包单位（若有）技术负责人或授权委派的专业技术人员；项目负责人或项目技术负责人、专项施工方案编制人员、项目专职安全生产管理人员及相关人员；分包单位（若有）技术负责人或授权委派的专业技术人员。

7.3 验收内容

（1）勘察和设计交底的完成情况，交底内容在施工图或施工方案中的落实情况，设计变更落实情况。

（2）专项施工方案编制、审批、专家论证情况；监测方案编制审批及落实情况；向当地质量安全监督部门登记备案情况。

（3）项目管理、技术人员和劳动力组织情况。

（4）材料、施工机械准备情况。

（5）相关工程质量检测资料。

（6）关键节点施工安全技术交底情况。

（7）安全技术措施落实情况。

（8）应急预案编制审批和救援物资储备情况。

（9）周边环境核查和保护措施落实情况。

（10）相关检验批验收表，盾构掘进施工检验批质量验收记录见表 7-1；管片衬砌防水工程检验批质量验收记录见表 7-2；管片拼装工程检验批质量验收记录见表 7-3；管片注浆检验批质量验收记录见表 7-4。

盾构掘进施工检验批质量验收记录表 表 7-1

<table>
<tr><td colspan="3">单位工程名称</td><td colspan="2"></td><td>分部工程名称</td><td colspan="2">盾构掘进工程</td></tr>
<tr><td colspan="3">验收部位</td><td colspan="2"></td><td>施工单位</td><td colspan="2"></td></tr>
<tr><td colspan="3">项目经理</td><td></td><td>专业工长</td><td></td><td>施工班组长</td><td></td></tr>
<tr><td colspan="4">施工执行标准名称及编号</td><td colspan="4">《盾构法隧道施工及验收规范》(GB 50446—2017)、《地下铁道工程施工及验收规范》(2003 年版)(GB 50299—1999)</td></tr>
<tr><td colspan="5">施工质量验收规范的规定</td><td colspan="2">施工单位检查评定记录</td><td>监理单位验收记录</td></tr>
<tr><td rowspan="3">主控项目</td><td>1</td><td colspan="2">保证开挖面土体稳定</td><td>《盾构法隧道施工及验收规范》(GB 50446—2017)第 7.1.4 条、第 7.1.12 条</td><td colspan="2">盾构掘进施工中排土量、盾构姿态符合设计要求，地层无变化。暂停掘进时，采取有效措施防止坍塌</td><td rowspan="3"></td></tr>
<tr><td rowspan="2">2</td><td rowspan="2">盾构位置允许偏差</td><td>中线位置(mm)</td><td>±50</td><td colspan="2"></td></tr>
<tr><td>高程(mm)</td><td>±50</td><td colspan="2"></td></tr>
</table>

续上表

施工质量验收规范的规定				施工单位检查评定记录	监理单位验收记录
一般项目	1	地表沉降允许值（mm）	+10，−30		
	2	盾构掘进速度的确定	《地下铁道工程施工及验收规范》（2003 年版）（GB 50299—1999）第 8.4.2 条	盾构掘进速度与地表控制的隆陷值、进出土量、正面土压平衡调整值及同步注浆等相协调	
	3	掘进中出现的不良现象处理	《盾构法隧道施工及验收规范》（GB 50446—2017）第 7.1.8 条	盾构中未出现不良现象	
共实测 点，其中合格 点、不合格 点，合格率 %					
施工单位检查评定结果				项目专业质量检查员：	
				项目专业质量（技术）负责人：	年 月 日
监理单位验收结论				监理工程师：	年 月 日

管片衬砌防水工程检验批质量验收记录表　　表 7-2

单位工程名称				分部工程名称	衬砌防水工程	
验收部位				施工单位		
项目经理			专业工长		施工班组长	
施工执行标准名称及编号			《盾构法隧道施工及验收规范》（GB50446—2017）、《地下防水工程质量验收规范》（GB 50208—2011）			
施工质量验收规范的规定				施工单位检查评定记录		监理单位验收记录
主控项目	1	防水材料检查	《盾构法隧道施工及验收规范》（GB 50446—2017）第 11.2.1 条	出厂合格证、质量检验报告及现场抽样检查均符合设计要求		
	2	密封条粘贴要求	《盾构法隧道施工及验收规范》（GB 50446—2017）第 11.2.2 条、第 9.3.2 条、第 9.3.6 条	拼装前对管片防水粘贴密封条粘贴质量进行检查，符合设计及规范要求		
	3	隧道防水	《盾构法隧道施工及验收规范》（GB 50446—2017）第 16.0.2 条	未出现线流级渗漏现象，符合设计要求		
一般项目	1	嵌缝防水	《盾构法隧道施工及验收规范》（GB 50446—2017）第 11.2.3 条、第 9.3.8 条			
	2	防水材料运输和堆放	《盾构法隧道施工及验收规范》（GB 50446—2017）第 11.1.2 条	防水材料运输、堆放、拼装前已采取防雨、防潮措施		
	3	注浆孔处理	《盾构法隧道施工及验收规范》（GB 50446—2017）第 11.3.1 条	注浆结束后已对注浆孔进行密封、防水处理		
	4	隧道与周边附属构筑物接缝防水处理	《盾构法隧道施工及验收规范》（GB 50446—2017）第 11.3.3 条			
	5	螺栓安装及防腐	《盾构法隧道施工及验收规范》（GB 50446—2017）第 9.3.7 条、《地下防水工程质量验收规范》（GB 50208—2011）第 6.3.18 条	螺栓及密封圈按设计要求安装无遗漏和外露，防水处理符合设计要求		

续上表

<table>
<tr><td rowspan="2">施工单位检查评定结果</td><td colspan="2">项目专业质量检查员：</td></tr>
<tr><td>项目专业质量（技术）负责人：</td><td>年　月　日</td></tr>
<tr><td>监理单位验收结论</td><td>监理工程师：</td><td>年　月　日</td></tr>
</table>

管片拼装工程检验批质量验收记录表　　表 7-3

<table>
<tr><td colspan="3">单位工程名称</td><td colspan="3"></td><td colspan="6">分部工程名称</td><td colspan="5">管片拼装工程</td></tr>
<tr><td colspan="3">验收部位</td><td colspan="3"></td><td colspan="6">施工单位</td><td colspan="5"></td></tr>
<tr><td colspan="3">项目经理</td><td colspan="2"></td><td colspan="2">专业工长</td><td colspan="4"></td><td colspan="5">施工班组长</td><td></td></tr>
<tr><td colspan="5">施工执行标准名称及编号</td><td colspan="12">《盾构法隧道施工及验收规范》（GB 50446—2017）</td></tr>
<tr><td colspan="6">施工质量验收规范的规定</td><td colspan="10">施工单位检查评定记录</td><td>监理单位验收记录</td></tr>
<tr><td rowspan="2">主控项目</td><td>1</td><td colspan="3">拼装前外观检查</td><td>第 9.1.1 条及第 9.1.3 条</td><td colspan="10">拼装前对管片密封条进行检查，其质量符合设计要求</td><td rowspan="2"></td></tr>
<tr><td>2</td><td colspan="3">结构表面无裂缝、管片接缝严密</td><td>第 9.3.1 条及第 16.0.1 条</td><td colspan="10">管片拼装后结构表面无裂缝、管片接缝严密、符合设计要求</td></tr>
<tr><td rowspan="7">一般项目</td><td rowspan="5">1</td><td rowspan="5">管片拼装允许偏差</td><td colspan="2">隧道轴线高程（mm）</td><td>±50</td><td></td><td></td><td></td><td></td><td></td><td></td><td></td><td></td><td></td><td></td><td rowspan="7"></td></tr>
<tr><td colspan="2">隧道轴线平面位置（mm）</td><td>±50</td><td></td><td></td><td></td><td></td><td></td><td></td><td></td><td></td><td></td><td></td></tr>
<tr><td colspan="2">衬砌环内错台（mm）</td><td>5</td><td></td><td></td><td></td><td></td><td></td><td></td><td></td><td></td><td></td><td></td></tr>
<tr><td colspan="2">衬砌环间错台（mm）</td><td>6</td><td></td><td></td><td></td><td></td><td></td><td></td><td></td><td></td><td></td><td></td></tr>
<tr><td colspan="2">衬砌环直径椭圆度（mm）</td><td>±5‰D（D-衬砌环直径）</td><td></td><td></td><td></td><td></td><td></td><td></td><td></td><td></td><td></td><td></td></tr>
<tr><td>2</td><td colspan="3">拼装准备</td><td>第 9.2.1 条及第 9.2.2 条</td><td colspan="10">已做好防水准备，连接件、举重臂等拼接准备充分</td></tr>
<tr><td>3</td><td colspan="3">螺栓安装及复紧</td><td>第 9.2.4 条及第 9.3.3 条</td><td colspan="10">管片连接螺栓紧固质量、螺栓质量、拧紧度符合设计要求</td></tr>
<tr><td colspan="17">共实测　点，其中合格　点、不合格　点，合格率　%</td></tr>
<tr><td colspan="5" rowspan="2">施工单位检查评定结果</td><td colspan="12">项目专业质量检查员：</td></tr>
<tr><td colspan="7">项目专业质量（技术）负责人：</td><td colspan="5">年　月　日</td></tr>
<tr><td colspan="5">监理单位验收结论</td><td colspan="7">监理工程师：</td><td colspan="5">年　月　日</td></tr>
</table>

管片注浆检验批质量验收记录表

表 7-4

<table>
<tr><td colspan="3">单位工程名称</td><td colspan="2"></td><td>分部工程名称</td><td colspan="2">管片注浆工程</td></tr>
<tr><td colspan="3">验收部位</td><td colspan="2"></td><td>施工单位</td><td colspan="2"></td></tr>
<tr><td colspan="3">项目经理</td><td></td><td>专业工长</td><td></td><td>施工班组长</td><td></td></tr>
<tr><td colspan="3">施工执行标准名称及编号</td><td colspan="5">《盾构法隧道施工及验收规范》(GB 50446—2017)</td></tr>
<tr><td colspan="4">施工质量验收规范的规定</td><td colspan="2">施工单位检查评定记录</td><td colspan="2">监理单位验收记录</td></tr>
<tr><td rowspan="2">主控项目</td><td>1</td><td>注浆材料</td><td>第 10.2.1 条、第 10.2.2 条</td><td colspan="2">注浆材料、规格、数量、浆液质量符合设计要求</td><td colspan="2" rowspan="2"></td></tr>
<tr><td>2</td><td>注浆量要求</td><td>第 10.2.5 条</td><td colspan="2">注浆量填充系数控制在 130%～250%</td></tr>
<tr><td rowspan="2">一般项目</td><td>1</td><td>及时注浆</td><td>第 10.2.3 条</td><td colspan="2">在掘进过程中及时进行壁后注浆</td><td colspan="2" rowspan="2"></td></tr>
<tr><td>2</td><td>注浆检查及清洗</td><td>第 10.3.4 条、第 10.3.6 条、第 10.3.7 条</td><td colspan="2">注浆作业时，对注浆参数进行了严格控制，管片与地层间隙填充密实不漏水，注浆后已及时清洗</td></tr>
<tr><td colspan="3" rowspan="2">施工单位检查评定结果</td><td colspan="5">项目专业质量检查员：</td></tr>
<tr><td colspan="2">项目专业质量（技术）负责人：</td><td colspan="3">年　月　日</td></tr>
<tr><td colspan="3">监理单位验收结论</td><td colspan="2">监理工程师：</td><td colspan="3">年　月　日</td></tr>
</table>

8 应急处置措施

8.1 应急处置领导小组

8.1.1 应急处置领导小组组成及职责

项目部成立事故应急处理小组，应急救援机构人员联系方式及分工见表 8-1。

应急救援机构人员联系方式及分工　　表 8-1

职务	姓名	项目部职务	联系电话	应急分工
组长	×××	项目经理		全面负责
副组长	×××	项目书记		全面协调
	×××	常务副经理		全面协调
	×××	盾构经理		全面协调
	×××	盾构总工		技术组长
	×××	安全总监		救援组长
	×××	生产副经理		疏导组长
	×××	前期副经理		对外联络组
成员	×××	工区队长		疏导组
	×××	物资部部长		物资组长
	×××	安保部部长		安全保卫组
	×××	办公室主任		后勤组
	×××	工程部部长		技术组

8.1.2 应急救援小组组成及职责

1）应急救援领导小组职责

（1）组织编制管段内工作项目的相关事故应急处置预案，按照动态管理的要求及时进行有关方案的调整，审批手续，确保预案的有效运行。

（2）当险情发生后，负责指挥应急处置预案工作，保证突发事件按应急救援预案顺利实施。

（3）负责组织落实事故现场的抢险、保护、救护及通信工作。

（4）负责组织协调抢险、救援、处置等方案所需材料、人员的落实。

（5）负责落实公司及地方建设行政主管、相关部门、上级主管单位和相邻单位的联系及情况汇报。

2）抢险救援组

（1）负责现场的紧急抢险工作，包括受困人员，现场贵重物资及设备的抢救，危险品的转移等。

（2）按照方案组织救援，科学合理地提出应急物资、设备、人力配备建议；组建现场救援抢险工作班组，抢救现场伤员，抢救现场物资，保证现场应急救援通道的畅通。

3）技术保障组

根据实际情况，及时制定处理方案，辨识应急救援过程中的危险、有害因素，并进行安全风险评估，确定事故现场监控量测方式；根据事故现场的特点，制定相应的应急救援技术措施和应急救援步骤，为应急救援工作提供科学、有效的技术支持；为应急响应提供科学、准确的依据，防止发生二次伤害事故。

4）安全保卫组

（1）负责第一现场保护、人员清点及疏散工作，及时划分并隔离危险区域，防止事态进一步扩大。

（2）收集水灾发生部位工程相关的施工记录、声像证据、工程部位的录像等图片资料。负责事故现场保卫、防护，禁止无关人员进入事故现场，保护现场救援人员的安全，协助属地政府有关部门进行道路交通、现场警戒等。

5）后勤保障组

负责备用防汛应急物资的发放，现场抢险救援机械、物资的供应，事故调查工作人员生活保障、食宿安排等后勤服务；提供必要的办公用品、交通工具、通讯（信）工具、器材、机械、材料、工具等。

6）对外联络组

主要任务是负责向社会救援机构报警，请求提供帮助，报警后，需要派人在事故发生路线和交叉口迎接救护车和救援车辆，负责事故处理中各救援队伍之间的通信联络，与气象部门联系，及时了解天气情况，迅速向领导汇报情况，负责媒体、建设单位、城投、监理、产权单位、公司领导等人员的接待、采访和引导工作，及时通报救援信息和上报抢险救援进展情况。

7）事故善后组

做好伤亡人员及家属的接待、稳定工作；做好受伤人员医疗救护的跟踪协调工作；做好保险理赔工作并慰问伤员及家属。

8.1.3　工作流程

1）应急救援程序

将突发事件的发生由高到低依次划分为一级、二级、三级、四级四个级别，分别采用红色、橙色、黄色、蓝色来表示，分别对应事故（I级）、险性事件（II级）、A类一般事件（III级）、B类一般事件（IV级）四级可能危害程度，其中一级（I级）为最高级别。

2）信息报告

严格遵循成都轨道建设单位相关要求，严禁缓报、瞒报、谎报和漏报。为保证信息对称，信息对外报送采用归口管理，事发后项目经理作为对外信息报送第一联络人。突发事件发生时，实行“双通道”报送。突发事件信息首报流程如图8-1所示；突发事件续（终）报流程如图8-2所示。

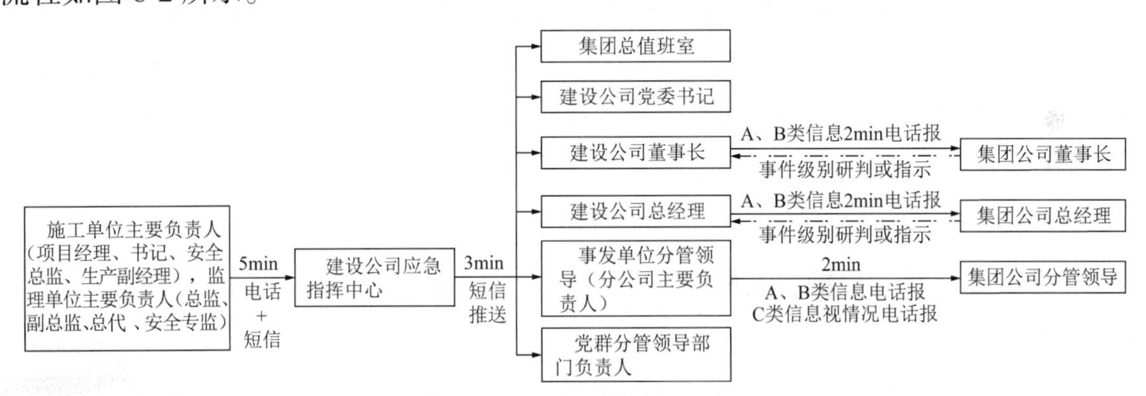

图8-1　突发事件信息首报流程图

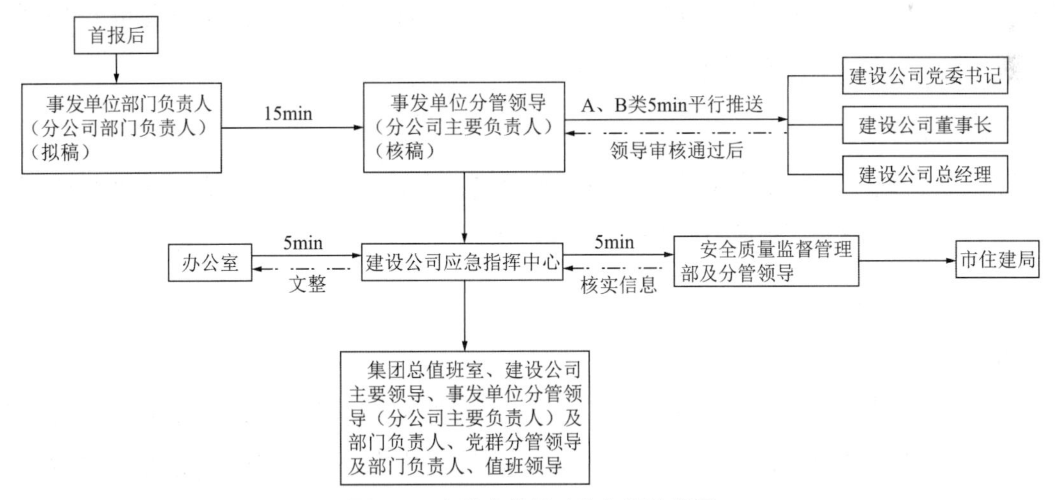

图8-2　突发事件续（终）报流程图

3）事故报告内容

（1）事故发生的时间、地点、工程项目、企业名称以及行车路线（短信形式）。

（2）事故发生的简要经过、伤亡人数和初步估计的直接经济损失。

（3）事故对工程结构、周边建（构）筑物、地下管线、道路、桥梁等各类市政基础设施、环境安全的影响、危害。

（4）初步判断事故原因。

（5）采取的措施及事故控制情况。

（6）其他应当报告的情况。

4）处置

（1）项目负责人接到事故报告后，应立即启动应急预案，采取有效措施，组织抢救，防止事故扩大或者引发次生灾害，减少人员伤亡和财产损失；及时将受伤人员送往医疗机构救治，并先行垫付医疗费用。

（2）事故发生后，项目部应当妥善保护事故现场以及相关证据，任何单位和个人不得破坏事故现场、毁灭相关证据。

（3）因抢救人员、防止事故扩大以及疏导交通等原因，需要移动事故现场物件的，应当做出标志，绘制现场简图并做出书面记录，留存现场照片，确保照片的客观性、完整性，并妥善保存现场重要痕迹、物证。

（4）清理事故现场，应当征得事故调查部门的同意。

5）应急响应分级

项目部应急响应的过程为接警、警情判断、应急启动、控制及应急行动、扩大应急、应急终止和后期处置。预警响应分级见表 8-2。

预警响应分级 表 8-2

事件级别	发布条件	事件发展情况	预案级别
特别重大突发安全事故（I级）	死亡 30 人以上，或者重伤 100 人以上，或者直接经济损失 10000 万元以上	特别重大安全事故，事态非常严重	逐级上报
重大突发安全事故（II级）	死亡 10 人以上 30 人以下，或者重伤 50 人以上 100 人以下，或者直接经济损失 5000 万元以上 10000 万元以下	重大安全事故，事态正在不断扩大	逐级上报
较大突发安全事故（III级）	死亡 3 人以上 10 人以下，或者重伤 10 人以上 50 人以下，或者直接经济损失 1000 万～5000 万元	较大安全事故，事态有扩大的趋势	逐级上报
一般突发安全事故（IV级）	死亡 3 人以下，或者重伤 10 人以下，或者直接经济损失 1000 万元以下	一般安全事故，事态可能会扩大	逐级上报

6）应急响应程序

现场发现异常现象或发生事件、事故时，现场管理人员根据出现的险情或可能出现的险情，迅速向应急救援领导小组上报。应急小组成员必须迅速到达指定岗位并立即启动项目部应急救援预案。由应急救援领导小组组长主持紧急情况处理会议，协调、派遣和统一指挥所有车辆、设备、人员、物资等实施紧急抢救，并在第一时间向甲方代表、监理及公司领导报告，主要说明紧急情况性质、地点、发生时间、有无伤亡的现场情况。根据上级领导指示启动更高一级的应急预案。响应程序流程如图 8-3 所示。

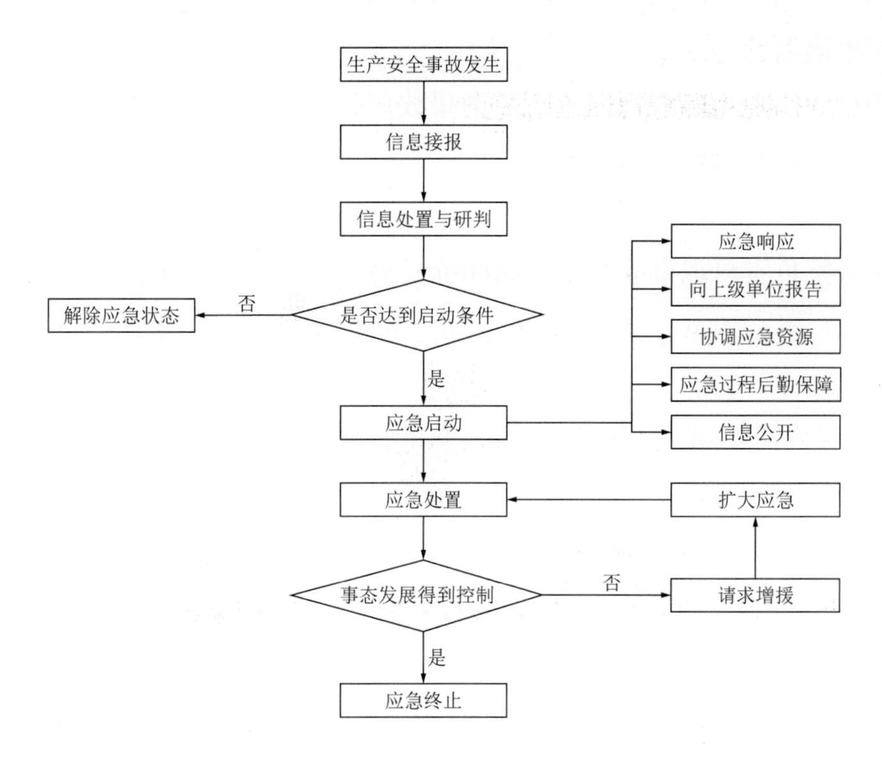

图 8-3 响应程序流程图

7）应急救援

施工现场突发事故发生后，由现场应急领导小组根据事故情况开展应急工作的指挥与协调，通知有关各应急救援组赶赴事故现场进行事故抢险救护工作。

（1）召集、调动应急力量

各抢险救护组接到应急领导小组指令后，立即响应，派遣事故抢险人员、物资设备等迅速在指定位置聚集，并听从现场总指挥或常务指挥的安排。

现场指挥部按本预案确立的基本原则、专家建议，迅速组织应急力量进行应急抢救，并且要与各应急救援组保持通信畅通。

当现场现有应急救援力量和资源不能满足抢救行动要求时，及时向本地区街道（地区）办事处、临近兄弟标段和上级主管单位报告请求支援。

（2）现场处置

事故发生时，必须保护现场，对危险地区周边进行警戒封闭，按本预案营救、急救伤员并保护财产。如若发生特殊险情，应急指挥中心在充分考虑专家和有关方面意见的基础上，依法及时采取应急处置措施。

8）应急结束

（1）当社会救援赶到现场，事故现场得以控制，受灾人员全部安全撤离，消除导致次生、衍生事故隐患，经事故现场应急救援领导小组批准后，宣布应急结束。

（2）暴雨、空气重污染预警等气象类预警结束信息由政府相关部门发布预警结束信息，项目部参照执行。监测类预警消警由项目部根据监测数据及处置情况向总监办、第三方、建设公司申请消警。

（3）应急结束后，将事故情况上报；向事故调查处理小组移交所需有关情况及文件；编写事故应急工作总结报告。

9）信息发布

项目部办公室负责草拟事故快报、新闻统发稿等，协助建设单位办公室统一对外发布事故信息。

10）善后处置

善后工作组会同事故发生单位负责组织安全生产事故的善后处置工作，尽快消除事故影响，妥善安置和慰问受害及受影响人员，保证社会稳定，尽快恢复正常秩序。

8.2 应急事件及应急措施

8.2.1 垂直运输事故

（1）该类事故发生后，切断门吊电源，疏散现场施工人员，保护好现场。

（2）对轻伤要立即进行简单的止血、包扎等处理，之后立即专人专车送定点医院进行进一步治疗。

（3）重伤事故发生后，首先观察受伤的情况、部位，如发生休克，应先处理休克。遇到呼吸、心跳停止者，应立即进行人工呼吸，胸外心脏按压。并立即拨打定点医院急救电话，请求社会援助，派人到路口接救护车。

8.2.2 水平运输事故

（1）该类事故发生后，立即切断电瓶车直流供电电源、关闭气阀、打好挡轨器，疏散现场施工人员，保护好现场。

（2）对轻伤要立即进行简单的止血、包扎等处理，之后立即专人专车送定点医院进行进一步治疗。

（3）重伤事故发生后，首先观察受伤的情况、部位，如发生休克，应先处理休克。遇到呼吸、心跳停止者，应立即进行人工呼吸、胸外心脏按压并立即拨打定点医院急救电话，请求社会援助，派人到路口接救护车。

8.2.3 盾构机开仓换刀作业

1）气压仓有害气体检测

（1）在带压进仓前，准备好气体检测仪器。通过仪器进行气体质量的检测，发现气体有问题，立即采取措施，对气体进行分析，检测成分。

（2）在完全确定对人体没有伤害时，才能恢复进仓。

（3）若在进仓时，出现不明气体，人员立即停止工作，退出工作仓，关闭仓门。

2）人员出现险情

（1）进仓过程中，压仓外值守人员须密切关注仓内人员动态，并随时与仓内人员保持沟通，询问仓内人员身体状况，并与地面负责人保持联系。

（2）如仓内人员感觉不适，且不适感持续，则立即从仓内退出，安排专人陪同至地面休息室休息并观察 2h，如无任何症状则可回宿舍休息。

（3）如仓内人员受到轻微创伤，首先利用急救药箱内药品及其他辅助措施对出险人员做简单救护。仓外值守人员联系地面负责人，通知医疗救助人员和担架进入气压仓外守候。

（4）若人员出现大面积出血或骨折等，首先仓内人员利用急救箱内药品及其他辅助措施对出险人员做简单救护，之后通知地面医务人员（有治疗减压资格）进仓进行急救，将遇险人员缓慢放置到担架上固定好，再将担架放到管道台车上，由电机车运送到盾构井井底，将人员、担架连同管道台车提升到地面，送到定点医院实施救助。

（5）如因进仓过程中，发现头晕、恶心、身体不适等，应立即送到联系好的医院进行急救治疗。

（6）人员一旦出险，要求各岗位值守人员，根据岗位分工，加强沟通，保证人员撤离路线畅通，保证隧道、井上和井下运输畅通。

3）意外停电后的应急措施

如人员进入人压仓后，意外情况导致供电中断，将对进仓进行气压作业的人员构成严重威胁。

（1）在人员准备进入人压仓前，地面备用发电机提前启动，并确保整个人压作业过程中，通风持续开启。

（2）如因意外情况供电中断，井下值班电工第一时间通知地面值班电工和井下负责人，地面切换电源，由备用发电机供电，并确保地面空气压缩机、鼓风机、井下照明、排水系统在最短时间内恢复正常，保证工期正常。

（3）人仓内工作人员马上停止手中一切工作，关好 1 号仓门，逐个从人仓退出至盾构机安全区域。

（4）在开仓过程中，仓内负责人如实详尽地记录好仓内工作的工作情况。

8.2.4 地面塌陷风险

1）应急预防措施

（1）按设计值设定土仓压力

在推进过程中，按设计值设定土仓压力，更重要的是还要根据推进时地层不断变化情况对其进行相应的调整。

（2）注浆量控制

若发现地面沉降量大于 0.5cm 时，则适当的增加同步注浆量，必要时更要进行衬砌（管片）壁后补注浆。在保证每环同步注浆总量的同时，还须保证均匀合理地注浆，并保证浆液的配比符合质量标准。

2）应急处置措施

当路面出现塌陷时，应立即采取如下措施：

（1）立即停止盾构掘进，对塌陷路面区域用路栏将其封闭，同时另行开辟出临时通道，并及时向交警部门报告请求疏解交通，设置好必要的交通警示标志，还要派专人协助交警维护交通，保持交通畅通。如果整个路面大开裂，车辆无法行驶，应立即封闭交通，并在道路两端设置告示牌和封路标志，并派人员指挥交通。

（2）立即组织向事故现场调配所备用的抢险机械设备、抢险物资及人员。

（3）当险情危及重大设备及人身安全时，人员、设备尽快撤离危险区。当灾情出现人员伤亡时应立即对伤员进行现场急救，同时送往就近医院抢救。

（4）当塌方段有渗水时，采用塑料管对渗水进行引流处理，防止渗水软化塌方土体，引起连续塌方事故。

（5）人工配合机械对塌陷路面进行开挖，探明地下管线情况，如涉及管线、建筑物时，按照《盾构施工应急预案》中相关措施执行。

（6）根据塌陷区域实际情况，采用相应的回填材料进行回填。同时在塌陷周围进行钻孔注浆加固地层，防止塌陷进一步扩大。在回填和钻孔注浆过程中，要避开周边区域的地下管线，防止对地下管线造成损坏。

（7）对沉降区域周边道路铺设钢板，以保障道路行车安全。

（8）加强在此期间的路面监测频率，查看塌陷周边区域路面沉降趋势。

8.2.5 地面塌孔、冒浆事故风险分析及处置

1）事故类型和危害程度分析

因掘进参数控制不佳（土压过低、过高，注浆量过多、过少），机器故障或掘进困难地段，地质勘察孔封堵效果不好，均有可能导致地面塌孔、冒浆事故。事故发生首先会危及地面人员及财产安全，可能会导致人员伤亡和财产损失，同时对工程造成不良影响。

2）处置措施

（1）根据地质勘察资料对不利地层进行预加固。

（2）对事故发生地进行围护，防止事故扩大，疏解交通及围观人员。

（3）对事故原因进行分析，结合实际情况采取回填、压实、加固等方法处理。

（4）严格控制土仓压力。在盾构推进过程中，要加强土压力的控制，根据量测数据及时调整土压力。

（5）严格控制同步注浆压力，做到尽可能充填空隙而不宜劈裂。同步注浆压力要根据监控量测结果做适当调整，同时同步注浆的速度要与盾构机推进速度相匹配。

（6）加强地面监控测量，与监控室值班工程师保持信息通畅，及时反馈测量数据。

8.2.6 盾尾漏浆（防漏）风险预案

1）预防措施

（1）提高同步注浆质量

每环推进前，对同步注浆的浆液进行小样试验，严格控制初凝时间，在同步注浆过程中，合理掌握注浆压力，注浆压力取 0.3～0.4MPa，使注浆量、注浆流量和推进速度等施工参数形成最佳匹配。同时还应注意盾构机本身要增加盾尾刷保护及其严格控制盾尾油脂的压注。

（2）保持切口水压稳定

在推进过程中，防止因设备故障和操作失误而引起的切口水压波动。在每次调高切口水压后，必须进行试推进，并安排专人观察盾尾漏浆情况，确定无漏浆后再正式调高切口水压，进行正常掘进。

（3）盾尾油脂注入控制

①注脂压力设定

基本原则是第四道盾尾刷的设定压力比注浆压力高 2bar，第三道盾尾刷的设定压力比第二道盾尾刷低 1bar，第二道盾尾刷比第一道盾尾刷低 1bar。

特殊情况下，第四道盾尾刷容易堵塞，若某个或几个油脂管出现堵塞现象，则调大设定压力。若某个或几个注浆管注浆压力比正常值偏高，则相应增大此位置和相邻位置油脂的设定压力，第三、二、一道盾尾刷设定压力依次减少 1bar。

②盾尾油脂注入量控制

正常情况下，盾尾油脂的注入量定在 5～7 环一桶。每环掘进前必须注脂 10min。长时间停机，必须每隔 3～4h，注油脂 10min。

③盾尾注脂系统完好率的控制

油脂管路的清理，对盾尾部分堵塞和完全堵塞的油脂管路采用特殊的机械装置进行清理导通，如清理下水道的特殊工具。

盾尾密封的清理，彻底清理第一道盾尾刷处掉落的海绵橡胶、砂浆、泥浆及其他异物，避免异物损坏盾尾刷。

注脂系统泵、阀的检查，注脂系统好坏直接影响盾尾注脂，保养班负责每天对系统中油脂泵及各个阀进行检查、维护，保证每个油脂管路都有油脂注入，并作好书面检查维保记录，检查、维保人员和维保工程师要签字确认，确保系统工作正常。

④盾尾油脂的储备

正常掘进时，掘进班要随时保证盾构机上有两桶的盾尾油脂的储备；非正常掘进时，掘进班要及时通知调度在井下准备足够的盾尾油脂储备；盾构部维保工程师要及时清点盾尾油脂的库存，提前开始做盾尾油脂存储计划；材料库根据计划及时联系订货，保证工地盾尾油脂的供应。

⑤注脂系统备件的储备

盾构保养工程师要及时提供足够的注脂系统泵、阀的配件及备件计划；材料库要根据计划及时联系订货，保证配件及备件的储备。

（4）盾尾漏水专项应急演练

为全面检验相关应急预案的有效性和可操作性，提高项目部应急救援机构的快速反应能力、紧急组织协调能力、现场应急处置能力，进一步增强全员安全意识，通过演练保证应急救援机构的持续有效运行，确保在发生盾尾漏水情况时能及时控制事态，最大限度减少人员伤亡和财产损失。根据盾构施工事故发生的特点，以及对事故进行应急处置的需求，优化事故现有应急指挥系统和组织网络，建立统一、规范、有序、高效的应急指挥体系。在处置时，必须严格遵循“统一指挥、快速反应、各司其职、协同配合、以人为本、减少危害”的原则。盾尾渗漏专项应急演练现场如图 8-4 所示。

图 8-4　盾尾渗漏专项应急演练现场图

2）应急措施

（1）盾尾小量泄漏处理

掘进过程若盾尾出现泥浆、砂浆或清水渗漏，则立即停止掘进，采用手动注脂的方法压住盾尾油脂，在泄漏位置和与其相邻位置增加油脂注入量，若泄漏较大，则调大油脂注入量，直至完全密封住。渗漏停止后继续推进并安排专人在盾尾处观察，时刻关注泄漏处的注脂压力变化，前后人员随时保持联系；若长时间不能封堵或泄漏量增大，则盾构司机和值班工程师通知技术负责人和相关领导，决定下一步处理方案。

（2）盾尾大量泄漏处理

①手动注脂

立即停止掘进，将油脂泵泵送速度调大，停机打开气动阀进行三排手动注脂，针对泄漏位置和相邻位置增加油脂注入量，若泄漏较大，则调大油脂注入量，直至完全密封住。

②洞内排水

在隧道最底部安装的一台 15kW、流量 120m^3/h、扬程 65m 的泥浆泵向泥浆管内进行抽水，为抢险争取时间。

③快速掘进拼装管片

若手动注脂无法解决盾尾泄漏问题，则加快掘进速度，快速完成本环掘进，拼装管片。

④钻孔压住聚氨酯

在盾构机上准备高压聚氨酯泵，盾尾发生大量泄漏时，立即在盾尾刷后部两环管片增设注浆孔压注油溶性聚氨酯，直至将泄漏完全密封住。

⑤二次注浆

在盾构机上准备二次注浆设备，就近打开倒数第三环二次注浆孔，安装注浆接头、球阀，用手动注浆设备压注双液堵漏材料，在管片壁后形成密封。

（3）管片接缝处出现泥浆、砂浆或清水渗漏处理

掘进过程中若盾尾内管片接缝处出现泥浆、砂浆或清水渗漏，立即停止掘进，采用手动注脂进行封堵，此位置和相邻位置增加油脂注入量，若泄漏较大，则调大油脂注入量，直至完全密封住。若渗漏不能堵住则及时通知隧道堵漏队伍对管片渗漏处注聚氨酯进行封堵，处理完毕后，由技术负责人视封堵情况决定是否恢复掘进。

（4）盾尾刷异常磨损或管片外弧面破损出现大量泄漏

此位置和相邻位置增加油脂注入量，采用手动注脂。在管片背面增加厚橡胶板，同时准备 100 袋左右的沙袋，在盾尾泄漏量比较大的时候，在盾尾底部把沙袋堆积在盾尾间隙处防止注入的浆液、聚氨酯等堵漏材料从盾尾间隙处大量流漏走失。在盾尾泄露量很大的时候要准备足量 1cm 厚的钢板把盾尾和管片间焊接，同时在管片壁后注入双液浆和压注聚氨酯止漏，止漏完成后进一步研究更换盾尾刷的方案。

8.2.7 铰接渗漏处置措施

1）预防措施

（1）铰接保养维护

铰接密封油脂压注定期供油，检查疏通铰接密封油脂压注系统，确保分配器正常工作，

并对铰接系统密封各注油点定期压注集中润滑油脂，确保密封腔充入油脂。

（2）专人盯防

在穿越掘进期间，安排专人在盾尾处值守，核对操作室内铰接行程传感器显示和实际行程是否一致，推进过程中定期实测，同时观察铰接及盾尾有无渗漏情况，出现渗漏及时告知盾构司机。

2）应急处置措施

盾构推进过程中盾尾铰接出现渗漏时容易造成周围土体损失地层沉降。

（1）盾构推进过程中严格控制盾构机的推进姿态与管片姿态，严禁造成管片卡盾尾情况的发生，从而可能造成盾尾铰接出现渗漏，如出现及时调整管片姿态，同时施工过程中经常收缩铰接，保证铰接正常自由活动。

（2）如出现铰接渗漏情况及时进行封堵，采用双液浆或聚氨酯进行堵漏，通过盾构机盾尾后方管片预留注浆孔或中盾预留径向孔压注。

（3）盾尾铰接两道密封如出现渗漏可开启第二道紧急密封进行封堵，后期再对土体加固更换密封或采取其他措施。

8.2.8　螺旋机喷涌处置措施

1）应急预防措施

（1）推进控制

做好施工参数调整，保证土压力和推力，采取高土压和高推力的方式掘进，土仓注入泡沫，进行土体改良。

（2）加注环箍

根据区间地质情况，富水段在脱出盾尾 2～3 环位置压注双液环箍，每 8～10 环一道，阻断盾构机后方来水进入土仓，导致螺旋机喷涌现场。

2）应急处置措施

盾构推进过程中，穿越富水区发生螺旋机喷涌。

（1）做好施工参数调整，保证土压力和推力，采取高土压和高推力的方式掘进。

（2）土仓注入泡沫，进行土体改良。

（3）高分子聚合物掺入改良剂注入土仓，再启动刀盘，待渣土与高分子聚合物搅拌均匀，再掘进出土。

（4）关闭螺旋输送机闸门，停止出土，采用快速掘进的施工方法。

（5）加强地面沉降监测，在喷涌位置 24h 值班巡视。

（6）安排专人观察螺旋机出土口。

（7）在距离螺旋机喷涌区域 8 环左右进行二次注浆，阻断盾构机后方水流进入土仓内。

8.2.9 管线损坏事故

（1）施工以前必须对施工危险区域的管线埋设、走向等情况了解清楚，并制定完善的管线保护和施工方案。

（2）一旦出现管线损坏事故，现场值班人员应立即向项目部领导和项目调度报告。

（3）项目部领导和各成员小组按照分工立即赶赴现场确认险情，立即启动应急预案，并组织人力、物力自救。

（4）根据现场情况，立即通知管线所有单位，报告管线损坏的具体情况，并协助管线所有单位抢修。

（5）煤气管道破裂后，煤气会顺着地面或下水道流出，如闻到煤气特有的臭味，要严格禁止明火，并设立临时警戒线，禁止无关人员进入，安排人员疏散交通，立即通知煤气公司抢修。

（6）如电力电缆破坏，人员要远离事故点，立即封闭事故点，防止发生触电事故。

8.2.10 机械伤害事故

（1）机械设备必须定人定机定岗，严禁非机械作业人员作业。同时机械设备应勤检查、勤保养，安全防护设施必须完好。

（2）一旦发生绞、碾、碰、割、戳、切的机械伤害时，应在第一时间停止运转机械设备和相关的一切作业，立即使受伤者脱离机械。

（3）若不能使受伤者立即脱离机械，需要采取拆除机械等措施时，应在现场采取急救措施的同时通知定点医院。待受伤者简单处理并采取有效的保护措施后方可开始拆除机械。

（4）如出现人员伤亡事故，应立即拨打定点医院电话。现场做好标记、拍照。在规定时间里向安质部、地铁公司等报告。

8.2.11 物体打击事故

（1）物体打击发生后，应立即转移受伤人员或现场作业人员，避免再次落物打击。

（2）受伤人员脱离危险区域后，应尽快查看伤势，根据情况在现场急救或及时拨打定点医院电话送医院救治。

（3）如出现人员伤亡事故时，应立即拨打定点医院电话。现场做好标记、拍照。在规定时间里向安质部、地铁公司等报告。

8.2.12 高处坠落安全事故

（1）高处坠落事故发生后，立即组织抢救伤者，根据实际情况采取相应的措施。

（2）处于休克状态伤员立即让其安静、平卧、少动，并将下肢抬高20°左右，尽快送医院治疗。出现颅脑损伤，必须维持呼吸通畅，昏迷者应平卧，面部转向一侧，以防舌根下坠或分泌物、呕吐物吸入，发生喉阻塞。有骨折者，初步固定后再搬运。

（3）发现脊椎受伤者，创伤处用消毒纱布或清洁布等覆盖伤口，用绷带或布条包扎后，搬运时将伤者平卧放在担架或硬板上，以免脊椎移位、断裂造成截瘫，招致死亡。搬运中，严禁只抬伤者的两肩与两腿或单肩背运。

（4）发现伤者手足骨折，不要盲目搬运伤者，应在骨折部位用夹板固定受伤位，使短端不在位移或刺伤肌肉、神经、血管等。

（5）遇有创伤性出血伤员，应迅速包扎止血，使伤员保持在头低脚高的卧位，并注意保暖。

8.2.13 火灾事故

（1）首先发现起火的人，应立即呼救报警，迅速关闭电源，在场员工均应立即参与灭火。

（2）发现火灾应迅速将着火物附近的可燃、易燃物移开，并用现场的灭火器材灭火。

（3）火势较大时，立即通知项目应急领导小组，启动预案，结合实际，迅速制定灭火方案，组织项目部义务消防队进行灭火，如火势一时不能扑灭，项目部应急领导小组应根据现场情况组织人员疏散，同时向当地消防部门报警，派人到交通路口引导消防车辆进入现场灭火。

（4）火警发生时，电话总机应优先接通火警电话。

（5）灭火时应特别注意油类或电线失火，应用砂或棉被等物扑灭，切勿用水扑救。衣服着火，立即在地上打滚，较易扑灭。先救人、后抢物。抢救物品时应先抢救账册、凭证及重要文件或贵重物品。在火烟中抢救，应用湿毛巾捂住口鼻。若火焰封住路口，应利用绳索或电线等从窗口逃生。

8.2.14 触电事故

（1）各班组、部门要坚持安全用电，禁止私拉乱接，电工要坚持每天检查配电箱、用电器。一旦触电事故发生，现场值班人员要立即切断电源开关，让触电者脱离电源，引导人员撤离事故现场。

（2）坚持“迅速、就地、正确、坚持”的触电急救八字方针，公司医护人员首先在现场根据触电的具体症状进行对症施救。

（3）根据情况立即拨打定点医院急救电话，并派人在路口接救护车。

（4）如因触电事故引发火灾，要立即组织人员灭火，立即拨打119报警。

8.2.15 危险化学物品事故

（1）要严格危险化学物品的运输、储存、领发和使用。

（2）危险化学物品事故，引发火灾、爆炸等，要抓住火灾、爆炸发生的初期有利时机尽快扑灭。

（3）如火势不能控制，应立即拨打119和定点医院急救电话，并报成都市地铁公司和公司安质部。组织人员对事故区域进行监护。

8.2.16 防洪防汛

1）汛期施工安全隐患排查

结合本工程施工特点，对汛期施工现场易发生重大事故的部位、环节进行排查，确定为有洪水漫灌车站及隧道危险、触电事故危险等。

2）洪水漫灌车站及隧道事故应急预案

汛期盾构掘进施工存在洪水漫灌车站及隧道风险，当洪水漫灌车站及隧道事故时应采取如下措施：

（1）及时组织隧道内施工人员撤离危险区域，保证施工人员人身安全。同时立即将应急水泵安设在车站始发井内，及时抽排车站内的洪水，防止洪水进入隧道。

（2）地面部分应立即组织人员、设备疏通排污管网，同时抽调水泵、沙袋等材料，沿始发井口和出渣井口周边设置防水围堰，防止洪水继续漫灌始发井口、出渣井口。

3）触电事故应急预案

汛期施工，机械设备、电力线路常常因大雨或场地积水导致漏电事故，造成人身伤害。

（1）当发生人身触电事故时，首先使触电者脱离电源。迅速急救，关键是“快”。

（2）防护组封锁事故现场，疏散现场作业人员，调动抢险救援的器材、设施，首先抢救伤员，了解伤员情况，原则上是就地抢救，伤势较重或不能就地抢救，立即与社会救援医疗部门取得联系，同时，与社会救援相关部门取得联系，得到有效控制。

4）低压触电事故应急预案

（1）若触电地点附近有电源开关或插销，可立即拉开电源开关或拔下电源插头，以切断电源。

（2）可用有绝缘手柄的电工钳、干燥木柄的斧头、干燥木把的铁锹等切断电源线，也可采用干燥木板等绝缘物插入触电者身下，以隔离电源。

（3）当电线搭在触电者身上或被压在身下时，也可用干燥的衣服、手套、绳索、木板、木棒等绝缘物为工具，拉开提高或挑开电线，使触电者脱离电源，切记不可直接去拉触电者。

5）高压触电事故应急预案

（1）立即通知有关部门停电。

（2）戴上绝缘手套，穿上绝缘鞋，用相应电压等级的绝缘工具按顺序拉开开关。

（3）用高压绝缘杆挑开触电者身上的电线。

（4）触电者若在高空作业时触电，断开电源时，要防止触电者摔下来造成二次伤害。

（5）救护组脱离电源后对伤员进行救护。触电者脱离电源后，应尽可能在现场救护（进行人工呼吸、胸外挤压等），先救后搬；搬运中也要注意触电者的变化，按伤势轻重采取不同的救护方法。

8.2.17 涌水涌砂

盾构机始发到达掘进时，因施工控制影响，地层加固不均或不到位，易发生坍塌、涌水。若地层严重不均，则可能引发更大的流塌，甚至地表下陷，这将直接影响到隧道及两侧的设施及地下管线安全。

（1）一旦发生事故，应急小组人员要立即赶赴现场，启动应急预案，指挥现场抢救工作，同时按规定程序规定上报有关部门。

（2）对于盾构突发险情采取“及时堵漏，紧跟加固，迅速进洞，灵活组织”原则。

（3）洞门出现涌水、涌砂时，首先利用砂袋将涌水、涌砂部位封堵，之后在涌水、涌砂部位四周埋设注浆管，注双液浆，增加土层的稳定性与黏聚性，为保证漏水部位防水效果，通过预埋注浆管向地层中注双液浆堵水。

（4）如用上述办法封堵不成功时，可用浇筑 C20 混凝土进行封堵，从而确保洞门土体稳定，防止沉降。

（5）出现涌水、涌砂后，立即通知监测组对隧道上方与两侧的监控，并及时反馈信息，组织专人加强对地表设施的疏导与保护，及时从地表或洞门四周注浆以补充地层损失，减小地表沉降，阻止险情的进一步扩大。

（6）在险情得到控制后要迅速开展盾构始发工作，使隧道快速封闭，再次对因险情产生的隐患进行处理。

8.2.18 污水管断裂、堵塞应急措施

（1）注浆加固前对污水管进行详细的调查，确定污水管的埋深、结构形式、与隧道的空间关系、污水的流量、流向。

（2）注浆加固前，先进行预加固试验，确定该段地层的注浆参数，按照总结的注浆参数严格控制。

（3）注浆加固过程中，选用经验丰富的值班工程师 24h 旁站，发现异常问题，及时处

理。如注浆压力大，分析原因，一是管路堵塞，二是地层密实，一定要逐一判定排除采取相应的措施，不能因注浆压力大，使管路变形断裂；如注浆量大，有可能浆液进入污水管内，应立即停止注浆。

（4）注浆加固过程中，随时关注附近污水管道井的情况，如发现水泥浆，立即停止注浆。

（5）掘进过程中，总结经验，选用合理的同步注浆参数，保证地层不沉降和隆起。

（6）一旦出现污水管断裂事故，现场值班人员应立即向项目部领导和项目调度报告。

（7）项目部领导和各成员小组按照分工立即赶赴现场确认险情，立即启动应急预案，并组织人力、物力自救。

（8）根据现场情况，立即通知管线所有单位，报告管线损坏的具体情况，并协助管线单位抢修。

8.2.19 瓦斯爆炸应急措施

（1）立即切断洞内电源，现场人员应首先采取自救或互救方式，戴上自救器或用湿毛巾捂住嘴，沿事先制定好的避险路线撤出洞外；若有不能行走的伤员，首先要给他戴上自救器，搀扶撤离现场。并进行人数清点，如有被困人员，必须立即戴好自救器，在安全地点发出求救信号等待救援。

（2）救护队封锁现场，防止无关人员盲目进入危险区域，救护队根据侦查的情况确定行动方案，同时选择正确的通风方式，使爆炸后产生的有毒有害气体不涉及其他工作面。根据人员定位系统显示的目标位置迅速救出被困人员。

（3）检测隧道内（特别是爆炸地点）的瓦斯涌出量和各种有毒有害气体浓度，并及时判断有无二次爆炸危险。当发现有火险重大隐患时必须采取直接有效的方法进行灭火。

（4）若判定没有火灾和二次爆炸危险时，应及时清理好洞内堵塞物，恢复通风设施，调整通风系统，确保正常通风。

（5）密闭完成后立即撤离现场，应急领导小组根据情况再决定恢复程序和措施。

（6）应急领导小组根据事发地点，可在距灾区最近的安全地点设立救护基地。当抢救出伤员时，由医务人员及时诊断其伤势情况，按“先重后轻”的原则进行抢救；当受伤人员中有窒息者时，应及时进行人工呼吸。烧伤人员必须在医生的指导下进行治疗，切不可乱涂乱洗，以免加重伤势。根据实际情况，及时将伤员送往就近的医院进行抢救治疗。

8.2.20 传染病疫情防疫应急响应

1）应急响应

按建设公司、监理办、总包单位防疫指挥部要求，项目启动应急响应，严格落实疫情防控相关措施。项目疫情防控工作小组负责全面领导公司疫情防控各项工作，协调落实各项疫情防控措施。项目内部启动措施，根据建设公司、监理办、总包单位安排，必要时采取弹性工作制。按照中、高风险防控标准，强化防控措施。全面做好临时隔离点启用准备。必要时启用应急采购流程，进一步加大应急物资储备。

2）应急措施

项目所施工范围内出现涉疫情况时，如工区员工出现确诊、无症状感染者、密切接触者、密接的密接等情形，立即采取以下先期应急措施。

（1）发现员工符合涉疫情况的，若处在工作场所，其所在工区或作业队立即将该员工隔离至工区临时观察点，5min 内向项目应急处置小组报告，项目应急处置小组负责向监理单位、总包单位、属地社区报告。

（2）所在工区或作业班组立即停工，配合属地政府及疾控部门开展人员筛查、隔离、相关检测等工作。

（3）配合属地政府及疾控部门对其所处的施工现场、办公场所、食堂、宿舍开展终末消毒。

（4）疫情得到控制后，根据成都市及建设单位、监理办、总包单位等相关复工条件，经属地疾病控制部门评估合格后方可复工。

3）工作要求

（1）加强组织保障。各部门、工区要加强组织领导，坚持党政主要负责人直接指挥疫情防控的工作机制，主动谋划疫情防控工作，及时协调、解决疫情防控中遇到的重大问题，坚持科学防控、精准施策、有效应对，确保疫情防控措施落地见效。

（2）落实物资保障。各部门、工区要统筹做好物资调度，有效保障疫情防控资金，切实保障疫情防控支出需求，保障应急物资动态储备。要健全物资发放台账，确保账目清晰。要加强疫情防控物资管理，特别是酒精等消毒用品保存要确保安全。

（3）强化责任落实。安保部、办公室要针对疫情防控的组织领导、方案制定、物资储备等开展自查自纠，发现问题立即整改。

（4）做好宣传引导。按照建设公司、监理办、总包单位相关要求，做好公共卫生防疫教育宣传引导工作，加强宣传引导。做好自我防护等健康知识的宣传教育，帮助员工正确认识疫情，提高自我保护意识和能力。

8.3　救援医院路线信息

（1）机场北站—临江站盾构区间、临江站—临江车辆段盾构区间轻伤路线，送石板凳镇中心卫生院，路程全长 5.8km，驾车用时 11min。

（2）机场北站—临江站盾构区间、临江站—临江车辆段盾构区间重伤路线，送简阳市人民医院，路程全长 10km，驾车用时 23min。

8.4 应急物资准备

应急物资设备的准备是应急抢险工作的重要保障，施工应急物资应由专人负责，存放在指定地点，除应急抢险外任何情况不得动用。根据明挖区间施工特点，在施工现场布置一个应急物资库。应急物资及相关设备根据相关防汛物资清单进行配置，应急机械设备配备见表 8-3；应急物资配备见表 8-4。

应急机械设备配备表 表 8-3

序号	机械名称	规格	数量（台）
1	潜水泵	$30m^3/h$	8
2	污水泵	$7.5kW/130m^3$	4
3	污水泵	$300m^3/h$，扬程大于最深基坑深度 5m 以上	2
4	钻机、双液注浆泵	0.5MPa、120L/min	1（现场存放）
5	地质潜孔钻机	KY100J	1（现场存放）
6	发电机组	150kW 以上	1（现场存放）
7	交流电焊机	BX3-500	2
8	乙炔割枪		2
9	手持式气体检测仪		1

应急物资配备表 表 8-4

序号	物资名称	单位	数量	存放地点
1	水管	m	不少于 500m	应急物资库房
2	注浆管	m	100	应急物资库房
3	工字钢	t	5（A18 号 9m）	施工现场
4	钢板	张	5	施工现场
5	手推车	个	6（分工点存放）	应急物资库房
6	配电箱	个	二级 2 个，三级 8 个	应急物资库房
7	照明灯具	套	20	应急物资库房
8	应急灯	个	30	应急物资库房
9	推车式灭火器	台	1	应急物资库房
10	灭火器	个	10	应急物资库房
11	雨靴	双	30	应急物资库房
12	氧气面罩	套	20	应急物资库房

续上表

序号	物资名称	单位	数量	存放地点
13	安全带、安全绳	根	30	应急物资库房
14	方木	m^3	5	施工现场
15	编织袋	只	3000	应急物资库房
16	砂	m^3	10	砂浆站
17	铁锹	把	20	应急物资库房
18	袋装水泥	t	5	砂浆站
19	反光背心	套	30	应急物资库房
20	锥形桶	支	20	应急物资库房
21	警示带	m	100	应急物资库房
22	氧气瓶	支	2	应急物资库房
23	乙炔瓶	支	2	应急物资库房
24	急救药箱	个	1	应急物资库房
25	担架	副	1	应急物资库房
26	对讲机	台	10	应急物资库房
27	柴油	L	180	应急物资库房
28	棉被	个	10	应急物资库房
29	白棕绳	m	30	应急物资库房

施工现场发生险情后，所有施工机械全部无条件投入抢险工作中，听从项目部应急领导小组统一指挥。

9 计算书及相关图纸

相关图纸可扫描下方二维码下载。

交通土建工程专项施工方案
编 制 要 点 与 范 例

KEY POINTS AND EXAMPLES OF
PREPARATION OF SPECIAL CONSTRUCTION SCHEME
FOR TRAFFIC CIVIL ENGINEERING

暗挖工程范例

——PBA 法施工

扫码下载编制要点

目　录

CONTENTS

1 工 程 概 况

1.1 工程简介和特点

1.1.1 工程所在位置

北京地铁 27 号线二期（昌平线南延，简称昌南线）工程北起西二旗站，南至蓟门桥站，大致呈南北走向。全线长 12.6km，共设置 8 座车站，其中换乘车站 5 座，如图 1-1 所示。

土建施工 02 合同段包括一站（西土城站）、一区间（学院桥站—西土城站区间）、一车站改造（10 号线西土城站改造），全长 1522m，合同工期为 2017 年 8 月 31 日—2021 年 12 月 31 日。

图 1-1 北京地铁昌平南延线土建 02 合同标段平面示意图

1.1.2 车站设计概况

北京地铁 27 号线二期（昌南线）工程西土城站位于北土城西路、知春路与学院路、西土城路交叉路口的小月河南侧，车站沿西土城路东侧辅路南北向设置。本站为昌南线与 10 号线的换乘车站。

昌南线西土城站为岛式站台车站，车站总长 212.3m，有效站台宽度 15m，标准段宽 25m、高 22.25m。车站采用三层三跨直墙拱形结构形式，共设置 3 个出入口、2 组风亭、2 条与 10 号线西土城站的换乘通道、3 个安全出口及 3 个无障碍电梯井。

该车站采用暗挖洞桩法（PBA 法）施工，两侧区间均采用盾构法施工，拟在车站主体结构完成地下一层中板后盾构机由北向南先行过站。

主体导洞采用直墙拱形结构，净尺寸为4.0m × 5.0m（宽 × 高）；横导洞为平顶直墙结构，净尺寸为4.0m × 4.2m（宽 × 高）。初期支护喷射混凝土强度为 C25，厚度为 300mm。

初期支护扣拱中边扣拱净跨度为 4.05m，中扣拱跨度为 2.60m。初期支护喷射混凝土强度为 C25，厚度为 350mm。

车站结构尺寸如图 1-2～图 1-5 所示。

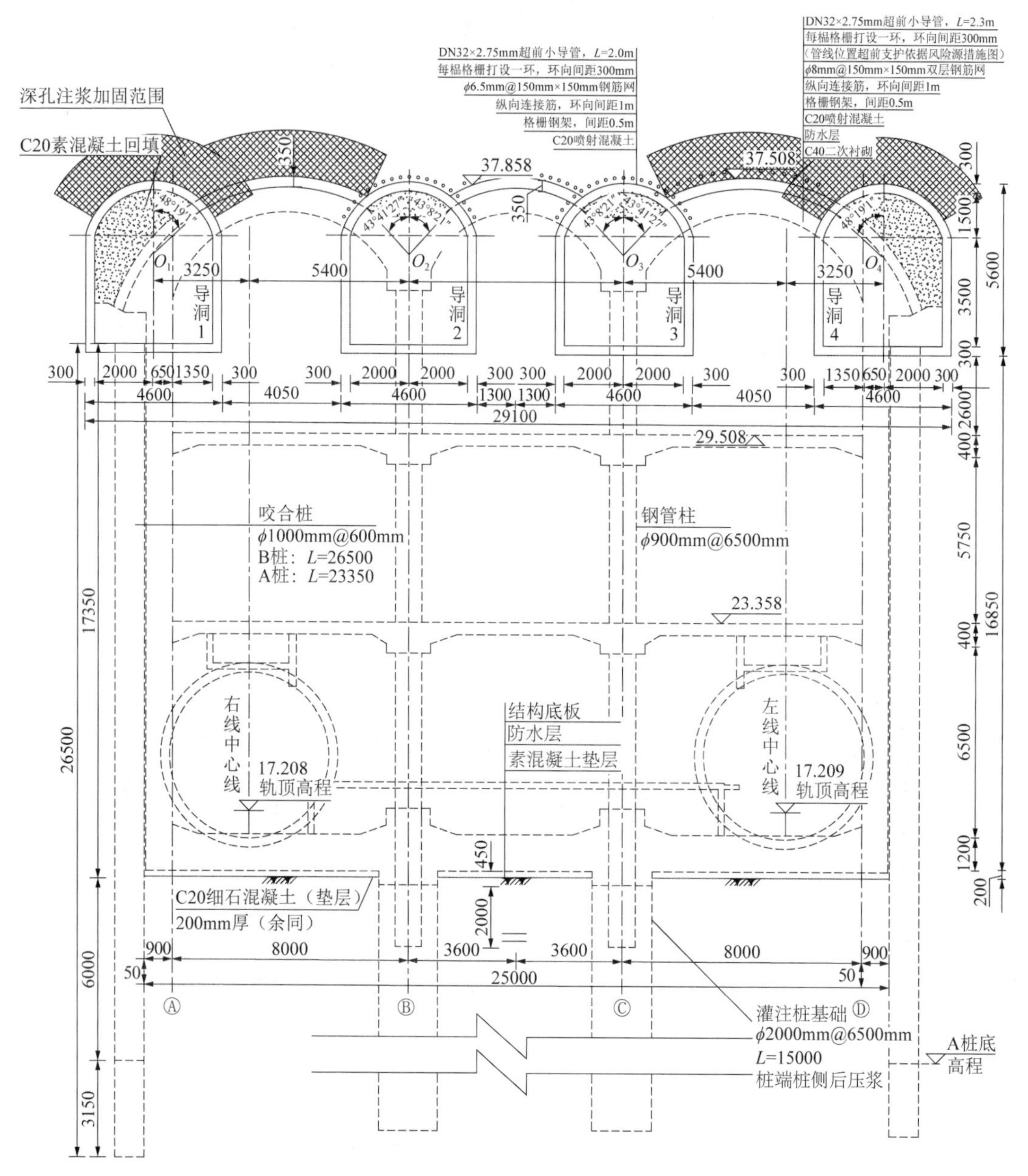

图 1-2　西土城车站标准断面横剖面图（尺寸单位：mm；高程单位：m）

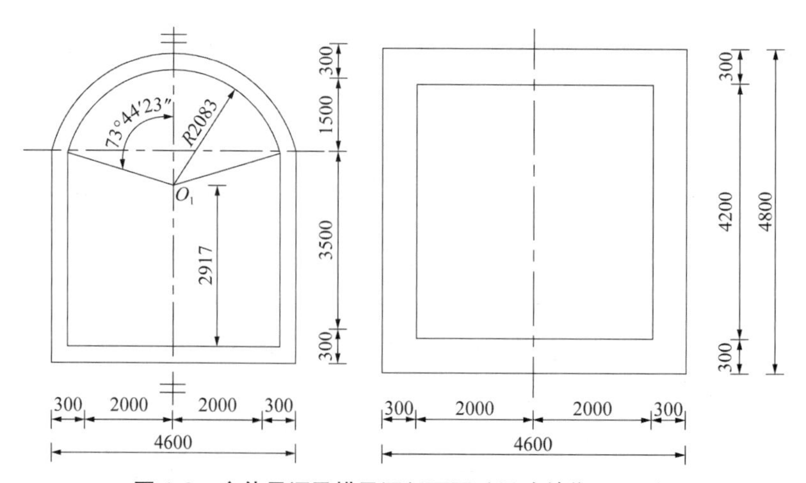

图 1-3　主体导洞及横导洞剖面图（尺寸单位：mm）

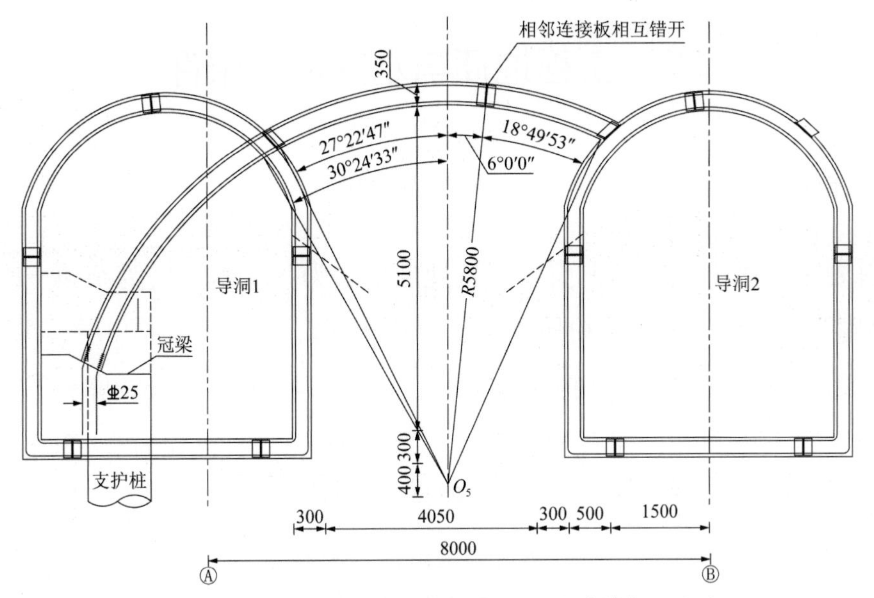

图 1-4　导洞与初期支护扣拱剖面图 1（尺寸单位：mm）

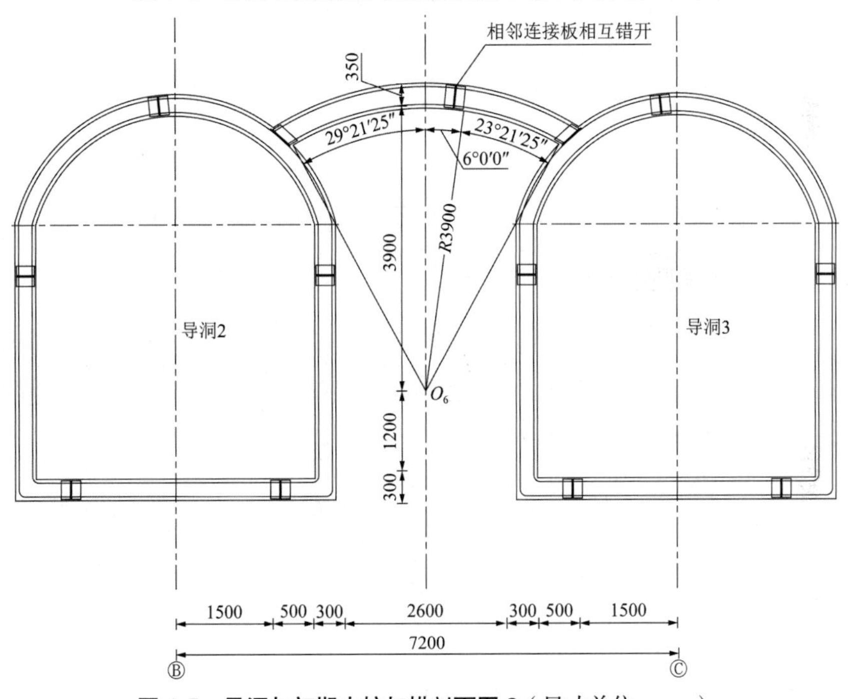

图 1-5　导洞与初期支护扣拱剖面图 2（尺寸单位：mm）

围护结构为在导洞向下施工围护桩、钢管混凝土柱、冠梁，桩间采用喷锚支护，围护结构具体设计参数见表 1-1。

围护结构设计参数　　表 1-1

项目		材料及规格	施工参数
围护结构	围护桩	钢筋混凝土 C30	ϕ1000mm@1600mm
	冠梁	HRB400、HPB300 钢筋、C35 混凝土	一般位置冠梁高 1.0～1.3m，局部附属结构位置冠梁高 0.6～0.9m
	钢管混凝土柱	HRB400、HPB300 钢筋、C50 微膨胀混凝土	ϕ 900mm@6500mm（局部 6000mm）
	钢管混凝土柱下桩	HRB400 钢筋、HPB300 钢筋，C30 混凝土	ϕ2000mm

1.2 工程地质与水文地质条件

1.2.1 工程地质条件

勘察资料表明，西土城站自上而下穿越地层依次为：基本土层为杂填土①层、粉土填土①$_1$层，厚度为 2.70～4.50m；粉质黏土③、粉土③$_1$、粉细砂层③$_2$层，厚度为 14.70～16.80m；粉质黏土④、粉土④$_1$、细中砂④$_2$层，厚度为 4.80～9.20m；卵石⑤层、细中砂⑤$_1$层，厚度为 10.20～12.20m，卵石最大粒径大于 12cm，一般粒径为 2～3cm，漂石最大粒径约为 30cm；粉质黏土⑥层、粉土⑥$_1$层，厚度为 3.50～5.00m；卵石⑦层、细中砂⑦$_1$层，厚度为 8.60～19.00m，卵石最大粒径大于 15cm，一般粒径为 3～8cm，漂石最大粒径约为 30cm；粉质黏土⑧层、细中砂⑧$_2$层，厚度为 1.60～7.40m；卵石⑨层，卵石最大粒径大于 18cm，一般粒径为 3～8cm，漂石最大粒径约为 30cm。

1.2.2 水文地质条件

西土城站范围主要赋存有三层地下水，其类型分别为上层滞水（一）、潜水（二）、层间潜水（三）。地下水详细情况如下：

上层滞水（一）：含水层岩性主要为杂填土①层、粉土填土①$_1$层、粉土③$_1$层，稳定水位高程为 41.58m，水位埋深为 7.80m。上层滞水分布较不规律，且受绿化灌溉、降水等外部环境的影响较大，其仅在局部地段存在。

潜水（二）：含水层岩性主要为粉细砂③$_2$层、粉土③$_1$层、粉土④$_1$层，稳定水位高程为 35.24～35.61m，水位埋深为 13.80～14.20m。

层间潜水（三）：含水层岩性主要为卵石⑤层、卵石⑦层、细中砂⑦$_1$层、细中砂⑧2 层、卵石⑨层，稳定水位高程为 20.08～20.51m，水位埋深为 28.90～29.40m。详细信息如图 1-6 所示。

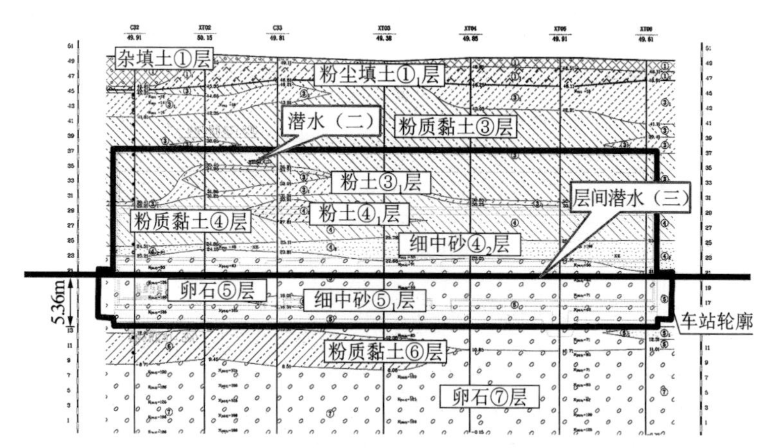

图 1-6　西土城站工程地质及水文地质剖面图

1.3 施工平面布置

西土城站主体结构施工共涉及3块施工场地，每块场地内主要包括施工竖井、渣土仓、临电、临水、库房、加工厂等施工配套设施，其中1号场地内还包括项目部、劳务队生活区。

1.4 周边环境

西土城路与北土城西路相交路口的西北象限为19层的学院国际大厦；路口的东北象限为北京联合大学文理学院，邻近线路建筑为多层建筑；路口的东南象限为元大都城垣遗址公园（全国重点文物保护单位），公园南侧为西土城2号院，为多层建筑；路口的西南象限为知春路2号院，为多层与高层结合的居住小区，该小区南侧为高层的泰富大厦和保利海德公园居住小区，小月河南侧和东侧为元大都明城墙遗址。

基本实现站址周边规划，以北土城西路、知春路为界，南侧为居住用地（路东沿路为科研用地），北侧基本为科研用地。

1.5 施工要求

施工应根据本工程特点、地质条件、环境情况及工期要求，在确保安全、经济的前提下，编制科学、合理的施工组织设计，应充分利用现场监控量测信息指导施工，严格把控施工程序。

（1）施工前应对设计坐标及高程进行复核测量，并与线路专业设计图核对，确认无误后方可施工。

（2）开工前应对地下管线进行调查、复核。开挖施工竖井最上面几米时，应注意探明是否有目前尚未明确的管线（特别是产权单位的管线），并加以保护或改移。下穿管线前先对管线下方空洞水囊进行超前探测。施工中应加强地下管线的监控量测，密切注意其变形趋势，确保管线的正常使用和施工安全，并且根据量测数据确定是否需采用其他保护措施。

（3）为保证施工安全，应做好通道内排水措施。保证施工过程中的无水作业条件，以保证安全开挖，同时应做好雨季水位上升时的应对措施。

（4）施工过程中应对通道前土体进行超前预测，以便提前采取预防措施，避免发生险情。

（5）施工方法转换时，纵向应顺接，严格控制拆撑长度，严格把控施工工艺。超前小导管采用顶进法施工，以减小成孔过程中的地面沉降，格栅钢架拱脚除打设锁脚锚管外，关键应处理好拱脚的支撑问题，减小拱脚下沉位移，并及时封闭钢架。对掌子面不稳地段采用网喷混凝土封堵或注浆加固。

（6）喷射混凝土均采用潮喷混凝土。

（7）现场应配备足够数量的抢先应急材料，如沙袋、方木、工字钢、砂石料以及水泥等。

（8）施工过程中，若出现施工质量问题，应及时通知监理、业主、质检单位及设计单位协商，提出处理意见，不得擅自处理或隐瞒不报。

1.6 风险辨识与分级

1.6.1 自身风险

车站主体结构自身风险情况见表 1-2。

主体结构自身风险源　　表 1-2

序号	风险工程名称	风险基本情况	风险等级
1	车站暗挖主体工程	车站总长 212.3m，断面宽 25.0m，高 22.25m，覆土深度 12.23～13.04m，底板最大埋深 34.94m。采用三层三连拱结构，四导洞 PBA 工法施工。拱顶位于粉质黏土③层（局部粉土$③_1$层），底板位于卵石⑤层。地下水主要为层间潜水（三），水位高程位于底板以上 5.01～5.43m，潜水（二）水位高程位于顶板下方 1.72～2.14m，含水层岩性主要为粉细砂$③_2$层、粉土$③_1$层、粉土$④_1$层，呈透镜体分布。	一级

1.6.2 周边环境风险及处理措施

西土城站主体结构周边无特级风险源，有 13 处一级风险源。主要包括车站主体西侧侧穿学知桥桥桩 TZ0、TZ1、车站主体北侧端墙邻近小月河及南侧桥桩、车站主体东侧邻近华索影视制作中心主楼、车站主体下穿学知桥东桥南侧起坡段挡墙、车站主体东侧下穿并邻近东西向的元大都城垣遗址公园、车站主体平行或垂直下穿ϕ400mm、ϕ600mm、ϕ1500mm 污水管线、车站主体垂直下穿ϕ700mm 雨水管线、车站主体平行侧穿ϕ1000mm 雨水管线等。

针对西土城车站穿越一级风险源情况，采取以下具体针对性措施对风险源进行保护。

1）车站邻近学知桥桩 TZ0

学知桥 TZ0-TZ1 段形式为预应力混凝土简支梁。学知桥 TZ0 桥桩桩径 1m，桩长 24m，桩底高程 22.8m。车站主体结构外墙与桥桩 TZ0 之间的水平距离为 3.936m，结构底板与桩底之间的竖向距离为 8.67m（桥桩在上），位置关系如图 1-7 所示。

该处邻近为一级风险源。采取的措施为：

（1）施工前对桥梁的现状进行必要的调查与核查。

（2）采用深孔注浆法，从邻近导洞内加固邻近侧周边土体（桩基邻近导洞侧墙及拱顶，结构初期支护外 1.5m，内 0.5m）。

（3）及时进行初期支护和二次衬砌背后注浆，严格控制注浆压力，必要时进行多次补浆。

（4）施工过程中加强桥梁的监测和巡视，及时反馈信息，根据监测结果及时调整施工参数，确保桥梁安全。

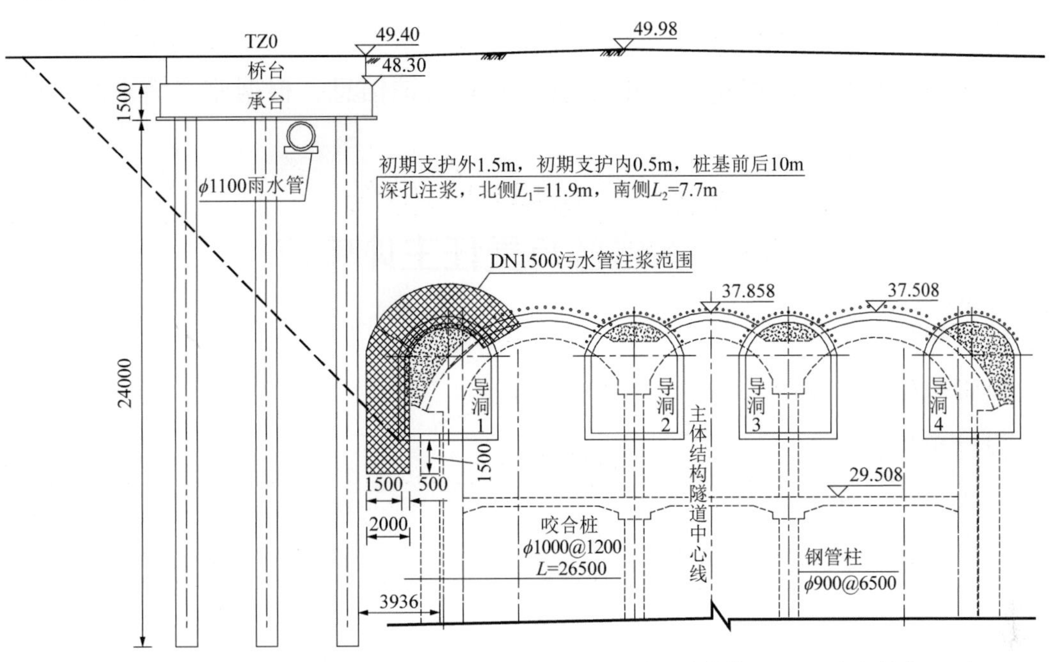

图 1-7 西土城车站邻近学知桥桩 TZ0 保护范围剖面图（尺寸单位：mm；高程单位：m）

2）车站主体邻近学知桥桩 TZ1

学知桥 TZ1 处桥梁形式为预应力混凝土简支梁。TZ1 桥桩桩径 1.5m，桩长 25m，桩底高程 18.3m。结构外墙与 TZ1 之间的水平距离为 8.254m，结构底板与桩底之间的竖向距离为 3.9m（桥桩在上），位置关系如图 1-8 所示。

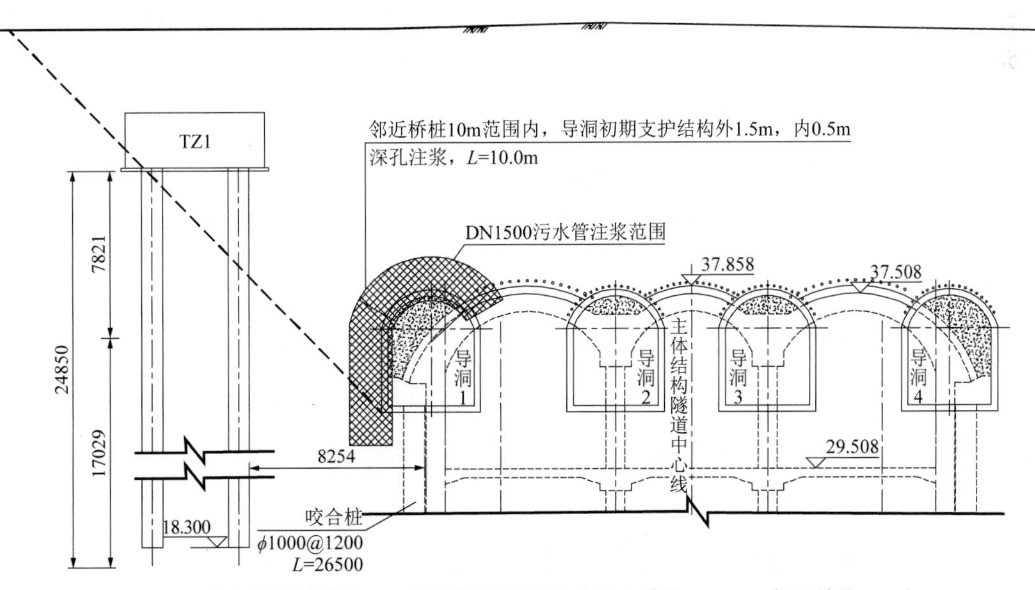

图 1-8 邻近学知桥桩 TZ1 保护范围剖面图（尺寸单位：mm；高程单位：m）

该处邻近为一级风险源。采取的措施为：

（1）施工前对桥梁的现状进行核查。

（2）采用深孔注浆法，从邻近导洞加固邻近侧周边土体（邻近桥桩南侧 10m 范围内，导洞初期支护结构外 1.5m，内 0.5m ）。

（3）及时进行初期支护和二次衬砌背后注浆，严格控制注浆压力，必要时进行多次补浆。

（4）施工过程中加强桥梁的监测和巡视，及时反馈信息，根据监测结果及时调整施工参数，确保桥梁安全。

1.7 参建各方责任主体单位

（1）建设单位：×××。

（2）监理单位：×××。

（3）设计单位：×××。

（4）施工单位：×××。

（5）监测单位：×××。

2 编制依据

2.1 法律依据

（1）《危险性较大的分部分项工程安全管理规定》（中华人民共和国住房和城乡建设部令第37号）。

（2）《住房城乡建设部办公厅关于实施<危险性较大的分部分项工程安全管理规定>有关问题的通知》（建办质〔2018〕31号）。

（3）《地下铁道工程施工质量验收标准》（GB/T 50299—2018）。

（4）《地下铁道工程施工标准》（GB/T 51310—2018）。

（5）《施工现场临时用电安全技术规范》（JGJ 46—2005）。

（6）《建筑施工安全检查标准》（JGJ 59—2011）。

（7）《城市轨道交通隧道工程注浆技术规程》（DB11/1444—2017）。

（8）《城市轨道交通工程监测技术规范》（GB 50911—2013）。

（9）《钢筋焊接及验收规程》（JGJ 18—2012）。

（10）《混凝土结构工程施工质量验收规范》（GB 50204—2015）。

（11）《岩土锚杆与喷射混凝土支护工程技术规范》（GB 50086—2015）。

（12）《组合结构设计规范》（JGJ 138—2016）。

（13）《建筑工程冬期施工规程》（JGJ/T 104—2011）。

（14）《城市轨道交通工程测量规范》（GB/T 50308—2017）。

2.2 项目文件

（1）项目总承包合同。

（2）《西土城站结构初设修编图》。

（3）《西土城站1号施工竖井及横通道结构施工图》。

（4）《西土城站主体初期支护及围护结构图》。

（5）《北京地铁 27 号线二期（昌平线南延）工程勘察 02 合同段沿线地下管线详细调查》。

（6）《北京地铁27号线二期（昌平线南延）工程勘察02合同段设计07标（西土城站）建（构）筑物详细调查报告》。

（7）《北京地铁 27 号线二期（昌平线南延）工程勘察 02 合同段西土城站岩土工程详细勘察报告》。

（8）《北京地铁 27 号线二期土建施工 02 合同段施工组织设计》。

（9）施工现场调查资料。

（10）政府及建设单位相关文件。

3 施 工 计 划

3.1 施工进度计划

车站暗挖工程施工计划工期为 2019 年 4 月 13 日—2020 年 10 月 27 日。

施工进度计划见表 3-1。

主体导洞施工进度计划 表 3-1

序号	项目名称	进度指标	工期	施工时间
1	导洞开挖及支护	1m/d	304d	2019 年 4 月 13 日—2020 年 2 月 10 日
2	边桩施工	1 根/（d · 台）	319d	2019 年 7 月 10 日—2020 年 5 月 23 日
3	钢管柱及桩基	1 根/（d · 台）	322d	2019 年 7 月 2 日—2020 年 5 月 18 日
4	冠梁、洞内扣拱及回填	15d/段	66d	2020 年 6 月 3 日—2020 年 8 月 7 日
5	初期支护扣拱	2.5m/d	80d	2020 年 8 月 8 日—2020 年 10 月 27 日

3.2 主要原材料使用计划

使用主要原材料使用计划见表 3-2。

主要原材料使用计划 表 3-2

材料名称	规格型号	单位	数量
钢筋	mmHRB400，ϕ25mm	t	1616
钢筋	mmHRB400，ϕ22mm	t	200
钢筋	mmHRB400，ϕ20mm	t	17
钢筋	mmHRB400，ϕ14mm	t	59
钢筋	mmHPB300，ϕ12mm	t	182
钢筋	mmHPB300，ϕ10mm	t	93
角钢	∟140 × 90 × 10mm	m	11954
钢板	t = 10mm	m^2	395
工字钢	I25a	m	816
工字钢	I22a	m	640
预拌混凝土	C25	m^3	5563
混凝土	C35	m^3	11813

续上表

材料名称	规格型号	单位	数量
混凝土	C50	m	867
钢管柱	ϕ900mm	根	62
膨润土砂浆	M7.5	m^3	6965

3.3 机械设备投入计划

机械配备计划详见表 3-3。

主要施工机械配备 表 3-3

名称	型号	机械数量
抓斗起重机	QZ10/10-8	3 套
自动计量搅拌机系统	PL-800/500	4 台
电焊机	BX3-300-2	20 台
空气压缩机	LGFD132	3 台
注浆泵	UB3-A	6 台
轴流风机	SFD-III-No10	3 台
混凝土喷射机	TK961	8 台
风镐	—	10 把
切断机	—	6 台
钢筋调直机	—	4 台
地质钻机	ZLG-950	4 台
附着式振捣器	—	24 台
振动棒	—	8 个

4 施工工艺技术

4.1 车站主体施工步序及流程

西土城站采用 PBA 暗挖逆作法施工，施工步序见表 4-1。

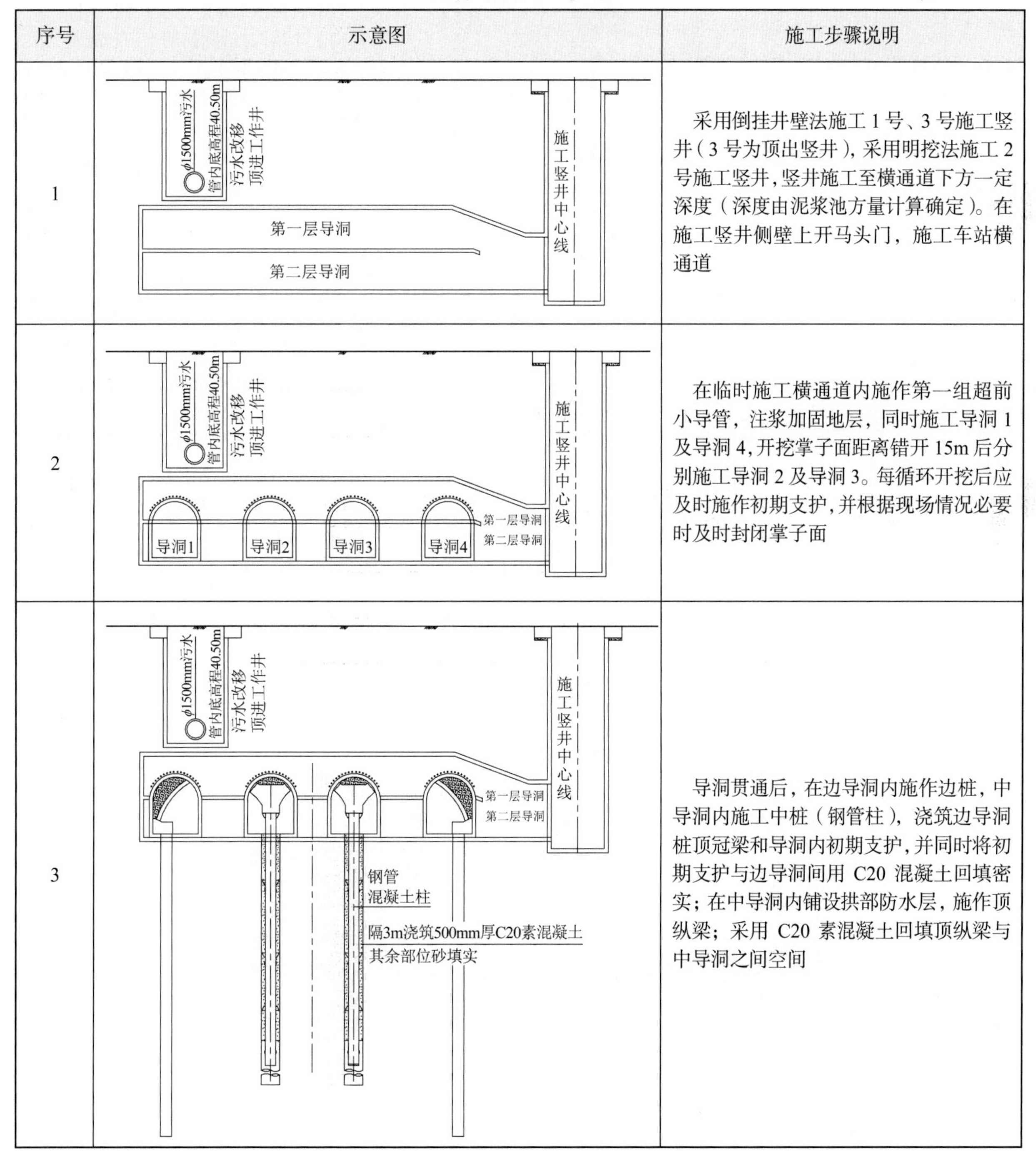

主体结构施工步序 表 4-1

序号	示意图	施工步骤说明
1		采用倒挂井壁法施工 1 号、3 号施工竖井（3 号为顶出竖井），采用明挖法施工 2 号施工竖井，竖井施工至横通道下方一定深度（深度由泥浆池方量计算确定）。在施工竖井侧壁上开马头门，施工车站横通道
2		在临时施工横通道内施作第一组超前小导管，注浆加固地层，同时施工导洞 1 及导洞 4，开挖掌子面距离错开 15m 后分别施工导洞 2 及导洞 3。每循环开挖后应及时施作初期支护，并根据现场情况必要时及时封闭掌子面
3		导洞贯通后，在边导洞内施作边桩，中导洞内施工中桩（钢管柱），浇筑边导洞桩顶冠梁和导洞内初期支护，并同时将初期支护与边导洞间用 C20 混凝土回填密实；在中导洞内铺设拱部防水层，施作顶纵梁；采用 C20 素混凝土回填顶纵梁与中导洞之间空间

续上表

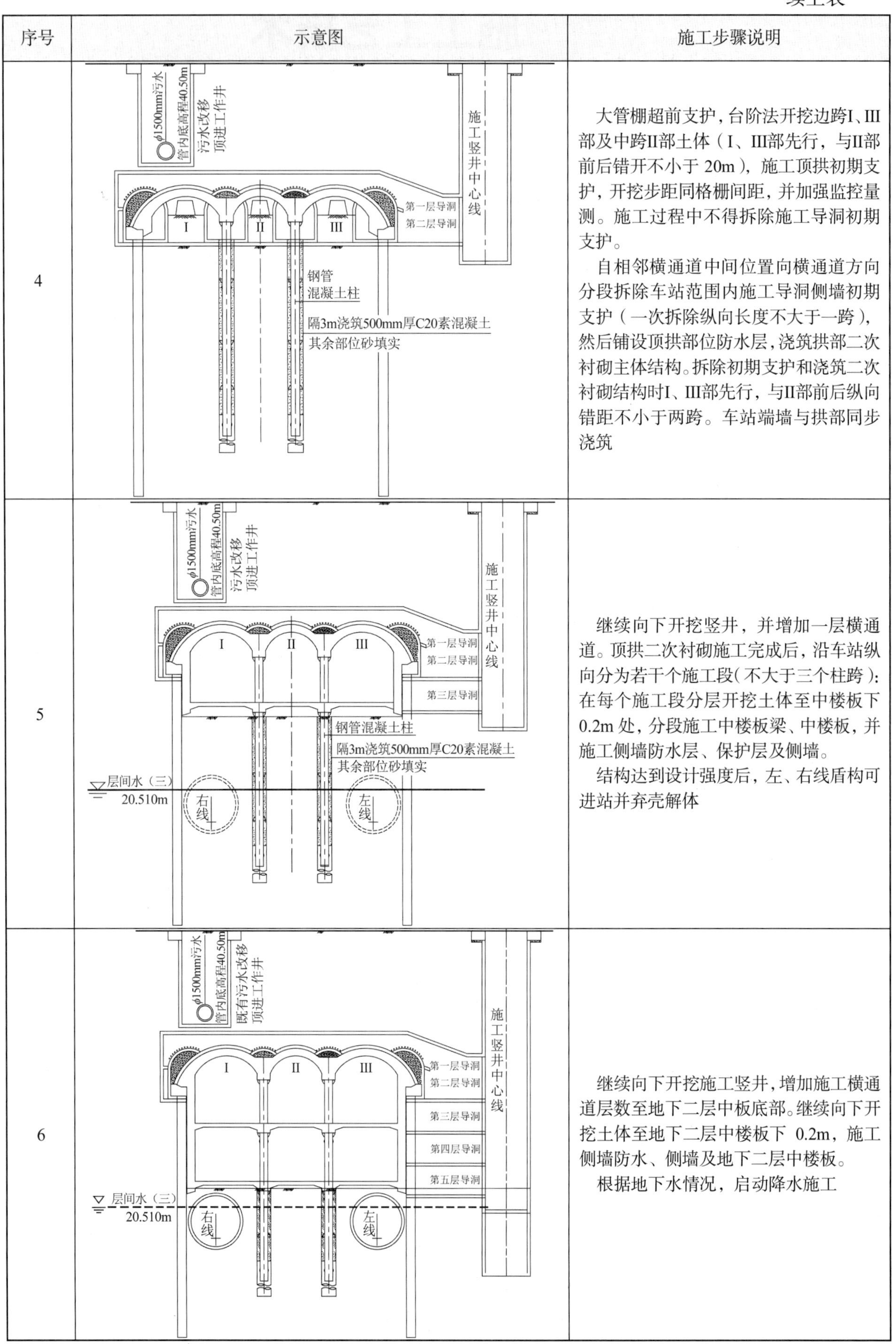

序号	示意图	施工步骤说明
4		大管棚超前支护，台阶法开挖边跨I、III部及中跨II部土体（I、III部先行，与II部前后错开不小于20m），施工顶拱初期支护，开挖步距同格栅间距，并加强监控量测。施工过程中不得拆除施工导洞初期支护。 自相邻横通道中间位置向横通道方向分段拆除车站范围内施工导洞侧墙初期支护（一次拆除纵向长度不大于一跨），然后铺设顶拱部位防水层，浇筑拱部二次衬砌主体结构。拆除初期支护和浇筑二次衬砌结构时I、III部先行，与II部前后纵向错距不小于两跨。车站端墙与拱部同步浇筑
5		继续向下开挖竖井，并增加一层横通道。顶拱二次衬砌施工完成后，沿车站纵向分为若干个施工段（不大于三个柱跨）：在每个施工段分层开挖土体至中楼板下0.2m处，分段施工中楼板梁、中楼板，并施工侧墙防水层、保护层及侧墙。 结构达到设计强度后，左、右线盾构可进站并弃壳解体
6		继续向下开挖施工竖井，增加施工横通道层数至地下二层中板底部。继续向下开挖土体至地下二层中楼板下0.2m，施工侧墙防水、侧墙及地下二层中楼板。 根据地下水情况，启动降水施工

续上表

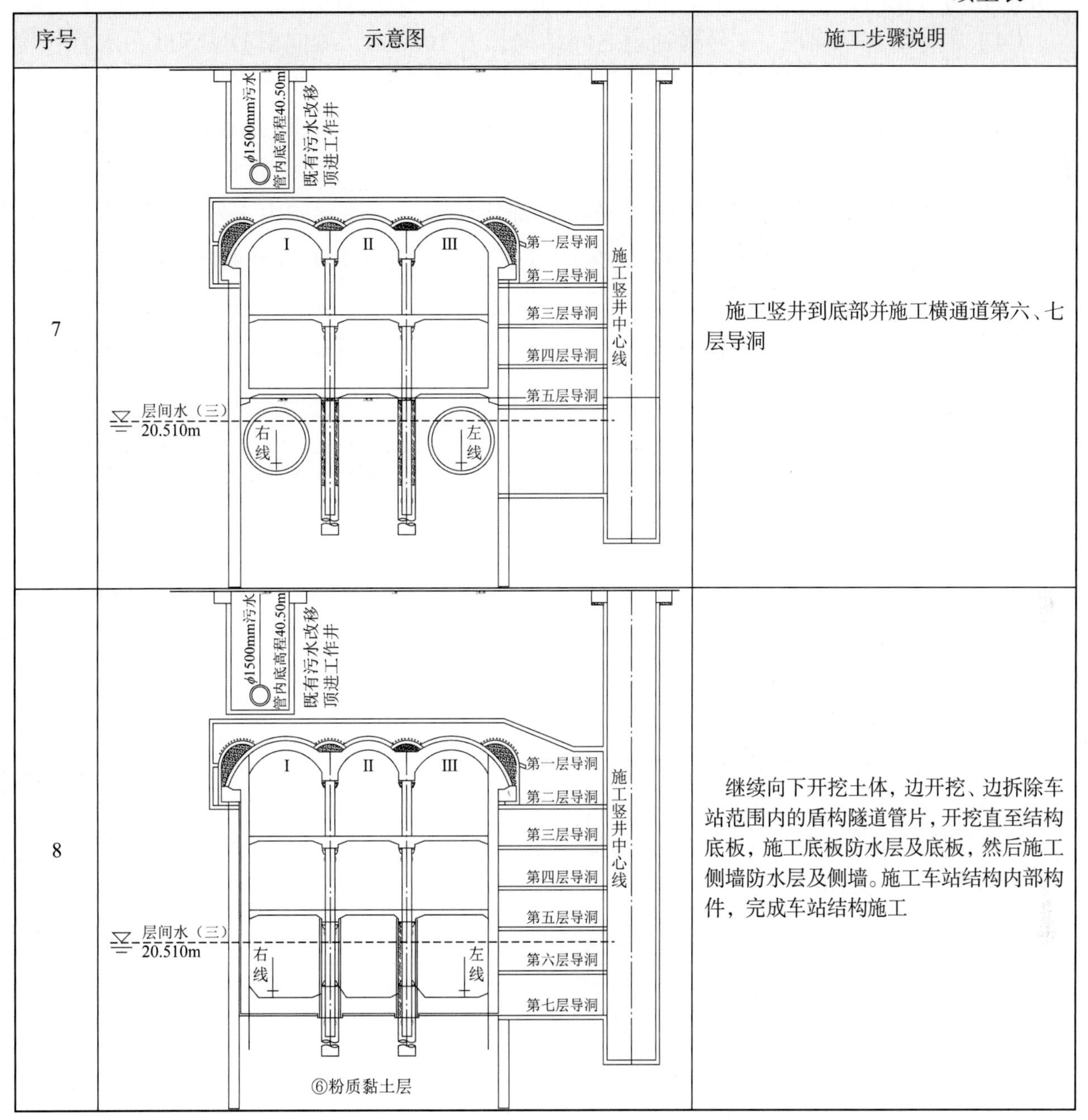

序号	示意图	施工步骤说明
7		施工竖井到底部并施工横通道第六、七层导洞
8		继续向下开挖土体，边开挖、边拆除车站范围内的盾构隧道管片，开挖直至结构底板，施工底板防水层及底板，然后施工侧墙防水层及侧墙。施工车站结构内部构件，完成车站结构施工

4.2 主体导洞施工

4.2.1 主体导洞施工安排

车站主体导洞采用台阶法开挖，步骤如下：

（1）车站主体导洞一般先施工 A 轴、D 轴边导洞，边导洞进尺 13.8m（3d）后，进行 B 轴（或 C 轴）导洞施工。

（2）B 轴（或 C 轴）导洞进尺 13.8m 后，进行 C 轴（或 B 轴）导洞施工。

（3）A 轴、B 轴、C 轴、D 轴主体导洞分别施工至端部后进行端导洞施工。横通道一侧导洞施工长度不小于 15m 后，方可进行对侧导洞施工（可与斜对侧导洞同时开挖），同一导洞相对开挖时，当掌子面相距 10～15m 时应停挖一端并封闭掌子面，继续开挖另一端。

（4）主体导洞 A 轴 2、3 号横通道之间结构长度 108.8m，顺向旧 DN1500 污水管长度 83.4m，主体导洞施工前对该段旧管线采取导流措施，否则应在主体导洞施工至该段污水管前 10m 处停止施工，在此情况下，可根据现场实际情况调整为先施工 B 轴及 D 轴，最后施作 A 轴。

（5）因 2 号横通道施工进度较 1 号作业面滞后较多，主体导洞由 1 号横通道直接开挖至 2 号横通道北侧，2、3 号横通道之间采用对挖方式。施工步序如图 4-1 所示。

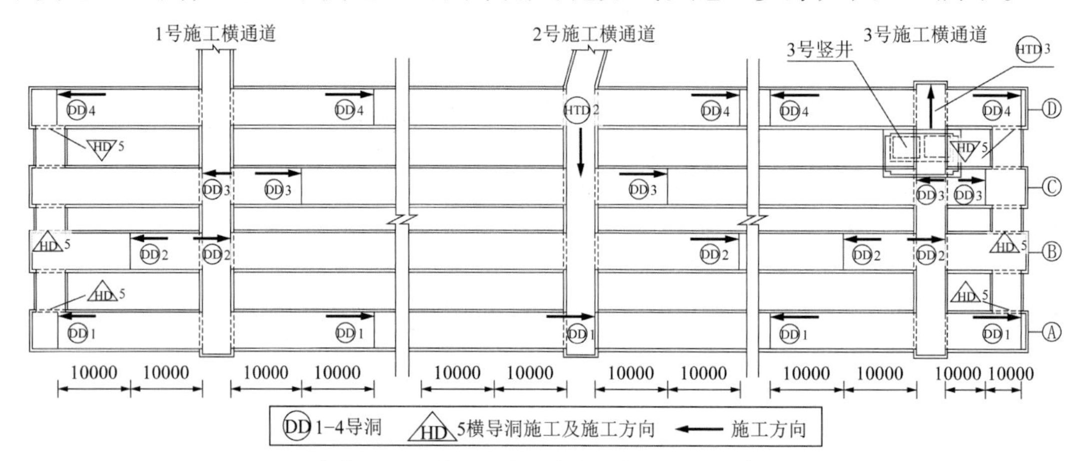

图 4-1　主体导洞开挖平面施工步序示意图（尺寸单位：mm）

4.2.2　主体导洞马头门施工

1）马头门施工步序

马头门施工步序见表 4-2。

马头门施工步序　　表 4-2

序号	示意图及说明（尺寸单位：mm）
1	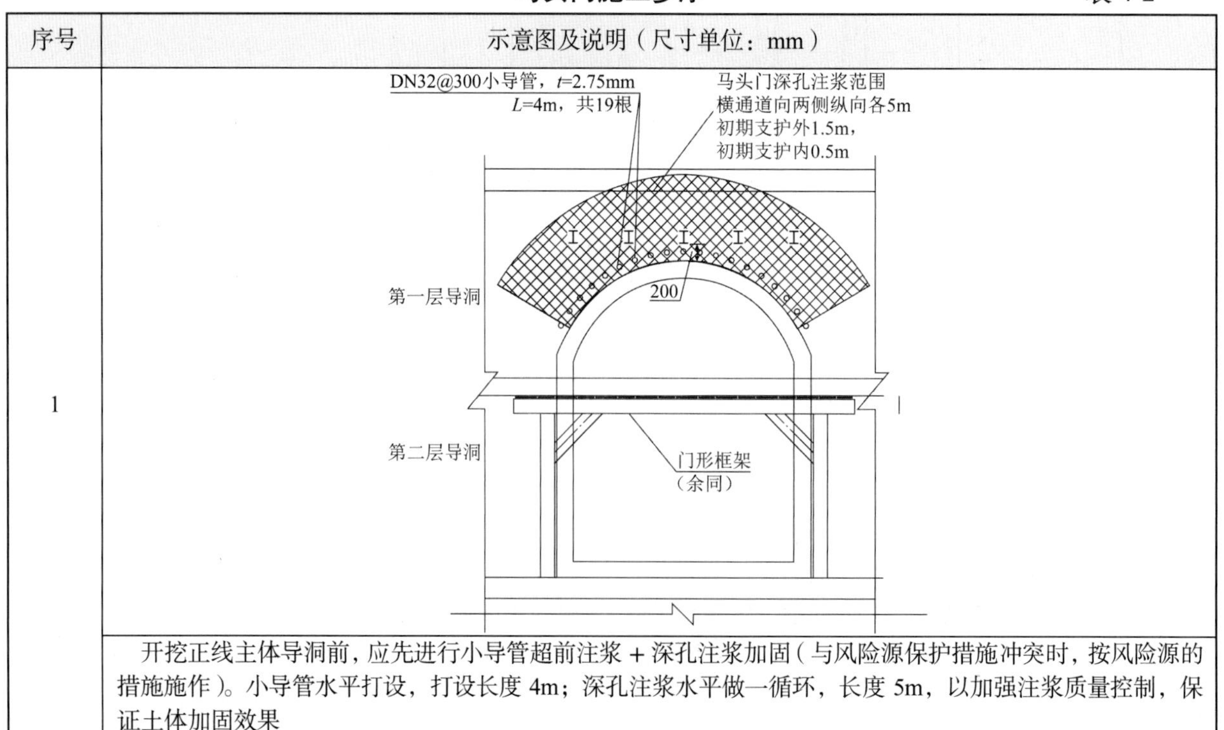 开挖正线主体导洞前，应先进行小导管超前注浆 + 深孔注浆加固（与风险源保护措施冲突时，按风险源的措施施作）。小导管水平打设，打设长度 4m；深孔注浆水平做一循环，长度 5m，以加强注浆质量控制，保证土体加固效果

续上表

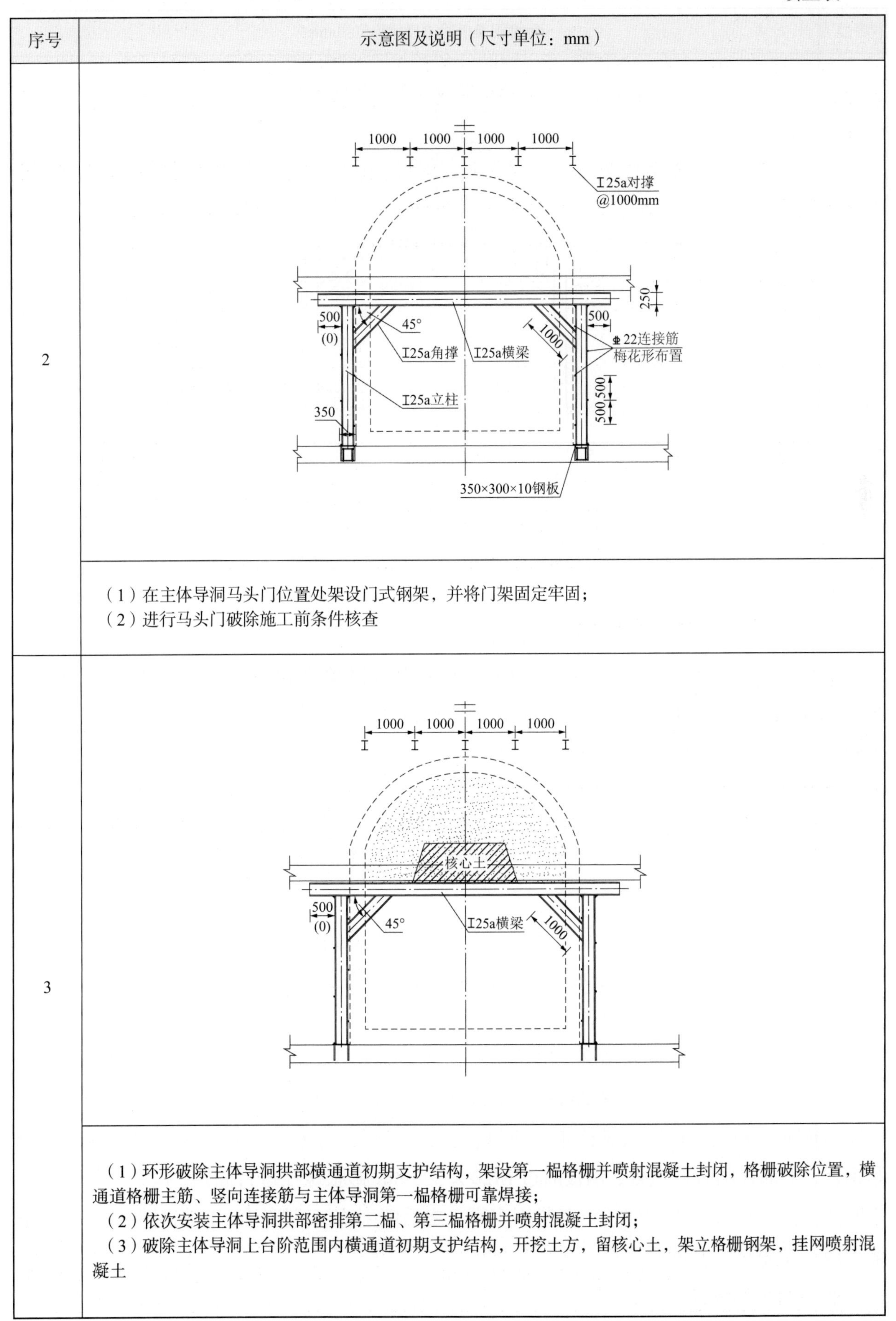

序号	示意图及说明（尺寸单位：mm）
2	（1）在主体导洞马头门位置处架设门式钢架，并将门架固定牢固； （2）进行马头门破除施工前条件核查
3	（1）环形破除主体导洞拱部横通道初期支护结构，架设第一榀格栅并喷射混凝土封闭，格栅破除位置，横通道格栅主筋、竖向连接筋与主体导洞第一榀格栅可靠焊接； （2）依次安装主体导洞拱部密排第二榀、第三榀格栅并喷射混凝土封闭； （3）破除主体导洞上台阶范围内横通道初期支护结构，开挖土方，留核心土，架立格栅钢架，挂网喷射混凝土

续上表

<table>
<tr><th>序号</th><th>示意图及说明（尺寸单位：mm）</th></tr>
<tr><td rowspan="2">4</td><td>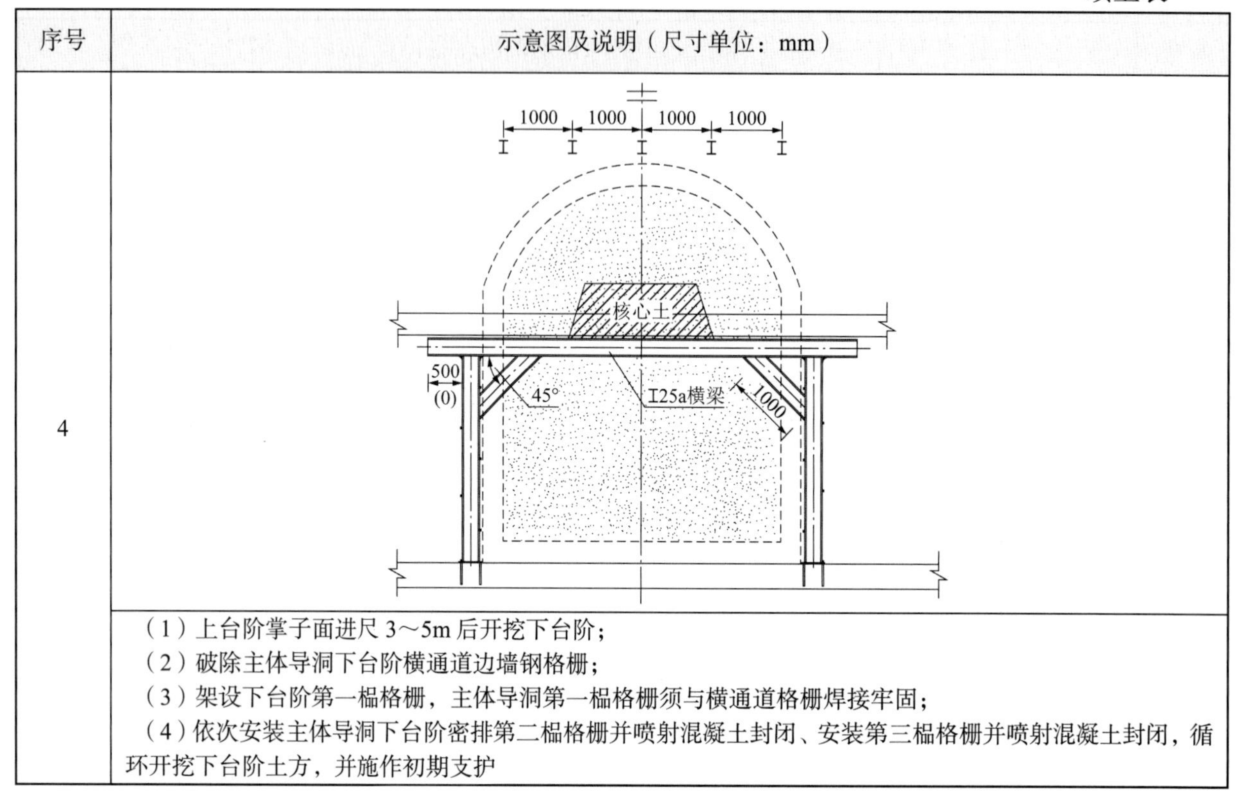
</td></tr>
<tr><td>（1）上台阶掌子面进尺 3～5m 后开挖下台阶；
（2）破除主体导洞下台阶横通道边墙钢格栅；
（3）架设下台阶第一榀格栅，主体导洞第一榀格栅须与横通道格栅焊接牢固；
（4）依次安装主体导洞下台阶密排第二榀格栅并喷射混凝土封闭、安装第三榀格栅并喷射混凝土封闭，循环开挖下台阶土方，并施作初期支护</td></tr>
</table>

2）马头门施工方法

（1）打设超前小导管、深孔注浆管并注浆

根据设计位置沿开挖轮廓线外 20cm 范围内打设单排超前小导管，小导管间距为 300mm 布置，共 19 根。采用水钻钻孔的方式破除小导管位置护壁喷射混凝土，用风镐将小导管顶入，小导管水平打设打设长度 4m（当打入困难时应先采用钻孔设备进行钻孔后将小导管放入），小导管顶入到位后，喷射混凝土将孔口封闭后注浆，注浆浆液采用水泥-水玻璃双液浆，遇粉细砂、细中砂时，选用改性水玻璃，深孔注浆加固纵向长度 5m，范围为初期支护外 1.5m，内 0.5m，其他加固措施详见风险源处理措施及相应施工工艺。

（2）门形支撑钢架施工

马头门位于横通道与主体导洞交叉位置，受力情况复杂。为提高初期支护刚度进而保证主体导洞顺利进洞开挖，在横通道内主体导洞洞门位置处设置门形钢架。主体导洞马头门准备破除前，应架设好门形钢架。

导洞洞门处门形框架采用 25a 工字钢作为横梁及立柱，横梁及立柱之间通过焊接形成一个整体。在每个立柱处采用 25a 工字钢作为牛腿，支撑横梁，立柱左右两侧通过ϕ22 连接筋与横通道初期支护连接成整体，同时与立柱工字钢进行可靠焊接。立柱下方采用 10mm 厚钢板，平铺在临时仰拱处，钢板通过 M20 × 300mm 膨胀螺栓进行固定。横梁与临时仰拱之间的空隙，通过使用钢楔子将其紧固牢靠，之后喷射 C25 混凝土，使临时仰拱与门形框架形成一个整体，共同受力。

在导洞拱部上方 20cm 处设置 25a 工字钢对撑，对撑间距 1m 一道，对撑的两端焊接在位于横通道初期支护的锚固钢板之上，如图 4-2～图 4-4 所示。

门形框架在主体导洞洞门处各设置一榀。立柱高度根据临时仰拱与横通道底板之间的距离进行调整，保证横梁上表面距离临时仰拱下表面 50mm 左右，以调整横梁与临时仰拱之间的密贴程度。

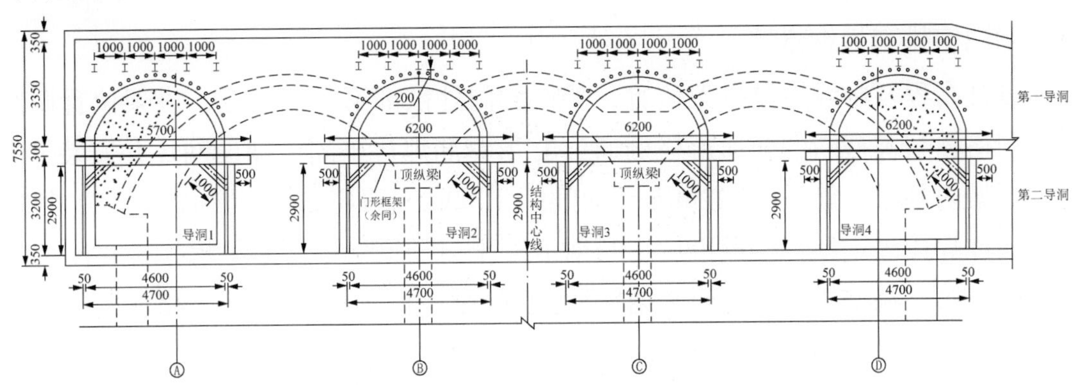

图 4-2 横通道马头门加固措施示意图（尺寸单位：mm）

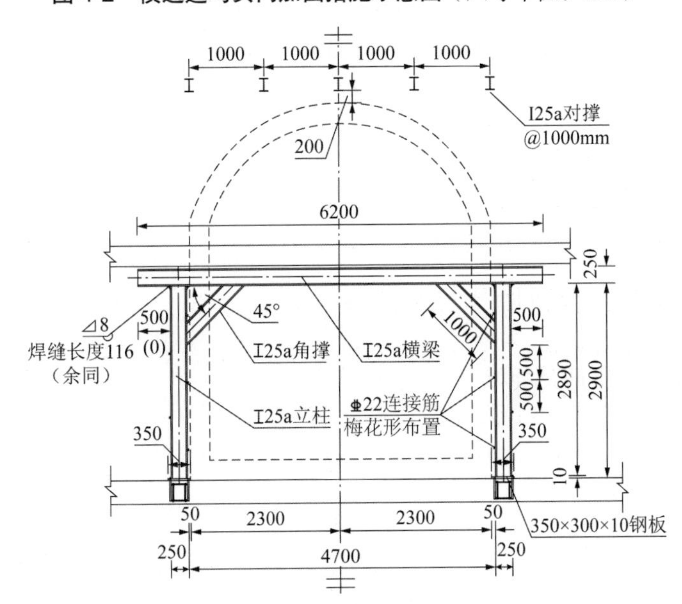

图 4-3 导洞门形支撑横向构造示意图（尺寸单位：mm）

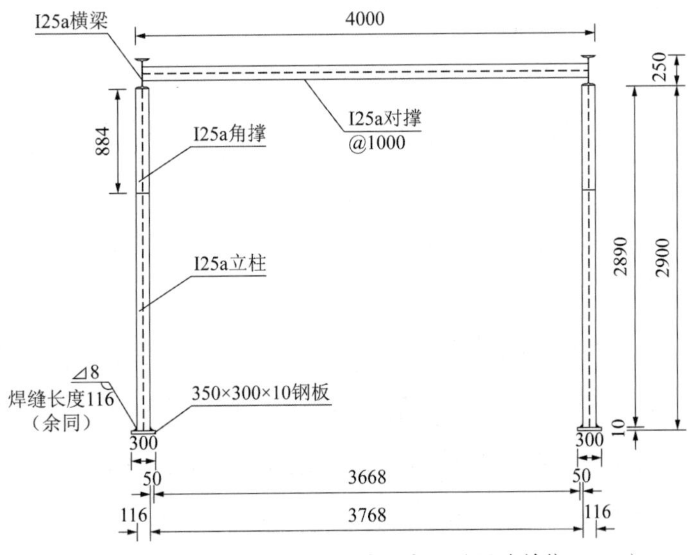

图 4-4 导洞门形支撑纵向构造示意图（尺寸单位：mm）

（3）环向破除洞门拱部井壁混凝土

洞门破除时，在横通道侧壁上沿主体导洞拱部开挖轮廓线用风镐环向破除一条宽 1.0～1.2m 弧形凹槽，不破除预留中部核心土部分。破除采用风镐破除，混凝土破除开挖进洞后，立即施工主体导洞洞门初期支护结构。

（4）洞门密排三榀钢格栅

根据设计高程及中线控制拱架位置，架设洞门处拱部第一榀格栅，拱架位置调好后，将主体导洞格栅与被截断的横通道格栅通过 L 形钢筋焊接牢固。铺设网片并安装连接筋，连接筋沿拱架内外层主筋采用ϕ22mm 环向间距 1000mm 双层布设（单面焊接），将洞顶沉降量测预埋件焊接固定在钢格栅上后，喷射混凝土封闭钢格栅。第一榀格栅封闭后，依次架设第二榀、第三榀格栅，并及时喷射混凝土进行封闭，洞门处前三榀格栅密排布置。

（5）沿拱部打设超前小导管

在拱顶 120°范围内打设超前小导管，施工方法同第一步，施工时间为喷射混凝土完成后及时进行，小导管环向间距 30cm，长度 2.0m，小导管穿过钢格栅中部，小导管外插角 25°，根据设计要求对主体导洞拱顶注浆加固（对于风险源部位，其加固措施以风险源保护措施相关方案为准）。

（6）下台阶马头门破除

上台阶进尺 5m 后，破除上台阶核心土及主体导洞下台阶范围内横通道临时仰拱及边墙钢格栅，与上台阶相同工序破除主体导洞下台阶马头门。

4.2.3 主体导洞开挖及支护

1）导洞施工工艺流程

工艺流程如图 4-5 所示。

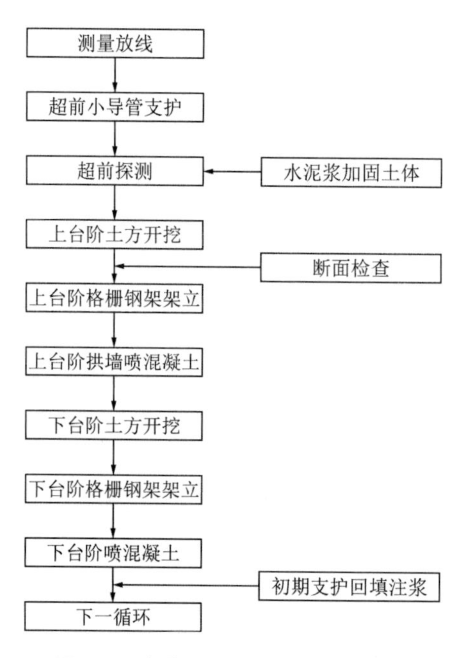

图 4-5 主体导洞施工工艺流程图

2）施工方法

（1）土方开挖及运输

导洞采用人工开挖，利用小型电动翻斗车将渣土运至洞口，再经由提升系统出土。暗挖施工应保证在无水条件下进行，因而对开挖面前方土体应进行超前探测。土方开挖后快速架立格栅喷射混凝土进行封闭。

主体导洞采用台阶法开挖，标准断面采用上下台阶法（图 4-6），车站两端下坡段导洞由于高度变高，采用三层台阶开挖（图 4-7），相邻台阶长度取 3～5m，上台阶环形开挖预留核心土，核心土顶面距拱顶高度不小于 1.6m，两侧边道宽 0.6～0.9m，沿导洞掘进方向长度为 1.5～2m，核心土应留坡度，不得出现反坡。主体导洞开挖核心土及减压槽设置，土方台阶开挖可视地下水及土层情况做适当放坡，具体调整按现场交底执行。

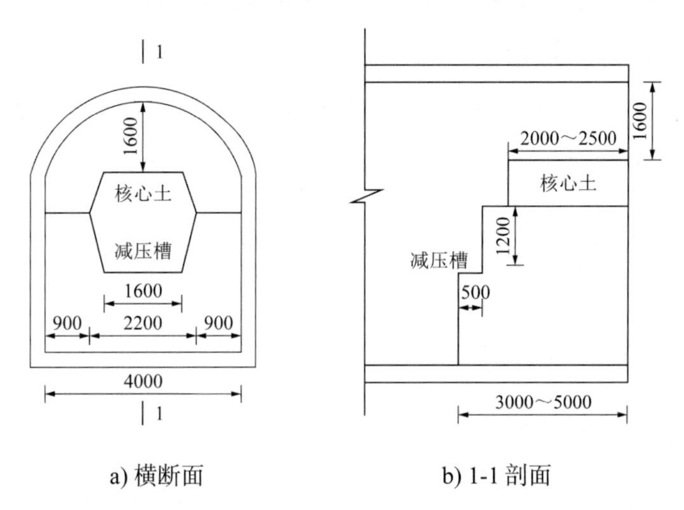

a) 横断面　　b) 1-1 剖面

图 4-6　主体导洞上下台阶开挖横断面及 1-1 剖面图（尺寸单位：mm）

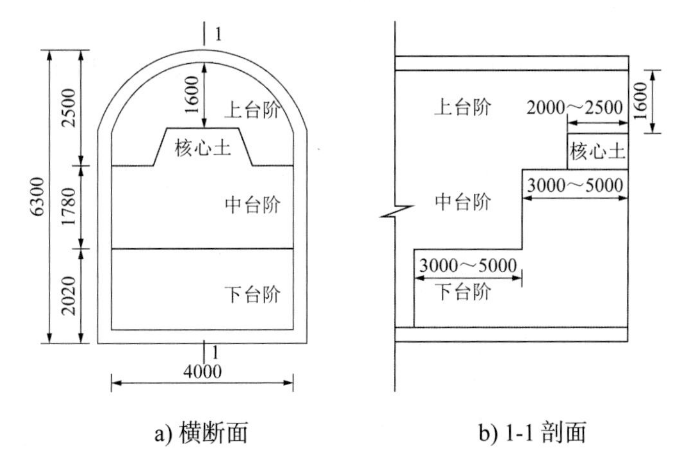

a) 横断面　　b) 1-1 剖面

图 4-7　主体导洞三层台阶开挖横断面及 1-1 剖面图（尺寸单位：mm）

主体导洞由两端横通道对向开挖时，掌子面相距 10～15m 时，一端停止开挖并封闭掌子面，由另一端继续开挖，直至导洞贯通，导洞临时封闭掌子面的位置应避开地下管线。

（2）格栅的制作与拼装

导洞格栅钢架应按照设计图纸提前制作，在报请监理首件试拼验收通过后，运送至掌子面进行架设。

主体导洞每环格栅分为 5 片，格栅采用四肢ϕ25mm 主筋、ϕ14mm U 形筋、ϕ14mm Z 形筋焊接而成，主筋、桁架筋均为 HRB400 钢筋。为提高格栅加工精度，预先制作好格栅主筋定位器，严格控制各构件的下料尺寸，按设计图纸尺寸及规范要求加工格栅钢架。对曲线、连接复杂的钢架应按 1∶1 的比例制作台具，并应在台具上加工，弯曲时不得采取预热措施。

对接节点部位采用两片∟140mm × 90mm × 10mm 角钢与格栅主筋搭接满焊，角钢连接面宜伸出主筋端头，焊缝采用双面焊，焊缝长度不小于 5d（d为钢筋直径），焊缝高度应大于 0.4d，焊缝宽度应大于 0.6d；两片格栅钢架间采用 4 个 M24 螺栓连接牢固，连接角钢预留ϕ26mm 螺栓孔。

边导洞格栅加工过程中，需将导洞与主拱格栅交叉部分格栅分节与边导洞格栅焊接为整体，中导洞格栅需预留主拱格栅连接节点钢板。

每环开挖完成后立即安装格栅钢架，应确保壁面坚实、平整、无欠挖，每榀钢架拱脚应用木板支立牢固，不能支立牢固时应进行预加固。格栅最外侧钢筋保护层内外侧均为 30mm。钢筋网片采用单层ϕ6.5mm@150mm × 150mm 网片，网片搭接一个网格，布置于格栅背土侧；格栅内布设ϕ22mm 竖向连接筋，按环向间距 1000mm 内外双层布设，相邻循环连接筋接头采用单面搭接焊接接头，焊缝长度不小于 10d。每一循环要为下一循环预留足够的网片及连接筋搭接量。

（3）锁脚锚管

锁脚锚管应在钢格栅就位后在格栅两侧落脚处及时安装，并与格栅主筋焊接牢固，防止拱架下沉。锚管打设采用锤击打入。锁脚锚管为 DN32mm × 2.75mm钢焊管，长度 2.0m，打设角度为 45°。锚管注浆同超前小导管，应全长灌浆，灌浆材料采用水泥浆。

（4）喷射混凝土

车站主体导洞及横导洞喷射混凝土厚度为 300mm，格栅最外侧钢筋保护层 30mm。初期支护喷射混凝土为了减少扬尘，采用潮喷法工艺，即预拌混凝土与少量水混合，将混合料送入喷射机内，通过高压风机压送到喷头处。喷射时依次自下而上进行，并先喷钢筋格栅与开挖面间混凝土，再喷两榀格栅间混凝土，如图 4-8 所示。

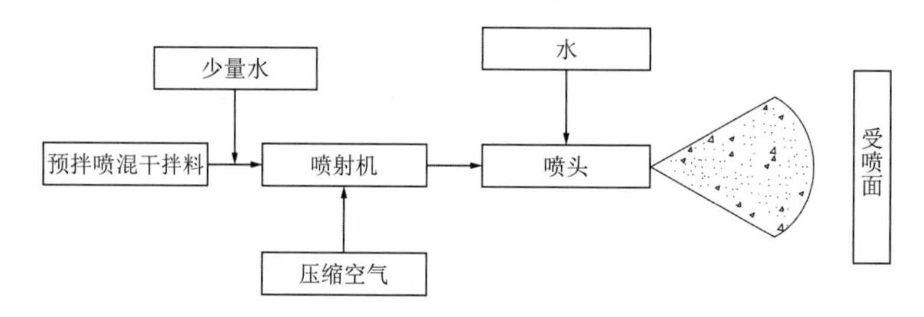

图 4-8　喷射混凝土工艺流程图

①喷射混凝土采用 C25 预拌混凝土；拌和水采用饮用水。喷射料必须混合料随拌随用，

掺入速凝剂后，混凝土初凝时间不应超过 5min，终凝时间不应超过 10min。

喷射混凝土前清理场地，清扫受喷面；检查开挖尺寸，清除浮渣和堆积物；埋设控制喷射混凝土厚度的标志；就绪后方可进行喷射混凝土作业。

②喷射混凝土混作业应紧跟开挖工作面，并符合下列规定：

混凝土喷射分片依次自下而上进行，并先喷钢筋格栅与壁面间混凝土，再喷格栅之间的混凝土；喷射混凝土分层喷射，一次喷射厚度边墙一般为 7～100mm，拱顶应为 50～60mm；分层喷射时，应在前一层混凝土终凝后进行，如终凝超过 1h 后再复喷时应清洗前一层喷层表面。

在喷射过程中严格控制供风压力，喷射机工作风压控制在 0.3～0.5MPa。喷嘴与作业面垂直，与受喷面距离 0.6～1.0m 范围内，如遇受喷面被钢筋网片、格栅覆盖时，可将喷头稍微偏斜 100～200mm；喷射顺序自下而上，料束呈旋转轨迹运动，一圈压半圈，纵向如同按蛇形推进状。

③喷射混凝土质量控制要求：

每次喷射混凝土完毕后，及时检查厚度，若厚度达不到设计要求，不够需进行补喷达到设计厚度。喷射混凝土应密实、平整、无裂缝、脱落、漏喷、漏筋、空鼓、渗漏水等现象，表面平整度允许偏差控制在 30mm，且矢弦比不大于 1/6。喷射混凝土 2h 后应进行养护，养护时间不小于 14h（洞内可采用自然养护）。喷射混凝土混抗压强度试件每 20m 的拱和墙，取两组。

（5）超前小导管打设及注浆

超前小导管应在喷射混凝土完成后及时施工。小导管采用 DN32 × 2.75mm钢焊管，长 2m，与格栅夹角为 25°，打设范围为拱顶 120°范围内，梅花形布置，小导管采用风镐顶入。

注浆材料选用水泥-水玻璃双液浆，配合比可根据现场实际情况进行调整，注浆压力不大于 0.5MPa，加固体半径不得小于 0.25m。

（6）背后回填注浆

初期支护完成后应及时进行初期支护背后注浆，保证其背后密实。注浆距开挖工作面 5m 的地方进行。

注浆管在喷射混凝土前埋设，注浆管为 DN32 × 2.75mm钢焊管，钢焊管初期支护内外露 0.1m，初期支护外长 0.5m。注浆孔沿导洞拱部及边墙布置，环向间距：起拱线以上为 2.0m，边墙为 3.0m；纵向间距为 3.0m，梅花形布置。注浆压力为 0.2～0.4MPa，注浆终压 0.5MPa，浆液采用水泥浆，配比同超前小导管注浆。

4.2.4 主体导洞预留扣拱节点

主体导洞初期支护施工阶段，格栅外侧主体扣拱节点的预留及格栅内侧边拱连接的预留筋均为本暗挖车站施工的控制点之一，预留节点的位置、质量均影响后续车站初期支护扣拱的施工质量与安全。

主体导洞预留扣拱节点如图 4-9 所示。

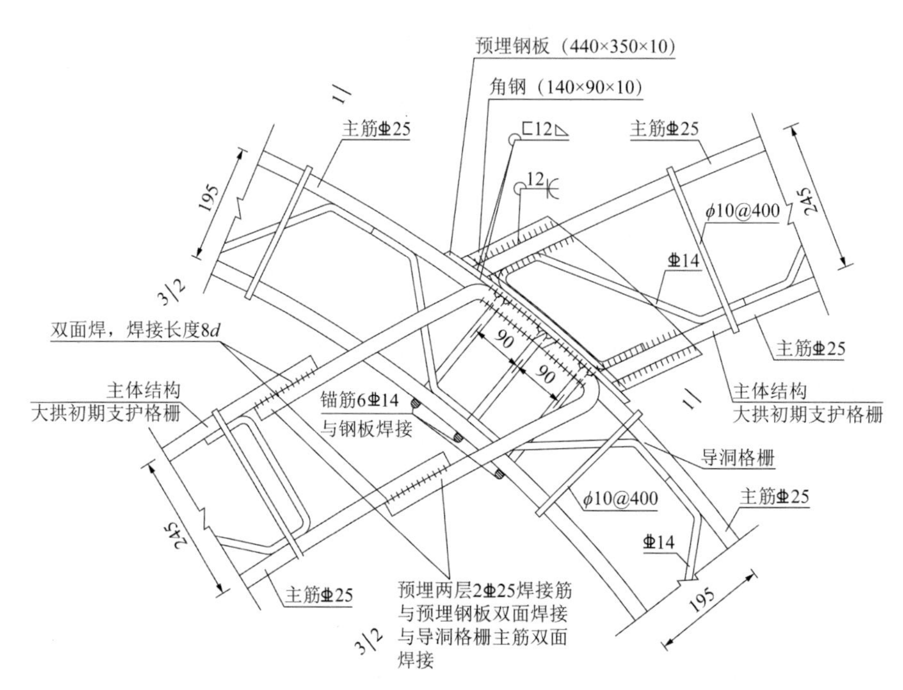

图 4-9　主体导洞预留节点详图（尺寸单位：mm）

d-钢筋长度

4.2.5　端导洞施工

1）马头门施工步序

马头门施工步序见表 4-3。

马头门施工步序　　表 4-3

序号	示意图及说明（尺寸单位：mm）
1	DN32×2.75 双排水平超前小导管；4800；4600；双排小导管；未开挖导洞；未开挖横导洞；操作平台或预留台阶
	（1）主体导洞施工至南北端部时预留 5m 长台阶或全部开挖完成并封端后在横导洞马头门位置搭设操作平台； （2）在台阶或平台上用风钻或其他钻孔设备钻孔，钻孔长度不小于设计值； （3）安放小导管并及时进行注浆（在对侧导洞开挖前完成注浆）

续上表

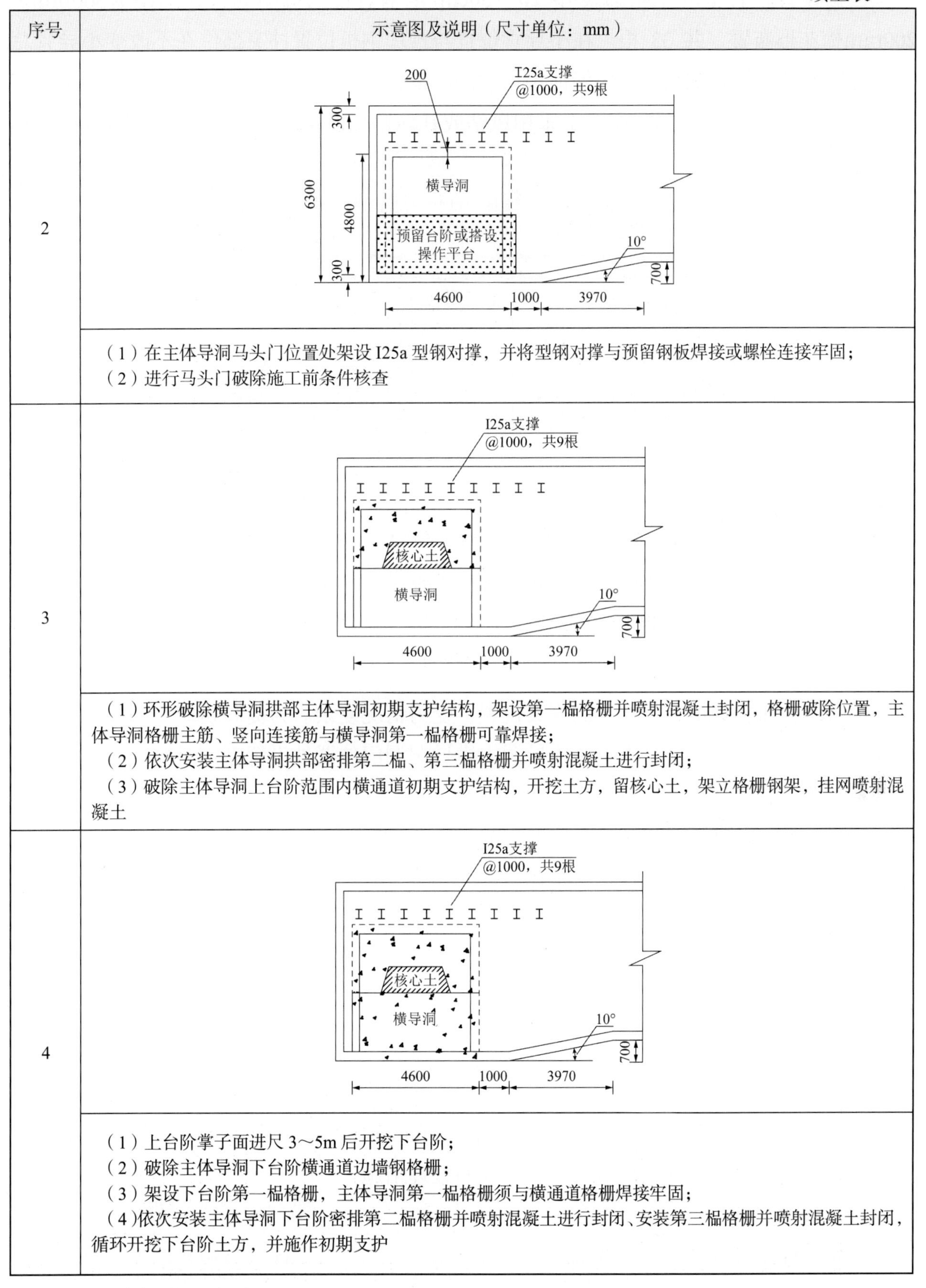

序号	示意图及说明（尺寸单位：mm）
2	（1）在主体导洞马头门位置处架设 I25a 型钢对撑，并将型钢对撑与预留钢板焊接或螺栓连接牢固； （2）进行马头门破除施工前条件核查
3	（1）环形破除横导洞拱部主体导洞初期支护结构，架设第一榀格栅并喷射混凝土封闭，格栅破除位置，主体导洞格栅主筋、竖向连接筋与横导洞第一榀格栅可靠焊接； （2）依次安装主体导洞拱部密排第二榀、第三榀格栅并喷射混凝土进行封闭； （3）破除主体导洞上台阶范围内横通道初期支护结构，开挖土方，留核心土，架立格栅钢架，挂网喷射混凝土
4	（1）上台阶掌子面进尺 3～5m 后开挖下台阶； （2）破除主体导洞下台阶横通道边墙钢格栅； （3）架设下台阶第一榀格栅，主体导洞第一榀格栅须与横通道格栅焊接牢固； （4)依次安装主体导洞下台阶密排第二榀格栅并喷射混凝土进行封闭、安装第三榀格栅并喷射混凝土封闭，循环开挖下台阶土方，并施作初期支护

2）马头门施工方法

（1）打设超前小导管并注浆

根据设计位置沿开挖轮廓线外 20～50cm 范围打设双排小导管，间距为300mm×200mm梅花形布置，共 33 根。在小导管位置与预埋钢板位置冲突部位在不改变小导管总量的前提下可适当调整孔位。为保证拱顶加固质量，小导管通常在各跨间布置，由于深度较大，可利用预留台阶或搭设平台上采用风钻或其他钻孔设备进行钻孔，钻孔深度如图 4-10 所示。

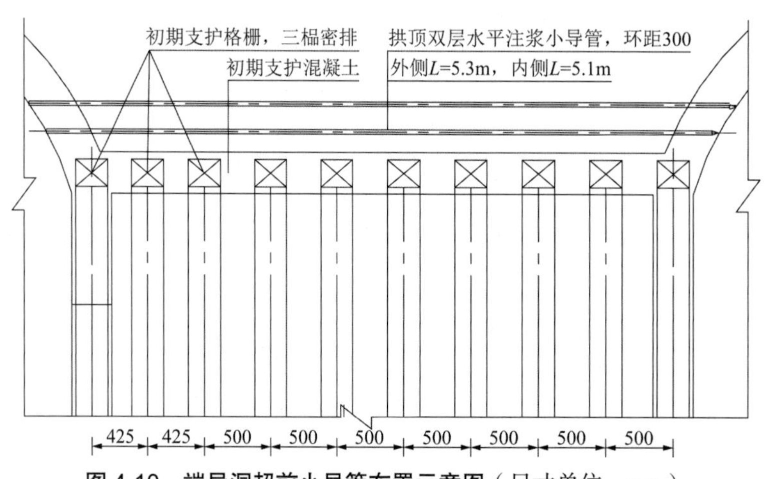

图 4-10 端导洞超前小导管布置示意图（尺寸单位：mm）

钻孔完成后，插入小导管并在对侧导洞开挖前完成注浆。注浆浆液为水泥-水玻璃双液浆，注浆压力为 0.2～0.4MPa，注浆终压为 0.5MPa，扩散半径不小于 0.25m。

（2）型钢对撑施工

马头门位于横通道与主体导洞交叉位置，受力情况复杂。为提高初期支护的刚度进而保证横导洞顺利进洞开挖，需在主体导洞内横导洞洞门位置处设置型钢对撑。横导洞马头门准备破除前，应架设好门形钢架。

横导洞洞门处型钢对撑采用 25a 工字钢，对撑间距 1m，共设置 9 道，对撑与主体导洞施工时预留钢板通过焊接形成一个整体。

马头门破除及后续开挖步序同主体导洞马头门破除及开挖步序。

4.2.6 掌子面封闭

（1）临时封闭掌子面

遇到较差地层，或较长时间的停工和工序转换时为了保证工作面稳定，应及时封闭整个工作面，挂网喷混厚度 100mm，钢筋网为ϕ6.5mm@150mm×150mm，喷射混凝土强度等级同初期支护并视具体情况进行适当的加固处理措施。

（2）导洞封端

A 轴～D 轴导洞施工至南北端时应进行封端。A 轴导洞～D 轴导洞初期支护封端墙格栅布置见图 4-11。

封端格栅钢筋与型钢间现场焊接，钢筋网、内外层钢筋及型钢连接好后，及时喷射 C25

混凝土封堵端头墙。预制端头格栅钢架时，应将靠近格栅钢架的型钢安装钢板与其焊接，焊缝高度 14mm，双面焊，格栅主筋与钢板全长焊接。格栅钢架纵向拉结筋ϕ22mm，双侧布置ϕ22mm@1000mm，梅花形布置。对 300mm 厚初期支护，格栅钢架外侧设置钢筋网ϕ6.5mm@150 × 150mm。

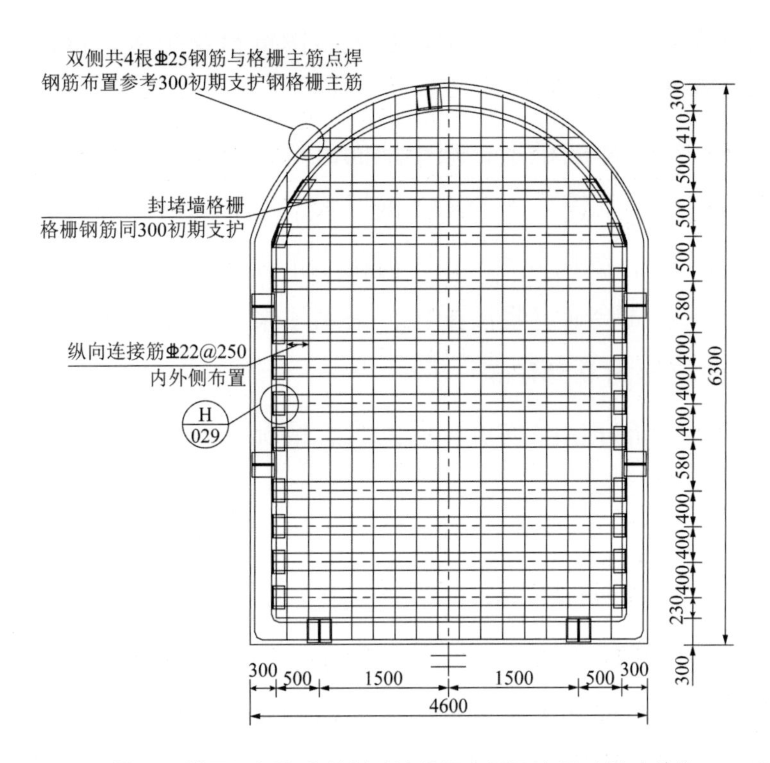

图 4-11　A 轴～D 轴导洞初期支护封端墙格栅布置示意图（尺寸单位：mm）

节点角钢与钢板材料采用 Q235B 钢。应保证节点处等强度连接，连接板处螺栓应紧固；锁脚锚管采用 DN32、t = 2.75mm 钢焊管，L = 2.0m，与水平面夹角 45°。锁脚锚管应进行注浆，采用单液水泥浆，注浆压力不大于 0.5MPa。

堵头墙外土体采用锚管注浆加固土体，锚管采用 DN32 的钢焊管，t = 2.75mm，单根长度 2m，外插角 15°～30°，水平间距 500mm，竖向间距同格栅间距，梅花形布置；注浆浆液根据地层情况由现场试验确定，并根据围岩条件控制好注浆压力，要求加固体直径不小于 0.5m。

4.2.7　导洞施工控制要点

（1）导洞每榀格栅安装前，检查格栅上预留钢板的位置及预留筋的长度是否与设计图纸相符，保证后续连接的准确性和可靠性。

（2）严格控制上层导洞现场每榀格栅的架设榀距及预留节点处的高程。榀距采用同步控制点控制每榀进尺，同时做好先开挖导洞的榀距进尺记录，为后续导洞的同步控制提供依据。

（3）导洞格栅架设完毕，应采取必要措施对预埋钢板进行保护。

（4）各导洞间开挖错距及同层导洞开洞顺序均需符合设计要求，避免群洞效应。

（5）上台阶格栅拱脚位置不得悬空，架设时采用方木将拱脚垫实。

（6）为减小施工过程中的沉降，每个作业循环在拱脚处打设锁脚锚管。锁脚锚管采用 DN32 钢焊管，$L = 2\text{m}$，角度呈 45°斜向下打设，严格控制注浆压力。

（7）施工过程中做好超前探测，并留好相关影像资料及纪录，依据超前探测土质干湿情况预判前方是否存在水囊。

（8）为保证结构周边土体的稳定，减小地面沉降，应及时进行初期支护背后注浆，必要时采取多次补浆。背后注浆管采用 DN32 钢焊管，沿导洞拱部和边墙布置。环向间距：起拱线以上 2m，边墙 3m，纵向间距 3m，梅花形布置。初期支护背后注浆采用单液水泥浆，根据地层条件由现场试验确定浆液配比，采用注浆量和注浆压力双控，注浆压力控制在 0.2～0.4MPa，注浆终压为 0.5MPa。

（9）做好应急预案，备好抢险物资，遇到紧急情况立即停止施工，封闭相应施工掌子面，并加强结构监控量测。

4.2.8 洞内排水

（1）导洞施工有地下水时，应根据具体情况采取注浆方式止水或埋管引排。

（2）导洞开挖掌子面应保持无水作业。若有渗漏水时，应采取堵水措施，宜按照先两侧后顶部的顺序堵水。

（3）初期支护完成后仍存在漏水时，应根据漏水量、地质情况采取止水措施，并须符合下列规定：

①宜先注浆截水，后注浆堵水。

②注浆浆液配合比同超前小导管注浆。

③漏水集中部位注浆时宜埋设引流管。

④漏水较分散部位，可在漏水面安装防水板，将水流引入排水沟。

（4）洞内宜采用顺坡排水，排水措施应满足隧道中渗漏水排水的需要；当采用反坡排水宜采用抽水泵抽水，可一次或分段接力降水排出洞外。

（5）明沟排水距拱脚不得小于 500mm，应采用不易被冲刷的稳定粒料修筑。

4.3 边桩及冠梁施工

4.3.1 边桩施工流程

边桩采用ϕ1000mm@1600mm 钻孔灌注桩。边桩施工流程见图 4-12。

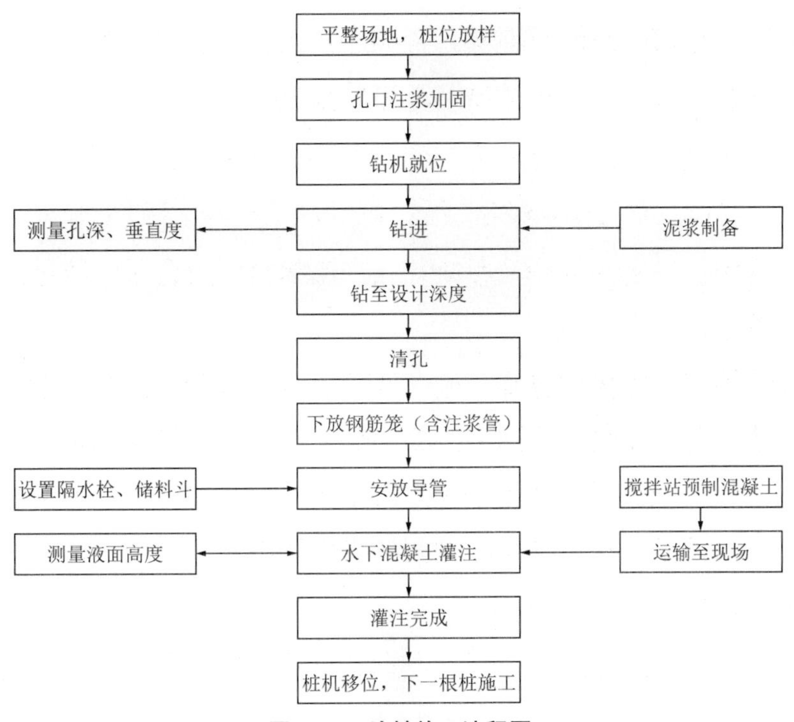

图 4-12 边桩施工流程图

4.3.2 边桩施工方法

车站侧壁采用ϕ1000mm@1600mm 钻孔灌注桩，钢筋混凝土桩底位于底板下 13.5m，在导洞开挖完成后开始施工。

1）设计参数

（1）边桩：ϕ1000mm@1600mm，钢筋混凝土桩。

（2）垂直度≤0.5%，桩位偏差±10mm。

（3）施工顺序：围护桩施工时需采用“跳三打一”施工，相邻桩位施工时需保证间隔36h 以上。

2）针对围护桩施工的措施

（1）围护桩成孔均采用第 7 代 8JH-150 型履带式反循环钻机（图 4-13～图 4-15），钻机的重量（19t）以及工作时的稳定性均非常适合洞内反循环施工工艺。第 7 代钻机扩大了夹钻杆平台，能提升和下放扶正钻杆，并且提高了安装钻杆精度，可有效控制垂直度。

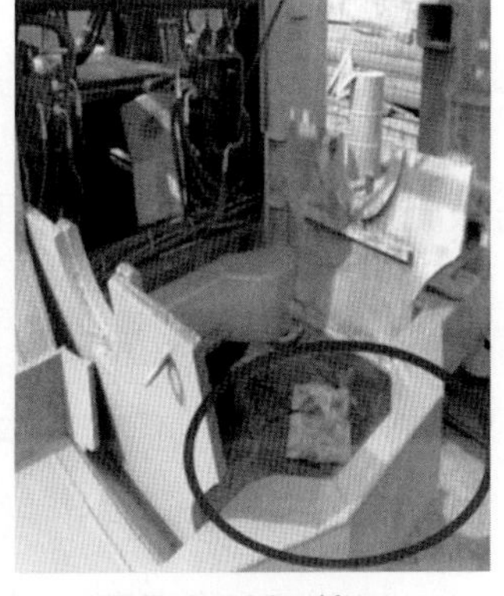

图 4-13 第 7 代 8JH-150 型履带式反循环钻机

图 4-14　加重钻杆及扶正钻杆

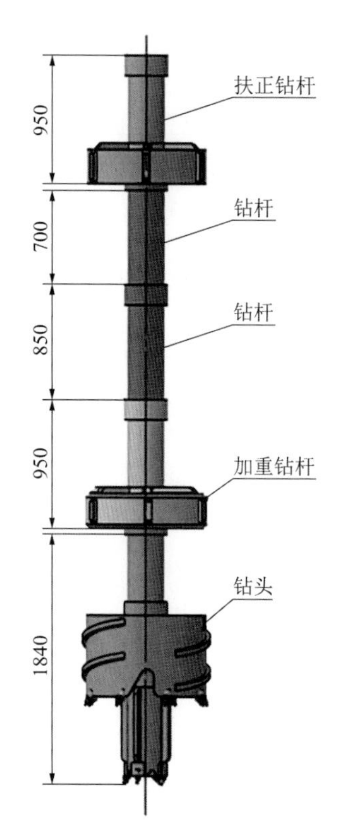

图 4-15　钻杆示意图（尺寸单位：mm）

（2）在连接钻头处的钻杆上加重，为控制垂直度，添加扶正钻杆，每 10m 一道；针对不同的地层情况，主要是卵石层，更换适用的钻头，提高钻孔效率并保证成孔质量。

4.3.3　边导洞底板开洞加固及导坑施工

因洞内设备施工前需人工进行挖孔护壁（深度为 2～3m，进入粉质黏土层不小于 1m）施工，用于下放钻头及孔口护壁，为减少主体导洞底板开洞造成净空收敛，间隔破除桩位导洞底板格栅钢架，待相邻施工完毕后方可进行相邻孔口破除。护壁破除导洞底板处理如图 4-16 所示。

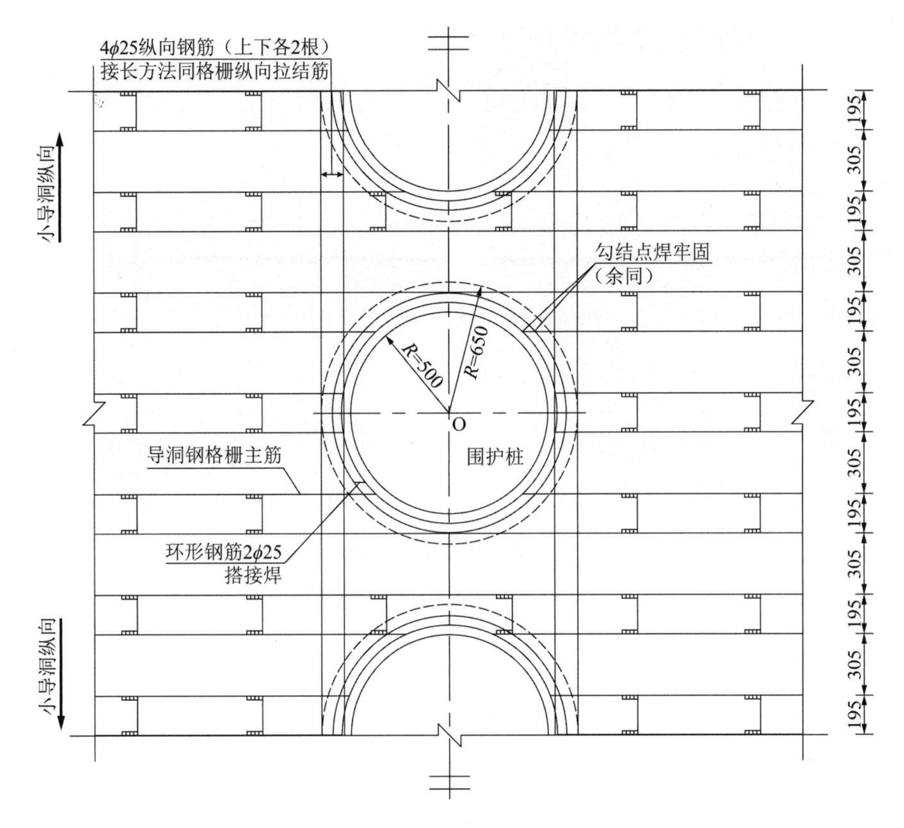

图 4-16 边桩挖孔护壁破除导洞底板处理示意图（尺寸单位：mm）

4.3.4 钻进

采用 KYZ10-180 的第七代履带式液压大功率钻机钻进成孔。

1）反循环回转钻进

（1）反循环工作原理：将冲洗液从孔口沿钻具与孔壁的环状间隙流向孔底，再经钻头沿钻杆内腔上升，经过排渣管和抓斗捞渣到地表渣仓。

（2）泥浆循环系统设置和使用：①由泥浆池、砂石泵、灌浆泵、除渣设备等组成，并设排水、清洗、排放废浆等设施；②循环系统采用泵送回灌式；③泥浆池数量为 2 个，每个池的容积为 80～120m^3。

（3）钻进及成孔后保证孔内泥浆充足，泥浆水面高于人工护壁顶面 15cm，以确保孔壁不坍塌。

（4）泵吸反循环钻进操作要点：

①吸水系统的连接需做到严密、牢固、顺通。从砂石泵的吸入口起直至钻头的吸口止，包括软管、水龙头和钻杆，各连接部位均要用橡胶垫（或圈）密封，法兰的各个螺栓应拧紧一致，不得有杂物在其中阻碍钻渣通过，转弯的地方要保证一定的曲率半径，不得拐直角弯。

②下钻时不能将钻头直接下降至孔底，在起动砂石泵前钻头要提离孔底钻渣至少保持

0.2m 以上距离，以防止堵塞钻头的吸渣口。

③加接钻杆、暂停钻进或提升钻具的操作：在钻机停止回转后，仍要维持反循环 1～2min，待吸到钻杆内的钻渣全部排出地表后，再停止砂石泵，防止停泵过早钻杆内钻渣落到钻头吸口处造成阻塞。

④控制钻进速度方法：

a. 在砂土或含少量砾石、卵石的砂土层中钻进时，为防止发生钻头吸水口堵塞或排渣管路堵塞，转速和进尺速度均不可太快。

b. 当遇到含水丰富而易塌孔的粉砂土层时，需使用慢转速钻进，以减少对粉质土层的搅动，同时加快进尺速度，以便快速通过，避免扩孔或发生塌孔。若泵的额定流量比实际流量大很多，可减小砂石泵出口阀门开度，控制流量，以减轻冲洗液对孔壁的冲刷。

（5）钻进中遇到故障或异常情况时，立即停机检查并查找原因，处理完成后继续钻进。

2）成孔质量检验

在终孔时或在成孔过程中对成孔质量进行检验，主要检验内容：孔深、孔径、垂直度、孔壁完整性、沉渣厚度。

检验方法：使用工具、操作方法（结合施工现场）与允许偏差应符合表 4-4 规定（参考相关规范）。

成孔质量检验方法　　表 4-4

检查内容	孔深	孔径	垂直度	孔壁完整性	沉渣厚度
检验工具（仪器）	专用测绳	自制井径仪	水平尺	超声波检测仪（水下成像仪）	专用测绳
允许偏差	+300mm	±50mm	<1%	已抽取 2 根	—

3）清孔与沉渣检测

（1）钻孔灌注桩清孔分两次进行。一次清孔在终孔时进行，二次清孔在钢筋笼和灌注导管安装完成后、混凝土灌注前进行。

（2）清孔采用泵吸反循环清孔。方法如下：

①第一次清孔，将钻头提离孔底 500～800mm，利用钻具空转，输入含砂量小于 4% 的优质泥浆，排出含钻渣的泥浆，直到达到清孔要求。

②第二次清孔，利用灌注导管进行。将清孔设备安接到导管口，并通过高压风管接入高压风，形成清孔系统。

③砂石泵的排出量与泥浆输入量相当，保持孔内水位，防止孔壁坍塌。同时泵量不宜过大，防止吸垮孔壁。

（3）一次清孔、二次清孔后均需检测泥浆指标和沉渣厚度，清孔后的沉渣厚度及检测方法见表 4-5。

清孔后的沉渣厚度、检测方法　　表 4-5

项目名称	桩类型	一次清孔		二次清孔	检测方法
		正循环	反循环		
泥浆指标	摩擦桩	⩽200mm	⩽300mm	⩽100mm	采用垂球顶端系上测绳，把垂球慢慢沉入孔底，凭人的手感判断沉渣顶面位置，读取测绳刻度
	端承桩	⩽100mm	⩽200mm	⩽50mm	
	支护桩	⩽300mm	—	⩽200mm	

（4）钢筋笼、灌注导管安放完成后，采用泥浆相对密度小于 1.05 的泥浆，置换孔内泥浆。

4.3.5 钢筋笼制作与安放

1）基本要求

（1）钢筋原材料的选用符合设计要求。钢筋原材料的实际质量与理论质量的允许偏差符合相关规定。

（2）钢筋进场后按批次、规格分类架空堆放，标识清楚并妥善保管，以防发生污染或锈蚀。

（3）钢筋笼所用的焊条根据钢筋母材的型号选用。

（4）钢筋的机械连接所用的套筒应有产品合格证，合格证上应注明套筒类型、生产单位、生产日期以及可追溯产品原材力学性能和加工质量的生产批号。

2）钢筋笼制作步骤

（1）按设计尺寸做好加劲筋圈（箍筋）并在其上标出主筋位置。

（2）把主筋摆在平整的工作台上，标明加劲筋位置。

（3）使加劲筋上任一主筋的标记对准主筋中部的加劲筋的标记，扶正加劲筋并使其与主筋垂直后进行点焊。依次照做，在一根主筋上焊好全部加劲筋。

（4）在骨架两端各让一人转动骨架，将其余主筋逐根照上法焊好。

（5）将骨架搁于支架上，套入螺旋盘筋，按设计位置布好螺旋筋，再点焊牢固。

3）钢筋笼加工技术要求

（1）边桩纵向主筋接头采用一级机械接头连接，具体分节位置除图中标注外，其余部位均根据现场实际施工确定；纵筋与螺旋箍筋及加劲箍筋用点焊连接；螺旋箍筋采用搭接焊，单面焊 $10d$；钢筋笼底端主筋向内以 1∶10 角度内折，内折范围为 500mm。

（2）钢筋表面的油渍、漆污、水泥浆、浮皮、铁锈等应清除干净。

（3）加工后的钢筋，表面不应有削弱钢筋截面的伤痕。

（4）钢筋笼主筋采用机械连接，且主筋接头为一级接头。

（5）制作允许偏差应符合《地下铁道工程施工及验收标准》（GB/T 50299—2018）的要求。

4）钢筋直螺纹施工工艺

钢筋直螺纹预加工在钢筋加工棚进行，其施工程序如下：

（1）切割下料

对端部不直的钢筋要预先调直，按规程要求，切口的端面应与轴线垂直，不得有马蹄形或挠曲变形，因此刀片式切断机和氧气吹割都无法满足加工精度要求，通常采用砂轮切割机，按配料长度逐根进行切割。

（2）加工丝头

①丝头的加工过程：将待加工钢筋夹持在设备的台钳上，开动机器，扳动给进装置，动力头向前移动，开始剥肋滚压螺纹，等滚压到调定位置后，设备自动停机并反转，将钢筋端部退出动力头，扳动进给装置将设备复位，钢筋丝头即加工完成。

②加工丝头时，应采用水溶性切削液，当气温低于 0℃时，应掺入 15%～20%亚硝酸钠。严禁使用机油作切削液或不加切削液加工丝头。

③丝头加工长度为标准型套筒长度的 1/2，其公差为+2P（P为螺距）。

④操作工人应按表 4-6 的要求检查丝头的加工质量，每加工 10 个丝头用通、止环规检查一次。

⑤经自检合格的丝头，应由项目部专职质检员随机抽样进行检查，切去不合格的丝头，查明原因并解决后重新加工螺纹。

⑥检查合格的丝头应加以保护，在其端头加戴保护帽或用套筒拧紧，按规格分类堆放整齐。

（3）螺纹丝头加工长度参数见表 4-6。

剥（直）螺纹丝头加工长度参数 表 4-6

钢筋规格	丝头完整有效扣数
C16	8
C18	9
C20	10
C22	11
C25	10
C28	12
C32	13

（4）现场连接施工

①连接钢筋时，钢筋规格和套筒的规格必须一致，钢筋和套筒的丝扣应干净、完好无损。

②采用预埋接头时，连接套筒的位置、规格和数量应符合设计要求。带连接套筒的钢筋应固定牢，连接套筒的外露端应有保护盖。

③滚压直螺纹接头应使用管钳和力矩扳手进行施工，将两个钢筋丝头在套筒中间位置相互顶紧，力矩扳手的精度为±5%。

④经拧紧后的滚压直螺纹接头应随手刷上红漆以作标识，单边外露丝扣长度不应超过 $2P$，如图 4-17 所示。

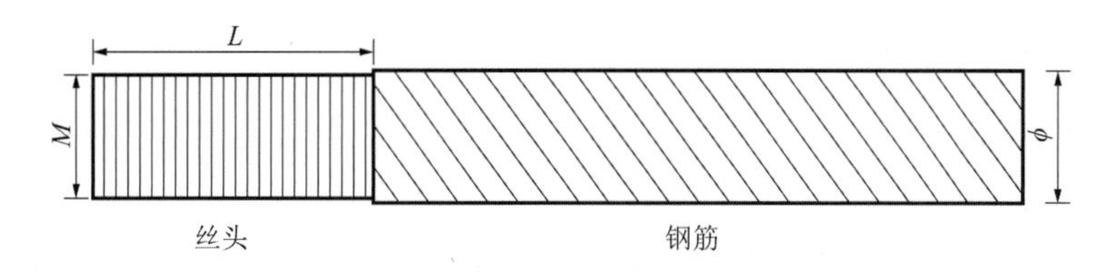

图 4-17 钢筋丝头示意图

M-丝头大径；ϕ-钢筋直径；L-螺纹长度

（5）钢筋笼吊装

钢筋笼在吊装过程中，为保证钢筋笼质量，必须注意在转运过程中钢筋笼不得产生变形。在导洞内吊装钢筋笼，节与节之间采用直螺纹连接。为了保证钢筋笼质量要求，在转运过程中采取加固措施保证钢筋笼不变形。钢筋笼竖直后，检查垂直度。骨架进入孔口后，将其扶正徐徐下放，严禁钢筋笼摆动碰撞孔壁，且边下放边拆除内撑，同时严禁内斜撑掉进孔内。

第一节钢骨架下放到最后一节加劲筋位置时，穿进工字钢，将钢筋支撑在孔口工字钢上，再起吊第二节骨架，使它们在同一竖直轴线上采用套筒连接好，抽出支撑工字钢后下放骨架。如此循环，使骨架下放至设计高程，定位于孔中心上，完成钢筋笼的安装。

4.3.6 混凝土浇筑

钢筋笼安装好之后应浇筑混凝土。边桩采用 C30 混凝土。混凝土运输采用泵送形式，坍落度为 180～220mm。

浇筑桩芯混凝土前应再次清理孔底虚土、排除积水，并检查成孔和钢筋笼质量，经监理验收同意后，方可开始浇筑混凝土。混凝土一次浇筑完成。

1）水下灌注

安设导管，采用 ϕ300mm 钢管组成。管节连接应严密、牢固，使用前应试拼、编号，并进行隔水栓通过试验，保证导管不漏水。底节导管可适当放长，且底部不设法兰，以防止牵挂钢筋笼，其余导管为 2m/节。导管底端距孔底应保持 30～50cm。浇筑过程中导管埋入混凝土深度应保持 2～3m，并随提升随拆除，导管吊放和提升不得碰撞钢筋笼。

2）灌注水下混凝土

（1）开始灌注首批混凝土时，为了保证首批混凝土方量将导管内水全部压出，并满足导管初次埋入深度（1～1.5m），应计算漏斗和储料器的最小容量。

（2）首批混凝土灌注后，应连续灌注，并尽可能缩短拆除导管的间隔时间。在混凝土灌注过程中，现场技术员应勤量孔深，掌握导管埋深情况，并严格按照技术规范要求控制导管埋深（导管埋深控制在 2～6m，并根据不同孔径、灌注速度在 2～6m 范围内调整）。当导管埋深超出规定时，必须及时拆除导管。

（3）灌注混凝土过程中，严格控制混凝土质量，保证坍落度控制在 160～210mm，不符合要求的坚决不用。

（4）导管拆除前要准确测量混凝土顶面至基准面的高度，计算导管埋深，确定拆管长度，并通过导管总长减去已拆除的导管长度来复核拆管后埋深是否符合技术规范要求。绝不允许出现导管超深或掏空的现象。导管拆除时可根据现场具体情况确定是否暂停混凝土的生产。导管拆除后，现场技术员应检查导管内情况。

（5）灌注过程中，指定专人负责填写水下混凝土灌注记录。

（6）整个灌注过程，请监理全程旁站。

（7）混凝土灌注时，每根桩留置混凝土试件 1 组。

（8）混凝土浇筑至桩顶设计高程处，不得有浮渣、淤泥等。

4.3.7 风险预控措施

1）风险点概述

（1）车站开挖过程中侧壁的渗漏水处理。

（2）边桩垂直度控制差，导致桩体侵陷，影响主体结构施工。

（3）车站底板的突涌。

2）应对预案

针对施工过程中的风险点，采取的措施如下：

（1）车站开挖过程中对侧壁的渗漏水点进行深孔注浆止水处理。

（2）边桩垂直度控制差：每根桩基成孔时及时进行垂直度检测，发现偏差较大时及时回填重新处理直至垂直度满足设计要求。

（3）防止车站底板的突涌：

①车站底板分段开挖，开挖一段施工一段，缩短开挖暴露长度。

②车站周边降水井已基本施工完成，必要时可进行适量降水以减小车站侧壁及基底水压力。

4.3.8 桩顶冠梁施工

（1）桩顶冠梁施工安排

待车站边桩完成后，开始在边导洞内分段施作边桩冠梁，边桩冠梁施工时，先将各个施工通道间根据施工安排及现场实际施工情况划分分界线，采取与开挖方向相反方向，由内到外流水作业施工。

（2）桩顶冠梁施工

各段边导洞内围护桩浇筑完成后，在导洞内分段绑扎冠梁钢筋，分段长度为 20～30m。冠梁纵向主筋为Φ25mm 钢筋（换乘通道冠梁纵向主筋为Φ28mm），采用机械连接；侧面腰筋为Φ20mm 钢筋，采用焊接，优先采用双面焊；双面焊接长度≥ $5d$，焊缝高度不小于 6mm；箍筋及拉钩筋为ϕ10mm 钢筋，采用扎丝与纵向主筋绑扎牢固，箍筋保护层厚度为 50mm。冠梁绑扎过程中提前预埋主拱初期支护格栅，埋入冠梁深度满足规范要求。

冠梁钢筋绑扎完成后，在边导洞支立冠梁模板，模板采用钢模或木模，用方木、丝杠和钢管支撑。模板支立完毕后，检查模板加固情况，确保浇筑过程中不发生跑模、漏浆现象。在上边导洞接入混凝土泵管，自下而上分层浇筑并振捣充分，冠梁采用 C35 混凝土浇筑。为保证后续施工中防水板施工，阴阳角部位满足50mm × 50mm 圆角要求，可在冠梁终凝后强度较低时进行处理。

（3）预留口处桩顶冠梁施工

为了后期施工避免凿除冠梁结构，在东、西侧换乘通道、出入口位置冠梁适当挑高，边桩伸长锚入挑高冠梁中。

抬高段的冠梁施工时，先对挑高的边桩预留的钢筋接头进行处理，清理桩内杂物，再支设桩底模板，绑扎冠梁钢筋，并与两侧正常段冠梁钢筋同时绑扎完成，支设侧模，浇筑混凝土。

4.4 钢管柱及钢管柱桩基施工

4.4.1 钢管柱桩基施工流程

钢管柱下桩基施工流程如图 4-18 所示。

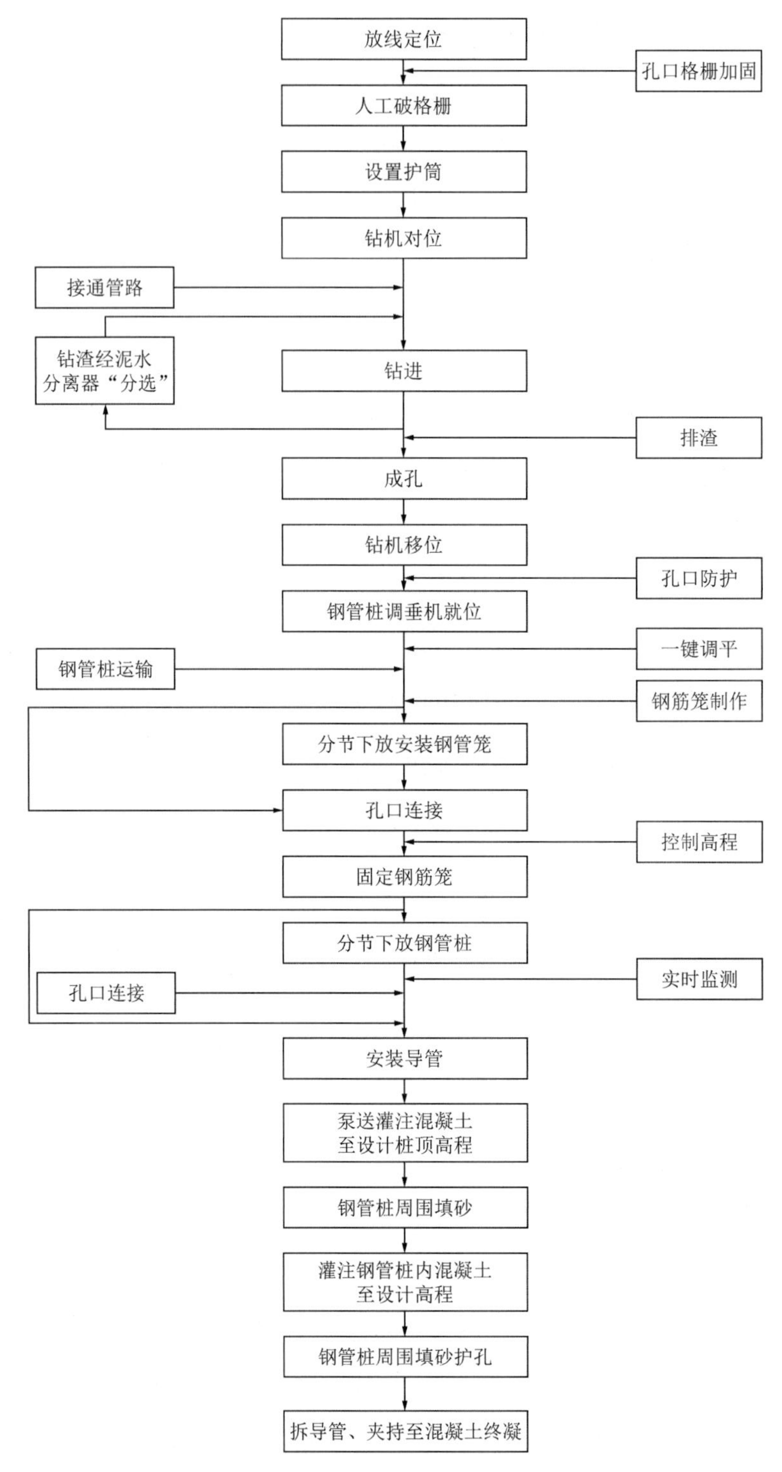

图 4-18　钢管柱下桩基施工流程图

4.4.2　施工工艺

1）人工破口

洞内机械桩开口段利用人工挖孔护壁作为钻进护筒，护壁的厚度上口 20cm，下口 10cm，深度（不含锁口环）2～3m，需进入黏土地层 1m，以防塌孔，开口段直径 2m，高度与工作面平齐。孔位经测量放样后做好保护，施工过程中加强保护。按照测量点位用风镐或电镐并以桩中心为圆心破除导洞底板初期支护结构混凝土，中洞桩基破除半径为1200mm。尽量保留不切断不影响钻孔的格栅纵筋，采用6根ϕ25mm环形钢筋（分为上、下两层）搭接焊成环，与底板格栅纵筋点焊牢固，环形钢筋焊接牢固后采用C25混凝土浇筑。待混凝土强度达到设计要求后开始人工开挖，护壁混凝土每挖完一节以后要立即浇筑。人工浇筑，人工捣实。护壁混凝土采用C25早强混凝土，厚度20cm，坍落度控制在80～100mm，上下两节护壁之间搭接5cm，确保孔壁的稳定性。

孔内作业时，孔口上面必须有人监护。挖出的土方及时运离孔口，混凝土围圈上不得放置工具，不允许站人。孔内作业人员必须头戴安全帽、身系安全带。利用吊桶运土时，必须采取相应的防范措施，以防落物伤人。施工中应随时检查垂直运输设备的完好情况和孔壁情况。挖孔班组人员撤离时孔口必须用硬质盖板防护完成，避免人员坠落。

2）钻进

反循环钻机成孔时先向孔内输入一定数量的泥浆后，启动砂石泵，待反循环正常后，开动钻机慢速回转下放钻头：开始钻进时，应轻压慢转，待钻头正常工作后，可逐渐加大转速，调整钻压，使钻头吸口不产生堵水。

钻进施工前应根据验收表格逐项检查，合格后方可开钻，否则必须等整改完毕符合验收标准后方可作业。

开始钻进时，进尺应适当控制，在护筒刃脚处，应低挡慢速钻进，使刃脚处有坚固的泥浆护壁。钻至刃脚下1m后可按土质情况以正常速度钻进。

钻进时认真仔细观察进尺和砂石泵排除渣的情况；排量减少或出水中含渣量较多时，应控制钻进速度，防止因循环液比重太大而中断反循环。

加接钻杆时，应先停止钻进，将钻具提离孔底20cm左右，维持冲洗液循环1～2min，以清洗孔底并将管道内的钻渣携出排净，之后停泵加接钻杆。钻杆连接应拧紧上牢，防止螺栓、螺母、拧卸工具等掉入孔内。

钻进时如孔内出现坍孔、涌砂等异常情况，应立即将钻具提离孔底，控制泵量，保持冲洗液循环，吸除坍落物和涌砂；同时向孔内输送符合性能要求的泥浆，保持水头压力以抵制继续涌砂和坍孔，恢复钻进后，泵排量不宜过大以防发生吸坍孔壁。

在钻进过程中，要做好泥浆维护管理，每30min测一次泥浆的黏度和相对密度，根据泥浆成分的变化作出相应的处理措施。

钻机周边需准备充足的锯末、膨润土，待泥浆相对密度达不到要求或失水严重时添加。红土及沙袋集中存放，发生坍孔时将其投入孔中填充。

3）泥浆制备

（1）钻孔灌注桩采用泥浆护壁施工，配备泥浆循环系统。泥浆储浆池、循环池、废渣池等均放置在竖井，若渗漏情况严重则采用钢箱放置，确保泥浆不污染周围环境。根据本工程地质情况，将选用优质黏土造浆，必要时掺入适量蒙脱石含量高的膨润土或纯碱（Na_2CO_3）等外加剂。

（2）泥浆的调制：泥浆制备在沉淀池内进行，制浆前先将黏土或膨润土块打碎，使其在搅拌中易于成浆，缩短搅拌时间，提高泥浆质量。制浆采用机械搅拌。搅拌时，先将定量的水加入沉淀池内，之后慢慢地加入与水量相应的黏土或膨润土，并开动机器搅拌，成浆后，将泥浆置于泥浆池内。

（3）泥浆控制指标。

①泥浆控制指标及配比见表 4-7 和表 4-8。

泥浆控制指标 表 4-7

项次	项目	性能指标	试验用仪器
1	相对密度	1.10～1.15	泥浆比重计
2	黏度	18～25s	500/700mL 漏斗法
3	含砂率	<3%	含砂量测量仪
4	胶体率	>95%	—
5	失水量	<30mL/30min	—

粉质黏土地层泥浆配比 表 4-8

项目	水	钠基膨润土	火碱（NaOH）	羧甲基纤维素（CMC）
单位	kg	kg	按土的质量	kg
数量	1000	250	2%	3

②钻进过程中经常采集泥浆样品，测定性能指标，利用循环水不间断给孔内补充一定稠度的泥浆，保持水头压力。

（4）废泥浆处理：钻孔过程中排出的泥浆首先汇集在竖井，通过泥浆净化设备将泥浆过滤后重新使用，过滤出来的废渣运到弃渣场处理。

4）清孔

成孔达到设计高程后，将钻头留在原处继续旋转数圈，避免孔底缩孔。对孔深、孔径、孔壁、垂直度等进行检查，不合格时采取相应措施处理。

采用泵吸反循环抽浆的方法清孔，清孔时合理控制泥浆的黏度与含砂率，用砂石泵排出孔底悬浮钻渣的泥浆，经净化处理后，再经回流泵排入孔内。经质量检查合格的桩孔，及时分节安装钢筋笼及注浆管，钢筋笼安装就位后安设导管。如测孔底沉渣超标则进行二次清孔。以导管作为吸泥泵的吸浆管与吸泥泵相连接，导管底离孔内沉渣面约 10cm，启动吸泥泵进行反循环排渣，并将导管慢慢放至孔底抽吸约 5min 即可。清孔完后，将特制弯管拆除即可开始灌注水下混凝土。钢筋笼安装就位后及时灌注混凝土，防止沉渣超标及孔壁坍塌，孔桩沉渣厚度应控制在50mm以内。

5）钢筋笼施工

中桩成孔后应首先进行钢护筒的安装。钢护筒外径2000mm，壁厚10mm，每节长度2m，钢护筒采用螺栓法兰形式进行连接。为方便钢护筒安装，护筒内侧环向应均匀分布焊接4个耳环，与钢丝绳由U形卡环连接缓慢下放。将下段吊入孔内后，其上段应留0.5m左右临时固定在孔口处，将4个耳环割除，上下段钢护筒对正连接合格后继续下沉，依次循环钢护筒安装至设计高程时，对钢护筒采取定位固定。

钢护筒固定完成后进行钢筋笼安装，钢筋笼通过地面上加工完成。每段长度2.4m（分段后主筋采用接驳器连接），钢筋笼下端0.8m内主筋稍向内侧弯曲成倾斜状。中间桩基长度为15m，桩径为2m。主筋为32根ϕ25mm钢筋，主筋外侧为ϕ12mm@200mm螺旋箍筋（加密区为ϕ12mm@100mm），内侧设ϕ20mm@2000mm加强箍筋，并同边桩一样设置注浆管。

（1）钢筋笼制作步骤

①按设计尺寸做好加强箍筋并在其上标出主筋位置。

②把主筋摆在平整的工作台上，标明加强箍筋位置。

③使加强箍筋上任一主筋的标记对准主筋中部的加强箍筋的标记，扶正加强箍筋并使其与主筋垂直后进行点焊。依次照做，在一根主筋上焊好全部加强箍筋。

④在骨架两端各让一人转动骨架，将其余主筋逐根照上法焊好。

⑤将骨架搁于支架上，套入螺旋盘筋，按设计位置布好螺旋筋，再点焊牢固。

（2）钢筋笼直螺纹连接控制方法

在卡具的三个小槽中放入三根主筋，一头与挡板下方的3个标准套筒杆标对齐，拧好连接套筒。之后在3根主筋上相应的位置焊上钢筋笼加劲箍。将立柱竖起固定牢固，由下至上依次安装横杆，并同时穿入钢筋笼主筋，确定各主筋位置。将已置于横杆上的钢筋笼剩余主筋依次旋入各标准套筒杆内，将钢筋笼主筋与加强箍筋焊接牢固，抽出横杆，安装箍筋。

（3）钢筋笼加工技术要求

①钢筋在加工弯制前应调直，无局部曲折。钢筋的调直可采用机械加工。

②钢筋表面的油渍、漆污、水泥浆、浮皮、铁锈等。

③加工后的钢筋，表面不应有削弱钢筋截面的伤痕。

④钢筋的接头应交错布置，在35d（d为主筋直径）范围内接头面积不能超过面积的50%。

⑤制作允许偏差应符合《地下铁道工程施工质量验收标准》（GB/T 50299—2018）要求。

（4）钢筋笼的吊装

在吊装过程中，为保证钢筋笼质量，必须注意在转运过程中钢筋笼不得发生变形。在导洞内吊装钢筋笼，节与节之间采用直螺纹连接。为保证钢筋笼质量要求，在转运过程中采取加固措施保证钢筋笼不发生变形。钢筋笼竖直后，检查垂直度。骨架进入孔口后，将其扶正并徐徐下放，严禁钢筋笼摆动碰撞孔壁，且边下放，边拆除内撑并严禁内斜撑掉进孔内。第一节钢骨架下放到最后一节加强箍筋位置时，穿进工字钢，将钢筋支撑在孔口工字钢上，再起吊第二节骨架，使其在同一竖直轴线上采用套筒连接好，抽出支撑工字钢后下放骨架。如此循环，将骨架下放至设计高程，定位于孔中心上，完成钢筋笼的安装。最后一节钢筋笼安装就位后，用钢筋把钢筋笼焊接固定于孔口护筒。

6）混凝土浇筑

钢筋笼安装好之后应进行混凝土浇筑。柱下桩基混凝土采用 C35 混凝土。混凝土运输采用泵送形式，坍落度为 160～210mm。浇筑混凝土前应先检查成孔和钢筋笼质量，混凝土一次浇筑完成。水下灌注采用直径为 219mm 的钢管，管节连接应严密、牢固，使用前应试拼，并进行隔水栓通过。

混凝土浇筑至桩顶设计高程处混凝土强度应满足设计要求，设计高程处不得有浮渣、淤泥等，桩基浇筑时应注意钢管柱调平螺杆的预埋，以便于后期施工。

（1）钢筋笼安装结束后应立即检查孔深，计算沉渣厚度，符合规范要求后做好相应记录。灌注混凝土前应将导管内的空气排出，以防止首批混凝土过程中导管内压力过大，混凝土下不去甚至翻浆。排气方法是先拆除导管顶盖，将导管提升 2～3m，再缓慢下放，逐步将导管内压力消除，排气过程中应注意泥浆不能溢出桩孔。

（2）导管空气排出后，吊装封底用料斗与导管连接，调整导管顶面高度，以使导管底距离孔底在 30～50cm。将料斗内壁浇水润湿，吊车副卷扬机吊挂铁板封住料斗底口，下放混凝土前应用工具将铁板按住，防止混凝土下放至料斗时冲击力过大导致铁板错位，对封底造成困难。

（3）混凝土罐车到场后先由试验人员现场测试混凝土坍落度，待各项指标符合要求后，现场技术及试验人员确认合格，报现场监理工程师复检，同意灌注混凝土后，方可开始灌注混凝土。

（4）当大料斗内混凝土面上升接近料斗顶面时，指挥吊车提升副卷扬机，同时稳定好主卷扬机，混凝土开始灌注，同时观察孔内翻浆情况，直到确认封底成功后，测量混凝土面高度，计算导管埋深，并做好记录。首批封底混凝土灌注过程中不论发生任何情况，都不得中断混凝土下放，否则极有可能造成混凝土封底失败。首批混凝土灌注结束后，可拆卸大料斗，换用小料斗灌注。大料斗拆卸后应及时用高压水枪将壁内外冲洗干净，以备下次使用。

（5）首批混凝土灌注正常后，要紧凑、连续不断地进行，严禁中途停工。为防止堵管，在向导管内倾注混凝土时不宜正对管口中心，且不得过猛，可将小料斗底口焊接一根 ϕ20mm 钢筋以减缓混凝土下放速度。灌注过程中要经常测量混凝土面的上升高度，作好记录，适时拆卸导管，保持导管合理埋深，一般导管埋深不应小于 2～3m，但最大埋深不得超过 6m。桩灌注混凝土时，中途应至少测量一次混凝土面上升高度，及时拆卸导管，防止导管埋深过大。拆下的导管应合理安排场地存放，并用枕木下垫，不得将导管直接放在地面上，拆下的导管应及时冲洗干净，内壁不得有混凝土残渣。导管吊放和提升不得碰撞钢筋笼。

（6）在灌注过程中，应特别注意当混凝土面接近钢筋笼底部时，应保持较大的埋管深度，放慢灌注速度，一般以灌注 8m^3 混凝土用时 30min 为度。当混凝土面超过钢筋笼底 2m，应减小导管埋深，使导管底口处于钢筋笼底高程附近，当混凝土面超过钢筋笼底部 3m 以上时，即可正常灌注。

（7）灌注接近桩顶时，应准确测量混凝土面高度，计算混凝土需要量，严格控制桩顶高程及混凝土用量。

（8）混凝土灌注过程中，应配备发电机，确保混凝土灌注连续进行，同时应将孔内溢出泥浆引至泥浆沉淀池，经沉淀后再进入泥浆池循环使用。

（9）为防止钢筋笼有所下沉，应在混凝土灌注结束 20min 后再拆除钢筋笼吊筋横担，拔出护筒，并加盖防护网，立好警示牌。

7）后注浆施工

（1）后注浆管分节及连接方式

注浆管采用专门加工的带有丝扣的 DN32 的钢管，2.5m 一节，采用火烧丝将注浆管与钢筋笼绑扎在一起或进行电焊加固，每节注浆管采用火烧丝绑扎 5 道以保证绑扎牢固，每节连接完成后上端采用棉纱进行封堵，防止泥浆流入。

4 根压浆管分别穿过荷载箱上下两个平面上预留的孔洞，与桩底齐平，压浆管底部压浆头低于桩底 20cm。每节压浆管与钢筋笼分节长度相同，每节钢筋笼安装完毕后安压浆管，钢管连接采用管箍连接，如图 4-19 所示。

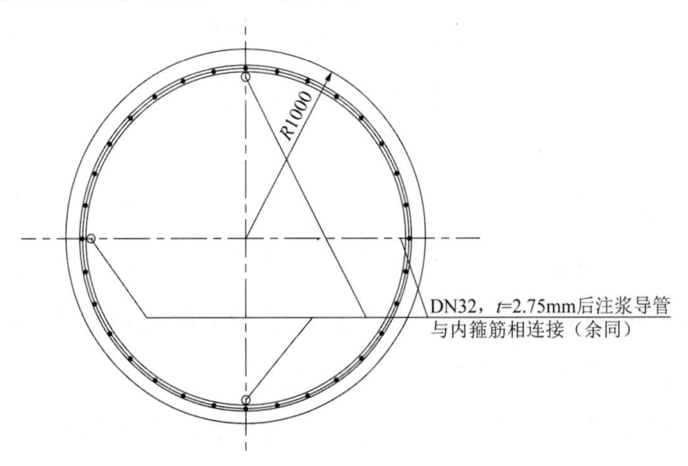

图 4-19　后注浆管埋设位置示意图（尺寸单位：mm）

（2）后注浆工艺及质量控制

①注浆技术参数

a. 采用 P·O 42.5 级普通硅酸盐水泥，浆液的水灰比应根据土的饱和度、渗透性确定，对于饱和土，水灰比宜为 0.45～0.65；对于非饱和土，水灰比为 0.7～0.9（松散碎石土、砂砾宜为 0.5～0.6）；低水灰比浆液宜掺入减水剂。

b. 桩端注浆终止注浆压力应根据土层性质及注浆点深度确定，对于风化岩、非饱和黏性土及粉土，注浆压力宜为 3～10MPa；对于饱和土层注浆压力宜为 1.2～4MPa。

c. 注浆流量：不宜超过 75L/min。

d. 后注浆作业开始前，宜进行注浆实验，优化并最终确定注浆参数。

②注浆施工

压浆采用 2SNS 型高压注浆泵并配以 YJ340 型泥浆搅拌机，总功率 14kW。采用桩端与桩侧同时注浆，压浆起始时间为成桩 2d 以后（桩底沉渣及桩周扰动土尚未充分固结和触变恢复，将水泥浆压入更有利于其扩散渗入固化基土），不宜超过 30d，把地面注浆系统与孔内一根注浆管连接，将另一个注浆管丝堵打开，压入适量清水，冲洗孔底内注浆腔室，待另一注浆管内出清水后，开始注入按设计水灰比配制的水泥浆液，待另一注浆管内流出水泥浆液时停注，安装上丝堵，继续注浆，待压力达到 1.5MPa 时，稳压 15min 左右，堵上此注浆管，换另一注浆管二次注入水泥浆液，压力达到 1.8～2MPa 时，稳压 15min。

③压浆施工中出现的问题和相应的处理措施

a. 压水

a) 存在的问题：灌注桩后压浆工艺施工时只注重压浆施工的本身，却往往忽视压水以疏通压浆的通道，误以为压浆管安装没有问题就能正常压浆了。事实上，后压浆的通道除了压浆管以外还应包含包裹住压浆管出口的混凝土覆盖层，如不针对具体情况采用相应的措施，极易导致无法压浆。

b) 处理措施：压浆成功与否的关程序之一是压水，一般正常情况下应在桩身混凝土浇筑完成 24h 内进行压水，以疏通压浆通道。在桩端或桩侧压浆部位如出现扩孔、塌孔或充盈系数较大时，特别注意应提前压水，压水应在混凝土浇筑完成 5h 左右进行，以确保能冲开较厚的混凝土覆盖层。

b. 喷头打不开

a) 存在的问题：压力达到 10MPa 以上仍然打不开压浆喷头。

b) 处理措施：说明喷头部位已经损坏，不要强行增加压力，只可在另一根管中补足压浆数量。

c. 终止压浆的控制

a) 存在的问题：某些施工单位常以压力太大超过设计压力为由，在压浆量与设计要求相差较大时终止压浆；压浆量虽然超过了设计要求，压力却很小时终止压浆；压浆量还未达到设计要求时，水泥浆从附近冒出地面时终止压浆。

b) 原因分析：压浆量与设计要求相差较大时压力却较高，往往是因为操作不当引起的，即压浆开始或刚压入的部分水泥浆时就挂高挡压浆，压力立即升高，形成无法压浆的假象；如一开始压浆压力就较小，并且浆液从附近冒出，说明水泥浆很可能不是从指定的桩端或桩侧压浆部位压出的，而是从上部压浆管接头处压出的；水泥浆是向最为薄弱、阻力最小的地方进行渗透的，若压浆初始状态就采用高档压浆，水泥浆液将会顺着桩身上窜冒出地面。

c) 处理措施：终止压浆总的控制原则是以压浆量为主，压力控制为辅。若水泥浆是在其他桩或者地面上冒出，说明桩底已经饱和，可以停止压浆；若从本桩侧壁冒浆，压浆量也满足或接近设计要求，可停止压浆；若从本桩侧壁冒浆且压浆量较少，可将该压浆管用清水或用压力水冲洗干净，等到第 2d 原来压入的水泥浆液终凝固化、堵塞冒浆的毛细孔道时再重新压浆。

8）桩基检测

钢管混凝土柱柱下桩基混凝土施工时应按规范要求留置试块，每根桩不得少于一组。机械成孔桩桩身质量检查应采用低应变动测法检测桩身完整性，逐根进行检查；当根据低应变动测法判定为桩身缺陷可能影响桩的水平承载力时，应对桩体进行钻芯法补充检测。柱下桩基还应采用静载试验确定单桩竖向承载力，检测数量在同一条件下不应少于 3 根，且不宜少于总桩数的 1%。柱下桩基竖向承载力特征值为$R_{\mathrm{a}} = 19050\mathrm{kN}$，静载试验确定的承载力应大于特征值的 2 倍。

9）钢管柱运输及安装

（1）钢管柱运输

①钢管柱在加工厂加工，经验收合格后再运往工地。

②在运输过程中要加强成品保护工作，钢管柱底部按规定的间距、高度进行存放，防止轴向变形。法兰盘和衬管栓钉部防止受力和碰撞，妥善进行保护，避免碰伤成品。

③运至竖井场地后，进行必要的覆盖和垫离，防止锈蚀，防止因碰撞而变形。

④钢管柱在由地面至竖井底的垂直运输过程中，使用双轨桥式起重机（或竖井门式起重机）吊运。垂直吊运注意事项：

a. 吊运时采用钢丝绳两点水平吊运，并注意防止钢管柱的滑移和表面发生划伤。

b. 施工操作人员严格按吊运安全操作规程作业，杜绝高空坠物发生。

⑤钢管柱由竖井底至架设工作面的水平运输由自制的架子车（炮车）完成。运输过程中，将吊运的钢管柱稳稳地平放于停靠在操作平台的架子车上，使用机械配合人工推运至作业点。推运过程中要采取必要的加固、防护措施，避免钢管柱侧向滚动或前后滑动形成

安全隐患。

（2）钢管柱安装

钢管柱吊装由孔口机载吊装门形架完成，钢管柱分节吊装。加工耳环，用作钢管柱的吊装作业。

最顶部一节钢管柱待打灰（灰面至导洞底板处）完成，浇筑完成 30h 后再进行拆除及机械挪移。根据施工情况，整洞中桩完成后，再进行顶部最后一节钢管柱安装。

（3）钢管柱安装步骤

第一步：钢管运输至孔口处，利用中桩设备机载吊机进行钢管柱吊装，缓慢竖直向上提升钢管，离开运输车；之后运输车拖走，离开钢管所在位置，如图 4-20 所示。

第二步：钢管柱下放至加固板处，进行高强螺栓连接，螺栓需连接紧密。螺栓拧紧后使用扭矩扳手逐个进行检测，如图 4-21 所示。

图 4-20　钢管柱运输

图 4-21　高强螺栓连接

第三步：缓慢收紧，提升孔口中桩设备的加矢位置，同时缓慢松开吊机机架的环链葫芦。该过程务必缓慢进行，两部提升机构同时协同工作，确保钢管始终处于稳定状态，且离开地面 10cm 左右。

第四步：进行至钢管竖直的位置，检查确保钢管稳定，摘除吊机机架的环链葫芦挂钩，逐渐下放中桩设备高度，慢慢下喂钢管；待钢管上端法兰接近井口高程，留够适当距离；安装井口的卡口钢板，将钢管固定在卡口钢板上面，检查并确保可靠、稳定后，摘掉挂钩，如图 4-22 所示。

图 4-22　钢管柱夹持

第五步：吊装时每吊装一节后用中桩设备临时固定进行精度调整，待钢管柱法兰连接牢固后接下一节。以同样的方式吊装下一节，之后安装钢管柱连接法兰的高强螺栓。依次类推逐节安装其他节段，最后采用中桩设备将整根钢管柱固定在孔口。进行钢管柱调平，钢管柱调平采用高精度传感器，如图 4-23 和图 4-24 所示。

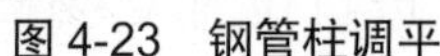

图 4-23　钢管柱调平

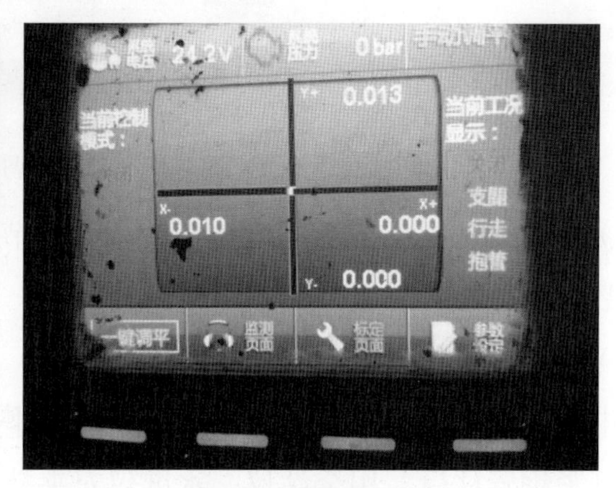

图 4-24　数据显示器

通过中桩设备喂管法将整根钢管柱下放并固定到指定高程位置。之后在钢管柱内下放导管并开始灌注桩基混凝土至钻孔桩桩顶高程，继而进行钢管柱与孔壁之间回填细砂，细砂回填高度以压住钢管柱四周混凝土上翻即可，最后灌注钢管柱内混凝土至顶节钢管柱节点以下 1m 处，待混凝土灌注完成 30h 后，方可移走中桩设备。

按照此方法完成其余中桩施工。中桩最顶部一节的钢管柱，需后期统一安装，将该节管内钢筋笼加装到位，并使用细砂回填钢管柱与孔壁之间的间隙，之后再次灌注钢管柱内混凝土至钢管柱顶部。

10）中桩设备就位及精调

（1）中桩设备（套管调垂设备）。钢管柱通过中桩设备（工作状态：两端长 5.45m × 宽 2.6m × 高 4.8m，中桩设备中心至尾段 4.48m 吊装），如图 4-25～图 4-27 所示。

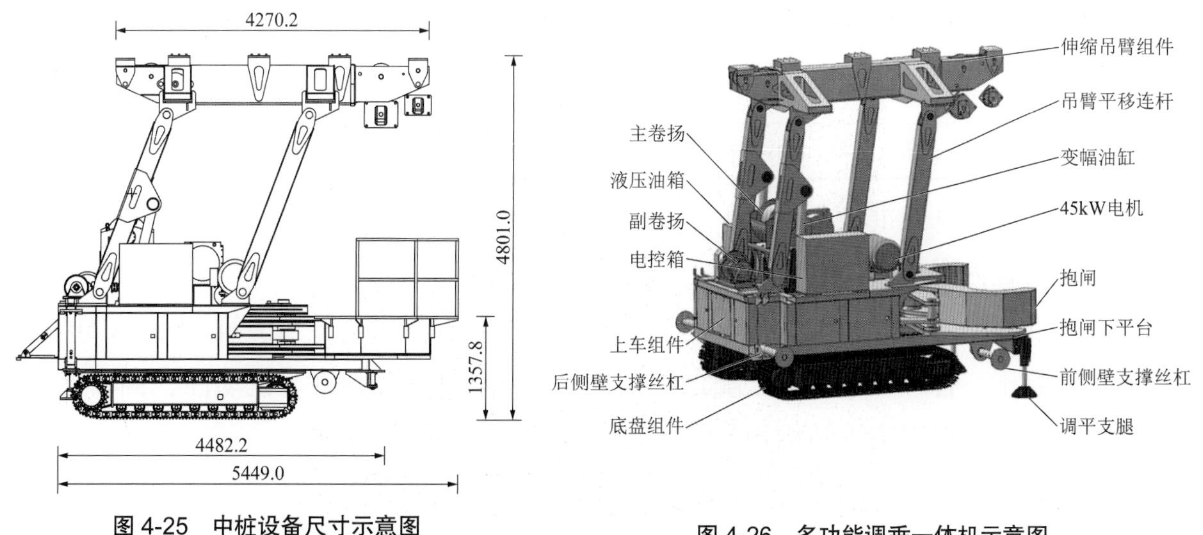

图 4-25　中桩设备尺寸示意图
（尺寸单位：cm）

图 4-26　多功能调垂一体机示意图

图 4-27　TC-900 调垂机实物图

（2）中桩设备标定施工中设置钢管柱工具节，工具节使用前进行设备标定，获取设备相关参数。

（3）中桩设备就位。

①中桩设备就位：设置十字护桩，高程水平放样。

②箍紧钢管柱后，用全站仪、水准仪对夹持的钢管柱进行位置复核。

（4）过程中精调。根据重新复核的桩位中心就位，调整中桩设备水平度，使其中心与桩位中心吻合。启动中桩设备液压系统抱紧钢管柱，之后复核钢管柱垂直度；通过设备的垂直调校装置调整钢管柱垂直度，使钢管柱垂直度满足设计要求；启动设备液压垂直插入钢管柱至设计高程。再次复核垂直度及柱顶高程，直至满足要求后在钢管柱内下放导管并进行二次清孔。

（5）钢管柱的吊放安装定位见表 4-9。

钢管柱安装施工允许偏差　　表 4-9

序号	检查项目	允许偏差（mm）
1	立柱中心线和基础中心线	±5
2	立柱顶面高程和设计高程	±10
3	立柱顶面不平度	±5
4	各柱间的距离	间距的 1/1000
5	各立柱不垂直度	长度的 1/1000，最大 15
6	各立柱上下两平面相应对角线差	长度 1/1000，最大 20

11）灌注钢管柱内混凝土

（1）钢管柱内混凝土施工说明

钢管柱混凝土采用 C50 高性能微膨胀混凝土，用导管输入法进行浇筑，根据 C50 高性能微膨胀混凝土，合理设计混凝土配合比，使其具有良好的和易性、流动性、自填充性，工作性能良好，确保混凝土结构均匀密实且有合适的微膨胀性。

（2）主要施工工艺

①施工前认真做好各项准备工作。严格落实施工人员进行技术交底；检查各种施工机

具的数量、型号及工作性能是否能够满足施工需要；要求混凝土供应商，采取有效措施确保混凝土的连续供应。认真研究灌注方案、确保混凝土质量。

②每根钢管柱浇灌混凝土之前，先在其底部浇灌一层厚5cm左右厚的与核心混凝土强度等级相同的水泥砂浆、以免初灌混凝土落下时粗骨料产生弹跳现象。由于C50砂浆需求量较小，可预先确定并获得有关单位认可的配合比。

③灌注时，在地面将一个带阀门的进料软管的一端直接与泵车输送管相连，另一端送入钢管柱管底，用泵车将混凝土连续不断地自下而上灌入钢管柱内。泵送前，需采用0.5m^{3}砂浆湿润泵管，该部分混凝土不泵入钢管柱内。

④浇筑前，与混凝土接触的物体表面应充分湿润，与老混凝土的接触面应先保湿12～24h。

⑤混凝土应分层、快速、连续一次浇筑完成，用插入式振动器振捣密实，不能漏振、过振或欠振。混凝土浇筑温度不宜超过35℃，每层接缝时间不得超过2h。如因意外情况出现施工缝，应按规范要求处理，如图4-28所示。

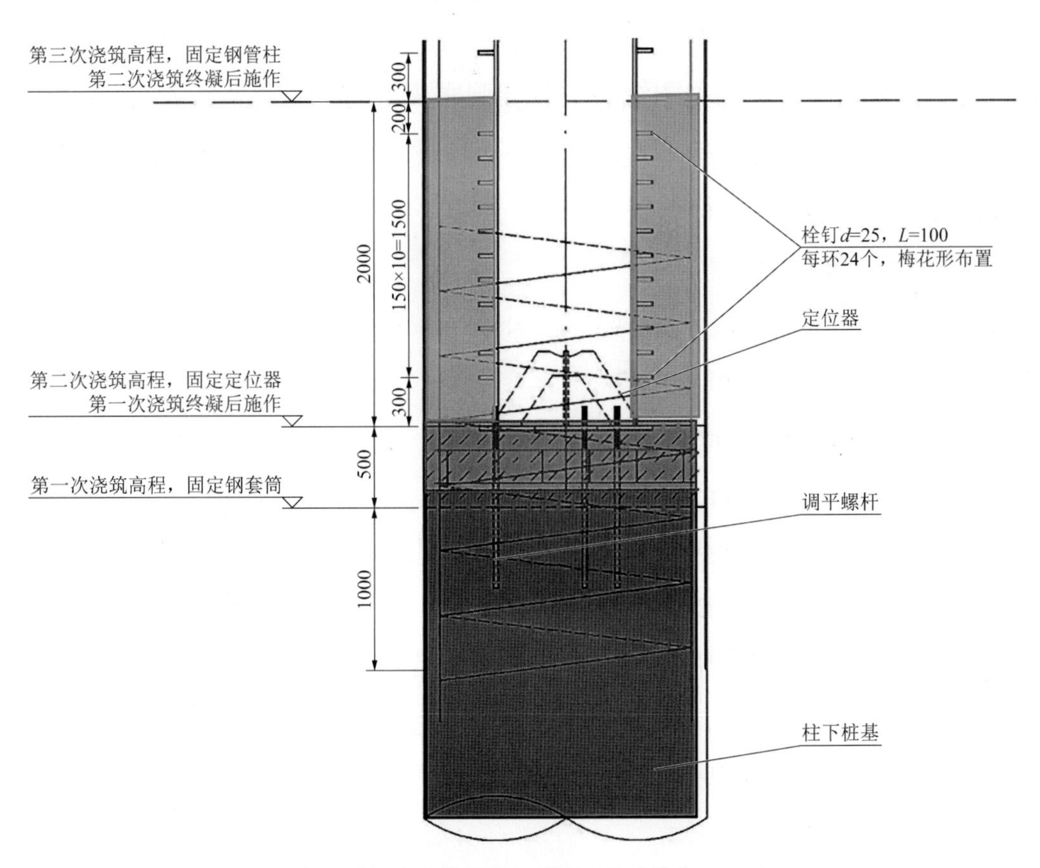

图4-28 混凝土浇筑顺序示意图（尺寸单位：mm）

4.4.3 施工技术要求

1）柱下桩基施工

柱下桩基采用钻孔灌注桩，桩径2000mm，有效桩长为15m。

（1）柱下桩混凝土的浇筑高度应高于设计高程，凿除浮浆后的桩顶混凝土强度等级必须满足设计要求。

（2）柱下桩基应在成孔检测合格后安放钢筋笼。钢筋笼必须按桩配筋图中的钢筋配置方向绑扎或焊接钢筋，吊装施工时钢筋笼的摆放必须符合设计要求方向，且钢筋笼在制作、运输、吊装过程中应采取有效措施防止钢筋笼发生变形。

（3）浇筑顶纵梁混凝土前，必须清除桩顶的残渣、浮土和积水，保证桩与冠梁连接牢固，不得造成连接处产生薄弱面。

（4）柱下桩基成孔垂直度应按设计要求严格控制，施工中若出现桩垂直度偏差较大不满足设计要求的情况，须重点特殊处理。若桩垂直度偏差较大，则需对桩孔进行素土回填并重新钻孔施工。

（5）柱下桩基混凝土施工时应按规范要求留置试块，每根桩不得少于一组。机械成孔桩桩身质量检查应采用低应变动测法检测桩身完整性，检测数据不宜少于总桩数的 20%；当根据低应变动测法判定为桩身缺陷可能影响桩的水平承载力时，应选择部分有代表性的桩体进行钻芯法补充检测。检测数量不宜少于总桩数的 2%。

（6）柱下桩基施工应按相关图纸对主体导洞底板及时进行加固或补强。

（7）柱下桩基施工要点及技术要求

①钢筋笼制作及保护层允许偏差

a. 主筋间距偏差±10mm。

b. 箍筋间距偏差±20mm。

c. 钢筋笼直径偏差±10mm。

d. 钢筋笼长度偏差±100mm。

e. 钢筋笼保护层偏差±10mm。

②钢筋笼需分段制作，其接头宜采用机械式接头（钢筋直径大于 20mm）。

③在正式施工前，宜进行试成孔。

④泥浆护壁成孔时，宜采用孔口护筒，护筒设置应符合下列规定：

a. 护筒埋设应准确、稳定，护筒中心与桩位中心的偏差不得大于 50mm。

b. 护筒可用 4～8mm 厚钢板制作，其内径应大于钻头直径 100mm，上部宜开设 1～2 个溢浆孔。

c. 护筒的埋深深度：在黏性土中不宜小于 1.0m，砂土中不宜小于 1.5m。护筒下端外侧应采用黏土填实，其高度尚应满足孔内泥浆面高度的要求。

2）钢管柱施工

（1）钢管混凝土柱的施工（钢管制作、焊接、吊装、管内混凝土浇筑等）及质量控制应符合《钢管混凝土结构技术规程》（CECS 28—2012）、《钢管混凝土工程施工质量验收规范》(GB 50628—2010)、《钢结构设计标准》(GB 50017—2017)及《钢结构工程施工质量验收规范》(GB 50205—2020)中相关要求。

①钢管及其相关结构的加工应采用具有专业技术资质的正规厂家进行，并应有出厂合格证明书及质检报告单。

除图中注明外，钢管、连接法兰、梁柱节点抗剪牛腿、加强环、栓钉及内衬环(封顶环)等均在厂家加工连接。

②保证钢管内壁与核心混凝土紧密粘接，钢管内不得有油渍等污物。

③钢管柱吊装时应减少吊装荷载作用下的变形，吊点的位置应根据钢管柱本身的承载力和稳定性经验算后确定。必要时，应采取临时加固措施。

④钢管柱吊装时应将其上口包封，防止异物落入管内。

⑤钢管柱吊装就位后，应立即进行矫正，并采取临时固定措施以保证构件的稳定性。

⑥钢管柱吊装允许偏差如下：

a. 立柱中心线和基础中心线允许偏差±5mm。

b. 立柱顶面高程和设计高程允许偏差±10mm，中间层±20mm。

c. 立柱顶面不平度允许偏差±5mm。

d. 立柱不垂直度允许偏差为柱高的千分之一且不大于15mm。

e. 各柱间距离允许偏差为柱间距的千分之一。

f. 各柱上下两平面相应的对角线差允许偏差为长度的千分之一，且不大于20mm。

⑦钢管混凝土柱内混凝土应掺适量微膨胀剂。

⑧钢管内的混凝土浇灌应连续进行，必须间歇时，间歇时间不应超过混凝土的终凝时间。每次浇灌混凝土前应先浇灌一层厚度为10～20cm的与混凝土等级相同的水泥砂浆，以免自由下落的混凝土粗骨料发生弹跳现象。

⑨应采用可靠的施工工艺保证钢管内混凝土的浇灌质量；钢管内混凝土的浇灌质量，可用敲击钢管的方法进行初步检查，如有异常，应用超声波检测。对不密实的部位，应采用钻孔压浆法进行补强，之后将钻孔补焊封固。

⑩所有钢管构件必须在检查焊缝之后方能按设计要求进行防腐处理。

(2)钢管柱防火防腐

钢管混凝土柱防腐蚀设计及施工应遵守《钢管混凝土结构技术规程》(CECS 28—2012)、《钢管混凝土工程施工质量验收规范》(GB 50628—2010)、《钢结构设计标准(附条文说明[另册])》(GB 50017—2017)、《钢结构工程施工质量验收标准》(GB 50205—2020)及《工业建筑防腐蚀设计标准》(GB 50046—2018)和《涂覆涂料前钢材表面处理表面清洁度的目视评定 第1部分：未涂覆过的钢材表面和全面清除原有涂层后的钢材表面的锈蚀等级和处理等级》(GB/T 8923.1—2011)等。

钢管混凝土柱永久防腐蚀涂层施工完成后，方可进行防火处理。

钢管混凝土柱永久防腐蚀涂层宜在主体结构施工完成后（且在内部结构、建筑隔墙及装修施工前）进行。钢管混凝土柱钢管在构件厂加工完成至主体结构完成前应在外露面进行临时防腐蚀处理。

钢管制作完成、检查合格后可进行除锈、涂装。除锈的方法可采用喷射或动力工具除锈，钢管混凝土柱施工永久防腐蚀涂层时所有外露钢构件基层除锈等级不应低于，施工临时防腐蚀涂层时除锈等级不应低于 Sa2。

钢管混凝土柱永久防腐蚀涂层由底层、中间层及面层构成：底层采用环氧富锌底涂料（涂层厚度≥70μm、施工 2 遍），中间层采用环氧云铁涂料（涂层厚度≥110μm、施工 2 遍），面层采用环氧沥青、聚氨酯沥青等面涂料（涂层厚度≥100μm、施工 3 遍），总厚度大于 280μm。

钢管混凝土柱钢管临时防腐蚀涂层材料及施工要求由施工单位自行确定，但应确保钢管在施工期间不发生腐蚀。

钢管混凝土柱防腐蚀涂层应能覆盖所有钢构件外露面，不得遗漏。

钢管混凝土柱永久防腐蚀涂层施工完成后，内部结构及建筑装修施工等过程中应注意保护防腐蚀涂层，不得损坏，如损坏必须按以上设计要求恢复。

结构专业完成钢管混凝土柱防腐蚀设计，建筑专业完成钢管混凝土柱防火设计。

4.5 初期扣拱支护施工

导洞施工完成后，在边导洞内施作围护桩，中导洞内施工中桩（钢管柱），浇筑边导洞桩顶冠梁和导洞内初期支护，并同时将初期支护与边导洞间用 C20 混凝土回填密实；在中导洞内铺设拱部防水层，施作顶纵梁；采用 C20 素混凝土回填顶纵梁与中导洞之间空隙。

梁柱支撑体系及围护结构完成后，方可进行初期支护扣拱施工。

4.5.1 施工方法

梁柱体系及围护结构施工完成后，开始进行横通道内马头门加固施工。待横通道内马头门加固后（完成受力转换），方可破除横通道马头门进行车站断面初期支护扣拱施工。车站断面范围内的施工横通道采用 C20 素混凝土回填；车站断面范围外的施工横通道采用素土夯实回填，其中拱顶（1.5m）无法夯实部分可用 C20 素混凝土回填。

初衬扣拱剖面图见附图 3～附图 6。

初期支护扣拱采用台阶法开挖，为保证开挖面土体稳定，进行上台阶环形开挖并预留核心包，并尽快将开挖后地层格栅与导洞格栅闭合成环；施工中严格遵循“管超前、严注浆、短开挖、强支护、快封闭、勤量测”的十八字方针。

初期支护扣拱施工时，边扣拱（Ⅰ、Ⅲ）先行开挖，为降低群洞效应影响，中扣拱（Ⅱ）开挖落后边扣拱 20m。边扣拱开挖顺序如图 4-29 所示。

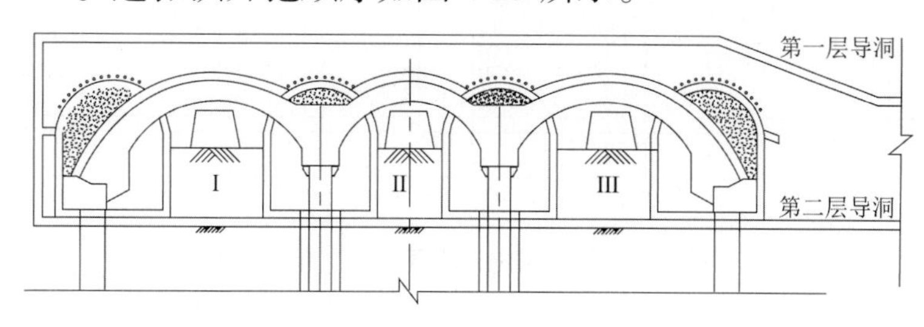

图 4-29　扣拱开挖顺序示意图

4.5.2　初期支护扣拱施工

马头门加固采用钢筋混凝土支撑梁加固，具体加固方式如图 4-30、图 4-31 所示。

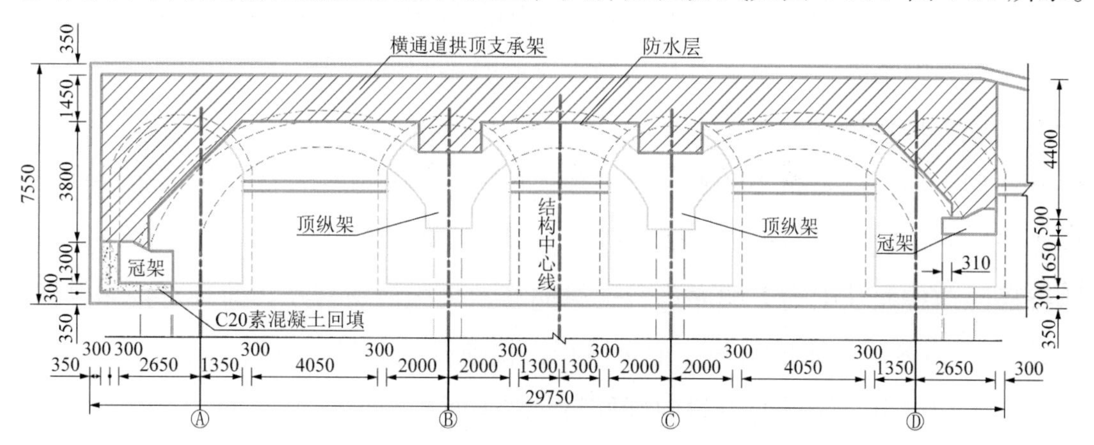

图 4-30　1 号、2 号横通道扣拱处理示意图（尺寸单位：mm）

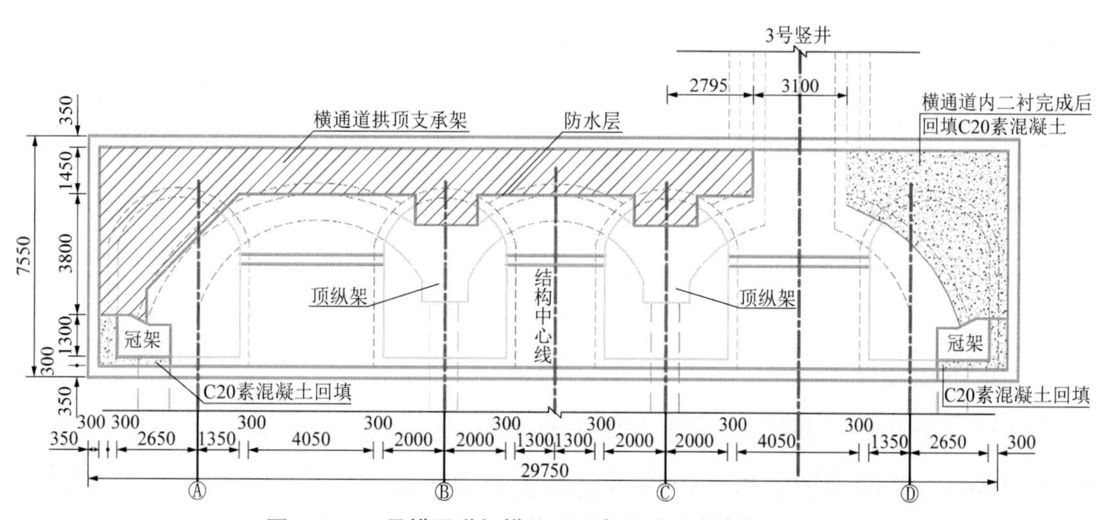

图 4-31　3 号横通道扣拱处理示意图（尺寸单位：mm）

管棚加固工艺详见西土城站大管棚施工专项施工方案，加固措施见图 4-32。

初期支护扣拱马头门加固完成后进行马头门破除，施工工艺同主体导洞马头门破除。

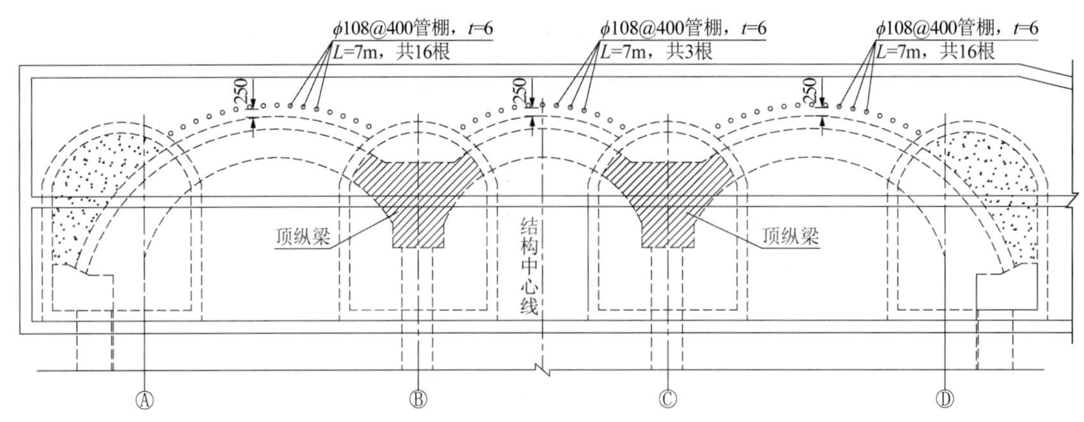

图 4-32　管棚加固措施示意图（尺寸单位：mm）

4.5.3　初期支护扣拱开挖及支护

（1）边扣拱回填施工

桩顶冠梁施工完成后安装边导洞内扣拱格栅，挂设内外双层钢筋网片，安装格栅纵向连接筋，在边导洞沿边拱初期支护内边缘支立模板，模板可采用 P3015 钢模或竹胶板支模，用方木、丝杠和钢管支撑，将模板与边导洞之间缝隙封堵密实，严防漏浆。

（2）初期支护扣拱土方开挖

车站初期支护扣拱采用全断面放坡开挖，上部分开挖净高最大取 2m，中间适当留置核心土（或核心包）；下部分根据实际情况施工，开挖至中导洞初期支护底部，高度约为 1.8m，导洞侧壁破除应按照从上往下顺序进行，纵向开挖采用放坡开挖，每环开挖步距严格控制在 0.5m，并严格参照主体导洞开挖记录进行，快速开挖，尽快进行初期支护封闭掌子面。

初期支护扣拱由两端横通道对向开挖时，掌子面相距 10～15m 时，一端停止开挖并封闭掌子面，由另一端继续开挖，直至导洞贯通，如图 4-33 所示。

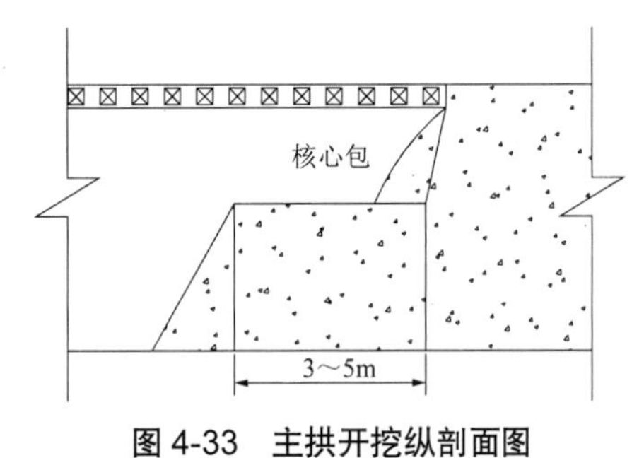

图 4-33　主拱开挖纵剖面图

（3）主拱格栅加工及安装

初期扣拱支护厚度 350mm，采用 C25 早强网喷混凝土 + 钢筋格栅，格栅间距同两侧导洞间距，格栅间设 ϕ22mm 纵向连接筋，纵向搭焊连接，环向间距为 1.0m，连接筋沿主筋内外交错布置。钢筋格栅内外铺设双层 ϕ6.5mm@150 × 150mm 钢筋网。

（4）喷射混凝土施工

车站初期支护扣拱支护喷射混凝土厚度为 350mm，格栅最外侧钢筋外保护层 30mm，内保护层 30mm。初期支护扣拱支护喷射混凝土施工工艺同主体导洞开挖及支护。

4.5.4　初期支护扣拱与横导洞交界处理

初期支护扣拱与横导洞交界部位施工步序见表 4-10。

初期支护扣拱与横导洞交界处理施工步序 表 4-10

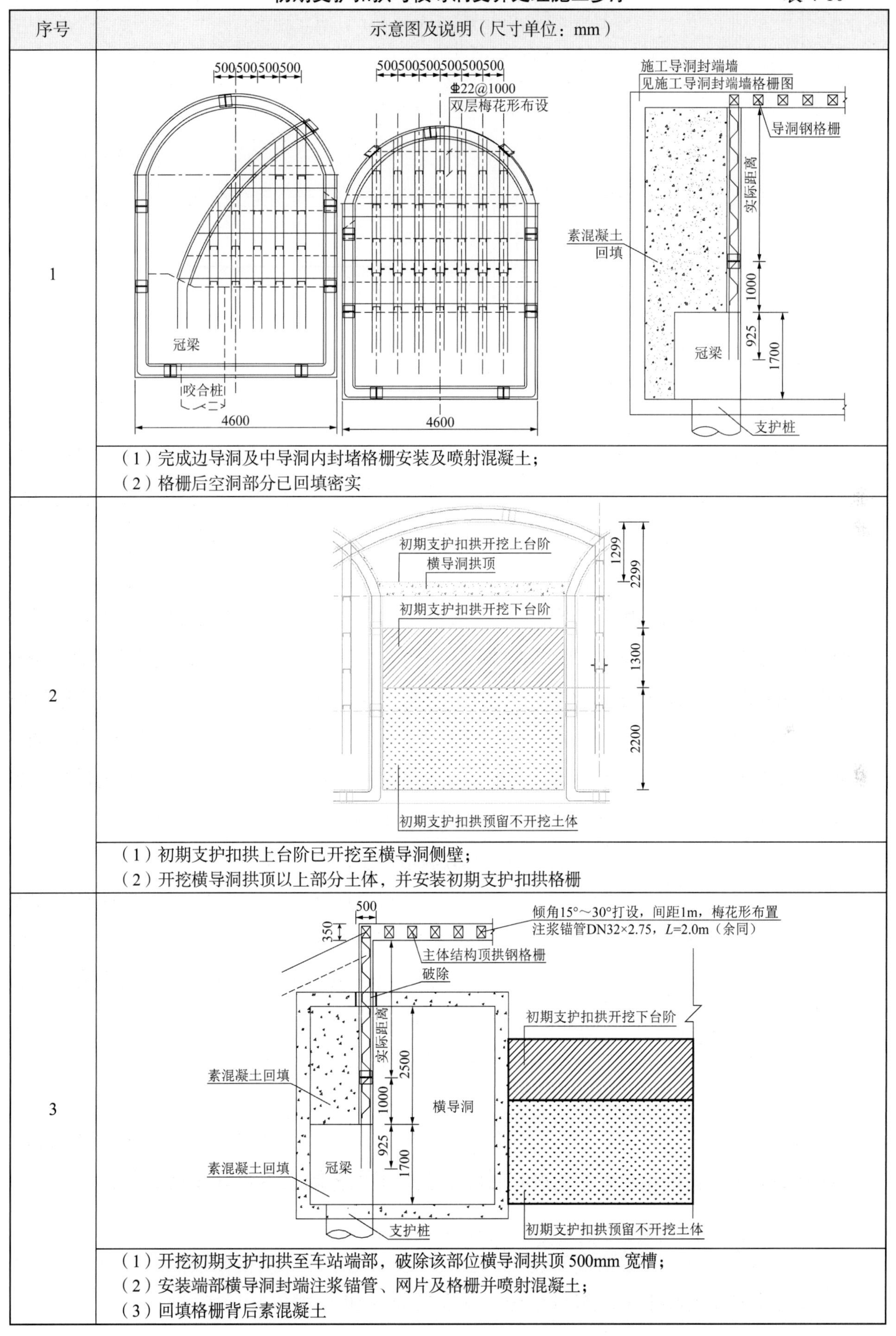

序号	示意图及说明（尺寸单位：mm）
1	（1）完成边导洞及中导洞内封堵格栅安装及喷射混凝土； （2）格栅后空洞部分已回填密实
2	（1）初期支护扣拱上台阶已开挖至横导洞侧壁； （2）开挖横导洞拱顶以上部分土体，并安装初期支护扣拱格栅
3	（1）开挖初期支护扣拱至车站端部，破除该部位横导洞拱顶 500mm 宽槽； （2）安装端部横导洞封端注浆锚管、网片及格栅并喷射混凝土； （3）回填格栅背后素混凝土

续上表

序号	示意图及说明（尺寸单位：mm）
4	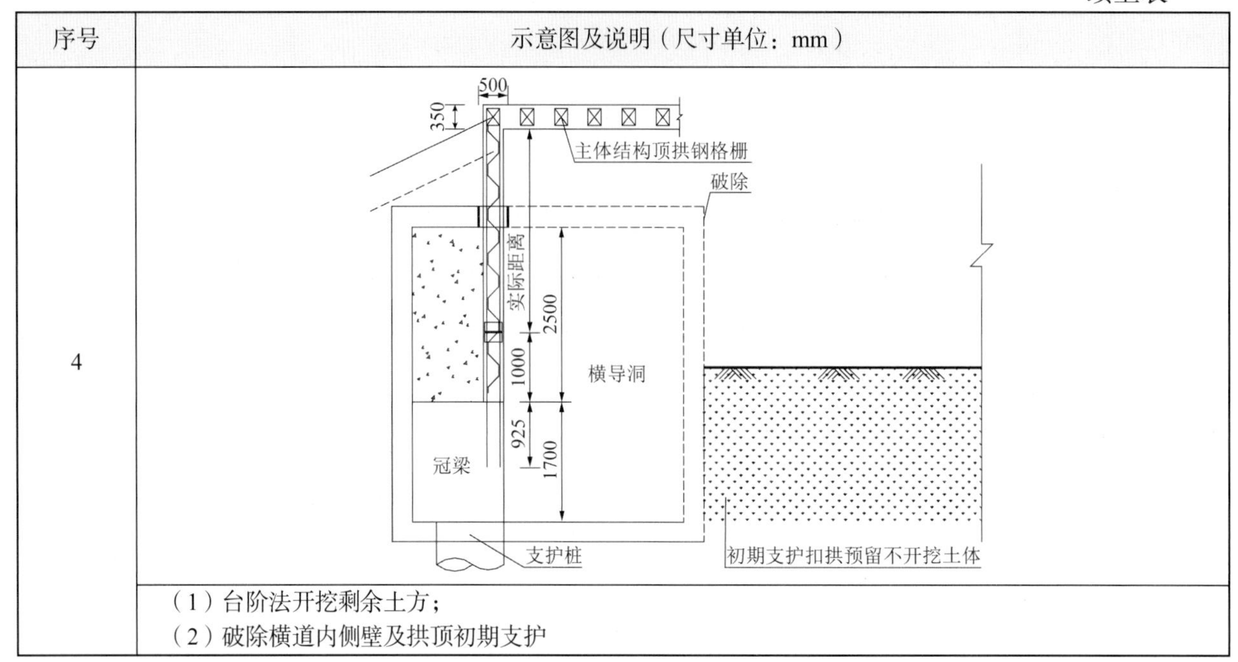 （1）台阶法开挖剩余土方； （2）破除横道内侧壁及拱顶初期支护

该部位初期支护扣拱小导管打设及注浆、开挖步距、格栅安装等与其他部位初期支护扣拱施工相同。横导洞拱顶及侧墙破除时可搭设临时脚手架辅助施工。

4.5.5 掌子面封闭

（1）临时封闭掌子面

同主体导洞施工临时封闭掌子面。

（2）主拱封端

边跨及中跨初期支护扣拱施工至南北端时应进行封端。

初期支护扣拱封端格栅及节点连接要求同导洞封端要求，竖向格栅需与冠梁预留钢筋焊接牢固，焊接长度单面焊时不小于 $10d$（d为钢筋长度），双面焊不小于 $5d$。

堵头墙外土体采用锚管注浆加固土体，锚管采用 DN32 的钢焊管，$t=2.75$mm，单根长度 2m，外插角 15°～30°，水平间距 1000mm，竖向间距同格栅间距，梅花形布置；注浆浆液根据地层情况由现场试验确定，并根据围岩条件控制好注浆压力，要求加固体直径不小于 0.5m；连接筋间距为 1000mm，内外双层梅花形布置。

施工导洞与主体结构拱部封端墙初期支护格栅图详见施工设计图纸。

4.5.6 初期支护扣拱施工控制要点

（1）初期支护扣拱相邻掌子面开挖错距，开洞顺序均需符合设计要求，尽量降低群洞效应的影响。

（2）初期支护扣拱每榀格栅安装前，必须找出两侧主体导洞格栅预留钢板的位置，并确定两钢板位置是否同步（高程、里程），是否满足扣拱格栅安装后净空要求。

（3）严格控制每榀主拱格栅的架设榀距，榀距必须严格参照两侧主体导洞开挖进尺记录，做到同步进尺，封闭成环。

（4）初期支护扣拱格栅架设时，必须保证拱脚角钢正确坐落在预埋钢板上，保证拱脚可靠稳定性，并焊接牢固，保证焊接后的整体性。

（5）暗挖施工掌子面应保证在无水的条件下进行，因而对开挖面前方土体应进行超前探测。且对扣拱平行下穿市政管线位置加强探测，做到快速封闭，快速通过。

（6）为保证结构周边土体的稳定，减小地面沉降，应及时进行初期支护背后注浆，必要时采取多次补浆。背后注浆管采用DN32钢焊管，沿主拱拱部布置，环向间距2m，纵向间距3m，梅花形布置。初期支护背后注浆采用单液水泥浆，根据地层条件由现场试验确定浆液配比，采用注浆量和注浆压力双控，注浆压力控制在0.2～0.4MPa，注浆终压0.5MPa。

（7）做好应急预案，备好抢险物资，遇到紧急情况立即停止施工，封闭相应施工掌子面，并加强结构监控量测工作。

4.6 深孔注浆施工工艺

4.6.1 注浆工艺的选择

本工程整体位于粉质黏土、粉土地层，粉质黏土、粉土地层，是一种较为稳定地层。西土城站上方雨水管、污水管等风险源较多，西侧紧邻学知桥桥墩，下穿元大都遗址公园，因此需采用深孔注浆加固土体，保证邻近或穿越风险源施工过程的安全。根据北京市深孔注浆施工经验，本工程采用二重管后退式注浆加固地层。

由于施工导洞空间狭小、管线与结构位置较近、紧邻学知桥桥墩等因素，根据深孔注浆止水加固宜采用二重管工艺深孔注浆加固地层。在施工导洞拱顶采用深孔注浆加固隧道周边地层，使围岩在开挖和初期支护施工过程中处于稳定状态或暂时稳定状态，确保隧道下穿管线或建（构）筑物的稳定，而且后期对地表及管线沉降有较大的控制效果。注浆机械选择适用钻深眼的液压推进式坑道钻机，防止钻孔塌孔。注浆机选择双液变量注浆机，能进行C-S双液浆、化学浆液、水泥单液浆等各种浆液注浆。

深孔注浆前首先采用喷射混凝土封闭掌子面，喷射混凝土厚度宜为30cm，双层ϕ6.5mm@150mm × 150mm钢筋网片；之后在喷射混凝土面上标注注浆孔位置，接着搭设工作平台、钻机就位；钻机钻孔、浆液准备、注浆；注浆结束后撤除钻机及工作平台，清理注浆后残留的废弃浆液。

4.6.2 注浆参数

（1）注浆方式：采用二重管注浆加固地层。

（2）注浆加固范围：详见第1.6.2节周边环境风险及处理措施。

（3）注浆孔布置：根据现场实际操作空间，孔位间距为 0.7～0.8m，孔位布置如图 4-34 所示。

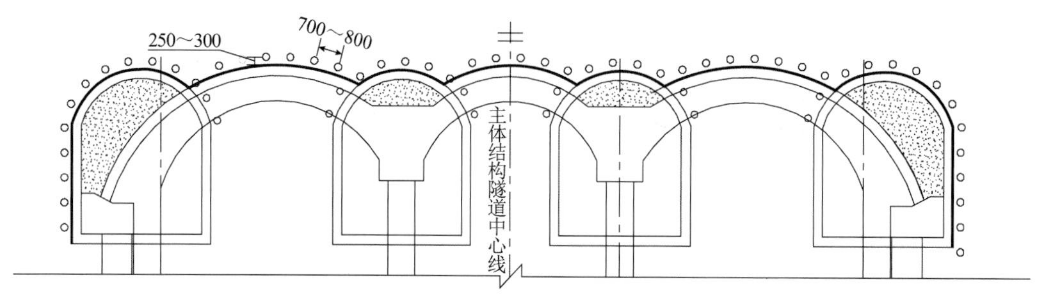

图 4-34 横通道深孔注浆钻孔孔位布置示意图（尺寸单位：mm）

（4）掌子面封闭要求：注浆前掌子面施作 300mm 厚 C25 喷射混凝土，并设双层 ϕ6.5mm@150mm × 150mm 钢筋网片作为止浆墙。

（5）注浆材料：采用水泥-水玻璃双液浆。

（6）注浆压力：0.8～1MPa，具体注浆各项参数要求根据现场试验确定，扩散半径 0.5m；管线周围注浆压力控制在 0.5MPa 以内，低压匀速注浆。

（7）注浆效果检查

根据设计要求注浆后结实体无侧限抗压强度为 0.5～0.8MPa。

4.6.3 施工方法

注浆孔施工第一个循环在横通道内施作，注浆孔布置在拱顶 50cm 处，钻孔角度误差控制在 2°内，加固长度为 12m，开挖 10m；后续导洞内施工，注浆孔布置在拱顶以下 30～50cm 处，每循环钻孔角度在 6°～42°之间，加固 12m，开挖 10m，钻入深度为 2.812～12.098m 之间，根据角度不同现场技术员可以经过计算钻孔深度，以确保注浆深度达到满足注浆效果，当注浆效果不能满足要求时，应封闭掌子面进行补浆。深孔注浆加固效果如图 4-35 和图 4-36 所示。

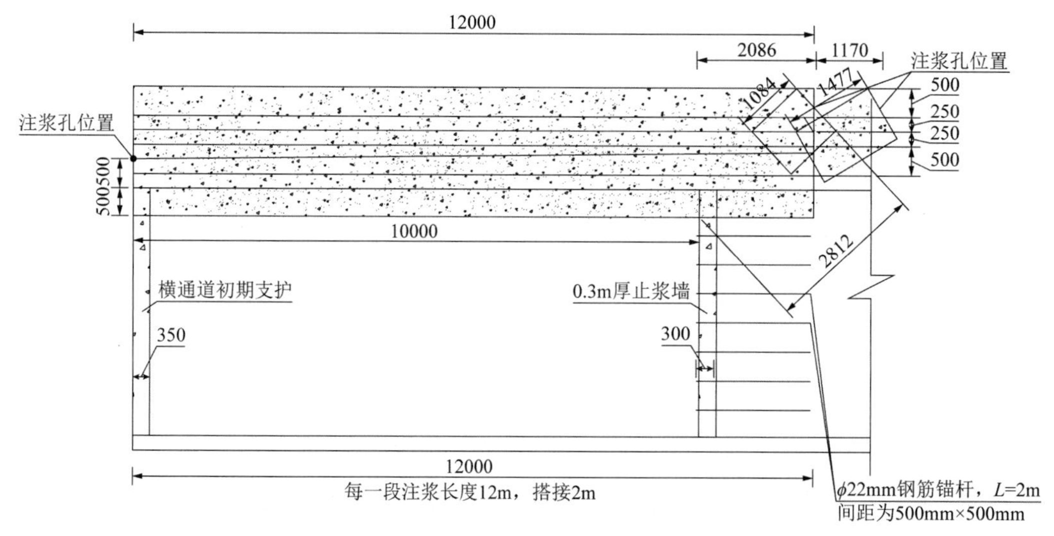

图 4-35 横通道部位深孔注浆示意图（尺寸单位：mm）

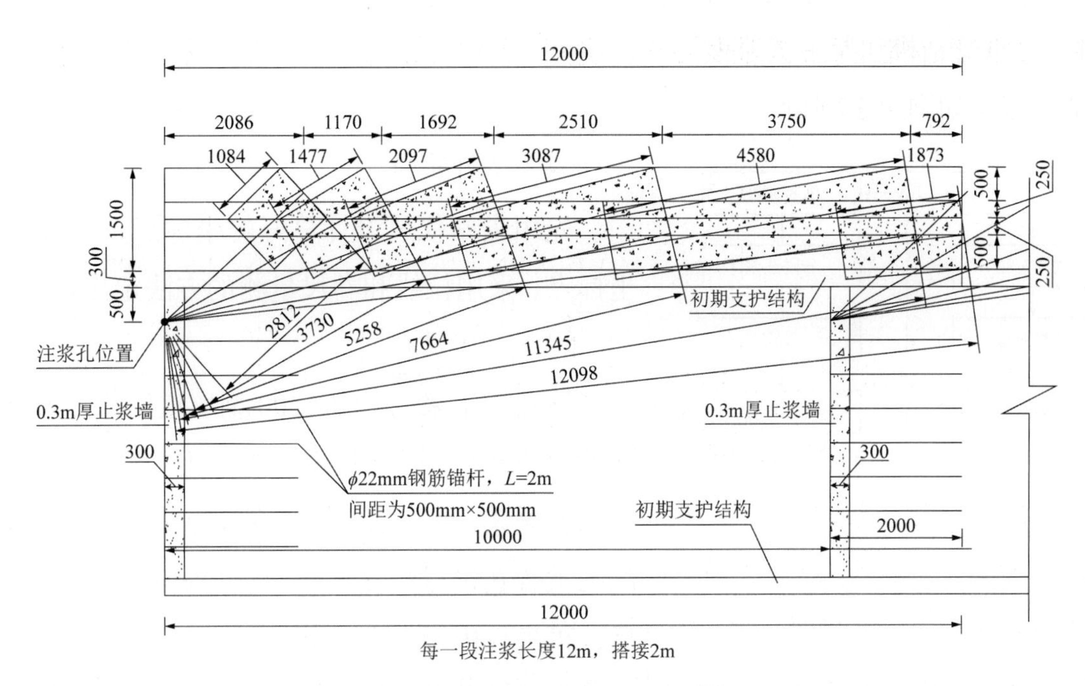

图 4-36　导洞内深孔注浆示意图（尺寸单位：mm）

（1）注浆压力控制

注浆压力控制在 0.8～1.0MPa，为防止注浆压力过大土体起拱造成管线破裂，管线下方注浆压力应调整为 0.3～0.5MPa，且需要低压匀速注浆。当压力达到 0.5MPa 时，且继续注浆 1min 时，应开始起杆。

（2）浆液注入量控制

理论注浆量：

$$Q = \pi R^2 Ln\alpha\beta$$

式中：R——浆液有效扩散半径（m），根据现场实验，浆液有效扩散半径为 0.5m；

L——注浆长度（m），具体注浆长度根据设计要求；

n——地层孔隙度（%），粉质黏土取 35%～50%；

α——地层填充系数，深孔注浆取 0.6～1.0；

β——浆液损失系数，宜取 1.2～1.4。

（3）浆液的选择

选用水泥-水玻璃双液浆，双液浆有凝固时间较快，并且强度能得到保证，一般浆液初凝时间控制在 25～40s。

4.6.4　工艺流程

深孔注浆施工前首先进行掌子面封闭，布设注浆孔位，搭设注浆简易平台，之后进行二重管无收缩双液注浆施工，注浆结束后清理现场并破除封闭的掌子面，再进行开挖支护施工。

1）二重管钻机注浆工艺流程

工艺流程如图 4-37 所示。

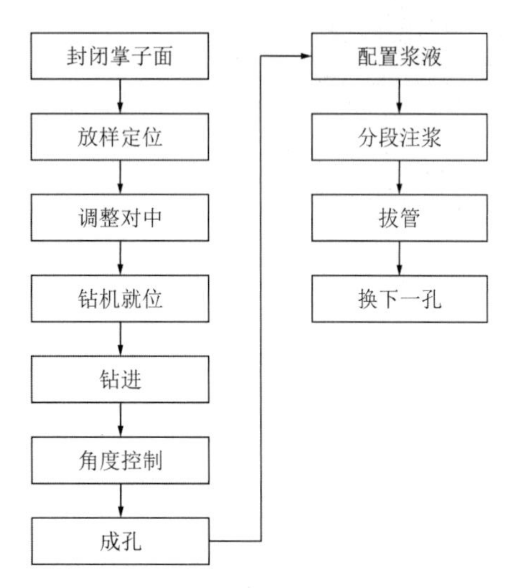

图 4-37　二重管钻机注浆工艺流程示意图

（1）放样定位

先用全站仪放设计算好的坐标点，再通过这些坐标点，采用拉线和卷尺量测的方法定出钻孔孔位。

（2）钻机钻孔

钻孔施工采用 ZLJ-1200 型坑道钻机，为降低孔间的相互影响，在现场施工时采用一钻一注，每隔 2 孔钻孔注浆，待一排二重管孔注浆结束后，再对之间的二重管孔进行钻孔注浆。先钻外侧一圈，注浆完成后，再进行内圈钻孔注浆。

为保证钻孔质量，应注意：

①在钻孔时，保证转速均匀。

②在换钻杆时，钻杆提升和放下应保持垂直，以免发生扩孔。

（3）浆液配制

水泥浆和水玻璃的体积比为 1∶0.6～1∶1。

（4）首次注浆

浆液准备完毕后，将注浆机与钻杆末端的浆液龙头通过高压注浆管连接，由内往外逐段注双液浆，并严格控制注浆效果。

现场注浆的工艺：

①钻杆末端的浆液龙头和液压注浆泵的出浆端连接，中间接有压力表。

②通过搅拌机配制水泥浆，把配制好的水泥浆注入到塑料容器中。

③在另一塑料容器中，调制水玻璃溶液，使得溶液的浓度在 25°Bé 之间。

④把液压注浆泵的进浆端分别放到水泥浆和水玻璃溶液中。

⑤开启液压注浆泵进行注浆，水泥浆和水玻璃的体积比为 1∶1。

⑥注浆压力达到 0.8MPa 范围内，继续注浆 5min 后，外拔注浆内管，每段拔出的长度控制在 20～50cm。

为防止浆液在注浆内管中凝固，当两容器中的浆液全部注入二重管中后，需对注浆内管进行冲洗。方法是将液压注浆泵的两个进浆端放入盛有清水的容器中，往二重管注入清水。

注浆中应密切注意注浆压力的变化。注浆压力达到 0.8MPa 后，继续注浆 5min，将注浆内管外拔进行下一段注浆。

（5）注浆效果检查

注浆结束后，必须对注浆效果进行检查，注浆加固体单轴无侧限抗压强度不小于0.5MPa，渗透系数小于1×10^{-6}cm/s。若发现薄弱部位，需重新补充注浆。

（6）注浆要求

注浆施工参数要根据地层实际情况进行试验确认，并在现场施工中不断完善调整，注浆过程中，应结合注浆压力变化情况，现场动态调整优化注浆参数。

2）注浆顺序

注浆顺序如图 4-38 所示。

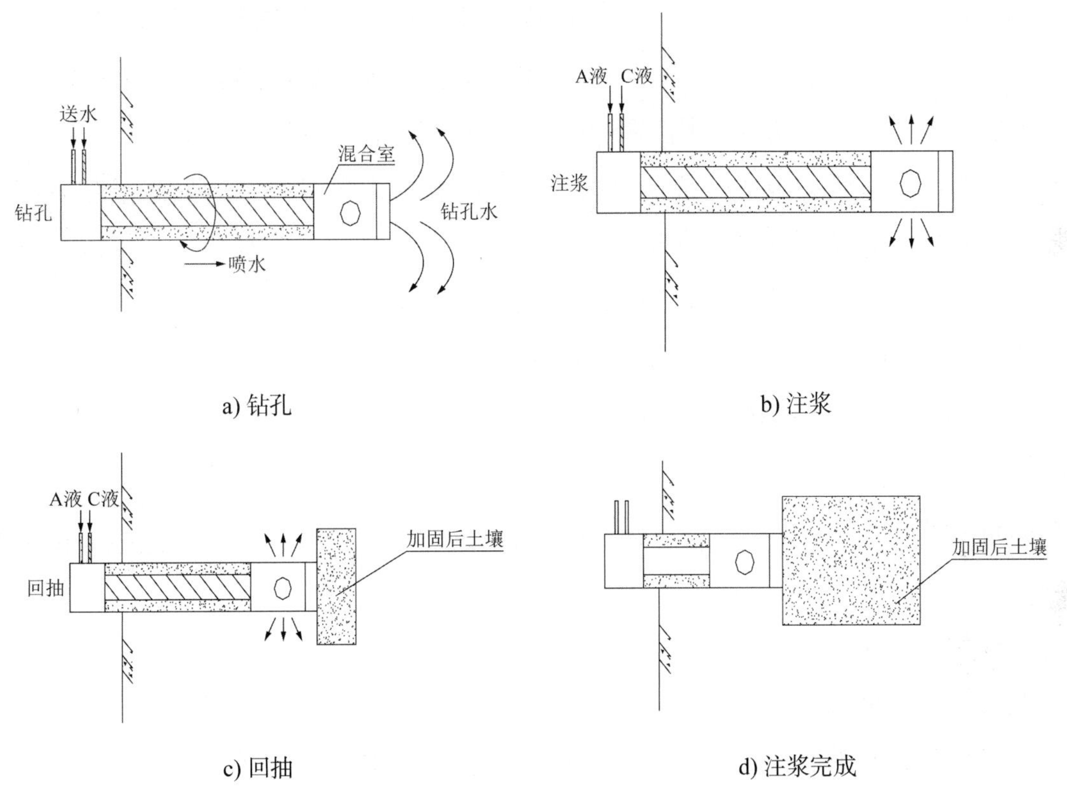

a) 钻孔　b) 注浆　c) 回抽　d) 注浆完成

图 4-38　后退式注浆顺序示意图

4.6.5　注浆材料

（1）对不同地层，凝结时间可调节。

（2）对含砂层能控制浸透距离。

（3）高强度、止水。

由于化学浆凝固时间较快，且具有不透水性，故止水主要以化学浆（硅酸钠、硫酸浆液）止水，同时采用水泥-水玻璃双液浆加固地层。

（4）双液浆配合比。

水泥-水玻璃双液浆（C-S 双液浆）适合于砂卵石地层。配合比见表 4-11。

C-S 双液浆配合比　　表 4-11

浆液	规格	配合比
水泥浆	P·O 42.5	水泥：水 = 1：1～1：0.6（重量比）
硅酸钠溶液	39°～41°Bé	稀释后 20°～25°Bé
混合液	—	水泥浆：硅酸钠溶液 = 1：0.8～1：1（体积比）
硫酸	—	根据不同地层要求调节胶凝时间

（5）注浆结束标准和注浆效果评定

注浆时采用注浆压力和注浆效果双控的原则，注浆压力逐步升高、当达到设计终压并继续注浆 2min 以上。单孔注浆量与设计注浆量大致相同，注浆结束时的进浆量，一般在 20～30L/min。

（6）效果检查的主要方法采用以下方法

①分析法：对注浆记录进行统计分析，检查每孔压力流量是否达到注浆结束标准，有无漏浆、串浆情况，从而反算浆液扩散范围；检查本循环所有注浆孔是否均按规定进行注浆，有无漏注或无法注浆的情况，判定注浆效果。

②取芯法：通过钻孔，从注浆体内取出原状样品，送实验室进行必要的试验研究。实践经验证明，通过这类检测可得出下述几项重要的物理力学性能指标，据此对注浆效果作出比较确切的评价：

a. 样品密度。

b. 结石性质。

c. 浆液充填率及剩余孔隙率。

d. 无侧限抗压强度及抗剪强度。

e. 渗透性及长期渗流稳定性。

4.6.6　异常情况处理

（1）冒浆

注浆过程中要认真观察地表及相邻管线的变化情况，由于浆液的进入，会引发地层变化，封闭强度较低的地方，可能会首先冒出浆液，此种情况需要在冒浆处加以堵塞，必要时采取间歇注浆方式，以保证浆液有效地注入地层。

（2）注浆压力变化

注浆过程中，压力要在控制范围之内，过大或过小的注浆压力都不能满足施工需要，若压力过低应检查是否有漏浆之处，或浆液通过地下某些管道流走；若压力过高应检查管路或混合器是否被堵塞。施工时需要观察注浆终压不能高于规定的注浆压力值。

（3）凝胶时间变化

凝胶时间需根据被加固土体的性质来调整。地层含水率大时，浆液容易被地下水稀释，影响固结效果，需缩短凝胶时间；含水率小，为扩散一定范围，须延长凝胶时间。凝胶时间由双液浆混合比例来控制，水泥浆比例高，凝胶时间短。凝胶时间需在现场根据地质情况调控，才能满足施工要求。

（4）注浆量调整

地层的注浆量合适与否将体现出地层加固的效果，采用隔孔注入方式，此举既避免注浆孔互相影响，又使后注孔起到补充先注孔的作用，保证浆液在土体内扩散均匀。

（5）注浆泵异常

在注浆过程中，由于凝胶时间短，管路在两种浆液混合过程中，不可避免地发生凝固和堵塞现象，此时注浆泵会因管路故障而提高压力，机器发出异常的声音，压力表显示压力上升，若不及时处理会产生高压伤人危险事故。此时必须停泵卸下注浆高压软管，冲洗清理管路，或者清理混合器，排查出故障部位，并予以处理，冲洗干净，再继续进行工作。

4.7 管棚施工工艺

4.7.1 施工工艺选择

根据本工程的工程地质、水文地质条件、施工场区环境等，为控制施工精度成功打设管棚，结合以往施工经验，拟优先选择管棚钻机（单根管棚超过 60m 需采用仪器导向）带入，成孔和埋设管棚一次完成。该工法开孔前根据钻进轨迹设计，对垂直方向和水平方向分别赋以不同的纠偏角（值），进行导向仪器监控，楔形板钻头纠偏，以保证实际钻进轨迹以较小的偏差向设计轨迹回归。

4.7.2 管棚施工参数

（1）大管棚施作方法：管棚钻机带入。

（2）大管棚主要参数。

①管棚规格：无缝钢管ϕ159mm × 8mm，节长 1m、2m；无缝钢管ϕ108mm × 6mm，节长 1m、2m。

②管距：环向间距中对中 400mm。

③倾角：钻杆与纵坡仰角采用 0°～2°（考虑车站纵坡），允许偏差 1°。

④管棚施工误差：孔深允许误差±50mm，孔口距允许误差±30mm。

（3）管棚孔位布置：根据现场实际操作空间，孔位间距 400mm。

（4）灌浆材料：大管棚内部灌注 0.5：1 单液水泥浆。

（5）灌浆压力：考虑管棚自身高差及灌浆过程中气体、水压力，灌浆压力控制在 0.5～1MPa，注浆终压 2MPa，低压匀速灌注。

（6）灌浆效果检查：待浆液流出并且流出浆液与储浆池中单液水泥浆相同时，即为合格。

4.7.3 施工方法

主要施工方法为：

（1）采用专用钻孔机在横通道初期支护面开ϕ159mm（ϕ108mm）的孔，钻深为初期支护锚喷层厚度。

（2）采用螺旋出土顶管机，钻杆前端（内装有导向探头）安装导向专用钻头。随导向钻进加尺（当方位角、倾角、深度偏离设计导向轨迹时，随时纠偏）将钻杆依次打入，直至达到预定位置。根据地貌情况，棚管直接用ϕ159mm × 8mm（ϕ108mm × 6mm）棚管做钻杆，形成满眼钻进，以有效约束钻头，减小或防止钻具偏斜。随钻进加尺将棚管一次打入，成孔与棚管埋设一次完成。ϕ108mm 的管棚可根据实际情况，也可采用先钻孔，再安装管棚。

（3）“导向仪器、一次性跟管钻进”工法管棚施工。

①用水平导向仪及钻具前端的探头可监控钻头位置的水平角度，如有偏差采用不旋转顶进方式纠正钻头角度，从而达到调整钻进轨迹（垂向）的目的，保证棚管搭设满足设计要求，如图 4-39 所示。

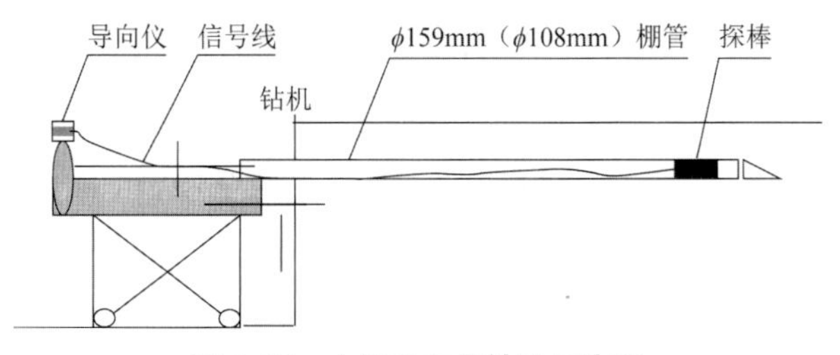

图 4-39　水平导向仪钻孔示意图

②直接使用ϕ159mm × 8mm（ϕ108mm × 6mm）棚管做钻杆（图 4-40），形成满眼钻进，有效地约束钻头，减小或防止钻具偏斜。随钻进加尺将棚管依次打入，成孔与棚管埋设一次完成。

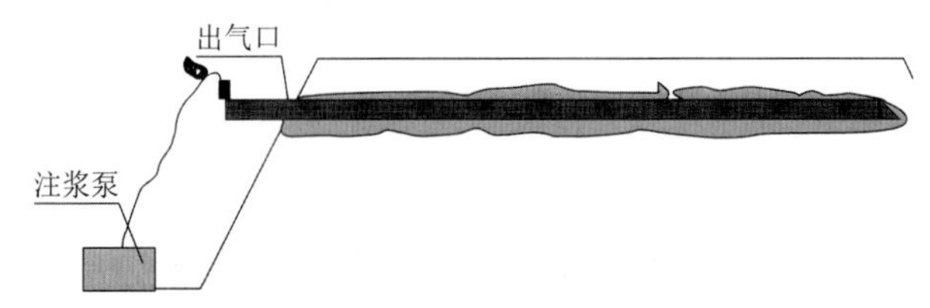

图 4-40　用棚管做钻杆钻进示意图

（4）环状及管内注浆

①彻底冲洗钻孔，保持孔内均匀充满泥浆液，尽量减少孔内残余钻渣。

②注浆要求：稳定、流畅、不得中断、连续注浆，孔口出水泥浆后，封住孔口，再加压（加压不得超过 0.5MPa）注浆 1～3 次。

③预先计算注浆量，注浆时不得小于注浆量计算的 1.2 倍。

④注浆浆液拟采用单液水泥浆，其具有可灌性好、沉淀析水缓慢、凝结后变形少的特点，可保证管内灌浆密实。

（5）施工顺序

为了选定工程技术参数，探索钻进偏斜规律，在正式施工前，须进行工艺试验，即先打 2～3 个试孔，搜集获取地层对钻进质量、进度的影响规律，孔内涌水、涌砂等规律，为选定技术参数提供依据。试验孔孔位应选择在隧道中部。

根据实际情况，遵循尽量减少地层扰动，便于施工、互不干扰等原则，建议施工顺序为先上后下，先易后难。

4.7.4 施工工艺流程

管棚施工过程工艺流程如图 4-41 所示。

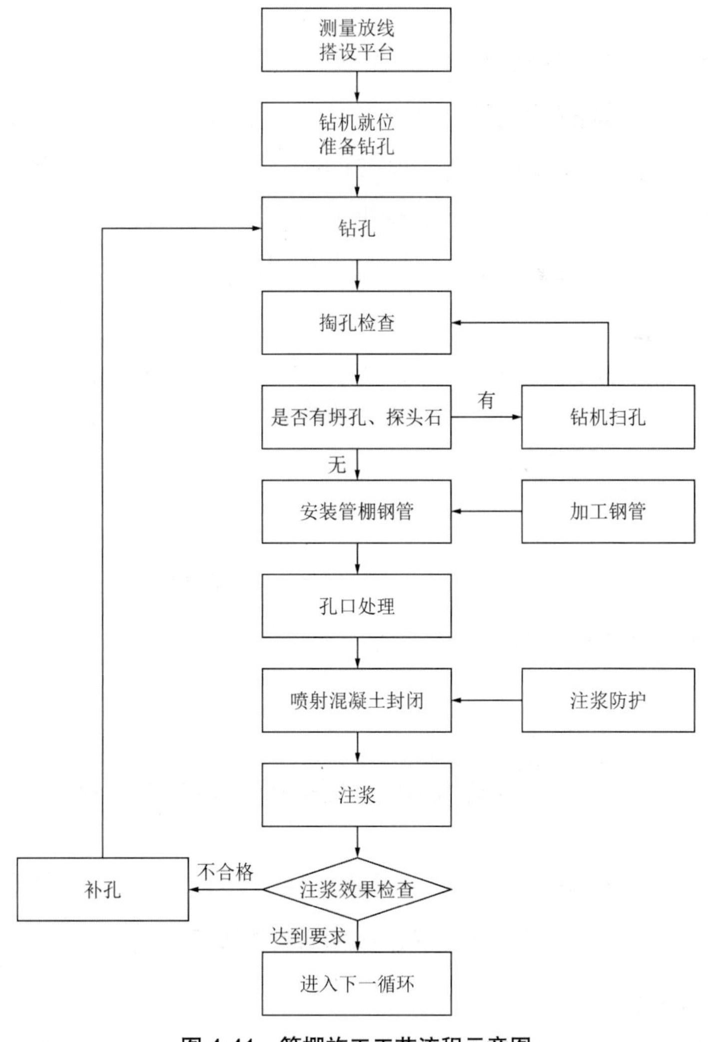

图 4-41 管棚施工工艺流程示意图

1）测量放线

首先使用全站仪放好管棚施工坐标点，再通过这些坐标点，采用拉线和卷尺测量的方法定位出钻孔孔位。

2）搭设平台、钻机就位

（1）钻机平台用钢管脚手架搭设并满铺 5cm 木板，脚手架落在地板上面，架体尺寸依据施工作业空间搭设（也可采用移动式支架平台）。脚手架连接要牢固、稳定，防止在施钻时钻机发生摆动、位移变动而影响钻孔质量。

（2）移动偏心潜孔锤跟管钻机就位，利用水平尺调整钻机至水平，再根据设计需求的方位角调整钻杆角度，准备开钻。

3）钻孔（管棚作为套管一次完成）

（1）为保证钻孔质量，降低孔间相互影响，宜采用二序跳孔间隔进行，钻孔应从高孔位向两侧底孔位进行。

（2）开始钻孔时应低速低压，钻进 200mm 后转入正常钻速，遇卡钻等情况时应注浆后重钻，钻进过程中应监测钢管的偏斜度。钻进过程中转速为 40r/min，钻压约为 30MPa。打孔角度洞口段为 0°～2°，钻进过程中随时对方位角进行复核，发现偏差及时纠正，保证管棚处于设计位置。

（3）钻孔时考虑钢管接头在同一断面上不能超过 50%，错开距离为 1m，下管时首根管采用 1m 和 2m 钢管交叉使用。管棚连接形式采用丝扣组合或内外衬管焊接，严禁将管材直接对齐进行拼焊，如图 4-42 所示。钢管在专用的管床上加工好丝扣，便于安装，如图 4-43 所示。

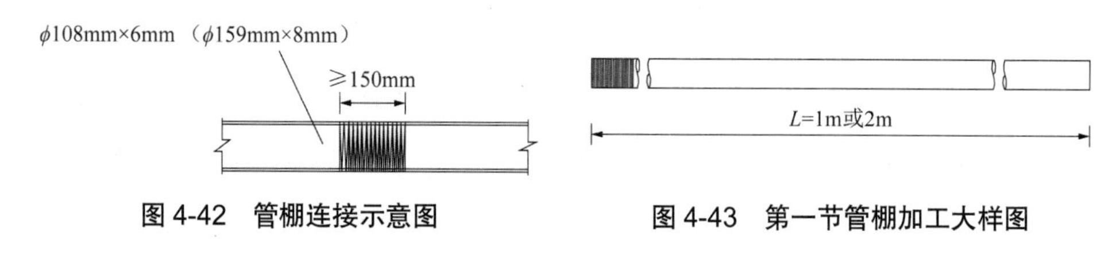

图 4-42　管棚连接示意图　　图 4-43　第一节管棚加工大样图

4）孔口处理

孔口管采用ϕ159mm × 8mm（ϕ108mm × 6mm）无缝钢管，外口焊ϕ159mm（ϕ108mm）型法兰盘，并在孔口管上距法兰盘 60～80mm 处焊一长 150mm 的止浆阀。在孔口管棚顶部预埋排气孔后用预拌混凝土封堵密实。

5）灌浆

（1）注浆前预先进行注浆现场试验，以调整注浆参数，水泥浆的搅拌应在高速搅拌机内进行，应严格按照施工配合比进行投料，在钢管中灌注水泥浆，水灰比为 0.5∶1，以增强钢管强度和刚度。

（2）灌注浆液为单液水泥浆。浆液搅拌均匀后，将通过高压注浆管连接注浆机与管棚的球阀，注浆泵口应有过滤网，防止大块砂浆或杂物进入泵管造成堵塞。

（3）灌浆压力控制在0.3～0.5MPa，进行低压匀速灌注，灌浆量不低于设计量的1.2倍，待浆液流出并且流出浆液与储浆池中单液水泥浆相同时，即达到注浆结束标准。

（4）注浆施工过程中如发现掌子面漏浆，应及时用麻布进行封堵。

（5）根据现场施工情况，若掌子面跑浆现象严重，可在注浆地段管棚1m范围内，喷射C20混凝土10cm，加单层ϕ6.5mm钢筋网。

4.7.5 施工操作要求

（1）设备组装前的准备工作：

①设备检查：是否存在缺件情况，部件好坏程度。电机、钻机、泵等测试运转是否正常，所有部件是否完好；液压系统是否通畅，设备密封完好度，液压油泄漏状况。

a. 检查所有焊接部位是否存在开焊、有则补焊。

b. 各种部件是否存在变形，有则进行校正。

②冲洗液池、沉淀池、冲洗液沟根据现场情况合理布局；泥浆泵、配电柜须架空一定高度（≥0.6m）。

（2）电器设备、电缆、电线必须有漏电保护、防水保护，能架空必须架空。线路连接以不妨碍各工种人员正常工作为准，要做到多而不乱，井然有序。

（3）照明设备以保证各工种正常生产、安全生产为原则，灯具布局合理，以尽量减少来回拉拽电线、移动照明灯为宜。

（4）施工前测量人员须校对已布置好的孔位，孔位移动者须报现场施工员同意，并且计算回归角度。

（5）孔口管的埋设，其方位角、仰角，外留长度、埋设长度须按设计严格执行。钻孔纠偏角的给定与调整须有正式手续，并记录在案，不得随意调整。开钻后钻孔角度须复测。

（6）孔口管回水管焊接牢固，安装合格的球阀门。在插入孔内部分的孔口管麻片缠绕要均匀密实且厚度适度，须保证用大锤能将孔口管贯入孔内。

（7）在混凝土壁上开孔应有专人负责，负责安装孔口管和特殊情况处理。

（8）当孔口开凿完成后将孔口管贯入孔内，必须大力锤击贯入，保证孔口管与混凝土壁紧密接触，以防漏水及泥砂。孔内管外露部分焊3～4个抓片，使胀管螺栓与混凝土壁固定牢固。

（9）钻机定位要稳固，钻具安装好后，做到与孔口密封装置同心，保证密封效果。

（10）钻机定位后，根据管位高度，将给进架吊至误差5mm范围内，用仪器精确测定其仰角和方位角，通过前后微调进行调整，给进架固定后进行复测，以确保施工精度与质量。

（11）单向阀安装前要检查，剔除不合格或阀门开关不灵活者。单向阀三者要配套，单向阀拧紧采用点焊加固，以防脱落。泵开单向阀压力以 0.7～1.2MPa 为宜。专用接头与第一根棚必须拧紧后焊严。

（12）在钻进前将孔口密封装置套在第一根棚管上，要求将浸油盘根加入 4～6 圈，在盘根前、后应加垫 10～15mm 厚的胶板。

（13）密封盒安好后，打开大球阀，将棚管顶入孔口管内，若一切正常，可开钻。在钻进中，如密封处漏水，应随时调整压紧度，必要时可增加密封盒。

（14）钻进前须先开泵，待循环正常后方可启动钻机进行钻进。

（15）为防水土流失，控制沉降，应通过回水阀门严格控制回水量，始终保持回水量小于或等于进水量。

（16）钻进时泵压控制在 0.3～0.5MPa，最大不超过 1.0MPa，泵量以 50～100L/min 为宜。

（17）随着不断地钻进，经验的积累结合地质情况变化，对技术参数适时不断地调整。

（18）钻孔出现涌水时，尽量保持泵压，且泵量不能变小，以便平衡孔内压力。

（19）冲洗液参数的调整要由现场技术主管与机手根据地层变化、孔内情况协商确定。冲洗液不正常循环时，严禁继续钻进。泵工应注意观察冲洗液质量，并及时上报现场施工员。

（20）泵工必须充分利用停泵（钻）间隙，对泵进行认真检修，以保证泥浆泵的正常运转。

（21）在打设管棚初期时，应随钻检测孔斜，当孔深 20～30m 时可进行一次测斜，若发现孔斜超限，应采取补救措施，必要时报有关领导研究处理办法。

（22）对于遇到异物，不可钻进时，机手与钻工要特别注意孔内变化，发现异常（卡钻、别钻，见硬物等）须立即停钻，做出判断，采取措施，以防发生工程事故。

（23）管棚打设验收合格后，压注水泥砂浆，对管棚与孔口管、孔口管与混凝土壁之间缝隙进行封堵。注浆量与注浆压力须按要求进行，不得敷衍。对于暂不漏水的孔也必须注浆，不可漏注。

（24）单根棚管验收合格后，在现场立即办理验收合格签证，再转入一下孔位施工。

4.7.6 技术要求

受工程地质、水文地质、工程特点、技术难度、质量要求的制约，技术参数主要着眼于以下几方面：

（1）水平钻进中受钻具自重影响，钻具前部产生下垂现象。钻具顺时针旋转，产生右旋力，造成钻孔偏斜。因此确定开孔角度时，根据以往经验和试验孔成果，需给开孔方位角与垂直角以合理的纠偏值，并根据已成孔测斜结果随时予以调整纠偏角度。

①开孔方位 = 隧道走向 + 钻孔放射角水平分量 + 水平纠偏角。

②开孔仰角 = 钻孔放射角垂直分量 + 钻进纠偏垂直角。

③计算时应将隧道坡度考虑在内。

（2）在一般粉质黏土地层中打设水平孔，同径管一次性跟管钻进时应灵活掌握以下原则：中小水量、低转速、中低压力、快速掘进。一般钻具自重 800～1600kg；转速 40～60r/min（砂层取其低值，黏性土取其高值最高≤100r/min），泵量 50～100L/min。

（3）水平钻进，粗碎屑易在钻具底部沉淀，造成钻孔上仰或左右偏斜。

（4）对软硬不均地层，钻进时宜采取低压、慢转、快速给进的钻进方法，遇有情况慎重处理，不得盲目加压、增转。

（5）对软塑—流塑状态的地层，钻进时应采用低泵压、小水量、慢转速、快给进的钻进方法。

4.7.7 异常情况处理

（1）顶进过程应随时注意防止堵孔、坍孔。

（2）遇到卡钻时，钻孔时要慎重，每钻进 1m 要退钻。若卡钻太频繁，要注浆后再钻，保证钻孔成孔质量较好，确保下管顺利。

（3）钻孔断杆、卡钻等现象在管棚施工中经常发生，若发生断杆、卡钻而又拉不出来，则该孔报废，原孔采用水泥浆封堵，可在该孔旁边补打成孔。

（4）整个过程中做好记录，内容包括打孔的角度、间距、深度、钢管的长度、灌浆压力、灌浆数量、起止时间等，作为后续施工调整注浆参数依据。

（5）灌浆施工作业中，浆液注入压力是一个最为关键的现场施工过程控制因素。根据流量计显示的孔口压力变化可以判断注浆施工的基本发展状况，并及时采取相应措施。

4.8 其他相关施工工艺

4.8.1 小导管注浆加固施工工艺

1）施工工序流程

超前小导管采用 DN32，$t = 2.75$mm 钢焊管，$L = 2$m，拱部环向间距 0.3m，每榀布设，外插脚 25°，采用水泥-水玻璃双液浆（遇粉细砂、细中砂地层选用改性水玻璃），压力不大于 0.5MPa；

锁脚锚管材质及构造同超前小导管，在格栅两侧落脚处各打设 1 根锁脚锚管，打设角度 45°。

注浆施工包括钻孔、安设小导管、注浆、效果检验等工序，工艺流程如图 4-44 所示。

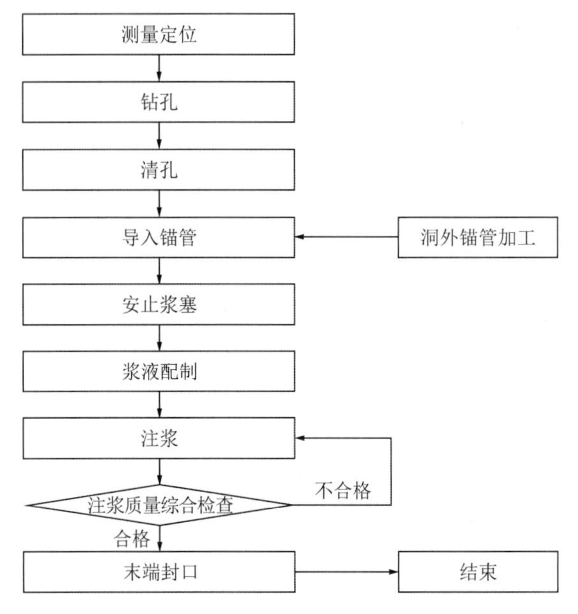

图 4-44　小导管注浆加固施工工艺流程图

2）小导管加工制作

超前小导管采用外径 DN32 钢管，钢管前端呈尖锥状，当打入土体时，导管孔口变形过大时，宜在尾部焊上钢筋环筋补强，钢管尾端置于钢格栅腹部，小导管制成花管，并向地层注浆，小导管中间部位开设直径 6～8mm 的溢浆孔，呈梅花形布置（防止注浆出现死角），间距 100～200mm 交错钻眼，尾部 1.0m 范围内不钻孔防止漏浆，加工制作如图 4-45 所示。

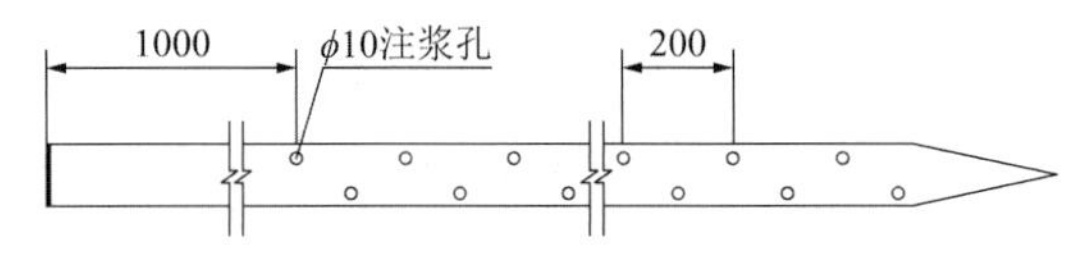

图 4-45　小导管加工示意图（尺寸单位：mm）

3）小导管安装

本工程主体导洞所处地层为粉质黏土，小导管打设以尽量少扰动地层为原则。成孔较困难时，结合粉质黏土强度和密度不同，采用直接顶入、吹管后顶入、风钻或煤电钻引孔后放入等工艺。喷射混凝土完成后及时打设小导管，小导管向上倾斜 25°打设，埋入孔眼深度不应小于导管长度的 90%，并将锚管尾部焊接在已架好的格栅钢架上，锚管外露 100mm 以利于安设注浆管路，若插入困难，可用带冲击锤的风钻顶入。安设好锚管后，为防止注浆时孔口漏浆，沿孔口周边喷 8～10cm 厚 C25 混凝土或在周围缝隙用塑胶泥封堵严密，并用棉纱将孔口堵塞。封闭 2h 后，开始注浆。

4）浆液选择配制及注浆

根据工程地质情况，采用水泥-水玻璃双液浆，遇粉细砂、细中砂地层选用改性水玻璃，注浆采用“注浆一段、开挖一段、段段推进”方式，注浆参数通过现场试验确定。水泥浆液水灰比一般为1∶0.8～1∶1，水泥-水玻璃配比为1∶1，水泥采用P·O 42.5普通硅酸盐水泥，拌和水采用饮用水。施工前应严格按照设计配合比进行下料，下料误差：主料不得大于5%，外掺剂不大于1%。浆液应随搅随用，并在初凝前用完。注浆材料、注浆方式及配比可根据现场地层情况进行适当调整。

注浆开始前，正确连接好注浆管路，并进行压水或压稀浆试验，以检查管路密封性和地层的吸浆情况。注浆速度一般每根锚管控制在30L/min以内，注浆压力控制在0.5MPa以内。注浆过程中，要经常观察工作面及管口情况，发现漏浆和串浆要及时进行封堵，并做好注浆记录。注浆结束后将管口封堵，以防浆液倒流管外。

5）注浆关键技术措施

（1）严格控制配合比与凝胶时间，初选配合比后，用凝胶时间控制调节配合比，并测定注浆结实体的强度，选定最佳配合比。

（2）注浆过程中，严格控制注浆压力，注浆终压必须达到设计要求，并稳压，确保浆液的渗透范围，防止出现结构变形、串浆而危及地下构筑物、地面建筑物。注浆过程中应进行跟踪监测，当出现异常现象时，立即采取下列措施：

①降低注浆压力或采用间隙注浆。

②改变注浆材料或缩短浆液凝胶时间。

③调整注浆实施方案。

④当出现浆液从其他孔内流出的串浆现象时，可采取用多台注浆机同时注浆或将串浆孔击实堵塞，轮到该管注浆时再拔下堵塞物，用铁丝或细钢筋清除管内杂物，并用高压风或水冲洗（拔管后若向外流浆则不必进行此工序），再注浆。

⑤注浆量很大，压力长时间不升高，则应调整浆液浓度及配合比，缩短凝胶时间，进行小泵量低压力注浆或间歇式注浆，使浆液在裂隙中有相对停留时间，以便凝胶，但停留时间不能超过混合浆的凝胶时间。

（3）注浆效果检查：一方面用进浆量来检查注浆效果，另一方面因注浆方法为周边单排固结注浆，开挖后检查地层固结厚度，如达不到要求，应及时调整浆液配合比，改善注浆工艺。当满足下列条件时可结束单孔注浆：

①注浆压力达到设计终压，且注浆量达到设计注浆量的80%以上，可结束单孔注浆。

②注浆压力未能达到设计终压，但注浆量已达到设计注浆量的1.5倍，且无漏浆现象，可结束单孔注浆。

③注浆压力达到设计终压，但注浆量未达到设计量的80%时，应根据相邻小导管注浆量大小，判断是否可以终止单孔注浆，必要时应补孔注浆。

④为防止孔口漏浆，在导管尾端用麻绳及胶泥（水泥＋少许水玻璃）封堵钻孔与花管的空隙。

⑤注浆管与导管采用活接头联结，保证快速装拆。

⑥注浆的次序由两侧对称向中间二序跳孔间隔进行，自下而上逐孔注浆。

⑦拆下活接头后，采用快干水泥封堵花管口，防止未凝的浆液外流。

⑧注浆期间定期对地下水取样检查，如有污染须采取措施。

⑨注浆过程有专人记录，完成后检验注浆效果，不合格者进行补注。

6）浆液注入量控制

理论注浆量$Q = \pi R^2 Ln\alpha\beta = 0.03 \sim 0.12\text{m}^3$。

其中，根据现场试验，浆液有效扩散半径R为 0.25m；具体注浆长度根据设计要求，取$L = 2 \times 0.9 = 1.8\text{m}$；粉质黏土$n$取 35%～50%；$\alpha$取 0.2～0.5；$\beta$取 1.2～1.4。

4.8.2 格栅加工及安装

1）格栅钢架的加工及质量要求

格栅钢架纵向间距 0.5m，两端设连接钢板；钢筋网采用ϕ6.5mm，间距为150mm×150mm，加工成片状；喷射混凝土为 C25 早强混凝土。格栅钢架统一制作，格栅钢架单元之间可采用角钢和螺栓连接，格栅质量必须符合下列条件：

（1）加工做到尺寸标准，弧形圆顺；钢筋焊接（或搭接）长度满足设计要求，沿钢架两侧对称焊接成型时，钢架主筋中心与轴线重合，连接孔位准确。

（2）加工成型格栅钢架应圆顺，允许偏差为高度±30mm，宽度±20mm。

（3）格栅钢架组装后在同一个平面内，扭曲度允许偏差为 20mm。

（4）格栅钢架转角部位采用与主筋同规格钢筋加强，各单元之间用螺栓连接牢固。

2）钢架安装工作内容

包括定位测量，安装前的准备和安设。

（1）安装前的准备工作

运至现场的单元钢架分单元堆码，并挂牌标识，以防用错。安设前进行断面尺寸检查，及时处理欠挖部分，安装前将格栅拱脚或墙脚部位的松渣清理干净，并垫上钢板和木材，防止钢架下沉或失稳。

（2）定位测量

首先按控制中线架设格栅，按设计顶部高程控制格栅顶部高程，之后再检查格栅支距，格栅钢架安设于直线上时，安设方向垂直于线路中线。

（3）格栅钢架安装

两榀格栅钢架钢架间沿周边设ϕ22mm 纵向连接筋，环向间距为 1m，内外双层布置，形成纵向连接体系，并及时打入锁脚锚管或锚杆，锚杆应与格栅焊牢，之后挂设钢筋网片，绑扎在钢架的设计位置，并与格栅钢架连接牢固，再喷射混凝土，封闭成环。格栅钢架单元必须连接紧密牢靠，对连接不密贴的节点板加焊帮焊筋补强，保证拱架对的整体性，且帮焊筋与主筋同型号，进行单面焊连接时，焊缝长度≥ 10d（d为主筋直径）。

（4）格栅架设质量要求

①格栅钢架应架设在与车站导洞轴线垂直的平面内，安装位置允许偏差：与线路中线位置支距不大于 50mm，垂直度 1°。

②格栅钢架保护层厚度允许误差−5mm，其背后应保证喷射混凝土密实。

③格栅钢筋安设正确后，纵向必须用钢筋连接牢固，并与锁脚锚杆焊接成一整体。

3）钢筋网

采用ϕ6.5mm 钢筋编制而成，网格间距为 150mm，钢筋交叉处点焊，在场外加工成片状以便于安装。在钢架背土侧设置单层网片，网片与格栅钢筋绑扎牢固。

网片加工、铺设符合下列要求：

（1）钢筋网所采用的钢筋型号和网格尺寸应符合设计要求。

（2）钢筋网片铺设前必须进行除锈。

（3）钢筋网片与格栅钢架连接牢固，网片搭接长度不少于 150mm。

（4）网片铺设紧贴格栅箍筋并保持 30mm 保护层。

4）注意事项

格栅挂网安装在每步开挖后及时进行。格栅定点预制，确保制作质量，特别是主筋与连接板的焊接质量是检查重点。格栅分片之间用角钢打孔，螺栓连接，格栅之间用纵向连接筋相连。格栅架立中心和垂直度，由测量控制。导洞格栅安装时，拱顶相邻格栅的连接板应相互错开。钢筋网均绑扎在格栅主筋上，钢筋网挂靠牢固，在喷射混凝土时不得晃动。钢筋网随受喷面的起伏而铺设。

4.8.3　初期支护背后回填注浆

1）背后注浆管的安设

初期支护背后回填注浆管采用 DN32，$t = 2.75$mm 钢管。注浆管间距为起拱线以上为 2.0m，边墙为 3.0m；纵向间距为 3.0m，梅花形布置；导管初期支护内外漏 0.1m，初期支护外长 0.5m，封堵管口后再喷射混凝土；注浆材料采用水泥浆液。

初期支护背后回填注浆一般在距初期支护封闭成环后 5m 处进行，回填注浆应及时跟进。注浆深度为初期支护背后 0.5m。浆液采用水泥浆，注浆压力一般为 0.2～0.4MPa，注浆终压为 0.5MPa，注浆压力及具体配比可根据现场试验进行适当调整。

根据实际情况布设在位移变化较大处或渗漏水处，也可针对性地对某位置用风钻钻孔布管注浆。

2）注浆工艺

背后回填注浆工艺流程如图 4-46 所示。

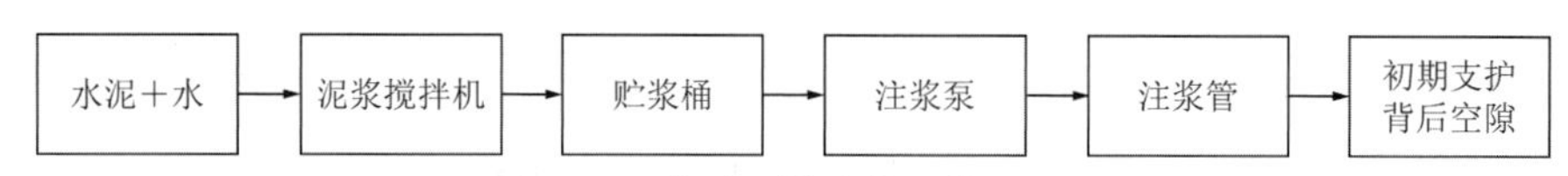

图 4-46　背后回填注浆工艺流程图

（1）注浆浆液选择及配合比

背后注浆常采用水泥浆，其水灰比为 0.8～1.2。

（2）注浆设备及压力

初期支护回填注浆采用砂浆泵，回填注浆压力不宜过高，能克服管道阻力、初期支护空隙间阻力即可，压力过高易引起初期支护变形。水泥浆注浆压力为 0.2～0.4MPa。

（3）注浆施工

①注浆之前，清理注浆孔，安装好注浆管，保证其畅通。

②注浆必须连续作业，不得任意停泵，以防浆液沉淀，堵塞管路，影响注浆效果。

③注浆顺序：

注浆应由低处向高处、由无水处向有水处、从少水处向大水处、从散水区域向集中涌水区域依次压注，以利于充填密实，避免浆液被水稀释离析。

④注浆时，必须严格控制注浆压力，以防大量跑浆或使结构产生裂缝。

⑤注浆结束标准：

当注浆压力稳定上升，流量逐渐减少，注浆压力达到 0.5MPa 后，稳定不少于 3min 或相邻孔出现串浆后，即可停止注浆，进行封孔作业。

⑥停浆后，立即关闭孔口阀门，拆除和清洗管路，待浆液初凝后，再拆卸注浆管。

⑦为了确保注入浆液质量和数量，必须保管好全部证明书及测量数据等，并根据注浆情况，及时跟踪、调整施工参数。

4.8.4　作业平台施工

主体围护结构施工期间主要涉及暗挖掌子面深孔注浆以及横导洞超前加固需要搭设作业平台，作业平台采用满堂支架形式。作业平台支架搭设应符合下列要求：

1）纵向水平杆构造规定

（1）纵向水平杆宜设置在立杆内侧，其长度不宜小于 3 跨。

（2）纵向水平杆的对接扣件应交错设置，两根相邻纵向水平杆的接头不得设置于同步同跨内；不同步或不同跨两个相邻接头在水平方向错开的距离不应小于 500mm。

2）脚手板的设置规定

（1）作业层上脚手板应满铺，并铺稳，离开墙面 120～150mm。

（2）作业层端部脚手板探头长度应取 150mm，其板长两端均应使用支承杆可靠固定。

3）立杆设置规定

（1）每根立杆底部应设置垫板，垫板厚度不应小于 200mm。

（2）脚手架必须设置纵、横向扫地杆。纵向扫地杆应将直角扣件固定在距底座上皮不大于 200mm 处的立杆上。横向扫地杆应采用直角扣件固定在紧靠纵向扫地杆下方的立杆上，当立杆基础不在同一高度上时，必须将高处的纵向扫地杆向低处延长两跨与立杆固定，高差不应大于 1m。

（3）立杆必须用连墙件与结构侧墙可靠连接。

4）剪刀撑设置规定

（1）剪刀撑沿脚手架两端和转角处起，每隔 7 根立杆设置一道，且每面架子不得少于 3 道。剪刀撑应沿架高连续设置，与地面呈 45°夹角。

（2）剪刀撑斜杆的接长采用搭接，用旋转扣件固定在与立杆相交的横向水平杆的伸出端或立杆上，旋转扣件中心线至主节的距离不宜大于 150mm。

5）脚手架搭设其他要求

（1）在搭设脚手架之前应先清除搭设场地杂物，平整搭设场地，使之排水通畅。

（2）脚手架必须随施工进度搭设，一次搭设高度不应超过相邻连墙件 2m 位置。

（3）每搭设完一步架体后必须校正步距、纵距、横距及立杆垂直度。

（4）垫板宜采用长度不少 2 跨，厚度不小于 50mm 的木板垫板。

（5）开始搭设立杆时，应每隔 6 跨设置一根抛撑，直至连墙杆安装稳定后，方可根据情况拆除。

（6）现场根据实际搭设高度进行详细交底，并出具详图，交底应符合相应规范要求。

4.9 质量检查要求

4.9.1 超前小导管

1）主控项目

（1）超前小导管的品种、级别、规格和数量应符合设计文件要求。

（2）超前小导管注浆量、注浆压力、配合比应符合设计文件要求。

（3）注浆材料应符合设计要求。

（4）浆液配合比应符合设计文件要求，且浆液应充满钢管及周围空隙。

（5）注浆加固终凝后应进行注浆效果检查。

2）一般项目

（1）超前小导管外插角允许偏差 2°；孔距±50mm；孔深±50mm。

（2）注浆管的数量、间距、孔深应符合设计要求。

4.9.2 土方开挖

土方断面开挖允许超挖值见表 4-12。

断面开挖允许超挖值　　表 4-12

围岩类型	部位	平均（mm）	最大（mm）	检查数量	检查方法
土质	拱部	60	100	施工单位、监理单位每循环检查一次	量测开挖断面，绘断面图，绘断面图与设计图核对
	边墙及仰拱	60	100		
软岩	拱部	150	250		
	边墙及仰拱	100	150		

4.9.3 格栅钢架加工与安装

1）钢筋进场质量要求

（1）工程材料性能和质量必须符合国家现行标准和行业标准的规定，并应有各项性能的质量证明书或检验报告。钢筋采用焊接连接，连接件必须是经国家有关职能部门批准合格的产品，符合有关质量标准，并经现场试验合格后方可使用。

（2）钢筋进场时，应按现行国家标准《钢筋混凝土用钢 第 1 部分：热轧光圆钢筋》（GB/T 1499.1—2017）、《钢筋混凝土用钢 第 2 部分：热轧带肋钢筋》（GB/T 1499.2—2018）等的规定抽取试件作力学性能检验，其质量必须符合有关标准规定。

（3）在钢筋分项工程施工过程中，若发现钢筋性能异常，应立即停止使用，并对同批钢筋进行专项检验。

2）钢筋加工质量要求

（1）钢筋表面的油渍、漆污、水泥浆和用锤敲击能剥落的浮皮、铁锈等都清除干净。

（2）钢筋调直，无局部折曲。

（3）加工后的钢筋表面不应有削弱钢筋截面的伤痕。

（4）钢筋的弯制和末端弯钩均严格按设计加工，设计无要求时应符合的规定见表4-13。

钢筋加工允许偏差表　　表 4-13

项目	允许偏差
受力钢筋顺长度方向全长的净尺寸	±10mm
弯起钢筋的弯折位置	±20mm
箍筋内净尺寸	±5mm

（5）箍筋末端设弯钩，弯钩平直部分长度不小于箍筋直径的 10 倍。

（6）格栅钢架拼装允许误差。

①周边拼装允许偏差：±30mm。

②平面翘曲：小于 20mm。

③每榀钢架的各段格栅之间应能互换连接。

④螺栓孔眼中心间距公差不超过±0.5mm。

⑤第一榀钢架应在地面进行预拼装，检查无误后再批量加工，分批运到施工部位。施工中加强监控量测根据信息反馈，研究确定是否需要加强钢架支护。

（7）格栅钢架安装允许误差见表 4-14。

格栅钢架安装允许误差　　表 4-14

方位	中线	高程	倾斜度	左、右拱脚高程	左、右钢架里程同步
允许误差	2cm	+2cm，−0	⩽2°	±2cm	±2cm

（8）格栅钢架安装前应清除底脚下的虚渣及其他杂物，超挖部分用混凝土或木板垫实。

（9）钢架在开挖作业面人工组装，各节钢架间应以螺栓连接拧紧。

（10）钢架与土层之间应尽量接近，留 3cm 间隙作为保护层。

（11）格栅钢架应精确定位，严格控制“高程、中线、前倾后仰、左高右低、左前右后”等各个方位的位置偏差。

（12）纵向连接筋、钢筋网与格栅钢架联结牢固，喷射混凝土时钢筋网不得晃动。

4.9.4 连接筋、钢筋网

（1）竖井纵向接筋采用 HRB400ϕ22mm 钢筋，连接方式为焊接，施工时优先采用双面焊，焊缝长度不小于 $5d$，当不能进行双面焊时，可采用单面焊，焊缝长度不小于 $10d$。搭接或帮条焊的焊缝厚度s不应小于主筋的直径 0.3 倍，焊缝宽度b不应小于主筋直径的 0.8倍。

（2）钢筋与钢板搭接焊时，采用双面焊，焊缝长度不小于 $5d$，焊缝宽度不小于钢筋直径的 0.6 倍，焊缝厚度不小于钢筋直径的 0.35 倍。焊接接头的类型及质量应符合《钢筋焊接及验收规程》（JGJ 18—2012）的要求。

（3）钢筋网采用 HPB300ϕ6.5mm 钢筋，连接方式为绑扎搭接，搭接长度为不小于 15cm。

（4）焊条：HPB300 钢筋、Q235b 钢板焊接采用 E43 系列型焊条，HRB400 钢筋焊接采用 E50 系列焊条。

4.9.5 喷射混凝土

（1）喷射混凝土原材料配合比、计量、搅拌、喷射必须符合施工规范规定。

（2）喷射混凝土强度必须符合设计要求。

（3）对喷射混凝土的结构，不得出现脱落和露筋现象。

（4）喷射混凝土结构不得夹泥夹渣，严禁出现夹层。

（5）钢格栅间喷射混凝土厚度应满足设计要求，无大的起伏凹凸，表面应平整圆顺，做到内实外光，喷射混凝土允许偏差见表 4-15。

喷射混凝土允许偏差 表 4-15

序号	项目	允许偏差
1	厚度	±30mm
2	强度	≥25MPa
3	平整度	≤1/6 矢跨比
4	净空	+20，−0m

4.9.6 初期支护背后回填注浆质量要求

1）主控项目

（1）注浆所用原材料符合规范要求。

（2）浆液配合比应满足现场施工的要求。

（3）背后注浆应密实。

2）一般项目

（1）注浆压力、注浆量符合注浆结束标准。

（2）注浆孔数量、深度符合设计文件要求。

4.9.7 模板及支架质量要求

1）主控项目

（1）支架应进行稳定性验算，支承结构试压应符合设计文件要求。

（2）模板支立前应清理干净并涂刷隔离剂，铺设应牢固、平整、接缝严密、不漏浆。

2）一般项目

模板安装应符合下列规定：

（1）模板的接缝不应漏浆；在浇筑混凝土前，木模板应浇水湿润，模板内不应有积水。

（2）浇筑混凝土前，模板内的杂物应清理干净。

（3）相邻两块模板接缝高低差不应大于 2mm。

4.9.8 钢筋工程质量要求

1）主控项目

（1）钢筋材料物理性能、化学性能符合标准的规定。

（2）箍筋、拉筋的末端应按设计要求做弯钩。

（3）钢筋应绑扎牢固。受力钢筋的安装位置、锚固方式符合设计要求。

2）一般项目

（1）钢筋应平直、无损伤，表面不得有裂纹、油污、颗粒状或片状老锈。

（2）成形钢筋的外观质量和尺寸偏差应符合国家相关标准的规定。

（3）钢筋机械连接套筒、钢筋锚固板以及预埋件等的外观质量应符合国家现行有关标准规定。

（4）钢筋加工形状、尺寸应符合设计要求。

（5）钢筋安装偏差及检验方法符合规定。

5 施工保证措施

5.1 组织保障措施

执行项目部安全管理体系、质量保证体系，项目部组织机构如图 5-1 所示。

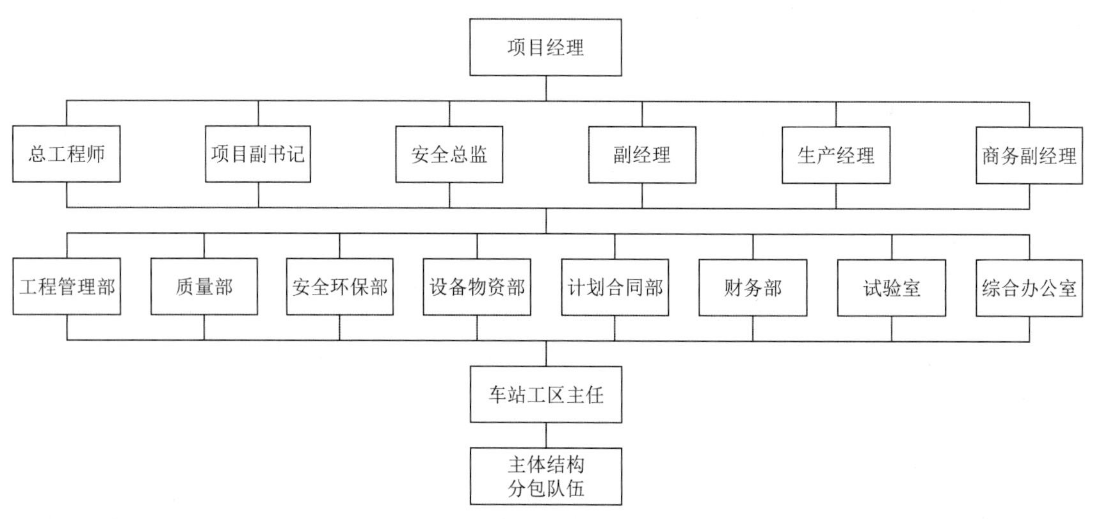

图 5-1　项目管理组织机构图

为保证暗挖施工安全管理，项目部对工区人员进行合理配置，现场设技术员 2 名、专职安全员 1 名、质检员 1 名、领工员 2 名、兼职安全员若干名。项目经理每月定期组织检查各岗位人员履职情况。

安全总监组织、安保部落实，每周检查安全生产教育制度、安全生产检查制度、安全生产交底制度、现场消防保卫制度、环保及文明施工管理制度、劳动保护员工防护管理制度、安全生产验收制度、安全警示标识制度、易燃易爆品管理制度、特种设备管理制度、安全生产事故报告及处理制度的落实情况。

5.2 技术措施

5.2.1 安全技术管理要求

（1）洞内运输设备、井口吊装设备、装载设备、地面运输设备、注浆设备

洞内采用人工配合电动自卸车进行水平运输，井上井下垂直运输采用抓斗式提升系统（详见专项方案），地面装载机 + 自卸汽车外运渣土，人工装卸钢格栅及小型构件，其他机械设备按常规配置，如单液注浆机、双液注浆机、风镐、电焊机、喷锚机等。

（2）临时用电管理

现场临电的布设详见专项施工组织设计，施工过程中安保部电气工程师组织各场地电工对临时用电进行日常检查与用电安全管理。临时用电管理重点是掌子面低压照明供电系统使用与维护，三级配电系统接地接零保护装置的有效性。

（3）消防安全管理

消防应急通道布设、消防设施配置详见现场临建施工组织设计，消防应急管理及演练见专题应急预案，重点管控焊接等热作业动火管理，按要求清除周边易燃物、特殊工种持证作业、设置看火人、配备灭火器材。

（4）临边临口管理

临边临口按规定高度设置围栏、防护网、踢脚挡板，卸料平台设置不低于 30cm 高车挡，活动围栏及时封闭、固定牢靠，吊装作业区设置隔离及警示标识。

（5）脚手架管理

竖井横通道暗挖作业施工涉及脚手架包括初期支护背后注浆用移动式作业平台、马头门破除临时安拆作业平台，按相关规程要求布设扫地杆，设置防倾覆装置、围栏、挡板，脚手板满铺，作业时平台下禁止穿行。

（6）通风与降尘管理

暗挖施工阶段洞深较大，须采取洞内强制通风设施。为减少粉尘空气污染，本工程所有喷锚机均加装降尘装置，洞内水平运输禁用柴油式自卸车，其他开挖及运输机械均须有合格检验证明，并定期维保，杜绝机械冒黑烟现象。竖井口、原材料堆放及混凝土搅拌系统设置全封闭、排风、降尘装置，达到建委文件要求。

（7）工序及工艺管理

主体导洞及初期支护扣拱各洞室掌子面开挖按规程要求错开步距，防止群洞效应；超前注浆加固、土方开挖、格栅钢架制作和安装、喷射混凝土、回填注浆等环节，严格按设计及规范要求施工。

（8）验收管理

暗挖工程初期支护施工阶段，配置质检员 2 名，负责日常质量检验，严格落实“三检制”。格栅加工完成后，逐榀检验，按班进场报监理验收并标识；掌子面格栅安装完成后，质检员自检合格的基础上报监理隐验；初期支护封闭成环 5m 后，施工队及时组织背后回填注浆，质检员全程监控注浆质量；喷射混凝土完成后及时施测初期支护净空，合格基础上完成检验批验收。

（9）监控量测管理

须按设计要求布设监测点，采集分析监测数据，反馈指导施工，详见监控量测专项方案。

（10）雨季及防汛安全管理

施工区场地进行硬化处理，合理布设排水系统，竖井锁口圈梁以上按设置 1200mm 高挡水墙，自锁口圈向外疏散排水，进入沉淀池，经沉淀后排入市政排水系统。

做好防汛应急预案（见专项预案）及应急物资储备、应急演练。

（11）冬季施工安全管理

提前准备冬季混凝土施工配合比，做好管线防冻、主体导洞及初期支护扣拱混凝土防冻保温，详见各年度冬季施工方案。

5.2.2 洞内通风及运输

1）通风

导洞施工时，通风主要依靠施工通道中主通风管压入风流，在导洞开挖长度达 10m 后，在掌子面安设风管向外排风保证各掌子面空气质量符合标准。

（1）通风管主管采用 1mm 厚的圆铁皮风筒，断面尺寸ϕ600mm，3m/节；

（2）铁皮风管采用3cm × 3cm 角钢制作的法兰连接，定制三通或其他连接部件；

（3）沿隧道方向每 2m 在初期支护表面使用膨胀螺栓固定，布设一根对拉杆悬吊风管管箍。

2）运输

导洞施工时，钢拱架及喷射混凝土拌合料采用机动三轮车运到掌子面，开挖土方采用机动三轮车运至竖井底，采用抓斗提升出渣。

5.2.3 临时用电安全措施

（1）电工必须持证上岗，做好施工用电的安全管理，保证正常施工及生活用电，制止违章用电和个人私拉乱接现象，对用电进行经常性的安全检查、监督管理，发现事故隐患及时整改。

（2）在施工现场专用中性点直接接地的低压电力系统线路中，必须采用 TN-S 系统接零保护，用多股铜芯绿黄双色塑料绝缘电线做保护零线，保护零线与工作零线分开单独敷设，不作他用。

（3）保护零线至少在配电室（或总配电箱）、配电线路中间和末端设有三处重复接地，重复接地电阻值不得大于 10Ω，工作接地电阻值不得大于 4Ω。

（4）在接地与接零系统中，不得一部分设备作保护接零，另一部分设备作保护接地。

（5）接地接零处必须保证可靠的电气连接，保护零线聚乙烯塑料（PE）线必须采用绿黄双色线，严格与相线、工作零线相区别，杜绝混用。

（6）电焊机应设置在通风良好的地方，焊接现场不准堆放易燃易爆物品，交流弧焊机的一次侧电源长度不大于 5m，一次侧必须设置防护罩，二次线应采用 Y11 型橡皮保护套铜芯多股电缆，电缆长度不得大于 30m。

5.2.4 消防安全措施

（1）进行电焊、气焊等具有火灾危险作业的人员，必须持证上岗，并严格遵守消防安全操作规程，动火作业前应开具动火证，并清理周围可燃物、配备灭火器和看火人。

（2）施工现场设置的消防应急照明，连续供电时间不得少于 20min。

（3）灭火器应放在被保护物的附近和通风干燥、取用方便的地方。

（4）要养成良好的用火习惯，烟头等点火物未完全熄灭前不要丢入垃圾篓内。

（5）易燃易爆品应有专人管理，有符合规范要求的库房设施。

（6）施工用电和照明用电要符合规定要求，严禁乱拉乱接和使用电炉等器具，施工用电必须三相五线制，配电箱内应设有触电保护装置，配电箱必须加锁。

（7）氧气瓶严禁沾上油类和沥青，严禁在搬运过程中滚动振动和撞击。

（8）氧气瓶阀门可用扳手缓缓开启，禁止用锤敲打。当氧气瓶内压力降至 0.2MPa 时应停止使用。

（9）在焊接过程中，当乙炔胶管脱落、破裂或着火时，应首先把焊枪的火焰熄灭，再停止供气。当氧气罐着火时应迅速关闭氧气瓶的阀门。

5.2.5 钢筋工程施工安全保障措施

（1）在操作钢筋加工机械时，非专业人员不得操作其机械，操作人员在操作前先得检查其机械的性能状况，经检查无误后，方可进行操作，严格按操作规程进行操作。

（2）在进行电焊施工时，操作人员应按照操作规程操作，并注意防火，保证其附近无易燃、易爆等危险物品。在要进行氧气、乙炔切割时，需得在相关管理部门办理动火手续。

（3）在焊接时同时应提前做好下面工作：

①作业前必须检查机械设备、作业环境、照明设施等，并试运行符合安全要求，作业人员必须经安全培训考试合格方可上岗作业。

②作业前应检查焊机、线路、料机外壳保护接零，确认安全后方可作业。

5.2.6 抓斗提升安全保障措施

1）司机操作的基本要求

抓斗司机在严格遵守各种规章制度的前提下，在操作中应做到如下几点：

（1）稳：司机在操作抓斗过程中，必须做到起动平稳，行车平稳，停车平稳。确保吊钩、吊具及其他吊物不游摆。

（2）准：在稳的基础上，吊物应准确地停在指定的位置上降落，即落点准确。

（3）快：在稳、准的基础上，协调相应各机构动作，缩短工作循环时间，使抓斗不断连续工作，提高工作效率。

（4）安全：确保抓斗在完好情况下可靠有效地工作，在操作中，严格执行安全技术操作规程，不发生任何人身和设备事故。

（5）合理：在了解掌握抓斗性能和电动机机械特性的基础上，根据吊物的具体状况，正确地操纵控制器并做到合理控制，使抓斗运转既安全而又经济。

2）司机在工作前的职责

对抓斗做全面检查，在确认一切正常后，即推动保护柜总刀开关，起动抓斗。对各机构进行空车试运转，仔细检查各安全连锁开关及各限位开关的灵敏可靠性，并记录于交接日记中。

对起升机构制动器工作的可靠性应做试吊检查工作，即吊额定负荷，离地 0.5m 高，检验制动的可靠性，不合格时应及时调整制动器，不可带病工作。

3）司机在操作中的职责

（1）在下列情况下，司机应发出警告信号（电铃声一长声）：

①抓斗在起动后即将开动前。

②在起吊和下降吊钩时。

③吊物在运移过程中，接近地面工作人员时。

④抓斗在吊运过程中设备发生故障时。

（2）不准用限位器作为断电停车手段。

（3）操纵抓斗起重机时，禁止任何人员在移动吊物下面工作或通过，应划出危险区并立警示牌，以引起人们重视。

（4）抓斗司机要做到“十不吊”：

①指挥信号不明确和违章指挥不当。

②超载不吊。

③工件或吊物捆绑不牢不吊。

④吊物下面有人不吊。

⑤安全装置不齐全、不完好、动作不灵敏或有失效者不吊。

⑥工件埋在地下或与地面建筑物、设备有钩挂时不吊。

⑦光线阴暗视线不清不吊。

⑧有棱角吊物无防护切割隔离保护措施不吊。

⑨斜拉歪拽工件不吊。

⑩吊桶过满有洒落危险不吊。

（5）在开动任何机构控制器时，不允许猛烈迅速扳转其手柄，应逐步推挡，确保抓斗平稳起动运行。

（6）在操作中，司机只听专职指挥员的指令进行工作（一长声——停止；二短声——上升；三短声——下降），但对任何人发出的停车信号必须立即执行，不得违反。

4）司机在工作完毕后的职责

抓斗工作完毕后，司机应遵守下列规定：

（1）应将吊钩提升到较高位置，不准在下面悬吊而妨碍地面人员行动；吊钩上不准悬吊挂具或吊物等。

（2）将小车停在远离抓斗滑触线的一端，不准停于跨中部位。大车应开到固定停靠位置。

（3）抓斗、渣斗取物，应降落至地面或停放平台上，不允许长期悬吊。

（4）将各机构控制器手柄扳回零位，扳开应急断路开关，拉下保护柜主刀开关手柄，将起重运转中和检查时发现的情况记录于交接班日记中，关好司机室门下车，与下一班司机做好交接工作。

5.2.7　文明施工、环境保障措施

（1）工程材料、制品构件分门别类、有条理地堆放整齐；机具设备定机定人保养，保持运行整洁，机容正常。合理布置施工导洞内各种管线。

（2）施工现场坚持日做日清，工完场清，严禁乱堆乱放建筑垃圾。

（3）加强现场施工管理，减少对周围环境的影响。

（4）在选择施工设施，设备及施工方式时，考虑由此产生的噪声及它对施工单位的劳动力和周围地区居民的影响，确保施工期间，其产生的噪声不超过周围环境噪声的规定值。

（5）选用电动机械，尽量减少内燃机械对空气的污染，严禁使用内燃机设备。

5.2.8　季节性施工措施

1）雨季施工措施

（1）首先做好防雨、防洪的各项准备工作及时了解天气情况，做到早预防、早调整施工进度及施工内容，并采取必要的措施。同时加强雷雨、大风前的安全管理工作，以保证雨季施工按进度计划进行。

（2）切实抓好雨季防洪防汛防雨的准备工作。施工前着重解决排水问题，即保证原有的排水系统尽量不被破坏，适当增设临时排水系统，确保雨季排水畅通。在设备上考虑抽水机、潜水泵排水机械设备。生活、生产设施及设备材料堆放等不要布置在低洼处，同时成立专门的防汛施工领导小组和抢险队，积极加强与当地防汛机构的联系，及时掌握天气变化情况，及早做安排，防患于未然。

（3）做好现场原材料、半成品、成品的保护工作，若雨水天气来临，及早做好苫盖工作，避免钢筋锈蚀；避免在下雨天浇筑混凝土，影响工程质量。

（4）统筹安排分部、分项工程的施工计划，考虑到有的工序受雨季施工影响较小，而有的项目如土方工程、沟槽开挖等受雨季影响较大，在开工的先后次序上必须综合考虑，全面安排，合理组织。

2）冬季施工措施

（1）按照冬季施工需要在进入冬季施工前，准备电子测温仪、温度计等测温设备。

（2）冬季施工期间先对大气进行测温，每天测温次数不得少于 4 次，冬季施工期间不得中断。

（3）物资部门按现场需要以及工程管理部门提供的材料计划落实材料进场，确保材料、物资在冬季施工前全部进场，保证冬季施工期间所需要的保温材料提前准备到位。

（4）进入冬季施工前应对机械设备全面进行一次检查，机械车辆防止受冻。对机械传动部位应及时检查，如有缺陷，及时维修、调整，并储备发电机。进入冬季施工前对现场机械设备进行一次换季保养，换用冬季适用的润滑油、防冻液、机油等。

5.3 监测监控措施

5.3.1 监测目的及要求

1）监测目的

实施监控量测目的具体如下：

（1）通过监控量测了解各施工阶段地层与支护结构的动态变化，把握施工过程中结构所处的安全状态。

（2）通过对监测数据的处理、分析，采取工程措施来控制地表下沉，确保地面交通顺畅和地面建筑物的正常使用。

（3）用现场实测的结果弥补理论分析过程中存在的不足，并把监测结果反馈设计、指导施工。

（4）通过监控量测对工程施工可能产生的环境影响进行全面的把控。

（5）通过监控量测了解该工程条件下所表现、反映出来的一些地下工程规律和特点，为今后类似工程或该工法本身的发展提供借鉴、依据并起到指导作用。

（6）积累资料和经验，为今后的同类工程设计、施工提供类比依据。

2）监测要求

西土城站临近道路和桥梁交通较为复杂，结构过大变形及坍塌、失稳等均会对市政道路、桥梁等带来危害，因此在施工过程中应重点做好道路地表、桥梁变形等监测和数据分析。

5.3.2 监测项目及监测频率

监测项目及监测频率见表 5-1 和表 5-2。

西土城站监测项目及监测频率一览表 表 5-1

序号	监测项目	位置或监测对象	监测仪器	监测精度
1	地表、地下管线沉降	周边地表及环境	水准仪	±0.3mm/km
2	邻近建（构）筑物沉降、倾斜	承台	水准仪	±0.3mm/km
		桥台	全站仪	±1″
3	初期支护结构拱顶沉降	车站主体	水准仪	1mm
4	初期支护结构净空收敛	车站主体	收敛计	0.06mm
5	地下水位	车站周边	电测水位计、聚氯乙烯（PVC）塑料管、可利用降水井	5mm
6	钢管柱竖向位移、倾斜	钢管柱	精密水准仪、水准尺、钢尺	1mm
7	边桩竖向位移	边桩	精密水准仪、水准尺、钢尺	1mm
8	洞内及洞外观察	车站主体	地址预探、描述，拱架支护状态、建构筑物等观察记录	—
9	地表沉降	车站周边	水准仪	1.0mm

车站主体初期支护监测频率 表 5-2

序号	监测项目	开挖面至监测点或监测断面的距离	监测频率
1	地表沉降、地下管线沉降、钢管柱竖向位移，边桩竖向位移、邻近建（构）筑物桥梁沉降、倾斜	$L \leqslant 2B$	（1~2）次/d
		$2B < L \leqslant 5B$	1 次/2d
		$L > 5B$	1 次/周
2	初期支护结构拱顶沉降、初期支护结构净空收敛	$L \leqslant 1B$	（1~2）次/d
		$1B < L \leqslant 2B$	1 次/d
		$2B < L \leqslant 5B$	1 次/2d
		$L > 5B$	1 次/周
3	水位监测	—	1 次/2d
4	初期支护结构拱顶沉降、初期支护结构净空收敛	$L \leqslant 1B$	（1~2）次/d

注：1. *B*-开挖跨度（m），*L*-开挖面至监测点或监测断面的水平距离（m）。
2. 当拆除临时支撑时应增大监测频率。
3. 监测数据基本稳定后，监测频率为 1 次/月。

5.3.3 各监测项目控制值

工程监测控制值要根据工程结构跨度、埋置深度、工程地质及水文地质特点、施工工法等因素综合考虑确定。穿越工程、周边建（构）筑物及地下管线的监控量测控制值标准应根据工程及周边环境的实际状况、现场监测值以及产权单位的要求进行综合分析，并经评估后予以确定。对于特别重要或者周边环境十分复杂的工程应经论证后进行专项设计，以确定其安全控制值。

在具体实施过程中，依据最终施工图设计文件或业主、施工、设计、监理单位四方共同确定。现根据设计要求并参考相关规范和规程及以往北京类似工程施工经验，对施工引起的各监测项目初步建立相应的控制值标准见表5-3。

各监测项目控制标准 表5-3

序号	监测项目	控制标准
1	地表沉降	允许位移控制值40mm；平均（最大）速率2mm/d（5mm/d）
2	地下管线沉降	允许位移控制值30mm，位移平均速率控制值2mm/d，位移最大速率控制值2mm/d
3	邻近建（构）筑物沉降、倾斜	允许位移控制值10mm，位移平均速率≤1mm/d；倾斜≤0.001
4	初期支护结构拱顶沉降	允许位移控制值20mm；平均（最大）速率2mm/d（3mm/d）
5	初期支护结构净空收敛	允许位移控制值10mm；平均（最大）速率1mm/d（2mm/d）
6	钢管柱竖向位移、倾斜	允许位移控制值15mm
7	边桩竖向位移	允许位移控制值15mm

注：评估后按评估要求。

根据评估要求，学知桥与小月河桥的监测项目及控制标准如下：

1）学知桥西桥的桥梁控制技术指标

（1）TX3～TX6轴钢-混组合梁纵桥向相邻轴差异沉降控制值为6mm，TX6～TX9轴预应力混凝土连梁纵桥向相邻轴差异沉降控制值为5mm。

（2）TX6轴盖梁横桥向两墩柱差异沉降控制值2mm。

（3）TZ9轴桥台横桥向西端与相邻东桥结构缝处差异沉降控制值6mm。

（4）桥梁单测点最大沉降控制值15mm。

（5）桥台及墩柱新增倾斜不大于1/1500。

2）学知桥东桥的桥梁控制技术指标

（1）TZ0～TZ2轴及TZ5～TZ8轴简支T梁纵桥向相邻轴差异沉降控制值为10mm，TZ2～TZ5轴钢-混组合梁纵桥向相邻轴差异沉降控制值为5mm。

（2）TZ2~TZ5轴盖梁横桥向两墩柱差异沉降控制值2mm。

（3）TZ0轴桥台横桥向两端不均匀沉降控制值为6mm。

（4）TZ8轴桥台横桥向东端与相邻西桥结构缝处差异沉降控制值6mm。

（5）桥梁单测点最大沉降控制值15mm。

（6）桥台及墩柱新增倾斜不大于1/1500。

3）小月河桥的桥梁控制技术指标

（1）简支T梁纵桥向相邻轴差异沉降控制值为8mm。

（2）同一边盖梁（三柱）相邻墩柱位置差异沉降控制值2mm。

（3）同一轴相邻边盖梁结构缝两端相邻墩柱差异沉降控制值2mm。

（4）桥梁单测点最大沉降控制值15mm。

（5）边盖梁新增倾斜不大于1/1500。

（6）挡墙墙体整体沉降值应小于15mm，挡墙沉降缝处错缝差应小于8mm，挡墙新增倾斜度不大于1/1500。

4）道路路面沉降标准

在施工影响范围内地表最大沉降值应小于15mm，沉降坡度小于1.5‰，建（构）筑物沉降值应小于10mm。一级风险管线沉降影响较大区域，最大沉降值应小于10mm；无风险管线道路区域，沉降值应小于15mm。在施工影响范围内的最大隆起值应小于5mm。最大变形速率应小于2mm/d。

5）控制值拆解

（1）受单一新建工程影响，按主体导洞施工完成（65%），主体二次衬砌扣拱完成（累计90%），主体二次衬砌完成（累计100%）进行分配。

（2）受多个新建工程影响，对学知东桥桥桩（TZ0和TZ1），车站主体地下一层施工完成（累计70%），车站主体剩余部分及区间盾构隧道施工完成（累计85%），西侧换乘通道施工完成（累计100%）。对小月河桥桥桩，车站主体施工完成（累计40%），区间盾构隧道施工完成（累计90%），1号风道基坑及西侧换乘通道施工完成（累计100%）。

5.3.4 预警分类及判定

（1）预警分为监测预警、巡视预警及综合预警三类。

（2）预警按严重程度由轻到重分为三级，即黄色预警、橙色预警和红色预警。

（3）监测预警是依据监测点的监测值与控制指标值进行对比，并根据其接近或超过控制指标值的程度确定预警等级，监测预警判定标准如下：

①地面控制标准。

全判别标准如下（$F=$实测值/控制值）：$F<0.6$：安全；$0.6\leqslant F<0.8$：黄色预警；$0.8\leqslant F<1$：橙色预警；$F\geqslant 1$：红色预警。

②地下控制标准。

a. 黄色监测预警：累计变形值、变形速率实测值均达到相应监测对象及项目的控制值的70%（含）以上或两者之一达到控制值85%（含）以上。

b. 橙色监测预警：累计变形值、变形速率实测值均达到相应监测对象及项目的控制值的 85%（含）以上或两者之一达到控制值（含）以上。

c. 红色监测预警：累计变形值、变形速率实测值均达到相应监测对象及项目的控制值（含）以上，或两者之一超过控制值（含），且实测数据持续未收敛。

③巡视预警判定标准参照《北京轨道交通建设工程安全风险巡视管理办法》中巡视预警等级划分参考表。

④综合预警发布应依据工程部位安全风险状态进行综合分析判断，判定标准如下：

a. 黄色综合预警：施工安全风险状态评价为存在风险。

b. 橙色综合预警：施工安全风险状态评价为存在较高风险，严重程度或影响范围较小。

c. 红色综合预警：施工安全风险状态评价为存在较高风险，严重程度或影响范围大。

5.3.5 监测点布设及监测方法

1）基准点与工作基点埋设

基准点采用城勘院给定的水准网控制点或自行制作。基准点和工作基点应埋设在沉降影响范围以外的稳定区域内，其次应埋设至少两个基准点和若干工作基点，以便基准点及工作基点互相校核。基准点与工作基点的埋设要牢固可靠，采用标准地表桩，必须将其埋入原状土，并做好井圈和井盖。在坚硬的道面上埋设地表桩，应凿出道面和路基，将地表桩埋入原状土，或钻孔打入 1m 以上的螺纹钢筋做地表观测桩，并同时打入保护钢管套，如图 5-2 所示。

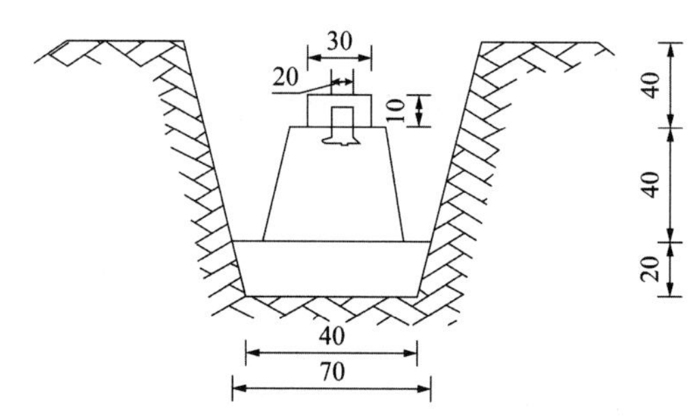

图 5-2 基准点埋设示意图（尺寸单位：mm）

基准点埋设完毕并稳定后，按国家精密水准测量的要求进行高程引测。基准点和工作基点的联测也应按国家二等水准测量的要求进行。监测工作开始后也应对基准点和工作基点进行定期检测，检测时间间隔一般不超过 3 个月，具体也可视联测结果做适当调整。

利用水准仪，采用几何水准测量方法，将监测点与基准点或工作基点组成闭合环或附合水准路线，条件不具备时采用支点观测。

监测期每月不少于一次对水准仪 i 角进行检查校正，观测时严格控制各项限差，每测点读数高差不超过 0.3mm，对不在水准路线上的观测点，一个测站不宜超过 2 个，超过时应重读后视点读数，以作核对。

2）地表沉降及管线沉降监测

（1）测点布置与埋设

严格按照审查后的监测图纸布点，且运营道路沉降监测点应优先考虑设置在辅路上，其次是道路两侧路边及应急停车带，应尽量避免将测点布置在道路中间。地表沉降点采用标准设点或浅层设点两种方式，由于周边环境和城市主干道交通十分繁忙无法或不允许按照标准法埋设监测时宜采用浅层埋设方法进行监测点布设，布设时可根据现场情况灵活布设。地表沉降测点埋设方式、管线沉降测点埋设如图 5-3 所示。管线沉降点在布设困难的情况下，可用地表沉降点代替。

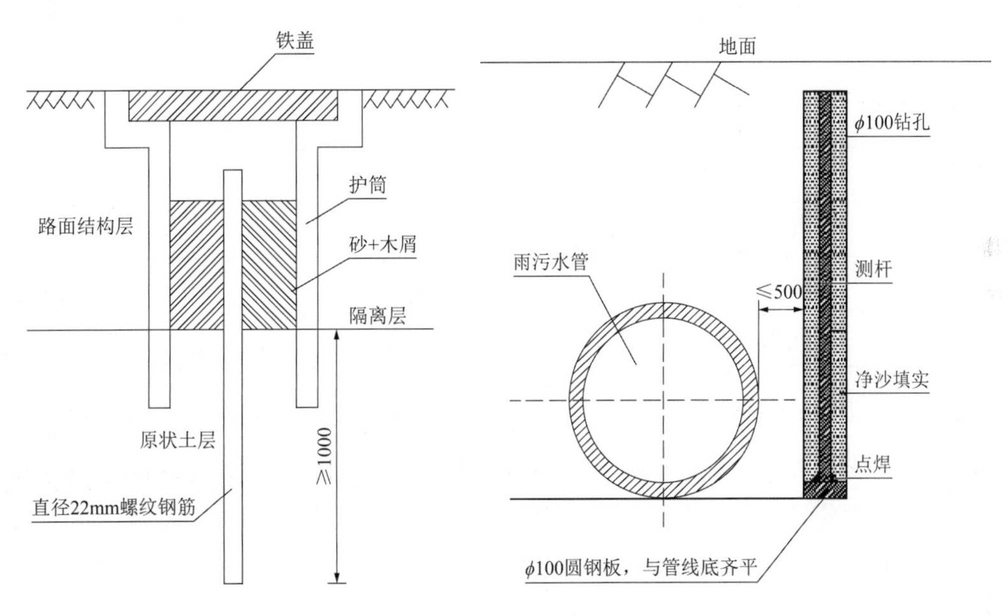

图 5-3 地表及管线沉降点埋设示意图（尺寸单位：mm）

（2）监测方法

利用水准仪，采用几何水准测量方法，将监测点与基准点或工作基点组成闭合环或附合水准路线，条件不具备时采用支点观测。

监测期每月不少于一次对水准仪i进行检查校正，观测时严格控制各项限差，每测点读数高差不超过 0.3mm，对不在水准路线上的观测点，一个测站不宜超过 2 个，超过时应重读后视点读数，以作核对。

3）建（构）筑物倾斜、沉降

（1）测点埋设

按照设计图纸要求进行布设，监测点布置在建筑物的四角、大转角、高低层建筑物（错层）交接处的两侧、沉降缝两侧、人工地基与天然地基接壤处、片筏基础四角及其中部位置，并用红油漆标记统一编号。监测点的埋设高度应方便观测，同时监测点应采取保护措施，避免在施工和使用期间受到破坏。

建（构）筑物沉降监测点埋设的方法是首先在建筑物的基础或墙上钻孔，再将膨胀螺栓（M18mm）或螺纹钢（ϕ22mm）预埋件放入，孔与监测点四周空隙使用水泥砂浆填实。

（2）监测方法

建（构）筑物沉降监测方法同地表沉降。

倾斜观测采用前方交会的方法。前方交会测定建（构）筑物倾斜观测按《工程测量标准》（GB 50026—2020）二等水平位移监测网技术要求观测，其主要技术指标及要求见表 5-4。

观测主要技术指标及要求 表 5-4

序号	项目	指标或限差
1	水平角观测测回数	6
2	测角中误差	1.0s
3	测边相对中误差	≤ 1/100000
4	每边测回数	往返各 4 测回
5	距离一测回读数较差	1mm
6	距离单程各测回较差	1.5mm
7	气象数据测定的最小读数	温度 0.2℃，气压 50Pa

观测注意事项如下：①对使用的全站仪、觇牌应在项目开始前和结束后进行检验，项目进行中也应定期进行检验，尤其是照准部水准管及电子气泡补偿的检验与校正。②观测应做到三固定，即固定人员、固定仪器、固定测站。③仪器、觇牌应安置稳固严格对中整平。④按精度要求正确设置各项限差。⑤仪器温度与外界温度一致时方可开始观测。⑥观测在目标成像清晰稳定的条件下进行。⑦应尽量避免受外界干扰影响观测精度。

4）初期支护拱顶沉降监测

（1）测点埋设

按照设计图纸要求进行布设，拱顶沉降测点布置在隧道上导洞的顶部，随着工程进展的形成而延伸，每 10～30m 布设一个测点。选用ϕ22mm 螺纹钢，焊接在拱顶钢格栅上，外露长度 5cm，外露部分钢筋与ϕ8mm 带弯钩的钢筋焊接牢固。拱顶沉降监测点埋设方式如图 5-4 所示。

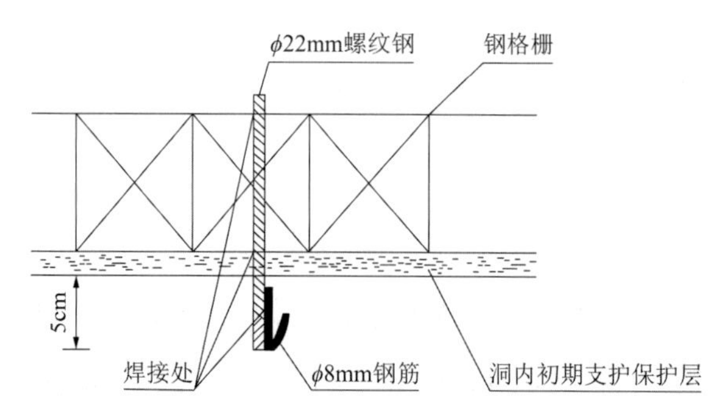

图 5-4 拱顶沉降监测点埋设示意图

（2）监测方法

采用水准仪和钢卷。把钢挂尺悬挂在测点上，架设水准仪，待钢尺稳定后读出基点和测点的数值，量测各测点与基准点之间的相对高程差，本次所测高程差与上次所测高程差相比较，差值即为本次沉降值，本次所测高程差与初始高程差相较，差值即为累计沉降值。

5）初期支护净空收敛监测

（1）测点布设

按照设计图纸要求进行布设，竖井在长短边中点各布设一个监测断面，沿竖向每 5m 布置 2 条测线，横通道净空收敛测点与隧道拱顶下沉测点对应埋设，每 10～30m 布设一个测点。选用ϕ22mm 螺纹钢，焊接在初期支护结构两侧钢格栅上，外露长度 5cm，在外露的螺纹钢头部焊接铁钩或三角形铁环。

（2）监测方法和技术要求

采用收剑计观测，将收剑计钢尺挂钩分别挂在两个测点上，之后收紧钢尺，将销钉插入钢尺上适当的小孔内，并用卡钩将钢尺固定，转动调节螺母，使钢尺收紧到观测窗中的读数线与面板上刻度线成为一条直线为止。每组测点连续读数 3 次取平均值，量测精度为 0.1mm。

5.3.6 监测成果及信息报送

1）监测成果

在工程施工过程中，监测结果逐次整理，以日报、周报、月报的形式报送相关单位或部门。当观测到位移（变形）值出现速率加大或有异常情况时，应及时向施工单位等反馈预警信息，及时形成专项分析报告，并提出处理建议。工程结束时，须提交完整的监测总结分析报告。

2）监测数据处理

要根据监测精度要求选择仪器，通常采用精度高、稳定性好的仪器来减小系统误差，根据系统误差产生的原因对监测数据进行修正。对于不同的监测项目，要具体分析产生偶然误差的原因，在量测过程中要努力提高监测人员的操作水平，尽量避免产生监测数据中的人为误差。在取得监测数据后，及时进行整理和校对，在数据处理过程中，务必消除数据中人为误差。

3）绘制曲线图

施工监测的各类数据应及时绘制时态曲线，同时注明开挖方法和施工工序及开挖面距监测断面距离等信息。在各种时态曲线图中，是以两个相关的物理量（位移、时间）分别为纵、横坐标，其反映的是位移量与时间之间的关系，通常以时间为横向坐标，以位移量为纵向坐标，坐标可等距也可不等距。利用计算好的监测数据绘制出工程围护结构及建（构）筑物沉降（变形）历时曲线图等，可以展示出结构变形的发展趋势以及在工程施工过程中的时间效应和空间效应问题，也为施工工作的开展和设计参数的优化提供参考依据。

4）成果分析

在监测数据的计算分析工作中，除应对每个监测项目进行单项分析外，还应进行多项目的综合分析。当监测时态曲线呈收敛趋势时，应根据时态曲线形态选择合适的函数，对监测结果进行回归分析，以预测该点可能出现的最终位移和预测结构和建筑物的安全性，据此判定施工方法的适用性，优化施工工艺。

（1）实时分析：每天根据监测数据，分析施工对工程结构、周围地层及周边环境的影响情况，发现安全隐患时，及时采取相应措施。一般采用日报表的形式来反馈分析内容。

（2）阶段分析：经过一段时间后，根据大量的监测数据及相关资料等进行综合分析，总结施工对工程结构、周围地层及周边环境的影响情况和变化规律、发展趋势，提出安全施工和优化设计的建议，以便对工程的安全状态和应采取的措施进行评估决策，指导下一阶段的安全施工，一般采用周报、月报的形式来反馈分析结果。

5.3.7 监测信息报送

1）监测信息报送目的

监测信息报送是铁路工程施工监测工作的重要环节，是施工过程实施全面监控和有效控制管理的基础。将周期监测信息及时上传，从而为业主、监理、设计和施工技术人员提供参考依据。参与建设的各方通过监测信息可了解和掌握工程结构、周边环境、支护结构体系和围岩的变形情况和变化趋势，同时监测信息也是处理风险事务和工程安全事故的重要参考依据。

2）监测信息报送原则

在保证数据上报及时、准确前提下，尽可能使监测结果一目了然，可读性强。监测成果报告应以直观的形式（如表格、图形等）表示现场实际获取的与施工过程有关的监测信息（如被测目标的当前值与变化速率等）。

3）监测信息报送内容

取得监测数据后，及时进行整理和校对，及时绘制成时态曲线，同时宜注明开挖方法和施工工序及开挖面距监测面的距离等信息；除对各项监测量控数据计算分析外，还应对多项目监测数据进行综合分析；当监测时态曲线呈收敛趋势时，根据曲线形态选择合适的函数，对监测结果进行回归分析，预测该点可能出现的最终位移值和预测结构和建（构）筑物的安全性，据此确定施工方法的适应性，如图 5-5 所示。

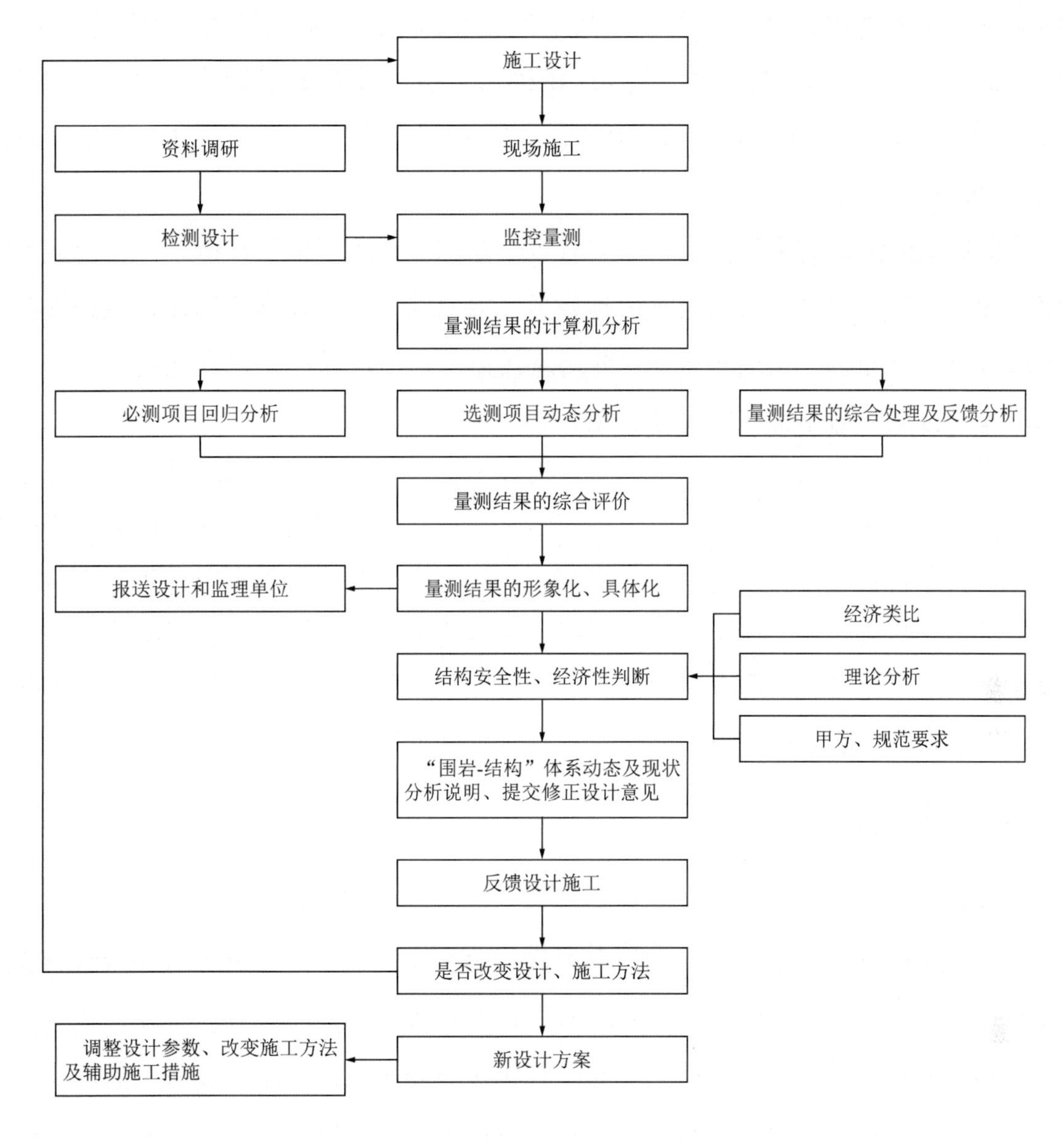

图 5-5 监控量测信息报送分析体系

及时编制监控管理日报、周报、月报，年报，专项分析报告和最终报告等。报告内容如下：

（1）监测项目（内容）及施工进度概况。

（2）风险源管理。

（3）监测项目与频率。

（4）监测数据的整理与统计。

（5）绘制监测数值随时间（或空间）的变化规律与特征曲线图。

（6）现场巡视情况。

（7）预警管理。

（8）对监测数据进行系统分析，分析工程结构及周边建（构）筑物实际位移（变形）

的影响因素及其发展规律与预测。

（9）利用规范、规程中的判据及经验，根据对监测数据的分析和施工现场的实际状况，提出安全施工和采取相应措施的意见和建议。

（10）监测布点图等。

4）监测信息报送时间

（1）日报：测量完成后，通过即时测量系统手持端直接上传至北京轨道交通工程施工安全风险监控系统平台，书面报告当天 18:00 前报送至项目部。

（2）预警快报：现场测量过程中如即时测量手持端显示预警，经复核后 1h 内通过电话、QQ 管理群等方式快速上报。

（3）周报、月报：周报于每周四上午 12:00 前；月报每月 24 日 12:00 前上传至北京轨道交通安全风险监控系统平台。周报、月报书面报告于上传当天 18:00 前报送至项目部。

（4）总结报告：全部过程完成后，1 个月内完成并上报。

5.3.8 现场安全巡视

1）安全巡视内容

（1）开挖面地质状况：土层性质及稳定性、降水效果和其他情况。

（2）支护结构体系：支护体系施作及时性、渗漏水情况、支护体系开裂、变形变化、支护体系施工质量缺陷、支护体系拱背回填情况和其他情况。

（3）周边环境：建（构）筑物变形及开裂情况、地表变形及开裂情况、管线沿线地面开裂、渗水、塌陷情况，管线检查井开裂及积水变化和其他情况。

（4）监测点保护：标识、遮挡、占压、破坏情况。

2）安全巡视方法

（1）现场巡视以人工目测为主，巡视范围根据施工影响和环境情况等因素综合考虑。巡视人员辅助以尺量、锤、放大镜等简单器具，并以拍照或摄像方式将观测到的有关信息或现象进行详细记录。

（2）施工前对周边环境进行全面巡视核查并做好记录，施工过程中及时记录和整理巡视情况，并与当天的仪器监测数据进行综合分析。

（3）巡视过程中如发现异常或危险情况，要详细记录发现的时间、距开挖工作面的距离以及附近测点的各项量测数据，并及时向项目总工程师汇报。

3）现场巡视频率

现场巡视频率见表 5-5。

矿山法施工过程巡视频率一览

表 5-5

项目		工况频次							
		距开挖面的距离（–表示尚未开挖段，*B*表示隧道直径或跨度）					二次衬砌结构施作完成后		
		–*B*～0	0～*B*	*B*～2*B*	2*B*～5*B*	>5*B*	0～7d	7～15d	15d 后
开挖面地质状况	土层性质		1 次/d						
	土体稳定性		2 次/d，至支护完毕						
超前支护情况	支护及时施作情况		1 次/每循环						
	渗漏水情况		1 次/d	1 次/2d	1 次/3d	1 次/周	1 次/3d	1 次/周	1 次/月
	支护体系施工质量缺陷		1 次/d	1 次/2d	1 次/3d	1 次/周	1 次/3d	1 次/周	1 次/月
	支护体系施工质量缺陷		1 次/每循环						
	支护体系拱背回填情况		1 次/每循环						
施工工艺	开挖面暴露时间		1 次/每循环						
	开挖进尺		1 次/1d						
	超前支护情况		1 次/每循环						
	背后注浆情况		1 次/每循环						
	施工工序		1 次/每循环						
	超挖情况		1 次/每循环						
建构筑物、既有线、桥梁、道路、管线等周边环境		1 次/d	2 次/d	1 次/d	1 次/2d	1 次/周			
施工组织管理及作业情况		1 次/周							

注：1. 正常情况下，巡视按此表执行。

2. 临时支撑安装拆除、工序转换等关键工序，断面变化、复杂大跨、联络通道等关键部位，巡视项目出现预警情况下，均应增大巡视频率。

3. 相应巡视部位的监测项目数据稳定后，该部位不再继续巡视。

6 施工管理及作业人员配备和分工

6.1 管理人员配备

根据现场施工情况配备以下管理人员，见表 6-1。

管理人员配备　　表 6-1

序号	姓名	职务	职责	备注
1	×××	车站工区主任	负责车站工区日常管理工作	
2	×××	主管工程师	负责施工过程中的技术、质量管理，监督施工过程中的安全管理	
3	×××	主管工程师	负责施工过程中的技术、质量管理，监督施工过程中的安全管理	
4	×××	技术员	负责施工过程中的技术、质量管理，监督施工过程中的安全管理	
5	×××	技术员	负责施工过程中的技术、质量管理，监督施工过程中的安全管理	
6	×××	物资员	负责施工前的材料及设备进场报验工作	

6.2 专职安全生产管理人员

项目部专职安全生产管理人员，包括项目经理、安全总监、安保部长、安保部安全工程师、作业队专职安全员，具体人员配置情况见表 6-2。

专职安全生产管理人员配置　　表 6-2

序号	姓名	职务	职责
1	×××	安全总监	负责安全管理、保障工作
2	×××	安保部长	负责现场施工安全管理工作
3	×××	安全员	负责现场施工工点的旁站监督工作
4	×××	安全员	负责现场施工工点的旁站监督工作

6.3 特种作业人员

特种作业工种人员必须持证上岗，上岗前安全部应对上岗证书进行核实，若发现不合格，应禁止参与特种作业。特种作业人员计划见表 6-3。

特种作业人员计划　　表 6-3

序号	岗位	姓名	职责
1	电工	×××	负责现场施工电力配置与维护
2	焊工	×××	负责现场施工电焊作业
3	运输司机	×××	负责现场施工运输作业
4	起重工	×××	负责指挥现场吊装作业
5	信号工	×××	负责指挥起重机司机作业
6	司索工	×××	负责吊车吊装的捆绑和挂钩

6.4 其他作业人员

设三个专业配合班组（钢筋加工安装组、模板施工组、混凝土浇筑组），其他施工作业人员计划见表 6-4。

其他作业人员计划　　表 6-4

班组	工种		
	电工	电焊工	普工
主体导洞开挖班组	2	24	60
初期支护扣拱开挖班组	2	18	40
深孔注浆班组	1	1	40
大管棚施工班组	1	2	30
钢筋班	1	4	40
木工班	1	4	40
桩基施工班组	1	2	30

7 验收要求

7.1 验收标准

以《城市轨道交通车站工程施工质量验收标准》(DB11/T 1882—2021)等相关规范、标准为验收依据。

7.2 验收程序

(1)施工单位在本分部工程完工后对工程质量进行自检，确认符合设计文件及合同约定内容，工程质量符合有关法律、法规和工程建设强制性标准，有检测机构出具的合格检测报告，有完整的工程档案资料，并且自检合格，有工程检测和测量资料，有工程自检质量问题清单和整改复查报告。

(2)施工单位提出本分部工程验收申请，验收申请应经项目经理和施工单位有关负责人审核签字。

(3)项目管理单位成立以分管安全质量的副总经理为组长的工程验收工作领导小组，下设以安全质量部部长为组长的专业验收指导组，实行专家参与过程验收把关制度。

(4)监理单位组织过程验收，成立以项目工程总监理工程师任组长的过程验收小组，监理单位制定过程验收工作方案，报项目管理单位备案，验收前 5 天通知项目管理单位安全质量部门。

7.3 验收内容

(1)内业资料。

(2)外观检查。

(3)实测实量。

7.4 验收人员

(1)施工单位人员(含专业分包单位):项目经理、项目总工和施工单位(集团)技术质量部门负责人、安全专项施工方案编制人员、专职安全生产管理人员。

(2)监理单位：总监理工程师、专业监理工程师。

（3）设计单位：项目负责人。

（4）勘察单位：项目负责人。

（5）监测单位：项目负责人。

（6）建设单位：项目管理单位安全质量部长、质量工程师、甲方代表。

（7）监督单位：市质量监督总站。

8 应急处置措施

8.1 应急组织结构

应急组织机构如图 8-1 所示。

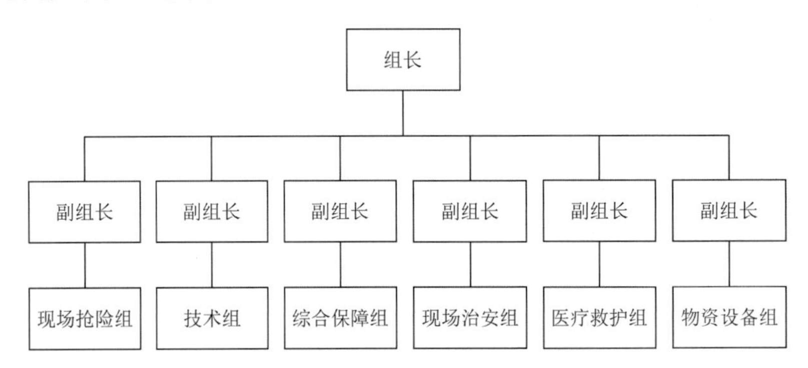

图 8-1 应急组织结构图

1）应急抢险指挥部

成立以项目经理为总指挥，项目安全总监、项目总工程师、生产经理为副指挥，各部组负责人为组员的应急指挥部。

2）各工作组职责

（1）现场抢险组

①实施抢险救援应急方案和措施。

②寻找受伤者并转移至安全地带。

③负责抢险救援现场的安全防护，防止发生次生事故。

④协调有关部门的抢险行动。

⑤抢险救援结束后，报告局指挥部、项目经理、副经理，并对结果进行复查和评估。

（2）现场治安组

①设置事故现场警戒线、岗，维持工地内抢险救护的正常运作。

②保持抢险救援通道的通畅，引导抢险救援人员及车辆的进入。

③抢救救援结束后，封闭事故现场直到收到明确解除指令。

（3）物资设备组

①保障系统内各组人员必需的防护、救护用品及生活物资的供给。

②提供合格的抢险抢修或救援的物资及设备。

③负责解决全体参加抢险救援工作人员的食堂问题。

（4）医疗救护组

①在外部救援机构未到达前，对受害者进行必要的抢救（如人工呼吸、包扎止血、防止受伤部位受污染等）。

②使重度受害者优先得到外部救援机构的救护。

③协助外部救援机构转送受害者至医疗机构，并指定人员护理受害者。

（5）综合组

①负责做好对遇难者家属的安抚工作。

②协调落实遇难者家属抚恤金和受伤人员住院费问题。

③做好其他善后事宜。

（6）技术组

①负责事故现场保护和图纸的测绘。

②查明事故原因，提出防范措施。

③提出对事故责任者的处理意见。

④制定抢险方案，分析监测数据。

⑤及时了解现场，提供最佳抢险技术方案。

⑥在事故应急领导小组的领导和组织下，项目部将根据相关的规章制度建立本项目的应急救援抢险队。

8.2 应急响应

当发生突发事故时，在值班的领导、施工员、工班长或安全员，应立即组织所有人员迅速撤离危险区域，无法立即撤离的机械不予撤离，以人为主，确保施工人员生命安全，并立即按照应急事故处理流程进行处理。

8.3 善后处理

根据现场情况，制定后续处理方案，并搜集、调查、分析事故发生原因和责任者。对于一般事故，由公司对相关责任人按企业规章、制度进行处罚，总结经验教训，防止再次发生类似事故。对于重大或特大事故，要及时上报上级各部门领导，等待上级事故调查小组的调查处理，同时做好相关善后处理工作。

8.4 坍塌应急处理预案

1）预防措施及对策

（1）开挖过程中随时核查工程地质情况。

（2）施工前对施工范围内的地下管线尤其是给排水管线进行详尽调查，导洞在穿越以上管线时，密切注意开挖工作面土质及土质含水率的变化，必要时封闭开挖工作面，由设计、监理、建设、施工单位共同制订制定处理方案。

（3）严格遵循“管超前、严注浆、短开挖、强支护、快封闭、勤量测”的原则组织施工。

（4）通过作业面地质观察的结果以及施工监测采集的数据，及时分析处理数据，发现异常点或位移-时间曲线突变，立即分析原因，调整施工方法。

（5）每个开挖作业面附近均配备足够的应急专用抢险物资，如钢拱架、编织袋、木板、方木、水泵等，抢险物资专料专用。

2）坍塌事故应急响应

（1）当发生塌方时，发现人及时发出警告信号，立即停止施工，在危险区域人员全部撤出至洞外集合，同时清点施工人数，确认是否有人员伤亡或封堵在坍体内，并派安全员封锁现场，拉上警示标志，防止无关人员盲目进入危险区域。

（2）对坍塌区域上方路面铺设钢板。

（3）现场负责人或值班安全员、工班长等立即报告项目部应急领导小组组长，并立即启动应急抢险程序。

（4）当有人员伤亡时，立即组织救护，并组织急救车将伤员送至指定医院进行及时救护。如坍体量大，救护人员有较大危险时，先详细了解塌方范围、形状、坍体范围的地质构造，了解塌方发生的原因和地下活动情况，确认因塌方诱发管线破裂、涌水等其他问题的风险等级，制定处理方案，避免盲目抢救造成事故扩大。

（5）组织有暗挖施工经验的人员组成抢险队，开展抢险救援工作，物资供应小组立即组织相应的抢险救援物资，确保救援工作的顺利进行。

（6）当抢救出伤员时，根据伤员人数、受伤程度，由医护人员在现场采取相应的救治措施，采取先重后轻的原则及时将伤员送达医院进行抢救、治疗。

（7）若坍塌特别严重，自身救援能力有限时，立即上报地方政府或相关救助部门，请求紧急救援，同时做好相关配合救援工作。

（8）根据伤亡程度及时向上级机关汇报坍塌损害情况，等待上级指令或进一步调查处理。

（9）在实施救援方案时，选派责任心强，有经验的人员随时注意观察周围岩层情况，并根据观察结果有针对性地采取应对措施，防止发生再次坍塌。

3）坍塌处理措施

坍塌后必须沉着并及时处理。由于隧道分块分部开挖，暗挖开挖的步距一般为 50cm，即使出现坍塌，受空间限制，坍塌量不大，但若处理不当，可能引起地面塌陷，影响地面交通和周边居民的正常活动。坍塌处理的第一措施在于封闭掌子面，控制坍塌；之后是及时注入填充物，回填孔洞；同时改善围岩，稳步前进，安全施工。为此，掌子面附近应准备方木、钢网片、加气砖等必备材料。坍塌后，按以下步骤处理：

（1）人员立即后撤至初期支护封闭地段，迅速抛掷预先准备好的加气砖、钢网片，喷10～20cm 厚混凝土封闭掌子面。

（2）用方木支撑未封闭成环的初期支护段。

（3）在掌子面附近的初期支护的结构顶部凿孔，插入 2～3 根（其中 1 根为导气管）60～80mm 直径的钢导管，导管一端接近坍塌区顶部，另一端固定在格栅钢架上。

（4）用喷锚机具向坍塌孔洞内吹入干料。为了开挖的顺利进行，先吹入干砂，再吹入水泥和砂的混合料。混合料的比例为，水泥∶砂 = 1∶3 左右，回填量应接近坍塌量。

（5）注入水泥浆。

（6）待填充物固结后，重新施作超前支护，破除封闭掌子面继续开挖支护，如图 8-2 所示。

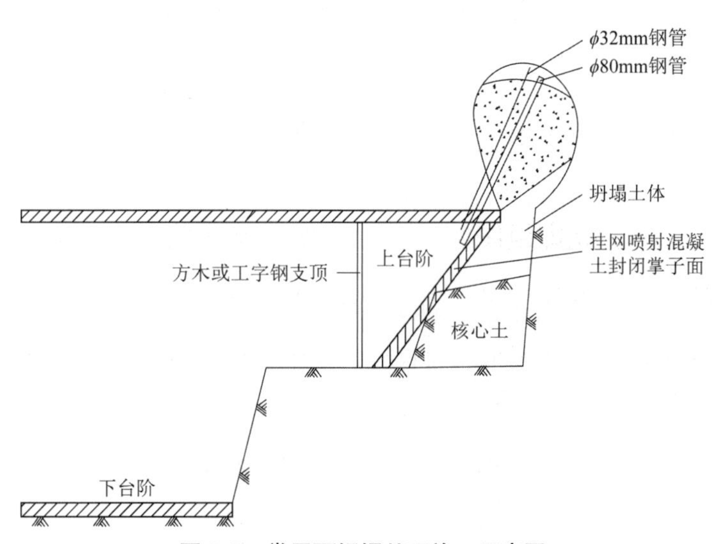

图 8-2　掌子面坍塌处理施工示意图

8.5　管线破坏事故应急预案

1）事故类型及危害程度分析

（1）车站暗挖段施工过程中由于穿越风险源较多，开挖面支护不及时造成土体塌陷或由于雨污水管线渗漏引起顶拱塌方，路面塌陷及开裂。

（2）粉质黏土层可能造成超前支护注浆固结效果不良，开挖过程中掌子面发生坍塌，导致暗挖段上方雨污水管线破坏。

（3）工法转换过渡段，大面积暗挖施工可能造成地面沉降超限、地面开裂，临时支撑顶替与替换不及时可能造成隧道坍塌，导致发生地下管线破坏的安全事故。

2）应急预防措施

（1）暗挖开挖过程中在下穿管线区段适当加密超前小导管布置，进行超前注浆加固，及时对掌子面围岩进行喷锚支护，确保拱顶围岩的稳定性。

（2）对于暗挖施工上方可能存在液体渗漏的雨水、污水、给水管线，为防止由于液体渗漏引起隧道塌方，需及时在此种管线下方进行小导管注浆加固，确保暗挖开挖安全及控制地表沉降。

（3）在隧道内布置水泵，当发生涌水、漏液事故时，及时进行抽排，防止由于积水引起隧道围岩变形沉降导致管线破损、开裂。

3）监测措施

在管线上方布设测点，测点间距一般为 10～15m，特别是有压管线要加密测点的布设，防止地表沉降引起管线破损。

设置专职安全员，进行巡回监测，并在管线周围 10m 范围内避免明火。

8.6　主体导洞突泥涌水

1）预防措施

（1）主体导洞开挖施工前，对沿线地层和管线进行一次普查，对发现有管线渗漏的情况立即通知相关单位进行修补和加固，同时采取可靠的保护措施。

（2）对不良地质提前采取加固处理措施。

（3）详细调查地下水的补给来源，采取多种措施切断其补给。

（4）开挖面超前探测时，如发现大股流水等异常情况，应立即封闭掌子面，待制定可靠措施后方可继续施工。

（5）加强地质素描和超前地质预报工作，一旦发现围岩发生变化，立即改变超前支护手段和措施。

2）应急措施

（1）准备好足够的沙袋，一旦发生突泥情况，立即用沙袋封堵。

（2）待封堵稳定后喷射混凝土封闭掌子面进行全断面超前注浆，并对注浆效果进行检查，直至达到开挖要求后方可继续施工。

（3）突泥后及时加强背后回填注浆，保证初期支护背后密实。

（4）准备足够的抽水设备及时排除涌水，如可能，第一时间切断水体补给来源，加强注浆堵水和加固围岩。

8.7　应急物资储备及管理

为保证突发性事件发生时所用的设备及物资在使用时充足，现配备应急设备和物资储备见表 8-1。

主要应急设备和物资储备　　表 8-1

序号	名称	单位	数量	规格型号	备注
1	电动三轮车	辆	8	—	
2	电焊机	台	2	BX500	
3	空气压缩机	台	2	—	
4	水泵	台	2	10HS-28	
5	发电机	台	1	300kW	
6	对讲机	台	10	—	
7	通风机	台	1	—	
8	多功能钻机	台	1	RPD150	
9	注浆泵	台	2	PH-25	
10	混凝土喷射机	台	4	TK-961	
11	P·O 42.5 水泥	袋	50	—	
12	预拌混凝土	m^3	若干	—	
13	安全绳	条	50	—	
14	沙袋	个	300	—	
15	编织袋	个	1000	—	
16	方木	根	20	—	
17	工字钢	根	20	—	
18	强光手电筒	支	30	—	

8.8 相关单位应急联络方式

应急联络方式见表 8-2。

各单位及部门联系方式一览　　表 8-2

部门	联系方式（电话）
××市建委	
××市安全生产监督管理局	
查号台	114
急救中心	120
供电局保修	
集团公司安质部	
中铁×××局集团轨道工程有限公司	
×××项目部	
××公安消防支队	

续上表

部门	联系方式（电话）
××大学第三医院	
××大学第六医院	
电力产权单位	
××市市政公用设施工程应急抢险大队	
××市热力集团抢险救援队	
××自来水集团管网抢修队	
××市燃气集团天然气抢修	
××电力公司应急救援抢修队	
煤气抢修	
××市城市公共设施应急抢修	
交警部门	
火警	119
甲方代表×××	
污水管线单位	
道路养护中心	
××市交通管理局	

8.9 应急救援路线

项目部→学院路→花园北路→北京大学第三医院，路线长 7.2km。

9 计算书及相关图纸

相关图纸可扫描下方二维码下载。

交通土建工程专项施工方案
编 制 要 点 与 范 例

KEY POINTS AND EXAMPLES OF
PREPARATION OF SPECIAL CONSTRUCTION SCHEME
FOR TRAFFIC CIVIL ENGINEERING

暗挖工程范例
——钻爆法施工

扫码下载编制要点

目　录

CONTENTS

1 工程概况

1.1 工程概况

金山隧道位于浙江省温州市永嘉县境内，该隧道起于永嘉县枫林镇黄山脚，止于花坦乡董岙底村。隧道进出口里程分别为 DK283 + 912.03、DK288 + 430.164，全长 4516.38m。隧道最大埋深 506m。

隧道采用钻爆法开挖，明挖段采用松动爆破，II、III级围岩采用光面爆破，其余采用一般爆破。隧道长度及围岩情况见表 1-1。

金山隧道各级围岩数量表（单位：m）　　表 1-1

序号	工点名称	长度	围岩级别			
			II	III	IV	V
1	金山隧道	4516.38	2830	1150	240	296.38

1.2 工程地质与水文地质条件

1.2.1 地层岩性及地质构造

（1）金山隧道隧址区属剥蚀中低山区，线位附近海拔为 65.9～592m。区内山体连绵起伏，山间冲沟发育，多呈 V 字形，地势起伏较大，自然坡度 20°～50°。植被发育，灌木杂草丛生。进出口段位于低山坡脚区段，地势相对较平缓，洞身区段为灌木林，交通不便，沟谷深切。

（2）隧址区共发育 2 条断层，2 条侵入岩界线，5 处节理密集带与线路相交，其空间分布特征与发育、破碎状态分述如下：

①区域断层 F1：产于侏罗系上统诸暨组（J_3^z）聚灰岩中，于地表里程 DK287 + 205 附近与线路相交，交角约为 35°，物探呈较陡低阻凹陷，综合分析推测为区域断层，视倾角为 85°，倾向大里程，断层 F1 所处位置地貌表现为沟谷及山边走向，河流常年流水，富水性较好，可能与地表沟谷水存在水力联系，围岩稳定性较差。

②区域断层 F2：产于侏罗系上统诸暨组（J_3^z）聚灰岩中，于地表里程 DK288 + 290 附近与线路相交，交角约为 81°，物探呈较陡低阻凹陷，综合分析推断为区域断层，产状为 40°～75°，视倾角为 77°，倾向大里程，断层 F2 所处位置地貌表现为沟谷及山边走向，河

流常年流水，富水性较好，可能与地表沟谷水存在水力联系，围岩稳定性较差。

1.2.2　水文地质情况

隧址区地貌属于剥蚀中低山地貌，火山岩地层为主，地形高差大，冲沟发育，沟谷深切，冲沟水系发育，呈树枝状分布，径流条件良好，地表水发育地表径流，多为沟谷水，以山脊为分水岭，向两侧洼地冲沟排泄，流量受大气降雨影响，季节性变化影响显著。隧道区地下水类型有第四系与全风化层孔隙潜水，基岩裂隙水和构造裂隙水，受大气降水及地表水补给，向低洼处排泄。由于山体切割强烈，沟谷纵横，地下水径流途径较短，受大气降雨影响较大。

1.2.3　气象条件

金山隧道位于永嘉县境内，地处浙江省东南沿海，属副热带季风气候区，气候温和，雨量充沛，四季分明。据永嘉县气象台资料统计，年最热月平均气温 28.6℃，年最冷月平均气温 8.2℃，极端最高 42.1℃，最低气温−5.1℃，年平均气温 18.5℃；年平均降水量 1718.3mm，年最大降水量 2592.7mm。

1.3　施工平面布置

施工平面布置图见本范例第 9 章。

1.4　周边环境条件

金山隧道进口位于黄山脚，周围均为农田、灌木林，附近无构筑物、建筑物等，邻近一条乡村道路，无地下管线等穿过；附近无大型水库、水渠等，对施工无影响。

1.5　施工要求

1.5.1　质量目标

（1）检验批、分项、分部工程施工质量检验合格率 100%，单位工程一次验收合格率 100%。

（2）杜绝二级及以上质量事故和舆情事件的发生，减少一级质量事故，努力克服质量通病，主体工程质量零缺陷，确保结构安全和使用寿命。

1.5.2 安全目标

安全生产目标：建立健全科学、完善、有效的安全生产监督管理体系；落实上级单位各项安全生产管理工作要求，配齐专职安全人员，规范安全投入管理；杜绝各类伤亡事故，遏制险性事件，消除重大事故隐患；杜绝铁路营业线 D 类及以上事故。力争“零事故”“零死亡”。

1.6 风险辨识与分级

1.6.1 隧道施工风险分段评估

隧道不良地质主要有局部孤石、断层、岩体破碎带、浅埋段、富水地段，风险分析汇总见表 1-2。

隧道正洞分段落风险分析汇总表　　表 1-2

<table>
<tr><th rowspan="2">序号</th><th colspan="2">里程范围</th><th rowspan="2">长度（m）</th><th rowspan="2">围岩级别</th><th rowspan="2">风险事件Vb</th><th rowspan="2">成因</th></tr>
<tr><th>起始里程</th><th>终止里程</th></tr>
<tr><td>1</td><td>DK283 + 912.03</td><td>DK283 + 937.78</td><td>25</td><td>V</td><td rowspan="5">边坡滑塌、坍塌、滑塌、突水突泥</td><td rowspan="5">（1）IV、V级围岩，岩体较破碎，节理裂隙发育，属于中等富水区；
（2）开挖支护不规范，洞内积水抽排不及时，超前地质预报和监控量测不到位</td></tr>
<tr><td>2</td><td>DK283 + 937.78</td><td>DK283 + 969.78</td><td>32</td><td>V</td></tr>
<tr><td>3</td><td>DK283 + 969.78</td><td>DK283 + 999.78</td><td>30</td><td>Vb</td></tr>
<tr><td>4</td><td>DK283 + 999.78</td><td>DK284 + 020</td><td>20.22</td><td>Vb</td></tr>
<tr><td>5</td><td>DK284 + 020</td><td>DK284 + 050</td><td>30</td><td>IVb</td></tr>
<tr><td>6</td><td>DK284 + 050</td><td>DK284 + 240</td><td>190</td><td>IIIa</td><td>塌方</td><td>（1）III级围岩，埋深较浅，岩体较破碎，节理裂隙发育，属于弱富水区；
（2）开挖支护不规范，洞内积水抽排不及时，超前地质预报和监控量测不到位</td></tr>
<tr><td>7</td><td>DK284 + 240</td><td>DK284 + 270</td><td>30</td><td>IVb</td><td>塌方、突水突泥</td><td>（1）IV级围岩，岩体较破碎，节理裂隙发育，属于强富水区；
（2）开挖支护不规范，洞内积水抽排不及时，超前地质预报和监控量测不到位</td></tr>
<tr><td>8</td><td>DK284 + 270</td><td>DK284 + 320</td><td>50</td><td>IIIa</td><td>塌方、突水突泥</td><td>（1）III级围岩，埋深较浅，岩体较破碎，节理裂隙发育，属于中等富水区；
（2）开挖支护不规范，洞内积水抽排不及时，超前地质预报和监控量测不到位</td></tr>
</table>

续上表

序号	里程范围		长度(m)	围岩级别	风险事件Vb	成因
	起始里程	终止里程				
9	DK284+320	DK285+080	760	IIa	岩爆	(1)II级围岩，埋深较大，岩体整体较完整，节理较发育，富水性由中到弱； (2)开挖支护不规范，洞内积水抽排不及时，超前地质预报和监控量测不到位
10	DK285+080	DK285+130	50	IIIa	塌方、突水突泥	(1)III、IV级围岩，岩体较破碎，节理裂隙发育，属于强富水区； (2)开挖支护不规范，洞内积水抽排不及时，超前地质预报和监控量测不到位
11	DK285+130	DK285+160	30	IVb		
12	DK285+160	DK285+320	160	IIIa	塌方	(1)III级围岩，埋深较浅，岩体较破碎，节理裂隙发育，属于弱富水区； (2)开挖支护不规范，洞内积水抽排不及时，超前地质预报和监控量测不到位
13	DK285+320	DK285+380	60	IVb	塌方、突水突泥	(1)III、IV级围岩，岩体较破碎，节理裂隙发育，属于强富水区； (2)开挖支护不规范，洞内积水抽排不及时，超前地质预报和监控量测不到位
14	DK285+380	DK285+440	60	IIIa		
15	DK285+440	DK286+260	820	IIa	塌方、岩爆	(1)II级围岩，埋深较大，岩体整体较完整，节理较发育，富水性由中到弱； (2)开挖支护不规范，洞内积水抽排不及时，超前地质预报和监控量测不到位
16	DK286+260	DK286+340	80	IIIa	塌方、突水突泥	(1)III级围岩，埋深较大，岩体整体较完整，节理较发育，富水性由中到弱； (2)开挖支护不规范，洞内积水抽排不及时，超前地质预报和监控量测不到位
17	DK286+340	DK286+740	400	IIa	塌方、岩爆	(1)II级围岩，埋深较大，岩体整体较完整，节理较发育，富水性由中到弱； (2)开挖支护不规范，洞内积水抽排不及时，超前地质预报和监控量测不到位
18	DK286+740	DK286+820	80	IIIa	塌方、突水突泥	(1)III级围岩，埋深较大，岩体整体较完整，节理较发育，富水性由中到弱； (2)开挖支护不规范，洞内积水抽排不及时，超前地质预报和监控量测不到位

续上表

序号	里程范围		长度（m）	围岩级别	风险事件Vb	成因
	起始里程	终止里程				
19	DK286＋820	DK287＋130	310	IIa	塌方、岩爆	（1）II级围岩，埋深较大，岩体整体较完整，节理较发育，富水性由中到弱；（2）开挖支护不规范，洞内积水抽排不及时，超前地质预报和监控量测不到位
20	DK287＋130	DK287＋180	50	IIIa	塌方、突水突泥、岩爆	（1）III级围岩，埋深较大，节理较发育，富水性由弱到中；（2）开挖支护不规范，洞内积水抽排不及时，超前地质预报和监控量测不到位
21	DK287＋180	DK287＋210	30	IVb	塌方、突水突泥	（1）IV级围岩，节理较发育，岩体较破碎，属于强富水区；（2）开挖支护不规范，洞内积水抽排不及时，超前地质预报和监控量测不到位
22	DK287＋210	DK287＋260	50	Vb	塌方、突水突泥	（1）V级围岩，节理较发育，岩体较破碎，属于强富水区；（2）开挖支护不规范，洞内积水抽排不及时，超前地质预报和监控量测不到位
23	DK287＋260	DK287＋290	30	IVb	塌方、突水突泥	（1）IV级围岩，节理较发育，岩体较破碎，属于强富水区；（2）开挖支护不规范，洞内积水抽排不及时，超前地质预报和监控量测不到位
24	DK287＋290	DK287＋340	50	IIIa	塌方、岩爆	（1）II、III级围岩，节理较发育，属于弱富水区；（2）开挖支护不规范，洞内积水抽排不及时，超前地质预报和监控量测不到位
25	DK287＋340	DK287＋650	210	IIa	塌方、岩爆	
26	DK287＋650	DK287＋820	170	IIIa	塌方、突水突泥	（1）III级围岩，埋深较大，节理较发育，属于中等富水区；（2）开挖支护不规范，洞内积水抽排不及时，超前地质预报和监控量测不到位
27	DK287＋820	DK288＋050	230	IIa	塌方	（1）II级围岩，埋深较大，节理较发育，属于弱富水区；（2）开挖支护不规范，洞内积水抽排不及时，超前地质预报和监控量测不到位
28	DK288＋050	DK288＋120	70	IIIa	塌方、突水突泥	（1）III级围岩，节理较发育，富水性由强变弱；（2）开挖支护不规范，洞内积水抽排不及时，超前地质预报和监控量测不到位
29	DK288＋120	DK288＋260	140	IIIa	塌方	

续上表

序号	里程范围		长度（m）	围岩级别	风险事件Vb	成因
	起始里程	终止里程				
30	DK288＋260	DK288＋290	30	IVa	塌方、突水突泥	（1）IV级围岩，节理较发育，岩体较破碎，属于强富水区；（2）开挖支护不规范，洞内积水抽排不及时，超前地质预报和监控量测不到位
31	DK288＋290	DK288＋342	52	Vb	塌方、突泥突水	（1）V级围岩，埋深较浅，节理较发育，属于强富水区；（2）开挖支护不规范，洞内积水抽排不及时，超前地质预报和监控量测不到位
32	DK288＋342	DK288＋372	30	Vb		
33	DK288＋372	DK288＋380	8	Vb		
34	DK288＋380	DK288＋406.164	26.164	V		
35	DK288＋406.164	DK288＋430.164	24	V	边坡滑塌	边坡防护不到位、雨水冲刷

1.6.2　安全风险因素评价

采用层次法分析，对隧道各工序可能出现的风险进行调查统计，金山隧道潜在安全风险因素达12项，初步辨识和评价见表1-3。

金山隧道潜在安全风险评价表　　表1-3

序号	风险源名称	事故发生概率分数值	事故发生后果分数值	风险等级标准	风险接受准则
1	垮塌	4	3	高度（II级）	不期望
2	坍塌冒顶	4	3	高度（II级）	不期望
3	坍塌掉块	3	2	中度（III级）	可接受
4	机械伤害	3	1	中度（III级）	可接受
5	高空坠落	3	1	中度（III级）	可接受
6	触电伤害	3	1	中度（III级）	可接受
7	隧道粉尘伤害	3	1	中度（III级）	可接受
8	爆破事故	1	4	中度（III级）	可接受
9	交通事故	3	2	中度（III级）	可接受
10	施工区域发生火灾	1	2	低度（IV级）	可忽略
11	意外伤害	3	1	中度（III级）	可接受
12	突泥、涌水	3	2	中度（III级）	可接受

1.7　参建各方责任主体单位

（1）建设单位：×××。

（2）监理单位：×××。

（3）设计单位：×××。

（4）施工单位：×××。

2 编 制 依 据

2.1 编制说明

本工程为采用钻爆法施工的隧道，根据《危险性较大的分部分项工程安全管理规定》（住房城乡建设部令第37号）、《住房城乡建设部办公厅关于实施〈危险性较大的分部分项工程安全管理规定〉有关问题的通知》（建办质〔2018〕31号），属于超过一定规模的危险性较大的分部分项工程，需编制专项方案，并组织经专家论证审查。

2.2 编制依据

2.2.1 法律依据

（1）《中华人民共和国安全生产法》（中华人民共和国主席令〔2021〕第88号令）。

（2）《建设工程安全生产管理条例》（中华人民共和国国务院令〔2003〕第393号）。

（3）《民用爆炸物品安全管理条例》（国务院令466号）。

（4）《爆破安全规程》（GB 6722—2014）。

（5）《爆破作业单位资质条件和管理要求》（GA 990—2012）。

（6）《爆破作业项目管理要求》（GA 991—2012）。

（7）《铁路隧道工程施工安全技术规程》（TB 10304—2020）。

（8）《土方与爆破工程施工及验收规范》（GB 50201—2012）。

（9）浙江省、温州市有关民爆管理的相关规定。

2.2.2 项目文件

（1）新建杭州至温州铁路站前及相关工程HWZQ-4标段金山隧道施工图。

（2）新建杭温铁路客运专线招标文件、施工招投标文件答疑等。

（3）新建杭州至温州铁路站前工程4标段施工合同。

（4）《新建杭州至温州铁路义乌至温州段站前及相关工程HWZQ-4标段实施性施工组织设计》。

（5）《新建杭州至温州铁路义乌至温州段工程指导性施工组织设计》。

3 施 工 计 划

金山隧道钻爆施工遵循“新奥法”原理，施工中以超前地质预报为着手点，以监控量测为指导，随时观察岩性、分析岩性，动态调整爆破施工参数；根据“新奥法”原理组织施工，光面爆破，锚喷网初期支护。隧道洞身围岩有II级、III级、IV级、V级围岩。

正洞II级围岩地段采用全断面法施工；III级围岩地段采用台阶法施工；IV级围岩地段采用三台阶法施工；V级围岩地段采用三台阶临时仰拱法施工。

施工中对不同地段采取不同的预报手段，包括超前地质钻孔、地质雷达、红外探水、TSP 地震波法等，结合超前支护等措施，确保施工安全。

金山隧道采用钻爆法开挖。施工中采用临时仰拱、超前大管棚或超前小导管加强支护，侵入岩界线、节理密集带及断层破碎带地层采用径向注浆加固。喷射混凝土采用机械手作业配合混凝土湿喷机，紧跟开挖面。锚杆采用风枪钻孔安装。

3.1 施工进度计划

金山隧道总体施工工期为 30 个月，计划开工日期为 2020 年 6 月 15 日，计划竣工日期为 2022 年 12 月 31 日。

3.2 材料与设备计划

3.2.1 机械设备配置

机械设备配置见表 3-1。

机械设备配置表　　表 3-1

序号	设备名称	规格型号	数量（台）	额定功率（kW）	来源	进场时间	出场时间
1	侧卸装载机	ZL50	2	154	自有	2020 年 04 月	2022 年 06 月
2	履带挖掘机	卡特 300 型	2	176	自有	2020 年 04 月	2022 年 06 月
3	自卸汽车	红岩 CQ30290	6	213	租赁	2020 年 04 月	2021 年 12 月
4	气腿式凿岩机	YT-28	20	39	自有	2020 年 04 月	2021 年 12 月
5	风镐	G20	5	0.5	自有	2020 年 04 月	2021 年 12 月
6	凿岩台架	自制	1		自有	2020 年 04 月	2021 年 12 月

续上表

序号	设备名称	规格型号	数量（台）	额定功率（kW）	来源	进场时间	出场时间
7	管棚钻机	ZGYX430	1	38	自有	2020年04月	2021年12月
8	二次衬砌台车	12m 液压	1	100	新购	2020年06月	2021年12月
9	混凝土输送车	JC4	6	265	自有	2020年04月	2022年06月
10	混凝土输送泵	HBT60	1	112	自有	2020年04月	2021年12月
11	电动空压机	LWJ-20	10	125	自有	2020年04月	2021年12月
12	湿喷机械手	GSP-C	1	75	自有	2020年04月	2021年12月
13	小型湿喷机	LLHP30-B	4	60	新购	2020年06月	2021年12月
14	挂布台车	KLT07	1	38	新购	2020年06月	2021年12月
15	水沟电缆槽台车	WX170	1	15	新购	2021年06月	2021年12月
16	注浆泵	KBY-50/70	3	11	自有	2020年04月	2022年06月
17	仰拱栈桥	MIB-15	1	—	新购	2020年06月	2021年12月
18	插入式振捣器	ZH50	20	1.5	自有	2020年04月	2021年12月
19	轴流通风机	T160	2	160	自有	2020年04月	2021年12月
20	电焊机	BX500	15	15	自有	2020年04月	2022年06月
21	切断机	GQ40-FA	1	7.5	自有	2020年04月	2022年06月
22	钢筋调直切断机	GT4/14	1	5.5	自有	2020年04月	2022年06月
23	水泵	SQ-60	6	15	自有	2020年04月	2022年06月
24	发电机	TZH2-250	1	250	自有	2020年04月	2022年06月
25	热熔爬焊机	15cm 搭接	4	0.05	新购	2020年06月	2021年11月

3.2.2 主要材料配置

主要材料配置计划见表3-2。

主要材料配置表 表3-2

序号	名称	单位	总量	拟进场时间
1	水泥	t	41642	2020年6月10日
2	砂	m^3	57960	2020年6月10日
3	碎石	m^3	84712	2020年6月10日
4	钢筋	t	1547	2020年6月10日
5	型钢钢管	t	1922	2020年6月10日
6	中空锚杆	m	77666	2020年6月10日
7	砂浆锚杆	m	15315	2020年6月10日
8	防水板	m^2	123514	2020年6月20日

续上表

序号	名称	单位	总量	拟进场时间
9	土工布	m^2	123514	2020 年 6 月 20 日
10	止水带	m	41364	2020 年 6 月 20 日
11	接地端子	套	387	2020 年 10 月 20 日
12	过轨钢管	m	2050	2020 年 10 月 20 日

3.2.3　爆破材料使用计划

爆破材料使用计划见表 3-3。

爆破材料使用计划表　　表 3-3

序号	工程名称	ϕ32mm2 号岩石乳化炸药（t）	非电毫秒导爆雷管（万发）	导爆管（万 m）	导爆索（万 m）
1	金山隧道	560.9	36.1	31.6	27.1

3.2.4　劳动力计划表

劳动力计划见表 3-4，劳动力动态分布如图 3-1 所示。

劳动力计划表　　表 3-4

工班	序号	人员及组别	人数	职责分工
开挖支护班	1	钻爆组	24	钻孔、装药、起爆
	2	出渣组	9	扒渣、运渣
	3	支护组	12	超前导管、喷混凝土、锚杆、挂网、立钢拱架
	4	风水电组	4	供水、排水、供高压风、通风、管道延伸与维修与保养
	5	排险组	3	排险、安全
小　计			52	
衬砌班	1	防水板组	5	安装透水管、焊接、铺设防水层
	2	钢筋组	10	运送材料、连接钢筋、安装预埋件止水带
	3	混凝土浇筑组	8	操作混凝土输送泵、安拆管路、混凝土浇筑、振捣
	4	拆立模组	4	拆模、台车就位、立模、安装挡头板、模板整平及刷脱模剂
	5	养护组	1	混凝土养护
小　计			28	
杂工班			8	辅助工作及现场文明施工
保障组	1	管理人员	4	现场管理、调度
	2	安全组	3	安全
	3	运输组	6	各种材料运输、汽车保养
	4	电工组	2	电气设备安装与维修

续上表

工班	序号	人员及组别	人数	职责分工
保障组	5	机修组	2	各种机械设备维修
小计			17	
测工			2	放样
合计			107	

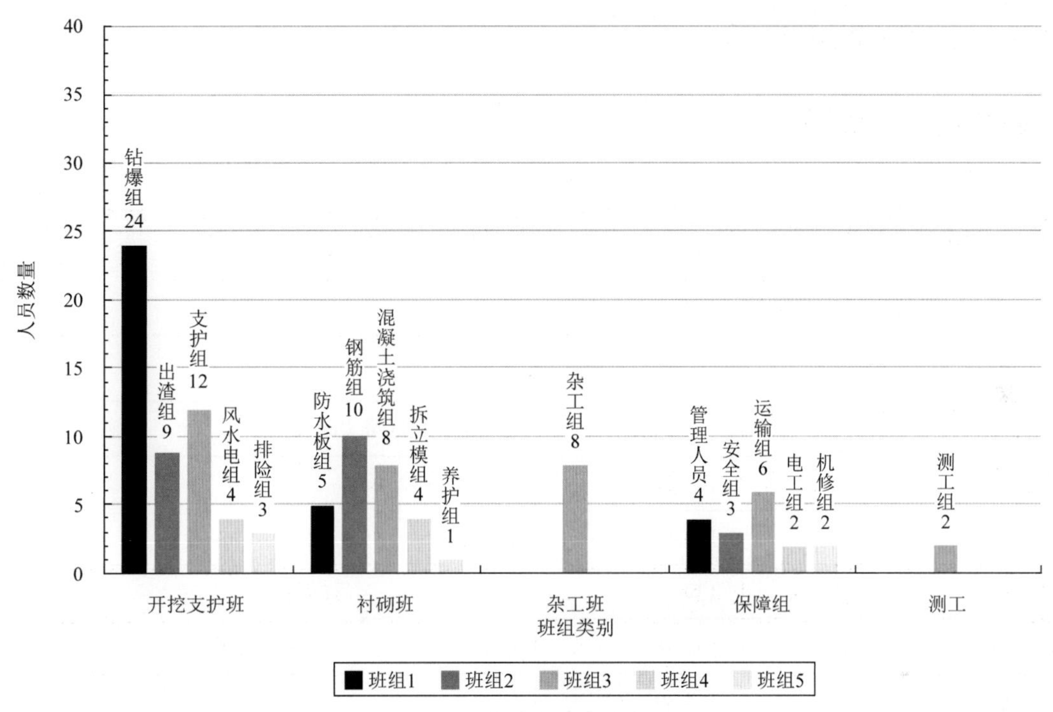

图 3-1 劳动力动态分布图

4 施工工艺技术

根据不同的围岩级别、断面尺寸以及单循环进尺长度，选取不同的辅助眼、周边眼深度以及装药量等，以及不同的施工参数。

4.1 技术参数

4.1.1 设计参数

本隧道设计参数见表 4-1。

施工参数表 表 4-1

围岩级别	断面尺寸（m^3）	预留变形量（cm）	施工工法
IIa	125.47	3～5	全断面法
IIb	134.42		
IIIa	139.31	5～8	台阶法
IIIb	141.08		
IVa	144.89	8～10	三台阶法
IVb	148.91		
IVc	148.91		
Va	152.4	10～15	三台阶临时仰拱法
Vb	152.4		
Vc	154.61		

4.1.2 支护参数

本隧道支护参数见表 4-2。

支护参数表 表 4-2

衬砌类型		IIa	IIb	IIIa	IIIb	IVa	IVb	IVc	Va	Vb	Vc
C25 喷混凝土	设置部位及厚度（cm）	拱墙：5	拱墙：5	拱墙：15	拱墙：20	拱墙：25	拱墙：25	拱墙：25	拱墙：28	拱墙：28	拱墙：28
						仰拱：10	仰拱：25	仰拱：25	仰拱：28	仰拱：28	仰拱：28
钢筋网	钢筋规格（HPB300）			$\phi6$	$\phi6$	$\phi6$	$\phi6$	$\phi6$	$\phi6$	$\phi6$	$\phi6$

续上表

钢筋网	设置部位			拱部	拱墙	拱墙	拱墙	拱墙	拱墙	拱墙	拱墙
	网格间距（cm）			25 × 25	25 × 25	20 × 20	20 × 20	20 × 20	20 × 20	20 × 20	20 × 20
拱部锚杆	长度（m）	2.5	2.5	3	3	3.5	3.5	3.5	4	4	4
	间距（环向 m × 纵向 m）	局部	局部	1.2 × 1.5	1.2 × 1.5	1.5 × 1.5	1.5 × 1.5	1.5 × 1.5	1.5 × 1.5	1.5 × 1.5	1.5 × 1.5
边墙锚杆	长度（m）				3	3.5	3.5	3.5	4	4	4
	间距（环向 m × 纵向 m）				1.2 × 1.5	1.2 × 1.2	1.2 × 1.2	1.2 × 1.2	1.2 × 1.2	1.2 × 1.2	1.2 × 1.2
钢架	规格				ϕ22@130 格栅	ϕ22@160 格栅	I18 型钢	I20a 型钢	I20a 型钢	I22a 型钢	HW175 型钢
	设置部位				拱墙	拱墙	全环	全环	全环	全环	全环
	纵向间距（m）				1.2	1	1	0.8	0.8	0.6	0.6

4.1.3 爆破参数

1）隧道 V 级围岩段爆破参数设计

隧道V级围岩采用上、中、下三台阶临时仰拱法施工，根据爆破设计方案和中国铁路上海局集团有限公司杭温工程建设指挥（杭温指工函〔2020〕162 号）文件要求，上台阶循环进尺为 1.2m，中、下台阶每循环进尺为 1.8m，仰拱循环进尺 3.0m。

V级围岩的辅助眼及周边孔利用率取 0.9，上台阶辅助孔深度为 1.3m，周边眼炮孔深度为 1.5m，中、下台阶炮孔深度为 1.9m，仰拱炮孔深度为 3.3m。炮孔布置如图 4-1、图 4-2 所示，V级围岩设计参数见表 4-3。

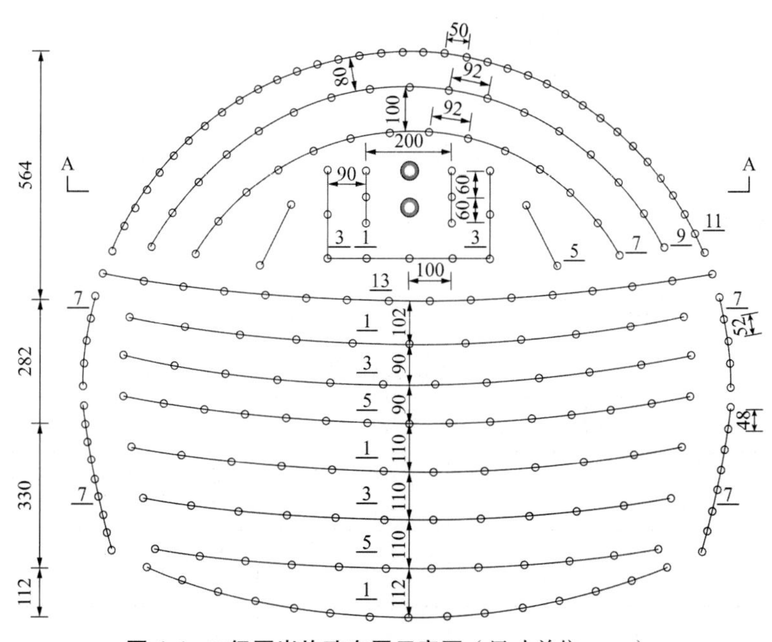

图 4-1 V级围岩炮孔布置示意图（尺寸单位：cm）

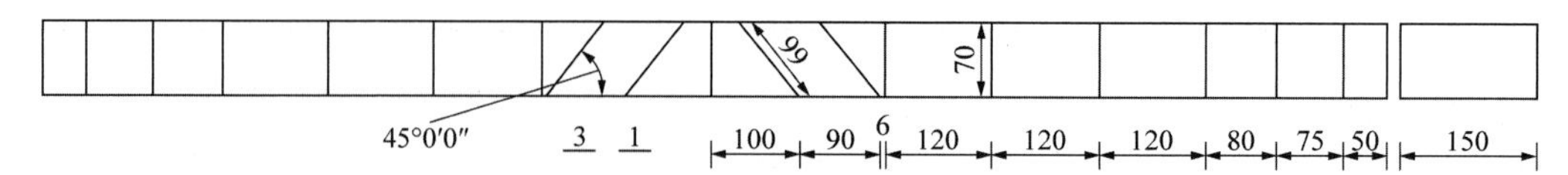

图 4-2　V级围岩 A-A 剖面图（尺寸单位：cm）

V级围岩爆破设计参数表　　表 4-3

序号	爆破部位	炮孔名称	炮孔编号	炮孔深度（m）	炮孔个数	雷管		单孔装药量（kg）	总装药量（kg）	线装药密度（kg/m）	备注
						段位	个数				
1	上部台阶	掏槽孔	1	1.6	6	1	6	0.9	5.4	0.91	斜孔 45°
2		掏槽孔	2	1.6	4	3	4	0.9	3.6	0.91	斜孔 45°
3		掏槽孔	3	1.5	5	3	5	0.6	3	0.86	直孔
4		辅助孔	4	1.3	4	5	4	0.6	2.4	0.86	直孔
5		辅助孔	5	1.3	14	7	14	0.6	8.4	0.86	直孔
6		辅助孔	6	1.3	17	9	17	0.5	8.5	0.71	上台阶计划循环进尺 1.2m
7		周边孔	7	1.5	36	11	36	0.18	6.48	0.26	
8		底板孔	8	1.5	16	13	16	0.6	9.6	0.86	
小计					102		102		47.38		
1	中部台阶	辅助孔	1	1.9	11	1	11	0.9	9.9	0.69	中台阶计划循环进尺 1.8m
2		辅助孔	2	1.9	12	3	12	0.9	10.8	0.69	
3		底板孔	3	1.9	15	5	15	1	15	0.77	
4		周边孔	4	1.9	10	7	10	0.5	5	0.38	
小计					48		48		40.7		
1	下部台阶	辅助孔	1	1.9	12	1	12	0.9	10.8	0.69	下台阶计划循环进尺 1.8m
2		辅助孔	2	1.9	12	3	12	0.9	10.8	0.69	
3		底板孔	3	1.9	12	5	12	1.1	13.2	0.85	
4		周边孔	5	1.9	16	7	16	0.5	8	0.38	
小计					52		52		42.8		

续上表

序号	爆破部位	炮孔名称	炮孔编号	炮孔深度（m）	炮孔个数	雷管		单孔装药量（kg）	总装药量（kg）	线装药密度（kg/m）	备注
						段位	个数				
1	仰拱台阶	底板孔	1	3.3	15	1	15	1.8	27	0.55	仰拱台阶计划循环进尺 3m
小计					15		15		27		
总计					217		217		157.88		

注：1. 上台阶开挖面积为 58.6m²，计划循环进尺为 1.2m，一循环开挖数量为 70.32m³，炮孔密度为 1.74 个/m²，炸药单耗为 1.35kg/m³。

2. 中台阶开挖面积为 41.2m²，计划循环进尺为 1.8m，一循环开挖数量为 74.16m³，炮孔密度为 1.17 个/m²，炸药单耗为 0.82kg/m³。

3. 下台阶开挖面积为 49.4m²，计划循环进尺为 1.8m，一循环开挖数量为 88.92m³，炮孔密度为 1.1 个/m²，炸药单耗为 0.72kg/m³。

4. 仰拱台阶开挖面积为 11.4m²，计划循环进尺为 3m，一循环开挖数量为 34.2m³，炮孔密度为 1.1 个/m²，炸药单耗为 0.79kg/m³。

2）隧道Ⅳ级围岩段爆破参数设计

根据爆破设计方案和中国铁路上海局集团有限公司杭温工程建设指挥（杭温指工函〔2020〕162 号）文件要求，Ⅳ级围岩采用上中下三台阶法施工，上台阶循环进尺为 2.0m，中、下台阶循环进尺均为 3.0m。

Ⅳ级围岩的辅助眼及周边眼利用率取 0.9，上台阶辅助眼及周边眼炮眼深度为 2.2m，中、下台阶炮眼深度为 3.3m。炮孔布置如图 4-3、图 4-4 所示，Ⅳ级围岩设计参数见表 4-4。

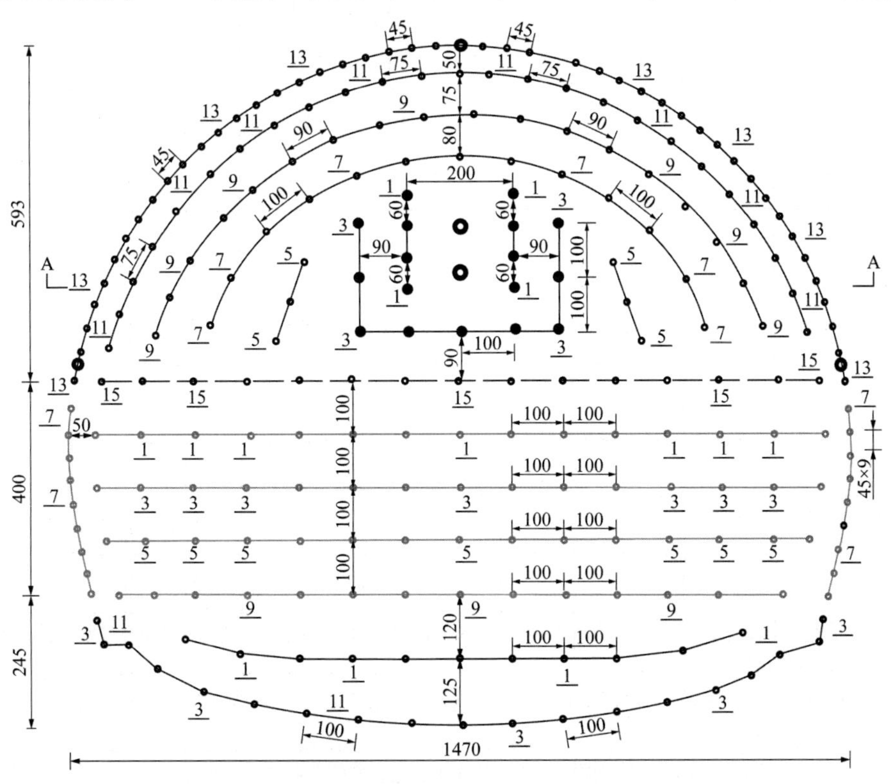

图 4-3　Ⅳ级围岩炮眼布置示意图（尺寸单位：cm）

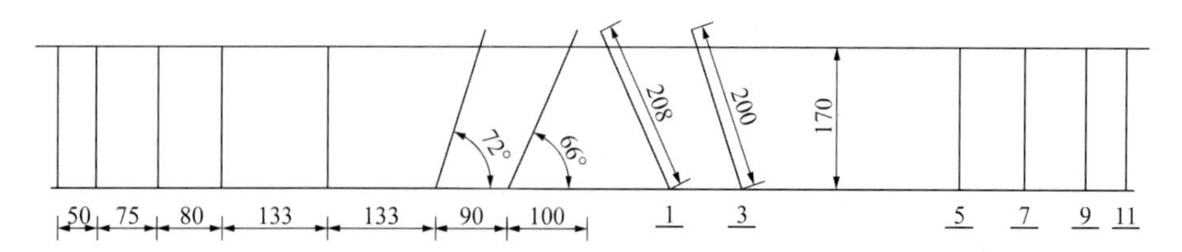

图 4-4　IV级围岩 A-A 剖面图（尺寸单位：cm）

IV级围岩爆破设计参数表

表 4-4

序号	爆破部位	炮孔名称	炮孔编号	炮孔深度（m）	炮孔个数	雷管		单孔装药量（kg）	总装药量（kg）	线装药密度（kg/m）	备注
						段位	个数				
1	上部台阶	掏槽孔	1	2.5	8	1	8	0.8	6.4	0.38	斜孔
2		掏槽孔	2	2.4	6	3	6	0.7	4.2	0.35	斜孔
3		掏槽孔	3	2.4	3	3	3	0.7	2.1	0.37	直孔
4		辅助孔	4	2.2	6	5	6	0.7	4.2	0.4	直孔
5		辅助孔	5	2.2	13	7	13	0.7	9.1	0.4	上台阶计划循环进尺 2.0m
6		辅助孔	7	2.2	18	9	18	0.7	12.6	0.4	
7		辅助孔	7	2.2	23	11	23	0.6	13.8	0.4	
8		周边孔	8	2.2	44	13	44	0.5	22	0.3	
9		底板孔	9	2.3	14	15	14	1.0	14	0.52	
小计					135		135		88.4		
1	中部台阶	辅助孔	1	3.3	14	1	14	0.8	11.2	0.44	中台阶计划循环进尺 3.0m
2		辅助孔	2	3.3	14	3	14	0.8	11.2	0.44	
3		辅助孔	3	3.3	14	5	14	0.8	11.2	0.44	
4		周边孔	4	3.3	18	7	18	0.5	9	0.21	
5		底板孔	5	3.5	11	9	11	1.1	12.1	0.53	
小计					71		71		54.7		
1	下部台阶	辅助孔	1	3.3	11	1	11	1.4	15.4	0.44	下台阶计划循环进尺 3.0m
2		周边孔	2	3.3	4	11	4	0.8	3.2	0.21	
3		底板孔	3	3.4	14	3	14	1.5	21	0.53	
小计					29		29		39.6		
总计					235		235		182.7		

注：1. 上台阶开挖面积为 $63.8m^2$，计划循环进尺为 2.0m，一循环开挖数量为 $127.6m^3$，炮孔密度为 2.18 个/m^2，炸药单耗为 0.92/m^3。

2. 中台阶开挖面积为 $58m^2$，计划循环进尺为 3.0m，一循环开挖数量为 $174m^3$，炮孔密度为 1.22 个/m^2，炸药单耗为 0.62kg/m^3。

3. 下台阶开挖面积为 $27.1m^2$，计划循环进尺为 3.0m，一循环开挖数量为 $81.3m^3$，炮孔密度为 1.07 个/m^2，炸药单耗为 0.56kg/m^3。

3）隧道Ⅲ级围岩段爆破参数设计

（1）上、下台阶施工

根据爆破设计方案和中国铁路上海局集团有限公司杭温工程建设指挥（杭温指工函〔2020〕162号）文件要求，隧道Ⅲ级围岩采用上、下台阶施工，循环进尺为3.0m。

Ⅲ级围岩的炮眼利用率取0.93，辅助眼及周边眼深度为3.2m。炮孔布置如图4-5、图4-6所示，Ⅲ级围岩分台阶设计参数见表4-5。

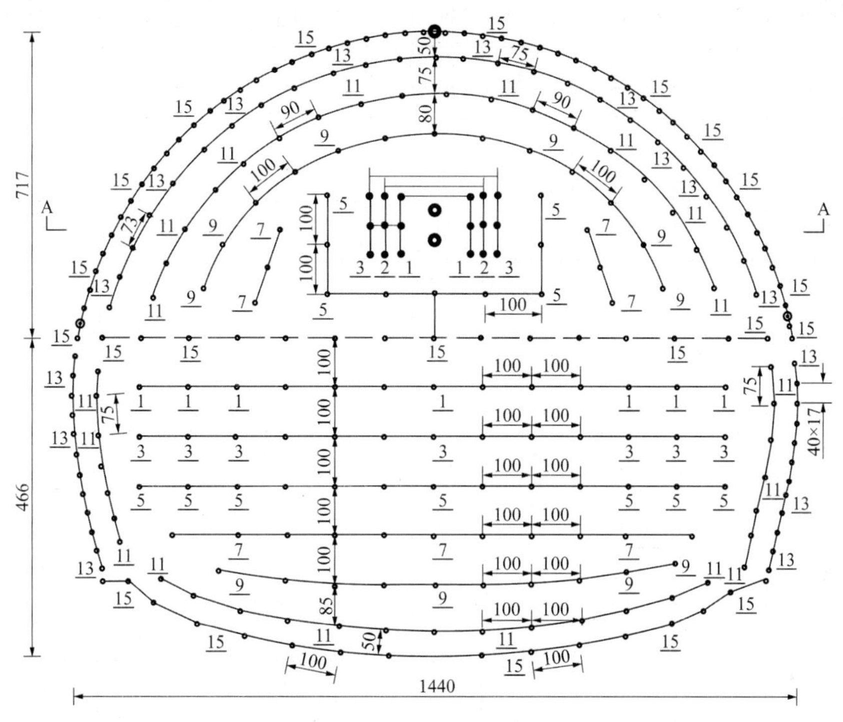

图4-5　Ⅲ级围岩上下炮眼布置示意图（尺寸单位：cm）

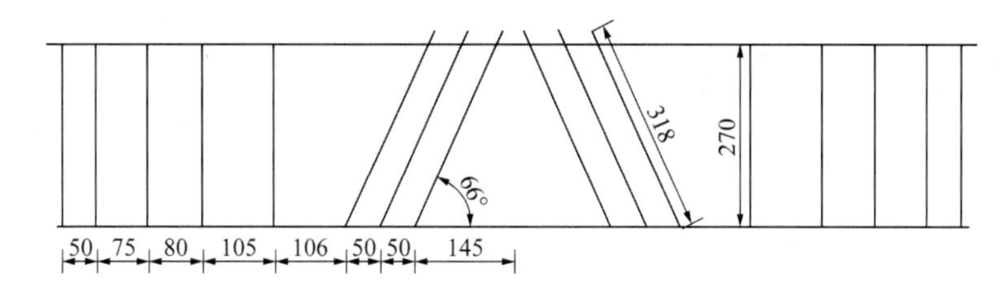

图4-6　Ⅲ级围岩A-A剖面图（尺寸单位：cm）

Ⅲ级围岩分台阶爆破设计参数表　　表4-5

序号	爆破部位	炮孔名称	炮孔编号	炮孔深度（m）	炮孔个数	雷管		单孔装药量（kg）	总装药量（kg）	线装药密度（kg/m）	备注
						段位	个数				
1	上部台阶	掏槽孔	1	3.5	6	3	6	1.8	10.8	0.57	斜孔
2		掏槽孔	2	3.5	6	2	6	1.8	10.8	0.57	斜孔
3		掏槽孔	3	3.5	6	1	6	1.8	10.8	0.57	斜孔
4		辅助孔	4	3.2	6	5	6	1.2	7.2	0.44	

续上表

序号	爆破部位	炮孔名称	炮孔编号	炮孔深度（m）	炮孔个数	雷管		单孔装药量（kg）	总装药量（kg）	线装药密度（kg/m）	备注
						段位	个数				
5		辅助孔	5	3.2	6	7	6	1.2	7.2	0.44	下台阶计划循环进尺3.0m，采用毫秒延时塑料导爆管雷管起爆网路
6		辅助孔	6	3.2	13	9	13	1.2	15.6	0.44	
7		辅助孔	7	3.2	18	11	18	1.2	21.6	0.44	
8		辅助孔	8	3.2	25	13	25	1	25	0.44	
9		周边孔	9	3.3	40	15	40	0.9	36	0.32	
10		底板孔	10	3.3	15	15	15	1.5	22.5	0.6	
小计					141		141		167.5		
1	下部台阶	辅助孔	1	3.2	13	1	13	1	13	0.44	下台阶计划循环进尺3.0m，采用毫秒延时塑料导爆管雷管起爆网路
2		辅助孔	2	3.2	13	3	13	1	13	0.44	
3		辅助孔	3	3.2	13	5	13	1	13	0.48	
4		辅助孔	4	3.2	11	7	11	1	11	0.44	
5		辅助孔	5	3.2	10	9	10	1	10	0.44	
6		辅助孔	6	3.2	11	11	11	1	11	0.44	
7		辅助孔	7	3.2	14	11	14	1.2	16.8	0.44	
8		周边孔	8	3.3	24	13	24	0.6	14.4	0.25	
9		底板孔	9	3.3	14	15	14	1.3	18.2	0.6	
小计					123		123		120.4		
总计					264		264		287.9		

注：1. 上台阶开挖面积为80.8m²，计划循环进尺为3.0m，一循环开挖数量为242.4m³，炮孔密度为1.75个/m²，炸药单耗为0.83kg/m³。

2. 下台阶开挖面积为58.51m²，计划循环进尺为3.0m，一循环开挖数量为175.53m³，炮孔密度为2.13个/m²，炸药单耗为0.83kg/m³。

（2）全断面法施工

隧道III级围岩采用全断面法施工，循环进尺为3.0m。

III级围岩的炮孔利用率取0.93，辅助孔及周边孔深度为3.2m。炮孔布置如图4-7、图4-8所示，III级围岩分台阶设计参数见表4-6。

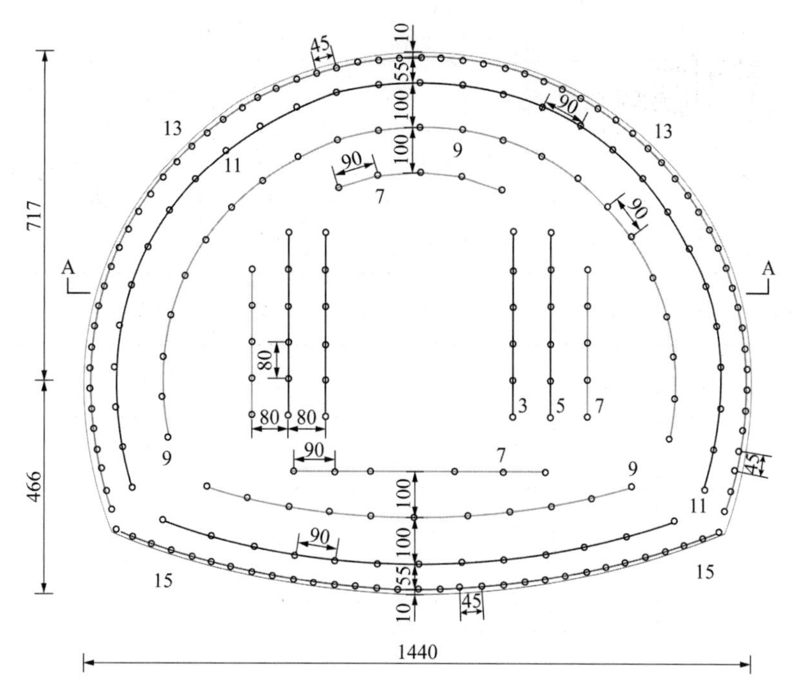

图 4-7 III级围岩全断面炮孔布置示意图（尺寸单位：cm）

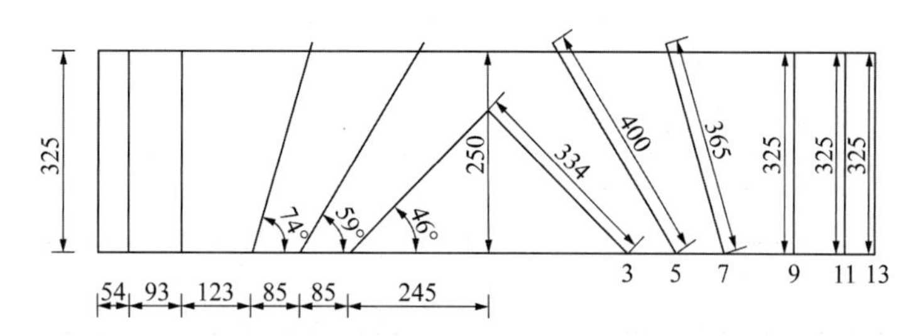

图 4-8 III级围岩全断面炮孔布置示意图（尺寸单位：cm）

III级围岩全断面爆破设计参数表 表 4-6

序号	爆破部位	炮孔名称	炮孔编号	炮孔深度（m）	炮孔个数	雷管		单孔装药量（kg）	总装药量（kg）	线装药密度（kg/m）	备注
						段位	个数				
1	全断面	掏槽孔	1	3.2	12	3	12	1.6	18	0.60	斜孔
2		掏槽孔	2	3.5	12	5	12	2	24	0.60	斜孔
3		掏槽孔	3	3.5	21	7	21	2	42	0.60	斜孔
4		辅助孔	4	3.2	34	9	34	1.2	40.8	0.44	计划循环进尺 3.0m，采用毫秒延时塑料导爆管雷管起爆网路
5		辅助孔	5	3.2	42	11	42	1	42	0.44	
6		周边孔	6	3.2	63	13	63	0.9	56.7	0.33	
7		底板孔	7	3.3	31	15	31	1.8	55.8	0.62	
总计					215		215		279.3		

注：全断面共 139.31m^2，计划循环进尺为 3.0m，开挖数量为 417.93m^3，炮孔密度为 1.55 个/m^2，炸药单耗为 0.80kg/m^3。

4）隧道II级围岩段爆破参数设计

隧道II级围岩采用全断面法施工，循环进尺为 3m。

II级围岩的炮孔利用率取 0.93，辅助孔及周边孔深度为 3.25m。炮孔布置如图 4-9、图 4-10 所示，III级围岩分台阶设计参数见表 4-7。

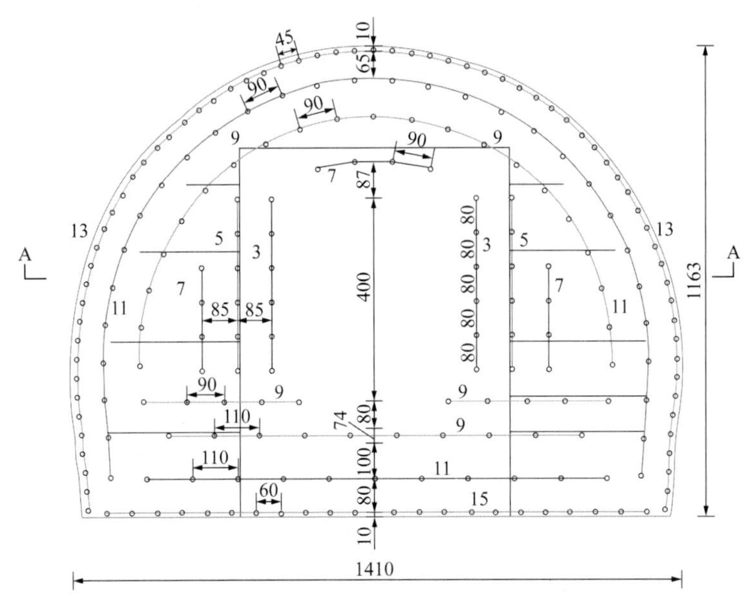

图 4-9　II级围岩全断面炮孔布置示意图（尺寸单位：cm）

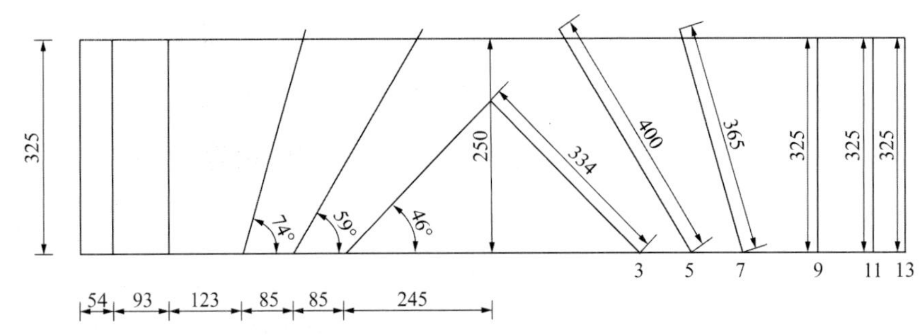

图 4-10　II级围岩全断面 A-A 剖面图（尺寸单位：cm）

II级围岩全断面爆破设计参数表　　表 4-7

序号	爆破部位	炮孔名称	炮孔编号	炮孔深度（m）	炮孔个数	雷管		单孔装药量（kg）	总装药量（kg）	线装药密度（kg/m）	备注
						段位	个数				
1	全断面	掏槽孔	1	3.34	12	3	12	2	24	0.59	斜孔
2		掏槽孔	2	4	12	5	12	2.6	31.2	0.65	斜孔
3		掏槽孔	3	3.65	8	7	8	2.2	17.6	0.6	斜孔
4		辅助孔	4	3.25	4	7	4	1.8	7.2	0.50	计划循环进尺 3m，采用毫秒延时塑料导爆管雷管起爆网路
5		辅助孔	5	3.25	41	9	41	1.7	69.7	0.50	
6		辅助孔	6	3.25	11	11	11	1.7	18.7	0.50	
7		辅助孔	7	3.25	30	11	30	1.6	48	0.49	
8		周边孔	8	3.25	67	13	67	1	67	0.3	

续上表

序号	爆破部位	炮孔名称	炮孔编号	炮孔深度（m）	炮孔个数	雷管		单孔装药量（kg）	总装药量（kg）	线装药密度（kg/m）	备注
						段位	个数				
9		底板孔	9	3.45	22	15	22	2.2	48.4	0.63	
总计					207		207		331.8		

注：全断面共 134.42m^2，计划循环进尺为 3m，开挖数量为 403.26m^3，炮孔密度为 1.65 个/m^2，炸药单耗为 0.82kg/m^3。

5）洞身部位起爆网路设计

隧道洞身开挖爆破的起爆顺序为：掏槽孔→辅助孔→崩落孔→周边孔底孔，爆破网路采用簇联形式。

孔内雷管采用单发毫秒非电导爆管雷管 Ms1～Ms20，当雷管段数能满足开挖要求时，孔内不安排 Ms1，孔外采取一把抓簇联方式用 Ms1 进行连接，孔外的连接雷管 Ms1 间采用四通加导爆管连接网路，禁止孔外用除 Ms1 的毫秒非电导爆管雷管连接爆破网路。周边孔光面爆破优先采用导爆索起爆。

一把抓并联起爆网路，每把不超过 20 根（发），用 2 发非电毫秒导爆管雷管传爆，每个传爆点均应严加防护覆盖，以免炸坏网路。最后用 2 发 Ms1 导爆管雷管起爆。周边孔内引出的导爆索，采用两根主导爆索复式连接的方法，保证起爆的可靠性。两根主导爆索连出后，根据起爆顺序与导爆管相连起爆。为保证起爆的可靠性和准确性，各炮孔雷管段数应与起爆顺序相同。在药包加工时，根据断面尺寸及网路连接要求，导爆管雷管预留足够的长度。本次采用一个作业断面多组簇联连接，采用 Ms1 雷管（反向安装）作为引爆雷管，用胶布包扎在离一簇导爆管自由端内大于 15cm 以上处，按各类炮孔的段别装填好后开始 20 发一组簇联并联连接。隧道 V 级、IV级、III级、II级围岩毫秒微差起爆网路如图 4-11～图 4-16 所示。

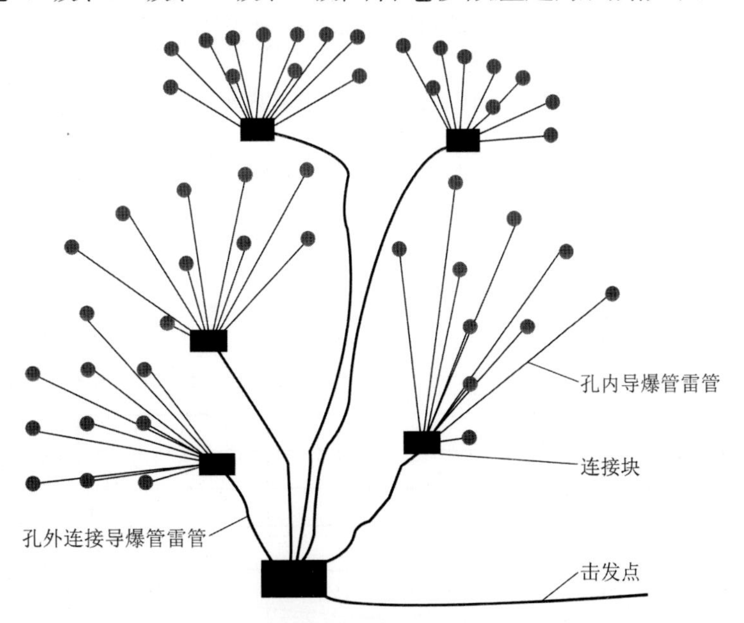

图 4-11 隧道毫秒微差爆破起爆网路示意图

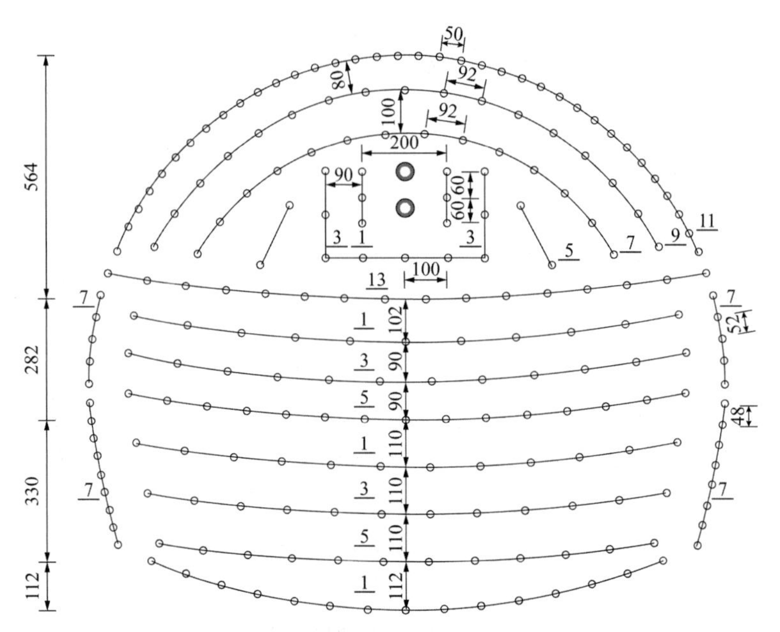

图 4-12　V级围岩三台阶临时仰拱法孔内网路图（尺寸单位：cm）

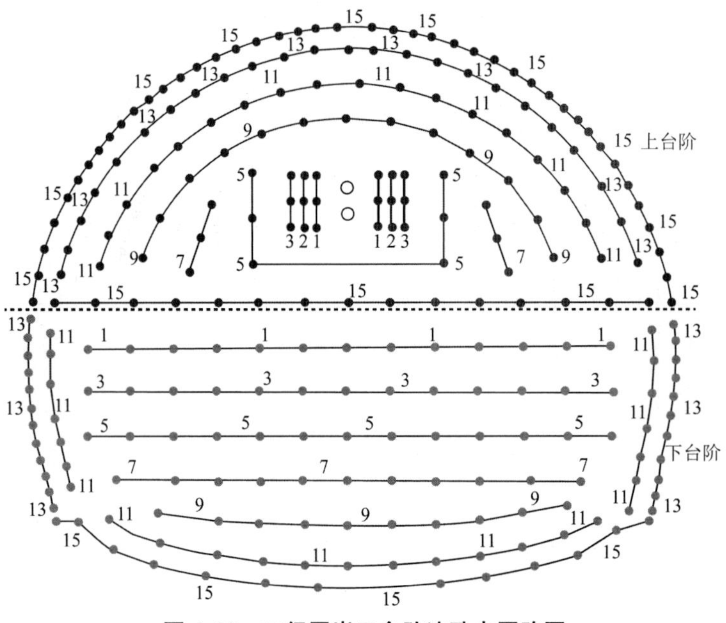

图 4-13　IV级围岩三台阶法孔内网路图

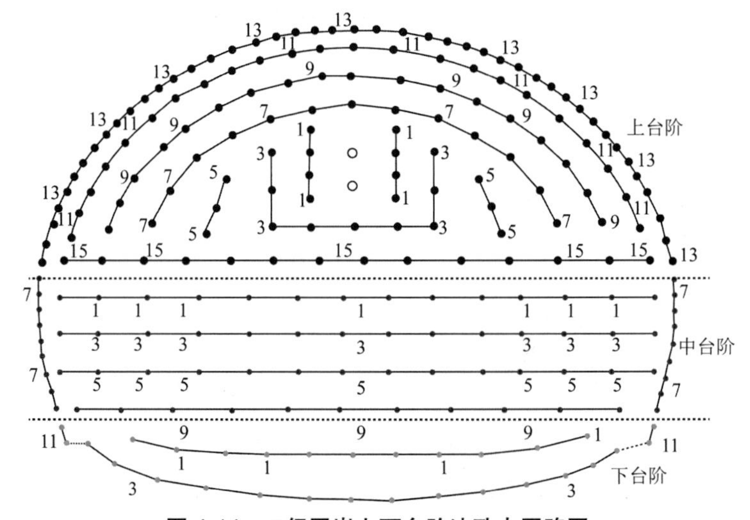

图 4-14　III级围岩上下台阶法孔内网路图

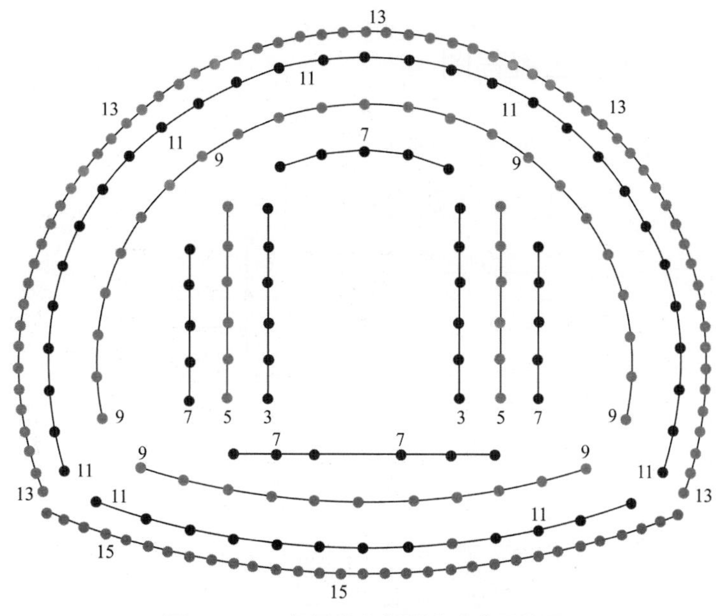

图 4-15 III级围岩全断面法孔内网路图

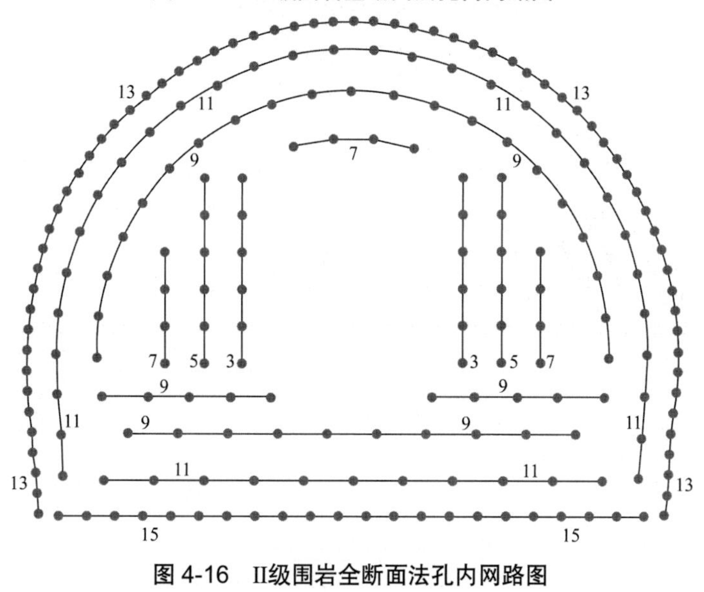

图 4-16 II级围岩全断面法孔内网路图

4.2 施工工艺流程

4.2.1 开挖施工工艺流程图

隧道开挖施工工艺流程如图 4-17 所示。

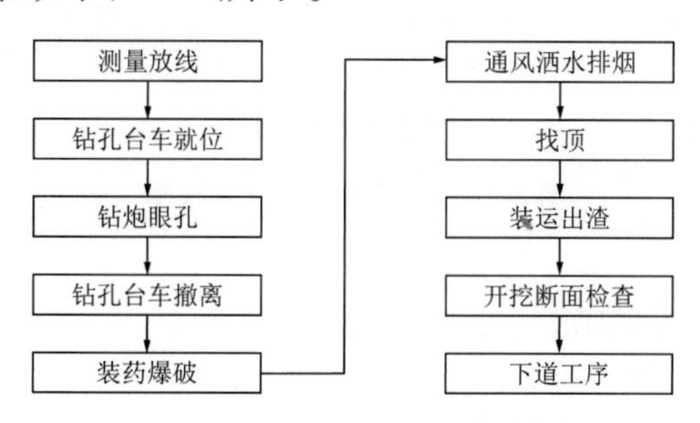

图 4-17 开挖施工工艺流程图

4.2.2 初期支护施工工艺流程图

隧道初期支护施工工艺流程如图 4-18 所示。

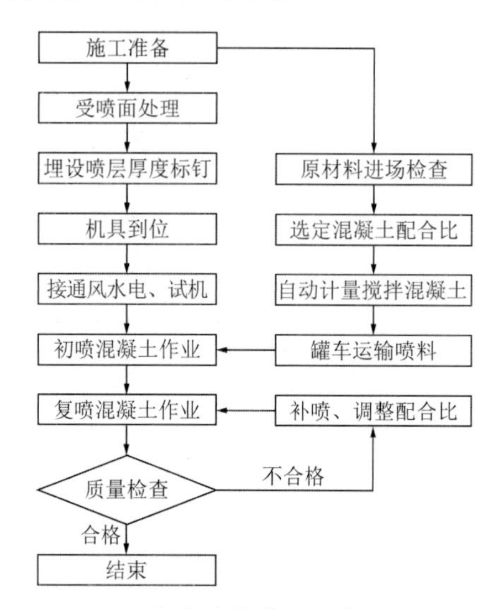

图 4-18 初期支护施工工艺流程图

4.2.3 通风施工工艺流程图

隧道通风施工工艺流程如图 4-19 所示。

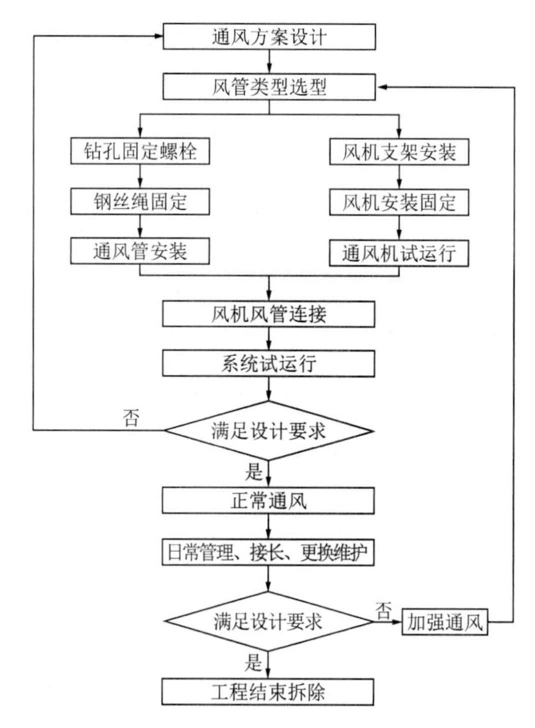

图 4-19 通风施工工艺流程图

4.2.4 爆破施工工艺流程图

隧道爆破施工工艺流程如图 4-20 所示。

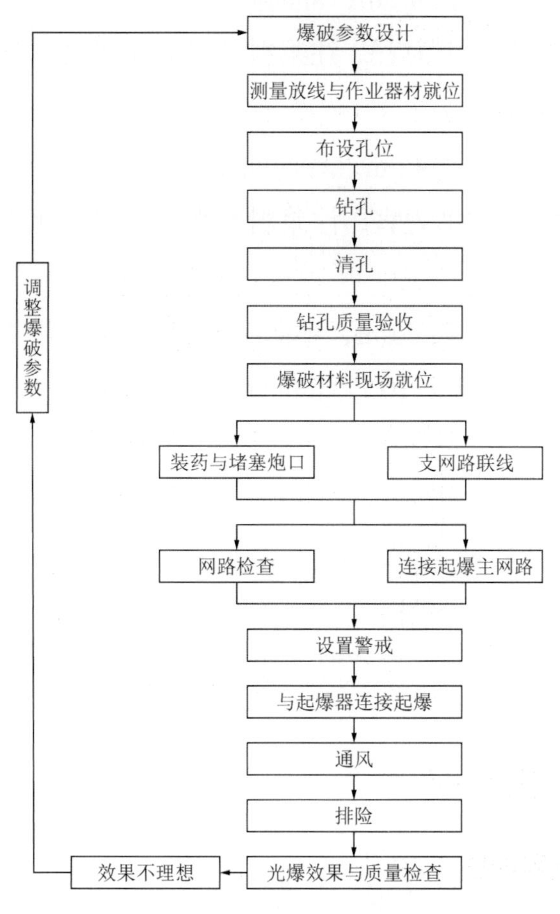

图 4-20 爆破工艺流程图

4.3 施工方法及操作要求

采用人工手持 YT-28 风钻钻孔，人工装药起爆。钻爆作业按照爆破设计进行钻孔、装药、接线和引爆，炮孔的装药、堵塞和引爆线路的连接，均由考核合格的爆破工负责。

隧道选用 2 号岩石乳化炸药，为ϕ32mm 药卷，性能指标见表 4-8。

炸药性能指标表 表 4-8

性能指标	密度（g/cm^3）	猛度（mm）	爆速（m/s）	爆力（mL）	殉爆距离（cm）
2 号岩石乳化炸药	0.95～1.30	≥12	≥3200	≥260	≥5

4.3.1 超前地质预报

采用地质雷达法、加深炮孔、地质素描、超前水平钻孔手段，对前方围岩状况及水位状况进行探测，根据探测结果采取相应预防措施处理，确保开挖安全。

4.3.2 超前支护

（1）根据围岩措施在相应里程段落采取超前小导管进行支护。

（2）对于Ⅰ型小导管，导管长4.5m，环向间距50cm，每环37根，每3m一环，采用YT-28风钻钻孔，外插角5°～10°为宜，注浆料与水泥净浆之比为1∶1，注浆压力0.5～1.0MPa。

（3）对于Ⅱ型小导管，导管长4.5m，环向间距40cm，每环47根，每3m一环，采用YT-28风钻钻孔，外插角5°～10°为宜，注浆料与水泥净浆之比为1∶1，注浆压力0.5～1.0MPa。

（4）对于Ⅲ型小导管，导管长5.0m，环向间距30cm，每环47根，每3m一环，采用YT-28风钻钻孔，外插角40°和5°～10°交错布置，注浆料与水泥净浆之比为1∶1，注浆压力0.5～1.0MPa。

4.3.3 测量布孔

钻孔前，测量员根据设计爆破图采用全站仪进行孔眼放样，用红色喷剂标记好孔眼位置，孔眼放样误差不得超过5cm，在直线段，可采用3～5台激光准直仪控制开挖方向和开挖轮廓线。

4.3.4 钻孔

（1）装载机将开挖台车拖至掌子面，装药完成后，起爆前由装载机拖至安全地带。

（2）台车下面有专人指挥，确保周边孔有准确的外插角，尽可能使两茬炮交界处台阶小于15cm。同时，应根据孔口位置及掌子面岩石的凹凸程度调整炮孔深度，以保证炮孔底在同一平面上。

（3）炮孔位置要事先捣平才可开钻，防止打滑或炮孔移位。

（4）周边孔一定要由有丰富经验的老钻工司钻。

（5）开孔若确实困难可以适当调整，调整范围为不超过5倍炮孔直径。

（6）底板孔下部炮孔钻完后立即用木棍、纸团或编织物填塞。

（7）不能打干孔，操作时先开水、后开风，停钻时先关风、后关水。

（8）开钻时先低速运转，待钻进一定深度后再全速钻进，钻孔发现不正常声音、排粉出水不正常时，应停机检查，找出原因并消除后，才能继续钻进。

（9）不能在残孔处、裂缝处钻孔。

4.3.5 验孔

（1）钻孔完毕后，按照设计炮眼布置图进行检查并记录，掏槽孔孔口间距和底孔间距误差不大于3cm。

（2）辅助孔孔口排距、行距误差均不大于5cm。

（3）周边孔孔口位置误差不大于 3cm，对不符合要求的炮孔进行重钻。

4.3.6　清孔

（1）将带有阀门的专用吹管插入孔内，利用高压风将杂物吹出。

（2）刚打好的炮孔由于热度过高不得立即装药。

4.3.7　装药

（1）本隧道爆破炸药采用 2 号岩石乳化炸药，ϕ32mm 药卷，长 200mm，重 170g/卷，爆速为 3000m/s。

（2）爆破工仔细核对所装炮孔和手上炸药品种、数量是否与要求相符，核对手上雷管段别是否与所装炮孔位置相适应。

（3）用炮棍将炸药装到底，每装一卷炸药用木棍捅一次，并记好每次炮棍插入的尺寸，对装药雷管的药卷只需压住即可，不能用炮棍重击，保持装药连续性，如图 4-21～图 4-23 所示。

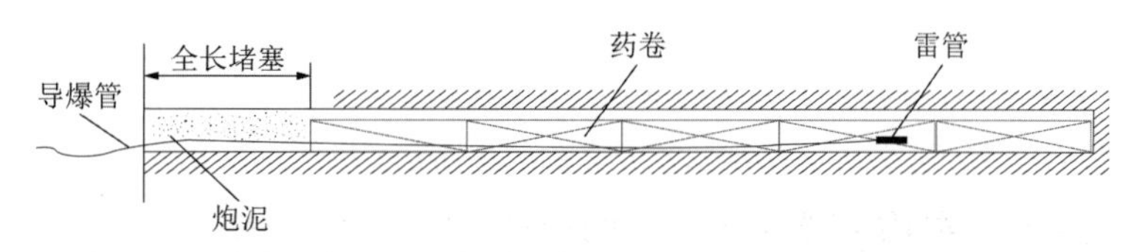

图 4-21　掏槽孔（底板孔）装药结构示意图

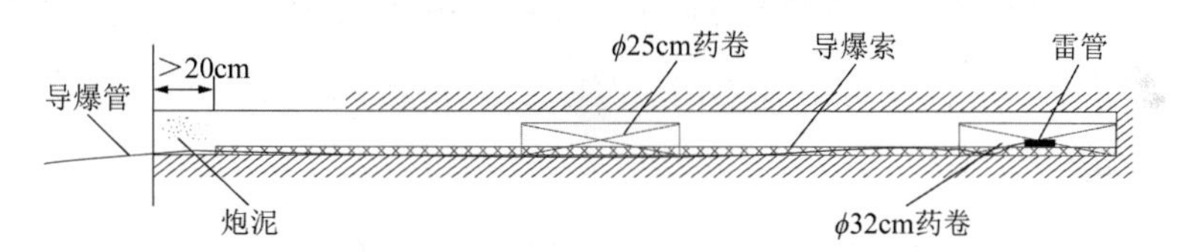

图 4-22　周边孔装药结构示意图

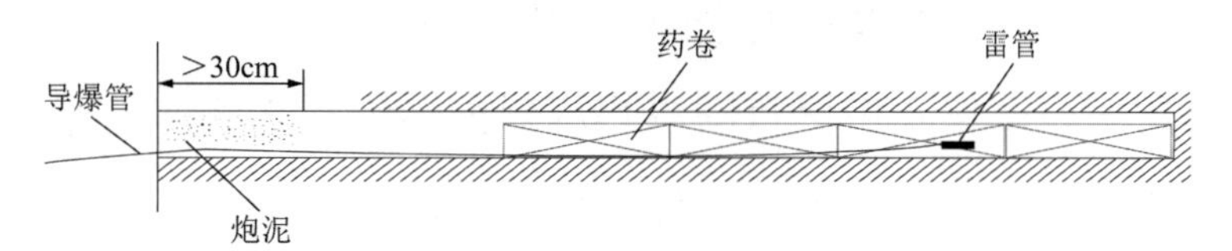

图 4-23　辅助孔装药结构示意图

（4）装药过程保护好雷管脚线、导火索或导爆管。

（5）专人检查记录装药情况，剩余的起爆器材交回炸药库。

（6）装药过程禁止烟火，照明采用 36V 安全电压。

4.3.8　填塞

（1）按设计的装药结构将炮泥慢慢放入孔内，并用炮棍轻轻压实、堵严。

（2）每放入一卷炮泥卷后，用炮棍捣烂压实，重复上述动作完成填塞，填塞长度不小于 20cm。

（3）填塞过程中防止导线、导爆管被砸断、砸破。

4.3.9 连线、检查

（1）隧道爆破开挖使用塑料导爆管非电起爆网路，起爆过程中严格控制孔内各段位的毫秒雷管段差，起到微差起爆的目的。在网路连接过程中，孔内的非电毫秒雷管跳段使用，段差按由内向外跳级增加，考虑减振效应，多重掏槽的掏槽孔段差一般取 50～75ms，周边孔和二圈孔段差一般在 100ms 左右，周边孔一般采用大段的非电毫秒雷管引爆，且周边孔通常结合使用导爆索以加强传爆的稳定性；用于网路中间连接的非电毫秒雷管一律采用小号段、同段位的雷管。

（2）网路连接一般采用复式连接法，即每个主干线上的塑料导爆管雷管采用双管并联与孔内的塑料导爆管连接，如图 4-24 所示。

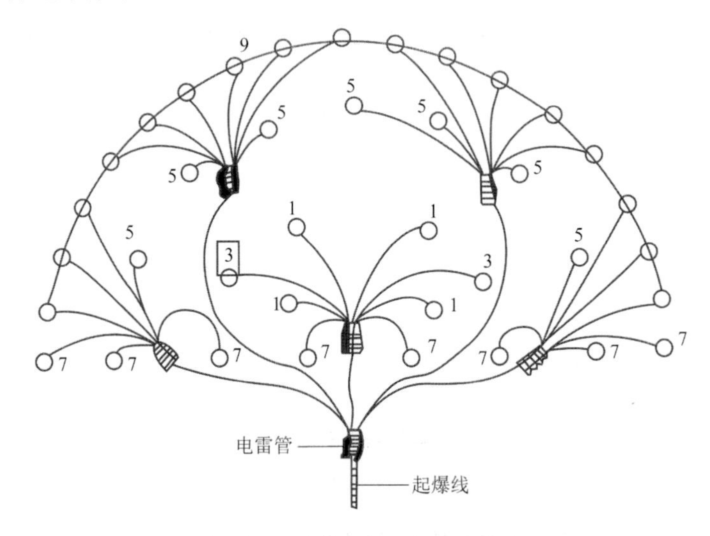

图 4-24 隧道全断面网路连接图

注：炮眼旁数字为毫秒雷管段别。

（3）网路击发使用击发枪，击发传递过程为：击发枪→主干线上的导爆管→主干线的毫秒雷管→各个支线上的导爆管→各个支线上的雷管→引爆炸药，从而完成整个网路起爆。起爆顺序为：掏槽孔→掘进孔→二圈孔→周边孔→底板孔。

（4）光面爆破参数检查后，如果光面爆破结果未能满足要求，应分析原因，找出其中的问题，对爆破设计进行优化，其分析的主要关键点如下：

①若进尺不够，残孔率高，主要是掏槽孔的角度和排距问题。

②若周边孔孔间距之间有突出物，主要是孔间距过大或者抵抗线过小的问题。

③若周边孔装药部位有较大的粉碎区，爆破漏斗明显，主要是炸药的线密度过大。一般做法是将药卷改小或将单卷改成多段装药。

④若错台明显，主要是周边孔外插角的问题。

⑤若超挖严重，一般是周边孔外插角过大或装药量过大，增大了围岩的松动圈。

⑥根据不同的围岩和断面宽度进行钻爆设计，选择合理的钻爆参数，用钻爆设计指导施工，并在施工中不断总结经验，优化钻爆设计，这是提高隧道开挖光面爆破的重要环节。

4.3.10 起爆

（1）起爆员由爆破员担任，两人负责实施，一人操作，一人监督。

（2）起爆前进行警戒，所有人员要撤离至不受有害气体、振动飞石伤害的安全地点。

（3）起爆后，经原装药爆破人员检查确认无盲炮或其他险情后，方可解除安全警戒。

4.3.11 排险

（1）该试验段位于隧道洞口，爆破后需等烟雾散尽方可进行排险，一般等爆破 15min 后由原装药爆破员进入作业现场，检查有无盲炮、残存的爆破器材及围岩稳定情况，发现险情，及时妥善处理。

（2）一般情况下，危石采用挖掘机挖除，直至拱顶及边墙均为稳定岩体。如有必要可以先进行混凝土封闭拱顶、边墙及掌子面。

（3）检查开挖断面、掌子面情况进行地质素描，如遇与设计不符情况及时上报。

4.3.12 盲炮的处理

盲炮属于安全隐患，应严格关注，要以预防为主，减少盲炮的发生。一旦发现盲炮，应严格按照《爆破安全规程》的规定执行。盲炮处理流程如图 4-25 所示。

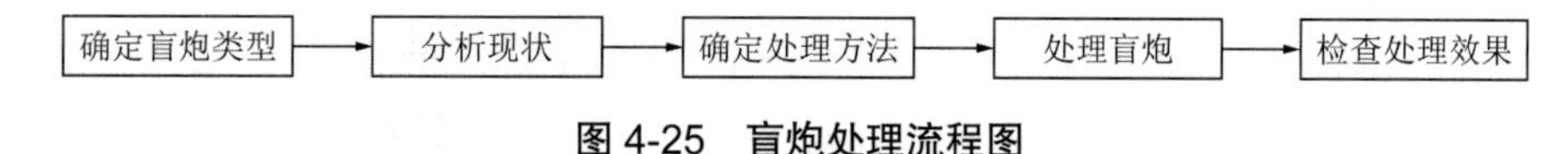

图 4-25 盲炮处理流程图

（1）出现盲炮应检查确定盲炮类型，盲炮有三种：

①全拒爆：雷管未爆，所以炸药未爆。

②半爆：雷管爆炸了，但炸药未被引爆。

③残爆：雷管爆炸后只引爆了部分炸药，剩余部分炸药未被引爆。

（2）分析现状：爆破网路是否被破坏；如果爆破网路未被破坏，要查清最小抵抗线有无变化。

（3）处理方法如下：

①若爆破网路未被破坏，但爆破最小抵抗线有变化，应验算安全距离，采用加大警戒范围后再联线起爆的方法。

②浅孔爆破可用木、竹工具，轻轻地将炮孔内堵塞物掏出来，用药包诱爆；也可以在安全地点外用远距离操纵的风水喷管吹出盲炮堵塞物及炸药，但应回收雷管。

③处理乳化炸药时，若炮孔壁完好，可以取出堵塞物，可在 0.3m 处打一诱爆孔进行诱爆，将其带响。

（4）处理盲炮的注意事项如下：

①按照确定的方法精心组织、精心施工。

②若最小抵抗线有变化，重新起爆时一定要加大警戒范围。

③现场处理完毕时，按正常爆破程序进行清场、警戒、发出各种信号和起爆。

（5）重新起爆后，要回到爆破现场检查处理爆破效果，直到全部盲炮处理完，才能进行下一次爆破施工。

4.3.13 出渣

出渣采用装载机装车，自卸车无轨运输的方式进行，出渣结束，挖掘机再进行一次系统的排险并清理掌子面直至稳定。

4.3.14 初期支护

（1）开挖完成及时进行支护作业，对于II级围岩，喷射 5cm 厚 C25 混凝土。

（2）IIIa 级围岩初喷 4cm 厚 C25 混凝土，在拱部局部位置打设普通中空锚杆并注浆，复喷至设计厚度 15cm；IIIb 级围岩初喷 4cm 厚 C25 混凝土，按照间距在拱部、边墙分别打设普通中空锚杆和砂浆锚杆并注浆，再安装钢筋网，最后安装 130 格栅钢架，复喷至设计厚度 20cm。

（3）对于IVa 级围岩初喷 4cm 厚 C25 混凝土，按照间距在拱部、边墙分别打设普通中空锚杆和砂浆锚杆并注浆，再安装钢筋网，最后安装 160 格栅钢架，复喷至设计厚度 25cm；IVb 级围岩初喷 4cm 厚 C25 混凝土，按照间距在拱部、边墙分别打设普通中空锚杆和砂浆锚杆并注浆，再安装钢筋网，最后安装 I18 钢架，复喷至设计厚度 25cm。

（4）对于 Vb 级围岩初喷 4cm 厚 C25 混凝土，按照间距在拱部、边墙分别打设普通中空锚杆和砂浆锚杆并注浆，再安装钢筋网，最后安装 I22a 钢架，复喷至设计厚度 28cm；Vc 级围岩初喷 4cm 厚 C25 混凝土，按照间距在拱部、边墙分别打设普通中空锚杆和砂浆锚杆并注浆，再安装钢筋网，最后安装 HW175 钢架，复喷至设计厚度 28cm。

4.3.15 监控量测

1）洞内拱顶沉降和净空收敛量测测线布置

隧道内拱顶沉降和净空收敛量测测线布置如图 4-26 所示及见表 4-9、表 4-10。

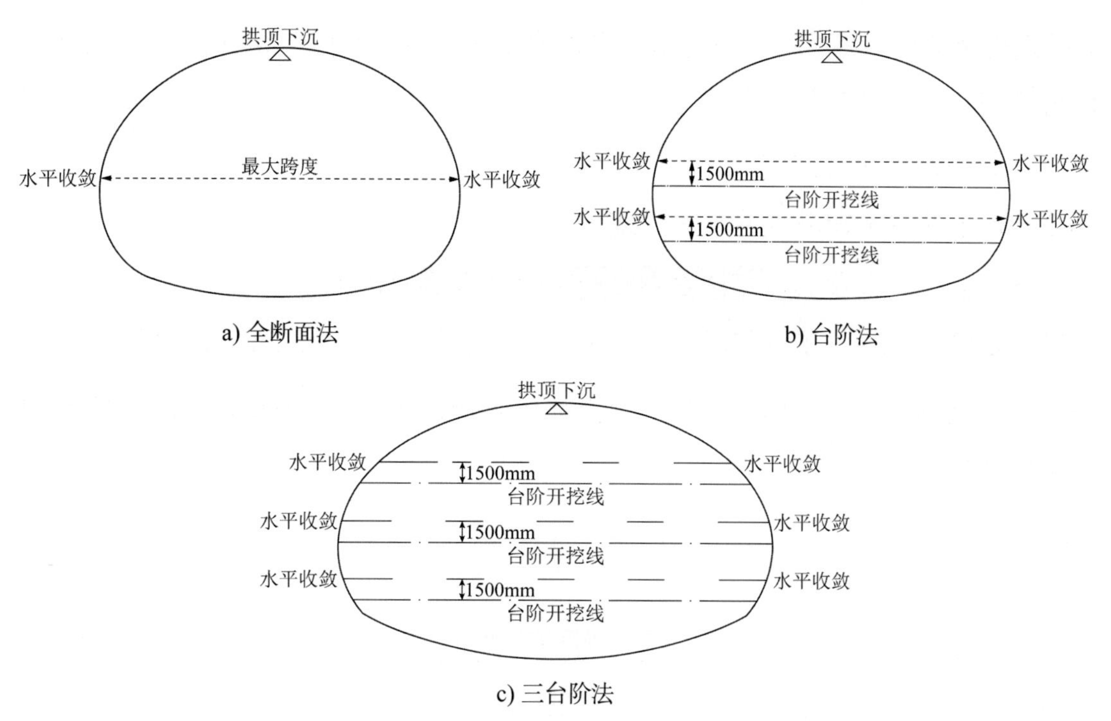

c) 三台阶法

图 4-26　净空收敛量测测线布置图

拱顶沉降和净空收敛测线布置间距　　表 4-9

围岩级别	断面间距（m）
V、VI	5
IV	10
III	30

净空收敛量测测线统计表　　表 4-10

开挖方法	地段	
	一般地段	特殊地段
全断面法	一条水平测线	
台阶法	每台阶一条水平测线	每台阶一条水平测线，两条斜测线
分部开挖法	每部分一条水平测线	中隔壁法（CD 法）或交叉中隔壁法（CRD 法）上部、双侧壁导坑法左右侧部，每分部一条水平测线，两条斜测线其余部分一条水平测线

2）监控量测断面间距及围岩级别划分

隧道内拱顶沉降和净空收敛量测断面间距见表 4-11。

监控量测断面间距　　表 4-11

围岩级别	断面间距（m）
V	5
IV	10
III	30

3）量测频率

由位移速度决定的监控量测频率和由到开挖面距离决定的监控量测频率，两者之间原则上采用较高的频率值。按照到开挖面距离监控量测频率见表 4-12，按位移速度监控量测频率见表 4-13，位移监控报警值见表 4-14。

按到开挖面距离确定的监控量测频率 表 4-12

量测断面距开挖工作面距离	量测频率
(0～1)*B*	2 次/d
(1～2)*B*	1 次/d
(2～5)*B*	1 次/（2～3）d
＞5*B*	1 次/7d

注：*B*为隧道开挖宽度。

按位移速度确定的监控量测频率 表 4-13

变形速度（mm/d）	量测频率
≥5	2 次/d
1～5	1 次/d
0.5～1	1 次/（2～3）d
0.2～0.5	1 次/3d
<0.2	1 次/7d

位移监控报警值 表 4-14

变形量（mm）		安全等级			备注
		正常（绿色）	预警二级（黄色）	预警一级（红色）	
围岩级别	III	<40	40～80	>80	不包括高地应力软岩和膨胀岩隧道
	IV	<50	50～100	>100	
	V	<75	75～150	>150	

4.3.16 操作要求

（1）爆破炮孔数量、位置、深度及斜率应符合钻爆设计要求；掏槽孔孔口间距和孔底间距的允许误差为±5cm；辅助孔孔口间距允许误差为±10cm；周边孔孔口位置允许误差为±5cm，孔底不得超出开挖断面轮廓线 15cm。

（2）开挖面凹凸较大时，应按实际情况调整炮孔深度及装药量，使周边孔和辅助孔孔底在同一垂直面上。

（3）钻孔完毕，应按炮孔布置图进行检查并做好记录，对不符合要求的炮孔应重钻，经检查合格后方可装药。

（4）装药作业与钻孔作业不得在同一开挖工作面进行。

（5）炮孔装药前应对装药开挖工作面附近进行安全检查，对检查出的问题及时处理。

（6）装药前应进行清孔，清除炮孔内的岩粉、积水。使用压缩空气吹孔器时，应避免炮孔内飞出的岩粉、岩块等杂物伤人。

（7）炮孔缩孔、坍塌或有裂缝时不得装药。

（8）反向装药首先装入起爆药卷，所有药卷的聚能穴朝向孔外。

（9）装药的炮孔应用炮泥堵塞，炮泥宜用炮泥机制作，不得采用炸药的包装材料等代替炮泥。炮泥宜采用黏土和沙混合制作，应干湿适度。光面爆破周边孔堵塞长度不宜小于30cm；其他深度小于1m的炮孔，堵塞长度不宜小于炮孔深度的1/2，深度1～2.5m的堵塞长度不宜小于0.5m，深度超过2.5m的堵塞长度不宜小于1m。

（10）起爆宜采用非电毫秒雷管导爆管或导爆索系统。

（11）连线起爆作业应符合下列要求：

①每次起爆前，爆破员应仔细检查起爆网路。

②在同一开挖断面上，光面爆破起爆顺序应由内向外逐层起爆。

③延迟时间宜采用孔内控制。

④起爆人员必须最后离开爆破地点，并在有掩护的安全地点起爆。

⑤爆破前必须清点人数，确认无误后，方可下达起爆命令。起爆人员接到起爆命令后，必须发出爆破警号，并等待5s后方可起爆。

⑥处理残炮必须在爆破员直接指导下进行，并应在当班处理完毕；当班未能处理完毕，必须向接班爆破员现场交接。

（12）实施爆破时，所有人员应撤至不受有害气体、振动及飞石伤害的安全地点。安全地点至爆破工作面的距离，应根据爆破方法与装药量计算确定，在独头坑道内不得小于200m。

（13）爆破效果应符合下列要求：

①硬岩无剥落，中硬岩基本无剥落，软弱围岩无大的剥落或坍塌，开挖轮廓符合设计要求，开挖面平整。

②隧道两次爆破形成的接茬错台，采用凿岩机钻孔时，不应大于15cm；采用凿岩台车钻孔不应大于25cm。

③爆破进尺达到钻爆设计要求，渣块块度满足装运要求。

④隧道爆破周边炮孔痕迹保存率，硬岩不应小于80%，中硬岩不应小于60%，并应在开挖轮廓面上均匀分布。

（14）提高光面爆破效果可采用下列技术措施：

①周边轮廓线和炮孔的放样宜采用隧道激光断面仪或其他类似的仪器，周边轮廓线的放样允许误差为±2cm。

②周边孔开孔位置应视围岩软硬调整，硬岩在轮廓线上；软岩可向内偏移5～10cm。

③减小周边孔外插角度，孔深小于3m时外插角的允许斜率宜为孔深的±5%；孔深大于3m时外插角斜率宜为孔深的±3%，外插角方向应与该点轮廓线的法线方向一致。

（15）钻孔施工：待测量放样完毕，开挖班组严格按照放样出的炮孔位置施钻。钻孔采用YT-28气腿式风钻湿式钻孔。钻孔时，周边孔外插角为1°～2°，掏槽孔与隧道中线交角、钻孔深度均按照爆破设计参数表中的参数施作，同时保证周边孔与辅助孔孔底应在同一垂直面上，掏槽孔孔底加深20cm，辅助炮孔平而直。为了确保钻孔位置精度，钻孔前先试钻10cm，用以控制钻向，并根据掌子面岩面的凹凸程度适当调整钻孔深度。

4.4 爆破振速控制

1）爆破参数选定

根据《爆破安全规程》（GB 6722—2014），延时爆破最大一段药量计算公式为：

$$Q_{max} = R^3 (V/K)^{3/\alpha} \tag{4-1}$$

式中：Q_{max}——炸药量齐发爆破为总药量，延时爆破为最大一段药量（kg）；

V——保护对象所在地的质点振动安全允许速度（cm/s）；

K、α——与爆破点至计算保护对象间地形、地质条件有关的系数和衰减指数，取值范围见表4-15；

R——爆破爆源与被保护物间的距离（cm）。

K、α取值与岩性的关系表 表4-15

岩性	K	α
坚硬岩石	50～150	1.3～1.5
中硬岩石	150～250	1.5～1.8
软岩石	250～350	1.8～2.0

通过分析岩性及围岩分级情况，最终选定K、α值见表4-16。

K、α取值选定表 表4-16

围岩级别	K	α
V级	250	1.8
IV级	200	1.7
III级	150	1.6
II级	100	1.5

2）控爆措施

（1）隧道爆破均使用2号岩石乳化炸药，掏槽孔和掘进孔采用ϕ32mm药卷，连续装药，采用塑料导爆管毫秒雷管孔内延时起爆网路。

（2）周边孔采用ϕ25mm药卷间隔装药，采用导爆索起爆，减小起爆时差。

（3）线间距50m范围以内爆破时应选用猛度10mm以下、爆度3000以下的炸药。

（4）减小爆破规模，限制单响药量及一次起爆药量；隧道爆破时可增加全断面的爆破次数，缩小循环进尺。

（5）针对不同的爆破规模和爆破断面，编制相应的起爆网路。

4.5 通风施工

4.5.1 施工方法

1）通风方案设计

根据隧道工程规模、施工组织安排进行施工通风方案设计：依据洞内作业人数、稀释炮烟浓度、稀释内燃机械尾气、最低允许风速等确定供风量；依据施工方案选择施工通风方式和风管直径大小；确定管道的通风阻力；选择适当的通风机型号。

2）通风机的安装

（1）根据选定的通风设备安装位置，平整场地，设置安装通风设备的基础和支架。为防止洞内排出的污风被二次吸入，通风机架设在距洞口30m外。

（2）风机支架应稳固结实，避免运行中振动，风机出口处设置加强型柔性管与风管连接，风机与柔性管结合处应多道绑扎，减少漏风。

（3）通风机前后5m范围内不得堆放杂物，通风机进气口应设置铁箅，并应装有保险装置。

（4）将通风设备平放在预制好的支架上，调平、调整方向后用螺栓固定。通风设备的安装应符合设计要求及使用说明要求。电器控制柜安设在干燥、无尘、通风良好且便于风机司机操作的地方，接通电源，分别启动两台电机，检查电机旋转方向是否与箭头指向一致。

3）风管安装

（1）风管必须有出厂合格证，使用前进行外观检查，保证无损坏，粘接缝牢固平顺，接头完好严密。通风管应优先采用高强、抗静电、阻燃的软质风管。

（2）风管挂设应做到平、直，无扭曲和褶皱。在正洞作业时，衬砌地段根据衬砌模板缝每5m标出螺栓位置，未衬砌地段，先由测量工在边墙上标出水平位置，然后用电钻打孔，安置膨胀螺栓。布8号镀锌铁丝，用紧线器张紧。风管吊挂在拉线下。为避免铁丝受冲击波振动、洞内潮湿空气腐蚀等原因造成断裂，每10m增设1个尼龙绳挂圈。

（3）通风管破损时，应及时修补或更换。当采用软风管时，靠近风机部分应采用加强型风管。通风管的节长尽量加大，以减少接头数量，接头应严密，每100m平均漏风率不宜大于1%。弯管平面轴线的弯曲半径不得小于通风管直径的3倍。

（4）风管挂好后，应从风机出风口处开始，重新调整一遍，使整条风管平直顺。

（5）试送风，将各台风机分别启动运转，检查电机、风机、风管有无异常，及时处理。

4）送风

风机司机应在接到通风工通知后方能送风。送风时，先启动1台电机，5min后再启动另一台。变级多速风机应由低速到高速逐台稳定启动，即低速启动稳定后才能启动中速，中速稳定后才能启动高速。

4.5.2 施工操作要求

（1）通风工对责任区内的通风系统须每班巡回检查一次，发现破损、爆裂、泄漏、拖挂、弯曲、褶皱、拉链脱开等要及时处理。

（2）定期测风压、风量、风速，并做好记录。

（3）经常检查和维修通风机具，检查通风设备的供风能力和动力消耗，检查风管有无损伤，若损伤要修补。同时，通风机每月加注一次黄油。

（4）对于破损严重风管的应急处理措施，先用扎丝将风管缝补好，等不需要通风时把风管换掉，再用塑焊枪进行修补。

（5）对于风管的修补，修补前先擦拭干净，干燥后用塑焊枪加热比洞大的补丁（风管布），待表层胶化开后，用滚轮在补丁上滚动，从而把破损的风管补好。大洞用扎丝缝补后再用塑焊枪补，小洞直接用塑焊枪补。

（6）为保证通风效果，须及时接长风管，调整风管出风口至开挖工作面的距离，控制在$L=(4\sim5)A$内（A为隧道断面积）。

（7）管理好进洞的运输道路和运输设备，防止划破风管。洞内不要停放闲置的汽车、梭矿和堆积杂物，以免影响风流。

（8）管理好进洞的污染源，必要时对内燃机械设备加空气净化装置。

（9）定期测试粉尘和有害气体浓度，并做好记录，发现超标及时反映。

（10）风机司机做好通风记录。

（11）在风机出风口20m处装U形测压计，用软管引至风机值班室，风机司机记录U形测压计显示的数值，发现数值急剧变化时，通知通风工对通风系统进行检查。

（12）模板台车、防水板台架、开挖喷浆台架设计制造时要给通风管路预留足够的净空，减少风管的损坏，保证通风管路的畅通。

4.6 检查要求

（1）隧道开挖断面的中心线和高程必须符合设计要求，岩石个别突出部位（每1m^{2}不

大于 $0.1m^2$）侵入衬砌必须小于 5cm，拱脚和墙角以上 1m 内断面严禁欠挖。

（2）每循环开挖不得大于 4m，仰拱开挖不得大于 12m。

（3）开挖间距严格按设计要求施工。

（4）测量放样允许误差。

（5）开挖轮廓线放样误差控制在±2cm 以内。开挖断面的中线和高程必须符合测量规范要求。

（6）钻孔允许误差，见表 4-17。

钻孔允许误差表 表 4-17

钻孔名称	位置	允许误差	备注
掏槽孔	孔口间距	±5cm	
	孔底间距	±5cm	
辅助孔	孔口间距	±10cm	眼孔平而直
周边孔	孔口间距	±5cm	
	孔底误差	不超过开挖轮廓线 10cm	
	外斜率	不大于孔深 3%～5%	

（7）装药及连线过程控制。

爆破人员在装药前，必须进行清孔。装药过程严格按要求进行，包括装药量、装药结构、雷管段别、网线布置、炮泥设置等。

（8）隧道超欠挖测定方法见表 4-18。

隧道超欠挖鉴定方法表 表 4-18

测定方法及采用的仪器	方法简述
利用激光束测定	用 3D 扫描仪通过三维影像图确定超欠挖的线性值
用全站仪测定	在要测的点位粘贴反光片，用全站仪测定各点的三维坐标，通过计算绘制开挖断面，与设计断面进行比较

（9）爆破效果评定。

①前后两次爆破形成的台阶错台不宜大于 10cm。

②开挖面平整，超欠挖符合要求，炮孔痕迹硬岩保存率大于 80%、中硬岩保存率大于 60%。

③每一循环进尺不得超过 4m。

（10）其他注意问题。

①施工中严格按照技术交底要求进行施工。

②洞内照明用电必须采用低压照明，动力线必须安装漏电保护器。

③作业面开挖后，应每循环及时进行初喷护，不允许拖延时间。

5 施工保证措施

5.1 组织保障措施

5.1.1 安全生产管理组织机构

项目经理部成立安全生产管理领导小组，以项目经理为组长，是安全生产管理的第一责任人，对隧道安全生产负有全面责任。安全生产总监、副经理和总工程师为副组长，项目部各职能部门和各施工作业队负责人为组员，负责工地安全生产现场管理，组织日常安全检查。安全生产管理组织机构如图 5-1 所示。

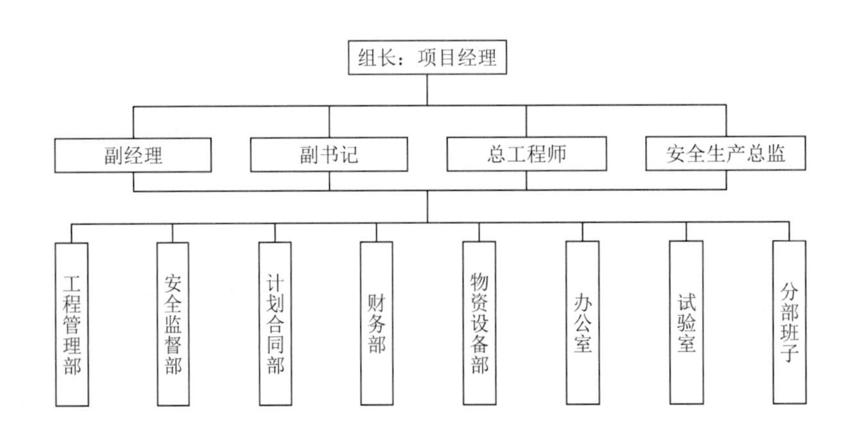

图 5-1　安全管理组织机构框图

5.1.2 安全管理人员配备

项目经理是安全生产管理的第一责任人，对隧道安全生产负有全面责任。项目安全生产总监负责日常施工安全管理工作，项目经理部设安全监督部并配备负责人和专业安全工程师，各施工作业队将按规定配备现场安全员，各施工班组设兼职安全员，做到本标段全员参与管理施工安全。

根据施工进度情况及分部分项工程的安全风险级别，配备安全管理人员。

5.1.3 安全生产管理岗位职责

本项目各安全管理岗位职责详见表 5-1。

安全管理职责表　　表 5-1

人员或部门	安全管理职责
项目经理	贯彻执行党和国家安全生产方针、政策、法律、法规等；研究确定本项目安全管理目标，制定本项目安全健康技术措施和劳动保护计划；研究决策安全生产重大事项。分析、部署、监督、检查本项目安全工作；听取安全检查工作汇报；对本项目相应等级的安全事故及其他相关事故，按照“四不放过”（事故原因不查清不放过、防范措施不落实不放过、职工群众未受到教育不放过、事故责任者未受到处理不放过）原则做出处理建议或决定。表彰、奖励在安全生产工作中有突出贡献的单位和个人；处罚在安全生产及相关方面有重大责任的单位和个人。就本工程安全生产情况与上级主管部门和当地政府部门进行联系
项目安全生产总监	对项目经理负责，协助项目经理负责本项目的施工安全管理工作；按施工组织设计具体负责组织安全生产；贯彻项目安全等管理方针、国家有关施工安全的法律法规和业主有关文件精神，协助领导和组织推动本标段安全管理工作；组织本项目重大事故的调查、分析和处理，并负责统计、上报等。主抓施工安全，负责制定安全生产计划，组织定期的安全检查，对各作业队的安全进行评比考核，组织各作业队进行安全学习
安全监督部	协助项目经理和项目安全生产总监认真贯彻落实安全生产法律、法规和上级有关指示、规定，会同有关部门建立健全本项目安全生产规章制度。深入现场检查规章制度落实情况，督促作业人员认真执行安全操作规程，及时制止违章指挥和违章作业。责令排除检查中发现的事故隐患；重大事故隐患排除前或排除过程中无法保证安全的，应当责令从危险区域内撤出作业人员，立即停工整改。及时向作业人员如实告知作业场所和工作岗位存在的危险因素、防范措施和事故应急措施，并检查措施的执行和落实情况。协助组织本项目定期与不定期安全检查工作，发现问题督促整改。参与抢险、抢救计划及预案的制定及实施。参加有关生产会议，对施工现场操作、设施、机具等存在的隐患提出整改意见，并督促整改落实。贯彻执行本项目安全技术措施，对关键部位、关键工序等安全控制重点，随时了解动态，发现问题及时督促解决。及时分析和总结本项目安全生产状况，并提出下一步防范重点。如实向安全生产负责人及上级主管部门报告工作、信息。督促现场提供符合国家标准和行业标准的个人劳动防护用品，监督检查个人防护、防寒用品及保健食品的发放、使用。参加伤亡事故的调查处理，负责有关统计报告工作。提出安全生产奖罚意见，并监督兑现实施。落实“安全标准工地”创建工作，负责组织申报，总结活动经验，配合现场验收。全面做好工程质量检查、监督工作，保证施工质量安全

5.1.4 安全生产保证体系

（1）建立以项目经理为组长的安全生产管理领导小组，与业主单位签订安全生产协议书，坚持“安全第一、预防为主、综合治理”“管生产必须管安全”的原则，明确承担安全施工的责任和义务。重要的安全设施必须坚持与主体工程“三同时”原则，即同时设计、审批，同时施工，同时验收、投入使用。

（2）项目经理部、分部和各施工作业队分级负责，以加强施工作业现场控制和职工的安全生产教育为重点，开展创建安全标准工地活动，确保单元工程的施工安全。

（3）本项目安全生产管理体系如图 5-2 所示。

图 5-2　安全保证体系框图

5.2　技术措施

5.2.1　安全保证措施

1）风动凿岩机安全措施

（1）风动凿岩机必须保持技术状况良好、安全、灵活、可靠。操作人员须按操作规程作业，作业前应检查压气胶管接头、机械连接螺母等是否安全牢固。

（2）凿岩前必须进行“四检查”和“四清除”，即检查和清除炮烟和残炮；检查和清除盲炮（由爆破员处理）；检查和清除顶、帮、掌子面浮石；检查和清除支护的不安全因素。

（3）凿岩时应做到“四严禁”，即严禁打残孔、严禁打干孔、严禁戴手套扶钎杆、严禁站在凿岩机钎杆下。

（4）退出凿岩机或更换钎杆时，应减速慢退，注意钎杆位置避免脱落伤人。

（5）凿岩台架应安装牢固，周边应与洞帮相顶实，前部与掌子面距离应小于 50cm。

（6）作业完毕后，应将一切设备和工具移至安全地点。

2）爆破安全保证措施

本工程爆破设计采用非电毫秒导爆管分段簇联电雷管引爆系统，爆破作业由持有爆破证的爆破员操作，爆破作业规定如下：

（1）不准在同一工作面使用不同批号、不同厂家的雷管及燃速不同的导火索，爆破器材必须符合国家标准，并经过严格检验，不合格者不得使用。

（2）有下列情形之一者，禁止进行爆破工作：

①有冒顶或边坡滑落危险。

②通道不安全或通道堵塞。

③工作面有涌水危险或炮孔温度异常。

④危及设备安全却无有效防护措施。

⑤工作面无良好照明，未做好准备工作。

（3）爆破前必须发出音响和视觉信号，待所有人员及设备撤至安全区域方能点炮。

（4）爆破完成后，通风必须不小于30min，爆破作业人员方可进入爆破作业点。

（5）爆破完成后进入工作面时要首先检查顶、帮及支护是否安全，有无盲炮等情况，如有不安全情况，应及时处理后方可继续工作。

（6）加工起爆药包和爆药卷应在安全地点进行，无关人员一律不得在场，加工数量不应超过当班爆破作业需用量。

（7）加工药包、装药联线现场严禁烟火。

（8）装药前应对炮眼进行清理和验收，装药时严禁使用铁质工具，装药完毕要用炮泥堵塞，操作要温和，不可用力过猛。

（9）发现盲炮或怀疑有盲炮，应立即处理。处理盲炮应由当班爆破员进行，无关人员不准在场。当班来不及处理时应详细交班。盲炮处理好之前，禁止在工作面进行其他作业。

（10）禁止用铁制掏勺掏出炮泥，掏炮泥时不得用力拉动起爆药包引线，严禁从炮孔中强力拔出雷管。

3）通风防尘安全措施

（1）粉尘浓度、有害有毒气体含量在30min内降低到允许范围内，见表5-2。

各主要有害气体安全浓度表　　表5-2

气体	CO（mg/m^3）	H_2S（mg/m^3）	NO_2（mg/m^3）	粉尘（mg/m^3）
体积比	<0.0016	<0.0066	<0.00025	SiO_2 > 10%时小于2

（2）坚持以风、水为主的综合防尘措施，做到湿式凿岩标准化，通风排尘、喷雾洒水制度化，个人防护经常化。

（3）凿岩用水尽量保持清洁，禁止使用污水，要求固体悬浮物不大于150mg/L，pH值为 6.5～8.5。给水量（质量）应达到排粉量的 10～20 倍，一般不小于 5～8kg/min。

（4）喷雾水要常开，隧洞内有人，喷雾不停。

（5）装药前，应向工作面 10～15m 内的顶、帮和岩渣上洒水，岩渣要分层洒水，洒湿洒透。

（6）通风设备选型：

①隧道主通风机设于隧道洞口 25m 处，金山隧道通风采用 SDF 系列通风机。

②通风风管采用软式通风管，正洞采用钢筋箍将风管固定于隧洞侧边墙上方，确保风管下方的洞内作业机械通行空间。

4）装岩运输安全措施

（1）出渣前应敲帮问顶，做到“三检查”（检查隧洞与工作面顶、帮；检查有无残炮、盲炮；检查爆破堆中有无残留的炸药和雷管）。

（2）作业前应对作业点进行通风、喷洒，洗壁后方准作业。

（3）作业地点、运输途中均应有良好的照明。

5）高处作业安全措施

（1）高处作业中的安全标志和各种用于高处作业的设施，使用前应检查。

（2）高处作业中所用的物料，应堆放平稳，不得妨碍通道。高处拆下的物件、余料和废料，不得向下抛掷。

（3）高处作业必须系安全带，安全带应挂在牢固的物件上，严禁在一个物件上拴挂几根安全带或一根安全绳上拴几个人；临边作业应设置防护围栏和安全网；悬空作业应有可靠的安全防护设施。

6）爆破技术方法及技术措施

（1）采用多排微差爆破技术。增大开挖量，使岩石松动，控制爆破地震和飞石。

（2）做好炮孔堵塞，使被爆岩体、药包分布均匀，改善爆破强度。

（3）应用空隙装药爆破技术。降低爆破初始压力对岩体的粉碎作用，提高爆破有效利用率，降低炸药单耗，改善爆破质量。

（4）应用微差爆破技术。降低爆破地震波，减少炸药单耗，改善爆破效果。

（5）采用复式爆破网路。确保爆破网路可靠，达到预期爆破效果。

（6）严格控制微差爆破中最大一段的齐爆药量，降低爆破地震波的危害。

（7）根据被爆岩性的变化，应随时进行试爆，摸索最佳炸药单耗和最佳装药结构，提高和改善爆破效果。

7）防积水措施

（1）对有积水的炮孔先进行风管吹水，以减少孔内水量。

（2）洞内积水处理措施：采用机械排水，设置多级泵站接力排水，工作面积水采用移动式潜水泵抽至就近泵站或临时积水坑内，其余已施工地段隧道渗（涌）水经隧道内侧沟自然汇积到泵站水池内或临时集水坑内，由固定排水泵站将积水经排水管路抽排至上一级排水泵站水池内，如此由固定式排水泵站接力将洞内积水抽排至洞外，经污水处理池处理后排放。

8）爆破振动防护措施

为了确保爆区周围人和施工设备的安全，必须将爆破地震的危害严格控制在允许范围内，根据影响爆破地震的因素，采用控制爆破质点振动速度的方法主要有以下几个方面：

（1）对土石方爆破采用适当的爆破类型，爆破地震的强度随爆破作用指数的增大而减小，先行施工段爆破可以横向小台阶炮孔控制爆破为主，边坡采用光面爆破和多层防护的综合爆破施工方案，有效减少爆破振动。

（2）限制一次爆破时的最大用药量是控制爆破振动的关键，由于爆破振速与爆速成正比，因此施工时根据爆破允许振动速度，合理控制最大一响用药量能有效减小爆破振动。

（3）爆破选用低威力、低爆速的炸药，可以有效减小爆破振动；实践证明炸药的波阻抗不同，爆破振动强度也不同，爆速越大，爆破振动强度也越大，且炸药的波阻抗越接近岩石，其振动强度也越大，若能设法将岩石炸药的爆速降低，这时地震效应也会大幅降低。

（4）选用适当的单位炸药消耗量，过大时会使爆破振动与空气冲击波都增大，并引起岩块过度移动或抛掷，过小时也会由于延迟和减小从自由面反射回来的拉伸波效应，从而增大爆破振动，结合爆破区的地质条件，在实际过程中根据爆破效果，不断优化调整，达到最佳效果。

（5）调整爆破工程传爆方向，以改变与被保护物的方位关系，实践证明抛掷爆破时，最小抵抗线方向的振动最小，反方向最大，两侧居中；而采用排成一排的群药包爆破时，在药包中心的连线方向比垂直于连线方向的振速可降低25%～45%。因此充分利用爆破振动的这些特点，通过改变爆源与被保护物的相对方位，可适当控制被保护物处的振动大小。

9）控制不产生飞石措施

（1）特别在露天进行爆破时，个别岩块可能飞散得很远，常常造成人员、牲畜的伤亡和建筑物的损坏。个别飞石的飞散距离，与爆破方法、爆破参数特别是最小抵抗线的大小、填塞长度、堵塞质量、地形、地质构造（如节理裂缝和软夹层等）以及气象条件等有关。

（2）在爆炸气压的作用下，破裂的介质获得加速度而从表面升起，在鼓包开启过程中爆炸气体推动介质向外运输，最后爆炸气体通过裂隙泄出，使夹杂在其中的碎块被加速抛射，获得一定初速的介质碎块在重力和流体动力的作用下，形成抛射运动，其速度一般在100m/s以上，爆破飞散物的高度和距离应通过计算确定。但为了确保现场施工人员、设备及附近建筑物的安全，还应做好飞石防护措施：

①严格控制药量，在影响爆破飞石诸多因素中，装药量是主要因素之一。除正确确定

最小抵抗线外，爆破作用指数函数$f(n)$的选择是控制飞石产生的关键。

②合理布置药包，根据爆破要求、被爆体的性质、岩石的结构和层理性质，综合考虑确定药包布置。

③爆破时邻近有需要保护的高压电力线路，如果爆破面积较小，可以对爆破区进行覆盖，以达到控制飞石的目的；如果爆破面积较大，可以对需要保护的高压线塔采用搭设双排脚手架、悬挂竹胶板的方式进行近体防护。

10）其他安全措施

（1）石方开挖爆破，必须按国家《爆破安全规程》《浙江省民用爆破物品管理实施细则》执行，设立爆破安全小组，负责爆破作业安全工作。

（2）爆破作业必须统一指挥，统一布置。

（3）火工品由专人现场保管，专人负责领取，当天没有用完的火工品必须登记入库。

（4）进入施工现场的人员必须戴安全帽。

（5）在坡度较陡或危险工作面进行钻孔装药或危岩处理等作业时，必须采取相应的安全措施，以保证工作人员的安全。

（6）爆破作业不准在夜间、暴雨天、大雾天进行，同一爆区爆破作业不准边钻孔、边装药联网作业。

（7）爆破时，在爆破安全区外设置警戒人员。

（8）爆破前应由爆破专职技术人员对引爆器材进行检查，不合格材料不得使用。

（9）起爆后经专职人员对爆破现场检查，确认无盲炮现象后方可解除警戒。

5.2.2 质量技术保证措施

1）组织保证措施

（1）建立健全“横向到边，纵向到底，控制有效”的质量保证体系。项目经理部设安质部，配齐专职质量负责人、试验工程师、测量工程师，施工作业队设专职质检员，施工作业班组设兼职质检员。施工中严格实行“三检制”，并通过“智管云”软件平台控制关键工序，形成上级单位主管领导、分管领导，项目经理部、安质部、施工作业队、施工班组、施工作业人员等一整套的质量自检流程。

（2）建立以项目总工程师为首的技术责任制，健全技术管理体系，实行项目部、施工作业队及施工作业班组三级技术质量管理机制。

2）管理保证措施

（1）建立健全质量管理制度。

（2）签订工程质量承包责任状。

（3）质量责任追究制度。

（4）建立首件工程认可制。

（5）坚持质量否决制度。

3）技术保证措施

（1）坚持图纸会审制度。

（2）坚持技术交底制度。

（3）坚持资料管理制度。

5.2.3 文明施工、环境保护措施

1）建立环保工作制度

（1）在工程开工前编制切实可行的环境保护方案及环保管理规定，明确管理人员职责，并依照管理规定定期进行检查、整改。发现有不符合环保管理规定的现象，应立即制止纠正。

（2）在项目开工前，就施工过程中建筑材料、施工工艺、施工环境、施工人员生活等各个方面，对环境的影响进行评估，并应采取降低影响的对策，提出建设性方案，指导今后整个工程建设，并在实施过程中不断改进，提高环保水平。

（3）在项目实施过程中，实行“环保一票否决制”，在施工方案会签、施工材料选择、施工合同签订、施工工艺制定等所有项目建设的环节中，增加环保审查程序，凡对环保有不利影响或有隐患的，坚决予以拒绝，不得使用或采纳。

2）土壤污染控制措施

回收废弃电池、墨盒；少用塑料袋、一次性发泡塑料饭盒；不滥用使土壤板结的化学用品；不随意取土破坏原有的植被，合理植树种草，护路护坡，美化施工现场的生存空间；道路硬化前，在土壤面层设置隔离层，防止混凝土侵蚀污染土壤。

3）绿色环保措施

（1）推广采用“绿色材料”。

（2）推行临时“绿色设计”。

（3）推行场区绿化设计。

5.2.4 季节施工保证措施

本项目所在地温州受台风和热带气旋影响较为频繁，为安全度过雷暴、台风季节，避免对人员和设备造成伤害，确保施工顺利进行，特制定以下措施。

1）台风期施工安全安排

由生产调度室负责与气象部门密切联系、登陆网站查看实时台风信息，通知施工现场提前做好台风到来前的防范措施。制定项目部防台防汛工作分工表，台风到来前按照各自分工做好各项防范措施。按照政府和业主要求做好台风期间人员值班和人员转移工作。

2）防雷暴措施

（1）设置避雷设施，加强预报，在雷击发生时及时撤离。

（2）注意重要设备和机具的保护工作。

（3）检查生活区、生产区内的排水系统及排水设施，确保排水畅通。

3）雨季施工安排

本工程跨越雨季且正常施工，施工期间要加强各生产、生活设施的防洪措施。按照当年有关防洪的通知文件编制雨季施工方案和措施，经建设、监理单位审查后，按雨季施工方案施工，因此要做好雨季施工的各项施工措施，以确保施工顺利进行。

5.3 监测监控措施

5.3.1 监测组织机构

（1）对隧道明、暗挖施工全过程实施跟踪监控量测，并将其作为一项重要工序纳入施工组织，随时掌握施工中支撑结构受力、地表沉降变形情况，并反馈给专业的监控量测信息系统平台、施工作业班组、监理部门，及时调整支护参数和施工步骤，改进施工措施，确保邻近建筑物及地面沉降值、支护变形值等均在设计和规范的允许范围内，控制并降低工程施工对周围环境的影响。

（2）隧道现场监控量测成立专门量测小组，由测量队长负责具体实施。架子队另派 2 名专人现场配合，确保量测时现场无遮挡物，量测组负责测点的埋设、日常量测、数据处理和仪器保养维修，数据处理后发现异常马上向工程部长和总工汇报，监控量测组织机构如图 5-3 所示。

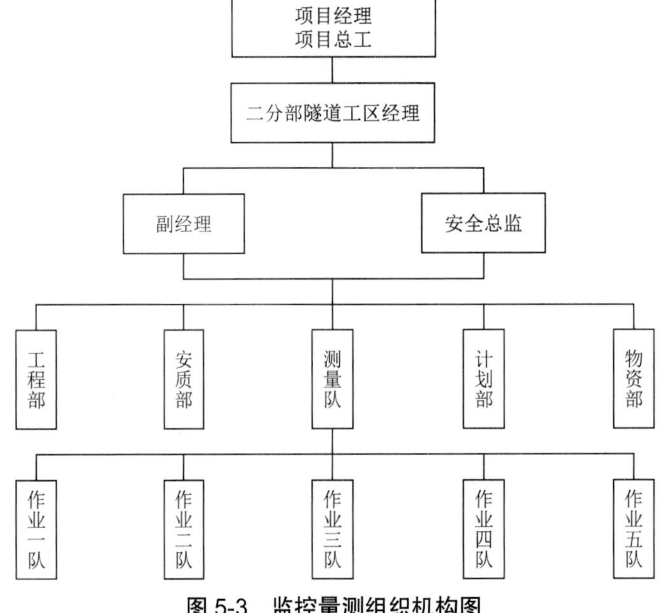

图 5-3 监控量测组织机构图

5.3.2 监测项目

本隧道监控量测结合隧道施工图、设计说明、隧道地质和现场实际情况及相关要求，选择量测项目为现场洞内、外观察，水平相对净空变化值测量及拱顶下沉量测、浅埋段地表下沉测量，地下水发育地段根据现场实际情况进行地表观测，监控量测必测项目见表 5-3。

监控量测必测项目表 表 5-3

序号	监测项目	常用量测仪器	备注
1	洞内、外观察	现场观察、数码相机	
2	净空变化	收敛计、全站仪	
3	拱顶下沉	全站仪	
4	水平收敛	全站仪	
5	地表沉降	水准仪、铟钢尺或全站仪	隧道浅埋段
6	拱脚下沉	水准仪或全站仪	不良地质和特殊岩土隧道浅埋段
7	拱脚位移	水准仪或全站仪	不良地质和特殊岩土隧道浅埋段

5.3.3 监控量测断面及测点布设原则

1）监控量测断面布设原则

（1）地表沉降断面

地表沉降监测断面间距见表 5-4。

地表沉降监测断面间距表 表 5-4

隧道埋深与开挖宽度	断面间距（m）
$2B < H_0 \leqslant 2(H+B)$	15～30
$B < H_0 \leqslant 2B$	10～15
$H_0 \leqslant B$	5～10

注：1. H_0为隧道埋深，H为隧道开挖高度，B为隧道开挖宽度。
2. 地表沉降测点应在隧道开挖前布设。
3. 地表沉降测点和隧道洞内监测断面布置在同一断面里程。

（2）拱顶下沉和水平收敛断面

拱顶下沉和水平收敛断面间距见表 5-5。

拱顶下沉和水平收敛监测断面间距表 表 5-5

围岩级别	断面间距（m）
V	5
IV	10
III	30
II	50

注：不良地质和特殊岩土地段应取小值。

2）测点布设原则

（1）拱顶下沉和水平收敛测点

①测点布设应按施工方法区分，全断面、两台阶、三台阶如图 5-4 所示进行布置，其他特殊地段施工方法的测点布设根据现场实际情况进行布置。

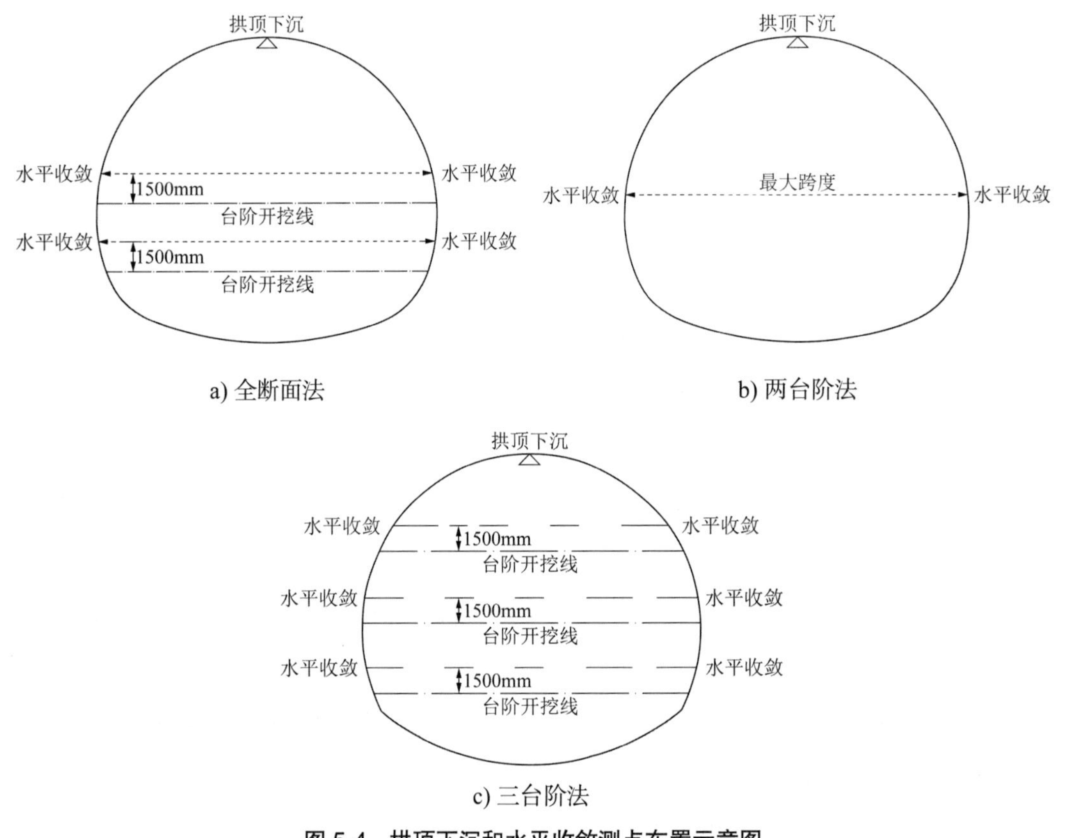

a) 全断面法

b) 两台阶法

c) 三台阶法

图 5-4 拱顶下沉和水平收敛测点布置示意图

②拱顶下沉和水平收敛测点应布置在同一断面上。

③洞内拱顶下沉及净空变化监控量测观测标应在隧道开挖后 12h 内布设完成，埋设于隧道岩壁，采用预埋件固定于岩石上，预埋件埋入岩层深度不小于 20cm，并锚固牢固。

④初喷前将钢筋外露部分用 PVC 管保护或用其他材料包裹，避免与初期支护接触，初期支护完成后在外露钢筋上做测量标示（焊角钢贴反光片）。外露钢筋尽量刚刚露出处置平面 2～3cm，够做测量标示即可，过长容易受爆破冲击而破坏。

⑤施工队埋点过程中由监控量测员监督测点埋设，完成后由工区监控量测班长自检验收，无误后报监理部测量监理工程师验收。

⑥初始读数应在测点埋设 2h 内读取，由工区监控量测班长报监理部测量工程师测量初始值，并与其共同读取监控量测初始值数据，做好记录。

⑦拱顶下沉测点应埋设在拱顶轴线附近，浅埋偏压段找拱顶下沉测点应适当加密，并设置斜基线，数值采用绝对高程，周期性复核后视点，保证其数据可靠性。

（2）地表沉降观测点

①测点应在隧道开挖前布设，埋设里程与洞内监测点里程相对应，横向间距为 2～5m，每个断面布设 9～11 个监测点。埋设完成后报监理部测量工程师验收并采取初始值。按图 5-5 所示进行布置，在隧道中线附近测点应适当加密。

②金山隧道浅埋段里程为：DK283 + 969.78～DK284 + 020、DK288 + 290～DK288 + 372，长度分别为 50.22m、82m，地表沉降横向测点布置如图 5-5 所示。

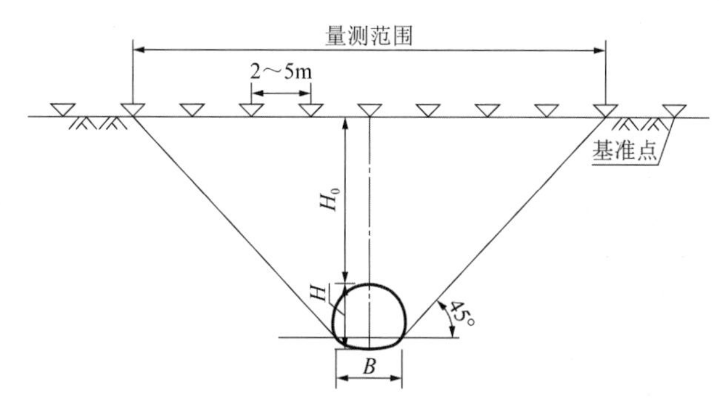

图 5-5　地表沉降横向测点布置示意图

注：隧道中线、左右线路中线各埋设一个测点；其他测点间距为 5m。

③隧道中线两侧监测范围不应小于$H_0 + B$。当对地表沉降有特殊要求时，监测间距应适当加密，范围应适当加宽。

④基准点应设置在隧道施工影响范围外的稳定处，并设置复核性测点，保证其数据可靠性。

⑤地表沉降点及基准点埋设完成后，由工区监控量测班长报监理部测量工程师验收，读取地表沉降点初始读数并报监理部测量工程师。

3）监控项目测点布设及标牌标识

（1）地表沉降点布设顺序：观测点开挖深度影像资料—浇筑混凝土—埋设观测标—混凝土密实、抹平—悬挂标识牌。

（2）地表沉降观测点埋设过程需监理旁站见证，报测量监理工程师检验合格后方可施工。

①观测标的制作：用于监测地表下沉的观测标采用ϕ20mm、长度 45cm 的钢筋，一端打入地下，另一端露出原地面 10cm，保证测量视线通视良好，周围混凝土填实，如图 5-6

所示。

②观测点的布置：隧道地表沉降测点应在隧道开挖前布设，地表沉降测点和隧道内测点应布置在同一断面里程，一般条件下，地表沉降测点纵向间距应按要求进行布置。

③观测标横向间距为 2～5m，与线路方向成 90°布置。隧道中线附近的测点应适当加密，隧道中线量测范围不应小于$H_0 + B$，地表有建筑物时，量测范围适当加宽。

（3）洞内监控量测点布设情况

①拱顶下沉测点和净空变化测点应布置在同一断面上。拱顶下沉测点原则上设置在拱顶隧道中线附近。

②测点编号：按照监控量测信息化系统要求标准统一编号。

③量测点预埋件由本项目钢结构加工厂统一标准制作：入岩端头用ϕ20mm 螺纹钢，长度 65cm，外露端焊接 6cm × 6cm 钢板，钢板厚度为 3～5mm，钢板与螺纹钢筋焊接牢固，表面打磨光滑，无污垢。量测点加工完成后先自行检查，检查无误后报监理部监理工程师验收。

④预埋件打入岩层长度不得少于 20cm，外露钢筋紧贴喷射混凝土面粘贴反射片，纵向每个层面的点位尽量保持在一个条线上，确保布点牢固无松动，如图 5-7 所示。地表沉降（DB）、拱顶、拱脚下沉（GD）和净空收敛（SL）读取初始读数和测量监理同时段完成。

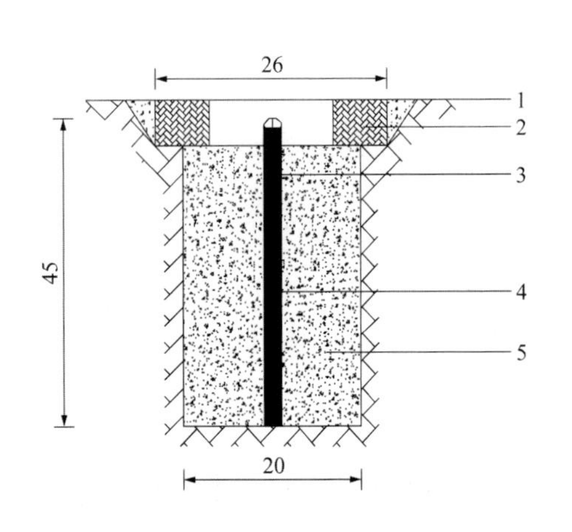

图 5-6　地表沉降点观测标埋设图
（尺寸单位：cm）

1-原地面；2-保护井；3-钢筋观测标；4-加长钢筋；5-混凝土

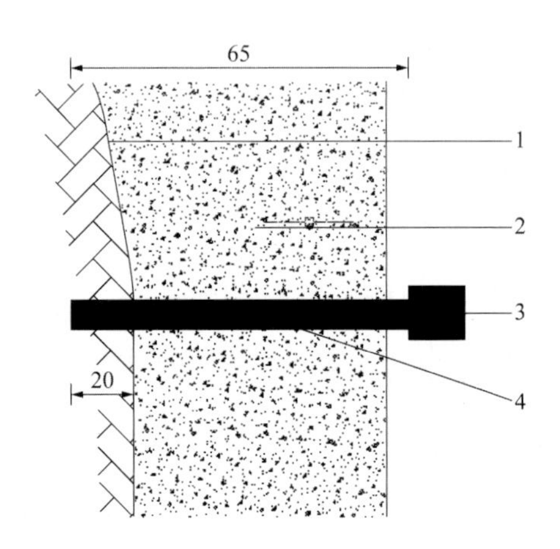

图 5-7　隧道围岩量测点埋设图
（尺寸单位：cm）

1-隧道原岩；2-喷射混凝土；3-观测标；4-ϕ20mm 螺纹钢

⑤拱顶下沉、收敛量测初读数必须在每次初期支护完成后 2h 内取得，现场采集数据及时上传到信息化平台。

（4）洞内监控量测标牌及测点标识

①洞内围岩监控量测牌做到统一、规范，若有损坏或污染及时更换。围岩监控量测牌宽度 50cm、高度 40cm，具体内容见表 5-6。

隧道围岩标示牌 表 5-6

工 程 名 称		全 长	
断 面 里 程		围 岩 级 别	
开挖完成日期		布点埋设日期	
监控量测项目及测点编号	初始读数	当日变形量	累计变形量
地表沉降 DB（或隆起）			
拱顶下沉 GD01			
水平测线收敛（上）SL01-SL02			
水平测线收敛（中）SL03-SL04			
水平测线收敛（下）SL05-SL06			
监测情况	正常□	黄色□	红色□
项目技术负责人		测 量 人	
施工监测单位			
监理单位			

②对每个量测断面的测点进行编号，拱顶为 GD01，每台阶设置一条水平测线，一台阶水平收敛为 SL01、SL02，二台阶水平收敛为 SL03、SL04，三台阶水平收敛为 SL05、SL06。测点处用红漆画圈标识；测点旁边用红漆喷涂点号，如拱顶为“GD00”，字体采用标准宋体，喷涂时采用固定模板，具体尺寸根据实际确定。

4）监控量测点、地表点布设及交底分级进行

（1）监控量测点和地表点布点、验收及保护

①监控量测点及地表点布设，由工区监控量测班长根据隧道围岩情况下监控量测布点交底至隧道施工队，隧道施工队根据监控量测布点交底负责监控量测点的布设工作，监控量测点由隧道施工队埋设，监测员监督布点，入岩 20cm 以上。

②监控量测点及地表点布点验收。监控量测点布设后，由隧道施工队通知工区监控量测班长自检，确认无误后再报监理部监理工程师验收。检查验收通过后，方可进行监控量测数据采集。

③监控量测点及地表点的保护。监控量测点及地表点由隧道施工队负责保护及日常清洁，工区监控量测班长督促现场施工人员严格保护监控量测点及日常清洁。施工过程导致监控量测点及地表点被破坏的，应立即通知工区监控量测班长、工区技术主管及现场监理，由隧道施工队在原量测点上重新布设测量点，并由工区监控量测班长及时采集新量测点的数据，并将监测数据报现场监理。

（2）监控量测交底实行三级交底制度

①项目总工程师对工程技术部交底；工程技术部对测量队队长交底；测量队队长对工

区监控量测人员交底。

②工程施工前必须进行量测交底，交底记录作为施工管理的原始技术资料应妥善归档。量测交底应包含杭温铁路项目4标隧道施工监控量测管理办法的要求、设计图、设计文件规定的量测标准、施工量测规范和质量要求、量测方法和量测点使用材质要求等。

（3）量测交底方式

①量测交底应按不同层次、不同要求和不同方式，应使所有参与量测的人员掌握所从事工作的内容、操作方法和量测要求。

②量测交底必须要有交底记录。参加监控量测交底人员（交底人和被交底人）必须签字。未参加施工量测交底人员必须补充交底。工程总体交底记录由项目工程部保存，现场技术交底由现场主管工程师保存，施工结束后再报送项目工程部存档。

（4）其他施工注意事项

①明确交底人和被交底人的责任，若发生工程事故属于未交底或交底不清的，应主查交底人的责任，若未按交底要求施工应主查被交底人的责任。

②交底是一项严肃认真、必不可少的工作，要求各项目都按程序、按要求落实实施。在开工前工程管理部要主动向测量队交底；程序不能简化，更不能搞形式、走过场，未交底的工程项目一律不允许开工。

5）监控频率和周期

（1）量测频率和周期总体要求

①必测项目监控量测频率应根据测点到开挖面的距离及位移速度按下表确定。由测点到开挖面距离决定的监控量测频率和按位移速度决定的监控量测频率之中，原则上采用较高的频率值。出现异常情况或不良地质时，应增大监控量测频率。

②各项量测作业均应持续到变形基本稳定后的 2～3 周，或二次衬砌紧跟后无法观测即结束量测。对于膨胀性和挤压性围岩，位移长期没有减缓趋势时，经各方研究后适当延长量测时间。

（2）量测项目监控频率和周期具体实施

①洞内观察。

a. 洞内开挖面观察：开挖工作面观察应在每次开挖后进行，必要时加大观察频率。及时绘制开挖工作面地质素描图、填写开挖工作面地质状况记录表，并与勘查资料对比，此项工作由地质预报单位或专业地质工程师进行整理。

b. 洞内已施工地段观察：喷射混凝土、钢拱架或格栅钢架变形等工作状态。主要内容为初期支护完成后对喷层表面的观察以及裂缝状况的描述和记录，要特别注意喷层混凝土是否开裂和剥落，钢拱架或格栅钢架有无扭曲变形、整体下沉等现象，拱架或围岩有无异响。

②洞外观察重点应在洞口段和洞身浅埋段，记录地表开裂、地表变形、边坡及仰坡稳

定状态、地表水渗漏情况等，同时还应对地面建（构）筑物进行观察。

（3）拱顶下沉和水平收敛监测

①一般为 1 次/d。

②台阶法施工，下部开挖过程中，频率为 2 次/d。

③出现异常情况时，根据现场管理要求，加大监测频率。

④当变形趋于稳定时，监测频率见表 5-7。

变形趋于稳定时的监测频率表 表 5-7

支护状态	平均变形速率（mm/d）	持续时间（d）	监控频率
初期支护全环封闭	<2	>3	1 次/3d
初期支护全环封闭	<1	>7	1 次/7d
初期支护全环封闭	<1	>15	1 次/15d

⑤在初期支护稳定后，可停止该断面的监测。初期支护稳定须同时满足以下条件：

各测试项目的位移速率明显收敛，围岩基本稳定。

已产生的各项位移已达预计总位移量的 90%。

周边位移速率小于 0.2mm/d。

⑥初期支护段定期检测

为确保正洞施工安全，在初期支护全环封闭后超过两个月未二次衬砌的施工地段，应对该段内的量测点每个月检测 1 次，若测得量测数据有变化，现场确认初期支护有变形应及时进行二次衬砌施工。

（4）地表沉降监测

①一般为 1 次/d。

②出现异常情况时，应加大监测频率。

③地表下沉量测必须在隧道开挖之前进行，量测断面应与隧道内的量测处于同一横断面，观测点布置执行技术规程要求，监控范围应延伸布置在隧道开挖影响范围以外。

④浅埋隧道地表沉降测点应在隧道开挖前布设，地表沉降测点和隧道内测点应布置在同一断面里程，地表下沉量测频率应与洞内量测频率相同。

⑤当二次衬砌施工通过监测断面H_0+B距离后（H_0为该断面隧道埋深，B为该断面隧道开挖宽度），且地表沉降变形时态曲线已经收敛，可停止该断面监测。

6）监控量测控制基准

（1）监控量测控制基准内容

监控量测控制基准包括隧道内位移、地表沉降、爆破振动、边坡位移等，应根据地质条件、隧道施工安全性、隧道结构的长期稳定性，以及周围建（构）筑物特点和重要性等因素制定，隧道初期支护极限相对位移见表 5-8。

跨度7m < B ≤ 12m隧道初期支护极限相对位移表 表 5-8

围岩级别	隧道埋深（m）		
	$h \leqslant 50$	$50 < h \leqslant 300$	$300 < h \leqslant 500$
拱脚水平相对净空变化（%）			
II		0.01～0.03	0.01～0.08
III	0.03～0.01	0.08～0.4	0.3～0.6
拱脚水平相对净空变化（%）			
IV	0.1～0.3	0.2～0.8	0.7～1.2
V	0.2～0.5	0.4～2.0	1.8～3.0
拱顶相对下沉（%）			
II		0.03～0.06	0.05～0.12
III	0.03～0.06	0.04～0.15	0.12～0.3
IV	0.06～0.1	0.08～0.4	0.3～0.8
V	0.08～0.16	0.14～1.1	0.8～1.4

注：1. 本表适用于复合式衬砌的初期支护，硬质围岩隧道取表中较小值，软质围岩隧道取表中较大值。表列数值可以在施工中通过实测资料积累做适当的修正。

2. 拱脚水平相对净空变化指拱脚测点间净空水平变化值与其距离之比，拱顶相对下沉指拱顶下沉值减去隧道下沉值后与原拱顶至隧底高度之比。

3. 初期支护墙腰水平相对净空变化极限值可按拱脚水平相对净空变化极限值乘以 1.1～1.2 后采用。

（2）位移控制基准管理分级

位移控制基准应根据测点到开挖面的距离，由初期支护极限相对位移按要求确定，见表 5-9。

位移控制基准表 表 5-9

类别	距开挖面1B（U_1B）	距开挖面2B（U_2B）	距开挖面较远
允许值	$65\%U_0$	$90\%U_0$	$100\%U_0$

注：B为隧道开挖宽度，U_0为极限相对位移值。

根据位移控制基准，可按三个管理等级管理，见表 5-10。

位移管理等级表 表 5-10

管理等级	距开挖面1B	距开挖面2B
III	$U < 1/3U_1B$	$U < 1/3U_2B$
II	$1/3U_1B \leqslant U \leqslant 2/3U_1B$	$1/3U_2B \leqslant U \leqslant 2/3U_2B$
I	$U > 2/3U_1B$	$U > 2/3U_2B$

注：U为实测位移值。

6 施工管理及作业人员配备和分工

6.1 施工管理人员

施工管理人员配备及职责见表6-1。

施工管理人员表　　表6-1

序号	岗位	人数	主要职责
1	项目经理	1	（1）定期组织安全、质量大检查，主持制定和改进方案和各项施工保证措施； （2）组织检查支部工作计划执行情况，解决出现的问题
2	技术负责人	1	（1）全面负责项目工程的施工技术管理工作，主持编制本项目工程的实施性施工组织设计和重大技术方案、技术难题的审定和解决，并督促实施。 （2）督促检查采购物资、设备的控制，加强施工全过程的工序控制，主持对不合格品的评审和处置。组织推广和应用“五新”技术，编写有关成果报告，组织竣工文件的编制及验收交接工作。负责项目的质量检查工作，严格按设计、技术、工艺要求和标准，组织检验及状态控制，并对其工作质量负责。 （3）组织进行质量教育和质量检查控制，督促搞好工序质量管理
3	施工员	2	主管岗前培训、技术交底，进行临时工程设计、编制施工组织设计、制定施工技术方案、工艺细则及应急方案等。保证各项技术工作规范、科学、正确、有序开展，为每道工序生产合格产品提供可靠的技术保证，参与工程质量的评定与验收，对各种工程技术问题的准确性、完整性负责
4	质量员	2	负责工程的质量管理工作，主管质量检查计划的编制并检查落实，监督施工方案、施工工艺及操作规程的执行情况，制定质量通病防治措施，组织质量教育和质量控制（QC）小组活动，督促搞好工序质量管理，组织对工程质量检验和试验及其状态控制，提交工程质量检验分析报告，组织工程质量的常规检查和自检，对工程质量进行自检评定，检查各工序的成品、半成品施工质量，完成各种质量记录
5	爆破班长	2	（1）领导爆破员进行爆破工作； （2）监督爆破员切实遵守爆破安全规程和爆破器材的保管、使用、搬运制度；制止无安全作业证的人员进行爆破作业；检查爆破器材的现场使用情况和剩余爆破器材的及时退库情况

6.2 专职安全人员

专职安全人员配备及职责见表6-2。

专职安全人员配备及职责表　　表6-2

岗位	人数	主要职责
专职安全员	2	负责本单位爆破器材购买、运输、储存和使用过程中的安全管理；督促爆破员、保管员、押运员及其他作业人员，按照本规程和安全操作细则的要求进行作业，制止违章指挥和违章作业，纠正错误的操作方法；经常检查爆破工作面，发现隐患应及时上报或处理；经常检查本单位爆破器材仓库安全设施的完好情况及爆破器材安全使用、搬运制度的实施情况；有权制止无爆破员安全作业证的人员进行爆破工作；检查爆破器材的现场使用情况和剩余爆破器材的及时退库情况

6.3 特种作业人员

特种作业人员配备及职责见表6-3。

特种作业人员配备及职责表　　表6-3

序号	岗位	人数	主要职责
1	爆破员	2	保管所领取的爆破器材，不得遗失或转交他人，不准擅自销毁和挪作他用；按照爆破指令单和爆破设计规定进行爆破作业； 严格遵守爆破安全规程和安全操作细则；爆破后检查工作面，发现盲炮和其他不安全因素应及时上报或处理； 爆破结束后，将剩余的爆破器材如数及时交回爆破器材库； 爆破员跨越和变更爆破类别应经过专门培训
2	电工组	2	电气设备安装与维修

6.4 其他作业人员

其他作业人员配备及职责见表6-4。

其他作业人员表　　表6-4

序号	岗位	人数	主要职责
1	钻爆	20	钻孔、装药、起爆
2	出渣	9	扒渣、运渣
3	风水电	4	供水、排水、供高压风、通风、管道延伸维修与保养
4	排险	3	排险、安全
5	机修	2	各种机械设备维修
6	保管员	2	（1）负责制定仓库管理条例并报上级批准；督促检查库区安全状况、消防设施和防雷装置，发现问题及时处理。负责验收、保管、发放和统计爆破器材，并保持完备的记录； （2）对无爆破员安全作业证和领取手续不完备的人员，不得发放爆破器材；及时统计、报告质量有问题及过期变质失效的爆破器材；参加过期、失效、变质爆破器材的销毁工作

7 验收要求

7.1 验收标准

7.1.1 开挖面尺寸标准

隧道开挖断面的中心线和高程必须符合设计要求，岩石个别突出部位（每 1m² 不大于 0.1m²）侵入衬砌必须小于 5cm，拱脚和墙角以上 1m 内断面严禁欠挖。

7.1.2 钻孔允许误差

钻孔检查允许误差见表 7-1。

钻孔允许误差表 表 7-1

钻孔名称	位置	允许误差	备注
掏槽孔	孔口间距	±5cm	
	孔底间距	±5cm	
辅助孔	孔口间距	±10cm	眼孔平而直
周边孔	孔口间距	±5cm	
	孔底误差	不超过开挖轮廓线 10cm	
	外斜率	不大于孔深 3%～5%	

7.1.3 允许超挖值

允许超挖值见表 7-2。

允许超挖值表（单位：cm） 表 7-2

开挖部位		围岩级别		
		I	II～IV	V、VI
拱部	平均线形超挖	10	15	10
	最大超挖	20	25	15
边墙平均线形超挖		10	10	10
仰拱、隧底	平均线形超挖	10		
	最大超挖	25		

7.2 验收程序及人员

7.2.1 施工过程验收程序

（1）施工过程验收程序为：技术人员验收→质量管理人员验收→驻地监理工程师验收，如监理工程师验收未通过，质量管理人员督促作业人员进行整改。

（2）在工程施工过程中必须坚持三检制度，即自检、复检、专检，坚持做到上道工序不合格，下道工序不开工，做到施工操作程序化、规范化，实行工前有交底、工中有检查、工后有验收的“一条龙”操作管理。

7.2.2 施工完工验收程序

施工完工验收程序如图7-1所示。

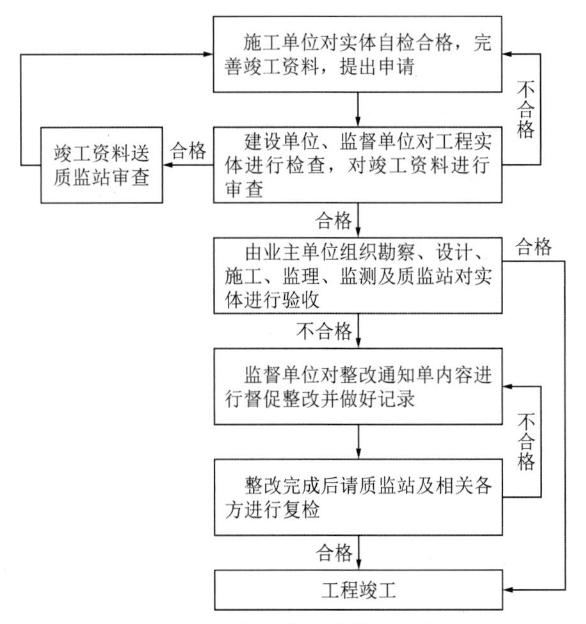

图7-1 施工完工验收程序图

8 应急处置措施

8.1 组织机构及职责

8.1.1 应急组织体系

应急组织机构如图 8-1 所示。

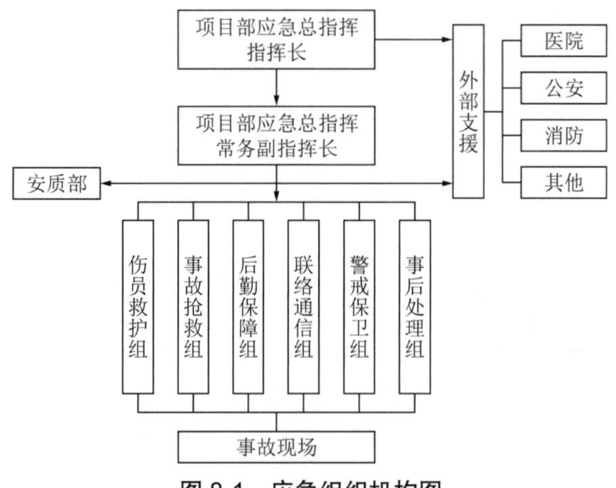

图 8-1 应急组织机构图

8.1.2 应急救援领导小组

项目部应成立爆破事故应急救援联合指挥部，负责领导、指挥、协调爆破安全事故的应急救援处置工作。总指挥由项目负责人担任，副指挥由项目副经理担任，组员由工程技术部（抢险技术支持组）、安全质检（疏散警戒组）、物资设备部（抢险抢修组）、综合办公室（事故信息传递组）、财务部（后勤保障组）、试验室（人员医疗保障组）组成，职责为：

（1）总指挥：项目负责人，全面负责救援，协调、落实和处理应急救援工作。

（2）副指挥：项目副经理，负责应急救援的技术攻坚决策工作；联合项目技术负责人对预案的技术部分进行定期检查和修正；协助各组长指挥抗灾救灾、现场救援指挥及项目部抢险突击队指挥。

（3）成员：项目部全体管理人员，是组长的助手，负责收集归纳各种信息，提出初步救援方案，供总指挥参考；同时兼信息的收集和应急救援指令的下达，并做好记录；做好伤员的抢救、安抚工作和亲属接待。

8.1.3 应急职责

要高度重视并切实加强对施工安全工作的领导，建立健全以项目负责人负责制为核心的施工生产安全工作责任制。编制以人员、机械转移为重点的施工生产安全应急预案并负责组织实施。各部门负责人要具体分工，落实工地施工生产工作承包责任制，一级抓一级，做到责任明确，任务到人，措施到位，确保施工生产安全工作落到实处。

8.1.4 应急救援程序

应急救援具体上报程序为：现场第一发现人→应急救援办公室值班人员→应急救援小组组长→分部值班人→项目经理部应急救援小组→向上级有关部门报告。

8.1.5 应急救援联系方式

应急救援联系人员及联系方式见表 8-1。

应急救援联系人及电话汇总表　　表 8-1

姓名	职务	联系方式
×××	项目经理	
×××	书记	
×××	项目副经理	
×××	总工程师	
×××	安全总监	
×××	技术支持组	
×××	疏散警戒组	
×××	事故抢险组	
×××	后勤保障组	
×××	联络通信组	
×××	警戒保卫组	
×××	善后处理组	

8.2 应急事件

本项目开挖施工为隧道掘进爆破工程，爆破作业属于高危行业，对照《企业职工伤亡事故分类》，该爆破施工作业主要危险因素及其危害有高处坠落、物体打击、岩石坍塌、爆破作业产生的个别飞散物对周边人员和财物造成破坏。

8.2.1 应急事件及应对措施

对危险源采用两个控制，即前期控制和过程控制。前期控制是针对各种危险源制定预防措施；过程控制指在施工过程中严格按照各项操作规程和施工方案监督检查，发现问题并认真落实整改。预防措施如下：

（1）爆破施工前必须编写施工方案，制定安全措施并进行技术安全交底。

（2）爆破作业人员必须经过专业培训，杜绝无证上岗。

（3）严禁携带爆炸材料乘坐火车、公共汽车。

（4）严禁炸药、雷管混装运输。

（5）爆破材料运输中严禁受到撞击、摩擦、抛掷、拖拽或敲打，严格按照危险品运输、装卸、检验等规定执行。

（6）爆破作业必须经过相关部门批准，爆破用品使用前必须经过检验。

（7）爆破器材存储、使用、回收等必须安排专人管理。

（8）爆破器材库必须安装通风、防雷、防鼠设施。

（9）危险区范围内的民房、路口等必须派人警戒；爆破作业前，全部人员必须撤至安全地点，爆破后不准提前进入炮区。

（10）爆破前确定危险区边界并设置明显标志；加强警戒。

（11）爆破作业面及安全半径内的碎石、杂物障碍应清除。

（12）按设计装药、填塞、覆盖，控制飞石不超出警戒范围；所有人员必须撤出危险区，并对孔口进行覆盖防护。

（13）严格控制装药量，采取适当的爆破参数，确保振动强度控制在规定阈值范围内。

（14）露天浅孔爆 15min 或隧道爆破经过充分通风 15min 后，人员方可进入。

（15）在爆破现场拆卸、修理设备，作业人员严禁穿着化纤服。

（16）应采用正确的炮孔连接、装药结构、起爆方式。

（17）装药和钻孔不能平行作业。

（18）加强与该区域施工单位和其他人员的沟通与协调，确保人员全部撤离后才能实施爆破作业。

8.2.2 事故救援措施

1）塌方事故的救援

（1）发生塌方事故后，最先发现的人员应大声呼喊，并及时通知施工负责人，由施工负责人根据情况通知项目经理部应急领导小组，同时组织救援工作。

（2）现场救援小组应及时清理坍塌的土石及杂物。

（3）如果发现有人被埋，应先按部位进行人员抢救，其他人员则立即采取有效措施防止坍塌的扩展，并安排专人关注边坡情况，防止再次塌方造成抢险人员的伤害。

（4）被救出的伤员应及时进行现场救治，如包扎伤口等。对于重伤员除现场救治外还应及时拨打求救电话，并安排人员在路口处接应，尽快使伤员得到有效治疗。

2）人员伤害事故的救援

（1）在接到事故救援信息后，值班人员做好记录，及时反馈应急领导小组负责人，并组织抢险人员迅速赶赴现场。

（2）在事故现场人员严格按人身意外抢救流程进行抢救，并视伤情决定是否打求救电话。

（3）在医疗机构到达前，不应放弃对伤者的抢救，更不能根据伤者的脉搏和有无呼吸擅自判定死亡而放弃抢救；随时掌握伤者的体征、脉搏、瞳孔、意识的变化，为继续治疗创造条件。

（4）在受伤者送入医疗机构后，应急人员应如实转告受伤人员的情况并积极协助治疗。

3）发生重大人员伤亡事故时的应急程序

（1）一旦事故发生，现场值班人员在组织自救的同时，应通过手机、对讲机等通信工具报告应急救援小组办公室，接到报警信息后，办公室值班人员立即启动应急救援程序。

（2）办公室立即通知救援领导小组成员，并在副经理的领导下统一指挥救援行动。

（3）指派小组成员联系永嘉县人民医院，为救助受伤人员做好准备工作。

（4）小组组长应立即组织救援人员赶赴事故现场进行组织救援工作。

（5）救援小组应及时将受伤人员送至县医院进行救治。

（6）当项目经理部无法处理事故时应及时请求业主单位给予援助。

8.2.3 应急救援预案

1）逃生及救援预案

为了确保隧道施工在出现紧急情况下顺利实施救援，正在施工的隧道内必须设置应急逃生管道，具体做法如下：

（1）沿隧道墙脚地面处至少设置一条救援应急管道，管道采用直径600mm、壁厚15mm的钢管，应急管道内设置应急水管（饮用）、电话线及照明线等。

（2）管道口距掌子面距离不大于12m，另一端延伸至已经施作衬砌段1～2倍洞径。

（3）掌子面附近设应急工具包，存放应急电筒、灯具、活动扳手、钢锯、锤子、钢钎、对讲机等应急工具。

（4）掌子面的救生包内存放 10 人左右一天的应急食物及饮用水，箱内备包扎纱布、消毒药水、常见外伤用药、止痛药等，应急食品定期更换。

（5）应急逃生道跟随掌子面向前移动。应急管道结合施工方法妥善安置，确保紧急情况下正常使用。

（6）“应急管道”由专职安全员专职管理负责。

（7）塌方时若人员被困，进行自救与互救：在开挖易发生塌方的地段，除了在开挖时人工配合机械外，专职安全员跟班作业，一旦发现不安全因素立即撤离施工人员，工班长立即制止人员跑动、组织人员自救互救，洞口值班室立即到洞内查看险情，并及时通知有关人员，启动应急预案。抢险过程中，应充分利用逃生管给洞内人员供风、供氧、供水，争取救援时间。

2）隧道不良地质应急预案

开挖掌子面始终存有钢筋网、锚杆、管棚、钢格栅、注浆设备、喷射机等抢险物资，一旦出现开挖掌子面或隧道上方冒顶时：

（1）隧道内掌子面立即停止作业，所有人员立即撤至隧道外等待命令。

（2）在掌子面附近设置 1 条ϕ600mm、长度从衬砌工作面布置至距离开挖面 20m 以内适当位置的钢管逃生管，钢管内放置急救包、食品、饮用水、应急灯等物品，在隧道发生较大塌方、人员不能及时撤离时，可躲进逃生管等待救援。

（3）小型塌方处理：对于小塌方应该先清理塌方面，后对塌方面采用超长锚杆加固，将锚杆伸入到围岩的稳定区，锁住松动圈，然后用加强联合支护法支护，最后再进行塌方处理。

（4）较大塌方处理：塌方的一般规律是围岩压力增大，支撑压紧，发出声响，接着产生位移变形，围岩掉渣，出现裂缝，直至滑动、坍塌。大塌方处理一般是塌方基本稳定后进行，先查看塌方规模，分析塌方产生原因，再制定塌方处理方案或按预案执行。处理方法一般有支顶法、固结法，两种方法均需先进行治水和支护加固，防止塌方事态扩大。

（5）支顶法一般选择围岩稳定地段开挖导洞，埋入型钢，用钢筋混凝土锁住两侧，上部用浆砌片石封填，对较大塌方可用套拱法，保证塌方面稳定后再进行清理。固结法是采用注浆，先将坍体和松动部分进行注浆处理，固结后再清理坍体。

3）断层破碎带段施工应急预案

施工时，将根据超前地质预报及开挖过程中揭示的不同地质情况，进行综合施工地质超前预测预报工作，即采用全断面地质素描、TSP203 地震波反射法地质探测仪（探测距离约 100～200m）、地质雷达（探测距离约 30m）、超前水平钻孔等综合物探，和地表重要井、泉点的观测以及深孔水位监测等手段，加强对破碎带穿越段、岩体破碎段、洞身浅埋段及富水段的施工地质超前预测预报工作，对掌子面前方的地质情况进行综合判断，并根据判断结果，对易突水、突泥等影响施工安全的段落采用超前周边注浆或超前局部注浆，对富水破碎带及节理密集带采用超前预注浆，开挖后采用径向注浆、补注浆、局部注浆等措施，对地下水进行适当封堵，减少地下水对隧道施工带来的危害，严防涌水、突泥事件发生。

4）涌水应急处理预案

当施工过程中洞内发生突涌水灾害时，确立“以堵为主，限量排放”的原则，采取以下步骤处理：利用工作面现有的钻孔台架同时搭设钢管脚手架，安装大口径钢管，对出水进行初步归流，使大部分涌水沿导流管排出；在工作面施作止浆墙，考虑到工作面处出水口未从导流管流出的散水较多，止浆墙施工时泥浆水等会流入混凝土内，降低混凝土质量，止浆墙可分两段施工，第一段浇筑起归流作用，第二段浇筑起堵水作用；为便于施工，在止浆墙混凝土浇筑的同时，可在涌水部位设临时集水槽以汇集未从导流管流出的散水，并设引流钢管将水引至止浆墙外；超前帷幕注浆堵水，根据涌水量、水压等情况综合确定注浆孔布置，注浆方式可视情况采用孔口管前进式注浆或止浆塞后退式注浆，其余注浆施工有关参数基本同前述。

5）突水、突泥处理预案

（1）现场施工人员立即撤离到安全地带，工班长负责清点人数，并将情况立即报告作业队调度。

（2）机械设备有条件转移时，在保证安全的前提下，由领工员指挥快速转移到安全地带。

（3）电工切断危险区段电源，检查线路无误后，在靠近突水、突泥区的安全地带恢复照明，确保用电安全。

（4）分部通知工程部（或办公室）采取摄影、录像等方式记录突水、突泥情况。同时，分部应急领导小组会同现场监理、设计院配合组织共同会勘，分析确定突水、突泥的性质，规模及其后果，并根据初步判断结果按下列分级程序处理：

①如为C级（小型突水、突泥）：根据现场会勘结论及施工方案、措施，直接由项目部分部组织实施。

②如为B级（中型突水、突泥）：分部应立即通知指挥部参加现场会勘，分析发展趋势，制定施工方案、措施，由分部立即安排实施。应急预案处于预警状态。

③如为A级（大型突水、突泥）：分部应立即通知指挥部启动应急预案，同时电话报建设单位，并在8h内将详细情况书面报给业主和监理单位，联合现场办公，评估事件的严重程度，分析发展趋势，采取一切措施控制事态发展，减小事件对施工造成的影响和损失。

8.2.4 应急救援工作要求

（1）提高认识，加强领导。充分认识安全生产工作的重要性，认真做好重、特大安全质量事故的预防和应急救援工作，最大限度地减少事故损失和人员伤亡，切实保障人民群众生命和财产安全。

（2）制定方案，组织落实。保证本工程专业抢险救援人员、物资、设备、器材落实到位；设定并落实所需的外援单位。

（3）熟悉预案、组织演练。各单位要组织有关人员熟悉应急预案，明确各自的职责和救援任务，并组织训练和演习。

（4）重大及以上事故发生后，事故单位要服从命令、听从指挥，真正做到反应敏捷、行动迅速、配合默契、救援有力，凡因救援工作不力造成事故损失扩大的，按有关规定追究其责任。

（5）重大及以上事故发生后，迅速启动应急救援预案，并迅速采取必要措施抢救人员和财产，服从指挥或分部应急救援小组指挥。

（6）在抢险救灾过程中紧急调用的物资、设备、人员和占用场地，任何单位和个人都不得阻拦或拒绝。

8.3 周边环境及救援医院信息

8.3.1 周边环境

施工现场周边无社会道路、构筑物及管线。

8.3.2 应急救援机构及联系电话

应急救援机构及联系电话见表 8-2。

应急救援机构联系人及电话汇总表　　表 8-2

机构名称	联系方式	备注
×××人民医院		
×××第二人民医院		
×××应急管理局		
×××人民政府办公室		
公安局接警电话	110	
急救电话	120	
消防救援电话	119	
×××防汛应急办公室		
×××人民医院		
项目部应急办公室		
温州市应急管理局		

8.4 应急物资、机械设备

（1）一般应急物资在洞口应急物资库内，机械及车辆放置在洞内已完成二次衬砌段，抢险机具及抢险材料不能挪用，并保证其状态良好。

（2）主要配备挖掘机、装载机、10t 自卸汽车、抽水机、发电机、千斤顶、铁锹、撬棍、编织袋等应急物资。

（3）常备药品。

主要配备应急物资及机械设备见表 8-3。

主要应急物资及机械设备表 表 8-3

序号	品名	单位	数量	备注
1	装载机	台	2	施工现场
2	挖掘机	台	2	施工现场
3	自卸汽车	台	4	施工现场
4	灭火器	个	20	施工现场
5	编织袋	个	200	应急物资库
6	铁 锹	把	20	应急物资库
7	铁 丝	kg	100	应急物资库
8	麻 绳	捆	5	应急物资库
9	镐 头	把	20	应急物资库
10	雨衣雨鞋	套	20	应急物资库
11	手电筒	把	20	应急物资库
12	水 泵	台	5	应急物资库
13	电 缆	m	100	应急物资库
14	医用担架	付	2	应急物资库
15	医用药箱	个	1	应急物资库
16	大 锤	把	2	应急物资库
17	型 钢	t	4	材料库
18	发电机	台	1	材料库
19	电焊机	台	5	材料库
20	防毒面罩	个	10	材料库

9 计算书及相关图纸

金山隧道总体平面布置图可扫描下方二维码下载。

交通土建工程专项施工方案
编制要点与范例

KEY POINTS AND EXAMPLES OF
PREPARATION OF SPECIAL CONSTRUCTION SCHEME
FOR TRAFFIC CIVIL ENGINEERING

人工挖孔桩工程范例
——矩形抗滑桩施工

扫码下载编制要点

目 录

CONTENTS

1 工 程 概 况

1.1 人工挖孔桩工程概况和特点

1.1.1 工程基本情况

本工程人工挖孔桩共计 28 根，采用截面尺寸为 2.0mm × 3.0mm 的矩形抗滑桩，桩身混凝土强度等级为 C30，护壁混凝土强度等级为 C15。桩间距 4.0m，单根桩总桩长为 28.0m，桩顶高程 269.0m，桩身混凝土强度等级为 C30，现状地面高程为 259.0～263.0m，桩底高程为 241.0m，实际开挖桩长在 18～22m 之间，地上部分桩长在 6.0～10m 之间。

1.1.2 工程地质、水文地质情况及桩与地层关系

1）地形地貌

四公里停车场位于南岸区四公里村辖区内，东侧紧靠内环快速路，西侧距离四海路约 200m，西南侧紧邻四公里公交枢纽站。场地原始地貌为构造剥蚀浅丘沟谷地貌，原多为耕地农田，后因内环高速公路及四公里枢纽中心修建开挖回填，现地面高程 220～295m，相对高差 75m，地形坡角 3°～30°。

2）地层岩性

场区内地层由第四系全新统松散层和侏罗系中统沙溪庙组、新田沟组岩层组成。基岩以厚层砂质泥岩为主、夹薄层砂岩，各地层岩性特征简述如下：

（1）第四系全新统（Q_4）

①人工填土（Q_4^{ml}）

素填土：紫褐色，主要由砂岩、泥岩块石和碎石及黏性土组成，局部含有少量的建筑垃圾、生活垃圾。块、碎石含量 20%～50%，粒径一般 50～600mm，结构松散～稍密，稍湿。主要分布于场地地表，厚度 0～31.6m，堆填时间 8～10 年。

杂填土：杂色为主，主要由生活垃圾和建筑垃圾组成，结构松散～稍密，稍湿。主要分布在场地北侧生活区，厚度 0～3.0m，堆填时间 1～5 年不等。

②粉质黏土（Q_4^{el+dl}）

浅紫褐色，浅紫红色，硬塑状，无摇振反应，断口稍有光泽，干强度中等，韧性中等，在场地北东侧停车列检库/月检库部位钻孔揭土层厚度 0～2.5m。

（2）侏罗系中统沙溪庙组（J_{2s}）

①砂质泥岩（J_{2s}）

多呈紫红色～紫褐色，主要矿物成分为黏土矿物，粉砂泥质结构，泥质胶结，中厚层状构造。该层是场地内的主要岩层，厚度大、分布广。中等风化带岩石岩质较硬，裂隙较发育，岩体较完整，岩芯多呈中长柱状，砂质泥岩为软岩，岩体基本质量等级为Ⅳ级。

②砂岩（J_{2s}）：浅灰色，青灰色，局部夹紫色条带，主要矿物成分为石英、长石及少量云母。细粒～中粒结构，中厚层状构造，泥、钙质胶结，裂隙不发育～较发育，岩体较完整，砂岩属较软岩，岩体基本质量等级为Ⅳ级。岩石参数见表 1-1。

岩石参数　　表 1-1

地层时代	沙溪庙组（J_{2S}）			新田沟组（J_{2x}）			第四系	
岩土名称	强风化	中风化砂质泥岩	中风化砂岩	强风化	中风化砂质泥岩	中风化砂岩	人工填土	粉质黏土
重度（kN/m^3）		25.6	25.0		25.6	25.0	20	19.5
地基基本承载力（kPa）	450	800	1500	450	800	800		140
地基承载力特征值（kPa）		1730	9600		1353	2520		
岩石抗压强度标准值（MPa） 饱和		5.2	29.1		5.1	8.4		
岩石抗压强度标准值（MPa） 天然		8.8	39.2		8.6	14.0		
变形模量E_0（MPa）		1400	4800					
弹性模量E_e（MPa）		1750	5800					
泊松比μ		0.24	0.12					
岩体抗拉强度σ_t（kPa）		100	516		72	150		
黏聚力c（kPa）		435	1908		342	600	30（天然）	29.7（饱和）
内摩擦角ϕ（°）		32.2	41.3		31.8	38.0	25（饱和）	12.4（饱和）
岩石与锚固体极限黏结强度标准值f_{rb}（kPa）		360	1200		360	600	140	
岩体水平抗力系数（MN/m^3）		100	260		100	150		
土体水平抗力系数比例系数（MN/m^4）							15	18
基底摩擦系数	0.35	0.4	0.5		0.4	0.45	0.25	0.25
负摩阻力系数							0.20	

3）水文地质条件

拟建场地地形坡度较大，地形高差较大，地势相对较高地段地表水径流条件较好，地下水补给范围小，表层土体较薄，松散层储存地下水条件差，不利于地下水的赋存，地下水不发育。本场地地势东高，西低，具有较好的汇水、集水条件，其下伏相对隔水层分界面（中风化岩石面）平缓，地表水向下渗入土体易聚集于岩土体中，故在场地中西部沟谷凹地和南侧第四系土层厚度较大的区域地下水丰富，水量较大。根据地下水的赋存条件、水理性质及水力特征，地下水分为松散岩类孔隙水、基岩脉状裂隙水。

4）水腐蚀性

场地地下水具有微腐蚀，其环境作用等级为I-B。

5）土腐蚀性

场地内粉质黏土分布范围小，厚度较薄，根据物质组分推断，土对钢筋混凝土结构、钢筋混凝土结构中的钢筋以及钢结构有微腐蚀性。

6）不良地质作用

根据区域地质资料及调查可知，拟建场地内无滑坡、泥石流、危岩等不良地质作用。

1.1.3 工程环境情况

四公里停车场位于江南大道以西、四海大道以东、四公里立交以北，停车场接轨于环线罗家坝站，场址南北向长750m，东西向宽190m，场址最高处高程约300m，最低处高程250m，平场高程 270m。拟建场地地形坡度较大，地形高差较大，地势相对较高地段地表水径流条件较好，不受洪水影响。

本工程人工挖孔桩为规划纵二路及横八路侧 D～I 段边坡支护桩板墙围护桩施工，最近处距离规划红线为 5m 左右，西侧为规划的纵二路，北侧为规划的横八路，人工挖孔桩桩顶平台临时边坡开挖线在规划红线附近。调查得知周边再无其他建筑物、地下管线，与其他施工单位作业无干扰。

1.1.4 施工地气候特征和季节性天气

（1）气温

多年平均气温 18.3℃，月平均最高气温在 8 月为 28.1℃，月平均最低气温在 1 月为5.7℃，日最高气温 43.0℃（2006 年 8 月 15 日），日最低气温−1.8℃（1955 年 1 月 11 日）。

（2）降水量

多年平均降水量 1082.8mm，降雨多集中在 5～9 月，其降雨最高达 746.1mm，日最大降雨量 266.7mm（出现在 2007 年 7 月 17 日），小时最大降雨量可达 65mm。

（3）季节性天气

重庆属亚热带季风性湿润气候，年平均气温 16～18℃，长江河谷的巴南、綦江、云阳等地达 18.5℃以上，东南部的黔江、酉阳等地 14～16℃，东北部海拔较高的城口仅 13.7℃，最热月份平均气温 26～29℃，最冷月平均气温 4～8℃。年平均降水量较丰富，大部分地区在 1000～1350mm，降水多集中在 5～9 月，占全年总降水量的 70%左右，春夏之交夜雨尤甚。

1.1.5 主要工程量清单

人工挖孔桩主要工程量清单，见表 1-2。

人工挖孔桩主要工程量清单　　表 1-2

部位		材料规格	单位	数量	备注
人工挖孔桩	桩身混凝土	C30	m^3		
	护壁混凝土	C15	m^3		
	锁口混凝土	C15	m^3		
	普通钢筋	HRB400ϕ20mm	t		
		HPB300ϕ8mm	t		
	声测管	ϕ40mm	m		

1.2 施工平面布置

1.2.1 场地内道路情况

在规划的横八路位置有一条混凝土硬化的既有乡间道路，此道路与海峡路一侧边坡支护施工新建的临时便道基本连通，可根据场区内已形成的临时道路，经过此临时新建便道与此既有乡间道路相连接。

1.2.2 临时截排水沟布置情况

施工前做好地面排水系统，在场内侧距桩身 2m 外坡顶设置截水沟，坡脚处设置排水沟。截（排）水沟采用 C30 钢筋混凝土结构，断面宽 500mm、高 400mm，净空尺寸为 300mm × 300mm。

1.3 施工要求

1）质量目标

工程质量符合国家、行业有关标准、规范和设计文件要求，实现向业主的质量承诺，整体工程质量达到行业先进水平，并经得起运营（使用）的检验和历史的考验。具体指标为：

（1）检验批、分项、分部工程施工质量检验合格率 100%，单位工程一次验收合格率 100%，确保桩身完整性、桩身外观质量及混凝土强度满足设计要求，I类桩 90%及以上，

Ⅱ类桩低于10%，杜绝出现Ⅲ类桩。

（2）杜绝二级及以上质量事故和舆情事件的发生，减少一级质量事故，努力克服质量通病，主体工程质量零缺陷，确保结构安全和使用寿命。

（3）工程建设符合国家规划、环保及水土保持、节能和新技术应用等要求。

（4）竣工文件（质保资料）做到真实可靠，规范齐全，一次交接合格。

2）安全目标

（1）建立健全科学、完善、有效的安全生产监督管理体系。

（2）杜绝各类伤亡事故和职业病伤害事件。

（3）落实上级单位各项安全生产管理工作要求，配齐专职安全人员，规范安全投入管理，杜绝各类伤亡事故，遏制较大险性事件，消除重大事故隐患。较大安全险性事件，包含但不限于高处坠落、中毒、桩基坍塌、起重设备（塔吊、吊车等）倾覆，桩基施工引起地面沉陷及附着物受损；生产、生活区火灾，危爆物品丢失、爆炸等。

（4）及时消除重大事故隐患。建立和落实风险分级管控和隐患排查治理双重预防工作机制，确保风险管控和隐患排查整治到位。

（5）落实安全生产工作评价制度。贯彻落实股份公司、集团公司及公司安全管理等有关规定。

（6）坚持零死亡，零事故，“双零”目标。

3）工期目标

（1）本工程计划开工日期：2015年7月5日。

（2）本工程计划竣工日期：2016年10月20日。

（3）人工挖孔桩开工日期：2015年8月1日。

（4）人工挖孔桩完工日期：2015年11月10日。

4）环保目标

（1）无集体投诉事件，环境监控达标，环境保护、水土保持设施与主体工程“同时设计、同时施工、同时投入使用”。

（2）水体功能、耕地、森林资源得到有效保护，噪声、振动和扬尘的环境影响得到有效控制，减少水土流失，线路设施、建筑与沿线城市环境、自然景观和谐相融，文物得到有效保护，努力建设一条资源节约型和环境友好型的城际轨道。

（3）按照“六个百分百”，即施工现场100%围蔽，工地路面100%硬化，闲置沙土100%覆盖，拆除（土方）工程100%洒水降尘，进出工地车辆100%冲洗，裸土100%覆盖或绿化，落实现场环保措施。

5）职业健康目标

做好在职人员身体健康检查、劳保用品发放及防暑防冻工作，做好员工心理健康工作的咨询及预防，防止职业病危害。

6）文明施工目标

落实“四节一环保”（节能、节地、节水、节材和环境保护）绿色施工，扬尘、噪声、排污排水等均满足重庆市相关要求。

1.4 人工挖孔桩设计

本工程人工挖孔桩均为矩形桩，孔径尺寸为 2.0m × 3.0m，单根桩设计总桩长 28.0m，开挖桩长在 18.0～22.0m 之间。采用钢筋混凝土护壁人工挖孔施工，护壁厚度上口 300～400mm，下口 250～350mm，护壁钢筋竖向为ϕ12mm@100mm，横向箍筋为ϕ16mm 和ϕ18mm@200mm。护壁剖面图如图 1-1 所示。

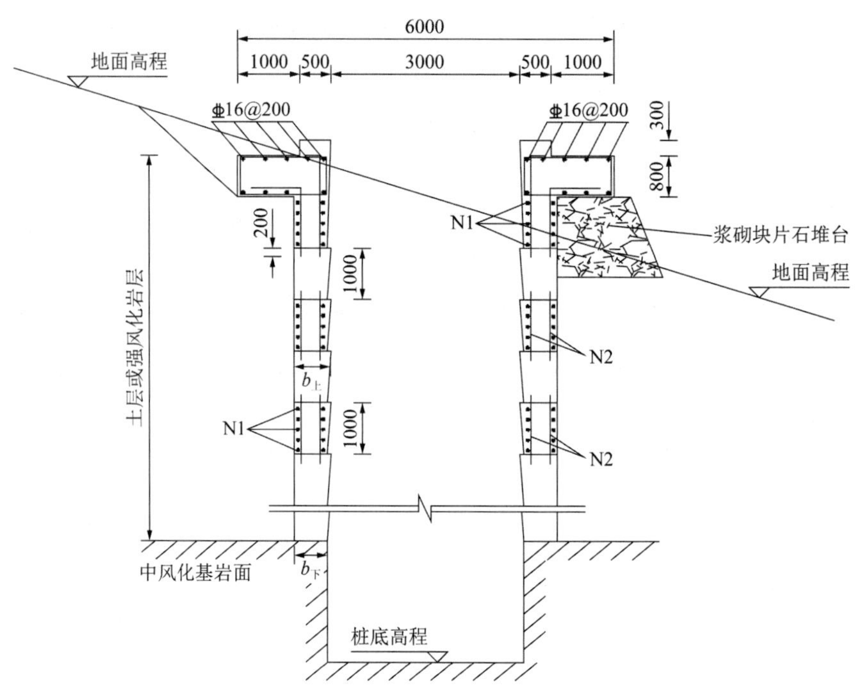

图 1-1 护壁剖面图（尺寸单位：mm）

$b_上$、$b_下$-护壁上、下口厚度

1.5 风险识别与分级

风险分值D越大，说明该系统危险性大，需要增加安全措施，或改变发生事故的可能性，或减少人体暴露于危险环境中的频繁程度，或减轻事故损失，直至调整到允许范围内。根据本工程施工内容，人工挖孔桩施工的风险源识别、因素分析及风险等级判定见表 1-3。

人工挖孔桩施工作业风险识别评价表 表 1-3

危险点	危险源	LEC 法取值范围				评价级别	风险等级范围	事故类型
		L	*E*	*C*	*D*			
人工挖孔桩	作业人员未正确使用或未使用安全劳动防护用品	6	6	3	108	Ⅲ	中度风险	人员伤亡
	井口未及时覆盖、防护	6	3	15	270	Ⅱ	重大风险	坠落、人员伤亡
	下井前未测试井内有毒气体	3	3	7	63	Ⅳ	低度风险	人员伤亡
	井口护壁未高出地面,物件滑落	6	3	7	126	Ⅲ	中度风险	人员伤亡
	护壁混凝土强度不足,护壁厚度不符合设计要求	6	3	7	126	Ⅲ	中度风险	坍塌、人员伤亡
	无设置专用爬梯	3	10	3	90	Ⅲ	中度风险	人员伤亡
	孔上人员未系安全带	3	3	3	27	Ⅳ	低度风险	坠落
	卷扬机钢丝绳不合格	3	6	7	126	Ⅲ	中度风险	坠落、物体打击
	卷扬机吊钩不符合要求	3	6	7	126	Ⅲ	中度风险	坠落、物体打击
	卷扬机配重不足	3	6	7	126	Ⅲ	中度风险	倾覆、坠落、物体打击
	桩孔通风	3	6	7	126	Ⅲ	中度风险	窒息、中毒
模板安拆	混凝土施工未达到强度便拆除模板	3	6	15	270	Ⅱ	重大风险	坍塌、人员伤亡
电动工具使用	电动工具无漏电保护器,无接零保护	6	3	15	270	Ⅱ	重大风险	触电伤亡
施工临时用电	外电防护不符合安全要求	6	3	15	270	Ⅱ	重大风险	人员伤亡
	电缆接头处不防水	3	2	15	90	Ⅲ	中度风险	人员伤亡
	电缆接头处漏电	6	3	3	54	Ⅳ	低度风险	人员伤亡
	施工用电电缆接头处不防水,电缆绝缘老化	6	3	15	270	Ⅱ	重大风险	人员伤亡
	配电无箱、无门、无锁	6	3	15	270	Ⅱ	重大风险	触电伤亡
	配电箱安装不牢固	6	3	3	54	Ⅳ	低度风险	人员伤亡
	外壳接地不可靠	6	3	3	54	Ⅳ	低度风险	人员伤亡
	电源线未按要求架空,拖地现象	3	6	7	126	Ⅲ	中度风险	人员伤亡
	漏电保护器失效	6	3	1	18	Ⅳ	低度风险	触电伤亡
	非操作人员动用电气设备	6	3	3	54	Ⅳ	低度风险	触电伤亡

续上表

危险点	危险源	LEC 法取值范围				评价级别	风险等级范围	事故类型
		L	E	C	D			
施工临时用电	电工使用工具和防护用具未定期检查	6	6	3	108	III	中度风险	触电伤亡
	照明线路直接绑在金属构架上	6	6	3	108	III	中度风险	触电伤亡
	照明电线接触湿地	6	2	7	84	III	中度风险	触电伤亡
	电缆外皮破损	6	3	7	126	III	中度风险	人员伤亡

风险分值计算公式如下：

$$D = L \times E \times C \tag{1-1}$$

式中：D——危险性（D大于 320，极其危险；D取 160～320，高度危险；D取 70～160，显著危险；D取 20～70，一般危险；D小于 20，稍有危险）；

L——事故发生的可能性；

E——暴露危险环境的频繁程度；

C——事故发生的后果。

1.6 参建各方责任主体单位

建设单位：×××。

设计单位：×××。

勘察单位：×××。

监理单位：×××。

总承包单位：×××。

第三方检测单位：×××。

第三方监测单位：×××。

施工单位：×××。

2 编 制 依 据

2.1　编制说明

本工程人工挖孔桩开挖桩长在 18.0～22.0m 之间，根据《危险性较大的分部分项工程安全管理办法》（建办质〔2018〕31 号）规定，人工开挖深度大于 16m，属超过一定规模的危险性较大分部分项工程。

2.2　编制依据

2.2.1　法律依据

（1）《中华人民共和国安全生产法》（2021 年修订实施）。

（2）《建设工程安全生产管理条例》（中华人民共和国国务院令第 393 号）。

（3）《危险性较大的分部分项工程安全管理规定》（2018 年 3 月 8 日中华人民共和国住房和城乡建设部令第 37 号公布）。

（4）《住房和城乡建设部办公厅关于实施<危险性较大的分部分项工程安全管理规定>有关问题的通知》（建办质〔2018〕31 号）。

（5）《关于印发危险性较大的分部分项工程专项施工方案编制指南的通知》（建办质〔2021〕48 号）。

（6）《建筑桩基技术规范》（JGJ 94—2008）。

（7）《施工现场机械设备检查技术规范》（JGJ 160—2016）。

（8）《建筑基坑工程监测技术标准》（GB 50497—2019）。

（9）《建筑地基基础工程施工质量验收标准》（GB 50202—2018）。

（10）《建筑施工临时支撑结构技术规范》（JGJ 300—2013）。

（11）《钢筋焊接及验收规程》（JGJ 18—2012）。

（12）《建筑施工起重吊装工程安全技术规范》（JGJ 276—2012）。

（13）《建筑施工危险源辨识与风险评价规范》（DBJ50/T-246—2016）。

2.2.2　项目文件

（1）《重庆轨道环线施工合同》（施工总承包）。

（2）《地质勘察文件》。

（3）《人工挖孔桩施工图设计》相关图纸。

（4）《实施性施工组织设计》。

（5）现状地形及影响范围管线探测相关资料。

3 施 工 计 划

3.1 施工进度计划

本工程计划于 2015 年 8 月 1 日开工，2015 年 11 月 10 日前完工，总工期 102d。边坡支护人工挖孔桩施工进度横道图如图 3-1 所示。

工程名称	时间			2015年											
	开始时间	完成时间	天数（d）	8月			9月				10月			11月	
				1	20	31	1	10	20	30	10	20	31	10	20	30
第一批14根桩挖孔	2015年8月1日	2015年9月20日	51												
第一批14根桩浇桩	2015年9月1日	2015年9月30日	30												
第二批14根桩挖孔	2015年9月11日	2015年10月31日	50												
第二批14根桩浇桩	2015年10月11日	2015年11月10日	31												

图 3-1　边坡支护人工挖孔桩施工进度横道图

为保证施工安全，本挖孔桩施工采用“隔孔”开挖，共分两次进行施工。开挖按 3 人一组进行，孔内 2 人，地面 1 人。按 2.0m × 3.0m 孔径、最大孔深 22m 计算，每人每天挖方量按 1.5m^3 计，每孔安排一组人员施工，约 40d 成孔，钢筋及混凝土施工按 10d 考虑，每孔桩施工总计用时约 50d。实际施工时可按两组人员同时施工或轮换不间断施工，并充分保证机械设备和配套施工措施等，综合考虑每根桩成桩工期控制在 40d 以内。

3.2 材料与设备计划等

3.2.1 材料计划

主要材料配备计划见表 3-1。

主要材料配备计划表　　表 3-1

序号	材料名称	规格型号	单位	数量	各月份需求计划				备注
					8 月	9 月	10 月	11 月	
1	气体检测仪	RTB-L	台	2					
2	密目安全网	2000 目	目	2000					
3	钢管	ϕ48mm × 3.5mm	m	3000					

续上表

序号	材料名称	规格型号	单位	数量	各月份需求计划				备注
					8月	9月	10月	11月	
4	扣件		个	500					
5	油漆		桶	5					
6	塑料布		m^2	2000					
7	孔口盖板	1.8m × 2.6m	两块	15					
8	灭火器		瓶	3					
9	防毒面具		套	3					
10	橡胶手套		双	60					
11	安全带		根	30					
12	安全帽		个	60					
13	绝缘鞋		双	45					
14	防坠设备		套	足量					
15	低压照明灯		盏	30					
16	担架		付	2					
17	钢爬梯		付	18					
18	防毒面具、氧气袋		套	足量					

3.2.2 设备计划

主要施工机械设备配备计划见表 3-2。

主要施工机械设备配备计划表 表 3-2

序号	机械设备名称	规格及型号	生产能力	单位	数量	来源	进场时间	退场时间	备注
1	挖掘机	CAT320C	$0.8m^3$	台	1	租赁	2015 年 3 月		
2	装载机	ZL50	$3.0m^3$	台	1	租赁	2015 年 3 月		
3	推土机	山推 SD16	131kW	台	1	租赁	2015 年 2 月		
4	自卸汽车		20t	辆	3	租赁	2014 年 8 月		
5	混凝土搅拌机	JS500	$25m^3/h$	台	1	自有	2015 年 2 月		
6	柴油发电机	HC-Z330	300kW	台	1	自有	2015 年 2 月		
7	空气压缩机	110SOY	$20m^3/min$	台	2	新购	2015 年 2 月		
8	汽车起重机	QY-20t		台	1	租赁	2015 年 2 月		
9	抽水机	WQ250	22kW	台	2	新购	2015 年 2 月		
10	卷扬机（电葫芦）		10t	台	6	自有	2015 年 2 月		
11	精密测量仪器			套	1	自有	2015 年 2 月		

续上表

序号	机械设备名称	规格及型号	生产能力	单位	数量	来源	进场时间	退场时间	备注
12	弯筋机	GW-32	6～40mm	台	1	自有	2014年8月		
13	切筋机	CQ40A40	6～40mm	台	1	自有	2014年8月		
14	钢筋调直机	GT4-14	6～40mm	台	1	自有	2014年8月		
15	风镐			台	16	自有	2015年3月		
16	水磨钻			台	10	自有	2015年3月		
17	振动棒	30		根	4	自有	2015年8月		
18	鼓风机		1m³/min	台	15	租赁	2015年3月		

3.3 劳动力计划

根据本工程施工图及工期进度计划，劳动力需求计划见表3-3。

劳动力需求计划表　　表3-3

序号	工种	总人数	2021年				
			8月份	9月份	10月份	11月份	备注
1	模板工	10	5	10	10	5	
2	钢筋工	12	12	12	12	5	
3	架子工	5	5	5	5	3	
4	混凝土工	5	5	5	5	3	
5	焊工	5	5	5	5	3	
6	杂工	5	5	5	5	5	
7	总计	42	37	42	42	24	

4 施工工艺技术

4.1 技术参数

4.1.1 桩基设计参数

本工程人工挖孔桩均为矩形桩，孔径尺寸为 2.0m × 3.0m，单根桩设计总桩长 28.0m，开挖桩长在 18.0～22.0m 之间。采用钢筋混凝土护壁人工挖孔施工，桩身混凝土强度等级为 C30，护壁混凝土强度等级为 C15。桩身钢筋主筋为 HRB400mmϕ20mm，箍筋为ϕ16mm，钢筋保护层厚度 35mm。护壁厚度上口 300～400mm、下口 250～350mm，护壁钢筋竖向为ϕ12mm@100mm，横向箍筋为ϕ16mm 和ϕ18mm@200mm，钢筋保护层厚度 30mm。

4.1.2 出土垂直运输设备参数

出土用垂直运输设备选用卷扬机（电葫芦），钢丝绳 1 × 7 股、直径 12mm；吊桶容量 0.05m^3，允许起吊质量 100kg。

4.1.3 垂直运输设备支撑脚手架设置参数

立杆纵距为 1.3m，横距为 1.5m，步距为 1.20m，搭设高度为 4.0m。立杆采用单立管，钢管为ϕ48mm × 3.5mm，连接节点为单扣件。

4.2 工艺流程

根据现场实际情况，本工程桩孔采用人工挖孔作业。为减少对土体稳定性的影响，采用“隔孔”的跳孔开挖方式。成桩后混凝土达到设计强度的 75%后再进行邻近桩孔开挖。人工挖桩施工工艺流程如图 4-1 所示。

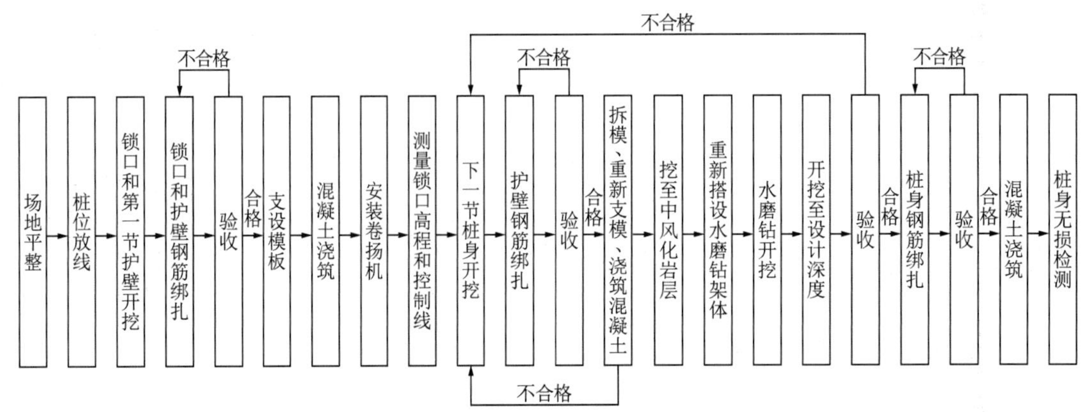

图 4-1 人工挖孔桩施工工艺流程图

混凝土采用商品混凝土运至施工现场，泵送入模，钢筋采用钢筋加工场集中加工为成品或半成品，运至现场后再进行绑扎。

4.3 施工方法及操作要求

4.3.1 桩位放样

根据设计图和业主提供的控制坐标，做好施工测量控制网，再测放挖孔灌注桩桩位，测桩孔十字线，定出桩孔准确位置，设置护桩并记录后进一步校核。全部放样必须报测量监理工程师，并做好施工放样记录，整理报监理工程师审核，待监理工程师审核通过后方可进行下一步施工。

4.3.2 桩孔开挖

开挖前复核桩位，施工过程中随时检查桩位尺寸、平面位置及垂直度，发现偏差及时纠正。桩位误差不得大于 50mm；直桩倾斜度不超过 0.5%；孔径、孔深必须符合设计要求。

桩孔内土方开挖采用镐、锹等工具，进入岩层后采用气动风镐、水磨钻配合开挖。地层不良段，每 30～50cm 即要浇筑一层混凝土护壁，地质进入岩层或地层状况较好时，每 100cm 立模浇筑混凝土护壁，挖孔与浇筑混凝土护壁连续作业，特别是地质情况不良时不允许中途停顿，以防塌孔造成不良后果。

挖出的土、石渣采用提升脚手架提升出孔，弃渣堆放在孔口 1m 以外。对弃方土体每天下班前用装载机（或配合自卸车）运输装车进行清理，以不影响施工、有利环保和安全、文明施工为标准。提升架及电动提升机使用前要认真检查各部件情况，特别是绞绳转筒要配限位器装置，确保施工安全。桩孔排水，下雨天时用棚架加防水布至井口，防止雨水落入孔内，同时孔外还要挖排水沟，及时排除地表雨水，以降低水位。开挖过程中随时检查孔内是否有空穴、隙洞、暗沟、裂隙存在，如发现迹象，及时上报处理。

下井作业前先用气体检测仪配合活禽对孔内有毒有害气体进行检测，确认无危险后再下井作业。孔桩深度超过 5m 后，接通风管，使孔内空气流动，孔口采用临时围护措施，下孔人员佩戴安全帽、安全带及其他安全设备，孔内照明采用专用灯具。孔口人员必须密切配合孔下人员的作业情况，发现不安全因素及时纠正。作业人员上下使用专门制作的钢爬梯，孔深较深时系好保险绳由孔口配合施工人员放送上下桩孔。每根桩基在开挖过程中根据不同的地质情况采集渣样，标明高程及情况，并进行存放，以备终孔检查。

4.3.3 现浇混凝土锁口及护壁

桩孔平台开挖到桩顶设计高程后放样出锁口四角定位点，施作锁口。桩径为 2.0m ×

3.0m 的桩基锁口平面尺寸为 6.0m × 5.0m，厚度 0.8m。当地面斜面时在较矮的一侧砌筑浆砌块片石堆台后再施作锁口。锁口混凝土现场立模现浇，锁口在地面上超出孔口 1m 宽，高出地面 30cm。井口周围设置木方或现浇混凝土块防止土、石、杂物流入孔内伤人。锁口外沿架立高度不低于 1.2m 钢管架围栏。

桩孔每开挖一节，即需立模浇筑混凝土护壁，护壁长度一般为 100cm，混凝土强度等级为 C30。护壁钢筋集中加工，现场安装。模板采用组合钢内模，上口比下口大 50mm，上口内径等于设计桩径，模板横向采用回形连接，并加内撑固定，内撑采用 48mm × 3.5mm 的镀锌钢管，钢管端部设置可调托撑，上下共设置两排，护壁模板横撑平面及立面如图 4-2 所示。

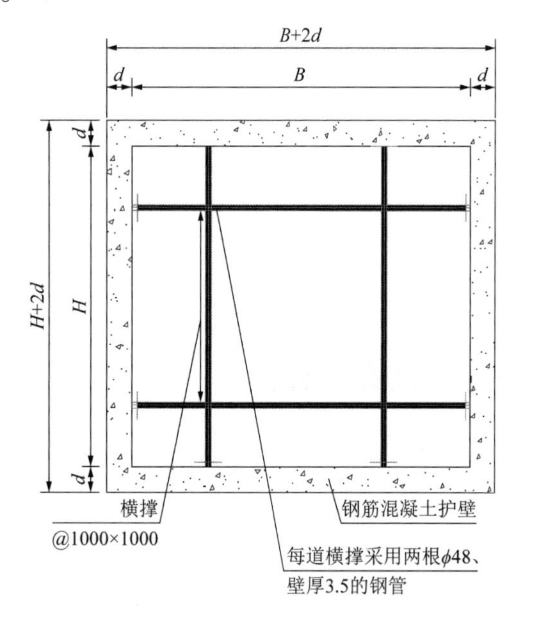

a) 护壁模板横撑平面布置图

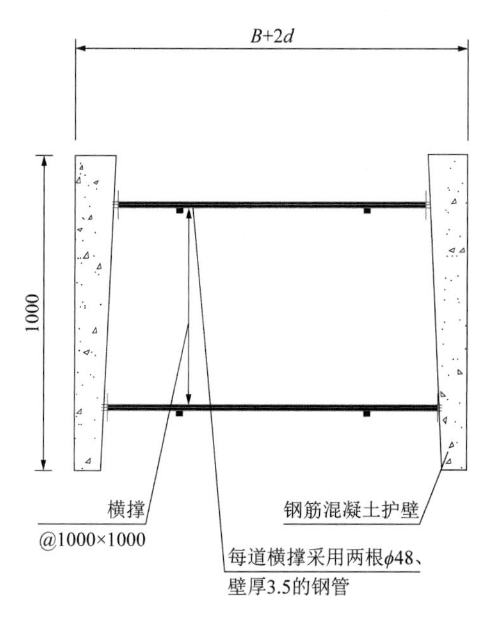

b) 护壁模板横撑立面布置图

图 4-2　护壁模板横撑平面及立面布置示意图（尺寸单位：mm）

B-矩形护壁宽度；*H*-矩形护壁长度；*d*-矩形护壁厚度

模板安装就位且模板整体稳定后方可浇筑护壁混凝土，同时为加强护壁的整体刚度，保证护壁之间的联结，护壁要加设构造钢筋及联结钢筋。混凝土采用商品混凝土或按混凝土配合比适当提高强度等级，现场机械拌和，采用吊桶下孔、人工入模。混凝土振捣采用 ϕ30mm 振动棒或人工插捣密实。护壁混凝土浇筑后及时进行养护，达到一定强度后方可拆模，一般在护壁混凝土强度达到 1.2MPa 以后、约 24h 后即可拆模。

4.3.4　挖孔岩石取芯检测及终孔检查处理

挖孔时对嵌固段及桩底岩石抗压强度进行取芯检测试验，检测比例为 100%，要求岩石饱和单轴抗压强度不小于 5.1MPa。达到设计高程后，通知勘察、设计和监理单位验收，验收合格后方可进行下一道工序。

终孔后进行孔底处理，做到平整，无松渣、污泥及沉淀等软层。嵌入岩层深度应符合设计要求。先由施工班组自检，自检合格后通知现场技术负责人和项目部质检工程师到场检查验收，验收合格后通知监理、设计、业主一起验收。开挖过程中经常了解地质情况，若孔底地质复杂或开挖中发现不良地质现象（薄层泥岩、不规则的淤泥分布等）时，及时通知设计、勘察、建设单位等到现场进行处理。

4.3.5 钢筋加工

钢筋采用集中加工，对进场的钢筋原材料全部进行复检，合格后方可使用。在制作前将钢筋调直、除锈并清除泥皮，主筋不得弯曲。钢筋加工焊工必须持有有效特种作业资格证上岗，钢筋焊接焊点无脱落、漏焊、裂纹、多孔性缺陷及明显的烧伤现象。钢筋切割时保证切口平滑且和钢筋轴线垂直，端部不得有翘曲变形。在专用套丝机上切削加工丝头，丝头的加工长度为正公差，保证丝头在套筒内可以相互顶紧，以减少残余变形。螺纹加工好后进行打磨处理，保证丝口圆滑。丝口打磨完毕后立即在丝口安装保护套。

4.3.6 钢筋安装

钢筋采用加工厂集中加工成半成品，运至现场后，孔内绑扎。首先将钢筋主筋用麻绳吊装入孔，先安装桩孔四角的主筋，然后安装箍筋，箍筋安装后，再分别按设计间距安装其他主筋。

4.3.7 检测管安装

（1）检测管必须按设计要求选购，进场后必须进行检测，检测合格方能使用。

（2）检测管的加工、连接均须严格执行相关规定，以满足设计和检测要求。

（3）检测管按设计要求安装在加强筋内侧，其规格和安装要求必须满足有关规定。

4.3.8 桩基混凝土施工

1）桩基混凝土来源及浇筑方法

本工程桩基混凝土全部采用商品混凝土，由罐车运输到现场，搭设溜槽及安装串筒进行灌注，人工振捣。

2）挖孔灌注桩混凝土施工其他要求

桩孔内无渗水，采用干灌混凝土桩的方法，需满足以下要求：

（1）当挖孔桩挖至设计要求的基岩后，将井底残渣清除干净，由设计、监理等单位联合组织对桩孔验收，达到设计要求后方可进行桩身混凝土浇筑。

（2）桩身混凝土灌注时，混凝土必须通过串筒而达到浇灌工作面，其自由落下的高度不宜大于 2m，否则容易造成混凝土的离析和不均匀，影响混凝土的密实度。井下操作人员用插入式振动器把混凝土分层捣密实，每层高度不超过 500mm，插入式为垂直式，间距 50mm，快插慢拨。每根桩身的混凝土要求一次连续浇灌完毕，在灌筑过程中，混凝土表面不得超过 5cm 积水，否则应设法把积水排除，才能继续灌注。采用连续浇筑时，夜间施工必须提供足够充分的施工照明。

（3）注意控制桩身混凝土的浇灌高度，以免造成桩身浇灌过高或低，为了保证桩顶混凝土的质量，桩顶混凝土高出设计高度 5～10cm，在接桩施工前凿除。每根桩身的混凝土均按规范要求做试块，现场做好坍落度试验。

4.3.9 桩头处理

本工程人工挖孔桩均为干孔混凝土浇筑，其桩头处理相对简单，但浇桩时仍按桩头高程高出设计高程 5～10cm，在后续施工前凿除，以利于混凝土间的连接。

4.3.10 资料提交

（1）原材料质量合格证及现场抽样试验资料。
（2）挖孔原始记录及验收记录。
（3）清孔及钢筋笼验收记录。
（4）桩基混凝土灌注原始施工记录。
（5）隐蔽工程验收记录。
（6）混凝土取样检测及报验资料。
（7）设计变更通知单。
（8）事故处理记录及有关文件。
（9）灌注桩的检验报告。
（10）工程质量评定表。

4.3.11 施工注意事项

（1）施工期间因施工场地附近及运输道路扬尘对大气影响较大，配备专用洒水车进行喷洒，净化大气环境，防止扬尘。

（2）施工使用的机械优先选用电动机械，并在机械周围设置围挡等消音装置，控制施工噪声并合理安排作业时间。

（3）人工挖孔桩混凝土护壁施工必须保证质量，振捣密实，钢筋布置的数量、间距、位置与搭接等严格按照设计要求。

（4）弃渣远离孔口 1m 以外，严禁在孔口斜坡上方堆放或就近堆放挤压防护围栏。

（5）做好排水，以减少施工期间的生产污水对环境的污染。

4.4 检查要求

1）安全检查要求

（1）做好设备调配，对进场挖土、运输车辆及各种辅助设备进行维修检查，试运转，并运至使用地点就位。

（2）检查配备桩基施工所需安全人员落实到位情况以及挖掘机、装载机、拉渣车等机械操作人员操作证书是否齐全。

（3）人工挖孔桩施工前首先做好场地平整、边坡处置等检查验收工作。作业人员作业前是否按要求佩戴好安全帽、安全带及安全绳等相关劳保用品。

（4）孔深 5m 以上时，是否进行恒定送风，送风量是否大于 25L/s；人员上下孔的安全爬梯是否安装到位；孔口脚手架是否按要求搭设牢固。

（5）夜间施工时是否设置警示灯及足够的照明，挖孔暂停时，孔口是否设置警示标志及覆盖。

（6）现场使用电线是否完好，接线是否牢固，接头部分是否做防水处理，井下照明设备是否采用安全电压，照明灯是否加防护罩。

（7）吊装作业重点检查吊装单位资质证书，所选用吊车的合格证、检测证，各操作人员的上岗证书，检查吊车各项性能是否完好。检查吊装用钢丝绳、卡环材料是否符合要求。

（8）钢筋笼的起吊是否设有专人指挥，起吊时的捆绑点是否合适等。

2）人工挖孔桩检查要求

（1）桩长、孔径不小于设计值。

（2）桩位偏差不大于 100mm。

（3）竖直度小于 0.5%桩长，且不大于 200mm。

（4）嵌岩深度不小于设计要求。

（5）钢筋骨架底面高程不超过±50mm。

（6）混凝土浇筑需采用导管浇筑，最下一节串筒距离混凝土面应控制在 0.3～0.5m 内。

5 施工保证措施

5.1 组织保障措施

建立人工挖孔桩现场安全组织机构和安全管理保障体系，成立安全生产领导小组，项目经理为安全生产第一责任人，项目安全环保部为安全保障职能部门，并有其他部门共同参与。项目部专职安全员负责人工挖孔桩安全工作，设专职安全员跟班作业，形成自上而下的安全管理体系。安全生产小组名单见表 5-1。

安全生产小组名单 表 5-1

安全生产小组	安全生产领导小组	组长	姓名	职务	联系方式
		副组长			
	组员	二级管理员			
		二级管理员			
		三级管理员			

5.2 技术保障措施

5.2.1 安全组织机构

安全管理组织机构如图 5-1 所示。

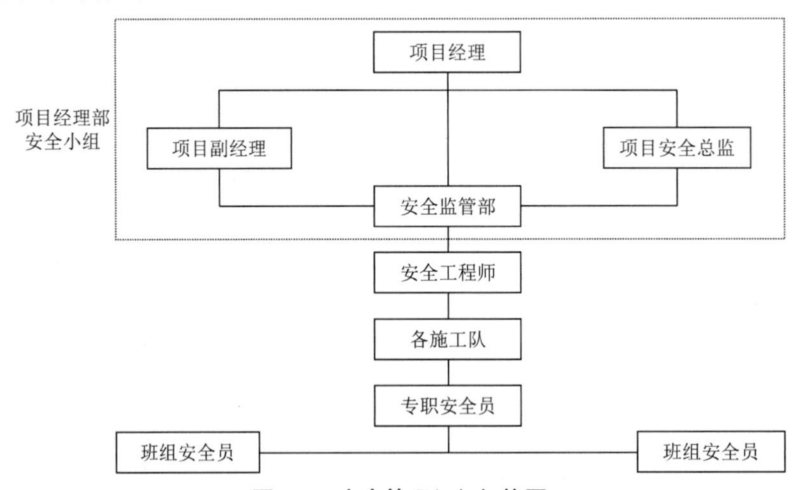

图 5-1 安全管理组织机构图

5.2.2 安全保证体系相应人员安全职责

安全保证体系如图 5-2 所示。

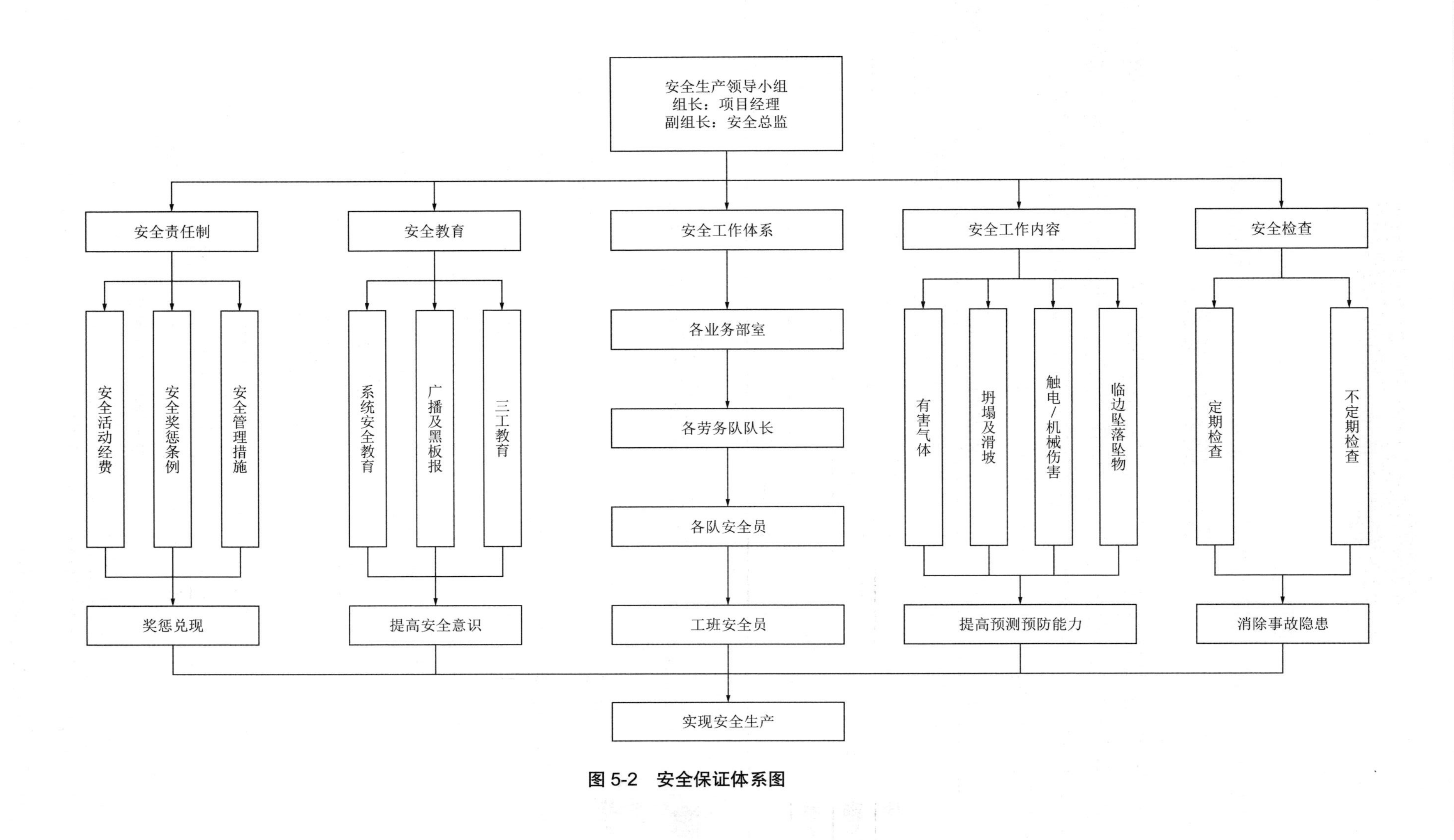

安全生产领导小组
组长：项目经理
副组长：安全总监
安全责任制
安全活动经费
安全奖惩条例
安全管理措施
奖惩兑现
安全教育
系统安全教育
广播及黑板报
三工教育
提高安全意识
安全工作体系
各业务部室
各劳务队队长
各队安全员
工班安全员
安全工作内容
有害气体
坍塌及滑坡
触电/机械伤害
临边坠落坠物
提高预测预防能力
安全检查
定期检查
不定期检查
消除事故隐患
实现安全生产

图 5-2 安全保证体系图

1）组长职责

（1）执行经理是施工现场安全生产的第一责任人，负责建立健全安全生产责任制和有关安全生产规章制度。

（2）全面负责施工现场的安全管理、安全措施、安全生产等，保证施工现场的安全，组织施工过程的策划，组织编制职业健康安全与环境管理规划以及管理方案的制定、实施、检查、落实等。

2）副组长职责

（1）安全总监对安全生产工作负直接责任。

（2）执行国家及广东省有关安全生产的方针、政策、法规和各项规章制度。参与制定并执行项目安全生产管理办法。

（3）落实有关安全消防管理规定，对进场工人进行安全消防教育和培训，强化职工的安全意识和消防观念。组织现场安全生产、消防措施的检查，出现问题及时处理。

3）安全工程师及安全员职责

（1）执行国家及重庆市安全生产的方针、政策、法规和各项规章制度，执行本项目安全生产管理办法和要求。

（2）主持对进场工人进行安全消防教育和培训，指导施工队（班组）正确使用劳动保护用品及消防设施。

（3）参加专业施工员对工人的安全消防技术交底，重点交代安全注意事项、不安全因素、可能发生事故的地方。

（4）深入现场检查安全消防措施的落实情况，发现不安全因素及时纠正，当出现险情时有权采取果断措施，并对违章指挥、不服从管理、违反安全管理规定的施工队（班组）和个人，按照有关规定给予处罚。

（5）现场发生安全事故时，先采取应急措施，保护好现场，并立即报告。

（6）行使安全生产奖惩权，及时沟通职业健康安全管理体系的有关信息。

5.2.3　安全检查相关内容

经常检查施工机具，确保施工机具能正常使用，特别对出渣设备要经常检查其轴承、钢丝绳和挂钩等。孔口操作平台应自成稳定体系，防止在护壁下沉时被拉垮。在孔口严禁堆放重物或设备，挖出土方及时外运，严禁堆放在桩孔周围。

1）提升设备

采用电动卷扬机绞车作为提升设备。安装提升设备时，首先要考虑施工的安全，再考虑进料出渣方便灵活，拆装容易，必须注意吊斗容量与起重能力的适应性，起重安全系数应大于 3。挂钩及吊斗活门不仅要牢固还要有安全措施，人员上下另设绳梯与安全绳。电动卷扬机绞车高出井口 80cm，而且其安置要平稳、牢固。卷扬机施工过程中应注意以下几点。

（1）卷扬机与提升架转盘采用螺栓连接牢固，防止卷扬机提升时卷扬机松动倒挂。

（2）卷扬机操作者必须经过一定训练，了解所操作的卷扬机性能，熟悉操作方法，并有专人进行维修和保养，防止错误操作或操作不当造成伤害。

（3）电动卷扬机的电气部分不得有漏电现象，电动机和不带电的金属外壳应接地良好，防止触电事故。

（4）钢丝绳在卷筒中间时，应与卷筒轴线成直角，应采取措施保证钢丝绳在卷筒上排列整齐。作业中钢丝绳在卷筒上至少保留三圈，收绕钢丝绳时，禁止用手引导。

（5）工作前，应仔细检查钢丝绳是否有毛刺、断丝、断股、磨损，钢丝绳及接头是否牢固，倒顺开关和滑轮是否灵活可靠，吊钩是否磨损、插销是否可靠，渣桶是否破损，经检查发现隐患的必须立即整改后才能复工。

（6）卷扬机使用的吊钩应安全可靠，并有保险装置，防止脱钩。

（7）卷扬机操作者应集中精力，注意孔底作业人员所发出的信号，不许与旁人嬉笑闲聊。

（8）吊桶提升渣土时不得超过吊桶体积的 80%，提升物的质量不得超过 30kg/次，起吊时应保持平稳，不得斜吊、晃动，每次提升渣土时，人员必须撤至孔内半圆形密网保护盖的下面。

（9）孔内破开的岩石如果较大，应用电动凿岩机将其凿开成小块提升。

（10）工作停止后切断电源，锁上开关箱，工作完毕或中间休息时，重物应停放在地面上，不得悬在半空。

2）桩孔开挖、护壁

（1）孔桩井圈要高出地面 0.2m，并防止井口杂物掉入桩孔内砸伤作业人员。桩孔内必须放置爬梯，随挖孔深度增加延长至工作面，以作安全使用。严禁酒后操作，不准在孔内吸烟和使用明火作业。

（2）孔口非施工期间必须设置井盖和围栏围挡，非工作人员禁止入内。

（3）凡在孔内抽水之后，必须先将抽水的专用电源切断，作业人员方可下桩孔作业，严禁带电源操作。井下需要工具，必须用专用绳索递送，绳索随时检查，有断丝立即更换。禁止任何井内抛掷。应勤换井下作业人员，轮换下井作业，井下作业人员持续作业以 2h 为宜，最长不得超过 3h。孔上、下有可靠的通话联络，如对讲机等。孔口配合孔内作业人员要密切注视孔内的情况，不得擅离岗位。

（4）当桩孔孔深超过 5m 时，地面配备向孔内送风装置，风量不少于 25L/s。

（5）开挖至原地面以下 1m 左右，浇筑第一节护壁，浇筑混凝土 24h 后可拆模。施工中严格控制护壁质量，并派专人经常检查桩孔混凝土护壁施工质量和变形情况。

（6）施工场内的一切电源、电线路的安装和拆除，必须由持证电工专管，电器必须严格接地、接零和使用漏电保护器。各桩孔用电必须分闸，严禁一闸多用。

3）孔桩设计和防护

暂停挖孔时，应覆盖井口并设置安全防护围栏，围栏高度不低于1.2m，围栏采用钢管搭设。正在开挖的桩孔停止作业或每天施工完毕后将井口覆盖。严禁非工作人员进入施工现场。

4）雨季施工、洪水防护措施

（1）建立雨季值班制度，同气象部门建立合作关系，指定一名技术人员收听并做好气象预报记录，及时组织汛期检查。

（2）工具材料应妥善保管，袋装水泥、木构件在仓库存放，地材放在高处，防止被水冲走流失，钢筋、模板架空堆放。

（3）修整道路及排水设施，做到路基坚实、路面平整，保证道路、排水管道畅通，雨后不漏、不陷、不积水。

（4）所有机械工作棚要搭设完好，防止漏雨。机电设备要做好防雨、防淹措施，并安装接地安全装置，机电闸箱的漏电保护装置要灵敏可靠。

（5）做好排水设施，避免地表水及雨水流入孔内。

（6）定期检查排水管网及抽水设备的可靠性，提高快速反应能力。

（7）工地预备足够的防洪物资及设备，如草袋、雨布、大功率抽水机等，并严禁挪用。

（8）配备一定的自发电能力，以满足汛期突然停电情况下的防排水需求。

5）弃土处理

人工挖孔桩弃土地点在孔口1.5～2m以外堆起，在弃土堆起到1m高度左右时，将弃土进行转移处理。在浇筑护壁错落有序的节位，工人拉出渣土时，减少渣土出孔量，进行半桶提升，防止坠落对人体的打击伤害。挖出的土方将及时运走，井孔口周边1m的范围内，禁止堆放土石方，且堆土高度不大于0.8m。

5.2.4 安全重难点

（1）作业空间窄小

桩孔开挖时需新修便道，为防止运输车辆挤压塌孔，破坏边坡，严禁使用机动车到桩孔口附近运弃渣土，并注意汽车起重机的摆放。车辆距孔边距离不能小于4m。

孔底挖孔作业人员始终处在吊物下面作业，孔底空间有限，极易受到物体打击；挖孔作业人员上下桩孔容易失稳发生坠落。

（2）作业环境复杂

人工挖孔桩施工在地面以下，深度较大，有不确定地质因素存在。随着孔深的增加还会出现缺氧或严重缺氧，有时还会遇到致命的有毒有害气体。

（3）施工机具简单，但种类繁多，易造成伤害

施工提升机具包括卷扬机和吊桶。挖孔工具包括短柄铁锹、镐、锤、钎、风镐、水磨钻等。桩孔深度超过 5m，或孔内空气含氧量不足时要配鼓风机、输风管，有地下水时还应配潜水泵及胶皮软管等。

5.2.5 主要危险源

（1）高处坠落

地面作业人员或过往人员不慎坠入桩孔中；孔内作业人员在上下孔过程中或绑扎钢筋笼时失稳坠落孔底。

（2）物体打击

地面物体掉入桩孔中，孔中升降中的工器具掉下，吊桶或箩筐装载废弃土掉下，或绳索断裂、吊桶脱钩下落击中孔底作业人员。

（3）坍塌

孔壁没有护壁设施，或未按土质情况采取防流沙、涌泥措施，孔壁坍塌，掩埋孔底作业人员。

（4）机械伤害

人工挖孔桩施工中机械伤害，主要是施工机具的使用中，施工人员不按该机具的操作要求使用或非操作人员操作等，而发生机械伤人事故。

（5）触电

人工挖孔配备的施工机具中有部分电动机具和照明设施，因漏电造成作业人员触电。

（6）中毒窒息

标准空气中氧气量的体积比为 20.95%。体积比低于 18%时为缺氧，此时会有疲劳感，注意力减退，动作极易失误。空气中氧气体积比低于 12%时为严重缺氧，此时人有头痛、恶心、眼花、呕吐，甚至丧失意识、言行不能自主的症状。空气中氧气的体积比低于 6%时为致命缺氧，此时人心跳微弱，血压大幅下降，抢救不及时，就会因停止呼吸和心跳而死亡。

（7）起重伤害

起吊时因钢丝绳断丝严重造成钢丝绳断裂、重物掉落，或因吊具脱钩卡手滑脱造成重物掉落伤人。起吊中不正确操作可能造成吊物伤人或机械倾覆等事故。

（8）中暑

在气温高、湿度大的环境中，从事重体力劳动，发生体温调节障碍，水、电解质平衡失调，心血管和中枢神经系统功能紊乱。

5.2.6 安全保证措施

在进行人工挖孔桩施工时，首先应做好孔口围护措施。井孔周边必须设置安全防护围栏，高度不低于1.2m，围栏搭设必须牢固，正在开挖的桩孔停止作业或已挖好的成孔，必须设置牢固的盖孔板，非工作人员禁止入内。挖孔作业的工人均选用健壮男青年，并具备两年以上挖孔桩施工经验，并须经体检和井下、高空、用电、吊装及简单机械操作等安全作业培训且考核合格后，方可进入现场施工。孔内作业时，孔口上面必须有2人以上监护，不得擅自离岗，且应设置警示标志，夜间有红灯指示，安全巡视人员严禁非施工人员进现场，施工车辆通行不得对井壁安全造成影响，夜间或不施工时要用竹胶板盖住洞口。挖出的土方应及时运离孔口，不得堆放在孔口四周1m范围内，混凝土锁口上不得放置工具和站人，孔口盖板如图5-3所示。孔内作业人员必须头戴安全帽、身系安全带，特殊情况下还应戴上防毒防尘面具。利用吊桶运土时，必须采取相应的防范措施，以防落物伤人，电动葫芦运土应检验其安全起吊能力后方可投入运行。施工中应随时检查垂直运输设备的完好情况和孔壁情况。

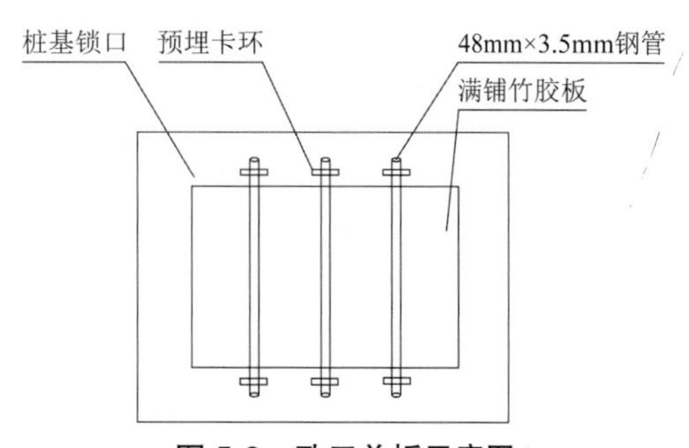

图5-3 孔口盖板示意图

1）孔口人员防坠的预防措施

为了防止施工人员在上下桩孔、钢筋笼安装、混凝土浇筑时坠落，不得用人工拉绳子运送人员或脚踩凸缘上下桩孔，而必须另配钢丝绳及滑轮且有断绳保护装置的吊笼，或使用安全爬梯上下，孔内必须设置应急软爬梯或设置尼龙绳，并随挖孔深度增加延长至工作面，供人员应急使用。井孔内必须设置应急使用的安全绳和软爬梯，安全绳和爬梯在井口采用预埋1m长ϕ50mm的钢管与井口固定，井内人员必须乘专用吊笼上下，不得乘坐吊桶或脚踩护壁上下井孔。软绳爬梯固定如图5-4所示。

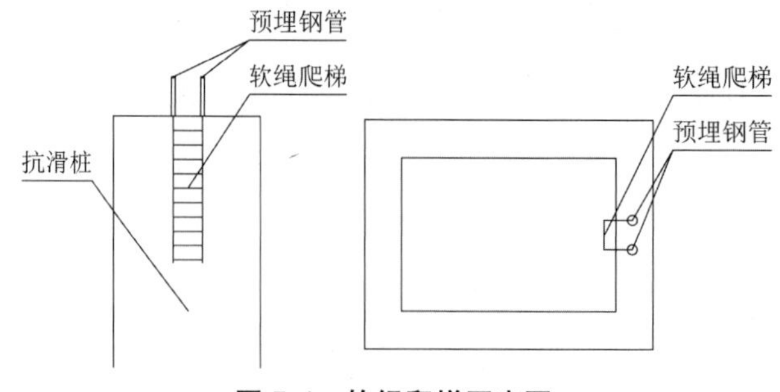

图5-4 软绳爬梯固定图

2）坠物落入孔内的预防措施

在工程施工时，对工人进行管理的同时，应安排专人把挖出的土石方及时运离孔口，且不得堆放在孔四周1m范围内。孔深挖至超过挖孔人身高时，在桩孔口或孔内装设靠周壁略低的防护板，防护板采用木板加枋木拼装，采用预埋钢管支撑，并随着孔深增加而往作业面下引，吊渣桶上下时，孔下作业人员应避于防护板下。安全遮盖示意如图 5-5 所示。

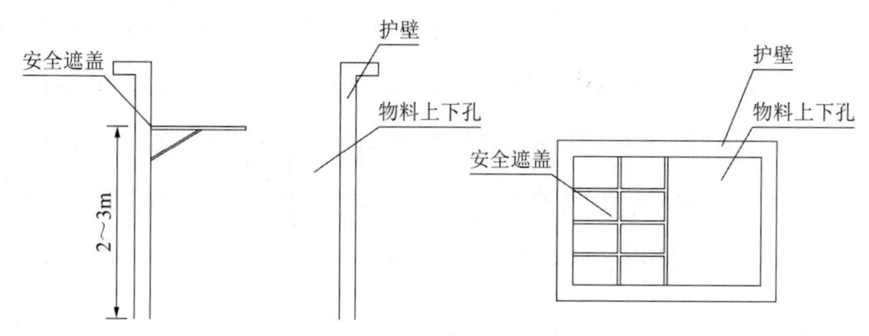

图 5-5 安全遮盖示意图

3）起重工具失灵的预防措施

在开工前应该检查起重工具的各个部位是否完好，防止施工过程中吊索断裂导致的物体打击。使用的电葫芦、吊笼等应安全可靠并配有自动卡紧保险装置，电葫芦宜用按钮式开关，上班前、下班后均应有专人严格检查并且每天加足润滑油，保证开关灵活、准确；铁链无损，有保险扣且不打死结；钢丝绳无断丝。支架应稳定牢固，使用前必须检验其安全起吊能力。

4）孔内有害气体含量超标造成事故的预防措施

在施工过程中，施工人员每隔 2h 出孔休息并用鼓风机向孔内送风 5min；当人工挖孔桩深度超过 6m 时，应配备专门向孔内送风的设备，风量不宜小于 25L/s；孔底凿岩时应加大送风量。人工挖孔作业一旦发生人员中毒、窒息等事故，必须在现场按应急措施规范要求实施抢救，根据情况及时送医院进一步抢救治疗，并报当地建设行政主管部门和劳动、卫生部门，以便采取相应措施。

5）防触电措施

在施工过程中会使用潜水泵进行抽水，为预防触电必须抽完水后才允许挖孔，并且采用动作电流为 15mA 的漏电保护器。当地下涌水量较大时，可用深水泵代替潜水泵抽水，深水泵抽水时是将抽水管伸到桩内抽水，抽水管不带电，这样就可以边抽水边挖土。

水泵的安装应牢固、平稳，有防雨措施。多台水泵并列安装时，间距不小于 80cm。管径较大的进出水管，须用支架支撑，转动部分应有防护装置；电动机轴应与水泵轴同心，螺栓要坚固，管路密封，接口严密，吸水管阀无堵塞，无漏水；运行中，若出现漏水、漏气、填料部位发热、机温升高、电流突然增大等不正常现象，应停机检修。

施工现场的一切电源、电路的安装和拆除必须由持证电工操作。用电设备必须严格接地或接零保护且安装漏电保护器，各桩孔用电必须分闸，严禁一闸多用。孔上电缆必须架空，严禁拖地和埋压在土中，孔内电缆、电线必须采用护套等具有防磨损、防潮、防断等功能的保护措施。孔内照明应采用安全矿灯或 12V 以下的安全灯。孔中操作工应戴工作手套，穿绝缘胶鞋。

6）塌孔的预防措施

（1）流沙导致塌孔

因 C2～C4 段支挡抗滑桩临近龙凤溪，地下水丰富，易出现流沙等导致井壁下陷或崩塌，因此在遇到抗滑桩地下水丰富时，护壁可采用以下方法进行处理。首先，将护壁减少到 50cm 一节，在开挖前用长 1.5～2.0m 的钢筋每隔 15cm 沿壁侧 45°向孔周土体打入，然后用稻草塞住侧壁，使水能流出来而流沙大部分流不出来。护壁混凝土的钢模可晚点再拆除使护壁混凝土达到足够的强度，如水量较大时，护壁的钢模可不拆除，以增加护壁的刚度。

（2）机械振动、车辆通行对护壁的影响

因施工场地的限制，施工道路距离边桩很近，车辆通行产生的振动对护壁的安全也会造成不利的影响。施工时除针对以上塌孔原因采取相应的措施以外，在下孔施工前、施工中还应观察护壁有无裂缝，如有裂缝，则应报告上级，待查明情况，采取安全防护措施，确保安全后下方可继续施工。

7）机械伤害的预防措施

制好技术措施，对操作工人做好安全技术交底，且做好记录；认真执行检查制度，确保特殊作业人员持证上岗。

设备部门把好质量关，做好进退场的检查记录工作，安装好机械的防护装置，按部颁标准进行验收并定期检查、维修。

划定施工作业范围，保持道路畅通，检查边坡稳定，非作业人员不得进入施工现场。

相关人员要经过相应的培训，考试合格方能上岗作业。

8）临时防排水措施

排水沟设置在抗滑桩临土侧 1m 处，采用 C15 混凝土硬化，并设置不大于 15m 的纵向排水沟，将坡顶水排至抗滑桩桩背土侧。

9）雨季开挖

（1）桩孔处施工平台内外快速路侧坡顶 2m 外设截水沟，邻近的场区侧（下方）施工便道筑成向场区侧的单向坡路面，使施工废水、雨水随坡流入远离人孔桩施工现场的场内排水系统。

（2）人孔桩施工平台区域不允许积水。

（3）施工前准备好足够数量的彩条布，以防止在开挖施工中突遇暴雨，随时对四周放坡土体进行遮盖。

（4）雨季开挖前必须检查施工现场周边的排水沟是否畅通，排水备用水泵及防水材料是否进入现场。

（5）施工中，保证工地库存抽水泵不少于 12 台，其中扬程为 100m 的 8 台，以随时应对突降暴雨。

（6）当遇雨季或暴雨时，应落实好施工区域的排水措施，并随时保持完善和畅通，严防地面雨水倒流或回流。

（7）大雨或暴雨时暂停桩孔开挖，待雨停后，进行全面抽、排水，并对桩孔壁稳定性、安全性进行全面检查后，再继续施工。

5.2.7 质量保证措施

施工准备阶段质量技术控制措施、桩身钢筋骨架连接及钢筋绑扎质量技术控制措施、模板安装质量技术控制措施、浇筑混凝土质量技术控制措施、拆模及养护（地上桩）等相关保证措施。

5.3 制度措施

5.3.1 安全生产责任制度

建立健全各级各部门的安全生产责任制，责任落实到人。各项经济承包有明确的安全指标和包括奖惩办法在内的保证措施。建立安全风险抵押金制度，项目经理部将预留一定额度的安全风险抵押金。对安全事故责任者除按有关规定处罚外，还将扣除安全风险抵押金。

5.3.2 安全教育培训制度

工人在上岗前，进行安全教育，针对本工程的特点，定期进行安全生产教育，培养安全生产必备的基本知识和技能。有计划地对重点岗位的生产知识、安全操作规程、安全生产制度、施工纪律进行培训和考核。

5.3.3 特殊工种持证上岗作业制度

对专职安全员、班组长、从事特种作业的架子工、钢筋工、起重工、电气焊工、电工、场内机动车辆驾驶员等，必须严格进行安全教育、考核、复验，经过培训考试合格，获取操作证者才能持证上岗。对已取得上岗证者，要进行登记存档，操作证必须按期复审，不超期使用，名册齐全。

5.3.4 安全检查制度

（1）项目经理部要建立定期安全检查制度，规定定期检查日期、参加检查的人员。经理部每周检查一次，作业班组每天检查一次，非定期检查视工程情况。尤其在施工准备前、危险性大、采取新工艺、季节变化、节假日前后等情况下都要进行检查。

（2）对检查中发现的安全问题、安全隐患，建立登记、整改、消项制度。定人、定措施、定经费、定完成日期，在隐患没有消除前，采取可靠的防护措施。如果有危及人身安全的险情，立刻停止施工，处理合格后方可施工。

（3）安全检查与完善和修订安全管理制度结合起来。把安全生产责任制与各级管理者的经济利益挂钩，严明奖惩，保证“管理生产必须管安全”的制度真正落实。

（4）安全防护制度

在工程施工中，对安全有影响的重要环节，如深孔口开挖与支护以及易燃、易爆物品的购置，仓储、使用和运输等，在施工前，施工方案中应进一步制定具体可行的安全防护措施和实施细则，并报请监理工程师代表批准后，方可进行施工。开工前由技术人员进行书面技术安全交底，施工中严格执行安全规则，关键工序技术人员、安全员跟班作业，现场监督。

（5）安全评比制度

班组在班前要进行上岗交底、上岗检查、上岗记录并定期讲评，对班组的安全活动，要有考核措施。

5.4 监测监控措施

5.4.1 监测程序

项目部及施工班组安全员加强对人工挖孔桩现场施工的安全监控检测与巡查，确保施工安全始终处于可控状态。坚持做到工前布置安全，工中检查安全，工后讲评安全的“三工”安全检查制度，同工种上下班之间，工种上下工序之间，认真进行交接班检查，并做好记录。项目部安全工程师对施工现场每日检查不少于两次，及时消除事故隐患。

（1）开工前的安全检查。主要内容包括施工组织设计中是否有安全措施，施工机械设备是否配齐安全防护装置，安全防护设施是否符合要求，施工人员是否经过安全教育和培训。

（2）安全工程师、安全员日常巡回进行人工挖孔桩施工安全检查。检查重点为人员安全防护、施工用电、机械设备、高空作业、起吊运输等。

（3）专业性的安全检查。针对施工现场的重大危险源，对施工现场的特种作业安全、现场的施工技术安全及现场大中型设备的使用、运转、维修进行检查。

针对现场出现的安全隐患，安全工程师下发“事故隐患整改通知单”，或者要求现场整改。整改要求定整改措施，定责任人，定整改期限。

5.4.1 监测内容

（1）桩基施工过程中边坡和地面位移变形监测。

（2）孔壁变形及孔内有毒有害气体监测。

（3）成桩的位移和变形监测。

（4）孔口塌陷监测、孔口上下边坡稳定性监测方法。现场安全员每天进行目测并记录有无发生变形，在孔口上方和边坡周围采用水准点进行测量并复测，监测有无发生变化。

（5）有害气体监测。当孔桩超过 5m 时，下孔前必须用通风设备进行通风，然后把气体检测仪送入孔内，如发生报警则表明孔内存在有毒有害气体。

（6）护壁裂缝监测。孔桩作业人员配合现场安全员在发生护壁裂缝孔内进行测量，如发现裂缝在不断变宽变长，则必须重新加固或浇筑护壁混凝土。

5.4.2 监测方式

（1）日常巡查及孔桩开挖期间观察

每周加强现场巡查及通过开挖期间对临时边坡、孔壁的观测，掌握边坡及孔内状况，进而核对地质资料，外观上粗略判断临时土体的稳定性。

（2）坡顶水平位移和竖向位移观测

通过在边坡顶部及孔内护壁上布设的水平位移和竖向位移观测点，掌握施工过程中两侧边坡的稳定性，进而确保孔桩开挖施工过程的安全。

沉降观测利用 DSZ-2 型自动安平精密水准仪、FS1 型测微器或 DS05 水准仪、铟钢尺，采用水准导线法进行观测。仪器测读精度为 0.1mm，观测精度按二级变形测量的精度要求，即观测高差中误差≤0.5mm。

采用高精度的全站仪（徕卡 TCR402）和与之配套的强制对中觇牌等，测量方法为二级导线法。观测精度均按二级变形测量的精度要求，即沉降观测高差中误差≤0.5mm，水平位移观测点坐标中误差≤3.0mm。

（3）临时边坡及孔内护壁监测频率

开挖高度小于 3m 时，每周观测 1～2 次；开挖高度为 3～5m 时，每周观测 2～3 次；开挖高度为 5～10m 时，每天观测 1 次；开挖高度大于 10m 时，每天观测 1～2 次；边坡喷混凝土护面形成后，每周观测 1～3 次。另根据其变形速率、施工顺序、有无大雨等，监测频次适当增减。当各测点三个月内无新的变化量产生或该项目已基本完工时，停止该测点的观测；若发生异常变化，则提高观测频率并延长观测时间。

（4）监测频率

每天观测 2 次，时间为上午开工前，下午收工后。当观测时发现边坡或孔内护壁的位移量达到警界线状态，此时派观测人员加强孔口边坡的变形观测，随时报告最新状况，并及时汇报业主及监理，同时停止孔桩开挖作业，待采取措施后或边坡稳定后方可继续开挖。

若位移进一步扩大，分析原因并及时通知业主、设计、地质勘查等单位共同处理。

5.4.3 监测点布置

（1）沉降测点布设在边坡顶部邻近桩孔侧及孔内护壁上，边坡坡面测点间距为10～20m，孔内护壁则为每两节护壁设置一点，每个测点均进行水平位移和竖向位移观测。

（2）观测点埋设方法，边坡测点在坡顶上方地面用观测专用测点浇筑埋设，孔内护壁测点则在护壁上设置专用测点。另外，在开挖影响范围以外稳固、不易受到破坏且通视条件良好的地方相应埋设6个基准点，基准点布设方法同观测点。

5.4.4 监测仪器设备和人员配备

（1）监测仪器设备

监测设备配备见表5-2。

监测设备配备表 表5-2

序号	仪器名称	型号	单位	数量
1	水准仪	DSZ1	台	2
2	全站仪	徕卡 TS11	台	2
3	激光垂直仪	DZJ2OO	台	2
4	气体监测仪			

（2）监测人员配备及分工

监测人员配备及分工见表5-3。

监测人员配备及分工表 表5-3

序号	姓名	职务	职责	备注
1	×××	工区总工	全面负责监测工作	组长
2	×××	测量队长	测量、偏移监控	组员
3	×××	测量副队长	测量、偏移监控	组员
4	×××	测量员	测量、偏移监控	组员
5	×××	测量员	测量、偏移监控	组员
6	×××	安全员	气体监测	组员

5.4.5 监测频率及预警值

人工挖孔桩施工监测频率及预警值统计见表5-4。

人工挖孔桩施工监测频率及预警值统计表　　表 5-4

序号	监测项目	监测频率	报警基准值（mm）	备注
1	水平位移	2 次/d	30	
2	竖向位移	2 次/d	20	
3	空气质量监测	施工前		

5.4.6 监测信息反馈

每次量测后，及时对量测数据进行整理与分析，并绘制相关的图表资料。若发现量测数据异常或遇到险情时，立即启动应急措施。

本工程桩基开挖施工作业坚持“动态法设计、信息法施工、逆作法施工”原则。即在施工过程中进行动态管理、动态方案设计与施工，针对工程实际情况和有关监测信息的反馈数据适时采取相应的措施或制定专门的施工技术方案、召开专项技术研讨会等，对现场施工实时跟进，确保现场施工安全。

本工程施工监测由第三方单位进行，有关监测数据和分析结果及时提交本项目技术管理部门，技术部门和现场施工人员根据有关监测数据分析结果对现场施工作业进行调整或采取相应措施。本工程应特别加强顺层边坡段、高压铁塔、内环快速路侧等的巡视和监测，有关监测结果必须及时反馈，并参照有关规范规定和结合现场实际情况采取相应措施，实行动态管理，必要时启动应急预案。监控量测具体内容详见专项方案。

6 施工管理及作业人员配备和分工

6.1 施工管理人员

针对本工程的工程量及工期要求，选派管理能力强、技术水平高的管理及技术人员，并组织一批工种齐全、操作业务熟练的技术工人。项目主要管理人员配置见表6-1，项目部主要人员职责见表6-2。

项目主要管理人员配置表 表6-1

序号	部门	岗位名称	姓名	职称	专业
1	项目领导	项目经理	×××	高级工程师	土木工程
2		总工程师	×××	高级工程师	土木工程
3		副书记	×××	政工师	工商管理
4		安全总监	×××	高级工程师	土木工程
5	项目工程部	副部长	×××	工程师	测绘工程
6		测量工程师	×××	工程师	工程测量
7	项目安监部	部长	×××	工程师	土木工程
8	项目物资部	部长	×××	工程师	机械自动化
9	项目财务部	部长	×××	助理会计师	会计电算化
10	项目计合部	部长	×××	工程师	工程造价
11	项目办公室	主任	×××	政工师	工商管理
12	中心试验室	试验室主任	×××	工程师	土木工程
13	分部领导	执行经理	×××	工程师	土木工程
14		总工程师	×××	工程师	铁道工程
15		安全总监	×××	工程师	土木工程
16		副经理	×××	工程师	土木工程
17	分部安监部	部　长	×××	工程师	安全工程
18	第二试验组	主　任	×××	工程师	无机非金属
19	生产保障部	部　长	×××	工程师	土木工程

项目部主要人员职责 表 6-2

序号	岗位	职责
1	项目经理	（1）贯彻质量方针和目标，建立组织机构，统筹资源配置； （2）全面主持项目生产工作，确保项目合同的全面履行； （3）定期组织安全、质量大检查，主持制定并改进方案中各项施工保证措施； （4）接受上级单位对项目管理的检查、监督、考核和审计
2	副经理	（1）负责主持项目施工管理工作，统筹施工进度控制、文明施工、环水保、文物保护、后勤保障、行政事务等工作； （2）协助项目经理做好施工组织与协调工作，及时、准确地掌握工程施工情况，为项目经理提供决策依据； （3）协调各部室及外部关系
3	总工程师	（1）全面负责项目工程的施工技术管理工作，主持编制本项目工程的实施性施工组织设计和重大技术方案、技术难题的审定，并督促实施； （2）督促检查采购物资、设备的控制，加强施工全过程的工序控制，主持对不合格品的评审和处置； （3）组织推广和应用新技术，编写有关成果报告，组织竣工文件的编制及验收交接工作
4	安全总监	（1）协助项目经理做好安全生产和环境保护工作，对安全负有重要监督管理责任； （2）参加重大安全事故调查，督促检查和指导推进安全管理责任体系的落实； （3）组织项目安全专项施工方案的编制、评审工作；并对各项安全评价、验收工作负责； （4）负责进行危险源辨识、风险评估并根据风险评估情况组织制定预控措施，审查应急预案，并监督实施
5	计划合同负责人	（1）协助项目经理负责工程项目合同（主合同和联合体协议）的管理； （2）负责工程项目责任成本监督管理及商务策划工作； （3）负责指导项目的验工计价和二次经营管理工作； （4）掌握工程质量与工程进度情况，检查合同履约执行情况
6	技术质量负责人	（1）负责项目的质量检查工作，严格按设计、技术、工艺要求和标准，组织检验及状态控制，并对其工作质量负责； （2）组织进行质量教育和质量检查控制，督促做好工序质量管理工作
7	试验负责人	（1）负责项目的试验检测工作，提交工程质量检验分析报告； （2）执行现行的国家标准和作业规程，负责原材料的进场检验和生产过程中的试验、计量管理工作，并对其工作质量及准确性负责
8	测量负责人	（1）负责全线线路的测量工作； （2）保证其测量放线准确、精度满足规范要求，保管各种内、外业测量资料
9	物资设备负责人	（1）负责项目施工材料采购、机械设备配置； （2）确保项目施工生产材料、机械设备配置满足施工要求

6.2 专职安全生产管理人员

根据本工程主体基坑开挖支护需求及工期进度计划等，施工期间专职安全生产管理人员配置见表 6-3。

专职安全生产管理人员表 表 6-3

序号	岗 位	姓名	职 责
1	项目安全总监	×××	负责安全管理、保障工作
2	项目部安全环保部部长	×××	负责现场施工安全管理工作
3	专职安全员	×××	由现场施工队带班人员兼职

6.3 特种作业人员

根据本工程主体基坑开挖支护施工现场作业工序配备满足施工要求的特种作业人员，见表6-4。

特种作业人员配置表　　表6-4

序号	岗　位	姓名	职　责
1	电工	×××	负责现场施工电力配置与维护
2	焊工	×××	负责现场施工电焊作业
3	汽车起重机司机	×××	负责现场施工吊装作业
4	起重工	×××	负责指挥现场吊装作业
5	信号工	×××	负责指挥吊车司机作业
6	司索工	×××	负责吊车吊装的捆绑和挂钩

6.4 其他作业人员

根据本工程整体施工进度计划，配置基坑开挖支护作业施工人员，见表6-5。

施工人员配置　　表6-5

序号	岗　位	姓名	职　责
1	钢筋工	×××	负责钢筋下料、运输至现场、安装绑扎等
2	模板工	×××	负责模板安装、拆卸等
3	混凝土工	×××	负责浇筑混凝土、养护等
4	其他	×××	负责现场施工、环境卫生、指挥等

7 验收要求

7.1 验收标准

严格按照设计图纸组织施工，以相关验收要求进行验收。

（1）工程项目招、投标文件及后续项目的有效变更。

（2）批准的设计文件、施工图纸及施工说明。

（3）双方签订项目施工合同。

（4）设计变更通知书。

（5）国家/行业的相关施工验收规范及质量验收标准，设备厂家的功能、性能标准。

7.2 验收程序

验收流程为桩基开挖完工→内部验收→验收整改→编制报审资料→外部验收→验收整改→整改确认，具体内容如下：

（1）项目自检合格后，项目经理向建设单位上报工程验收申请单，提请项目外部验收。

（2）工程项目外部验收，由施工项目经理发起，向建设单位提交验收申请单，并申请建设单位组织验收。

（3）外部验收结束，由验收小组签署验收报告并盖章。

（4）外部验收小组有提出整改事项的，施工项目经理应立即组织进行整改并承诺整改完成时间。整改完成，形成整改记录，同时复请建设单位复验合格后，签署整改完成确认单，作为外部验收报告附件。

7.3 验收人员

（1）建设单位项目负责人。

（2）监理单位项目总监理工程师及专业监理工程师。

（3）施工单位项目负责人、技术负责人、专项施工方案编制人员、项目专职安全生产管理人员。

（4）地质勘查、设计和监测单位项目技术负责人。

（5）专家论证组人员。

（6）建设行政主管部门相关人员。

7.4 验收内容

（1）大于 16m 人工挖孔桩专项施工方案编制、审批（建设、监理、施工），专家论证记录及闭合情况。

（2）建设单位与监测单位签订的合同、资质审批、监测方案、监测报告定期反馈；施工单位监测记录。

（3）按规定编制危险性较大的分部分项工程清单及重大危险源公示；进行安全生产培训教育，专项方案实施前，编制人员或项目技术负责人应当向现场管理人员进行专项方案交底，现场管理人员应当向施工作业班组、作业人员进行安全技术交底，并签字确认。应急救援预案编制及演练。

（4）施工过程隐蔽及验收资料。

（5）核查项目合同约定范围的全过程内容是否全部完成，是否满足客户需求，有无漏项，增减的内容，变更手续是否齐全。

（6）按照施工设计图纸，核查项目所属各工序是否全部完成，并经过现场签认确定，必须符合项目验收程序。

（7）防坍塌措施（护壁高度、厚度、配筋及搭接）落实情况。

（8）防中毒和窒息措施、防高坠措施、防物体打击措施、防坍塌措施、防触电等安全措施落实情况。

（9）人工挖孔桩验收标准。原材料、混凝土强度和地基持力层必须符合设计及施工规范要求；钢筋安装时，钢筋的品种、级别、规格和数量必须符合设计要求；桩位、孔深必须符合设计要求。灌注桩的桩径、垂直度及桩位允许偏差见表 7-1，干作业成孔灌注桩质量检验标准见表 7-2。

灌注桩的桩径、垂直度及桩位允许偏差 表 7-1

成孔方法	桩径允许偏差（mm）	垂直度允许偏差	桩位允许偏差（mm）
人工挖孔桩	≥0	≤1/200	≤50 + 0.005H

注：H为桩基施工面至设计桩顶的距离（mm）。

干作业成孔灌注桩质量检验标准 表 7-2

项目	序号	检查项目	允许偏差或允许值		检查方法
			单位	数值	
主控项目	1	承载力	不小于设计值		静载试验
	2	孔深及孔底土岩性	不小于设计值		测钻杆套管长度或用测绳、检查孔底土岩性报告
	3	桩身完整性			钻芯法（大直径嵌岩桩应钻至桩尖下 500mm），低应变法或声波透射法

续上表

<table>
<tr><th rowspan="2">项目</th><th rowspan="2">序号</th><th rowspan="2" colspan="2">检查项目</th><th colspan="2">允许偏差或允许值</th><th rowspan="2">检查方法</th></tr>
<tr><th>单位</th><th>数值</th></tr>
<tr><td rowspan="2">主控项目</td><td>4</td><td colspan="2">混凝土强度</td><td colspan="2">不小于设计值</td><td>28d 试块强度或钻芯法</td></tr>
<tr><td>5</td><td colspan="2">桩径</td><td colspan="2">见表 7-1</td><td>井径仪或超声波检测，干作业时用钢尺量，人工挖孔桩不包括护壁厚</td></tr>
<tr><td rowspan="9">一般项目</td><td>1</td><td colspan="2">桩位</td><td colspan="2">见表 7-1</td><td>全站仪或用钢尺量，基坑开挖前量护筒，开挖后量桩中心</td></tr>
<tr><td>2</td><td colspan="2">垂直度</td><td colspan="2">见表 7-1</td><td>经纬仪测量或线锤测量</td></tr>
<tr><td>3</td><td colspan="2">桩顶高程</td><td>mm</td><td>+30
−50</td><td>水准测量</td></tr>
<tr><td>4</td><td colspan="2">混凝土坍落度</td><td>mm</td><td>90～150</td><td>坍落度仪</td></tr>
<tr><td rowspan="5">5</td><td rowspan="5">钢筋笼质量</td><td>主筋间距</td><td>mm</td><td>±10</td><td>用钢尺量</td></tr>
<tr><td>长度</td><td>mm</td><td>±100</td><td>用钢尺量</td></tr>
<tr><td>钢筋材质检验</td><td colspan="2">设计要求</td><td>抽样送检</td></tr>
<tr><td>箍筋间距</td><td>mm</td><td>±20</td><td>用钢尺量</td></tr>
<tr><td>笼直径</td><td>mm</td><td>±10</td><td>用钢尺量</td></tr>
</table>

8 应急处置措施

8.1 应急保障体系

8.1.1 应急处置领导小组组成

项目部成立应急处置领导小组，项目经理是应急处置领导小组的第一负责人，担任组长，负责紧急情况处理的指挥工作。安全总监任副组长负责紧急情况处理的具体实施和组织工作，组长不在或授权时，副组长按序行使组长的权力，成员由项目部部室负责人以上成员、现场专职安全员及施工队负责人组成。应急处置领导小组机构如图 8-1 所示，事故发生应急处理流程如图 8-2 所示。

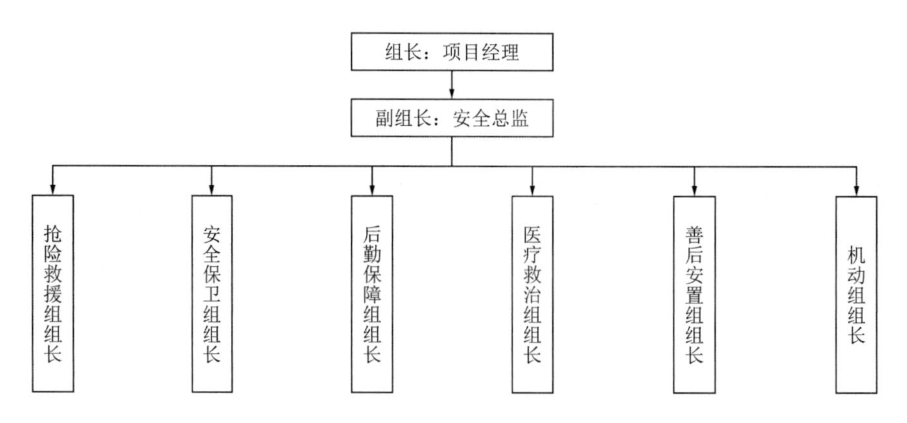

图 8-1　应急处置领导小组机构图

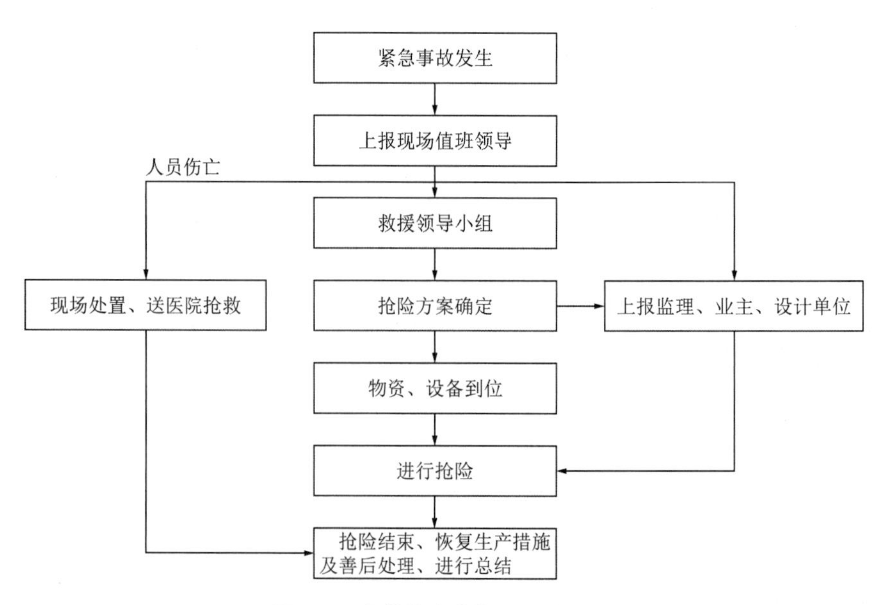

图 8-2　事故发生应急处理流程图

8.1.2 应急处置领导小组成员职责

略

8.1.3 应急救援小组组成及职责

1）应急救援小组机构及组成

应急救援小组机构如图 8-3 所示。

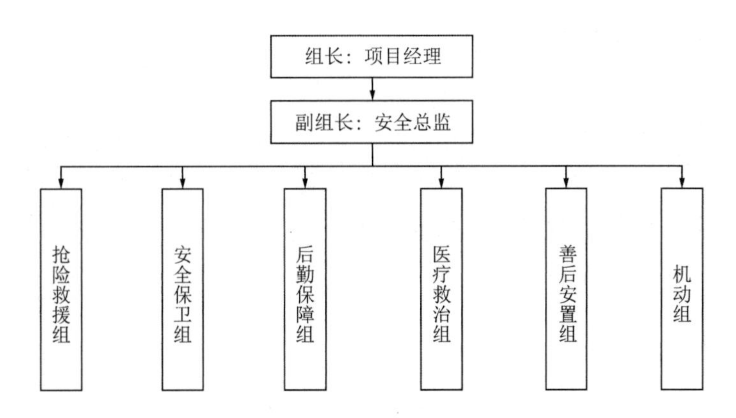

图 8-3 应急救援小组机构图

2）各应急救援工作小组及职责

（1）抢险救援组。负责现场伤员的搜救、损失设备的安全转移，及时控制危险源。

（2）安全保卫组。负责对事故现场及周围人员进行防护指导、人员疏散及物资转移等工作。接警后，督促所有员工立即离开工作岗位，从安全道路有秩序地撤离。员工疏散顺序是先现场人员，再附近工人，最后各部门负责人和安全员。安全撤离后，禁止员工未经许可重返事故现场。负责隔离事故现场、保护事故现场事故，禁止无关人员和车辆进入危险区域，协助人员抢救和疏散，防止有人借机偷盗和破坏财物。

（3）医疗救治组。负责抢救和临时处置事故现场伤员，负责护送重伤员到相应医院救治。有权禁止人员进入情况不明的现场，防止人员伤亡事故扩大。

（4）后勤保障组。统筹协调应急救援所需物资设备，保障应急救援物资供应。

（5）善后安置组。根据人员伤亡或失踪情况，负责联络和接待其家属，处理有关医疗费用、赔偿、抚恤等事宜。

（6）机动组。负责对主要运输道路进行疏导及后勤保障，并协助其他组开展抢险救援工作。

8.1.4 应急救援工作流程

1）报告程序

报告程序：事故发现人→项目经理→投资公司、业主代表、监理单位→轨道公司→政府部门。

一旦发生突发事件，项目经理必须在第一时间内向现场业主代表和监理单位汇报。如遇信息不畅，项目部可越级上报。

2）处理程序

（1）险情发生时，项目经理、项目副经理、总工程师立即到现场组织成立应急处置领导，小组的构成由项目经理确定，应急救援小组将全权负责事故的应急措施、方案制定、预案实施。

（2）险情发生后，现场除应及时采取必要的抢险应急措施外，必须在第一时间内通知项目经理，由项目经理立即向各职能部门进行通报，同时进行救援人员组织，当人员不足时，由小组组长进行统一安排。

（3）险情发生后，由相应的工程师及负责人在12h内作出书面报告，报项目经理及项目副经理，报告的内容包括事故发生的时间、地点、事故发生的简要经过、事故损失的初步估计、事故发生原因的初步判断、事故发生后采取的措施及事故控制情况等。

（4）险情发生后，当事人（指全体员工，当有班长在场时，由班长执行）应在第一时间内将事情的经过、事态向项目部汇报；在第一时间内组织人员进行抢救（当抢救不过来，并危及抢救人员安全时，应组织人员撤离到安全区域内，对事态的发展进行临时隔离，防止事态的发展、蔓延）；第一时间内保护现场，并对现场进行隔离；第一时间内将事态控制在稳定范围内。

3）项目应急救援联络工作

由项目部综合办公室负责。

（1）项目部应急联络电话

综合办公室：姓名及联系方式。

（2）对外应急求救

发生安全事故后，项目部无法处理时要及时拨打消防救助电话 119，发生人员伤亡及时拨打急救电话120或距施工现场最近的当地人民医院电话。

（3）上报电话

监理单位：姓名及联系方式。

中铁建西南投资公司：姓名及联系方式。

重庆市轨道集团：姓名及联系方式。

应急救援流程如图8-4所示。

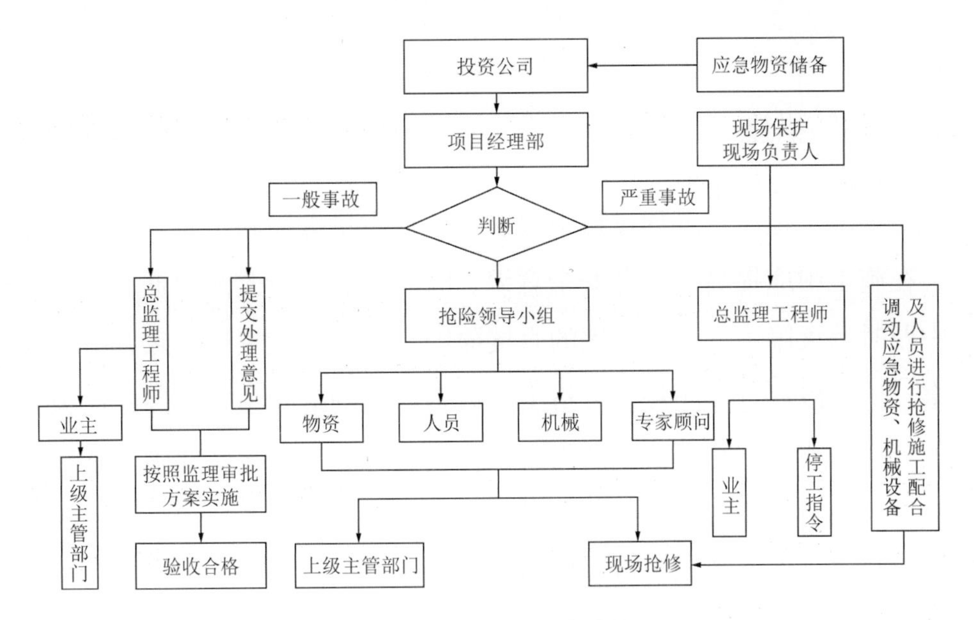

图 8-4 应急救援流程图

8.2 安全预防措施

8.2.1 高处坠落预防措施

（1）选用证照齐全合格的安全帽、安全带，并正确佩戴。

（2）在大于或等于 2m 高处作业时必须系好安全带，戴好安全帽，安全带使用时应垂直悬挂，高挂低用，并要求做到挂点牢固可靠。

（3）高空作业或在 1.5～2m 高的物体上行走时应采取有效的安全防护措施，以防作业人员坠落滑倒受伤。

（4）孔口周边、上下走道安装高度不低于 1.2m 的二道防护栏杆。

（5）严禁作业人员在各种操作平台上休息。

（6）工人上下孔设置钢爬梯，严禁乘吊桶上下。

8.2.2 物体打击预防措施

（1）做好“三宝四口五临边”防护。

（2）专人指挥吊装作业，在高处修理机械设备或起重吊装重物时，下面严禁人员工作、停留和通过，地面人员必须站在安全距离以外。

（3）加强安全巡查，孔口周边 2m 范围内禁止堆物或有施工机械行走。

（4）禁止高处抛物，工具物料放置牢固。

（5）孔内钢筋绑扎，不得立体交叉作业。

（6）提升机出渣时，孔下作业人员不得站在吊桶下，且单次最大提升荷载不得超过

300kg。

8.2.3 坍塌预防措施

孔口坍塌主要由于地质、管理过程中失误、工程质量等原因引起。孔口坍塌事故主要以预防为主，在施工中应提高管理者安全意识、时时动态分析监测数据、确保工程质量。在施工过程中及时消灭隐患。孔口坍塌的直接原因是支护系统失稳导致，引起支护系统失稳的原因很多，但可以通过监测数据分析出孔口坍塌前的危险预兆，因此在施工过程中应根据监测数据分析查找危害孔口安全的因素，将安全隐患消灭在萌芽中。孔口如果发生坍塌应立即启动应急预案，采取以下措施。

（1）发生事故时立即对受伤人员进行抢救。

（2）挖掘被掩埋伤员，及时脱离危险区。

（3）清除伤员口、鼻内泥沙、凝血块、呕吐物等，将昏迷伤员的舌头拉出以防窒息。

（4）进行简易的包扎、止血或简易固定骨折。

（5）对呼吸、心跳停止的伤员予以心脏复苏。

（6）尽快与120中心取得联系，详细说明事故地点、严重程度，并派专人到路口接应。

（7）加强排水、降水措施。加强支护如支撑、加桩板等，对边坡薄弱环节进行加固处理。

（8）如塌方由坑（槽）边弃土、堆料或其他机械设备作用所致，则应迅速运走弃土、材料或机械设备。

（9）排水、降水，特别应有效地降低地下水位。

（10）加强支挡措施，如增设支撑、打桩等，加强护坡措施，减缓坡度。

（11）为滑坡体减重，如削去部分坡体，运走堆置的土方材料或设备。

8.2.4 机械伤害预防措施

（1）防护装置。空压机等机械设备的外露传动轴、转动轴、齿轮、叶轮、皮带轮、皮带等凡是人体能够触摸的地方都必须安装防护罩封闭，防护罩必须有足够的强度与刚度，性能合格，安装必须牢固可靠，对可移动式的防护罩要用锁卡装置锁紧，以防松动；防护罩上严禁站人，严禁人坐在其上操作；每台提升机均安装防坠设备，以保证作业安全。

（2）遵守规程、正确操作。施工中操作人员严格遵守各种工艺施工安全操作规程，手持工具应正确操作，做到“三不伤害”。

（3）挖掘机、吊车等机械作业半径内严禁有人走动或作业，派有专人指挥。

（4）作业人员正确佩戴劳动防护用品。

8.2.5 触电预防措施

加强现场用电管理，现场所用电箱必须使用贴有“CCC”认证标志的电箱，接地装置完好；所有用电设备必须“一机一闸、一漏一保一开关”，电缆满足三相五线制要求，单相用电设备电缆必须为三芯电缆，电缆粗细必须满足用电设备功率和绝缘性要求，且用电设备必须有可靠有效的接地装置，做到防患于未然。

（1）触电事故发生后，事故发现者第一时间内应向现场负责人报告或呼救。在未切断电源的情况下，事故发现者不要与伤员直接接触。

（2）现场应急救援总指挥接到报告后，立即启动应急预案，通知各应急救援小组进行应急救援行动，同时向上级报告。

（3）救援小组抵达事故现场后，首先要查看和寻找电源，在切断电源后，对伤员进行救护，并在最短的时间内将伤员送到就近医院抢救。

（4）如因电器故障引发火灾，在抢救伤员的同时，全力灭火，同时打 119 报警，并尽可能抢救、转移受火灾危及的财产和物资。

（5）抢救行动结束后，救援总指挥指定专人保护好事故现场，便于事故调查。

8.2.6 窒息或中毒预防措施

施工现场项目部建立预防窒息中毒应急预案，并制定应急救援措施。地下特殊地层中因有机物腐化或其他化学物质往往含有 CH_4、SO_2、H_2S 或其他有毒气体，可能造成毒气中毒甚至死亡事故，故当挖孔深度超过 5m 深度时，每日开工前检测井下有无危害气体和不安全因素，配备专门送风设备，风量不小于 25L/s，并采用风力压管引至井底进行送风。特别是对存在臭水、污泥和异味的井口，下井作业前应对井内送风，送风时间要超过 20min，并用气体检测仪活禽等检测，确认无有毒气体后方可下井。作业过程中要不间断送风，以防有害气体中毒窒息事故发生，地面还需常备氧气瓶等急救设备，并且配备相应的有一定窒息中毒抢救知识的专业人员在现场按应急救援措施实施救援和抢救，根据情况及时送医院进一步抢救治疗，并根据事故调查处理相关规定报相关部门。

8.3 事故急救措施

8.3.1 触电事故现场急救措施

（1）有人触电时，抢救者首先要立刻断开近处电源（拉闸、拔插头），如触电距开关太远，用电工绝缘钳或干燥木柄铁锹、斧子等切断电线断开电源，或用绝缘物如木板、木棍等不导电材料拉开触电者或挑开电线，使之脱离电源，切忌直接用手或金属材料及潮湿物件直接去拿电线和触碰触电人，以防止解救的人再次触电。

（2）触电人脱离电源后，如果触电人神志清醒，但有些心慌、四肢麻木、全身无力；或者触电人在触电过程中曾一度昏迷，但已清醒过来，应使触电人安静休息，不要走动，严密观察，必要时送医院诊治。

（3）触电人已失去知觉，但心脏还在跳动，还有呼吸，应使触电人在空气清新的地方舒适、安静地平躺，解开妨碍呼吸的衣扣、腰带，若天气寒冷要注意保持体温，并迅速请医生（或打 120）到现场诊治。

（4）如果触电人已失去知觉、呼吸停止，但心脏还在跳动，尽快把他仰面放平进行人工呼吸，并迅速请医生（或打 120）到现场诊治。

（5）如果触电人呼吸和心脏跳动完全停止，应立即进行人工呼吸和心脏胸外按压急救，并迅速请医生（或打 120）到现场诊治。

8.3.2 机械伤害事故现场急救措施

发生机械伤害事故后，现场人员不要害怕和慌乱，要保持冷静，迅速对受伤人员进行检查。

（1）急救检查应首先查看神志、呼吸，接着摸脉搏、听心跳，再检查瞳孔，有条件时应测量血压。检查局部有无创伤、出血、骨折、畸形等，根据伤者的情况，有针对性地采取人工呼吸、心脏按压、止血、包扎、固定等临时应急措施。

（2）迅速拨打急救电话，向医疗救护单位求援。

（3）遵循“先救命、后救肢”的原则，优先处理颅脑伤、胸伤、肝、脾裂等危及生命的内脏伤，然后处理肢体出血、骨折等伤。

（4）检查伤者呼吸道是否被舌头、分泌物或其他异物堵塞。

（5）如果呼吸已经停止，立即实施人工呼吸。

（6）如果脉搏不存在，心脏停止跳动，立即进行心肺复苏。

（7）如果伤者出血，进行必要的止血及包扎。

（8）不要给昏迷或半昏迷者喝水，以防液体进入呼吸道而导致窒息，也不要用拍击或摇动的方式试图唤醒昏迷者。

8.3.3 高空坠落或物体打击事故现场急救措施

发生人员高空坠落或物体打击事故时，现场抢救人员要及时采取安全措施下到井底，根据受伤人员的伤势情况、受伤部位、性质，采取相应的急救措施。

（1）伤口不深的外出血症状，先用过氧化氢将创口的污物进行清洗，再用酒精消毒（无过氧化氢、酒精等消毒液时可用瓶装水冲洗伤口污物），伤口清洗干净后包扎止血。

（2）一般的出血，用多层药布加压包扎即可止血。

（3）大的动脉及深创伤大出血，在现场做好应急止血加压包扎后，立即送到医院处理，以免贻误救治时机。

（4）对出血较严重的伤员，在止血的同时，还应密切注视伤员的神志、皮肤温度、脉搏、呼吸等体征情况，以判断伤员是否进入休克状态。

（5）对在高处坠落，或腰、腹部遭受重物打击，无明显大量外出血但迅速进入休克状态的伤员，症状主要为神情淡漠、面色苍白、皮肤冰冷、脉搏细弱、血压下降等，应高度怀疑为内脏破裂出血，要立即送医院检查。

8.4 应急物资、设备准备

1）主要储备设备、物资

在人工挖桩施工过程中一旦出现不良情况时，为了能尽快按照既定的抢险预案及时抢险处理，在施工之前，做好抢险设备及抢险物资的准备，应急设备配备见表 8-1，应急材料配备见表 8-2。

应急设备配备表 表 8-1

序号	设备名称	规格型号	单位	数量	备注
1	喷浆机		台	1	
2	发电机	250kW	台	1	
3	潜水泵	7.5kW	台	2	
4	潜水泵	2.2kW	台	5	
5	反铲	PC200/100	台	1	土方开挖兼用
6	自卸汽车	15t	台	3	土方开挖兼用
7	空压机	$12m^3$	台	2	
8	吊机	25t	台	1	起吊兼用

应急材料配备表 表 8-2

序号	材料名称	单位	数量	存放地
1	普通硅酸盐水泥（32.5）	t	5	现场
2	中砂	m^3	7	现场
3	瓜米石	m^3	7	现场
4	速凝剂	kg	200	材料库
5	编织袋	个	1000	材料库
6	方木	m^3	3	现场
7	绳梯	个	3	现场

续上表

序号	材料名称	单位	数量	存放地
8	排水软管	条	6（每条100m）	材料库
9	钢丝绳	m	80	材料库
10	雨衣	套	30	材料库
11	铁锹	把	30	材料库
12	胶鞋	双	30	材料库
13	防毒面具	套	3	材料库
14	急救担架	副	2	材料库
15	交通警示牌	个	6	材料库
16	应急工作灯	个	10	材料库
17	警示灯	个	5	材料库

2）储备物资的保证措施

（1）储备物资由物资部进行统一管理，分项目单独存放。

（2）抽水机由综合班分别对电、机械部分进行保养，确保其运转正常。

（3）储备物资的调用必须由抢险领导小组下令后方可领用。

（4）储备物资的定期检查、更换、补充、调整工作由物资部进行，做好动态管理。

（5）储备物资、设备的使用培训工作由综合部组织，安质部和工程部进行培训。

（6）所有储备物资不得挪为他用。

（7）在突发性事件发生时，如储备物资不能满足现场需要，物资部按紧急情况立即进行购置或从外单位借调，指令由抢险领导小组组长下发。

3）储备资金的保证制度

项目部财务室建立应急储备资金制度，要随时保证有5万元以上的应急备用资金，便于突发事件发生时调用。

9 计算书及相关图纸

9.1 计算书（见二维码）

9.2 相关图纸（见二维码）

钢结构安装工程范例
——站房屋面网架整体提升施工

扫码下载编制要点

目 录

CONTENTS

1 工 程 概 况

1.1 钢结构安装工程简介和特点

1.1.1 工程基本情况

鸡西西站项目位于黑龙江省鸡西市恒山区柳毛乡，是牡丹江至佳木斯高速铁路沿线的中间站，总建筑面积 4941m^2。

鸡西西站屋面网架平面上位于结构的 B～J 轴 × 6～17 线，屋面网架轴线平面尺寸 91.5m × 54m，网架为正放四角锥焊接球节点二层空间网架结构，网架上弦通过成品钢支座多点支承于 B 轴、C 轴、J 轴、6 线及 17 线混凝土柱柱顶，柱顶高程 10.231～20.206m 不等，上弦球中心距柱顶 1075mm。网架自身高度最高 3m（局部 2m），网架支撑最大跨度为 54m，最高安装高度 21.825m。

1.1.2 钢结构工程概况及超危大工程内容

网架管径为 89～299mm，壁厚 4～14mm，焊接球规格 WS250mm × 8mm～WSR550mm × 28mm。网架材质为碳素合金钢 Q345B，马道、檩条材质 Q345B，网架质量 341t，马道、檩条质量 94t，总质量 435t。站房网架平面图如图 1-1 所示，站房网架立面图如图 1-2 所示。管球节点焊接形式图如图 1-3 所示，檩托节点布置图如图 1-4 所示。

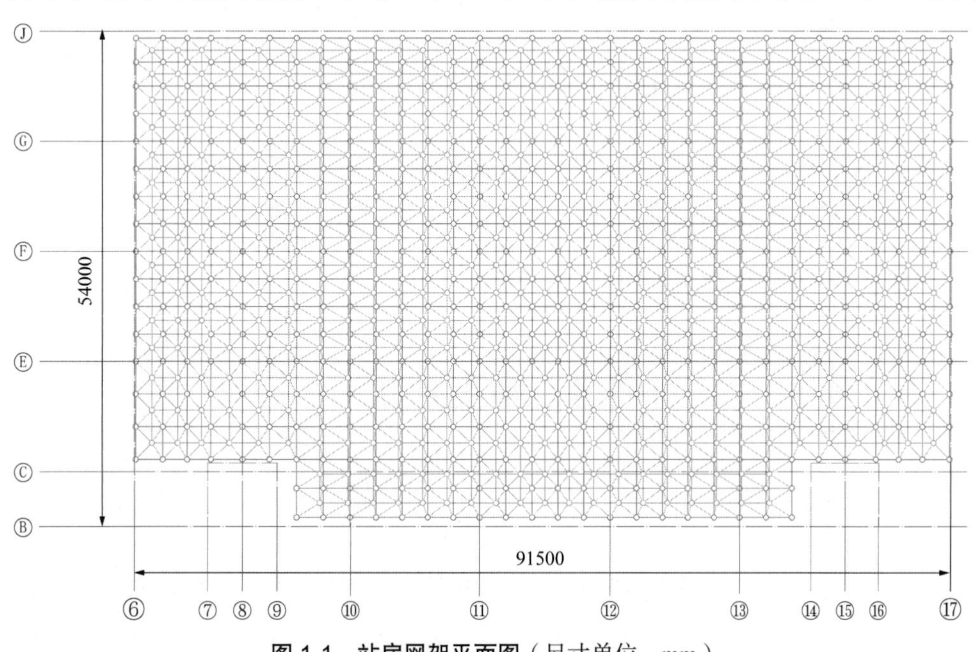

图 1-1 站房网架平面图（尺寸单位：mm）

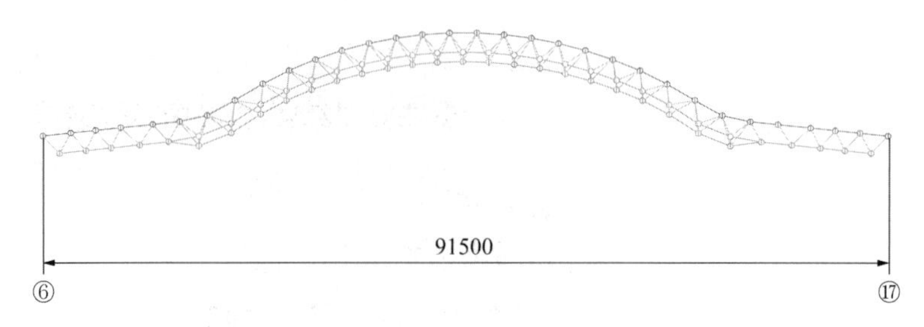

图 1-2　站房网架立面图（尺寸单位：mm）

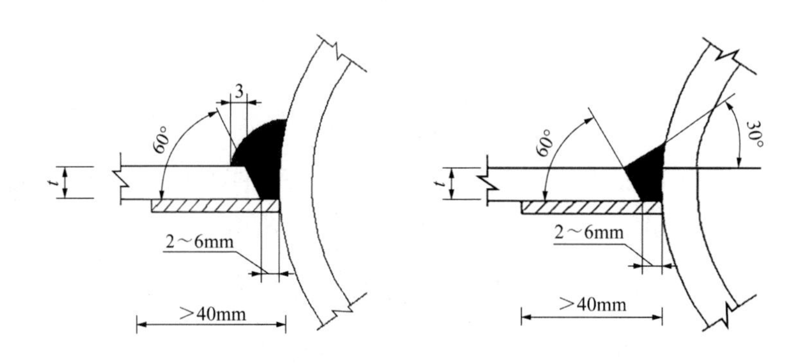

图 1-3　管球节点焊接形式

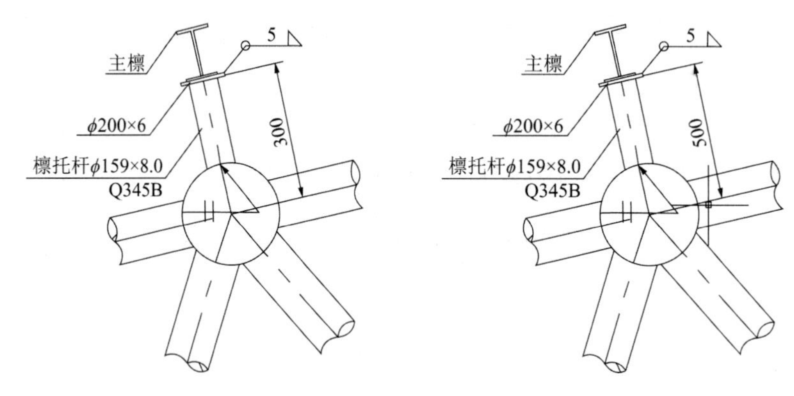

图 1-4　檩托节点布置图（尺寸单位：mm）

1.2　施工平面布置

施工现场由施工总承包方修建一条临时运输便道，通往站房东侧，进入站房内部，钢结构构件部分存放在站房外侧场地，其余部分存放在站房内部以便于场内拼装。由于网架为整体提升，拼装在网架投影面积下原位进行。

1.3　施工要求

1.3.1　质量目标

工程质量符合国家、行业有关标准、规范和设计文件要求，实现对业主的质量承诺，整体工程质量达到行业先进水平，并经得起运营检验和历史考验。

（1）杜绝质量事故和舆情事件的发生，克服质量通病，遏制工程质量缺陷，主体工程质量实现“零缺陷”；确保结构安全和使用寿命，为用户交付满意工程。

（2）检验批、分项、分部工程施工质量检验合格率 100%，单位工程一次验收合格率 100%。

1.3.2 安全目标

（1）杜绝各类伤亡事故，全年不发生各类人员伤亡事故。

（2）消除一般及以上事故隐患。坚持“提前想到”的安全防控理念，建立风险分级管控和隐患排查治理的双重预防工作机制，开展全员、全方位、全过程的风险评估和隐患排查治理，严格实行重大隐患领导分工负责和挂牌督办制度，杜绝因重大隐患的存在而受到惩戒。

1.3.3 工期目标

（1）总进度计划：2020 年 7 月 20 日开工，2020 年 10 月 20 日竣工。

（2）各主要阶段进度计划如下。

①施工准备：2020 年 7 月 20 日—2020 年 8 月 5 日。

②加工制作：2020 年 8 月 5 日—2020 年 8 月 25 日。

③现场拼装：2020 年 8 月 25 日—2020 年 9 月 25 日。

④提升及体系转换：2020 年 9 月 25 日—2020 年 10 月 20 日。

1.3.4 文明施工目标

按照国家、地方、质量监督部门、业主施工现场文明施工的要求和有关文明施工的暂行规定组织施工，维护施工影响范围的场地整洁和区域安全，做好标准化、规范化施工，服从业主、监理工程师及地方主管部门的指导、检查、监督，确保符合黑龙江省建设工地标准化管理达标工地要求。

1.4 周边环境条件

鸡西西站项目位于黑龙江省鸡西市恒山区柳毛乡，是牡丹江至佳木斯高速铁路沿线的中间站。鸡西西站为新建高铁站，施工位置位于农田，站房西侧毗邻建筑为柳毛乡莲花村后台电屯。施工所在位置无道路管线及高架线。

1.5 风险辨识与分级

根据现场安装环境，对钢横梁安装安全进行风险识别并确定各项风险等级，风险辨识与分级见表 1-1。

风险辨识与分级表 表 1-1

序号	作业内容	风险类型	致险因素	作业条件危险性评价				风险等级
				L	E	C	D	
1	吊装	起重伤害	吊具、捆绑方式不符合要求，绳索、吊具存在缺陷或选择错误，操作、指挥人员失误	1	1	7	7	一般危险
		物体打击	吊装构件清理不仔细致使杂物高处坠落，附件绑扎不牢固，工具使用不正确等	1	3	1	3	一般危险
		高空坠落	穿硬底鞋、照明不足、高空作业面未铺满竹跳板，操作人员未系安全带等	1	6	3	18	一般危险
		机械伤害	使用的空压机、角磨机等机械设备存在缺陷，操作方式不正确等	1	1	1	1	一般危险
		触电	电气设备及线路漏电保护失效，操作人员操作失误	1	2	3	6	一般危险
		坍塌	未按操作程序进行安装、拆卸	0.2	2	7	2.8	一般危险
2	结构总装	起重伤害	吊具、捆绑方式不符合要求，绳索、吊具存在缺陷或选择错误，操作、指挥人员失误	1	1	7	7	一般危险
		高处坠落	穿硬底鞋、照明不足、高空作业面未铺满竹跳板，操作人员未系安全带等	1	1	3	3	一般危险
		物体打击	吊具、捆绑方式不符合要求，绳索、吊具存在缺陷或选择错误，操作、指挥人员失误等，构件放置不规范，高空坠物等	1	1	3	3	一般危险
		机械伤害	使用的机械设备老化，存在故障缺陷，操作方式不正确等	1	1	3	3	一般危险
		车辆伤害	设备状况不良，运输现场不畅及人员操作失误或违章等	1	1	1	1	一般危险
		触电	使用的电焊机、电动工器具、照明灯具及线路漏电等产生的危害	1	1	1	1	一般危险
		火灾	焊接、切割时产生的火花引燃易燃物或氧气、乙炔摆放不当，漏气、回火等	1	1	1	1	一般危险
		灼烫	劳保不当而引起电弧灼伤，气割烫伤或使用的切割设备、工具的安全防护性能不良等	1	1	1	1	一般危险
		坍塌	未按操作程序进行安装、拆卸	1	1	1	1	一般危险

$$D = L \times E \times C \tag{1-1}$$

式中：D——危险性（D大于 320，极其危险；D取 160～320，高度危险；D取 70～160，显著危险；D取 20～70，一般危险；D小于 20，稍有危险）；

L——事故发生的可能性；

E——暴露危险环境的频繁程度；

C——事故发生的后果。

1.6 参建各方责任主体单位

建设单位：×××。

监理单位：×××。

设计单位：×××。

施工单位：×××。

监控单位：×××。

2 编制依据

2.1 法律依据

（1）《钢结构工程施工质量验收标准》（GB 50205—2020）。

（2）《钢结构设计标准》（GB 50017—2017）。

（3）《建筑结构荷载规范》（GB 50009—2012）。

（4）《混凝土结构设计规范》（GB 50010—2010）。

（5）《钢结构焊接规范》（GB 50661—2011）。

（6）《钢结构工程施工规范》（GB 50755—2012）。

（7）《重型结构和设备整体提升技术规范》（GB 51162—2016）。

（8）《建筑施工高处作业安全技术规范》（JGJ 80—2016）。

（9）《空间网格结构技术规程》（JGJ 7—2010）。

（10）《施工企业安全生产管理规范》（GB 50656—2011）。

（11）《预应力筋用锚具、夹具和连接器应用技术规程》（JGJ 85—2010）。

（12）《重型机械液压系统 通用技术条件》（JB/T 6996—2007）。

（13）《预应力混凝土用钢绞线》（GB/T 5224—2014）。

2.2 项目文件

（1）施工合同《新建牡丹江至佳木斯铁路客运专线鸡西西站站房及站区工程》，屋面网架结构为钢结构专业分包。

（2）《工程地质专项勘察报告（第一册 勘察文件）》。

（3）《新建牡丹江至佳木斯铁路客运专线鸡西西站站房及站区工程》施工图纸。

（4）实施性施工组织设计。

3 施 工 计 划

3.1 施工总体安排及流水段划分

总体施工日历天数为 90d。

屋面网架工程计划 2020 年 7 月 20 日开工，2020 年 10 月 20 日竣工。

施工准备为 2020 年 7 月 20 日—8 月 5 日；加工制作为 2020 年 8 月 5 日—8 月 25 日；现场拼装为 2020 年 8 月 25 日—9 月 25 日；提升及体系转换为 2020 年 9 月 25 日—10 月 20 日。

3.2 施工进度计划

屋面网架工程的施工进度安排，具体到各分项工程的施工进度安排横道图，如图 3-1 所示。

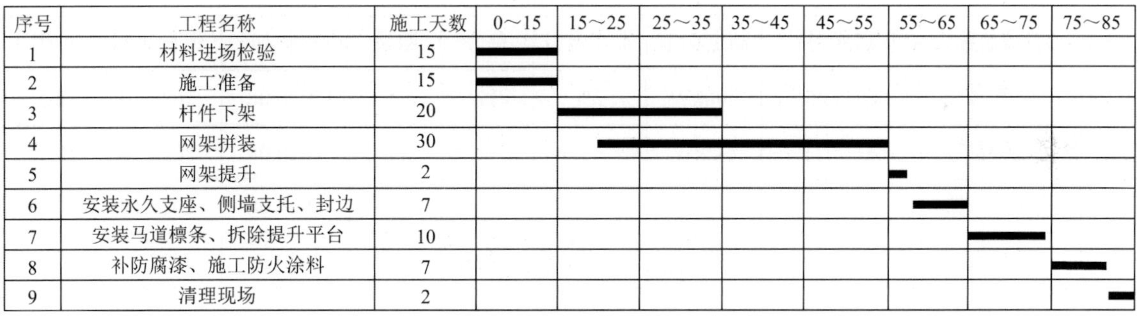

序号	工程名称	施工天数	0～15	15～25	25～35	35～45	45～55	55～65	65～75	75～85
1	材料进场检验	15								
2	施工准备	15								
3	杆件下架	20								
4	网架拼装	30								
5	网架提升	2								
6	安装永久支座、侧墙支托、封边	7								
7	安装马道檩条、拆除提升平台	10								
8	补防腐漆、施工防火涂料	7								
9	清理现场	2								

图 3-1 屋面网架工程施工进度横道图

3.3 施工所需的材料设备及进场计划

主要材料总体需求计划见表 3-1；周转材料总体需求计划见表 3-2；主要机械、设备进场计划见表 3-3。

主要材料总体需求计划表 表 3-1

序号	材料名称	规格或型号（mm）	材质或等级	单位	数量	检测标准	检测要求
1	无缝钢管	$\phi 89 \times 4$	Q345B	t	102.34	设计图纸	GB 50205—2020
2	无缝钢管	$\phi 114 \times 4$	Q345B	t	20.16	设计图纸	GB 50205—2020
3	无缝钢管	$\phi 140 \times 4$	Q345B	t	60.88	设计图纸	GB 50205—2020
4	无缝钢管	$\phi 159 \times 8$	Q345B	t	12.15	设计图纸	GB 50205—2020

续上表

序号	材料名称	规格或型号（mm）	材质或等级	单位	数量	检测标准	检测要求
5	无缝钢管	ϕ180 × 12	Q345B	t	8.36	设计图纸	GB 50205—2020
6	无缝钢管	ϕ194 × 12	Q345B	t	26.63	设计图纸	GB 50205—2020
7	无缝钢管	ϕ245 × 14	Q345B	t	18.18	设计图纸	GB 50205—2020
8	无缝钢管	ϕ299 × 14	Q345B	t	12.11	设计图纸	GB 50205—2020
9	焊接球	WS250 × 8	Q345B	t	0.93	设计图纸	GB 50205—2020
10	焊接球	WS300 × 8	Q345B	t	2.18	设计图纸	GB 50205—2020
11	焊接球	WS400 × 10	Q345B	t	5.55	设计图纸	GB 50205—2020
12	焊接球	WSR500 × 20	Q345B	t	99.92	设计图纸	GB 50205—2020
13	焊接球	WSR550 × 28	Q345B	t	2.91	设计图纸	GB 50205—2020

周转材料总体需求计划表 表 3-2

序号	材料名称	规格或型号	材质或等级	单位	数量	检测标准	检测要求
1	螺旋钢管	ϕ426mm × 8mm	Q235B	t	20	二级焊缝	无损检测
2	支架横梁	2I56b	Q235B	t	35	二级焊缝	无损检测
3	槽钢	□140	Q235B	t	10	二级焊缝	无损检测

主要机械、设备进场计划表 表 3-3

序号	设备名称	规格或型号	额定功率	生产能力	单位	数量	进场时间	退场时间	用途
1	汽车吊	QUY25	100kW	25t	台	2	2020.08	2022.10	现场拼装
2	电焊机	AE7021	6.2kW		台	15	2020.08	2022.10	网架焊接
3	液压提升器	XY-TS-75		75t	台	12	2020.08	2022.10	网架提升
4	液压泵	XY-BY-15	15kW		台	3	2020.08	2022.10	网架提升

3.4 劳动力计划

劳动力需求计划见表 3-4。

劳动力需求计划表 表 3-4

序号	工种	总人数	2020 年		
			8 月	9 月	10 月
1	装配工	20	20	20	0
2	电焊工	15	15	15	5
3	安装工	4	0	4	4
4	力工	8	8	8	8
5	磨工	4	2	4	4

4 施工工艺技术

4.1 技术参数

4.1.1 网架结构参数

见本范例“1.1.1 工程基本情况”。

4.1.2 塔式起重机参数

施工现场总承包方设置两台 TC7030 塔式起重机，起重量符合要求。所有钢丝绳、吊索及挂索等在使用前和吊装作业前，必须经过合格起重工检查。如发现磨损、刮伤、扭结、绕夹或其他可能降低受力性能的现象，应停止使用，立即更换。安全人员应及时了解情况并采取措施以确保有缺陷的吊具不再使用。钢丝绳索等在使用过程中避免与尖锐边缘接触，使用结束后应妥善保存。吊装所用索具应认真检查规格和完好情况，捆吊有缺口的钢构件，须使用护角器或麻袋做衬垫，以保证吊装安全。吊用工具和钢丝绳，须有足够的安全系数，一般不小于 5～6 倍。

4.1.3 季节性施工必要的技术参数

（1）抛丸除锈施工时，应做好温度、湿度测量记录工作，施工环境相对湿度应不大于 85%，金属表面温度应不低于露点以上 3℃。

（2）施工温度差为 50℃（−15～+35℃），合龙温度为 20℃。

（3）焊接时要注意防风，一般阵风等级大于或等于 4 级，必须做防风处理。

（4）钢结构焊接口，避免雨水淋湿；运输及现场存放时，要对成品及半成品进行保护处理；焊接前，对管口生锈部分进行打磨处理。

4.1.4 钢结构安装所需施工预起拱值等技术参数

屋面网架在下部进行整体拼装，再利用“超大型构件液压同步提升技术”进行整体提升的施工工艺，提升的具体施工步骤由施工单位进行施工组织设计。提升过程中，需计算结构自身的受力、变形状况、结构稳定性以及吊点的反力，满足要求后方可施工。安装过程中，需进行网架起拱方向跨中的变形观测，跨中下挠变形不得大于 1/400。网架提升及滑移过程中需根据国家相关规定进行实时监测。

4.2 工艺流程

钢结构安装工程总施工工艺流程和各分项工程工艺流程，如操作平台、拼装胎架及临时承重支撑架体的搭设、安装和拆除工艺流程等。站房屋面网架施工流程图，如图 4-1 所示。

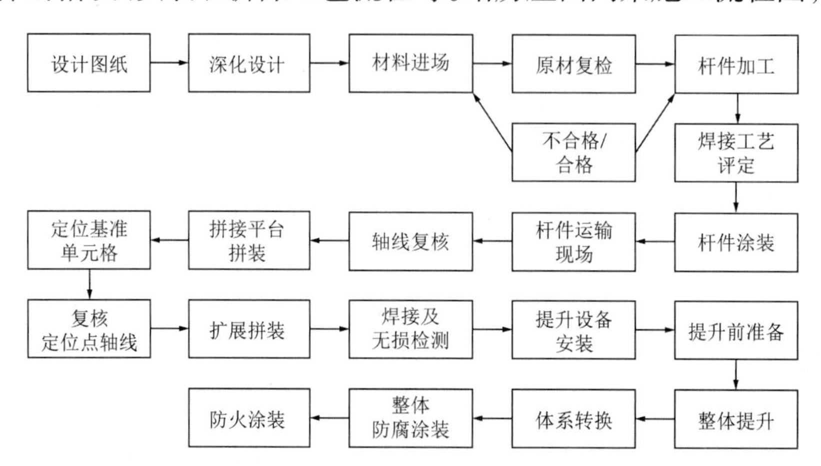

图 4-1　站房屋面网架施工流程图

（1）施工单位在收到设计图纸后，组织设计图纸的会审工作。

（2）在图纸会审完成后，进行图纸的深化设计工作，将材料深化成简单零件，便于生产加工。

（3）根据深化后的图纸，组织材料进场。

（4）材料进场后，进行材料的外观检查，检查各证明材料是否齐全，材质编号是否对应，并做好物资接收台账。对已进场的材料按照规范及设计要求原材取样，并送至有检验资质的试验室进行原材复检（物理、化学及拉拔等试验）。检测合格后方可进行加工制作，不合格的材料重新进场检验。

（5）根据材料不同规格型号进行加工并分类存放，加工时进行尺寸及规格的检验，合格后进入涂装车间进行涂装。

（6）焊接作业前，需要根据不同环境、不同施焊条件、不同工艺参数完成焊接工艺评定试验，焊接工艺评定评审合格后方可进入下一道工序。

（7）涂装车间对已加工完成的杆件进行喷涂，按照图纸要求进行底漆、中间漆、面漆的涂装，并对现场焊接接头部分利用美纹纸进行免涂装保护。

（8）将加工完毕的杆件运输至安装现场，运输前要对同一规格的杆件进行打包处理，并做好成品半成品保护措施，防止运输中损坏涂装表面。杆件运输到现场后进行分类码放，依据标准化工地要求进行杆件的存放并设置好标识牌。

（9）原位拼装前测量轴线，保证网架在提升过程与拼装位置一致，保证提升的稳定性。

（10）现场搭设稳定可靠、变形量满足设计要求的拼装平台，利用支托进行平网架拼装，拱形网架部分利用拼装平台调节不同轴线网架的高程。

（11）采用全站仪、水准仪精确定位基准单元格位置。

（12）定位后进行复测，报验合格后转入拼装工序。

（13）网架在拼装平台处的扩展拼装，边拼装边进行高程和轴线复核，直至拼装完成。

（14）对已焊接完成的焊接球网架，根据设计图纸要求进行超声波检测，根据一级焊缝及二级焊缝的规定进行检查，检查合格后方可提升。

（15）安装提升设备，焊接提升平台，安装临时球、液压泵、钢绞线、转向器。

（16）待整个液压提升装置安装完毕后，进行网架试提升，网架完全脱离地面，距地面200mm做静载试验12h，观察并测量网架的变形量及挠度。

（17）网架整体提升，直至提升到设计高程处为止。

（18）提升到设计高程后，进行网架的体系转换，将临时球及临时杆替换成永久杆件，并将临时提升装置拆除，网架和支座焊接完成。

（19）现场焊接节点处进行打磨处理并涂装油漆，最后进行整体涂装面漆。

（20）涂装完成后进行防火涂装。

4.3 施工方法及操作要求

本网架拼装面积为91.5m × 54m，总质量为341t，马道部分质量为39t，檩条质量为66t，地面拼装总质量446t。拼装提升单元按照网架结构特性均匀划分，将网架整体分成三个拼装提升单元，提升一区宽27.24m，提升二区由一区向两侧扩展15.02m，提升三区在二区基础上再向两侧外扩展16.92m至网架拼装边界。

施工时，网架在胎架上由站厅正中央向两侧拼装，拼装时应考虑适当增加网架下挠量的预拱度，并用水准仪进行实时测量，保证网架的空间几何尺寸及结构受力均匀，提升一区拼装完成后进行第一次拼装提升，提升前需持载24h，提升的高度要保证提升二区拼装所需的净空高度。提升二区拼装完成后，在最外侧下弦球底部设置4条预应力张拉钢绞线，增强网架整体刚度，确保提升时弧形网架结构不变形。待提升三区拼装完成后进行整体提升。网架提升至设计高度后安装边界区域杆件，支座位置处杆件依次安装，液压提升安装的临时杆件位置在设计时应避免与永久杆件冲突，且要保证支座永久杆件全部受力后方可拆除液压提升设备及其附属杆件，完成屋面网架的安装作业。

4.3.1 施工前期准备

（1）确保现场满足三通一平条件，网架施工进场前工程总承包单位已完成水通、电通、路通和场地平整。

（2）提前联系好货运车辆，根据现场施工进度做好设备运输准备。

（3）检查确认现场提升所需配件是否齐全、完好，数量是否能够满足提升的要求。

（4）确认现场施工条件，并与提升方案对比是否一致，包括现场拼装场地的位置、高程、提升单元周边障碍物的检查等。

（5）车间根据现场提升工艺的要求及进度安排，开展相关设备的准备工作，包括液压系统设备的检查、调试等。

4.3.2 技术准备

（1）在收到中标通知书之日，根据现场施工条件及现场施工进度安排等，进行液压同步提升方案的编制。

（2）在收到施工图纸后，进行相关图纸会审及详图深化设计工作。

（3）积极与钢结构安装单位配合，做好液压提升作业所需临时措施的设计工作，确保甲方有充足的制作、安装时间。

（4）复核现场预埋件的位置，提升平台等临时措施的尺寸、规格等。

（5）做好现场交底事项，明确提升过程中各阶段的安全注意事项。

4.3.3 材料进场及检验

1）材料进场情况

杆件主要材料根据网架设计杆件长度定尺采购，这样可以控制材料的损耗在2%～3%之间。钢管采用Q355B，其品种、规格、性能应符合设计要求和有关产品标准的规定，并具有产品出厂合格证明书，没有的材料严禁进厂。

2）材料检验

材料进场后要现场检测材料规格是否符合设计要求，对钢材复验检验批量标准值进行抽检，见表4-1。过程需驻场监理现场见证，送至有检验资质的试验室进行原材复检（包括抗拉强度、屈服强度、伸长率、冷弯性能、冲击韧性、化学成分），不合格材料重新进场检验。同时将取样样品送至第三方检测公司进行检验，检验合格后方可加工使用。

钢材复验检验批量标准值（单位：t） 表4-1

序号	同批钢材量	检验批标准值
1	≤500	180
2	501～900	240
3	901～1500	300
4	1501～3000	360
5	3001～5400	420
6	5401～9000	500
7	>9000	600

4.3.4 杆件场内加工制作

1）杆件的制作加工工艺流程

钢管矫直→下料及坡口加工→切口清理及增设短衬管→检验→编号→喷砂、除锈→涂装→打包发运。

2）杆件制作加工工艺要求

（1）杆件钢管为高频焊管或无缝钢管，下料前应将钢管矫直。

（2）钢管下料，钢管应按杆件的设计尺寸另加焊接收缩余量下料；下料采取等离子网架自动切割机，下料坡口一次成型，坡口角度为30°。

（3）切口清理并在钢管两端增设短衬管。

（4）采用钢尺检查杆件外形尺寸是否符合设计图纸要求。

（5）杆件编号采用钢印并且在杆件内壁粘贴标签，且字迹清晰可辨；杆件编号后应检查编号是否齐全。

（6）网架构件表面采用喷砂除锈处理。

（7）杆件在涂装前应彻底清除杂物，表面油漆主要采取喷涂方法；涂装的厚度由干湿膜测厚仪控制并符合设计要求；杆件两端50～80mm处不应涂装油漆。

（8）杆件采取打包方式捆扎，并要求捆绑牢固；每个打包捆上挂有杆件所在工程名称、杆件数量和编号等。

4.3.5 焊接工艺评定

（1）焊接工艺评定必须符合工程施工现场的环境条件。

（2）焊接工艺评定根据所承担钢结构的设计节点形式、钢材类型、规格、采用的焊接方法、焊接位置等，制定焊接工艺评定方案，拟定相应的焊接工艺评定指导书，按规范规定施焊试件、切取试样，并由具有国家技术质量监督部门认证资质的检测单位进行检测试验，测定焊接接头是否具有所要求的使用性能，编制焊接工艺评定报告，对拟定的焊接工艺进行评定。

（3）焊接工艺评定的施焊参数，包括热输入、预热温度、后热温度等，根据被焊材料的焊接性制定。

（4）焊接工艺评定所用设备、仪表的性能应处于正常工作状态，焊接工艺评定所用的钢材、栓钉、焊接材料必须覆盖实际工程所用材料并符合相应标准要求，具有生产厂出具的质量证明文件。

（5）焊接工艺评定试件应由持证的焊接人员施焊。

（6）焊接工艺评定所用的焊接方法、施焊位置分类代号应符合规范要求。

（7）焊接工艺评定结果不合格时，允许在原焊件上重新加倍取样进行检验。如还不能达到合格标准，应分析原因，制定新的评定方案，按原步骤重新评定，直到合格为止。

（8）焊接工艺评定文件（包括焊接工艺评定报告、评定指导书、评定记录表、评定检验结果表及检验报告）。

4.3.6 杆件涂装

1）涂料涂装（高压无气喷涂）工艺流程

涂装时按照设计要求逐道进行，每道均要进行湿膜、干膜厚度自检和缺陷修补。涂料涂装工艺流程如图4-2所示。

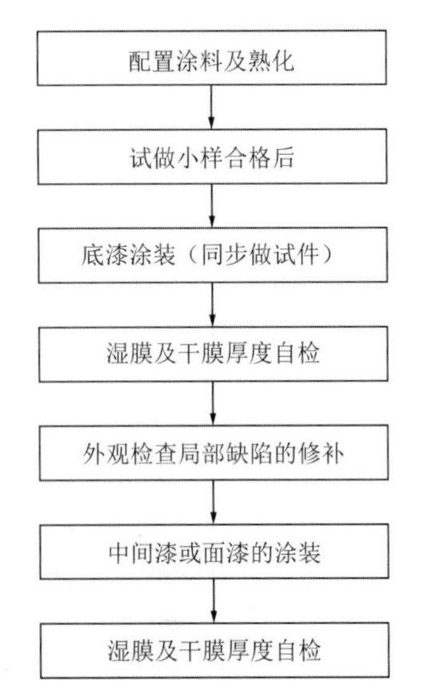

图4-2 涂料涂装工艺流程图

2）表面处理要求

（1）根据设计要求，焊接钢球表面处理应在工厂内进行，并涂刷可焊性防锈漆，在现场利用喷砂机具进行杆件表面处理。除涂层修补及现场拼装焊缝两侧外，其他构件及部位均应在网架安装前施工完毕。

（2）除锈所用磨料，选用0.5～1.5mm钢砂喷射。

（3）除锈处理前，需清除焊渣、飞溅附着物，清洗表面油污及其他污物。

（4）除锈所用的压缩空气必须通过冷却、油水分离，以保证压缩空气的干燥清洁，空气压力控制在0.4～0.6MPa范围内。

（5）除锈时抛头到金属表面保持100～300mm距离，喷射方向与金属表面呈15°～30°夹角，除锈后的表面应清除浮尘，不可用手触摸。

（6）除锈处理后保证金属面清洁度，涂料涂装前应不低于《涂覆涂料前钢材表面处理 表面清洁度的目视评定 第1部分：未涂覆过的钢材表面和全面清除原有涂层后的钢材表面的锈蚀等级和处理等级》（GB/T 8923.1—2011）中规定的Sa2级，现场局部修理和无法喷射处理的部位应达到《涂覆涂料前钢材表面处理 表面清洁度的目视评定 第1部分：未涂覆过的钢材表面和全面清除原有涂层后的钢材表面的锈蚀等级和处理等级》（GB/T 8923.1—2011）中规定的ST2.5级。

（7）抛丸除锈施工时，应做好温度、湿度测量记录工作，施工环境相对湿度应不大于85%，金属表面温度应不低于露点以上3℃。

（8）钢材表面经喷砂处理除锈等级应不低于Sa2.5级，彻底清除构件表面的氧化皮、毛刺、铁锈、油污和其他附着物，除锈质量符合有关规定，当钢材表面除锈检验合格后，须在要求时限内进行涂装。

（9）现场补漆应用风动或电动工具除锈，并达到St3级。现场施工中，喷砂除锈及喷漆工程必须与网架制作安装紧密配合，确保工期。

3）涂料涂装要求

（1）严格控制使用的涂料质量，涂料必须符合国家标准，不合格及过期涂料严禁使用，所使用的任何一种涂料应满足下列条件。

①产品说明书、产品批号、生产日期、防火标志、合格证及检验资料。

②涂料工艺参数包括闪点、比重、固体含量、表干、实干时间、涂覆间隔时间、理论涂覆率、一道涂层的干湿膜厚度；规定温度下的黏度范围；规定稀释剂、稀释比例降低的黏度及对各种涂覆方法的适应性等。

③涂料主要机械性能指标及组成的原料性能指标。

④涂料厂对表面除锈等级、涂装施工环境的要求等。

⑤多组分涂料的混合比及混合后使用时间的指导性说明。

（2）构成涂层系统的各涂层之间应有良好的配套性，底、中、面漆应选同一厂家的产品。

（3）高压无气喷涂是涂料自身液压瞬间喷射形成的精细扇形雾状，雾状状态的涂料不含压缩空气。

（4）严格控制漆膜厚度，涂装过程中对每一道都应进行湿膜和干膜的外观检查和厚度测量。

（5）双组分涂料必须按规定的质量比混合均匀，且经熟化后方可使用。

4.3.7 杆件运输至现场

（1）采用平板车将验收合格后的杆件运输至拼装场地。

（2）运输过程中，要预防喷漆毁坏；构件运载前，每层钢构件垫方木进行保护，且均需轻微动作。放置点、捆绑点均需加软垫。

（3）构件运至现场后，按规格型号码放，构件用高 100mm 的方木垫起，施工用苫布覆盖，防止阴雨天气导致钢构件生锈，并根据不同规格设置标识牌。

4.3.8 轴线复测

采用全站仪对网架各设计轴线位置进行复测，并在地面用墨线做出标识，保证网架在提升过程与拼装位置一致，确保提升的稳定性。

4.3.9 拼装平台安装

1）平台结构

施工现场拼装场地经过地面硬化，达到网架拼装时地基承载力要求，由于网架结构为拱形网架结构，拼装时需在网架下弦支点处设置拼装胎架，拼装胎架材料为ϕ426mm × 8mm的钢管立柱及 56B 工字钢横梁，横撑及斜撑的主要支撑材料为□140 槽钢。网架支撑结构如图 4-3 所示；网架拼装立面如图 4-4 所示。

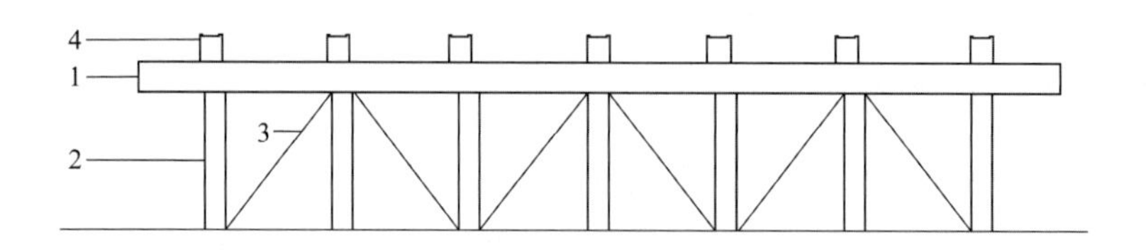

图 4-3　网架支撑示意图

1-56B 工字钢；2-ϕ426mm × 8mm钢管；3-□140 槽钢；4-ϕ140～426mm 支撑管

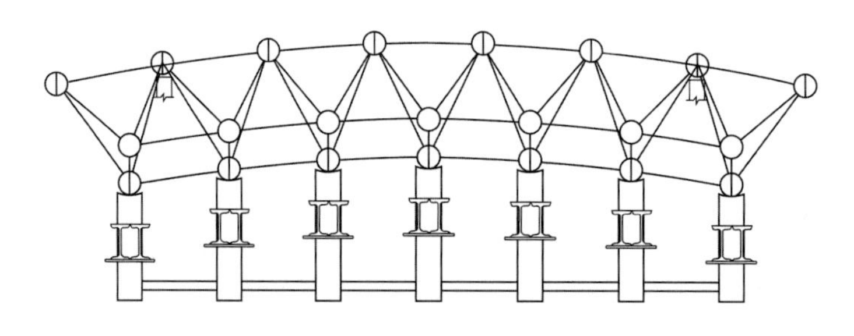

图 4-4　网架拼装立面示意图

2）安装方式

拼装平台采用 25t 汽车起重机安装，由于施工场地不受限制，吊装工字钢梁最大质量为 2.7t，最不利吊装半径 10m，主臂长度为 24m，吊装最大质量为 7.2t。

3）平台安装精度要求

轴线方向为焊接球支点方向，在保证拼装稳定性的前提下，平台的位置可适当调整，轴线误差为±50mm；竖直方向，由于网架下弦杆球同心，同一平面的平台高程应保证相同，控制精度为±1mm。

4.3.10　网架拼装及焊接

先进行首拼单元拼装，如图 4-5 所示，再进行扩展拼装。拼装后分三个提升区域进行网架提升，待网架全部拼装完成后，再进行整体一次性提升到位。

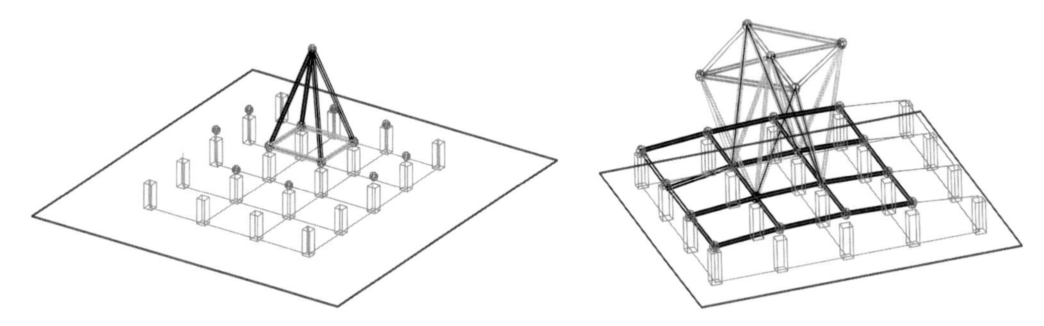

图 4-5　网架首拼单元拼装图

1）网架拼装定位的原则

网架节点定位主要依靠网架杆件和焊接球的下料精度进行几何位置确定，因此在网架下料及焊接球的加工方面要求达到《钢结构工程施工质量验收标准》（GB 50205—2020）要求的精度。在制作过程中对杆件、焊接球进行逐个检验。

2）网架中心定位基准拼装定位

根据图纸中球节点的坐标，求出各下弦球的Z坐标和高差，再根据中心区要拼网架球的大小在脚手架或地面上摆放支撑钢管，用钢管定位环确定球节点的位置，并连接拼装节间杆件，形成下弦四边形单元网格，再用三根腹杆将上弦中心球定位，使上弦球中心与地面投影中心位置吻合，连接拼装其他两根腹杆，形成一个小单元基准控制点，具体过程如图 4-6～图 4-15 所示。

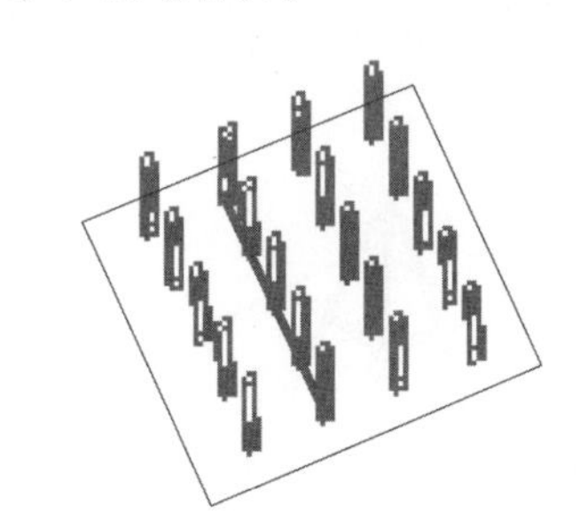

图 4-6 网架下弦支撑钢管定位图

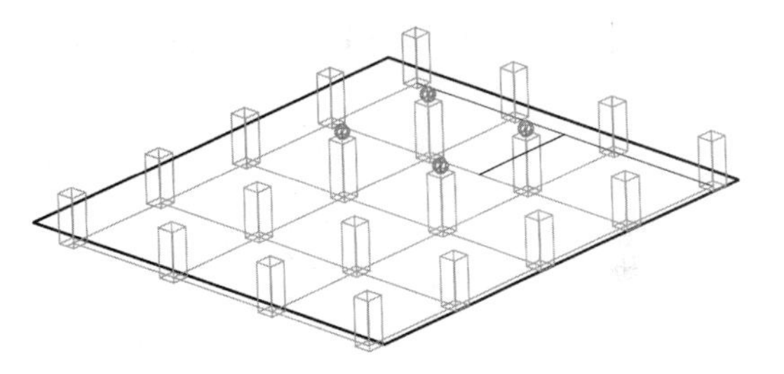

图 4-7 第一圈四个下弦球就位

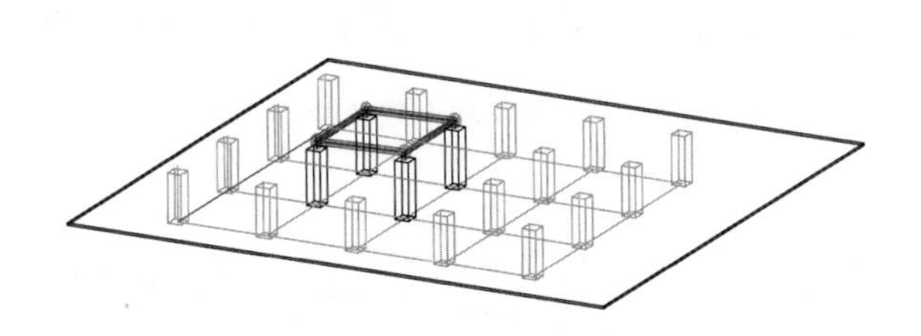

图 4-8 第一圈下弦杆就位，点焊固定

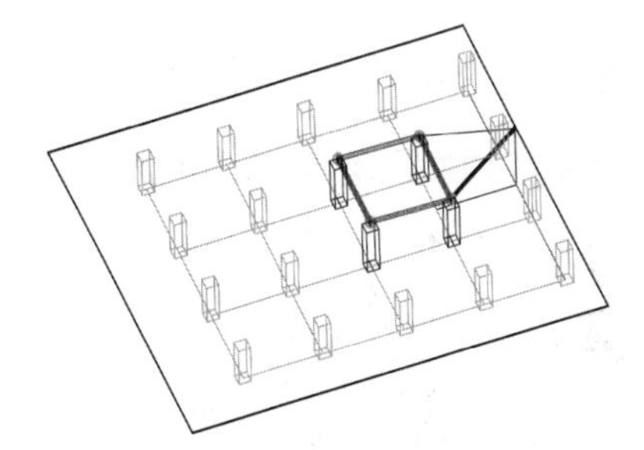

图 4-9 一根腹杆摆放就位

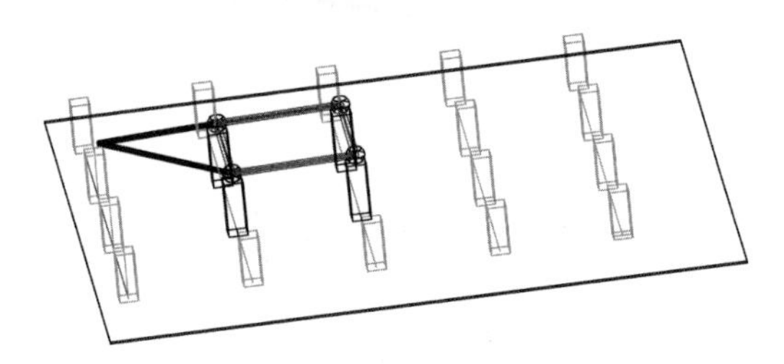

图 4-10 两根腹杆摆放就位

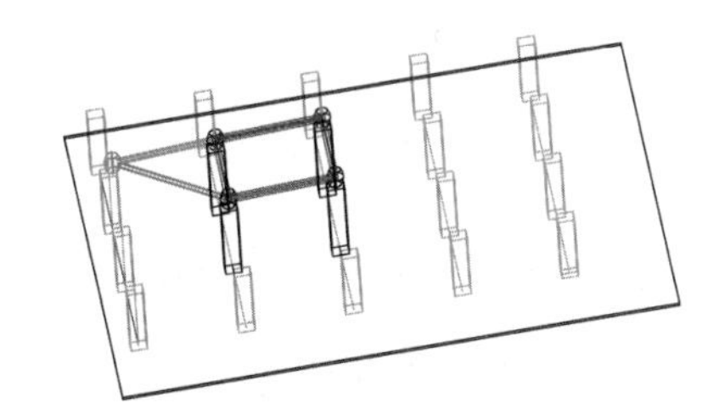

图 4-11 中心上弦球与两根腹杆相对接，点焊固定

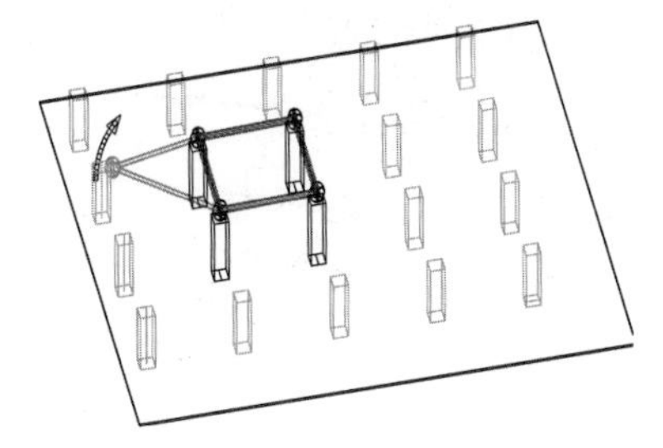

图 4-12 以两个下弦球为轴心，将腹杆和上弦球旋转

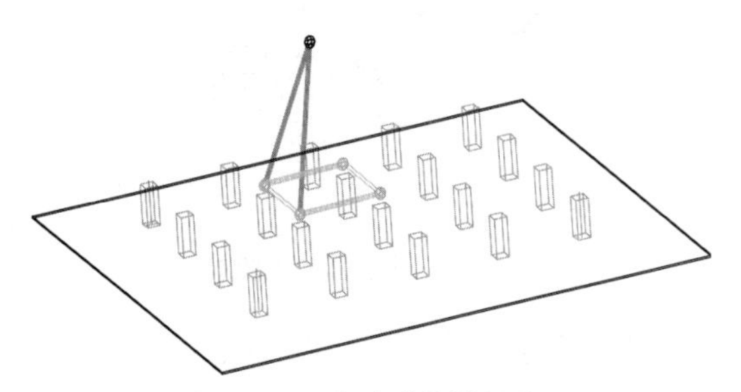

图 4-13 上弦球旋转就位

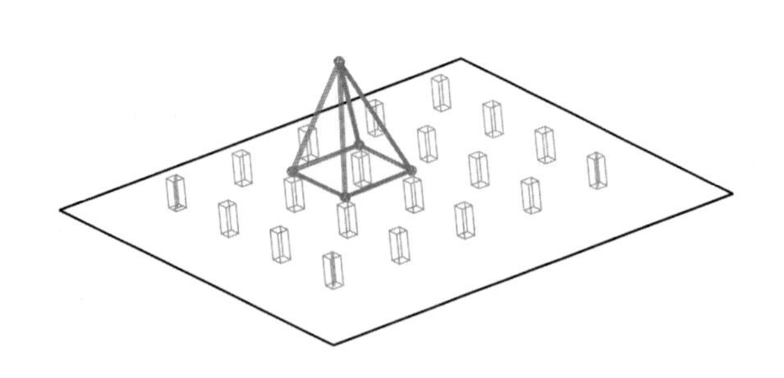

图 4-14　安装另外两根腹杆，与上弦球定位准确后均点焊固定

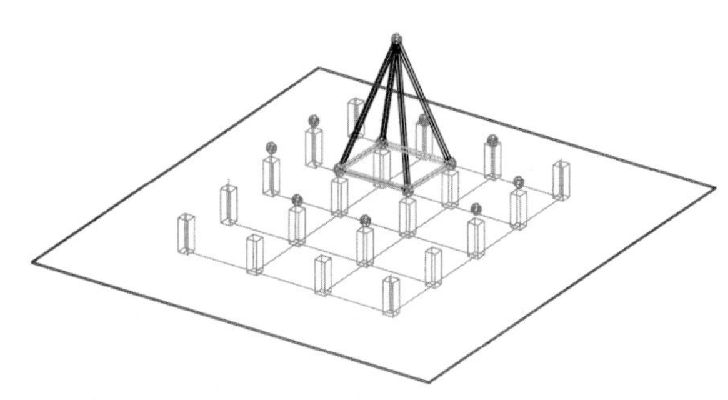

图 4-15　将其他腹杆安装就位，并全部焊接完成

3）网架扩展拼接方法

中心区拼装焊接完成后，利用球和杆之间的相互定位逐渐向外扩展拼装，杆件和球就位后先点焊固定，每个单元闭合后方可进行下一小单元的拼装。构件就位顺序与方法，具体过程如图 4-16～图 4-21 所示。

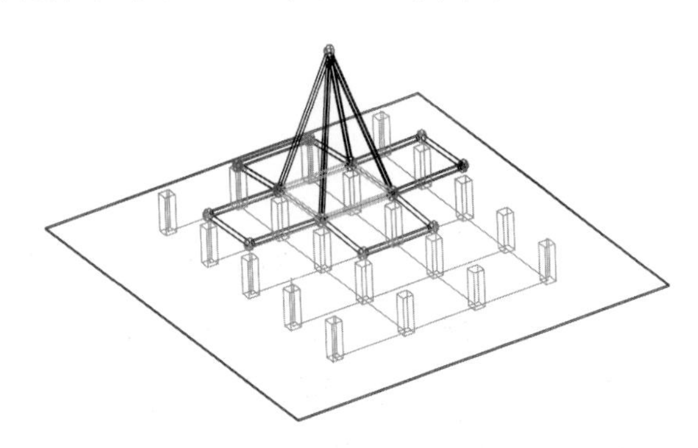

图 4-16　安装下弦球，杆件摆放好并点焊固定位置

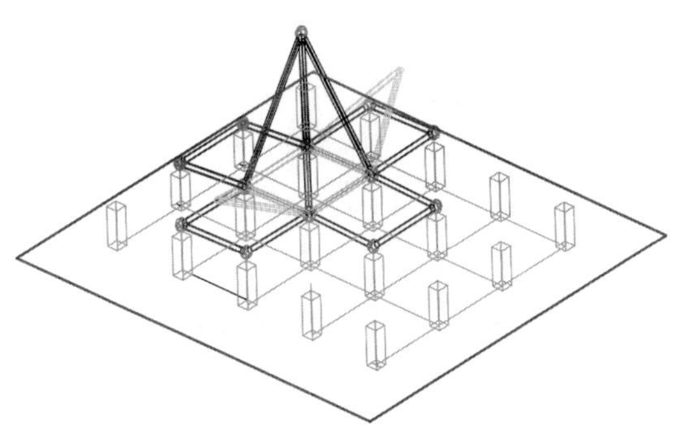

图 4-17　安装腹杆和上弦球并点焊固定

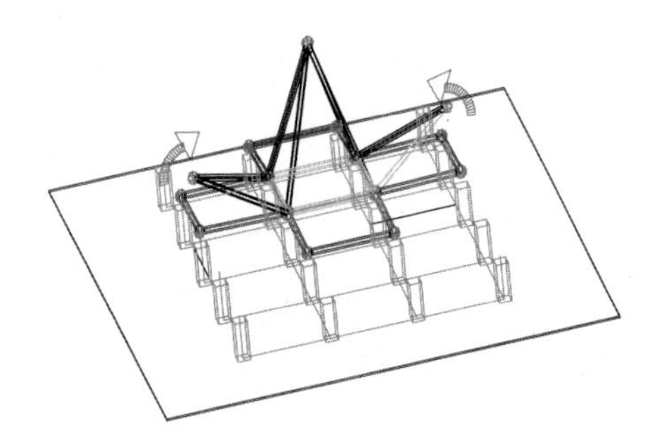

图 4-18　以下弦球为轴心旋转，至上弦球就位

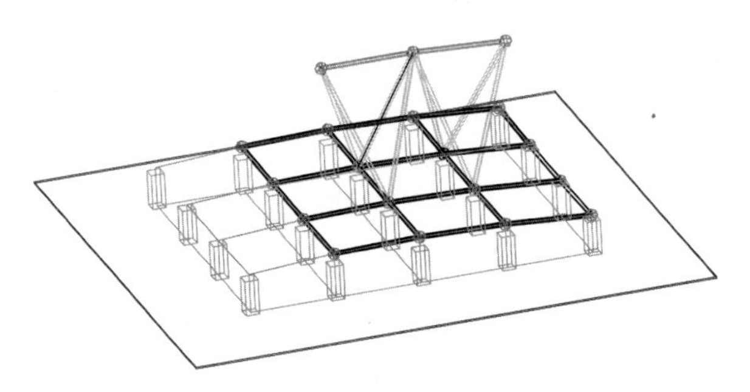

图 4-19　安装上弦杆

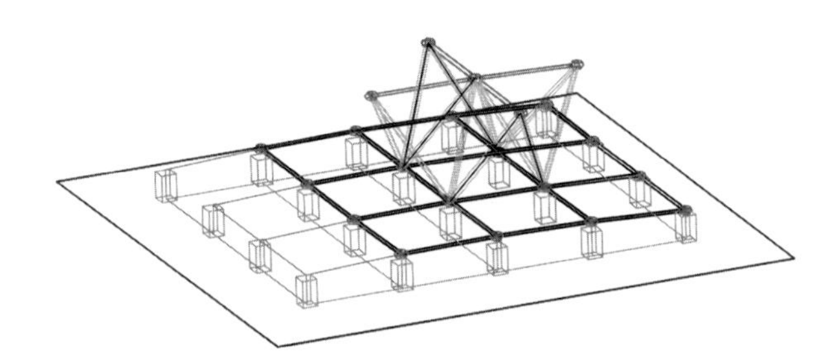

图 4-20　安装其他上弦杆

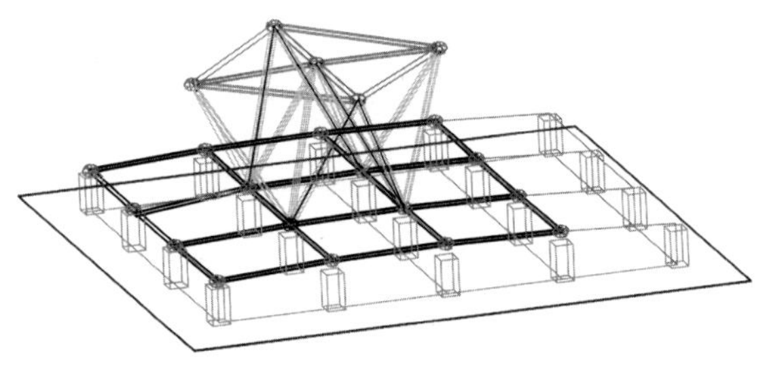

图 4-21　安装上弦环向杆

4）焊接要求

（1）根据设计图纸及规范要求，网架球杆属于角焊缝，焊缝等级为II级；杆件间对接焊

缝属于I级焊缝。

（2）杆件管壁厚度 4mm 及以下的杆球焊接不需要坡口焊，管壁厚度大于 4mm 的钢管，焊接时需要开坡口并加设衬管保证焊接质量。

（3）根据材质要求 Q345B 材质采用 E50 系列的焊条或焊丝，保证主材与焊剂强度相同。焊接温度要控制在 5℃以上，支座处焊接时要进行预热。室外焊接应控制自然风对焊接质量的影响，一般控制在 3 级风以内施焊。

4.3.11 无损检测

完成拼装后，需进行焊缝强度检测，首先进行自检，观察焊缝外观是否存在夹渣、未焊满、弧坑裂纹等缺陷，保留自检记录以及自检整修记录，然后进行第三方焊缝检测（UTII）超声波二级检测，不合格处应进行整修，整修完成后再进行检测，合格后要保存整修记录，整体检测合格出示合格报告，再进行液压提升。

4.3.12 网架提升

1）拼装提升单元划分及体系转换

拼装提升单元按照网架结构特性均匀划分，将网架整体分成三个拼装提升单元，提升一区长度 27.24m、宽度 49.35m；提升二区长度方向各向外扩展 15.02m，该阶段提升区总长度 57.28、宽度 49.35m；提升三区长度方向各向外扩展 16.92m，该阶段提升区总长度 91.12m、宽度 49.35m，此时到达网架拼装边界。网架在拼装时设置拼装胎架，每拼装完成一个提升分区后进行一次提升，提升前需持载 24h，再提升至预定位置，保证下一提升分区所需的净空高度，直至拼装至网架边界，并用水准仪进行实时测量，保证网架的水平结构受力均匀，并且提升器也可实时显示相应的受力情况，保证网架拼装的安全性、受力的均匀性，待提升三区拼装完成后进行整体提升。网架提升至设计高度后安装边界区域杆件，支座位置处杆件依次安装，液压提升安装的临时杆件位置在设计时应避免与永久杆件冲突，且要保证支座永久杆件全部受力后方可拆除液压提升设备及其附属杆件。提升一区、二区及三区立面如图 4-22～图 4-24 所示。

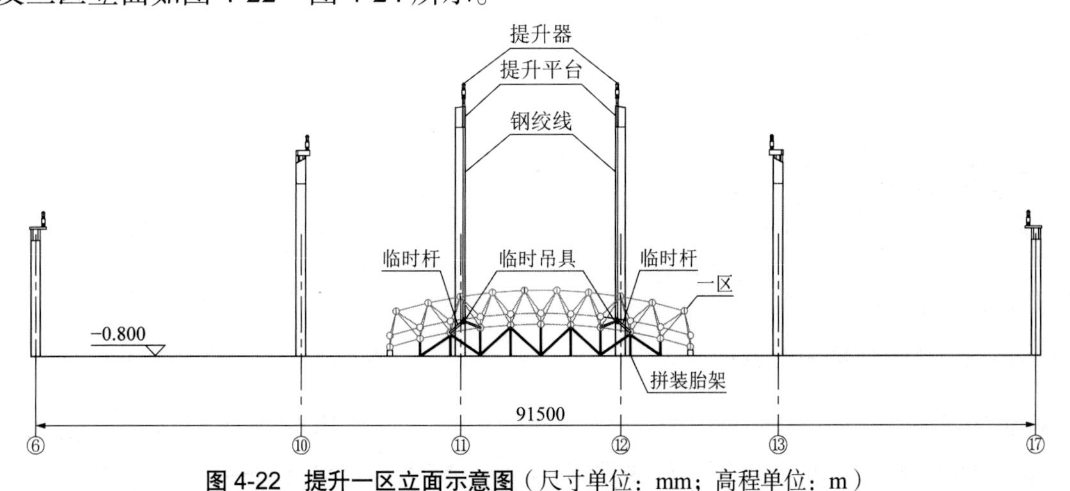

图 4-22 提升一区立面示意图（尺寸单位：mm；高程单位：m）

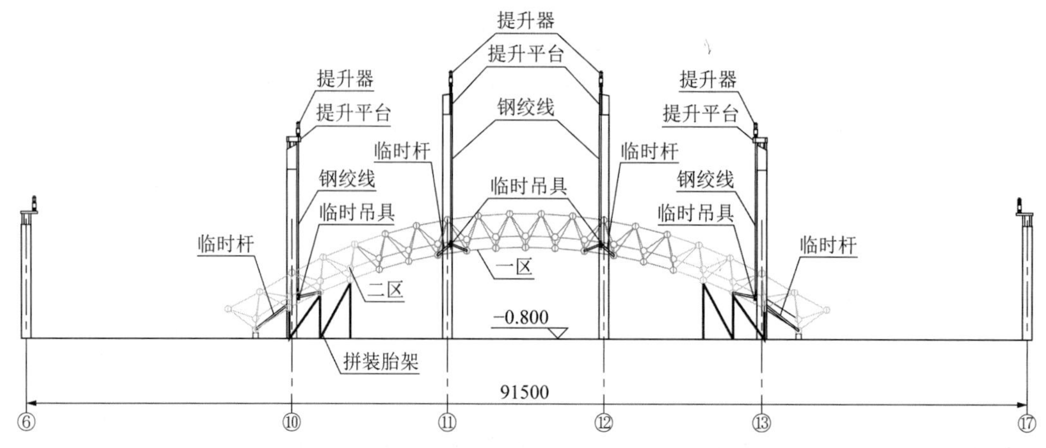

图 4-23　提升一区、二区立面示意图（尺寸单位：mm；高程单位：m）

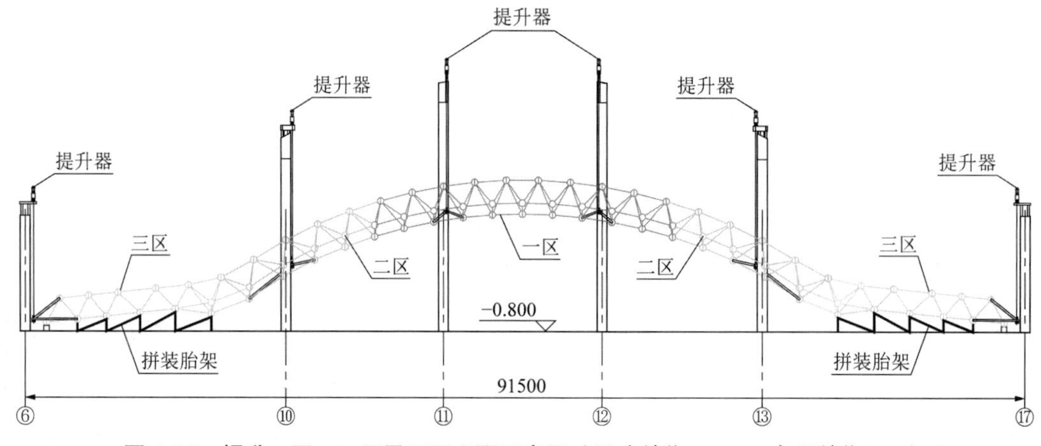

图 4-24　提升一区、二区及三区立面示意图（尺寸单位：mm；高程单位：m）

2）提升进度计划及资源配置

（1）液压提升进度计划

液压提升为专业配合工序，作业过程在整个钢结构提升安装进度中分段进行，以分段作业时间及先后顺序排出液压提升专业的作业时间。

①提升系统设备进场 3d（含运输）。

②提升器安装 2d（安装单位工作）。

③提升系统安装 3d（安装单位配合）。

④提升设备系统调试 1d。

⑤结构试提升 1d。

⑥结构正式提升 1d。

⑦起吊结构补杆、焊接 3～5d（安装单位工作）。

⑧拆除方案提升设备 2d。

（2）设备配置计划

液压提升系统主要由液压提升器、液压泵源系统、计算机同步控制及传感检测系统组成，主要设备配置见表 4-2。

主要设备配置表 表 4-2

序号	名称	规格	型号	设备单重（t）	数量
1	液压泵源系统	15kW	XY-BY-15	1	3 台
2	液压提升器	75t	XY-TS-75	0.4	12 台
3	高压油管	31.5MPa	标准油管箱		72 箱
4	计算机控制系统	32 通道	XY-KZ-01		1 套
5	传感器	锚具、行程、油压			12 套
6	专用钢绞线	ϕ17.80mm	1860MPa		0.6km

3）总体布置原则

（1）满足提升单元各吊点理论提升反力的要求，尽量使每台液压设备受载均匀。

（2）尽量保证每台液压泵源系统驱动的液压设备数量相等，提高液压泵源系统的利用率。

（3）在总体控制时，要认真考虑液压同步提升系统的安全性和可靠性，降低工程风险。

4）液压提升器的配置

（1）根据本工程中各吊点提升反力大小，拟选择 12 台 XY-TS-75 型液压提升器作为主要提升承重设备，XY-TS-75 型液压提升器额定提升能力为 75t。

（2）提升单元共配置 12 台提升器，总提升能力为900t > 446t，满足提升要求。

（3）钢绞线作为柔性承重索具，采用高强度低松弛预应力钢绞线，抗拉强度为 1860MPa，单根直径为 17.80mm，破断拉力不小于 36t。提升器底锚及吊具规格应满足设计和试验要求。

5）液压泵源系统

（1）液压泵源系统为液压提升器提供液压动力，在各种液压阀的控制下完成相应动作。

（2）在不同的工程使用中，由于吊点的布置和液压提升器的配置不尽相同，为了提高液压提升设备的通用性和可靠性，泵源液压系统的设计采用模块化结构。根据提升重物吊点的布置以及液压提升器数量和液压泵源流量，进行多个模块的组合，每一套模块以一套液压泵源系统为核心，独立控制一组液压提升器，根据提升器数量配置相应的泵源系统，以满足各种类型提升工程的实际需要。

（3）本工程依据提升吊点及液压提升器的数量，共配置 3 台 XY-BY-15 型液压泵源系统，分别布置在吊点附件的地面上。

6）电气同步控制系统

（1）电气同步控制系统由动力控制系统、功率驱动系统、传感检测系统和计算机控制系统等组成。

（2）电气控制系统主要完成以下两个控制功能。

①集群提升器作业时的动作协调控制，各点之间的同步控制是通过调节液压系统的流量，控制提升器的运行速度，保持被提升结构单元的各点同步运行，从而保持其空中姿态。

②液压同步提升施工技术采用行程及位移传感监测和计算机控制，通过数据反馈和控制指令传递，可全自动实现动作同步、负载均衡、姿态矫正、应力控制、操作闭锁、过程显示和故障报警等多种功能。

（3）操作人员可在中央控制室通过液压同步计算机控制系统人机界面，进行液压提升过程及相关数据的观察或控制指令的发布。

（4）本工程中配置一套 XY-KZ-01 型计算机同步控制及传感检测系统。

（5）施工用电计划。本工程中，计划提升施工时单个提升单元配置 3 台 XY-BY-15 型液压泵源系统，单台需要 15kW 电容量（最大功率），单台配置不小于 10mm^2 的单根铜芯五芯电缆线。液压提升系统最大需用电量为 45kW。提升过程中需要将相应的电源配电箱，分别提供到各台液压泵源系统附近 5m 范围内。现场应确保提升作业过程中，以上专用电源不间断供电。

（6）泵源系统及配电箱布置图。泵源系统及配电箱平面布置，如图 4-25 所示。图中“⧓”为泵源系统，“⧗”为配电箱，泵源系统 1 及配电箱 1 布置在高程为−0.800m 的地面上。泵源系统 2 及配电箱 2 布置在高程为 12.600m 的楼面结构上。泵源系统 3 及配电箱 3 布置在高程为−0.800m 的地面上。

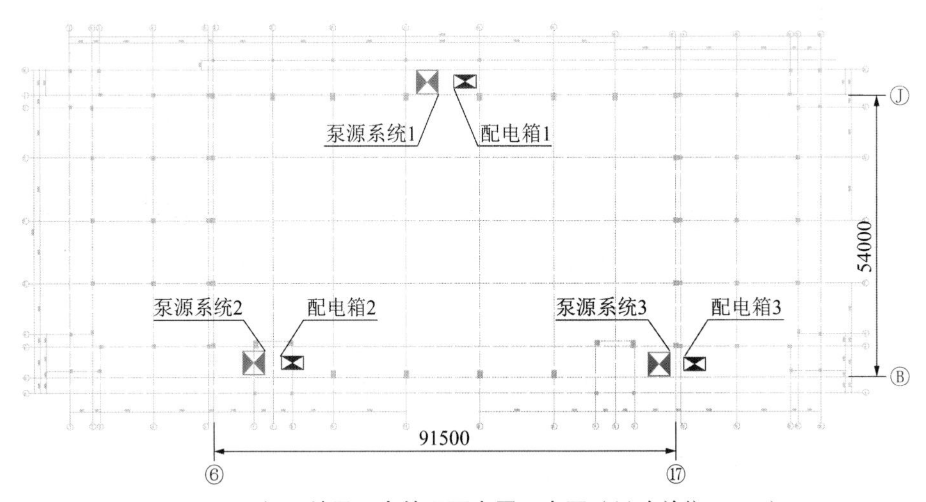

图 4-25　泵源系统及配电箱平面布置示意图（尺寸单位：mm）

7）液压同步提升

（1）施工条件分析

本工程中，鸡西屋面网架为 1 个提升单元，网架周边上弦多点混凝土柱支撑在 B 轴、C 轴、J 轴与 6～17 线，6 线和 17 线的混凝土柱高程为 10.231～11.44m；B 轴、J 轴 × 9线、14 线网架成弧形高程为 11.44～20.206m 不等；网架最高安装高程为 20.206m。

（2）提升的总体思路

根据以往类似工程的成功经验，屋面网架单元在其安装位置正下方高程为−0.800m 的地面上，分区拼装成整体后，利用“超大型构件液压同步提升技术”将其依次整体提升到位，对现场施工安全、施工工期及施工质量均有利。

首先将屋面网架提升单元分别在其投影面正下方的地面上拼装为整体提升单元，同时利用屋面网架支撑柱柱顶，设置提升平台（上吊点）后装女儿墙。其中每组提升平台配置1 台 XY-TS-75 型液压提升器，在屋面网架提升单元与上吊点对应位置的下弦高程平面处，安装下吊点临时球及加固杆件等，上、下吊点间通过专用底锚和专用钢绞线连接，利用液压同步提升系统将各个提升单元依次整体提升至设计安装高程，安装网架支座处的后装杆件等，完成屋面网架的安装作业。

（3）提升范围及单元划分

屋面网架提升单元及范围如图 4-26 所示。图中深黑色为后装杆件，待屋面网架提升到位后再进行安装。

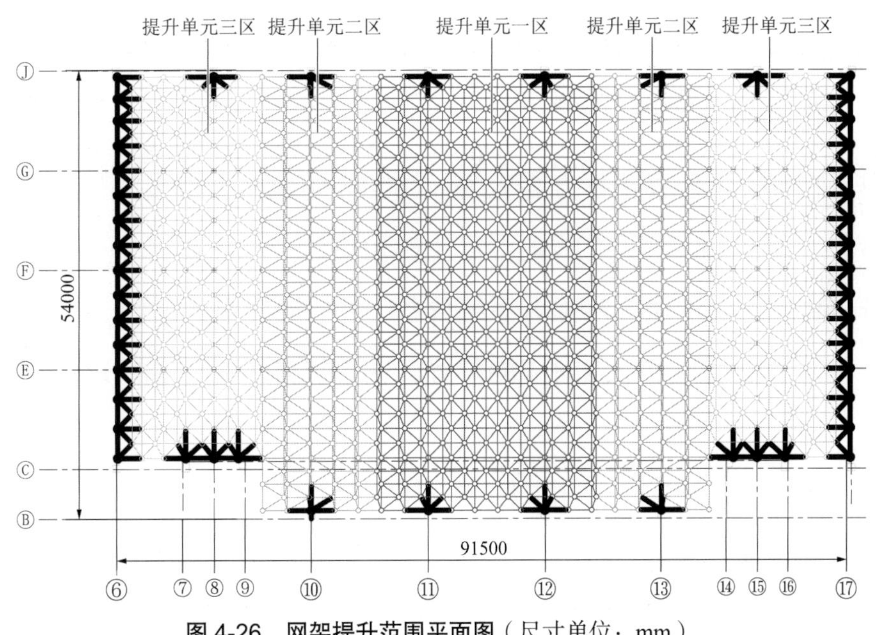

图 4-26 网架提升范围平面图（尺寸单位：mm）

（4）液压同步提升优点

钢结构采用整体液压同步提升技术进行吊装，见表 4-3。

整体液压同步提升技术 表 4-3

序号	内容
1	钢结构主要的拼装、焊接及油漆等工作，在楼面进行散件吊装拼装，施工效率高，施工质量易于保证
2	钢结构的施工作业集中在楼面，对其他专业的施工影响较小，且能够多作业面平行施工，有利于项目总工期控制

续上表

序号	内容
3	钢结构的附属次结构件等可在提升单元拼装时安装或带上，可最大限度地减少高空吊装工作量，缩短安装施工周期
4	采用“超大型构件液压同步提升施工技术”吊装空中钢结构，技术成熟，有大量类似工程成功经验可供借鉴，吊装过程的安全性有保证
5	通过钢结构单元的整体提升，将高空作业量降至最少，加之液压提升作业绝对时间较短，能够有效保证空中钢结构安装的总体工期
6	液压提升设备体积、质量较小，机动能力强，倒运和安装方便，适合本工程使用
7	提升上下吊点等主要临时结构利用自身结构设置，加之液压同步提升动荷载极小的优点，可以将提升临时设施用量降至最小，有利于施工成本控制
8	通过提升设备扩展组合，提升重量、跨度、面积不受限制
9	采用柔性索具承重，只要有合理的承重吊点，提升高度与提升幅度不受限制
10	液压提升器锚具有逆向运动自锁性，提升过程十分安全，并且构件可在提升过程中的任意位置长期可靠锁定
11	液压提升系统具有毫米级的微调功能，能实现空中垂直精确定位
12	设备体积小，自重轻，承载能力大，特别适宜在狭小空间或室内进行大吨位构件提升

8）提升施工流程

（1）提升具体流程

①提升单元在其安装位置正下方高程为−0.800m的地面上拼装为整体提升单元。

②利用B轴、J轴、6线及17线的混凝土柱顶安装上吊点提升平台（女儿墙后装）。

③在提升平台上安装液压同步提升系统设备，包括液压泵源系统、提升器、传感器等。

④在提升单元下弦处与上吊点对应的位置，安装提升下吊点临时球及加固杆件等临时措施。

⑤在提升上下吊点之间安装专用底锚和专用钢绞线。

⑥调试液压同步提升系统。

⑦检查钢结构提升单元以及液压同步提升的所有临时措施是否满足设计要求。

⑧确认无误后，开始试提升。

⑨按照设计荷载的20%、40%、60%、70%、80%、90%、95%、100%的顺序逐级加载，直至提升单元脱离拼装平台。

⑩提升单元提升约100mm后，暂停提升。

⑪微调提升单元的各吊点高程，使其处于水平，并静置4～12h。

⑫再次检查钢结构提升单元以及提升临时措施有无异常。

⑬确认无异常情况后，开始正式提升。

⑭将提升单元整体提升至距设计高程400mm时，暂停提升。

⑮测量各个吊点与设计高程的高差并做好记录，作为各个吊点需继续提升距离的依据。

⑯降低提升速度，利用液压同步提升计算机控制系统的“微调、点动”功能，使各提升吊点均达到设计位置，满足安装要求。

⑰安装屋面网架后装杆件等，使其形成完整的受力体系。

⑱液压同步提升系统分级卸载，直至屋面网架荷载全部转移至网架支座球上。

⑲拆除液压提升系统及临时措施等，完成屋面网架的提升作业。

（2）提升施工流程图

提升施工流程如图4-27所示。

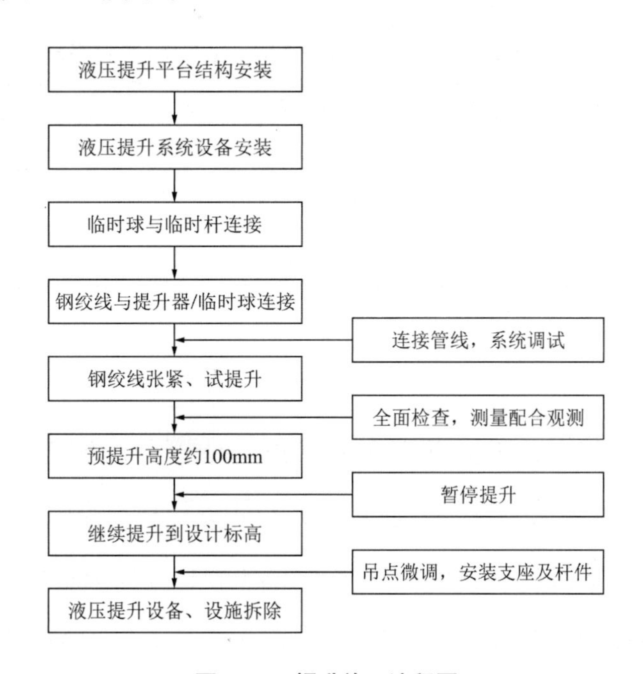

图4-27 提升施工流程图

9）提升的主要施工要点

（1）提升吊点设置

①根据屋面网架结构布置及工况计算的结果，一区提升设备配置见表4-4，表中钢绞线安全系数均大于2.0，满足提升安全要求；钢绞线最大长度为17m，单台提升器+钢绞线最大质量约0.6t；钢绞线选用规格为ϕ17.8mm的预应力钢绞线，单根钢绞线破断力为360kN，钢绞线安全系数=360/(反力标准值/根数)。一区网架提升吊点平面布置如图4-28所示，图中“◐”为吊点，标注的尺寸均为吊点中心到轴线的距离。

一区提升设备配置表 表4-4

吊点编号	反力最大标准值（kN）	提升器型号	提升器数量	单台提升器钢绞线数量	钢绞线总数（根）	钢绞线安全系数
D02	457.0	XY-TS-75	1	5	5	3.94

续上表

吊点编号	反力最大标准值（kN）	提升器型号	提升器数量	单台提升器钢绞线数量	钢绞线总数（根）	钢绞线安全系数
D03	457.0	XY-TS-75	1	5	5	3.94
D08	457.0	XY-TS-75	1	5	5	3.94
D09	458.0	XY-TS-75	1	5	5	3.93

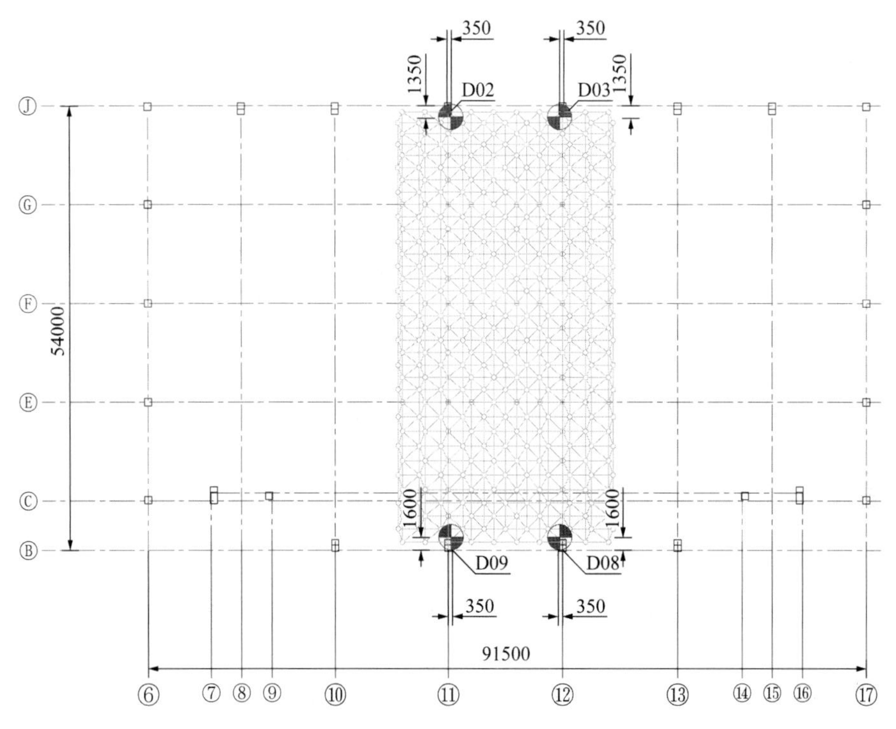

图 4-28 一区网架提升吊点平面布置（尺寸单位：mm）

②根据屋面网架结构布置及工况计算的结果，一区及二区提升设备配置见表 4-5，表中钢绞线安全系数均大于 2.0，满足提升安全要求；钢绞线最长长度 17m，单台提升器 + 钢绞线最大质量约 0.6t；钢绞线选用规格为ϕ17.8mm 的预应力钢绞线，单根钢绞线破断力为 360kN，钢绞线安全系数 = 360/(反力标准值/根数)。一区及二区网架吊点平面布置如图 4-29 所示，图中“◕”为吊点，标注的尺寸均为吊点中心到轴线的距离。

一区及二区提升设备配置表 表 4-5

吊点编号	反力最大标准值（kN）	提升器型号	提升器数量（台）	单台提升器钢绞线数量	钢绞线总数（根）	钢绞线安全系数
D01	292.0	XY-TS-75	1	4	4	4.93
D02	532.0	XY-TS-75	1	5	5	3.38
D03	532.0	XY-TS-75	1	5	5	3.38
D04	292.0	XY-TS-75	1	4	4	4.93

续上表

吊点编号	反力最大标准值（kN）	提升器型号	提升器数量（台）	单台提升器钢绞线数量	钢绞线总数（根）	钢绞线安全系数
D07	283.0	XY-TS-75	1	4	4	5.09
D08	536.0	XY-TS-75	1	5	5	3.36
D09	536.0	XY-TS-75	1	5	5	3.36
D10	283.0	XY-TS-75	1	4	4	5.09

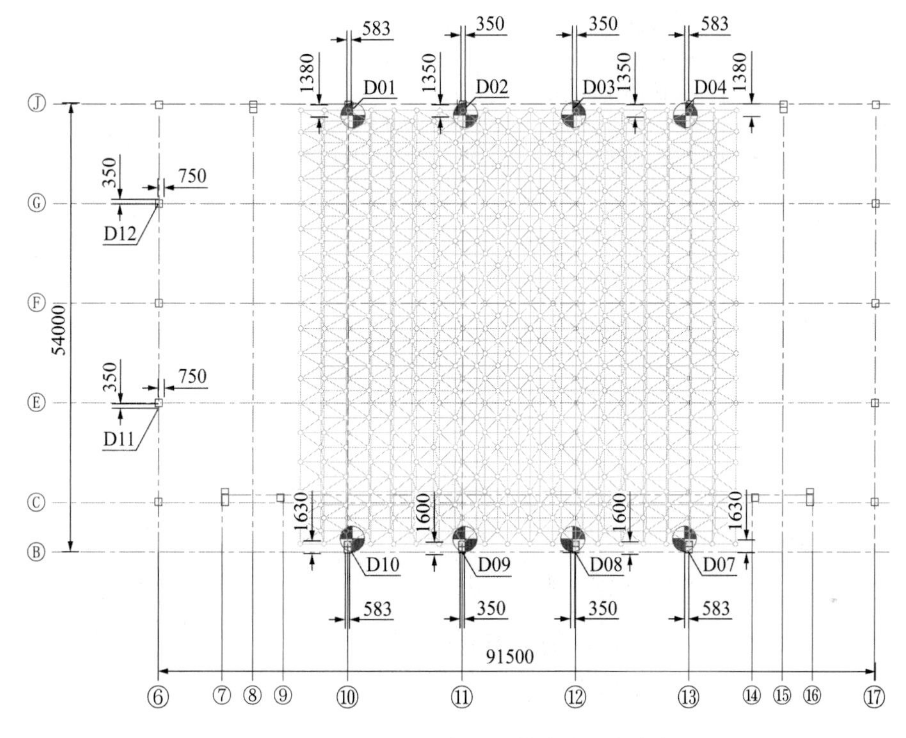

图 4-29　一区及二区网架吊点平面布置（尺寸单位：mm）

③根据屋面网架结构布置及工况计算的结果，一区、二区及三区提升设备配置，见表 4-6，表中钢绞线安全系数均大于 2.0，满足提升安全要求；钢绞线最长长度 17m，单台提升器 + 钢绞线最大质量约 0.6t；钢绞线选用规格为ϕ17.8mm 的预应力钢绞线，单根钢绞线破断力为 360kN，钢绞线安全系数 = 360/(反力标准值/根数)。一区、二区及送三区网架吊点平面布置，如图 4-30 所示，图中“◕”为吊点，标注的尺寸均为吊点中心到轴线的距离。

一区、二区及三区提升设备配置表　　表 4-6

吊点编号	反力最大标准值（kN）	提升器型号	提升器数量（台）	单台提升器钢绞线数量	钢绞线总数（根）	钢绞线安全系数
D01	410.0	XY-TS-75	1	4	4	3.51
D02	547.0	XY-TS-75	1	5	5	3.29
D03	547.0	XY-TS-75	1	5	5	3.29

续上表

吊点编号	反力最大标准值（kN）	提升器型号	提升器数量（台）	单台提升器钢绞线数量	钢绞线总数（根）	钢绞线安全系数
D04	413.0	XY-TS-75	1	4	4	3.49
D05	143.0	XY-TS-75	1	2	2	5.03
D06	145.0	XY-TS-75	1	2	2	4.97
D07	375.0	XY-TS-75	1	4	4	3.84
D08	554.0	XY-TS-75	1	5	5	3.25
D09	554.0	XY-TS-75	1	5	5	3.25
D10	375.0	XY-TS-75	1	4	4	3.84
D11	145.0	XY-TS-75	1	2	2	4.97
D12	143.0	XY-TS-75	1	2	2	5.03

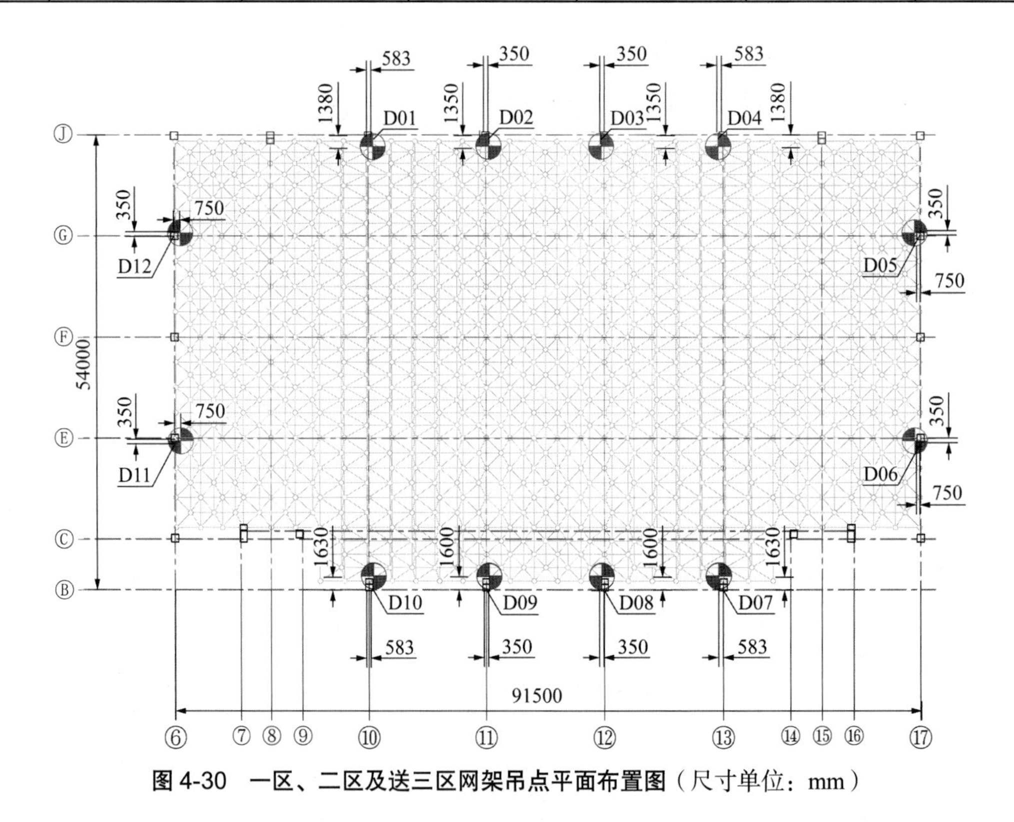

图 4-30　一区、二区及送三区网架吊点平面布置图（尺寸单位：mm）

（2）提升临时措施

采用液压同步提升设备吊装大跨度钢结构，需要设置合理的提升上下吊点。在提升上吊点即提升平台上设置液压提升器。液压提升器通过提升专用钢绞线与提升钢结构上的对应下吊点相连接。本次提升临时措施主要包括提升平台、下吊点临时球、临时加固杆件以及导向架等。提升平台类型如图 4-31～图 4-33 所示。

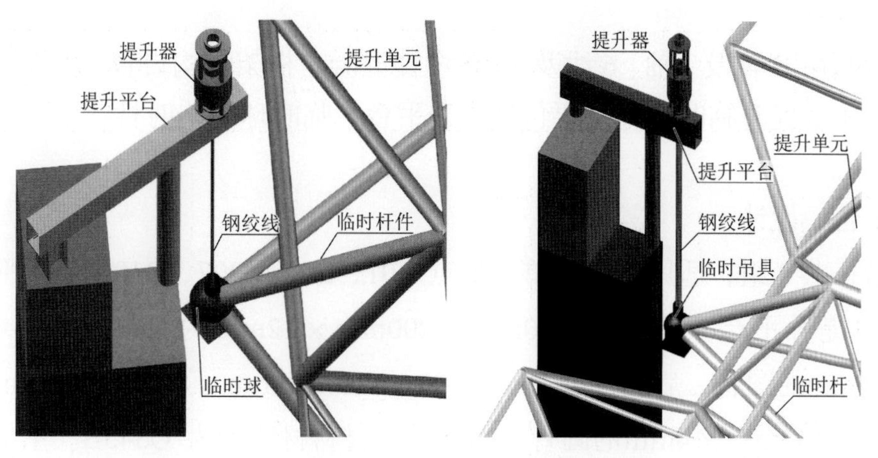

图 4-31　提升平台一示意图　　图 4-32　提升平台二示意图

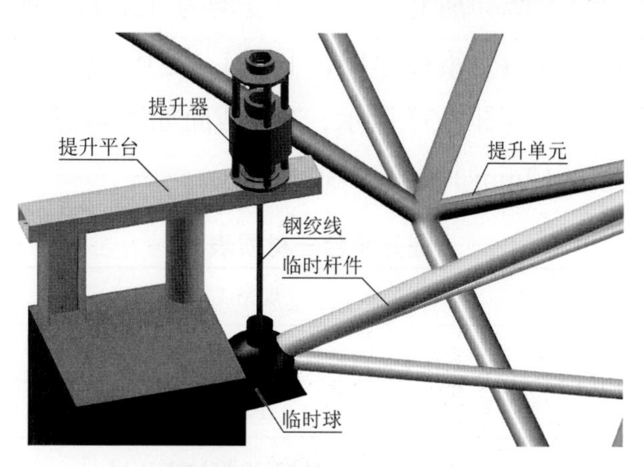

图 4-33　提升平台三示意图

（3）提升平台布置

根据提升吊点位置的结构形式、混凝土柱规格以及吊点反力等，本次提升作业共设置三种提升平台，网架提升平台布置图如图 4-34 所示。

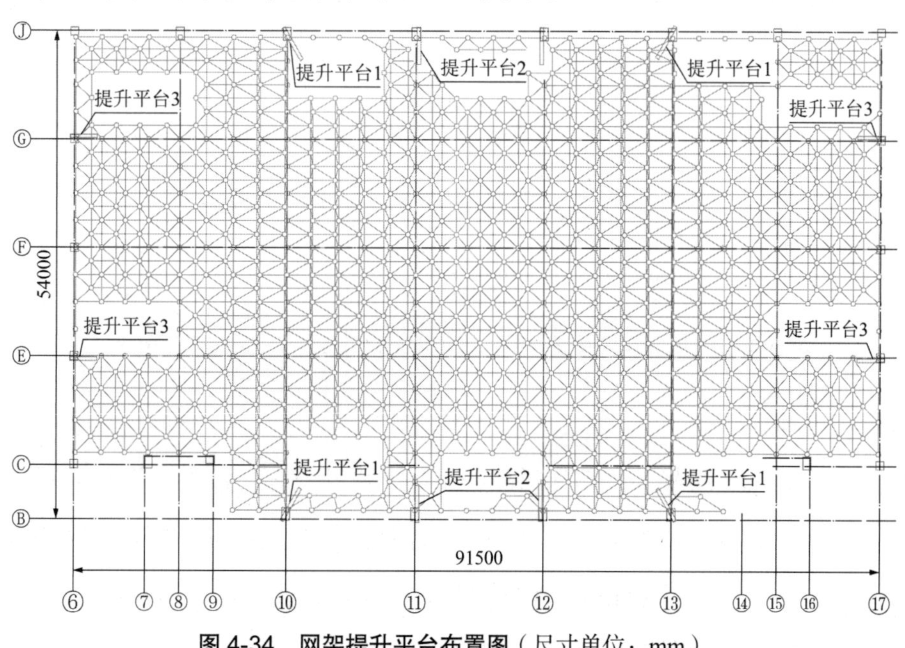

图 4-34　网架提升平台布置图（尺寸单位：mm）

（4）平台设计

提升平台利用B轴及J轴、6线及17线主楼混凝土框架结构设置，根据提升工艺要求及结构特点，本次提升临时措施主要包括提升平台、临时球、临时杆、水平构造以及导向架等。

①提升平台一设计

提升平台一共4组，适用于提升单元吊点D01、D04、D07、D10，提升平台一材质见表4-7。其中提升平台梁选用B450mm×200mm×12mm的箱形截面，前立柱选用D203mm×14mm的圆管，后立柱选用HW200mm×200mm×8mm×12mm的H型钢，水平构造选用D140mm×4mm的圆管，临时措施材料材质均为Q345B。主传力构件间焊缝采用熔透焊缝，焊缝等级二级，所有加劲板厚度均为12mm，加劲板与水平构造采用角焊缝焊接，焊缝尺寸$h_f = 0.7t$（t为钢板厚度，下同）。提升平台一立面如图4-35所示，1-1截面如图4-36所示，2-2截面如图4-37所示，2′-2′截面如图4-38所示，平台梁端部节点详图（未注明加劲板厚度均为12mm）如图4-39所示。

提升平台一材质表 表4-7

平台	名称	规格（mm）	材质
提升平台一	平台梁	B450×200×12	Q345
	前立柱	P203×14	Q345
	后立柱	H200×200×8×12	Q345
	水平构造	D140×4	Q345
	适用于吊点D01、D04、D07、D10		

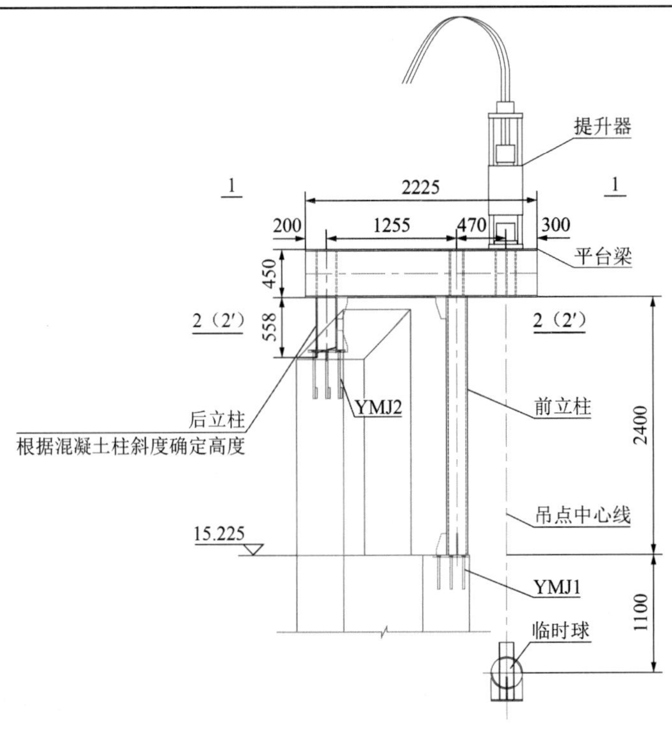

图4-35 提升平台一立面示意图（尺寸单位：mm；高程单位：m）

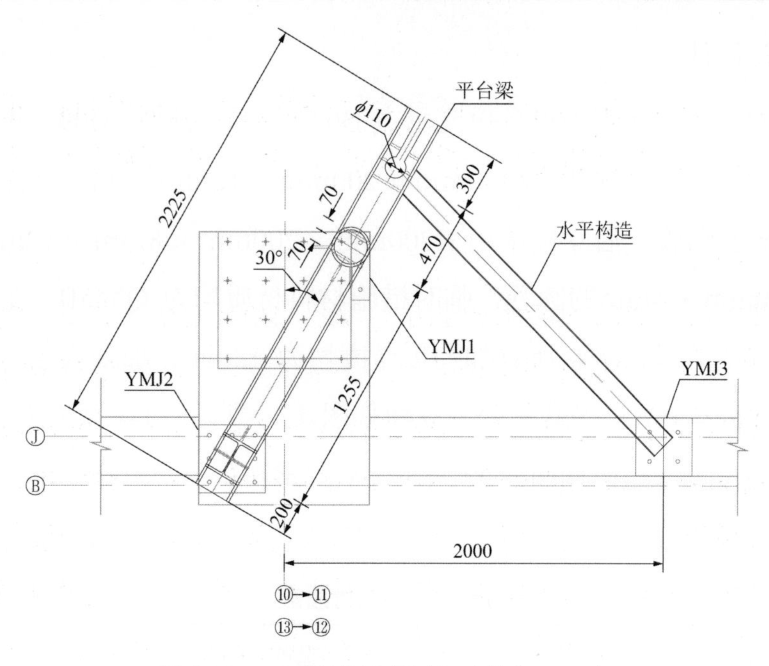

图 4-36 1-1 截面示意图（尺寸单位：mm）

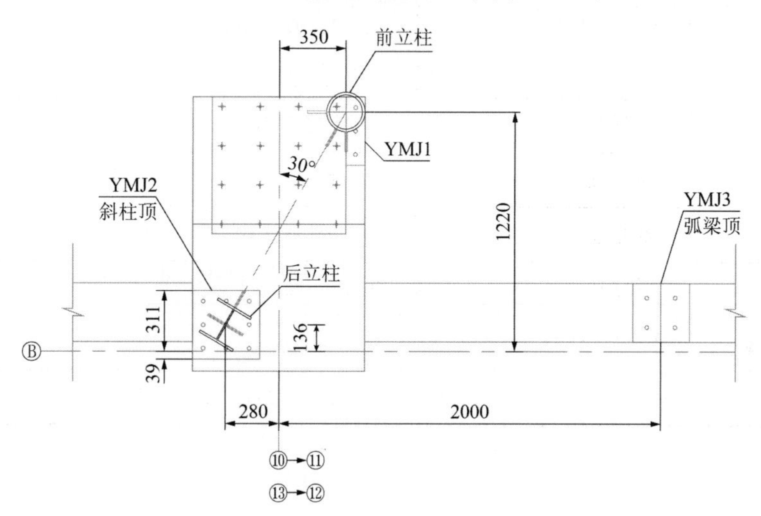

图 4-37 2-2 截面示意图（尺寸单位：mm）

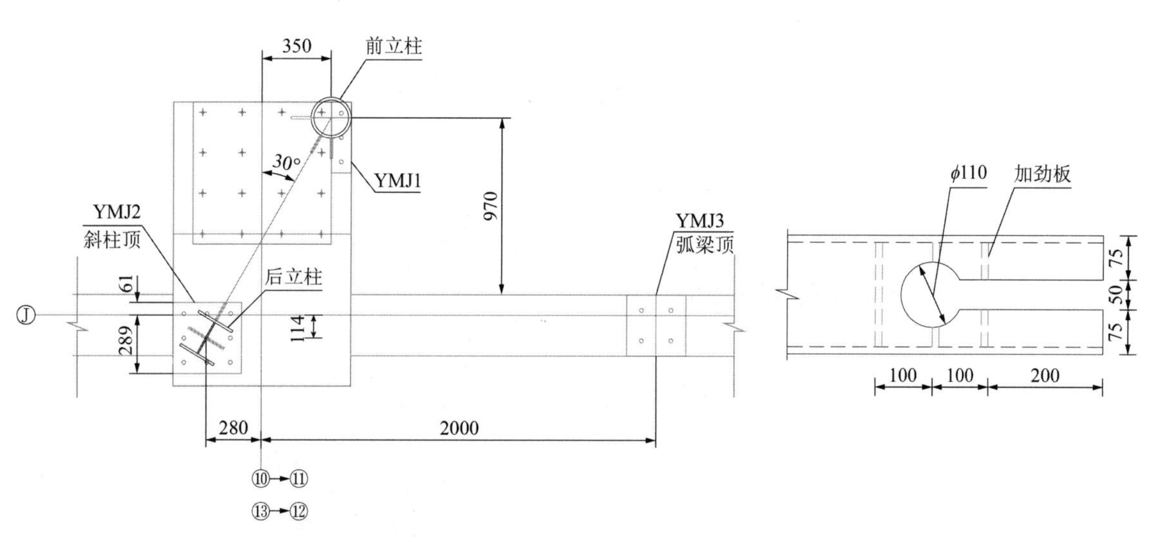

图 4-38 2′-2′截面示意图（尺寸单位：mm）

图 4-39 平台梁端部节点详图（尺寸单位：mm）

②提升平台二设计

提升平台二共 4 组，适用于提升单元吊点 D02、D03、D08、D09，提升平台二材质见表 4-8。其中提升平台梁选用 B450mm × 200mm × 12mm的箱形截面，前立柱选用 D203mm × 14mm 的圆管，后立柱选用 H200mm × 200mm × 8mm × 12mm的 H 型钢，水平构造选用 D140mm × 4mm的圆管，临时措施材料材质均为 Q345B。主传力构件间焊缝采用熔透焊缝，焊缝等级二级，所有加劲板厚度均为 12mm，加劲板与水平构造采用角焊缝焊接，焊缝尺寸$h_f = 0.7t$。提升平台二立面如图 4-40 所示，1-1 截面如图 4-41 所示，2-2 截面如图 4-42 所示，2′-2′截面如图 4-43 所示，平台梁端部节点详图（未注明加劲板厚度均为 12mm）如图 4-44 所示。

提升平台二材质表 表 4-8

平台	名称	规格（mm）	材质
提升平台二	平台梁	B450 × 200 × 12	Q345
	前立柱	P203 × 14	Q345
	后立柱	H200 × 200 × 8 × 12	Q345
	水平构造	D140 × 4	Q345
	适用于吊点 D02、D03、D08、D09		

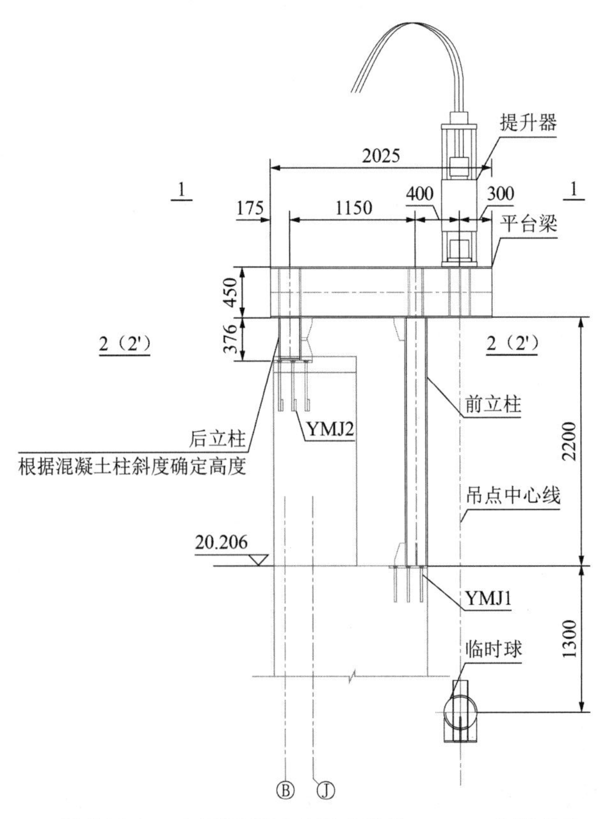

图 4-40 提升平台二立面示意图（尺寸单位：mm；高程单位：m）

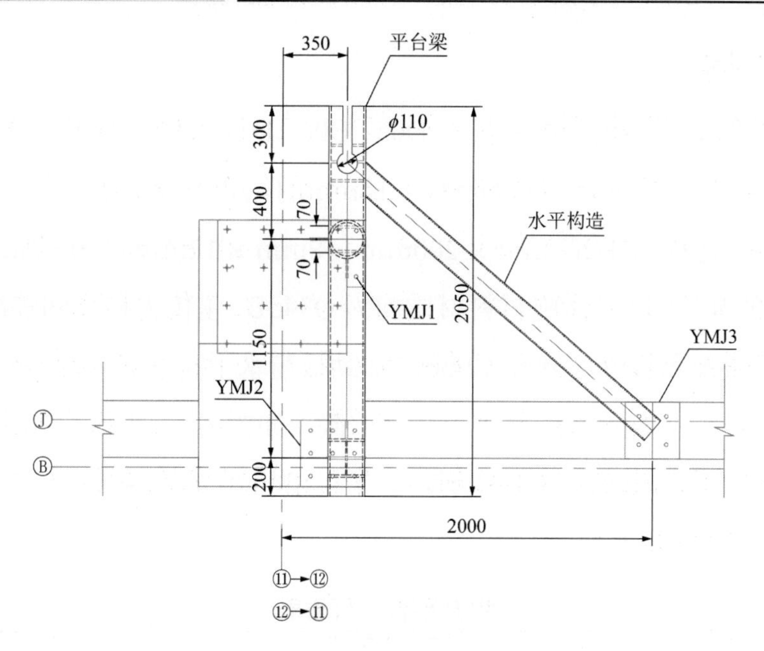

图 4-41　1-1 截面示意图（尺寸单位：mm）

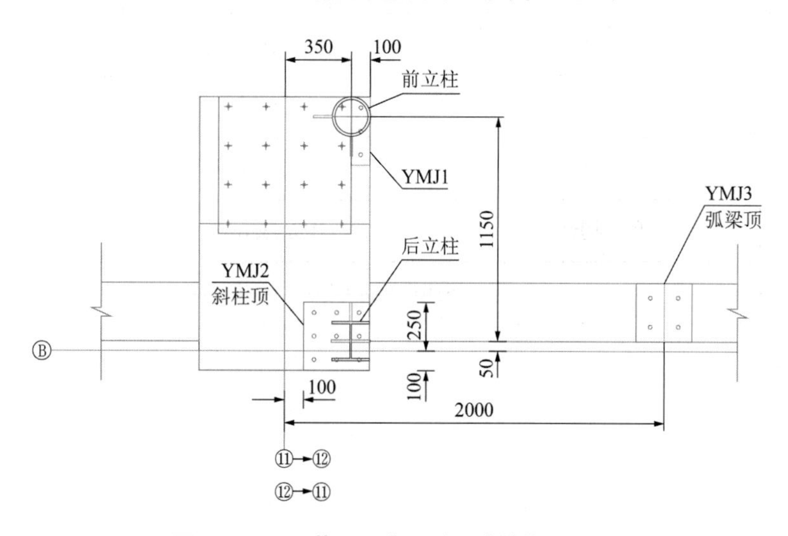

图 4-42　2-2 截面示意图（尺寸单位：mm）

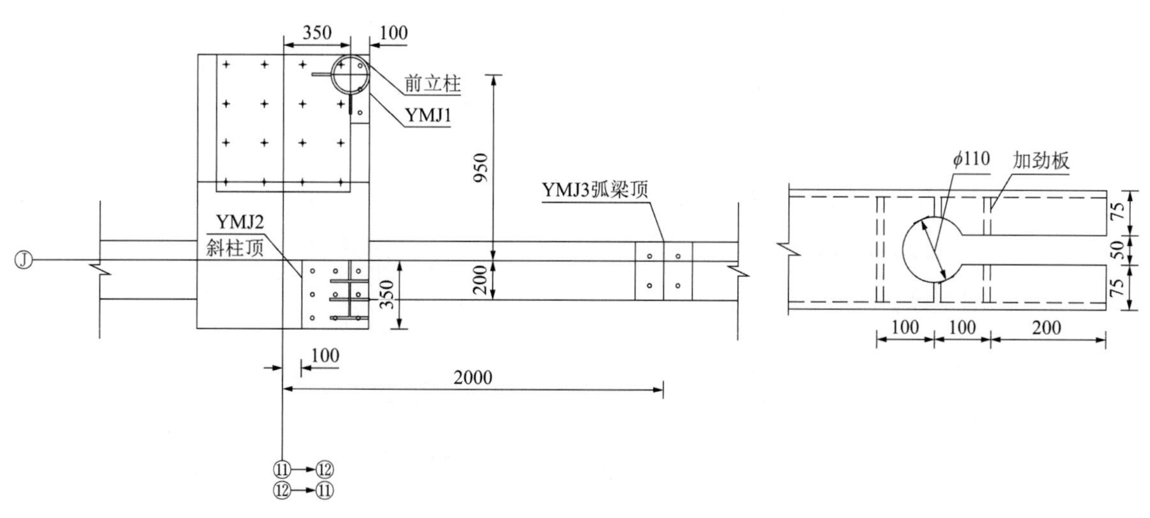

图 4-43　2′-2′截面示意图（尺寸单位：mm）

图 4-44　平台梁端部节点详图（尺寸单位：mm）

③提升平台三设计

提升平台三共组适用于提升单元吊点 D05、D06、D11、D12，提升平台三材质见表 4-9。其中提升平台梁选用 B200mm × 200mm × 14mm的箱形截面，前立柱选用 D203mm × 14mm的圆管，后立柱选用 H200mm × 200mm × 8mm × 12mm的 H 型钢，水平构造选用 D140mm × 4mm的圆管，临时措施材料材质均为 Q345B。主传力构件间焊缝采用熔透焊缝，焊缝等级二级，所有加劲板厚度均为 12mm，加劲板与水平构造采用角焊缝焊接，焊缝尺寸 $h_f = 0.7t$。提升平台三立面如图 4-45 所示，1-1 截面如图 4-46 所示，2-2 截面如图 4-47 所示，平台梁端部节点详图（未注明加劲板厚度均为 12mm）如图 4-48 所示；加劲板设计（钢板厚度t = 12mm）如图 4-49 所示。

提升平台三材质表 表 4-9

平台	名称	规格（mm）	材质
提升平台三	平台梁	B450 × 200 × 12	Q345B
	前立柱	P203 × 14	Q345B
	后立柱	H200 × 200 × 8 × 12	Q345B
	水平构造	D140 × 4	Q345B

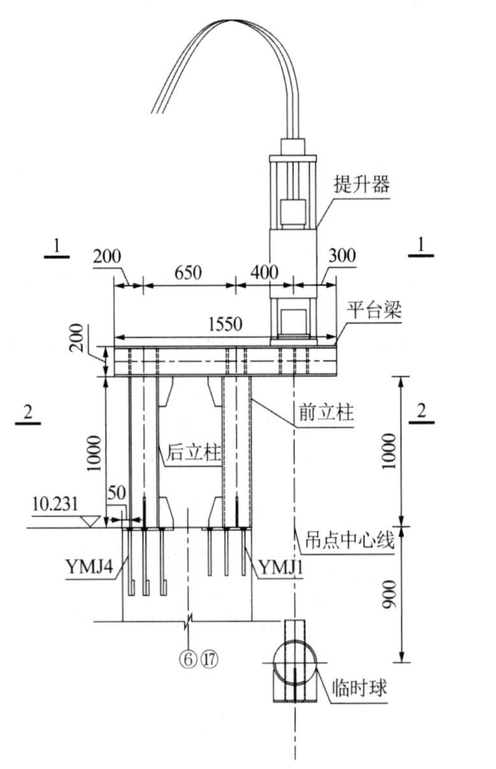

图 4-45 提升平台三立面示意图
（尺寸单位：mm；高程单位：m）

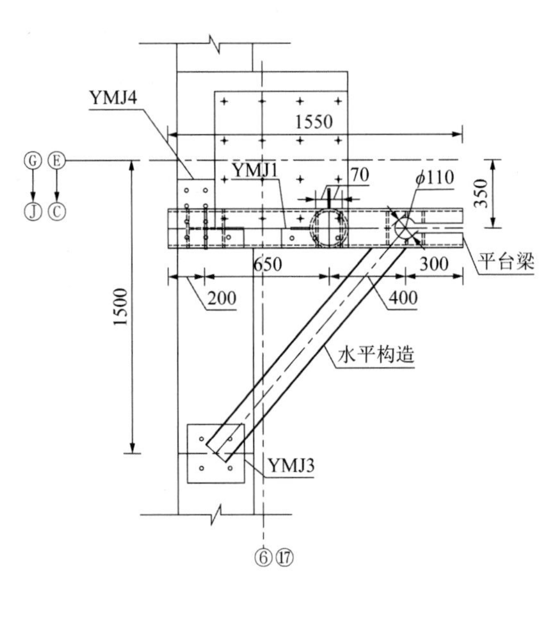

图 4-46 1-1 截面示意图
（尺寸单位：mm）

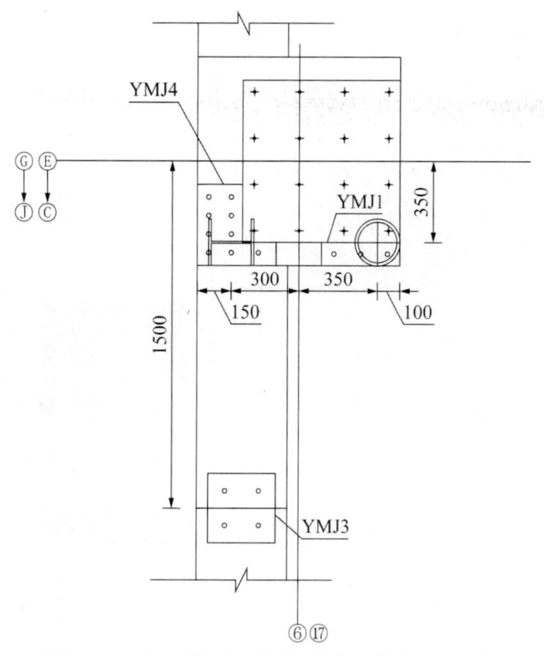

图 4-47 2-2 截面示意图（尺寸单位：mm）

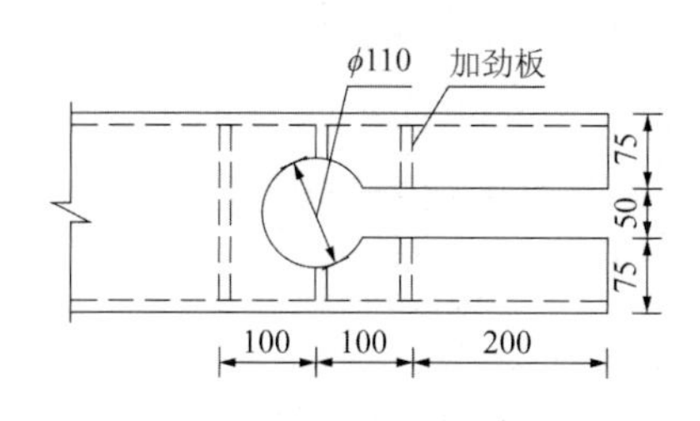

图 4-48 平台梁端部节点详图（尺寸单位：mm）

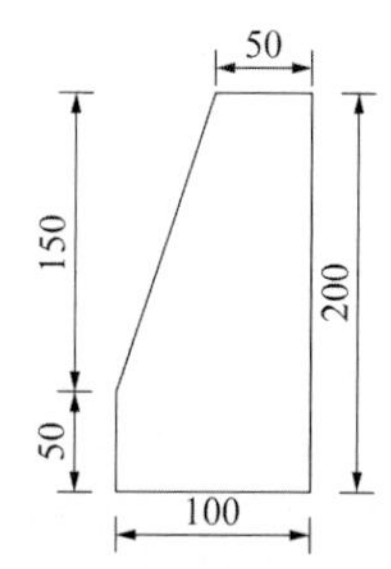

图 4-49 加劲板设计示意图（尺寸单位：mm）

④下吊点临时措施

临时球下吊点采用临时焊接球形式，焊接球中部设置钢管，底部设置加劲板及底板，用来与专用底锚连接，焊接球规格根据网架临时加固杆件规格及反力大小选用 D400mm × 12mm，材质均为 Q355B。

由于临时球下部需留有安装专用锚具的距离，临时球拼装时底面离开高度不小于 400mm。D400mm × 12mm临时球详图如图 4-50 所示；临时球工程应用如图 4-51 所示。

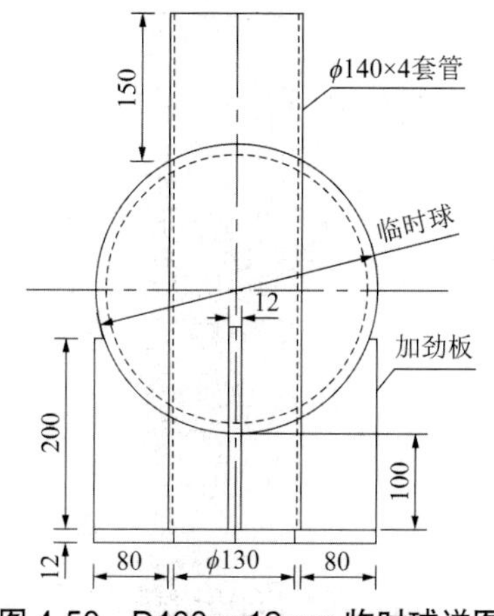

图 4-50 D400 × 12mm 临时球详图（尺寸单位：mm）

图 4-51 临时球工程应用

⑤提升器固定板

液压提升器安装到位后，应立即用临时固定板固定，每台液压提升器需要 4 块临时固定板，提升器固定板如图 4-52 所示；临时固定板如图 4-53 所示。A、B 面需平整，能卡住提升器底座；C 面同下部提升平台梁焊接固定，焊接采用双面角焊缝，不得接触提升器底座，焊缝高度不小于 10mm，焊缝等级不低于 2 级。

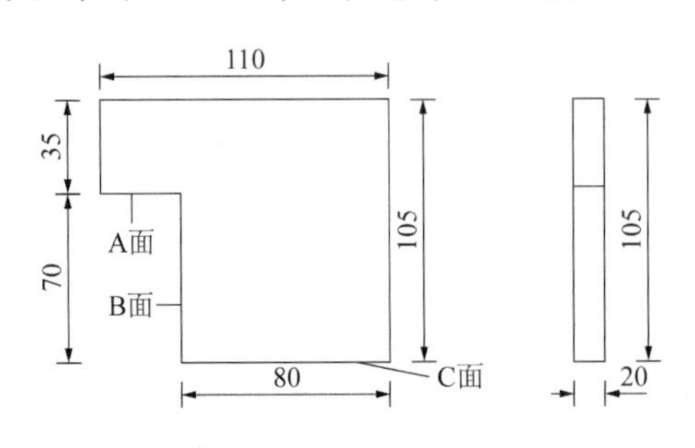

图 4-52　提升器固定板详图（尺寸单位：mm）

图 4-53　临时固定板

⑥导向架

在液压提升器提升或下降过程中，其顶部必须预留多余的钢绞线，如果预留过多，在提升或下降过程中对钢绞线的运行及液压提升器天锚、上锚的锁定及打开有较大影响。所以每台液压提升器必须事先配置好导向架，使其顶部预留过多的钢绞线确保导出顺畅。多余的钢绞线可沿提升平台自由向后、向下疏导。YMJ1 与原支座埋件相交的地方开剖口熔透焊接。导向架（12 套）如图 4-54 所示。

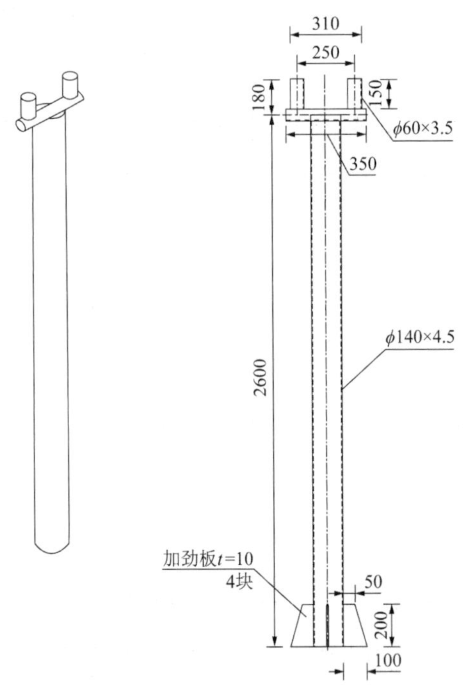

图 4-54　导向架示意图（尺寸单位：mm）

⑦预埋件设计

YMJ1、YMJ2、YMJ3 及 YMJ4 锚板选用厚度 t = 20mm 的钢板，材质 Q345B，锚筋选用直径 D = 20mm 的 HRB400 钢筋。YMJ1（数量 12 组）预埋件如图 4-55 所示，YMJ2（数量 8 组）预埋件如图 4-56 所示，YMJ3（数量 12 组）预埋件如图 4-57 所示，YMJ4（数量 4 组）预埋件如图 4-58 所示，预埋件位置详见提升平台详图。YMJ4 与原支座埋件相交的地方开剖口熔透焊接。

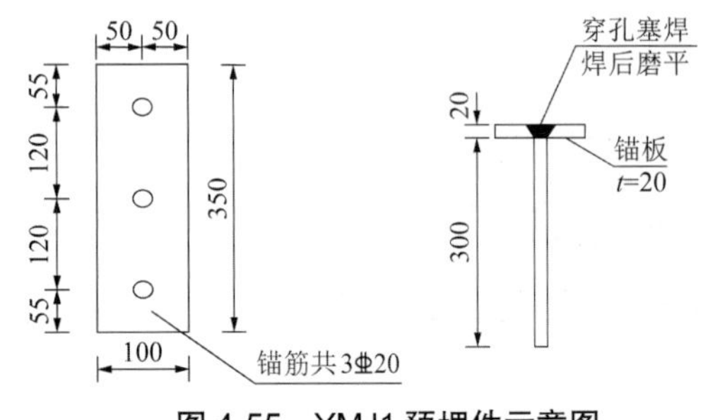

图 4-55　YMJ1 预埋件示意图（尺寸单位：mm）

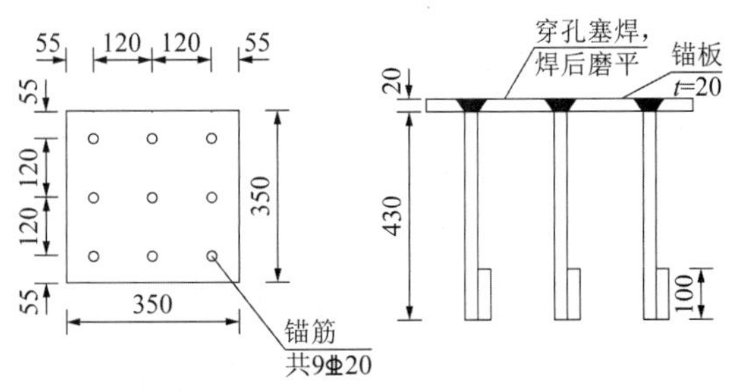

图 4-56　YMJ2（数量 8 组）预埋件示意图（尺寸单位：mm）

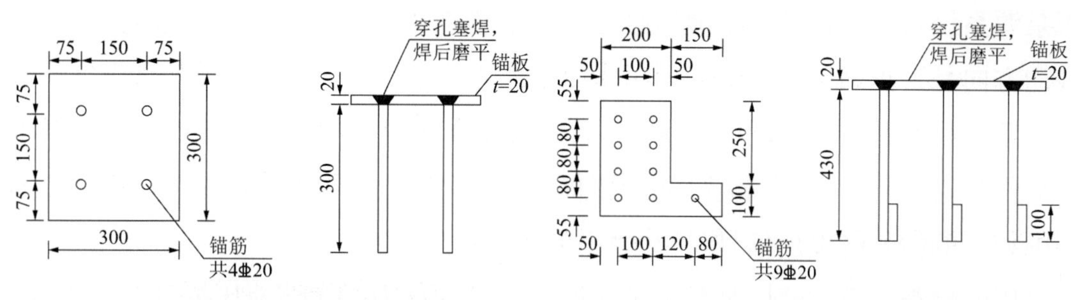

图 4-57　YMJ3（数量 12 组）预埋件示意图
（尺寸单位：mm）

图 4-58　YMJ4（数量 4 组）预埋件示意图
（尺寸单位：mm）

⑧提升前的准备及检查工作

本工程中穿钢绞线采取由下至上穿法，即从液压提升器底部穿入至顶部穿出。钢绞线地面安装如图 4-59 所示，应尽量使每束钢绞线底部持平，穿好的钢绞线上端通过夹头和锚片固定。液压提升器钢绞线安装完毕后，再将钢绞线束的下端穿入正下方对应的下吊点底锚结构内，调整好后锁定。每台液压提升器顶部预留的钢绞线应沿导向架朝预定方向疏导。

图 4-59　钢绞线地面安装

⑨专用底锚的安装

每台液压提升器对应一套专用底锚结构。底锚结构安装在提升下吊点临时吊具的内部，要求每套底锚与其正上方的液压提升器、提升吊点结构开孔垂直对应，同心安装。

⑩液压管路的连接

液压泵源系统与液压提升器的油管连接，连接时，油管接头内的组合垫圈应取出，对应管接头或对接头上应有“O”形圈；应先接低位置油管，防止油管中的油倒流出来。液压泵源系统与液压提升器间油管要一一对应，逐根连接；依照方案制定的并联或串联方式连接油管，确保连接正确，接完后进行全面复查。

⑪控制、动力线的连接

包括各类传感器的连接，液压泵源系统与液压提升器之间的控制信号线连接，液压泵源系统与计算机同步控制系统之间的连接，液压泵源系统与配电箱之间的动力线连接，计算机控制系统电源线的连接。

⑫设备的检查及调试

a. 调试前的检查工作。包括提升临时措施结构状态检查；设备电气、油管、节点的检查；提升结构临时固定措施是否拆除；将提升过程可能产生影响的障碍物清除。

b. 系统调试。液压系统安装完成后，检查液压泵源系统上所有阀或油管的接头是否松动，检查溢流阀的调压弹簧是否处于完全放松状态。

c. 检查液压泵源系统控制柜与液压提升器之间电源线、通信电缆的连接是否正确。检查液压泵源系统与液压提升器主液压缸之间的油管连接是否正确。系统送电，检查液压泵主轴转动方向是否正确。

d. 在液压泵源系统不启动的情况下，手动操作控制柜中的相应按钮，检查电磁阀和截止阀的动作是否正常，截止阀编号和液压提升器编号是否对应。检查行程传感器，使就地控制盒中相应的信号灯发出信号。

e. 操作前检查。启动液压泵源系统，调节一定的压力，伸缩液压提升器；主液压缸检查 A 腔、B 腔的油管连接是否正确；检查截止阀能否截止对应的液压缸。

⑬分级加载试提升

a. 试提升的主要目的是在过程中对提升单元、提升临时措施、提升设备系统进行观察和监测，确认符合模拟工况计算和设计条件，保证提升过程的安全。

b. 待液压系统设备检测无误后开始试提升。以计算机仿真计算的各提升吊点反力值为依据，确定液压提升器所需的伸缸压力（考虑压力损失）和缩缸压力。

c. 开始试提升时，液压提升器伸缸压力逐渐上调，依次为所需压力的 20%、40%、60%，一切正常情况下，可继续加载到 70%、80%、90%、95%、100%，直至提升单元全部脱离拼装胎架。

d. 在分级加载过程中，每一步分级加载完毕，均应暂停并检查上下吊点结构、提升单元等加载前后的变形情况，以及主体结构的稳定性等。一切正常情况下，继续下一步分级加载。

e. 当分级加载至提升单元即将离开胎架时，可能各点不同时离地，此时应降低提升速度，并密切观察各点离地情况，必要时做“单点动”提升，确保提升单元离地平稳。

⑭正式提升

为确保提升结构及主体结构提升过程的平稳、安全，根据结构特性，拟采用“吊点油压均衡，结构姿态调整，位移同步控制，分级卸载就位”的同步提升和卸载落位控制措施。

a. 同步吊点设置

每台液压提升器各设置一套行程传感器，用以测量提升过程中各台液压提升器提升位移的同步性。主控计算机根据各个传感器的位移检测信号及差值，构成“传感器—计算机—泵源控制阀—提升器控制阀—液压提升器—提升单元”的闭环系统，控制整个提升过程的同步性。

b. 结构离地检查

提升单元离开拼装胎架约 100mm 后，利用液压提升系统设备锁定，空中停留 4～12h 做全面检查（包括吊点结构、承重体系和提升设备等），并将检查结果以书面形式报告现场总指挥部。各项检查正常无误，再进行正式提升。

c. 姿态检测调整

用测量仪器检测各吊点的离地距离，计算各吊点的相对高差。通过液压提升系统设备调整各吊点高度，使提升单元达到设计姿态。

d. 整体同步提升

以调整后的各吊点高度为新的起始位置，复位位移传感器。在整体提升过程中，保持该姿态直至提升到设计高程附近。

e. 提升过程的微调

在提升过程中，因为空中姿态调整和后装杆件安装等需要进行高度微调。在微调开始前，将计算机同步控制系统由自动模式切换成手动模式。根据需要，对整个液压提升系统中各个吊点的液压提升器进行同步微动（上升或下降），或者对单台液压提升器进行微动调整。微动即点动调整，精度可以达到毫米级，完全可以满足结构安装的精度需要。

f. 提升就位

提升单元提升至距离设计高程约 400mm 时，暂停提升；各吊点微调使结构精确提升到设计位置；液压提升系统设备暂停工作，保持提升单元的空中姿态，安装后装杆件，使提升单元结构形成整体稳定受力体系。液压提升系统设备同步减压，至钢绞线完全松弛；拆除液压提升系统设备及相关临时措施，完成提升单元的整体提升安装。

⑮杆件替换

提升单元提升至距离设计高程约 200mm 时，暂停提升；各吊点微调使结构精确提升到达设计位置；液压提升系统设备暂停工作，保持提升单元的空中姿态，安装支座位置处杆件（提升杆件位于内侧球上，不与支座球冲突），使提升单元结构形成整体稳定受力体系。

4.3.13 超大型构件液压同步提升施工技术特点

（1）通过提升设备的扩展组合，提升重量、跨度、面积不受限制。

（2）提升过程十分安全，并且构件可以在提升过程中的任意位置锁定，任意提升器可单独调整，调整精度高，有效提高结构提升过程中安装精度的可控性。

（3）采用柔性索具承重，只要有合理的承重吊点，提升高度不受限制。

（4）提升设备体积小、自重轻、承载能力大，特别适宜于大型设备的提升作业。

（5）液压提升器通过液压回路驱动，动作过程中加速度极小，被提升设备及提升框架结构几乎无附加动荷载（振动和冲击）。

（6）设备自动化程度高，操作方便灵活，安全性好，可靠性高，使用面广，通用性强。

（7）液压同步提升通过计算机控制各提升点同步，提升过程中构件保持平稳的提升姿态，同步控制精度高。

（8）省去大型起重机的作业，可大大节省机械设备、人力资源。

（9）能够充分利用现场施工作业面，有利于工程总体工期控制。

4.3.14 液压提升原理及设备

1）关键技术和设备

（1）超大型构件液压同步提升施工技术。

（2）XY-TS-75 型液压提升器。

（3）XY-BY-15 型液压泵源系统。

（4）XY-KZ-01 型计算机同步控制及传感检测系统。

2）液压提升原理

液压同步提升技术采用液压提升器作为提升机具，柔性钢绞线作为承重索具。液压提升器为穿芯式结构，以钢绞线作为提升索具，具有安全可靠、承重件自身质量轻、运输安装方便、中间不必镶接等一系列独特优点。液压提升器两端的楔形锚具具有单向自锁作用。当锚具工作（紧）时，会自动锁紧钢绞线；锚具不工作（松）时，放开钢绞线，钢绞线可上下活动。一个流程为液压提升器的一个行程，当液压提升器周期重复动作时，被提升重物一步步向上移动。上升工况步序动作如图 4-60～图 4-65 所示。

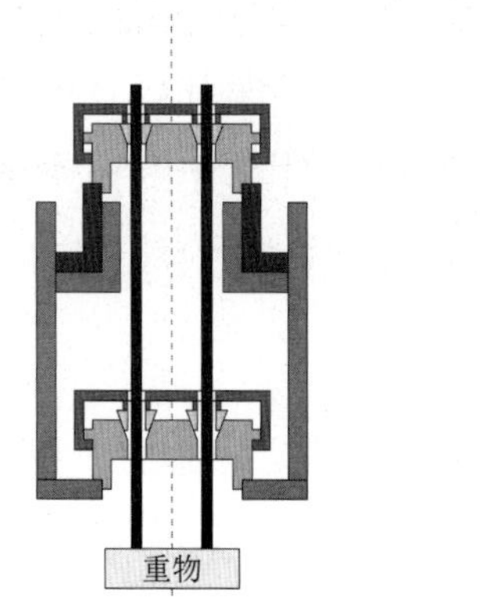

图 4-60　上锚紧，夹紧钢绞线

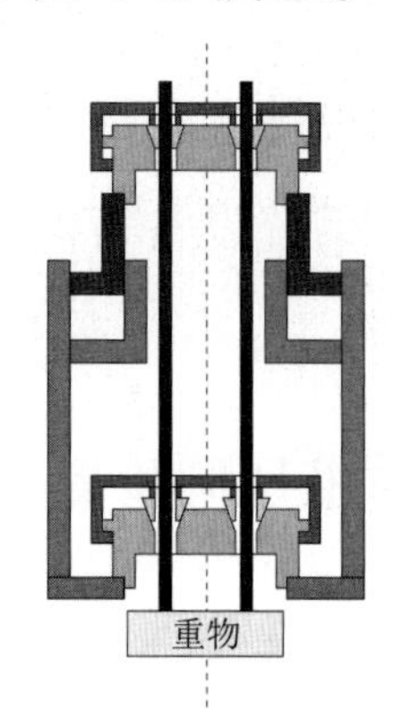

图 4-61　主液压缸伸缸，提升重物

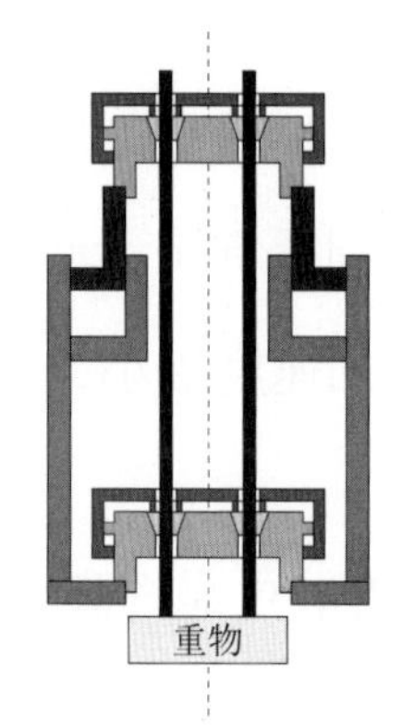

图 4-62　下锚紧，夹紧钢绞线

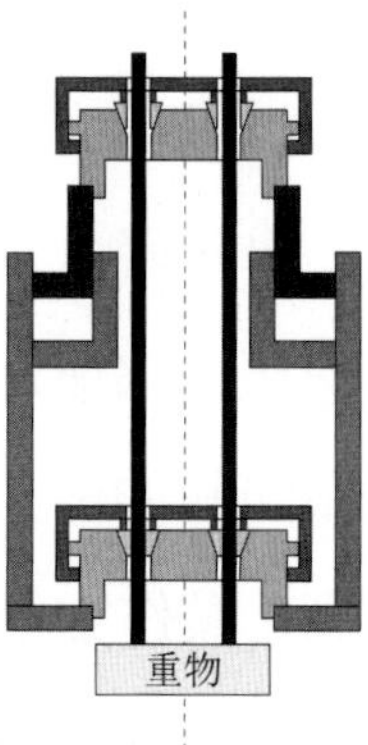

重物

图 4-63　主液压缸微缩，上锚片脱开

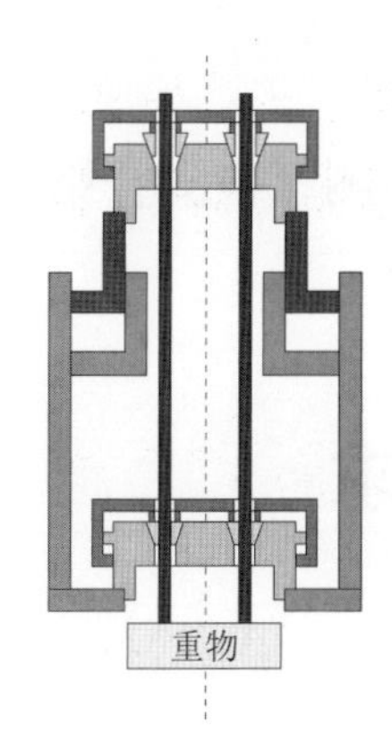

图 4-64 上锚缸上升，上锚全松

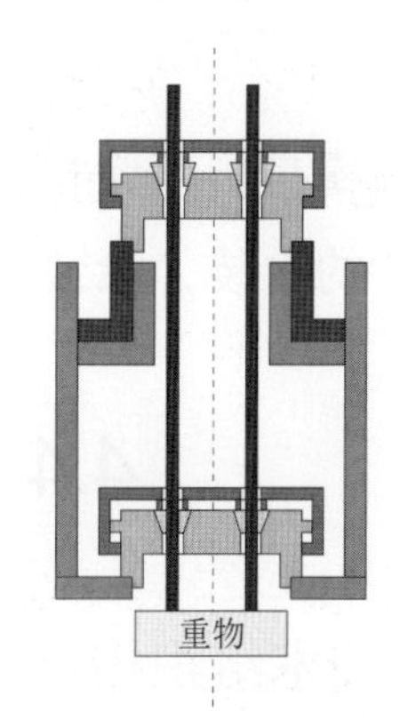

图 4-65 主液压缸缩缸，回原位

3）液压提升设备

施工中液压提升承重设备，主要采用 XY-TS 型穿芯式液压提升器，如图 4-66 所示。

4）液压泵源系统

XY-BY 型液压泵源系统（图 4-67）为液压提升器提供动力，并通过就地控制器对多台或单台液压提升器进行控制和调整，执行液压同步提升计算机控制系统的指令并反馈数据。

图 4-66 XY-TS 型液压提升器

图 4-67 XY-BY 型液压泵源系统

4.3.15 体系转换

网架提升到位后，进行网架支座两侧球杆的安装，同时进行临时杆、临时球与永久球杆之间的转换，转换原则为对角替换，直至所有临时球杆转换为永久球杆，将支座与焊接球进行焊接，完成 24h 后进行无损检测，合格后进行打磨涂装。

4.3.16 整体涂装

1）防腐涂装

整体提升及体系转换完成后对焊缝表面打磨处理，之后涂装防腐底漆，完成后采用升降车进行整体面漆涂装。

2）防火涂装

防火漆进场前进行面漆与防火漆相容性等试验检测，检测合格后方可使用，面漆涂装完成后进行超薄型防火漆的涂装，涂装方式采用喷涂。

4.4 检查要求

4.4.1 确保质量的技术组织措施

1）确保质量的技术措施

由计量检定、外购物资检验、产品质量检验、质量监督及无损检测等组成的钢结构制造工程项目，质量检验、试验系统由持有资格证书并通过培训合格的人员进行操作，对制造过程实施全面质量控制，按照检验和试验计划独立行使质量管理职权。

2）材料试验、测量、质量检验设备及检测试验手段

（1）计量检定、理化检验保证

工程的计量检定、理化检验以及本项目要求的专项试验等拟由具有国家计量资质的单位进行，检测中心建有完善的计量检测体系，具备各种检验、测量和试验设备的检定能力。

（2）测量与检验

①在生产过程中，检验人员经过相关技术标准的培训，合格后需监理工程师认可方可上岗检验。

②编制专门的检验工艺规程、测量工艺规程、无损检验工艺规程等文件，来规定质量检验人员的工作和检验要求。

③本工程采用的测量仪器及量具，主要有激光经纬仪、水准仪等精密测量仪器以及钢尺、水平尺、量规等量具。计量器具保证检定合格并在检定周期内。

（3）生产过程检验控制

①生产过程执行“首制件必检”，各工序自检、互检合格后，填写报检单申请专检人员进行检验；有监检要求的项目需监检合格后，方可流入下道工序；当专检人员签署“合格”结论后，生产单位才能将有检验合格标识的产品移交下道工序作业单位。

②在生产、服务、安装过程中注意保护好产品制造及检验状态的识别标记。

③下道工序施工者负责核对上道工序检验/试验状态的标识（或记录），检验/试验状态不明者不可施工，并向生产部门反馈信息。

3）质量监督和考核

（1）为了加强现场质量管理，保证桥梁工程质量，现场质量管理人员和检验人员负责进行过程控制和产品质量监督及考核。

（2）制定质量责任制和质量考核办法。

（3）在现场进行巡回检查，监督检查生产过程中质量管理制度、检验制度以及工艺纪律的执行情况。对违规人员进行及时处理。

（4）协调处理现场出现的各类质量问题，保证各工序处于受控状态，维护现场质量体系的正常运行。

4）确保质量组织措施

（1）建立健全质量责任制

上至项目经理，下至作业队工人，均制定质量责任制，形成质量管理工作系统，明确每个人的具体责任，各职能部门也明确责任，并受上级责任人领导。把质量管理的每项工作、每个环节，具体落实到每个部门、每个人身上。

（2）按照质量管理组织机构配齐工作人员

将质量意识强、施工经验丰富、组织能力强的人员充实到质量管理的各级机构或部门，项目第一管理者是质量管理的负责人，确保质量管理机构工作的权威性。

（3）明确职责

做到职责明确、工作内容清楚，责任及具体工作落实到人，形成质量工作人人肩上有责任的工作氛围。

（4）健全制度

建立健全各种质量管理的规章制度，制定质量标准和操作工艺，并通过质量监督检查工作确保贯彻落实，定期举行工程质量评比。

4.4.2 质量控制节点

（1）凡与本工程质量有关的人员（焊工、油漆工、检验员、计量员等），资质应满足所从事岗位工作标准的要求。

（2）上岗前对从事本工程结构的持证焊工进行培训、考核，确认合格后上岗。

（3）根据钢结构制造工艺要求，技术人员、质量管理人员对施工人员进行工艺技术交底和质量要求、检验方法、检验程序交底。

4.4.3 生产设备和工艺装备控制

1）环境控制

根据产品要求在相关的工艺文件中确定影响产品施工质量以及储存的工作环境。各生产单位根据工艺文件中所明确的工作环境，在生产过程中予以落实。对施工环境进行监督检查，质量管理部巡查实施情况，发现问题及时签发相应的通知单（质量信息反馈单、产品质量问题纠正联系单等）。

2）监视和测量控制

（1）公司根据产品特性，在相应的工艺文件中明确监视和测量的项目、内容和要求。

（2）所有的监视和测量装置必须经具有计量资质单位的标检，且在有效期内使用。

3）焊接质量检测方法

焊缝无损检验标准：焊缝施焊 24h，经外观检验合格后，再进行无损检验。厂内焊缝超声波探伤，检验等级为 B 级，内部质量等级与探伤比例见表 4-10。

超声波探伤内部质量等级与探伤比例　　表 4-10

焊缝类型	质量等级	探伤比例	焊缝位置
对接焊缝	I	100%	杆件横向对接焊缝
熔透角焊缝	II	20%	杆件与球的角焊缝

4）焊缝缺陷修补

（1）重要焊缝的修补，如裂纹等，必须先查明原因，经质检人员和主管技术人员确认后再进行修补，并做好记录。

（2）焊波、余高超标、焊缝咬边≤1mm 时，用砂轮机修磨匀顺。

（3）焊脚尺寸不足、焊缝咬边>1mm 时，可采用手工电弧焊进行补焊，然后用砂轮机修磨匀顺。

（4）焊缝内部缺陷的返修应采用碳弧气刨或其他机械方法清除焊接缺陷，在清除缺陷时刨出利于返修焊的坡口，并用砂轮磨掉坡口表顶的氧化皮，露出金属光泽，再采用实心焊丝 CO_2 气体保护焊进行焊接。

（5）焊接裂纹清除时应沿裂纹两端各外延 50mm，焊接坡口要求光顺圆滑，打磨掉尖角缺口，焊前预热 100～150℃，防止裂纹扩展。

（6）返修焊缝焊后均要求打磨光顺，并按原质量要求重新复检，返修焊缝的最小长度不小于 50mm。

（7）同一部位的焊缝返修次数不宜超过两次；超过两次的应先查明原因，并制定相应的返修工艺，返修工艺须经技术负责人签认后才能实施。

4.4.4 主要部位工程质量保证措施

构件涂装质量控制见表 4-11。

构件涂装质量控制　　表 4-11

质量控制项目	控制内容及控制方法
涂装人员	（1）涂装作业人员必须持证上岗。 （2）管理及作业人员熟悉施涂标准
涂装设备	（1）涂装设备在涂装作业全过程能满足涂料说明书的要求。 （2）严格控制空压机的空气压力波动
涂装材料	（1）涂料有合格的质量证明书，并按相关标准进行复验。 （2）涂料黏度、密度、固含量、耐磨性、硬度、附着力符合技术规范中的相应标准。 （3）油漆储存库房温度符合规定的保管要求

续上表

质量控制项目	控制内容及控制方法
涂装工艺	（1）涂装施工前，进行专项涂装工艺试验，制定专用工艺规程指导施工。 （2）采用高压无气喷涂法工艺。 （3）对难以预涂的死角，采用刷涂法。 （4）对面漆小剂量修补，可采用有气喷涂法
涂装环境	（1）涂装作业的环境温度控制在5～40℃，室内相对湿度≤80%，室外相对湿度≤90%，网架的表面温度必须保持在高于空气露点3℃以上。 （2）在涂装厂房室内作业，保证不漏雨，地面干燥、平整、结实，并能通风排尘，确保粉尘、烟雾能及时排出
施工过程	（1）除锈控制：清洁度Sa2.5级；内表面粗糙度40～80μm；外表面粗糙度70～100μm。 （2）施工时油漆应达到熟化期，杜绝使用超过混合使用期的油漆；控制稀释剂与油漆的体积比≤5%。 （3）控制杆件焊接端部两侧各50mm范围内暂不涂装。 （4）每道作业工序按有关作业指导书要求进行，工序完毕后自检、互检并填写记录
涂装检验	（1）外观：漆膜连续、平整；颜色与色卡一致；无流挂、针孔、气泡、裂纹等表面缺陷，并保证不出现漏涂等；采用目视比较法。 （2）内部：干膜厚度采用测厚仪测量，并符合技术规范的要求；附着力采用划格法或拉开法测量，符合技术规范的要求；密度采用称量法。 （3）检查前校对测厚仪等仪器的灵敏度，保证仪器正常使用

5 施工保证措施

5.1 组织保障措施

5.1.1 安全组织机构

项目部成立以项目经理为组长，项目副经理、技术负责人为副组长的项目部安全管理领导小组，项目部各相关部门参加；操作层为各分部，执行层为各施工队及工班。安全管理组织机构如图 5-1 所示。

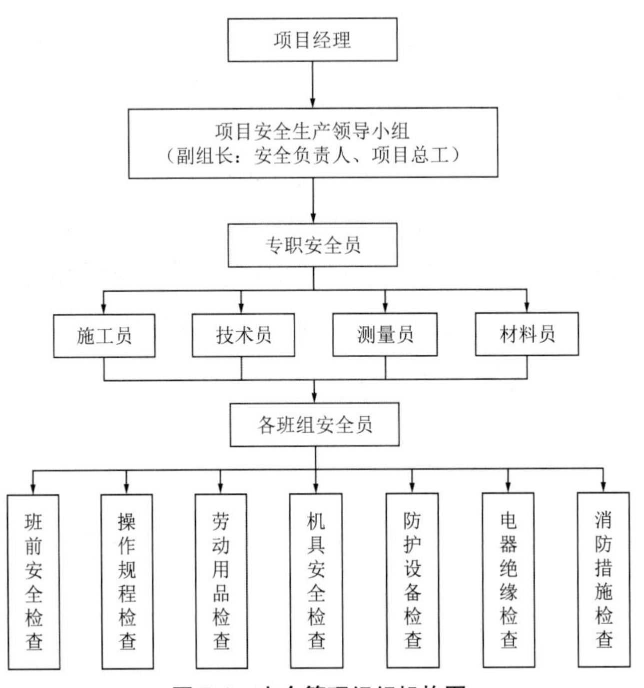

图 5-1　安全管理组织机构图

5.1.2 安全保证体系及相应人员安全职责

1）安全保证体系

本项目部在工程施工前按要求建立安全施工保证体系，安全施工保证体系分组织保证、工作保证、制度保证三个方面。影响因素有人为因素、客观因素。保证范围分人身安全保证、结构安全保证、施工安全保证。安全施工保证体系框图如图 5-2 所示。

2）项目安全第一责任人（项目经理）职责

负责贯彻执行国家及上级有关安全生产的方针、政策、法律法规及市有关文明施工的规定；领导、组织施工现场定期的安全生产检查，发现施工生产中的不安全问题，组织制定措施，及时解决问题，对上级提出的生产与管理问题要定时、定人、定措施予以解决；定期召开工地安全工作会，当进度与安全发生矛盾时，必须服从安全。

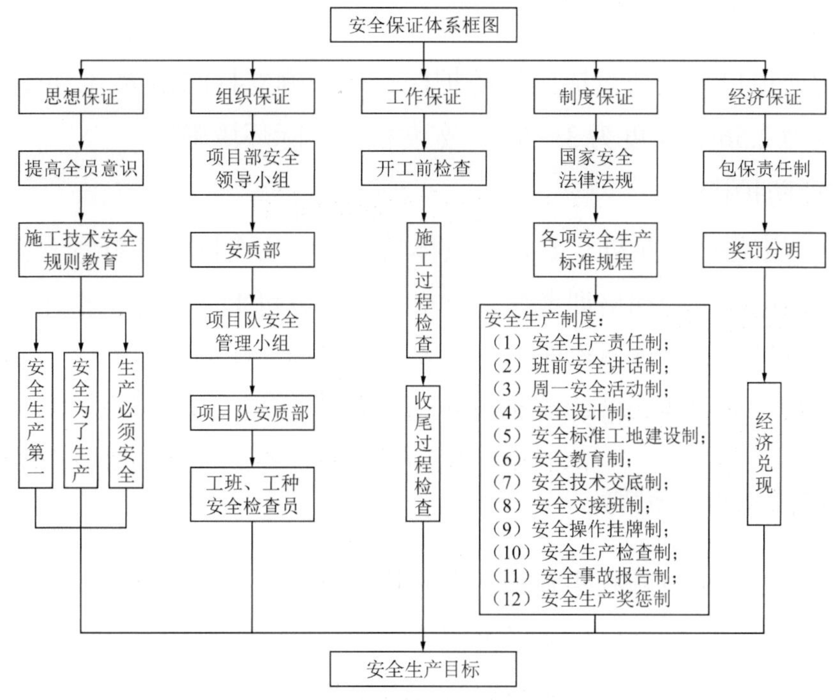

图 5-2 安全施工保证体系框图

3）项目安全生产直接责任人职责

认真执行本企业的领导和安全部门在安全生产方面的指示和规定，对本项目职工在生产中的安全健康负全面责任；发生事故时，及时向主管领导和安全部门报告，并协助企业领导、安全部门进行事故的调查、登记和分析处理工作。

4）项目技术负责人职责

对工程项目生产中的安全生产负技术责任；参加或组织制定施工组织设计，编制、审查施工方案时，要制定、审查安全技术措施，保证其可行性与针对性，认真落实，并随时检查、监督。

5）专职安全员职责

认真执行国家有关安全生产方针、政策和企业各项规章制度；督促项目财务提足安全技术措施费，做到专款专用；每天对各施工作业点进行安全检查，掌握安全生产情况，查出事故隐患及时提出整改意见和措施，制止违章指挥和违章作业，遇有严重险情有权暂停生产，并报告领导处理。

5.2 技术措施

5.2.1 安全保证措施

1）临时用电安全措施

临时用电按部颁规范的要求编制施工组织设计（方案），建立必要内业档案资料，按规定使用与维护各种供电设施及用电设备，并对现场的线路及设施定期检查，同时将检查记录存档备查。

2）临边及通道安全措施

施工现场的通道口均应搭设成门形防护棚；防护棚立杆间距为 1.5m，大横杆步距为 1.2m，搭设高度为 2.5m，长度为 3～5m，宽度根据实际环境确定。

3）高空作业防护措施

高空作业应有牢靠的立足处，必须视具体情况配置安全网、栏杆等安全设施；高空作业人员上岗前必须进行体检和培训考核，合格持证后方可上岗作业；作业中必须佩带安全用具，并且连接牢靠稳固；高空作业人员的衣着要灵便，腰间系安全带，脚下要穿软底防滑鞋，严禁穿拖鞋、硬底鞋和带钉易滑的鞋。

5.2.2 质量技术保证措施

（1）为保证本工程项目顺利实施和工程质量目标，根据 ISO9001 质量管理体系标准和质量管理体系文件规定，结合以往从事类似工程的经验，从组织机构、思想教育、技术管理、施工管理以及规章制度五个方面建立符合本工程项目的质量保证体系。质量管理保证体系如图 5-3 所示。

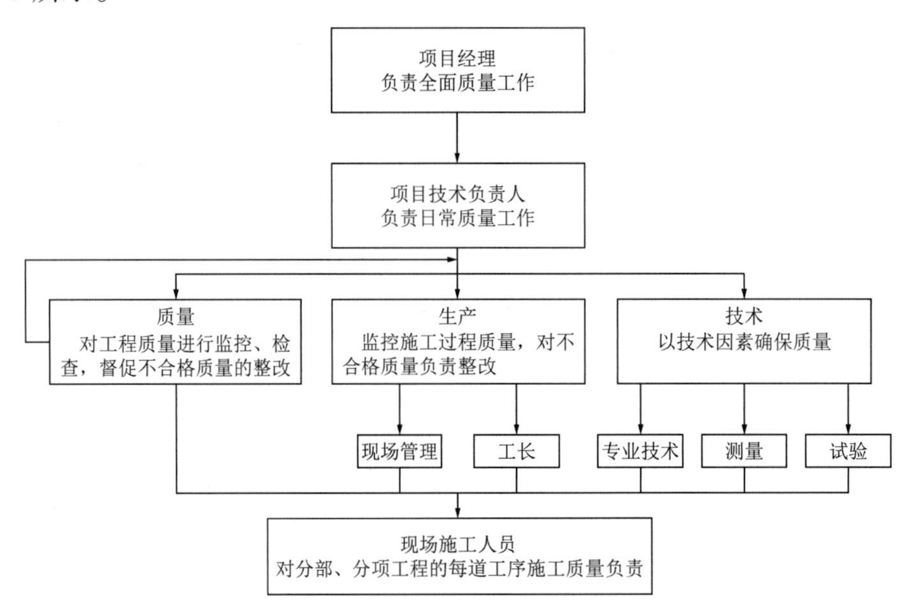

图 5-3 质量管理保证体系

（2）加强施工技术管理，坚持技术复核制，工程技术人员做到施工图纸审核和下发技术交底，施工测量及时、准确、无误，技术交底、测量放样资料由技术主管审核签字标识后方能交付施工，各项资料保存完好，以备核查。

（3）严格执行三检制，加强工序控制，每道工序完成后，工班进行自检、互检，架子队专职质检员先检查，重点工序由总工程师检验把关。自检合格后报监理工程师检查验收，并做好质量记录。

5.2.3 文明施工保证措施

1）文明施工的目标

按施工平面图进行布置，现场图牌齐全，做到工完场清，按文明施工工地标准施工。

2）文明施工措施

根据本工程项目所处位置和工程特点，加强现场文明施工的综合管理，减少现场施工对周围环境的干扰和影响。加强检查监督，从严要求，使文明施工现场管理真正出成效。项目部组织对文明施工现场实行定期和不定期检查，并给予评分和奖惩，组织经验交流。现场临时设施布置符合规定要求，做到场地整洁、道路平顺、排水畅通、标志醒目，生产环境达到标准化作业要求。现场工程概况牌、施工组织网络牌、安全记录牌、防火须知牌、事故记录牌、施工总平面图等设置齐全，规格统一、内容完善、位置醒目。

5.2.4 环境保护措施

1）施工环保目标

符合国家及地方有关环保施工的要求，严格按照国家有关的环保方案要求实施，确保工程施工地的环境不受污染。

2）环境保护措施

对施工现场生产、生活用水的排放进行控制。施工前按实施性施工组织设计建好生产区和生活区排水沟。排水沟的宽度、深度、坡度满足排放要求，避免沟内积水。不定期对水沟、水池进行清理和冲洗，确保水沟、水池内无长期积水和垃圾。采取有效措施妥善保护施工及生活区域外的植被、道路等公共设施。避免泥浆、油污、生活垃圾、有毒及化学物质对其造成污染，严禁随意破坏植被，违者将按有关规定处罚。

5.2.5 季节施工保证措施

由于本工程施工阶段为 2020 年 7 月 20 日—10 月 20 日，施工过程经历风季、雨季等，为保证季节性施工的工程质量，编制如下施工措施。

1）风季施工措施

风季期间注意整理气象预报信息，根据实际情况及时调整施工方案。各种原材料堆放场地和库房要有防风、防火设计措施。现场必须配备足够数量的防火器具，如灭火器、水泵等，并应经常检查是否完好。

2）雨季施工措施

雨季施工前认真组织有关人员分析雨季施工生产计划，编制雨季施工措施，所需材料要在雨季施工前准备好。夜间设专职值班人员，保证昼夜有人值班并做好值班记录，同时要设置天气预报员，负责收听和发布天气情况。

5.3 监测监控措施

5.3.1 监测组织机构

项目部成立以项目技术负责人为组长，工程技术部、安全监督部、试验室成员为组员的领导小组。

5.3.2 技术质量监控措施

1）计算机同步控制及传感检测系统

（1）液压同步提升施工技术采用传感监测和计算机集中控制，通过数据反馈和控制指令传递，可全自动实现动作同步、负载均衡、姿态矫正、应力控制、操作闭锁、过程显示和故障报警等多种功能。

（2）拟用于本工程的液压同步提升系统设备采用控制器局域网络（CAN）总线控制，以及从主控制器到液压提升器的三级控制，实现对系统中每一个液压提升器的独立实时监控和调整，从而使液压同步提升过程的同步控制精度更高，实时性更好。

（3）通过计算机人机界面的操作，可以实现自动控制、顺控（单行程动作）、手动控制以及单台提升器的点动操作，从而达到屋盖整体提升安装工艺中所需要的同步提升、空中姿态调整、单点毫米级微调等特殊要求。

2）提升同步控制措施

控制系统根据一定的控制措施和算法实现对钢结构整体提升（下降）的姿态控制和荷载控制。在提升（下降）过程中，从保证结构吊装安全角度来看，应尽量保证各个提升吊点的液压提升设备配置系数基本一致；保证提升（下降）结构的空中稳定，以便钢结构提升单元能正确就位，各个吊点在上升或下降过程中应能够保持一定的同步性。

（1）控制措施：将集群的液压提升器中任意一台提升速度和行程位移值设定为标准值，作为同步控制措施中速度和位移的基准。在计算机的控制下，其余液压提升器分别以各自的位移量来跟踪对比，根据两点间位移量之差进行动态调整，保证各吊点在提升过程中始终保持同步，确保结构在整个提升过程中的水平度和稳定性。

（2）提升同步控制措施：钢结构提升过程中，液压提升系统的同步性控制是稳定性控制的一个重要环节。首先是液压同步提升系统设备自身设计的安全性保障。通过液压回路中设置的液压自锁装置以及机械自锁系统，在液压提升器停止工作或遇到停电、油管爆裂等意外情况时，液压提升器能够长时间锁紧钢绞线，确保被提升结构的安全。其次是保证液压提升系统设备的完好性，在正式提升之前进行充分调试，确保其在整个提升过程中能够将同步精度控制在预先设定的安全范围之内。

（3）采用人工测量的方式进行辅助监控。提升前在每个吊点下方地面上设好测量点，提升过程中每提升一个层高，在楼层处设置水准仪，对每个吊点进行相对高度的测量，并进行高差比对。当相对最大高差大于预设数值时，立即通过手动控制的方式进行调整。本次提升过程中，各吊点间的不同步最大高差值控制在 20mm。

6 施工管理及作业人员配备和分工

6.1 施工管理人员

6.1.1 管理人员配置

管理人员名单见表 6-1，主要管理人员岗位包含项目负责人、项目技术负责人、施工员、质量员、各班组长等。

管理人员名单统计表　　表 6-1

序号	姓名	职务	备注
1	×××	项目负责人	
2	×××	项目技术负责人	
3	×××	施工员	
4	×××	质量员	
5	×××	班组长	

6.1.2 人员岗位职责

1）项目负责人职责

（1）项目负责人对承包工程项目的安全生产负全面领导责任。

（2）认真贯彻落实安全生产方针、政策、法规和各项规章制度，结合项目特点提出有针对性的安全管理要求，严格履行安全考核指标和安全生产奖惩办法。

（3）认真落实施工组织设计中安全技术管理的各项措施，严格执行安全技术审批制度、施工安全交底制度和设施、设备交接验收使用制度。

（4）领导组织安全生产检查，解决存在问题。

（5）发生事故时保护好现场，及时总结，吸取教训。

2）项目技术负责人职责

（1）认真贯彻执行国家和上级有关劳动保护安全生产方面的法规和技术标准，对本单位施工中的一切安全技术问题负全面的责任。

（2）编制施工组织设计时，应包括安全技术措施方案内容，并要做出具有针对性的技术和物质保证，落到实处并检查执行情况。

（3）在安全技术攻关和技术改造活动中，使用新技术、新材料、新工艺时要进行安全可行性研究、分析，从技术上负责。

（4）对职工进行安全知识教育与考核，把提高广大职工安全技术素质和预防事故能力，列为教育的内容和目的。

（5）组织制定安全技术操作规程和单位、分部工程安全技术措施，并检查执行和实施情况，在组织施工技术鉴定时，必须把安全技术措施列为重要内容，同时审查鉴定。

（6）参加重大伤亡事故、机械事故的调查，从技术分析事故原因，提出鉴定意见和改进措施。

（7）参加施工现场的安全检查，及时解决施工中的安全技术问题。

3）施工员职责

（1）协助技术负责人做好工程开工的准备工作，初步审定图纸、施工方案，提出技术措施和现场施工方案。

（2）对施工现场进行监督管理，遇到重大质量、安全问题时及时会同有关部门进行解决。

（3）向专业所管辖的班组下达施工任务书、材料限额领料单，并进行施工技术交底。

（4）督促施工材料、设备按时进场且合格，确保工程顺利进行。

（5）参与工程中施工测量放线工作。

（6）协助技术负责人进行图纸会审及技术交底。

（7）参加工程协调会与监理例会，了解并提出项目施工过程中出现的问题，思考、制定解决办法并进行改进。

（8）参加工程竣工交验，负责工程完好保护。

（9）负责协调工程项目各分项工程和施工队伍之间的工作。

（10）负责编写施工日志、施工记录等相关施工资料。

4）质量员职责

（1）根据项目战略规划制定管理实施计划，负责 ISO2000 质量管理体系的推进，确定项目质量方针、质量目标的实现。

（2）结合项目质量管理实际的产品质量标准，制定原材料、外协件、工序产品、成品检验规范，明确检验方式、检验程序及不良品处理的事项。

（3）把握品质控制重点，制定关键、特殊工序操作标准并协助相关部门人员执行。

（4）加强内外协调沟通，负责顾客满意度信息的收集、汇总和分析，采取措施改进和完善品质工作。

（5）遵照项目指令，妥善处理顾客投诉，力求公正、客观。

（6）及时处理产品实现过程中的质量工作。

（7）牵头组织有关部门对质量事故进行调查分析，提出处置建议，防止类似事故再度发生。

（8）协助做好相关部门的配合工作。

5）班组长职责

（1）认真贯彻项目的各项方针政策，带头遵守项目的各项规章制度。

（2）贯彻落实安全生产责任制，做好安全、文明生产的管理。

（3）合理安排，保质保量地完成项目或部门下达的各项生产任务。

（4）做好项目劳动纪律的考核与管理。

（5）负责项目的生产统计工作。

（6）根据生产计划，提出材料需用计划报物资部。

（7）协助项目做好盘点工作。

（8）对各生产班组的各项指标完成情况进行考核。

6.2 专职安全员

1）专职安全生产管理人员名单

搭设过程中，因处在施工高峰期，各施工班组交叉作业，故要加强安全监控力度，现场设定若干名安全监控员。水平和垂直材料运输必须设置临时警戒区域，用红白三角小旗围栏，谨防非施工人员进入，同时成立以项目经理为组长的安全领导小组，加强现场安全防护工作，组织机构及责任分工见表 6-2。

安全领导小组责任分工统计表 表 6-2

职务	姓名	联系电话	责任分工
组长	×××		负责协调指挥工作
副组长	×××		负责现场施工指挥
副组长	×××		负责技术指导
组员	×××		负责现场安全检查工作

2）专职安全员职责

（1）对所管辖区段的施工安全负直接责任。

（2）对施工队职工进行安全教育，对辖区施工队的施工安全进行检测并记录，负责监督施工队及班组的安全状况，对违反安全操作规定的行为进行制止，并向安全管理工程师及安质环保部报告。

（3）参加编写安全事故救援预案、事故调查、抢险预案，及时发现安全工作中存在的问题，提出防范措施。

（4）负责对施工过程中的安全设施进行检查，对不合格的工序有权勒令停工，报告安全管理工程师及安质环保部，并提出处理意见和整改措施。

6.3 特种作业人员

1）特种作业人员持证名单统计

特种作业人员持证名单统计见表6-3。

特种作业人员持证名单统计表　　表6-3

序号	姓名	职务	证书编号
1	×××	电焊工	
2	×××	电焊工	
3	×××	电焊工	
4	×××	电焊工	
5	×××	起重工	
6	×××	起重工	
7	×××	电工	

2）岗位职责

（1）学习并熟悉本工种安全技术操作规程，遵守国家法律、法规、规范和企业规章制度。

（2）积极参加本工种专业技能培训，提高自身操作技术水平，并严格遵守持证上岗制度，严禁无证上岗。

（3）服从管理，自觉遵守现场安全纪律，接受安全教育和安全技术交底，提高安全作业意识。

（4）严格使用安全防护及劳动保护用品，增强自我保护能力。

（5）严格执行安全技术操作规程，不违章冒险作业，并有权拒绝违章指令，做到“三不伤害”（不伤害自己，不伤害别人，不被别人伤害），确保作业安全。

（6）随时检查与本工种作业有关的机电设备、设施，消防设施及现场临边、洞口防护设施的完好程度与可靠性，发现隐患立即整改。

（7）发现重大安全隐患，要立即停止作业并向项目部有关人员报告，必要时有权越级上报。

6.4 其他施工人员

其他施工人员主要为普工，负责作业配合及清理工作，共配置30人。

7 验 收 要 求

7.1 验收标准

（1）鸡西西站屋面网架工程施工图纸。

（2）现行国家（或行业）施工验收规范与标准。

（3）类似工程的施工经验及相关的技术文件。

（4）《钢结构工程施工质量验收标准》（GB 50205—2020）。

（5）《空间网格结构技术规程》（JGJ 7—2010）。

7.2 验收程序及人员

（1）施工单位自检，包括班组长自检、互检和专职质检员检验。施工单位自检合格后，填写验收资料和质量检查评定表，并以书面形式报至监理验收。施工单位自检不合格，自行整改、返工。

（2）监理验收。监理工程师收到施工单位的书面报告，经审核无误后，尽快组织验收。验收合格签字后，方可进行下道工序。验收不合格，监理在验收单上写明整改要求，施工单位必须进行整改或返工。整改合格后再次进行以上程序。

（3）验收人员当包括施工单位项目技术负责人、专项施工方案编制人员、项目专职安全生产管理人员、总监理工程师、专业监理工程师、设计单位人员等。

7.3 验收内容

（1）吊装机械选型、使用备案证及其必要的地基承载力，双机或多机抬吊。

（2）吊索具的规格、完好程度；吊耳尺寸、位置及焊接质量。

（3）大型拼装胎架，临时支承架体基础及架体搭设。网架拼装时根据网架下弦球位置，设置临时支撑平台，为网架拼装提供平台支撑，支撑架采用ϕ426mm × 8mm的焊接管作为支撑柱，横梁采用 56b 双拼工字钢，柱间支撑及横撑采用[140 槽钢，构件间刚性连接。

（4）相关检验批质量验收参照《钢结构工程施工质量验收标准》（GB 50205—2020）。钢结构（钢构件焊接）分项工程检验批质量验收记录；钢结构（高强度螺栓连接）分项工程检验批质量验收记录；钢结构（网架结构安装）分项工程检验批质量验收记录；钢结构（防腐涂料涂装）分项工程检验批质量验收记录；钢结构（防火涂料涂装）分项工程检验批质量验收记录。

7.3.1 配套设备及工装

提升、顶升、平移（滑移）、转体等相应配套设备和工装的规格和使用性能见表 7-1。

配套设备及工装参数统计表 表 7-1

序号	名称	规格	型号	设备单重（t）	数量
1	液压泵源系统	15kW	XY-BY-15	1	3 台
2	液压提升器	75t	XY-TS-75	0.4	12 台
3	高压油管	31.5MPa	标准油管箱		72 箱
4	计算机控制系统	32 通道	XY-KZ-01		1 套
5	传感器	锚具、行程、油压			12 套
6	专用钢绞线	ϕ17.80mm	1860MPa		0.6km

7.3.2 卸载条件

钢结构网架提升到位进行网架支座的体系转换，周边网架全部拼装完成后在支座处进行临时球与支座球的转换，转换原则为单个支座替换或对角替换，保证网架整体稳定性。

7.3.3 其他验收内容

（1）大型网架提升施工方案经过专家论证，施工过程能严格按方案执行。

（2）钢结构网架在加工制作及安装完成后，应按照施工图纸进行验收。

（3）完成工程设计和合同约定的各项内容，达到竣工标准。

（4）施工单位在工程完工后，对工程质量进行了全面检查，确认工程质量符合法律、法规和工程建设强制性标准规定，符合设计文件及合同要求，并提出工程竣工报告。

（5）勘察、设计单位对勘察、设计文件及施工过程中由设计单位参加签署的更改原设计的资料进行了检查，确认勘察、设计符合国家规范、标准要求，施工单位的工程质量达到设计要求，并提出工程质量检查报告。

（6）对于委托监理的工程项目，监理单位在施工单位自评合格，勘察、设计单位认可的基础上，对竣工工程质量进行了检查并核定合格质量等级，提出工程质量评估报告。

8 应急处置措施

8.1 应急处置领导小组

8.1.1 应急处置领导小组组成与职责

1）项目部应急领导小组

（1）组长：项目经理。

（2）副组长：项目副经理。

（3）成员：项目部的全体员工、架子队施工班组人员。

应急抢险小组日常办公室设在安全监督部，安全监督部部长兼任办公室主任。

2）主要职责

（1）负责信息系统突发事件的应急指挥、组织协调和过程控制。

（2）宣布重大应急响应状态的降级或解除。

（3）向上级公司报告应急处置进展情况和总结报告。

8.1.2 应急救援小组组成与职责

1）应急救援领导小组组成

为保证工程施工安全，确保一旦出现险情，能够做到及时、迅速、有效救援，将险情控制在最小范围，将损失减小到最低程度，项目部将成立工程救援应急领导小组，各施工队设立应急救援行动小组。行动小组由身体强壮、有吃苦耐劳精神、责任心强的工人和现场技术、管理人员组成，并配备足够的救援工具、材料和器材。

2）应急救援领导小组职责

（1）进行安全风险分析，制定相应应急预案，组织救援预演。

（2）负责救援物资和器材的管理、检查和维护。

（3）塌方发生后，组织按既定的应急方案、措施进行救援。

（4）按规定程序向有关部门报告。

（5）事故结束后组织调查、处理、总结。

8.1.3 工作流程

（1）报警。当顶推过程中发生施工人员高空坠落、人员触电、人身伤害时，最先发现情况的人员应大声呼叫或对讲机呼叫，呼叫内容要明确，如某某地点或某某部位发生某某情况，将信息尽快准确传出。听到呼叫的任何人，均有责任报告给最近的管理人员，使消息迅速传递到应急响应小组。应急小组成员听到紧急呼救后必须迅速赶到事发现场进行救护。

当有人员受到伤害时，报警员负责打急救电话，报告事故发生地点、伤害类型，同时告知工程附近的醒目标志，以便急救中心迅速判断方位。

（2）确定响应级别。应急救援指挥中心接到警报后，应立即对警情做出判断，并初步确定相应的响应级别。

（3）警报。响应级别确定后，应立即按规定程序发布预警信息和警报。如果事故不足以启动应急救援体系的最低响应级别，通知应急关闭。

（4）应急启动。应急响应级别确定后，应急救援指挥中心按级别启动应急程序，如通知有关人员到位、开通信息与通信网络、调配救援所需的应急资源（包括应急队伍和物资、装备等）、派出现场指挥协调人员和专家组等。

（5）救援行动。现场应急指挥中心迅速启用，救援中心应急队伍及时进入事故现场，积极开展人员救助、工程抢险等有关应急救援工作，专家组为救援决策提供建议和技术支持。

（6）扩大应急。当事态仍无法得到有效控制，须向上级救援机构（场外应急指挥中心）请求实施扩大应急响应。

（7）应急结束和后期处置。救援行动完成后，进入后期处置阶段，包括现场清理、人员清点和撤离、警戒解除、善后处理和事故调查等。

8.2　应急事件及应急措施

8.2.1　液压提升器故障应急措施

（1）立即关闭所有阀门，切断油路，暂停提升。

（2）专业人员对漏油设备的漏油位置进行全面检查。

（3）根据检查结果更换垫圈、阀门等配件。

（4）必要时更换液压缸等主体结构。

（5）检修完成后恢复系统，进行系统调试。

（6）调试完成后继续提升。

8.2.2　泵站故障应急措施

（1）当泵站停止工作时，检查电源是否正常。

（2）检查泵站各阀门的开闭情况，确保全部阀门处于开启状态。

（3）检查智能控制器是否正常。

（4）泵站出现漏油时，关闭所有阀门，停止提升。

（5）迅速检查确认漏油的位置。

（6）更换漏油部位的垫圈。

（7）电机出现故障时，专业人员立即检查电机的电源是否正常。

（8）检查电机的线路是否正常。

（9）故障排除后恢复系统，进行系统调试。

（10）调试完成后继续提升。

8.2.3 油管损坏应急措施

（1）油管运输到现场后，立即检查油管有无破损、接头位置是否完好，发现问题后立即与车间联系更换。

（2）提升过程中油管爆裂时，立即关闭爆裂油管的阀门。

（3）关闭所有阀门，暂停提升。

（4）更换爆裂位置的油管，并确认连接正常。

（5）检查其他位置油管的连接部位是否可靠。

（6）故障排除后恢复系统，进行系统调试。

（7）调试完成后继续提升。

8.2.4 控制系统故障应急措施

（1）关闭所有阀门，停止提升作业。

（2）无法自动关闭阀门时，立即采取手动方式停止。

（3）检测电气系统。

（4）对于一般故障，可进行简单维修。

（5）无法维修时，更换控制系统相应组件。

（6）故障排除后恢复系统，进行系统调试。

（7）调试完成后继续提升。

8.2.5 传感器无信号

锚具传感器无信号时，检查传感器感应面到锚板的距离是否过小。若调整后传感器仍无信号，则更换相应的锚具传感器。

1）突然停电、停电复送

突然停电时，控制系统将全部处于自动停机的安全状态。液压系统失压，平衡阀能可靠锁住负载，保证主液压缸活塞杆不下沉。上下锚具利用锚片的机械自锁锁紧钢绞线。停电复送时系统仍处于停机状态，必须重新初始化才能启动。

2）意外事故应急预案

施工人员熟悉施工程序的同时，技术交底、安全检查和必要的安全设施也是相当重要的。焊接、切割施工部位放置防火设施，对施工人员教授必备的紧急救护措施。如遇紧急事故及时报警，并通报业主进行紧急处理。

8.3 救援医院信息

周边建（构）筑物、道路、地下管线等产权单位各方联系方式、救援医院信息（名称、电话、救援线路）。

由于该项目为新建鸡西西站站房，建设地点为农田，周边无建筑、既有道路、管线等。援救医院为附近人民医院。

8.4 应急物资准备

应急物资统计见表 8-1。

应急物资统计表 表 8-1

序号	设备名称	单位	数量	用途	存放地点
1	工地值班车	辆	2	急救	项目部
2	担架	副	4	救援	项目部
3	其他常用药品及消毒剂	若干		急治疗	办公室
4	挖掘机	辆	2	抢修	物资部
5	电焊机	台	4	抢修	物资部
6	气割设备	套	4	抢修	物资部
7	应急灯、手电	个	20	抢修	物资部
8	绝缘护具	若干		抢修	物资部
9	消防工具	架	5	消防	施工现场
10	消防钩	把	10	消防	施工现场
11	消防锹	把	20	消防	施工现场
12	消防桶	个	20	消防	施工现场
13	消防斧	把	5	消防	施工现场
14	消防箱	个	2	消防	施工现场
15	5kg 干粉灭火器	支	50	消防	施工现场

续上表

序号	设备名称	单位	数量	用途	存放地点
16	8kg 干粉灭火器	支	10	消防	施工现场
17	水带	条	60	消防	施工现场
18	水箱	个	3	消防	施工现场
19	对讲机	台	6	通信	施工现场

9 计算书及相关图纸

屋面网架结构整体提升计算书可扫描下方二维码下载。

附件

相关法律、法规、文件及指南

可扫描下方二维码下载。